宋代財政構造の研究

島居　一康著

汲古書院

前　　言

宋代両税は唐・建中の両税と課税原理を同じくするが、課税対象や課税基準など課税体系全体を見ると、多くの点で異なっている。中でも唐代両税において銭納制の両税銭の折納であった紬絹糸綿が、宋代には現物納制の夏税正税に転換したことは、重要な相違点である。筆者はかつて南宋の地方志『宝慶四明志』巻五・叙賦に、江南の折納紬絹を夏税正税としたのは真宗・咸平３年（1000）であった、とする記事を発見し、これによって宋代両税の課税体系を解明する大きな手がかりを得ることができた。筆者がそれまで学術雑誌等に発表してきた宋代税制関係の諸論文を、前編 宋代両税と課税政策、後編 宋代両税と財政運用の二編にまとめ、学位請求論文として京都大学に提出することができたのは、この記述に依拠する所が大きい。

しかしこの記事は両浙・明州の夏税正税を解説した夾註（割註）の文章である。関連する記述が『会要』、『通考』に見えるが、いずれも“夏税折帛”の起源として説明する。論文審査の試問のさい、主査の竺沙雅章教授からこの点についての指摘があり、「それにしても何でこんな大事なことが『長編』に書かれてないねやろ」と、これは質問というより、先生ご自身の“疑問”であるようにも思えたが、筆者はその時ただ「そうですねえ、何ででしょうねえ」と答えるしかなかった。

本書前編第１章 宋代上供の構成 の内容は、実はこの時の先生の“疑問”に何とか答えようとして筆者が提出した一つの回答である（原載「宋代上供の構成と財政運用」島根大学法文学部紀要『社会システム論集』Ｉ、1996）。先生の“疑問”から４年以上を費やして筆者が得た結論は、宋朝の財政制度は「上供」という財貨調達システムを先行的に構築しながら、収入部門と支出部門を整備していったのではないか、という一つの見通しであった。宋代財政は賦税・課利の二大分野からなる収入部門をもち、地方官司が徴収した各種財貨は中央政府が集中的・計画的に管理し運用した。宋朝は“量出制入”の財政原理に基づき、財貨を地方会計「留州」と中央会計「上供」とに分別し、転運司等路官に管轄させて上供財貨を国都に集中した後、時々の軍事的・財政的要請に基づいて、各級官司の支出部門を通じて再分配（財政支出）を行なった。

収入部門では、租税・課利の徴収体系を整備して恒常的な財政収入を確保するとともに、これと並行して和糴・和買など官銭を支出しての“買上調達”「収買」を多用して収入を確保した。宋朝の財貨調達は賦税・課利の分野と並んでこの「収買」の分野が大きな比重を占める。宋代上供のこうした構造については前著ですでに指摘した所であるが、その時は上供定額補完の補助的な手段として説明することしかできなかった。拙稿「北宋の上供銭貨」（『東洋史研究』57-3、1998）、「南宋の上供銭貨」（大阪府立大学『歴史研究』37、1999）は宋朝政府による銭貨の調達方法の解明を目的としたもので、本書前編第２章上供銭貨の諸系統—北宋時代—、第３章上供銭貨の諸系統—南宋時代—はこれらを補訂した上で収録している。これにより宋朝財政の収入・支出の両部門で貨幣の果す役割が決定的に重要であることを確認できた。

その後、筆者は銭貨の支出部門で重要な収買資金「糴本」を取上げ、「北宋の封樁と財政運用」(『中國史學』12、2002)を発表した(本書前編第4章上供財貨の再分配―北宋の封樁と財政運用―として収録)。宋代の「封樁」が、単なる財貨の保管措置ではなく、宋代財政の支出部門において、北辺の軍糧備蓄と結合した銭貨の循環構造の重要な一環であることを論証しようとしたものである。封樁は入中と並んで、直接国防に関わる重要な財政運用であり、銭貨の循環構造があって始めて機能する経済制度である。

軍糧備蓄に用いる銭貨は上供による調達銭貨であり、封樁は中央官司から地方官司に対して行われる上供銭貨の“再分配”でもある。この観点から、「封樁」「入中」など上供財貨(銭貨)を財政支出に用いる宋代財政構造の特質について、稿を改めて再挑戦しようと準備を始めたころから、筆者の身辺には大学の再編統合・法人化・教育改革などの重要課題が襲いかかり、職責から逃れるわけにもいかず、数年に亘って激務に忙殺されるうちに停年を迎えた。退職後は前著で果せなかった課利分野の課税体系と上供財貨の分配問題の解明に取組み、その成果を前著『宋代税政史研究』の続編として刊行することを考えたが、塩税から茶税・酒税・商税へと対象を広げていく過程で、宋代の財政運用に果す銭貨の役割について、通説とは異なる新しい考えを抱くようになった。

宋代財政に占める銭貨の重要性については、“財政の貨幣化”として古くから指摘されている所であるが、この考えは北・南両宋の財政収支における貨幣の量的な増大を指摘したもので、しかもその原因を民間経済の貨幣使用の発展に求めている。しかし宋代財政における銭貨の重要性は、量的側面よりむしろ質的な側面にこそ注目すべきではないか。宋代「上供」の財政構造は、巨額の銭貨の循環運動によって支えられていた。宋朝財政の収入部門には、官銭を支出して財貨を調達する「収買」という第三の分野があり、政府は各種の「収買」を効果的に運営することで膨張する財政の収支均衡を図った、つまり宋代の財政は財政の収入部門と支出部門とを巨額の銭貨が媒介する構造的特質をもっていたのではないか。

対価を支出して必要財貨を調達する「収買」分野は、財政支出と財貨の調達とが結合した経済制度として、宋代財政に不可欠の一分野である。恒常的・臨時的を問わずこの「収買」分野に投入される政府資金は、新鋳銭のほか賦税の一部が「上供銭」として調達されるが、「課利」として調達される銭貨の量が圧倒的に多い。

本書は前編において、一元的な会計制度が支える「量出制入」の財政原理に基づき、歳出・歳入両部門を結合した「上供」の財政構造を明らかにし、後編において、「賦税」(租税系上供銭)以上に銭貨調達に重要な役割を果した「課利」の課税構造――その課税対象・徴税方式・税収の分配方式――を明らかにする。宋代の「課利」は塩・茶等の“専売”制度として、主にその販売方式を中心に研究されてきたが、賦税以上に重要な政府の銭貨収入であるにも関わらず、宋代課利の全分野を対象とする“課税制度”としての分析は殆どなされていない。本書では宋代「課利」の課税構造を分析することにより、歳出・歳入両部門を結合して宋朝の財政運用を支えた大規模な銭貨の循環運動を解明する手がかりとしたい。

宋代財政構造の研究　**目　次**

第７章　京東塩・河北塩・河東塩・四川塩の販売体制と課税方式　263

凡　例

○本書で使用する史籍のうち、以下のものは略称によった。

『会要』　徐松輯『宋会要輯稿』(世界書局景印本)

『長編』　李燾『続資治通鑑長編』(中華書局排印本)

『通考』　馬端臨『文献通考』(武英殿聚珍版、新興書局景印本)

『雑記』　李心伝『建炎以来朝野雑記』(文海出版社景印本、宋史資料萃編第一輯)

『要録』　李心伝『建炎以来繫年要録』(文海出版社景印本、宋史資料萃編第二輯)

『統類』　彭百川『太平治蹟統類』(適園叢書、成文出版社景印本)

『備要』　陳均『皇朝編年綱目備要』(静嘉堂叢書、成文出版社景印本)

『事類』　静嘉堂文庫蔵『慶元条法事類』(古典研究会景印本)

『聖政』　撰者不詳『皇宋中興両朝聖政』(文海出版社景印本、宋史資料萃編第一輯)

『考索』　章俊卿『群書考索』(明・正徳刊、新興書局景印本)

『長編拾補』　清・黄以周等輯注『続資治通鑑長編拾補』(中華書局出版排印本)

『紀事本末』　楊仲良『続資治通鑑長編紀事本末』(『長編拾補』徴引広雅書局本)

○『会要』からの引用は、輯本葉数の後に徐松が付した編目(項目)を〔　〕内に付し、記事の年月日は算用数字で表記した。

　　『宋会要輯稿』食貨24-32紹聖三年十月四日→『会要』食貨24-32〔塩法〕紹聖3.10.4

○『長編』『要録』『聖政』等からの引用は、巻数(「巻」字を省略、他史料も同様)、記事の年月日を算用数字で表記した。また『会要』等関連史料との照合に資するため、日次干支の前に算用数字で日数を付した。

　　『続資治通鑑長編』巻264熙寧八年五月癸酉→『長編』264熙寧8.5.13癸酉

　　『建炎以来繫年要録』巻97紹興六年春正月己巳朔→『要録』97紹興6.1.1己巳

○『宋史』食貨志(巻173食貨上一～巻186食貨下八)からの引用は、巻数を示すだけでは引用箇所を判別できないため、巻数を省略して塩・茶等の項目を記し、中華書局標点本の頁数(塩茶等課利部分はp.4413～p.4568)によって記載箇所を示した。

　　東京の売麹価:『宋史』巻185食貨下七→『宋史』食貨・酒p.4515

○『通考』征榷(巻14征榷一～巻19征榷六)についても『宋史』食貨志からの引用と同様とした。頁数末尾の上・中・下は記載箇所が新興書局景印本同頁の当該段落にあることを示す。

　　蜀の私井:『文献通考』巻16征榷考三・塩鉄→『通考』16征榷三・塩p.162下

○引用史料本文中の夾注(割注)は【　】内に記した。また明らかな誤字については［　］内に訂正し、缺文と判断したものは〔　〕内に然るべき文字を補った。

○史料原文の「緡」「斛」「疋」等による単位表記は、それぞれ「貫」「石」「匹」で統一し、数字の位取りは万の桁で行なった。ただし本文中に概数を示すときは、適宜簡略な方法で表記した。

二百五十八万六千三百二十四貫五百二十文→258,6324.520貫文

一百一十三万七千一百四十五石六斗七升七勺→113,7145.6707石

二十三万五千緡→23.5万貫　　　四百三十万疋→430万匹

○巻末の「中文提要」は各章ごとの摘要を列記する体裁をとらず、本書全章の内容を概括した「総序」本文の中文訳を掲載した。飜訳は筆者が勤務する京都橘大学文学部の王衛明教授（中国美術史）にお願いした。ただし文中筆者が補訂した箇所、また新たに付加した文章などがあり、文責は挙げて筆者に属する。

○索引は原則として本書に引用した諸史籍に用いられる宋代税財政用語の「事項索引」とし、人名、地名、引用史籍の書名・撰者名、参考文献の編著者名・研究者名等は収録していない。また本書前文、目次、後記、中文提要のほか引用史料原文を含む各章の注文、図、表、地図等は検索の対象としていない。

収録した語句は“単漢字・五十音順”方式に従って配列したが、検索に資するため

①同義語・類義語、別称・略称については史料原文どおり、すべて採録した。

例：禁軍闕額銭、禁軍闕額銭米、禁軍闕額銭物／糴買本銭、糴本銭

②時代・地域・分野等を特定する必要のある事項については［　］内に語句を補足し、同一事項が重出する場合は右肩に番号を付して区別した。

例：元豊新法［陝西塩鈔］／新法［王安石］／産塩［福建塩］

三路塩[1]［解塩］、三路塩[2]［解塩・東北塩・東南塩］／加饒[1]［沿辺入中］、加饒[2]［淮浙塩］

○本書で用いる漢字の字体は、『改定常用漢字字体表』（含2010年改定）、『人名用漢字別表』（含2010年追加）、『表外漢字字体表（印刷標準字体・簡易慣用字体）』（2000年答申）を規準とし、JIS漢字コードは2004年改定のJISX-0213-2004に準拠したが、一部の漢字については上記諸基準に対応しない慣用字体（異体字）を用いた。

宋代財政構造の研究

総序　宋代の財政構造

1．宋代財政の構造的特質

国家財政は政府による財貨の調達とその再分配の体系と見ることができる。中国歴朝の政府は、国家の支配領域の広狭や人民統治能力の強弱を問わず、収入・支出の両部門を中央・地方の財務機構として組織し、この財務機構を統一的な会計制度によって運用した。国家がその収入部門を通じて人民から調達する財貨は、本来国防その他社会的公共業務の遂行に必要な財貨である。財貨の調達とその再分配の体系として宋代の財政運用を見ると、そこには次のような構造的特質があったと考えられる。

その第一の特質は、宋朝政権の成立から間もない時期に、中央の財務官司が歳出・歳入を一元的に管理する会計原則が確立し、この原則が北・南両宋を通じて貫徹していたことである(1)。五代・後周を継承する軍閥政権として成立した宋朝は、後周政権の財政構造を継承し、これを全国に及ぼして、太祖・太宗二代の間に中央集権的な会計制度を作り上げた。

宋代財政における集権的・一元的な財政運用は、両税法を施行した唐後半期から五代を経て宋初に至る時期に、地方官司が中央会計から独立して運用できる財政収入が消滅し、地方経費が中央会計の一会計区分に変質したことに端的に示されている。唐後半期の財政は、州県で徴収した両税・商税・権塩収入等からなる国家の総収入を、中央政府と藩鎮とで二分する両税分収制によって運用された。分収比率は中央1に対して藩鎮2とされ、中央送納分を「上供」、藩鎮経費を「留使」、州県経費を「留州」とする会計区分が設けられた。

しかし五代には藩鎮自らが相次いで政権を建て、藩鎮財政が中央財政に昇格した結果、州県が徴収した賦税・課利の総額は中央政府の収入となり、「上供」・「留使」・「留州」の会計区分も消滅した。五代・後周ではすでに一元化された財政運用により、中央経費を「繋省」、地方経費を「繋県」とする会計区分が成立していた。

宋朝は後周が確立した一元的財政運用と会計区分を継承し、強力な藩鎮政権として地方に割拠する地方政権を併合しながら、統一国家にふさわしい中央集権的な財政運用体制を作り上げた。その会計区分を唐後半期のそれと対比すると、藩鎮体制が名実ともに清算されたことにより、「留使」が缺落して「上供」と「留州」との二分制となっている。ただし宋代の「留州」は、「留使」と合体して事実上藩鎮の地方財政を支えた唐後半期の「留州」と異なり、州県が徴収した賦税・課利収入の一部を控除して、州県に在籍する官員と廂軍兵士の請給——会計費目としては人件費——に充当する、会計区分上の“地方経費”に過ぎない。

地方にあって諸路州軍の財務を総括する官司は転運司であり、転運司は州軍の賦税・課利の歳収総額から留州分を控除したのち、中央に対して所定の上供財貨を輸納する職責を負った。

宋代には転運司の財政運用をしばしば「漕計」と表現するが、これは転運司による一路の会計区分を示すにすぎず、転運司が一路の財政を運用する権限を有していたわけではない。宋代の軍事構造を概括する表現としてよく用いられる“強幹弱枝”の語は、路官転運司以下の地方官司が独立した財政運用の権限を持たないという意味で、宋代の財政構造についても当てはまる。

第二の特質は、この一元的な会計制度における歳出・歳入両部門が、「量出制入」の財政原理に基づいて編成され、運用されたことである(2)。「量出制入」は中央諸官司の歳出部門の要請に応えて必要財貨の費目と総額を定め、その額に基づいて歳入部門の諸分野で財貨を調達する会計原則である。これとは逆に、歳入部門の財貨(及び労力)の調達総額に基づいて財政支出を行う会計原則が、唐前半期の租調役制の時代まで財政原理とされた「量入為出」である。

宋朝政権は10世紀中葉の成立以来、遼、西夏、金さらにはモンゴル・元など、強力な新興国家と相次いで国境を接し、北・南両宋を通じほぼ300年もの長期にわたって厳しい軍事対決を余儀なくされた。宋朝の財政は、何よりも国防諸経費の支出を最優先させる軍国財政とならざるを得なかった。しかも平時には広大な国境地帯に必要な人員を配置して軍糧を備蓄するとともに、緊急事態に対しては集中的に大量の兵員と財貨を調達できる、緩急両面の対応が可能な財政運用が求められた。歳出総額に基づいて歳入を確保する「量出制入」の会計原則は、こうした軍事優先の財政構造からの必然的な要請でもあった。こうした歳出部門の要請に応えて、国家財政の歳入部門は、経常経費を安定的に確保すると同時に、臨機緊急の大量調達も可能な、機動的かつ多面的な対応が求められた。

宋代財政の歳入部門の構造を見ると、対西夏関係の緊迫を境にその前と後とで、大きな変化が見られる。国初には、上供財貨は賦税・課利とも州県の必要経費「留州」を存留した残余を全て中央に送納したので、上供財貨の上限として定額を設ける必要はなかった。真宗朝に入るころから、紬絹・苗米・銭貨等上供財貨の「定額」と並んで塩税・茶税・酒税・商税等課利の「祖額」が相次いで定められた。上供財貨の「定額」「祖額」は原則として三年間(のち五年間)の徴収実績を見て調整・改定されるため、その増減の幅はそれほど大きくはならない。この時期の定額・祖額はその後微調整は行われたものの大きく変動することはなく、北宋末まで——地域によっては南宋の遅くまで——維持されて、地方官員の考査と連動した「祖額」改定の原則は遵守された。このように北宋前半期の財政構造は、賦税・課利の徴収実績に対応した上供「定額」・「祖額」を収入部門の調達目標として掲げ、この目標を達成することで、支出部門からの歳出増額の要請に応えた。

しかし慶暦(1041-48)以降、西北辺の軍事緊張を背景に政府の財政支出が急増してくると、政府は上供定額・課利祖額の引上げによらず、既存の調達分野の外に新税——酒税の付加税「添酒銭」、免役銭・青苗銭・坊場河渡銭など新法系付加税——を創設し、或はこれまで地方官府が得ていた銭額制の雑収入を中央化して「無額上供銭」を創設するなど、新規の調達方法を開発して銭貨の増収を図った。既存の賦税・課利徴収体系によらず、新規の調達方式を開発して歳収増を図るこの時期の課税政策は、「量出制入」原理に基づく宋代の財政運用の特質をよく示している。

第三の特質は、宋代国家財政の歳入・歳出両部門が、大量の銭貨循環に媒介されて運用されたことである(3)。歳入部門で調達された租税系・課利系・鋳銭系の各種「上供銭貨」及び塩課の通商[鈔引制]下の銭貨収入は、歳出部門において和糴・和買・科買による「収買」調達、或は市易務等財務官司の運転資金「本銭」として支出された。

宋代上供の調達部門には、賦税・課利の二大分野に加えて銭貨による「収買」という第三の調達分野があり、上供輸納の責務を負う諸路転運司は、上供定額を達成するためこの分野に多額の「本銭」を投入して必要財貨を調達した。歳額600万石を基準とする宋代「上供米」定額は、江淮両浙荆湖六路の実徴苗米と和買斛斗とで構成され、紬絹の総収入も同じく両税夏税紬絹実徴と和買紬絹とで構成された。定額達成のためには和糴・和買による「収買」調達が不可欠であった。

上供米の場合、他路を圧倒する産量をほこる六路苗米を以てしても、その実徴額だけで定額を達成することは到底できず、上供米定額に不足する部分は路内の比較的区余剰のある地方から政府資金で買上げ調達して補わなければならなかった。「上供収糴」すなわち上供米の和糴は、税収不足や緊急の支出増に対処した臨時的措置ではなく、定額立定の当初から構造的に組込まれていた。宋代の上供は、賦税・課利に加えて「収買」という財貨調達分野を財政構造に組込んだことで、固定税率と帳籍上の輸納課額に依存する唐前半期までの財政原理“量入為出”に基づく財政運用から最終的に脱却することができた。

収買資金「本銭」として支出される政府資金(官銭、省銭)は、もともとは歳入部門を構成する賦税・課利分野の「上供銭貨」として調達された銭貨であった。慶暦以降になると、政府が調達する銭貨としては、酒税付加税、新法系付加税、無額上供銭などの「上供銭貨」以外に、榷貨務で鈔引を請買させた銭貨収入が加わった。

租税・課利として州県で徴収され、転運司の手で国都へ移送される「上供銭貨」は、中央財務諸官司を経由して、歳出部門で上供米や沿辺の軍糧を和糴するための収糴「本銭」、上供紬絹調達のための和買「本銭」、土貢等調達のための科配「本銭」、また榷貨務・市易務等中央の財務諸機関が業務を遂行する、運転資金としての「本銭」、また課利の塩・茶等生産者からの産品を買上げる資金としての収買「本銭」などとして、多方面に支出された。これら各種「本銭」の動きを追ってゆくと、そこには収入部門で人民から調達した巨額の銭貨が、支出部門を通じて生産者に還元され、さらには消費者へも環流するという、大規模な循環構造が見られる。宋代財政の特色である歳出・歳入両部門の“柔構造”は、巨額の銭貨の循環運動が支えていたのである。

2．宋代上供の財政運用

宋代「上供」の財政運用体系は、1．で見た宋代財政の構造的特質、すなわち中央財務官司による会計収支の一元管理、財政収支における「量出制入」原理、歳出・歳入両部門を結合して財政運用を支える大規模な銭貨の循環という三つの特質を集約的に構造化したものである(4)。

均田・租調役制の財政原理であった「量入為出」、すなわち固定税率による安定した税収(「課額」徴収)に基づいて財政支出を行う隋唐国家以来の財政原理は、政府による財貨の調達体系が、国家が求める財貨の総額を人民の所有地に賦課して徴収する、画期的な課税制度である両税法に移行した後も、財政の収支構造を大きく変えることなく、その後の国家の財政運用の理念であり続けた。しかし軍事・財政面に分権的な要素を色濃く残した唐末・五代の藩鎮体制を最終的に廃絶し、会計の一元化によって財政の中央集権化を成し遂げた宋朝は、中央諸官司の歳出部門の要請に応えて必要財貨の費目と総額を定め、その額に基づいて歳入部門の費目と額を調節する「量出制入」を、明確に国家の財政原理に据えて財政を運用した。

北宋前半期における財政収入の総額は、上供「定額」を目標に調達される各種財貨――苗米・紬絹・金銀・銭貨――の総額と、課利「祖額」によって徴収される塩税(入中請買による榷貨務入銭を含む)・茶税・酒税・商税等課利収入の総額の総和である。

慶暦から新法期にかけて、歳出増に対応して免役銭等新規の付加税や、官府の不定額収入「無額銭」などの上供が始まり、財政収入は銭貨の増徴によって急膨張した。このうち銭貨は、上供銭貨以外に新法系の各種付加税や通商[鈔引制]下の塩課収入によっても調達された。

軍事支出を最優先する宋代財政の必要財貨は、糧斛・衣料・銭貨の三種を主体として調達される。糧斛は六路上供米として、衣料は夏税・和買紬絹として、銭貨は新鋳銭を含む各種上供銭貨(金銀を含む)として、それぞれ諸路転運司が中央の財務官司・財庫に輸納した。国初、これら財貨は諸路州軍で徴収された後、地方経費「留州」を州県に存留した残余を全額上供させ、それら財貨で需要を充たすことができた。

宋朝の財政支出は、ひとまず全国統一を完了した太宗朝の後半から次第に増加し始め、増大する国家的需要に対応して、太宗朝の末期にはこれら財貨の中央歳入の上限、すなわち上供定額を定める動きが出てきた。しかし当時の徴税能力では国家が求める需要総額を達成できなかったから、歳入部門に賦税・課利の二大分野と並んで「収買」という第三の調達分野を設け、多額の官銭を投入(財政支出)して必要物資を買上げる方法をとった。

六路上供米の定額は、両税課額ではなく東南六路の苗米実徴額と、和買(「上供収糴」)によって調達した斛斗とを合せた額として定められる。紬絹はこれより早く、産絹地の税銭折納方式を夏税正税とする措置をとったのち、和買紬絹を創設してやはり「収買」調達を行い、やがて諸路の和買紬絹の定額が定められた。上供定額は事実上諸路和買紬絹額の総額となり、その額は常に毎歳の両税紬絹の総収入を上回っていた。こうしてほぼ真宗朝一代をかけて、上供紬絹は咸平３年(1000)、上供米は景徳４年(1007)、上供銀は大中祥符元年(1008)、上供銭貨は天禧４年(1020)と、それぞれの定額が相次いで立定された。

その後は政府の財政支出の増大に比例して、(ⅰ)西夏との軍事対決が重大化した慶暦期、(ⅱ)王安石新法により財貨の調達と再分配が活発化した熙豊期、(ⅲ)蔡京執権下で朝廷による財貨調達が肥大化した北宋末期、（ⅳ）対金防備のため強力な戦時経済政策を推進した南宋初期・紹興年間などに顕著な増額が行われた。しかしこれらの財貨調達は、いずれも北宋前期・真宗朝に立定した上供定額を増額させるという方法ではなく、定額の枠外に付加税・新税を設け、これらを新規の上供銭貨に指定して調達するという方法がとられた（5）。

新法期には免役銭・坊場河渡銭など銭額制の付加税が新設されたが、これらは当初全額を地方経費に充てていた。しかしその税収の多さに着目した政府は元豊5年（1082）、地方存留分を抑制して中央送納分を増額し、これらを新たな上供銭貨に指定して上供させた。その結果、豊富な地方存留財貨に支えられてきた諸路転運司、特に江南六路の転運司財政「漕計」は、その財政基盤を大きく制約されることとなった。この変化は官制改革と連動していた。この時期の上供増額は既存の上供財貨の定額の増額ではなく、もともと地方存留を原則とする新法系付加税を、新規の上供財貨に指定するという方法で行われた。

この時期の転運司「漕計」の変容を会計上で見れば、地方経費の中央経費化、ないしは中央官司による地方官司の財源の収奪と見ることができる。北宋後半期にはこの手法によって、さらに多くの地方経費が“朝廷封椿財貨”に指定されて次々と中央経費化され、諸路転運司の財政「漕計」の困窮は一段と深刻になった。

政府は西北沿辺への軍糧輸送、軍糧備蓄という財政目的を達成するため、銭貨の循環構造に支えられた「入中」と「封椿」という二つの重要な財政制度を運用した（6）。「入中」は沿辺への糧草輸納を請負う客商を召募して“約束手形”である鈔引を給付し、客商による現地州軍への軍糧輸納の見返りとして、通商法下の塩・茶等物品を優饒価格（虚估）で償還する、一種の輸送委託制度である。客商は京師榷貨務に般運請負料を払込み（入中請買）、沿辺入中（軍糧輸納）を終えると産地の所轄官司に赴き、鈔引に記された償還価格で塩・茶・香薬等禁制品を受領し、指定された販売区域で商販した。こうして客商は販売価格（官価）と鈔引額面価格（官課）との差額を利益として分配収取することができた。

また緩急に備えて中央官司が沿辺諸路官司に軍糧収糴を指示し、移送・転送した巨額の銭貨の厳重な保管と目的外の支用を禁じた「封椿」制度は、やはり中央―地方官司間の銭貨の循環構造を利用して、北辺沿辺地域で上供財貨を再分配するための財政運用であった。

「入中」も「封椿」も国初以来、国防を中心課題とする宋朝国家の財政を支えた重要な運用制度である。いずれも歳入部門での調達から歳出部門での支出に至る国家財政の内部において、京師の中央官司――三司系列の榷貨務・司農寺等――と、沿辺諸路の路官――転運司・提刑司・経略司等「監司」――との間の巨額の銭貨循環に媒介されて運用された。

3．銭貨の循環と課利の課税構造

宋代上供の財政構造は、一元的会計制度と量出制入の財政原理、銭貨の循環の三者によって支えられた。歳入部門で賦税・課利として調達された銭貨は、一部を地方経費として州県に存留したのち、上供銭貨として中央に送られ、財務諸官司間の調整を経て歳出部門で支出され、中央官員・兵士の請給(人件費)、北辺の軍糧調達、その他行政経費として支出された。国初から北宋前半期には、政府が求める銭貨の額は上供銭貨の定額――新鋳銭・租税系合せて約700万貫――でほぼ充足したというが、西北辺が慢性的な戦争状態に陥った慶暦から新法期にかけて、軍糧調達を目的とする大量の銭貨が調達された。熙寧10年(1077)ころの歳入銭貨の総計は、上供新鋳銭を含めると優に7000万貫を超え、北宋末から南宋初期にかけてはさらに多額の銭貨の増徴・増収が続いた。北宋後半期から南宋前半期にかけて進行したこの現象は“財政の貨幣化”として早くから指摘されている所である(7)。

この時期に政府が行なった銭貨調達の政策には三つの方法があった。一は沿辺入中と結合して解塩・東南末塩の通商[鈔引制]拡大による中央官司の塩課増収、一は新法期、王安石による免役銭・青苗銭等銭額制付加税の徴収(のち常平銭物として内蔵庫・元豊庫に輸納)、一は課利付加税・官物取引税・官許料など、不定期・不定額の官府雑収入からなる「無額上供銭」の創設である。うち後二者は地方官司の収入を中央化した、上供銭貨の増収策と見ることができるが、前者は州県・転運司を経由せず、三司直属の財務機関「権貨務」が京師で調達するもので、上供銭貨ではない。塩税の収入増は、通商[鈔引制]による鈔引の大量発行と通行地域の拡大とによってもたらされたものである。

慶暦以降の塩課増収は解塩を全面通商化した范祥改革の成果とされる。しかし范祥改革はむしろ沿辺入中制度の改革として評価すべきであり、またこの時期の塩課収入の動向を分析すると、必ずしも范祥改革が塩課収入を増加させたとは断定できない。范祥改革の評価に関わって、こうした認識の違いが生じる背景に、通商[鈔引制]を政府独占の禁権[官売制]より開かれた制度(“間接専売”)として説明する通説の“専売”制理解がある(8)。塩課に限らず、宋代課利を“専売”概念で理解する方法には問題が多い。

本稿では“専売”概念を用いて宋代課利を理解、説明する方法をとらず、財政学・租税論で用いられる「間接税」(消費税)に関する諸概念を参考にして、宋代課利が課税対象とした全品目についてそれぞれの生産・販売及び徴税と税収の再分配方式を分析し、宋代課利の課税の全体構造を分析する(9)。そのためまずⅰ)宋代課利の課税対象品目を確定して、課税標準に基づく「産品」「商品」の分別が必要であることを確認し、次いでⅱ)産品群と商品群とではそれぞれの販売価格の構成とその徴税方式が異なることを明らかにする。そしてⅲ)課利収入の分配収取の方式は産品と商品とで異なるが、産品については分配主体の違いによって、①中央官司―生産者間、②官司―客商間、③官司―民戸間で分配する三種の方式があったこと、また課利税収の分配比率は、「産品」についてはその価格構成に規定されるのに対し、「商品」については、商人が積載する商品の質と量に対応して、①抽税、②算税、の二種の課税・分配方式があったことを明らかにする。

ⅰ)宋代課利の対象品目は全八項である。これら課税対象品目について、租税論における課税の impact“衝撃点”と standard“課税基準”概念を用いて分類すると、大きく特定産品(生活必需品）の販売価格中に政府が一定税率の課税を行う“個別消費税”と、市場に流通する一般商品（舶載品・奢侈品を含む）に対して抽税・過税・住税等を科徴する“一般消費税”に分類することができる。前者は塩税・茶税・酒税・坑冶税・礬税の五品目、後者は商税・市舶（舶載品）・香薬の三品目となる。前五項の商品にはすべて官定の販売価格（官価、官估）が設定されるのに対し、後三項の商品の販売価格は市場における需給関係で定まる商品価格であるという大きな違いがある。本稿では前者を「産品」、後者を「商品」として区別する。

ⅱ）産品の価格構成はその生産・製造原価（コスト）と、政府の独占課税額「官課」との合計額からなる。「官課」は課利収取に関わる諸官司が輸送・販売諸経費・人件費として官売価格中に積算した諸経費の総和である。原価の算定方法は製塩・製茶・造酒・採鉱・製礬それぞれの生産過程の特性によって一様ではないが、いずれも「本銭」（塩本銭・茶本銭・本柄銭等）として、販売後に収益の一部として所轄官司から生産者に還元される。中央・地方官司は「官価」による販売後にその収入から収買原価「本銭」を控除した額を「官課」として収取する。この官課が課利「息銭」である。

産品に対しては、三種の課税方式があった。①政府が産品を般運・販売する禁榷［官売制］［官収制］、②客商が産品を般運・販売する通商［卸売制］［鈔引制］［収算制］［抽買制］、③政府が民間に製造・販売を許可する買撲［分収制］［全収制］［分課制］である。これに対し、商品の販売価格は市場における商品の需給関係によって定まるため、政府は一般商品に対しては独占課税「官課」を賦課できない。そこで流通過程において①抽税、②算税の二種の流通課税が行われた。①抽税は抽分ともいい、政府が指定する特定商品に限定して、一定税率の“天引”（控折、先行控除）を行うもので、政府指定の土木・建築資材を般載する客商には従量・従価1／10、「船戸」が舶載する輸入品に対しても従価１／10の抽税が科された。②一般商品に対しては算税として、従価20/1000の通行税「過税」と同30/1000の販売税「住税」とが科徴された。特定の商品には一定の免税措置があったが、通商法下で客商が般載する塩貨・茶貨等商品は免税されなかった。国初以来元豊年中まで、京東塩・河北塩には通商［収算制］が施行され、一般商税とは別に州軍在城の場務において、従量１文/斤の「過税」と従量２文/斤の「住税」とを科徴された。これら「抽税」「算税」の収入は全額地方官司の経費として支用された。

ⅲ）課利収入の分配方式は、税収を分配収取する主体（官・商・民）と産品・商品の価格構成・販売方法の違いに基いて分類すると、A.禁榷、B.通商、C.買撲の三方式に整理できる。

A.禁榷　税収は地方官司－生産者の間で分配される。中央・地方の会計区分に基づき、地方経費「留州」は州県が収取し、歳額を超える剰余のほか増徴付加税・新法系付加税などは、路官転運司が「上供」して中央官司三司－戸部（財庫を含む）が収取した。生産者（塩亭戸・茶園戸・酒造戸・鑊戸・坑冶戸等）に対しては、所轄官司が収買価格（すなわち「本銭」価格）を還給した。宋代課利の禁榷制には次の二種の方式があった。①［官売制］（塩税・茶税・酒税・礬税等）…州県が官価で販売し、販売価格から収買原価「本銭」を差引いた額を「官課」として収取する。②［官収制］（坑冶抽税）…所轄する地方官司はただ坑冶戸（佃戸ともいう）が生産した鉱産物を買取るだけで、それらを官売することはない。坑冶の禁榷[官収制]では「抽税」と「収買」(拘買)との比率は2：8であり、これを「二八抽分」と呼んだ。

B.通商　税収は中央・地方官司と客商との間で分配される。政府は官塩・官茶等の転売(卸売)価格中に独占課額(官課)を積算し、客商への転売時に“官利”を収取し、客商は官塩・官茶等の販売価格(官価)と購買価格(官課)との差額を“商利”として収取する。宋代課利の通商には次の四種の方式があった。①通商[卸売制](河東塩・国初期福建塩・通商礬等)…所轄地方官司が客商に官塩・官礬等を卸売し、官課額を「息銭」として収取する。②通商[鈔引制](塩・茶・香薬等)…通商[鈔引制]にはさらに二種の方式があった。(1)通商[鈔引制]〈入中償還〉方式(塩・茶・香薬等)…北辺の「博買折中」「沿辺入中」と結合した輸送委託制度により、京師榷貨務が発給する鈔引の額面価格で茶・塩・香薬等禁制品を償還し、客商は販売価格と請買価格(鈔引価格)との差額を“商利”として収取する。(2)通商[鈔引制]〈新旧換鈔〉方式(塩・茶等)…北宋末期に蔡京は解塩通商区と淮浙塩通商区に「換鈔法」を実施した。政府は榷貨務で客商が持込む新旧官塩鈔を東南末塩鈔・東北末塩鈔・度牒・官告等と交換させ、高額の鈔引「官課」に加えて鈔引の新旧交換手数料を反復徴収し、これを“官利”として収取する。③通商[収算制](京東塩・河北塩・嘉祐以後の通商茶)…州県は塩・茶等の官課に替えて流通課税「算税」を徴収し、その税収を地方経費として支用する。④通商[抽買制](香薬等舶載品)…税収は地方官司「市舶司」と貿易業者「船戸」との間で分配される。市舶の通商[抽買制]下の「抽税」と「博買」(収買、和買)との比率は1：9である。市舶に関わる中央官司は、市舶司・転運司が船戸から収買し般送した輸入品(上供財貨)を販売し、販売価格と中央が支出した「抽買」本銭との差額を“商利”として収取する。

C.買撲…地方官司が禁制産品の製造・販売を許可する一種の認可制度で、税収は地方官司と民間の製造・販売業者(買撲戸)との間で分配される。宋代課利の買撲制には以下の三種の方式があった。①買撲[分収制]…四川の井塩の精製・販売において、民間業者「幹鬻」は産塩を販売した後、井塩の販売総額の1/10を収取する。②買撲[分課制]…酒税の買撲制では、買撲戸は預め酒税官課「課利銭」とともに営業許可税「浄利銭」を納付し、買撲戸は販売価格と「課利銭」「浄利銭」との差額を販売利益として収取する。③買撲[全収制](坑冶買撲)…所轄官司(坑冶務・鋳銭司等)が坑冶戸の生産した鉱産物を全額収買し、坑冶戸の客商・土商・民戸等への販売は禁止された。坑冶戸は政府から受けとる収買価格を生産経費として収取する。

注

(1) 宋代財政の会計原則については拙稿「宋代上供の構成と財政運用」(島根大学法文学部紀要『社会システム論集』Ⅰ、1996、拙著『宋代税政史研究』1997収取)を参照。本書前編第1章宋代上供の構成は、これを補訂した上で収録したものである。

(2) 財政原理としての「量出制入」「量入為出」およびこれらについての宋人の議論については、宮澤知之「北宋の財政と貨幣経済」(『宋代中国の国家と経済』—財政・市場・経済—、創文社、1998所収)を参照。

（３）斛斗・紬絹の和糴・和買のほか、禁榷[官売制]下の塩・茶・礬・鉱産等特定産品の生産者からの買上げも「収買」とよばれた。また税収不足や緊急要請に基づく臨時の調達、州軍の貢納品「土貢」の調達、或は朝廷の需要による特定物品の調達など、中央・地方官司の官估による収買は「科買」「科配」「科率」等と呼ばれ、いずれもその調達資金は「本銭」とよばれた。これら収買のための政府資金は係省銭すなわち中央諸官司の財政支出である。

（４）「量入為出」の財政原理に基づく唐後半期までの財政運用については、渡辺信一郎『中国古代の財政と国家』（汲古書院、2010）の序説及び関連各章を参照。

（５）上供銭貨の調達とその定額等については拙稿「北宋の上供銭貨」（東洋史研究57-3、1998）、「南宋の上供銭貨」（大阪府立大学『歴史研究』37、1999）を参照。なお本書前編第２章上供銭貨の諸系統―北宋時代―、第３章上供銭貨の諸系統―南宋時代―はこれらを補訂した上で収録したものである。

（６）課利と結合した銭貨循環としての入中については本書後編第５章解塩の課税方式、第６章淮南・両浙塩の課税方式を参照。軍糧備蓄と結合した銭貨循環としての封椿については、拙稿「北宋の封椿と財政運用」（『中國史學』12、2002）を参照。なお本書前編第４章上供財貨の再分配―北宋の封椿と財政運用― はこれを補訂した上で収録したものである。

（７）日野開三郎「北宋時代における貨幣経済の発達と国家財政との関係についての一考察」（『歴史学研究』2-4、1934、『日野開三郎　東洋史学論集』６、1983所収）、全漢昇「唐宋政府歳入与貨幣経済的関係」（『歴史語言研究所集刊』20、1948）等。なお熙豊期の財政収入のうち銭貨収入については、宮澤知之注（２）前掲書p.56表Ⅳ熙寧10年ごろの歳入を参照した。

（８）宋代塩の通商[鈔引制]については戴裔煊『宋代鈔塩制度』（商務印書館1957、中華書局1981再刊）、日野開三郎「北宋時代の塩鈔について　附・交引鋪」（『日野開三郎　東洋史学論集』６、1983所収）を参照。通説における通商法理解については佐伯富『中国塩政史の研究』（法律文化社、1987）第４章近世における塩政第２節宋代における塩政及び本書後編第１部序説唐・劉晏の塩法と宋代塩茶の通商法を参照。

（９）宋代課利の対象品目については、馬端臨がその『文献通考』14-19征榷考、20-21市糴考において、①征商関市、②塩鉄礬、③榷酤禁酒、④榷茶、⑤雑征斂山沢津渡、⑥均輸・市易・和買、の計８項目に分類し、これに依拠した『宋史』食貨志下三～下八は、①塩、②茶、③酒、④阬冶、⑤礬・香附、⑥商税、⑦市易、⑧均輸、⑨互市舶法の計10項目に分類する。本稿では『通考』計８項から市易・均輸・和買の３項と『宋史』計10項から市易・均輸の２項を外し、両者の共通項として①塩、②茶、③酒、④商税、⑤阬冶、⑥礬、⑦市舶、⑧香の計８項目を「課利」とみなす。市易・均輸・和買の３項を外す理由は、これらが政府と商人・消費者間の売買行為における官銭徴収であるためで、「産品」「商品」への課税ではないからである。なお汪聖鐸氏は榷塩、榷酒、榷茶、榷礬香及市舶収入の計６項を“禁榷（＝専売）収入”とし、商税収入（附免行銭）と坑冶及其他官工省業収入の２項目については“工商税・官工商業及官田収入”という別章に含めている（『両宋財政史』上・下、中華書局1995）。前６項は“専売”概念で説明できるが、商税は“専売”ではないのでこういう措置をとったのであろうが、坑冶を“専売”から外した理由は不明。なお財政学・租税論に基づく租税原則と課税の分類は、主に神野直彦『財政学』改訂版（有斐閣2007）第４編租税第11章租税原則、第12章租税の分類と体系を参考にした。

前編　宋代上供の財政構造

前編　宋代上供の財政構造

前編小序

本書は前編で宋代上供の財政構造を明らかにする。まず政府が必要とする調達品目とその定額によって構成される宋代上供の歳入部門について、同じ両税法下の唐代後半、明代の上供と対比してその収入構造を見ると、最も目につく特徴は、調達部門に賦税・課利と並んで、「収買」という銭貨による調達分野が設けられていたことである。

国初、州県で調達した賦税・課利は、地方経費「留州」を控除したのち残余を全額上供し、輸送の上限を設定しなかった。宋朝が統一国家にふさわしく、賦税・課利の徴収体系を整備し始めたのは、太宗朝も後半に入ってからである。税制整備は両税よりは課利の方が早く行われ、淳化3年(992)に商税、翌4年(993)に茶税、咸平4年(1001)に酒税の「祖額」が定められた。塩税は産塩・行塩区ごとに複雑な経緯をたどるが、太宗末までにはそれぞれの歳額が定められ、景徳2年(1005)には塩税・茶税・酒税・商税の定額を改定するときは、中央三司に申請して裁定を俟つよう指示が出ている(1)。一方、両税は唐末・五代の時期に南北で異なる課税方式が展開し、とくに華北では所有田土と課税額との不均衡が拡大した。太宗は淳化4年(993)、統一的な両税版簿の作成を命じ、咸平3年（1000）江南で折納紬絹を夏税正税化して、徴税形式上南北の地域差を解消した。しかし華北で所有田土と課税額を対応させる“均税”が完了したのは、これよりかなり遅れて嘉祐年間(1056-63)のことであった(2)。

真宗は紬絹の正税化、両税苗米の課額決定など賦税徴収体制の整備を俟たず、むしろこれらの作業と並行して上供定額の立定を開始した。国防に関わる財政支出の要請に応え、兵制整備・軍糧備蓄に関わる基幹財貨である衣糧紬絹、糧斛、金銀、銭貨について、この順序で定額化を進めた(3)。紬絹・糧斛の上供定額が金銀・銭貨に先んじて定められたのは、賦税の徴収体制が整わない中にあって、まず国家的需要を充足させることを優先したからである。

紬絹・糧斛の上供定額はこのように当初から、賦税・課利の徴収能力を超えて設定されていたため、定額達成のためには和糴・和買・科買(科率・科配)など、銭貨による買上げ調達「収買」が不可缺であった。「収買」は官銭の支出であるから、財務会計上は歳出部門に属する。一路の総収支を調整する転運司は、賦税・課利の徴収実績に基づいて収買に必要な銭貨を要請し、中央財務官司から供給された銭貨(係省銭)で各種必要財貨を「収買」調達した。宋代の上供は、このように財務の収入部門に賦税・課利と並んで支出部門である「収買」分野を設け、大量の銭貨を注入しながら、総需要の調達を行なった。上供の定額調達のため収入部門に「収買」分野を組込むことで、“量出制入”原理に基づく宋朝国家財政の歳出構造は一応の完成を見たといえる。

しかし慶暦ころから熙豊期にかけて西北辺の緊張が高まり、これまで運用してきた財貨の総額を超えて、大量の物資を調達する必要が生じた。賦税・課利にはそれぞれ上供の上限として「定額」「祖額」が定められており、これ以上歳出増の要請に応えられない。政府は次のような方法で銭貨の調達を増やし、歳出部門の増額要求に応えようとした。

すなわち政府は財貨調達のための多額の銭貨を安定して確保するため、銭監で鋳造した銭貨を安定的に中央に上供させるとともに、地方官司が賦税・課利として徴収した銭貨収入を、一部を残して中央に輸納させる体制を構築した。これが宋代の「上供銭貨」であり、次の五つの系統がある。

ⅰ)中央銭監で鋳造される新鋳銭…中央四銭監は天禧４年(1020)から「元額」(定額)を105万貫と定めていたが、大観中(1107-10)にはこれを134万貫に増額した(4)。熙豊期には地方銭監の鋳銭量が増大したが、地方銭監の鋳銭は上供せず、地方での支用を原則とした。

ⅱ)租税系の銭貨収入…賦税(正税・付加税とも)の銭納部分を上供した(5)。

ⅲ)課利系の銭貨収入…官売制の塩税・茶税(留州を除く歳収の剰余分)、酒税付加税「添酒銭」。酒税・商税は原則州県に存留して上供せず「留州」として地方経費に支用した。通商[鈔引制]の塩・茶売鈔収入は上供銭貨ではなく、中央官司榷貨務の歳収となる(6)。

ⅳ)新法系付加税…新法期に設けられた免役銭・青苗銭・坊場河渡銭など銭額制の付加税。一部を地方官司に存留し、残余を元豊庫に輸納した(7)。

ⅴ)「無額上供銭」…元豊５年(1082)、これまで地方官府の収入とされた官許認可料・官物売買手数料・官舎賃貸料など、不定期・不定額の雑収入を中央会計に切替えて上供させた(8)。

なお南宋期にはこれらのほか、租税系上供銭・上供銀の定額を正賦外の各種銭貨収入で代替した上供銭がある。

こうして調達された上供銭貨は、転運司のほか諸路提刑司・提挙常平司等路官の支出要請を受け、それぞれ所轄官司の判断で地方官司に送付され、諸路転運司の調達計画に沿って「収買」部門で支出された。上供銭貨は支出部門において、

ⅰ)諸路・沿辺で糧斛・紬絹等租税物資を調達する、和糴・和買・科買等の資金、

ⅱ)「産品」系課利のうち、塩・茶・礬・坑冶の生産者からの買上げ資金、

ⅲ)榷貨務・市易務等中央財務諸官司の業務運転資金、

など各種「本銭」として財政支出された。

調達部門で徴収した銭貨をこれら三分野に支出する財政運用は、財政構造に組込まれた銭貨の大規模な循環構造に支えられていた。沿辺への軍糧調達と塩茶等の通商を結合し、京師榷貨務への入銭と塩茶等による償還を約束手形「交引」によって媒介する、通商「鈔引制」と連動した沿辺入中制度、また沿辺で軍糧調達を行うため中央官司から諸監司に上供銭貨を移送・転送し、財貨の厳重な保管と目的外支出の禁止を命じた「封樁」制度などは、こうした銭貨の循

環構造を最も大規模に、また効果的に活用した経済制度であるといえる。

注

（1）商税は淳化３年(992)…『通考』14征榷一征商関市p.145上「淳化三年、令諸州県有税、以端拱元年至淳化元年収到課利最多銭数立為祖額、比校科罰。蓋商税額比較、自此始」。茶税は淳化４年(993)…『会要』食貨30-2〔茶法雑録〕淳化4.2.「詔廃沿江榷貨務八処、応茶商並許於出茶処市之、自江之南悉免其算」、『会要』29-7売茶額(拠『中書備対』)にこの官売茶の六榷貨務「祖額」を載せる。酒税は咸平４年(1001)…『通考』17征榷四榷酤禁酒p.170中「咸平四年五月四日、勅諸州塩務、自今後将一年都収到銭、仍取端拱至淳化元年三年内中等銭数、立為祖額、比較科罰。則酒課立額自此始、然則蔵之州県而已」。塩茶酒［税］課利の増額については『会要』30-3〔茶法雑録上〕景徳2.5.26「詔自今諸処茶塩酒課利増立年額、並令三司奏裁。先是榷務連歳有増羨、三司酌中取一年所収、立為祖額、不俟朝旨。帝以有司務在聚斂、或致掊克于下、故戒之」、『長編』60景徳2.5.26癸酉「時承平日久、掌財賦者法禁愈密、悉籠取遺利、凡較課以祖額前界逓年増之、榷務連歳有羨余、三司即取多収為額。上以其不俟朝旨、或致掊克、癸酉詔増額皆奏裁」。入中塩請買の榷貨務入銭祖額は天禧元年(1017)額定261万余貫。『会要』36-13〔榷易〕天禧1.4.6「三司言、榷貨務入便銭物、取大中祥符七年収銭二百六十一万余貫、立為祖額、毎年比較申奏、如有虧少、干係官吏等依条科罰」。

（2）宋初の両税法の税制整備については前掲拙著『宋代税政史研究』後編第三章宋代両税の折納を参照。

（3）紬絹の上供は咸平３年(1000)、官員・禁軍兵士の春冬衣の大量需要を背景とする調達に始まる。当時はまだ両税による紬絹調達制度が整わず、まず江南の折納紬絹の夏税正税化を行う必要があった。『会要』食貨64-35〔折帛銭〕「折帛・和買非古也。国初二税、輸銭米而已。咸平三年、始令州軍以税銭物力科折帛絹、而於夏料輸之。此夏税折帛之所従始也」、『通考』20市糴一和買p.198下、同。『宝慶四明志』5郡志五叙賦「咸平三年戸部計度、合支殿前諸軍及府界諸色人春冬衣、用絹綿絁布数百万匹両、始牒諸路転運使、諸轄下州軍出産物帛等処、就近計度、於夏秋税銭物力科折、準備輦運上供。自此始以夏秋合納銭米、科折絹綿数目、併於夏税送納」。咸平３年(1000)の紬絹夏税正税化については前掲拙著後編第三章宋代両税の折納を参照。

（4）『会要』食貨11-1〔銭法〕「及蔡京為政、大観中…江州広寧【二十四万】・池州永豊監【三十四万五千】、饒州永平可監【四十六万五千】、建州豊国監【三十四万四百】、四監一百三十四万緡上供」。地方の銅・鉄銭監は同11-8〔銭法〕所引『中書備対』によれば熙寧10・元豊元年には27監あり、その後大観中には衡州咸寧監(20万)・舒州同安監(10万)・厳州神泉監(15万)・鄂州宝泉監(10万)・韶州永通監(83万)・梧州元豊監(18万)６監で計165万貫を歳額とし、それぞれの路内で支用した。

（5）「雑変之賦」と呼ばれる両税沿納銭をいう。「雑変之賦」は五代の付加税・雑税や禁榷系塩税などを宋初に土地税化した付加税の総称で銭納を原則とし、紬絹等による折納を許容した。宋代「雑変之賦」の土地税化については、前掲拙著前編第五章身丁税の諸系統を参照。

（6）通商塩税のうち河北・京東の［収算制］収入は路内州軍の会計に入り、河東・福建の「卸売制」収入は路転運司と客商との間で二分され、また買撲収入は官司と生産・製造民戸との間で二分される。これに対し、「鈔引制」(范祥の「塩鈔制」、蔡京の「換鈔制」を含む)の課利収入(売鈔収入)は、諸路州軍ではなく鈔引を発給する「榷貨務」が客商から塩課を直接徴収するので、上供銭貨ではない。

（7）うち免役銭・坊場河渡銭(「常平銭物」)は差役廃止後の雇役経費、のち吏禄銭に充てたが元豊５

年(1082)から州軍存留分と朝廷封椿銭とに二分し、後者は上供銭貨として提刑司の手で元豊庫に輸納された。

(8) 無額上供銭は常平銭物と同じく、元豊5年(1082)以降「上供銭貨」として提刑司が元豊庫に輸納した。

第１章　宋代上供の構成

はじめに

宋朝の国家財政は本来的に一元的な中央財政である。中央――三司・戸部――の指示や規定に基づき、賦税・課利その他各種の名目で調達された財貨はすべて中央が管理し運用するのを原則とする。徴収された財貨の一部は州県の必要経費として存留し支用されるが、これも中央の指示・規定に則った収支会計の義務があり、州県が地方行政の執行に当って独自の財源を確保したり運用したりすることは禁止されていた(1)。その意味では宋代に地方財政といえるものは存在しない。これは多くの州軍を管轄し多量の財貨を運用する諸路の転運司においても同様で、転運使はその財貨の調達や運用に際しては、たとえ少額であっても規定の費目によらねばならず、管轄路内に緊急の財政的対応が必要な場合でも、つねに中央の裁可と監査を得なければならなかった(2)。

この中央財政を、財貨の運用の側面から概括した語が「上供」である。賦税・課利、和糴・和買その他各種名目で徴収された財貨は、一元的な会計制度のもとで、州県存留分を除きすべて上供の名目で国都その他各地に送られ、中央地方の政府諸機関の倉庫や内庫等朝廷の諸庫に収納管理され、各種用途に支出された(3)。国都に送納する途次、中央の指示に従って他州・他路の各級行政機関に必要な財貨を転送することがあり、これにはしばしば金銀銭貨、絹帛、斛㪷相互の間で物資を変換、或は移管する「折変」「支移」「移用」などの運用措置をともなうが、こうした操作も上供の財政運用の重要な一環であった(3)。宋代の上供は単なる正税＝両税収入の中央取り分ではなく、付加税・課利を含む全財貨の調達、輸送、各級政府機関への分配・転送、さらには会計制度に及ぶ諸分野を包括した財政運用体系である。

宋代の上供については専論がないこともあり、概念が不明確なままで税財政用語として用いられ、その結果宋代税財政の基本性格にかかわる重大な誤解も生じている。例えば正税額の長期固定が財政を硬直させ、付加税・課利収入に依存する不健全な財政運用を招いた、とする見方があり、これにより宋朝国家財政における「原額主義」の存在を証明しようとする立場がある。しかし税額固定の論拠とされる正税額については、対象は両税苗米に限られていて夏税絹帛についての言及はなく、さらには両税苗米の課額ないし実徴額と上供米定額とを混同＝同一視し、上供米定額の固定をもって税収の固定とみなしている(4)。「原額主義」論は、財政原理としての低税率正税額の長期固定を“原因”とし、膨張する財政支出を賄う付加税・課利収入依存の財政運用の派生をその“結果”とする因果律によって国家の財政システムの特質を説明するものであるが(5)、この因果律を適用する前に、その前提をなす国家の財政収支の全体構造の理解に問題はないだろうか。

正税・付加税・課利は、その他広範な対象費目とともに宋朝財政の収入部門を構成する。しかし宋代上供はこれら収入部門だけから構成されたのではない。科率や和糴・和買など対価を支給しての物資調達も、宋代上供の重要な構成要素であった。こうした分野では当然のことながら恒常的な金銀銭帛等の財政支出がなされるが、その大部分が内庫に送納され和糴・和買の本銭として放出される金銀絹帛銭貨等は、これも上供金銀・上供銭・上供絹帛等として諸州軍から恒常的に調達される財貨である(6)。調達した上供米を絹銭等に折変・転送する「移用」や、路外へ搬出せず州県財政に還元する「截留」(7)などとともに、宋代の上供には、このような国家財政内部における大規模な財貨(銭貨を含む)の循環構造が見られる。このように宋代の上供は国家財政における収入部門だけでなく、支出部門をもその構成要素としていた。したがって宋代の上供を、これも単なる財貨の収入の総額、すなわち「総入」と置換えて理解することはできないのである。宋代の上供は、財政収支の両部門にシフトし、その間に大規模な財貨の循環構造を組込んだ一つの財政運用体系とみなすべきである。

本稿では宋代の上供について、前代の唐代、後代の明代の上供と対比しながら財政収支の構成面と財政運用面での特質を導き出し、さらに上供「定額」といわれるものの設定時期、および定額の構成内容について検討した上で、上供という財政運用体系において収入部門の根幹をなす正税からの調達と、支出部門における主要な調達形態である和糴・和買による調達とが、どのように構造化され機能していたかを明らかにしたい。

1．宋代上供の構成

本節では、宋代の上供が財政運用体系としてどのような分野から構成されていたか、まず主要な調達費目とその調達額(歳額)が設定された時期とを概観し、これを唐代・明代の上供の構成と対比することによって、宋代上供の構成上の特質を探ってみたい。

(1)上供歳額と費目構成

広範な対象分野を持つ宋代の上供すべての費目について、ここで逐一分析することはできないので、南宋中期に陳傅良が記した次の史料によってその概要を窺うこととする。陳傅良『止斎先生文集』19奏状劄子「赴桂陽軍擬奏事劄子第二」及び同20同「李部員外郎初対劄子第一」に、宋代上供の費目と歳額の増大過程を概括した部分があり、ほぼ同文の両記事を合わせて整理すると次のようになる(8)。

大中祥符元年(1008)　三司が諸路の上供歳額を立てた。

熙寧　新法により歳額が倍増した。また免役銭・常平寛剰銭・禁軍缺額銭等が封椿させられ、その歳額は今(淳照中)に至っている。

元豊　坊場銭・塩酒増価銭・香礬銅錫斟秤披剃等十数費目を合せて「無額上供銭」とし、その歳額は今に至っている。

崇寧　「重修上供格」を頒布し、歳額は十数倍となって、今に至っている。

宣和　贍学銭・糴本銭や応奉司の負担等十数費目を合せて「経制銭」とし、その歳額は今に至っている。

紹興　税契七分銭・得産勘合銭・添酒五文銭・茶塩引息袋・耆戸長壮丁弓手雇銭等二十数費目を合せて「総制銭」とし、その歳額は今に至っている。

淳熙　係省・不係省、有額・無額の上供銭・贍軍銭等を「月椿銭」として大軍に均撥し、その歳額は今に至っている。

陳傅良は南宋中期の時点で国初以来の上供の歳額の増大と費目の増加の経緯をまとめている。趨勢として、大中祥符元年(1008)における諸路の上供歳額の立定、新法期における歳額の倍増、崇寧における十数倍増という歳額の増大傾向と、新法期以降の付加税及び課利・坑冶その他広範な諸部門からの雑多な費目による銭貨の増徴傾向が窺われる。ただここで新法期以降については上供を構成する費目の概略がわかるが、大中祥符元年とされる諸路の歳額立定時の上供の構成費目についてはここには記されていない。

大中祥符元年に三司が上供の費目と歳額を立定したとする陳傅良の説は、『止斎先生文集』には該当する記事が見当たらず、馬端臨『文献通考』(以下『通考』と略称)23国用考一に引用されたものがあり(9)、それによると、

国初、上供は歳々の収入全てであって定制はなく、主要なものは糧帛銀銭であった。

米綱は景徳４年(1007)、淮南・江浙・荊湖南北の六路に詔し、前年まで10年間の実績を見て年額600万石と定めた。

銀綱は大中祥符元年(1008)、米綱額定後、前年までの最多額をもって額となした。

銭綱は天禧４年(1020)に三司が奏請して額を定め、以後この額により起発した。

絹綿綱はよく分らないが、咸平三年(1000)に三司が初めて降した数があり、これが年額か。

とあり、陳傅良は歳額を定めた当初の上供の構成は主として「糧帛銀銭」、すなわち上供米・上供絹帛・上供銀・上供銭からなると考え、それぞれの歳額立定年次を記している。これを見ると歳額立定年次を大中祥符元年とするのは銀綱だけで、さきの劄子の記述と矛盾する。この説には他にも幾つか問題点があり、後に検討することとするが、「歳額」の実態とその設定時期の問題を別にすれば、大勢としては宋代の上供はほぼ上のような構成上の推移を見せながら、それぞれの費目ごとに調達され、運用されたと見てよい。

(２)宋代上供の構成の特質

概略ではあるが上に見た宋代上供の構成をもとに、これを唐代・明代の上供の構成と対比しながら宋代上供の構成上の特質を明らかにしたい。

日野開三郎氏によれば(10)、唐代の上供は両税と榷利とを対象とし、ともに元額を定めて調達された。両税の上供(送省・送上都)は総賦入の三分の一、残り三分の二が留使・留州という州税三分制をとる。この三分制を操作することにより、徳宗期には抑藩の効果をあげた。一方

権利はその殆どが塩利で、漕費その他に充当されたが一時期なお相当額の上供を余したという。中央送付分を除いた上供物資は地方に存留され、「属省銭物」として臨時の軍費や災傷時の救済等の財源として運用された。これはやがて地方で費消され上供の缺額すなわち「応在」(11)を累積していったが、この「属省銭物」こそは他ならぬ宋代の「係省銭物」である(12)。留使の財源は藩鎮の巡属諸州からの送使に仰いだが、この送使は藩帥自らが中央権力となった五代には姿を消して地方財政は消滅し、上供・留州の二分制となって宋初に至った。

宋代の上供が唐代の上供と異なる点は、賦税・課利以外に広範な対象分野をもつこと、また国初以来対象費目と歳額が段階的に増大していったこと、地方財政をもたないことなどである。ただ地方財政において、「属省」「応在」を分別する会計制度は唐末にはすでに成立しており、地方財政が消滅した五代諸朝の上供は、宋代のそれと基本的には同様の構造をもっていたといえる。なお日野氏は上供「元額」の固定は両税課額の固定と連動するためと説明している。

これに対して明代の上供は、唐・五代・宋代の上供とはかなり趣を異にする(13)。例えば『図書編』90江西差役事宜附に「今諸上供・公費、出於田賦之外者、皆目之曰里甲」というように、里甲が負担する上供は公費とともに「出於田賦之外者」として田賦とは明確に区別されている。多くの地方志の賦税関係の記載において、上供は田賦と切り離されて独立の項目を立てる。これが明代上供の第一の特徴である。唐・宋代の上供米は田賦＝両税斛㪷・秋税苗米をその主要な構成要素としたのに対し、明代の上供は田賦をその構成要素としていない。他方明代の両税米＝秋糧は、州県の会計では「起運」と「存留」とに分別され、国都に送納すべき部分は「漕糧」の名で一個の独立した項目を立て田賦とは区別される。なお前代の元では、宋代と同じ「上供」形式での糧食の調達は見られず、漕糧と田賦の分離独立は元の旧南宋領支配開始後に始まったと考えられるが、今その経過を明らかにすることはできない。

明代の上供は一般に「上供物料」とよばれるが、各地には「貢献」「供億」「土貢」「方物」等の呼称があり、また特に朝廷の御用に供する「歳進」と一般国用に供する「歳派」とを区別する所もあった(14)。各種地方志の記述からは、上供は国初「竹箭・翎毛・野味・皮張」など少量であり、また定額制であったが(15)、永楽期以降費目・額とも次第に増加し、定額制の「額辨」のほか不定期・不定量の「派辨」(坐辨・買辨)「雑辨」等の別が生じた。これら上供物料は、里長・甲首が分担して負担していたが、15世紀半ばごろから田賦の銀納化が始まり、雑役が均徭となり、均徭が銀納化(銀差)されてくると上供・公費も銀納化されて「里甲銀」となる(16)。各種地方的な呼称のちがいや時期による科派方式のちがいを別にして、全体として明代上供の対象品目を見ると、これらが唐代・宋代の「土貢」と同様、地方の特産品や軍器物料その他の進貢品等から構成されていることが分る(17)。これが明代上供の第二の特徴である。

これまで宋代の土貢に関する専論はなく、その国家財政上の位置づけもなされていない。しかし宋代の土貢は諸州軍ないし中央の財政収支において「上供」として扱われている(18)。明代の上供は明らかに唐・宋代の上供の構成要素の一つである土貢の系統を引くものである。

以上、唐代・明代の上供の構成と対比していえる宋代上供の構成上の特質として、とりあえず、田賦のほかに付加税や課利その他土貢の系統をも含む広範な対象分野をもつこと、国初以来何段階かの大幅な費目の増加と歳額の増大を見せたこと、の二点をあげることができるが、さらに三点目として、運用面から見た構成上の特質をあげることができる。

ここで宋朝が「上供」の名を冠して調達した全財貨について、正税・非正税、収入部門・支出部門の別を問わず、調達物資と調達方法とを基準として幾つかの系統に分類すると、次のようになる。なおこの分類は、宋代上供の構成の特質を見るために便宜上試みたものであり、すでに研究されたものを含め各構成費目について個別に解説することは、膨大な紙幅を費やすこともあり、ここでは一切省略させていただく。

A.両税系：秋税苗米・夏税絹帛、及び両税額を基準とする付加税を対象とし、州県支費を控除した後、残余全額を上供する。調達対象地域（東南六路）以外では、実徴全額が地方支費として支用される。

B.和糴・和買系：両税系と同じく斛㪷・絹帛を対象とするが、ともに内蔵庫放出の糴買本銭を財源として対価を支給し調達する。このうちa「上供収糴」と称される和糴米は上供米定額の一部を構成し、b和預買紬絹は北宋期には正税の夏税紬絹とは別個に調達されたが、南宋初期に両者は合体して上供絹帛として定額化され、その一部は銭納制の「折帛銭」となった。

C.科率系：科買・配率・配買ともいい、絹帛や軍器物料を対象に対価を支給して調達する。

D.新法系付加税：免役銭・坊場銭等、両税系とは別基準で銭額で賦課・徴収され、一部は地方支費に充当される。

E.銭貨系：金・銀・銅銭（新鋳銭を含む）等の貨幣。大部分が内蔵庫に送納され、上供絹帛等とともに糴買本銭として放出される。

F.課利系：塩・茶・酒・商税等の貨幣収入を対象とし、北宋期には官・民間で一定の配分比を設定した。しばしば他物に折変される。南宋期には商税・酒税を地方支費に充当したほか、収入の一部は他の官府雑収入とともに「経総制銭」に吸収された(19)。

G.貢納系：州ごとに定額化された土貢（歳貢）のほか、転運使等による不定期の「進貢」、南宋期に朝廷儀式用の貢献から州額化された「大礼銀絹」「聖節銀絹」等。

H.転送系：中央の指令で定期・不定期に調達物資を他路他州他官庁へ送納する。「移用」「截留」等の財政措置や北宋期川蜀の「三路綱運」、南宋期の「淮衣紬絹」、諸路転運司等諸司銭その他。

I.その他：綾錦院等官営工場で織造させ朝廷が直接調達する高級絹帛等。

上の分類から、同一物資に各種の調達方法があること、例えば絹帛は夏税正税のほか、付加税・課利の折変、和買、科率、貢納、転送系等の調達対象でもあり、また同一物資がこれら各種調達方法の間で循環していること、例えば銭貨は両税系付加税、新法系付加税、課利のほか坑冶系の新鋳銭などとして徴収され、中央ないし他官府諸庁に入ったのち、糴買本銭や科率の本銭として支用される、などのことがわかる(20)。唐代・明代の上供体系においては、こうした多様な方法による物資の重複調達と、大規模な財貨の循環構造は見られない。これを宋代上供の三つ目の特質とすることができよう。

以上宋代上供の構成について、唐・明代と対比しつつその特質を探ってきた。前節での検討と合せてこれをまとめると、(ⅰ)財貨調達における広範な対象分野、(ⅱ)段階的な調達費目の増加と歳額の増大、(ⅲ)多様な調達方法と財貨の循環、の三点となる。

一元的な会計制度を含め、こうした運用上の特質をもつ宋代国家の財政構造は、「原額主義」論がいうような――時間的推移においてであれ、論理次元の問題としてであれ――、正税の固定→付加税・課利収入依存という図式的な因果関係によって理解することはできない。上の分類でいえば、D.新法系付加税が北宋後半期に創設され、F.課利の一部、G.貢納の一部、H.転送系の一部など南宋期に上供費目として新たに追加されたものがあり、これらに関しては正税の額外に派生した科派といえなくもない。しかしこれらの費目で徴収された銭貨の多くは再び科率や糴買の本銭として支出され、南宋期の財政における大規模な循環構造を形づくる。正税、付加税、課利を問わず、銭貨は国初以来多様な形態で上供として調達され、国家財政の内部で循環していた。また国初より歳収の根幹をなした糧帛銀銭等の重要物資について見ると、正税系統とともに、正税系統とは別範疇の金銀絹帛銭貨の上供、およびそれらを本銭とする科率・和糴・和買等による調達は、すでに10世紀末から11世紀前半にかけて、すなわち宋朝の正税体系の整備確立の時期にこれと並行して行われていた。正税系統による本格的な調達の開始と上供体系による正税外の調達の開始との間に時間的な前後関係は見られない。

宋代の上供は国初以来、収入部門と支出部門、正税科派と非正税科派とをともに対象分野とし、財貨の循環構造に支えられ、費目の増加と歳額の増大、調達・分配方法の多様化を段階的に展開しながら、国家の財政運用体系として統合され、機能していたのである。

2．宋代上供の定額

宋代の上供は両税のほかに付加税や課利その他土貢をも含む広範な対象分野をもち、国初以来何段階かの大幅な費目の増加と歳額の増大を伴いながら、財貨の循環を組み込んだ多様な調達方法によって運用された。したがって調達対象費目も多岐にわたるが、両宋を通じ、上供として調達される基幹物資は糧食と絹帛、それに金銀銭貨であったと考えられる。このうち財貨の循環構造の基軸をなす金銀銭貨については、両税系の銭額制付加税(折変可)以外に新法系付加税や課利系の収入、その他官府の雑収入を含む広範な調達分野があり、正税系からの調達は宋朝の銭貨収入の一部を構成するにすぎない。金銀銭貨の上供については、国家財政内部における循環構造の問題として稿を改めて考察することとし、本節では宋代の上供体系の成立期において、金銀銭貨を除く上供による調達が、正税すなわち両税体系とどのように構造的に関連していたか、これを上供定額の構成の面から検討する。さきの分類に即していえば、正税系による調達が非正税系による調達と複合して定額を構成し、上供体系として構造化された分野、すなわちA.両税系とB.和糴・和買系とが対象となる。

財政運用の基幹物資たる糧帛銀銭につき、上供の諸路歳額を三司が初めて立てたのが大中祥符元年(1008)であるとするのは前節(１)で見た『止斎先生文集』における陳傅良の説であるが、『通考』23所引の彼の説は、これとはやや異なり、

・米綱　景徳４年(1007)額定、年額600万石、以後定額。

・銀綱　大中祥符元年(1008)額定、前年までの最多額。

・銭綱　天禧４年(1020)、三司の奏請した額、以後この額により起発。

・絹綿綱　不明。咸平３年(1000)に三司が初めて降した数があり、これが年額か。

というもので、上供定額の初定年次を大中祥符元年とするのは銀綱だけである。ただし銀については他史料による裏付けができず、上供銭についてはかなり遅れた天禧４年としているが、これも他史料で確認することができない(21)。上供絹帛に至っては大中祥符元年を８年遡る咸平３年の事例をもって推測しているにすぎず、これも定額化の年次と断定することはできない。

国初以来の上供歳額の増大と南宋期以降の飛躍的な費目の増加の経緯を明示し、南宋国家の「重税」政策を批判する陳傅良の、上供歳額初定年次を確定したいという意図は理解できるが、年次と額とが明らかな上供米——ただし定額化は正確には前年の景徳３年(22)——を除き、他の三綱の定額化の年次と額とについては『長編』『宋会要』等他史料に明確な記載がないだけでなく、後に見るように年次・額が「定額」化とは矛盾する記事を載せる史料もある。

われわれは陳傅良の説からいったん離れ、むしろ国初以来の上供体系の整備、展開の過程に即して、上供定額の問題をとらえ直す必要がある。なお調達物資に一定の額があるのは当然であり、したがって「定額」というときは、米綱(上供米)における「定制」の表現が示すように、長期間固定された額に限定すべきであろう。一年限りの額、或いは歳々変動する額は「年額」「歳額」等と称されていてもただちに定額と見ることはできないからである。

(１)北宋時代の上供米定額

北宋の上供米は景徳３年(1006)に翌年分からの歳額が固定され、定額化された。これは景徳２年までの十年間における諸路の漕米の実績を見、対象地域を准南・両浙・江南東西・荆湖南北の六路に限定した上で、600万石を定額とするものであった。

北宋期の上供米定額600万石は、その全額が両税苗米で構成されていたわけではない。『宋会要輯稿』(以下『会要』と略称)食貨42-3〔漕運二〕景徳3.10.11に

仍起以自景徳四年、船般上供米六百万石、永為定制、仍以夏秋税及和糴斛㪷、除椿留準備外、余数並尽装般、須管年額。

というように、このとき定制とされた600万石の上供米は夏秋の両税苗米と和糴米とによって構成され、州県に必要額を存留したのち残余全額を漕運したのである。定額化の当初から両税苗米

とともに和糴米を組み込んでいること、州県支費或いは災傷対策の備蓄米を控除している点に注意すべきである。宋代上供米のこのような構成については、前稿ですでに指摘した所であるが、上供定額についてはなお不明確な部分を残していたので(23)、ここで上供定額における両税米・和糴米・上供米三者の関係をさらに具体的に見てみたい。

『会要』食貨39-10〔市糴糧草〕天聖1.閏9.に

淮南江浙荆湖制置発運司言、乞下逐路運司、於人戸所納苗税上、毎石量増二斗五升、合得二百万石、所貴敷趂年額上供。帝曰、常賦之外復有量糴之名、必恐労民、令別規画。

とあり、上供米定額600万石を定めてから15年後の天聖元年当時、六路の両税苗米の総課額が約800万石、実徴額がその半分の約400万石、和糴米が約200万石であったことがわかる。ここで注意すべきは、上供米定額600万石を構成する両税苗米の400万石と和糴米の200万石は、いずれも定額ではないということである。

上供の定額確保は諸路転運使の考課の重要基準とされたが、定額の確保という作業は『宋史』167職官志・転運司に「掌経度一路財賦、而察其登耗有無、以足上供及郡県之費」、また鄭興裔『鄭忠粛公奏議遺集』上・請寛民力疏に「(転運使)歳終則会諸郡之出入、盈者取之、虧者補之」というように上供・留州の双方を確保すべく路内各州軍の財貨の過不足を調整した上でなされる。上供米定額600万石は六路のそれぞれ一路を対象に設定された定額の合計である(24)。

転運司は一路の定額を確保するため、路内で財貨の過不足を調整して調達した。苗米と和糴米との合計額として定額を満たすべき上供米の場合、まず諸州の苗米徴収の実績を見た上で収糴がなされる。したがって一路の定額に路内各州軍の苗米課額は直接関与せず、また各州の両税苗米を対象とした州ごとの上供定額が設定されることはない。ついで定額を満たすための和糴が路内全域を対象に行われる。天聖年間には景徳４年から「定制」とされた定額600万石を50万石上回る650万石が漕運され、過剰な和糴が穀価の騰貴を招いたとして天聖５年(1027)から三年の間、定額は550万石に削減された(25)。苗米実徴額に上乗せした収糴額が上供定額を超え、或いは収糴の緩和により定額を削減するという操作ができるということは、上供定額を満たすための和糴(上供収糴)にも恒常化した定額が設定されていなかったことを示す。また非常手段として、収糴額を強制的に路内各州軍に割り付ける「配糴」が行われることがあったが(26)、このことは逆に、各州に恒常的な収糴の定額がなかったことを意味する。上供定額は両税苗米の実徴額と収糴額との合計額であり、苗米課額が直接関与しないことは勿論、和糴米にも定額はなかった。上供米定額は600万石に固定されたが、これを構成する苗米・和糴米の額は双方とも可変数であった。

両税苗米については、この時代の州県の課額或いは実徴額を記す史料として『嘉定鎮江志』5常賦・秋税所引『祥符図経』に「秋税粳米五万二千二百七十三石，糯米五千九百九十二石，塩米二万四百九十六石」とあり、また張方平『楽全集』25論事・陳州奏賦率数に「本州四県、凡斛㪷一十五万八千有零」、同26論事・論率銭募役事に「且挙応天府為例、畿内七県…夏秋米麦十五万二千有零石」とあるのを除き、現存地方志類にも殆ど記載がない。上のうち、陳州・応天府は上供対象地ではなく、上供対象地である両浙路の鎮江府についても、この額が府の苗米課額なのか、祥符年間の或る年の実催額なのか、また路の上供定額とどう係わるのか、といった点についてはこの数値だけからは判断できない(27)。

(２)上供米定額と両税苗米の実徴額

両税苗米の上供額として各州ごとの定額がありえないとすれば、路の上供定額における両税米の額は苗米実徴額以外にはない。上供を義務づけられた六路管内の諸州軍では、苗米(実催)の中から一定の留州を控除した残余を全額上供したのである。これを裏付けるのは、当時の苗米の徴収実績――穀収――である。『宋史』174食貨志、『通考』４田賦四、『長編』42、97、203、206、208等には断片的ながら墾田面積と実徴額の記載があり、それらによって北宋前半期における平均的な畝当実徴額を割出すことができる(**表１**)。

表１　北宋時代の墾田面積と苗米実徴額

年　　次	墾田面積(頃)	苗米実徴額(石)
開宝末(975)	295,2320.60①	
至道２年(996)	312,5251.25①②	
至道末(997)		2,1717.000③
天禧５年(1021)	524,7584.32①②	2,2792.000③
皇祐中(1049-53)	228,0000.00①②	
嘉祐８年(1063)		1,9284.265③
治平元年(1064)		1,5949.869③
治平２年(1065)		2,0396.993③
治平３年(1066)		2,0421.470③
治平中(1064-67)	440,0000.00②	
熙寧10年(1077)		1,7887.257②
元豊間(1078-85)	461,6556.00②	

①『宋史』174食貨・農田、②『通考』４田賦四歴代田賦之制、③『長編』42、97、199、203、206、208等。

この表から、ほぼ同年次の至道、治平、熙寧・元豊の数値を選んで畝当実徴額を出すと、至道では約６升９合、治平では約４升５合、熙寧・元豊では約３升９合という逓減傾向が窺える。この数値はあくまで目安にすぎないが、上供米定額設定後の景徳・天聖年間の畝当実徴額は、宋一代の標準税率、すなわち課額の基準値とされたといわれる畝当１斗の約半分、５升程度であったと見てほぼ間違いないであろう(28)。この数値は前に見た天聖元年の、東南六路の課額に対して約半額という苗米の徴収実績にほぼ対応する。六路の生産水準その他の諸事情を考慮に入れたとしても、北宋前半期において、諸州の苗米の実徴額が課額を上回ることはなく、課額の約半分程度の実徴額の中から留州を確保した上で、残余を上供するというのが実状であったと考えられる。上供米が定額設定の当初から和糴米を組み込んだ理由は、苗米実徴のこうした現実があったからである。苗米の実徴がはるかに課額に及ばず、しかも路内各州の年々の実徴も不安定な状態では、各州ごとに苗米のみを対象とする上供定額を設定することはできない。上供定額に和糴を組み込んだのは、定額を満たすという目的のもと、路内の広域を対象とすれば、各州の実徴の不均衡を調整できる利点があったからである。上供米定額を構成する苗米の額は各州の苗米課額とは直接関係をもたなかったのである。

以上見たように、北宋の上供米は景徳４年(1007)から定制となった600万石の定額——これは路ごとの定額の合計である——を、各路の転運司が管轄諸州軍の総課額の平均約半額程度の苗米実徴分に和糴米を上乗せし、年々の豊凶を見、また路内諸地域の過不足を調節しながら調達していた。一路の上供米定額は定められたが、路内の府州軍には上供米定額はなく、年々の実徴をもとに和糴を行いながら一路の定額を満たした。上供定額を構成する両税苗米の額は、府州軍の苗米実徴額であった。

南宋になると、上供米は北宋の祖額とその構成方式とを継承しながら、金と接壌する淮南路分を対象から外し、江東江州の江西移管に伴う微調整を行なったのち469万石を定額とした。南渡後数年、苗米の実徴はかなり落ち込んだが州軍は全額を上供し、留州の確保もできなくなった州軍では多額の加耗米の徴収が慢性化した。こうした状況下、まず和糴米について歳額を定め（紹興18年の五所歳糴体制)、年間200万石の備蓄目標を立てて実績をあげたのち、紹興28年(1158)、この年の両税苗米の実徴額332万石を上供米の定額となし、和糴米を上供米の構成から独立させた。宋代を通じて、両税苗米だけを対象として上供米の定額を設定したのはこのときが初めてであり、しかもその定額は六路諸州軍における紹興28年当時の苗米実徴額であった(29)。

南宋の上供米は、北宋の上供米とくらべると、定額を減じ、また科撥路分すなわち上供米の調達対象地域を縮小したものの、両税苗米について課額ではなく実徴分を調達した点では北宋期と同じ構造をもっている。また和糴については、南渡直後は北宋同様の上供収糴を行なったが、やがて歳額を定めて収糴額を固定するとともに、恒常的な「大軍」維持は上供米のみで賄い、和糴の目的をそれ以外の軍糧調達・備蓄に純化させた。和糴の分離独立により、北宋期以来の上供米の構成には一定の変化が生じた。ただし南宋の和糴も北宋同様多額の糴本を必要としたから、和糴の独立によって、銭貨の循環構造に支えられる北宋以来の上供の運用体系が大きく変質したわけではない。

両宋を通じて見ると、宋代に両税課額が長期間固定されていたかどうかに係わらず、宋代上供米の定額は両税苗米については課額ではなく“実催”額を対象に設定されていた。この“実催”額と相互補完的に上供米定額を構成した和糴は、正税収入の限界に基づき因果律的に派生した付加税ないし額外科派ではなく、定額設定当初から苗米“実催”の実態に即して上供定額のなかに構造的に組込まれていたのである。

3．上供紬絹と正税紬絹

宋代「原額主義」論が両税課額の長期固定を問題としながら、夏税絹帛についての言及が一切見られないことは前に指摘した。苗米とは異なり、絹帛の田賦――土地税――化は両税法施行の8世紀末から宋初11世紀前半にかけて、長期にわたる複雑な過程を経ながら進行したから、両税課額と夏税絹帛、夏税絹帛と上供絹帛との関係については、苗米以上に慎重に吟味する必要がある。しかし宋代の紬絹に関するこれまでの研究において、両税課額と夏税紬絹、および上供紬絹との関係についてはなお不明確な部分がある。

（1）北宋時代の上供紬絹と正税紬絹

その一つは前節で見た、陳傅良のいう上供絹帛定額化の時期の問題である。彼自身宋代上供絹帛の定額化の年次について「絹綿綱、雖不可考」といいながら「咸平三年三司初降之数」なるものを定額として推測している。しかし『長編』『会要』等に咸平3年（1000）に上供紬絹の定額化がなされたという記事はない。一方『宝慶四明志』5郡志五叙賦上「夏税正税」の項、『通考』20市糴一均輸市易の項、『会要』食貨64-35〔折帛銭〕の項等には、咸平3年に江南の両税「税銭」額を基準に夏税絹帛の正税化がなされたとする記述がある(30)。

宋は国初、絹帛類は賦税系統であれ課利系統であれ、見銭とともにすべて上供させるのを原則としたが(31)、両税絹帛については、華北では遅くとも五代後唐以来、絹帛が両税の正税とされていたこと、また江南では唐末以来の税銭額基準の絹帛折納が宋初まで継続し、全国的な絹帛需要の増大にともない、咸平3年（1000）に初めて絹帛を夏税正税としたこと、が分っている(32)。こうした経緯から考えると、宋朝の国家財政における絹帛収入は、華北の正税絹帛や課利系統の折変等を含め、国初以来すべて上供という形式で調達し、10世紀末葉の全国統一と江南支配の本格化、次第に増大する官員兵士の絹帛需要を背景として、咸平3年に江南で絹帛を夏税正税化した、という道筋を想定することができる。すなわち咸平3年は全国的な上供絹帛増徴の動きの中で、絹帛増徴の一方法として江南の両税「税銭」を対象に絹帛の夏税正税化がはかられた年であると見ることができる。

陳傅良は恐らく、自身が理解する南宋期の上供絹帛の構成から、国初に淵源する絹綱の定額化の時期を探ったものと思われるが、彼のいう「咸平三年三司初降之数」とは、戸部の計度に基づき上供紬絹の増徴方針を打ち出した三司が、産絹地の諸路転運司に指示した調達目標額であり、それが江南では税銭額基準による絹帛の夏税正税化として実現したものと考えられる。

またこのころは、次に見る上供和預買絹が開始され、全国的な上供絹帛の増徴がなお進行している時期でもある。このような時期に、上供絹帛の調達額を固定する、すなわち定額化するという政策がとられたとは考えにくい。同時にまた、全国統一を成し遂げた宋朝の両税版籍の作成整備が始ったのもこのころであり、各県は両税正税たる苗米と桑功（絹帛）、及び縁科物（沿徴系付加税)を統一書式で記載することを義務づけられた(33)。したがって11世紀以降の上供絹帛の額中に両税絹帛が含まれることはなく、この点諸史料においても両者の分別は明確である。

二つ目は『会要』食貨64匹帛の、絹帛の総人を①税租之入、②山沢之利、③歳総収之数、④諸路上供之数、⑤諸路合発布帛総数という五つの項目に分けた記載である。このうち⑤は折帛銭を含むことから南宋期のものであるが、これらを外した①②③④の四項目は諸路の名称及び路数から見て熙寧10年の数字である(34)。また①③④の三項目はそれぞれ税租、総収、上供の紬絹布帛糸綿等につき路ごとの詳細な数値で満たされているが、これら数値の組合せだけからは総収、税租、上供三者の関係を確定することはできない。かつてこの史料を用いて宋代の布帛収入の全体動向の定量的な分析を試みた梅原郁氏は、数値の不整合を指摘した上で「総収とは三司・戸部に納入されるべき布帛であって、その中に「税租之入」が含まれ、上供は天子に直接、則ち内蔵庫に納入されるべき布帛」という仮定を立てた(35)。この仮定は宋代の絹帛収入における上供系と両税系との分別を前提とするものである。その後この問題に関する研究は見当らず、宋代の布帛については課利の折変や入中博買等による収入も含め、総収・税粗・上供三者の関係はまだ解明されているとはいえない。ただし上に見たとおり、少なくとも10世紀末ないし11世紀初頭以降は歳入総額における絹帛収入は、上供絹帛と両税絹帛とを明確に区別した上で分析検討されなければならない。

(2)北宋時代の紬絹の歳収動向

北宋前半期における宋朝の絹帛収入の概要について、『長編』42、同97に載せる至道末(997)・天禧末(1021)の税租及び上供絹帛の額により、両者を対比したものが**表2**である(36)。

表2　北宋至道末・天禧末の絹帛収入(租税・上供)

	絹(万匹)	紬・絁(万匹)	布(万匹)	綿(万両)	糸線(万両)
至道末(997)					
租税	162.0	27.3	—	517.0	141.0
上供	170.8	43.1	110.6	497.0	70.5
天禧末(1021)					
租税	161.0	18.1	(+50.6)	399.5	135.5
上供	155.2	89.6*	305.7	1899.1	417.2

＊は紬・絁・綾の計

至道末の絹と紬・絁天禧末の紬・絁、綿、糸線等の数値は租税額より上供額の方が上回っていることから明らかなように、財政収入における上供は税租の一部ではなく、両者は別個に徴収されている。また至道末と天禧末とを比べると、絹は租税・上供とも停滞、紬・絁と布は上供の増、綿と糸綿は租税の減と上供の増という全体傾向が窺え、この時期の絹帛収入の増加が税租からの収入ではなく上供による収入の増大によるものであって、咸平3年の江南での絹帛の夏税正税化は、紬絹に関する限り必ずしも直接税収増に反映されていないことがわかる。なお紬絹だけについて見ると、税租に対し上供の方がやや上回るが、こうした正税収入を上回る上供紬絹の増加は、和買紬絹の収入増が主導したと考えられる。

景徳２年(1005)、全国の紬絹の上供は、諸路の“市買”によるもの年間100余万匹であったという(37)。和預買が始まったのは10世紀末といわれるがなお地方的な措置であり(38)、この上供和買で100万匹もの調達がなされたとは考えにくいから、この“市買”は和(預)買ではなく科率による調達であったろう。上供紬絹(糸綿を除く)だけについて見ると、至道末(997)に約214万匹、天禧末(1021)に約245万匹、京東・淮南・江浙諸路だけで景祐年中(1034-37)に約200万匹、慶暦６年(1046)には300万匹に達し(39)、この間慶暦３年(1043)、絹について江東50万匹、江西30万匹、湖南北13万匹、両浙東西72万匹、合計165万匹を上供している(40)。対象地域の限定もなく、年々着実に増加を見せるこれらの数値から見て、上供絹帛には――陳傅良の推測に反して――上供米のような起発諸路の特定と「定額」の設定はなされていなかった。

ただし路を対象にこれを見ると、両浙路では上には慶暦２年(1043)に72万匹を上供したというが、熙寧７年(1074)の上供年額は98万匹で、これに発運司が３万匹を上乗せしている(41)。これは慶暦２年以降熙寧７年までのある時期に、両浙路に一路を対象とする上供歳額が設けられたこと、さらにこの歳額は「祖額」として固定したものでなく、適宜増額が行われたものであることを示す。この間皇祐元年(1049)に策定された転運使副の考課基準五項目の一に「上供和糴・和買物不虧年額拋数」があることから(42)、諸路の上供和糴・和買の「年額拋数」すなわち歳額は、慶暦末年(1048)までに設定されたことが分る。これを州軍のレベルで見ると、両浙路越州では慶暦２年(1042)ころ、税絹の歳額が12万、和買絹の歳額が20万あり(43)、また京西北路陳州では、治平のころ管下四県の正税・和預買の紬絹が合せて３万余匹、糸綿が4.9万余両あって、これは夏秋二税斛斗とともに「常賦」であったとされる(44)。これらはいずれも路の上供歳額を州に割付けた額と考えられる。

このように内蔵庫に送納される上供紬絹には路を対象とした歳額が定められ、諸路転運司は一路の歳額を管下州軍に割付けて上供紬絹を調達した。上供紬絹の路ごとの歳額は、上供米のように対象地域と額とを固定しなかったから、諸路転運司は政府・朝廷の需要に応じて、一路の歳額内で調達州軍・調達額を調節することができた。上供紬絹の歳額の推移を路ごとに見ると、両浙路のように熙寧以降上供絹帛の歳額が殆ど変動しなかった路もあるが、他の諸路では明らかに北宋中期から後期にかけて次第に歳額が増加している(45)。北宋末・崇寧年間には川峡路の上供和買紬絹歳額が元豊期に比し倍増し、民戸の負担が限界に達したため、初めて州軍の歳額を固定して「永額」(定額)とした(46)。このように、上供紬絹は北宋末まで諸路には年々の歳額があり、この歳額を基準に内蔵庫に送納されたが、上供米のように固定された永額、すなわち定額は設けなかったと見られるのである。

和買以外の上供絹帛として、四川に転送系の上供絹帛があり、天禧元年(1017)には衣絹200万を陝西に輦送したというが(47)、その内容構成は不明である。また東西両川では両税・和買の畸零絹から歳額30万匹を定め、これを「三路綱運」と称して陝西・京西・河東の三路に転送していた。宋代の上供絹帛としてはこのほか綾羅錦鹿胎等の高級絹帛があるが額は少ない(48)。

治平元年(1064)の総収で上供紬絹は874,5535匹、このうち両税紬絹の収入は376,3592匹で全体の約43％を占める(49)。また熙寧10年(1077)の上供紬絹総収は334,4849匹、両税紬絹は335,1156であり(50)、これらを前に見た和買額と対比すると、概数として北宋中期の紬絹総収のうち両税紬絹は300万匹前後であるのに対し、和買を中心とする上供の収入はこれを上回る400万匹以上あり、上供による調達の方が正税収入を上回っていた。

なお上に見た紬絹の両税歳収は実徴額であって課額ではない(51)。苗米と同様、両税紬絹の各州の課額は、国家の両税収入及び上供収入いずれを見ても会計上は直接問題とされていない。国家の財政運用にとって必要なのは、苗米であれ紬絹であれ正税の課額ではなく“実催”すなわち実徴額である。宋代財政の収支構造は、固定した各種税額を組合せて歳入を確定する“量入為出”ではなく、可変数である実徴額に基づき、これらを組合わせて上供定額を定める、“量出制入”を原則としていた(52)。

(3)南宋時代の上供紬絹・正税紬絹と折帛銭

南宋になると和買本銭の支給を廃止し、諸路の北宋最末期の和買絹の額と夏税絹帛の額とを合せ、一括して上供絹帛額とした。これが宋代における上供絹帛の初の定額化である。両浙で、一路の夏税額と和買額とを合せた総額117,7804匹を初めて「上供紬絹」と称したのは建炎3年(1129)のことであった(53)。この上供紬絹はその内部で現物の本色紬絹部分と綿及び銭納の折帛銭部分とに別れ、さらに本色紬絹・折帛銭はともに夏税部分と和買部分とからなるが、和買部分は南宋初の額がそのまま継承されるというふうに、はなはだ複雑な構成に変化した。

しかもこうした変化は南宋全域で起こったのではなく、紹興11年(1141)ころの上供絹帛の科派の概況を見ると、紬絹については南宋14路中、両浙東西・江南東西・湖北・潼川・夔州・利州の8路、うち両浙・江南の4路で総額の98％を占め、折帛銭を賦課したのもこの4路だけである(54)。上供による調達は元来「現実主義」「地域主義」的であり、正税が原則上土地税としての「普遍主義」に貫かれているのとは対照的である。上供米がそうであったように、必要な量を、取れる所から、多様な形態で、調達する。南宋の夏税絹帛の課額は、これら4路では上供額中に吸収され、上供と正税・和買が複合した形で諸州の絹帛上供額を構成し、定額化されていた。

例えば浙東台州では、上供絹帛として紬・絹・折絹銭・綿・折帛銭の五項があったが、このうち紬・絹・折帛銭の三項は徴収した夏税と和買の中からそれぞれ上供すべき州額を整え、折絹銭は諸県の第四・第五等戸の夏税等の銭――両浙の下等戸は夏税を銭納した――の中から、綿は諸県第一等戸の資銭(家業銭)を科折、すなわち綿に折変して左蔵庫に送納し、絹の一部と折帛銭の半額は州県支費に充当した(55)。

南宋における上供絹帛の調達におけるこうした複合的な形態は、北宋以来の財政運用における絹帛調達の流れの一つの帰結と見ることができる。ここで宋代の上供絹帛を構成した正税絹帛と和買絹帛との関係を軸にこの流れを整理すると

（ⅰ）宋朝の絹帛調達は上供による調達が国初以来つねに正税からの調達を上回ったが、

（ⅱ）上供絹帛の需要増大傾向の中で10世紀末から11世紀初頭にかけて和買が始まり、ほぼこれと時を同じくして江南で折納絹帛が夏税正税とされ、

（ⅲ）上供和買紬絹の収入が正税収入を上回る傾向は北宋中期以降さらに強まり、

（ⅳ）南宋に入って夏税紬絹は白配化した和買紬絹と合せて上供紬絹総額の中に吸収され、

（ⅴ）正税紬絹・和買紬絹の額を合せた上供紬絹定額の一部が銭納制の折帛銭となった、

ということになる。こうした流れの中で、北宋期における和買による調達が果たした役割が、正税以上に大きいことがわかる。この和買により実現される財貨の循環構造は、北宋中期以降順調に機能していたが、北宋末には対価の支給が滞り、南宋期には額だけを残して正税と合体し、上供絹帛定額化のなかで消滅した。宋代上供の財政運用体系は、絹帛の調達においても糧食同様、正税収入・非正税収入をともにその構成要素とし、これも上供として調達する金銀銭貨の循環構造に支えられながら発展した。和買の廃絶それ自体はこの循環構造を宋朝自ら破壊したことを意味するが、これに代わるものとして、一方で絹帛上供体系の中に「折帛銭」という銭貨の上供を組み込んだのである。折帛銭は単なる付加税ではなく、宋代上供の財政運用における、銭貨による循環構造を再構築するための一方法であったと見ることができる。

おわりに

宋代上供の定額といわれるものについて、正税たる両税の苗米と絹帛とを対象にその構成内容について検討してきた。宋代「原額主義」論が、宋朝国家の財政システム――原理と運用――を、正税額の長期固定及びそれにともなう付加税・課利依存の正税額外科派の派生という因果律によって説明するのに対し、本稿では宋朝国家の財政構造について、「上供」と概括される運用体系からの分析を試みた結果、宋代「原額主義」論を成立させうる諸条件の中に幾つかの問題点があることを指摘することができた。

国家の財政運用を問題とする以上、収入部門とともに支出部門をも対象としなければならない。国家財政は、正税・付加税・課利その他多様な形態で財貨を調達する収入部門と、調達した財貨の分配に係わるこれも多様な形態をもつ支出部門とからなる。両部門は会計上「総入」「総支」として総括されるが、このとき収入部門を基軸に収支の均衡をはかる「量入為出」と、逆に支出部門を基軸とする「量出制入」のいずれを原理とするかという問題がある。宋朝の財政原理は後者である(54)。これは宋代国家財政が本来的に軍国財政であるために、軍糧を中心とする多種多様な財貨が、国家が必要とする物資の総量として社会に賦課され、収入部門を構成する。一方、支出部門には調達した財貨の分配だけでなく、調達した財貨を本銭として運用する和糴・和買・科率等の形態での物資調達という分野がある。宋朝国家による財貨の調達・分配は、

正税・付加税・課利といった収入部門だけでなく、科率・和糴・和買等の方法で調達される財貨の循環を通じて、収支の両部門にシフトしながら一つの財政運用体系を形づくっていた。宋朝国家の財政運用は収支両部門を対象にしてその全体構造を見る必要があり、この全体構造を解明する手掛かりとなるのが「上供」という財政運用体系なのである。

宋代の上供は、財貨の調達、輸送、分配（会計制度を含む）の諸分野を包括する、国家の財政運用体系そのものである。宋代「原額主義」論は上供米定額と苗米実徴額とを同一視して正税額が長期間固定されていたとし、正税額の長期固定が付加税・課利依存の財政運用を生んだとする。しかし本稿で見た宋代上供の運用体系は、「量出制入」の財政原理にもとづき、国家が必要とする物資を、必要なだけ、取れる所から、多様な方法で調達し、国都へ送納し或いは各地へ転送・分配するという、運用上の「現実主義」と「地域主義」に支えられた柔軟な構造をもっていた。宋代上供の構造については、本章末尾の**図１**宋代上供の定額と費目構成を参照されたい。

糧食については、六路の上供米定額を構成したのは北宋期には両税苗米と和糴米とであり、転運司は一路の苗米の徴収実績を見ながら収糴額を操作し、定額を満たした。上供する苗米は実徴額であって課額は関与しなかったが、たとえ課額が長期間固定していたとしても、上供米の調達が実徴米を対象としつづける限り、運用に支障は生じない。この「現実主義」は上供米の構成から和糴を外した南宋期においても同様であった。

宋代「原額主義論」には絹帛に関する言及が見られないが、絹帛の調達において、宋代上供の「現実主義」と「地域主義」はより明確である。絹帛は宋初以来、上供による調達が両税絹帛の収入をつねに上回っていた。10世紀最末年の江南における夏税絹帛の正税化も、国初以来の上供絹帛の増徴傾向の中で推進されたものである。北宋中期から後期にかけても、和買による調達と正税からの調達とは、前者が後者を上回りつつ並行して進行した。上供体系における銭貨の循環機能の弱体化から、南宋期には白配化した和買と夏税が合体し、初めて上供絹帛として定額化されるが、両宋を通じて正税絹帛は一貫して絹帛の上供体系を構成する一要素にすぎなかった。また北宋期には、両浙・江南路からの上供絹帛の調達額はすでに他路を圧倒していたが、南宋期になると、上供絹帛の調達対象地域は両浙・江南路だけで紬絹総収の98％を占めたように、上供の「地域主義」的傾向もますます顕著になったのである。

注

（１）『長編』5 乾徳２年「是歳始令諸州自今毎歳受民租及筦榷之課、除支度給用外、凡緡帛之類、悉輦送京師」、同６同3.3.「是月申明諸州、度支経費外、凡金帛以助軍費悉送都下、無得占留」、『通考』23国用一歴代国用p.228中「（開宝）六年令諸州旧属公使銭物尽数係省、毋得妄有支費、以留州銭物尽数係省、始於此…止斎陳氏曰…已淳化五年十二月初置諸州応在司、具元管・新収・已支・見在銭物申省」。

（２）『通考』23国用一歴代国用p.229上「至道四年二月十四日…諸州応係銭物合供文帳并於逐色都数下、具言元管年代・合係本州支用申省、候到省日、或有不係本州支用及数目浩大、本処約度年多支用不尽時、下転運司及本州相度移易支遣。三司拠在京要用金銀銭帛諸般物色、即除式様遍下諸州府、具金銀銭帛糧草収・支・見在三項単数、其見在項内約支年月、省司即拠少剰数目、下諸路転運司移易支遣、及牒本州般送上京、如有約度不足去処、許以収至諸色課利計置封椿」。

（３）陳傅良『止斎先生文集』19赴桂陽軍擬奏事劄子第二「…国家肇造之初、雖剗方鎮専賦之幣、以天下留州銭物尽名係省、然非尽取之也。当是時、輸送毋過上供、而上供未嘗立額。郡置通判、以其支収之数上計司、謂之応在、而朝廷初無封椿起発之制」。宋代の「上供」はこれまでの研究ではただ地方から中央への財貨の移送として理解され、支移・折変・截留・移用等多方面にわたる財貨の運用体系としては捉えられていない。中国では汪聖鐸『両宋財政史』(中華書局、1995)が、とりあえず財貨の送納先の違いから宋代上供を①皇帝進献財物、②京師輸送財賦、③諸路州郡輸送財賦に三分類するが、宋代上供の多様な形態から概念の確定を留保している(下冊p.575注)。包偉民「宋代的上供正賦」(浙江大学学報(人文社会科学版)2001-1)は、宋代上供を広義の上供——地方政府から中央へ送るあらゆる財貨——と狭義の上供——正賦中の銭額制諸税——とに二分するが、なぜ二分する必要があるのか、理由がよく分らない。

（４）斯波義信『宋代江南経済史の研究』前編宋代長江下流域の経済景況一・三(東洋文化研究所1988)。長井千秋「南宋期鎮江府の秋苗米と原額」(『史林』78-6、1995)。

（５）岩井茂樹「徭役と財政のあいだ－中国税・役制度の歴史的理解にむけて－」1-4(京都産業大学『経済経営論叢』28-4～29-3、1994)は直接には明代を対象とし、原額主義について「経済の拡大に対応しない硬直的な正税収入と、社会の発展と国家機構の活動の拡大にともなって増大する財政的必要との間の不整合、およびこうした不整合を弥縫するための正額外財政の派生を必然的にともなう財政システムの特質を表現する名辞」とする。

（６）梅原郁「宋代の内蔵と左蔵」(『東方学報』京都42、1971)参照。

（７）上供米の移用・截留等については拙稿「宋代上供米と均輸法」(宋代史研究会研究報告第三集『宋代の政治と社会』1988所収、『宋代税政史研究』後篇第五章)参照。

（８）陳傅良『止斎先生文集』19赴桂陽軍擬奏事劄子第二「大中祥符元年三司奏立諸路歳額、熙寧新政増額一倍、崇寧重修上供格頒之天下、率一路之増至十数倍、至今為額。其它雑斂皆起熙寧、於是有免役銭・常平寛剰銭、至于元豊則以坊場税銭・塩酒増価銭・香礬銅錫・秤披剃之類凡十数色、合而為無額上供、至今為額。至於宣和則以贍学銭・糴本銭・応奉司諸無名之斂凡十数色、合而為経制、至今為額。至于紹興則又始以税契七分・得産勘合・添酒五文・茶引塩袋・耆戸長弓手雇銭之類凡二十余色、合為総制、至今為額。最後則以係省・不係省、経制有額・無額上供、贍軍・酒息等銭、均撥為月椿、又至今為額。至所謂湊額糴本・降本・折帛・坊場浄利・供給吏禄之類、令項起発者不可勝数」。同20吏部員外郎初対劄子第二「蓋自祥符奏立諸路上供歳額、熙寧新法増額一倍、崇寧重修上供格頒之天下、率一路之増至十数倍、迄今為額、是特上供耳。而其他雑斂皆起熙寧、則以常平寛剰・禁軍闕額之類、令□封椿、迄今為額。至于元豊、則以坊場・塩・酒・香・礬・銅・錫・斟秤・披剃之類凡十数色、合而為無額上供、迄今為額。至于宣和、則以贍軍・糴本与凡応奉司無名之斂、合而為経制、迄今為額。至于紹興、則又以税契七分・得産勘合・添酒五文・茶塩息袋之類凡二十余色、合為総制、迄今為額。最後又以係省・不係省、有額・無額上供・贍軍等銭、均撥為月椿・大軍、迄今為額、而折帛・和買之類不与焉」。

（９）『通考』23国用一歴代国用p.227下「止斎陳氏曰、国初上供随歳所入、初無定制、而其大者、在糧帛銀銭。諸路米綱、会要、開宝五年令汴蔡河歳運江淮米数十万石、赴京充軍食。太平興国六年制歳運三百五十万石。景徳四年詔、淮南江浙荊湖南北路、以至道二年至景徳二年終十年酌中之数、定為年額上供六百万石、米綱立額始於此。銀綱、自大中祥符元年詔五路糧儲已有定額、其余未有条貫、遂以大中祥符元年以前最為多者為額、則銀綱立額始於此。銭綱、自天禧四年四月三司奏請立定銭額、自後毎年依此額数起発、則銭綱立額始於此。絹綿綱、雖不可考、以咸平三年三司初降之数、則亦有年額矣」。

(10) 日野開三郎「唐代両税法の分収制」、同「藩鎮時代の州税三分制について」、ともに『日野開三郎東洋史学論集』4 唐代両税法の研究本編所収。

(11)「応在」の語はすでに唐末に見える。『冊府元亀』613刑法部・定律令門、会昌元年(845)正月詔、『陸宣公奏議全集』4「論裴延齢姦蠹書一首」等。

(12)「係省」の語の初見は五代。『旧五代史』112後周太祖紀、広順 3 年(953)春正月「乙丑詔、…応有客戸元佃繋省荘田・桑土・舎宇、便賜逐戸、充為永業、仍仰県司給与憑由。応諸処元属営田戸部院、及繋県人戸所納租中課利、起今年後並与除放」。宋初、会計上の“係省”が確立したのは太宗朝末・淳化 5 年(994)。『通考』23国用一歴代国用p.228中「(開宝)六年、令諸州旧属公使銭物、尽数係省、毋得妄有支費、以留州銭物尽数係省、始於此。止斎陳氏曰…淳化五年十二月、初置諸州応在司、具元管・新収・已支・見在銭物申省」。同17征榷四榷酤p.170中「止斎陳氏曰…淳化四年十二月十四日勅令諸州、以茶塩酒税課利、送納軍資府[庫]、於是稍厳密矣」。なお州軍における課利収入の会計は“月納”制であった。『事類』36庫務門一場務〔倉庫令〕「諸軍資庫受納場務課利、即時給鈔、其毎月所給附帳、監官用印」、また同庫務門一承買場務〔場務令〕「諸承買場務課利、均為月納、遇閏依所附月数別納」。

(13) 明代の上供については山根幸夫『明代徭役制度の展開』(東京女子大学学会、1966)に依る。

(14)『万暦蘭渓県志』1 歴代雑賦、また『康熙金華県志』7 貢賦等。

(15)『正徳嘉善県志』3 土貢、『万歴永福県志』2 政紀・夫役等。『大学衍義補』22制国用・貢賦「我太祖国初則定諸州所貢之額」。

(16) 岩見宏「明代地方財政の一考察―広東の均平銀について―」(『明代徭役制度の研究』1986所収)。

(17) 明代上供物料の諸品目については、注(5)岩井前掲論文、注(11)山根前掲書等を参照。

(18) 例えば『嘉定鎮江志』5 土貢には南宋嘉定期の「歳貢」として綾10疋、羅10疋のほか上供大礼銀500両・聖節銀300両・聖節羅300疋・聖節絹300両を載せ、『新安志』2 進貢は徽州における元豊期以来の土貢が白紵10匹・紙2000張、これが淳熙年間には白紵10匹・天申節進奉銀絹500匹両・上供紙 4 種歳額計156,6932張となるなど、費目・歳額ともに増加したことを示す。なお宋代には唐代同様、土貢は州を単位に賦課され、州は科買によって物品を調達した。『長編』241熙寧5.12.1乙亥「詔罷諸路上供科買。以提挙在京市易務言、上供薦席・黄蘆之数六十色、凡百余州不勝科擾、乞計銭数、従本務召人承攬、以便民也」。

(19) 課利系についてのこの説明は、一部に不正確な表現を含む不十分なものであるが、敢て修正せず前稿のままとした。宋代の課利収入と上供との関係については、本書後編の各章を参照されたい。

(20) 北宋期の財政収支における見銭の機能については、宮澤知之「北宋の財政と貨幣経済」(『宋代中国の国家と経済』創文社、1998所収)に和糴等による見銭の郷村への環流が定量的に示されている。

(21)『通考』所引止斎陳氏は上供銭立額を天禧 4 年(1020)とするが、『長編』『会要』等にはこのことについて述べた記事がない。『長編』97には至道末の上供銭169.2万余貫と天禧末の上供銭2653万余貫を載せ、同117景祐 2 年(1035)是歳条に江東・福建・広東・広西・淮南・湖北・両浙等七路の上供銭歳額計48.5万余貫を載せ、『考索』46財用門「東南財賦」には慶暦の上供銭額として江南東西・荊湖南北・両浙東西等六路計224万貫を載せる。数値の変動幅から見て、陳傅良の言う天禧４年の定額化は問題が多い。また上供銭は全額が新鋳銭ではなく、新鋳銭もその全額を内蔵庫に送納した訳ではない（梅原注（６）論文参照）。金・銀及び両税系・付加税系の見銭と合せ、銭貨の上供についてはなお検討すべき問題が多い。

(22) 『会要』食貨42-3〔宋漕運二〕景徳3.10.11「都大発運副使李溥言、諸路逐年上京軍糧、元無立定額、只拋数擬発、乞下三司定奪合般年額。三司言、欲以淮南・両浙・荊湖南北路、至道二年至景徳二年終十年般過斛𣁾数目、酌中取一年般過数定奪年額」。

(23) 前掲注（７）拙稿。例えば定額600万石を構成する両税苗米額と和糴米額とがともに可変数である点など。

(24) 景徳４年（1007）における上供米額の路ごとの分数を示す史料はない。張邦基『墨荘漫録』４に記す淳化４年（993）の上供米定額は620万石、内訳は淮南150万石、江東99.11万石、江西120.89万石、湖南65万石、湖北35万石、両浙155万石。

(25) 『会要』食貨39-12〔市糴糧草〕天聖4.閏5.2「三司言、荊湖江淮南四路州軍、米価毎斗或七十至百文足、多言和糴場緊急、欲得糴及万数、応副上供。伏覩咸平・景徳年中上供斛斗不過四百五十万、比至近年六百五十万、乞於逐年上供数内、酌中取一年為定額。詔三司、於上件年額船般斛斗六百万碩上供数内、権減五万碩、起自天聖五年後、毎年以五百五十万碩為額、不得別致虧欠。従之」。

(26) 『長編』171皇祐3.11.28乙亥「知諫院包拯言、…方今災異之変尤甚、臣近已論列詳矣。惟江淮六路連歳亢旱、民甚艱阻、流亡者比比皆是。朝廷昨遣使命安撫賑貸、以救其弊、而東南歳運上供米六百万石、近雖減一百万石、縁逐路租税尽已蠲復、則糧斛従何而出、未免州県配糴、以充其数。繇是民間所蓄悉輸入官、民儲已竭、配者未已、縦有米価、率無可糴」。なお宋代の和糴としてはこの「配糴」や前に見た「量糴」のような非常手段ないし非正規の和糴のほか、恒常化して事実上両税苗米の課徴を代替した北宋期河東路の「助軍糧草」や南宋期四川の和糴、常平司が行う和糴、臨時に軍糧を買付ける京東路・陝西路・河北等路の「推置」「対糴」、また神宗期以降の「俵糴」「括糴」「均糴」「勧糴」「結糴」「博糴」など多様な形態がある（『宋史』128食貨上三・和糴）。上供米定額を満たすための和糴は「上供収糴」として独自の目的をもち、他の和糴とは区別される。

(27) 長井千秋注（４）論文は粳米・塩米計7,2769石を鎮江府の両税秋苗米の原額とし、景徳４年の上供定額設定時に直接淵源すると見るが、ともに可変数の両税米実徴額と和糴米額との合計額である六路上供米の定額から、府州の両税苗米「原額」を定めることは不可能である。

(28) 周藤吉之「宋代の両税負担」（『中国土地制度史研究』1954）参照。

(29) 拙稿「南宋の上供米と両税米」（『東洋史研究』51-4、1993、『宋代税政史研究』後篇第六章）を参照。

(30) 『宝慶四明志』55郡志五叙賦上・夏税正税「咸平三年戸部計度、合支殿前諸軍及府界諸色人春冬衣、用絹綿絁布数百万匹両、始牒諸路転運使轄下州軍出産物帛等処、就近計度、於夏秋税銭物力科折、準備輦運上京、自此始以夏秋合納銭米科折絹綿数目、併於夏税送納」、『通考』20市糴一和買p.198下「咸平三年始令州軍、以税銭物力科折帛絹、而於夏料輸之、此夏税折帛之所従始也」、会要食貨64-35〔折帛銭〕「折帛和買非古也…」以下略同。

(31) 注（１）前掲『長編』５乾徳２年「是歳始令諸州自今毎歳受民租及筦榷之課、除支度給用外、凡緡帛之類、悉輦送京師」、同６同3.3.「是月申明諸州、度支経費外、凡金帛以助軍費悉送都下、無得占留」。

(32) 拙稿「宋代における両税の折納について」(『史林』64-5、1981、『宋代税政史研究』後篇第三章)を参照。

(33)『長編』38至道1.6.4己卯「詔重造州県二税版籍、頒其式於天下、凡一県所管幾戸、夏秋二税苗畝・桑功、正税及縁科物、用大紙作長巻、排行実写為帳…」、『会要』食貨70-5〔賦税雑録〕同年月条略同。

(34) 本書後編第1部第5章西北塩(解塩)の販売体制と課税方式で見るように、これは『中書備対』に拠る熙寧9-10年の歳収。なお『会要』食貨33-27〔諸坑冶務〕の記載(『国朝会要』)も、同じく『中書備対』に拠り、①税租之入、②山沢之入、③税総収之数、④諸路上供之数、⑤賦入之数の五項目からなり、絹帛とほぼ同じ書式によって歳額を記載する(本書後編第2部第13章榷礬・坑冶・市舶の課税構造を参照)。

(35) 梅原郁「南宋折帛銭をめぐる一考察」(『史林』48-3、1965)。

(36) このうち紬絹の収入について見ると、税租については至道末約190万匹、天禧末約180万匹、上供については至道末約214万匹、天禧末約245万匹——紬九百四十一万五千余匹の額は過大に過ぎ、至道末の額から推して「九百」を衍字とみなす——となり、上供の収入には1割以上の増加が見られるものの、税租の入はむしろ微減している。糸綿については税租が約658万両から約253万両へ約6割の減を示し、上供は逆に約567万両から約2316両へ約4倍の増を見せる。布は税租については約50万匹の増、上供については約3倍の増となっている。

(37)『長編』59景徳2.2.23「有司言、毎歳諸道市買綢絹百余万匹上供、辛丑詔減三之一」。

(38) その起源については太宗・淳化年間(990-94)説、咸平2年(999)説、大中祥符初年(1008) 説等諸説がある。曾我部静雄『宋代財政史』「南宋の和買絹及び折帛銭の研究」を参照。

(39) 張方平『楽全集』23論国計出納事「景祐年中、天下預買紬絹一百九十万疋、去年(慶暦六年)至買三百万疋」、同24論国計事「天下和買紬絹…景祐中諸路所買不及二百万疋、慶暦中乃至三百万疋、自爾時及今二十年、但聞比較督責、不聞有所寛減也」。

(40)『考索』続集46財用門・東南財賦「仁宗皇帝慶暦三年詔…東南金帛之成数、入于王府者皆可考也。江東銭之上京、以緡銭計者凡八十九万、銀以両計凡二十万、絹以匹計凡五十万。江西銭之上京、以緡計者凡三十四万、銀以両計凡十三万、絹以匹計凡三十万。湖南北銭之上京者二十七万、銀二十二万、絹一十三万。両浙東西銭之上京者七十四万、銀四万八千、絹七十二万。福建銀之上京者二十万八千。此其大凡而奇羸之数不与焉」。

(41)『長編』251熙寧7.3.13庚戌「両浙察訪沈括言、両浙上供帛年額九十八万、民間賠備甚多、後来発運司以移用財貨為名、復増両浙預買紬絹十二万、乞罷之以寛民力。従之」。なお『会要』食貨64-1～16〔匹帛〕によれば、熙寧末年(1077)の両浙路の上供紬絹総収は118,2337匹、これに対し両税紬絹総収は77,7265匹であった。なお南宋建炎元年(1127)、浙東の和預買絹歳額は96,6000匹、うち越州が20,0500匹で一路の30%を占め、越州と同額の杭州は前年に12万匹に減額したという。『宋史』372翟汝文伝「建炎改元、上疏言、陛下即位赦書、上供常数後為献利之臣所増者、当議裁損。如浙東和預買絹歳九十七万六千匹、而越州乃二十万五百匹、以一路計之、当十之三。如杭州歳起之額蓋与越州等、杭州去年已減十二万匹、独越州尚如旧、今乞視戸等第減罷」。両浙路の東西分離は紹興元年(1131)のことであるから、「浙東」は「両浙」の、「十之三」は「十之二」の誤り。両浙路ないし越州の紬絹上供定額は元豊期から北宋最末期・南宋初期まで殆ど変動しなかったことが分る。

(42)『長編』166皇祐1.2.5戊辰「権三司使葉清臣言、…臣欲乞今後転運使副得替、亦差両制臣僚考較…

今具考課事目如後。一、戸口之登耗。二、土田之荒闢。三、塩・茶・酒・税統比増虧遞年祖額。四、上供和糴・和買物不虧年額抛数。五、報応朝省文字及帳案斉足…。詔従之」。

(43)『長編』135慶暦2.1.17壬戌「(范)仲淹復奏曰、…臣前知越州、毎歳納税絹十二万、和買絹二十万、一郡之入、余三十万、儻以啖戎、是費一郡之入、而息天下之弊也」。

(44) 張方平『楽全集』25論免役銭劄子「今以一陳州言之、州四県合二万九千七百有余戸、夏秋二税、凡斛㪷一十五万八千有零石、正税並和預買紬絹三万有零疋、糸綿四万九千有零両、此常賦也」。また准南の楚・濠州２州の上供絹3000匹は内蔵庫の両浙路歳額を割付けたもので、内蔵庫は各路の歳額に基づいて上供銭帛を収納し、諸庫への移管を禁止していた。『長編』265熙寧8.6.3癸巳「内蔵庫言、楚・濠州運絹三千匹、実本庫歳納之数、三司迺乞寄納於左蔵庫。乞詔三司遵守条制、毋下諸庫寄納。上批、係内庫路分上供銭帛、三司毋得別作名目移寄、致虧年額」。

(45) 京東路では元豊３年(1080)に路の歳額を30万匹「増額」したが、紹聖元年(1094)の京東東西路の紬絹・糸綿の上供歳額は200万匹両、また江南西路の大観年中(1107-10)の歳額は50万匹であった。『宋史』食貨志・布帛p.4234「…(元豊)三年、京東転運司請増預買数三十万、即本路移易、従之。…紹聖元年…提点京東刑獄程堂亦言、京東・河北災民流未復、今転運司東西路歳額、無慮二百万匹両、又於例外増買、請罷之。…江西和買紬絹歳五十万匹、旧以銭・塩七分預給…」。なお総序注(１)前稿の注(45)で筆者は誤って『浮渓文粋』14張根行状にこれと同文がある旨付記している。今この注文を削除する。建中靖国元年(1101)には京東・西で各20万匹、河北東・西で各15万匹、京西南・北で各５万匹、准南東・西で各５万匹、両浙で10万匹、９路で計100万匹の上供和買紬絹の“増額”が行われた。『会要』食貨38-4〔和市〕建中靖国1.10.23「中書省検会当年五月七日指揮、令提挙司各那借本司剰銭、同転運司於来年依例預行支散価銭。和買絹、京東・西路各二十万匹、河北東・西路各十五万匹、京西南・北路各五万匹、淮南東・西路各五万匹、両浙路十万匹、逐旋依条計綱起発上京、赴元豊庫送納」。

(46)『会要』食貨38-5〔和市〕崇寧5.3.27「詔、訪聞川峡路和買絹布数目、比元豊倍多…可令川峡逐路転運司、厳切指揮諸州県、各将元豊年中支俵和買絹布数目、取其間最多者一年、立為永額」。

(47)『長編』89天禧1.3.11庚戌「陜西転運使段惟幾言、所部歳給諸軍衣絹二百万、皆自川峡輦輸而至。今請以羨数七十万上供、詔令所在別庫貯之」。『雑記』甲14両川畸零絹估銭「両川畸零絹估銭者、本三路綱也。承平時、東西両川毎歳於二税及和買畸零絹内起正色絹三十万匹、応副陜西・京西・河東支遣、謂之三路綱運」。また四川ではこの三路絹綱の他に布綱70万匹があり、毎匹300文で計100万貫の上供額外の負担があった。『雑記』乙16四川椿管銭物「祖宗時蜀中上供、正賦之外、惟有三路絹綱三十万匹、布綱七十万匹、為直三百文而茶塩酒皆有管榷、是上供之外一歳供於地方、僅三十万緡【絹直九万、布直二十一万】」。

(48) 北宋・皇祐ころまで、両浙路婺州の上供羅が１万匹あり(『考索』53賦税門・田賦類「減上供数目」)、また慶暦ころ益・梓二路の市買の綾・錦・鹿胎1.2万匹が半減された(『長編』153慶暦4.11.25壬午)。『会要』食貨64-11～16〔匹帛〕諸路合発布帛総数によれば、南宋期の上供羅は浙東路2112匹・成都府路45匹、上供綾は浙東路5234匹・浙西路8766匹・成都府路7865匹・潼川府路26368匹、上供平絁が荊湖南路3000匹、紫碧綺が成都府路に180匹、錦が成都府路に1700匹。全てを合計しても僅か7,4282匹と少額である。

(49) 蔡襄『蔡忠恵公文集』22論兵十事「…匹帛紬絹絁、収八百七十四万五千五百三十五匹【内税絹二百七十六万三千五百九十二匹】、支七百二十三万五千六百四十一匹【南郊賞格不在数内、綾羅錦綺不在数内】。

(50)『会要』食貨64-1～16〔匹帛〕では、上供絹287,6105匹と上供紬46,8744匹とを合せて上供紬絹は334,4849匹。両税絹293,5586匹と両税紬41,5570とを合せて両税紬絹は335,1156匹。なお『通考』24国用二歴代国用p.233下に、蘇轍『欒城後集』15「元祐会計録・収支序」を引いて「今者一歳之入…紬絹以疋計者一百五十一万、而其出之不尽者七十四万…」とあるが、同書原文には「…紬絹以疋計者一百五十一万、其出之多其〔者〕十七万、穀以石計者二千四百四十五万、而其出之不尽者七十四万」とあり、紬絹は歳入151万匹に対し歳出168万匹、斛㪷は歳入2445万石に対し歳出2371万石、とする。これによれば元祐期の両税紬絹総収は熙豊期の半額以下である。

(51) 夏税絹帛の課額は江南諸路では田土に科される「税銭」額を基準としたので、各州の「税銭」総額が墾田面積の増減等の要因で変動すると、夏税絹帛の納入課額も変動する。福州の夏税銭総額は、大中祥符４年(1011)に7069貫有奇、南宋淳照年間に8148貫有奇であった。注(31)拙稿参照。

(52) 歳入の基幹部分における軍事支出の規定性から、宋代国家財政における「量出制入」原則の貫徹を指摘したものとして宮澤知之注(20)前掲論文を参照。

(53)『会要』食貨38-13〔和市〕建炎3.3.14「両浙転運副使王琮等言、昨乞将本路逐州今年合発上供和買・夏税紬絹共計一百一十七万七千八百四匹、令人戸毎匹折納価銭二貫文足、計三百五万九千二百二十八貫一百一十文省、未承回降指揮…」。

(54) 拙稿「両税折納における納税価格と市場価格」三南宋の上供紬絹と折帛銭(『中国専制国家と社会統合』1990、『宋代税政史研究』後篇第四章に所収)を参照。

(55)『嘉定赤城志』16財賦門・上供「紬二千五百三十五匹【以諸県第一等戸資銭・家活銭起納、夏税和買内科折起発、納左蔵庫】、絹一万一千一百一十二匹【以諸県第二等・第三等戸資銭・家活銭起納、夏税和買内起発上件、納左蔵庫、余絹椿支本州官兵衣賜等用】、折絹銭一万一千四百三十四匹、為銭四万五千七百三十六貫文【以諸県第四止末等戸資銭起納、夏税等銭内起発、…納左蔵庫】、綿二万八千九百一十四両一銭【以諸県第一等戸資銭科折、納左蔵庫】、折帛銭二十二万六千九百九十八貫二十八文【以諸県第一止第四等戸資銭起納、夏税和買内科折一半起発、…納左蔵庫】」。

図１　宋代上供の定額と費目構成

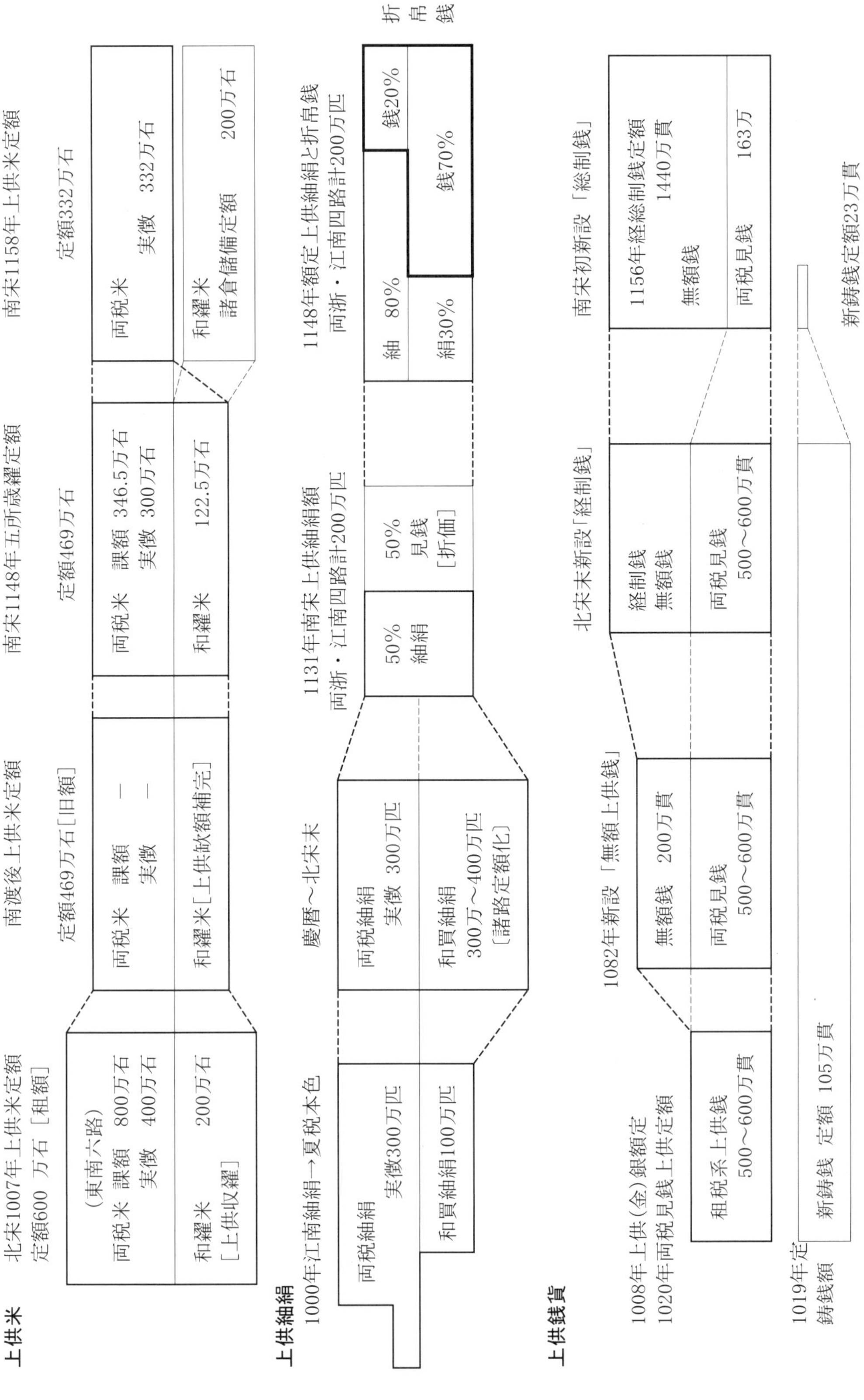
上供米
北宋1007年上供米定額
定額600 万石［租額］
（東南六路）
両税米　課額　800万石
実徴　400万石
和糴米　200万石
［上供収糴］
南渡後上供米定額
定額469万石［旧額］
両税米　課額　—
実徴　—
和糴米［上供畝額補完］
南宋1148年五所歳糴定額
定額469万石
両税米　課額　346.5万石
実徴　300万石
和糴米　122.5万石
南宋1158年上供米定額
定額332万石
両税米
実徴　332万石
和糴米
諸倉儲備定額　200万石
上供紬絹
1000年江南紬絹→夏税本色
両税紬絹
実徴300万匹
和買紬絹100万匹
慶暦～北宋末
両税紬絹
実徴　300万匹
和買紬絹
300万～400万匹
［諸路定額化］
1131年南宋上供紬絹額
両浙・江南四路計200万匹
50%
紬絹
50%
見銭
［折価］
1148年額定上供紬絹と折帛銭
両浙・江南四路計200万匹
紬　80%
銭20%
絹30%
銭70%
折帛銭
上供銭貨
1008年上供（金）銀額定
1020年両税見銭上供定額
租税系上供銭
500～600万貫
1082年新設「無額上供銭」
無額銭　200万貫
両税見銭
500～600万貫
北宋末新設「経制銭」
経制銭
無額銭
両税見銭
500～600万貫
南宋初新設「総制銭」
1156年経総制銭定額
1440万貫
無額銭
両税見銭　163万
1019年定
鋳銭額
新鋳銭　定額 105万貫
新鋳銭定額23万貫

第2章　上供銭貨の諸系統—北宋時代—

はじめに

宋朝の財政収支に占める貨幣の比重は、国初以来一貫して増課傾向にあり、とくに北宋では新法が実施された熙寧元豊年間、南宋では各種財政再建策が施行された紹興年間の増加が著しい。この現象は「財政の貨幣化」として、宋朝国家財政の特徴の一つとされてきた。巨額の銅銭鋳造や各種紙幣の発行、新法期および南宋初期に創設された各種銭額制附加税・雑税など、貨幣収入の増加をもたらした一連の財政事象は、宋代に飛躍的に発達した民間の商品流通ないし貨幣経済に、政府が財政的に対応した結果であると説明される(1)。これに対し宮澤知之氏は、北宋の財政における貨幣の収支動向の分析から、国家は自ら、租税の支払手段としての、また軍事的使用価値に規定される交換手段としての機能を軸に、租税その他の方法で調達した貨幣を、これも自ら構築した全国的な商品流通市場に投入し運用することにより、財政の貨幣化を推進したとの見解を示した(2)。

宋朝財政における貨幣の収入源としては、大きく分けて銭監で鋳造された銅銭(新鋳銭)と、賦税や課利として徴収された見銭との二分野がある。鋳銭監からの上供や各種の課税によって、中央地方の各級官府が徴収した巨額の貨幣は、官員兵士の請給として、或いは和糴・和買・科率その他の方法による各種財貨の調達資金として支出された。財政の貨幣化は、社会と国家との間の一大循環構造を支える貨幣の流れとして、財政収支の両面からとらえる必要がある。

宋代には地方官府で徴収された財貨は、地方経費として支用すべきものを除きすべて中央に送られた。これが「上供」とよばれる調達方法である。上供は、地方官府が徴収した財貨の中央地方への移送・転送と、中央からの各種財政支出とを通じて、国家財政の内部に財貨の循壊構造を形成し、これによって歳入歳出の両部門を包括する財政運用体系である(3)。中でも貨幣は糧穀・金銀・絹帛等と並んで宋代の上供を構成する主要な財貨であった。本稿では一般的な交換手段としての貨幣と区別して、財貨として調達される貨幣を銭貨とよぶこととするが、宋代における銭貨の上供は、財政支出を前提とした銭貨の調達として考察されなければならない。

宋代の上供銭貨に関するこれまでの研究は、上供新鋳銭を除くと新法期の免役銭、坊場河渡銭、無額上供銀、北宋末の経制銭、南宋初期の経総制銭、折帛銭、月樁銭、大軍銭等、全て既存の課税体系の外に新たに設けた“附加税”——もしくは“雑税”——として一括して捉えられている(4)。しかもこれら“付加税”による貨幣収入の増加が、そのまま財政の肥大化ないしは人民からの収奪強化ととらえられ、いわゆる宋代「重税」論の論拠ともなっている。

しかし宋代には、新鋳銭や各種銭額制の新税の上供以外に、正賦——正規の租税——の銭納部分を上供させる「上供銭」とよばれる上供銭貨があった。正規の租税とは、『宋史』174食貨上二賦税の冒頭部分に概括する五種の歳賦のことで(5)、本稿ではこの上供銭貨を他の上供銭貨と区別して租税系上供銭とよぶこととする。この租税系上供銭は南北両宋を通じて存在したが、これまでの研究では殆ど注目されていない。

本稿では、北宋期における幾つかの系統の上供銭貨について、それぞれの財源と調達方式を中心に考察する。とくに租税系上供銭については、その構成内容と上供率、新鋳銭の上供との関係などについて検討を加える。上に見た“財政の貨幣化”という研究課題に照らせば、時代も対象も限定されたものであるが、本稿での検討結果を、南宋期の各種上供銀貨の系統的理解および両宋を通じた財政構造・財政運用の体系的理解を深めるための前提としたい。

1．北宋前半期における銭貨の上供

宋朝は江南平定の以前から財貨の国都への集中をはかり、租税・課利等の総収入の中から州軍の必要経費を留保したのち、残余をすべて上供させた。上供される財貨は、州軍に存留する必要経費と糧斛とを除く、見銭・絹帛の全額であった(6)。ただし州軍が存留する財貨は地方支費として中央の管理下に置かれ、開宝6年(973)の「公使銭物」の全面的な係省化、淳化5年(994)の諸州軍の財政収支の中央への報告制度の確立などの措置を経て、会計上の州軍財政の中央管理、すなわち財政収支の一元的掌握は、10世紀末ごろまでには確立したと見られる(7)。

かくして太宗朝の末期には、宋朝財政の収支の全容が、概略初めて明らかになる。『長編』42末尾に至道末(997)の租税収入を、同97末尾に天禧末(1021)の租税・上供・課利その他の総収支を載せ、このうち幾つかの費目について至道末の歳入と対比している。このうち銭貨について、両年次の歳入を比較したものが**表3**である(8)。

表3　北宋至道末・天禧末の銭貨収入　　　(単位：万貫)

	租税	上供銭	榷利所獲	天下総獲	銅銭歳鋳
至道末(997)	465.0	169.2	1123.3	2224.58	80.0
景徳末(1007)					183.0
天禧末(1021)	735.8			2653.0	105.0

天禧末の租税の銭数は「至道末に比べ270,8000余貫を増した」とあるのに拠る。至道末には上供の銭と課利の銭とを区別するが、天禧末には「上供はただ銭と絹帛だけが増え、他は移用したので頗る旧額を減じた」というから、おそらく租税の総収を除き、上供と課利その他を合せた銭貨の全収入を「天下総獲」として記載する。また鋳造銅銭についてはこれらとは別に「銭幣之制」の項目を立てて、至道中・景徳末・天禧末の歳鋳額を載せる。こうした記載の体例から、至道末の銭貨収入が租税・上供・課利・鋳銭の四項目に分別して会計されていたことがわかる。

租税ではなく各種課利の銭貨収入について、諸史料に初めて費目ごとの銭額の記載が現れるのはいずれも至道年間である。塩・茶・酒・税等課利の徴収体制を整備して、徴収実績に基づいてそれぞれの「祖額」を定め、三司が一括管理する体制が整うまでには、太宗朝後半期の端拱から景徳年間まで、20年近くを要している(9)。酒課の祖額の立定は咸平4年(1001)であるから、至道末の「榷利総獲」は茶・塩・酒・税等全ての課利の祖額の合計ではなく、それぞれの歳収(実徴歳額)を集計したものである。

課利収入は博買・沿辺入中など京師榷貨務の通商収益を除いて、国初以来、州県の歳入の根幹を構成したが、会計上の「留州」として「上供」の対象とはされず、その殆どが地方経費――主に州県官員・兵士の請給――に充当された(10)。なお新法期以降になると、租税・課利を含む各種課税の管轄系統の改革にともない、塩酒の課利価銭の増額分が新規の上供銭貨に指定されたり、また崇寧以降には塩法・茶法の改革によりその収入が悉く中央化されて州県・転運司の財政を困窮させることとなる(11)。

新鋳銭について、『長編』の記載は上供の銭額と至道末・景徳末・天禧末の歳鋳銭額とを別記する。したがって新鋳銭の額は上供の銭額のうちには含まれないと見られる。新鋳銭は、太平興国2年(977)に旧南唐領の江南永平監が初めて7万貫を鋳造して以降、同8年(985)に30万貫、至道2年(996)には新置の池州永豊監と合せて60余万貫、さらに至道中(995-97)には80万貫というように、漸次歳鋳額を増加させ、咸平3年(1000)には新置の建州豊国監・江州広寧藍を合せた四監で225万貫を鋳造した。その後、景徳末(1007)には183万貫と、これまでの最高額を記録したが、大中祥符以降は銅坑が不振となり、同9年(1016)には歳に125万貫を鋳造したのち、天禧に入って70万貫にまで落込み、末年(1021)に至ってようやく105万貫の歳鋳を回復した(12)。

太平興国2年(977)に設置した永平監に永豊・広寧・豊国の三監を加え、中央四銭監で130万貫を上供した至道・咸平年間に、新鋳銭の上供が開始されたとする説がある(13)。その論拠とされる『玉海』180銭幣・中興鋳銭監に引く紹興3年8月の工部侍郎李擢の言には、

> 至道・咸平年間には、(永平監のほか)永豊・広寧・豊国の三監が置かれ、総額86万余緡を鋳造した。一歳に130余万緡を上供した。

とあり、これまで鋳造額でしか示されなかった新鋳銭歳額について確かに「上供」の呼称が用いられ、上供した新鋳銭の額は130余万貫としている。しかし中央四銭監の上供「元額」105万貫が定められるのは天禧3年(1019)のことであり、北宋期の同時代史料で新鋳銭を「上供銭」と呼んだ例は見当らない。『玉海』所引「一歳上供百三十余万緡」は至道・咸平年間(995-1003)の上供定額ではなく、ただこの間の某年の歳鋳額が130万貫であったと言うに過ぎないのではないか(14)。

景徳3年(1006)になって、史料上初めて上供銭貨に対する「上供銭」の呼称が現れる。しかしこの「上供銭」は新鋳銭ではない。『長編』62同年正月の条によれば、このとき京東西・河東・陝西・江南・淮南・両浙の各路に常平倉を置き、管内諸州の戸口の多少を基準に「上供銭」を州に留置き、この実銭で市価に上乗せした価格で収糴し、支出した銭額は10年後に三司に

償還すればよい、とした(15)。この措置は、本来三司への送納を義務づけられた諸州の正規の上供銭貨の一部を、常平倉の収糴の運用資金に充てたものである。上の諸路のうち江南路を除いて当時上供銭監がないことから、この銭貨が新鋳銭でないことは明らかである。常平倉の設置という政策目標から見ても、諸州軍に存留された「上供銭」は租税系の上供銭貨を指したものである。

さらに景祐2年(1035)にも租税系銭貨の上供の事例が見える。『長編』117景祐2.10.17丁卯の条に、

上封者が言うには、諸路が毎歳緡銭を京師に輸送するので、各地で“銀重貨軽”の弊害がみられる。そこで詔して、江東は5万緡で紬絹綿を買い、福建・広東は各々10万緡、広西は8万緡で銀を買い、淮南・湖北は各々5万貫、両浙は5,5000貫で、旧来どおり緡銭を輸送させることとした。

とあり(16)、これは諸路の銅銭不足を緩和するための措置で、“銀重貨軽”の七路は総額48.5万貫の銭貨を上供しているが、そのうち淮南・湖北・両浙三路計15.5万貫は旧来どおり見銭を上供させ、江東・福建・広東・広西の四路については計33万貫の見銭で紬絹または銀を買上げ、民間の銅銭流通を促すことで銀価の高騰を抑えようとした。これら諸路はいずれも官売塩の行塩区であり、その塩課収入は地方経費「留州」として州軍への存留を原則としたから、毎歳京師に送るという上供銭貨にこれら諸路の塩課収入を充てることはできない。沿辺入中においては天聖9年(1031)から「東南塩」——淮南塩・両浙塩・福建塩・広南塩の総称——を用いた償還が行われていたが(17)、「東南塩」の通商による塩課収入は中央会計に属するため、諸路州軍が塩課収入を京師へ輸送することはありえない。また江東・福建以外の諸路に銭監はないので、七路すべてが京師に送納する上供銭貨は新鋳銭ではない。したがってこの見銭は——ここでは「上供銭」と呼ばれてはいないが——、上に見た景徳3年(1006)の諸路「上供銭」と同じ租税系の上供銀貨を言うことは明らかである。

このように、北宋前半期の上供銭貨には租税系の上供銭貨と新鋳銭との二つの系統があった。課利収入の銭貨は、通商塩の塩課収入は中央会計に入り、官売塩の塩課収入は全て「留州」——地方経費——に充当されるので、諸路州軍から上供銭として京師に送られることはない。租税系の上供銭貨は「上供銭」と呼ばれ、景徳3年(1006)の江淮等七路の諸路常平倉の設置に当っては、その一部——七路総額で48.5万貫——が常平倉の運用資金に充てられた。**表3**に見たように、至道末(997)には全国の租税収入の銭貨総額465万貫のうち169.2万貫の銭が上供された。租税系銭貨総入に対する諸路州軍からの上供率は約36.3%となる。租税系上供銭は、新鋳銭の上供「元額」制定から4カ月を経た天禧4年(1020)4月にその上供定額を定めたと言うが、今その額を知ることはできない。

2．新鋳銭の上供

真宗朝の初期には、咸平３年(1000)に上供絹帛、景徳４年(1007)に上供米、大中祥符元年(1008)に上供銀が相次いで定額化されたが、租税系上供銭はこれらからかなり遅れ、天禧４年(1020) ４月に定額が立てられた(18)。そのわずか４か月前の天禧３年(1019)12月、新鋳銭の上供定額が立定されている。この二つの上供銭貨が相次いで定額化されたのは偶然ではない。

(１)上供新鋳銭の定額

天禧３年(1019)12月、詔を准けて三司と内蔵庫とが協議した結果、「今後、塩税銭と毎歳別に出す銭との合計60万貫を左蔵庫に送る」という内容の、内蔵庫から左蔵庫への回送銭貨の額を倍増する計画が裁可された(19)。この60万貫の回送を恒常化するためには、内蔵庫への新鋳銭の納入額を増やす必要があるが、その額は次のような計算に基づいて定められた。

旧例では、内蔵庫は毎年銭30万貫を引き出して三司に与えてきたが、このたび三司は毎年さらに30万貫を回すよう求めてきた。本庫が天禧２年の饒・池・江等州の鋳銭約70万貫を基準にして、毎年銭60万貫文を引出して三司に与えれば、10万貫の在庫がある。しかし三年ごとの南郊大礼に銭100万貫の支出が必要なので、本庫の銭は70万貫の赤字となる。もし饒・池・江等州の鋳銭が「元額」105万貫に達してから納めさせれば、毎年(60万貫を三司に)与えてなお45万貫文の在庫があり、三年ごとの南郊大礼に銭100万貫を支出しても、35万貫文の在庫が残る。

こうして天禧３年12月、四銭監の新鋳銭上供額105万貫を「元額」と定めるとともに、四銭監から内蔵庫に上供する新鋳銭と、内蔵庫から左蔵庫(→三司)に回送する見銭との二本の銭貨の流れについては次のように整理された。

(ⅰ)四銭監は毎年105万貫の新鋳銭を内蔵庫に納入する。

(ⅱ)内蔵庫は毎年60万貫を左蔵庫に回送する。

(ⅰ)は原文には「如是饒・池・江等州鋳銭、及得元額一百五万貫到庫」とあり、正確には、前年に70万貫にまで落込んだ鋳銭額を「元額」105万貫に引上げた段階で内蔵庫に入れさせる、という意味である。四監の歳鋳額が105万貫に達したのは２年後の天禧５年(1021)のことであったから(20)、この制度が実際に発足するのは天禧５年ということになる。(ⅱ)は大中祥符年間以降、恒常的に回送されていた内蔵庫から左蔵庫への30万貫の見銭を、今後は60万貫に倍増するという意味を込めた内容である(21)。

内蔵庫から左蔵庫へ回送される60万貫の銭は、『宋史』179食貨下一会計には「旧蓄緡銭」60万貫とある(22)。この緡銭は上の裁定によれば「塩税銭」に別の緡銭を加えた合計額である。すなわちこの時以降、内蔵庫から左蔵庫へ定期的に回送する銭貨には、新鋳銭ではなく、内蔵庫が旧来より蓄えてきた塩税銭その他の上供銭貨が充てられた。この回送銭貨は「年退銭」と呼ばれ、熙寧の改制まで約50年間、缺かすことなく毎年60万貫が回送された(23)。

しかし左蔵庫への回送銭貨を新鋳銭から塩税銭などの“旧蓄緡銭”に切替えたとしても、これらは租税系の上供銭貨のため直ちに増額することはできず、内蔵庫としてはこの支出に見合う額を新鋳銭によって埋合せなければならない。そのため内蔵庫は、回送分を補完する年額60万貫と三年一度の南郊大礼の経費100万貫、これにおそらくは少なくとも年平均10万貫以上の在庫を確保することを見込んで、年額105万貫という上供定額を算定したものと思われる。新鋳銭の歳鋳「元額」105万貫は、従来から設定されていた恒常的な上供定額ではなく(24)、四銭監の歳鋳額がまだ目標の105万貫に達していない天禧３年(1019)に立定されたことから明らかなように、内蔵庫から左蔵庫への60万貫の回送と内蔵庫の在庫の確保という、三司・内蔵庫双方の要求を両立させるための政策的な上供定額として策定されたものである。

(２)内蔵庫・左蔵庫間の銭貨の流れ

国初以来、賦税収入中の金銀銭帛——すなわち糧穀(斛斗)以外の紬絹と雑銭——は、留州分を残して上供し、転運司が監督して全額をて左蔵庫に搬入するのが原則であった。やがて江南諸国を平定し全国統一をなしとげた太宗朝の初期、左蔵庫の財貨は充溢し、太平興国３年(978)には左蔵庫を南北に分割して、北庫の地に内蔵庫を新設した。このとき左蔵庫の余剰財貨を内蔵庫に分割して回送し、内蔵庫の歳入を銅銭100余万緡・銀10余万両と定めた(25)。当時、左蔵庫が管理する銭貨で毎年100万貫以上の歳入を確保できるのは、租税系の上供銭貨をおいて他にはない。このときから、租税系上供銭は内蔵庫の恒常的な歳入費目を構成する主要財貨となった。その後、これまで左蔵庫に納入されていた上供銭貨も次第に内蔵庫に納入されるようになり(26)、新鋳銭のような新たな上供銭貨も加わって、真宗朝の初めには内蔵庫の蓄積財貨が左蔵庫のそれを上回り、両財庫間の財貨の流れはその方向を逆転させることになる。

銅銭について見ると、真宗朝を通じて内蔵庫から三司に宛てて支出された額は、景徳３年(1006)から天禧末(1021)までの16年間の累計で853万貫、この間支出がないのは大中祥符２年(1009)だけだから、年平均約57万貫となるが、年によっては160万貫(大中祥符５年)、230万貫(同９年)、90万貫(天禧２年)というように膨大な額を支出し(27)、しかもこの間、毎年缺かすことなく30万貫を左蔵庫へ回送している。これほど多額の銅銭の支出は、前に見たこの時期の銅坑の不振、鋳銭歳額の停滞状況から見て、新鋳銭の受入れだけでは到底果しえない。

この時期の内蔵庫には新鋳銭以外に大量の緡銭収入があったはずである。内蔵庫は大中祥符５年(1021)までに金銀・珠玉香薬・錦帛・銅銭の四庫に分けられ、銅銭庫はさらに新旧二庫に分けられていたという(28)。新庫には毎年の新鋳銭を、旧庫には前年までの鋳銭その他の上供銭貨を納めたと考えられるが、中でも「塩税銭」は旧庫に納められた「旧蓄緡銭」の主要な構成要素であったと思われる。

「塩税銭」は課利の塩課ではなく、五代時期の榷塩法を宋初に撤廃した地域で、榷塩課額を民戸の雑税として土地税化した「塩銭」をいう(29)。国初にはなお河北・河南の末塩界に限定されていたが、その後通商地分が拡大し、真宗朝以降になると塩課にかえて塩銭を徴収した地域は江南・淮南・両浙・荊湖・陝西等路にまで広がった。塩銭の価額は蚕塩の場合、榷塩下の旧塩利額に対して五代には100%を科徴していたが、宋初から漸次減額され、北宋末には60%で定着して南宋に継承される(30)。北宋前半期における塩銭の徴収額を示す史料は少ないが、太宗の雍熙元年(984)、一時江南塩の禁榷を解除したとき、徴収した塩銭の額は江南官売額の約70%、53.5万余貫に達したという(31)。

塩銭は雑税であるが、会計上は「上供銭」に属する租税系上供銭の一費目である。しかし新鋳銭に対しては、内蔵庫への納入「元額」を定めた当時の史料がいずれも「上供銭」と呼んでいない(32)。これは当時、「塩銭」のような租税系上供銭が内蔵庫に納入されていたためと考えられる。

仁宗朝を通じて内蔵庫から左蔵庫(→三司)への財貨の貸与は頻度数量ともに増加し、末期になると内蔵庫の在庫が激減するいう事態を招いた(33)。しかしこの間、新鋳銭の上供定額は天禧3年(1019)に定めた105万貫が維持され、年退銭60万貫の回送も安定的に運用された。

神宗が即位すると、王安石は上供銭監の鋳銭額の増大をはかる一方、三司の権限を強化し、金銀銭貨の内蔵庫への納入を減らして、逆に左蔵庫(戸部)への納入を拡大する政策をとった。まず熙寧2年(1069)、上供金銀の納人先を内蔵庫から左蔵庫に変更し(34)、ついで熙寧5年(1072)新鋳銭の上供定額105万貫のうち、内蔵庫へは11万貫だけを納入させ、残余93万余貫を直接左蔵庫に納入させて三司の管理下に置いた。これにともない年退銭60万貫の制度は廃止された(35)。その後、元豊3年(1080)、従来より内蔵庫に納入されていた「額外鋳銭」の額を固定して、35万貫を年額とした。これにより新鋳銭の上供総額は、内蔵庫分50万貫(額外鋳銭35万貫と上供定額のうち15万貫)に左蔵庫分90万貫を加えた140万貫となった。ただし上供定額105万貫は引続き維持されて北宋末に至る(36)。

このように上供新鋳銭は北宋を通じて内蔵庫に納入されたのではなく、定額化の当初は105万貫の全額が内蔵庫に納入されたが、熙寧・元豊期の改制を経て、毎年90万貫が左蔵庫に納入されるようになった。これは三司の財貨運用を強化して、上供銭貨の効率的運用をはかる新法期財政の特質が、財庫の管理に反映したものと見るべきであろう。

新鋳銭の上供定額105万貫は、内蔵庫から左蔵庫への年額60万貫の回送と、内蔵庫の恒常的な在庫確保とを両立させる政策的な数値として、天禧3年12月に定められた。年額60万の回送銭貨は内蔵庫に蓄えられた塩銭など租税系の上供銭貨であった。新鋳銭105万貫の定額化により、内蔵庫から左蔵庫への租税系上供銭貨の回送額の倍増が可能になり、三司の財貨運用は一段と強化された。

3．租税系上供銭

新鋳銭の上供定額を定めて4カ月後、天禧4年(1020) 4月に租税系上供銭が定額化された。上供新鋳銭の定額化のさい、内蔵庫から左蔵庫への恒常的な60万貫の回送銭貨として、塩銭など租税系の上供銭貨を充てたことから、租税系上供銭貨の定額化は、三司が新鋳銭の上供定額化に連動して実施した財政措置であった。本節では租税系上供銭について、その定額と構成内容、上供率の各項に分けて検討する。

(1)租税系上供銭の定額

天禧3年12月に定めた租税系上供銭の定額がどれほどのものであったのか、直接その額を示す史料はない。しかし限られた史料から、以下のような推測が可能である。

『宋史』179食貨・会計p.4371に、

神宗即位の初め、詔して毎歳内蔵庫に納める銭帛の額を立てた。慶暦の上供をみて額を決めた。

とある(37)。上供銭帛の定額はすでに真宗朝に立てられていたから、これは治平4年(1067)の神宗の即位にともない、仁宗朝末期に悪化した財政の再建策の一環として打ち出された、上供定額の改定作業であったと見られる。ただしこのころ内蔵庫に納める上供銭物は、路ごとの費目と歳額とを厳しく定めるようになっていたから(38)、この時の上供定額の改定は、上供総額の改定ではなく、路ごとの歳額の改定であったようである。

治平4年に諸路の上供歳額改定の参考にしたという慶暦年間の上供実績とはいかなるものであったか。『考索』続集46財用門・東南財賦「祖宗之時銀絹繒絮銭穀咸仰給於東南」には、仁宗皇帝の慶暦3年(1043)に、

国家の財賦を会計し、一年以内に定式をつくれ。州県の人件費や諸路の輸送経費は控除し、漕運・陸運の舟車の費用を勘案せよ。

という内容の詔が出されたことを記す(39)。式を定めるというからには、諸路の上供歳額の総点検が行われ、その成果を参照したものと思われる。さらに後文には「而して東南金帛の成数、皆な考う可し」とあり、章如愚はこのときの東南諸路の金銀銭帛の上供歳額の概数を次表のように記している(40)。

表4　北宋慶暦3年 諸路上供銭・銀・絹額

	江南東路	江南西路	荊湖北路	両浙東西路	福建路
上供銭[万貫]	89.0	34.0	27.0	74.0	—
上供銀[万両]	20.0	13.0	22.0	4.8	20.8
上供絹[万匹]	50.0	30.0	13.0	72.0	

これによると、東南六路の上供銭の合計は約224万緡となる。福建路など銭監があるのに上供額がないものや、逆に上供額があるのに銭監のない両浙路・荆湖北路等がある所から、この銭額は鋳銭額ではなく、明らかに租税系上供銭額を記したものである。

租税系上供銭貨の全国の歳入を記す史料として、『宋史』179食貨・会計p.4362崇寧６年の尚書右丞宇文枠中の言に、

祖宗の時、国計の仰ぐ所は皆な実数があった。有額上供が400万貫、無額上供が200万貫、京師の商税や店宅務・抵当所等諸処の雑収入が100余万貫である。三司はこの700万貫の歳入で一年の経費をまかない、その余剰を蓄えて不測の用に備えた。

とある(41)。「無額上供」の費目が見えるので、この数字は元豊５年(1082)以降のものである(42)。また、「有額上供」に新鋳銭は含まれないので、400万貫は左蔵庫に納入される租税系上供銭の総額である。すなわち２年前の元豊３年(1080)、前節(２)で見たように、上供新鋳銭の内蔵庫・左蔵庫への分配方式が改定され、天禧以来の定額105万貫は内蔵庫分15万貫と左蔵庫分90万貫とに分割された。さらに左蔵庫はここから毎年33万余貫ずつを内蔵庫に入れ、内蔵庫はこれを三年一次の南郊大礼に備えて封椿した。三司の管理下にあるとはいえ恒常的な歳入を構成しない上供新鋳銭は、三司の一年の経費と見ることはできない。

租税系上供銭の総額は慶暦のころ東南六路だけで計224万貫であったから、全国では少なく見積っても300数十万ないし400万貫程度であったと推測される。その後40年以上を経た元豊期に、租税系上供銭の総額がなお約400万貫程度であったことから、慶暦期から新法期をはさんで元豊期まで、租税系上供銭の歳入は殆ど増えていない。新法期の財政は、いわゆる新法系の租税以外の、在来の諸税の課税額を殆ど増加させなかったから(43)、これは租税系上供銭の定額が天禧４年(1020)４月の歳額立定以降、そのまま維持されてきたことを示す。

(２)租税系上供銭の費目構成

租税系上供銭はどのような費目で構成されていたか。北宋期、諸路州軍の租税収入の諸費目を見ると、まず開封府では、張方平によれば、熙寧の初めころ管内諸県の両税の課額が過重なので、皇祐５年(1053)の赦勅によって「元額」から三分を減じて定式となした。その結果、夏秋二税の斛㪷が40万有余石、銭が34万有余貫、紬絹が10万有余疋となった(44)。銭の「元額」は48万余貫であったことになるが、これは斛斗・紬絹を除いた両税の課額であるから、課税額34万有余貫の銭の費目は両税沿納銭であったことがわかる。

また京西北路の陳州では、管内四県の催納すべき夏税は、新法系の諸税を除き、苗米が7,7500石有零、塩銭が1,5800貫有零、正税・屋税・預買・和買それぞれの紬絹が合せて3,0200疋有零、同じく糸綿が4,9000有零両であった(45)。これらの額はいずれも陳州の夏税の「催納すべき」額すなわち課額に基づくものである。陳州の両税の徴収費目について、張方平は別の奏疏において、「陳州の夏秋二税の斛㪷は1,5800有零石、正税・和預買の紬絹は3,0000有零疋、糸綿は4,9000有零両で、これらは常賦である。塩銭1,5800有零貫と夏秋沿納銭は古くからの敝

法であるが、これらの銭は多く斛㪷で折納し、すべて銭を納めるわけではない」とも言う(46)。二つの記事をあわせ、陳州の夏秋の全徴収費目から新法期に創設された青苗銭・免役銭等の税目を除くと、夏秋税の徴収税目は全部で

①夏税斛㪷、②秋税斛㪷、③夏秋沿納銭、以下夏税④塩銭、⑤正税絹帛、⑥屋税絹帛、⑦預買絹帛、⑧和買絹帛

の八項目となる。張方平はこのうち③④については課額は銭であるが多くは折納するといい、⑥の屋税についても正税・和買・預買紬絹とともに紬絹糸綿の額で一括している。しかし屋税については南京応天府の場合、

畿内七県の夏秋米麦は15,2000有零石、絹は4,7000有零疋で、これは田畝桑功から出るもので正税である。ほかに沿納の諸色の名目の雑銭が11,3000有零貫あり、古くからの敝法で、銭額ではあるが銭を納めず穀帛で折納する。ただ屋税5000余貫は、旧来より本色見銭を納めている。

といい(47)、屋税はもともと銭額制の費目であったことがわかる。したがって上に整理した八項目の徴税費目のうち、銭額を課額とするものは③夏秋沿納銭、④塩銭、⑥屋税の三項目となる。

張方平は、夏秋両税の斛㪷・絹帛を「正税」、これと上供の和預買絹帛とを併せて「常賦」、そして塩銭・夏秋沿納銭・屋税等を「敝法」として区別し、それぞれ課税の性格が異なると認識している。この「敝法」は必ずしも「違法」を意味せず、両税の正税たる夏秋の斛㪷・紬絹や定額化された紬絹の上供と比べると、前代以来の古色蒼然たる課税である、という意味であろう。事実、五代の沿徴に淵源する夏秋沿納銭は、宋朝の全国統一後に遂行された両税版籍の整備の過程で、旧来の各種附加税・雑税を統合し、10世紀末ころまでに折変を許容する「縁科物」として定式化された両税の附加税であり(48)、都市住民への課税である屋税と同様、ともに土地税として田賦に準ずる課税がなされた正規の租税である。沿納銭は「雑変之賦」、また屋税は「城郭之賦」として、ともに宋朝の正規の租税として「五賦」の一つに数えられる。

江南においては、やはり五賦の一に数えられる「丁口之賦」すなわち身丁税のほか、夏税絹帛の正税化以前には銭額銭納の夏税「税銭」が徴収され、ともに課額は銭額であった。両浙・福建・荆湖・広南諸路の五代以来の身丁税は、大中祥符４年(1011)秋７月の詔によって、歳額計45万余貫が免放されたが、すでに田賦化していた身丁税は対象とならなかったので、一部地域では銭額制の賦課が継続し、北宋末・南宋初に新たに賦課が始まった身丁銭もある(51)。また、江南には咸平３年(1000)以前、旧呉―南唐領を中心として、両税の夏税課額は「税銭」額で定められ、これを見緡で、または金銀絹帛で折納する慣行があった(52)。

10世紀末から11世紀にかけて、全国で正規の租税として諸州が徴収した銭額制の課税費目をまとめると、前の三項目に江南の二項目を加えて、「税銭」・身丁銀・屋税・塩銭・沿納銭の計五項目となる。これらの中には折納を許容するものもあるがいずれも銭額制制の徴収費目であり、江南諸路の「税銭」一項だけが12世紀前半までに銭額制から物額制に転換した。したがって国初以来、諸州軍が徴収した租税系の上供銭貨の収入源は、12世紀前年に「税銭」の銭額

賦課が廃絶するまでは五項目、その後は身丁銭・屋税・塩銭・沿納銭の計四項目ということになる。これらのうち、沿納銭を除く三項目は両税(正税)の系統ではないが、いずれも「夏秋税」として両税と併せ徴収される宋朝の正規の租税である。租税系上供銭は、これら銭額制の費目ごとに徴収した銭貨の中から、地方支費に充当すべき額を控除したのち、転運司を経て中央財庫に送納された上供銭貨である。

(3)租税系上供銭の上供率

次に、租税系銭貨の歳収総額に対する上供の比率を見てみたい。北宋における租税系の銭貨収入の総額については、英宗の治平年間(1064-67)、三司使に任じた蔡襄の記録がある。『蔡忠恵公文集』22国論要目「論兵十事」によれば、全国の銭貨の総収入は3682,2541貫165文、うち租税系銭貨が493,2991貫文である。ただし斛㪷・紬絹・銭貨の歳収にはそれぞれには折変分が含まれ、課額に缺ける部分は和買による調達や課利の折科分等で補ったというから(53)、租税系上供銭約493万貫は、上供銭の課額ではなく実徴額である。全国の銭貨総収は租税系上供銭だけでなく、課利系その他の各種実銭収入を含むが、これも課額ではなく実徴額である。この二つの数字から、租税系上供銭貨が銭貨総収に占める比率は約13.3%となる。

次に『通考』4田賦四「歴代田賦之制」p.59中によると、熙寧10年の両税系銭貨の総収入は、夏税分が385,2817貫、秋税分が173,3002貫、計558,5819貫であった。この統計は折変分――「雑色」として一括別記――を含まない銭貨の実徴額である(54)。

上記二つの租税系銭貨の実徴額を比べると、新法期をはさんで約10年の間に、租税系銭貨の実徴額はわずか66万貫しか増えていない。新法期には両税課額の増額や夏秋税の増徴は行われなかったから、諸路州県から上供される租税系銭貨の実徴額は、11世紀初頭以降、500万貫前後の水準を維持したであろうと推測される。

一方、国初の江南における旧五代の各種銭額制付加税の統廃合・田税化や、10世紀末以降の両税版籍の整備にともなう雑税の廃止、咸平3年(1003)の江南渚路における折納絹帛の夏税正税化など、銭額制の課税費目の減少によって、真宗朝の初期には、徴収銭貨の課額は国初にくらべ、全国的にはかなり減額したと見られる(55)。その後租税系銭貨の上供定額が定められて後は、沿納銭・屋税等の費目において折変が普及したとしても、課額自体は銭額で維持される。また、さきに見た皇祐5年の開封府における課額の3割減額のように、府州のレベルで夏秋税「元額」が改定されることはあるが、全国的に正税課額の改定はそれほど頻繁かつ大規模に行われることはない。租税系銭貨の実徴額は、全国的には仁宗朝以降、新法期をはさんで北宋末まで、ほぼ同じ水準で推移したと考えられる。

租税系銭貨の課額ないし実徴額が上のように推移したとして、これに対する上供率はどの程度であっただろうか。今の所、その額が判明している租税系上供銭の総収入は、最も早期のものが至道末(997)の上供銭貨の169.2万余貫という額である(1節**表3**)。至道末の租税収入の銭額は465万余貫であったから、上供率は約36%となる。これは諸路州軍が徴収した租税銭貨について、転運司が「留州」「上供」をほぼ 2：1 の比で二分したことを示す。『通考』は天禧 4 年(1020) 4 月に「銭綱」すなわち上供「定額」を定めたと言うが、その額は不明である。ただ『長編』は天禧末の租税銭貨総収を735.8万貫とするので、上供率が至道末と同じ約36％と仮定すると、上供銭額はほぼ264.8万貫となる。また慶暦 3 年ころの上供銭額は東南諸路だけで224万貫であったことから（本節**表 4**）、租税系上供銭の額は、全国的には300数十万貫から400万貫と推測したが、上に見たように治平年間の租税系銭貨の総収入は約493万貫、熙寧10年の上供銭貨総収は約558万貫であった。これら租税系上供銭の実徴収額の順調な徴収実績を見ると、唯一判明する至道末の約36％の上供率は、ほぼ北宋期を通じて維持されたのではないかと推測される(56)。

4．北宋後半期の上供銭貨

陳傅良は『止斎先生文集』19奏状劄子「赴桂陽軍擬奏事劄子第二」において、国初から新法期までの上供の推移について、次のように概括している(57)。

> 宋は建国当初、藩鎮の税賦擅奪の弊を除き、天下の留州銭物をすべて「係省」としたが、全額を中央取り分としたわけではない。当時は上供額を超える中央への送納はなく、上供定額も設けなかった。州軍には通判を置いて収支を会計させ、これを三司に報告した。これを「応在」といい、朝廷にはもともと「封樁起発」の制はなかったのである。建隆から景徳までの45年間、応在の金銀銭帛糧草雑物は7148万〔複合単位〕に達したが、州軍に留めて会計しなかったので、富は天下に蔵えられたといえる。大中祥符元年に三司が奏して諸路の（上供の）歳額を立て、熙寧の新政でその額は倍増した。

留州銭物は国初以来「係省」とされて中央の管理下にあり、淳化以降、州軍の会計収支は州応在司において、元管・新収・已支・見在の四項に分類し三司に上申したことは前に見たが、上供「定額」を定める前は財貨の輸送量も少なく、州軍には多額の財貨が蓄積された。真宗朝を通じて行われた各種財貨の上供定額制定の後も、長期化する対西夏戦で財政事情が悪化する慶暦以前までは、州軍における財貨の蓄積は続いたから(58)、陳傅良が言うように上供の定額化が直ちに州軍「留州」の減少をもたらしたわけではない。また陳傅良は、新法によって上供の額が倍増したと言っているが、これは各種上供の定額を倍増したという意味ではない。上供米や和買紬絹の「定額」が倍増した事実はなく、上供銭貨は租税系・鋳銭系とも北宋末まで天禧の定額が維持された。熙寧・元豊期に上供銭貨の総額が増加し、州軍の歳入の減少が始まったのは、下に見るように、「朝廷封樁銭物」と「無額上供銭」という新規の上供費目が創設されたことによる。

（1）朝廷封樁銭物としての常平銭

新法期には免役銭・青苗銭などの新たな銭額制の附加税が創設され、新法系諸税による銭貨の収入は照寧10年ころには約1800万貫にのぼったという(59)。これら銭貨は当初殆どが地方で支用されたが、しだいに存留された銭貨収入に対して「封椿」の制度が適用されるようになる。封椿とは、三司の管轄下で諸司官府の係省財貨の支用を凍結し、官府間の財貨の移用に備えて封蔵する財政措置で、新法期以前にも諸司の財貨を封椿する措置がとられたことがある(60)。

新法期には諸路の財務の管轄系統が転運司系と常平司系とに二分され、転運司の掌管対象を租税と酒税・商税に限定し、新法諸法を含むその他の財務はすべて常平司が掌管した(61)。この常平司の管轄下で、州県で徴収された諸税の多くの費目が「封椿銭物」に指定された。また提点刑獄司の管轄下では、それまで州軍の収入とされていた禁軍闕額銭が封椿銭物に指定された(62)。

新法系諸税のうち、免役銭は当初すべて地方支費とされたが、熙寧5年(1072)から8年(1075)にかけて、戸長・壮丁・耆長の役を順次廃止し、免役銭の中から支出していた雇銭(耆戸長壮丁雇銭)を封椿して、これを専ら吏禄や保甲の費用に充当した(63)。また、もともと衙前の酬奨や青苗銭の支俵に充てられた坊場税銭(買撲坊場河渡銭)も熙寧8年から封椿され、免役銭とともに吏禄に充当された(64)。これらの銭は一括して「常平銭」と称されたが、州軍における多額の蓄積銭貨の中央移管を企図した政府は、元豊5年(1082)に常平銭の管理権を司農寺から戸部右曹に移し、これを新たに「朝廷封椿銭物」に指定して新設の「元豊庫」に輸納させた(65)。

銭貨に対する封椿の制度は、主として新法系諸税や禁軍闕額銭等、既存の課税体系の外にある銭貨攻入に対して、当初は地方支費とされていたものを中央が他の費用に流用するために発動する財政措置である。あくまでも上供体系の内部で財貨の移用、銭貨の循環の効率化をはかる運用措置であって、直接地方支費を中央が吸い上げる措置ではない。これに対し「朝廷封椿銭物」は、常平司系新法諸税のうち地方に封椿されていた財貨を、元豊庫に輸納させたもので、これは明らかに地方会計の財貨の一部を中央政府が「朝廷」の名で収奪したものである。

この措置によって常平銭は州軍存留分と元豊庫輸納分とに分割された。地方の存留銭貨が中央の元豊庫へ輸納されたという意味で、朝廷封椿銭物としての常平銭を新法期における新たな上供銭貨の創出と見ることもできる。しかし常平銭の元豊庫への搬入は、元豊庫が新設されたこの年かぎりの措置であり、しかもこの年のうちに、常平銭の一半を構成する坊場税銭は「無額上供銭」の一費目に指定され、免役銭の方は従前の封椿方式にもどされた。当時の史料が常平銭の元豊庫への輸納に対して「上供」の語を用いず、したがって常平銭に対して「上供銭」という呼称を与えていないのはそのためである。

(2)無額上供銭の創設

新法期にはもう一つ新親の上供銭貨として「無額上供銭」が創設された。創設年次は、「朝廷封椿銭物」と同じく元豊5年(1082)である。「無額」とは定額を有する「有額」に対し、恒常性・安定性を缺く収入や、或いは地方官府における不定期の雑収入など、総じて定額化できない不定額の銭貨収入に対する呼称である(66)。『通考』23国用一歴代国用p.228下によれば、このとき上供年額外に新たに指定された無額上供銭の徴収費目は、次の15項である。

①坊場税銭、②増添塩酒銭、③売香礬銭、④売秤斗銭、⑤売銅鉛銭、⑥披剃銭、⑦封贈銭、⑧淘尋野料銭、⑨額外鋳到銭、⑩銅鉛本脚銭、⑪竹木税銭、⑫誤支請受銭、⑬代支失陥賞銭、⑭贓罰銭、⑮戸絶物帛銭

これらはいずれも、これまで州軍に存留されて地方支費に充当され、上供銭貨の対象費目とされていなかった徴税費目である。このうち①坊場税銭は、前項で見たように元豊５年以降、耆戸長壮丁雇銭とともに「常平銭」として元豊庫に輸納されたから、無額上供銭は常平銭のうちの坊場税銭だけをその一項に指定して上供させたものである(67)。②増添塩酒銭、③売香礬銭、⑤売銅鉛銭、⑩鋼鉛本脚銭、⑪竹木税銭等は、塩税・酒税・商税・香薬・礬・坑冶等課利に付随する付加税の銭貨収入の一部が、そろって上供銭に指定されるようになったことを示す。その他名称だけからは実体が不明のものも含めて、いずれも地方官府の雑収入である。なお⑨額外鋳到銭は、前節で見たように元豊３年以降は35万貫を年額として、中央四銭監から直接内蔵庫に搬入させた鋳銭で、上供定額外ではあるが年額化されているので「無額」でははない。したがって元豊５年に無額上供銭に指定された額外鋳到銭は、中央四銭監の年額35万貫以外に、諸監が鋳造した新鋳銭で、銅鉄銭合せて27監で約600万貫を鋳造している(68)。無額上供銭は提点刑獄司の管轄下にあり、転運司の扱う租税系上供銭や、常平司の扱う新法系諸税とは明確に区別される。

かくして元豊５年以降、宋朝の上供銭貨は、国初以来の租税系上供銭・上供新鋳銭に新たに無額上供銭が加わって、合せて三系統となった。その後崇寧年間には上供格を重修し、諸路の上供額は十数倍に増加したというが、上供銭貨として新規の費目は創設されていない(69)。このうち租税系上供銭は転運司、新鋳銭は戸部と内蔵・左蔵両庫、無額上供銭は提刑司がそれぞれ管轄した。したがって、元豊５年以降の史料に現われる上供銭貨が上の三系統の上供銭貨のいずれを指すのかは、銭貨の管轄系統によって判別することができる。

元豊５年以前の事例では、熙寧７年(1074)に京東での収糴に当り、転運司は上供銭帛を截留して糴本となした(70)。また元豊元年(1078)には西南辺境での戦費に充てるため、朝廷は度牒500道を三司に賜り、広南西路から三司に輸納すべき上供銀５万緡を広南西路経略司に与え、また湖南では増鋳のため上供銭10万緡を借支して銀銅を買い、鋳造した銭で償還させた(71)。京東・広南東西路には上供銭監はなく、湖南路の場合は地方向け鋳銭監の増鋳策であり、またいずれも無額上供銭の指定以前であるから、これら上供銭は租税系上供銭であることが分る。

無額上供銭が創設された元豊５年以降の事例では、元豊６年(1083)に入内高品の曾処厚が広東路の韶州・恵州に派遣され、「内蔵庫上供銭」を監査したという。広南東路に上供銭監はないが韶州には地方支費用の鋳銭監があるので、この「内蔵庫上供銭」は無額上供銭に指定された額外鋳到銭と見られる(72)。また元豊７年(1084)、広南西路の上供銭を封樁させたが、この上供銀は禁軍闕額銭米とともに封樁されている所から、提刑司が管轄する無額上供銭と見られる(73)。また元祐４年(1089)11月の蘇軾の奏には、「両浙の銭荒対策として、提点刑獄・転運両司のもとにある上供銭を諸州の税戸に与え、それで金銀紬絹を買わせて上供年額を充足さ

せればよい」とある(74)。ここには上供銭の管轄官司が明示され、提点刑獄司の上供銭が無額上供銭を、転運司の上供銭が租税系上供銭をそれぞれ指すことは明らかである。

また元祐５年(1090)には両浙の処州等で新たに銀坑が開鑿され、諸州が管理する上供銭と「無額官銭」の一部を截留して応副し、処州の銀を買って京師に送るという措置がとられた(75)。両浙路には上供銭監はなかったから、戸部の管轄下で買銀の資本として截留された上供銭が租税系上供銭を、「無額官銭」が無額上供銭を指すことは明らかである。また元符元年(1098)には、諸路州軍の起発する「有額上供銭物」について、所定の期限内に所要人員と運船とが調達できない場合は担当官を科罰するよう、江淮荆浙等路制置発運司が要請して裁可された(76)。ここに敢て上供銭物に「有額」の語を冠している所を見れば、無額上供銭は京師への納付期限が他の上供銭とは異なっていたようである。

新法期に出現した二つの上供銭貨は、ともに地方官府の貨幣収入の一部を中央が収奪したものである。封椿の封象とされた耆戸長壮丁雇銭や、坊場税銭を含む無額上供銭は、ともに従来地方官府の収入とされていた諸費目を、新たに上供銭貨に指定して上供させたものである。元豊５年、新規に創設された無額上供銭の総収入は、前節で見たように約200万緡、有額の上供銭の総収入のほぼ半額に達した。常平司・提点刑獄司管轄下の封椿銭物の増加や新規の上供の出現により、州軍では留州が激減し、そのため路内の財貨の過不足を調整しながら上供輸納の責務を遂行してきた転運司の裁量の幅が狭まり、上供が停滞して戸部(左曹)の財政に深刻な影響を及ぼした(77)。新法期の貨幣収入の増加は、全図的に見れば既存の課税体糸の外に新親の銭額制諸税を創設することによってもたらされたが、国家財政の内部では、地方官府や諸路転運司の管理下にある財源を、中央が収奪することによって果されたのである。

おわりに

北宋時代、地方官府で徴収された銭貨は、国初には租税と課利との別なく、留州を残して一括上供されたが、地方支費の中央管理体制の確立にともない、至道末までには会計上、租税系の収入と課利系の収入とは区別されるようになった。課利収入は殆どが地方支費に充当されたが、租税系の銭貨収入は地方支費「留州」を控除した後、残余全額を上供した。これが「租税系上供銭」である。

北宋前半期の上供銭貨としては、「租税系上供銭」とは別に、太宗朝に始まる鋳造銅銭がある。銅銭の歳鋳額は10世紀末には四銭監で計100万貫を超えていたが、11世紀初頭以降は銅坑が振わず、新鋳銭105万貫の上供を定額化したのは天禧３年(1019)12月のことであった。この定額化は同時に内蔵庫から左蔵庫への回送銭貨を年額60万貫に倍増する政策と連動していた。この銭は「年退銭」と呼ばれ、塩銭など租税系上供銭貨が充てられた。そこで内蔵・左蔵両財庫間の銭貨の循環を強化して財政支出の効率化をはかる三司は、その４カ月後の天禧４年４月に租税系上供銭の上供定額を定めた。10世紀末から11世紀初頭にかけて、絹帛・糧斛・金銀等の上供定額があいついで定められる中、「租税系上供銭」の定額化がかなり遅れた理由は、三司の管理下にある左蔵庫の銭貨不足と銅銭歳鋳の停滞を主な原因とするものと思われる。

新鋳銭はその後熙寧年間に内蔵庫へ11万余貫、左蔵庫へ93万余貫を納めさせて年退銭の制度を廃止し、さらに元豊の官制改革で左蔵庫への90万貫納入を恒常化させた。左蔵庫の在庫を増やし、三司の銭貨運用能力を強化する政策であった。

租税系上供銭は、両税沿納銭のほか塩銭・屋税・身丁税等、宋朝の「正賦」として徴収された銭貨のほぼ30-40％を上供したと推測される。この上供率は天禧４年の定額化以降、夏秋税の課額・実徴があまり変動せず、また新法期に在来の諸税の増徴策がとられなかったこともあって、北宋末までほぼ同じ水準を保ったものと思われる。

新法期には、「封椿」の制により常平司の管轄下で新たに多くの銭物が地方での支用を凍結された。このうち免役銭・坊場税銭の封椿分（常平銭）は元豊５年（1082）、「朝廷封椿銭物」と称して新置の元豊庫に納入された。これは事実上の上供銭貨であったが一時的な措置であり、常平銭は「上供銭」とはよばれていない。同年、これまで上供の対象とされなかった地方官府の銭貨収入十数費目が、提刑司の管轄下で「無額上供銭」に指定されて戸部の新たな財源とされた。この無額上供銭は地方官府の雑収入のほか、塩酒香礬等の課利に附随する付加税の銭貨攻入の一部を増添塩酒銭、売香薬銭等として含むとともに、常平銭の一半を構成した坊場税銭を吸収してその一費目としていた。

かくして元豊５年以降、上供銭貨の収入は、①「上供銭」約400万貫（定額。転運司→戸部・左蔵庫）、②新鋳銭105万貫（定額。四銭監→左蔵庫）、③無額上供銭約200万貫（不定額。提刑司→戸部）、計約700万貫となり、三系統とも戸部の管轄下に置かれた。しかしこの時期、新法系諸税だけで全国の貨幣収入は1800万貫を超えていたというから、地方にはなおこれら上供銭の聴額に数倍する銭貨が存留されていたのである。そのうち1000万貫以上は免役銭であり、これは後に上供銭貨として封椿されることとなる。

この三系統の上供銀貨は、北宋最末期から南宋初期にかけて大きく変容をとげることとなる。すなわち（ｉ）租税系上供銭は南宋初期には「祖宗の正賦」といわれたが(78)、その額は約200万緡に半減した。（ⅱ）新鋳銭は銅銭鋳造能力の低下で上供額が20～30万貫にまで激減した。（ⅲ）無額上供銭とならんで北宋最末期には「経制銭」が創設され、まもなく廃止されたが南渡の直後に復活整備され、紹興年間には「総制銭」と合併して「経総制銭」となり、無額上供銭を吸収して中央政府の重要な財源となった。南宋初期には、このほか地方的な「月椿銭」「大軍銭」「折帛銭」など多様な銭額制諸税が出現し、課利収入も酒税・商税を除いてその殆どが直接中央政府の収入とされるようになる。南宋期の上供体系は北宋の制度を継承しながらも変化した部分も大きく、銭貨の上供についても北宋期とはかなり異なる様相を呈する。北宋後半期の三系統の上供銭貨が南宋期にどのように継承され、どのように変容したかについては、稿を改めて考察することにしたい。

注

（1）日野開三郎「北宋時代における貨幣経済の発達と国家財政との関係についての一考察」（『歴史学研究』2-4、1934、『日野開三郎 東洋史学論集』6所収）、全漢昇「唐宋政府歳入与貨幣経済的関係」（『歴史語言研究所集刊』20、1948、全漢昇経済史著作集・中国経済史研究一、中華書局2011に再録）等。

（2）宮澤知之「北宋の財政と貨幣経済」（『中国専制国家と社会統合』文理閣1990所収、『宋代中国の国家と経済』創文社1998所収）。

（3）拙稿「宋代上供の構成と財政運用」（島根大学法文学部紀要『社会システム論集』Ⅰ、1996）、本書前編第1章宋代上供の構成を参照。

（4）上供新鋳銭については中嶋敏「北宋時代に於ける新鋳銭の上供と財庫」（『社会経済史学』12-3、1942、『中嶋敏 東洋史学論集—宋代史研究とその周辺』1988所収）。諸“付加税”“雑税”については日野開三郎「北宋時代における銅銭銭の需給について」（『歴史学研究』6-5、1936、『日野開三郎 東洋史学論集』6、1980所収）、曾我部静雄『宋代財政史』1941所収の諸論文、久富寿「南宋の財政と経総制銭」（『北大史学』9、1965）、王徳毅「南宋雑税考」（史原2、1971）、郭正忠「南宋中央財政貨幣歳収考辨」（『宋遼金史論叢』1、1985）等。

（5）『宋史』174食貨・賦税p.4202「宋制歳賦、其類有五、曰公田之賦、凡田之在官、賦民耕而収其租者是也。曰民田之賦、百姓各得専之者是也。曰城郭之賦、宅税・地税之類是也。曰丁口之賦、百姓歳輸身丁銭米是也。曰雑変之賦、牛革・蚕塩之類、随其所出、変而輸之是也」。

（6）『長編』5乾徳2年是歳条「始令諸州、自今毎歳受民租及筦権之課、除支度給用外、凡緡帛之類悉輦送京師」。この勅は翌年に重申（同6乾徳3.3.）。

（7）『通考』23国用一p.228中「（開宝）六年令諸州旧属公使銭物尽数係省、勿得妄有支費、以留州銭物尽数係省、始於此。止斎陳氏曰…淳化五年十二月、初置諸州応在司、具元管・新収・已支・見在銭物申省」。佐伯富「宋代の公使銭について—地方財政の研究—」（『東洋学報』47-2、1964、『中国史研究』2所収）を参照。

（8）『長編』42至道3年是歳条「凡租税…至道末歳収…銭四百六十五万余貫…」。同97天禧5年是歳条「…所収租税、比至道末…銭増二百七十万八千余貫…至道末上供銭一百六十九万二千余貫…又権利所獲総一千一百二十三万三千余貫…天禧末上供惟銭帛増多、余以移用頗減旧数、而天下総獲銭二千六百五十三万余貫…、銭幣之制…至道中歳鋳八十万貫、景徳末至一百八十三万貫、大中祥符後、銅坑多不発、天禧末鋳一百五万貫…、至道中、両京・諸州収権酒歳課銅銭一百二十一万四千余貫、鉄銭一百五十六万五千余貫、京城売麹銭四十八万貫、天禧末、権課銅銭増七百七十九万六千余貫、鉄銭増一百三十五万四千余貫、売麹銭増三十九万一千貫、関市・津渡等税、至道中獲銭四百万貫、天禧末増八百四万貫。『考索』63財用門・数目、天禧五年条同。なお『宋史』食貨・会計p.4349には「至道末、天下総入緡銭二千二百二十四万五千八百…天禧末、上供惟銭帛増多、余以移用頗減旧数、而天下総入一万五千八十五万一百…」とあり、『長編』『考索』と異なる数字を載せるが、ここは『長編』に従う。

（9）茶課については『会要』食貨30-2〔茶法雑録〕淳化4.2.「詔廃沿江権貨務八処、応茶商並許於出茶処市之、自江之南悉免其算。『通考』18征権五権茶p.174中「（淳化3.8.）…劉式等上言、向者朝廷制置縁江権貨八務、以貯南方之茶、便於商人貿易、今四海無外、諸務皆宜廃罷、令商人就出茶州府官場算買、既大省輦運、又商人皆得新茶」、『宋史』食貨p.4479略同。沈括『夢渓筆談』12本朝茶法「淳化四年初行交引、罷貼射法、西北入粟給交引、自通利軍始、是年罷諸処榷貨務、尋復依旧」。『玉海』181乾徳榷貨務「淳化四年二月四日癸亥、廃八榷務、自江之南悉免其算【先是秘書丞劉式請廃榷務、許商人輸銭京師給券、就茶山給以新茶、県官減転漕之直而商賈獲利。従之】。酒課については『通考』17征榷考四榷酤p.170中「咸平四年五月四日勅、諸州麹務自今復将一年都収到銭、仍取端拱至淳化元年三年内中等銭数立為祖額、比較科罰、則酒課立額自此始、然則蔵之州県而已。また同p.169上「真宗景徳四年詔曰、榷酤之法素有定規、宜令計司立為永式、自今中外不得復議増課、以図恩奨」。茶・塩・酒・税の祖額については『宋史』食貨・会計p.4349「真宗嗣位、詔三司経度茶・塩・酒・税以充歳用、勿増賦斂以困黎元、是時条禁愈密、較課以祖額前界逓年相参。景徳初、榷務連歳増羨、三司即取多収者為額、帝慮或致掊克。詔、凡増額比奏…乃令諸路茶・塩・酒・税及諸場務、自今総一歳之課、合為一、以額較之」。『会要』食貨30-3〔茶法雑録〕景徳2.5.26「詔自今諸処茶・塩・酒課利増立年額、並令三司奏裁。先是榷務連歳有増羨、三司即酌中取一年所収、立為祖額、不候朝旨。帝以有司務在聚斂、或致掊克于下、故戒之」。

(10)『通考』15征榷二塩p.155下「止斎陳氏曰、国初塩筴只聴州県給売、歳以所入課利申省、而転運司操其贏、以佐一路之費」。州県が販売した塩課の収入は留州として存置され、一路の州軍を統轄する転運司が歳収額を中央に報告し、歳収が必要経費額を上回れば剰余分は転運司の一路の経費(「漕計」)に組込んで支用できた。『考索』63財用門・数目に「…姑以両浙言之、祖宗之時、一歳通収緡銭不過三百三十万貫、而茶塩酒税十居其八、州郡支費皆在其間」とあり、北宋時代の両浙の総見銭収入330万貫のうち塩茶酒税等課利収入がその８/10を占め、歳収264万貫は全額地方経費に充当された。

(11)　4.(２)無額上供銭の創設　で見るように、無額上供銭のうち増添塩酒銭・売香薬銭等は課利本息ではなく課利の付加税の収入である。また崇寧以降の蔡京「新鈔法」により淮南・両浙の官売塩が廃止されると、塩課の地方存留が不可能となった。胡寅『斐然集』25先公行状に「崇寧官変此法、則出自然者禁而不得行、則解池是也。利在編戸者皆入於官府、則河朔是也。利通外計者悉帰於朝廷、則六路是也」とあり、李綱『梁渓全集』144理財論中に「異時官運収息、郡県之用所以足者、以茶塩之利在郡県也。比年走商賈実中都、朝廷之用所以足者、以茶塩之利在朝廷也」とある。南宋期にも継承されるこれら課利収入の中央財政化は、事実上の上供の増額と見ることもできるが、これらの銭貨は「上供銭」とは呼ばれない。

(12) 宮崎市定『五代宋初の通貨問題』1943等による。

(13) 新鋳銭の上供の開始年次について日野注(１)論文及び中嶋注(４)論文は永平監の鋳造開始の年すなわち太平興国２年(977)とし、後出梅原注(27)論文は『玉海』記事に拠って至道・咸平ころと推測する。本稿では至道・咸平年間の鋳銭歳額が上供定額でないことを明確にするため、この段落部分は注を含めて前稿を書き改めた。

(14)『玉海』巻180銭幣・中興鋳銭監「(紹興)三年八月、工部侍郎李擢言、国初得唐乾元中所置永平監旧址、因之歳鋳四十六万緡、逮至道・咸平、置永豊・広寧・豊国三監、総鋳八十六万余緡、一歳上供百三十余万緡」。『長編』『宋史』等は、咸平３年の歳鋳額を135万貫とする。新鋳銭の歳額に「上供」の語を冠するのは王応麟のこの記事が初出で、『会要』等他史料には見えない。なお宮崎市定氏はひとり通説と異なり、この「一歳上供百三十余万緡」は新鋳銭の上供定額ではなく、「新鋳銭とは別の(左蔵庫に納入すべき)上供銭」とする(注(12)前掲書第五章「仁宗朝前後の通貨問題」)。この“左蔵庫に納入すべき上供銭”こそ、筆者の言う租税系上供銭に他ならない。

(15)『長編』62景徳3.1.28辛未「始置常平倉也。先是言事者以為水旱災沴、有備無患、古有常平倉、今可復置、請于京東西・河東・陝西・江淮・両浙、計戸口多少、量留上供銭自千貫至二万貫、令転運使毎州択清幹官主之、専委司農寺総領、三司無得輒用、毎歳夏秋、準市估加銭収糴、貴則減価出糶、俟十年有増羨、則以本銭還三司」。『宋志』食貨・常平義倉p.4276、『会要』食貨53-6景徳3.正月条略同。

(16)『長編』117景祐2.10.17丁卯「上封者言、諸路歳以緡銭輸京師、致四方銭重而貨軽。丁卯詔、江東五万緡、自今並市紬絹緜、福建・広東各十万、広西八万、並市銀上供、淮南・湖北各五万、両浙五万五千、輸緡銭如故」。

(17)『宋史』182食貨・塩p.4440「初天聖九年、三司請榷貨務入銭售東南塩、以百八十万三千緡為額、後増至四百万緡」。四路の塩課収入に関する前稿の記述に一部誤りがあったので、このように訂正する。

(18)『通考』23国用一p.227下「開宝元年詔…止斎陳氏曰…景徳四年詔、淮南・江浙・荆湖南北路、以至道二年至景徳二年終十年酌中之数、定為年額上供六百万石、米綱立額始於此。銀綱、自大中祥符元年詔、五路糧儲已有定額、其余未有条貫、遂以大中祥符元年以前最為多者為額、則銀綱立額始於此。銭綱、自天禧四年四月三司奏請立定銭額、自後毎年依此額数起発、則銭綱立額始於此。絹綿綱、雖不可考、以咸平三年三司初降之敦、則亦有年額矣」。

(19)『会要』食貨51-3〔内蔵庫〕天禧3.12.「三司言、准詔与内蔵庫会議、自今撥塩税銭及歳別出銭六十万貫、赴左蔵庫、従之。是月内蔵庫言、奉詔与三司商量、旧例逐年内蔵庫退銭三十万貫与三司、今来三司毎年更要三十万貫、本庫将天禧二年饒・池・江等州鋳到銭七十万貫已来為約、若毎退出銭六十万貫文与三司外、有一十万在庫、毎三年却管認南郊大礼銭二百万貫、即侵本庫銭七十万貫、如是饒・池・江等州鋳銭及得元額一百五万貫到庫、即毎年退出外、有四十五万貫文在庫、毎三年南郊大礼、却支銭一百万貫外、三年内共有銭三十五万貫文在庫」。

(20)『長編』97天禧5年是歳条「銭弊之制…至道中歳鋳八十万貫、景徳末至一百八十三万貫、大中祥符後、銅坑多不発、天禧末鋳一百五万貫」。

(21)『長編』68大中祥符1.2.18己酉「三司奏、假内蔵庫銭三十万貫、又請出銀五万両付左蔵庫給用、皆従之」。『会要』食貨51-2〔内蔵庫〕大中祥符6.7.「詔内蔵庫、若般銭絹赴景福庫、封椿騰移、即申三司差驢車三十両、装載皇城親従・親事官百人般運、其左蔵庫送還銭、只抽那親従官百人掐銭、如綱運稍稀、止五十人」。

(22)『宋史』179食貨・会計p.4370「天聖以後…又歳入饒・池・江・建新鋳銭一百七〔五〕万、而斥旧蓄緡銭六十万於左蔵庫、率以為常」。

(23)『宋史』179食貨・会計p.4371「景祐中、内蔵庫主者言、歳斥緡銭六十万助三司、自天禧三年始」。張方平『楽全集』23論京師軍儲事「一、今以軍儲大計…勘会、逓年春初、内蔵庫撥銭六十万貫付三司、添助支費、謂之年退銭」。

(24) 通説では新鋳銭の上供定額は至道・咸平年間または咸平3年(1000)に制定されたとする。前注(13)を参照。

(25)『雑記』甲17財賦四内蔵庫「太宗太平興国三年、因分左蔵北庫為内蔵庫、亦謂之景福内庫、然歳入不過銭百余万緡、銀十余万両」。

(26)『会要』食貨51-1〔内蔵庫〕至道2.7.「詔、河北三十五州軍・淮南二十一州軍・山南東道十州・京東応天府・江南昇・潤州絹、並納内蔵、自余納左蔵。同景徳2.5.24「詔榷貨務入中金銀見銭、並納内蔵封椿、其紬絹糸帛納左蔵、仍拠数兌左蔵見銭入内蔵」。同景徳4.10.「三司所仮凡六千万、自淳化迄景徳、毎歳多至三百万、少亦不下百万、累年不能償」、『雑記』甲17財賦四内蔵庫、略同。

(27) 梅原郁「宋代の内蔵と左蔵—君主独裁制の財庫—」(『東方学報』京都42、1971)。

(28)『宋史』179食貨・会計p.4370「大中祥符五年、重修庫屋、増広其地。既而又以香薬庫・儀鸞司屋益之、分為四庫。金銀一庫、珠玉・香薬一庫、錦帛一庫、銭一庫。金銀・珠宝有十色、銭有新旧二色、錦帛十三色、香薬七色」。

(29) 清木場東「五代宋初の塩銭について」(『東方学』68、1984)、同「北宋の郭内官売制と塩銭制」(久留米大学『産業経済研究』26-4、1986)。

(30)『事類』48賦役門二給賜令「諸散蚕塩…其銭並従夏税日限、只就本県送納。如不願請塩、即拠合散塩数、止納陸分価銭」。これが所謂「六分価銭」である。

(31)『長編』25雍熙1.5.是月条「塩鉄使王明請、開江南塩禁、計歳売塩五十三万五千余貫、給塩与民、随税収其銭二十四万貫、聴商人販易、収其算。従之」。本書後編第６章宋代淮南塩・両浙塩の販売体制と課税方式を参照。

(32) 日野開三郎氏は注(４)前掲論文において、「新鋳銅銭の用途は次期鋳銭用銅材の買収その他の支出を通じて直接その地方に供給せられるものと、一旦京師の内蔵庫に輸納せられ、その後社会に供給せられるものとの別があって、後者の場合を上供銭と呼んでいた」と述べ、中嶋敏氏もほぼ日野氏の規定を踏襲している(注(４)前掲論文)。両氏による「上供銭」の規定は『考索』後集60財用門・宋朝設監之所、崇寧５年条に、江・池・饒・建四州の銭監が「上供銭」133.04万貫を鋳造し、衡・舒・睦・鄂・韶・梧州の六銭監が「逐路支使等銭」計156万貫を鋳造した、とあるのに基づく。これは史料上で新鋳銭を「上供銭」と称した初例で、崇寧以前には新鋳銀を「上供銭」と称した事例はない。

(33)『長編』209治平4.1.11庚申「三司使韓絳・翰林学士承旨張方平奏疏曰…祖宗平天下、収斂其金帛、納之内帑諸庫、其所以遺後世之業厚矣。自康定・慶暦以来、発諸宿蔵以助興発、百年之積、惟存空簿」。

(34)『会要』食貨51-25〔左蔵庫〕熙寧2.9.27「詔三司指揮諸路金銀数、並納左蔵庫、令左蔵庫逐年支金三百両、銀五十万両、赴内蔵庫、永為年額」。

(35)『長編』230熙寧5.2.17丁卯「内蔵庫言、勘会、饒・池・江・建等州逓年額鋳銭一百五万貫并額外増剰銭、久来並納内蔵庫、毎年卻退銭六十万貫、并三年一次支南郊銭一百万貫赴三司、顕見往復。欲乞下三司、自今年額鋳銭一百五万貫内、支一十一万六千六百六十六貫六百六十七文、并饒・池・江・建州監鋳到額外剰銭、並納本庫外、余銭並令左蔵庫受納、更不令本庫逐年退銭六十万貫、并毎次南郊支銭一百万貫与三司」、『会要』51-2〔左蔵庫〕熙寧5.2.17条略同。

(36)『会要』食貨11-8〔鋳銭監〕に畢仲衍『中書備対』に拠り、饒・池・江・建四州鋳銭監の歳鋳銅銭額(『玉海』180銭貨・元豊二十七監により元豊３年の歳額)及び内蔵庫への輸納方式の変更の記載がある(已上四監、毎年二十万貫応副信州鉛山場買銀、三十五万貫赴内蔵庫、充添鋳。年額一百五万上供、内蔵庫納一十五万貫、左蔵庫納外九十万、毎撥三十三万余貫、内蔵庫封椿、俟三年及一百万貫、至南郊前撥与三司)。その後上供総額は、当十銭鋳造にともなう崇寧３年(1104)の財庫改制で一時300万貫に改定されたが(『会要』食貨52-15〔元豊庫〕崇寧3.1.27「尚書省白劄子、勘会、見今戸部改鋳得当十銭六十万貫、計折小千[平]銭六百万貫、欲将三百万貫復還戸部」)、大観中(1107-10)に134万貫にもどされた。『会要』食貨11-1〔銭法〕「大観中…江州広寧・池州永豊・饒州永平・建州豊富国四監、一百三十四万緡上供」(四監歳額原注略)。

(37)『宋史』179食貨・会計p.4371「神宗臨御之初、詔立歳輸内蔵銭帛之額、視慶暦上供為数」。

(38)『長編』265熙寧8.6.3癸巳「内蔵庫言、楚・濠州運絹三千匹、実本庫歳納之数、三司遒乞寄納於左蔵庫。乞詔三司遵守条制、毋下諸庫寄納。上批、係内庫路分上供銭帛、三司毋得別作名目移寄、致虧年額」。

(39)『考索』続集46財用門・東南財賦・祖宗之時銀絹繒絮銭穀皆仰給於東南「仁宗皇帝慶暦三年詔、会国家之財賦、転一歳之中而為定式、別其州県之廩給、諸路之転搬、与酌漕舟車之費、而東南金帛之成数、入于王府者、皆可考也」。

(40) 同前注(39)「江東、銭之上京、以緡銭計凡八十九万、銀以両計凡二十万、絹以匹計凡五十万。江西、銭之上京、以緡銭計凡三十四万、銀以両計凡十三万、絹以匹計凡三十万。湖南北、銭之上京者二十七万、銀二十二万、絹一十三万。両浙東西、銭之上京者七十四万、銀四万八千、絹七十二万。福建、銀之上京者二十万八千」。

(41)『宋史』食貨・会計p.4362「(崇寧)六年、尚書左丞宇文粋中言…祖宗之時、国計所仰、皆有実数、有額上供四百万、無額上供二百万、京師商税・店宅務・抵当所諸処雑収銭一百余万。三司以七百万之入、供一年之費、而儲其余以待不測之用」。

(42) 無額上供銭については本章4.(2)を参照。

(43) 新法期の財政は租税分野・課利分野を問わず在来の課税額を改定せず、したがって両部門とも全期間を通じて増額・増徴は行われていない。宮澤注(2)前掲論文を参照。

(44)『楽全集』23論事・論京師軍儲事「一、府界税賦、准皇祐五年赦勅、応開封府諸県両税太重、特於元額上減落三分、永為定式。今勘会、除依赦勅減三分外、即今夏秋二税斛㪷四十万有余石、銭三十四万有余貫、紬絹十万有余疋」。

(45) 張方平『楽全集』25論事・陳州奏賦率数「今勘会本州四県合行催納夏税、苗子七万七千五百石有零、塩銭一万五千八百貫有零、正税屋税・預買和買紬絹三万二百疋有零、糸綿四万九千有零両。又合行催納今年夏料青苗銭三万七千七百貫有零、又合催納今年夏料免役銭二万三千五百貫有零」。

(46) 張方平『楽全集』25論事・論免役銭箚子「今以陳州言之、四県合二万九千七百有余戸、夏秋二税、凡斛㪷一十五万八千有零石、正税並和預買紬絹三万有零疋、糸綿四万九千有零両、此常賦也。有塩銭一万五千八百有零貫、并夏秋沿納銭、雖縁敝法、承実已久、然此諸色銭、常例亦多用折納斛㪷、不悉輸銭也」。

(47) 張方平『楽全集』26論事・論率銭募役事「…且奉応天府為例、畿内七県共主客戸六万七千有余戸、夏秋米麦十五万二千有零石、絹四万七千有零疋、此乃田畝桑功之自出、是謂正税。外有沿納諸色名目雑銭十一万三千有零貫、已是因循敝法、雖有銭数、実不納銭、並係折納穀帛。惟屋税五千余貫、旧納本色見銭」。

(48) 拙稿「宋代における両税の折納について」(『史林』64-5、1981、拙著『宋代税政史研究』後篇第三章宋代両税の折納)を参照。

(49) 草野靖「宋の屋税・地税について」(『史学雑誌』68-4、1959)を参照。

(50) 前注(5)を参照。

(51) 旧南唐領の丁口塩銭、旧清源節度使領の身丁銭、広南の身丁米、湖南東部の丁米等はいずれも「雑変之賦」として田税化され、湖南東部の丁米(紹興14年免放)を除き南宋末まで存続した。北宋最末期に始まる両浙の蚕塩系の身丁税は田税化されず、南宋まで存続した。拙稿「宋代身丁税の諸系統」(『東洋史研究』45-3、1983、拙著『宋代税政史研究』前篇第五章身丁税の諸系統)を参照。

(52) 注(48)拙稿を参照。

(53) 蔡襄『蔡忠恵公文集』22国論要目・論兵十事「銭、収三千六百八十二万二千五百四十一貫一百六十五文【内夏秋税只有四百九十三万二千九百九十一貫文】…夏秋税所納、銭四百九十三万二千九百九十一貫、匹帛二百七十六万三千五百九十二匹、斛㪷一千八百七万三千九十四石。已上三件、更有折変在内、其余所闕糧草・匹帛并是見銭和買、并課利折科諸般博買応副得足」。

(54)『通考』4田賦四歴代田賦之制p.59中「二税、熙寧十年見催額五千二百一万一千二十九貫石匹斤両領団条角竿、夏税一千六百九十六万二千六百九十五貫匹等、内銀三万一千九百四十両、銭三百八十五万二千八百一十七貫…雑色【原注略】百二十五万五千九百九十二斤両石角筒秤張場条檐団束量口…秋税三千五百四万八千三百三十四貫匹等、内銀二万八千一百九十七両、銭一百七十三万三千二貫…雑色【原注略】百九十四万四千三百一斤両石口根束領茎条竿隻檐量」。

(55) 例えば福建路福州の場合、『三山志』10版籍類一墾田によれば、夏税銭の課額は太平興国5年(980)の税制整備により、旧閩時代の2,0384貫有奇から1,5063.206貫文へとほぼ1/2に減額された。その後咸平初年(998)には夏税銭・身丁銭合せて2,9744貫を課額としたが、大中祥符4年(1011)に身丁銭が免放され、夏税銭の課額は7069貫有奇へと、旧閩時代のほぼ1/3にまで減少した。

(56) 前稿において筆者は、銭貨総収と上供銭貨実徴額とを混同し、北宋期における租税系銭貨の上供率を約70%とする誤りを犯した。「天禧末には…」以下を本文のように訂正し、旧稿に付した注(56)は不用となるので削除する。

(57) 陳傅良『止斎先生文集』19赴桂陽軍擬奏事劄子第二「国家肇造之初、雖剗方鎮専賦之弊、以天下留州銭物尽名係省、然非尽取之也。当是時輸送毋過上供、而上供未嘗立額。郡置通判、以其支収之数上之計司、謂之応在。而朝廷初無封椿起発之制、自建隆至景徳四十五年矣、応在金銀・銭帛・糧草・雑物、以七千一百四十八万計、在州郡不会、可謂富蔵天下矣。大中祥符元年、三司奏立諸路歳額、熙寧新政増額一倍」。

(58)『長編』114景祐1.2.2癸巳「詔三司、天下官物冗積者多、而歳供帳籍為煩、其委官変易、若可上供者悉輦入京師」。

(59) 宮澤注(2)前掲論文p.56表Ⅳを参照。内訳は免役銭1017万貫、坊場河渡銭387万貫、市易息銭141万貫、常平息銭200〜300万貫である。

(60)『長編』169皇祐2.8.9癸亥「出内蔵庫絹一百万、下河北都転運司、権易大名府路安撫司封椿銭、市糴軍儲。同213熙寧3.7.4壬辰「詔秦鳳路経略司、擅貸封椿銭回易、令提点刑獄劾之」。

(61)『玉海』186食貨・理財・熙寧会計司「神宗始分天下之財、以為二司。転運司独用民常賦与州県酒・税之課、其余財利悉収於常平司、掌其発斂、儲之以待非常之用」。『古今源流至論』2三司外則常平・免役・坊場・河渡・地利之資、皆号朝廷封椿、内則歳課上供之数、皆別倉庫蔵貯、而三司並不相関」。

(62)『会要』食貨64-70〔封椿〕熙寧10.2.3.「詔、中外禁軍已有定額、三司及諸路計置請受、歳有常数、其間偶有闕額、未招揀人充填者、其請受並令封椿、毋得移用」。同元豊1.7.13「詔、諸路転運及開封府界提点司椿管闕額禁軍請受、拠元額月給銭糧、委提点刑獄及府界提挙司拘収、於所在別封椿」。

(63) 陳傅良『止斎先生文集』21転対論役法劄子によれば、戸長・壮丁・耆長の役はそれぞれ熙寧5年、7年、8年に相次いで廃止され、その雇銭はいずれも熙寧10年から椿管された。

(64)『長編』268熙寧8.9.14癸酉「迺詔、買撲坊場等銭、并別椿管、許酬新法以前牙前及依条支賞、并依常平法給散外、不得他用」。周藤吉之「王安石の免役銭徴収の諸問題」(『宋代史研究』所収)を参照。

(65)『長編』324元豊5.3.11壬辰「詔司農寺、趣諸路提挙司、発常平并坊場積剰銭五百万緡、輸元豊庫」。

『会要』食貨52-14〔元豊庫〕元豊5.10.25「詔戸部右曹、於京東・淮浙・江湖・福建十二路、発常平銭八百万緡、輸元豊庫」。

(66) 晦庵先生『朱文公文集』19奏状・乞蠲減漳州上供経総制額等銭状「…又況所謂無額銭者、元無一定窠名可以椿辨、其多少不可得而預知、故其創立之初、直以無額為名」。

(67) 元豊5年に内蔵庫に輸納された常平銭のうち、免役銭系の耆戸長壮丁雇銭は無額上供銭に指定されず、北宋末まで府界・諸路に封椿され、南宋になって経総制銭の一項(窠名)となった。

(68)『玉海』180食貨・銭幣・元豊二十七監「元豊三年、是年諸路鋳銭総二十七監【一作二十六監】、鋳銅鉄銭五百九十四万九千二百三十四貫。銅銭一十七監、鋳銭五百六万貫、鉄銭九監、鋳銭八十八万九千二百三十四貫」。

(69) 陳傅良『止斎先生文集』20吏部員外郎初対劄子第二「臣聞、熙寧以来用事者始取藝祖之約束、一切紛更之馴至於今、而民力之困極矣。蓋自祥符奏立諸路上供歳額、熙寧新法増額一倍、崇寧重修上供格、頒之天下、率一路之増至数倍、迄今為額、是特上供耳」。

(70)『長編』256熙寧7.9.6辛丑「遣比部員外郎王荀龍、京東収糴。詔京東転運司剗刷上供銭帛、並留為糴本」。

(71)『長編』288元豊1.3.5庚辰「賜度僧牒五百、付三司兌撥上供銭五万緡、償広南西路経略司。同290元豊1.7.25丁酉「江浙等路提点坑冶鋳銭公事銭昌武言、潭州瀏陽県永興銀場、自去年銀銅興発、乞下諸路転運司、応副本司収買銅銀増鋳銭。従之、仍借支湖南上供銭十万緡、候所鋳銭撥還、及令司農寺於認還内蔵庫歳額銭内、支挪十万緡、専置銀赴京」。

(72)『長編』334元豊6.4.2丁未「入内高品曾処厚言、準朝旨往韶・恵等州、根磨内蔵庫上供銭」。

(73)『長編』350元豊7.11.3己亥「詔、増差広南東路鈐轄張整為広西鈐轄、駐桂州。其広西上供銭・禁軍闕額銭米、並令椿留。其常平免役寛剰・経略司和糴・度僧牒銭、緩急並奏聴支用。従知桂州苗時中請也」。

(74)『長編』435元祐4.11.28甲午「(蘇)軾又言…其三、浙中自来号称銭荒、今者尤甚。百姓持銀・絹・糸・綿入市、莫有願者、質庫人戸往往昼閉。若得官銭三二十万、散在民間、如水救火。欲乞指揮提・転、令将合上供銭散在諸州税戸、令買金銀紬絹、充年額起罷発」。

(75)『長編』441元祐5.4.21丙辰「戸部言、処・台・婺・衢銀坑興発、乞逐州応管合発上供及無額官銭、并就截応副買銀上京。従之」。

(76)『長編』495元祐5.3.5甲寅「江淮荊浙等路制置発運司言、諸路州軍合起上供有額銭物、如本州官司不依限計辨人船等足備、並科杖一百。従之」。

(77)『長編』410元祐2.5.1「(蘇)轍言、…其三…自熙寧以来、言利之臣不知本末之術、欲求富国、而先困転運司、転運司既困、則上供不継、而戸部亦憊矣。両司皆困、故内帑別蔵雖積如邱山、而委為朽壊、無益於算。故臣願陛下挙近歳朝廷無名封椿之物、帰之転運司」。同379元祐1.6.5辛卯「監察御史陳次升奏…熙寧以前、上供銭物無額外之求、州県無非法之斂、自後献利之臣、不原此意、惟務刻削以為己功、若減一次一件、則抛其所減色額、責令転運封椿上供、別有増置合用之物、又令自辨、上供名件、歳益加多、有司財用、日惟不足…臣欲乞聖慈特降指揮、勘会熙寧以来於旧上供額外刱行封椿銭物、並与放罷…」。

(78)『雑記』甲14財賦一・国初至紹熙天下歳収数「今東南歳入之数、独上供銭二百万緡、此祖宗正賦也」。

第3章　上供銭貨の諸系統—南宋時代—

はじめに

前章で見たように、北宋上供銭貨としては、A上供新鋳銭、B租税系上供銭、C無額上供銭の三系統があった。A上供新鋳銭は太宗朝に始まる中央四銭監の新鋳銅銭を対象として、天禧3年(1019)に歳額105万貫の上供が定額化され、北宋末まで維持された。B租税系上供銭は州県が徴収した各種租税収入のうちの銭貨を対象として国初より「上供銭」の名で上供されていたが、A上供新鋳銭の定額化と連動して天禧4年(1020)に定額化され、歳額約400万～500万貫が北宋末まで維持された。C無額上供銭は元豊5年(1082)、地方官府の雑収入を対象として16費目が上供銭貨に指定され、毎歳約200万貫が上供されたが本来定額化できない銭貨収入のため、北宋末まで定額化されなかった。そもそも課利収入は国初以来地方支費として州県への存留が原則とされ、上供の対象とはされなかったが(1)、C無額上供銭を構成する諸費目の中には、課利付加税の坊場税銭・増添塩酒銭等が含まれる。

南渡の直後、建炎末から紹興にかけて、対金防備に必要な軍事支出を賄うため新規の上供銭貨が幾つか創設されて、銭貨収入の額が急増した。李心伝はその著『建炎以来朝野雑記』(以下『雑記』と略称)甲集14「国初至紹熙天下歳収数」において

> 国朝混一の初め、天下の歳入は緡銭が1600余万あり、太宗皇帝は極めて盛んなること唐室に両倍すると仰せられた。天禧の末(1021)、歳入は増えて2650余万緡となり、嘉祐年間(1056－63)にまた増えて3680余万緡となった。その後も年々増え続け、熙豊の間(1068－85)には、青苗・免役・市易・酒税等の銭の歳入は6000余万緡に達した。元祐の初め(1086)、その苛急のものを除去したが、歳入はなお4800余万緡もあった。渡江の初め、東南の歳入は1000万緡に満たなかったが、淳熙の末(1189)に及んで、遂に6530余万緡にまで増えた。

と、北宋以来の銭貨収入の推移を概括する(2)。国土の半ばちかくを失って南渡直後に北宋末の1/5にまで落込んだ上供銭貨歳収は、その後ほぼ60年間で北宋期の最高値を示した新法期の水準を超える顕著な増収実績を見せた。

本章では、前章で見た北宋期上供銭貨の三系統に即してこの時期の上供銭貨の費目構成を分析することにより、南宋上供銭貨の諸系統を明らかにする。

1．南宋初期の「上供銭」

南宋初期には、各種上供銭貨の中に「上供銭」と呼ばれる上供銭貨があった。これまでの研

究ではなぜかこの「上供銭」の実体が解明されておらず、従って南宋期の財政上の位置づけも全くなされていない。本節では南宋初期に「上供銭」の呼称をもつ上供銭貨の課税構造を分析する。

（1）“祖宗の正賦”としての「上供銭」と経制銭・経総制銭

南渡後わずか1000万貫の銭貨収入が淳熙末に6530余万貫に達したという上の文に続けて、李心伝は次のように四川を除く東南諸路の歳入の内訳を載せる。

> 独り上供銭が200万緡あり、これは“祖宗の正賦”である。660余万緡は経制銭といい、呂頤浩が戸部[侍郎]のとき復活した。780余万緡は総制銭といい、孟庾が宰相の時に創設した。400余万緡は月椿銭といい、朱勝非が宰相の時に科徴した。経制銭から後のものはみな増賦である。これに茶税・塩税・酒税・商税・坑冶・榷貨・糴本・和買の歳入を合計すると4490万緡となる。民力が困窮するのも当然である（3）。

李心伝が記す上供銭貨歳収の内訳は、経総制銭定額を1440万貫と定めた紹興19年から遠くない時期の史料に基づくものである（4）。従ってここで李心伝が“祖宗の正賦”という200万貫の「上供銭」額は、北宋旧額そのままの租税系上供銭の課額ではなく、紹興19年頃の実徴額であったと考えられる。

紹興末ころの上供銭貨計2040貫の構成比を見ると、次のようになる。ただしこの時期の上供銭貨にはこの四種の他に折帛銭、科買上供銀銭などがあり、また月椿銭は後に見るように江南東・西二路だけの地方的な上供銭貨である。

> 上供銭200万貫（9.8%）、月椿銭400万貫（19.6%）、経制銭660万貫（32.3%）、総制銭780万貫（38.2%）

これが各種上供銭貨歳入の概況である。ここでは“祖宗の正賦”とされる歳入200万緡の「上供銭」が、経制銭・総制銭・月椿銭など南宋以降の「増賦」と区別されている。この「上供銭」について、久富寿氏は「祖宗の正賦である両税上供銭は重要な財源とはならなかった」と述べるが、“両税上供銭”とは一体どういう上供銭なのか、説明はない（前注（2）論文を参照）。

李心伝が“祖宗の正賦”だとする200万貫の「上供銭」について、久富氏が“両税上供銭”と規定した理由は、恐らく“正賦”すなわち両税という理解に基づくものと思われる（5）。しかし前章で見たように北宋期の上供銭貨にはA上供新鋳銭、B租税系上供銭、C無額上供銭の三系統があり、もしこの「上供銭」が租税系上供銭貨の系統に属するのであれば、それは両税沿納銭（雑変之賦）、屋税・地税（城郭之賦）、身丁税（丁口之賦）など宋朝の“正賦”のほか、「塩銭」など田税化した課利系付加税の銭貨収入によって構成されていたはずである。宋朝の“正賦”を両税に特定することはできない。

また租税系上供銭は天禧4年（1020）の上供定額化以降、各種租税の銭貨総収入の約3/1、400～500万貫を恒常的に上供していたのに対し、南宋前期の「上供銭」の歳入は約200万貫へと半額以下に低減している。他の上供銭貨の歳入の多さと比較すれば“重要な財源とはならなかった”ということもできるが、この「上供銭」が租税系のものとすれば、歳入半減の理由を明らかにする必要がある。

（２）南宋時代の租税系上供銭

南宋初期の「上供銭」について、これまでの研究で全く扱われていない史料がある。『会要』食貨64-54〔上供〕紹興31年（1161）８月26日「戸部言…」条と、孝宗隆興元年（1163）12月27日条との間に、南宋17路の上供銭・銀・金の額を載せた記事がある（**表５**）。この記事には他の条文のような年月日の記載がなく、また直前の条文はこの年の上供斛斗に関する内容、直後の条文は上供銭物の未納額（「拖欠」）と輸送期限に関する内容である。いずれも上供と関わる内容であるが、上供銭・銀・金の歳額とは直接の関係がない。『会要』輯本の編輯過程で適切な記載場所を決め兼ねて、紀年を記さず、とりあえずここに置いたかとも思える変則的な記事である。

表５　南宋紹興末年 諸路上供銭・上供銀・上供金額

	上供銭（貫文）	上供銀（両）	上供金（両）
浙東路	6,7694.000		
浙西路	15,4830.000		
江東路	18,1170.000		
江西路	15,0610.000		
福建路	3,2673.889	16,3261.6680	
淮東路	7,8291.000		
淮西路	24,3119.000		
湖南路	28,0111.000		
湖北路	28,1600.000	81.6000	
広東路	4,1498.000	3,0822.0000	15
広西路	6,4870.000	605.0000	
成都府路	380.000		
潼川府路	3,7056.795		
利州路	9739.362	9978.0000	
夔州路		3 ,6881.4252	480
京西路	4680.000		
計	162,8323.046	24,1629.6932	495

（計の欄の数値は筆者が補った。）

17路の上供銭・銀・金の額は、紹興31年８月26日の戸部の言の後、紹興年の全条文の最末尾に記載されている。このことから見て、紹興年間の戸部の財政状況の一端を示す目的で、諸路の上供銭・銀・金等の徴収状況を説明した何らかの史料を、そのままこの場所に収録したものと推測される。

李心伝がいう紹興末ころの“祖宗の正賦”上供銭200万貫が、紹興初めころの租税系上供銭の実徴額であるとすると、ここに見える17路の「上供銭」合計162万余貫は紹興末頃の実徴額と見てよいであろう。

（3）「上供銭」と呼ばれる租税系上供銭

このほか南宋初期の上供銭貨としては、上記2例に加えて「上供銭」とよばれる上供銭貨があった。建炎・紹興年間には史料上しばしば経制銭、総制銭、無額上供銭、折帛銭などとともに、ただ「上供銭」とだけ称する銭貨を徴収し、上供させた事例が現れる。

建炎4年(1130)、建康府路安撫大使兼知池州呂頤浩が要請して、建康府路の軍事支出に同路の「上供経制銭」40万貫・上供米20万石を与え、また新任の江西安撫大使朱勝非に対して、江西路の「上供経制銭」30万貫・上供米15万石・銀帛5000匹両・甲500副・度牒500道を軍費として与えた(6)。さらに紹興初年(1131)ころ、江西転運司は対金戦線にある岳飛の大軍等の軍費として、諸州の「上供銭」・経制銭・折帛銭・係省銭・不係省銭等を回送した(7)。翌2年には秦檜らの要請で、都督江淮荆湖諸軍事を兼ねる宰相呂頤浩に鎮江に軍府を開かせ、激賞銀帛2万匹両・「上供経制銭」30万貫・米6万石・度牒800道・月給公帑銭2000貫を賜うことが裁可された(8)。また紹興3年(1133)に韓世忠が建康に駐屯したとき、江東転運司の官員の月給銭は酒税銭・「上供銭」・経制銭等で賄われたという(9)。さらに紹興4年(1134)には、長沙に屯戍した2,1000余名の安撫司諸軍に対し、大礼賞給の経費として荆湖南路の「上供銭」3万貫が充当された(10)。

これらの事例の中には「上供銭」と「経制銭」とを分別しない「上供経制銭」という表現があるので、或いは一部の史料では「上供の経制銭」という意味で用いた可能性も排除できない。しかし紹興4年(1134)、金軍の寇掠で荒廃した荆湖北路州軍に対して出された、“鼎州の例にならって澧州の経制銭と上供銭とを来年末まで免除する”という旨の詔は、明らかに「経制銭」と「上供銭」とを区別し(11)、また紹興5年に秦州を収復した川峡宣撫副使呉玠に対し、江浙四路の折帛・経総制・上供等銭を急送するよう命じているが(12)、ここでも「上供銭」は折帛銭・経総制銭等他の上供銭貨と明確に区別されている。幾つかの地方志においても、これら「上供銭」は諸州県の歳出費目として「折帛銭」や「経総制銭」等他の上供銭貨とは区別して計上されている(13)。従って一部史料に「上供の経制銭」という用法が含まれるとしても、経制銭・経総制銭・折帛銭等と並んで、明らかにこれらとは区別される「上供銭」という名の上供銭貨が、軍費その他の財政支出に運用されていた事実を確認できる(14)。南宋初期の州軍で徴収されて中央に輸納され、経制銭・経総制銭・折帛銭等と区別されたこれら「上供銭」が租税系上供銭であることは明らかである。

2．南宋時代の上供銭貨の諸系統

南宋時代には、前節で見た「上供銭」とよばれる租税系上供銭のほか、新鋳銭や経総制銭のように「上供銭」の名をもたない上供銭貨があり、逆に「上供銭」と呼ばれても呼称だけからはその実体が判別できない上供銭貨があった。これら上供銭貨の実体を解明するためには、北宋時代の上供銭貨の三系統に即して、南宋時代の各種上供銭貨の費目構成を分析する必要がある。

（１）上供新鋳銭

新鋳銭は南渡直後、北宋末の上供定額——額外鋳銭分を含む——を継承して133万貫（1320万斤）を祖額としたが、当時の鋳銭能力は北宋時代にはるかに及ばず、鋳銭総額はわずかに８万貫（70余万斤）という微々たる額であった。その後やや増えて紹興25年（1155）に14万貫、同26年に22万貫となり、同27年には23万貫を目標としたというがその後の鋳銭額は不明である(15)。南宋財政において新鋳銭は殆ど重要性をもたない。

（２）租税系上供銭

前節で見たとおり、南宋初期にただ「上供銭」とよばれていた上供銭貨は租税系上供銭であった。ここでは南宋時代、各種上供銭貨をもつ東南六路の、両税沿納銭・新法系付加税等を中心とする租税系上供銭についてその費目構成を分析する。

１．淮南東西路の租税系上供銭

淮南東西路では南渡直後から上供米の科撥対象路分から外されていたが(16)、上供銭の調達は継続していた。紹興５年（1135）には蘄州の上供銭と租税米が三年間免除され、同15年（1145）には廬州と光州の上供銭米が一年間猶予されている(17)。また東路の滁州では紹興23年（1153）から上供銭の起発が再開されたが、ここでは戦火を経た後も上供銭額が版籍中から抹消されず、この年は定額の80％を上供したがこれ以上は輸納できないとして、転運司は楚州・盱眙軍の例にならい10年間の免除を要請し、詔によって結局定額を40％減じた(18)。暫定的な上供定額の改定であるが、北宋以来の版籍中の上供定額を前提としている所から、この上供銭が租税系上供銭であることが分る。**表５**を見ると紹興末年の淮南東路の上供銭数は7,8291貫となっている。この数値は定額にふさわしくない端数をもつことや、以下に見る他路の状況から判断して上供銭の実納額を記したものと見られる。

２．両浙東西路の租税系上供銭

両浙路では浙西・常州宜興県の徴収費目として丁塩銭・坊場課利銭・租銭・地銭・租糸租紵銭の合計1.5万貫に対し、起発すべき費目として大軍銭・上供銭・糴本銭・打舡銭・軍器物料銭・天申節銀絹銭などがあって、合計3.4万貫は下らないといい(19)、ここに「上供銭」が見える。丁塩銭は両浙における身丁税の費目で(20)、北宋以来の租税系上供銭の構成費目の一つであり、また坊場課利銭はこれも北宋元豊５年（1082）以来の無額上供銭の構成費目である。租銭・地銭は名称だけからは判別できないが、屋税・地税の系統であれば租税系上供銭の構成費目ということになる。常州では租税系上供銭と無額上供銭とを一括して「上供銭」と称したらしく、その中に租税系の費目が含まれていたことは確かである。

また浙東・台州の上供銭貨として折帛銭22,6998.028貫文、経総制銭15,6054.340貫文と並んで「上供銭」7067貫文があり、管下諸県の両税雑銭等で調達したが、その半額で銀子を収買し、半額は会子で左蔵庫に輸納した。両浙東西路諸州に上供銀は課されなかったから、台州が上供銭の半額で収買した銀両は後述（５）に見る科買銀ではなく単なる“軽齎”への変易であり、台州の「上供銭」が両税雑銭等からなる租税系上供銭であることは明らかである(21)。

3．江南東西路の租税系上供銭

江南東西路では、朱熹『朱文公文集』16「乞蠲減星子県税銭第二状」に、

（南康軍星子県は）さきごろ兵乱があったが、流民が復業するやいなや、官吏は次々と税額や和買・折帛の額を増した…汀州の例に倣って直ちに蠲放を実施していただきたい。減税額を見積ったところ、紬絹1050余匹、銭2900余貫にすぎず、上供を礙げることもない。汀州の減額分と比べて、微々たる額である。

とある(22)。ここから、南康軍には「上供銭」があって、それを管下星子県に割付けていたこと、また上供銭の完納が優先されていたことがわかる。南康軍の上供銭については、同16「奏借免上供官糴米并乞権行倚閣夏税銭帛条」に、

南康軍の今年の夏税の納入は、期限どおり起催を始めたが、旱乾に苦しんでいる。…今日までの納入額は、ようやく絹9400匹、銭1,6753貫259文省に達し、絹はすでに荷造りして発送した。本軍には賑糴に備えるだけの備蓄がないので、手持ちの見銭を流用してこれに振り向けるしかない。まだ起発していない淳熙６年分の折帛銭7317貫296文省があるので、これと夏税の銭とを通計すれば2,4052貫555文省になる。これで米価が騰貴しないうちに米穀を収糴すれば、約1,1570余石を得て飢民に賑糶できる。

とある(23)。これは、上供すべき南康軍の夏税の銭を上供せず、折帛銭と合せて収糴本銭に充当しようした事例である。このことから南康軍の「上供銭」は、夏税として徴収された両税沿納銭からなる租税系上供銭であったことが分る。

このように、淮南東西・両浙東西・江南東西諸路の「上供銭」の費目は、いずれも州県の租税系の銭貨収入によって構成され、転運司の手で上供された租税系上供銭であった。

折帛銭は両税夏税紬絹と和買紬絹を合せた四路それぞれの上供紬絹額に基づき、その一部を銭納させる上供銭貨で、紹興元年（1131）に創始され、その後何度かの改定を経て、同18年までに銭納率は上供紬額の80％、絹額の30％、折納価格は両浙が6.75貫/匹、江南が６貫/匹で固定され、南宋中期までほぼ安定して600万貫前後の歳収を確保することができた(24)。折帛銭は系譜的には上供紬絹を母体として、南宋初期の銭貨需要の高まりの中で、両浙東西・江南東西の四路を対象として創設された租税系上供銭の一種と見ることができる。

（３）無額上供銭

南宋初期には、北宋末期の宣和３年(1121)に創設されて間もなく、靖康元年(1126)に廃止された経制銭が費目構成を更新して復活した。経制銭はその後元豊５年(1082)創設の無額上供銭16費目を吸収し、紹興５年(1135)に新設された総制銭と併せて経総制銭と称され、巨額の上供銭貨に発展して南宋前半期の財政を支えることとなる。本節ではこれら北宋末期の経制銭に始まる新たな上供銭貨の費目構成を分析し、それらが前章で見た北宋の三系統の上供銭貨のうち、C無額上供銭の系統に属することを論証する。

１．無額上供銭と経制銭

北宋の最末期に新たな上供銭貨として「経制銭」が設けられたことは、前章末尾で簡単に触れた。経制銭は宣和３年(1121)に経制使となった陳亨伯が、方臘の乱で荒廃した東南地方の財政再建のため、かつて転運使に任じた陝西で試みた銭貨調達方法を、東南７路と京東西・河北の計10路に実施して得た約200万貫の上供銭貨収入の呼称である。宣和経制銭の構成費目は

①量添酒銭(増収添酒銭)、②増収一分税銭、③頭子銭、④売契銭(税契銭、増収典売税銭、増収牙契税銭)、⑤増添糟銭

など、州軍が徴収する雑税５項からなる(25)。このうち①量添酒銭(増収添酒銭)は元豊５年に創設された無額上供銭系15費目の一項②増添塩酒銭と同じ費目である。しかし同じ酒課付加税「量添酒銭」であっても、無額銭の一項は熙寧５年創設の「王祠部添酒銭」を指し、この度の一項は政和５年(1115)創設の「政和添酒銭」を指す(26)。

このように経制銭５費目の財源は、州県が徴収する①⑤酒税・糟税の増額分、②商税の増額分、③官銭・官物の出納手数料たる頭子銭、④動産・不動産の売買手数料たる牙契税など、これまで地方支費に充当されていた課利付加税及び官府手数料収入である。このように経制銭は不定額の付加税・雑税からなる上供銭貨であり、元豊５年(1082)創設の無額上供銭と全く同じ費目構成である。この費目構成から見て、経制銭は新規に創設された上供銭貨ではなく、北宋最末期の苦しい財政事情のなかで、無額上供銭と同じ財源を対象として、東南諸路を中心とする10路に限って新規の５費目を追加した、地方的な上供銭貨と見ることができる。

宣和の経制銭は５年後の靖康元年(1126)に全廃されたが、南宋の紹興元年(1131)に復活した。翌年には①権添酒銭、②量添売糟銭、③増添田宅牙契銭、④官員等請給頭子銭、⑤楼店務増添三分房銭の５費目の経制銭が、四川を除く東南８路の全州軍に施行された(27)。このうち①権添酒銭は宣和経制銭の①量添酒銭ではなく建炎４年創設の添酒銭——24文/升を増徴する酒税付加税——で、②量添売糟銭はこれに連動した売糟銭の付加税であり、５費目すべて宣和経制銭との継承関係はない。なお宣和の経制銭にあった商税系付加税の②増収一分税銭が脱落しているが、これは翌紹興２年に⑥三五分増収税銭として復活した(28)。

こうして紹興元年から２年にかけて計６項の経制銭費目が次々と指定されていったが、この

間、紹興元年(1131)に「諸路無額銭」を経制銭の構成費目とする方針が出され、北宋元豊以来の無額上供銭全16費目が経制銭に合流することとなった(29)。

無額上供銭は本来定額を設けて調達すべき銭貨ではないが、政府の銭貨需要が急増した南渡の直後には額を定めて徴収することが行われたらしく、建炎元年(1127)には州軍が無額銭に指定し徴収した銭貨の全額を上供する方針が再確認された(30)。こうして諸路では規制を外された無額銭の違法な科徴が増えたため、紹興元年には戸部侍郎孟庾が

諸路の無額銭の構成費目が繁多なため州県が違法に調達するので、五項の経制銭と無額銭とを一括して帳簿を作り、季ごとの期限までに上供するよう、

求めて裁可された(31)。すなわち無額銭の徴収はこれまで上供銭を構成してきた16費目に限り、これを経制銭の構成５費目――この時まだ⑥三五分増収税銭は経制銭の窠名ではなかった――と同一帳簿に併記して上供させたのである。こうして紹興元年中には無額上供銭と経制銭とを合せて計22費目が上供銭貨に指定されたことになる。

その後紹興５年(1135)には、⑦係省銭頭子銭、⑧雑税頭子銭、⑨常平司頭子銭の三種の頭子銭が経制銭の構成費目とされた(32)。これらはいずれも官銭・官物の出納の際の手数料収入を対象としたものである。こうして経制銭は紹興５年中に計９費目を数えることとなった(33)。

２．総制銭と経総制銭

経制銭の構成費目拡大と並行して、紹興５年(1135)閏２月、中央の財務官司「総制司」が新設され、参知政事孟庾・沈忠敏があいついで総制使に任ぜられ、総制司の財源としてまず経制銭の構成費目であった「(旧経制司)頭子銭」――毎貫23文(10文上供、13文州県・漕計)――を10文増徴してこれに当て、以下11種の係省銭を総制銭の構成費目に指定した。『要録』86紹興5.閏2.24己巳条によれば、それらは

①耆戸長雇銭、②抵当四分息銭、③転運司移用銭、④勘合朱墨銭、⑤常平司七分銭、⑥茶塩司袋息等銭、⑦合零就整二税銭、⑧免役一分寛剰銭、⑨官戸不減半役銭、⑩民増三分役銭、⑪常平司五文頭子銭

の11費目であるが、『会要』食貨64-91〔経総制銭〕紹興5.5.14、総制司の言によれば、これに⑫出売係官田銭、⑬人戸典売田宅牛畜等銭、⑭投税印契税銭、⑮進献貼納銭、⑯人戸典売田業収納得産人勘合銭、⑰発運司代発斛㪷銭の５費目が加わって計16費目となっている(34)。いずれも旧新法系付加税ないし課利系付加税、その他官府雑収入収入であり、経制銭の構成費目と同一財源である。このうち①頭子銭については、上に見た経制銭の構成費目、紹興元年指定の③官員請給頭子銭と紹興５年指定の⑨係省銭頭子銭、⑩雑税頭子銭、⑪常平司五文頭子銭を除くその他の頭子銭を併せて一括したものである(35)。⑪常平司五文頭子銭は紹興５年に常平銭物の頭子銭の一部(１貫につき18文足)が経制銭に繰り込まれた際、地方支費として留保された１貫につき５文足の頭子銭を、このたび総制銭の費目に加えたものである。総制銭も経制銭と同様、官府の雑収入を対象とする無額系上供銭貨であったが、紹興５年の発足

以降もさまざまの雑収入を対象として費目をふやし、『事類』30に載せるその費目数は総計39種に達する(36)。

総制司・使は翌年６月に廃止されたが、総制銭は戸部の管理下で徴収が継続した。紹興９年(1139)には経制司も廃止し、経制銭について会計上は戸部の管理下で提刑司が管轄し、京師に上供して朝廷の支用に充てた。かくしてもともと臨時の徴税として発足した両者は「経総制銭」と併称され、諸路州軍での徴収が順調に進んで南宋財政の重要部分を占めるようになった。

すでに紹興４年(1134)、福建路で経制銭352.4万余貫を隠漏なく全額上供したという理由で担当官が推賞されているが(37)、諸路からの調達総額は、その後も費目の追加などによって順調に増加し、紹興16年(1146)ころの経総制銭の総収入――四川を除く――は1120万貫に達した(38)。紹興26年(1156)には、紹興19年(1149)――経界法実施の年――の徴収実績をもって定額化された(39)。その額は経制銭が660万貫、総制銭が780余万貫、両者合せた経総制銭の定額は1440万貫となり、その巨額の歳収は当時の正課の銭額総入の半ばに及んだという(40)。経制銭も無額上供銭もともに官府の雑収入という同じ性質の財源を対象としたものであり、またいずれも本来徴収額を予定できない官府の雑収入に対して、一定の税率を定めることなくその全額を上供させるものであって、本来定額化にはなじまない性質のものである。紹興26年の経総制銭定額化は、租税系・課利系付加税と官府雑収入からなる経総制銭の費目構成がほぼ限界に達し、対金関係の安定と相俟って、歳入を安定して確保するには定額化した方がよい、という政策判断からなされたものと思われる。

なお南宋時代、独立会計区とされた四川でも経総制銭は徴収された。定額化の年次は不明であるが紹熙初年(1190)ころの定額は四路計540万貫と巨額であり、そのうち131万貫が大軍の支費に、134万貫が湖広総領所に、269万貫が戸部にそれぞれ上供され、総額の１％強、わずか６万余貫が四川管内諸州軍の地方経費に充てられた(41)。

３．月椿銭・大軍銭―地方的・二次的な上供銭貨―

またこのほかに江南東西路で月椿銭、荊湖南路で大軍銭とよばれる地方的な上供銭貨があった。経総制銭が四川を含む南宋全域で調達されていたのに対し、月椿銭・大軍銭は南宋国軍「大軍」の経費を賄う目的で、それぞれ江南東西路と荊湖南路の三路だけで調達された地方的な上供銭貨である。月椿銭と大軍銭とは同じ性質の財源を対象とした銭額制の付加税で、路ごとに呼称が異なるにすぎない。すなわち『中興両朝聖政』(以下、『聖政』と略称)14、紹興３年６月辛丑の条に

> 呂頤浩・朱勝非がともに宰相となってから、軍用の不足を理由に江浙・湖南諸路の大軍・月椿銭を創設し、上供・経制・係省・封椿[銭]などの上供銭貨を費目流用してその額に充てた。茶塩の銭を流用できないため、かき集めても一二割しか調達できなかった。故に州県では多く人民から横賦し、大いに東南地方の患をなした。今の江浙の月椿銭は紹興二年に始まった。

とあり(42)、南渡後間もない紹興２年(1132)、銭貨での軍費調達を目的として江浙荊湖四路に施行された月額制の上供銭貨である。転運司は「月額」捻出のため、「漕計」内のあらゆる銭貨収入をやりくりして“分隷”――すなわち費目充当――した。しかし租税系上供銭・経総制銭など定額化された上供銭貨、また目的外支用を禁じられた係省銭・封椿銭などは“分隷”できないため、その財源には限りがあり、勢い負担は人民に転嫁された(43)。月椿銭・大軍銭はこのように、州軍が徴収する各種銭貨収入を“分隷”して二次的に調達する上供銭貨であり、人民に直接賦課して徴収した雑税ではない。

月椿銭の徴収実績に関する戸部の報告によれば、紹興17年(1147)の江南東西路の歳収は総額約22,7000貫、その内訳は信州5,4000貫、宣州4,9000貫、徽州5,8000貫、撫州2,5000貫、江州1000貫、筠州6000貫、南安軍6000貫、臨江軍4000貫、建昌軍2000貫(各有奇)であった(44)。

これとは別に、諸路州県には版帳銭とよばれる上供銭貨があったが、今のところ対象地域や創設年次等の詳細などは明らかでない(45)。ただし官府の会計帳簿を意味する“版帳”という呼称から判断して、版帳銭は「経総制銭」や月椿銭・大軍銭と同じく地方官府の各種銭貨収入を対象として“分隷”(費目充当)した上供銭貨であると思われる。

(４)代替上供銭

(２)租税系上供銭の項で見たように、淮南東西・両浙東西・江南東西の六路では、「上供銭」の名でよばれる上供銭貨はすべて諸州軍の租税系の費目で構成され、転運司の手で戸部に上供されたが、他路では同じく「上供銭」とよばれてもその構成費目が租税系とは異なる上供銭貨があった。

１．四川四路の代替上供銭

表５に掲げる夔州路を除く四川三路の「上供銭」は、実は上記諸路のように租税系の費目で構成された上供銭ではなかった。南宋の四川は独自の軍事・財政区画を形成し、租税・課利の徴収方法において他路と異なる点が多い。四川の「上供銭」は上記六路のような租税系の費目ではなく、禁軍闕額銭や経制頭子銭など無額銭系の費目によって構成されていた(46)。四川の「上供銭」はその構成費目を無額銭系の費目で代替輸納したのである。本稿ではこうした上供銭を代替上供銭とよぶこととする。

２．荊湖南路の代替上供銭

また荊湖南路では、李綱『梁渓全集』75已撥益陽財賦応副鼎州来年財賦取自奏状に、

> 南路潭州益陽県では、紹興２年(1132)正月１日以来毎日徴収してきた酒税銭・牙契銭・夏税折納銭等を、全額醵出して大軍に応副したので、もう鼎州に送る銭貫は残っていない。本年歳終に見在の酒税・牙契等銭は県費支用分を除きすべて鼎州に送ったので、来年度分の麦秋税と酒税・牙契等銭は、よろしく減放していただきたい。

とあり(47)、紹興初年ころ潭州益陽県の銭貨収入は酒税銭、牙契銭、夏税折納等銭の3費目で構成されていたが、ここに見える酒税銭、牙契銭は前項(3)で見たように、紹興初年に発足した経制銭の構成費目であり、夏税折納銭はこれも同じく総制銭の構成費目であった。すなわち潭州益陽県の「上供銭」の構成費目には租税系の銭貨収入が全く含まれず、経総制銭を構成する無額銭系の三種の銭貨収入がこれを代替していたのである。

これは潭州益陽県だけでなく荆湖南路全域で同様であった。『会要』食貨64-51〔上供〕紹興5.3.18条に、

荆湖南路の上供銭は、かつては官の綱塩の頭子銭の椿数(路転運司が存留管理する額)を起発していたが、塩鈔法が推行されてから悉ごとく客販となり、所謂る頭子銭は徴収できなくなった。当時は有司が歳計を失することを慮り、州県は緊急の措置として「麹引銭」を徴収して歳額を充たした。これは毎県二三万緡もあって、上供の額に十倍した。

とある(48)。荆湖南路ではすでに北宋時代、転般法のもとで上供綱米の回船を利用した官売淮南塩の「綱塩頭子銭」を上供銭として代替輸納していたが、蔡京が淮南塩区に通商法を施行して転般法を廃止してから「綱塩頭子銭」を徴収できなくなった転運司は、「麹引銭」の名目を立てて税戸から銭貨を徴収し、この銭額で「上供銭」を代替したという。荆湖南路全31県から“毎県二三万緡”を徴収すれば一路の麹引銭徴収額は60～90万貫、これは嘗ての上供銭額の10倍に当るというから、荆湖南路の「上供銭」旧額は6～9万貫程度であったことになる。

すでに慶暦のころ、荆湖路は南北合せて27万貫の上供銭を輸納していたが(49)、この租税系上供銭の中にすでに綱塩頭子銭が含まれていたのか、或いはいつの時点で租税系上供銭の全額が綱塩頭子銭に代替するようになったのか、今これを史料上に確認できない。しかし紹興元年までの湖南路の租税系上供銭がその定額だけを継承しながら、その構成費目が綱塩頭子銭に代替されていた事実は認めねばならない。したがって**表5**に記す紹興末年ころの荆湖南路の「上供銭」の実収額27万余貫は、その殆どを「麹引銭」によって代替したと考えられる(50)。

3．福建路の代替上供銭

福建路福州の歳支の費目中に、科買上供銀や無額上供銭その他の上供銭貨と並んで、歳出6000貫の「上供銭」が見える。その内訳は『三山志』17財賦・歳収、福州の「二税塩役」の項に、

罷科茶価銭2500貫、罷科乾薑・茘枝・龍眼価銭1700貫、鋳不足上供銭1800貫

と見える。これらの費目はいずれも、これまで見てきた各種上供銭貨の構成費目の中には見られない。また後に見るように、福建の租税系上供銭はすでに北宋慶暦以降全額上供銀を科買するための本銭とされていたから、この「上供銭」は北宋以来の上供銭貨の系統からみても、その構成内容からみても、租税系上供銭の系統には属さない。一方、**表5**に載せる紹興末年の福建路の「上供銭」の実収額は3,2673余貫となっている。福建路の「上供銭」の実体は何であろうか。

王圻『続文献通考』32土貢考の末尾に、福建路8州軍の土貢とともに「上供銀」「上供銭」「無額上供銭」等の額の記載がある。標題は「福建路毎年常貢」となっているが、南宋のいつごろの

支出状況を示したものかは不明で、またどういう理由によるものか漳州の上供銀等の額を缺いている。しかし漳州についてはたまたま『朱文公文集』19乞蠲減漳州上供経制額等銭状にその上供銀等の額を載せるのでこれにより補い(51)、**表 6** に福建路 8 府州軍の上供銀等の額をまとめて表示する。

表 6　南宋初期 福建路八州軍の上供銭貨

	上供銀(両.銭分厘)	大礼銀等(両.銭分厘)	上供銭(貫文)	無額上供銭(貫文)
福州	6,8741.400	9000.000 *1	6000.000	1,5518.750
建寧府	9754.000	7193.500 *2		
泉州	9642.300	1,8909.395 *3	1,5765.075	
漳州	5000.000 *4	1000.000 *5	4,0040.000*6	
汀州	7945.835	4000.000 *7	9770.901	
南剣州	6370.000 *8			
邵武軍	1441.400	650.000 *9	7540.000	
興化軍		1833.334 *10		
	10,8894.935	4,2586.229	7,9115.976	

*1 郊祀年のみ。 *2 大礼助賞銀3756両、聖節銀・大礼進奉銀各1700両、提点司進奉銀37.5両の計。
*3 大礼助賞銀。 *4 *5 *6『朱文公文集』19乞蠲減漳州上供経総制等銭状による。 *5（銭3,0500余貫)。
*7 聖節進奉銀・大礼銀各2000両。 *8「此順昌一県所貢」。 *9 乾会聖節銀250両、大礼銀400両の計。
*10 節旦上供銀の計。

これによれば、8 府州軍の上供銭の合計は7,5755貫395文となり、紹興末年の福建路の「上供銭」額32,673貫889文とくらべると、倍以上の増となっている。ただし汀州を除き、上四郡の建寧府(建州)・南剣州・邵武軍には上供銭の額を載せない。

この「上供銭」の構成費目について、『三山志』17財賦・歳収、福州「二税塩役」と『朱文公文集』19乞蠲減漳州上供経制額等銭状との二史料により、福州と漳州の「上供銭」額とその内訳を並べて表示すると次のようになる。

福州「上供銭」6000貫

罷科茶価銭2500貫、罷科乾薑・茘枝・龍眼価銭1700貫、鋳不足上供銭1800貫

漳州「上供銭」2,3040貫

折茶銭7000貫、罷科乾薑・茘枝・龍眼銭40貫、鋳不足銭1,6000貫

あい異なる史料に拠ったにもかかわらず、福州と漳州の「上供銭」の費目構成が同一であることに注目したい。朱熹は漳州の「上供銭」について、この「三色上供銭」はその来歴は不明で、徴収すべき戸眼窠名(費目)もないため、漳州がやりくりしても年に1,2000余貫しか調達できず、残り1,1040貫は属県に均敷している、という。朱熹はその来源を知らないというが、実は「三色上供銭」のうち「罷科茶価銭」と「折茶銭」の二色の上供銭は南渡の直後、北宋以来福建に科せられた上供茶の廃止にともなう代替措置として始まった上供銭貨である。

『会要』食貨32-30〔茶塩雑録〕紹興3.4.13条に

建州が言うには、毎年上供すべき省額茶21,6000斤は、建炎2年に葉濃の乱が起ったため、毎年ただ「罷科茶銭」を上供している。

とある(52)。これにより復州の「罷科茶(価)銭」、漳州の「折茶銭」は建炎2年(1128)に廃止された省額茶すなわち建州の上供茶の代価として福建路転運司が管下諸州から調達した銭貨であることが分る。折茶銭は福建路では福州・漳州のほか、他の6府州軍にも賦課されていたと考えられるが、これを裏付ける史料はない。

次に、これも両州に共通する「罷科乾薑・茘枝・龍眼価銭」については、王圻『続文献通考』32土貢考「福建路毎年常貢」の福州の項に

茘枝乾・茘枝煎・生茘枝　　紹興初貢、二十四年罷。

乾薑・沙魚　　建炎三年罷。

とあり、茘枝乾は紹興初年(1131)に始まり同24年(1154)に、乾薑はそれより早く建炎3年(1129)に廃止された“土貢”の費目であることがわかる。龍眼については記載がないが、これも福建の特産物であり、土貢と同様の措置が取られたと見てよいであろう。このように福州・薄州の「罷科乾薑・茘枝・龍眼価銭」の上供銭は、上供茶と同様、建炎・紹興年間における土貢の乾薑・茘枝等の科買(科率)の廃止にともなう代替措置であった。

宋代の土貢は転運司から州に賦課され、州は指定された品目を科買によって調達した。福州・漳州では南宋になって土貢が廃止されたが、科買の本銭の調達は存続したため、「罷科某某価銭」という名の代替銭貨によって構成される「上供銭」が生まれたものと考えられる。

次に福州と漳州に共通する「鋳不足銭」は、漳州については上引『朱文公文集』19乞蠲減漳州上供経制額等銭状に「抱認建州豊国監鋳不足鉛本銭」と見える。この本銭は建州の豊国監が規定の鉛の鋳造に必要な原鉛を収買できないとき、転運司が上供銭から補う本銭のことである。『要録』87紹興5.3.22乙未の条に

初めて鉛錫を禁榷する。鉛錫を産する坑場はことごとく政府の管理下におき、産出額と価格を戸部に申報させる。榷貨務は塩鈔法と同様に文引を印造し、商人が算請すれば給売して指定州軍の坑場に赴き、通行興販する。鋳銭司は鋳造額に見合う銭を商人にもたせ、坑場に赴き鉛錫を収買させせなければならない。収買本銭は従来どおり転運司が支撥するが、もし不足すれば上供銭の中から補え。

とあり(53)、紹興5年(1135)に鉛・錫の禁榷を再開するに当って、収買本銭の措置について述べている。「鋳不足銭」とはすなわち鋳銭司の収買本銭が規定鋳造額分に不足するとき、転運司が上供銭の中から補填する銭のことである。両州の「鋳不足銭」は、紹興5年(1135)以後、建州豊国監の鉛錫収買本銭の不足分を転運司が上供銭で補填する慣行が恒常化し、「上供銭」として歳出費目を構成したものと考えられる。ただし転運司が補填のために調達した上供銭の財源が、租税系であったのか無額系であったのか、或いは朱熹が漳州について言うように属県に均敷したのか、転運司会計内部の銭貨の操作の実態は不明である。

以上見てきたように、朱熹のいう「三色上供銭」は、南宋初期の建炎・紹興年間に上供茶や

土貢の廃止、鉛錫の禁榷などを契機として、本来上供すべき品目の代価や収買本銭の補填分など、いずれも代替措置して調達した銭貨の上供が恒常化したものである。

(5)科買上供銀銭

代替上供銭のケースとは逆に、一部地域では租税系の上供銭の一部または全額、或いは課利系の塩課息銭などが、「上供銀」を科買するための本銭に振り向けられた。

表5に「上供銭」と並べて「上供銀」の額を掲げる荊湖北・福建・広南東西路等の諸路では、転運司は租税系上供銭や塩課息銭によって科買した見銭で銀両に変易し、これを「上供銀」として上供した。このような「上供銀」を科買するための銭貨を、本稿では科買上供銀銭と呼ぶ。

1．荊湖北路の科買上供銀銭

荊湖北路では、紹興5年(1135) 3月に岳州の上供銭が一年間、7月に澧州の上供銭が三年間、それぞれ免除されたが､これらは租税系の上供銭であろうと思われる(54)。しかし紹興31年(1161)、荊南府ではこの歳の上供銀・銭・絹・糸・米の額をそれぞれ減半して招軍の費用に充てた(55)。ここには「上供銭」とともに「上供銀」があり、**表5**には湖北路に「上供銀」81両6銭が記載されている。この「上供銀」には6銭の端数があることからも土貢銀ではなく(56)、上供銭額の一部を銀両に変易した「科買銀」である。上供銭額の一部を銀両に変易する「科買銀」は、福建路・広南東西路においては北宋以来広く行われていた。

2．福建路の科買上供銀銭

福建路では、租税系上供銭はすでに北宋慶暦ころから科買銀に形を変えて上供されていた。『会要』食貨64-47〔上供〕紹興2.閏4.12の臣僚の言に、

> 福建路の転運使に、科買して上供すべき銀――すなわち科買上供銀――を、場務を設け市価で収買させ、もし銀価が高くて買上額が祖額に及ばなければ、朝廷は不足分を蠲減していただきたい、

とある(57)。南宋の初期、福建路では北宋末期の上供科買銀「祖額」27万両が継承されていた。福建の科買上供銀について、『高峯文集』1投省論和買銀劄子には、北宋政和のころの人廖剛の奏を引いて、

> 福建路は往時、銀価が毎両1貫文に過ぎなかったので、有司は毎歳の上供銭で銀を科買して入貢した。簡便なだけでなく、商賈や兼併の勢力を抑えることができ、もともと善い方法であった。近ごろ科買の額が多く、銀価が倍に高騰した。法では科配抑勒を禁じ、官が銀場を置いて和買するとしているが、銀価が高いので客商は銖両も売ろうとしない。そこで毎歳の定額27万両は、みな五等税戸に配買して調達するようになった。

とある(58)。すなわち福建では、古くから毎歳の「上供銭」で銀を買って上供していたが、科買の額がふえて銀価が高騰したため、政和のころには税戸への配買(科率)に変質していた。このこ

ろ福建の上供銀の定額は27万両であった。福建には、北宋景祐（1034-37）のころには少なくとも10万貫以上の上供銭があり、これを銀に易えて上供したことがある(59)。これは諸路の見銭の缺乏に政府が対応した一時的な措置で、銀両での上供は科買によるものではなく、ただ輸送に便な“軽齎”に変易したにすぎない。因みに慶暦（1041-48）のころ福建路の「上供銀」定額は20.8万両、元豊元年（1078）の福建の上供銀の実収は23,2207万両であった(60)。

『会要』食貨64-61〔上供銀〕建炎４年、戸部侍郎葉份の言によれば、福建路の上供銀は元豊元年の宝瑞場の所収の課利を以て額となし、崇寧・大観以降これを人戸・寺院に科配するようになった(61)。これによれば歳額27万両という福建路上供銀の定額は元豊元年（1078）に立定されたことになる。このように福建路では、慶暦ころにはすでに定額分を残らず銀両に変易して上供していた。すなわち福建路の「上供銀」の実体は、北宋・慶暦期に租税系上供銭額で銀両を科売した「科買上供銀銭」に他ならない。

この科買の方法について、さきの廖剛の奏によれば、北宋政和のころには五等税戸に配買していたというだけで詳しくは分からないが、陳耆卿『篔窓集』４代上帝乞輸銭剳子によると、

福建の上供銀銭は両税より禍酷である。福建には８州軍あるが、泉州が最も甚だしい…その来歴を調べてみると、もともと両浙の台・信・建昌・邵武の４州軍は毎年上供銀1,5600両を送納して泉州の上供紬絹を補助していた…北宋時代には、産銭額１貫以上の者が銀銭すなわち「科買上供銀銭」を輸めて、官民の分はなかった。その後祝聖道場や逃絶戸が（科買を）免除されたがさほど多くはなかった。その後（官品）一命以上の者がみな免除されて免除者が増え、さらにその後は貢試合格者で推薦され太学に籍を置く者がみな免除されて免除者は益々増えたが、科買銀を負担する者は益々少なくなった。こうして官戸・士戸に科すべき額を貧窮戸に押しつけることとなり、産銭100文に満たない者にも科配が及んだ。銀価も高騰して毎両2800貫となり、正銭の外に頭子銭・代鈔発納銭・綱塩暗脚銭等が徴収された。

とあり(62)、福建路では北宋時代には産銭１貫以上の戸から官民の別なく「銀銭」すなわち「科買上供銀銭」を徴収していたが、その後何回かに亘って科買免納者が増えた結果、官戸・士戸への賦課分が下戸に転嫁され、銀価の高騰と相俟って諸種の増徴が行われるようになった経過が簡潔に示されている。福建路では北宋中頃から南宋初期にかけて、「上供銀」の調達方式が、（ⅰ）租税系上供銭による科買→（ⅱ）産銭１貫を基準とする「科買上供銀銭」の官戸・民戸への配買→（ⅲ）科買免納者の増加による下戸・寺観への科配、という三段階の変遷をたどったことになる。

福建路で寺院が科買銀を負担したことは、林希逸『竹渓鬳斎十一藁』続集10重建斂石寺記に

（福建では）上供銀・大礼銀・免丁銀・祠牒貼助・秋苗白米撮借など官府が求める数多くの負担があり、産銭を基準に賦課しているが、福建は地狭く人少なく、土地の大半は寺院が所有し、寺院がこれらを負担している。或る故郷の先賢は「僧寺は閩南の保障である」と言った。

と見える(63)。また『南澗甲乙稿』10上周侍御史劄子によれば、

科名は日に増え、銀価は日に倍し、州県には余剰がなくなった。そこで下四州の銀はこれを僧寺から取り、上四州の銀はこれを民戸から取った…民戸から取るときには塩で折納させたが、折価は半額であった

という(64)。すなわち福建の科買銭は、建州・南剣州・汀州・邵武軍の上四州の上供銀銭は民戸から、福州・泉州・漳州・興化軍の下四州(閩南)は寺院から調達したのである。まさしく“僧寺は閩南の保障——民を守る要塞——”である所以である。

『会要』食貨70-80〔税・賦税〕紹熙2.6.11によると、福州には「寺院年額上供銀銭」と「寺院年額合納四色銭」という二種の上供銭貨があり、紹熙2年(1191)までは納入期限を定めず上供していたが、以後それぞれの納入期限を定めることとしたという(65)。前引『三山志』17財賦類・歳収「二税塩役」の項に載せる福州の「寺院科納上供銀等銭」は、実はこの両者の併称である。両史料によって寺院科納上供銀等銭30,4632貫228文の内訳を**表7－1**に示す。

表7－1　南宋福建路 寺院科納上供銀等銭の構成費目

寺院科納上供銀等銭	30,4632貫228文	
寺院年額上供銀銭	17,7221貫186文	
寺院年額合納四色上供銭		
軍器物料銭	1,1000貫036文	
酒本銭	2,2755貫889文	
醋課銭	4,2157貫976文	
助軍銭	4,0487貫142文	
大礼銀銭	8,1037貫064文省	(郊祀之歳別科)

*12県計は2,0000貫224文。他にも何カ所か誤記があり合計数が合わないが、原文どおりとする。

上の各費目のうち、郊祀年にのみ別途転運司に応副される大礼銀本銭と大礼銀とを除くと、毎歳の上供銀の科買に係わる費目は歳入として上供銀銭、支出として上供銀本銭と上供銀の計三項である。歳入17,7221貫余の上供銀銭は、その全額を福建路転運司に応副する1,4171貫507文の上供銀本銭と、6,8741両06銭の上供銀を科買するための本銭とに充てられたことになる。

福建の「上供銀」は『要録』43紹興1.3.7甲寅の条によれば、紹興改元の徳音で課額の1/3を減じていたが、この日さらに建・南剣州の額を半分に減じ、さらに同161紹興20.5.18癸巳条によれば、汀州の上杭・武平2県の今年の「上供銭銀」の半額を、また蓮城・清流2県の2/3を減じたという(66)。北宋末の福建路上供銀の課額は27万両であったから、紹興20年ころまでの上供銀定額は、何度かの減額措置によって18万両を下回っていたことになる。**表5**に見た紹興末年の実収額は16,3261両6分6厘8黍であり——銭貨実収額を銀両に換算したためこのような端数が生じる——、これから見ると福建路の上供科買銀はほぼ定額どおり輸納されていたようである。

福州の歳収のうち上供銀の科買に用いる財貨は17,7221貫余の上供銀銭である。これに対し

福州の支出としては「他司応副銭物」と「歳貢」、いずれも上供銭貨の2費目があり、それぞれの構成費目から各種上供銭貨の費目と額を抜き出したものが**表7－2**である。

表7－2　南宋福建路 歳出(他司応副銭物・歳貢)の構成費目

他司応副銭物	上供銀本銭	1,4171貫507文
	大礼銀本銭	1,0000貫文省(郊祀歳別応副)
	軍粮銭	2000貫文省
歳貢	上供銀	6,8741両4銭
	年額銀	4,5000両
	折博香薬銀	1,3333両4銭
	大礼助賞銀	7408両
	聖節進奉銀	3000両
	大礼銀	9000両　(毎遇郊祀年別進奉)
	上供銭	6000貫
	罷科茶価銭	2500貫
	罷科乾薑・荔枝・龍眼価銭	1700貫
	鋳不足上供銭	1800貫
	無額上供銭	1,5518貫750文省
	贍学糴本銭	8136貫784文省
	経制銭	11,5592貫144文省
	総制銭	20,3664貫163文省
	統制官供給銭	1200貫文省
	官戸不減半役銭	5741貫840文省
	僧道免丁銭	2,1133貫文省

3．広南東・西路の科買上供銀銭

広南東西路には紹興末年、**表5**に見たように東路に4149.8万貫、西路に6487万貫の租税系上供銭とは別に、東路に3822両、西路に605両の上供銀があった。広南両路では、福建のようにこれを租税系上供銭で科買する方法をとらず、もっぱら官売塩の息銭によって銀両を科買して上供した。『要録』120紹興8.6.6庚申条に、

広南は中州を遠く隔り、土地は瘠せ民は貧しく、歳出が常に歳入を上回る。故に北宋時代、諸州は漕司銭で塩を官売し、その塩利の四割を州用となした。これにより州の経費は確保され、増税せずにすんだ。

とあり(67)、広南州軍では北宋時代、路転運司が塩政を掌管する禁榷[官売制]区であったから、転運司が般運・販売した官塩の息銭の40%を地方経費「留州」に充てたので、新規の税目を設けたり、福建路のように銭額を税戸に科派する必要はなかった。

しかし南宋になると、北宋末に蔡京が始めた通商[鈔引制]〈換鈔方式〉が東南塩区全路に及び、紹興初年(1131)から広南塩は福建塩とともに通商塩として行在榷貨務で客商に請買された。

紹興初めころ、銀坑の不振から銀貨が高騰し――銀：銭比価は３：２――、転運司の買銀本銭が不足したため、行在榷貨務は客商の請買価格の1/3を「捐留銭」として控除しこれを漕計に入れて買銀本銭に充て、転運司に上供させた(68)。こうした措置も広南塩の商販拡大には繋がらず、西路は紹興８年(1138)から“二分官売・八分通商”、広南東路は“一分官売・九分通商”の官商並売体制となり、東路は紹興９年に全面通商に転換した(69)。

同じ広南塩でも、沿海部の産塩豊富な東路塩と比べて西路には通商塩を供給する能力はなかったが、広西路にも北宋以来の「上供銭」があり、南渡後は東路と同様、転運司は専ら売塩息銭を歳計に充てていた。しかし紹興８年の改革で転運司の塩銭収入がなくなり、これまで毎歳転送してきた鄂州大軍・経略司の買馬計費と靖州の歳計銭を支出できなくなった(70)。

鈔塩法導入による官売廃止は、同じように広西・昭州からの売塩息銭転送で上供を肩代りしてきた潯州・貴州にも打撃を与えた(71)。

呉泳『鶴林集』22奏寛民五事状によれば、南宋末・淳祐12年(1152)の広東一路の会計収支は次のようになっている(72)。

表８　南宋前期 広南東路転運司の財政収支

〔歳入〕(単位：万貫有奇)		〔歳出〕(単位：万貫有奇)	
諸郡丁銭	27.570	総領所銀綱銭	27.430
綷陌一分銭	8.250	諸郡上供銀本銭	4.669
両司抱認墟市銭	8.870	諸郡分屯摧鋒軍衣糧	14.680
		本司官吏俸給・客軍口券	1.010
計	44.690	計	47.789

広南東一路の会計収支はこの段階ですでに3.099万貫の出超であるが、広南東路にはこの他に「陪貼総領所荆南銀綱買銀銭4.047万余貫有零」、「起解総領所銀綱搬運水脚部綱官吏路費特支等１万余貫有零」の二項の支出費目があり、これらを合せると一路の赤字は合計8.146万貫にも上るが、それらを徴収する科名(窠名)はないという。

広南東路の支出費目として、総領所に輸納する上供銀綱銭27.43万貫と管下諸州から調達する科買上供銀本銭4.669万余貫が見える。この本銭は上供銀4,2887両有奇の科買額だというが、**表５**で見たように、広南東路の紹興末年の上供銀の額は3,0822両有奇――当時の銀銭比価で銭額約９万貫――であったから、広南東路では紹興末から淳祐末までの約90年の間に、上供銀額でほぼ1.4倍の増額が行われ、科買銀本銭の額は逆にほぼ半減していたことが分る。

このように南宋も最末期の淳祐12年(1252)においてなお、広南東路では管下14州から調達して湖広総領所に解赴する上供「銀綱銭」とは別に、転運司が独自に調達した科買上供銀本銭を戸部に送納していたのである。

福建・広南の上供科買銀本銭は、上供銀を銀両で輸納するため、租税系上供銭や官売塩息銭など他の財源を本銭として銀両を科買して上供した。このような方式を上供銀が他の銭貨で代替されたという意味で「代替上供銀」と呼ぶことも可能である。しかしこの呼称は前項で見た「代替上供銭」と紛らわしく――福建路の租税系上供銭や広南の官売塩息銭はともに上供銀を科買する本銭として「上供銀銭」の呼称をもつ――、またあくまでも上供銀を科買するための銭貨運用の一形態であることから、本稿ではこれらを「科買上供銀本銭」と呼ぶこととした。

おわりに

本稿においては、南宋初期に相次いで創設された各種上供銭貨について、北宋の上供銭貨の三つの系統に即して検討を加えた。その結果、建炎・紹興年間に新規に創設された上供銭貨である「経制銭」「総制銭」等は、いずれも新鋳銭や租税正税、課利正課の収入を除く地方官府の雑税収入を財源とする点で、北宋元豊５年(1082)に創設されたC無額上供銭の系統に属することを確認できた。これらとは別に、紹興年間に創設され、江南東西・両浙東西四路に実施された上供銭貨として「折帛銭」があるが、これは両税の夏税絹帛と和買絹帛とを合体させ、その合計額の一部を銭納させたもので、南宋初期に生まれた新規の租税系上供銭貨ということができる。なお「月椿銭」「大軍銭」は戦時の軍費調達として江南東西と荆湖南の三路にだけ実施されたが、新規の上供銭貨ではなく、路内銭貨収入を掻集めて費目充当する月収定額制の二次的な上供銭貨である。また北宋以来の上供銭貨であるA新鋳銭は、南渡直後に「上供銭」として輸納されたが、これは北宋の上供定額「元額」105万貫を継承したものの、実際の鋳造額は元額のほぼ1/5――元豊27監による額外鋳銭を含む歳鋳総額600万貫と比べるとほぼ1/30――にまで激減し、南宋政府はほどなく鋳銭を停止した模様である。

南宋初期には、李心伝が“祖宗の正賦”だとする歳入約200万貫の「上供銭」があったが、その実体については、これまでの研究で解明されていない。前章で見たように、北宋時代の「上供銭」は国初以来「租税系上供銭」を指し、新鋳銭に対して「上供銭」の呼称を用いたのは史料上では崇寧以降である。また元豊５年創設の無額上供銭は、時に「上供銭」と呼ばれることがあったが、官府の雑収入を対象としたその費目構成の特質などから、他の上供銭貨との系統上の分別は明確である。従って南宋初期に「上供銭」とよばれた上供銭貨がA上供新鋳銭またはC無額系上供銭の系統に属することはあり得ない。

本稿で初めて南宋初期の「上供銭」の費目構成を分析した結果、丁塩銭・租銭・地銭や折帛銭等“正賦”系の雑銭のほか、禁軍闕額銭・経総制頭子銭・官綱塩頭子銭等無額系の雑銭、酒税付加税・牙契銭・土貢科買本銭・鋳不足銭等課利付加税系の雑銭や、転運司が「上供銀」輸納のための科買本銭として調達した各種雑銭など、多種多様な費目で構成されたことが分った。

このように、南宋時代に「上供銭」とよばれた上供銭貨としては、北宋期と同じA上供新鋳銭、B租税系上供銭、C無額系上供銭の三系統のほか、課利系・無額系の雑銭の費目で租税系上供銭を代替させたD代替上供銭、上供銀を科売するためのE科買上供銀銭、合せて五系統の上供銭貨があったことになる。このうち北宋のB租税系上供銭の直系に当る南宋の租税系上供銭は、淮南東西・両浙東西・江南東西の6路に見られ、他の諸路には租税系上供銭を租税系以外の諸費目で代替構成した代替上供銭が見られる、という関係がある。例えば夔州路を除く四川三路の「上供銭」は、無額上供銭や経総制銭など官府の雑収入の費目で代替構成された。荆湖南路の租税系上供銭は、北宋・景祐以降「綱塩頭子銭」で費目代替して上供したが、蔡京の通商[鈔引制]〈新旧換鈔〉方式の実施で綱塩頭子銭の収入がなくなり、付加税「麹引銭」を創設してこれに充て、南宋に及んだ。また福建路の「上供銭」は、南宋初期に建州の上供茶や各種土貢の幾つかを廃止した際、その代替措置として調達した科買本銭「罷科茶価銭」と、鋳銭司の銀鉱収買本銭の不足分を転運司が補填した上供銭貨「鋳不足銭」等からなっていた。

また科買上供銀銭は、「上供銀」として輸納すべき銀両を見銭で科買するための元本、すなわち科買銀の本銭として調達された銭貨で、福建と広南東西の三路にしか見られない。福建路では北宋・慶暦のころから租税系上供銭は全額「上供銀」の科買本銭に充てたが、北宋末から官戸等の免納が増えたため税戸への配率(科率)となり、南宋になると下四郡では寺観も科買銀銭を輸納した。広南東・西路は上供科買銀の本銭として官売塩の息銭を充てた。

このように南宋初期には、対金戦争にともなう生産・流通その他経済諸事情の悪化と中央政府の財源難を直接的理由として、同じ「上供銭」の名のもとに雑多な費目を掻き集め、代替させて上供銭貨に充当した。そのため北宋時代には見られなかったD代替上供銭とE科買上供銀銭という二系統の新たな上供銭貨が創設されたのである。

以上見てきた南宋の五系統の上供銭貨について、北宋の三系統の上供銭貨と対比しながら、その諸系統を分類整理して次頁**表9**に示す。

鋳銭系・租税系上供銭を除き、南宋初期に相次いで出現した各種上供銭貨は、無額上供銭の系統に属する経制銭・総制銭、さらにこれら上供銭貨を前提として調達される版帳銭・大軍銭・月椿銭などの二次的或いは地方的な上供銭貨も含めて、すべて中央政府が指定した上供費目(窠名)に対して、各路転運司が州県の諸経費を財源として、代替・流用を含む費目充当の操作をすることによって調達された上供銭貨である。いずれも上供体系の外部に新規の税目を立てて直接人民から徴収した税目ではない。その意味では、これら上供銭貨の諸費目を「雑税」の名のもとに概括し、さらにその費目の多さと調達額の大きさによって、ただちに南宋における「重税」策、或は財政の“貨幣化”の指標とみなす従来の理解は、見直す必要がある。

各種上供銭貨の出現により、従来地方官府の必要経費を賄っていた各種銭貨収入は、その殆どを中央政府に収奪され、州軍に存留する銭貨は――酒税・商税等、地方経費として州軍に存留された課利収入を除いて――殆ど消失した。その結果、「留州」が減少または枯渇した転運司・州軍はその負担を税戸に転嫁し、様々な名目を立てて銭貨を徴収した。しかしこうした“重税”にあえぐ人民の困苦の源はまさしく“有司の横賦”にあり、直接の増税策がその原因ではなかった。南宋初期の“重税”は、対金関係の緊張のもとで、国家的要請に基づく大量の銭貨調達が、上供の財政構造の内部で対象費目の流用・拡大と調達方式の再編を伴いつつ進

表９　宋代上供銭貨系統略表

－北宋期－　　　　　　－南宋期－

1105～

A.鋳銭系　**新鋳銭**――上供**新鋳銭**――

天禧元額105万貫－崇寧300万貫－大観140万貫－南宋祖額133万貫－紹興26実鋳22万貫

B.租税系　**上供銭**――

天禧祖額400万貫　　［淮南・両浙・江南・荆湖・広南等９路］総162.8万貫

上供紬絹――

└**折帛銭**――

1135～〔紬８分・絹３分銭納〕紹興18実収600万貫

C.無額銭系

無額上供銭――

1082～元豊実収200万貫

経制銭――

政和-靖康/紹興５

紹興５　**総制銭**――

紹興９～

経総制銭――

紹興26定額1440万貫、嘉泰２1740万貫

紹熙１四川歳額540万貫

月椿銭――

紹興２　［江南東西路］紹興中歳収22.7万貫

大軍銭――

紹興２　［荆湖南路］

版帳銭――

紹興２？

D.代替系　［荆湖南路］**上供銭**――

景祐中？綱塩頭子銭――

└麹引銭紹興１～歳額２－３万貫

［福建路］**上供銭**――

└罷科銭南宋初～福州歳額6000貫、漳州歳額3,3040貫

［四川三路］**上供銭**――

└無額銭等南宋初～

E.科買系　上供銀――

大中祥符１立額

祖額41.1420両

元豊１実収21,5385両

南宋：科買銀歳額16.3万両

└［広南東西］**上供銀銭**――

南宋：上供銀祖額24.16万両

南宋：科買銀歳額3.1万両

└［福建路］**上供銀銭**――

北宋：慶暦中上供銀祖額20.8万両、元豊１実収23.2万両、定額27万両

行した結果、もたらされたものである。宋朝財政の“貨幣化”は、国家的要請に基づき、上供という財政運用体系の内部で推進された地方財政からの銭貨収奪に他ならない。通説がいうように、民間の商業・経済活動の発展が国家の経済政策に反映し、政府の貨幣需要が増えた結果として財政の“貨幣化”がもたらされたのではない。

注

（１）南宋時代の上供銭貨については拙稿「南宋の上供銭貨」（大阪府立大学『歴史研究』37、1999）を参照。課利正課収入のうち、通商塩・通商茶の売鈔収入は中央官司権貨務に入り、坑冶・市舶・香薬等禁榷［分収制］〈二八抽分〉〈一九抽分〉方式による銭貨収入は諸路州軍に存留せず、鋳銭司・市舶司・香薬司等の会計に入る。本書後編小序を参照。

（２）『雑記』甲14財賦一・国初至紹熙天下歳収数「国朝混一之初、天下歳入緡銭千六百余万、太宗皇帝以為極盛両倍唐室矣。天禧之末、所入又増至二千六百五十余万緡。嘉祐間又増至三千六百八十余万緡。其後月増歳広、至熙豊間、合苗・役・易・税等銭所入乃至六千余万。元祐之初、除其苛急、歳入尚四千八百余万。渡江之初、東南歳入不満千万、逮淳熙末、遂増六千五百三十余万焉」。『要録』193紹興31.10.14癸丑条、『考索』63財用門・数目、略同。南宋初期の銭額制付加税の創設の経緯や構成費目等については、久富寿「南宋の財政と経総制銭」（『北大史学』９、1965）、王徳毅「南宋雑税考」（『史原』２、1971）等を参照。

（３）同前注（２）「…今東南歳入之数、独上供銭二百万緡、此祖宗正賦也。其六百六十余万緡、号経制、蓋呂元直在戸部時復之。七百八十余万緡、号総制、蓋孟富文秉政時創之。四百余万緡号月椿銭、蓋朱蔵一当国時取之。自経制以下銭、皆増賦也。合茶・塩・酒・算・阬冶・榷貨・糴本・和買之入、又四千四百九十余万緡、宜民力之困矣」。

（４）『要録』193紹興31.10.14癸丑「戸部侍郎劉岑等乞、借江浙荆湖等路坊場浄利銭一界、計銭三百八十万緡、以備賞軍、限半月足、許之。国朝混一之初、天下歳入緡銭千六百余万、太宗以為極盛両倍於唐室矣。其後月増歳広、至熙豊之間、合苗役市易等銭、所入乃至五千余万。渡江之初、東南歳入猶不満千万、上供纔二百万緡、此祖宗正賦也。呂頤浩在戸部、始創経制銭六百六十余万緡、孟庾為執政、又増総制銭七百八十余万緡、朱勝非当国、又増月椿銭四百余万緡。紹興末年、合茶・塩・酒・算・坑冶・榷貨・糴本・和置［買］之銭、凡六千余万緡、而半帰内蔵…渡江之初連年用兵、月支猶不過八十万、其後休兵浸久、用度滋多、戸部嘗患無余、及軍興遂有此請」。このうち“国朝混一之初……凡六千余万緡”の箇所は前注（２）所引『雑記』の記事とほぼ同文である。一方、『雑記』の“逮淳淳熙末、遂増六千五百三十余万焉”の文は『要録』には見えない。

（５）前項（２）久富論文を参照。“正賦”の語義について、本稿原載論文公刊後に出た包偉民「宋代的上供正賦」（『浙江大学学報』人文社会科学版2001−１）は、宋代上供の語を広狭二義に分け、広義の上供は地方官府が中央に送付するあらゆる財貨をいい、狭義の上供はその中の“上供正賦”と呼ばれる一項であるとする独自の説を立てた。なぜ上供財貨全般と“上供正賦”とを区別する必要があるのか、理由がよく分らない。

（６）『要録』37建炎4.9.2辛丑「詔賜枢密院見甲千、付本路上供経制銭四十万緡・米二十万斛、余従之」。同38建炎4.10.13壬午「賜本路上供経制等銭三十万緡・米十五万斛・銀帛五千匹両・甲五百副・度牒五百道、為軍中之費」。

（７）李綱『梁渓集』86乞将贍給丘贇軍銭糧充申世景支遣奏状「契勘申世景人馬已到洪州見用贍給丘贇銭糧窠名、日旋収椿、支給尚自不足、所有本路諸州応諸色上供・経制・折帛・係省・不係省等銭、一切尽係漕司拘椿指定科撥、充岳飛大軍等支用」。

（８）『要録』53紹興2.4.27戊子「上乃命頤浩総師開府鎮江…賜激賞銀帛二万匹両・上供経制銭三十万緡・米六万斛・度牒八百道・月給公帑銭二千緡」。

（９）『要録』66紹興3.6.22乙巳「初韓世忠之軍建康也、詔江東漕臣、月給銭十万緡、以酒税・上供・経制等銭応副。「酒税上供経制等銭」は、或は「酒税銭」と「上供経制銭」との二種を指すかも知れない。

（10）『要録』78紹興4.7.4辛亥「詔以湖南上供銭三万緡、為安撫司諸軍大礼賞給之費。長沙旧無屯兵、自李綱為宣撫使始、将兵校二万一千余人戍其地、転運司言無窠名応副、故以上供銭助之」。

（11）『要録』75紹興4.4.10己丑「詔免澧州経制・上供等銭、至来年終。以本州言、累経傷残、未有賦入、援鼎州例有請也」。

（12）『要録』87紹興3.3.3丙子「川陝宣撫使呉玠奏、已復秦州、詔玠速第上有功将士、命枢密院計議官…催促江浙四路折帛・経総制・上供等銭」。またやや後のことになるが、『会要』食貨64-60〔上供〕乾道9.1.23に「権戸部侍郎蔡洸言、諸路州軍起発上供并経総制等銭、各有期限賞罰」とあり、ここでも「上供銭」と経総制等銭とは明確に区別されている。

（13）例えば『嘉定赤城志』16財賦門には、浙東台州の「上供」として折帛銭・経総制銭・糴本銭等全20種の費目と銭額を載せ、「上供銭」額は7067貫である。後注（21）を参照。また『咸淳毗陵志』24財賦によると、常州の「上供銭」の旧額が2,5000貫あり、その内訳は常州が1,2000貫、無錫県が6026貫、宜興県が6973貫であった。また『淳熙三山志』17財賦累・歳収には福州の収入費目の寺院科納上供銀等銭、支出費目の上供銀、転運司上供銀本銭と並んで「上供銭」の費目を掲げる（八木充幸「南宋地方財政の一検討」（『集刊東洋学』44、1980）を参照）。

（14）軍費以外の運用例としては、小州の知州の俸給を見銭で折支するさい、当該州の上供銭から充当する慣行があった。『要録』92紹興5.8.2癸卯「左朝奉郎充秘閣修撰趙子偁、主管台州崇寧観。俸給如小軍知州例、仍折支見緡、並於上供銭内支給、人従減半」。

（15）『要録』７建炎1.7.28丙辰「工部員外郎李士観言、江・池・饒・建四州監歳鋳銭百三十三万余緡。『会要』食貨11-１〔銭法〕東南諸路鋳銭「自渡江後、歳鋳銭纔八万緡、近歳始倍。蓋銅鉄鉛錫之入、視旧纔二十之一【旧千三百二十万斤、今七十余万斤】、所入銭視旧亦纔二十之一」。『要録』177紹興2.7.7甲午「戸部侍郎林覚言、国朝慶暦以来歳鋳銭一百八十余万緡、其後亦不下百万、如前年猶得十四万緡、去年猶得二十二万緡…今歳権以二十三万緡為額」。

（16）拙稿「南宋の上供米と両税米」（『東洋史研究』51-４、1993、『宋代税政史研究』後篇第６章南宋上供米と両税米を参照。

（17）『要録』92紹興5.7.3甲戌「都督行府免蘄州上供銭・租税米三年」。同154紹興15.7.14戊午「詔廬・光州上供銭米展一年、用転運司請也」。

（18）『要録』174紹興26.8.12辛巳「詔滁州合起上供銭、権以六分為額。先是淮南転運副使蒋璨、奉詔保明楚州・盱眙軍並免起税十年、報可【原注略】。至是璨又言、滁州見今已起上供八分、委実無所従出、乞与蠲免十年…【孫覿撰蒋璨墓誌云、公在淮南奏言、二淮薦経兵火、公私掃地、滁小州尤為窮陋。独有上供銭尚著版籍中、戸部移文督責無虚月、積二十年終不得一銭、徒費紙劄…案戸部状、則滁州自紹興二十三年方起上供、至此纔四年、乃云積二十一年、不得一銭、又其誤矣】。文中“今已起上供八分、委実無所従出”の箇所は、『会要』食貨64-52〔上供〕同年月日条には“本州上供

已発八万、委無所出”とあり、紹興末年の淮南東路の上供銭が８万貫に満たないのに小州滁州一州の租税系上供銭が８万貫のはずはないので、『要録』の“八分”に従う。

(19)『要録』171紹興26.2.2甲戌「右奉議郎魯沖…云、臣前任宜興県、漕計合収窠名有丁塩銭・坊場課利銭・租銭・地銭・租糸租紵銭、一歳所入不過一万五千余緡。其発納之数、有大軍銭・上供銭・糴本銭・打紅銭・軍器物料銭・天申節銀絹銭之類、歳支不啻三万四千余緡」。

(20) 両浙の丁塩銭については拙稿「身丁税の諸系統」(『東洋史研究』45-３、1983、『宋代税政史研究』前篇第五章身丁税の諸系統を参照。

(21)『嘉定赤城志』16財賦門・上供「…上供銭七千六十七文【以諸県二税等銭起発、半銭収買銀子、半会納左蔵庫】」。

(22)『朱文公文集』16乞蠲減星子県税銭第二状「…而星子一県為尤甚、因窃究其所以、乃知日前兵乱、流移民方復業、而官吏節次増起税額及和買折帛…依汀州例、直賜蠲放施行。計其所捐、除不礙上供数外、不過紬絹一千五十余匹、銭二千九百余貫、比之汀州之数、未為甚費而可以少寛、斯人使得安生業」。

(23)『朱文公文集』16奏借兌上供官銭糴米并乞権行倚閣夏税銭帛状「窃見本軍今年所理夏税、縁自省限起催以来、即苦旱乾…至今截日、方拋納到絹九千四百匹、銭一万六千七百三十五貫二百五十九文省。其絹一面支装起発、所有見銭、窃縁本軍別無儲積可備賑糴、不免擅行兌借。并未起発淳熙六年折帛銭七千三百一十九貫二百九十六文省、通前両項共銭二万四千五十二貫五百五十五文省。趂此米価未起之間、収糴米斛約計可得一万一千五百七十石、賑糶飢民」。なお同20申請・申南康旱傷乞放租税及応副軍糧状によれば、乾道７・８両年(1171・72)の南康軍の未納の「上供銭」「折帛銭」「月椿銭」の合計は、9,3416貫石匹両であった。

(24) 拙稿「両税折納における納税価格と市場価格」(『中国専制国家と社会統合』第２部第４章、『宋代税政史研究』後篇第４章納税価格と市場価格)を参照。

(25)『会要』食貨35-19建炎2.10.12「翰林学士・知制誥兼侍読葉夢得言、宣和之初、以東南用兵、嘗設経制司、取量添酒銭及増収一分税銭・頭子銭・売契銭等…又知徐州沛県事李膺言…戸部供到状、靖康元年節次已罷下項銭、鈔旁定帖銭・増添酒銭・増添糟銭・増収牙契税銭…」。

(26) 本書第11章宋代榷酤の課税構造を参照。

(27)『要録』28建炎3.10.23戊戌「令東南八路提刑司歳収諸色経制銭、赴行在、一曰権添酒銭、二曰量添売糟銭、三曰増添田宅牙税銭、四曰官員等請給頭子銭、五曰楼店務添三分房銭」。

(28)『通考』14征権一征商p.145上「紹興二年、令諸路転運司量度州県収税緊慢、増添税額三分或五分、而三五分増収税銭窠名自此始。至今以十分為率、三分本州、七分隷経総制司、謂之七分増税銭」とあり、『事類』30に列挙する経総制銭の窠名の中に「増添七分商税銭」が見える。従って「一分商税銭」は靖康元年の経制銭廃止の時に一旦上供対象から外され、紹興２年に「三五分増収税銭」として復活すると同時に、30%または50%増額されて増収分の70%を「増添七分商税銭」という経総制銭の窠名として上供させたことがわかる。本書第12章商税の課税方式を参照。

(29)『会要』食貨64-63〔無額上供〕建炎1.1.14「詔諸路無額上供銭、不合立額、可自建炎二年正月一日為始、並依旧法」。『会要』食貨35-20〔経総制銭〕紹興1.4.14「戸部侍郎孟庾言、勘会諸路所収無額銭物、昨為窠名繁多…」。南渡直後にも無額銭の徴収は北宋“旧法”に従って継続していた。ただし『要録』43紹興1.4.4庚午に「尚書戸部侍郎孟庾請、諸路無額銭、附経制起発、従之。於是通鈔旁定帖及売糟等銭、凡七色」とあり、７費目中の１費目として帳簿上一括しただけで、無額上供銭という窠名が消えた訳ではない。「鈔旁定帖銭」と「売糟等銭」が経制銭の窠名とされたのは、無額銭と合体した後のことである。

(30) たとえば①増添洒銭(増収添酒銭)は、もともと元豊5年に創設された無額上供銭の一構成費目で、北宋末に廃止されたが南渡後建炎2年(1128)正月から再び戸部に上供されていた。『会要』食貨64-63〔無額上供〕紹興2.5.15「戸部尚書呂頤浩等言、諸路無額銭内増添洒銭、依旧法係戸部上供之数、今已承指揮、自建炎二年正月一日為始、並依旧法」。

(31) 『会要』食貨64-64〔無額上供〕紹興1.4.4「戸部侍郎孟庾言、諸路州軍所収無額銭物、昨窠名繁多、州郡得以侵欺、並令提刑司具帳催督起発、以革侵用…欲乞将諸路所収無額経制銭物、毎季只作一帳供申、並限次季孟月二十五日已前、具帳及起発数足、余依見行条法。従之」。“五項”経制銭とあるので、この時まだ「鈔旁定帖銭」は含まれない。鈔旁定帖銭は地方官府が発給する納税領収書や典売契約書の売上手数料収入をいう。北宋末宣和3年(1121)提刑司の管轄下で大観庫、ついで内蔵庫への送納が指令され(『会要』35-3〔鈔旁印帖〕宣和3.4.13詔)、その後両浙路は応奉司の経費に、他路は発運司へ送って糴本としたが(同35-3宣和5.11.28条)、靖康元年に廃止して常平司の管理下に復した(同35-5靖康1.1.17条)。鈔旁定帖銭は「勘合銭」ともいい、額面価格に対する徴収率は1％であった。『要録』87紹興5.3.4丁丑「詔、諸路勘合銭、毎貫収十文足、勘合銭即所謂鈔旁定帖銭者」。

(32) 『会要』食貨35-22〔経総制銭〕紹興5.4.16「専切措置財用司言…所有諸路州県出納係省銭物所収頭子銭…今諸路州県雑税出納銭物、於毎貫見収頭子銭…」。同35-24紹興5.8.8「江南西路提挙茶塩常平等公事司言、在法応給納常平・免役・場務・浄利等銭、毎貫収頭子銭五文足、専充経制銭起発…」。

(33) 『事類』30には、④官員等請給頭子銭、⑦係省銭頭子銭、⑧雑税頭子銭を一括して諸色頭子銭とし、①権添酒銭、②量添売糟銭と暴酒売糟銭、両浙路の二分本柄酒・転運司寄進一分五厘酒・加耗籌酒・出剰酒等四種の添酒銭を諸色添酒銭として一括する。紹興5年までに経制銭の窠名とされた⑨常平司頭子銭、⑤楼店務増添三分房銭、③増添田宅牙契銭のほか、その後に指定された⑩平準務四分息銭、⑪増添三分白地銭、⑫戸絶市易坊場并旧法衙前等欠塩折産屋宇増収三分賃銭の3費目を載せる。

(34) 『会要』食貨64-91〔経総制銭〕紹興5.5.14「総制司言…一、近措置経画窠名、転運司移用銭、勘合朱墨銭、⑫出売係官田銭、⑬人戸典売田宅牛畜等銭、於赦限内陳首。⑭投税印契税銭、⑮進献貼納銭、耆戸長雇銭、抵当四分息銭、⑯人戸典売田業収納得産人勘合銭、常平司七分銭、見在金銀【紹興四年十一月二日指揮起発在数】、茶塩司袋息等銭、椿還旧欠。⑰装[発]運司代発斛斗銭【係州県見欠日収酒税銭内収椿、両浙・江東一分、江西・湖南二分】、収納頭子銭【毎貫収納銭二十三文足、展計銭二十九文九分省、内一十三文依旧応付漕司、并并《ママ》軍支用外、有銭一十六文九分省合拘収】、官戸不減半民増三分役銭、見椿数二税畸零剰数折納価銭、免役一分等剰銭」。⑫～⑰の5費目が加わって計16費目となる。なおここには『要録』86紹興5.閏2.24己巳条の⑫常平司五文頭子銭が脱落し、代りに⑰装〔発〕運司代発斛斗銭収納頭子銭が入っている。

(35) 経制銭の頭子銭について、『事類』30場務式「提点刑獄司申起発収支経制銭物」に載せる経制銭諸費目中に、省司頭子銭(7文省/貫、乾道1.10増至20文省/貫)、常平司頭子銭(17文省/貫)のほか秤茶増収頭子銭(1文足/斤)が見える。頭子銭の徴収率は年を追って増加し、乾道年間(1165-73)には56文省/貫に達した。『考索』63財用門・経総制「頭子銭始也、毎緡十文、宣和初年二十、紹興五年三十、十年四十、乾道間五十六」。また『雑記』甲集15経制銭「凡公家出納、毎千経総二制共五十六銭、視宣和時過倍」。

(36)『事類』30場務式「提点刑獄司申起発収支総制銭物」所載の全39費目は以下のとおり。1）勘合朱墨銭、2）省司頭子銭、3）常平司頭子銭、4）二税畸零剰数折納銭、5）黄運副上下等添酒銭、6）増添七分商税銭、7）添納租課銭、8）得産人勘合銭、9）五分契税銭、10）七分契税銭、11）出売係官田舎価銭、12）人戸出売田宅業主見存典主戸絶許令収贖并業主身亡典主貼買価銭、13）随宜増添煮酒銭、14）増添蠟酒銭、15）樁還旧欠発運司代発斛㪷銭、16）免役一分寛剰銭、17）耆戸長雇銭、18）壮丁雇銭、19）抵当四分息銭、20）官戸役銭、21）官戸不減半役銭、22）民戸額役銭、23）塩別納銭、24）塩袋息銭、25）秤茶増収頭子銭、26）茶秤息銭、27）茶頭子銭、28）茶甓零銭、29）茶竹蠟油単醫面銭、30）茶秤頭〔子〕銭、31）茶土産回税銭、32）茶別納銭、33）違限公拠力勝税銭、34）出売没官税茶価銭、35）茶番引貼納銭、36）没官有引正茶価銭、37）督府添酒銭、38）常平司七分銭、39）人戸典売田宅等于赦限内陳首投税印契銭。

(37)『会要』35-21〔経総制銭〕紹興4.8.24「戸部言、右宣教郎高公極、前任福建路提刑司検法官任内、拘催起発過経制銭三十五万二千四百余貫、即無隠漏、乞行推賞。詔高公極与減一年磨勘」。また紹興11年には両浙路の総制銭の上供額が189,6210余貫に達し、ここでも担当官が“経総制銭条例”により推賞された。『会要』35-24〔経総制銭〕紹興12.5.9「戸部言、両浙東路提刑司検法官孫伯康・幹辦公事逢汝舟・王誂拘催過一路紹興十一年総制銭一百八十九万九千二百一十余貫、別無隠漏、乞行推賞。詔依経総制銭条例推賞、諸路依此施行」。

(38)『雑記』甲集15経総制銭額「経総制銭、旧法守貳通掌、而隷提刑司。李朝正為権戸部侍郎建言、始属通判、一歳所入一千一百二十万緡。其後復命知・通同掌、無歳不虧」。『要録』155紹興16.3.24癸巳、『会要』35-25〔経総制銭〕紹興16.3.24、同5.28条、略同)。このとき戸部は経総制銭徴収実績に拠る官員考課の担当官署を提刑司から諸州通判に改めて州軍の会計責任を明確にした。

(39)『要録』173紹興26.6.18戊子「右朝請大夫・新荆湖南路転運判官李邦献入辞言、州県有経総制合取銭、自来拠所収多寡合得之数申解、近因曹泳之請、止以紹興十九年立為定額…欲望特降処分、除夏秋二税・経総制銭有定額外、其余合収窠名銭物、只得拠実収起発、即不得隠漏侵欺」。『雑記』甲15経制銭「迄今東南経制銭歳入凡六百六十余万緡、而四川不与焉」、同総制銭「至嘉泰初、除四川外東南諸州額理総制銭七百八十余万」、同15経総制銭額「然今東南諸路経総制銭歳収千四百四十余万緡、又多於朝正在戸部之額三百万矣」。

(40)『要録』185紹興30.8.14己未「言者奏、国家因陳亨伯建議始立経総制銭、多出於酒税・頭子・牙契銭分隷、歳之所入半於常賦」。定額化の基準とした紹興19年(1149)の実徴額は紹興年間の最高額であった。『会要』35-26〔経総制銭〕紹興26.7.17「左朝散大夫・権尚書礼部侍郎賀允中言、比年以来経総制銭立額、以紹興二十六年以前中最高者一年十九年之数為之」。

(41)『雑記』甲15四川経総制銭「四川経総制銭、額理五百四十余万緡、其一百三十一万緡贍軍、一百三十四万緡応副湖広総領所、二百六十九万緡上供、六万余緡諸郡支用」。

(42)『聖政』14紹興3年6月18辛丑「自呂頤浩・朱勝非並相、以軍用不足、創取江浙湖南諸路大軍・月樁銭、以上供・経制・係省・封樁等窠名充其数。茶塩銭蓋不得用、所樁不能給十之一二、故郡邑多横賦於民、大為東南之患。今江浙月樁銭、蓋自紹興二年始」。『会要』食貨64-79〔月樁銭〕紹興7.1.6「戸部員外郎霍蠡言…所謂月樁銭者、不問州郡有無、皆有定額、所樁窠名、曾不能給其額之什二三、自余則一切出於州県之吏臨時措画、銖銖而積、僅能充数、一月未畢而後月之期已迫矣」。『考索』63財用門・月樁「月樁銭始於紹興江西、謂之月樁、湖南謂之大軍銭…紹興九年虜人敗盟、中原用兵経費至広、江東運使馬承家奏請置月樁銭。時参使孟庾主其議、将繫省・不繫省、有額上供・無額上供等五十余件、不以有無拘碍、仰取合于窠名、毎月先次収樁、如月樁銭未足、未許解諸司銭。此紹興九年二月指揮也」。

(43)『歴代名臣奏議』107趙忠定公奏議一「趙汝愚奏、今諸司封樁固不得用、而無額・経制銭州県皆有定額、不尽分隷月樁、此外所存名目、惟上供銭及七分酒息銭二種而已、其余蓋尽以取足於州県也」。

(44)『要録』56紹興17.9.14乙亥「戸部具到江東西諸州月樁銭二十二万七千余緡【信州四千、宣州四万九千、徽州五万八千、撫州二万五千、江州万緡、筠州・南安軍各六千、臨江軍四千、建昌軍二千、皆有奇】」。

(45)『通考』19征榷六板帳銭「亦軍興後所創…蓋今県邑之所苦者、不過板帳銭額太重耳」。

(46)『要録』105紹興6.9.15庚辰「詔四川応上供・内蔵・封樁等銭、並許都転運司拘収応用。従都転運司李迨請也。一曰封樁禁軍闕額銭、二曰減罷吏人請受銭、三曰耆戸長雇銭、四曰経制頭子銭、五曰贍学租課銭。於是樁発提刑司銭八十九万、後四日迨始辞行」。

(47) 李綱『梁渓集』75已撥益陽財賦応副鼎州来年財賦取自指揮奏状「契勘、拠知益陽県事魏舜臣申、本県自今年正月一日至今、毎日所収酒税・牙契并夏税折納等銭、蒙福建等路宣撫使司・本路転運司及本州、累行差官下県、尽数劃刷、応副大軍支遣了当」。

(48)『会要』食貨64-51〔上供〕紹興5.3.18「前荊湖南路提刑司検詳官文浩言、切見荊湖南路上供銭、旧以官綱塩頭子銭樁数起発。自推行塩法之後、悉係客販、所謂頭子銭者無有也。当時有司慮失歳計、州県逐急措画、遂以麹引為名、歳取其数。苟逃吏責因循、迄今但以人戸税役高下、分俵麹引、毎県或至二三万緡、十倍上供之数」。『会要』食貨35-37〔無額上供銭〕同年月日条、同。前稿では北宋末の蔡京“塩鈔法”と紹興元年の淮南塩の通商再開とを混同して誤った記述をしている。「荊湖南路…」以下の文をこのように訂正する。

(49)『考索』続集46財用門・東南財賦「祖宗之時銀絹給紫銭穀皆仰給東南」。前注(１)拙稿、本書前編第２章上供銭貨の諸系統―北宋時代―の**表２**慶暦３年諸路上供銭・銀・絹額を参照。

(50)『会要』食貨70-49賦税三紹興29.7.28「荊湖南路提点刑獄公事彭合言、州県為政、二税之外毫髪不取、遠方僻邑、吏縁為奸、創添名色、擅行科斂、有曰土戸銭、有曰折紇銭、有曰醋息銭、有曰麹引銭」とあり、“遠方僻邑”と限定してはいるが「麹引銭」のほか多様な名目で銭貨を科徴していたことがわかる。

(51)『朱文公文集』19乞蠲減漳州上供経制額等銭状「臣契勘本州上供銭物一歳之数、通及四万余貫、除一万七千余貫、買銀五千両解発、又有大礼年分銀一千両、該銭三千五百余貫、不在常年解発数内、外一項折茶銭七千貫、一項罷科龍眼・茘枝・乾[薑]銭四十貫、係逐年尚書戸部準崇寧・大観上供銭物格、符下樁辦。又一項名為抱認建寧府豊国監鋳不足鉛本銭、其数亦一万六千貫…三色総計二万三千余貫、是皆無復根原来歴之可考、亦無戸眼窠名之可催、従前只是本州多方那兌、一歳僅能趲得一万二千貫銭起発、而其余一万一千四十貫、則以敷下諸県、措置解補」。

(52)『会要』食貨32-30〔茶塩雑録〕紹興3.4.13「倉部員外郎・検察福建・広南東西路経費財用公事章傑言、拠建州申、逓年合発省額茶二十一万六千斤、自建炎二年後来、因葉濃作過、逐年只起罷科茶銭」。また『雑記』甲集14建茶「建茶歳産九十五万斤、其為団胯者号臘茶、久為人所貴、旧制歳貢片茶二十一万六千斤。建炎二年葉濃之乱、園丁亡散、遂罷之」。

(53)『要録』87紹興5.3.22乙未「初榷鉛錫、応産鉛錫坑冶、尽行封樁、具数併価申部、令榷貨務依塩法措置、印造文引、許客人算請給売、齎赴指定州軍坑場。又請通行興販、所有鋳銭司合用鼓鋳数、

仰賷銭赴坑場、依価収買。本銭、依旧令転運司支撥、如不足、於上供銭内貼支。如数目比額増減、其守令・監官・巡尉、並比類買納塩増立賞罰。用総制司請也」。なお鉛錫等坑冶の禁榷については本書後編第２部第13章坑冶・礬・香・市舶の課税構造１.坑冶の課税方式を参照。

(54)『要録』87紹興5.3.2乙亥「免岳州上供銭一年」。同91紹興5.7.3甲戌「都督行府免蘄州上供銭・租税米三年」。

(55)『要録』189紹興31.4.30壬申「直顕謨閣・知荆南府続觱乞、量行招填禁軍。詔本府今歳上供銀・銭・絹・糸・米並榷減半、以為招軍之費」。

(56)『元豊九域志』6荆湖路、湖北諸州軍のうち土貢銀を掲げるのは鄂州の30両だけである。

(57)『会要』食貨64-47〔上供〕紹興2.閏4.12「臣僚言、欲令福建路転運司、将本路合買発上供銀、委官置場依市価収買、如或価高、所買数少不及祖額、即乞朝廷量行蠲減」。

(58)『高峯文集』1投省論和買銀劄子「福建路往時銀価毎両不過千銭、故有司以毎歳上供之銭買銀入貢、非徒省便、亦以抑商賈兼併之勢、其始固善也。近歳縁所買数多、銀価倍貴、法雖不得科配抑勒、並須差官置場和買、価直既高、客無復銖両入売、逐年二十七万両数、並係於五等税戸配買取足。

(59)『長編』117景祐2.10.17丁卯「上封者言、諸路歳以緡銭輸京師、致四方銭重而貨軽。丁卯詔江東五万緡、自今並市紬・絹・緜、福建・広東各十万、広西八万、並市銀上供、淮南・湖北各五万、両浙五万五千、輸緡銭如故」。景祐の諸路上供銭額については注(１)拙稿参照。

(60)『考索』続集46財用門・東南財賦・祖宗之時銀絹繒絮銭穀皆仰給東南「仁宗皇帝慶暦三年詔、会国家之財賦、転一歳之中而為定式…福建銀之上京者二十万八千」。『会要』食貨33-28〔諸坑冶務〕凡諸路上供之数。銀114,6784両【京東東路791両、京東西路132両、京西南路2554両、京西北路907両、秦鳳路200両、河北東路35両、河北西路23両、河東路91両、淮南東路20,4342両、淮南西路1635両、両浙路2,9577両、江南東路24,2821両、江南西路20,1547両、荆湖北路4,9508両、荆湖南路3,8168両、福建路23,2207両、広南東路12,1357両、広南西路1,6473両、成都府路342両、梓州路4010両〕。同食貨33－6〔各路坑冶所出額数〕には「以中書備対諸坑冶務租額并元豊元年収数修入」とあり、「諸坑冶務」の項に載せる諸路上供の実収額は元豊元年の数字である。本書後編第２部第13章坑冶・礬・香・市舶の課税構造１.坑冶の課税方式を参照。

(61)『会要』食貨64-61〔上供銀〕建炎４年「戸部侍郎葉份言、福建路見上供銀数、係以元豊年宝瑞場所収課利立為定額、自崇・観以来坑井漸降、銀価又高、応辦責之人戸、科敷及於寺院故也」。銀坑冶場の課利歳収を科買銀の定額とするという措置が、財政上のどのような理由に基づくものなのか、今の所詳かにできない。なお「宝瑞」という名の銀坑冶場は福建路にも他路にも見当らないが、汀州に「宝応」銀坑、漳州龍安県に「宝興」銀場がある(『会要』食貨33-9〔坑冶〕各路坑冶所出額数)。

(62)陳耆卿『篔窓集』4代上請乞輸銭劄子「至有名目上供銀者而其禍酷於二税者、此不可不知也。閩之郡八、其最甚者曰泉…稽諸故常、毎歳台・信・建昌・邵武四郡、総納上供銀両一万五千六百…祖例、産銭一緡以上合輸銀銭、無官民之分也。其後祝聖道場及逃戸得免、免者猶未衆也。其後一命以上咸得免、而免者始衆也。又其後士凡薦於天府、而籍於太学者、咸得免而免者愈衆矣。免者愈衆、則科者愈寡。故以官戸・士戸合科之賦、而併於貧弱之家、貲不満百、例行科配。厥価微踊、毎両科至二千八百、正銭之外有頭銭、有代鈔発納銭、有綱塩時脚銭等、民無所措、則有淪落、有犇迸、有咨怨号呼而已」。なお泉州の上供銀銭については『真文忠公文集』15申尚書省乞撥度牒添助宗子請給、及び同17対越乙稿・挙刺「申南安知県梁三聘劄」にも見える。

(63) 林希逸『竹渓鬳斎十一藁』続集10重建斂石寺記「然余観江湖浙之和糴・運糴、淮東西之車駄夫脚、其為産家害極惨…独吾閩之人衣食、其田自二税之外、無所与聞。問之僧寺、則上供有銀、大礼有銀、免丁又有銀、歳賦則有祠牒貼助、秋苗則有白米撮借、与夫官府百需、靡細靡大、皆計産科之嘐嘐者。但曰吾郷地狭人稀、田之大半皆入諸寺、然而穀之食者邦人也、豈輦而他出乎。糴必以銭、雖在諸寺、猶大家也。故前輩有曰、僧寺閩南之保障」。

(64) 『南澗甲乙稿』10上周侍御史劄子「科名日増、銀価日倍、州県不復有余矣。故下四州之銀取於僧寺、上四州之銀取於民戸…取於民戸者、則以塩折之、而僅償取半価」。

(65) 『会要』食貨70-80〔税・賦税〕紹熙2.6.11「前知福州馬大同言…福州従来所催人戸・寺院二税及上供四色等銭、並不照省限送納。乞将寺戸合納官銭、並依省限、与展至秋成後納。得旨令趙汝愚看詳聞奏、既而看詳到寺院年額上供銀銭、逓年分両限催納…寺院年額合納助軍・軍器・酒本・醋課四色銭、逓年分四季送納…」。

(66) 『要録』43紹興1.3.17甲寅「先是改元徳音、已減閩中上供銀三分之一、是日又減建・斂[剣]州銀半分、令福建転運司兌糴米二万斛、充賑済」。同161紹興20.5.18癸巳「減汀州上杭・武平二県今年上供銭銀之半、蓮城・清流二県減三分之一」。

(67) 『要録』120紹興8.6.6庚申「…広南去中州絶遠、土曠民貧、常賦入不支出、故往事之法、諸州以漕司銭運塩鬻之、而其息銭什四為州用、是以州租給而民無加賦」。広南における塩課息銭による買銀上供については本書後編第2部第9章広南塩の販売体制と課税方式注(29)を参照。

(68) 『会要』食貨64-50〔上供〕紹興4.2.27「左朝請郎王縉言、広南東路毎歳上供、例買銀軽齎、而近年坑場不発、銀価騰貴、及至行在支遣、類損元価十之三四。契勘、権貨務召人入納算請塩鈔、有揹留銭本等銭数不少、今不若令算請広東塩鈔之人一併入納揹留等銭、別項椿管起発充本路上供之数、預約度一歳入納之数、下転運司於諸州上供銭内撥還塩事司。詔令戸部勘当申尚書省」。同26-22〔塩法九〕紹興4.4.21「臣僚言、広東上供白金、近歳毎一両率為銭三千有畸、比至輸於太府、准価以給官吏・軍旅、則為銭二千有畸…臣伏見近歳取広東漕司塩改為鈔塩、鈔法既行而常患乏塩、尚有三分之一留為充漕計。今若将上供銭銀旧数蠲其難辨之額、定其実納之数、撥与本路為漕計、而於漕司一分塩内、会其価直取支、以益鈔塩使償上供之数、則商賈自以見緡輸於行朝矣。詔令戸部勘当」。同食貨64-50〔上供〕紹興4.2.27略同。

(69) 『会要』食貨26-25〔塩法九〕紹興8.6.6「詔広東《ママ》西鈔塩、以十分為率、内二分産塩州県零売人戸食塩、各不得出本州界、余八分行鈔法」。通考16征権三塩鉄p.165上「紹興八年詔、広西塩歳以十分爲率、二分令欽・廉・雷・化州官売、余八分行鈔法」。『宋史』食貨・塩p.4467「〔紹興〕八年詔、広西塩歳以十分爲率、二分令欽・廉・雷・化・高五州官売、余八分行鈔法、尋又詔広東塩九分行鈔法、一分産塩州県出売」。『嶺外代答』5財形門・広右漕計「今日広右漕計在塩而已、…取其息以八分帰漕司、二分帰本州、又海南四州軍及欽・廉・雷・化・高皆産塩州軍、昔売漕司二分塩、亦以八分息帰漕司」。『会要』食貨28-3〔塩法九〕淳熙3.2.28「詔広西転運司、将毎歳所収官塩息銭、以十分爲率、三分撥付諸州、七分充漕司計歳〔歳計〕。先是広州経略張栻言、広西官般官売塩、旧来六分漕計、四分諸州歳用、自乾道元年再行官売以後、漕司収其八分、州軍止得二分。窃慮州軍窘匱、因而作名色科取於民、故有是命」。同26-26紹興8.12.25「詔広東塩九分行客鈔、一分産塩州県出売」。『通考』16征権三塩鉄p.165上「(紹興八年)又詔、広東塩九分鈔法、一分産塩州県出売」。『会要』食貨26-26〔塩法九〕紹興9.7.21「詔広東全行客鈔」。『宋史』食貨・塩p.4467「(紹興)九年罷広東官売、行客鈔法、以其銭助鄂兵之費」。なお広南塩の官売から通商への転換については本書後編第2部第9章広南塩の販売体制と課税方式を参照。

(70) 黄震『黄氏日抄』67范石湖文・奏状・広西無酒税・商舶所入「祖宗撥諸路銭物助之…建炎兵興、諸路不復撥到、所籍〔藉〕者官売塩耳。広西漕司歳撥鄂州大軍・経略司、買為靖州共二十一万貫…通計七十三万一百貫、均撥塩数、諸州出売、除収息充歳計外、又別支塩附売、以六分為大軍買馬及靖州歳計、四分助諸州又計一十九万四千一百貫有畸。紹興八年六月改官売塩行客鈔、利帰塩司、分隷起発…後因鈔塩不行、乾道四年六月四日復令官売」。なお紹興の初めころ、広西路提挙買馬司が負担した経略司の買馬経費は一路の上供銭・封椿銭・内蔵銭合せて27万緡と欽州塩200万斤であった(『要録』63紹興3.2.5辛卯「初置広西提挙買馬司於賓州俸賜視監雑司、凡買馬事、経略司毋得預、仍命本路上供・封椿・内蔵銭合二十七万緡、欽州塩二百万斤為買馬」)。『要録』147紹興12.10.22辛巳にも「…広[西]転運判官范正国代還亦言、本路上供及経費皆仰売塩息銭、客鈔既行、遂或闕乏」とある。

(71) 『要録』120紹興8.6.6庚申「…昭州歳入買塩銭三万六千余緡、以其七千緡、代潯・貴州上供、赴経略司買馬、余為州用、及罷官売塩、遂科七千緡於民戸、謂之糜費銭焉」。

(72) 呉泳『鶴林集』22奏寛民五事状「(第三項)一、本司所管財賦、毎年只有諸郡丁銭二十七万五千七百余貫、綍陌一分銭八万二千五百余貫、雖有此数、而催常不足、拖欠動以千万計外、有両司抱認墟市銭并大兵義兵銭八万八千七百余貫、総成四十四万六千九百有余省、毎年支撥総領所銀綱銭二十七万四千三百余貫、諸郡上供銀本銭四万六千六百九十余貫、諸郡分屯摧鋒軍衣糧一十四万六千八百余貫、至於本司官吏俸給客軍口券、又計一万一百有零貫、総成四十七万七千八百九十余貫、而送旧迎新一司支遣又在其外。量入為出、毎年自有三万九百九十余貫、未有可支。而陪貼総領所荆南銀綱買銀銭四万四百七十余貫有零、起解総領所銀綱搬運水脚部綱官吏路費特支等一万余貫、又在此数之外、総此三項自計八万余貫、本司別無科名…。(第四項)一、本司一年管催十四郡上供金銀、解赴湖広総領所、綱解雖辨於諸郡、而銀本則実隷於本司。合諸郡上供計之共銀四万二千八百八十七両有奇、又金十五両。本司歳支銀本銭四万六千六百九十八貫有奇、各郡添貼之数不与焉。以銀本而紐在市之銀価、多寡自是不侔…」。この奏状は呉泳が広東転運使在任中の淳祐12年(1252)正月5日に聖旨を奉じ、広東転運司の財政負担を軽減するための五項目を上疏したものである。

第４章　上供財貨の再分配—北宋の封椿と財政運用—

はじめに

北宋政府は西夏との関係が緊張した11世紀中葉以降、西北辺への財貨の移送と軍糧備蓄を最優先の課題として国家財政を運用した。糧食・衣料・銭貨等、禁軍の増強・維持と戦争遂行に必要な各種財貨の調達は、上供の調達体系を通じて計画的に遂行された。上供の調達体系は、国家財政の収入部門をなす賦税体系と、支出部門に属する和糴・和買等による徴収体系とを構造的に複合させて整備され、糧食・衣料・銭貨等主要財貨の調達は、ほぼ11世紀半ばまでにその定額化を完了した。これにより国家は初めて歳入面で経常経費を安定的に確保することが可能となった（1）。

西北辺への財貨の移送と軍糧備蓄は、国家財政の支出部門に属する。上供として調達された財貨は、主に軍事支出として中央諸官司の指令により国都での経費と備蓄に用いられるほか、路官等の地方官司を通じて西北辺へ移送され、軍糧備蓄のために支用された。しかし軍事支出は兵士の請給等経常経費の運用だけでなく、緊急事態に備えた臨機の財貨の運用を必要とする。封椿は「軍旅饑饉に備え」て発動される、軍糧を主とする財貨備蓄の指令である（2）。封椿が指令されると、財庫を含む中央諸官司は路官等の地方官司に各種の財貨を移送し、地方諸官司はその財貨で備蓄軍糧を調達する。移送される財貨は銭貨を主体とし、銀絹等他物の場合は大抵銭貨に変易して支用（財政支出）される。地方諸官司はさらに同級の路官や下級の府州軍県鎮寨等に財貨を移送し、或いは逆に——事例は少ないが——中央官司や財庫へ財貨を移送することもある。本稿では中央から地方、地方から中央への移送の過程で封椿の指定を受ける各種財貨を、一括して「封椿財貨」と呼ぶ。

賦税体系における臨機の財政措置としては、支移折変がよく知られている。支移折変は軍糧備蓄の目的を達成する必要から、主に華北諸路を対象として、恒常的な賦税徴収体系の一部——納税品目や納税方法、納税先など——を臨機に改変し、納税人民に多大の負担を強いたとされる。封椿も軍糧備蓄を目的とする臨機の措置であり、その点では支移折変とよく似た財政運用であるといえる。しかし封椿を伴う財貨の移送と軍糧の備蓄は、厳しい統制によって国家財政の支出部門の内部で完結するから、支移折変のように人民の納税負担を増大させることはない。あくまでも国家財政内部——上供という財政構造の内部——における、上供財貨の再分配過程の一部分に過ぎない。ただし元豊の官制改革により諸路の封椿財貨の中に「朝廷封椿銭物」が出現し、次第に額が増えて東南六路を中心に転運司の上供定額輸納を困難にし、一路の財政運用に深刻な危機をもたらした。

封椿に関する従来の研究は、財貨が諸官司・財庫に“貯蔵”される側面だけを見て、「封椿とは財貨の貯蔵である」と説明する。しかし国初、太祖が「封椿庫」を創設したとき、封椿の目的は単なる財貨の貯蔵ではなく、“軍旅・饑饉に預め備える”ことであった。本稿では北宋後半期を対象として、中央・地方の各級官司・財庫の間で発令・受理される封椿の指示が、これまでの研究で指摘された事例以外に多種多様な財貨を対象としたこと、また財貨の“貯蔵”は軍糧備蓄・賑済封椿の目的を達成するための上供財貨の再分配――国家財政内部における財貨の再配置――の一過程にすぎないことを検証する。なお封椿の指令は南宋期にもしばしば発動されたが、国家財政の枠組みや財庫の管理方式などが大幅に変容を遂げた南宋期の封椿は、北宋期とはかなり異なった側面をもつことに留意すべきである(3)。

1．糴本の一時保管措置としての封椿

曾我部静雄氏は、封椿禁軍闕額銭を例に挙げ、これは禁軍が定額を闕くとき「その減少して支用せざりし銭物を他に移用せずして貯蔵」したもので、封椿銭とは官庁諸経費の「残余金の積み立て」であると説明する(4)。周藤吉之氏は、封椿とは財貨の「蓄積」「貯蔵」を意味し、「封椿の法」は耆戸長壮丁雇銭が封椿された熙寧７年(1074)に始まり、翌８年に買撲坊場・河渡等銭が加えられ、これら新法関係の銭物は特に「朝廷封椿銭物」に指定されて元豊庫等の財庫に貯蔵された、とする(5)。また汪聖鐸氏も周藤氏と同様、王安石執政期に出現した新法関係の財貨を「朝廷封椿財賦」と規定するほか、元豊庫等の財庫に封椿された財貨を「御前封椿財賦」としてこれと区別する(6)。このように従来の研究において、「封椿」は諸官司における財貨の“貯蔵”と理解され、またその対象財貨は禁軍闕額銭物と免役銭・坊場銭等新法関係の収入、および「御前封椿財賦」の三種に限られている。

しかし宋代にはこの三種の財貨だけでなく、中央地方の各級官司が管理する多種多様な封椿財貨があり、各種財貨は官司相互の間で頻繁に移送・転送され、「軍旅・饑饉に備える」封椿本来の目的に沿って支用された。このとき封椿財貨は諸官司に一時的に“貯蔵”されるが、この過程は中央官司が転運司等路官に対し、財貨の給付から糧穀収糴という財政支出を完了するまでの間の一時的な保管措置にすぎない。すなわち宋代の「封椿」とは、禁軍闕額銭や坊場河渡銭、或は御前封椿財賦など、特定の銭貨・財貨の“貯蔵”を目的とした財政運用ではなく、中央官司から地方官司へ、軍糧収糴のための糴本として銭貨を移送・給付するさいの保管措置である。封椿の指定を受けた財貨は厳重な封緘を施され、その支用目的を外れた運用は厳しく制限された。

封椿という財政運用の具体例として、『長編』169皇祐2.8.9癸亥条に

　内蔵庫の絹100万匹を出して河北都転運司に下し、ひとまず大名府路安撫司封椿銭と変易し、軍儲を市糴させた。

とある(7)。河北都転運司が内蔵庫から給付された100万匹の絹貨を変易した、同じ路官級官司の大名府路安撫司封椿銭は、禁軍闕額銭や新法系銭物、元豊庫収納銭物ではなく、河北

四路安撫司の一つ大名府路安撫司が、この年(1050)に内蔵庫から絹を賜る以前から自司に保有管理していた銭貨である。

他方、同215熙寧3.9.29丙辰条には

陝西転運司に内蔵庫の絹100万匹を賜わり、その半分を陝西四路に封樁し、残り50万匹を銭貨に変易して縁辺の軍儲を収糴させた、

とあり(８)、上記事例とは逆に、熙寧３年(1070)に陝西四路(鄜延・涇原・秦鳳・環慶路)に給付された絹貨は、陝西転運司がこれまで保有管理していた絹貨ではなく、このたび内蔵庫から沿辺の軍儲を収買するために新たに賜わった絹貨である。

また、同263熙寧8.閏4.14乙巳の条は、この年中書戸房が定めた陝西の塩鈔に関する条約全八項を解説しているが、その末尾に、永興・秦鳳両路の通商解塩鈔の歳額を220万貫と定めた後、

官を選んで永興軍買鈔場を監せしめ、歳支する転運司の折二銅銭10万緡で西塩鈔を買い、銭が余れば封樁して旨を聴け。在京市易務賒請法に依り人を募って賒鈔変易させる。

とあり(９)、ここでは陝西転運司が折二銅銭10万貫分の解塩西塩鈔を収買した残余の銭貨に対し、これを封樁して中央の指令を待つこと、また塩鈔と銭貨の変易に際しては、担保を取る——抵当を入れさせる——必要から在京市易務の結保賒請法を準用することを指示している。

上記諸事例から、封樁の指令は諸路転運司が保有する銭貨——紬絹の変易を含む——を対象として発動され、その銭貨による軍糧収糴等の財政支出をもって完了する財政措置であること、すなわち封樁の指令は諸官司における財貨の“貯蔵”だけをその目的として発動されるものではなく、軍糧収糴という財政措置——軍旅・饑饉に備える「封樁」本来の目的——を完了するまでの期間、諸官司に財貨の移送経路、支用方法や備蓄場所等を明示して、財貨の厳重な保管を義務づけた財政運用であることが分る。

これに対し、同236熙寧5.閏4.23甲寅条には

三司に詔して銀・紬・絹総額10万匹を出し、秦鳳縁辺安撫司に付して辺費に備えさせた、

とあり(10)、ここには封樁の指令が見えず、10万匹の銀紬絹の支用方法についての指示もない。封樁をともなわない一般財貨の移送の事例は究めて稀であり、“以備辺費”は封樁の意と解してよいであろう。

財貨が封樁の指定を受け、或いは封樁財貨が官司に移送されると、軍糧の市糴などその支用方法について中央の指示があるまで、官司は一定期間その財貨を厳重に保管しなければならない。この期間、封樁財貨は一般財貨と区別して特に「封記」した上で保管される(11)。また軍糧の備蓄や賑済、指示された目的に外れた財貨の運用を防止するため、元豊以降、財貨の移送から保管、支用に至る全過程に、法制面で「擅支封樁銭物法」が整備された(12)。厳しい罰則規定を含むこうした法整備は、封樁財貨が一般財貨と区別される顕著な特徴である。

2．中央諸官司における封椿財貨の運用

封椿財貨には多くの種類があり、諸官司間での移送と支用の方式も多様であった。前引皇祐2年と熙寧3年の事例は、ともに内蔵庫が転運司に絹貨100万匹を給付し、転運司が銭貨に変易して軍糧の収糴に支用した例であるが、前者では絹貨を給付された河北都転運司がその全額を同級路官である大名府安撫司所管の封椿銭に変易し、後者では陝西都転運司が給付された絹貨の半額を銭貨に変易している。また熙寧8年の事例では、陝西路転運司に給付した新鋳の折二銭で解塩西塩鈔を収買した余銭を封椿している。これらはいずれも中央の指示によって行われるが、路転運司が給付される封椿財貨、封椿する額、他物との変易方式等は様々である。また熙寧3年の事例では同級路官との間に封椿財貨の貸借関係が成立しているが、これも転運司の一存ではなく、中央の指示に従ったものである。

このように各種封椿財貨には、中央官司から諸路転運司に対し、封椿財貨の支用目的や他物との変易、他路との貸借など多様な運用方法が指示されていた。本節では西北辺情勢が緊迫し、封椿財貨の運用が顕著に見られるようになった熙豊期を中心として、中央諸官司から諸路転運司への封椿の指示内容と封椿財貨の運用方法を分析し、「封椿」が単なる“財物の保管”ではなく、西北辺における軍糧備蓄を主目的とする、宋朝にとって極めて重要な財政支出の一形態であることを論証する。この財政支出に用いる封椿財貨は全て上供財貨であり、支出先はすべて転運司等路官級地方官司である。このことから封椿は宋朝財政内部における、上供財貨の再分配構造と見ることができる。

封椿財貨の運用に関わる中央官司としては、元豊改制以前に財務の中枢にあったA三司と改制後のB尚書省・戸部、「朝廷」すなわちC中書省とD枢密院、及びE内蔵庫・F元豊庫等の財庫のほか、戸部の系列に属する京師のG権貨務・H市易務・I司農寺・J群牧司等の財務担当諸官司がある。

（1）中央政府機関―三司・尚書戸部・中書省・枢密院―

A三司は王安石執政期には財政の中央機関として朝廷（中書・枢密）を凌ぐ強大な権限を有し、元豊改制までは財務の中枢にあった。ただし封椿財貨の運用の面では、三司は専ら中央の財務担当諸官司に封椿の指令を出す立場にあった。

三司から諸官司への封椿の指令は、権貨務に対して出されるものが多い。諸路の売銅鉛錫銭を物貨に変易して市易務下界（権貨務）に封椿し(13)〈1〉、権貨務の封椿茶税銭5000貫を河北東路の捕盗賞銭に充当し(13)〈2〉、同じく権貨務の封椿末塩銭10万緡を交引に変易し河東都転運司に給付して糧草を収糴させる(13)〈3〉などの事例がある。権貨務以外では元豊2年（1079）、陝西の制置解塩司に対しこの歳増収した売鈔銭の半額6万貫を京師へ移送するよう指令しているが(13)〈4〉、これは三司が自司に直接封椿した数少ない事例の一つである。

元豊改制で三司は廃止され、代ってB戸部が財務の中枢に位置することとなったが、戸部では左曹が賦税関係財物を、右曹が常平・苗役・坊場・山沢等、新法系諸税・課利系付加税に関わる各種財貨を総括した(14)〈１〉。これまで権貨務に蓄積された巨額の封椿財貨は、元豊７年(1084)以降は「朝廷封椿銭物」として戸部右曹が独占的にその管理権を継承し、戸部尚書は歳終に朝廷封椿銭物の収支報告書を提出する責務を負うだけとなる(14)〈２〉。さらに元祐元年(1086)からは全ての朝廷封椿銭物は元豊庫の管理下に置かれ(14)〈３〉、これら封椿財貨の運用について尚書省戸部左曹は一切関与できなくなった。

改制後の戸部は、三司系列下の司農寺が諸路提刑司に管理させている元豊以前の免役・坊場銭を受納して「別封椿」し(14)〈４〉、また封椿銭銀計100万を陝西都転運司に給付して五年分の糧斛を備蓄させる(14)〈５〉など、多額の封椿財貨を運用したが、実際これらはみな右曹管理下の封椿財貨であった。これに対し左曹は楼店務の課利銭(14)〈６〉を除いて他に見るべき独自の封椿財貨を持たず、従って戸部尚書－左曹は必要な財政支出を行うため、専ら右曹または元豊庫から封椿財貨を借用しなければならなかった。例えば官俸の補助として右曹から旧権貨務系の朝廷封椿末塩銭100万貫を借用し(14)〈７〉、陝西転運司の収糴のため元豊庫から400万貫もの巨額の封椿銭を借用している(14)〈８〉。その後も戸部左曹の右曹からの借用は止むことなく、元祐・紹聖の12年間に“侵用”した旧権貨務系の封椿折斛銭の累積額は無慮200万貫といわれた(14)〈９〉。

改制前には全ての封椿財貨はC中書堂後官が管掌していた(15)〈１〉。しかし中書は元豊３年(1080)に「封椿式」を立定して河北五州府に頒下し、人・騎計30.6万の三年分の糧食を封椿させ(15)〈２〉、また同４年に川峡路の司農寺系銀紬絹布を陝西に般運し、糧斛に変易して逐路提挙司に辺要州軍で椿管させた２つの例を除いて、自ら直接封椿財貨を運用した事例がない(15)〈３〉。このことから中書堂後官による全封椿財貨の管掌は、朝廷の総括的な管理権を象徴的に示すものと考えられる。

国初以来、財貨の封椿に関わったことのないD枢密院が、諸路の禁軍闕額銭物を封椿財貨としてその運用を開始したのは元豊元年(1078)のことであった(16)〈１〉。枢密院承旨司は禁軍闕額銭物を封椿し、或いは封椿を免除し、または封椿先の変更を指示するなどの権限を有した。在京封椿禁軍闕額請受の総額を封椿・存留・三司応副の三種に分別し(16)〈２〉、河北縁辺州軍の禁軍闕額米を群牧司に移管して封椿し(16)〈３〉、河東路の銷廃五指揮の禁軍銭糧を封椿して提挙保甲司に回送し(16)〈４〉、熙河路の新復五州軍の闕額禁軍請受の封椿を免じて既封椿分を経制司に給付し(16)〈５〉、広西路桂州に禁軍闕額銭米の封椿を指令し(16)〈６〉、京東路馬軍の請受の封椿を三年間免除し(16)〈７〉、河北三路と二広の禁軍闕額銭の封椿を免除する(16)〈８〉などの事例は、枢密院承旨司が府界・諸路の封椿禁軍闕額請受の運用の全権を掌握していたことを示す。

枢密院はまた封椿禁軍闕額請受の他物への変易(16)〈 9 〉や借用・移用を頻繁に行なった。京東・府界諸路の封椿禁軍闕額請受を馬軍の闕額、或いは提挙教習馬軍所の合格者の請給に充用し(16)〈10〉、また河北三路を除く諸路の封椿禁軍闕額銭を河北糴便司へ移送する(16)〈11〉などの事例がある。禁軍だけでなく廂軍の闕額請受も、元祐 8 年(1093)から禁軍と同じく枢密院に封椿された(16)〈12〉。

また枢密院承旨司は、封椿禁軍闕額銭物以外にも、府界諸県が裁減した弓手の庸銭を封椿し(16)〈13〉、元豊 6 年(1083)からは廃罷監牧の縻費封椿銭物を専管し(16)〈14〉、元祐元年に太僕寺へ移管した旧群牧司所管の封椿財貨(廃監省費銭・保馬戸贖銅銭・牧地租課等銭物)を内蔵庫へ送納する(16)〈15〉など、京師の治安や軍馬飼育に関わる各種封椿財貨を運用した。

(2)財庫—内蔵庫・元豊庫・元祐庫—

北宋の諸財庫のうち封椿財貨を運用したのは、国初の封椿庫を別とすればE内蔵庫、F元豊庫及び元祐庫の諸庫であり、左蔵庫には財貨を封椿した事例がない(17)〈 1 〉。

E内蔵庫には創設以来、中央四銭監の新鋳銭や左蔵庫からの定期的回送財貨を含む多くの財貨が納入されたが、熙寧末年までこれら財貨に封椿の措置はとられていない(17)〈 2 〉。内蔵庫における財貨の封椿は、元豊元年(1078)に諸路の坊場銭の市易務への納付をやめて内蔵庫に直送し、他の財貨と区別して「別封椿」させたことに始まる(17)〈 3 〉。翌 2 年には在京・開封府界の封椿禁軍闕額請受を「別封椿」し(17)〈 4 〉、翌 3 年には新鋳銭の上供定額105万貫のうち左蔵庫分90万貫の中から33万余を封椿して、三年一次の南郊大礼に備えさせた(17)〈 5 〉。

もともと上供新鋳銭は天禧 3 年(1019)の定額化の当初から、歳額105万貫の全額を内蔵庫に納入してきたが、王安石の改制で毎歳90万貫余が左蔵庫に納入され、内蔵庫への収納額は11万貫に減額されてしまった。王安石の税財政改革は、財庫管理の面では戸部－左蔵庫の財源確保を優先し、親政後の神宗は元豊庫を創設してさらに集権的な財庫管理の改革を推進したため、内蔵庫の比重はさらに低下した。封椿財貨の運用の面でも元豊 8 年(1085)の市易司所管課利の「別作帳椿管」、及び元祐元年(1086)の旧群牧司所管の封椿財貨の納付(17)〈 6 〉の 2 事例を最後として、元祐年間には封椿財貨の運用の事例が見当らない。

なお上記諸事例中、「別封椿」「別作帳椿管」等の語が見える。これは新規の費目が封椿の指定を受けると、内蔵庫が管理する一般財貨や他の封椿財貨と区別する別帳簿を作成し、保管したことを意味する(17)〈 7 〉。諸路においても熙寧 8 (1075)年、司農寺系の封椿財貨として新たに買撲坊場銭が加わると、これに「別椿管」の指示が出されている(17)〈 8 〉。こうした手続きから、司農寺系・権貨務系の課利に関わる封椿財貨は、財庫に収納された後に一般財貨とは厳格に区別される「別封椿」の措置を受けたことが分る。

新鋳銭の収入は激減したが、一方でこの時期、内蔵庫はこれまで収納された上供財貨や度牒等の豊富な財貨を頻繁に路官級の諸司に給付した。諸司はこれらを中央官司の指示に従って軍糧の市糴等に支用し、或は給付された財貨を封椿して中央の指示を待った。陝西・鄜延路経略司に度牒1000道を付し銭に変易して封椿し(17)〈9〉、内蔵庫銭100万貫を河北都転運司に付して封椿し(17)〈10〉、再び度僧牒1000道を今度は涇原路経略司に付し銭に変易して封椿し(17)〈11〉、銀紬絹20万貫を鄜延路経略司に付し糧草を市糴して封椿し(17)〈12〉、内庫封椿紬絹3万匹を定州路安撫司に給付して保州城の修理に支用し(17)〈13〉、内蔵庫銭100万緡を熙河路に給付して糧草を収糴し(17)〈14〉、毎年500道の度僧牒を五年間広西転運司等に給付し、宜州の戦費の残余を広西路に封椿し(17)〈15〉、綢絹各50万匹を熙河路経略司に給付して封椿するなど(17)〈16〉、熙寧3(1070)年から元豊末年ころにかけて、数多くの事例を見出すことができる。

しかし元祐3年(1089)の元祐庫新設に始まる財庫の改制の影響で、内蔵庫から諸司への封椿財貨の給付は次第に減じ、降って元符2年(1099)、内蔵庫の銀絹200万匹両を陝西四路の経略司に給付、封椿して辺防に支用させようとしたが、このとき内蔵庫はすでに銀両の備蓄が底をつき、ただ絹貨50万匹の移送に止まったという(17)〈17〉。

F元豊庫は元豊3年(1080)、中央政府の非常用の備蓄を目的として司農寺の南に創設された。これより先、熙寧8年(1075)から司農寺は顕著な実績を見せる諸路の坊場河渡銭収入に対し、年額100万貫を市易務に封椿させていたが、元豊元年からは封椿先を内蔵庫に変更していた(18)〈1〉。元豊3年に元豊庫が創設されると、まず最初に諸路の常平銭・坊場積剰銭計500万貫が(18)〈2〉、次いで京東・江淮浙湖・幅建等12路の常平銭800万貫が輸納された(18)〈3〉。元豊庫にはこうして新法の成果である歳額1300万貫もの巨額の常平銭が貯蔵されることとなる。

元祐元年(1086)7月、次いで司農寺系財貨が榷貨務系財貨とともに、戸部の管轄下で元豊庫に納付することとされ(18)〈4〉、同3年正月には旧榷貨務の封椿銭物庫を改称して元祐庫となし、尚書省左右司に管理させた(18)〈5〉。翌2月、元祐庫には諸路の元祐2年以前の封椿銭物を納付させたが(18)〈6〉、3月には元祐庫を元豊北庫、在来の元豊庫を元豊南庫と改称し(18)〈7〉、5月には元豊北庫の封椿財貨すなわち旧榷貨務の封椿銭物を元豊南庫に併入して、更めて元豊庫と命名した(18)〈8〉。以後元豊庫は、支用目的を“備辺・河防及び緩急”に厳しく制限された「朝廷封椿銭物」を専管する最大級の財庫となる(18)〈9〉。かくして元祐4年(1089)末には元豊庫の封椿銭は計1000万貫に達し、金銀穀帛がその過半を占めて、辺用は大いに足りたという(18)〈10〉。しかしこのころから政府の西北辺対策の変化が財庫管理にも反映するようになり、元豊庫から諸路への封椿財貨の支出は却って停滞する。翌元祐5年には都水監の要請に応え、元豊庫の封椿銭20万貫を発して黄河の河防工事の経費に充てようとしたが、“封椿銭は先帝が非常の用に備えたもので、軽易に支費すべきでない”等の理由で実現せず、結局河北東西路提刑司が封椿する常平銭から支出させている(18)〈11〉。

しかし元祐6年(1091)以降、元豊庫は沿辺の軍事支出を補助する名目で、内蔵庫から毎歳50万緡の回送銭貨を収納し椿管する(18)〈12〉など、封椿財貨の蓄積を再開した。紹聖4年(1097)

6月には、戸部への貸与分を除く元祐初年以来十数年の間に累積した折斛銭――これは旧権貨務系の朝廷封椿銭物――及び提挙常平司から借用した収糴斛斗の価銭を拘収して封椿して朝廷の支使に備え(18)〈13〉、またこの年9月、400万貫に上る巨額の封椿銭を戸部に貸出し、戸部はこれを解塩鈔引に変化して陝西都転運司に給付し、陝西沿辺で大規模な収糴を行なった(18)〈14〉。

以上見たように、元豊3年に設置された元豊庫は、元祐3年(1088)からは旧権貨務の朝廷封椿財貨を、元祐6年(1091)以降は内蔵庫から毎歳50万貫の定期的な回送銭貨を収納し、他司・財庫を上回る豊富な封椿財貨を貯備して、「封椿」本来の目的である軍事・賑済等の緩急支用に備えた。ただし元豊庫が直接その封椿財貨を支出することは少なく、豊富な封椿財貨の多くは戸部左曹をはじめ他司が借用して支用した。

なお徽宗朝以降、大観庫・崇寧庫・宣和庫等の財庫が設置され、各種財貨が納付されたが、これらの財庫はいずれも封椿財貨の管理・運用を目的とするものではない(18)〈15〉。

(3)三司直属の財務四官司―権貨務・市易務・司農寺・群牧司―

権貨務・市易務・司農寺・群牧司の財務系四官司は、いずれも煕寧末年までは三司に直属し、各種銭貨収入によって活発に封椿財貨を運用したが、元豊改制により一括太府寺に改隷され、尚書都省－戸部の管轄下に入った。

G国初に設けられた権貨務は、専ら沿辺入中における金銀紬絹等、客商の請買財貨を収納し、すべて内蔵庫に送納して封椿したから、権貨務自体が財貨を封椿したり、封椿財貨を運用することはなかった(19)〈1〉。しかし新法期になると、積極的な物流政策を実行する枢要官司として権貨務の活動が活発となり、自ら入中請買財貨を封椿して多方面に運用するようになった。在京権貨務は煕寧5年(1072)に業務内容が近似する市易務と合併し、権貨務は市易西務[下界]、市易務は市易東務[上界]と改称されたが、10年後の元豊7年に旧に復した(19)〈2〉。

在京権貨務は自司の封椿折斛銭を京師府界県分に給付して淮南路の上供年額斛斗の不足分を収糴させ(19)〈3〉、また陝西路の軍糧収糴の補助として封椿銀50万貫を支出するとともに、河北路に給付した封椿紬絹30万匹・銭10万貫を返還させ(19)〈4〉、さらに封椿銀・絹十数万匹両を陝西都転運司に給付して軍儲を収糴させた(19)〈5〉。また三司の指示で在京権貨務の封椿末塩銭10万貫を河東路の交引に変え、河北都転運司に給付して極辺で糧草を収糴させ(19)〈6〉、また市易務下界(権貨務)の末塩銭10万貫を開封府・河北路に分与し、「朝廷銭物」の例によって封椿して梢草を買わせた(19)〈7〉。さらに権貨務は煕寧9年(1076)から坑冶系の課利である諸路売銅鉛錫銭を自司に封椿し(19)〈8〉、元豊4年(1081)からはやはり課利系の雑銭である抵当・結保賒請銭物の息罰銭を除放し、本銭については在京市易務下界と在外提挙司に封椿させている(19)〈9〉。

しかし元祐政権ができると権貨・市易は新法財政の象徴として忌避され、尚書都省が権貨務銭物・交引等を管掌するようになり(19)〈10〉、一方で榷貨務の封椿銭物庫の全財貨は「朝廷封椿銭物」として元豊庫に封椿されることとなった(19)〈11〉。榷貨務による多方面に亘る封椿財貨の運用は、新法期の積極的な国家的物流政策を象徴する財政運用であった。

H京師市易務は熙寧５年に設置され、翌６年に都提挙市易司（都市易司）と改称、三司に隷して京師・諸路州軍の市易務を総轄した(20)〈１〉。

市易司の機能は商人に抵当を入れさせ、安全確実に官物の売買を促進させることにあり、改制前には主に本務の財源である市易務息銭を封椿財貨として運用した。市易司は熙寧５年、枢密院の指示で息銭を「別封椿」して蕃戸の料銭に支出し(20)〈２〉、同７年には息銭20万緡を定州に付して封椿させ(20)〈３〉、同９年には息銭３万緡を鄜延・環慶等路に付して経略司と共同して収糴し、封椿させた(20)〈４〉。このころまで市易司の本銭には専ら榷貨務系の末塩銭が充てられ、本銭自体の歳出は見られない。熙寧10年には上界本銭500万貫、のち700万貫を都提挙市易司の本銭定額とし、息銭を封椿して朝廷の移用に備えることとした(20)〈５〉。元豊２年、開封府提点司に指示し、畿県で糧草を収糴、封椿させたさいの財源はこの本銭であった(20)〈６〉。

さらに市易司は本銭・息銭以外にも豊富な封椿財貨を運用した。熙寧８年、三司から米塩銭鈔・在京粳米60万石を提挙市易司に付して澶州・北京・縁辺州軍の米麦と交換して封椿し(20)〈７〉、またこの年以降、司農寺の管轄下で諸路が「別椿管」する坊場河渡銭から毎年100万緡を京師に送らせて封椿し(20)〈８〉、元豊２年からは官監場務買名銭（監官買撲銭）の歳入100万緡を封椿し(20)〈９〉、同４年、民戸の未納の屋業抵当・結保賖請銭物の息罰銭を、在京分は市易務下界に、在外分は提挙市易司に封椿した(20)〈10〉。元豊改制後、市易司は榷貨務とともに太府寺の管轄下に入り、市易司系の全財貨は戸部右曹が管掌したから、同７年には民戸の賖欠茶罰息銭は朝廷封椿銭物として戸部右曹に納付された(20)〈11〉。なお熙寧10年（1077）に徴収が始まった免夫銭も、元豊３年からは市易務に封椿されていた(20)〈12〉。

I司農寺は熙寧３年（1070）に常平新法を推進する中心財務官司とされ、以後元豊改制でその職務を戸部右曹に移管するまで、諸路の提挙常平司を督領して農田水利・免役・保甲等、新法関係の財務を掌管した(21)〈１〉。

諸路の常平司所管の銭穀を含めて、司農寺が管理する財貨は一般に常平銭物、司農銭穀、提挙司銭物等と呼ばれたが、封椿財貨の運用の面では、熙寧末年から元豊５年ころまで、系列官司の水利淤田司所管の封椿糧を運用することが多かった(21)〈２〉。

熙寧７年（1074）以降、耆戸長壮丁の差役が相次いで廃止され、これら職役を保甲が代替するようになると、その雇銭の封椿が始まる。ただし耆戸長壮丁の廃止によってただちに雇銭の封椿が始まったわけではなく、両浙路の耆戸長雇銭・奨酬衙前度牒等銭計120万貫を金帛に変易して京師に送らせ、これを司農寺自らが封椿したのは元豊３年（1080）のことであった(21)〈３〉。また河北・河東・陝西の三路で耆戸長壮丁雇銭を枢密院承旨司が管轄し、元豊２年の徴収額に基づき民兵の訓練費として徴収を始めたのは元豊5年10月以降のことであった(21)〈4〉。これより前、熙寧8年(1075)には坊場河渡銭の諸路での「別封椿」が始まり、この年司農寺は諸路から計100万貫を京師に送らせて市易務に封椿させた(21)〈5〉。

司農寺は坊場河渡銭・耆戸長壮丁雇銭等、新法系税収による豊富な封椿財貨を運用して、糧草の収糴や保甲の経費に充当した。元豊4年(1081)には司農寺が封椿する府界の見在13,6000余貫を提挙府界教閲保甲司に送付して支用させ(21)〈6〉、同5年には陝西転運司に内蔵庫銀300万両・権貨務末塩鈔200万貫とともに司農寺銭200万貫を給付し、秦鳳・熙河・鄜延・環慶・涇原の五路で広範囲に軍糧を市糴し封椿させた(21)〈7〉。

しかし元豊改制後、司農寺系財貨は戸部右曹の専管する所となり、上記の陝西における大規模な収糴封椿を最後の事例として、司農寺による封椿財貨の運用は終焉を迎える。改制後の司農寺は、「寺監は外事を治めず」の原則により諸路に蓄積された膨大な常平銭物の管理権を喪失し、以後は中央の小官署としてただ京師の倉場の藁秸の封椿を管掌するのみとなる(21)〈8〉。さらに元祐元年(1086)には諸路の提挙常平官も廃止され、常平銭物は河北三路を除いて全て諸路提刑司の管理下に置かれることとなった(21)〈9〉。

J群牧司は主に軍馬を管理する職掌上から、馬政の責任官司として封椿財貨の運用に関わった。群牧司は専ら都大提挙淤田司が管理する官営牧地「監牧」の承佃租課を歳費とし、牧地経営の余剰銭貨を封椿し、これを本銭として軍馬の購入に充てた(22)〈1〉。熙寧10年(1077)に河北・河東で廃監の売牛馬銭・租課・牧地等銭を封椿したように(22)〈2〉、各地の監牧や廃監牧の諸収益を財源として封椿財貨を運用した(22)〈3〉。群牧司はこれらの封椿財貨を軍務・治安関係の分野に運用した。枢密院が管理した諸路の封椿禁軍闕額請受も、河北の沿辺州軍だけは群牧司が管理し(22)〈4〉、また元豊4年(1081)には自司の封椿銀7984貫有奇を殿前馬歩軍司に給付して弓箭手の教閲経費としている(22)〈5〉。

群牧司は元豊改制で廃止され、以後群牧司が管理した全ての封椿財貨は尚書都司系列下の太僕寺が管掌することとなる(22)〈6〉。群牧司が儲備してきた封椿財貨は分割され、廃罷監牧の縻費封椿銭は枢密院承旨司が専管し(28)〈7〉、牧地租課等は内蔵庫に送納して封椿された(22)〈8〉。

3．地方官司における封椿財貨の運用

封椿財貨の多くは地方の路官に移送され、路官は同級の路官に、また下級の府州軍監等の諸官司に財貨を給付して軍糧備蓄や賑済その他の軍事支出に支用した。本節では、最大の路官K発運司とL転運司・M提点刑獄司・N提挙常平司・O安撫司のいわゆる四監司、軍務系のP経略司・経略安撫司、その他Q保甲司・R経制司・S糴便司・T提挙茶場司・U解塩司等の路分監司とV銭監を対象として、従来殆ど研究されていない、地方諸官司における封椿財貨の

運用の実態を分析する。

(1)四監司―発運司・転運司・提刑司・安撫司―

K発運司は江南諸路の上供財貨や課利収入などその扱う物量の多さと管轄範囲の広さから、最大規模の路官ということができる。六路上供米の定額を確保するため、発運司は六路転運司に「上供収糴」を指示したが、収糴に必要な巨額の糴本銭は内蔵庫等中央諸官司が支給した(23)〈1〉。内蔵庫が発運司に給付した糴本銭は、元豊2年(1079)から宣和元年(1119)までの約40年間に計350万貫に上ったという(23)〈2〉。ただし糴本銭はその目的からして、ふつう支給されると直ちにその年度の上供収糴に支用されるため、糴本銭を封椿した事例は少ない(23)〈3〉。逆に、両浙路の上供米歳額50万石を見銭で折納させ折斛銭として封椿したように(23)〈4〉、上供米を銭貨に変易して封椿した例がある。また北宋末には六路上供銭と提刑・常平司朝廷封椿銭とを合せ糴本として上供収糴した(23)〈5〉。

発運司は上供収糴以外に、諸路転運司が移送する財貨を封椿して運用した(23)〈6〉。東南六路・京東の転運司が漕運する茶本租税銭を封椿したり(23)〈7〉、運河を遡航する汴綱船の製造歳額の減額分を封椿させた(23)〈8〉ほか、在京封椿闕額禁軍糧米50万石を買上げて発運司自ら淮南の賑済に支用した例がある(23)〈9〉。

L転運司には中央の諸官司から多額の封椿銭物が給付された。司農寺は熙寧9年(1076)、管轄下の市易水利淤田司から澶州・定州・大名府の封椿糧計15万石を河北西路転運司に給付し(24)〈1〉、元豊5年(1082)、司農寺銭200万緡を陝西都転運司に給付して収糴封椿させた(24)〈2〉。また権貨務も翌6年、末塩銭20万貫を同司に給付して収糴封椿させた(24)〈3〉。

転運司はまた、自司が恒常的に管理する封椿財貨を、路官としての職責の範囲内で多方面に運用することができた。熙寧7年(1074)、河北東路転運司と大名府路安撫司・経略安撫司との間では、双方の封椿銭物の新旧交換が行われた(24)〈4〉。京東路転運司は同年の上供糧を銭納させて折斛銭として封椿し、翌年からは折変せず河北へ移送、封椿して辺用に備え(24)〈5〉、同8年、京西南路転運司は自司の「羨余財賦」で収糴、封椿した(24)〈6〉。翌9年には三司の指示により、江南・両浙路転運司は自司の「封椿上供銭」20万緡を広南東路に入便させた(24)〈7〉。

このように転運司は毎年定期的に収納する上供銭物を自司の封椿財貨として運用することができたが、これは諸路転運司のもとで上供銭物の封椿が恒常化していたためである。例えば元豊元年、京東西路転運司の「年紀封椿銭糧」は水災を理由に封椿を免除され(24)〈8〉、また淮南東西転運司の「上供年額糧斛」もしばしば路内州軍での封椿を指示されている(24)〈9〉。上供銭物以外には、福建路転運司のように官売塩銭の回収残額を「別封椿」した例がある(24)〈10〉。

転運司には他の路官級の監司や銭監からも各種封椿財貨が給付された。特に対西夏関係が緊張した熙寧末年から元豊4年にかけて、河東都転運司には多くの「朝省封椿銭物」「諸司銭物」「提挙司銭物」が送付され(24)〈11〉、また河北三路転運司は保甲の教閲経費の実費銭糧を封椿した(24)〈12〉。同７年、河東転運司には糴買の補助として管下諸州軍に見在の朝省封椿銭約10万貫が給付され(24)〈13〉、陝西転運司には将来の郊支に用いる封椿銭として常平銭10万貫が給付された(24)〈14〉。しかしその後、諸路転運司の財用の困窮が慢性化した元祐年間には、転運司は収糴・封椿の資金として提刑司から朝廷封椿銭の支給を受けた(24)〈15〉。

また転運司はしばしば他の路官や銭監との間で封椿財貨の貸借を行なった。熙寧６年(1073)、河北東路転運司は大名府提点刑獄司の封椿茶税銭8,7000貫を借用して辺儲を市糴し(24)〈16〉、同８年、河東点運司は絳州垣曲銭監から封椿三司銅錫本銭・脚銭10万貫を借りて糧草を市糴し(24)〈17〉、元豊元年(1078)、京東東・西路転運司は常平司からそれぞれ封椿差軍代役人銭５万貫、坊場銭10万貫を借りて上供紬絹を預買し(24)〈18〉、河北都転運司は司農寺の市易水利淤田司が河北三州に封椿した軍糧のうち澶州の封椿軍糧５万石を借入れた(24)〈19〉。また転運司の財政運用が困窮の度を加えた元祐４年(1089)、諸路転運司には朝廷封椿銭と常平等銭が貸出され、提刑司が拘管して預買物斛を糴買させ、銭額を回収した後に返還させている(24)〈20〉。

転運司は自司管理下の封椿財貨を下級の路官や分路、府州軍及び管下の寨関等にも送付した。河東都転運司は「結糴封椿穀」の所収息銭を河北措置糴便司に送付し(24)〈21〉、陝西都転運司は米50万石・乾糧20万斤を鎮戎・高平・熙寧三軍に椿積した(24)〈22〉。河東路は元豊元年(1080)に和糴を罷め、和糴本銭を転運司に給付して封椿、糧草を市糴させていたが(24)〈23〉、河東都転運司は元豊５年にこの和糴銭・入中売鈔収入・移税による収益等で“従便計置”し収糴した封椿軍糧を、さらに管下13州・呉堡寨(石州定胡県)・永寧開(隰州石楼県)等に封椿した(24)〈24〉。元豊５年(1082)、陝西転運司は封椿銀300万貫を環慶・涇原・秦鳳諸路に分与して糧草を市糴させ(24)〈25〉、また同年、京東転運司は禁榷[官売制]〈買売塩場方式〉に改めたばかりの京東塩の歳収塩銭36万余貫の、北京(大名府)左蔵庫への封椿を命ぜられた(24)〈26〉。

M提点刑獄司の本来の職掌は諸路の軍刑務であり、その職責から軍事・治安に係わる――課利系の財貨を含む――封椿財貨を管理し、転運司等他の路官と連携して運用した。

熙寧６年(1073)、大名府提点刑獄司は自司の「封椿茶税銭」を河北東路都転運司に貸付けて辺儲を市糴し(25)〈１〉、同10年、諸路提刑司・開封府界提挙司は「廃監係省銭」を封椿し、これは中書が拘轄した(25)〈２〉。また前に見たようにこの年７月、諸路提刑司(府界は提挙司)による諸路禁軍闕額請受の拘収と各司での分別椿管が始まった(25)〈３〉。さらに元祐元年(1086)、諸路常平銭物が司農寺・提挙常平官から提点刑獄司へ移管され、提刑司は常平銭・免役銭・場務銭等さらに豊富な封椿財貨を運用できるようになった(25)〈４〉。

提刑司はその豊富な封椿財貨を専ら他司に提供して運用した。元豊５年、熙河路に給付された9,7000余貫は府界提点司が管下諸県の封椿銭を一時借用したものであり(25)〈５〉、元祐４年に戸部の指示で永興軍・秦鳳・河北・河東・京東・東西・淮南・両浙の諸路で広く糧斛を収糴したときの本銭は諸路提刑司見管の封椿銭であり、うち淮南・両浙路では提刑司が収糴した糧斛を沿流各処に「別項封椿」しこれを「封椿斛斗」と呼んだ(25)〈６〉。

元祐６年(1091)に提刑司が朝廷封椿銭物を管理するようになり、諸路転運司が糴買本銭を闕くときは提刑司が朝廷封椿銭物を給付して収糴させたが(25)〈７〉、同年、京西南路提刑司は朝廷封椿銭物を河南府に与えて陵寝の経費として支用させ(25)〈８〉、元符元年(1098＝紹聖４)には解池水災にともなう京西路の通商化により、官売期に京西路転運司に貸付けた塩鈔等銭物を提刑司が拘収し、すでに般運した官売塩は提刑司が見銭に変易して封椿した(25)〈９〉。

N提挙常平司は新法期には司農寺系の路官として専ら常平倉の銭物を「常平封椿斛斗」として運用し、専ら賑済に支用した。熙寧年間、提挙河北常平司は衛州の封椿糧9000余石を共城・獲鹿・汲等３県に貸付けて中等戸を賑済し(26)〈１〉、また雄州の常平倉に封椿した軍糧米３万石を糶して縁辺人戸を(26)〈２〉、河北路の常平封椿斛斗を糶して水災人戸を(26)〈３〉、それぞれ賑済した。河東路提挙常平司は元豊年間にも封椿糧20万石で河北路の闕食保甲を賑済している(26)〈４〉。なお河北東路では二年間(縁辺州軍では三年間)軍糧を留置し、期限を過ぎると出売して価銭を封椿するよう定められていた(26)〈５〉。

河北・河東・陝西三路では元豊５年(1082)から減罷耆戸長壮丁歳支銭の椿収が始まった(26)〈６〉。しかし同７年、この三路では全ての常平封椿銭物を半年ごとに中央に送らせ、その剰余は提刑司が管勾して帥臣の治所や辺要州に封椿させた(26)〈７〉。一方、陝西諸路の常平司には榷茶司の旧封椿銭と見在銭が封椿された(26)〈８〉。

諸路常平司が儲備する封椿財貨が巨額になるに従い、中央では常平銭物を経常軍費に用いようとする動きが出てくる。これに対し呂公著は「提挙常平司等処の銭物は並びに封椿に係り、自ら軍国常費に撥充するを許さず」といい(26)〈９〉、また王巌叟も「青苗銭は従来只だ封椿に係り、未だ嘗て常費に供せず」として反対している(26)〈10〉。

しかし元祐元年(1086)、前に見たように諸路常平司に累年蓄積された銭穀は提刑司が常平銭物として椿管することとなった。このとき蘇轍は、「諸路の売坊場銭は衙前雇支・非泛綱運召募の経費を除いて(諸路に)椿留すべきである」(26)〈11〉として提刑司の管勾に反対したが、「西辺の熙・蘭等州及び安疆・米脂等秦は、毎年の費用約三百六七十万貫、此の銭、大半は苗役寛剰より出づ」と言い(26)〈12〉、当時の西辺の国防経費の大半が常平銭物に依存したことを指摘している。軍糧備蓄の必要度が低下した元祐始めころには、提刑司管理下の諸路常平銭物は専ら決潰・氾濫した黄河の修復工事費などに充当された(26)〈13〉。

O安撫司は北宋時代には河北・陝西諸路に置かれ、一路の軍政と民政を管掌した。安撫司は河北では大名府・高陽関・真定府・定州等四路、陝西では永興軍・秦鳳・鄜延・環慶・涇原・熙河等六路をそれぞれ分路として管轄した。

安撫司には内蔵庫や茶場司等の中央官司から多くの封椿財貨が給付された。早くは治平４年(1067)、韓琦の請により永興軍路安撫司に内蔵庫銀30万両が賜与され、封椿して経略司の支用に充てた例がある(27)〈１〉。また涇原路安撫司は元豊元年(1080)、内蔵庫から度僧牒1000

道を賜与され、これを銭に変易して封椿し(27)〈2〉、同3年には茶場司銭等20万貫を支給され糧草を糴買して封椿した(27)〈3〉。河北・大名府路では、前述のように安撫司が自司の封椿銭帛を長期にわたり転運司に貸出していたが、熙寧6年には転運司の借用分が免放され、また両司の間で封椿紬絹の新旧交換が行われた(27)〈4〉。

安撫司はまた、自司の封椿財貨を管下諸州や他司に貸付けて収糴等に支用させた。元豊元年には大名府・澶・定州の通判を催促して糧草を糴買、封椿させ(27)〈5〉、定州の封椿銭1万貫を貸出し知定州韓絳に命じて稲作させ、西山路の備えとなした(27)〈6〉。翌年には安撫司が専管する北京・澶州・定州の封椿糧670余万石・草1700余束を転運司に交付し(27)〈7〉、また安撫司封椿銭5000貫を定州に貸し付けて、水地を屯田に造成させた(27)〈8〉。

(2)軍務・治安系路官―経略司・経略安撫司・保甲司―

P経略司は監司ではないが軍事・治安系の路官ともいうべき官司で、河東・河北・陝西・広南・湖南路の安撫使は「経略」を帯して経略安撫使を兼務した。

経略司は中央官司から安撫司と同様、多くの封椿財貨を給付された。熙寧6年(1073)、涇原路経略司は三司が給付した絹5万匹を封椿して軍費に備え(28)〈1〉、権貨務が給付した年例外の塩鈔銭10万緡で糧草を市糴して封椿した(28)〈2〉。また市易司は熙寧9年分の息銭3万緡を鄜延・環慶路経略司に付して糴穀、封椿させた(28)〈3〉。元豊元年、内蔵庫は銀紬絹計20万匹両を鄜延路経略司に給付して糴穀、封椿させ(28)〈4〉、提挙成都府路茶場司は銭10万貫を環慶路に、40万貫を秦鳳・涇原路に給付し、それぞれ糧草を市糴、封椿させた(28)〈5〉。また三司は同2年、銭15万貫を鄜延路経略司に給付、封椿糧草を市糴させた(28)〈6〉。内蔵庫は同6年、度僧牒1000道(銭13万貫)を環慶路に賜与して「別封椿」させ(28)〈7〉、7年には綢・絹各50万匹を支出して熙河路経略司に封椿させ(28)〈8〉、また市易司下界(権貨務)の封椿末塩鈔30万貫を河東路経略司に与えて糧草を市糴させた(28)〈9〉。

経略司はこうして給付された豊富な銭貨(経略司封椿銭)を運用して、軍糧の市糴や軍馬の購入、蕃部の招納等に支用した。熙寧7年、鄜延路経略司は徳静寨管下の蕃兵のために経略司封椿銭1万貫で渭州で軍馬を購買し(28)〈10〉、河東路経略司は封椿銭10万貫で軍儲を収糴した(28)〈11〉。熙寧10年、陝西路経略司は封椿銀21万余貫で斛斗を収糴し、その余銭をさらに封椿した(28)〈12〉。元豊4年(1081)、鄜延・環慶・涇原三路の経略司は封椿銭各10万貫を蕃部の招納経費(28)〈13〉や縁辺諸路の兵士の家族の犒賞に支用した(28)〈14〉。また涇原路経略司は「封椿軍賞絹」20万匹を転運司に給与して築城修堡に備えさせ(28)〈15〉、元祐7年(1092)には諸路の軍事探報が不正確だとして陝西・河東路の経略司封椿銭・軍資賞銭物を沿辺州城堡寨等での偵察経費に支用した(28)〈16〉。また秦鳳路経略司のように封椿銭を回易に流用して、提点刑獄司により弾劾された例もある(28)〈17〉。

また秦鳳・涇原路経略安撫司は熙寧10年、来年の春衣銭に自司の封椿銭を借支し(28)〈18〉、元豊4年、同司は涇原・鄜延・環慶・秦鳳路で自司の「糴買銭」を転運司に交付して預め封椿させ、両司で糧草を糴買した(28)〈19〉。

保甲法は熙寧３年(1070)に施行され、同８年、河北東西・河東の三路(元豊４年に陝西二路を加えて五路)に提挙義勇保甲が配置され、Q提挙保甲司が保甲の事務を管掌した。

諸路保甲司は毎歳の団教保甲の経費と省費を封椿財貨として運用した(29)〈１〉。この経費は元豊２年(1079)から開封府界・五路が義勇保甲の上番となり、これまでの巡検兵級を減員し節約した請受・賞給を禁軍闕額請受と同様、封椿したものである(29)〈２〉、翌元豊３年には巡検の封椿請受全額が義勇保甲の請受とされた(29)〈３〉。またこのこの年、永興・秦鳳両路では転運司の未封椿の禁軍闕額衣糧を提挙保甲司が団教の経費に支用した(29)〈４〉。

保甲司には諸路の免役銭から毎年3800余貫が「保甲司封椿銭」として回送され(29)〈５〉、この封椿銭は逃亡保甲の給捕賞銭等にも用いられた(29)〈６〉。しかし元豊８年(1085)になると、三路提挙保甲銭糧司は、「監司に名を列ねるも実際には職事が無く、逐処の郡県にはただ封椿銭が数百貫文あるのみ、数道巡回すれば一月で使い切ってしまう」などといわれ(29)〈７〉、この年提挙保甲司は廃止されて、臨時に提刑司が保甲の事務を兼領した(29)〈８〉。

元祐元年(1086)、新政権は提挙保甲司を復置したが、その財務内容はかなり縮小された。すなわちこの年６月、(ⅰ)保甲司には財貨を一切封椿せず、全封椿財貨を転運司に撥還する、(ⅱ)冬教——冬季の教練——に必要な諸手当等は三路の義勇保甲の封椿銭糧を充てる、(ⅲ)京東路の塩息銭のうち５万貫を封椿して保甲の賞支に充て、10万貫を尚書省に封椿する、という新方針が出された(29)〈９〉。ただし(ⅱ)「冬教封椿銭」も元祐４年には廃止され(29)〈10〉、これを最後に保甲司による封椿財貨の運用は停止した。

R経制熙河路辺防財用司(略して経制司、また経制財用司ともいう)は熙寧10年(1078)に新設した監司で、元豊５年(1082)に新たに修復した蘭会路を加え、陝西沿辺四路における軍糧調達を専管した(30)〈１〉。ここには戸部から歳額200万貫の本銭の他、川峡路の苗役積剰銭・続起常平積剰銭各20万貫、榷茶司銭60万貫、鳳翔府に封椿する坊場銭35.2万貫、また陝西の三銅銭監銅錫本脚銭24.8万貫、在京封椿券馬銭10万貫、裁減汴綱銭10.2万貫等合せて約380貫に上る巨額の収糴本銭が支給された(30)〈２〉、元豊４年にはこの歳額銭の中から30万貫を支出して、河州で糧斛を収糴し封椿している(30)〈３〉。この歳額の中には課利系の息銭が含まれ、元豊元年以来別封椿して朝廷の移用に備えた(30)〈４〉。財用司は元祐元年に廃止され、その職掌と朝廷封椿を含む全財貨は、ともに陝西転運司に併入された(30)〈５〉。

(３)財務系路官—糴便司・提挙茶場司・解塩司・銭監—

北宋のS糴便司には二種ある。まず仁宗朝以来、各州の通判が提挙を兼領した提挙河北糴便糧草司(提挙措置糴便司)は、熙寧２年(1069)に糴便本銭として鈔銭200万貫を朝廷から賜与され、河北路17州軍で糧380万石・草600万束を収糴した(31)〈１〉。その後元豊４年(1081)、新たに措置河北糴便糧草司(措置糴便司)が置かれたが(31)〈2〉、先行糴便司との業務の重複から、元祐元年から5年まで(1086-90)の五年間、収糴は専ら河北路都転運司が管理した(31)〈3〉。

提挙糴便司は元豊2年(1079)、初めて司農寺・市易淤田水利司の封樁糧斛を兌換して与えられ(31)〈4〉、措置糴便司は同5年、河北都転運使が封樁穀を結糴して得た息銭を収め(31)〈5〉、それぞれ封樁財貨として運用した。提点河北糴便司は元豊6年に廃止され、所管の糧草は措置糴便司が吸収し、提挙糴便司の銭鈔は「別樁管」して河北転運司に与えて収糴した(31)〈6〉、同7年には河北都転運司が借用した新旧糴便司と三司の封樁糧計60余万石の寛剰銭物を、10年の期限を定めて返還させることとした(31)〈7〉。河北措置糴便司は紹聖2年(1095)に復置されたが翌3年には再び廃止、河北路転運使の兼領となり(31)〈8〉、元符元年以降、措置司所管の糴本は朝廷封樁銭物に指定され、他司の支用を禁じられた(31)〈9〉。

T茶場司(都大提挙成都府・利州・秦鳳・熙河等路茶場司)は熙寧7年(1074)、川峡・陝西沿辺の茶馬貿易を専管する官司として設置され、熙寧5年に収復した熙河路の買馬銭物の措置、及び“用茶博馬”開始後の財貨の封樁方法等について、中書の指示を仰いだ(32)〈1〉。

元豊元年(1078)、茶場司は自司の財貨から環慶路に10万貫、秦鳳・涇原路に計40万、合せて50万貫の銭貨を給付して各路の経略司にそれぞれ糧草を市糴、封樁させた(32)〈2〉。蜀の榷茶を管掌する茶場司の銭貨収入は潤沢で“積銭鋸万”といわれ、その豊富な資金を他司に融通したり、羨余の内蔵庫への送納を企てたりする余裕があった。歳額を超える羨余銭貨については元豊3年(1080)以降、茶場司の管理下でこれらを沿辺諸州軍に封樁することとしたが(32)〈3〉、このころ茶場司は沿辺の経略司だけでなく、涇原路安撫司に対しても銭20万貫を給付して糧草を糴買、封樁させている(32)〈4〉。茶場司の創設以来、茶場司から熙河一路に支給される収糴本銭は歳額20万貫と定められていたが、元豊5年(1082)にはその増額が検討され(32)〈5〉、翌6年から茶場司は毎歳所収の茶息税から100万貫の銭貨を陝西等路に給付して「別司年額」とし、残余を封樁することとした(32)〈6〉。

元祐新政権の西辺対策の変化にともない、茶場司による封樁財貨の運用はしばらく停滞した後、元祐4年(1089)までに「茶事司」と改称して茶場司の業務を継承した(32)〈7〉。元祐7年、茶事司は歳額300万貫を本銭として額定し、年例の応副を除く残余の財貨は提刑司に拘収、封樁させた(32)〈8〉。提刑司は崇寧2年(1103)以降、茶税息銭についても封樁することとなる(32)〈9〉。

U解塩司(陝西制置解塩使司)は慶暦2年(1042)に置かれ、陝西・京西・河東等路の榷塩を管掌したが(33)〈1〉、慶暦9年(1049)に始まる范祥の解塩塩法改革の後も、解塩の官売塩課収入等課利系の財貨を自司に封樁することはなく、熙寧5年に京西九州軍の蚕塩供給停止を受け、これまで商人が請射通商してきた蚕塩4,8250貫分の折価収入と般運経費を「別封樁」して朝廷の移用に備えたのが、自司封樁の最初の事例である(33)〈2〉。また元豊4年に陝府(陝州)・河中府・秦州・解州・華州・永興軍等に封樁した銭貨は正規の塩課収入ではなく雑収入であり、しかもわずか21万余貫にすぎなかった(33)〈3〉。また前年に解塩歳額は12万貫増額されていたが、増収分の半額は三司が封樁したので、解塩司は6万貫しか封樁できなかった(33)〈4〉。翌元豊6年(1083)には解塩司が発給する銭引は朝廷の指示がなければ他司の借用を禁じた(33)〈5〉。このように、解塩司による封樁財貨の運用は新法期においても低調であった。

V銭監もまた地方官司として自ら鋳造した銭貨を封樁し、政府の通貨流通政策に関わった。熙寧8年(1075)、陝西鋳銭監は折二銭と封樁した交子本銭の現在高の監査を求められたが、これは前年、解塩通商区に「交子法」が施行され、陝西鋳銭監の鋳貨を用いて鈔・銭間の価格均衡を回復させる措置の一環であった(34)〈1〉。元豊7年(1084)には河北・河東両路に二銭監を増置し、折二銭各10万緡を歳鋳して封樁する計画があったが、これは実行されていない(34)〈2〉。また成都府の鋳銭三監は榷茶司本銭を樁管したが鋳鉄銭が積滞したため、元祐元年(1086)から同じ課利系の坑冶浄利銭(銅銭)を鉄銭で折納させ、滞積した鉄貨の一掃を図った(34)〈3〉。元符2年(1099)には陝西州軍が銅禁を実施したため「封樁銭」で鉄銭と対換し、陝西鋳銭司の銅を京西に運んで鋳銭し、これを元豊庫に納めて朝廷封樁に充てた(34)〈4〉。このように銭監の銭貨封樁は、時々の政府の通過政策と密接に連動して行われるのが特徴で、封樁銭貨を他の財務系諸司のように軍糧備蓄や賑済等に支用した事例は見当らない。

4．封樁財貨の諸系統

封樁の指定を受ける上供財貨は一般に「朝省封樁銭物」と呼ばれたが、慶暦以降に課利系の付加税や新法系の各種銭額制の付加税が創設され、これらが新規の上供銭貨として大量に中央官司に流入した結果、中央官司所管の上供財貨の封樁を指示する際に、新たに「常平銭物」「朝廷封樁銭物」「戸部封樁銭物」「諸司封樁銭物」などといった呼称を用いて、封樁財貨の区別をするようになった。

このうち「朝廷封樁銭物」について周藤氏は、新法期以降、特に元豊改制以降に「朝廷封樁銭物」が増加し、このことが転運司の財政運用を困窮させた要因であるとし、汪聖鐸氏は「朝廷封樁」制度の実行によって上供が増大し、その結果転運司の理財能力が低下したとする。両氏とも「朝廷封樁銭物」とは元豊庫等の財庫に貯蓄された新法系の財貨であるとしているが、汪聖鐸氏はさらに、毎年の京師への定額輸納を義務づけられた財貨であると説明を加える(35)。しかし「朝廷封樁銭物」についての両氏の理解には問題がある。

(1)元豊官制改革と封樁財貨の管理系統

元豊の官制改革が実施される前年の元豊4年(1081)、河東都転運使に任じた陳安石は、熙寧末年に起った西夏の大侵攻以来、数年に亘って山西の諸州軍に集積された全ての軍需財貨を、「朝省封樁銭物」「諸司銭物」「提挙司銭物」の三種に分類している(36)。当時の“朝省”とは朝廷すなわち中書・枢密の二司を指すが、枢密院が財貨の封椿に関わるのは、前節で見たように元豊改制以後であり、従って改制前に「諸司銭物」「提挙司銭物（常平銭物）」と区別される「朝省封椿銭物」とは、これも前節で見たように、中書堂後官が管掌する全ての封椿財貨の称呼であったことがわかる。「朝省封椿銭物」と「朝廷封椿銭物」とは明確に区別されなければならない。

初めて「朝廷封椿銭物」の語が現われるのは、改制後二年を経た元豊7年（1084）9月のことである。このとき戸部は、市易司管理下の民戸の賒欠茶罰息銭の除放要請に対して、「この銭7万貫は“朝廷封椿”銭貨である」と指摘し、これを受けて罰息銭を除放する詔が出された経緯は前に見た(37)。ここで“朝廷封椿”銭貨とは、この賒欠茶罰息銭が旧三司の系列下で権貨務が管理した課利系の銭貨収入であることを言う。ただし旧権貨務系銭貨がすべて朝廷封椿銭貨ではない。

改制前の権貨務系の封椿銭貨としては、まず在京権貨務の封椿折斛銭があるが、これに「朝廷」の語は付されておらず(38)、また熙寧中に諸路の封椿折斛銭の管理権が三司から朝廷（中書）に移されたときも、この封椿折斛銭は朝廷封椿銭物とはされていない(39)。また元豊元年に権貨務（市易務下界）に封椿された末塩銭はただ「朝廷銭物」とされるにすぎないが、改制後の元祐3年には明確に「朝廷封椿末塩銭」とされている(40)。このように旧権貨務系の封椿財貨は、改制前には朝廷（中書）の総括的な管理下にあっただけで、特に朝廷封椿銭物の指定は受けていなかったのである。

官制改革により三司が廃止され、戸部が財務の中枢機関となると、全ての封椿財貨の管理権は三司・朝廷から尚書—戸部に移管された。このとき権貨務は三司の系列から戸部・太府寺の系列に移ったが引き続き権貨の業務を管掌した。かくして尚書—戸部は、旧三司の系列下の諸官司が管理した全ての封椿財貨と、中書・枢密が管理していた朝廷封椿財貨を共に継承することとなった。

すなわち元豊5年（1082）の官制改革の後に生れた「朝廷封椿銭物」とは、改制以前から朝廷（中書・枢密）が直接管理した封椿財貨(41)と、改制によって旧三司から戸部右曹へ移管された権貨務系の封椿財貨の総称である。その後元祐元年（1086）7月から、権貨務系の封椿財貨は全て元豊庫に納入され、さらに元祐3年には旧権貨務の「封椿銭物庫」が保管していた封椿財貨も朝廷封椿銭物として元豊庫に併入された(42)。こうして朝廷封椿銭物は元祐4年から全面的に提刑司が管勾することとなり、以後「元豊庫」に納附される権貨務系以外の財貨も、次々と朝廷封椿銭物の指定を受けるようになる(43)。

ところで、元豊5年の改制で戸部右曹が管轄するようになった財貨としては、上記権貨務系の財貨とは別に司農寺系の財貨がある。周藤・汪両氏ともこの二系統の新法収入を朝廷封椿銭物と規定するのであるが、両者は同時期に朝廷封椿銭物に指定されたのではなく、また朝廷封椿銭物とされるに到った経緯も異なる。

改制前の司農寺は、三司の系列下で主に新法諸税の徴収業務を担当し、封椿財貨の運用の面では特に市易司との関係が緊密であった。これら司農寺系の財貨は当時の朝廷（中書・枢密)と対抗する三司の系列官司の封椿財貨の主体をなしていたため、三司が廃止されるまでの期間、榷貨務系財貨のように朝廷(中書)に管理権を移管したことはない。

三司の廃止後、司農寺は榷貨務とともに太府寺に改隷され、「寺監は外事を治せず」の原則によりその職務を戸部右曹に移管したことは前に見た(44)。この措置について注意すべきは、朝廷封椿銭物を戸部右曹の専管とする詔と同日に出された別の詔で、諸路の常平免役坊場の剰数については提挙常平司が期限を立て、諸路安撫司の所在州や辺要州軍に封椿させた事実である(45)。すなわち封椿すべき常平銭物は三司の廃止直後しばらくは諸路常平司・安撫司が管理し、翌元祐元年(1086)から戸部の管轄下に入って右曹が「別封椿」した。この間、これらを違法に支借する者は「朝廷封椿銭物法」ではなく「常平銭法」に依るとされた(46)。このように法制面でも、「常平銭物」は明確に「朝廷封椿銭物」とは区別されていた。

ついで同月戊申の詔で、諸路の元豊７年(1084)以前の坊場・免役銭について、成都府・梓州・利州三路は全額鳳翔府に封椿し、他路は半額を物貨に変転して元豊庫に送納させ(47)、さらに元祐３年２月甲申の詔で、江南東西等九路の元祐２年以前の常平系の封椿銭物を、この正月に創設されたばかりの元祐庫に一旦送納させた。しかし早くも三カ月後にはこれを止め、諸路の提刑司に封椿させた(48)。この間にあってもこれら司農寺系財貨すなわち常平銭物は朝廷封椿銭物の指定を受けていない。常平銭物が朝廷封椿銭物として元豊庫に納付されるようになった時期は、『宋史』食貨志・会計によればはるかに遅れて、“崇寧以後”のことである(49)。

元祐年間には、諸官司の間で貸借される財貨は「朝廷封椿銭物」「戸部封椿銭物」「諸司封椿銭物」「常平銭物」に区分されていた(50)。「戸部封椿銭物」とは、元豊改制以降戸部が管掌した封椿財貨のうち、右曹が管理する旧榷貨務系の朝廷封椿銭物と、提刑司の管理下にある「常平銭物」とを除く左曹管理下の封椿財貨であり、両者合せてもその額は他の三者に比べれば微々たるものであった。また改革直後の元豊５年(1082)10月には陝西に300万貫に上る巨額の「諸司封椿銭」があったといい(51)、徽宗の大観初年(1107)に江西の和買対価支給が停滞したとき、江西路の「諸司封椿銭」及び隣接路の封椿塩各10万を支給している(52)。諸路の禁軍闕額銭物や提刑司管理下の常平銭等も、路官等地方官司に封椿されている限りは諸司封椿銭と呼ばれたものと考えられる。しかし蔡京政権下で地方官司の所管財物の中央移管が大々的に進められるようになると、諸路の走馬承受公事に「諸司封椿銭物」の見在額を監査させ、直接朝廷に報告させるなど(53)、朝廷による地方財政への圧迫も一段と強まったのである。

(２)朝廷封椿銭物と転運司の財用

元豊の官制改革では財務の中心機関である三司が解体されたため、上供財貨を収納する官司・財庫が大きく改編された。大きな変更は二点あり、第一は改制前に中書・枢密が管理した一般上供財貨からなる「朝省封椿銭物」と、三司に直属して塩茶等の入中を管理した榷貨務系財貨がともに戸部右曹の管理下に入り、元豊７年(1084)から「朝廷封椿銭物」――元祐３年(1088)から「元豊庫」に輸納――に指定されたこと、第二はやはり三司に直属して新法系付加税収入を管理した司農寺系の財貨が、同じく「常平銭物」として戸部右曹の管理下に入ったことである。「常平銭物」が「朝廷封椿銭物」に指定されるのは崇寧以後のことである。

この改革により、新法系・課利系付加税収入である上供財貨（朝廷封椿銭物・常平銭物）を戸部が総括する財政構造が完成し、特に東南諸路転運司は巨額の上供財貨の輸送に追われることとなる。陳傅良は南宋中期・淳熙年間の時点で、国初以来の上供歳額の増大と上供財貨の費目の増加の経緯を概括して次のように述べる。

…（国初）天下の留州銭物はすべて係省とされたが、州県の歳収を全部取上げた訳ではなかった。（地方必要経費は「留州」として州軍に存置したので）国初には中央への輸送は上供額を超えることはなく、その上供にも定額を立てていなかった。州に通判を置いて会計収支を三司に報告させるだけで――これを応在という――、朝廷にはもともと封椿起発の制度はなかった(54)。

すなわち上供財貨に定額を立てたり、特定の時期財貨に対して「封椿」を指示する制度は国初からあった訳ではなく、また

大中祥符元年（1008）に三司が諸路の上供定額を立てた。熙寧になって、新法により上供歳額は倍増した。また免役銭・常平寛剰銭・禁軍闕額銭等が封椿させられ、それらの歳額は今にまで至っている(55)。

というように、免役銭・常平寛剰銭・禁軍闕額銭等の封椿が始まった新法期を、上供歳額の急増期と見ている。

汪聖鐸氏は陳傅良が国初にはなかったという「封椿起発」を上供と同義とみなし、上供額の増加を導いた要因の一つに“封椿の拡大”を挙げて、「封椿財賦は後に多く調達されて京師へ運ばれ、或は辺境へ転送され」、地方からの上供の相対的増加傾向は北宋前期の財政の特徴の一つであると述べる(56)。“封椿起発”が上供と同義でないことは陳傅良の言から明らかであるが、汪氏はさらに封椿財賦はすべて「朝廷封椿財賦」であるとして、「朝廷封椿財賦は毎年その一定部分を京師へ定額輸送する義務があったので、おのずと上供財賦の総量を増加させた」、「朝廷封椿制度の実行により、上供が増大して転運司の理財能力が低下し、地方財政が困窮した」などと述べる。汪氏のこの説は幾つか重大な誤りを含んでいる。

まず前節で見たように、北宋時代の封椿財貨には「朝廷封椿銭物」以外に「戸部封椿銭物」「諸司封椿銭物」「常平銭物」等、多様な封椿財貨があり、またこれら財貨は殆どが上供財貨であったが「無額上供銭」など不定額の上供銭貨も含まれ、全てが定額化されていた訳ではない。

また汪氏は、北宋後半期に転運司の財政が困窮した直接の原因を、朝廷封椿の増大による上供の増加に求めている。新法期から上供費目・歳額とも増えて転運司の財政運用を困難にし、これに元豊改制による転運司の財政規模の縮小が拍車をかけたことは事実であるが、これを朝廷封椿の増大と上供額の増加との間の因果関係として説明したのは汪氏が初めてである。

汪氏の新説の論拠は陳次升『讜論集』1「上哲宗論理財」の、

熙寧以前には上供銭物には定額を超える調達はなく、州県も規定外の徴収はしなかった。

その後利益を追求する大臣たちはこの精神を弁えず、ひたすら誅求して己の手柄を誇った。もし上供費目から削減した費目があれば、一々その減額を根拠に転運司の責任を追及して封椿して上供させたから、転運司は別の費目で取立てて収支を合わせた。かくして上供費目は年々増え、諸司の財用は益々困窮した。

という一文である(57)。一読して、封椿の増大が上供額を増加させたように読めないこともない。

しかし陳次升のこの言は、蘇轍の次の言を前提としたものである。すなわち『長編』410元祐三年五月丙午朔の条に載せる蘇轍の言の第3項は、ほぼ次のような内容である(58)。

熙寧よりこの方、利益を求める大臣たちが国の収入を増やしたが、まず転運司が困窮し、転運司が困窮して上供が滞り、上供が滞って戸部が苦しんだ。…故に私は陛下が近ごろ封椿指定した財貨を解除して転運司に戻すよう願います。近ごろ禁軍闕額銭や差出衣糧、清汴水脚や外江綱船など、ひとたび指示が出るとみな封椿しています。しかし禁軍闕額に対しては例物を招置するための新たな支出が必要になり、清汴河の輸送費は旧額を減じたものの洛口の費用が倍増し、外江綱船は製造を止めたにも拘らず却って運糧船の雇傭に経費がかさむなど、転運司管理下の財貨が次々と封椿指定され、費目が一つ減れば新たに別の費目を加え、結局減額分に相当する出費を強いられるのです。

陳次升が指摘した事柄は、自ら“上供費目は年々増え、諸司の財用は益々困窮した”と述べ、また蘇轍が具体的に説明しているように、次々と上供財貨が封椿の指定を受けることで、上供財貨の定額輸納の責務を負う転運司の財用が逼迫し、一路の会計収支の調整に追われている、という因果関係である。

蘇轍の論理は、新法以降、財庫には旧権貨務系・司農寺系の財貨が充溢して、“内帑別蔵、積むこと山の如き”状態になっているが、この間“転運司が困窮し、その結果上供が滞って戸部が苦しんでいる”、というもので、ここには汪氏がいうような、朝廷封椿の増大が直接上供を増加させるという因果関係は成立していない。朝廷封椿の増大がもたらしたのは、上供の増加ではなく、転運司の財用——上供財貨の調達と定額輸納——の困難であった。蘇轍の言から3年後の元祐6年(1091)に、東南諸路の財政困難を指摘した刑部侍郎の王覿もまた、

私もまた転運司の財用が日々困窮の度を加える原因を調べ、その根本原因を究めることはできませんが、はっきりしていることは諸路の財政支出の増加と、朝廷封椿の増大です…。

と述べ(59)、朝廷封椿の増大と転運司の財用困窮を並列して指摘するだけで、朝廷封椿の増大と上供の増加との間に因果関係を設けてはいない。

封椿という財政措置は、緩急に備えての軍糧備蓄という目的達成のため、移送経路の指定や財貨の保管、支用方法等についての厳しい制限をともなった。三司により財務が厳重に管理された新法期には、中央地方の諸官司は活発に封椿財貨を運用してその目的を達成した。しかし元豊5年(1082)の官制改革で三司が廃止され、戸部右曹—元豊庫が専管する朝廷封椿銭物が出現し、各種財貨が次々と朝廷封椿財貨に指定されると、これに逆比例して戸部左曹とその系列の諸司の財政規模は極端に縮小した。特に一路の各種財貨の収支を調節しながら上供の

責務を果たす転運司の収支調整機能は、中央の戸部－左曹が統制できない右曹－元豊庫系の朝廷封椿銭物の出現とその費目・額の増加によって大きく制限されることとなった。転運司の困窮の原因は、直接には官制改革によって戸部左曹系の転運司が上供すべき財貨の中に、系列外の戸部右曹系の朝廷封椿財貨が増え、逆に戸部左曹－転運司が管理できる上供財貨の量が激減したことにある。すなわち汪氏が言うように朝廷封椿銭物が増えて上供定額が増え、転運司の上供輸納が増大したのではなく、逆に朝廷封椿銭物が増えた結果、転運司の上供輸納の能力は低下したのである。

図 2 に元豊官制改革前後における中央諸官司の封椿財貨の管理方式を示す。

おわりに

封椿は国家財政の支出部門において、中央官司－地方官司間で上供財貨を移送し、軍糧備蓄や賑済等の目的に支用するまでの一定期間、中央官司が封椿財貨の保管を義務づけた財政運用である。諸官司が管理する財貨が封椿の指定を受けると、中央から財貨の支用ないし移用の指示があるまで、各官司が独自の裁量で財貨を運用することは厳禁された。封椿は中央官司から地方官司への再分配の過程で講じられる“目的外支用の禁止”措置である。

第 2 節・第 3 節において北宋時代の中央－地方官司間の封椿財貨の運用形態を分析した結果、「封椿」が単なる財貨の“貯蔵”措置ではなく、軍糧備蓄ないし賑済、沿辺州軍の治安という目的を達成するための、上供財貨の再分配構造の一部分であることを確認できた。上供財貨の再分配とは、上供で調達した財貨を財政目的に沿って諸官司に配分することである。

また封椿に指定された上供財貨の多くは銭貨であり、紬絹が給付された場合も概ね給付される監司の側で銭貨に変易して封椿し、支用した。「封椿」の指令は中央官司から地方官司への給付の過程で出され、路官等地方官司は中央の指令に従い、主に軍糧の収糴や賑済の糴本として支用した。収糴以外には、経略司が州城の修築や団教保甲の経費に支用した例が若干あるだけで、封椿財貨の殆どは軍糧の収糴と賑済に用いられた。

中央官司は、軍糧収糴に支用するため多くは全国から上供調達した銭貨を封椿財貨として地方監司に給付した。銭貨以外に、内蔵庫等財庫に収納した上供紬絹等を給付する場合は、概ね給付された官司の方で銭貨に変易して支用させた。封椿財貨の給付先はその殆どが北辺諸路の四監司であり、四監司の中では転運司、次いで常平司がその職掌から頻繁に軍糧収糴を行なったが、軍刑務・治安系監司の提刑司・安撫司等による軍糧収糴もしばしば行われた。元豊期には封椿の目的外支用を禁じる法整備がなされたこともあって、北宋後半期には率ね適正に「封椿」の目的に沿った財政運用がなされている。

図 2　中央諸官司による封椿財貨の管理―元豊官制改革前後における―

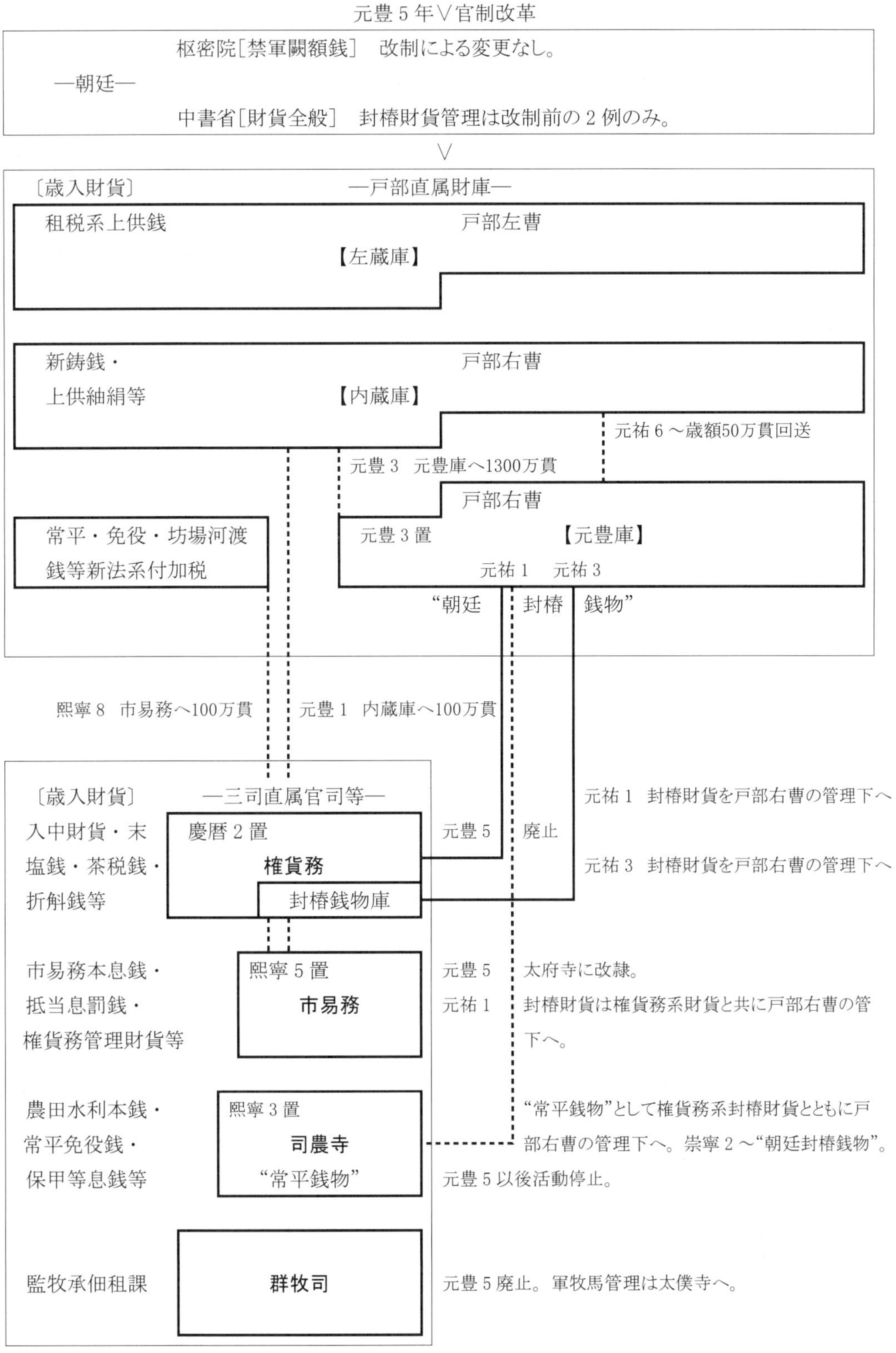
元豊 5 年∨官制改革
枢密院［禁軍闕額銭］　改制による変更なし。
―朝廷―
中書省［財貨全般］　封椿財貨管理は改制前の 2 例のみ。
∨
〔歳入財貨〕
―戸部直属財庫―
租税系上供銭
戸部左曹
【左蔵庫】
新鋳銭・
上供紬絹等
戸部右曹
【内蔵庫】
元祐 6 ～歳額50万貫回送
元豊 3　元豊庫へ1300万貫
戸部右曹
元豊 3 置
【元豊庫】
元祐 1　元祐 3
常平・免役・坊場河渡
銭等新法系付加税
“朝廷　封椿　銭物”
熙寧 8　市易務へ100万貫
元豊 1　内蔵庫へ100万貫
〔歳入財貨〕
―三司直属官司等―
入中財貨・末
塩銭・茶税銭・
折斛銭等
慶暦 2 置
権貨務
封椿銭物庫
元豊 5
廃止
元祐 1　封椿財貨を戸部右曹の管理下へ
元祐 3　封椿財貨を戸部右曹の管理下へ
市易務本息銭・
抵当息罰銭・
権貨務管理財貨等
熙寧 5 置
市易務
元豊 5　太府寺に改隷。
元祐 1　封椿財貨は権貨務系財貨と共に戸部右曹の管下へ。
農田水利本銭・
常平免役銭・
保甲等息銭等
熙寧 3 置
司農寺
“常平銭物”
“常平銭物”として権貨務系封椿財貨とともに戸部右曹の管理下へ。崇寧 2 ～“朝廷封椿銭物”。
元豊 5 以後活動停止。
監牧承佃租課
群牧司
元豊 5 廃止。軍牧馬管理は太僕寺へ。

注

（1）拙稿「宋代上供米と均輸法」宋代史研究会研究報告第三集『宋代の政治と社会』1988.5所収、「南宋の上供米と両税米」（『東洋史研究』51-4、1993）。以上二篇とも拙著『宋代税政史研究』（汲古書院、1993）所収。「宋代上供の構成と財政運用」（島根大学法文学部紀要『社会システム論集』Ⅰ、1996）、「北宋の上供銭貨」（『東洋史研究』57-3、1996）、「南宋の上供銭貨」（大阪府立大学『歴史研究』37、1999）、以上三篇は補訂を施した上、本書前編に第1章宋代上供の構成、第2章上供銭貨の諸系統—北宋時代—、第3章上供銭貨の諸系統—南宋時代—として収録。

（2）宋代の封椿は国初の乾徳3年（964）、西川平定後に設置された「封椿庫」に始まる。『長編』6太祖乾徳3.3.「国初、貢賦悉入左蔵庫。及取荊湖、下西蜀、儲積充羨。上顧左右曰、軍旅饑饉、当預為之備、不可臨事厚斂於民。乃於講武殿後別為内庫、以貯金帛、号曰封椿庫、凡歳終用度贏余之数、皆入焉」。

（3）南宋の財庫における封椿については、梅原郁「宋代の内蔵と左蔵—君主独裁制の財庫—」（『東方学報・京都』1971.3、汪聖鐸『両宋財政史』上・下（中華書局1995）、張希清等著『宋朝典制』第七章財政経済制度（吉林文史出版社1977）等を参照。

（4）曾我部静雄『宋代財政史』所収「王安石の募役法」、「月椿銭の研究」等。

（5）周藤吉之『宋代史研究』六所収「王安石の免役銭徴収の諸問題」。氏は陳傅良『止斎文集』21転対論役法剳子の「熙寧七年、始以保丁充甲頭催税、而耆戸長壮丁之属、以次罷募、利其雇銭、而封椿之法起矣」に拠り、熙寧7年を「封椿之法」発足の年とする。しかしこの措置は、前後の文脈から判断して、保甲法による耆戸長壮丁の裁減の結果、諸路の免役銭徴収額と雇銭額との間に生じた余剰分を対象とする封椿に限定して理解すべきものである。

（6）汪聖鐸注（1）前掲書。ただし北宋期の財庫に対して“御前封椿”の語を用いた例はない。

（7）『長編』169皇祐2.8.9癸亥「出内蔵庫絹一百万、下河北都転運司、権易大名府路安撫司封椿銭、市糴軍儲」。

（8）『長編』215熙寧3.9.29丙辰「賜陝西転運司内蔵庫絹百万、以其半分四路封椿、余令貿易収糴縁辺軍儲」。

（9）『長編』263熙寧8.閏4.14乙巳「中書戸房比較陝西塩鈔利害及定条約八事…今乞永興・秦鳳両路共立二百二十万緡為額…選官監永興軍買鈔場、歳支転運司折二銅銭十万緡買西塩鈔、銭有余封椿聴旨、依在京市易務賒請法、募人賒鈔変易」。

（10）『長編』236熙寧5.閏7.7甲寅「詔三司出銀・紬・絹総十万、付秦鳳縁辺安撫司、以備辺費」。

（11）封椿の語に関して、『長編』268熙寧8.9.14癸酉に「其坊場銭、令司農寺下諸路歳発百万緡、於市易務封記、仍許変易物貨至京」とあり、財貨は保管箱に密「封」して貼紙し、封椿財貨である旨が明記された。「椿」は椿柱すなわち杙・杭を用いて保管箱を釘付けしたことを示し、椿管・椿留・椿発・椿撥等、財貨の保管・移送に関わる語と熟して多く用いられる。なお梅原郁氏は「封椿という熟語は宋初から普通にあらわれ、プール乃至ストックする方向の意味に使われる」とする（注（3）前掲論文）。

（12）初見は擅支封椿銭帛法（『長編』290元豊1.7.24丙申上批）。この法はまた封椿銭法（同299元豊2.8.13戊申都提許市易司言）、封椿銭物法（同305元豊3.6.24乙卯詔）、擅支封椿銭物法（同328元豊5.7.29戊申詔、同350元豊7.11.27癸亥詔、同391元祐1.11.4戊午戸部言、同462元祐6.7.24辛巳尚書省言）、擅用封椿銭法（同334元豊6.3.17壬辰詔）、檀支封椿銭法（同302元豊3.1.28壬辰詔、『会要』職官23-11〔群牧司〕元豊3.1.28詔）等と称した。「擅支陽武倉封椿銭罪状」という用法もある（『長編』330元豊5.10.17

甲子詔)。なお朝廷封椿銭物、禁軍闕額封椿銭物等については『事類』31財用門二封椿を参照。擅支使朝廷封椿銭物法の初見は『長編』510元符2.5.21癸亥三省言。

(13)〈１〉『長編』279熙寧9.11.25丁丑「詔三司、諸路売銅鉛錫銭、相度兌路発地遠者、変易物貨、並於市易務下界封椿」、同292元豊2.9.16丁亥「詔三司、応係省及上供年額銭所買銅鉛錫、其所費本銭、令三司移用外、余並依条封椿」。〈２〉同279熙寧9.11.26戊寅「詔三司、河北東路捕盗賞銭、如定数不足、許支封椿茶税銭五千貫給之」。〈３〉同292元豊1.9.11壬午「三司言、河東都転運司乞続支京鈔見鈔三十万緡、計置軍儲、今欲依糴買封椿糧草例、於末塩銭内支一十万緡、換作本路交引、収附与転運司計置極辺糧草、卻以末塩銭撥帰省司。従之」。〈４〉同296元豊2.2.17丙辰「詔、解池塩歳以二百四十二万緡為額、自明年始、其歳増銭十二万緡、半令三司封椿、半与陝西転運司移用」。

(14)〈１〉『雑記』甲集17三司戸部沿革「元豊官制、戸部尚書・左曹侍郎各一員掌経賦、右曹侍郎一員省常平・苗役・坊場・山沢之令、由是版曹但能経画中都百官・諸軍廩給而止」。〈２〉『長編』350元豊7.12.16辛巳「詔朝廷封椿銭物、令尚書省歳終具旁通冊進入」。〈３〉同383元祐1.7.22丁丑「詔都省毎季差省曹不干礙郎中一員、赴榷貨務検察見在銭物并交引数目申省」。〈４〉同392元祐1.12.2丙戌「詔開封府界并諸路提刑司、元豊已前免役・坊場銭物、令戸部別封椿、逐季具数申本曹点検、繳申尚書省注籍、其擅支借、並依常平銭法」。〈５〉同475元祐7.7.5丙戌「三省言、已令転運司計置麟・府・豊五年之糧、今秋成有望、慮近裏州軍封椿銭穀難以兌移。詔除側近州軍銭糧兌移外、令戸部支封椿銭銀共一百万応副」。〈６〉同497元符1.4.24壬寅「戸部言、楼店務毎年所収課利銭、十分内椿留五厘、充修造省房支用、其椿留銭及材植磚瓦等、輒他用者、以違制論。従之」。〈７〉同419元祐3.閏12.8庚戌「戸部尚書韓忠彦・侍郎蘇轍・韓宗道言…今左蔵庫見銭費用已尽、去年借朝廷封椿末塩銭一百万貫以助月給…」。〈８〉同491紹聖4.9.5乙卯「三省言、陝西路沿辺州秋田収成、慮闕糴本。詔于元豊庫支封椿銭四百万貫、令戸部依例印給解塩引、付陝西転運司、分委諸路乗時広行糴買」。〈９〉同510元符2.5.21癸亥「三省言、按紹聖四年六月十五日指揮、諸路折斛銭、熙寧年並帰朝廷、自元祐以来、戸部陰有侵用、不復更帰朝廷、無慮二百万緡」。

(15)〈１〉『長編』335元豊6.6.25己巳「詔廃罷監牧縻費封椿銭物、令枢密院承旨専根究主領、余応封椿銭物、令尚書都司取索、置簿拘管。初中書差堂後官置簿掌封椿銭、至是官制既行、分隷焉」、『会要』職官4-19〔都司左右司〕元豊6.6.25略同。〈２〉同309元豊3.閏9.9戊戌「中書言、河北三州府、元計人三十万・騎六千三年糧食、今立定封椿式欲頒下。従之」。〈３〉同312元豊4.4.27甲申「中書言、勘会変運川峡路司農物帛等、般運已至陝西、有合変転措置、令逐路提挙司、除銀并紬絹布、依省様可充支遣者存留、其余変転・移徙・出売或折博糧斛、並于辺要州郡椿管、限一年結絶…。従之」。

(16)〈１〉『長編』289元豊1.7.13乙酉「詔諸路転運及開封府界提点司椿管闕額禁軍請受、令逐司更不問見管兵数有無少賸、止拠元額月給銭糧、委提点刑獄及府界提挙司拘収、於所在分別椿管」、『会要』食貨64-70〔封椿〕元豊1.7.13略同。ただ開封府界は提挙出売解塩官が管勾し、元祐３年から諸路と同様提刑司が管勾した。『長編』同408元祐3.2.3庚辰「枢密院言、封椿闕額禁軍請受、諸路皆隷提刑司、惟開封府界令提挙出売解塩官管勾…。詔令提刑司管勾」。〈２〉同295元豊1.12.4甲辰「枢密承旨司言、準送下三司状、在京禁軍缺額封椿請受内銭絹特免、其斛斗惟米可存留、自余衣賜等物並属三司応副、及小麦已無賸数、欲乞特免勘会、府界軍士衣糧等自当依外処例封椿、其小麦如缺、即令三司以細色糧充。従之」。〈３〉同305元豊3.6.24乙卯「詔河北縁辺州軍禁軍闕額米、帰群牧司封椿」。〈４〉同346元豊7.6.1己巳「詔河東路銷廃五指揮禁軍銭糧、即非一路兵額、偶有闕数衣糧之比、並封椿以給提挙保甲司起教之費」。〈５〉同348元豊7.8.28乙未「権発遣同経制熙河蘭会路辺防財用馬申、乞免熙河路府都新復五州軍闕額禁軍請受。詔自今更不封樁、其已封樁者、撥与経制司」。〈６〉同350元豊7.11.3己亥「詔…其広西上供銭・禁軍闕額銭米、並令樁留、其常平免役寛剰・経略司和糴・度僧牒銭、緩急並奏聴支用」。〈７〉同372元祐1.3.16己酉「詔京東路将兵差出不係将軍馬請受、依元豊八年十月指揮、特権免封樁三年」。〈８〉同398元祐2.4.2癸未「詔、除三路・二広各係備辺、自有帥臣督責招揀、遇有闕額更不封樁外、在京・府界及其余路分並依旧封樁、仍只封樁衣糧料銭、余亦与免」。〈９〉同349元豊7.10.11丁丑「詔、諸路封樁闕額禁軍銭穀、並依元豊令、随市直変易、其不得減過糴納価法除之」。〈10〉同295元豊1.12.24甲子「詔、京東・開封府界将下馬軍闕馬、逐将召買四歳以上十歳以下堪被甲馬、其銭於封樁禁軍闕額請受内借支」、同304元豊3.5.11己酉「詔、提挙教習馬軍所見教臣僚子弟并百姓歩射弓一石力・短箭前後手足皆応法者、遇赴教日、可於封樁闕額禁軍米内、人給三升」。〈11〉同322元豊5.1.24丙午「詔、開封府界・諸路封樁禁軍闕額銭、除三路外、及淮浙江湖等路増剰塩銭、江西売広東塩・福建路売塩息銭、並輸措置河北糴便司、先借支内蔵庫銭三十万緡、与河北糴便司、以福建路塩息還」。〈12〉同482元祐8.3.12己丑「尚書省言、諸路廂軍兵士今闕額数多、蓋為転運使吝惜所支衣糧請受、致招填不足、詔令逐路提刑司厳切催促、須管招及額、其合支衣糧料銭、並拘管封樁」。〈13〉同331元豊5.12.7癸丑「枢密院承旨司言、開封府界諸県及白馬・胙城・韋城弓手、昨雖裁定県以二十人為額、其傭銭未経立法、看詳県尉既不管郷村賊盗、弓手頓減出入之労、所支傭銭当依諸路弓手、定為一等一年正支銭三十千、共減銭三千六百二十緡、乞預会校銭糧、一処封樁。従之」。〈14〉同前注(12)〈15〉。〈15〉同409元祐4.4.21丁酉「兵部状…勘会到下項三省・枢密院同奉聖旨、牧租等銭物並撥帰枢密院、令太撲寺拘催、依条封樁、赴内蔵庫送納寄帳、及充応縁馬事支用、其元祐元年十二月已前已未封樁銭物、除已得旨合支用外、今後遇有非泛支使、並三省・枢密院取旨施行」。

(17)〈１〉東京以外の三京にもそれぞれ左蔵庫が置かれ、北京左蔵庫には京東・河北路官売新法の売塩銭36万緡を封樁したことがある。『長編』335元豊6.5.1丙子「詔、京東転運副使呉居厚所奉新法売塩銭三十六万余緡、令運至北京左蔵庫封樁、自今歳具数以聞」。なお京東路の塩政については本書後編第１部第７章１.京東塩の課税構造を参照。〈２〉本書前編第２章上供銭貨の諸系統―北宋時代―を参照。〈３〉同295元豊1.12.18戊午「詔、自今歳起発坊場銭、更不寄納市易務、径赴内蔵庫寄帳封樁」。〈４〉同299元豊2.7.21丁亥「詔、在京・開封府界見封樁闕額諸軍請受、可並送内蔵庫別封樁」、『会要』食貨64-70〔封樁〕元豊2.7.21略同。〈５〉『会要』食貨11-8〔銭法・鋳銭監〕(『中書備対』)「(広寧・永豊・永平・豊国)四監、毎年二十万貫応副信州鉛山場買銀、三十五万貫赴内蔵庫充添鋳、年額一百五万貫上供、内蔵庫納一十五万貫、左蔵庫納外九十万、毎撥三十三万余貫内蔵庫封樁、候三年及一百万貫、至南郊前発与三司」。〈６〉『長編』356元豊8.5.3乙未「詔…其依旧去処已前并向去及廃罷窠名所収課利、並於内蔵庫送納、別作帳樁管、以備朝廷支用」、同前注(12)〈13〉。〈７〉同444元祐5.6.28辛酉「命右朝散郎段与京、置場出売府界保甲司縁保甲省到・及内蔵庫見寄帳封樁収租匹帛等」。〈８〉同268熙寧8.9.2辛酉「都提挙市易司乞、借定州路安撫司封樁銭十万緡糴穀。従之」。〈９〉同213熙寧3.7.3辛卯「上批、昨罷諸路売度僧牒、本欲令商人併趨鄜延入銭、以助辺計、今鄜延所売之余存者無幾、環慶地険土狭、財賦素号不充、方辺事未息、防秋是時、可賜度牒千付経略司、令依鄜延法、召商人入銭封樁、以備支費」。〈10〉同256熙寧7.9.15庚戌「借内蔵庫銭百万緡、付河北転運司封樁」。〈11〉同289元豊1.5.16己丑「賜度僧牒千、付涇原路安撫司、鬻銭封樁」。〈12〉同291元豊1.8.27戊辰「詔賜銀・綢・絹共為銭二千万緡、付鄜延路経略司、依去歳例、不依常制選官、市糴糧草封樁」。〈13〉同305元豊3.6.12癸卯「詔定州路安撫司給封樁紬絹三万、修保州城」。〈14〉同330元豊

5.10.26癸酉「詔給内蔵銭百万緡与熙河路、戸部右曹銭百万緡与鄜延路、及令呉雍発陝西諸司及封椿銭三百万緡、分与環慶・涇原・秦鳳三路計置糧草」。〈15〉同338元豊6.8.13丙戌「知荊南謝麟言：邕・宜・欽・廉州及沿辺堡寨屯戍之地、皆無二年之蓄、乞乘此豊歳、更給度僧牒、付広東・広西・湖南転運司、令応副宜州蛮事之余、於広西等路近便州県糴糧、沿流運往広西封椿。従之」。〈16〉同349元豊7.10.9乙亥「又詔内蔵庫支紬・絹各五十万匹、於熙河経略司封椿」。〈17〉同505元符2.1.24丁卯「詔、鄜延・涇原・熙河・環慶路見管軍賞銀絹不多、慮緩急闕用、特於内蔵庫支発銀絹共二百万匹両、赴逐路経略司封椿、専充準備辺事及招納之用、内鄜延・涇原路各六十万匹、熙河・環慶路各四十万匹、仰戸部交割計綱、起発前去」。

(18)〈１〉『長編』268熙寧8.9.14癸酉「詔、買撲坊場等銭并別椿管、許酬新法以前牙前及依条支賞、并常平法給散外、不得他用」、同295元豊1.12.18戊午「詔、自今歳起発坊場銭、更不寄納市易務、径赴内蔵庫寄帳封椿」。〈２〉同324元豊5.3.11壬辰「詔司農寺趣諸路提挙司発常平并坊場積剰銭五百万緡、輸元豊庫」、『会要』食貨52-14〔元豊庫〕元豊5.3.11同。〈３〉同330元豊5.10.25壬申「詔戸部右曹、於京東・淮浙・江湖・福建十二路、発常平銭八百万緡、輸元豊庫」、『会要』食貨52-14〔元豊庫〕元豊5.10.25同。元祐元年には元豊以前の免役・坊場銭物も「別封椿」して納めさせた。『長編』393元祐1.12.1乙酉「詔開封府界及諸路提刑司、元豊已前免役・坊場銭物、令戸部別封椿、逐季具数申本曹点検、繳申尚書省注籍、其擅支借、並依常平銭法」。〈４〉同383元祐1.7.22丁丑「詔都省、毎季差省曹不干礙郎中一員、赴権貨務、検察見在銭物并交引数目申省、及令戸部差元豊庫監官一員、不妨本職、兼管封椿米・塩・銭物、令除本務当支外、毎旬拠見在数交撥封椿」。〈５〉同408元祐3.1.8丁巳「詔改封椿銭物庫為元祐庫、隷尚書省左右司」、『会要』食貨52-16〔元祐庫〕元祐3.1.9.同。〈６〉同408元祐3.2.7甲申「詔、江南東西・荊湖南北・福建・成都府・梓・利・夔路元祐二年已前封椿銭物、召人入便、或計置金帛、撥赴元祐庫」、『会要』食貨52-16〔元祐庫〕元祐3.2.7同。〈７〉『統類』29哲宗「(元祐)三年正月改封椿銭物庫為元祐庫、隷尚書省左右司」、同29哲宗「(元祐三年)三月改元豊庫為元豊南北庫、増南庫官一員」。〈８〉『長編』409元祐3.3.18乙丑「詔改元豊・元祐庫為元豊南・北庫、増置南庫監官一員」、『玉海』183元豊庫・元祐庫「元祐三年正月丁巳【九日】、改封椿銭物庫為元祐庫、隷尚書省左右司、三月乙丑【十八日】改元豊・元祐庫為元豊南北庫」。〈９〉同410元祐3.5.11丙辰「詔以元豊北庫為司空呂公著廨舎、其封椿銭物併就南庫、以元豊庫為名、専主朝廷封椿銭物」、『会要』食貨52-14〔元豊庫〕元祐3.5.11同、『玉海』183元豊庫・元祐庫同。〈10〉『長編』407元祐2.11是月「戸部尚書李常自乞捍辺、且言昔先帝勤労累年、儲蓄辺備、今天下常平・免役・坊場積剰銭、共五千六百余万貫、京師米塩銭及元豊庫封椿銭及千万貫、総金銀穀帛之数、復又過半、辺用不患不備、此臣所以敢辞大計之責、而願守辺也」。〈11〉同439元祐5.3.2丁卯「都水使者呉安持言、大河信水向生、請鳩工豫治所急。詔特発元豊庫封椿銭二十万充雇夫」。〈12〉同466元祐6.9.12丁酉「詔自元祐六年、毎歳於内蔵庫支緡銭五十万、或以綢絹・金銀相兼支兌、赴元豊庫椿管、補助沿辺軍須等支費」。〈13〉同510元符2.5.21癸亥「三省言…又提挙司充糴過斛斗価銭、並仰元豊庫拘収封椿、準備朝廷支使。如戸部輒敢侵用、並依擅支使朝廷封椿銭物之法」。〈14〉同491紹聖4.9.5乙卯「三省言、陝西路沿辺州秋田収成、慮闕糴本。詔于元豊庫支封椿銭四百万貫、令戸部依例印給解塩引付陝西転運司、分委諸路乘時広行糴買」。〈15〉注(３)前掲梅原論文を参照。

(19)〈１〉『会要』食貨51-1〔内蔵庫〕景徳2.5.24「詔、権貨務入中金銀見銭、並納内蔵封椿、其紬絹糸帛納左蔵、仍拠数兌左蔵見銭入内蔵」。紬絹は一旦左蔵庫に入納した後、見銭に兌換して内蔵庫に収納した。〈２〉『会要』食貨55-24〔権貨務〕熙寧5.7.5「詔併権貨務入市易務、将市易務作上界、以権貨務作下界、仍以東西務為名」、同55-33〔市易務〕熙寧5.7.5略同、同55-34〔榷貨務〕熙寧6.1.1「中書言、欲以市易務上下界隷都省提挙諸司庫務。従之」、同55-42〔市易務〕元豊7.4.12「戸部乞、改市易下界、依旧為榷貨務、其上界為市易務。従之」。〈3〉『会要』55-24〔榷貨務〕熙寧2.9.3「詔令左蔵庫封椿折斛銭内、借支与在京府界県分等、収糴斛㪷、撥糴到数充、聚毎年淮南発運司上供年額所借過銭、即令発運司却撥銭数収買金銀絹帛、送還本務。以免歳計般輦不足也」。〈4〉『会要』食貨55-24〔榷貨務〕熙寧4.1.12「出榷貨務銭五十万貫、助糴陝西軍粮、復以京東支与河北封椿紬絹三十万匹・銭十万貫、還榷貨務」。〈5〉『長編』223熙寧4.5.15己亥「詔給榷貨務封椿銀十二万七千両・絹万七千疋、赴陝西転運司糴軍儲」。〈6〉同292元豊1.9.11壬午「三司言、河東都転運司、乞続支京鈔見鈔三十万緡、計置軍儲。今欲依糴買封椿糧草例、於末塩銭内支銭一十万緡、換作本路交引、収附与転運司、計置極辺糧草、卻以末塩銭撥帰省司。従之」。〈7〉同295元豊1.12.18戊午「三司言、準送下判都水監宋昌言等奏、乞支銭二十万緡、分与開封府・河北路諸埽市梢草、今未有銭物可給、欲支市易務下界末塩銭十万緡、従三司撥付本監、依朝廷封椿銭物例封椿、仍逐年依数兌換、非朝旨及埽岸危急、不得支用、従三司点検拘轄。従之」。〈8〉同279熙寧9.11.25丁丑「詔三司、諸路売銅・鉛・錫銭、相度兌路発地遠者、変易物貨、並於市易務下界封椿」。〈9〉同312元豊4.5.19乙巳「詔、内外市易務民戸見欠屋業等抵当、并結保賖請銭物息罰銭、並等第除放…所催銭物、在京市易務下界・在外提挙司封椿」。〈10〉同383元祐1.7.22丁丑「詔都省毎季差省曹不干礙郎中一員、赴榷貨務、検察見在銭物并交引数目申省、及令戸部差元豊庫監官一員、不妨本職、兼管封椿米・塩・銭物、令除本務当支外、毎旬撥見在数交撥封椿」。〈11〉同409元祐3.3.18乙丑「詔改元豊・元祐庫為元豊南・北庫、増置南庫監官一員。三省奏、朝廷封椿銭物係備辺・河防及緩急支用、元在榷貨務収、乞将旧司農寺充庫、詔名元豊庫、別差監官。

(20)〈1〉同前注(19)〈2〉。〈2〉『長編』234熙寧5.1.15癸亥「…初庵東熟戸久不順命、招呼不至、王韶遣存等破蕩、而秦鳳路経略司以聞、故賞及之…〔王〕安石曰、被人誣罔須与辨、誠是、然陛下前出手詔耑委密院指揮、令市易司息銭別封椿蓄戸料銭、以省銭支」。〈3〉同254熙寧7.7.24庚申「賜市易務息銭二十万緡、付定州封椿」。〈4〉同277熙寧9.9.19壬申「中書言、欲令市易司発銭三万緡、於鄜延・環慶両路、同経略司糴穀封椿、其令本司指射撥還。従之、仍令市易司止於今次息銭内除破所支銭」。〈5〉同282熙寧10.5.15甲子「都提挙市易司言、乞定上界本銭、以五百万緡為額、以本理息及一分半、等第推恩。見在息銭、先封椿聴朝廷移用。従之」、同285熙寧10.11.7甲寅「詔都提挙市易司上界本銭以七百万貫為定額、如不足、以歳所収息銭補満」。〈6〉同299元豊2.8.13戊申「都提挙市易司…又言、本司歳出本銭計置畿県第四等戸体量草、関由開封府界提点司、而提点司自熙寧八年至去年、尚逋草価十三万緡、乞限歳終、仍自今委三司随秋税催促提挙司拘収封椿、聴従本司支用」。〈7〉同265熙寧8.6.18戊申「中書言、近詔運米百万石往澶州・北京、計道路糜費不少、請歳給米塩銭鈔・在京粳米総六十万貫石、付都提挙市易司貿易」。〈8〉同268熙寧8.9.14癸酉「…迺詔買撲坊場等銭并別椿管、許酬新法以前牙前及依条支賞、并依常平法給散外、不得他用…其坊場銭、令司農寺下諸路歳発百万緡、於市易務封記、尚許変易物貨至京」。〈9〉『会要』職官26-12〔司農寺〕元豊2.9.29「時三司言、人戸買撲官塩及非折酬衙前場務所増収銭、並合入三司帳、而司農寺以謂、官塩場務外、皆是新法拘収銭、不当入三司、乞留以助募役、兼歳入百万緡、於市易務封記」。〈10〉前注(12)を参照。〈11〉『長編』348元豊7.9.6癸卯「都大提挙茶場陸師閔乞除放民戸賖欠茶罰息銭。戸部言、罰銭七万緡乃朝廷封椿銭数。詔本息正数並給限理納、罰息銭除之」。〈12〉同304元豊3.5.4丙寅「詔市易務、於封椿免夫銭内借支十二万緡、償景霊宮東所占民屋居価銭」。(21)〈1〉『宋史』165

職官志五司農寺「〔熙寧〕三年五月、詔制置司均通天下之財、以常平新法付司農寺、増置丞・簿、而農田水利・免役・保甲等法、悉自司農講行」。〈２〉『長編』268熙寧8.9.3壬戊「詔大名府・定・澶州各具馬二万匹、一等芻豆封椿。大名府令司農寺、澶州令都提挙市易司計置、并限二年足」。同268熙寧8.9.7丙寅「又詔司農寺、於河東沿辺・近辺州軍豊熟処、以三十万緡計置糧草封椿」。同279熙寧9.11.1癸丑「詔給司農寺、市易・水利・淤田司処計置澶・定州・大名府封椿糧十五万石、付河北西路転運司。以乏軍糧故也」。同296元豊2.1.14甲申「詔司農寺、市易・淤田・水利司封椿糧斛、並兌換与河北糴便司、更不計置」。同299元豊2.8.19甲寅「上批、蜀中見積司農銭、可選官経制、運至陝西並塞要郡封椿。遂命司農寺主簿李元輔往、仍令立耗折分数以聞」。同311元豊4.3.11戊戌「命権発遣度支副使蹇周輔兼措置河北糴便【食貨志云…瀛・定・大名置倉以儲之、其額至一千二百万石…、五年乃裒諸路封椿禁軍闕額及剰塩息銭為本、又假内蔵三十万緡、及詔司農寺、市易・水利・淤田司、旧計置封椿芻糧者、悉帰之】」。同前注(19)〈９〉。同325元豊5.4.27戊寅「詔司農寺、市易・淤田・水利等司、於河北計置封椿糧草、並帰措置糴便司」。同329元豊5.9.25癸卯「詔司農少卿廉正臣減磨勘一年、以提挙糴在京封椿糧、収銭百万緡也」。〈３〉『会要』職官26-13〔司農寺〕元豊3.4.3「詔両浙路減罷耆戸長壮丁坊正并撥還支酬衙前度牒等銭百二十余万緡、其変市金帛、輸司農寺封椿。従都丞呉雍請也」。『長編』303元豊3.4.3丙申同。〈４〉同329元豊5.9.12庚寅「詔河北・河東・陝西已訓民兵什長藝成、当推行開封府界団教之法、其所須銭糧、設置官吏、可依例令枢密承旨司取索会校…。詔自今年十月首椿収」。〈５〉同前注(20)〈８〉。〈６〉同311元豊4.3.21戊申「詔司農寺、封椿府界減罷耆戸長顧銭、見在十三万六千余緡、除撥還借支外、余送提挙府界教閲保甲司支用」。〈７〉同326元豊5.5.28戊申「詔、陝西都転運司已支司農寺銭二百万緡・内蔵庫銀三百万両・塩鈔二百万緡、可均給諸路。鄜延・環慶・涇原路委転運司、秦鳳路委都転運司、熙河路委経制司、乗夏熟於縁辺市糴軍糧封椿、以須軍事」。〈８〉『会要』職官26-15〔司農寺〕元豊5.「官制行、寺監不治外事、司農寺旧職務悉帰戸部右曹」。〈９〉『長編』368元祐1.閏2.8丙申「詔、諸路転運使、除河北・陝西・河東外、余路只置使一員、副使或判官一員、其諸路提挙官並罷…至提挙官累年積蓄銭穀財物、尽椿作常平倉銭物、委提点刑獄司交割主管、依旧常平倉法」。この年８月には青苗法が廃止され、以後紹聖２年(1095)９月に復活するまでほぼ10年の間、多額の常平銭穀が諸官司に貸出された。

(22)〈１〉『長編』269熙寧8.10.6甲午「都大提挙淤田司言、諸牧地乞従本司淤漑、除留牧馬外、募人増課承佃、以給群牧司歳費、余銭封椿買馬。従之」。〈２〉同280熙寧10.1.25丙子「詔、近降指揮、河北・河東廃監売牛馬並租課牧地等銭、今於太原・大名府送納。除去府三百里内者、可依前指揮外、在三百里外者、即於所属州軍寄官、令群牧司召人入便於本司封椿」。〈３〉同302元豊3.1.28壬辰「詔、群牧廃監及諸軍班牧地租課積年逋欠、遣太常博士路昌衡・秘書丞王得臣与逐路転運司・開封府界提点司案租地、依嚮原例定租課、拋歳輸之物、酌三年中界為準、及合納租見銭、付逐司為年額。若催趣違滞、以擅支封椿銭法論」。〈４〉『会要』職官23-12〔群牧司〕元豊3.6.24「詔河北沿辺州軍禁軍闕額米、帰群牧司封椿」。〈５〉『長編』312元豊4.4.22己卯「詔知群牧司封椿銭七千九百八十四貫有奇、付殿前馬・歩軍司、充諸軍弓箭手留置教閲射箭、毎人五十隻。其軍中自来率備銭物、悉令禁止」。〈６〉『会要』職官23-12〔群牧司〕元豊5.5.1「官制行、廃群牧置使、事帰太僕寺」。〈７〉同６-8〔枢密院承旨司〕元豊6.6.25「詔廃罷監牧縻費封椿銭、令枢密承旨司専根究主領、余応封椿銭物、令尚書都司取索、置簿拘管」、同４-19〔都司左右司〕元豊6.6.25同。〈８〉『長編』409元祐3.4.21丁酉「兵部状、勘会自来所管牧租銭物、並売不堪馬・死馬肉臓・戸絶・券馬縻費等銭物、係群牧司管勾…勘会到下項三省・枢密院同奉聖旨、牧租等銭物並撥帰枢密院、令太僕寺拘催、依条封椿、赴内蔵庫送納寄帳、及充応縁馬事支用」。

(23)〈１〉『会要』職官42－22〔発運司〕熙寧８.閏5.19「詔、累降処分、令淮南・両浙・江東西・湖南北及京西等路措置和糴、並未見諸路奏到租地糴買就緒文状、仰諸路漕臣及撥発輦運司、月具各項已糴・未糴・已起数目、申尚書省。近縁応副陸運、降見銭三十万貫在淮南椿管、除已支五万貫外、可尽数令陳亨伯速行拘収、均与諸路、品搭見用銭物文抄収糴、内東〔南〕六路、仍委亨伯専行総領措置」。前注(１)前掲拙稿「北宋上供米と均輸法」を参照。〈２〉同42-26〔発運司〕宣和1.12.26「制置発運副使董正封奏、伏睹元豊二年賜発運司糴本銭、令乗時糴穀、其後接続借賜銭共三百五十万貫、逐年収糴斛斗」。〈３〉『長編』272熙寧9.1.25壬午「又詔、潭州準備兵四万人七月銭糧、仍令発運司截留上供銭二十万緡・米五十万石・豆麦十万石。先計会荊湖南路転運司、除本路移用外、闕少数応副、余並赴広南西路合封椿処下卸」は発運司が荊湖南路の上供財貨を截留し、その一部を広南西路に封椿した事例。〈４〉同456元祐6.3.26乙酉「龍図閣学士・前知杭州蘇軾言…臣去歳奏乞下発運司於江東・淮南豊熟近便処、糴米五十万石、準備浙西災傷州軍搬運兌撥、出糶賑済。尋蒙聖恩行下、云已降指揮、令発運司兌撥、合起上供并封椿等銭一百万貫、趁時糴買斛㪷、封椿準備移用、送戸部依已得指揮、余依浙西鈐轄司所奏施行」。なお“糴米五十万石”は同461元祐6.7.12己巳条、蘇軾言の貼黄には“糴米五百万石”となっている。〈５〉『会要』職官42-27〔発運司〕宣和4.2.12「発運副使麗寅孫奏、六路豊年有望、欲乞候将来成熟日、依大観三年指揮、令諸路於朝廷封椿銭内各撥二十万貫、趁時収糴、不独為六路転運司将来上供歳計指準足辦、可以抑兼并・平物価、実為公私之利。詔依、共不得過五十万貫」。〈６〉『長編』470元祐7.2.12乙丑「制置発運司言、両浙路毎年合発額斛、各準朝旨、将五千石折納見銭、並令収買金銀紬絹起発、候至年終、収買支銭不尽、即拋剰銭起発上京。欲乞応有椿下折斛銭、並不得別作借兌支使。従之」。〈７〉『会要』職官42-22〔発運司〕熙寧4.1.23「詔江淮発運司、将淮南・両浙・荊湖六路州軍并京東転運司封椿茶本租税銭、相度兌易金銀綿絹上京」。〈８〉『長編』333元豊6.2.5辛亥「…既而発運副使蒋之奇言、汴綱船歳額千七百余艘、近準詔減数、止造七百四十八、以所減工料価銭封椿。本司歳運軍儲六百二十万石、而止用七百余艘、風水拋失、尚憂不足」。〈９〉同378元祐1.5.16壬申「尚書省言、元豊六年、江淮等路発運司奏、兌買在京封椿闕額禁軍糧米五十万石、価銭限半年上京送納」。

(24)〈１〉『長編』279熙寧9.11.1「詔給司農寺・市易水利淤田司所計置澶・定州・大名府封椿糧十五万石、付河北西路転運司。以乏軍糧故也」。〈２〉同前注(21)〈７〉。〈３〉同341元豊6.11.23甲子「詔給末塩銭二十万緡、付陝西転運司、市芻糧封椿」。〈４〉同246熙寧6.7.24乙丑「知大名府韓絳言、安撫司旧封椿銭帛八十六万、転運司借用過半、相承歳久、乞自朝廷撥還。詔除之」。同249熙寧7.1.19丁巳「知大名府韓絳言、本路安撫司累歳封椿紬絹、或致陳腐、乞下転運司用新紬絹或銭銀対易、或依市易法令民戸入抵出息、其余経略安撫司対椿物亦乞依此。従之」、『会要』27-9〔太府寺〕熙寧7.1.7条同。〈５〉『長編』256熙寧7.9.16辛亥「詔京東転運司、以上供折納斛・銭納穀封椿、水運赴河北」、同258熙寧7.12.4丁卯「三司乞以京東路上供糧、自明年後不折変銭、依旧計置折変米、並於河北近水路州軍封椿、以備辺用。従之」。〈６〉同263熙寧8.閏4.23甲寅「又詔京西両路転運司剗刷財賦羨余、乗時糴穀之可蓄者封椿」。〈７〉同272熙寧9.1.26癸未「又詔三司、令江南・両浙路封椿上供銭二十万緡、許商人入便於広南東路」。〈８〉同287元豊1.1.18甲子「詔免京東西路転運司年紀封椿銭糧。以本路言水災闕乏故也」。〈９〉同283熙寧10.7.6甲寅「三司言、江淮東西・荊湖南北路・両浙各別立限般上供年額斛㪷、今年欲令淮南東西二路第一限十二月、第二限二月、第三限四月、止令在本路州軍封椿外、江東第一限十二月、第二限三月、第三限五月、江西・荊湖南北・両浙第一限二月、第二限四月、第三限六月。従之」。同337元豊6.7.9壬子「(江淮等路発運使蒋)之奇又言…及乞淮南転運司自今年額糧斛不得於滁州及天長県樁撥、所有本司塩本・水脚銭・口食米・造船場物料等及所須之物、転運司除計置応副外、不得侵越。詔係朝省立限、違者徒一年、余従之」。〈10〉同300元豊2.10.8癸卯「権発遣福建路転運使兼提挙塩事賈清言、売塩銭撥還転運司外、乞別封樁、以聴移用」。〈11〉同317元豊4.10.6己未「河東都転運使陳安石言、軍興以来、応朝省封樁并諸司及提挙司銭物並帰本司、慮緩急移用不足、乞更応副」。〈12〉同329元豊5.8.2辛亥「河北転運司言、準朝旨、令兵部以三路自置保甲、候教過年分実費銭糧、裒取一年数、為自今封樁額、充保甲支費。勘会保甲冬教銭糧、朝廷已不封樁、今悉令本司承認、慮久遠不能供億。詔自元豊四年降指揮後封樁、陝西・河東準此」。〈13〉同337元豊6.7.24丁卯「河東転運司言、歳甚豊、粮草価賤、諸府州見在朝省封樁銭約十万緡、乞付本司補助糴買。詔河東難得豊歳、可依所乞外、更擘画応副」。〈14〉同378元祐1.5.16壬申「陝西路転運司言、将来郊賞、乞于封樁銭内支撥。詔給本路常平銭十万緡。〈15〉同462元祐6.7.24辛巳「尚書省言、請転運司応糴斛斗而闕本銭者、報提刑司撥借朝廷封樁銭、拋糴到隷提刑司拘管、方得借次料、転運司依元価樁銭尽数封撥、遇豊熟可以広行計置、提刑司以朝廷封樁銭支撥一半作料次、与本路転運司置場於沿流及要便処、乗時収糴、逐旋関提刑司封樁、計会転運司依条以新易旧、若転運司要用、聴依元糴価先樁銭、見拋数兌撥、其未樁撥価銭、輒支用者、論如擅支封樁銭物法。従之」。〈16〉同248熙寧6.12.24癸巳「又詔借大名府提点刑獄司封樁茶税銭八万七千緡、付河北東路都転運司糴辺儲」。〈17〉同267熙寧8.8.27丙辰「又詔絳州垣曲銭監、封樁三司銅錫本銭并脚銭内、以十万緡借河東転運司市糧草」。〈18〉同287元豊1.閏1.6辛巳「詔京東〔東〕路転運司、許借封樁差軍代役人銭五万緡、西路転運司許借坊場銭十万緡、預置上供紬絹。〈19〉同328元豊5.7.29戊申「詔河北都転運司借支澶州封樁軍糧五万石、特除之。自今河北三州封樁軍糧、如敢請借支者、依擅支封樁銭物法」。〈20〉同433元祐4.10.26壬戌「三省言、諸路転運司借朝廷封樁及常平司等銭、糴買預買物斛、令提刑司拘管、候転運使収簇銭対行交撥、慮互相蓋庇、致違条法、欲令戸部覚察、如有違者、依擅支用朝廷封樁銭物法。従之」。〈21〉同322元豊5.1.18庚子「河北都転運使蹇周輔乞、応結糴封樁穀所収息銭、並令措置糴便司収。従之」。〈22〉同325元豊5.4.12癸亥「詔李憲…所以自任計置米五十万石・乾糧二十万斤、自従本司運致出塞…已指揮本司責勒葉康直等、須管於六月終旬、依所要之数、計置於鎮戎・高平・熙寧三軍寨樁積、可照会疾速督促施行…」、文中“乾糧二十万斤”は同327元豊5.6.1辛亥に「詔陝西都転運司昨起乾糧千八百九十万斤、可以存留者随処樁管、不可存者兼充軍食」とあり、“乾糧二千万斤”が正しい(1890万斤は15.75万石)。〈23〉同287元豊1.閏1.1丙子「…尋詔、河東路十三州、歳給和糴銭八万余緡、自今罷之、以其銭付転運司市糴糧草。…而安石言、十三州二税、以石計之、凡三十九万二千有余、而和糴之数凡八十二万四千有余…其和糴旧支銭・布相半、数既畸零、民病入州県之費、以鈔買銭於市人、略不収入半、公家支費実銭而百姓乃得虚名、欲自今罷支糴銭、歳以其銭支与縁辺州郡市糴糧草封樁」。〈24〉同329元豊5.8.5甲寅「詔、河東転運判官蔡燁専管勾毎年入中、或移税糴従便計置軍糧十万石、於呉堡寨・永寧関封樁、斗不得過五百十、其価銭、於絳州垣曲監撥還」。〈25〉同331元豊5.12.22戊辰「詔陝西封樁銭内支三百万貫、分環慶・涇原・秦鳳路、乗時市糧草」。〈26〉同335元豊6.5.1丙子「詔、京東転運副使呉居厚所奉新法売塩銭三十六万余緡、令運至北京左蔵庫封樁、自今歳具数以聞」。京東塩“新法”については本書後編第１部第７章１.京東塩の課税構造を参照。

(25)〈１〉長編248熙寧6.12.24癸巳「又詔借大名府提点刑獄司封樁茶税銭八万七千緡、付河北東路都転運司糴辺儲」。〈２〉同283熙寧10.6.21己亥「詔応廃監係省銭、諸路提刑司・府界提点司並封樁、中書拘轄」。〈３〉同290元豊1.7.13乙酉「詔諸路転運及開封府界提点司樁管闕額禁軍請受。令逐司更不問見管兵数有無少騰、止拠元額月給銭糧、委提点刑獄及府界提挙司拘収、於所在分別樁管」。〈４〉前注(21)〈９〉を参照。〈５〉同322元豊5.1.17己亥「開封府界提鮎司言、詔発十将赴熙河路、費銭九万七千余緡、乞権借咸平等県封樁銭。従之」。〈６〉同430元祐4.7.28丙申「又詔、永興軍・秦鳳・河北・河東・京東・京西・淮南・両浙提刑司、拠見管封樁銭、除已係計置糴糧草、并合起発上京、及朝旨指定窠名指使銭数外、将的実見在銭支撥一半、於本路趁此秋成、及今後遇豊熟去処、広謀計置米・麦・穀・豆、内淮南・両浙路只於沿流、其余路於沿流及要便、并屯聚軍馬去処、別項封樁、以封樁斛斗為名」。〈７〉注(24)〈15〉を参照。〈８〉同464元祐6.8.6癸巳「詔、陵寝支費銭糧物帛等、令京西両路提刑司、将朝廷封樁銭物逐旋支撥与河南府支用、不得将不縁陵寝別作名目支使」、同467元祐6.10.28癸巳「詔京西南・北路提刑司、毎歳将朝廷封樁銭物糧草等依実直紐計、共作二十万貫支下与転運司応奉陵寝支費、有余、許令運司支用。今年八月指揮勿行」。〈９〉同497元符1.4.11己丑「詔、京西路官自売塩及応縁申請指揮勿行、其借過塩鈔及見在銭物、並令本路提刑司拘収封樁、内已般到塩数、令提刑司変易見銭封樁」。なお解池水災にともなう解塩行区の権法改変については本書後編第１部第５章西北塩(解塩)の販売体制と課税方式を参照。

(26)〈１〉長編254熙寧7.6.1丁卯「詔賜提挙河北常平倉司衛州封樁糧四万九千余石、貸共城・獲嘉・汲三県中等闕食戸」。〈２〉同273熙寧9.3.7壬戌「詔、雄州支軍糧米三万与常平倉封樁外、余依所奏施行」。〈３〉同285熙寧10.10.5壬午「詔河北路常平封樁斛斗、量減価糶与水災闕食戸」、同286熙寧10.12.27癸卯「河北路体量安撫安燾言、乞河北両路被水災戸第四等以下放免及七分者、望許赴常平倉借請糧、以口率為差。又流民所至、当行賑救、宜許於常平省倉或封樁糧借、以支度僧牒所兌米数撥還、如不足、則勧誘力及之家出備、即毋得於数外掊斂。従之」。〈４〉同345元豊7.5.21己未「詔…(河北東路)提挙常平司撥糧二十万石、約保甲随処封樁、保甲司有災傷、奏聴朝旨賑済、河北・陝西準此、河北等路各十五万石、永興等路各二十万石、秦鳳路各十万石」。〈５〉同274熙寧9.4.6辛卯「司農寺言、河北東路提挙司計置斛斗、若依朝旨尽運致往澶州・大名、不惟費脚乗不少、兼恐逐処歳支不多、反致陳損。乞令分於近河及屯兵州軍樁管。従之、仍令不得過元指定州府二百里」、同287元豊1.1.25辛未「詔河北東路縁辺軍留糧三年、余州郡留二年支遣外、其余聴依市直量減価糶、毋損元価。其銭封樁、候歳豊糴入元数」。〈６〉注(21)〈４〉を参照。〈７〉同350元豊7.12.16辛巳「詔三路州封樁常平銭物、半年一具数上都省。又詔常平免役場務銭穀剰数、提挙常平司立限移於帥臣所在及辺要州封樁、『会要』職官43-6〔提挙常平倉農田水利差役〕元豊7.12.16詔、同。〈８〉長編350元豊7.11.11丁未「河東経略司呂恵卿言、近支末塩銭十三万緡、赴本路糴買、復準戸部符給銭銀・綢絹鈔入中不行、乞於在京樁管見銭、従本司出銭糴買…。詔並依恵卿所請…」。〈９〉同357元豊8.6.26戊子「呂公著復上奏曰…臣又窃慮議事者以謂若更張青苗・助役等法、則向去国用必至不足。然自来提挙常平司等処銭物、並係封樁、自不許撥充軍国常費、況今日正是息民省事之時、既外不軽要兵革、内無土木横費、自然国計易給」。〈10〉同376元祐1.4.28乙卯「左司諫王巌叟言…伏以青苗之法、公卿士大夫之論其弊者、固已厭聞于朝…又称、持議者不過曰、罷之恐国用不足、曾不言青苗銭従来只係封樁、未嘗供常費、臣以謂此非陛下所憂也」。〈11〉同369元祐1.閏2.15癸卯「蘇轍言…臣前所謂疏略差誤、其事有五…其二…今年二月六日指揮、並不言及坊郭一項、欲乞指揮、并官戸・寺観・単丁・女戸、並拠見今所出役銭裁減酌中数目、与前項売坊場銭、除支雇衙前及召募非泛綱運外、常切樁留、準備下項支遣」。〈12〉同375元祐1.4.13庚子「右司諫蘇轍言…然臣窃聞西辺熙・蘭等州及安疆・米脂等寨、毎年費用約三百六七十万貫、此銭大半出于苗役寛剰、今苗役既罷、故議者欲指坊場・河渡銭以供其費、致使衙前須至並差郷戸…」。〈13〉同421元祐4.1.27戊戌「范百禄・趙君錫等既面奏河不可回、乞罷修河司、旬日不報、於是又奏疏曰…臣恐数路半天下之生霊、財困力敝、国家諸路常平司封椿銭物、立見耗竭、民間誅求既広、嗟怨者多、和気一傷、水旱亦至」。

(27)〈１〉『会要』職官41-93〔安撫司〕治平4.11.19「詔賜銀三十万両於永興軍封椿、聴経略司支用。従韓琦請也」。〈２〉『長編』289元豊1.5.16己丑「詔度僧牒千、付涇原路安撫司、鬻銭封椿」。〈３〉同308元豊3.9.5甲子「詔賜茶場司銭二十万緡、付涇原路安撫使、糴買糧草封椿。〈４〉前注(24)〈４〉を参照。〈５〉『長編』289元豊1.4.12乙卯「三司言、澶州闕糧、乞権借糧。詔許於澶州封椿糧借給、毋過五万碩」、同290元豊1.7.19辛卯「澶・定州・大名府封椿草計置久未畢、可令大名府通判馬献卿・澶州通判梁彦明・定州通判楊景芬、計会元計置官以未足数及時糴買。仍令逐路安撫司催促、其元差勾当官並罷」。〈６〉同293元豊1.10.1壬寅「命知定州韓絳提挙営置保甲等処経制水塘。初有旨借定州封椿銭万緡、委同提点制置屯田閻士良、置保州東楊等村淤下地、種稲作塘陂、扼西山路、令安撫司通管」。〈７〉同296元豊2.1.3癸酉「詔北京・澶・定州封椿糧六百七十余万碩・草千七百余万束、今後如与転運司兌換、即対見在数交割、仍委安撫司専領之」。〈８〉同301元豊2.12.22丙辰「定州韓絳乞借安撫司封椿銭五千緡、市水地為屯田。従之」。

(28)〈１〉『長編』246熙寧6.7.18己未「詔三司出絹五万、付涇原路経略司封椿、以備軍費」。〈２〉同248熙寧6.11.27丙寅「又詔涇原路年例外益以塩鈔銭二十万緡、付経略司市糧草封椿」。〈３〉同277熙寧9.9.19壬申「中書言、欲令市易司発銭三万緡、於鄜延・環慶両路、同経略司糴穀封椿、其令本司指射撥還。従之…」。〈４〉同291元豊1.8.27戊辰「詔賜銀・紬・絹共為銭二千万緡、付鄜延路経略司、依去歳例、不依常制選官市糧草封椿」。〈５〉同292元豊1.9.15丙戌「詔提挙成都府等路茶場司、撥銭十万緡賜環慶路、四十万緡分賜秦鳳・涇原路、並令経略司市糧封椿、仍令三司支解塩鈔五十万緡、付陝西路転運司市糧草」。〈６〉同299元豊2.8.9甲辰「詔出三司銭十五万緡、付鄜延路経略司市封椿糧草」。〈７〉『会要』職官41-76〔経略司〕元豊4.7.3「詔鄜延・環慶・涇原路経略司、各支封椿銭十万緡、招納蕃部」。〈８〉『長編』349元豊7.10.9乙亥「又詔内蔵庫支紬絹各五十万匹、於熙河経略司封椿」。〈９〉同348元豊7.8.4辛未「河東路経略使呂恵卿言、河外縁辺秋稼登稔、可市糧草、依将来官糴価与転運司易銭鈔、及令内地支移民戸出脚直、以便公私。乞先給銭三十万緡、在京椿管、許以償本司糴買鈔、撥本司旧封椿芻糧為年計、以所糴買封椿、歳終以聞。従之、仍支末塩銭三十万緡」。〈10〉同250熙寧7.2.14壬午「鄜延路経略司言、徳静寨管下小胡等族蕃兵闕戦馬、乞借本司封椿銭万緡、委官於渭州・徳順軍市馬。従之」。〈11〉同250熙寧7.2.16甲申「上批、趙卨近奏乞兌経略司封椿銭十万緡、就河東近便州軍収糴軍儲、用駱駝転至延州、比本路糴価、甚有余息、可速施行。乃詔転運司、以合応副鄜延路秋糴銭物与本路経略司、依卨所奏、以時収糴」。〈12〉同284熙寧10.9.6癸丑「知延州呂恵卿請、以経略司封椿銭二十一万余貫、乗時糴斛斗、許以銭依価兌支、其銭卻依旧封椿。従之」。〈13〉同313元豊4.6.27壬午「…以東上閤門使・英州刺史姚麟、権環慶路総管、遇出界、令知慶州高遵裕与姚麟同往。其鄜延・環慶・涇原招納蕃部等費用、許支封椿銭」、同314元豊4.7.5庚寅「詔環慶・涇原路経略司支封椿銭十万緡、招納蕃部」。〈14〉同317元豊4.10.5戊午「沈括言、种諤報官軍大捷、士卒奮戦甚力、非逾常奨之、不足以酬其忠勇。詔、除九月辛亥当戦漢蕃軍士、朝廷已有恩賞外、本路住営家属、可因告諭之際、以経略司封椿銭辨牛酒、均行慶犒、庶士気益壮、賊之梟巣易於蕩滅」。〈15〉同326元豊5.5.24甲辰「詔涇原路経略司給封椿軍賞絹二十万匹与転運司、準備築城修堡」。〈16〉同470元祐7.2.6己未「枢密院言、諸路探報多不実、縁賞軽無以激勧、欲令陝西・河東経略司、各以本司封椿銭或軍資賞銭物、給充探事支用、其沿辺州・城・堡・寨将副旧得支用者、亦約数均給」。〈17〉同213熙寧3.7.4壬辰「詔秦鳳路経略司擅貸封椿銭回易、令提点刑獄劾之」。〈18〉同280熙寧10.2.4乙酉「詔秦鳳・涇原路経略安撫司闕来年春衣銭、許於封椿銭内借支、卻於永興軍路鋳銭監鋳到銭内撥還」。〈19〉同311元豊4.1.13辛丑「涇原路経略安撫司言、被旨逐路糴買糧草、令転運司交割与経略司計置外、其糴買銭、毎年夏秋各分為三分、転運司預封椿、夏自四月至六月、秋自七月至九月、毎月応副一分、従経略司関報合椿管処、即糴買攙併、未及次限、許権借転運司封椿銭」。

(29)〈１〉『長編』337元豊6.7.17庚申「…上批、契勘已擬定諸路毎歳拠収到椿管保甲司銭貫、除量留準備雑費外、可按閲団教保甲諸路省費銭数…」。〈２〉同295元豊1.12.2壬寅「権判兵部許将言、開封府界・五路保甲義勇支費、止有所減兵級請受・賞給并弓手雇銭等充用…除義勇・保甲可用物外、余並変銭椿管支給、歳終有余、即封椿。従之」。なお開封府界で保甲養馬法を実施したとき、王安石は巡検１人を罷めれば歳費１貫を節減でき、府界で10万貫の封椿が可能としている。同233熙寧5.5.7丙戌「…安石曰、巡検下六千人、毎千人歳約三千貫、是一歳費十八万貫。今若罷招此六千人、卻以保甲代之、計所用銭糧費十八万貫尚剰十万貫」。〈３〉同304元豊3.5.10辛未「詔、河北・陝西路巡検、兵既代以義勇・保甲、其請給可依開封府界・河東路封椿、季具帳、報枢密院及兵部充義勇・保甲廩給之費」。〈４〉同332元豊6.1.25壬寅「上批、聞陝西永興・秦鳳両路民戸、以連年薄収、加之軍興調発、人力不易、往往逃移転食者…及聞提挙保甲司見点択団教及勾呼集教…兼近以転運司未封椿闕額禁軍衣糧、已降朝旨、第三番集教候封椿銭糧日施行訖…」。〈５〉同364元祐1.1.9戊戌「監察御史王巌叟言…按歳支募銭之外、撥以為保甲封椿銭者、常三千八百余貫、実無其役而封椿之、是何名也」。〈６〉同342元豊7.1.12壬子「詔三路知情傭雇・蔵隠逃亡保甲之家、減保甲罪三等、許人告、均出賞銭、両犯捕獲応配者、追其半、余以保甲司封椿銭支、開封府界準此」。〈７〉同361元豊8.11.16丙午「監察御史王巌叟…又言、三路提挙保甲銭糧司、名列監司、実無職事、逐処郡県、惟有封椿銭数百千文、歴五七道、一月之間一転結而已、毎至巡教、無可指揮、徒使州県有逢迎煩擾之弊、若俾他司兼之、理無不可、伏乞廃罷以省冗員」。〈８〉『会要』食管44-52〔提挙保甲司〕元豊8.10.28「詔罷府界三路提挙保甲官、諸路以提〔点〕刑獄兼領」。〈９〉同402元祐2.6.28戊申「詔、三路保甲司合用冬教賞物、拠本路旧義勇保甲各支冬教銭糧、各依支賞定数、令転運司毎年分四季撥与保甲司充賞、並令転運司応副。余応合封椿銭物、並府界銷廃退軍請受、自今年正月一日以後、特免封椿、已封椿撥還、所有京東塩息銭、本路転運司更不支撥、只於本路封椿五万貫、準備保甲賞費、余一十万貫、関尚書省封椿」。〈10〉同430元祐4.7.8丙子「詔、陝西・河北・河東路逐年封椿保甲冬教賞物、自今後免封椿、其合用賞物、令転運使応付、仍令保甲司秋季約度銭数、関転運司預排辨、於教前足備、如違、保甲司以聞、当議重行黜責」。

(30)〈１〉『会要』職官44-42〔経制使〕熙寧10.8.6「詔内副都知李憲・権発遣秦鳳等路転運副使趙済、同経制熙河路辺防財利、許挙勾当公事文武官員五員、如事干経略安撫司、即連書以聞」。〈２〉『長編』348元豊7.9.4辛丑「経制熙河蘭会路辺防財用司上歳計合用銭帛糧草。詔、歳給銭二百万緡、以本司十案息銭・川路苗役積剰銭・続起常平積剰銭各二十万、権茶司銭六十万、川路計置物帛赴鳳翔府封椿坊場銭三十五万、陝西三銅銭監銅錫本脚銭二十四万八千、在京封椿券馬銭十万、裁減汴綱銭十万二千充。自来年始、戸部歳給公拠関送、候元豊十年終、令経制司具支存数以聞」。〈３〉同311元豊4.3.2己丑「詔経制熙河路辺防財用司、于歳額銭内支三十万緡、赴河州置場糴糧斛封椿」。〈４〉同287元豊1.1.12戊午「経制熙河路辺防財用司乞、封椿息銭以備朝廷移用、如鋳銭・塩井之類、与転運司銭相干者、並以熙寧九年為額、本司認数撥還之」。〈５〉372元祐1.3.18乙亥「詔罷熙蘭会路経制財用司、其本路財利・職事、併入陝西転運司、如有合措置事件、速具聞奏。其熙河路合得銭物、許兌那応副、即不得将充別路支費。経制司旧官、候交与転運司、方得離任。仍於本路朝廷封椿内支撥三万貫与劉昌祚、充経略司準備支用」、『会要』職官44-42〔経制使〕元祐1.3.28条略同。

(31)〈1〉『会要』職官44-35〔河北糴便司〕熙寧2.12.18「河北糴便司言、熙寧二年沿辺軍糧、準朝旨糴三百三十万石・草四百万束、約度未至有備、乞増糴軍糧五十万石・草二百万束。従之」。〈2〉『長編』311元豊4.3.11戊戌「命権発遣度支副使蹇周輔兼措置河北糴便【(食貨志云)元豊四年三月、始命権発遣度支副使蹇周輔兼措置河北糴便、瀛・定・大名府置倉以儲之、其額一千二百万石、聴辟署官属…】」。〈3〉『会要』職官44-37元祐1.5.1「戸部尚書李常言、河北旧有糴便司、専置提挙官、経制辺備、後止令転運司兼領…。請復置提挙糴便司。詔可」、『長編』448元祐5.9.24乙酉「詔措置河北糴便司職事、令提挙河北糴便司一面管当結絶、転運司更不兼管」、『会要』職官44-37〔河北擢便司〕元祐5.9.24条同。〈4〉『長編』296元豊2.1.14甲申「詔司農寺、市易・淤田・水利司封椿糧斛、並兌換与河北糴便司、更不計置」。〈5〉同322元豊5.1.18庚子「河北都転運使蹇周輔乞、応結糴封椿穀所収息銭、並令措置糴便司収。従之」。〈6〉同335元豊6.5.13戊子「権提点河北西路刑獄王子淵、兼同措置河北糴便。罷提点河北糴便司、其糧草並令措置司計置、応提挙糴便司銭鈔別椿管、本司当応副糧草処逐年拋数撥与転運司、歳終具数奏、以旧係提挙糴便銭撥還」。〈7〉同345元豊7.5.24壬戌「戸部言、河北転運司借支河北糴便司封椿及旧糴便司・三司封椿六十余万石、無寛剰銭物撥還、乞除放。詔通限十年還」、『会要』職官44-36元豊7.5.24略同。〈8〉『会要』職官44-37〔糴便司〕紹聖2.4.27「詔復置河北措置糴便司」、同紹聖3.4.13「詔罷河北提挙糴便司、就差提挙河北路糴便粮草王子京［淵］同措置糴便…」、同紹聖3.11.9「以河北路転運副使邵龢兼措置糴便」。〈9〉同501元符1.8.14己丑「戸部言、河北措置糴便司封椿糴本銭物、除朝廷外、不許他司取索」。

(32)〈1〉『会要』職官43-47〔都大提挙茶馬司〕熙寧7.11.「権発遣三司塩鉄判官公事・提挙成都府利州路買茶公事李杞、同提挙成都府利州路買茶公事蒲宗閔、応買茶博馬州軍、並令杞等提挙」、同43-49熙寧8.6.「詔、三司具未置熙河路買馬場以前買馬銭物歳支若干、於是何官司出辨、自用茶博馬後如何封椿、申中書取旨」。〈2〉『長編』292元豊1.9.15丙戌「詔提挙成都府等路茶場司、撥銭十万緡賜環慶路、四十万緡分賜秦鳳・涇原路、並令経略司市糴封椿、仍令三司支解塩鈔五十万緡、付陝西路転運司市糧草」。〈3〉同305元豊3.6.24乙卯「提挙成都府等路茶場司言、本司比歳積銭鉅万、累詔已給賜別司外、欲以所有金帛為銭三十万緡、輸内蔵庫。詔就近経略司所在州封椿、委茶場司管勾、如封椿銭物法、自今有羨銭準此、歳終具数以聞」、『会要』職官41-76〔経略司〕元豊3.6.24略同。〈4〉長編308元豊3.9.5甲子「詔賜茶場司銭二十万緡、付涇原路安撫使、糴買糧草封椿」。〈5〉『会要』職官43-58〔都大提挙茶馬司〕元豊4.11.25「中書箚子、提挙成都府利州秦鳳熙河等路茶場司奏…窃縁本司年額課利浩大、只熙河一路逐年椿認応副銭二十万貫、及非泛支撥、在外諸雑茶色変転絶少、全藉出売名山茶趂辨…今来雑色茶亦博馬、即本司買売左右為法所拘…。乞賜指揮、除依今来朝旨、諸色茶亦聴博馬、不妨出売外、名山茶亦乞責辦本司、応副博馬年額管足。所有余数並許出売、貴得両司各不妨闕。詔従之」。〈6〉『長編』340元豊6.10.21「提挙茶場司陸師閔言、毎歳所収息税、以百万緡為額、除応副別司年額外、並於陝西等路封椿、以待詔用。従之」。〈7〉『会要』職官43-71〔都大提挙茶馬司〕元祐4.2.4「吏部状、都大提挙成都府利州陝西等路茶事司状、逓年於雅州名山県買茶、数目浩瀚、応副沿辺博売…」。〈8〉『長編』476元祐7.8.22癸酉「戸部言、成都府等路茶事司奏、先被旨於本司銭内撥二百万貫、充額定本銭太少。詔令撥三百万貫充、其余剰銭物、除年例合該支使応副外、余並以金銀見銭、関本路提刑司拘収封椿、毎季依条具帳供申」。〈9〉『会要』職官43-77

〔都大提挙茶馬司〕崇寧2.3.24「都大提挙程之邵状、自元符三年九月二十七日申請、専用名山茶博馬并貼売与中馬人逐年買馬、七州軍茶場売過茶収穫税息銭数…。詔拠上件増剰息銭、並令提刑司封椿、聴候朝廷支用、仍依条具帳供申都省」。

(33)〈１〉『長編』135慶暦2.1.13戊午「用三司使姚仲孫請、以度支判官・刑部員外郎・秘閣校理范宗傑為制置解塩使、往経度之」。同135慶暦2.6.25戊戌「陝西・河東・京西制置解塩使范宗傑兼陝西転運司事」。〈２〉同229熙寧5.1.22壬寅「詔罷給京西蚕塩、令民止輸銭。先是転運副使陳知倹言、京西九州軍歳給蚕塩一百九十三万斤、為銭四万八千二百五十緡、然以塩賦民、数奇零、民多不願請者、乞止令輸銭。又募商人入抵当請射此塩、増銭為五万四千緡。其所兌蚕塩合折価並脚乗路費銭、乞令制置解塩司別封椿、聴省司移用。故有是詔」。〈３〉同311元豊4.2.27甲申「権陝西転運使李稷言、解塩司収簇價那散漫遺落官銭二十一万七百九十四貫有奇、止在陝府・河中府・秦・解・華州・永興軍収掌。詔並於所在州軍封椿、其熟鈔仍変転見銭。〈４〉同312元豊4.4.13庚午「陝西路制置解塩司言、解塩歳増銭、準条作熟鈔召人衆買、内六万緡令三司封椿。去年三司封椿歳増銭六万緡、凡為鈔九千七百五十一席、今民間鈔多価賤、若更変売、恐転損鈔価、凡鈔乞納三司、更不出。従之、并所増経制・転運司合得六万緡、亦令納三司、自今並権住給鈔」、『会要』44-39〔制置解塩司〕元豊4.4.13条同。〈５〉同334元豊6.3.17「詔解塩司銭引、非朝旨擅支借者、以擅用封椿銭法論。従制置司請也」。

(34)〈１〉『長編』270熙寧8.11.13辛未「又詔、契勘陝西鋳銭監見在折二銅銭及封椿交子本銭確的有若干貫・万《ママ》、速契勘進呈」。〈２〉同350元豊7.11.26壬戌「倉部郎中韓正彦言、河北・河東各止有銅銭一監、乞両路各増置一監、歳鋳折二銭各十万緡封椿。詔転運司相度以聞。転運司言其不便、遂寝之」。〈３〉同371元祐1.3.11戊辰「戸部言、成都府路転運判官蔡朦奏、鋳銭三監以椿榷茶司本銭、比年坑冶興廃、鋳銭有限、鉄貨積滞而人戸坑冶浄利並輸見銭、過限則罰、迫於罰限、則必賤售、乞令以合納浄利銭折納鉄、応副鋳銭、願輸見銭者聴。従之」。〈４〉同516元符2.閏9.5甲戌「三省言…又陝西民間見在銅銭、並許於随処州県送納、依数支還塩鈔或東南鈔、願以鉄銭対換者、並支封椿銭、仍限三年納換了当…陝西鋳銭司計置到銅、般運就京西近便処置監鋳造、充朝廷封椿、人匠並於陝西鋳銭監那移…。従之」。

(35) 周藤吉之注(５)前掲論文、汪聖鐸注(３)前掲書を参照。

(36)『長編』317元豊4.10.6己未「河東都転運司陳安石言、軍興以来、応朝省封椿并諸司及提挙司銭物並帰本司、慮緩急移用不足、乞更応副」。この山西の朝省封椿銭物は翌年の改制により朝廷封椿銭物として戸部右曹に移管されたため、管理権を喪失した河東都転運司は改めてその中から朝廷に収糴本銭10万貫の給付を要請した。同337元豊6.7.24丁卯「河東転運司言、歳甚豊、糧草価賤、諸府州見在朝省封椿銭約十万緡、乞付本司補助糴買」。

(37) この息罰銭は元豊４年以降、在京分は市易務下界に、在外分は提挙市易司に封椿されていた。前注(19)〈９〉を参照。

(38)『会要』食貨55-24〔権貨務〕熙寧2.9.3「詔令在京権貨務封椿折斛銭内、借支与在京府界県分等収糴斛㪷…」。

(39) 前注(14)〈９〉を参照。なお熙寧中に折斛銭を権貨務から中書へ移管した記事は他史料に見えない。

(40) 前注(19)〈７〉、前注(14)〈７〉を参照。

(41) 枢密院が管理し諸路に封椿された禁軍闕額銭を別として、改制前に中書が管理した朝廷封銭物として解塩司の銭引(熙寧10年)、財用司の息銭(元豊元年)などがある。注(33)〈５〉、(30)〈３〉〈４〉等を参照。

(42) 元豊庫における朝廷封椿鋳物の管理については注(18)〈１〉〜〈11〉を参照。

(43) 諸路転運司に給付された朝廷封椿銭物としては前注(24)〈20〉、(24)〈15〉、(25)〈８〉等、また河北措置糴便司の糴本(元符２年、前注(31)〈６〉)、提挙茶馬司の七州軍茶息銭(崇寧２年、前注(32)〈９〉)のほか、沿辺州軍得替官員の職田銭などがある。『長編』460元祐6.6.21己酉「三省言、沿辺州軍得替官員、将俸余職田銭願就本処入納、赴京請領者、不得入過所請之半、委本州契勘的実、一半合剰銭数入納、附朝廷封椿帳外附訖、方得書填合用公拠、給付牒在京榷貨務以末塩銭支還…。従之」。

(44) 『雑記』甲集17内蔵庫に「神宗用王荆公計、凡摘山・煮海・坑冶・榷貨・戸絶・没納之財【此旧三司窠名、属左蔵庫】、与常平免役・坊場河渡・禁軍闕額・地利之資、悉帰朝廷」とあり、李心伝は禁軍闕額銭や常平銭物等の朝廷への移管の時期を三司の廃止後と見ている。なお林駉『古今源流至論』続集２国用には朝廷封椿についての夾注に蔡官制(元道)を引き、「摘山・煮海・坑冶・榷貨・戸絶・没納之財悉帰朝廷、与常平免役・坊場河渡・禁軍闕額・地利之資、皆号朝廷封椿」とするが誤り。

(45) 前注(26)〈７〉『長編』350元豊7.12.16辛巳詔を参照。この日には計三本の詔が出されており、周藤氏は同日の別詔「朝廷封椿銭物、令尚書省歳終具旁通冊進入」とこの詔とを一連の詔とみなした結果、このとき常平銭物も朝廷封椿銭物とされたと理解したものと推測される。

(46) 前注(14)〈４〉『長編』392元祐1.12.2丙寅詔を参照。

(47) 『長編』393元祐1.12.24戊申「又詔、諸路元豊已前坊場・免役剰銭、除三路全留外、諸路許留一半、余召人入便随宜置場和買、可変転物貨、即不得豫俵及分配与人戸、其物貨逐旋計綱起発、於元豊庫送納、内成都・梓州・利州三路、於鳳翔府寄納封椿」。

(48) 『長編』409元祐3.4.21丁酉「詔江南東西・荆湖南北・福建・成都府・梓・利・夔路、元祐二年已前朝廷封椿銭物・紬絹綿、并旧在京召人入便及計置紬絹綿、並罷、聴逐路提刑司兌便、或起赴要便及沿流州軍、仍旧封椿」。前注(18)〈６〉『長編』408元祐2.2.7甲申詔を参照。

(49) 『宋史』179食貨・会計〔元豊庫〕p.4373「崇寧以後、諸路封椿禁軍闕額給三路外、与常平・坊場・免役・紬絹、貼輸東北塩銭、及鬻売在官田屋銭、応前収椿管封椿権添酒銭・侵占房廊白地銭・公使庫遺利等銭、並輸元豊庫」。

(50) 前注(24)〈20〉『長編』434元祐4.10.26壬戌「諸路転運司借朝廷封椿及常平等銭、糴買預買物斛」では朝廷封椿銭物と常平銭、同464元祐6.8.9丙申「戸部言、朝廷及戸部封椿常平等銭物擅支借、及他司借常平等銭糴買物斛、応対行支撥」では朝廷封椿銭物と戸部封椿銭物、常平銭物がそれぞれ明確に区別されている。なお常平銭は免役銭と坊場銭との併称であるが、元豊５年(1082)にこのうち坊場河渡銭が無額上供銭の一項となり、免役銭は元豊庫への輸納を罷めて旧来どおり諸路に封椿することとされた。拙稿注(１)前掲「北宋の上供銭貨」を参照。

(51) 前注(24)〈14〉『長編』330元豊5.10.26癸酉詔を参照。

(52) 『宋史』175食貨・布帛p.4235「江西和買紬絹歳五十万匹、旧以銭・塩三七分預給。自塩鈔法行、不復給塩、令転運司尽給以銭、而卒無有、逮今五年、循以為常、民重傷困。大観初、詔仮本路諸司封椿銭及隣路所掌封椿塩各十万緡給之」。また『東都事略』106朱勔伝には「…累遷合州防禦使、提挙恵民河公事、専置応奉局於平江、指内帑為嚢中物、毎一発取、輒数十百万、外計所蓄、雖封椿禁銭、無問名色悉取之」とあり、悪名高い花石綱は“外計”に属する「諸司封椿銭」を朝廷が収奪したものである。

(53)『会要』職官41-125〔走馬承受公事〕大観3.1.21「枢密院言、準詔、諸路走馬承受公事、今後取索本路封樁見在銭糧斛数目聞奏」。

(54) 陳傅良『止斎先生文集』19赴桂陽軍擬奏事劄子「…以天下留州銭物尽名係省、然非尽取之也。当是時、輸送毋過上供、而上供未嘗立額。郡置通判、以其収支之数上計司、謂之応在、而朝廷初無封樁起発之制」。上供定額については本書前編第1章宋代上供の構成を参照。

(55) 同前注(54)「…熙寧以前、上供銭物無額外之求、州県無非法之斂、自後献利之臣不原此意、唯務刻削以広己功。若減一事一件、則拠其所減色額、責転運司封樁上供、別有増置合用之物、又合自辨」。

(56) 汪聖鐸注(3)前掲書上p.78。

(57) 陳次升『讜論集』1上哲宗論理財「…熙寧以前、上供銭物無額外之求、州県無非法之斂、自後献利之臣不原此意、唯務刻削以為己功。若減一事一件、則拠其所減色額、責令転運司封樁上供、別有増置合用之物、又合自辨。上供名件歳益加多、有司財用日惟不足…」。

(58) 蘇轍『欒城集』巻40戸部侍郎論時事六首・転対状「(第3項)一、自熙寧以来、言利之臣不知本末之術、欲求富国而先困転運司、転運司既困、即上供不継、上供不継、而戸部亦僵矣。両司皆困、故内帑別蔵、雖積丘山、而委為朽壊無益於算。故臣願陛下挙近歳朝廷無名封樁之物、帰之転運司、蓋禁軍闕額与差出衣粮、清汴水脚与外江綱船之類、一経擘画、例皆封樁、夫闕額禁軍、尋常以例物招置、而出軍之費、罷此給彼、初無封樁之理、至於清汴水脚、雖損於旧、而洛口費用、実倍於前、外江綱船、雖不打造、而雇船運粮、其費特甚」。

(59)『長編』466元祐6.9.29甲寅「刑部侍郎王覿言…臣亦嘗詢訪転運司財用日耗之因、雖不能尽究其本末、然有灼然易見者、逐路用度浸広、而朝廷封樁浸多也」。

前編総結

第1章　宋代上供の構成

宋代の上供は、財貨の調達、輸送、分配(会計制度を含む)の諸分野を包括する国家の財政運用体系であった。その運用体系は「量出制入」の財政原理にもとづき、国家が必要とする物資を、必要なだけ、取れる所から、多様な方法で調達し、国都へ送納し或いは各地へ転送・分配する、「現実主義」と「地域主義」に支えられた柔軟な構造をもっていた。

糧食については、六路の上供米定額を構成したのは北宋期には両税苗米と和糴米とであり、転運司は一路の苗米の徴収実績を見ながら収糴額を操作し、定額を充たした。この「現実主義」は上供米の構成から和糴米を外した南宋期においても同様であった。絹帛は宋初以来、上供による調達が両税絹帛の収入を常に上回った。10世紀最末年の江南における夏税絹帛の正税化は、国初以来の上供絹帛の増徴傾向の中で推進されたものである。

上供体系における銭貨の循環機能の弱体化から、南宋期には白配化した和買と夏税が合体し、初めて上供絹帛として定額化され、一部は「折帛銭」として政府の貨幣需要に応えた。

第2章　上供銭貨の諸系統—北宋時代—

北宋前半期の上供銭貨としては太宗朝に始まる鋳造銅銭があり、天禧3年(1019)12月に新鋳銭105万貫の上供を定額化した。これに対し天禧4年4月に上供定額を定めた租税系上供銭は、両税沿納銭のほか塩銭・屋税・身丁銭等、宋朝の「正賦」として徴収された銭貨のほぼ36%を上供した。国初の「上供銭」は新鋳銭ではなく租税系上供銭を指していう。

新法期には免役銭・坊場税銭の封樁分(常平銭)が元豊5年(1082)、「朝廷封樁銭物」と称して新設の元豊庫に納入され、また同年、これまで州県に存留した地方官府の銭貨収入十数費目が「無額上供銭」に指定されて戸部の新たな財源とされた。かくして元豊5年以降、上供銭貨の収入は①「上供銭」約400万貫(定額。転運司→戸部・左蔵庫)、②新鋳銭105万貫(定額。四銭監→左蔵庫)、③無額上供銭約200万貫(不定額。提刑司→戸部)、計約700万貫となり、三系統とも戸部の管轄下に置かれた

第3章　上供銭貨の諸系統—南宋時代—

南宋時代に「上供銭」とよばれた上供銭貨としては、北宋期と同じA上供新鋳銭、B租税系上供銭、C無額系上供銭の三系統のほか、課利系・無額系の雑銭の費目で租税系上供銭を代替させた代替上供銭、上供銀を科買するための科買上供銀銭、合せて五系統の上供銭貨があった。このうち北宋のB租税系上供銭の直系に当る南宋の租税系上供銭は、淮南東西・両浙東西・江南東西の六路にだけ見られ、他の諸路には租税系上供銭を租税系以外の諸費目で代

替構成した代替上供銭が見られる、という関係がある。

鋳銭系・租税系上供銭を除き、南宋初期に相次いで出現した各種上供銭貨は、無額上供銭の系統に属する経制銭・総制銭、さらにこれら上供銭貨を前提として調達される版帳銭・大軍銭・月椿銭などの二次的或いは地方的な上供銭貨も含めて、すべて中央政府が指定した上供費目（窠名）に対して、各路転運司が州県の諸経費を財源として、代替・流用を含む費目充当の操作をすることによって調達された上供銭貨である。

第４章　上供財貨の再分配―北宋の封椿と財政運用―

封椿は国家財政の支出部門において、中央官司―地方官司間で上供財貨を移送し、軍糧備蓄や賑済等の目的に支用するまでの一定期間、中央官司が封椿財貨の保管を義務づけた財政運用である。「封椿」は単なる財貨の“貯蔵”措置ではなく、軍糧備蓄ないし賑済・沿辺州軍の治安という目的を達成するための、上供財貨の再分配構造の一環である。

中央官司は軍糧収糴に支用するため、各地から上供調達した財貨を「封椿」して地方監司に給付した。「封椿」財貨は銭貨を主体とし――紬絹等は給付先の官司が銭貨に変易した――、中央の指令に従ってもっぱら軍糧収糴、または賑済の糴本として支用した。

封椿財貨の給付先はその殆どが北辺諸路の四監司であり、四監司の中では転運司、次いで常平司がその職掌から頻繁に軍糧収糴を行なったが、軍刑務・治安系監司の提刑司・安撫司等もしばしば封椿財貨による軍糧収糴に関わった。

後編　宋代課利の課税構造

後編　宋代課利の課税構造

後編小序

本書後編では、上供の財政構造の運用に不可欠の銭貨調達において中心的な役割を果した宋代課利の課税方式——それは同時に課利の分配方式でもある——を明らかにする。

宋代の財政構造は、収入・支出両部門を媒介する、大規模な銭貨の循環によって支えられた。後編では調達部門における銭貨調達の基幹分野となった、課利の課税構造を明らかにする。宋代の課利は土地を対象に賦課される直接税(両税・屋税・地税・身丁税・沿納付加税等)と異なり、特定産品・商品に課税される間接税である。塩税・茶税・酒税・礬税・坑冶税は産品を対象として、商税・市舶(舶載品)・香薬は商品として課税され、産品と商品とでは課税方法が異なる。

これまでの研究は、上記宋代課利八種のうち塩・茶・酒・礬についてはこれを“専売”ととらえ、生産から販売に至る諸過程への官の関与を基準として、その販売体制を直接専売(官売法)と間接専売(通商法)とに二分し、前者“間接専売”をさらに[鈔塩制][撲買制][分銷制]の三つの方式に分けて説明する(1)。

しかし通説には宋代課利の課税構造、すなわち官塩の販売価格の価格構成——これは課利税収の分配方式に対応する——の分析を欠いたまま、専ら販売体制として専売をとらえたことにより、後に本編第一部序説で詳しく見るように、以下のような方法論上の問題が生じている。

i)宋代課利の対象となる全8品目の中に専売品と非専売品の別が生まれ、たとえば嘉祐以降の通商茶について研究者の間に専売説と非専売説とが対立している(2)。

ii)通商[鈔塩制]において、客商が販売する塩の価格とその価格構成、及びこの塩の販売によって官が得る利益と客商が得る利益など、総じて政府が客商に転売する官塩の価格構成が解明されていない(3)。

iii)塩・酒等の生産・販売を民戸に許可し、販売収益＝税収を官－民間で分割収取する営業許可制[買撲制]は、官税を官民間で分収する課税制度の一方式であるが、これを“間接専売”として通商法の一方式とするのは適当でない(4)。

これらの問題は、いずれも通説の“専売”理解が、賦税と並ぶ一大課税体系として課利の全体構造を把握する論理をもち合せていないことに起因する混乱である。宋代課利は賦税と並ぶ一大課税体系として、その課税構造が明らかにされなければならない。

「課利」は原則として銭貨で科徴される間接税である。「課利」の語はふつう“(賦税以外の)課税による利益”、すなわち政府の課税政策によって収取される各種間接税の税収総額を指し、直接税(賦税)の税収を「課利」とは呼ぶことはない。なお度牒・官告等、資格・官許に関わる収入、官有施設・物品の売買・賃貸や不動産取引等に関わる中央官府の手数料収入は、産品・商品への課税収入ではないので課利とはみなさない。ただし地方官府の各種手数料収入は、坊場銭・添酒銭など銭額制付加税とともに、元豊5年(1082)から「無額上供銭」に指定されて中央会計に入り、元豊庫に送納された。

租税論から見た宋代課利の構成要件は以下のとおりである。一般に課税構造は、ⅰ)課税客体すなわち課税対象品目、ⅱ)課税基準すなわち課税方法と課税額、ⅲ)課税主体(分配収取の主体)の三分野で構成される。「間接税」としての宋代課利に即して、三分野の構成要素を見てみると、

ⅰ)課税対象品目　宋代課利の課税対象は大きく「産品」と「商品」とに分れる。「産品」としては塩・茶・酒・坑冶・礬の五分野、「商品」としては商税・香薬・市舶の三分野がある。

ⅱ)課税基準　(1)販売価格の構成は、課税物件が産品であるか商品であるかによって異なる。産品に対しては、その産品の生産原価ないし生産者からの買上価格(「収買本銭」)に「官課」を加えた額、すなわち販売価格(「官価」)が課税額となる。商品の場合は商人が般載する商品に一定税率を課税し、流通税・販売税として徴収した。課税方式としては①抽税方式と②算税方式の二種がある。

(2)課税額(歳課・歳額・元額・祖額等)は、産品の場合は販売価格(官価)による売上げ総額、商品に対しては上記三種のそれぞれの税率による徴収額である。年間の課税総額を歳課・歳額という。州軍の課利収入の増減は地方官の考課と直結するため、原則として過去三年間(後に五年間)の徴収実績に基づいて州軍単位の歳収標準額(元額・定額・祖額)を調整した(5)。

(3)政府独占課税額(官課)の積算　本稿では政府が定めた独占課税額を「官課」と呼ぶ。「官課」は産品の生産者から収買するさいの原価「本銭」とともに、州県官員兵士への請給・輸送販売に要する諸経費・関係官司の諸経費等として、産品の販売価格(官価)中に積算される。この「官課」は産品の販売後回収される。「官課」は政府の販売収益として「息銭」とも呼ばれた。生産者には産品を収買した官司から、「本銭」が還元給付される(収買時の還給を原則とする)。「本銭」と「息銭」とを合せて「本息」ともいう。「本息」の額は官売価格・税額に等しい。商品に対しては官課は科せられない。

ⅲ)課利の分配収取　①課利を分配収取する主体によって禁榷、通商、買撲の三方式があることは、総序3.銭貨の循環と課利の課税構造で見た。これを②課利を収取する官司間の分配方式として見ると、A.「留州」「上供」の分配とB.官課に各種経費を科銭する“諸司科銭”に基づく分配、の二種の分配方式がある。

A.「留州」「上供」の分配…通商[鈔引制]を除く課利は原則として州軍が科徴し、一元的会計制度のもとで財務路官である転運司が州軍の課利収入を総括し、一路の総収入(漕計)の中から「留州」を控除して州県官員兵士の請給に充当した。国初期は「留州」を控除した

全額を上供したが、真宗朝の上供定額立定後は歳課(祖額)を超える歳収と、一部課利の付加税の歳収を上供した。通商[鈔引制]〈入中償還〉〈新旧換鈔〉方式においては売鈔収入が課利収入として榷貨務を経て中央会計に入る。

B.“諸司科銭”に基づく分配…課利を分配所収する主体は、産品の販売価格を構成する各種税銭(諸司科銭)を積算する主体と対応する。積算主体は中央官司と地方官司に二分され、地方官司としては転運司を始めとする各級路官、州県官の三階級がある。分配比率はそれぞれの価格構成における積算比率に対応する。諸司科銭は地方官司が官売塩の価格の一部として積算するものが多い。

本編は第1部宋代塩税の課税方式において、宋代課利収入の中で最多収入を誇った塩税を扱い、第2部において、茶税・酒税・商税その他の課利の課税方式を扱う。

第1部 宋代榷塩の課税構造 では、初めに宋代塩税の課税方式に関する「序説」を設け、宋代塩税通商法の原型とされる唐・劉晏の塩法の課税構造を分析し、それが通説のいう通商[鈔引制]の原型ではなく、これまで注目されなかった通商[卸売制]の原型に他ならないことを論証する。第5章以下の各章において宋代塩税の各行塩区ごとに、“専売”制度ではなく間接税「課利」の課税制度としてそれぞれの販売体制と課税方式を分析し、宋代榷塩全体の課税構造を明らかにする。

第2部 茶税・酒税・商税等の課税方式 においては、“専売”論によってもっぱら販売制度に重点をおいて研究されてきた茶税・酒税、礬税・坑冶等の分野と、“専売”から外されてしまった流通課税の商税の分野とがあるが、両者は分離したままで販売制度としての統一的な把握もなされていない。本稿では第1部で得られた宋代塩課の課税構造の分析方法を第2部の茶税・酒税・商税等にも適用し、宋代課利として産品・商品を通じた課税構造の統一的な把握を試みる。

通説の“専売”論においては課税方法の分析が不十分なことから、宋代課利の研究には、販売方式をめぐる論点の対立のほか、課税額・歳収額の推移、また課税方式などについて未解明の問題が多く残されている。茶税については嘉祐通商法をめぐる“専売論”と“非専売論”の対立があり、酒税については北宋後半期から南宋初期にかけての増額・増徴体制の実態や、商税については慶暦年間における川峡四路の歳収突出とその後の激減の原因など、財政問題として解明されていない。また商税の分野には、過税・住税とは別に徴収された「抽税」という課税があるが、これについてはこれまで殆ど注目されていない。また榷礬・香薬・市舶の分野においては官の「収買」―「抽解」―「博買」といった課税方法の理解をめぐって、研究者の間に混乱がみられる。“専売”論によっては統一的把握ができないこれら諸税の課税構造を分析することによって、これら未解明の問題を解明する契機を見出すことができるかも知れない。

注

(1) 戴裔煊『宋代鈔塩制度研究』(商務印書館1957、中華書局1981重版)。なお宋代塩課に関する

“通説”の問題点については、拙稿「宋代塩課の分配方式」(『唐宋変革通訊』第１輯、2010、科学研究費課題番号21320132［研究代表者：渡辺信一郎、天聖令と両『唐書』食貨志による唐宋変革期の社会経済史的研究］研究報告)を参照。

（２）嘉祐通商法を茶専売とするのは佐伯富「茶と歴史」(『史原』６、1975、『中国史研究』３、1977、同朋舎、所収)、熊本崇・評「1990年の歴史学会—回顧と展望—五代・宋・元」(『史学雑誌』100-5、1991)など。自由通商であるとして専売と認めないのは日野開三郎「北宋時代の塩鈔について附・交引鋪」(『日野開三郎 東洋史学論集』６、1983)など。本書後編第２部第10章茶税の課税方式を参照。

（３）通商に用いる鈔引は官から商への「払下げ手形であり販売許可証」であるとする幸徹氏、また通商とは客商が転売のさい給付された鈔引によって塩を販売する制度だと解説する郭正忠氏、さらに［鈔引制］以外の通商塩の収入を専売収入と認めない佐伯富氏など。

（４）諸路の酒税や蜀の塩税に行われた買撲制は、塩・酒等の製造・販売の「営業許可制」であり、官課と買撲料(醸造販売許可料・請負料)を前納する［分課制］と、販買後に税収を官—民間で分割収取する［分収制］、買撲産品を全額収買し、産品の販売を禁止する［全収制］の三方式がある。いずれも生産者による産品販売であり、客商による商品販売ではないので、「通商」の範疇に入れることはできない。なお戴裔煊氏の掲げる塩課通商“撲買制”に引く諸事例は(注(１)前掲書p.68-69)、いずれも実現しなかった、或は違法な事例であり、塩課に“撲買制”があったとする論拠とはならない。『長編』311元豊4.3.4辛卯「権発遣度支副使公事蹇周輔奏：聞江南西路人納浄利買撲塩場、縁塩繫民食、与坊場不同、今欲量県大小・戸口多寡、立年額官自出売、仍乞先廃罷買撲処、令転運司候法行日、於売増塩内、拋浄利銭数撥還提挙司。従之」。

（５）“三年酌中”は過去三年の単純平均、前編小序注(１)所引史料を参照。“五年併増虧法”は祖額に対する平均増収分を最多減収年に振向けて新額を定めるので、余程の減収がなければ新祖額が常に旧祖額を上回ることとなる。本書後編第２部第12章商税の課税方式を参照。また塩税・茶税・酒税・商税・礬・坑冶の祖額については本書第２部のそれぞれの各章を参照。市舶・香薬は「抽解」制のため祖額を設定する必要はない。

（６）商税は①従価２％の流通税「過税」と②従価３％の販売税「住税」、③建築資材等特定商品に税率10％の「抽税」を課した。塩の通商［収算制］においては④従量１文/斤の「過税」と⑤２文/斤の「住税」を課した。また市舶・香薬等、舶載品・奢侈品等特定商品は、⑥市舶司による10％の「抽解」と⑦30-40％の「博買」を経た後は、残余を客商が般運・販売し、一般商税として課税された。このように、宋代商税には課税方式が異なる計七種の商税があった。本書後編第２部第12章商税の課税方式を参照。

第１部　宋代榷塩の課税構造

第１部　宋代榷塩の課税構造

序説　唐・劉晏の塩法と宋代塩茶の通商法

通説によれば、宋代の塩は専売制度のもとに置かれ、商品の生産から販売までの全過程に政府が関与する“直接専売”の官売法と、商人が商品の般運・販売過程を担当する“間接専売”の通商法との二つの販売体制があった（本編小序注（１）を参照）。

これに対し宋代の課利塩税に関する同時代史料は、官塩を政府自ら販売する方式「禁榷」と、商人が販売する方式「通商」とに二分する。通説の官売―通商の区分を宋人の禁榷―通商の区分とを比べたとき、宋人の「禁榷」はほぼ官売法と同義と見てよいが、“間接専売”として説明する通説の通商と、宋人の認識する「通商」との間に、幾つかの不一致点があることは本編小序において見たとおりである（小序注（２）、（３）、（４）を参照）。これら不一致は、政府から客商に転売される塩の価格、客商による通商塩の販売価格、政府が得る塩課収入、客商が得る利益など、総じて塩税の課税方式が未解明であることに起因する。通説は宋代塩課の通商法について、専ら“専売”の販売制度の側面から理解し説明してきたが、“専売”のもう一つの重要な柱である課税制度の側面に殆ど注意を払ってこなかった。塩課に限らず、宋代課利の諸税については、販売体制と課税制度の両側面から分析を加える必要がある。後編第一部では、宋代塩税の課税構造をとりあげ、宋代官塩の全行塩区を対象として分析を加える。

１．劉晏塩法の課税構造

通説が宋代通商法の原型であるとする唐・劉晏の塩法とはどのようなものであったのか。問題の多い“通説”を形成してきた従来の研究を追いながら説明することを避け、まず原史料に即してその塩法を復原してみる（１）。

劉晏の塩法については、『新唐書』54食貨志四（中華書局評点本p.1378）に、

天宝・至徳之間、塩毎斗十銭。乾元元年、塩鉄・鋳銭使第五琦初変塩法、就山・海・井・竈近利之地置監院、游民業塩者為亭戸、免雑徭、盗鬻者論以法。及琦為諸州榷塩鉄使、尽榷天下塩、斗加時価百銭而出之、為銭一百一十。自兵起、流庸未復、税賦不足供費、塩鉄使劉晏為因民所急而税之、則国足用。於是上塩法軽重之宜、以塩吏多則州県擾、出塩郷因旧監置吏、亭戸糶商人、縦其所之。

とあり、また『資治通鑑』226建中元年七月辛巳条には

…晏専用榷塩法,充軍国之用。時自許・汝・鄭・鄧之西、皆食河東池塩、度支主之、

汴・滑・唐・蔡之東、皆食海塩、晏主之。晏以為官多則民擾、故但於出塩之郷置塩官、収塩戸所煮之塩転鬻於商人、任其所之、自余州県不復置官。

とあって、両史料に基づいて劉晏の塩法の要点を整理すると、次の3点となる。

ⅰ）劉晏の塩法は第五琦の榷塩法を継承し、榷塩法の枠内で販売方法を改革した。

ⅱ）行塩地域を二分し、度支が洛陽以西の河東塩区を、塩鉄が以東の海塩区を主管した。

ⅲ）海塩区では産塩地に係官を置き、その監督下で亭戸（塩戸）の産塩を商人に転売し、指定塩区内で官塩を販売させた。

これを見ると、劉晏の塩法は榷塩法下で塩鉄系統の職員が担当した官塩の般運・販売過程を、輸送・販売の専門家である客商に担当させた、一種の委託販売制度であることが分る。この方式は塩貨の販売体制としては、〈官般官販〉方式に対する〈商般商販〉方式と見ることができるが、あくまでも禁榷（榷塩法）の一方式であることに留意する必要がある。

一方、劉晏塩法を塩課の課税方式として見ると、以下のような課税構造をもっていることが分る。

図3　唐・劉晏塩法における官塩の価格構成

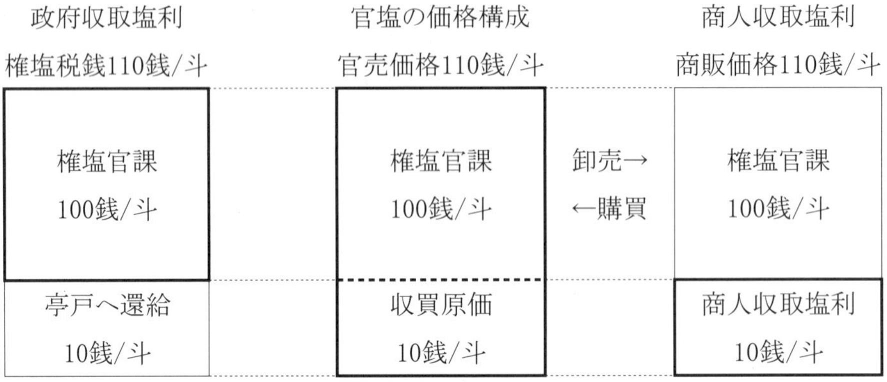

この方式における生産者「亭戸」から政府へ、政府から商人への塩価（毎斗）の転位を見ると、

ⅰ）政府が亭戸から収買する産塩の価格は10銭、これは榷塩する前の時価に相当する。

ⅱ）官塩の販売価格は、収買価格10銭に榷塩税額100銭を加算した110銭である。

ⅲ）商人は官から転売された官塩を官価110銭で販売する。

の三段階があり、これら三点の価格から官から商人へと転売される官塩の価格を導き出すことができる。すなわち政府から商人への官塩の転売価格は、官塩の販売価格から亭戸に還元給付する収買価格を控除した100銭である。政府から商人への転売価格は、商人から見れば官塩の購買価格である。すなわち政府は転売時に塩税額中に官課を積算することで、商人から官課を得たのである。政府が収買原価を差引いた後、官塩を商人に転売するこの方式は、一般商取引における卸売（批発）と同じであり、[卸売制]と呼ぶのがふさわしい（2）。

こうして販売された塩税の総収入は、政府・商人・亭戸の三者に分割収取されることとなる。

三者が受けとる塩税収入(毎斗)を見ると――あくまでも官塩販売価格上の分配構造であるが――、まず政府は商人への転売時に塩税官課100銭を所収し、次に商人は購買した100銭の官塩を官価110銭で販売してその差額10銭を得る。これより前、生産者亭戸はすでに官による収買の際に原価――宋代にはこれを「本銭」とよんだ――10銭を得ている。この収買原価は会計上は前年度の税収から還元給付される。

なお商人が得る利益は官塩の販売価格とすでに納付した塩税課額との差額を超えることはできなかったから、商人が多く利益を得るためには、自らの輸送・販売能力の許す限り、できるだけ多くの官塩を販売しなければならなかった。もし商人が正規に認められた上記②の利益10銭/斗だけでなく、さらに利益を得ようとして塩戸から不正な手段で塩を入手して、官估を下回る価格で販売したり、或は官估を上回る価格で販売して収買価格との差額を拡げたりすれば、榷塩に対する違法行為として処罰されるのは当然であった(3)。

結局110銭/斗の塩税収入は政府100：商人10、また政府100：生産者10の比率で分配収取されたことになる。

劉晏の塩法は、産塩地で生産者亭戸から収買した官塩を、商人に転売――官估による卸売――して販売させるというもので、この方式により卸売価格で官塩を購買した商人は、官塩の販売価格(官估)で塩を売り、販買価格と卸売価格との差額を商利として収取したのである。

2．呉兆莘・曾仰豊両氏による劉晏塩法の評価

劉晏の塩法は、販売制度としてではなく課税制度としてこれを見ると、政府が商人に塩税官課額で転売する、通商[卸売制]と見ることができる。これに対し課利塩税を専ら販売制度として説明する従来の研究では、劉晏塩法は生産から販売までの全過程を政府が独占した“直接専売”ではなく、塩貨の輸送・販売過程を商人が担当した“間接専売”の一方式とされている。

管見の限り、最も早期に塩税を“専売”概念を用いて解説したのは、1930年代民国の中国史家・呉兆莘氏である。氏はその著『中国税制史』において、宋代の通商法の原型が唐・劉晏の塩法にあることを説明した上で、

> 劉晏の塩政は、簡単に言うと専売制度と徴税制度を並用したものである。塩を産しない遠地には官が般運・販売し、専売制度によって絶えず塩を供給したが、産塩地では商人に官塩を販売させてこれに課税した。すなわち産塩地に官を置き、生産者から塩を買い上げ、これを塩商に公売し、官はその間の利を収め、塩商はどこで販売しようとも(販売税を)課税されなかった。

と述べ、劉晏は産塩地には専売制度とは別の“徴税制度”を実施し、官は商人に公売(転売)するさいこの徴税制度によって“その間の利を収め”たという(4)。氏は産塩地には専売を実施しなかったとするので、転売時に官が収めた“利”は榷塩税収ではない別の税収ということになる。氏のこの説明は『新唐書』に拠っているが、同書には――『資治通鑑』にも――官塩転売の前後に

何らかの“課税”をしたという記述はない。“専売”制度とは別の“徴税制度”によって官が収めた“利”の実体は何なのか、史料からこれを明らかにすることはできない。しかし呉氏による、専売制度とは別の“徴税”が行われたという説は、その後特に問題とされることなく、現在の通説の一部に継承されることとなる。

呉兆莘氏とほぼ同じころ、曾仰豊氏が『中国塩政史』を刊行し、その第一章塩政において、中国歴代の塩制を、無税制、徴税制、専売制の三類型に区分した上で、専売制をさらに一部分官専売（狭義専売）、全部官専売（広義専売）、就場官専売（間接専売）、官商並売（混合専売）、商専売（両重専売）の計五種に分類した。これを概括すると下図のようになる。なお「官収」とは氏によれば官が生産物を収買する、の意味である。

図４　曾仰豊『中国塩政史』における中国塩政の五類型

- 無税制
- 徴税制
- 専売制
  - 一部分官専売（狭義専売）…官収・官般・官販　［春秋・管子の法］
  - 全部官専売（広義専売）……完全国営　［前漢・武帝の法］
  - 就場官専売（間接専売）……官収・卸売・商般・商販　［唐・劉晏の法、宋・范祥の塩鈔法、蔡京の換鈔法］
  - 官商並売（混合専売）………各種方式の併存、並行
  - 商専売（両重専売）…………販売委託制　［明・清の塩制］

氏はここで初めて唐・劉晏が創始した官塩の商運・商販方式、すなわち塩場で収買した官塩商人に転売し、商人に般運・販売させる方式を“間接専売”と規定し、この方式は生産者も商人もともに利を得ることができ、専売制度の中で最善の法であるとして、次のように述べた(5)。

> 宝応年中、劉晏が塩鉄使となって第五琦の塩政を継承したが、改めた点もある。すなわち塩は旧来どおり民戸が生産して官が収買したが、官運官銷を改めて商運商售とした。官は塩場で収買した塩を“寓税於価”して商人に転売し、商人はその価格で塩を受領した後は自由に般運・販売することができた。民製・官収・官売・商運・商銷の五大綱領（からなるこの方式）を、現代の用語で説明すると就場専売制である…劉晏の塩法は官はただ（塩貨を）収買するだけで後は商人に販売させる。生産者の生業を奪わず商人の利益も奪わない、専売制度の中で最善のものといえる。　※（　）内は筆者が補った。

中国歴朝の塩政を専売制度として説明するために、より精密な区分を目指した曾氏は、生産・収買・輸送・販売の四過程に、“官売”の一過程を加えて計五段階の過程に区分し、これらを専売制度の“五大綱領”と呼んだ。この“官売”は「禁榷」の一方式としての「官売」ではなく、劉晏の塩法に新たに設けられた過程――すなわち官が産塩戸から塩貨を収買したのち、これを客商に転売する過程――を指す。曾氏はこの転売のさい“税を価に寓する”ことが行われたとするが、

この“税”は官課ではない。曾氏が本書で用いる“税”の語義から判断すると、この“税”は唐の榷塩以前の軽微な塩税を指すので、氏も呉氏と同じく、転売価格に対して何らかの“徴税”が行われたと見ているようである[6]。

このように劉晏の塩法について、呉・曾両氏は1930年代の終り頃に相次いで――呉氏は専売制度とは別の徴税制度によると言い、曾氏は間接専売制度によったとする違いはあるものの――、亭戸から収買した官塩を商人に転売するさい、何らかの“徴税”を行なった、とする共通の見解を提出したのである。

3．戴裔煊氏の宋代鈔塩制研究と“間接専売”説

曾氏による「通商法」＝“間接専売”説は第二次大戦後になって、戴裔煊『宋代鈔塩制度研究』に継承され、集大成された。本著が学界に与えた影響は大きく、戴氏の説はその後日本・中国・台湾の研究者によってさらに発展させられ、現在に至っている。

戴氏の研究は著書の標題が示すとおり[鈔塩制]を中心としたものである。戴氏によれば[鈔塩制]は慶暦末年に范祥が始めた通商の一方式で、客商が入中後の償還物品を塩貨に特定した交引の一種「塩鈔」によって官塩を購買することができた。「塩鈔」は“約束手形”に相当する有価証券の一種である。戴氏はこの[鈔塩制]に関する研究を基礎に、1930代曾氏の“就場専売”（間専売）説を発展させて、次のように述べた[7]。

> 宋代の塩の生産は、基本的に国家による統制下にあった。塩の販売には主に二種の方式が採用された。一つは官売、一つは通商で、前者は直接専売制、後者は間接専売制である。…官般官売制では塩利は殆ど地方の収入となり、販売収入は地方経費に充当された。通商では塩利は中央の収入となり、直接統制下で多方面に運用できた。

氏はこの区分の上に塩貨の製造から販売までの四過程を重ね合せ、宋代塩課の般運販売制を下図のように、官般官売制、鈔塩制、撲買制、分銷制、収算制の計五種に分類した（同著二宋塩運銷制度p.57宋塩運銷制度図）。

図5　戴裔煊『宋代鈔塩制度研究』における宋塩運銷制度図

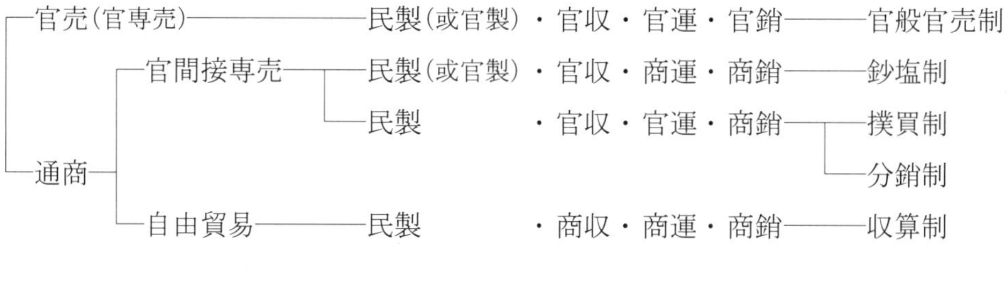

氏の分類の基準は“運銷制度”の語から分るように課税方式ではなく販売体制に置かれている。氏は産塩から販売までの諸過程への政府または商人の関与を基準として、宋代塩の“専売”制度

を大きく「官売」と「通商」に区分する。そのさい氏は通商区分の中に新たに［収算制］という方式を設けている。［収算制］は北宋時代の河北塩・京東塩において、官塩を般運・販売する商人から流通税“算税”を科徴する商税の一類型であり、当時の史料はこれを「通商」に区分している。

［収算制］は戴氏の「通商」区分においては“自由貿易”であるとされる。専売制度を商品の販売体制として理解する氏の論法に従えば、［収算制］は“専売”制度ではない。氏によれば、「収算制」は上図のように“商収・商運・商銷”の「通商」の一形態ではあるが、政府が生産者から塩貨を買上げる「収買」過程を欠くので、塩の販売価格を統制できない。従って［収算制］は“専売”制度ではなく、“算税”は政府の統制を離れた、自由な商取引に対する流通課税にすぎないのである。

戴氏の説は、宋代に諸史料に記された［収算制］、［鈔塩制］、［撲買（買撲）制］など官塩の販売方式を「通商」の諸方式として分類整理したことにより、その優れた鈔塩制研究の内容と併せて学界で高い評価を受け、宋代塩法研究の必読文献とされて現在に至っている。しかし宋代塩の通商法を“間接専売”とする戴氏の説には、本編小序で見た問題点のほか、次のような問題点がある。まず、氏が宋代通商の一方式とする“分銷制”の事例は、酒課買撲と絡んだ臨時の、また変則的な塩課月納制であり、［鈔引制］と並ぶ宋代通商の一方式とすることはできない(8)。次に戴氏が、政府の統制を外れた“自由通商”だとして“間接専売”から外した［収算制］は、流通課税「商税」とは別に、塩税歳額を定めて課利「算税」を科徴する課税制度として河北・京東二路に実施された。［収算制］は、［卸売制］［鈔引制］と並ぶ宋代塩課通商の一方式である(9)。

このように戴氏の説には、事実上「鈔塩制」（=［鈔引制］）だけが宋代通商法であると規定したため、［収算制］［卸売制］を含む宋代通商法の諸方式を統一的に捉えることができない、という缺陥がある。この缺陥は、従来の研究が課利を販売制度の側面だけから捉え、課税制度の側面を軽視してきたことから来ている。

4．幸徹・郭正忠・佐伯富氏らの宋代通商論

戴氏の研究が出た後、我が国では幸徹氏が宋代通商法と官売法について、次のような見解を提示した。

> 一般的には、通商法が塩の運送から販売に至るまでの広範な流通機構の総べてを商人に委ねている制度であったのに対し、官売法の方は塩の生産・運送から販売に至るまでの全面的な生産・流通機構の総べてを国家が運営して、商人の活動をほとんど許容しない制度であったと解されている。

さらに宋代塩課の通商法とはすなわち戴氏が研究した鈔塩制=鈔引制であり、

> 一般的には通商塩法にては商人の活動を容認して専売税収入を挙げる必要から塩の払下げ手形であり販売許可証でもある「塩交引」「塩交鈔」の発行・行使は不可避であった。

と述べて、宋代通商法における“専売”収入は、「塩交引」「塩交鈔」の発行・行使によって得ら

れたものであるとした(9)。戴氏の研究に明らかなとおり、鈔引「塩鈔」は政府が入中後の塩貨償還——商人から見れば官塩の購買——を保証する有価証券「約束手形」の一種である。客商はこの鈔引を産塩地に持参して官塩を受領し、指定された塩区内で般運し、販売する。このように幸氏は、戴氏の鈔引制度研究を継承して、宋代通商法はすなわち「鈔引制」であると規定した。

解塩のほか淮南・両浙塩に関する研究成果を集大成して大著『宋代塩業経済史』を公刊した郭正忠氏は、幸氏とは異なり、鈔引のもつ支払手段としての機能には言及せず、鈔引は政府が客商に転売した官塩の"販売許可証"であるとする新説を提出した。

> 鈔引塩の主な特徴は、官府が塩を直接出売して消費者に給付するのではなく、先に商人に塩を転売して商人に鈔引を給付し、次いでこの鈔引によって商人が次々と般運・販売したことである。鈔引塩の販売体制は「通商」法として、禁榷[官売制]と並立した(11)。

宋代通商[鈔引制]においては、客商への官塩の転売は入中の完了後、鈔引を産塩地に持参して償還官塩を受領するさいに行われる。商人への鈔引給付はすでに入中請買時に行われているので、請買時に給付する鈔引によって客商が販売するのではない。官塩償還の約束手形である鈔引を"販売許可証"とみなすことはできない。

また佐伯富氏はその大著『中国塩政史』(法律文化社、1987)において、それまでに出された宋代通商法に関する諸説を整理し、宋代の塩茶通商法[鈔引制]は唐・劉晏の塩法を原型とする"間接専売"制度であり、政府は官塩の転売時に一定の徴税を行なうだけで、後は何の統制も加えず自由に販売させた、として次のように説明した(原文のまま)。

> ⅰ)劉晏の塩政は…唐朝の財政に大きな貢献をしたのみならず、後世の塩政に対して、通商法の基本的典型をなしたものとして注目すべきものである。
>
> ⅱ)(劉晏の塩政は)…塩を生産する地方にだけ塩官を置き、塩戸の生産塩を収買し、これを商人に売渡すことを掌らせる。商人はその後自由に販売することができた。
>
> ⅲ)宋代、塩の生産、運搬、販売などすべて政府の手で行うを榷塩法(禁榷法)といい、商人に塩を政府から売渡す時、徴税した後は、販路の上の制限をする他は、だいたい自由に商人に販売させる方法を通商法と称した。

現在我が国では上記三点からなる佐伯富氏の説明が宋代通商法に関する通説とされている(12)。

佐伯氏はここで初めて唐・劉晏塩法を宋代通商法の"基本的典型"と規定し、呉氏が唱えた劉晏塩法における"転売時の徴税"説を取入れている。ただしこの"徴税"がどういう課税制度なのか、またこの税額と転売価格とはどう関係するのか、などについての説明はない。また佐伯氏は本編小序で見たとおり、宋代塩課における[鈔引制]以外の通商塩の収入については専売収入と認めないので、氏のいう宋代通商法は事実上[鈔引制]に限定される。

その後阿蘇幹夫氏が上記"通説"によって宋代の塩交引(鈔引)に関する研究史を整理し、交引とは「入中糧草の支払手段としての有価証券である」とする戴氏の説を再確認したが(13)、沿辺入中の対価として発給される鈔引と客商の官塩販売とがどう関わるのか説明がなく、通説がかかえる“転売時の徴税”問題は依然として解明されていない。

5．課税制度としての宋代通商法の評価

通説における劉晏塩法は、政府が塩の販売独占を弛め、できるだけ軽微な統制に止めて商人に“自由に”販売させた良法として高く評価されている。通説は劉晏塩法を宋代通商法——ただし[鈔引制]に限定されるが——の原型とみなした上で、この立場をそのまま宋代通商法に及ぼした結果、これまでの所、宋代通商法については概ね次のような評価が与えられている(14)。

ⅰ)通商法は政府の販売独占を一部開放し、商人の自由な通商活動を保証した新方式であり、官売法に代って通商法を施行する地域が次第に拡大した。

ⅱ)官売法は政府による輸送・販売の負担が大きく非効率なのに比べ、客商は輸送手段をもち市場の情報に通じていて、効率的に販売活動を展開した。

ⅲ)通商による収入は榷貨務を通じて直接国庫に入ったため、中央政府の財政収入を大いに増進させた。

しかし販売制度ではなく課税制度として宋代通商法を見たとき、必ずしもこうした評価に繋がらない幾つかの問題点が浮び上がってくる。

まずⅱ)[官売制]における輸送の非効率について。輸送の困難は専ら河東・陝西諸路の河川・道路事情によるものであり、淮南塩など江南地域の官売塩については、むしろ長江水系を利用し転般法と連動したその効率性が評価されている。また輸送経費は諸経費とともに官価中に官課として積算されるので、販売価格は官売塩・通商塩とも同額であり、輸送面で官売が非効率で通商が効率的であるとは言えない。

次にⅲ)通商[鈔引制]が榷貨務等中央官司の収入を増加させたのは事実である。しかし中央政府の塩課増収は、范祥の「塩鈔法」や蔡京の「換鈔法」に見られるように、官売塩の行塩区を通商塩の行塩区に転換し、税収の会計区分を地方から中央に切替えることでもたらされた。官売塩・通商塩とも、政府の榷塩収入(販売価格と収買価格との差額)は同一行塩区内では同額であり、収益面で見る限り、通商法が官売法より優れていたとは言えない。

ⅰ)のような評価が生れる背景には、通説が商人の得る利益の実体を明らかにしていないことがある。宋代通商[鈔引制]の諸方式によって商人が得る利益は、劉晏塩法と同じく官塩の販売価格「官価」と政府の独占価格「官課」との差額である。この差額は政府が産塩戸から収買した原価に等しく、官売法であれば政府から産塩戸に還元給付される額である。このように販売主体との関係を基準として官塩の販売利益の帰属を見ると、商人は政府による官塩の独占販売を代行したにすぎないことが分る。政府は商人を独占販売の代行者に指定し、政府の統制下で販売させたのであり、独占販売の規制を弛めて“自由な”通商活動を保証したのではない。

このように通説による劉晏塩法、さらには宋代通商法に対する評価は、いずれも評価の立脚点自体に問題がある。官売法より優れた点が見当らないにもかかわらず、通説がこのような評価

をする背景に、通商法は政府がその独占を弛め、軽微な統制で商人の通商活動を保証する制度だという、一種の“思い込み”ないし“固定観念”があったのではなかろうか。

「征榷」「禁榷」「榷法」、また「榷塩」「榷茶」「榷酤」などというときの“榷”の語義は、そもそも政府・朝廷による財貨の“独占”である。“独占”税額が「官課」であり、その税収が「課利」である。

劉晏塩法は、販売体制としては榷塩法下で官塩の販売を商人に代行させる、一種の“販売委託制度”と見ることができる。しかし課税制度としてこれを見ると、政府が転売時に商人から塩税官課を徴収するとき、商人は納税者（一般人民）に代って塩税官課を政府に納入している、すなわち納税者から政府に向って、間接税「塩課」の負担の転位――“転嫁”(shift)――が行われていることが分る。劉晏塩法において、商人は独占官課による官塩の販売代行者であり、同時に人民に課せられた塩税官課の納税代納者なのである（注（**2**）所引韓愈の言を参照）。

劉晏塩法の核心は、政府から商人への官塩の官課による卸売にあり、政府は商人から塩税官課を収取して官塩の独占を代行させる。官課による卸売それ自体が政府による課税行為であり、これとは別の“徴税”を行う必要はなく、また“販売許可料”を徴収する必要もない。宋代通商法――ただし［鈔引制］――の原型を劉晏塩法に求め、商人の般運・販売を政府独占を弛めた“間接専売”として理解し説明する通説は、いま全面的に見直す必要があるのではないか。

6．劉晏塩法は宋代通商［卸売制］の原型

実は北宋の河東路と福建路に、劉晏塩法の課税方式［卸売制］と全く同じ方式の通商法が施行されていた。これまでの研究ではこの両路の塩法は官売法の一方式とみなされたためか、殆ど注目されていない。

河東塩の生産・販売体制、塩税の課税方式等については本書後編第一部第７章3.河東塩の課税方式で詳しく見るが、その課税方式は、『宋史』食貨・塩p.4469に

> 鬻鹻為塩、曰并州郢利監、歳鹻十二万五千余石、以給本州及忻・代・石・嵐・憲・遼・沢・潞・麟・府〔汾〕(宋史脱落)・威勝・岢嵐・火山・平定・寧化・保徳軍、許商人販鬻、不得出境…籍州民之有鹻土者為鐺戸、戸歳輸塩於官、謂之課塩、余則官以銭售之、謂之中売。…塩法亦与海塩同、歳鬻視旧額減三千四百三十七石。…其入官、斤為八銭或六銭、出為銭三十六、歳課緡銭十八万九千有奇。(傍点筆者)

とあるように、河東路転運司（永利監）が産塩者「鐺戸」の産塩を８～６文/斤で収買し（「課塩」）、これを商人に売って36文/斤の官価で販売させる通商［卸売制］である。これは永利監が官塩を商人に28～30文/斤で卸売（「出銭」）したことを示す。こうして河東路では18.9万貫の歳課が定められ、「課塩」の余剰は官が買取って販売した。これを「中売」といい、販売収益は額外歳収として路内で支用された。河東塩の価格構成を整理すると、収買価格６～８文/斤、官売価格36文/斤、商人への卸売価格28～30文/斤、鐺戸への還給「本銭」６～８文/斤、となる。

図６に北宋時代における河東塩の価格構成を示す。

図６　北宋時代 通商河東塩［卸売制］の価格構成

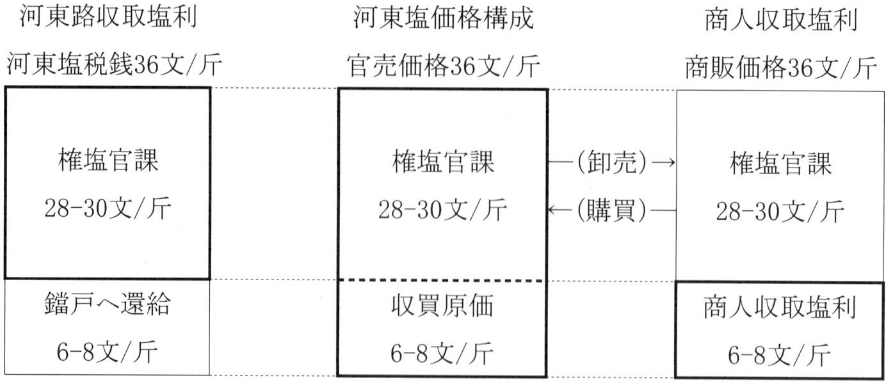

官価36文/斤の河東塩の塩税収入は、この価格構成に基づいて、生産者「鐺戸」に６～８文/斤、商人に６～８文/斤、政府に28～30文/斤と三分割して収取される。これは唐・劉晏の塩法と全く同じ方式の通商［卸売制］である。河東路の通商［卸売制］は国初から北宋末まで施行された。

次に福建塩については、河東塩と同じく本書後編第一部第８章福建塩の販売体制と課税方式で詳しく見るが、その課税方式については、『会要』食貨23-21〔塩法雑録〕大平興国8.3.条に

　金部員外郎奚嶼言、奉相度泉・福・建・剣・汀州・興化・邵武軍塩貨、許通商、官為置場、商旅以金銀塩帛博買、毎斤十五文、可省盤塩脚銭渓険散失。従之。（傍点筆者）

また『長編』24太平興国8.3.28甲申条に

　除福建諸州塩禁、官売之、斤為塩二十五。

とあり、福建路では国初、五代・閩以来の塩禁を解除して「通商」とし、客商に金銀塩帛で銭貨を博買させ、25文/斤で商人に卸売した(15)。北宋時代、福建路の塩価は29～30文/斤であったから(16)、通商［卸売制］福建塩の価格構成は、収買価格が４～５文/斤、官売価格が30文/斤、商人への卸売価格が25文/斤、塩戸への還給「塩本銭」価格が４～５文/斤、となる。**図７**に北宋時代における福建塩の価格構成を示す。

図７　北宋時代 通商福建塩［卸売制］の価格構成

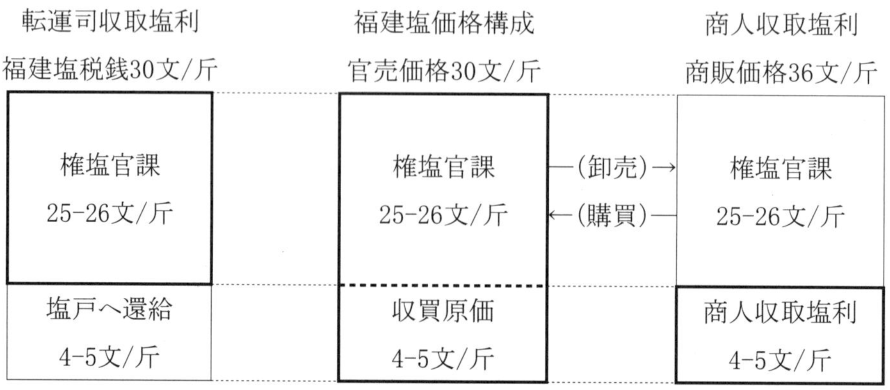

この方式は河東塩、劉晏塩法と同一の通商[卸売制]である。福建路の塩税30文/斤は、産塩戸・商人にそれぞれ4～5文/斤、政府に25文/斤で分割収取されている。福建路の通商[卸売制]は景祐2年(1035)、福建塩が沿辺入中の償還(東南末塩鈔)のための通商塩と官売塩とに分化するまで施行された。

河東・福建路に行われた「卸売制」は、官塩の販売価格中に収買「本銭」と政府独占価格「官課」を積算して「官課」で商人に卸売し、生産者「亭戸」と政府、商人の三者が、それぞれ官価に積算した分配比率で税収を分配収取する点で、劉晏の塩法と全く同じ課税構造である。

通商[鈔引制]を課税制度として見ると、[卸売制]の発展した形態であることが分る。沿辺入中と結合した通商[鈔引制]において、商人は京師榷貨務に沿辺への糧草入中を請負い(請買)、この時発行される鈔引によって沿辺に糧草を入中し、入中完了を証明した鈔引を産塩地に持参すれば入中の対価として官塩を償還される。「鈔価」額面が所謂る「虚估」によって高擡したとしても、産塩地での償還は官価で行われるから、受領した商人は官価で販売し、官価と官課との差額を商利として得る。この官価による官塩の償還――商人による購買――は[卸売制]と同じ課税構造である。

鈔引は糧草入中の対価として官塩――茶・香薬も同じ――の償還を保証する有価証券「約束手形」であり、京師と産塩地との間の銭貨の移送を代替する機能を持つ。通商[鈔引制]はこのように、通商[卸売制]が入中制度と結合し、政府からの転売(卸売)――商人による購買――過程に鈔引がもつ通貨代替機能を利用した、通商[卸売制]の発展した形態と見ることができる。

慶暦末には范祥が陝西の塩法改革を行い、入中償還通商塩を解塩に限定する通商[鈔引制]の「塩鈔法」を施行した。また北宋末・崇寧から政和にかけて蔡京は「換鈔法」を施行し、[鈔引制]と入中制度とを切離して、商人への売鈔手続を複雑にすることで政府の収入を増やした。蔡京の「換鈔法」も売鈔収入が官課収入である点で[鈔引制]と同じ課税構造をもつ。このように「塩鈔法」「換鈔法」は[鈔引制]の売鈔方式をさらに発展させた形態である。

課税制度として宋代の通商法を見ると、[卸売制]を軸にして国初以来の塩法の推移を統一的に見通すことができる。

注

(1) 劉晏の塩法については、金井之忠「唐の塩法」(『文化』5-5、1938)、鞠清遠『劉晏評伝附年譜』(商務印書館、民26)、日野開三郎「両税法以前における唐の榷塩法」(『社会経済史学』26-2、1960、『日野開三郎東洋史学論集』3、1982所収)、高橋継男「劉晏の巡院設置について」(『集刊東洋学』28、1972)、妹尾通彦「唐代塩専売法の規定内容とその効力―塩商への特権付与を中心に―」(『三田村博士古稀記念東洋史論叢』所収)。なお劉晏の塩法に関する“通説”の問題点については、拙稿「唐・劉晏之塩法与宋代茶塩通商法」(『近代以前中国的社会与国家研討会・会議論文』2010所収)を参照。

(2) 韓愈『韓昌黎集』40論変塩法事宜状には長慶2年に戸部侍郎となった張平叔が塩法に関して奏上した全18条の第8項に「国家榷塩、糶与商人、商人納榷、糶与百姓、則天下百姓、無貧富貴賤、皆已輸銭於官矣」と述べ、第12項に「平叔請限商人塩、納官後不得輙於諸軍・諸使覓職、掌把銭・促店看・守荘磑、以求影庇。…臣以為、塩商納榷、為官糶塩、子父相承、坐受厚利、此比百姓、実則校優」とあり、“塩商納榷、為官糶塩”、すなわち商人は塩税官課を納入して、官塩を販売していると述べる。ここから商人の購買価格が卸売価格であり、榷塩法下の塩税官課そのものであったことが分る。なお本書重校本は“塩商納榷”の榷字に朱熹校注【或作税】を付すが、榷と税とは同義なので意味は変らない。

（３）例えば『唐会要』88塩鉄「（長慶元年三月）塩鉄使王播…又奏、応管煎塩戸及塩商并諸塩院停場官吏所由等、前後制勅、除両税外、不許差役追擾、今請更有違越者、県令奏聞貶黜、刺史罰一季俸銭、再犯者、奏聴進止。並従之」、また同「開成元年閏五月七日、塩鉄使奏、応犯塩人、準貞元十九年・太和四年已前勅条。一石已上者，止於決脊杖二十、徴納罰銭足…」等。

（４）「劉晏之塩政，簡言之，則為兼用専売制度与徴税制度；於不産塩之遠地，官運官塩，以専売度而源源供給之；於産塩地方，則令商人販売官塩而課之以税。即於産塩地置塩官，向生産者収買塩，而公売之於塩商，官収其間之利，塩商無論販売於何地，皆不課税；（下略）」、『中国税制史』（中国文化史叢書，台湾商務印書館,1965。初版：民26.1弁言）p.67。

（５）「宝応時，劉晏継之，就琦旧法，略有変通，塩仍帰民製，仍由官収，但将官運官銷，改為商運商售，由官将在場所収之塩，寓税於価，転售商人，商人於繳価領塩後，得自由運銷，即民製官収官売商運商銷五大綱領，若以今語釈之，実為就場専売制，…晏法則僅官収其塩，仍由商運銷，既不奪塩民之業，亦不奪商販之利，為専売制中之最善者也」、『中国塩政史』（中国文化史叢書、台湾商務印館、民26？刊、1966復刊）。

（６）曾氏前掲書p. 5「隋初仍依周制，収取塩利，塩池塩井，悉禁人民採用，開皇三年，罷除塩禁。唐開元十年，復行徴税，凡三十余年」、「塩制階段，先始於無税，後変化徴税，再変而為専売，専売復変為徴税，徴税復変為無税，三者如循連環，終而復始」。曾氏は開元10年（722）の“徴税”のほぼ30年後、乾元元年（758）に第五琦の榷塩法が始まり、「徴税」から「専売」に転換したとする。このように曾氏の“徴税”は“専売”と対立する概念であり、“専売”が行われた時期には徴税は行われないという論理構造をもつ。

（７）「宋代塩的生産，基本上控制在国家手裏。塩的銷售主要採取両種形式。一為官売，一為通商，前者為官直接専売制，後者為官間接専売制。…官般官売制，塩利主要帰地方，売息銭地方経費所取給。通商則塩利帰中央，中央可以直接支配，霊活運用」、『宋代鈔塩制度研究』（商務印書館1957、中華書局1981重版）「自序」。なお河原由郎「北宋前期、交引の財政的意義―主として河北路の糧秣補給をめぐって―」（「福岡大学研究所報」16、『中国社会構造の研究』６所収、1972）、「宋初における塩交引〔塩引〕の経済的意義―主として「范祥の鈔法」設定以前の問題―」（「福岡大学経済学論叢」19-2・3、1974）等はその多くを戴氏の著書の紹介・解説に充てている。

（８）氏が引用した『長編』230熙寧5.2.18戊辰条には「〔異時竈戸煎塩、与官為市、塩場不時償其直、竈戸益困〕、…及募酒坊戸願占課額、取塩於官売之、月以銭輸官」とあり―〔　〕内は筆者が補った―、これは竈戸への本銭支給を円滑に行うため、酒坊戸に酒課の買撲課利銭を官塩販売価銭で月納させたもので、塩課の通商方式ではない。また同290元豊1.6.29辛未条所引『食貨志』に「（権発遣福建路転運使蹇周輔）言、…募上戸為舗戸、官給券、定月所売、従官場買之」とある福建路の舗戸制は、蹇周輔が官売塩課を民戸に均配して月納させた違法な塩課増収法であり、これも通商の一方式とすべきではない。舗戸制については本書後編第１部第８章福建塩の課税方式を参照。

（９）『会要』食貨23-18開宝3.4.詔「河北諸州産塩、并許通行、量収税銭毎斤過税一文、住税二文、…仍於城内収税」。宋代河北路・京東路の「収算制」については本書後編第１部第７章京東塩・河北塩

・河東塩・四川塩の販売体制と課税方式を参照。なお嘉祐通商後の茶法で科徴された「茶税銭」は一般商税として「過税」「住税」を課税された。本書後編第２部第10章宋代榷茶の課税方式を参照。

(10) 幸徹「北宋時代の東南官売塩法」(１)—官売末塩銭と末塩交鈔銭—」(『歴史学・地理学年報』4、1980)。宋代鈔引に関する幸氏の理解は、日野開三郎「北宋時代の塩鈔について附・交引舗」(『日野開三郎東洋史学論集』6、1983所収)の鈔引理解を継承したものである。なお通商[鈔引制]における償還塩貨には解塩と東南塩—淮南塩・両浙塩・福建塩・広南塩等東南塩鈔—とが充てられたが、幸氏は一方で、“通商法とは客商が般運・販売する方式である”とするため、客商の般運・販売に先んじて権貨務が発給する東南末塩鈔は、通商法下でなく官売法下で運用されたとする独自の説を展開した。幸徹「北宋時代の東南官売法下末塩鈔の意義について」(『九州大学東洋史論集』1、1976)、「北宋慶暦年間官売法下末塩鈔制度の混乱について」(『史淵』113、1976)、「北宋慶暦年間官売法下末塩鈔の混乱の影響について」(『歴史学・地理学年報』1、1977)、「北宋時代の官売法下末塩鈔の現銭発行法について」(『東洋史研究36-3、1977)、「北宋時代の末塩鈔京師現銭発行法の行方について」(『歴史学・地理学年報』2、1978)、「北宋時代の東南官売塩法(２)—官売末塩鈔と末塩交鈔銭—」(『歴史学・地理学年報』6、1982)、「北宋時代の東南官売塩法(３)—熙寧・元豊間直前の官売塩法の退廃について—」(『歴史学・地理学年報』8、1984)、「宋代の東南官売塩法(４)—官売塩法・通商塩法と末塩交鈔の行用—」(『歴史学・地理学年報』17、1993)。東南末塩鈔は入中と結合した通商[鈔引制]に用いられる鈔引であり、禁榷[官売制]下で用いることはない。

(11) 「鈔引塩的主要特征,是食塩不由官府直接出售給消費者,而是先転売給鈔引商客,再由鈔引商客輾転運銷」(『宋代塩業経済史』(人民出版社、1990)第５章宋代食塩的流通(三)—銷售体制三、官府控取下的鈔引塩制、p.471)。なお郭氏は本著以前に「関於北宋解塩産量的一個数拠」(文史哲1982-3、1982)、「論両宋的周期性食塩“過剰”危機—十至十三世紀中国食塩業発展規律初探—」(中国社会経済史研究1984-1)、「鉄銭与北宋商統計」(学術研究1985-3)、「宋代解塩利潤考析」(平準学刊３(上冊)、1987)、「五代蚕塩考」(中国社経済史研究1988-4)、「宋代的官民聯営運塩方式」(江淮論壇1989-4)、「宋代海塩的徴購制」(平準学刊５(下冊)、1989)等一連の研究がある。

(12) 佐伯富『中国塩政史の研究』(法律文化社、1987)p.99、p.141、p.185等。中嶋敏編『宋史食貨志訳註(五)』(東洋文庫、2004)は通商法について(訳注：吉田寅)、「官の監督下において生産された塩を塩商に払下げてから後は、指定販売地域(行塩地)の制約はあっても、塩商の主体的活動が大きく認容されていた」と述べ(p.12)、佐伯氏の説明をそのまま踏襲している。

(13) 阿蘓幹夫「宋代における塩引の研究—その成果と課題—」(『広島経済大学経済研究所論集』114-1、1988)、「宋代の塩交引に関する研究の整理と課題」(東洋経済史学会記念論集『中国の歴史と経済』2000所収)。

(14) 例えば佐伯富氏は宋代通商法について、「これらの方法(通商法)が時の財政状態、社会情勢あるいは州郡の事情に応じて実施された。新法党は政策としては榷塩法を実施したが、次第に通商法が行われるようになった。武士の商法ならぬ官吏の商法では人件費がかさむばかりで能率があがらず、実益が少ないうえに、一方では商人が擡頭して利益に与ろうと運動したからである。おおむね通商法の方が政府には利益があったようである」と述べる(前掲書p.185)。また佐伯氏は福建の「産塩法」、河北の「乾食塩銭」、江南の「塩米」、「蚕塩法」など五代の榷塩に淵源する各種塩税を一括して“官売法”の弊害と指摘していることも、官売法への評価が低い理由の一つである(同書p.223-239)。しかしこれらはいずれも五代榷塩の“遺制”として残存した雑税(賦税の一種)であり、宋代の正賦・課利およびそれらの付加税とは課税原理を異にする。これらを宋代禁榷[官売制]の範疇に入れることはできない。

(15)『会要』食貨23-21太平興国8.3.「金部員外郎奚嶼言奉詔相度泉・福・建・剣・汀州・興化・邵武軍塩貨、請許通商、官為置場、聴商旅以金銀塩帛博買、毎斤二十五文、可省盤塩脚塩渓険散失、従之」、『長編』24太平興国8.3.28甲申条「除福建諸州塩禁、官売之、斤為塩二十五」。この“官売之”は塩禁解除後であるから禁榷[官売制]ではなく、商人への卸売をいう。

(16) 北宋末の福建塩官価は『雑記』14甲集・福建塩に「自祖宗以来、漕司官般官売、歳産塩一千一百万斤、収課塩四十万」とあり、40万貫/1100万斤で36〜37文/斤。これは『宋史』食貨・塩p.4463に「崇寧以後蔡京用事、塩法屢変、独福建塩於政和初斤増銭七、用熙寧法聴商人転廊算請、依六路所算末塩銭、毎百千留十之一、輸請塩処為塩本銭」とあり、蔡京執権下・政和初年の７文/斤増額による。大観以前に福建塩官価増額の記述はないので、福建塩官価は国初以来29〜30文であったことが分る。

第5章　西北塩(解塩)の販売体制と課税方式

はじめに

北宋時代における解塩の課税構造は、その販売方式と課税方式を基準にして、大きく三つの段階に分けることができる。

第一段階(国初～慶暦8年)　五代・後周の榷塩体制を継承して、解塩の行塩区を東塩区・南塩区・西塩区に三分する「三路塩」体制を布いた時期。

国初、東塩区に禁榷[官売制]、南塩区・西塩区に通商[収算制]を布いたが、咸平3年(1003)河北沿辺の「折中」にならって陝西の「沿辺入中」が始まると、南塩区・西塩区には通商[鈔引制]が布かれた。通商[鈔引制]はこの地域の通商[収算制]と沿辺入中制度とが結合し、政府から客商への官塩の転売を「鈔引」によって行う通商[鈔引制]〈沿辺入中〉方式である。

「鈔引」は客商が沿辺州軍に糧草等を入中する対価として、塩・茶等禁制品での償還を保証する有価証券"約束手形"である。この鈔引には、入中先までの輸送距離に応じて額面価格を引上げる優遇措置が施されている。客商は政府機関の発給する鈔引を購買し(「請買」)――このとき政府に官課を納付する――、沿辺での証明を得たのち江淮の産塩・産茶地に赴き、官売塩・官売茶を受領する(「償還」)。客商はこれを指定された販売地において官価で販売する(「商販」)。従って客商が通商によって得る利益(「塩利」「茶利」)は、請買価格――鈔引額面価格、政府からは「売鈔価格」(鈔価)――と償還価格との差額として設定されている。

陝西の沿辺入中における優遇措置は、咸平3年(1006)の「虚実銭」方式に始まり、景徳元年(1004)の「減価請買」方式を経て、乾興元年(1022)から「加饒率」方式が採用された。天聖8年(1030)には東塩官売区も通商化され、以後陝西の全行塩区に沿辺入中と結合した[鈔引制]が布かれた。宝元元年(1038)の西夏興起以降、沿辺では国初以来の青白塩の流入問題に代って、入中糧草の高騰と鈔引額面価格の下落、解州榷塩院における償還塩の支給過多など、[鈔引制]の運用をめぐって多くの問題が発生し、所謂"虚鈔の弊"が塩政上の重要問題となった。

第二段階(皇祐元年～紹聖4年)　慶暦末年に范祥が提起した陝西塩政全般にわたる改革が成果を挙げた皇祐年間から、繰返し訪れる鈔・銭間需給均衡の崩壊に直面しながら積極的な沿辺入中を展開した熙豊期を経て、ようやく鈔価の安定を実現させた元祐年間までの時期。

范祥改革の核心は、沿辺入中における鈔引運用方式の改革にあった。范祥は国初以来の糧草入中を廃止し、客商に見銭または解塩を入中させて、沿辺州軍に備蓄糴本と解塩の販売収入を確保させる通商[鈔引制]〈商般官販〉方式を施行した。これは政府が適正な「加饒率」を設定し、鈔引発給額と解塩償還額の均衡を量って運用すれば、政府の売鈔収入と州軍の糴本・地方経費をともに確保できる画期的な新方式であった。沿辺入中には「三説法」による塩・茶

・香薬等三種の「交引」があったが、范祥は鈔引による償還物資を解塩に特定したため、以後陝西沿辺への入中に用いる鈔引は「解塩鈔」または単に「塩鈔」と呼ばれることとなる。

熙豊期には新法諸法の施行と連動して、財政全般に貨幣使用が膨張したが、沿辺入中においても鈔引の過剰な発給によって鈔価が下落し、何度か大量の官銭を投じて鈔価の引上げを図ったものの、銭・鈔間の需給均衡はなかなか回復しなかった。元祐初年、新法期における鈔引濫発を抑制し、沿辺州軍の販塩による見銭収入を保証する“范祥旧法”への復帰策を採ることによって、ようやく解塩全行塩区で安定した塩利歳収を確保することが可能となった。

第三段階(元符元年～靖康2年)　解池が水害を被って生産が停止してから北宋末まで、鈔法の改革によって解塩行区に渤海産の東北末塩、淮南沿海産の東南末塩が大量に流入した時期。

元符元年(1098)の解池水災直後、政府は陝西の旧西塩区には陝西各地の土産塩を代替塩として通行させ、旧東塩区・南塩区には河北・京東産の東北末塩を導入して通商させた。崇寧2年(1103)、解塩の生産が回復すると蔡京政権は、官収率の高い東北末塩を請買する客商に対して、優先的に陝西一路に通用する「解塩新鈔」を発給し、旧西塩鈔の使用には旧鈔の使用に追徴金を科する「貼納」、新・旧鈔の並用比率を規制する「対帯」など、所謂る“換鈔”の手法を用いて売鈔収入を増やし、歳収を増やした。抵当官銭の裏付けをもち信用度の高い「解塩新鈔」は、のち隣接する河東塩、産量豊富な東南末塩を請買する客商にも発給された。

解塩旧鈔(西塩鈔)、解塩新鈔、東北末塩鈔、河東塩鈔、東南末塩鈔等五種の鈔引と四種の産塩を旧解塩区に導入し、各種鈔引の通用地域・通用期間(界)・交換比率・使用区分の違いを巧みに操作しながら塩利収入を増大させる蔡京の鈔引運用は、のちに「新鈔法」と呼ばれた。なお「解塩新鈔」発給の時点で、旧解塩区は解池新産塩のほか各地の産塩が通行する各種鈔引の並用地域となったが、これは国初以来の解塩行区が事実上消滅したことを意味する。

政和2年(1112)、蔡京は国初以来転般法と連動して大規模な禁榷[官売制]〈官般官販〉方式を展開してきた淮浙塩の[官売制]を廃止し、東南六路全域を通商化することによって、政和5、6年ころには同初年ころの歳収をほぼ倍増させる2000万貫を超える官収を得た。この歳収は旧解塩行区と旧東南塩官売区を併せた広大な地域から得た塩利収入である。

1．北宋前半期の官商並売体制(国初～慶暦8年)

五代中原王朝の榷塩体制は後唐・後晋の時代に整備された。後唐は解州の安邑・解県両池に榷塩院を置いて解塩(顆塩、池塩)の禁榷を統轄し、河北には蘆臺軍に「榷塩院」、山東には浜州のち棣州に「榷塩務」を置いて渤海沿海産末塩(海塩)の塩政を統轄させた。また旧慶州管外の青白塩池に産する青白塩には「榷税院」──後周のとき「榷税務」と改称した──を置き、青塩には800文/石、白塩には500文/石の官課を科して客商に販塩させた。販売体制は顆塩・末塩・青白塩等産塩の違いによって異なり、顆塩については都市部では賦税化した禁榷[官売制]〈食塩銭〉方式が、郷村部では通商[収算制]〈従量課税〉方式が施行された。このほか郷村部には賦税化した禁榷［蚕塩制］が布かれていた(1)。

後周は後晋が整備した顆塩・青白塩の榷塩体制を制を継承するとともに、南唐から淮南塩場を奪取して末塩の禁榷［官売制］〈食塩銭〉方式を整備した。宋朝は後周の解塩販売体制を継承し、産塩地に近い陝西東部及び京師を中心とする京東西路から京西北路にかけての府州軍を禁榷区――〈官般官販〉方式――とし、青白塩と競合する沿辺を含む陝西の大部分と京西南路の州軍を通商区とした。

（1）国初の産塩と三路販塩体制

解塩の生産は解県・安邑両池で産塩に従事する解州及び近隣州軍の民戸を、専業の製塩戸「畦戸」として編籍し、これに生計費を官給して正賦を免除した。解塩の産塩体制が整備された天聖年間、畦戸は総数380戸、１戸につき畦夫２人を供出した。政府は畦戸に対し、１夫当り米１日２升と年額40貫文の生計費を支給する官給体制をとった(2)。産塩戸に生計費を官給する制度は、宋代の各行塩区の中では解塩区だけの特徴で、他塩区では率ね「塩本」支給体制が採られた。

解塩は国初・至道２年(996)に37,3545席(約87万石)、天聖８年(1030)に152,6429石(約65,5120席)の産塩があった。この間、大中祥符９年(1016)に“両池所貯塩”が銭額で2176,1080貫あったという史料があるが、これは両池に滞積した解塩を銭額で示したもので販売額ではない(3)。また至道末(997)の「売価」を72.8万余貫とする史料があるが、これは解塩三行塩区全体の販塩額ではなく、官売東塩だけの歳収額である(4)。

解塩の販売価格は官売塩・通商塩を問わず、44文/斤から34文/斤の間に三段階の等級を設けた(5)。

１．官商並売体制—国初～天聖７年—

国初、解塩の行塩区は大きく禁榷区と通商区とに分れ、禁榷区で官般官販する解塩を「東塩」といい、通商区は京西南路を「南塩」区、陝西路を「西塩」区として区別した。さらに「西塩」区のうち西夏と接壌する「沿辺八州軍」を沿辺入中区とし、客商に軍糧を入中させた(6)。

『宋史』食貨・塩p.4413、4414の記載により、国初解塩の販売体制を**表10**に示す(**地図1**を参照)。

解塩の行塩区は全69府州軍からなり、官売「東塩」区が計３京28州軍(31府州軍)、通商「南塩」区・「西塩」区が合せて計38府州軍(うち８州軍が沿辺入中区)である。全69府州軍のうち、官売「東塩」区には計31府州軍(45%)、通商「南塩」「西塩」区には計38州軍(55%)が属した(7)。

宋朝は五代後周の池塩(解塩)禁榷・通商並用体制を継承したが、東塩区３京28州軍の［官売制］については〈食塩銭〉方式に拠らず、〈官般官販〉方式とした。すなわち陝西路転運司が郷戸衙前・民夫を「貼頭」に組織して水運・陸運に役使し、県官が販売して塩税を収取し、歳収を地方支費に充当する、禁榷［官売制］〈官般官販〉方式である。これに対し京西路南部11州

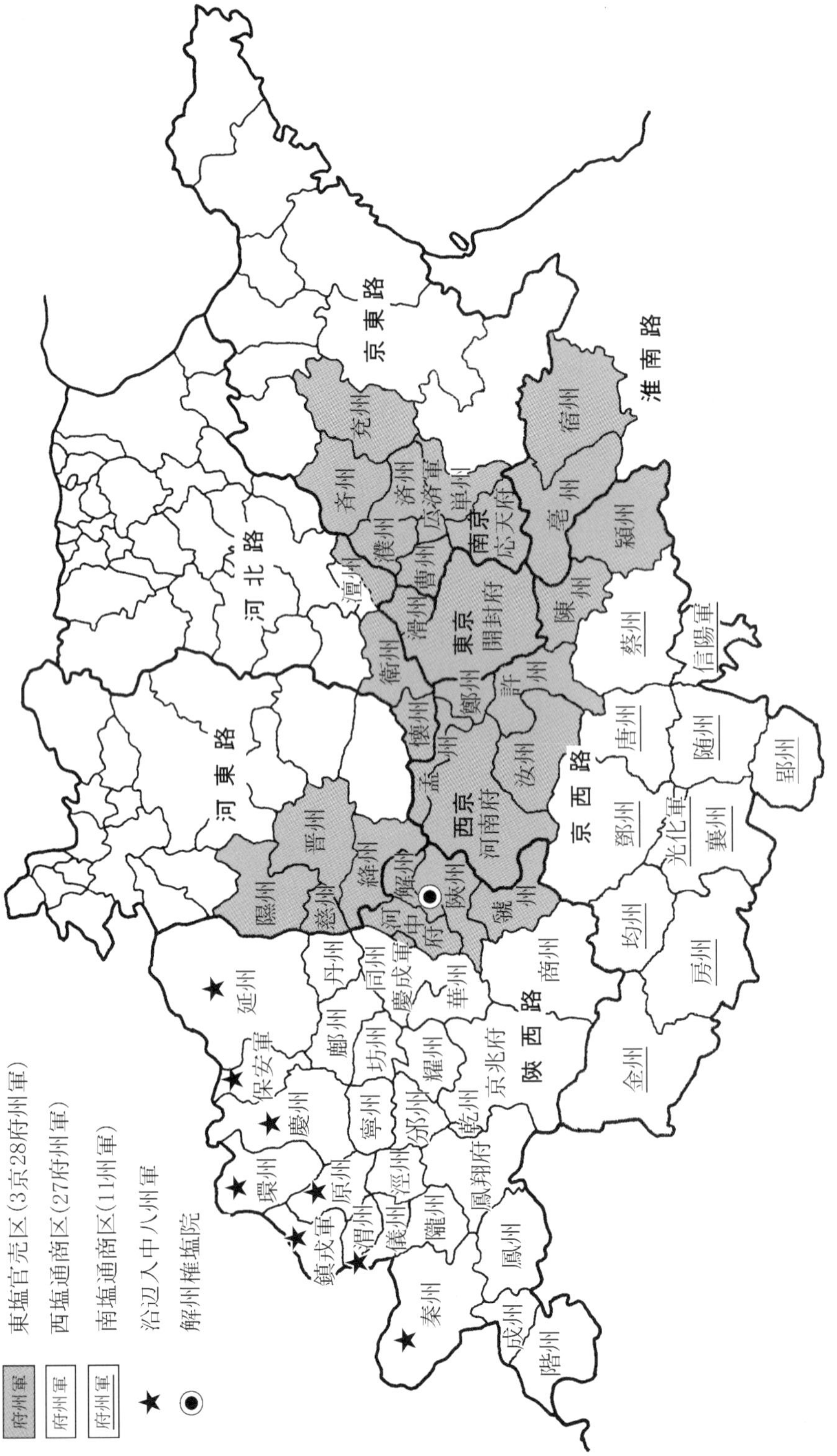

地図１　北宋前半期　解塩の三行塩区体制—天聖８年（1030）以前—

表10　国初解塩の官商並売体制

課税方式	行塩区	府州軍
禁榷［官売制］	東塩区	三京(東京開封府・西京河南府・南京応天府)、京東路(済・兗・曹・濮・単・鄆・広済)、京西路(滑・鄭・陳・潁・汝・許・孟)、陝西路(河中・陝・解・虢・慶成)、河東路(晋・絳・慈・隰)、淮南路(宿・亳)、河北路(懐・衛、澶州黄河以南諸県)、計3京28府州軍。
通商	南塩区	京西路(蔡・襄・鄧・随・唐・金・房・均・郢・光化・信陽)、計11府州軍。
	西塩区	陝西路(京兆・鳳翔・同・華・耀・乾・商・涇・原★・邠・寧・儀・渭★・鄜・坊・［鈔引制］丹・延★・環★・慶★・秦★・隴・鳳・階・成・保安★・鎮戎★)、河北路(澶州黄河以北諸県)、計27府州軍。　★は沿辺入中八州軍。

軍に行塩する「南塩」区――ほぼ後の京西南路に当る――と陝西路27州軍に行塩する「西塩」区の計38府州軍は、河北路・京東路と同じ［収算制］〈商収商販〉方式の通商区とした(8)。

なお陝西「西塩」区は、国初以来咸平3年(1000)までは管外から流入する青白塩と解塩とが並行流通する通商区であった。また「西塩」区に［鈔引制］が導入された後も、区内の永興・同・華・耀の四州軍に五代後周以来の“売塩年額銭”、すなわち禁榷塩税を丁税化した「戸口塩銭」が存続していた。四州軍の「戸口塩銭」が廃止されたのは景徳3年(1006)のことである(9)。解塩の通商「西塩」・「南塩」区には、咸平3年(1000)から河北路の「折中」制度に倣った「入中」制度が施行され、通商［収算制］に代って通商［鈔引制］が整備されるが、これについては次節で扱う。

2．三路通商体制―天聖8年～宝元元年―

天聖8年(1030)、東塩官売区(3京28州軍)を通商区とし、陝西の西・南・東三路をすべて解塩通商地分とする、国初以来の大規模な解塩販売体制の変更がなされた(10)。すなわちこれまで在京榷塩院が管轄してきた「東塩」の官般官販体制を、水陸運送の困難を理由として廃止し、3京28州軍の塩務はそれぞれの府州軍に設ける「監塩官」に専管させることとした(11)。なお「東塩」の通商化については天聖8年一年間を試行期間として設定したが、この年「東塩」区の歳収は前年の官売歳収45万貫を15万貫上回り、翌9年にはさらに9万貫上回るという成果をあげている(12)。

「東塩」の官売廃止により三路解塩は全面通商化され、これまで「西塩」・「南塩」区に施行された通商［鈔引制］〈入中償還〉方式が解塩の全行塩区に拡大された。

3．西夏の興起と官売の復活―宝元2年～慶暦8年―

天聖8年の解塩全面通商化から九年を経過した宝元2年(1039)、旧官売東塩区のうち京師と京東路州軍が、次いで沿辺・次辺州軍を除く陝西中南部州軍がそれぞれ官売区とされ、さらに慶暦4年(1044)までに通商南塩区の京西路全州軍が官売区となり、范祥改革が始まる慶暦9

年(1049)までに、解塩行区全64府州軍のうち42府州軍が官売区となった。官売州軍は国初期の45%を大きく超えて全州軍のほぼ2/3、約68%に達した。

天聖年間までの通商化の動きに逆行するこの度の大規模な解塩官売化の直接の契機は、景祐から宝元に改元した直後(1038年12月)に西夏の趙元昊が叛いて辺境が一気に緊張し、沿辺入中が停滞して通商[鈔引制]の運用が困難となったことにあった。しかし沿辺入中と結合した解塩通商体制の動揺は、天聖８年の全面通商化から間もなく始まっていたことが明らかとなった。

すなわち宝元２年(1039)、新たに旧官売東塩区の３京28州軍を対象として官売旧法と通商新法の課利歳収を比較検討した所(13)、乾興元年(1022)から天聖８年(1030)までの東塩官売旧法期の歳収と天聖９年(1031)から宝元元年(1038)までの新法期の歳収を比べると、新法期の六年間で計236万貫という多額の減損を招いていた(14)。天聖８年の全面通商化以降、解塩は改法後二三年は増収を見たものの間もなく減収に転じ、３年後の明道元年(1032)からは年平均で約40万貫ずつ、旧法期の歳収を下回る財政状況が続いていたことが判明したのである。

政府は塩利を増収するには通商より官売の方が優れていると判断し、この年まず京師に近く塩の消費量が多い京師・南京と京東方面の12州軍を官売区とした。しかし京師は年内には通商に復し、翌年には天聖８年まで東塩官売区に属していた諸州のうち、京東の兗・鄆２州と淮南の宿・亳２州を、輸送の便を優先させて解塩区から離脱させ、それぞれ京東通商塩区、淮南官売塩区に編入するなど(15)、この時期の官売復活は一気に進んだわけではない。

しかし慶暦２年(1042)には京師が再び官売に復し、新たに永興(京兆府)・河中府、同・華・耀・陝・虢・解・晋・絳州、慶成軍の併せて計12府州軍が官売区に設定された(16)。このうち京東の晋・絳２州と陝西の河中府・慶成軍は旧東塩官売区に属し、永興(京兆府)・同・華・耀・陝・虢・解州は旧西塩通商区に属したが、いずれも解池或は京師に近く、官塩の般運に困難の度の低い府州軍である。こうして慶暦４年(1042)２月までに、東塩・南塩の行塩区の全域が官売に復し、さきの12州軍と合せて官売区の府州軍数は42を数え、解塩全行区64府州軍のほぼ2/3を占めた。

これら官売区では、“官が自ら輦運し、衙前にこれを主らせる”という、典型的な禁榷[官売制]〈官般官販〉方式が採用された。そのため京西路全域から陝西南部にかけての郷村では、衙前を使役しての官塩般運が民戸に多大の負担を与える一方、県官自ら徴収に当る塩税歳収は州県経費を賄うだけの額に達せず、さらには沿辺の糧草入中が価格の高騰によって多額の官銭支出を余儀なくされ、官売の成果は殆ど挙がらなかったのが実態であった(17)。

(２)通商解塩区と沿辺入中

国初以来、解塩「西塩」通商区では青白塩の流通を認めていたため、淳化４年(993)中の一時期を除いて、陝西は永らく解塩・青白塩が並行流通する通商区であった(18)。この時期、陝西の「西塩」区と京西の「南塩」区には、河北路・京東路と同じ通商[収算制]が布かれていた。政府は咸平３年(1000)、河北沿辺の「折中」制度に範をとって、この西塩区に陝西沿辺に糧草を入中させ、解塩で償還させる通商［鈔引制］〈入中償還〉方式を導入した。青白塩の流入禁止と罰則規定、鈔引発給から塩貨償還に至る鈔引制度が整備されたのは仁宗朝の初め、天聖年間のことである。

１．河北沿辺の「折中」制度と陝西沿辺の「入中」制度

太宗の「河北用兵」すなわち太平興国４年（979）の北漢遠征以来、契丹との関係が緊迫していた河北路では端拱２年（989）、沿辺に軍糧備蓄をすすめるため「折中」制度が創始された。この「折中」は客商の般運能力を利用して沿辺州軍に糧草を納入させる通商政策で、

（ⅰ）河北沿辺州軍の折中倉に糧草を入納し、州軍から受領証「交引」の給付を受ける、

（ⅱ）「交引」を京師榷貨務に持参し、見銭の償還を受ける、

（ⅲ）江淮茶・東南末塩の償還を希む客商に対しては、榷貨務から産茶地・産塩地へ“文移”がなされ、現地で償還される、

という三つの段階を踏んで実行される。沿辺に入納する糧草の買付価格を市価より高く設定して客商を優遇したが、その価格には“酌地之遠近而優為其直”、すなわち輸送距離に応じて段階差が設けられていた(19)。

この河北の折中制度に倣って咸平３年（1000）、陝西西塩区26州軍を対象とする「沿辺入中」制度が実施された。解塩の「沿辺入中」は、輸送の困難な陝西沿辺への軍糧入納の代償として、客商に塩・茶等禁榷物品の販売利益を与える制度である。客商への優遇“優饒加価”は、卸売官課と請買価格（償還価格）との差額として設定される。客商の請買価格に、沿辺州軍から解州までの輸送距離に応じた等第が設けられる点、河北の〈折中〉制度と同じである。

河北の〈折中〉では償還物資は見銭または江淮産の茶貨・塩貨等であったが、陝西沿辺の入中では当初は償還物資は陝西解塩・江淮茶とされ、のち入中方式の変更にともなって見銭による償還も行われた――塩・茶等禁榷品の現物によらず、見銭で償還する入中方式を「見銭法」という――。解塩はその産地が国都にも沿辺にも近く、償還物品としての好条件を備えていたが、他方でその地理的な条件から政府の西北辺政策に強く影響を受け、そのため入中方式も目まぐるしく変更されて様々の問題を発生させた。

２．景徳元年「陝西州軍入中銭文則例」の勅定

咸平３年（1000）６月、国初以来公認してきた沿辺諸州軍への青白塩の流通を禁止し、通商［収算制］下の陝西「西塩」区26州軍に対して、沿辺入中制度と結合した通商［鈔引制］〈沿辺入中〉方式が施行された(20)。この方式では、京師での入中請買から指定された行塩区での官塩販売までに、

（ⅰ）京師榷貨務で償還予定の解塩を請買し、金銀銭帛を入銭して交引の発給を受ける、

（ⅱ）糧草を収買して沿辺州軍に入納し、糧草入中の証明を受ける、

（ⅲ）入中証明を受けた鈔引を持参して解州榷塩院に赴き、解塩の償還を受ける、

（ⅳ）受領した――官課で購買した――解塩を指定された「南塩」行塩区で販売する、という四つの段階が設定される。この方式では客商を優遇するため交引に「虚実銭」という優饒価格が設定される。この「虚実銭」は後の“虚估”のように一定の加饒率によって償還価格を引上げるのではなく、多くの糧草を収買させるため“高擡価例”すなわち交引の額面価格を引上げて、客商の糧草買付けを有利にさせる措置である(21)。陝西の沿辺入中は、そのモデルとされた河北の折中と連動し、河北沿辺に糧草を入中した客商に対しても、河北沿辺州軍が交付した「文鈔」と、京師榷貨務で博買入銭した際に交付された茶・塩交引とを持参すれば、「䤍換」――償還物品間の諸基準を統一すること――して解塩を支給し、「省帖」（公式証明書）を発行して南塩区での販売を許可した(22)。

しかし解塩の沿辺入中においては、「虚実銭」を設定して交引価格を糧草の市価より高く設定したため、客商は解塩を多く償還される陝西の沿辺入中に殺到し、京師榷貨務に金銀銭帛で入中請買する客商が激減し、官収（売引収入）が減損した。他方で通商解塩はもともと安価な青白塩の流入に対抗する必要から、政府は“低落元価”すなわち官売価格を引下げて客商に販売させていたため、その減額分だけ客商の塩利収入が減損するという問題をも抱えていた(23)。

咸平6年（1003）正月、度支使梁鼎は咸平3年に入中を開始してこのかた、官収の減失が大きいとして民戸を調発して糧草を輸送させる〈官般官販〉を実施して塩課収入を増やそうと考えた(24)。しかし梁鼎による官売復活は結局輸送体制を確立できず、陝西塩政を混乱に陥れただけに終り、半年を経ずして解塩全区は通商に復した(25)。しかし梁鼎の失政は却って通商解塩の塩利収取に新しい展開をもたらす契機となった。

すなわち政府は「虚実銭」方式と“低落元価”によって多額の官銭を浪費した陝西転運司の財政を再建するため、緊急の措置として京師榷貨務の売鈔歳収を中央の会計に入れず、そのまま陝西転運司へ回送して地方経費として支用させた(26)。すなわち陝西転運司は官売塩ではなく通商塩の売鈔収入を州軍地方経費を含む「漕計」として確保することができたのである。この画期的な新方式は後の范祥の改革において採用されることとなる。この方式は禁榷[官売制]〈官般官販〉方式への復帰ではなく、あくまでも通商「鈔引制」〈沿辺入中〉方式の変則的な運用方式である。

さらに翌景徳元年（1004）10月、解塩の入中請買価格を決定する基準として「陝西州軍入中見銭則例」を勅定した。この則例は始め「西塩」入中の等第価例として定められたものであるが、この時「南塩」の請買についてもこれに準拠することとされた(27)。この「則例」においては咸平3年の「虚実銭」方式に代えて、「減価請買」方式が採用された。「減価請買」とは、入中州軍から解池からの距離を基準として、陝西路全31州軍を（ⅰ）沿辺7州軍、（ⅱ）次遠2州、（ⅲ）又次遠3州、（ⅳ）近裏9州、（ⅴ）又近裏8府州の五段階に区分し、客商の請買価格を（ⅰ）沿辺の12文/斤から（ⅴ）又近裏の20文/斤まで、2文/斤ずつの等差を設けて高くする、すなわち遠地に入中するほど官塩1席当りの請買価格を低く設定し、客商にできるだけ多くの官塩を般運・販売させる優遇措置である。

景徳元年10月勅定の陝西州軍入中銭文則例は**表11**のとおりである(28)。

表11　景徳元年(1004)勅定陝西州軍入中銭文則例

区分	府州軍	等第減額(文足/斤)	請買価格(貫文/席)
沿辺	環・慶・延・渭・原・鎮戎・保安	12	2.640
次遠	儀・鄜州	14	3.080
又次遠	邠・寧・涇	16	3.520
近裏	秦・坊・丹・乾・隴・鳳・階・成・鳳翔	18	3.960
又近裏	同・華・耀・虢・解・河中・永興・陝府	20	4.400

さらに天聖４年(1026)には沿辺七州軍について、環州・保安・鎮戎の３州軍を〔極辺〕に指定し、前回・景徳の則例を下回る減価率によって請買価格を引下げ、客商を優遇した(29)。景徳則例の減価と合せ、二度の減価により調整した沿辺七州軍の解塩入中請買塩価を**表12**に示す。

表12　天聖４年(1026)改定沿辺七州軍入中請買塩貨等第減額表(単位：　貫文/席)

	解州からの距離(里)	官塩価格*	前回減価	今次減価	請買塩価
〔極辺〕環州	1125里	3.64	0.200	0.100	3.34
〔極辺〕鎮戎	1130	3.64	0.140	0.160	3.34
〔極辺〕保安	1170	3.64		0.440	3.20
〔沿辺〕慶州	930	3.64		0.240	3.40
〔沿辺〕渭州	990	3.64		0.240	3.40
〔沿辺〕原州	960	3.64		0.240	3.40
〔沿辺〕延州	990	3.64		0.240	3.40

＊景徳則例の請買価格2.64貫文/席に１貫文/席を「貼納」(追徴)して3.64貫文/席。

表11の五段階区分で“沿辺”に属した環・慶・延・渭・原・鎮戎・保安の七州軍について、**表12**では入中解塩の請買価格を2.64貫/席から１貫文/席引上げて――官塩の請買価格を引上げて差額分を追徴することを「貼納」という――3.64貫/席とした上で、最遠地に新たに“極辺”の区分を設けて計六段階区分とし、歳、環・鎮戎・保安の三州軍を“極辺”に属させ、各入中州軍と解州間の距離に応じて請買価格を逓減させている。

表12を見ると、二度にわたる入中請買塩価の減額が行われた結果、景徳の則例よりも逓減率が小幅になっていることが分る。さらに入中等第則例を定めた翌景徳２年(1005)には、中央官司と地方官司がともに塩税課利を収取できる財政的配慮から、通商解塩の新しい入中方式を定めた(30)。それは

A：　在京榷貨務入銭―交引請買―解塩受領―「南塩」区通商販塩

B：　沿辺見銭・糧草入中―直赴両池―解塩受領―「西塩」区通商販塩

という二種類の入中方式を認める内容で、A方式は在京榷貨務で金銀銭帛を入銭・請買して交引を給付された客商・鋪戸は、沿辺に糧草を入中した後、解州塩池で塩貨を受領し、これま

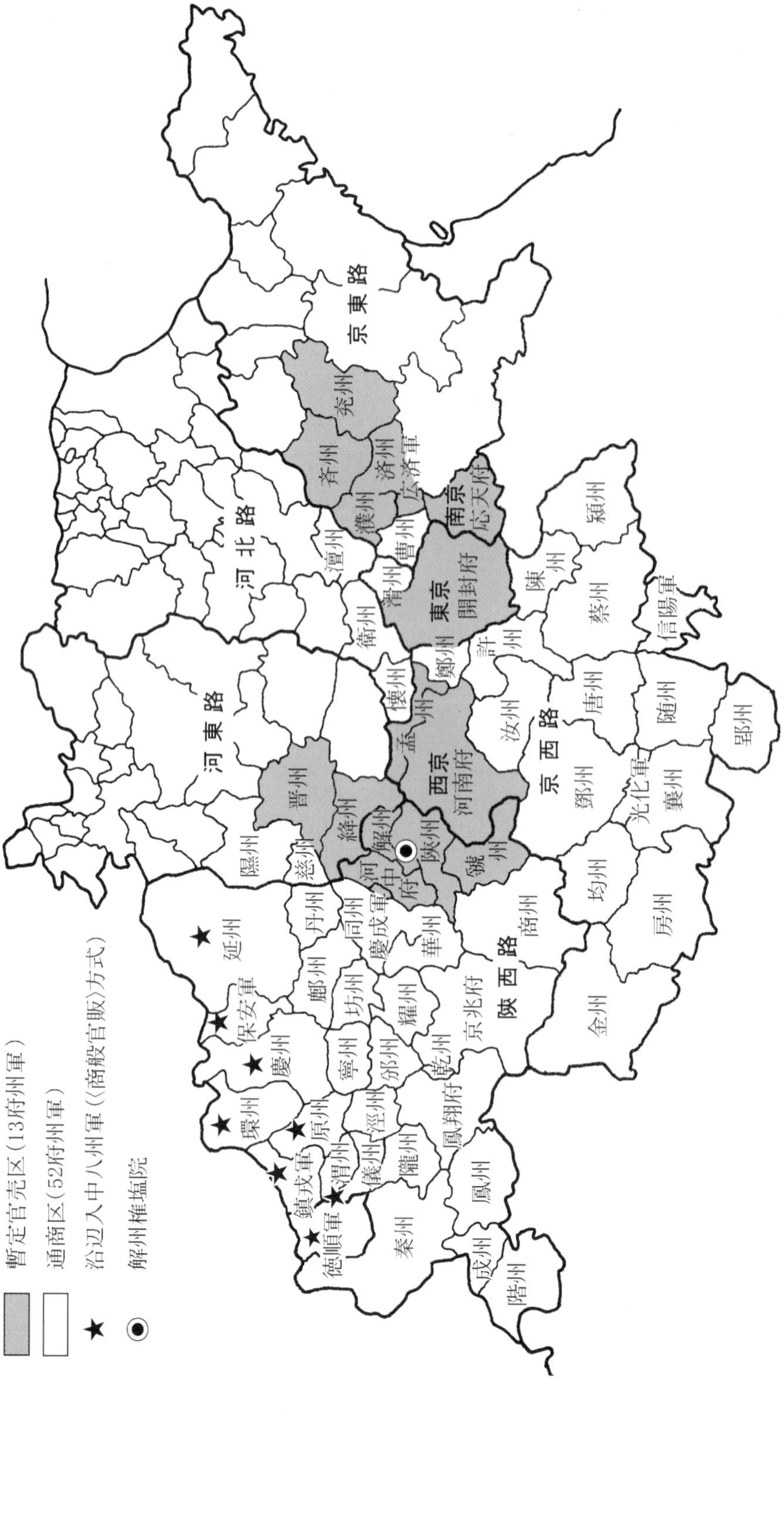

地図2　范祥改革による解塩の官商並売体制—皇祐元年(1049)—

で通り南塩通商区でのみ販売し、西塩区で販売してはならない、B方式は陝西州軍へ見銭・糧草を入中した客商は、直接解池に赴き解州榷塩院で塩貨を受領し、西塩行区内でのみ販売し、南塩行区で販塩してはならない、というものである。

この新方式の最大の特徴は、京師榷貨務と陝西路転運司がそれぞれ歳収を確保できる、塩利収取の中央・地方二元方式を採用していることである。これにより陝西路転運司は会計区分上、中央榷貨務から独立して財源を確保することができる。これは上に見た咸平６年、通商「鈔引制」の変則的な運用により陝西転運司「漕計」を確保した方式を発展させたものと見ることができる。

３．通商[鈔引制]〈入中償還〉方式における「加饒率」の制定

景徳初年の「陝西州軍入中銭文則例」の勅定から、天聖４年の等第則例改定を経て、沿辺入中に「見銭法」が導入される天禧２年(1018)までの約13年間、解塩の入中は特に問題を起すことなく安定して運用されたように見える。この時期の入中制度運用が安定していた理由としては、等第則例による請買価格減落が適正に運用されたこと、また二本立て入中方式により、塩利収入を京師榷貨務と陝西転運司とでそれぞれ収取する、塩利収取の二元方式にあった。

天禧２年(1018)、解塩の入中方式は突如「見銭法」に変更された。見銭法とは、客商が沿辺で高擡した糧草価格により見銭入中した証明書(「公拠」)を京師榷貨務に持ち込むと、榷貨務がこれに実銭価格で見銭を償還する方式である。沿辺の物価変動に左右されないので客商には歓迎されたが、客商に対する塩・茶の償還――塩・茶交引の発給――が行われないので、榷貨務・陝西転運司ともに塩利を収取することはできない(31)。そのため、天禧３年(1019)になお37万貫あった通商「南塩」の歳収は、乾興元年(1022)にはほぼ2/3の23万貫にまで落込み(32)、官収の低減を危惧した政府は急遽、沿辺入中を景徳元年勅定の見銭入中方式に復帰させた(33)。

ただし復旧した入中方式では、客商の入中に対する優遇措置として、解池からの距離に応じて請買塩価を低減する方法ではなく、逆に「加饒」率を用いて鈔引額面価格を逓増する方法を採用した。「加饒」率とは交引額面価格の引上率をいい、卸売元価に一定額を「加饒」した売鈔価格を「虚估」という。「虚估」は入中対価を高擡して――額面価格を引上げて――、客商に償還する塩・茶の斤量を増額する優遇措置である。入中価格としての「虚估」は、入中距離に応じて鈔引額面を増額する点で、咸平３年の西塩通商に採用された「虚実銭」方式、また景徳元年に西塩・南塩通商に採用された等第減額請買方式の発展した形態ということができる。

榷貨務は京師での見銭償還を希む客商には加饒率1.05の見銭鈔を、また江淮茶の償還を希む客商には加饒率1.07の茶交引を支給した。解塩の償還を希む客商には、下表のように1.10から1.26の加饒率が設定された。入中方式はその後、翌天聖元年(1023)から再び「見銭法」となり、天聖７年(1029)には三説法が復活した。

乾興元年(1022)に定めた沿辺11州軍入中の鈔引価格「加饒」率、及び天聖７年(1029)改定の「等第加饒則例」は**表13**に見るとおりである(34)。

表13　沿辺入中解塩等第加饒則例—乾興元年(1022)・天聖7年(1029)—

	乾興元年(1022)	天聖7年(1029)
環州	1.26	1.10
慶州	1.22	1.07
延州、渭州、保安軍、鎮戎軍	1.20	1.07
鄜州、原州、儀州	1.15	1.05
涇州、邠州	1.10	1.03

4．解塩三行塩区の全面通商化

天聖8年(1030)、それまで「官売制」を布いてきた「東塩」区が通商「鈔引制」に転換し、解塩は全行塩区が沿辺入中と結合した通商[鈔引制]となった(35)。これにともない今後「東塩」を請買する客商の「西塩」区での興販を禁じ、解州榷塩院で「南塩」行区での販売を許可され交引を給付された客商の「東塩」通商区での興販を禁じるとともに、「東塩」区3京28州軍の塩務はそれぞれの府州軍に新たに設ける「監塩官」が専管することとした(36)。解塩「南塩」区と「西塩」区ではすでに景徳2年(1005)以来、中央榷貨務が「南塩」区、陝西転運司が「西塩」区の塩利をそれぞれ収取してきた。「東塩」区の塩務を「監塩官」の管轄としたこの措置は、新「東塩」区の塩利収入を府州軍が収取し、3京28州軍の塩務諸経費——官員人件費を含む——として支用する体制が成立したことを意味する。

こうして解塩の西・南・東三路塩は通商[鈔引制]に一元化されたが、その後景祐初年(1034)から、解池には10年分の在庫があるとして一時製塩を中止し、解塩の生産調整を行った(37)。在庫に余裕があるということは、鈔引発給額すなわち客商の請買額が、解塩の現地償還額を超えることなく、安定して供給されていたことを示している。天聖8年(1030)の陝西三路塩の全面通商化から、宝元元年(1038)に西夏が興起して西北辺が一気に緊迫するまでの八年間、東塩の通商をめぐって特に大きな問題が発生していないことを見ると、沿辺入中と結合した旧「東塩」区における解塩通商は順調に運用されたと見てよいであろう。

5．西夏の興起と「沿辺入中」の新方式

しかしその後宝元元年(1038)に李元昊が興起し、沿辺の情勢が不安定となると、辺郡には糧草の入中が減少し、州軍には県官の糧食や軍需物資の供給も途絶える事態となった。そこで政府は康定元年(1040)、糧草等軍需物資の入中と州県経費を賄う財源となる解塩の供給という二つの目的を同時に達成するため、糧草を入中する商人に対しては州軍が「券」(入中証明書)を発給し、これを京師榷貨務に持参して金銀見銭で償還させる一方、糧草以外の軍需物資を入中する商人に対しては、直接解州塩池に赴いて解塩と交換・償還させるという、分離入中策を打出した(38)。

入中物資は糧草であれその他軍需物資であれ、いずれにおいても“優饒加価”、すなわち“加饒”を施した虚估鈔引が用いられる。この方式による塩利収取は、中央官司の京師榷貨務

が請買鈔引の売鈔収入を収取し、地方官司の陝西路転運司が償還解塩の塩課収入を分配収取する点で、景徳2年(1005)以来解塩の西塩・南塩行区で施行されてきた方式と異なる所がない。入中物品が見銭であれ糧草であれ、或はその他軍需物資であれ、これまでの実績から見て「等第則例」等に基づく客商優遇措置が適正であり、鈔引発給額と解塩償還額との需給均衡が保たれるならば、沿辺入中によって塩課税収が減収するといった問題は生じないはずである。

しかしすでに沿辺では糧草価格が高騰して鈔価が下落し、入中後に金銀銭帛の償還を受けても利益が薄いと見た客商・鋪戸らは、沿辺州軍の官吏と結託して羽毛・筋角等軍用物品の購買価格を引上げ、解州では価格操作により“優饒加価”し高騰した鈔引価格で解塩の償還を受けたため、客商に対する償還塩の供給が過剰となって官課歳収の大幅な減損をもたらした(39)。

こうした事態に対応して翌慶暦2年(1042)正月、政府は三司の要請を承けて度支判官范宗傑を制置解塩使に任命した。官課増収の任務を託されて陝西に派遣された范宗傑は、陝西の塩政の混乱を収拾すべく、ただちに入中「虚估」の廃止、陝西11州軍の「官売」体制、解塩入蜀の禁止などを内容とする四項目の改革方策を提出し、これらはすべて裁可された(40)。

陝西における官課減損の原因は、性急な糧草入中による鈔引価格の高騰とそれにともなう償還官塩の過剰な供給にあった。しかし范宗傑は解塩の通商[鈔引制]〈沿辺入中〉方式こそが塩課歳収減落の原因であるとする誤った判断から、禁榷[官売制]〈官般官販〉方式への復帰によって官課減収を食止めようと図った。范宗傑は官塩の般運を専ら郷戸衙前の役使に委ねたが、家業銭1貫文に官塩2席という基準を定めて強制したため、負担の過重から民戸の破産が続出し、京西・陝西の郷村社会に深刻な打撃を与えた(41)。官運強制の弊害は余りに大きく、政府内には早くも通商復活の動きが表面化した。三司が太常博士・知汝州の范祥に命じて、陝西転運使の程戡とともに陝西の塩法の調査を開始させたのは、慶暦4年(1044) 2月2日のことであった(42)。

2．范祥の陝西塩政改革

慶暦8年(1048)10月、范祥は4年に及ぶ陝西現地での調査をふまえて、陝西塩法の画期的な改革案を提起した。范祥改革は、塩貨の般運・販売、入中・請買、鈔引の発給・運用、行塩区の再分割など、各種の基準を複雑に組合わせた総合的な改革であった。范祥改革については、慶暦2年に范宗傑が行なった陝西11州軍の官売区の〈官般官販〉を通商[鈔引制]に改めたことから、唐・劉晏の塩法に倣って解塩の販売体制を官売法から通商法に改めたとして高く評価されている(43)。しかし范祥の任務は、そもそも慶暦2年の制置解塩使范宗傑による強引な官売化——入中「虚估」の廃止と陝西11州軍の「官般官販」体制——による陝西の塩法の混乱を収拾することにあった。しかも西夏の興起以来、解塩の全行塩区が抱え込んだ塩法上の問題は多岐にわたり、ただ解塩を以前の通商時代——天聖8年(1030)から慶暦2 (1042)までは解塩の全行塩区が通商であった——に戻せば問題が解決する訳ではなかった。

范祥は次の九項目からなる解塩の新しい販売体制と課税方式を構想した(44)、

（ⅰ）范宗傑が「官売」化した地域は官般を廃止して通商に復し、解塩の入蜀も解禁する、
（ⅱ）沿辺九州軍への糧草入中を廃止してすべて見銭での入中とし、「優価」則例に従う、
（ⅲ）東塩・南塩は京師榷貨務のほか、京兆・鳳翔・河中３府での入銭も許可する、
（ⅳ）通商塩の売鈔歳額を37.5万大席（165万石）と定め、塩鈔は解池で給付する、
（ⅴ）延・慶・環・渭・原・保安・鎮戎・徳順の８州軍には青白塩が流入するため、沿辺に解塩を入中させて"優価"塩鈔を与え、解池に還って官塩を償還し、入中塩は現地州軍が官売する、
（ⅵ）鉄・炭・瓦・木など軍用物品の入中を禁止する、
（ⅶ）旧い虚估交引で塩を受領したまま販塩していない商人には、優価加饒分を返納させる、
（ⅷ）三京・河中等計13府州軍は通商塩が流通するまで当面官売区とする、
（ⅸ）新収の緡銭は並辺九州軍の糴本に用い、既収の榷貨務の売鈔収入を中央会計に入れる。

これら九項目にはいずれも重要な改革内容が含まれているが、范祥改革の核心は（ⅱ）と（ⅳ）の二項目にあった。すなわち沿辺への糧草入中を見銭入中に切替え、解塩全区の通商塩の歳額を定めて鈔引発給と塩貨償還との均衡を図ることにあり、他の七項目はいずれもこの二項目を実現するための関連項目とみなすことができる。

（１）范祥改革による陝西解塩の販売体制

本稿では、解塩の販売体制と課税構造――とくに塩利の分配収取方式――を基準として、范祥が作り上げた新行塩区を、A.沿辺入中区、B.暫定官売区、C.通商区の三区に区分し、それぞれの塩区における塩貨の収買、般運、販売、分配収取の全過程にわたって、分析を試みる。

范祥が作り上げた新しい解塩の販売体制は、次のような官商並売体制であった（**地図２**を参照）。

１．官商並売の新体制

范祥が作り上げた新しい陝西解塩の塩販売体制は、A.沿辺入中区――通商［鈔引制］〈商般官販〉〔沿辺州軍・客商分収〕方式、B.暫定官売区――禁榷［官売制］〈官般官販〉〔陝西転運司全収〕方式、C.通商区―通商［鈔引制］〈商般商販〉〔制置解塩司・客商分収〕方式の三方式が並存する官商並売体制であった。

A.沿辺入中区…延・環・慶・渭・原・保安・鎮戎・徳順の８州軍

客商は解池で請買した塩貨を般運し、沿辺八州軍の折博務に解塩を入中する(45)。客商は折博務が給付した解塩鈔を解州に持参し、解塩司から鈔価額面の見銭を償還される。沿辺八州軍は客商が般運した解塩を管下の県鎮城寨等で販売し、塩課を収取して州県経費に支用する(46)。

沿辺入中の改革こそは范祥改革の基本課題であったが、范祥はまず沿辺区への青白塩の流通を厳禁し、糧草以外の鉄炭瓦木等軍需物資の入中を禁じて、沿辺九州軍へは解塩を入中さ

せ、客商には京師で見銭を償還するという方法をとった。この塩貨は客商が解池で算買し、沿辺まで般運してきた解塩であり、償還価格は入中州軍から解池までの輸送距離に応じて優価「加饒」され、販売先として「東塩」または「南塩」の行塩区を指定された。

この入中方式――通商「鈔引制」〈商販官販〉方式――では般運は客商が行い、販売は沿辺八州軍が行うので、塩利は般運する客商と販売する州軍との間で分配される。また商利――請買価格と償還価格との差額――は沿辺州軍に設けた折博務と解州の制置解塩司との間で運用される「解塩鈔」の鈔価中に、適正な「加饒率」とともに積算されている。「解塩鈔」の売鈔収入は京師権貨務から直接沿辺八州軍へ回送され、糧草糴買に支用される。この新方式により、政府は中央権貨務の売鈔収入を確保するとともに、沿辺八州軍の糧草糴本と州県官兵の請給等地方経費を確保することができた。

通説では、通商［鈔引制］は客商が権貨務に入銭し、塩利はすべて中央政府が収取する、と説明される。しかし范祥によるこの通商「鈔引制」〈商販官販〉方式では、客商の権貨務への入銭と地方官司の歳収の双方が確保されている。塩税の価格構成と塩利収取の主体を問うことなく、ただ販売方法の違いだけで権塩の官売・通商を区分する通説では、中央・地方官司の塩利歳収と財政支出に周到な配慮を行なって構築された、范祥の入中新方式を評価することができない。

B.暫定官売区…三京・河中・河陽・陝・虢・解・晋・絳・濮・慶成・広済の13府州軍。

慶暦２年（1042）から４年にかけて范宗傑が官売した陝西南部州軍のうち、解池に比較的近く、輸送負担が比較的軽微な三京以下13州軍は、通商体制が整うまでの一年間、暫定官売区とされた。これら府州軍では当面、陝西転運司ではなく提挙解塩司が般運・出売し、売れ残った官塩も提挙解塩司が元価で償還した。提挙解塩司が塩利を収取する変則的な「官売制」〈官般官販〉方式である。ただし13府州軍の官売収入中には、陝西路転運司が漕計として支用すべき“転運司合得課利”が含まれ、暫定期間終了後に三司が転運司所得分と三司封椿分とを分別算定することとした(47)。この13府州軍では一年後に“暫定”措置が解除され、次のC.通商区に編入された。

C.通商区…A.B.計23府州軍を除く解塩行区の42府州軍。

解塩行区では天聖８年（1030）の全面通商の後、段階的に官売を復活させてきた結果、慶暦８年（1048）までに解塩三路行塩区の全65府州軍のうち、ほぼ1/3に当る23州軍が通商区、2/3に当る42府州軍が官売区となっていた。范祥はこの42官売府州軍をすべて通商区とし、隣接する四川地域にも通商解塩の流通を許可した。通商解塩の売鈔歳課の総額を37.5万大席（165万石）と定め、解池の現地で塩貨を支給して、輸送負担の大きい官運を廃止した。

制置解塩司が客商に給付する「解塩鈔」には東塩鈔・南塩鈔・西塩鈔の三種があり、それぞれの行塩区に基づいて販売地域を指定し、相互に他塩区での販塩を禁止した(48)。ただし「東塩鈔」「南塩鈔」を請買する客商は、京師権貨務以外に京兆・鳳翔・河中３府でも入銭できるようにして、通商活動の拡大を図った。

この方式は般運・販塩とも客商が行う通商「鈔引制」〈商般商販〉方式である。A.沿辺入中区の通商「鈔引制」〈商般官販〉方式とは異なり、沿辺の軍糧確保は客商の糧草入中によらず、沿辺州軍の糴買によって調達された。すなわち官課は解州の制置解塩司が発給する三種の「解塩鈔」の鈔価中に積算され、塩利収入は陝西路転運司が収取した後、五路州軍に回送されて糧草糴買に支用された。この方式も范祥の独創にかかるもので、課利の分配を基準にとると通商「鈔引制」〈転運司・客商分収〉方式と表記することができる。

A.沿辺入中区の通商「鈔引制」〈商般官販〉方式、B.暫定官売区の「官売制」〈官般官販〉(提挙解塩司)方式のもとでは、州軍の官員が解塩を販売することで地方経費「州用」の確保が保証されるが、C.通商区の通商[鈔引制]〈転運司・客商分収〉方式のもとでは官般・官販を行わないため、以前は陝西路転運司の会計「漕計」から配分されていた地方経費「州用」が入らなくなる。范祥はこれを補償するため、客商の般運・販売に科される「算銭」額——すなわち商税額——を予め鈔価(＝請買価格)中に積算させたから、州県は客商からこれを科徴収取して地方支費に充てることができた。この措置も范祥が州軍歳計の確保のため、周到な配慮を行なっていたことを示すものである。入中価格中への「算銭」積算は嘉祐6年(1061)、范祥に代って陝西転運司に就任した“新法派”の薛向がこの補償措置を撤廃するまで継続して行われた(49)。

2．三路塩鈔の売鈔歳額

范祥は陝西「解塩鈔」を東塩鈔・南塩鈔・西塩鈔の三種に分ち、それぞれの鈔価を東塩鈔・南塩鈔は3.5貫/席、西塩鈔は2.5貫/席と定め、いずれも解州榷塩院で発給した。三路塩鈔の売鈔歳課の総額は塩額で37.5万大席(165万石)、銭額で166万貫と定められ(50)、この総課額を沿辺入中区と暫定官売区を除く通商区42府州軍に割付けた。范祥改革ではこの166万貫の売鈔収入を入中区の沿辺八州軍に回送し、管下の計120余県鎮関寨の糴買糧草元本の80%を賄い、不足分の20%、銭額で約40万貫については陝西路転運司が別途調達することとされた(51)。

通商歳額の割付は州軍ごとにかなりの差があり、例えばもと沿辺九州軍の一州であった秦州に対しては、歳額166万貫のほぼ1/4に相当する40万貫が割当てられたが、熙寧5年(1074)に秦州管内の古渭寨(後の鞏州)に通遠軍が建置され、さらにその西辺に新たに鎮洮軍(のち熙州と命名)が造営されると、この2軍に折博務を置くとともに秦州の課額40万貫から15万貫を割いて通遠軍に、7万貫を割いて熙州に移管し、それぞれ通商解塩の売鈔歳額として分担させた(52)。秦州はその後、この2軍を含む5州軍を管轄する沿辺「熙河路」が成立する熙寧5、6年までに沿辺入中区から外されて通商州軍の一州となったため、以後「沿辺九州軍」は「沿辺八州軍」と呼ばれるようになる。その後熙寧10年(1077)まで、沿辺入中区は旧沿辺九州軍から秦州を外した八州軍によって、さらに熙寧6年収復の岷州を加えた九州軍によって構成されることとなる(53)。

熙寧年間における沿辺入中州軍の新設・改廃状況を確認しながら、次頁の**表14**に沿辺州軍の官売塩総額(熙寧10年)、通商東塩・西塩の鈔価・歳額(元豊元年)を示す。

これによると、「官販」沿辺八州軍・秦州九州軍の熙寧9-10年実収は17,7523.602貫で、三路

「解塩鈔」の売鈔歳額220万貫のほぼ８％に当る。

３．范祥改革の成果

范祥の改革は国初以来解塩が抱える諸問題の総合的な解決を目指した。従って改革の成果についても総合的に評価されねばならないが、ここでは改革の成果が集約的に現れる政府の塩利収取の動向を取上げて、范祥改革の成果を検証する。

まず次の**表14**に、『会要』22-１～４〔塩法五〕により熙寧9-10年（1077）における陝西沿辺州軍の官売塩総額と、同23-９～10〔解塩〕により元豊元年（1078）の売鈔価格・通商実収額を併記する。

表14　熙豊期 沿辺州軍の官売解塩総収と通商西塩・南塩の鈔価・歳額　（単位：貫文）

	陝西沿辺官売州軍	解塩官売額（熙寧9-10年）	通商解塩売鈔価格・歳額（元豊元年）１席当り売鈔価格	解塩通商歳額	
永興軍路	延州	5,2575.505	東塩6.158、西塩5.600		
	慶州	1,5757.574	東塩6.158、西塩5.600	熙寧８年（祖額）	81,5000
	環州	8579.012	東塩6.058、西塩5.500	元豊元年定額	85,2045
	保安軍	6600.004	東塩6.058、西塩5.500		
秦鳳等路	渭州	2,6117.785	東塩6.258、西塩5.500		
	原州	1,363.114	東塩6.308、西塩5.600	熙寧８年（祖額）	84,8000
	鎮戎軍	2,2455.703	東塩6.150、西塩5.500	元豊元年定額	88,6545
	徳順軍	9052.097	東塩6.208、西塩5.500		
熙河路	秦州		東塩6.258、西塩5.50		
	岷州*	2,3025.808	東塩5.900、西塩4.100	熙寧８年（祖額）	53,7000
	熙州		東塩6.000、西塩5.20		
	洮州		東塩5.700、西塩4.90		
	河州		東塩5.060、西塩4.800	元豊元年定額	56,1409
	通遠軍		東塩6.258、西塩5.50	熙寧８年（祖額）	220万貫
	計	17,7523.602		元豊元年定額	230万貫
				（元豊３年増額	242万貫）

范祥改革の前年、慶暦８年（1048）の塩課歳収は237.5万貫有零であり、恐らく范祥はこの数字を基に改革初年度・皇祐元年（1049）の歳収を230万貫と見積ったと思われる。皇祐元年・２年の２年分の歳収は289.1万貫、年額約140万貫は見積りの半額にも及ばなかったが、翌３年には221万貫――春季分だけで70万貫――、同４年には215万貫の歳収があり、改革前の慶暦６、７年の歳収をそれぞれ68万貫、20万貫上回る成果を挙げている。その後皇祐５年（1053）の歳収は178万貫、翌至和元年（1054）には169万貫とやや減少傾向にあったが、のちこの至和元年の歳収169万貫をもって解塩売鈔課額（祖額）を定めることとなる(54)。安定した歳収の確保は、范祥改革の最大の成果である。塩課歳収の安定的確保をもたらした要因としては、

（ｉ）沿辺入中方式の改革によって京師権貨務での塩・茶交引対価償還経費（抵当官塩）の支

出が不要となったことも、歳収を安定させる大きな要因となった。旧方式では入中鈔引の抵当として、慶暦2年(1042)に647万貫、6年に480万貫の榷貨務官銭の歳出があったが、改革後はこの多額の出費が消滅したことにより、積年の財政赤字は克服された(55)。

(ⅱ)沿辺への糧草入中を見銭入中に改め、八州軍には客商には解塩を入中させ、州軍にその解塩を販売させて「州用」歳計を確保したことも、州軍の歳収を安定させる大きな要因となった。范祥は沿辺入中区の通商「鈔引制」〈商般官販〉方式による塩課歳額を1,5500大席と定めた。このとき定めた通商区の歳課総額は塩額で37.5万大席、銭額で166万貫(1大席の鈔価は4.42貫)で、この歳収から沿辺八州軍管下の計120余の県鎮関寨へ糴買糧草元本が回送された。〈商般官販〉方式による「沿辺八州軍」の歳課は銭額にして計6.86万貫、通商区全歳入のわずか4%という小額であったが、熙寧10年の実収入は約17.7万貫とほぼ3倍増している。沿辺州軍への見銭入中と州軍の販塩収入の確保は、沿辺州軍の財政を安定させる要因となった。

(ⅲ)范祥が皇祐5年(1053)4月、政敵に陥れられ他罪を得て官を退いた翌至和元年(1054)、歳収169万貫を以て解塩通商定額を定めた直後、反范祥勢力によって突如沿辺に改革前の沿辺入中方式である糧草入中—見銭償還が復活した。沿辺入中区では、これにより翌2年にかけて虚估交引の発給が過多となって鈔価が急落し、一気に数百万貫の官銭を缺損するという事態が発生した。政権中枢にあった張方平・包拯らは急遽范祥を復職させて事態の改善に当らせた。范祥は直ちに沿辺の糧草入中を禁止し、虚估交引の鈔価下落で損害を被った客商らを救済するとともに、鈔価・塩価の均衡を回復するための措置をとった(56)。鈔価・塩価の均衡に配慮した鈔引運用こそは、この時期の売鈔収入を安定的に確保できた最大の要因であった。

(ⅳ)范祥の改革では、通商区における解塩の売鈔歳収は京師榷貨務ではなく解州の陝西制置解塩司が収取し、陝西五路転運司に給付して糧草糴買に支用させた。この売鈔歳収の陝西転運司への回送も、歳地方財政安定の大きな要因となった。制置解塩司から陝西五路転運司への糴本回送は、范祥が嘉祐6年(1061)に死去して後も反対派の抵抗を受けることなく、治平・熙寧・元豊年間を通じて順調に行われたようである。

すなわち熙寧6年(1073)には秦鳳路転運司が永興路・秦鳳路の封椿解塩鈔100万貫を予借し(57)、また涇原路が売鈔歳額を20万貫増して経略司に給付し封椿させ(58)、元豊元年の新法後には陝西路転運司が次年度歳計の前倒しで糧草を糴買し(59)、また陝西五路転運司が会同して糧草糴買定額を定め(60)、解塩の売鈔歳収を、解塩司・転運司・経略司から各州軍に給付して糧草糴買に支用させるなど(61)、とくに熙寧後半から元豊年間にかけては転運司以外に経略司などの路官も加わり、沿辺州軍へ多額の糴本回送が行われた。

(ⅵ)このほか沿辺州軍の糧草糴買の元本として、「解塩鈔」以外に「東南末塩鈔」による通商淮浙塩が充当され、これら塩鈔によって陝西路州兵の希望者には俸給の半額を塩鈔で支給するなど、見銭が不足しがちな転運司歳計(漕計)を支える重要な構成費目として機能していた(62)。

范祥改革の最大の成果は、沿辺入中区に“虚鈔の弊”が発生することなく、制置解塩司・陝西転運司と沿辺州軍がそれぞれの歳収を安定して確保する通商体制を作り上げたことである。

范祥の改革以後、通商塩の官売による塩課収入は途絶えることなく陝西諸路転運司――慶暦元年に分割した秦鳳・涇原・環慶・鄜延の四路に、熙寧５年(1072)以降熙河路が加わって計五路の分司をもつ――の糴本として支用された。元豊元年(1078)以降、定額230万貫の売鈔収益のうち30万貫は群牧司の買馬元本に充てられたが、200万貫が恒常的に陝西五路転運司に分給されて、辺郡の糧草糴買に支用された(63)。

(２)熙豊期における通商[鈔引制]の運用

范祥が改革した通商[鈔引制]においては、〈商般商販〉方式により売鈔収入(見銭)を陝西一路の歳計に充てたC.通商区は言うまでもなく、〈商般官販〉方式により見銭または解塩のいずれかで入中し――解塩であれば州軍が官売して――、その見銭収入を州県歳計に充てたA.沿辺入中区においても、転運司はすべて「解塩鈔」によって見銭収入を確保した。この方式においては、「解塩鈔」の適正な運用こそが范祥通商法の根幹をなしたと言っても過言ではない。塩鈔の適正な運用のためには、

(ｉ)客商の請買価格(＝鈔引価格)における適正な加饒率の設定、

(ⅱ)指定行塩区における食塩需要(＝客商の販塩額)と償還解塩の供給量との需給均衡、

という高度な操作が求められる。

そもそも通商「鈔引制」〈沿辺入中〉方式においては、鈔引を発給する中央官司が客商の請買――政府の卸売――時に官課を回収した後、糧草入中を果した客商が鈔引額面価格によって解池で償還された官塩を官価で販売する。鈔引価格は客商の請買価格に一定率の加饒を施した額面価格“虚估”であり、客商は鈔引価格と償還価格との差額を塩利として収取する。

沿辺入中においては、請買地点と入中地点が遠く隔たるため、沿辺における入中物資の市場価格と請買地で発給した鈔引価格との間にしばしば価値変動が起きる。鈔価と物価との間の価値変動は様々の要因で発生するが、基本的には沿辺における糴本その他の見銭需要と、糧草その他軍需物資の供給との間の均衡が崩れた時に発生し、沿辺における物価高騰と鈔価下落として表面化する。

政府は官塩の卸売時に官課を収取するので、糧草価格の高騰――鈔引価格の下落――による直接の被害を受けることはない。しかし鈔引価格と償還価格との差額を塩利として収取する客商にとって、鈔引価格の下落はそのまま販塩利益の縮小すなわち塩利の減収に繋がる。客商は次第に利の薄い入中請買に応じなくなり、やがて沿辺の軍糧確保が停滞する。熙寧年間、政府は鈔引を大量に発給して客商の入中を促進したが、虚估鈔引の大量供給は軍糧その他入中物資の価格騰貴を引き起し、沿辺入中の不振が慢性化した。政府は熙寧後半期から元豊年間にかけて、様々の手立てを講じて“虚鈔の弊”からの脱却を試みた。

１.「虚鈔の弊」と「交子法」

范祥は嘉祐６年(1061) ７月19日に卒し、代って制置解塩使となった薛向がその後熙寧２年

(1069)までの八年間、陝西路転運使を兼職した。薛向が陝西で実施した方策について、『宋史』食貨・塩p.4419には、

(ⅰ)州県の「算銭」徴収の廃止、すなわち慶暦8年の范祥による解塩「通商」化にともない、州県の歳計を確保するため客商が陝西州県に販塩する際の“算銭”、すなわち塩貨流通課税収入を鈔価中に積算する措置を取っていたが、これを廃止する、

(ⅱ)沿辺入中区――〈官般官販〉方式――の官塩の販売価格を減額する、

(ⅲ)解・河中・陝・虢・慶成等5府州軍(上記B.暫定官売区)で輸送に当役する歳役「畦戸」の負担を軽減し――三年交替、半数雇傭――、また滞納塩課337万余席を半額免除する、

(ⅳ)「小鈔」を発給して解塩の販売額を増やす(64)、

(ⅴ)塩貨の滞積が多いので、二三年間の生産調整を行う、

と五項目の内容を記す。しかし薛向は熙寧初年(1068)、淮南転運使張靖らによってその失政を批判され、政界で孤立し始めた矢先、突如王安石の意向で江淮等路発運使に転出させられた(65)。

その後薛向は任地の淮南から中央に対し、陝西永興軍(京兆府)に「買売塩場」を設置するよう要請、朝廷は間もなく制置解塩司に熙寧2、3年分の官銭計20万貫を醸出し、永興軍に椿管して買塩鈔本銭(官銭による抵当)に充てた(66)。永興軍の「買売塩場」は、政府の発給する鈔塩の額が民間の食塩需要額を上回る、所謂「虚鈔」の弊が慢性化したため、塩・鈔間の需給均衡を調節・回復する目的で設けられたものである。范祥の死後、薛向の八年間に及ぶ陝西転運使在任を経て、熙寧4年ころになってなお、「解塩鈔」の過剰な発給が民間の食塩需要額を上回る「虚鈔」の弊により、解塩の売上げが減少して未売の塩貨が大量に滞積する状態が慢性化していたことが分る。

熙寧7年(1074)には塩鈔の発給額がついに民間需要の二倍を超え(67)、「買売塩場」による鈔価の調節能力をも超えてしまったため、政府は急遽陝西に「交子法」を実施した。「交子法」とは、虚估塩鈔の過剰発給で塩価が相対的に下落したさい、糧草入中で官銭を浪費せぬよう交子(塩鈔)発給額に見合う官銭の抵当補償を制度化して、鈔・銭間の均衡を回復させる政策である。この年9月、政府は永興軍路に給付した「折二銭」20万貫を秦鳳路に移し、これを糧草市糴と買鈔元本とに充てた。しかし間もなく官銭準備高が底をつき、鈔・銭の需給均衡を回復できないまま、「交子法」による官銭抵当の試みは失敗に終った(68)。

沿辺の糧草市糴を急ぐ朝廷は翌10月、三司使章惇が内蔵庫から500万貫という巨額の資金を緊急放出して塩鈔を買上げる策に出た。朝廷による買鈔は二段階に分け、まず10月の詔で200万貫を放出、ついで11月に残り300万貫を放出した。こうした大量の官銭の注入と併せて、同月にはこの年の両路の塩鈔発給定額を180万貫に抑制して、塩鈔発給額と鈔価・塩価との均衡を図ろうとした(69)。しかしこうした朝廷・政府の懸命の鈔価安定策にも拘らず、陝西沿辺入中区における鈔価の下落と糧草価格の高騰には歯止めが掛らなかった。

2．売鈔定額の調整と「元豊新法」

翌熙寧8年(1075)、中書戸房は解塩鈔の適正な発給に関する総合的な検討をふまえて、買鈔本銭支給額と解塩鈔発給額との均衡を図るため、鈔引の抵当補強策から鈔引発給額の増加に転じ、永興・秦鳳二路の歳売解塩の定額を220万貫と定めた(70)。しかし鈔引発給の増額は却って糧草価格の高騰と鈔価の下落を招く結果となり、鈔引価格の抵当官銭として熙寧8年(1076)中に額外に支出した官銭の総額は、ついに100万貫の大台を超えて109万貫余に達した(71)。

こうした事態に対応して三司市易司は翌熙寧9年2月、新たに開封府界等9府州軍を官売区とし、州県の官売塩場で出売させた。新官売区の塩課収入を沿辺区の糧草糴本に充て、軍儲を確保するのが目的であった(72)。朝廷は引続き4月には官売州軍を6州軍増やして15府州軍とし、提挙解塩司が解池から官塩を般運して出売した。収取した塩利の一部は陝西転運司の「漕計」に回送し、残余は三司に封椿することとした(73)。この度の「官売」化は沿辺州軍に官銭を供給して糧草を糴買させるための緊急措置であり、鈔価下落・糧草高騰という根本問題の解決を目指したものではない。

朝廷は11月、三司に対し陝西鈔法の問題点を総点検する本格的な対応を指示した。これを受けて同制置解塩使皮公弼は翌熙寧10年2月、解塩鈔法の改革案を提出した。これとは別に翌3月、三司は陝西の同・華・河中・解・陜・虢と京師の計7州軍の「官売」を通商に復した(74)。

皮公弼の提案は裁可され、翌元豊元年(1078)から、所謂る「元豊新法」として施行された。三司は鈔価の下落と糧草価格の高騰の原因が熙河鈔の発給過多と近年の官売区の拡大——すなわち通商の停滞——にあるとの認識に立って、次のような“新鈔”発行による官課増収策を構想した(75)。

まず提挙出売解塩司が発給過多により価値が下落した旧鈔を回収し、「貼納銭」を追徴して新鈔に切替える。東塩・南塩は旧鈔価1席3.5貫に2.5貫を貼納して6貫、西塩は2.5貫に3貫を貼納して5.5貫として新鈔と等価とし、解州榷塩院で証印の後、通用させる。また熙寧9年に緊急に措置した開封府界等9府州軍の官売化は中止する。こうして通商区全域で新旧鈔を入替えながら、陝西二路で総課額35万席の解塩鈔を官売する。以上が“新鈔”構想の内容である。

こうして施行された新法では、新鈔の発給歳額を230万貫と定め、旧東・南塩鈔は在京等7場で市易務が貼納価格で回収し、制置解塩司が発給する新鈔は市易務下界で客商に給付し、これを解池の現地まで客商に持参させて、塩貨を受領させた(76)。次いで翌元豊2年(1079)には東塩・西塩の別を廃止して陝西解塩の鈔価を東塩の鈔価1席3.5貫に統一し(77)、また新鈔の発給時期を年間3分割して、鈔価と入中量の変動を見ながら発給額を調整できるようにした(78)。翌元豊3年(1080)からは売鈔歳額をさらに12万増額して242万貫とし、増額分についても半分を三司に封椿、半分を陝西転運司に給して糧草糴買の糴本とした(79)。熙寧末から元豊初年にかけて整備されたこの方式は、解塩新鈔を交付するのは解塩司、官塩を般運・販売するのは客商、塩課収取は塩鈔を発給する中央三司で、塩利の半額は転運司に「移用」(回送給付)された。塩利収取主体を基準にとると、これは〈三司・運司分収〉方式と呼ぶことができる。

3．解塩鈔の発給調整と元祐の復旧

しかし「元豊新法」の施行後もなお解塩鈔の発給過多、鈔価下落の趨勢は改善されず、新鈔発給を開始した熙寧10年から元豊２年までの三年間、解塩鈔の発給総額177.2万余席に対して解塩の官売総額は117.5万余席、すなわち発給額のほぼ1/3に当たる59万余席分の未売鈔を残し(80)、元豊４年(1081)にはやはり発給過多による鈔価低落を理由に、増額分の発給を停止して歳額を230万貫に戻した(81)。さらに翌元豊５年８月にはまたもや解塩鈔の供給過多を理由に売鈔歳額を200万貫までに減額、これにともない糧草糴買のために陝西五路転運司の歳計として戸部から給付される売鈔収入、即ち各路の糧草糴買の元本となる椿管陝西見銭鈔・末塩銭の額も半額に減じ、不足分は客商に入中させて補うこととした(82)。

元豊６年には沿辺への解塩供給の減少から塩価が増長し、これにともなって鈔価が高騰するという、これまでとは正反対の事態が発生した。翌元豊７年(1084)、沿辺入中区で州県官が官売する解塩は、転運使自ら塩鈔を持って解池に赴き塩貨を受領するか、または客商に入中させることとした(83)。これはさきの李稷の提案――鈔価高騰に対応して解塩鈔発給額を減じて価格を下げる(84)――とは逆に、転運司が直接解池に官塩を供給することで塩価増長を抑えようとしたものである。恐らくこれにより鈔価の高騰に歯止めがかかったのであろう、元祐元年(1086)閏２月には陝府西路転運副使呂大忠の献策で、解塩鈔の発給歳額を15万席分増やす措置が採られた(85)。

元祐元年(1086)に旧法党政権が成立すると、この年10月、沿辺八州軍の「元豊新法」による沿辺入中を廃止し、入中方式を范祥改革の旧に復した。すなわち沿辺八州軍でぼ半年前に15万席を増加した官売区歳額を范祥が定めた1,5500席の旧額に復し、解塩鈔の売鈔収益は転運司を経由せず直接州軍に給付し、沿辺州軍の折博務の業務を再開すると共に、転運司による糧草糴買と州軍による官塩販売を再開した(86)。さらに同月、通商区の解塩鈔発給総額を200万貫とし、転運司への見銭公拠による塩貨授受をやめて解塩鈔法を復活、同時にこれまで転運司・州県の歳計に繰込んできた売鈔収入も、鈔価の安定をまって順次増額することとした(87)。こうして沿辺入中区・通商区とも解塩鈔の運用は、発給総額を固定したことを除いてほぼ完全に范祥改革の旧に復帰することとなった。

翌元祐２年(1087)には、鈔価を改定して沿辺入中区・通商区とも鈔法の運用を軌道に乗せ、また官売塩の歳額から2.7万貫を抽出して京師都塩院の買鈔本銭とし、この本銭で解塩鈔を適宜回収して銭・鈔の均衡を図ることとした(88)。これにより鈔価の安定と、都塩院の買鈔による発給額の調整という二つの目的は達せられたらしく、以後元祐年間を通じて塩価の低落、鈔価の高騰、塩鈔発給過多といった通商「鈔引制」運用上の諸問題は発生していない。

なおこれより前の元豊７年(1084)６月、京西路転運司沈希顔が突如、洛水を渡河する客商の塩貨に課税し、収入を京西転運司の歳計に入れるという事態が発生した(89)。これはどうやら沈希顔独自の判断による強制科徴であったらしい。しかし政権が革まった元祐元年(1086)閏２月、京西路の全州軍を通商区に復するよう指示が出たにも拘らず、洛水を渡河する客商の塩貨への課税はその後も継続して行われ、これが最終的に廃止されたのは、沈希顔が徴税を始め

てから15年を経た元符元年(1098)のことであった(90)。

3．解池水災後の販塩体制と課税方式

元符元年10月、秋霖で解池一帯が浸水し、解県・安邑両塩池の堤岸が破壊されて解塩の生産が全面停止する事態となった。広大な解塩行区全域に塩の供給ができなくなり、旧西塩行塩区では応急措置として陝西行塩区内の他地域の産塩を代替塩として通行させ、旧東塩区・南塩区には東北末塩(京東塩・河北塩)を供給して解塩の供給不足を解消させた。

崇寧元年(1102)に政権を握った蔡京は、旧東塩区・南塩区に通行させた東北末塩の収益の多さ――官収率の高さ――に着目し、同4年(1105)の解池修復後に発行した解塩新鈔のほか、旧解塩鈔、東北末塩鈔、東南末塩鈔など各種塩鈔を広大な解塩区に導入し、鈔引の発給・使用手続を操作して――“換鈔”の手法によって――官収を増やす「新鈔法」を施行し、売鈔収入を大幅に増加させた。本稿では解池の被災から北宋末まで約30年間を、鈔引の運用方式と塩課の分配方式を基準として大きく三つの段階に時期区分し、各時期の塩政を概観する。

(1)東北末塩鈔と解塩新鈔―元符元年(1098)～崇寧3年(1104)―

元符元年冬の解池水災の後、代替塩として東北末塩が旧西塩行区に通商され、崇寧2年(1103)から旧西塩行区にだけ通用する「解塩新鈔」を発行して、新旧鈔の入替えを図りながら、官収率の高い東北末塩を陝西に広めて官収を増加させた時期。

1．解池水災後の代替塩の供給

元符元年冬、霖雨による溢水がもとで解池が破壊され、行塩区全域に解塩の供給が杜絶した。政府は陝西の西塩行区州軍に直ちに河中府・解州近隣の「小池塩」、同州・華州の私土塩、階州の「石塩」、通遠軍・岷州の「官井監塩」等、陝西管内他地域の代替塩を通行させ、東塩・南塩行区州軍には京東・河北路に通商している東北末塩を流通させた(91)。

解池一帯の浸水被害は大きく、修復工事を開始したのは被災から二年を経た元符3年のことであった(92)。翌建中靖国元年(1101)、近隣5カ所の小塩池に池塩の産出を見たが、小塩池5カ所合せても産量は2000石ほどにすぎず(93)、翌崇寧元年(1102)には解州賈瓦の南北塩池の畦眼を修復して、178,2700余斤(約3.5万石)の産塩を得たが、往時の解池産塩額には遠く及ばなかった。しかし翌年から解池東南方の中条山麓に広がる東西50里、南北70里の大塩沢の改修工事を開始し、水災から数えて7年半後の崇寧4年(1105)夏に竣工して、解塩の生産を再開した(94)。

2．解塩新鈔の発行

解池被災直後の元符元年(1098)、解塩に替る代替塩として陝西の土塩のほか東北末塩(河北

塩・京東塩)を旧解塩東塩・南塩区に大量に通行させたが、これにより水災前に客商(西商)が請買・販塩していた解塩は陝西の旧西塩区にしか流通しなくなり、そのため西塩鈔が大量に滞積した(95)。解池水災から3年後の崇寧元年(1102)8月、政権を握った蔡京が塩政の分野で最初に直面したのは、旧西塩鈔の大量滞貨をどうするかという問題であった。

蔡京は、解塩旧鈔の滞留一掃と解塩行区での官収増加という二つの目的を同時に達成する手段として、官収率の高い代替塩の東北末塩鈔に着目した。解池水災後、代替塩として解塩東塩区・南塩区に通行させた東北末塩の官売価格は1袋6貫、うち塩本は1貫未満で、このころ歳収はすでに息銭200万貫を得ていたというから(96)、卸売価格に対する塩本率は16.6%、〈商般商販〉のため官の輸送経費はゼロ、よって官収率は83%を超えていた。

蔡京は崇寧2年(1103)9月、まず陝西に400万貫の官銭を支給して解塩旧西塩鈔の鈔価を回復し、滞留している旧西塩鈔を陝西の旧西塩区に通行させ、同時にこれまで解塩を販売してきた客商(西商)にも東北末塩の請買を許可し、新たに陝西一路にのみ通行する「解塩新鈔」を発行した(97)。すなわち官銭の裏付けで信用のある新鈔を発行して旧鈔と入替えながら、東北末塩を請買する客商には陝西だけに通用する解塩新鈔を発給し、官収率の高い東北末塩を旧西塩区に広めて歳収の増加を図ったのである。なおこの時、東南末塩鈔についても河北塩鈔・解塩鈔等との交換比率を定めて解塩行区に通商させた(98)。

しかし新鈔発行当初、並辺州軍で糴買価格が高騰したことなどから、新鈔の需要が高まる一方で旧鈔の回収が進まず、4月から9月にかけて陝西旧塩鈔を東南末塩鈔に買換えるには、百貫単位で見銭3対旧鈔7とする使用区分を定めて新鈔の普及を図った。しかしその結果陝西新鈔の発給額は1000万貫を超え、今度は東南末塩鈔など他の鈔引の価格も増長した(99)。解塩新鈔の大量発行により、崇寧2年12月4日から翌3年4月19日までの4カ月間で、鈔価の差額によって利を求める客商・鋪戸等が、陝西・河北に入銭して東南末塩鈔と交換した額は計500万貫を超えた(100)。

この新法塩鈔による陝西・河東への代替東北塩の通商により、崇寧元年9月から翌2年9月までの一年間で、東北末塩の歳収(売鈔収入)は164万貫、うち生産者竈戸に支給する塩本銭は14万貫で、150万貫が塩課収入であった(101)。総収入に対する塩本率は8.5%(対官課比は9.3%)、商般のため官の輸送経費の支出はなく、従って官収率は90%を超えた。これは崇寧元年に蔡京が導入した時の東北末塩の官収率約83%を大幅に上回る。また解塩新鈔による東北末塩歳収150万貫だけで、旧解塩鈔の全通商区の売鈔定額200万貫(元祐元年10月改定)のほぼ75%に相当する。

解塩新鈔が大量に通行して間もなく、東北塩の私塩が解塩通商区へ流入したことがあるが、殆ど影響を与えなかったようである(102)。しかし新鈔の急速な普及とは逆に、解塩旧鈔の鈔価低落はこの後も止まらず、熙豊期の買売鈔所を復興して、東南末塩鈔・東北一分塩鈔・度牒・官告雑物等との換易を試みたこともあるが、効果のほどは不明である(103)。さらに崇寧3年(1104)には、国初以来続いてきた東南塩の転般法を廃止して直達法としたが(104)、直達法への転換が東南塩の通商拡大に結びついたかどうか、史料上から検証することはできない。

（２）解池修復と通商［鈔引制］〈新旧換鈔〉方式―崇寧４年（1105）～大観４年（1110）―

この時期には解池が修復して解塩の生産が再開され、解塩新鈔を大量に発行して官収をさらに増加させた。また水災前に制置解塩司が陝西転運司に回送していた売鈔収入を見銭から解塩新鈔に切替え、范祥以来の沿辺入中と結合した通商［鈔引制］〈沿辺入中〉方式を廃止した。

１．解池の修復と解塩の生産再開

崇寧４年（1105）に解池が修復し解塩の生産が恢復すると、范祥改革に始まる朝廷から陝西転運司へ送付する糧草糴本――解池水災の前年まで制置解塩司が通商解塩の売鈔歳額を見銭で送付してきた――は、見銭ではなく解塩新鈔を用いることとした(105)。これは国初以来続いてきた通商［鈔引制］〈沿辺入中〉方式の廃止であり、同時に范祥が創始した〈商販官販〉方式による陝西州軍の経費確保も廃止する、重大な改革である。蔡京は転運司への見銭給付を廃止して塩鈔の給付に切換えたため、解池が修復して解塩の供給が再開されても、売鈔収入の転運司への回送はなされなかった。陝西の通商は解塩新鈔によってしか行えないため、見銭または解塩現物で入中する范祥以来の沿辺入中区も廃止された。

これにより京師で客商が見銭で請買した売鈔歳収は全額中央政府が独占し、他方で見銭歳収を剥奪された陝西転運司は売鈔収入という巨大な財源を喪失した。またこの時期には解塩の供給能力の回復、解塩の増産など、解塩区の復旧が進む一方で、９月には解塩区に通行する河北塩の私塩取締りのために増置した官兵が削減された(106)。

２．「貼納」と「対帯」―〈新旧換鈔〉方式の導入―

翌崇寧５年（1106）、蔡京は客商が京師榷貨務で解塩旧鈔を東南末塩鈔と交換するさい、客商に「貼納（貼輸）」「対帯（帯行）」と呼ばれる鈔価の追徴を行なって官収を増やした。これは“換鈔”によって客商から各種手数料を追徴して――すなわち鈔価（＝請買価格）と官塩官課（＝償還価格）との差額を商利として収取する客商の販塩利益を収奪して――官収を増やす、新方式の鈔引制である。本稿では蔡京が用いた新しい鈔法を通商［鈔引制］〈新旧換鈔〉方式と呼ぶ。

かつて范祥改革の後に慢性化した「解塩鈔」の発給過多と鈔価低落の問題を処理するため、熙寧10年（1077）２月、提挙解塩司が入中特別区を除く全通商区で旧解塩鈔を回収し、陝西全域に新鈔を発給したことがある(108)。このとき、客商の保有する旧鈔に対しては次の三つの方法が採られた。すなわち

（ⅰ）新鈔価格で購買した鈔引だけを通用させ、旧鈔を廃棄処分とする、

（ⅱ）一定額の見銭を追徴（「貼輸」）した鈔引を、新鈔に準じて通用させる、

（ⅲ）「貼輸」した旧鈔と新鈔との使用比率を定めて通行させる（「対帯」）、

蔡京はこの三方式をすべて用いて新鈔の流通の拡大を図った。すでに崇寧２年（1103）４月、

陝西旧塩鈔と東南末塩鈔との使用比率は見銭３対旧鈔７とされていたが、蔡京は鈔価100貫につき30貫の見銭を「貼納」させて全額新鈔と交換させ、手持ちの旧鈔を廃棄させた(109)。これは上記（ⅰ）の手法で新鈔の普及を図ったものである。また鈔価100貫を基準として「貼輸」額が40貫、50貫、60貫と増えるに従って旧鈔の併用量を増やし――貼納見銭40貫なら旧鈔50貫、見銭50貫なら旧鈔60貫というふうに――、逆に「貼輸」しない客商には保有する旧鈔価格を20％減じて価値を下げる措置をとった(110)。これは上記（ⅱ）の貼輸法（貼納法）と（ⅲ）対帯法（帯行法）とを併用したものである。

このように蔡京の新鈔法は、鈔価の切上げや販塩価格の値上げなどの方法によらず、“換鈔”による客商からの収奪強化で官収を増やす手法をとった。この間、鈔価は熙豊期以来１袋６貫前後の水準を維持し、塩価も崇寧年間まで毎斤40～45文足で安定していた(111)。

（３）蔡京復職と「政和新法」―大観４年（1110）～宣和７年（1120）―

新鈔法の運用によって歳収がさらに増加し、大観２、３年（1108、09）には２年連続して熙豊期の旧額を超え、大観３年には京西北路の西京・河陽（孟州）・汝州の３府州を東北塩行区から解塩通商区に変更し、この３府州の解塩課額３万席を増して計23万席を供給した(112)。

１．解塩行区の復旧と解塩旧法の復活

大観３年（1109）６月に致仕した蔡京は、翌４年６月には杭州に出居し、代って宰相となった張商英は解塩通商区をさらに拡大し、拡大した解塩行区で新・旧解塩鈔の通行区分を厳格に守らせながら、解塩新鈔販売による増収策を推進した(113)。その内容は

（ⅰ）東北塩は新規に拡大した行塩区でのみ販売し、旧来の解塩通行区への通行を禁じる、
（ⅱ）すでに東北塩を算請した客商は解塩区への立入りを禁じ、近隣州軍でのみ販塩する、
（ⅲ）すでに開放した陝西・川峡路の全州軍と河東の磁・隰・晋・絳４州、京西南路の唐・鄧・襄・均・金・房・随・郢８州軍、京西北路の西京・河陽・汝州３府州軍に東北塩を般運・販売してはならない、

というもので、これを受けて翌８月、措置財用所は次の九項目の措置を策定した(114)。

（ⅰ）京師への途次鄭州管下及び開封府中牟・祥符・陽武諸県への解塩通行を許可する、
（ⅱ）さきごろ王仲千が奏請した京西北路の陳・潁・蔡・信陽４州軍への通行は停止する、
（ⅲ）新規の解塩行区での東北塩販売は、今月１日の通知どおり施行する、
（ⅳ）東北塩を算請してまだ京師に到着しない客商は現在の販塩地で、塩場に居て請買していない客商は塩場で、京師に到着してまだ販塩しない客商は５日以内に都塩院で、それぞれ東北塩鈔を批引すれば、官は市価で全額買取り、価銭を榷貨務から償還させる、
（ⅴ）在京鋪戸が収買した客商の塩貨は、都塩院の出売公示まで、旧価格で市販してよい、
（ⅵ）在京鋪戸が都塩院で請買した塩貨は官価45文足/斤で市販し、毎斤10％の耗塩を取る、
（ⅶ）戸部から榷貨務監官１員を派遣し、鈔塩売買事務に専念させる、

(viii)都塩院に般入される塩貨の収納庫を新設する、

(ix)現任の提挙買鈔戸部郎官は、鈔塩売買事務に専念させる。

これらは全体として、東北塩の通行を規制しながら、供給能力を回復した解塩の通行を拡大することを基調としているように見える。しかし東北塩の流通については同時に

(i)客商や京師の塩商がすでに請買した東北塩は期限内に市価で買取り、収買本銭には転運司係省銭、提挙司市易務銭、提刑司諸色封椿銭等を充てる、

(ii)官が客商・鋪戸から収買した東北塩は市易務・権貨務で出売し、販売価格は熙豊期の入中綱塩価格に毎斤3文上乗せし、官収した息銭は収買本銭を提供する上記各官司に還元する——市易銭は市易司二分、転運司三分、五分封椿とし、その他は市易司五分、封椿五分とする——、

など逆に流通を促進する方策も打出し、張商英の塩政には一貫性が見られない(115)。張商英の塩政はなんら実効を挙げえないまま、他の失政なども絡んで翌政和元年(1111)夏4月に失脚した。

2．蔡京の復職と「政和新法」

張商英の失脚後、翌2年(1112)2月には蔡京が復活し、5月から東南末塩を含む全国的な塩法改革に取り組んだ。この塩政改革は後に「政和新法」と呼ばれることとなる。「政和新法」の中心課題は国初以来官売体制を敷いてきた東南塩の全面通商化にあり、政和6年(1116)には大観元年(1107)以来復活していた転般法を再び廃止して直達法とした(116)。解塩についてはだ客商・鋪戸への「貼納」「対帯」をさらに厳しく適用するという手法で課利の増収を図った。

淮浙塩の「官売」廃止と解塩区への「東南末塩鈔」の導入によって、政和6年(1116)までに権貨務の売鈔収益の累積額は、解塩・末塩合わせて2000万貫に達した。官課の増収を支えたのは解塩に数倍する東南末塩の供給であったから、さらなる増収をめざす政府は、任諒らに命じて解塩鈔を「折閲」——鈔価の強制切下げ——してまで東南塩の流通を増やそうと図った。これは客商らの反対に遭って直ちに撤回したが、これを契機に客商は政府の鈔引政策を警戒して鈔引請買を控えるようになり、売鈔収入をさらに低減させてしまうこととなった(117)。

そこで政府は東南塩・東北塩の塩法改革が解塩の通商に支障を来さぬよう、解塩現行法を改変せぬ旨を全国に伝えたが、翌政和7年(1117)、宰相鄭居中は童貫が主管する解塩の塩利独占を図り、解塩旧法を復活して解塩区への東北塩の通行を禁じたため、客商の請買はさらに低調となり、権貨務入銭額の減少という逆の効果を招く惨めな失敗に終った(118)。

翌政和8年(1118.11改重和元年)閏9月、低調となった解塩商販を挽回するため、朝廷は解塩主管の童貫を解任し、東北末塩の通行を解禁して解塩新法を復活した。しかしこのとき蔡京は、新鈔による解塩請買をさらに増進させるため、般運用の塩袋を改造して旧塩袋の使用を禁じ、新袋・新鈔を請買した商人だけが旧鈔と交換できる「塩鈔対帯(帯搭)法」を施行して、客商・鋪戸からの収奪をさらに強化した。これにより権貨務は入銭1日30万貫という巨額の官収を得ることに成功したが、相次ぐ鈔法手続の改制とそれにともなう手数料の追加徴収は、次第に客商の

般塩活動を停滞させ、商人が塩貨を貯積したまま販塩できずに次の鈔法改正を待つ有様で——これを“趁新鈔”(「新鈔追い」)と呼んだ——、商人の経済活動に与えた損害は大きかった(119)。

政和8年(1118)閏9月の東北塩解禁の結果、翌10月から12月(重和元年)までの3ヶ月間に京西南北路の解塩区には復活した東北塩が467,1700余斤(約9.3万石)という販売実績を挙げ、うち京西河陽(孟州)では平年の13,2200斤に対して24,2700斤、鄭州では8,1300斤に対して16,0200斤と、それぞれほぼ倍増という成果を挙げた(120)。しかしこの程度の増収しか成果として記録されていないということは、政和6年の「折閲」以降、たび重なる客商からの収奪強化により、華北の広い範囲に及んだ通商活動の停滞がかなり深刻であったことを物語る。

3.「減価帯売」から新法の廃止へ

その後数年間、客商の販塩活動は依然として低調であったが、宣和5年(1123)ころまでは、東南塩・東北塩とも解塩鈔の販売による歳収は順調に確保されたようである(121)。しかし宣和7年(1125)2月の東北塩の「減価帯売」指揮を契機に歳収が激減し、解塩行塩区では東北塩・東南塩とともに政和旧法、即ち「対帯法」施行以前の塩鈔法に復することとなった(122)。

「減価帯売」指揮とは、もともと東北塩の行塩区に出された鈔価低減の指示であったが、東北塩の鈔価低減は解塩行区での新旧鈔の使用区分(対帯)を混乱させ、旧解塩区だけでなく東北塩行区や東南塩行区の諸路でも様々の弊害を生じ、これに安価になった東北塩の私塩が盛行して、官収を大きく減損させる結果となった。

かくして靖康元年(1126)、「政和新法」そのものを廃止して“熙豊以前の旧法”すなわち范祥の通商[鈔引制]〈沿辺入中〉方式を復活し、解塩・東北塩の行塩区を拡げるとともに請買価格を1席8貫省と定め、貼納・対帯等の鈔価操作を止めて鈔引額面価格を維持固定し、糧草を入中する客商には京師榷貨務での入銭請鈔の手続きを省略し、解池に直接赴いて塩貨を受領させた(121)。

蔡京「新鈔法」の諸施策を全面否定し、范祥改革の原点に立返ることを目指したこの復古策は、その効果を見る間もなく、翌靖康2年(1127)に北宋は滅亡する。

おわりに

国初、解塩の販売体制は後周の榷塩体制を継承して、東塩禁榷区と南塩・西塩通商区とに三分する官商並売体制をとった。東塩区には禁榷[官売制]〈官般官販〉方式、南塩・西塩区には通商[収算制]〈従量課税〉方式が布かれた。南塩・西塩通商区では咸平3年(1000)から、河北の「折中」制度に倣って「沿辺入中」制度が実施され、通商方式を[鈔引制]〈沿辺入中〉方式に改めた。

沿辺入中は咸平6年から榷貨務の売鈔収入を陝西転運司へ回送して地方経費を確保し、景徳元年(1004)には沿辺州軍から解池への距離に応じて入中請買塩価を減じる「等第減額則例」を定め、翌2年からは政府内の塩利収取主体を基準として入中方式を二分し——榷貨務に入銭し南塩区で販売する方式と、沿辺州軍に見銭または糧草を入中し西塩区で販塩する方式――、南塩区は権貨務が、西塩区は陝西転運司の双方が塩利歳収を確保する体制が成立した。天聖元年(1023)、西・南塩行区では「等第減額」則例に代り、沿辺州軍から解池への距離に応じた「加饒」率を設定して入中請買鈔価を高擡させる「等第加饒則例」を定め、“虚估”による沿辺入中を推進した。適正な「加饒」率の設定によって、客商は請買価格(＝鈔引額面価格)と償還価格との差額を商利として収取することができた。

天聖8年(1030)、官塩輸送の困難から東塩区の〈官般官販〉方式を廃止し、陝西三路の行塩区をすべて通商区とした。ただし東・南・西塩それぞれの行塩区は互いに侵犯を禁じ、東塩区の塩利収入は新設の監塩官が所収して旧東塩区州軍の地方経費に支用した。

宝元元年(1038)に西夏が興起して沿辺が緊張してくると、政府が入中促進のため重ねた「加饒」によって“虚鈔の弊”――糧草の高騰と鈔価の下落――が慢性化し、しばしば償還塩の供給過多による官銭の大量減損を引起した。范祥は陝西塩政の根本問題は入中方式の改革にあると考え、国初以来の糧草入中を見銭入中に転換するとともに、客商が入中する解塩を州軍が販売して塩利を収取し地方経費として支用する、〈商般官販〉という画期的な通商方式を創出した。范祥改革の成果は、この新方式の[鈔引制]によって得られる塩利を中央権貨務だけに独占させず、陝西転運司と沿辺州軍の双方に安定した歳収を確保させた点にある。

慢性化した“虚鈔の弊”は、沿辺入中の規模が拡大した熙豊期にはさらに深刻の度を加えた。熙寧7年(1074)の「交子法」、元豊元年(1078)の「元豊新法」など種々の試みにも拘らず、糧草の高騰と鈔価の下落は止むことがなかった。しかし元祐元年(1086)、旧法党政権は糧草入中の総額を抑制し、償還解塩の供給額に見合う解塩鈔を発給し、〈商般官販〉方式による沿辺州軍の販塩活動を再開するなど、陝西の塩政を悉ごとく范祥の旧法に戻した。その結果、鈔引の発給額が償還塩の供給量と見合う適正規模に落着き、元祐年間を通じて鈔価は次第に安定していった。この時期の鈔引政策の推移を見ると、“虚鈔の弊”の根本原因は「加饒」を含む鈔引価格――官塩請買価格――の設定にあるのではなく、京師権貨務での鈔引発給総額と産塩解池での償還塩貨総額との不均衡に起因するものであったことが分る。

元符元年(1098)冬、解池が水害に遭い、生産が停止するという事態が発生した。この事故以降、解塩が流通する塩区という意味での解塩行区は事実上消滅する。蔡京は崇寧元年(1102)、広大な解塩行区に隣接する東北末塩を代替通行させ、官収率の高い東北末塩の通商によって官収を増加させた。蔡京は翌2年(1103)、「解塩新鈔」を発行して旧西塩区に通行させたが、逆に旧西塩区にしか通用しない解塩鈔が大量に滞積するという問題が発生した。同4年に解池が修復して解塩の生産が再開されると、蔡京は解塩新鈔と旧解塩鈔・東北末塩鈔・東南末塩鈔等との交換比率・使用区分を操作して官収を増やす「貼納」「対帯」の手法を開発し、旧解塩行区全域に通商[鈔引制]〈換鈔〉方式を施行した。同時に陝西転運司への売鈔収入の見銭回送を停止し、沿辺入中と結合した[鈔引制]運用を廃止した。崇寧5年(1106)には豊富な産塩を誇る東南末塩の官売体制を廃止し、客商の東南塩請買を促進してさらなる官収の増加を図った。

東南末塩鈔の参入で政府の塩利歳収は急伸し、政和５、６年(1116)には旧解塩区と淮浙塩官売区を併せた地域からの通商塩歳収が空前の1000万貫を超え、“換鈔”による高い官収率は北宋最末期に蔡京の「政和新法」が廃止されるまで維持された。

表15に国初から解池水災までの時期における、解塩の官売歳収と通商歳収とを併せて示し、**表16**に解池水災から北宋末にいたる時期の解塩鈔法の変遷の概略を示す。

表15　西北塩(解塩)の官売歳収と通商歳収

年次	産塩額と官売塩の歳収	通商塩の官課歳収(売鈔額)
至道２年(996)	両池産塩37,3545席*1	
至道３年(997)	鬻銭72.8万餘貫*2	
大中祥符９年(1016)	両池所貯塩2176,1080貫*3	
天禧３年(1019)		[南塩]権貨務入銭37万貫*4
乾興元年(1022)		[南塩]権貨務入銭23万貫*4
天聖以来(1023～)	両池産塩152,6429石(655,120席)*1	
天聖７年(1029)	[東塩]歳収45万貫*5	
天聖８年(1030)	―解塩行区塩全面通商―	[三路塩]権貨務入銭60万貫*5
天聖９年(1031)		[三路塩]権貨務入銭69万貫*5
康定元年(1040)	旧東塩区12州軍官売*6	
慶暦４年(1044)	64州軍中42州軍官売*7	
慶暦６年(1046)	歳収147万貫*8	
慶暦７年(1047)	歳収195万貫*8	
慶暦８年(1048)	歳収237.5万貫*8	
慶暦８年(1048)	―范祥改革―	
皇祐元年(1049)	沿辺区官売歳額6.86万貫*9	通商塩売鈔歳課[祖額]166万貫*9
皇祐３年(1051)		歳収221万貫*8
皇祐４年(1052)		歳収215万貫*8
皇祐５年(1053)		歳収178万貫*8*10
至和元年(1054)		歳収169万貫*8*10
治平２年(1065)		歳収167万貫*8
治平４年(1067)	産塩総課額433,6785石*8	
熙寧７年(1074)		歳額180万貫*8
熙寧８年(1075)		歳額220万貫*9*12
熙寧９年(1076)	15州軍に官売復活(～元豊元年)*11*13	
熙寧10年(1077)	沿辺区官売実収17.7万貫*14	
元豊元年(1078)	―元豊新法―	新定額230万貫*9*15
(熙寧10年～元豊３年)	産塩517万石	発給鈔引778万石*16
元豊３年(1080)		定額242万貫*17
元豊４年(1081)		定額230万貫*18
元豊５年(1082)		歳額200万貫*19
元豊７年(1084)	京西路官売[渡河課税]*20	
元祐元年(1086)	沿辺区官売歳額6.86万貫*21	定額200万貫*22、152.6万石*23
元符元年(1098)	―解池水災～崇寧５(1106)修復―	
崇寧元年(1102)	―解塩新鈔発行―	東北塩売鈔歳収164万貫*24
大観２年(1108)		解塩新収170万石*23
大観３年(1109)		解塩種収154万石*23

表17に北宋時代における解塩通行州軍の官売・通商変遷の総覧を示す。

表15注

＊1『宋史』食貨・塩p.4414「至道二年、両池得塩三十七万三千五百四十五席、席一百一十六斤半」。『長編』109天聖8.10.16丙申「陝西解州解県・安邑両池、歳為塩百五十二万六千四百二九石、石五十斤、以席計為六十五万五千一百二十席、席百六十斤」。

＊2『長編』97天禧５年末条「凡顆塩・末塩皆以五斤為㪷、顆塩売価毎斤自四十至三十四銭、有三等。末塩売価自四十七至八銭、有三十一等。至道末売顆塩銭七十二万八千余貫、末塩一百三十六万余貫云」。

＊3『会要』食貨23-30〔塩法雑録〕大中祥符1.4.「陝西転運副使張象中言、安邑・解県両池、貯塩三千二百七十六菴、計三億八千八百八十万八千九百二十八斤、計直二千一百七十六万一千八十貫」。

＊4『長編』103天聖3.11.2庚辰「初計置司議茶塩利害、因言、解州〔県〕・安邑両池旧募商人售京西諸州塩者、入銭京師榷貨務、乾興元年歳入才二十三万緡、視天禧三年数損十四万、請一切罷之、専令入中並辺芻粟…於是復詔入銭京師、従京師所便」。

＊5『長編』123宝元2.6.14癸酉「初用盛度・王随議、許解塩通商、行之一年、歳入視天聖七年増緡銭十五万、明年更増九万、其後歳益減耗」。『長編』109天聖8.10.16丙申「(盛度・王随)与権三司使胡則画通商五利上之、…今得商人六十余万、頗助経費、四利也」。

＊6『長編』123宝元2.6.14癸酉「…明年(康定元年)即詔、京師・南京及京東州軍、淮南宿・亳州皆禁如旧、未幾復京師榷法、又明年(康定2.11即慶曆元年)更議通淮南塩給京東等八州軍、而兗・鄆・宿・亳其後遂皆食淮南塩」。

＊7『長編』135慶曆2.1.13戊午「…始詔復京師榷法…復禁永興・同・華・耀・河中・陝・虢・解・晋・絳・慶成十一州軍商賈、官自輦運、以衙前主之」。『長編』146慶曆4.2.2 乙未「慶曆二年既用范宗傑説、復京師榷法…久之、東・南塩池悉復榷」。

＊8『長編』171皇祐3.12.22己亥「(包拯還自陝西…)又言、勘会祥新法、自皇祐元年正月至二年十二月終、共収見銭二百八十九万一千貫有零、比較旧法、二年計増銭五十一万六千貫有零、三年春季又已収到見銭七十余万貫、兼糴到斛斗万数不少」、包拯『包孝粛奏議集』3 再挙范祥「勘会范祥新法、自皇祐元年正月至二年十二月終、共収到見銭二百八十九万一千貫有零、比較旧法、二年計増銭五十一万六千有零、三年春季又収到見銭七十餘万貫、兼糴到斛斗万数不少」。『長編』187嘉祐3.7.24壬辰「…祥始言歳入緡銭可得二百三十万、後不能辦、皇祐三年入緡銭二百二十一万、四年二百十五万、以四年数視慶曆六年、増六十八万、視七年、増二十万…其後歳入雖贏縮不常、至五年猶及百七十八万、至和元年百六十九万、其後遂以元年入銭為歳課定率、量入計出、可助辺費十之八」。『会要』食貨24-28〔塩法〕元祐1.2.6「戸部言、嘉祐中中書劄子、解塩鈔立定一百六十六万三千四百緡為年額、今相度歳給解塩鈔、欲乞以二百万緡為額」。『宋史』食貨・塩p.4419「治平二年歳入百六十七万」。『会要』食貨23-9〔国朝会要『中書備対』〕「治平四年解塩課額四百三十三万六千七百八十五石、石重五十斤」。

＊9『会要』食貨23-39〔塩法雑録〕皇祐1.10.「(権三司使包)拯言…余並令通商、重青塩之禁、専置解塩使、歳課一百六十万」。『会要』食貨23-9〔解塩旧額〕「一年塩鈔酌中一百六十六万貫、熙寧八年後以二百二十万貫為額、元豊元年以二百三十万貫、永為定額」、『考索』7 再攷本朝塩・交引同。『会要』食貨24-7〔塩法〕熙寧8.4.14「中書戸房比較陝西塩鈔利害及定条約八事…(第七項)旧鈔額酌中、歳出百六十六万緡。今雖計一歳売塩二百二十万緡、熙河自有塩井、用解塩絶少。塩禁雖厳、必不能頓増五六十万緡。恐所在積塩数多、未可便為民間用」。

＊10『会要』食貨23-39〔塩法雑録〕皇祐1.10.「(権三司使包)拯言…余並令通商、重青塩之禁、専置解塩使、歳課一百六十万、以計置沿辺九州軍一百二十余城寨芻粟、量入計出、可助十分之八、余則責辦本路転運司」。『長編』187嘉祐3.7.24壬辰「…祥始言歳入緡銭可得二百三十万緡…其後歳入雖贏縮不常、至五年猶及百七十八万、至和元年百六十九万。其後遂以元年入銭為歳課定率、量入計出」。

＊11『長編』257.熙寧7.10.26庚寅「三司使章惇乞借内蔵庫銭五百万緡、令市易司選能幹之人分往四路、入中算請塩引、及乗賤計置糴買。詔借二百万緡」。『長編』258熙寧7.11.乙巳詔「内蔵庫借銭三百万緡、付三司買陝西塩鈔」。『長編』同熙寧7.11.丙午「三司言、相度秦鳳・永興両路塩鈔、歳以百八十万緡為額。従之」。

＊12『会要』食貨24-7〔塩法〕熙寧8.閏4.14「中書戸房比較陝西塩鈔利害及定条約八事、買鈔本銭有限…出鈔不可不立限…今請永興・新法両路共立二百二十万緡為額、永興路八十一万五千緡、秦鳳路百三十八万五千緡、内熙河五十三万七千緡」、『長編』263同年月日条同。

＊13『長編』280熙寧10.2.27戊申「…詔除提挙出売解塩司官売地分、別降指揮外、及市易司已買塩亦依客人例貼納価

銭、余依所定」、『会要』食貨24-13〔塩法〕熙寧10.2.25条同。『長編』281熙寧10.3.16丙寅「三司言、相度及再体問商人、自来出産小塩及隣接京東・河北末塩地分、澶・濮・済・単・曹・懐州、南京及開封府界陽武・酸棗・封邱・考城・東明・白馬・胙城・長垣・韋城九県、令通商必為外来及小塩侵奪、販売不行、合依旧官自出売、仍召客人入中外、其河陽・同・華・解・河中・陝府、及開封府界陳留・雍邱・襄邑・中牟・管城・尉氏・鄢陵・扶溝・太康・咸平・新鄭十一県、欲且令通商、候逐月繳到客人交引、対比官売課利不相遠、即立為定法、若相遠或趁辨年額不敷、即依旧官売」。

*14『会要』食貨22-1～4〔塩法五〕『中書備対』所載熙寧10年沿辺官売区８州軍の官売実収、同23-9〔鈔価〕官売14州軍熙寧10年実収額は計17,7523.602貫。

*15『長編』281熙寧10.4.23壬寅「三司言、相度皮公弼塩法、今参酌前後両池所支塩数、歳入以二百三十万緡為額、自明年為始、従之」。『長編』281熙寧10.4.24癸卯「三司言、近奉朝旨、将旧法東・南塩鈔、委官於在京等七処置場、毎席三貫四百、権於内蔵庫借見銭二十万貫応副収買、候貼納到塩銭逐旋撥還、尋令市易務依此収買…所有合貼新鈔…赴市易務下界、契勘書填、給付客人、令於解池請領塩貨…」、『会要』食貨24-15〔塩法〕熙寧10.4.23条同。『長編』284熙寧10.8.29丙午「詔三司借支銭三十万緡、於京師置場買売塩鈔、以制置解塩司皮公弼請復范祥旧法、平準市価故也」、『会要』食貨24-16〔塩法〕熙寧10.8.25条同。

*16『長編』312元豊4.4.12己巳「…新法以後、鈔有定数、起熙寧十年冬尽元豊二年、通印給過一百七十七万余席、而会問池塩所出纔一百一十七万五千余席、尚有鈔五十九万有余、流布官私、則其勢不得不賤」(『会要』食貨24-10〔塩法〕元豊4.4.12条略同)。産塩517万石に対し鈔引は778万石。

*17『長編』296元豊2.2.17丙辰「詔、解池塩歳以二百四十二万緡為額、自明年始、其歳増銭十二万緡、半令三司封椿、半与陝西転運司移用。…於是三司及制置解塩司言…後給鈔更不分東・西、関渡西塩約束悉廃省、並従之」、『会要』食貨24-17〔塩法〕元豊2.2.17条同。『会要』食貨23-10〔解塩鈔価〕「解州解県・安邑両池、旧額二百二十万貫、新額二百三十万貫、元豊三年始為二百四十二万貫為額」。

*18『長編』299元豊2.7.14庚辰「詔陝西塩鈔、歳分三限、即印給」(『会要』食貨24-18〔塩法〕元豊2.7.14条同)。『長編』312元豊4.4.13庚午「陝西路制置解塩司言…去年三司封椿歳増銭六万緡、凡為鈔九千七百五十一席、今民間鈔多価格賤、若更変売、恐転損鈔価、凡鈔乞納三司、更不出。従之」、『会要』食貨24-21〔塩法〕元豊4.4.13条同。

*19『長編』329元豊5.8.3壬子「戸部言、日者塩鈔数多、価賤難售、相度所支陝西五路計置軍儲鈔計二百万緡、鈔内随逐路所得各減半、凡百万緡、其逐路糴買糧草銭、即於減罷椿還陝西見銭鈔・末塩銭内、随分数与逐路、令商人入便。従之」、『会要』食貨24-22〔塩法〕元豊5.8.3条同)。

*20『長編』346元豊7.6.16甲申「解塩已権売、商人許其販易、今京西転運司又為権法、塩之過洛者皆苛留入官、使輸銭然後放行、蓋沈希顔掊克以牟利、商旅苦之、後不復行」。『長編』369元祐1.閏2.18丙午「(戸部)又言…今京西転運司置官設局、使民間不得貨売、頗為不便、伏乞放行通商、毎席止令増貼買銭一貫、或五百文」。『宋史』食貨・塩p.4424「元祐元年、京西始復旧制通商、然猶官売、元符元年乃罷之」。

*21『会要』食貨24-27〔塩法〕元祐1.10.3「八州軍禁権客塩官自鬻塩、歳以万五千五百席為額、一依范祥旧法、其出売到塩銭、以給転運司糴買。乞今後有降解塩額鈔、更不下転運司、委自本司依逐州軍合得年額支給。戸部看詳、欲依所乞、候民間積滞塩鈔稀少日、朝廷或応副本路見銭。従之」。『長編』389元祐1.10.3丁亥「戸部言…将八州軍官売解塩、一依范祥旧法、許本司判給公憑、召客人自用財本指射入納、拠合支還客人塩価銭数、将転運司糴買年額塩鈔紐算支給、其出売到塩銭、都応副転運司糴買」。

*22『長編』389元祐1.10.6庚寅「戸部言、嘉祐中中書劄子、解塩鈔立定一百六十六万三千四百緡為年額、今相度歳給解塩鈔、欲以二百万緡為額、買馬之類並在数内。其応係見銭公拠並乞寝罷、庶不侵害鈔法、候将来民間積滞塩鈔稀少、価直平日、其歳給之鈔別奏取朝旨、節次増給、以助経費」。

*23『会要』食貨24-39〔塩法〕大観3.10.19「提点陝西等路解塩王仲千奏…今欲乞先次通行西京・河陽并汝州、係京西南路経過去処、亦乞通行、仍毎歳更支塩三万席、通見支陝西等路塩数共二十三万席為額」)。『紀事本末』137大観3.10.19庚寅「引進使・耀州観察使・帯御器械・専切提点陝西等路解塩王仲千言、契勘解塩旧法、歳収塩三十四万六千九百十五席一百八十觔為額、昨自措置後来、大観二年種収新塩三十八万千五百八十八席二十二觔、并大観三年種収三十五万三百九十四席一百七十一觔、連併二年敷過旧額」。

*24『備要』26崇寧2.9.条注「(崇寧元年)九月講議司言、自去年九月十七日推行新法東北塩、十月九日客人入状算請、至今年九月二日終、収趁到緡銭一百六十四万有奇、本銭一十四万緡有奇、余皆息銭」。『紀事本末』122崇寧2.9.壬午「講議司劄子、自去年九月十七日推行新法東北塩、十月九日客人入状納算請、至今年九月三日終、収趁到銭一百六十四万八千六百二十六貫三百六十八文、本銭一十四万七千七十三貫、息銭一百五十万一千五百五十

三貫三百六十八文」。

表16　解池水災後の解塩鈔法変遷略表

年次	解塩の生産	解塩区における通商体制と鈔法
元符元年（1098）	解池水災。	代替陝西塩・東北末塩通行。
元符３（1100）	馬城・薛嗣昌の解池開修。	
靖国元（1101）	「小池塩」に産塩。	
崇寧元（1102）	賈瓦塩池が修復。	東北末塩鈔を京畿路・京西南北路に通行。
崇寧２（1103）	大塩沢開修開始。	蔡京「解塩新鈔」を発行、旧西塩区限定通行。
崇寧４（1105）	大塩沢開修完成。	陝西転運司への見銭回送廃止。
崇寧５（1106）		“換鈔”（貼納・対帯）による歳収増。
大観４年（1110）春		張商英の解塩新鈔拡大策、東北塩通行禁止。
政和２（1112）		蔡京復職「政和新法」、東南末塩の官売廃止。
政和８（1118重和１）		東北末塩法を復活、解塩旧法を廃止。
宣和７年（1125）		解塩行塩区を范祥旧法に復す。

表17　北宋時代 解塩通行州軍における官売と通商　凡例

Ⅰ国初　○西塩通商27府州軍、●東塩官売３京28州軍、◎南塩通商11軍（『宋史』食貨・塩p.4413）。

Ⅱ天聖８年（1030）　○通商とした旧東塩官売３京28州軍（『会要』食貨23-35天聖9.4.18）。

Ⅲ康定元年（1040）　●官売とした11府州軍（『長編』135慶暦7.1.13戊午）。

Ⅳ慶暦２年（1042）　●官売とした12府州軍（『長編』135慶暦7.1.13戊午）、■慶暦４年（1044）までに官売に復した24府州軍（『宋史』食貨・塩p.4417「久之、東・南塩地悉復禁榷」）。

Ⅴ慶暦９年（1049）　Ｖi☆范祥改革により芻粟入中を廃止した沿辺九州軍、Ｖii★〈商般官般〉方式の沿辺八州軍、Ｖiii▲提挙解塩司管理下の暫定官売区とした13府州軍（『長編』165慶暦8.1.22）。

Ⅵ熙寧９年（1076）　Ⅵi●２月に〈官般官販〉方式とした９府州軍（『会要』食貨24-９熙寧9.2.17）、Ⅵii●４月に〈官般官販〉方式とした15府州軍（『会要』食貨24-９熙寧9.4.28）、Ⅵiii○４月に通商とした20府州軍（『会要』食貨24-９熙寧9.4.28）。

Ⅶ熙寧10年（1077）　Ⅶi☆沿辺入中14州軍（『会要』食貨22-１～４〔国朝会要・解塩鈔価〕）、Ⅶii★〈商般官般〉方式の沿辺八州軍（『会要』食貨22-１～４〔国朝会要・解塩鈔価〕）。Ⅶiii△暫定通商とした７府州軍（『長編』281熙寧10.3.16丙寅）

Ⅷ元豊元年（1078）　◎「元豊新法」により通商［鈔引制］とした州軍（『長編』280熙寧10.2.27戊申）。

Ⅸ元祐元年（1086）　Ⅸi◇通商に復した京西路の官売府州軍（『長編』346元豊7.6.16甲申）、Ⅸii★〈商般官般〉方式に復した沿辺八州軍（『長編』369元祐1.閏2.18）。

Ⅹ元符元年（1098）　Ⅹi●〈官般官販〉とした７府州軍（Ⅶiii熙寧10年△暫定通商）、Ⅹii＝代替塩（河中府・解池「小池塩」、同・華州「私州市塩」、階州「石塩」、通遠軍・岷州「官井塩」）通行州軍（『会要』食貨24-32〔塩法〕元符1.10.1）。

※１　澶州管下、黄河以南の衛南・観城・朝城３県。他４県（臨河・濮陽・清豊・南楽）は河北塩区。

※２　同年中に通商に復した州軍。

※３　開封府畿県、汴河以北の陽武・酸棗・封邱・考城・東明・白馬・中牟・陳留・長垣・胙城・韋城11県。

※４　『会要』食貨22-１〔国朝会要・諸路州軍官売歳額〕により補う。

※５　※311県から陳留・中牟の２県を除く陽武・酸棗・封邱・考城・東明・白馬・長垣・胙城・韋城９県。

※６　開封府畿県、汴河以南の陳留・雍邱・襄邑・中牟・管城・尉氏・鄢陵・扶溝・太康・咸平・新鄭11県。

※７　京兆府の涇水・渭水以北の高陵・櫟陽・涇陽３県。

∈：右側に記した州軍に併入されたことを示す。

表17　北宋時代 解塩通行州軍における官売と通商

官売区　通商区　入中区（通商[鈔引制]〈商般官販〉方式）

路		府州軍	Ⅰ	Ⅱ	Ⅲ	Ⅳ	Ⅴi	Ⅴii	Ⅴiii	Ⅵi	Ⅵii	Ⅵiii	Ⅶi	Ⅶii	Ⅶiii	Ⅷ	Ⅸi	Ⅸii	Ⅹi	Ⅹii
陝西路	秦鳳等路	河州	(熙寧6収復)									熙河路	☆			◎				
陝西路	秦鳳等路	洮州	(熙寧5入熙河路)									熙河路	☆			◎				
陝西路	秦鳳等路	熙州	(熙寧6収復)									熙河路	☆			◎				
陝西路	秦鳳等路	通遠軍	(熙寧5建軍)									熙河路	☆			◎				=
陝西路	秦鳳等路	岷州	(熙寧6置)									熙河路	☆	★※4		◎				=
陝西路	秦鳳等路	徳順軍	(慶暦3置)				☆	★					☆	★		◎		★		
陝西路	秦鳳等路	秦州	○				☆						☆			◎				
陝西路	秦鳳等路	成州	○													◎				
陝西路	秦鳳等路	階州	○													◎				=
陝西路	秦鳳等路	鎮戎軍	○				☆	★					☆	★		◎		★		
陝西路	秦鳳等路	渭州	○				☆	★					☆	★		◎		★		
陝西路	秦鳳等路	儀州	○																	
陝西路	秦鳳等路	隴州	○													◎				
陝西路	秦鳳等路	鳳州	○													◎				
陝西路	秦鳳等路	原州	○				☆	★					☆	★		◎		★		
陝西路	秦鳳等路	涇州	○													◎				
陝西路	秦鳳等路	鳳翔府	○													◎				
陝西路	熙寧5分路	乾州	○																	
陝西路	永興軍路	環州	○				☆	★					☆	★		◎		★		
陝西路	永興軍路	慶州	○				☆	★					☆	★		◎		★		
陝西路	永興軍路	寧州	○													◎				
陝西路	永興軍路	邠州	○													◎				
陝西路	永興軍路	京兆府	○			●										◎			●※7	
陝西路	永興軍路	保安軍	○				☆	★					☆	★		◎		★		
陝西路	永興軍路	鄜州	○													◎				
陝西路	永興軍路	坊州	○													◎				
陝西路	永興軍路	耀州	○			●										◎				
陝西路	永興軍路	延州	○				☆	★					☆	★		◎		★		
陝西路	永興軍路	丹州	○													◎				
陝西路	永興軍路	同州	○			●					●				△	◎			●	=
陝西路	永興軍路	華州	○			●					●				△	◎			●	=
陝西路	永興軍路	商州	○									○				◎				
陝西路	永興軍路	河中府	●	○		●			▲	●	●				△	◎			●	
陝西路	永興軍路	慶成軍	●	○		●			▲	(熙寧5)∈渭州										
陝西路	永興軍路	解州	●	○		●			▲	●	●				△	◎			●	=
陝西路	永興軍路	陝州	●	○		●			▲		●				△	◎			●	
陝西路	永興軍路	虢州	●	○		●			▲						△	◎				

路	分路	府州軍	1	2	3	4	5	6	7	8	9	10	11	12	13	14	15	16	17	18
東京		開封府	●	○	●※2	●			▲	●※3	●			●※5	△※6	◎			●	
河東路		隰州	●	○		■						○				◎				
		慈州	●	○		■				(熙寧 5 -元祐 1)∈隰州										
		晋州	●	○		●			▲			○				◎				
		絳州	●	○		●			▲			○				◎				
京東路	熙寧 7 分路	南京	●	○	●				▲		●			●		◎				
		濟州	●	○	●					●	●			●		◎				
	京東西路	兗州	●	○	●	→京東塩通商区														
		鄆州	●	○	●	→京東塩通商区														
		曹州	●	○	●					●	●			●		◎				
		濮州	●	○	●				▲	●	●			●		◎				
		単州	●	○	●					●	●			●		◎				
		広済軍	●	○	●				▲	(熙寧 4 -元祐 1)∈曹州										
淮南路	淮南東路	亳州	●	○	●	→淮南塩通商区														
		宿州	●	○	●	→淮南塩通商区														
河北路	河北東路	懐州	●	○		■				●	●			●		◎				
		衛州	●	○		■					●			●		◎				
	西路	澶州	●※1	○		■				●	●			●		(元豊 7)→河北塩官売区				
京西路	熙寧 6 分路	西京	●	○		■			▲			○				◎	◇			
	京西北路	孟州	●	○		■			▲		●	○				◎			●	
		滑州	●	○		■				(熙寧 5 廃-元豊 4 復)						◎	◇			
		鄭州	●	○		■				(熙寧 5 廃-元豊 8 復)										
		汝州	●	○		■						○				◎	◇			
		許州	●	○		■						○				◎	◇			
		潁州	●	○		■						○				◎	◇			
		陳州	●	○		■						○				◎	◇			
		信陽軍	◎			■						○				◎	◇			
	熙寧 5 分路	蔡州	◎			■						○				◎	◇			
	京西南路	金州	◎			■						○				◎	◇			
		均州	◎			■						○				◎	◇			
		房州	◎			■						○				◎	◇			
		鄧州	◎			■						○				◎	◇			
		光化軍	◎			■				(熙寧 5 -元祐 1)∈襄州										
		襄州	◎			■						○				◎	◇			
		唐州	◎			■						○				◎	◇			
		隋州	◎			■						○				◎	◇			
		郢州	◎			■						○				◎	◇			
官売府州軍			31	0	11	36	0	18	21	24	26	22	15	23	16	0	0	8	15	15
通商府州軍			37	68	57	28	65	47	44	38	36	40	47	39	46	63	63	55	48	48
府州軍総数			68			64	65			62						63				

注

(1)『五代会要』26塩「(晋天福)七年十一月宣旨下三司、応有往来塩貨、悉税之。過税毎斤七文、住税毎斤十文、其諸道応有係属州府塩務、並令省司差人勾当【先是諸州府除俵散蚕塩徴銭外、毎年末塩界分場務、約糶銭一十七万貫有餘。言事者称雖得此銭、百姓多犯塩法、請将上件食塩銭、於諸道州府計戸、毎戸一貫至二百為五等配之、然後任人逐便興販、既不虧官、又益百姓…】」。同26塩「周広順二年三月勅、青白池務素有定規、祇自近年頗乖循守、比来青塩一石抽税銭八百・塩一斗、白塩一石抽税銭五百・塩五升…」。『旧五代史』146食貨志「(顕徳)三年十月勅、漳河已北州府管界、元是官場糶塩、今後除城郭草市内、仍旧禁法、其郷村並許塩貨通商、逐処鹹鹵之地、一任人戸煎錬、興販則不得踰越漳河、入不通商地界」。五代の塩政については佐伯富『中国塩政史』第四章第1節五代における塩政、日野開三郎『五代史』(中国古典新書、明徳出版社、1971)等を参照。

(2)『宋史』食貨・塩p.4413-4415「籍民夫為畦夫、官廩給之、復其家…天聖以来、両池畦戸総三百八十、以本州及旁州之民為之、戸歳出夫二人、人給米日二升、歳給戸銭四万」。この官給体制は元符元年(1086)の解池水災によって崩壊し、解池修復後に蔡京が「新鈔法」を施行した後になって産塩戸に対する塩本支給が問題とされるようになる。

(3)『宋史』食貨・塩p.4414「至道二年、両池得塩三十七万三千五百四十五席、席一百一十六斤半」。至道2年(996)の産塩額37,3545席は4351,7992.5斤、塩1石は50斤なので約87万石。『長編』109天聖8.10.16丙申「陝西解州解県・安邑両池、歳為塩百五十二万六千四百二十九石、石五十斤、以席計為六十五万五千一百二十席、席百六十斤」。『会要』食貨23-30〔塩法雑録〕大中祥符9.4.「陝西転運副使張象中言、安邑・解県両池、貯塩三千二百七十六菴、計三億八千八百八十万八千九百二十八斤、計直二千一百七十六万一千八十貫」。解池の滞積塩の総額は3,8880,8928斤、約777.6万石。計直2176,1080貫は積塩を1斤55文で全額販売した銭額であり、この年の販塩収入ではない。

(4)『長編』97天禧5年末条「…至道末売顆塩銭七十二万八千余貫、末塩一百三十六万余貫云」。

(5) 同前注(4)「…凡顆塩・末塩皆以五斤為斗、顆塩売価毎斤自四十至三十四銭、有三等。末塩売価自四十七至八銭、有三十一等」、『宋史』食貨・塩p.4414略同。

(6)『宋史』・『長編』ともこの8州軍に徳順軍を加えて「並辺九州軍」とする。しかし渭州隴干城に徳順軍を建てたのは慶暦3年(1043)であり(『宋史』地理志・『元豊九域志』とも)、“九州軍”の称呼は慶暦以降のこととなる。

(7) 禁榷区の京東徐・宿・鄆・済四州は、五代には後周の禁榷区に属し、泗水を遡上して淮南産末塩を般運・販売したが、輸送経費が嵩むため宋初建隆2年(961)に解塩(東塩)官売区に編入した。『会要』食貨23-18〔塩法雑録〕建隆2.5.詔「宿・鄆・済州、皆食海塩、泝流而運、其費倍多、自今以解州安邑・解県両池塩給之」。この詔では徐州を外して亳州を加える。同じく京東の広済軍は熙寧5年(1072)に廃して定陶県を曹州に改隷、乾州は熙寧5年に廃して好畤県を鳳翔府に改隷、儀州は熙寧5年に廃して安化・崇信・華亭3県を渭州に改隷、慶成軍は熙寧元年(1068)に廃して栄河県を河中府に改隷した(以上『元豊九域志』による)。

(8)「南塩」「西塩」区の通商について、『長編』109天聖8.10.16丙申には「京西之襄・鄧・蔡・随・唐・金・商・房・均・郢・光化・信陽、陝西之京兆・鳳翔・同・華・耀・乾・涇・原・邠・寧・儀・渭・鄜・坊・丹・延・環・慶・秦・隴・鳳・階・成・保安・鎮戎及澶州諸県之在河北者、総府州軍三十七、聴商賈販鬻、官収其算」とあり、陝西・京西南の37府州軍には“聴商賈販鬻、官収其算”すなわち通商[収算制]が施行されたと記す。『宋史』食貨・塩にはこの文章の記載がなく、これまでの研究では無視されているが、これは河北・京東路と同じ通商[収算制]である。

(９)『会要』食貨23-29〔塩法雑録〕景徳1.9.6「陝西転運使朱台符等請、以永興軍・同・華・耀州解塩一槩通商、以戸口市塩銭数、均於部民、令随夏税送納見銭、仍依官売塩例、毎四十四銭支塩一斤、随蚕塩給付、詔下三司、請依所奏。従之」。同景徳3.5.5「三司度支副使李士衡言、関右自不禁解塩已来、計司以売塩年額銭、分配永興・同・華・耀四州軍、而永興最多、於民不便、請減十分之四。帝以陝西諸州皆免禁法、詔悉除之」、『長編』63景徳3.5.5丙午、略同。なお戸口塩銭など五代・宋代の「丁税」については拙稿「宋代身丁税の諸系統」(『東洋史研究』45-3、1987、『宋代税政史』前編第５章身丁税の諸系統)を参照。

(10) この「三路」は解塩の行塩区「東塩」「南塩」「西塩」に通行する解塩の総称で、「(陝西)三路塩」ともいう。のち「元豊新法」が施行され、陝西全域に解塩の新鈔を発給したとき、三司は「東・西・南三路通商郡邑榷売官塩、故商旅不行、今塩法当改、官売当罷」(『会要』24-13〔塩法〕熙寧10.2.25)と官売の廃止を提案し、ここに“東・西・南三路”という用法が見える。この“官売”は范祥改革の後に逐次官売とされた京師ほか計18州軍の官売を指す。

(11)『会要』食貨23-35〔塩法雑録〕天聖8.10.16「翰林学士盛度等言、詳定到解州塩貨、乞榷放通商、許客旅於京榷貨務入納金銀見銭、算請出売。従之」、『長編』109天聖8.10.16丙申「詔曰…其罷三京二十八州軍榷法、聴商賈入銭若金銀京師榷貨務、受塩両池」、『会要』食貨23-36〔塩法雑録〕天聖9.11.18「翰林学士盛度等言、解塩通商、其在京監[塩]院望榷罷輦運、通商三十一州軍塩務、監塩官専典、望不比附増損之数。従之」。なお『通考』15征榷二p.155下に「止斎陳氏曰…天聖七年、令商人於在京榷貨務入納銭銀、算請末塩、蓋在京入納見銭算請、始見於此、而解塩算請始天聖八年、福建・広東塩算請、始景祐二年、京師歳入見銭至二百二十万、諸路斛斗至十万石」とあり、天聖８年に初めて解塩が京師榷貨務で算請された、と読める記述となっているが、前注(９)で見たように陝西解塩(西塩・南塩)の榷貨務入銭は早くから行われていた。止斎陳氏は恐らく官売「東塩」の通商化により解塩が全面通商となったことから、天聖８年を解塩「算請」の開始の年としたのであろう。

(12)『長編』123宝元2.6.14癸酉「初用盛度・王随議、許解塩通商、行之一年、歳入視天聖七年増緡銭十五万、明年更増九万、其後歳益減耗」。この数字については『長編』109天聖8.10.丙申16に「(盛度・王随)与権三司使胡則画通商五利上之、…今得商人六十余万、頗助経費、四利也」とあり、一年間の試行を終えた天聖８年(1030)の通商塩の歳収が60余万貫、これは前年比15万貫の増というから、天聖７年(1029)の官売塩の歳収が45万貫、同９年(1031)の通商塩の歳収が69万貫であったことが分る。郭氏は天聖６、７、８年の官売解塩の歳収をそれぞれ610,239.60+、620,000+、770,000等とするが(郭氏前掲書p.651)、天聖８年の官売東塩区の通商化という重要な事実を無視しているので、これらの数字には全く根拠がない。

(13)『会要』食貨23-38〔塩法雑録〕宝元2.6.14「右司諫直集賢院韓琦言…開封府界三十一処解塩禁榷地分、乞差近臣三両員、将通商・未通商新旧二法、取其利最博者、以為経久之制。詔差翰林学士宋庠・知制誥王堯臣、与三司三部官員、同依奏定奪以聞」。

(14)『長編』123宝元2.6.16乙亥に「翰林学士宋郊(宋史〔庠〕)・知制誥王堯臣与三司共議、郊等以天聖九年至宝元元年(宋史〔二年〕)新法較之、視乾興至天聖八年旧法、歳課損二百三十六万緡」。

(15)『長編』123宝元2.6.14癸酉「…明年(康定元年)即詔、京師・南京及京東州軍、淮南宿・亳等州皆禁如旧。未幾復京師榷法。又明年(康定2.11即慶暦元年)更議通淮南塩給京東等八州軍、而兗・鄆・宿・亳其後遂皆食淮南塩」。同130慶暦1.1.9己未「康定元年、初用宋庠〔郊〕等議、復京師・南京及京東州軍、淮南宿・亳州池塩榷法、而京師榷法尋弛。於是又詔三司議通淮南塩給南京・兗・鄆・曹・濮・単・広済八州軍利害以聞、其後兗・鄆及宿・亳遂皆食淮南塩矣」。

(16)『長編』135慶暦2.1.13戊午「…始詔復京師榷法…復禁永興・同・華・耀・河中・陝・虢・解・晋・絳・慶成十一州軍商賈、官自輦運、以衙前主之」。

(17)『長編』146慶暦4.2.2乙未「慶暦二年既用范宗傑説、復京師榷法。久之、東・南塩地悉復榷、量民資厚薄、役令帇車転致諸郡、道路糜耗、役人竭産不能償、往往棄甽畮、捨妻子亡匿。東塩則盛置卒徒、車運抵河而舟、寒暑往来、未嘗暫息、関内騒然。所得塩利、不足以佐県官之急、並辺務誘人入中芻粟、皆為虚估、騰踊至数倍、歳費京師銭幣不可勝数、帑蔵益虚」、『宋史』食貨・塩p.4417略同。

(18)『会要』食貨23-22淳化4.8.詔「陝西諸州先禁戎人青白塩、許商人通行解塩、以済民食。詔令既下、而犯法者衆、宜除之悉仍旧貫」。

(19)『長編』30端拱2.10.25癸酉「自河北用兵、切于饋餉、始令商人輸芻粟塞下、酌地之遠近而優為其直、執文券至京師、償以緡銭、或移文江淮給茶塩、謂之折中。有言商人所輸多敝濫者、因罷之、歳損国用殆百万計。冬十月癸酉、復令折中如旧、又置折中倉、聴商人輸粟京師、而請茶塩于江淮」。これによれば国初期の「折中」にはその発足当初から“酌地之遠近而優為其直”すなわち「優饒加価」が行われていたことが分る。このように解塩通商区では[収算制]の土台の上に、太平興国４年(979)の“河北用兵”以降、北辺への入中(折中)が制度化された。宋晞「北宋商人的入中辺糧(『宋史研究論叢』1、1962、1979再版)を参照。

(20)『会要』食貨36-5〔榷易〕景徳2.12.「監榷貨務・供備庫副使安守忠等言…自咸平三年六月禁断青塩、通放解塩於鄜延等二十一州軍、許客商入中粮草興販、及許於南路唐・鄧州貨売、其逐州軍所入糧草又虚擡時估、重畳加饒、又却支解塩極多、以此隔絶客旅在京全無入納金銀銭帛、虧損榷課…窃以唐・鄧等十二州軍解塩課利、元許客〔旅〕於在京榷貨務入中金銀銭帛、紐算交引、就解州両池榷塩院請塩、往南地興販、収取銭物並供在京支用」。なお原文には「二十一州軍」とあるが、同記事の後文には「陝西州軍入納銭粮草、依旧直赴両池請塩、惟得於鄜・延・環・慶・丹・坊・乾・邠・涇・原・渭・儀・秦・隴・階・成・寧・鳳州・鳳翔・保安・鎮戎・永興軍・同・華・耀州等二十五州軍貨売」とある。戴裔煊氏はこれに従い通商州軍数を25とするが(『宋代鈔塩制度研究』第三編第一章交引制度)、国初の陝西西塩の通商州軍数は『長編』・『会要』ともこれに商州を加えて26州軍とする。商州だけを通商から外した事実はないので、咸平３年６月以降の陝西通商州軍数は26に訂正する。

(21)『長編』54咸平6.1.12壬寅「以度支使・右諫議大夫梁鼎為陝西制置使…先是鼎上言、陝西縁辺所折中糧草、率皆高擡価例、倍給公銭。如鎮戎軍米一斗、計虚実銭七百十四、而茶一大斤止易米一斗五升五合五勺、顆塩十八斤十一両止易米一斗。粟一升、計虚実銭四百九十七、而茶一大斤止易粟一斗五升一合七勺、顆塩十三斤二両止易粟一斗。草一囲[束]、計虚実銭四百八十五、而茶一大斤〔止易一束五分、顆塩十二斤十一両〕、止易草一囲[束]」(〔　〕[　]内は『会要』食貨23-27咸平6.1.12条により補訂)。

(22)『会要』36-5〔榷易〕景徳2.12「監榷貨務・供備庫副使安守忠等言…解塩元許客人従本務入中金銀糸帛博買交引、就両池請塩、於南路唐・鄧等十二州軍通商地分貨売。自因河北闕銭銀粮草、許客人只就彼賚入中文鈔、赴京飜換省帖、下本務支給解塩。又因陝西許客人[入]中糧草、取客従便算射請茶塩交引、算解塩者亦従本務飜換支給交引、赴両池請塩、並於南路破売」。

(23) 同前注(22)『長編』54咸平6.1.12壬寅「(度支使梁鼎)又言、解塩自準詔放行、任商旅興販、減落

元価、務在利民。如聞近日縁辺全少商人貨売、頗令遠郡難得食塩、漸致辺民私販青塩、干犯条禁、兼於永興等八州軍元禁地分、取便貨鬻、不惟乱法、抑亦陥人」、『会要』食貨36-5〔榷易〕景徳2.12.条略同。『宋史』227鄭文宝伝に「文宝又奏減解州塩価、未満歳虧課二十万貫、復為三司所発」とあり、このころ元価減落による官銭の減損が20万貫に達したことを伝える。なお沿辺州軍の塩価について、上引『長編』54には“減落元価”といい、『宋史』食貨・塩p.4414には“其直与青塩不至相懸、是以民食賤塩”という。両史料を併せると、沿辺の販塩価格は青白塩よりやや高いが請買元価(官課)よりは低く設定して商販させたため、官銭の減損を招いたものと思われる。

(24)『会要』食貨23-27〔塩法雑録〕咸平6.1.12「(度支使梁鼎)又言…其逐処本州軍所備年支粮草、則令五等已下人戸供諭」。咸平年間、沿辺７州の屯兵地へ税糧を輸送する州軍を距離によって三区分する“三路”方式—この三路は陝西路内の輸送径路に基づく三区分で、西路は渭・原・涇三州、中路は環・慶二州、東路は延州一州方面—が行われ、梁鼎はこれを活用して沿辺への糧草輸納を行おうとした。

(25)『長編』54咸平6.1.12壬寅「詔以(梁)鼎状下輔臣議、陳堯叟言塩禁所利甚博、呂蒙正等言鼎憂職狥公、所言可助辺費…鼎初建議、判三司塩鉄勾院李士衡独以為不便…」、同5.25甲寅「度支使・陝西制置使・右諫大夫梁鼎、坐改作非便、詔書切責、罷守本官。従張詠等議、解塩復許商販如旧」。『会要』食貨23-27咸平6.1.12「…鼎至陝西、即禁止塩商既運塩、公私大有煩費、上封者多言非便。既而鼎始謀多沮、因請復旧通商、乃命太常博士林特、乗伝与知永興軍張詠会議、咸請依旧通商、従之。而鼎以前議非当、五月罷使職」。

(26)『会要』食貨36-5〔榷易〕景徳2.12「…至〔咸平〕六年十二月勅、依戸部副使林特擘画、商賈等算射解塩、於唐・鄧十二州軍貨売、並令入納見銭、応副陝西諸州支用」。これは林特による陝西通商の再建策で、これにより陝西では通商塩の塩利収入が州軍経費(州用)として支用できるようになった。

(27)『会要』食貨36-5〔榷易〕景徳2.12「…自咸平三年六月禁断青塩、通放解塩於鄜・延等二十一州軍、許客旅入中粮草興販、及許於南路唐・鄧州貨売。其逐州軍所入粮草又虚擡時估、重畳加饒、又却支解塩極多、以此隔絶客旅在京全無入納金銀銭帛、虧損榷課。至〔咸平〕六年十二月勅、依戸部副使林特擘画、商賈等算射解塩、於唐・鄧十二州軍貨売、並令入納見銭応副陝西諸州支用。至景徳元年十月、再准勅三司衆官定奪、其唐・鄧等十一州軍南塩、依西塩等第価例、許客於逐州軍入納見銭鋌銀・実価粮草、直〔発〕交引、赴解州榷塩院請領、更不入京糴換。其客商将到未改法已前交引請領解塩、毎席並納銭一貫一百文足、所有客旅人戸販売到塩貨、但係見在未売席数、並依慶州青塩、唐・鄧州白塩例、毎席量収歇駄商税銭一貫一百文足。本務勘会、自此勅施行後、在京支算解塩交引至少、並無収納到金銀銭物」。

(28)『会要』食貨36-5〔榷易〕景徳2.12.「…景徳元年十月勅定陝西州軍入中銭文則例、沿辺環・慶・延・渭・原州・鎮戎・保安軍七処、塩一斤価銭十二文足、一席重二百二十斤、計銭二貫六百四十文。次遠儀・鄜州等二処、一斤価銭十四文足、一席計銭三貫八十文。又次遠邠・寧・涇州等三処、一斤価銭十六文足、一席計銭三貫五百二十文。近裏秦・坊・丹・乾・隴・鳳・階・成州・鳳翔等九処、一斤価銭十八文足、一席計銭三貫九百六十文。又近裏同・華・耀・虢・解州・河中府・永興・陝府等八処、一斤価銭二十文足、一席計銭四貫四百文」。なお熙寧５年に陝西を永興・秦鳳路に二分する前の陝西一路の府州軍数は31。『会要』は商州・慶成の２州軍を缺く。なお当時の官塩の輸送は、100里(約55.2km)につき陸運は４銭/斤、水運は１銭/斤とする規定であった。沈括『夢渓筆談』11「連〔運〕塩之費、凡行百里、陸運斤四銭、舟斤一銭、以此為率」。沿辺の輸送距離を平均1000里として、１席220斤の塩の輸送経費は陸運で880文、水運で220文となる。１席の標準塩価2.64貫として陸運ではその1/3、水運では1割弱の輸送費を計上しなければならない。請買価格の減額分価格はこの輸送経費に対応させたのかも知れない。

(29)『会要』36-20〔榷易〕天聖4.10.3「三司言、準勅定奪陝府西転運使王博文等奏、沿辺州軍客旅入納見銭請納解塩、毎席元納銭二貫六百四十文足、別貼納銭一貫足、共三貫文六百四十文足。自後雖量減銭数。今体量得、客旅亦為銭数高重…欲乞下陝西転運司相度、沿辺州軍以近及遠、各於地里上定奪毎席量減銭数、許客人入納粮草、請領解塩。…環州、去解州千一百二十五里、先已毎席上減銭二百文、今欲更減銭百文足。鎮戎軍、去解州千一百三十里、先已毎席上減銭百四十文、今欲更減銭百六十文足。已上二処係極辺州軍、已経減落去処。今欲更減前項価例、保安軍係極辺、元未経減落処、去解州千一百七十里、比環州地利遠近・坡谷険阻頗同、今欲依環州例、於毎席上減銭四百四十文足。慶州去環州百八十五里、去解州九百三十里、渭州去鎮戎軍百四十里、去解州九百九十里、原州去鎮戎軍百七十里、去解州九百六十里、延州去保安軍百五十里、去解州九百九十里、已上四処係沿辺州軍未経減落処、今欲於毎席上各量減銭二百四十文足」。

(30)『会要』食貨36-5〔榷易〕景徳2.12「…今欲乞却許客人・鋪戸、依旧例於在京榷貨務入中金見銭綾絹綿紬布等、依去年新定則例、算買交引、往解州取便於池場請領解塩、依旧只於唐・鄧・金・商・均・房・襄・蔡・随・郢・信陽・光化等十二州軍通商地分破売、即不得将帯過陝西州軍、所是陝西諸州軍入納銭粮草、依旧直赴両池請塩、只得於鄜・延・環・慶・丹・坊・乾・邠・涇・原・渭・儀・秦・隴・階・成・寧・鳳州・鳳翔・保安・鎮戎・永興軍・同・華・耀等二十五州軍貨売、亦不得載入南路唐・鄧等州軍、侵奪南塩課利、如此則在京与陝西各見得銭物支用」。

(31)『会要』食貨36-14〔榷易〕天禧2.11.「三司言、陝西入中芻粮、請依河北例、毎斗束量増直、計実銭給抄入京、以見銭買之。如願受茶貨交引、即依実銭数給之、令榷貨務並依時価納緡銭支茶、不得更用芻粮文抄、貼納茶貨。詔毎入百千増五千茶与之、余従其請」。これは請買茶100貫につき5貫を加饒する、虚估率1.05の定率茶交引である。茶貨の虚估交引については本書後編第2部第10章宋代榷茶の課税構造1.北宋前半期の官商並売体制を参照。

(32)『長編』103天聖3.11.2庚辰「初計置司議茶塩利害、因言、解州[県]・安邑両池旧募商人售京西諸州塩者、入銭京師榷貨務、乾興元年歳入才二十三万緡、視天禧三年数損十四万、請一切罷之、専令入中並辺芻粟…於是復詔入銭京師、従京師所便」。天禧3年歳入37万貫、乾興元年歳収23万貫はいずれも通商「南塩」の入中における京師榷貨務への入銭額である。佐伯氏はこれを官売解塩の歳収とし(同氏前掲書p.182表)、郭正忠氏も同書p.651〔表十七〕でこれを官売塩の歳収とする。郭氏はさらにこの数字にそれぞれ17万貫を加えて、天禧3年54万余貫、乾興元年40万余貫とするが、17万貫を加算する根拠を示していない。

(33)『会要』食貨36-15〔榷易〕乾興1.12.「三司言、准勅詳定兵部員外郎范雍言、陝西沿辺州軍入納見銭及茶塩、却出給解塩交引、令客算買。近点検沿辺諸処入中下茶塩不少、頗亦出売不行、兼所要見銭亦可収簇課利、及近裏那撥応副。…有司看詳、欲乞下陝府西転運司暁示客旅、如願要請解州塩貨、即拠入中到斛斗、依在市見糴売的実価例、依見銭体例紐算、給与交引、請領解塩、只許依自来条貫通商地分貨売、若或客旅願要上京請領見銭、即依元降勅命、毎当実銭百貫文、到京支破見銭五貫文省収買、如不願請見銭、即支与七貫文茶交引」。

(34)『会要』食貨36-22天聖7.12.「陝西沿辺凡十一州軍入納見銭、依等第加饒則例支還…環州一処、毎十千加支一千、慶州・延州・渭州・保安軍・鎮戎軍五処、毎十千加支七百、鄜州・原州・儀州三処、毎十千加支五百、涇州・邠州二処、毎十千加支三百…又(天聖元年)八月勅、陝西沿辺州軍

道路窄狭峻悪、即不同河北州軍、水路地平易為般輦、令別定逐処入便粮草添饒銭数則例、令本路転運司依此則例招誘客旅、津般夏秋色并隔新粮草、赴倉場入納。環州一処、毎十千支十二千六百、慶州一処、毎十千支十二千二百、延・渭州・保安・鎮戎軍四処、毎十千支十二千、鄜・原・儀州三処、毎十千支十一千五百、涇・邠州二処、毎十千支十一千」。加饒率について原文はいずれも10貫を基準とし、天聖元年には加饒分との合計額を、同7年には加饒額だけを記すが、ここでは基準を1とした加饒率で対比する。ただし天聖元年(1023)から天聖7年(1029)にかけて加饒率が低落した理由はよく分からない。なお郭氏はこれらの加饒率に基づいて通商解塩の“利潤率”なるものを求めているが(前掲書p.683-695)、加饒額は官塩の販売利潤ではないので、これは“利潤率”とはいえない。

(35)『会要』食貨23-35天聖9.4.18「盛度等上言…凡解塩放行三京・陳・潁・許・汝・孟・鄭・滑・宿・亳・曹・単・兗・鄆・済・濮・澶・懐・汾・河・陝・晋・絳・慈・隰・虢・解州・広済・慶成軍三十一処、惟不得般往永興・鳳翔・同・華・原・涇・儀・渭・邠・寧・乾・耀・鄜・坊・丹・隴・秦・鳳・階・成・環・慶・延州・鎮戎・保安二十五処、及唐・鄧・金・商・均・房・蔡・随・襄・郢州・光化・信陽軍十二処、其旧係唐・鄧十二州貿市者、無得入新放商地分、違者重寘其罪。奏可」。同23-36天聖10.7.13「審刑院言…解州榷塩院交引、止許於唐・鄧十二州売鬻、不得侵越新放商地分、違者以犯私塩論」。

(36)『会要』食貨23-36〔塩法雑録〕天聖9.11.18「翰林学士盛度等言、解塩通商、其在京監[塩]院、望権罷輦運、通商三十一州軍塩務、監塩官専典、望不比附増損之数。従之」。

(37)『会要』貨23-37〔塩法雑録〕景祐1.2.1「入内供奉官周惟徳言、解州塩池見管塩貨万数浩瀚、可得十年支遣、欲乞権住種造三年。詔権住二年」。

(38)『長編』135慶暦2.1.13戊午「自元昊反、聚兵西鄙、並辺入中芻粟者寡、県官急於兵食。且軍興用度調発不足、因聴入中芻粟、予券趨京師榷貨務、受銭若金銀、入中他貨、予券償以池塩。由是羽毛・筋角・膠漆・鉄炭・瓦木之類、一切以塩易之。猾商貪人乗時射利、与官府吏表裏為姦、至入椽木二估銭千、給塩一大席、大席為塩二百二十斤。虚費池塩、不可勝計。塩直益賤、販者不行、公私無利。朝廷知其弊、戊午用三司使姚仲孫請、以度支判官・刑部員外郎・秘閣校理范宗傑為制置解塩使、往経度之。始詔復京師榷法、宗傑請、凡商人以虚估受券、及已受塩未鬻者、皆計直輸虧官銭、内地州軍民間塩、悉収市入官、為置場増価而出之。復禁永興・同・華・耀・河中・陝・虢・解・晋・絳・慶成十一州軍商賈、官自輦運、以衙前主之。又禁商塩私入蜀、置折博務于永興・鳳翔、聴人入銭若蜀貨易塩、趨蜀中以售。詔皆用其説」。

(39)『会要』食貨23-39〔塩法雑録〕皇祐1.10.「(権三司使包拯言)陝西旧於沿辺秦・延・環・慶・渭・原・保安・鎮戎・徳順九州軍聴人入中粮草、算支解塩、自康定後、入中粮草、皆給以交引於在京榷貨務、還見銭銀絹解塩、却於沿辺入中他物。方軍興之際、至于翎毛・筋角・膠漆・鉄炭・瓦木・石灰之類、並得博易、猾商貪賈、乗時射利、与官吏通為弊以邀厚価。凡椽木一対定価一千、支塩一席、歳虧官銭不可勝計」、『長編』135慶暦2.1.13戊午、略同。

(40)『長編』135慶暦2.1.13戊午「…朝廷知其弊、戊午用三司使姚仲孫請、以度支判官・刑部員外郎・秘閣校理范宗傑為制置解塩使、往経度之。始詔復京師榷法宗傑請、凡商人以虚估受券、及已受塩未鬻者皆計直輸虧官銭。内地州軍民間塩、悉収市入官、為置場増価而出之。復禁永興・同・華・耀・河中・陝・虢・解・晋・絳・慶成十一州軍商賈、官自輦運、以衙前主之。又禁商塩私入蜀、置折博務于永興・鳳翔、聴人入銭、若蜀貨易塩、趨蜀中以售。詔皆用其説」。なお陝西路制置解塩使はこの時初めて設けられた。

(41) 包拯『包孝粛奏議集』8言陝西塩法・第一章「自慶暦二年、因范宗傑擘画禁榷之後、差役兵士車牛、及逐州衙前等般運塩席往諸州。官自置場出売、以致兵士逃亡死損、公人破蕩家業、比比皆是、所不忍聞。其衙前估計家業每直一貫者、即管認般塩両席、雖家業已竭、而塩数未足…前後臣僚屢言不便、乞復旧法通商、以捄関中凋敝」。

(42)『長編』146慶暦4.2.2乙未「命知汝州・太常博士范祥、馳伝与陝西都転運使程戡同議解塩法。従三司請也」、『会要』食貨23-38〔塩法雑録〕慶暦4.2.2同。

(43)「…この〔范祥の〕改革の基本は、解塩の通商法にあった。…そこで范祥の塩政改革は、主として解塩の専売制をいかに改革するかが、重要課題であった」。佐伯富『中国塩政冶史』第四章近世における塩政第二節宋代における塩政(p.240)。

(44)『長編』165慶暦8.10.22丁亥「其法、旧禁塩地一切通商、塩入蜀者亦恣不問。罷並辺九州軍入中芻粟、第令入実銭、以塩償之、視入銭州軍遠近及所指東・南塩、第優其估。東・南塩又聴入銭永興・鳳翔・河中。歳課入銭総為塩三十七万五千大席、授以要券、即池験券、按数而出、尽弛兵民輦運之役。又以延・環・慶・渭・原・保安・鎮戎・徳順地近烏・白池、姦人私以青白塩入塞、侵利乱法、乃募人入中池塩、予券優其直、還以池塩償之、以所入塩、官自出鬻、禁人私售。峻青白塩之禁、並辺旧令入鉄・炭・瓦・木之類、皆重為法以絶之。其先以虚估受券、及已受塩未鬻者、悉計直使輸虧官銭。又令三京及河中・河陽・陝・虢・解・晋・絳・濮・慶成・広済、官仍鬻塩、須商賈流通乃止、以所入緡銭市並辺九州軍芻粟、悉留榷貨務銭幣、以実中都」、『宋史』食貨・塩p.4418-19略同。

(45) 折博務は国初太平興国5年(980)、兵部郎中許仲宣が監大名府折博務に任ぜられた例(『会要』食貨36-2太平興国5.11)、真宗景徳年間、河東晋州に置かれていた折博務の例(同36-5景徳2.8.)、また前引『長編』135慶暦2.1.13戊午条、解塩の入蜀を扱う永興・鳳翔の二処折博務などがあり、戴裔煊氏はこれら先行する折博務との継承関係を強調する(前掲書p.147)。陝西沿辺州軍の折博務は、范祥が客商が入中する見銭・交引を解塩と交換するための官署として初めて設けた。『会要』食貨24-2〔塩法〕熙寧2.7.29翰林学士司馬光の言に「…臣看詳、国家設制置解塩一司、置九折博務、本為沿辺糧草進用」とあり、解塩一司即ち制置解塩司の設置と同時に9処の折博務を置いた。また『長編』238熙寧5.9.1丙午に「権三司使薛向言、延・秦・慶・渭等九州旧皆有折博務、召商人入芻糧銭帛、償以解塩。歳収緡銭一百六十六万、而秦州当四十万」とあり、ここに「旧」とは范祥改革時を指す。すなわち范祥は“塩鈔法”の開始に当り、塩鈔発給機関として制置解塩司を設置すると同時に、並辺九州軍に見銭入中した客商に解塩を給付する機関として9処の折博務を設置したのである。また『会要』食貨55-20〔務〕所引畢衎『中書備対』〔折博務〕には「陝西一十四州軍折博務、係入中見銭・糧草算買塩鈔」とあり、折博務の業務は見銭若しくは糧草の入中と塩鈔の算買であり、沿辺九州軍に熙寧5～6年設置の熙河路5州軍を加えた秦・熙・河・洮・岷・延・環・慶・原・渭・通遠・鎮戎・徳順・保安の14州軍(うち延・環・慶・原・渭・鎮戎・徳順・保安の八州軍[沿辺官売区]は“并買白塩”、すなわち白塩を請買することもできた。なお『会要』食貨23-39〔塩法雑録〕皇祐1.10.には「…故范祥建言、令客人止於沿辺九州軍城寨入納見銭、糴買糧草、算請解塩」とあるが、この記述は正確ではない。

(46)『長編』389元祐1.10.3丁亥「戸部言、陝西制置解塩司奏、慶暦八年朝旨、范祥擘画更改解塩事、内延・慶・渭・原・環・鎮戎・保安・徳順等八州軍、乞禁榷客塩、官自立額一万五千五百席貨売、許客旅将解塩於指定八州軍折博務入納、依立定塩価并加饒銭算給交引、所納塩貨、令逐州軍相度立額、分擘与外鎮県城寨出売」。この年、沿辺区の歳課総額を1,5500席と定めた。

(47)『会要』食貨24-9〔塩法〕熙寧9.4.28「中書門下言、拠三司状為解塩通商事、省司令客人張戡等供析乞、将南京・河陽等処、且令官売、自再行法日至将来及一年、以解池支出官売塩席、比較勘会、雖拠張戡等称、管城等十一州県并南京・河陽、陝西同・華・衛州自来客販数多、並無照拠、蓋為見今来私塩衰息、欲占為客販地分、若令客販、即難依新法招募巡鋪公人、不免私塩侵奪官課、欲乞将唐・鄧・襄・均・房・商・蔡・郢・随・金・晋・絳・虢・陳・許・汝・潁・隰州・西京・信陽軍二十処、令客人興販、其府界諸県并澶・曹・濮・懐・衛・済・単・解・同・華・陝州・河中府・南京・河陽等処、令提挙解塩司般塩出売、或逐処先有別司塩貨、在彼出売未尽、並令出売解塩司支還元価。惟是本路転運司、必以所収課利合応副本路支用為説、即乞候官売一年、令三司約度所収管売塩銭、立若干額、令撥還本路自来合得課利、余三司随処封樁。詔従之」。

(48)『長編』280熙寧10.2.27戊申「沈括自誌曰…【食貨第五巻、十年三司言…東・南旧法、塩鈔席才三千五百、西塩鈔席減一千、官尽買、先令解州場院験商人鈔書之、乃許売】」、『宋史』食貨・塩p.4421同。なお沈括『夢渓筆談』11に「兵部員外郎范祥始為鈔法、令商人就辺郡入銭四貫八百、售一鈔、至解池請塩二百斤、任其私売」とあり、塩鈔1鈔(券)の入中価格4.8貫は解塩200斤の価格であるから、1席(大席220斤)に換算すると5.28貫となる。また龔廷臣『東原録』には塩1席6貫、王鞏『随手雑録』には5～5.05貫とするなど諸説がある(戴氏前掲書第二編第二章塩鈔三塩鈔価格を参照)。因みに『会要』食貨23-9〔解塩鈔価〕熙寧10年の解塩鈔価格は、東塩鈔が5.6～6.308貫、西塩鈔が4.1～5.6貫。なお「解塩鈔」の呼称は范祥の「塩鈔法」に始まる。

(49)『宋史』食貨・塩p.4419「初祥以法既通商、恐失州県征算、乃計所歴所至合輸算銭、併率以為入中之数、自後州県猶算如旧。嘉祐六年〔薛〕向悉罷之、并奏減八州軍鬻塩価」。

(50)『会要』食貨23-9〔解塩〕「旧額、一年塩鈔酌中一百六十六万貫、熙寧八年後以二百二十万貫為額、元豊元年以二百三十万貫、永為定額」、『考索』57財賦門・再攷本朝塩・交引、同。同24-7〔塩法〕熙寧8.閏4.14「中書戸房比較陝西塩鈔利害及定条約八事…(第七項)旧鈔額酌中歳出百六十六万緡、今雖計一歳売塩二百二十万緡、熙河自有塩井、用解塩絶少、塩禁雖厳、必不能頓増五六十万緡、恐所在積塩数多、未可便為民間用」。これらによると、解塩の官価は1石1貫と定められていたことが分る。

(51)『会要』食貨23-39〔塩法雑録〕皇祐1.10.「(権三司使包)拯言…余並令通商、重青塩之禁、専置解塩使、歳課緡銭一百六十万、以計置沿辺九州軍一百二十余城寨芻粟、量入計出、可助十分之八、余則責辨本路転運司」。『長編』187嘉祐3.7.24壬辰「…(范)祥始言歳入緡銭可得二百三十万緡…其後歳入雖贏縮不常、至五年猶及百七十八万、至和元年百六十九万。其後遂以元年入銭為歳課定率、量入計出、可助辺費十之八」。

(52)『長編』238熙寧5.9.1丙午「権三司使薛向言…歳収緡銭一百六十六万、而秦州当四十万、今割秦之古渭寨、以為通遠軍、兼新城鎮洮軍、皆未有折博務、故商旅未行…使並置折博務、仍十五万貫与通遠、七万与鎮洮。従之」。

(53)『会要』食貨22-1～4〔諸路塩額〕陝西路には中書備対に拠って熙寧10年の沿辺九州軍の「官売」実収を載せ、同23-10〔鈔価〕には上記九州軍に秦州と熙河路の5州軍を加えた計14州軍の東塩・西塩の鈔価と解塩通商歳額を載せる。東塩鈔・西塩鈔の別は元豊2年2月に廃止されるが、ここには東・西を区別せずまた「南塩鈔」の記載もないので、これは元豊元年(1078)の沿辺諸州軍の鈔価であることが確定する。なお表中、通遠軍は渭州古渭寨に熙寧5年(1072)に建軍、崇寧3年(1104)に鞏州と改名した。鎮洮軍(熙州)は旧武勝軍で熙寧5年に収復、岷州・河州は熙寧6年に収復した。洮州は旧臨洮城で、熙寧５年に熙州・河州・岷州・通遠軍とともに熙河路を形成したが、収復はかなり遅く36年後の大観２年(1108)のことである。22-1～４では熙寧10年までに、旧沿辺九州軍から秦州を外した八州軍に、熙寧６年収復の岷州を加えた９州軍が沿辺官売区を形成しているが、熙寧５年に熙河路を形成した他の４州軍については記載がない。一方同23-9〔鈔価〕の項には、沿辺８州軍に通商の秦州を加えた９州軍に熙河路の５州軍を合せた計14州軍の東塩・西塩の鈔価を載せる。

(54)『長編』171皇祐3.12.22己亥「(包拯還自陝西…)又言、勘会祥新法、自皇祐元年正月至二年十二月終、共収見銭二百八十九万一千貫有零、比較旧法、二年計増銭五十一万六千貫有零、三年春季又已収到見銭七十余万貫、兼糴到斛斗万数不少」。包拯『包孝粛奏議集』3再挙范祥「勘会范祥新法、自皇祐元年正月至二年十二月終、共収到見銭二百八十九万一千貫有零、比較旧法、二年計増銭五十一万六千有零、三年春季又已収到見銭七十余万貫、兼糴到斛斗万数不少」。『長編』187嘉祐3.7.24壬辰「…祥始言歳入緡銭可得二百三十万緡、後不能辦。皇祐三年入緡銭二百二十一万、四年二百十五万、以四年数視慶暦六年、増六十八万、視七年、増二十万…其後歳入雖贏縮不常、至五年猶及百七十八万。至和元年百六十九万。其後遂以元年入銭為歳課定率、量入計出、可助辺費十之八」。その後嘉祐中(1056-63)に、解塩鈔は166.34万貫を「年額」と定めたとする史料があるが(『会要』食貨24-28〔塩法〕元祐1.2.6「戸部言、嘉祐中中書劄子、解塩鈔立定一百六十六万三千四百緡為年額、今相度歳給解塩鈔、欲乞以二百万緡為額」)、これが至和３年の「歳課定率」を変更した歳収課額かどうかは分らない。『宋史』食貨・塩p.4419には「治平二年歳入百六十七万」と治平２年(1065)の歳入を167万貫とする。『会要』食貨23-9〔塩法六〕には『中書備対』に拠って「治平四年解塩課額四百三十三万六千七百八十五石、石重五十斤」と記し、治平４年(1067)の解塩課額を塩額で433,6785石(98,5632大席)とする。

(55)『長編』187嘉祐3.7.24壬辰「…又旧歳出榷貨務緡銭、慶暦二年六百四十七万、六年四百八十万、至是榷貨務銭不復出」。『会要』食貨23-39〔塩法雑録〕皇祐1.10「遣三司戸部副使包拯往陝西、与転運司議塩法。後拯権三司使乃言、故陝西制置解塩使范祥建議、通陝西塩法、行之十年、歳減榷貨務緡銭数百万、其労可録也」。

(56)『長編』174皇祐5.4.1庚午「降陝西転運使・度支員外郎范祥為屯田員外郎、坐擅興古渭之役也」。『長編』187嘉祐3.7.24壬辰「…其後遂以〔至和〕元年入銭為歳課定率、量入計出、可助辺費十之八。久之、並辺復聴入芻粟以当実銭、而虚估之弊滋長、券直亦従而賤、歳損官課無慮百万、故方平及拯請復用祥、祥既受命、請重禁入芻粟者、其券在嘉祐已前、毎券別使輸銭一千、然後予塩」。『長編』176至和1.8.2癸巳「自皇祐二年改行見銭法、而京師積銭少、不能支入中之費…。朝廷既行即止、然自今並辺虚估之弊復起」。この時范祥は旧「券」(１鈔６貫)に１貫を追納させて官塩を償還し、鈔・塩の需給均衡を回復させた。

(57)『会要』食貨39-24〔市糴糧草〕熙寧6.11.26「詔三司、於永興・秦鳳等両路毎年封樁解塩銭内、借鈔計百万緡、付秦鳳等路転運司、市計置熙河粮草」。

(58)『会要』食貨39-24〔市糴糧草〕熙寧6.11.27「詔、涇原路年例外、益以塩鈔銭二十万緡、付経略司市粮草封樁」。

(59)『会要』食貨39-30〔市糴糧草〕元豊1.8.5「詔三司、借明年解塩鈔五十万緡、付陝西路都転運司市粮　草」。同元豊1.9.15「詔…仍令三司支解塩鈔五十万緡、付陝西路都転運司市粮草」。

(60)『会要』食貨39-31〔市糴糧草〕元豊2.7.22「会定陝西五路年計。王震言、異時陝西粮草、取具於転運・解塩司、時調中都、以佐官給、送受待用、宜有定法、今茲遣使攷計使上其寔、此要事也」。

(61)『会要』食貨39-32〔市糴糧草〕元豊4.1.13「涇原路経略按撫司言…其糴買鈔、令三司依限発付経略司、従本司支赴逐州軍折博務書填、并税数合行支移…仍令鄜延・環慶・秦鳳路依此」。

(62)『会要』食貨24-32〔塩法〕紹聖3.10.4「戸部言、欲依都省劄子、応陝西路軍兵廩銭、取情願許半給塩鈔」。

(63)『会要』食貨23-9〔塩法六〕「元豊元年以二百三十万貫永為定額…内三十万貫、椿与群牧司買馬外、二百万貫応副糴買粮草」。この200万貫については『長編』329元豊5.8.3壬子条にも「戸部言、日者塩鈔数多、価賤難售、相度所支陝西五路計置軍儲鈔計二百万緡、鈔内随逐路所得各減半、凡百万緡、其逐路糴買糧草銭、即於減罷椿還陝西見銭鈔・末塩銭内、随分数与逐路、令商人入便。従之」(『会要』食貨24-22〔塩法〕元豊5.8.3条同)とあり、“逐路所得”すなわち陝西五路転運司に分給する額を同じく200万貫とする。なお戴裔煊氏はこの時解塩鈔発給額を半減したとするが(前掲書p.294)、半減したのは転運司への回送支給額であって解塩鈔の発給額ではない。なお三司直属の監牧機関であった群牧司は、元豊5年の官制改革で廃止された。本書前編第4章上供財貨の再分配—北宋の封椿と財政運用—を参照。

(64)『長編』264熙寧8.5.13癸酉「…上曰、薛向多作小鈔売解塩、不知久則壅而不泄、亦非通暁解塩本末者」。小鈔とは低額鈔価の塩鈔をいうのであろうが、発行後間もなく流通が滞って廃止したらしい。

(65)『宋史』食貨・塩p.4420「〔張〕靖指向欺隠状、王安石右向・靖竟得罪、擢向江淮等路発運使」。薛向の陝西塩政について『会要』には全く記載がなく、『長編』はこの時期の記載を缺く。『長編』拾補4は薛向の発運使転出を熙寧2年4月の事とする。薛向の転出後、翰林学士司馬光・諫官范純仁らは彼の陝西転運使在任中の功績を疑い、解塩課利歳収の使途を調査させた。『会要』食貨24-2〔塩法〕熙寧2.7.29「翰林学士司馬光言、奉詔将三司・陝西転運司見根磨到嘉祐八年至治平四年所収塩利及所入糧草、再行審覆…」等。

(66)『会要『食貨24-4〔塩法〕熙寧2.9.7制置三司条例司言「拠淮南発運使薛向状、乞於永興軍置買売塩場、欲差知永興軍涇陽県・大理寺丞侯可、往陝西路制置解塩司、議経久利害。従之」。同熙寧2.12.5「詔令陝西制置解塩司、自熙寧二年・三年、各於糴買糧草銭外、那撥十万貫於永興軍椿管、充買塩鈔本銭」。

(67)『長編』254熙寧7.6.26壬辰「中書言、陝西縁辺熙寧六年入納銭五百二十三万余緡、給塩鈔九十万二千七百一十六席、而民間実用四十二万八千六百一席、余皆虚鈔」。

(68)『長編』256熙寧7.9.18癸丑「提挙永興・秦鳳路交子宋迪制置永興・秦鳳路交子法」。同熙寧7.9.26辛酉「詔永興軍路支折二銭二十万緡、付秦鳳等路転運司市糴糧草、及推行交子本銭。既而交子無実銭、法不可行。遂罷」。

(69)『長編』257.熙寧7.10.26庚寅「三司使章惇乞借内蔵庫銭五百万緡、令市易司選能幹之人、分往四路入中算請塩引、及乗賤計置糴買。詔借二百万緡」。同258熙寧7.11.1乙巳「詔内蔵庫借銭三百万緡、付三司買陝西塩鈔」。同熙寧7.11.12丙午「三司言、相度秦鳳・永興両路塩鈔、歳以百八十万緡為額。従之」。

(70)『会要』食貨24-7〔塩法〕熙寧8.閏4.14「中書戸房比較陝西塩鈔利害及定条約八事、買鈔本銭有限…出鈔不可不立限…。今請永興・秦鳳両路共立二百二十万緡為額、永興路八十一万五千緡、秦鳳路百三十八万五千緡、内熙河五十三万七千緡」、『長編』263熙寧8.閏4.14乙巳条同。この時の定額は220万貫で、内訳は永興軍路81.5万貫、秦鳳路138.5万貫(うち熙河路が53.7万貫)。元豊元年(1078)の新鈔発給時に歳額を230万に増額し、増額率に比例して永興軍路85.205万貫、秦鳳路144.795万貫(うち

熙河路が56.1万貫)に増額した。『会要』食貨23-9〔解塩〕「元豊元年、以二百三十万貫、永為定額。永興軍府等路八十五万二千五十貫、秦鳳等路一百四十四万七千九百五十貫…」。

(71)『会要』食貨24-9〔塩法〕熙寧9.2.6「詔御史臺、取勘陝西額外剰納解塩銭一百九万八十余貫、応干違条官司具案以聞、仍令三司止住額外出鈔」。

(72)『会要』食貨24-9〔塩法〕熙寧9.2.17「三司・市易司言、「同詳定到開封府界陽武・酸棗・封邱・考城・東明・白馬・中牟・陳留・長垣・胙城・韋城県、曹・濮・澶・懐・済・単・解州・河中府等州県官場、可以出売解塩。従之」、『長編』273.熙寧9.2.17癸卯条同。これら州軍のうち開封府界、解州・河中府、曹・濮・済・単の7府州軍は、慶暦8年范祥が通商塩の流通まで当面官売とした「暫定官売」の13府州軍に含まれる。

(73)『会要』食貨24-9熙寧9.4.28「中書門下言、拠三司状為解塩通商事、省司令客人張戩等供析乞、将南京・河陽等処且令官売、自再行法日至将来及一年、以解池支出官売塩席。比較勘会、雖拠張戩等称、管城等十一州県并南京・河陽、陝西同・華・衛州自来客販数多、並無照拠。蓋為見今来私塩衰息、欲占為客販地分、若令客販、即難依新法招募巡鋪公人、不免私塩侵奪官課、欲乞将唐・鄧・襄・均・房・商・蔡・郢・随・金・晋・絳・虢・陳・許・汝・潁・隰州・西京・信陽軍二十処、令客人興販。其府界諸県并澶・曹・濮・懐・衛・済・単・解・同・華・陝州・河中府・南京・河陽等処、令提挙解塩司般塩出売、或逐処先有別司塩貨、在彼出売未尽、並令出売解塩司支還元価、惟是本路転運司、必以所収課利合応副本路支用為説、即乞候官売一年、令三司約度所収官売塩銭、立若干額、令撥還本路自来合得課利、余三司随処封樁。詔従之」。『長編』274熙寧9.4.28癸丑条略同。なお提挙解塩司は熙寧8年閏4月18日に創設され、初任官は大理寺丞張景温で、上記開封府界諸県と澶・濮等9府州軍の解塩の般運・官売業務を管掌した(『会要』職官44-39元豊3.6.5条[提挙売解塩司]、同44-40紹聖2.12.3[提挙出売解塩司]、『長編』367元祐1.2是月条[提挙出売解塩司]、同401元祐2.5.14乙丑[出売解塩司]等。

(74)『長編』279熙寧9.11.11癸亥「詔三司、近累有臣僚言陝西塩鈔法、宜速講求利害条画以聞」、『会要』食貨24-11〔塩法〕熙寧9.11.11条同。『長編』281熙寧10.3.16丙寅「三司言、相度及再体問商人、自来出産小塩及隣接京東・河北末塩地分、澶・濮・済・単・曹・懐〔・衛〕州、南京及開封府界陽武・酸棗・封邱・考城・東明・白馬・長垣・胙城・韋城九県、令通商必為外来及小塩侵奪、販売不行、合依旧官自出売、仍召客人入中外、其河陽、同・華・解・河中・陝府、及開封府界陳留・雍邱・襄邑・中牟・管城・尉氏・鄢陵・扶溝・太康・咸平・新鄭十一県、欲且令通商、候逐月繳到客人交引、対比官売課利不相遠、即立為定法、若相遠或趂辨年額不敷、即依旧官売。従之」。

(75)『長編』280熙寧10.2.27戊申「三司言、奉詔同制置解塩使皮公弼詳議中外所論陝西解塩鈔法利害、蓋塩法之弊、由熙河鈔溢額、鈔溢額、故鈔価賤、鈔価賤、故糧草貴。又東・西・南三路通商州県榷売官塩、故商旅不行、如此塩法不得不改、官売不得不罷、今欲更張前弊、必先収旧鈔、点印旧塩、行貼納之法、然後自変法日為始、尽買旧鈔入官、其已請出塩、立限許人自陳、準新価貼納銭、印塩席、給公拠。今条具所施行事。東・南旧法、塩鈔一席毋過三千五百、西塩鈔一席毋過二千五百、尽買入官、先令商人以鈔赴解州榷塩院并池場照対批鑿、方許中売。已請出塩、立限告賞、許商人自陳、東・南塩一席貼納銭二千五百、西塩一席貼納三千、与換公拠、立限出売、罷両処禁榷官売、其提挙司出売塩、並依客人貼納価銭充買旧鈔支用、取客人情願対行算、請従省司降篆書塩席木印様、委逐州軍雕造、付所差官点検印記、給与新引、将京西南・北、秦鳳・河東路、在京開封府界応通商地分、各与官一員、其全席塩、限十日内経官自陳、点印貼納、委所差官点数、用印号毀抹旧引、給与新引、其貼納銭許供通抵当、如商人願以旧鈔依估定価折会貼納塩銭者聴、従便於随処送納、抹訖封印送制置司。若私塩衰息、官塩自可通行、民間請出両路塩無慮三十五万席、比候民間変転、約須期年…。詔除提挙出売解塩司官売地分、別降指揮外、及市易司已買塩亦依客人例貼納価銭、余依所定」、『会要』食貨24-13〔塩法〕熙寧10.2.25条同。

(76)『長編』281熙寧10.4.23壬寅「三司言、相度皮公弼塩法、今参酌前後両池所支塩数、歳入以二百三十万緡為額、自明年為始。従之」。『長編』281熙寧10.4.24癸卯「三司言、近奉朝旨、将旧法東・南塩鈔、委官於在京等七処置場、毎席三貫四百、権於内蔵庫借見銭二十万貫応副収買、候貼納到塩銭逐旋撥還、尋令市易務依此収買…所有合貼新鈔、候降下指揮、従省司牒三班院、差使臣一員赴制置解塩司取撥合銷新鈔、赴市易務下界、契勘書填、給付客人、令於解池請領塩貨…」(『会要』食貨24-15〔塩法〕熙寧10.4.23条同)。『長編』284熙寧10.8.29丙午「詔三司借支銭三十万緡、於京師置場買売塩鈔、以制置解塩使皮公弼請復范祥旧法、平準市価故也」、『会要』食貨24-16〔塩法〕熙寧10.8.25条同。市易司は熙寧5年(1072)から元豊7年(1084)まで榷貨務を併合し、旧市易務を市易司上界、旧榷貨務を市易司下界と呼んだ(『会要』食貨55-22〔榷貨務〕熙寧5.7.5、同職官27-8〔太府寺〕熙寧5.7.5条、同職官27-14〔太府寺〕元豊7.4.12条、同)。熙寧8年3月には京師の都塩院を廃止し、塩課を中心とする京師の解塩鈔関係事務を旧榷貨務の市易司下界の管轄に移した(『会要』職官5〔都塩院〕熙寧8.3.6三司言、『長編』261熙寧8.3.6戊辰条略同)。

(77)『長編』296元豊2.2.17丙辰「…先是解塩鈔分東西、西塩止得売於所定地、又並辺州軍市糴糧給鈔過多、故鈔及塩皆賤而難售、商旅不行、官価自分而為二。於是三司及制置解塩司言、東塩価重、西塩価軽、請放西塩得自便、而増其価与東塩等、以平鈔法、歳可増十二万緡。後給鈔更不分東西、関渡西塩約束悉廃省。並従之」、『会要』食貨24-17〔塩法〕元豊2.2.17条同。『会要』食貨23-10〔解塩鈔価〕「解州解県・安邑両池、旧額二百二十万貫、新額二百三十万貫、元豊三年始為二百四十二万貫為額」。

(78)『長編』299元豊2.7.14庚辰「詔陝西塩鈔、歳分三限、即印給、以制置解塩李稷言、民間塩鈔価踴貴、而折博務無見鈔可以平之…上批三司旧鈔如旧無日減、宜分料次責限行下、故有是詔」、『会要』食貨24-18元豊2.7.14条同。

(79)『長編』296元豊2.2.17丙辰「詔、解池塩歳以二百四十二万緡為額、自明年始、其歳増銭十二万緡、半令三司封椿、半与陝西転運司移用」。

(80)『長編』312元豊4.4.12己巳「権陝西路転運使兼制置解塩李稷言、攷究近日内外塩鈔価平、臣窃謂貴生于難得、賤生于有余。自新法未行、通取七年支塩数目乗除、毎歳当三十六万余席、故鈔之貴賤、視有司印出之多寡、新法以後、鈔有定数。起熙寧十年冬、尽元豊二年、通印給過一百七十七万余席、而会問地縁池塩所出、纔一百一十七万五千余席。尚有鈔五十九万有余、流布官私、則其勢不得不賤、方鈔貴時、可無益発、及今価賤、又未加収斂、則盈虚消長之法未尽全備、伏望特議少損鈔額、仍令賤斂貴出、以尽平準之道、所貴久而無弊」、『会要』食貨24-20〔塩法〕元豊4.4.12条略同、ただし“起熙寧十年冬、尽元豊三年”とする。

(81)『長編』312元豊4.4.13庚午「去年三司封椿歳増銭六万緡、凡為鈔九千七百五十一席、今民間鈔多価賤、若更変売、恐転損鈔価、凡鈔乞納三司、更不出。従之、并所増経制・転運司合得六万緡、亦令納三司、自今並権住給鈔」、『会要』食貨24-21〔塩法〕元豊4.4.13条同。元豊2年の増額12万貫については三司封椿分6万貫を削減し、併せて経制・転運司移用分6万貫を三司に返納、これにより計12万貫の増額は解消され旧額230万貫に復した。

(82)『長編』329元豊5.8.3壬子「戸部言、日者塩鈔数多、価賤難售、相度所支陝西五路計置軍儲鈔計二百万緡、鈔内随逐路所得各減半、凡百万緡、其逐路糴買糧草銭、即於減罷椿還陝西見銭鈔・末塩銭内、随数分与逐路、令商人入便。従之」(『会要』食貨24-22〔塩法〕元豊5.8.3条同)。なお鈔価200万貫の軍儲の分配については前注(62)を参照。

(83)『会要』食貨24-23〔塩法〕元豊6.5.22「陝西路制置解塩司言、詢訪並辺塩価増長、乞許本司随宜増価〔出〕売、候辺事寧息裁減。従之」(『長編』335元豊6.5.22丁酉条略同)。『会要』食貨24-25〔塩法〕元豊7.1.25「尚書省戸部言、陝西転運副使范純粋乞、沿辺所売解塩、並令転運司、自以鈔赴解池請塩、或召商人入中、応副辺用、其李稷元奏、更不施行。従之」。

(84) 前注(80)を参照。

(85)『会要』食貨24-26〔塩法〕元祐1.閏2.18「戸部言、陝府西路転運副使呂大忠奏、陝西塩鈔価貴、乞年額外、依自来両池分数更支塩鈔一十五万席、以平準其価。従之」。

(86)『会要』食貨24-27〔塩法〕元祐1.10.3「陝西制置〔解〕塩司奏、慶暦八年朝旨、范祥議改解塩事、内延・慶・渭・原・環・鎮戎・保安・徳順等八州軍禁榷客塩、官自鬻塩、以万五千五百席為額、一依范祥旧法、其出売到塩銭、以給転運司糴売、乞今後有降解塩額鈔、更不下転運司、委自本司依逐州軍合得年額支給。戸部看詳、欲依所乞、候民間積滞塩鈔稀少日、朝廷或応副本路見銭。従之」、『長編』389元祐1.10.3丁亥条略同。

(87)『長編』389元祐1.10.6庚寅「戸部言、嘉祐中中書劄子、解塩鈔立定一百六十六万三千四百緡為年額。今相度歳給解塩鈔、欲以二百万緡為額、買馬之類並在数内、其応係見銭公拠並乞寝罷、庶不侵害鈔法、候将来民間積滞塩鈔稀少、価直平日、其歳給之鈔別奏取朝旨、節次増給、以助経費。従之」。

(88)『会要』食貨24-28〔塩法〕元祐2.3.26「陝府西路制置解塩司言、得旨従本司奏請、将沿辺延慶等八州軍、依范祥旧法、召人自備資本入中解塩、一例依新定塩価、於転運司年額鈔内細算支還価銭、其入納下塩、却依裁定毎斤価銭出売、応副転運司糴買、本司相度、欲乞将旧法客人入納解塩、於年額売塩数内、減費銭二万七千余貫、許依数取撥添納充在京買鈔本銭、随時消息、平準鈔価。従之」、『長編』369元祐2.3.戊寅条同。

(89)『長編』346元豊7.6.16甲申「…解塩已榷売、商人許其販易、今京西転運司又為榷法、塩之過洛者皆苛留入官、使輸銭然後放行。蓋沈希顔掊克以牟利、商旅苦之。後不復行」。

(90)『長編』369元祐1.閏2.18丙午「(戸部)又言、臣僚上言、解塩両池、自来通行貨売、今京西転運司置官設局、使民間不得貨売、頗為不便。伏乞放行通商、毎席止令増貼買銭一貫、或五百文」。『長編』494元符1.2.1庚辰「陝西制置解塩司言、永興軍渭河以北高陵・櫟陽・涇陽等三県、依同・華等六州軍官自売塩、応干合行事件、並依同・華等六州軍売塩、已得朝旨施行。従之」。『宋史』食貨・塩p.4424「元祐元年、京西始復旧制通商、然猶官売、元符元年乃罷之。永興軍渭河以北高陵・櫟陽・涇陽等県、如同・華等六州軍官仍自売塩、而禁官司於折博務買解塩、販易規利」。

(91)『会要』食貨24-32〔塩法〕元符1.10.1「三省言、解州塩池為水衝注、塩数少損、民間闕用、欲河中府・解州諸小池塩、同・華等州私土塩、階州石塩、通遠軍・岷州官井監塩、並聴与解州塩於陝西路出売。従之」。同24-32〔塩法〕元符2.閏9.11「右司郎中徐彦孚言、去年塩池被水、蓋因涑水河・姚暹渠・攀家堰小池等処人戸盗決南岸、使水入池」。『会要』食貨24-32〔塩法〕元符1.10.17「詔通行京東・河北塩入解塩地分」。同24-35〔塩法〕崇寧2.7.3「戸部奏、修立到新法茶塩、毎歳比較増虧、賞罰約束、解塩地分・見行東北塩去処当職官、能招誘客人住買比年額数…」。同崇寧2.7.23「講議司言、修立到客人販東北塩法、沿路免力勝税銭条。従之」。

(92) 元符3年(1100)には、陝西転運副使兼制置解塩司の馬城、提挙措置催促陝西・河東木栰の薛嗣昌に詔して解州塩池の開修を提挙させた(『紀事本末』137元符3.2.壬戌)。

(93) その後建中靖国元年(1101)、近隣5ヶ所の「小池塩」に池塩の産出を見たが、合せて2000石ほどの少額であった(『会要』食貨24-34〔塩法〕同年5.6.陝西転運副使兼制置解塩使孫傑奏)。

(94)『会要』食貨24-38〔塩法〕崇寧4.4.24、同24-39崇寧4.6.11、同崇寧4.6.19等。

(95)『備要』26崇寧2.4.更塩法条注【…始為新法塩鈔、以通・泰煮海号東南塩、行之東南諸路、浜滄煮海号東北塩、行之東北及畿甸諸処、而畿甸諸処旧解塩界也。今以東北塩充之、而解塩独行於陝西与河東】。なお『会要』食貨24-35〔塩法〕崇寧1.7.29に「臣僚言、陝西用解塩為鈔、范祥旧法、以鈔代銭、免重齎乾没之患、以銭糴買、無估価高下之弊、後来増損、寖失元意、中間已立五立法、塩池之壊、亦四改更、今已五歳、又三変易…」とあり、范祥改革から解池水災までの約50年間に5回の塩法改制があったが、塩池が被災した元符元年から崇寧元年までのわずか5年間で、解塩鈔の価格変動により3回もの改制がなされたことを述べる。

(96)『宋史』食貨・塩p.4424「崇寧初…蔡京建言、河北・京東末塩、客運至京及京西、袋輸官銭六千、而塩本不及一千、施行未久、収息及二百万緡、如通至陝西、其利必倍」。

(97)『備要』26崇寧2.4.更塩法条注【…是以西鈔多滞…京乃請歳給陝西銭四百万緡、以代解塩之課…鈔法始行、一日務官申入納三百万緡】。

(98) 本書後編第6章淮南・両浙塩の生産と供給3.蔡京新鈔法と東南末塩歳収を参照。

(99)『備要』26崇寧2.4.更塩法条注【九月、講議司言、自去年九月十七日推行新法東北塩、十月九日客人入状算請、至今年九月二日終、収趁到緡銭一百六十四万有奇、本銭一十四万緡有奇、余皆息銭】。『紀事本末』122崇寧2.9壬午「講議司劄子、自去年九月十七日推行新法東北塩、十月九日入状納算請、至今年九月三日終、収趁到銭一百六十四万八千六百二十六貫三百六十八文、本銭一十四万七千七十三貫、息銭一百五十万一千五百五十三貫三百六十八文」。

(100)『会要』職官27-18〔太府寺〕崇寧3.5.7「中書省言、権貨務買鈔所、自崇寧二年十二月四日奉行新法後来、至今年四月十九日終、客人・鋪戸投下到陝西・河北文鈔、換易過東南末塩等、共計銭五百一万一千三百八十三貫四百一十五文」。

(101)『備要』26崇寧2.4.更塩法条注【(崇寧)四年秋詔、自今以陝西旧塩鈔易東南末塩、毎百貫以見銭三分・旧鈔七分、方聴換易…凡旧鈔皆勿得用…尚書省言、新塩鈔已及一千万緡、内外鈔価及東南塩価皆増長】。『宋史』食貨・塩p.4425は『備要』と同じく、見銭3対旧鈔7での新旧鈔交換を崇寧4年秋(9月)のこととする。これについては『会要』食貨24-38〔塩法〕崇寧2.12.24に「詔令逐路支給末塩鈔及自般請者、並須三分旧鈔、兼七分新鈔支請、如願全以新鈔請者、不以多少、聴従便支請」とあり、崇寧2年12月に定めた末塩鈔の新旧交換レート(旧鈔3対新鈔7)を、2年後に見銭3対旧鈔7に変更して適用したものであることが分かる。

(102)『紀事本末』139崇寧2.9癸卯「講議司言、東北塩已放入解塩地分、慮客人影帯私塩、走失課利、旧条未至厳密、今別正法及販乳香比塩法等条。従之」。

(103)『会要』職官27-18〔太府寺〕崇寧2.12.2「…解池既無解塩支還、并河北文鈔、売与在京交引鋪戸、乗時邀利賤価収買、致縁辺入納艱阻、客人虧折財本、浸壊鈔法、合行措置、乞依熙寧・元豊買売鈔所、別以他物折博、乞於権貨務置買鈔所…応客人齎到鈔並以末塩鈔并東北一分塩鈔及度牒・官告雑物等支還…。従之」、『会要』食貨24-37〔塩法〕崇寧2.12.2条略同。

(104)『備要』27崇寧3.9.「罷転般倉」。

(105)『紀事本末』137崇寧4.6.辛卯「尚書省言、勘会解塩興復、除已降朝旨給新鈔、支塩通行陝西一路外、其自来朝廷非乏〔泛〕応副陝西糴本等、一例給降塩鈔、窃慮与請新鈔名色不同、別致交互、理当重行措置、具画一以聞。従之」、『宋史』食貨・塩p.4424略同。

(106)『紀事本末』137崇寧4.9.丙子「詔王仲千昨往解池措置塩種、今稍已就緒、其随行人吏特与推恩転資、賜絹各有差」。『紀事本末』137崇寧4.9.辛丑中書省奉御筆「向因奉行滄塩法、於陝西増置都大巡捉私塩等官二員、在四十二州軍分南北路巡捉、今既興復解塩、並可省罷」。

(107) 前注(75)『長編』280熙寧10.2.27戊申条、『会要』食貨24-13〔塩法〕熙寧10.2.25条略同。

(108) 前注(100)『備要』26崇寧2.夏４月更塩法条注を参照。

(109)『宋史』食貨・塩p.4425「…貼輸見緡四分者在旧三分之上、五分者在四分之上、且帯行旧鈔、輸四分者帯五分、輸五分者帯六分、若不願貼輸銭者、依旧鈔価減二分」。このほか新鈔発給ごとに重ねて貼納させ、入銭回数を増やす「循環」という方法があるが、これは主に南宋の東南末塩鈔に用いられた。『通考』16征権三・塩鉄p.161下「…又変対帯為循環、循環者已積売鈔、未授塩復更鈔、已更鈔塩、未給復貼輸銭」。「循環」については第６章淮南塩・両浙塩の課税方式5.南宋の通商東南塩を参照。

(110)『会要』食貨25-17〔塩法〕宣和4.6.23権貨務奏に「伏見南北二塩…熙豊以前毎碩米価不過六七百、是時塩価毎斤六七十、今米価毎碩二貫五至三貫而塩価依旧六十、実所未諭、況崇寧年曾定塩価、買鈔折算、毎斤酌中者四十足、今毎斤二十七足、所虧官鈔稍多、欲将見今塩価、毎袋作一十貫文入納」とあり、熙豊期の塩価60〜70文/斤に対し、崇寧の塩価は40文/斤で安定し、宣和中に27文/斤まで下がったことが分る。これに対し客商が請買する際の鈔価は、同25-18〔塩法〕宣和4.6.23同日詔に「東南・東北塩、毎袋三百斤納銭一十三貫算請、所有客人鋪戸、見有旧塩係用旧価算請…」とあり、東南塩・東北塩とも(13,000/300＝43.3)官価43文/斤を維持していたことが分る。

(111)『会要』食貨24-39〔塩法〕大観3.10.19「提点陝西等路解塩王仲千奏…今欲乞先次通行西京・河陽并汝州、係京西南路経過去処、亦乞通行、仍毎歳更支塩三万席、通見支陝西等路塩数共二十三万席為額」。『紀事本末』137大観3.10.19庚寅「引進使・耀州観察使・帯御器械・専切提点陝西等路解塩王仲千言、契勘解塩旧法、歳収塩三十四万六千九百十五席一百八十觔為額、昨自措置後来、大観二年収新塩三十八万千五百八十八席二十二觔、并大観三年種収三十五万三百九十四席一百七十一觔、連併二年敷過旧額」。ここにいう「解塩旧額」は元祐元年立定の歳額200万貫を指す。

(112)『紀事本末』137解塩、大観4.7.28乙丑「中書省措置財用所奏、本所勘会京東・河北塩貨、熙豊旧法止依本路通行、昨為水壊解池、権許通入解塩地分、今来陝西制置解塩司称、両池塩三年溢額、其東北塩已過元立期限、又称見今解塩地分与東北塩相兼貨売、欲行禁止。今先此相度、将東北塩只得於未通行解塩州軍地分内貨売、其已通行解塩地分更不許放入、其権貨務算計並諸場舎支入已通行解塩地分塩、並自指揮到日住罷、所有已算出東北塩未入已通行解塩地分、許於州県鎮任便貨売、更不得放入已通行解塩地分、其已通行解塩地分、謂陝西・川峡路州軍并河東磁・隰・晋・絳州、京西南路唐・鄧・襄・均・金・房・随・郢八州軍、京西北路西京・河陽・汝州、其客人見般到東北塩貨未貨易者、官為尽数拘収、未得出売、別取指揮算銭還客…。詔在京通行解塩、其在京合経由州県地分内亦許通行、仰措置財用所相度、却於見行解塩地分内、拠今来添展州県権住通行、及合行事件、並令本所疾速措置条画申尚書省、余依所申」、『会要』食貨25-1〔塩法〕大観4.7.28略同。

(113)『紀事本末』137解塩、大観4.8.3己巳「措置財用司措置相度条画下項。一、今来解塩至東京、合経由州県、欲乞令鄭州管下、並中牟・開封府祥符・陽武県管下、並令通放解塩。一、今来既令経由州県通行解塩、却乞将昨来王仲千所乞通入京西北路陳・潁・蔡州・信陽軍権住通放。一、所有添展通放解塩州県、客人已販来到東北塩、約束日限、並乞依今月一日已申事理施行。一、客人自降今来指揮到日、已算請出東北塩、元指定東京未到者、今乞只令於所至州軍批引、其在塩場未請出塩者、今後只就塩場批引、其已到京未貨易者、限五日令所委官就都塩院尽数依在市見売毎觔価、全袋拘買、即不得辞折減落、其価銭欲乞令権貨務支還。一、在京鋪戸買下客人塩、且令依旧価零細出売、候都塩院出売日別有指揮。一、乞令在京鋪戸赴都塩院請買出塩、置鋪零細出売、毎觔官収価銭四十五文足、毎一百觔支与耗塩十觔。其鋪戸須得依官価出売、不得擅自増長。一、欲令戸部選委権貨務監官一員、不妨本職、専切管勾買売事件。一乞就都塩院擗截敖屋、収買客塩。一、乞就委見差提挙買鈔戸部郎官、専切提挙買売一宗事務。詔並依」。

(114)『会要』食貨25-1〔塩法〕大観4.8.2「措置財用所状、奉聖旨、解池近已興復、過額合依旧法印鈔、召募客旅入中斛斗、給鈔請塩、於元地分内通行、令講究財用所条具合行事件、申尚書省者。一、今来指揮到日、客人・鋪戸買到東北塩、随処官司限三日抄劄見数、於十日内納官験引、拠元請算数、依市司旬内拘到実直価例収買、其価銭限一月内、先以転運司係省銭支還。如無即以提挙司市易務銭、又闕即支提刑司諸色封椿銭充。如客人・鋪戸敢有隠滅、過上件日限、並同私塩法断罪、仍許人告給賞如法。如客人願依本処市価細算東北塩者、即於所属出給公拠、前来権貨務算請、往通行路分出売。一、官買下客人・鋪戸東北塩、于市易或於税務出売、比熙豊通行解塩日、官売解塩綱銭価上、毎斤添銭三文出売。其本銭還逐司依旧椿管、息銭内市易銭、以二分与本司、三分与転運司、五分封椿、余並以五分与本官司、五分封椿、候解塩到日即時住売。詔依」。

(115) 前注(104)『備要』27崇寧3.9.「罷転般倉」条【政和六年罷転般、許第三等以下士人管押、不差衙前軍】。

(116)『会要』食貨25-11〔塩法〕宣和2.3.12「詔末塩・解塩、祖宗以来並行不廃、崇寧中以各利一方、故解池顆塩所出不多、止行本路、東南煮海其利甚博、故行於数路、各不相妨、政和六年以前庫務積銭至二千万貫、有司挟情害政、乃議改革、継命任諒等議法、復行解塩客販折閲、良可嗟惻、旋命改復、雖已如旧而商旅疑惑、興販未広。可下諸路暁輸、今来鈔法更不可改革」。なお『宋史』食貨・塩p.4426にはこの年（政和６年）、解池に「紅塩」が自生、産塩増収と相俟って関係官員を褒賞した記事を載せるが、これは政和元年８月の記事の錯入である（『会食』25-5〔塩法〕政和1.8.8詔、また『紀事本末』137政和1.8.戊戌条参照。「元」字と「六」字を混同する例は多い）。

(117)『会要』食貨25-9〔塩法〕政和7.9.4「詔東南・東北塩法並無改易、与今来解塩法自不相干」。『備要』26崇寧2.4.更塩法条注【〔政和〕七年詔、東南・東北塩、与解塩地分並依政和旧法】。

(118)『会要』食貨25-9〔塩法〕政和8.閏9.17「詔、解塩商販不行、可復行末塩」。『長編拾補』38重和元年（政和８年1118.11改元）閏9.27丙子条引『十朝綱要』閏9.17丙寅「復行東北末塩法、罷解塩旧法」。『備要』28重和1（政和8）.閏9.行塩鈔対帯法条注【…先是（政和７年）鄭居中再相、与童貫相表裏、貫主解塩、欲以実陝西而擅其利、故居中為罷東北塩而利入頓虧…〔蔡〕京請改袋製、且許所過指其税、袋製既与昔不同、必使更買新鈔、方帯給旧鈔、号対帯法、亦曰帯搭、指揮出、一日間入納者三十余万緡…自是塩商大困】、『会要』食貨25-25〔塩法〕宣和7.2.7尚書省言、同25-26宣和7.3.18、同25-27宣和7.5.8等略同。東北塩の請買に当り、新鈔10袋に対し旧鈔塩１袋を付帯させることを対帯（帯搭）法という。

(119)『会要』食貨25-9〔塩法〕宣和1.2.27「中書鈔言、勘会京畿西南北路復行東北塩、自去年十月已後至十二月終三箇月間所売塩数、共計四百六十七万一千七百余斤、比逓年所売之数、例各増羨」。同25-10〔塩法〕宣和1.9.17「…及分遣勾当官邢彦先・唐璟、督責管下、推行東北塩法、…及将逓年実売塩数比較得、内河陽逓年一十三万二千二百斤、今売二十四万二千七百斤、鄭州逓年八万一千三百斤、今売一十六万二百斤、故有是詔」。

(120)『会要』食貨25-13〔塩法〕宣和3.閏5.20「都省言、奉御筆榷貨務状、東北塩自通展地分後来、客販増広、并東南塩見今算請浩瀚…」。同25-19〔塩法〕宣和5.2.3「詔東南・東北客塩大法既定、其余応干条約、纖悉備尽、近歳入納浩瀚、財計所仰、秋毫亦永無改易」。

(121)『会要』食貨25-27宣和7.3.29「尚書言［省］勘会、塩法自奉行減価新法、許行帯売後来、東北塩至三月十七日計三十八日、共帯売過旧塩一万一千九百三十三袋、今新塩未到之間、且只以都城裏外毎月食用大約不下二百余袋、三十八日亦用七千二百余袋。况畿内一十七県并諸鎮邑、兼東北塩合行州軍、皆在其内、以此比度、即大段虧少、顕見奉行官司滅裂、容縦私拆塩盗売」。“減価帯売”の指揮が出された日について、行文からは2月10日の事と判断されるが、諸史料には該当記事がない。また同25-29〔塩法〕宣和7.7.4には「尚書省言、榷貨務言、勘会近降御筆指揮、東北塩鈔旧価両貫算請、応以新鈔請塩、更不立資次、止以鈔先到者先支…」とあり、“減価帯売”とは“奉行減価新法、許行帯売”、すなわち旧鈔価格を2貫に減じて東北塩を帯売することを言う。

(122)『会要』食貨25-30靖康1.5.18「尚書省言、朝廷興復陝西解塩鈔、已令榷貨務過数椿給鈔本。遇客人投銭、画時支鈔、所有未降新鈔以前、逐路給降過見銭公拠文鈔、亦乞措置支還商賈、以示大信。詔未支見銭公拠文鈔、令榷貨務支還」。

第6章　淮南塩・両浙塩の販売体制と課税方式

はじめに

北宋前期の淮南官売塩は漕運(転般法)と連動し、禁榷[官売制]〈官般官販〉方式で運用された。国都への上供輸納を果した回船を利用して、揚州発運司が淮南産塩を六路転運司に分給すると、六路転運司はさらにこれを管内諸州軍に分送し、州県鎮寨等に設けた場務で出売した。州県が得た塩税収入は、州軍の必要経費「州用」を存留した後、残余は諸路転運司の会計区分「漕計」に繰込まれた。「州用」(留州)は商税・酒税等の課利収入と合せて、その殆どが官員・兵士の「請給」(人件費)に充てられた。

淮南塩の行塩区――淮南・両浙・江南東・江南西・荊湖南・荊湖北の六路――は一括して「東南六路」と呼ばれ、両宋を通じて財政上最も重要な地域であった。東南六路は賦税面で六路「上供米」――他路に「上供米」輸納義務はない――のほか多額の和買紬絹(上供紬絹)の輸納義務を有した。六路転運司が上供米・上供紬絹とも定額輸納するためには、税収の半ばから同額に及ぶ大量の和糴・和買を必要とした。六路の塩税収入は諸路転運司の「漕計」とされたが、ほぼ半額が各種上供財貨の調達資金として支用され、残りの半額が路内州軍の地方経費に支用されたと見られる。多額の上供負担を抱える東南六路の財政構造は、上供負担が軽微な、若しくは殆どない他路の財政構造とは大きく異なっている。東南六路転運司の財政は、巨額の上供輸納と潤沢な塩税収入との均衡の上に成立っていた。

産塩量の豊富な淮南塩は、国初から断続的に陝西・河東等路の沿辺への「折中」に用いられたが、天禧初年(1017)以降、本格的な陝西「沿辺入中」の償還塩貨として茶貨とともに重く用いられるようになり、禁榷[官売制]〈官般官販〉方式と通商[鈔引制]〈沿辺入中〉方式とを並用する官商並売体制が確立した。天聖年間にはこれまで淮南塩を「並給」していた両浙塩区が独立し、東南六路では慶暦以降、官商並売体制の基盤の上に官売塩・通商塩とも歳収が伸張した。なお「沿辺入中」と連動した通商[鈔引制]による塩利収入は六路転運司の「漕計」には入らず、客商に鈔引を販売する京師榷貨務を経て、全額が中央政府の会計に入る。

元符元年(1098)の解池水災の後、蔡京は代替塩として京東路・河北路産の東北末塩を旧解塩区へ通行させ、官課塩利の大幅増収という成果を挙げた。崇寧2年(1103)からは「解塩新鈔」を発行して旧解塩行区に通行させ、新旧鈔の並用を規制して売鈔収入を増加させた。次いで蔡京は東南末塩を旧解塩行区へ導入し、官収率の高い解塩新鈔を請買させるため、“換鈔”の手法を用いて客商からの収奪を強化しながら、さらに官収を増加させた。

政和2年(1112)に始まる蔡京の「政和新法」は、全行塩区に通商[鈔引制]〈換鈔〉方式を徹底させるもので、東南塩の禁榷[官売制]〈官般官販〉方式を廃止し、国初以来六路転運司が独占してきた官売塩の塩利収入を全額中央財政化する画期的な改革であった。

北宋国家財政における中央の財貨管理体制は、すでに新法期に転運司系と常平司系とに二分され、新法諸法の系統に属する多くの財貨が常平司の管轄となり、戸部－転運司系統が管理する財貨は租税と課利収入に限定されて、漕計に大きな打撃を与えていた。しかしこのころまでの六路転運司は、なお潤沢な課利収入に支えられ、上供輸納のために路内の諸経費の費目を融通しながら、管下州軍の州県経費を賄うだけの余裕があった。蔡京の新鈔法は、新法期以降の転運司財政を支えた塩利収入を、全額中央が収奪するものであり、このため東南六路転運司の一路の財政運用はさらに困窮の度を加えることとなる。

南宋に入ると、国家財政における東南塩の重要性はさらに高まった。塩政において、南宋時代の東南塩は通商塩として東南六路の全州軍に供給され、その塩税歳収は中央三榷貨務が集中的に収取する体制ができた。ただし南宋の通商東南塩は北宋時代と異なり、両浙塩・淮南塩のほか福建塩・広南塩からも供給され、四川を除く広大な地域が東南塩の通商塩区となった。また南宋東南塩の高い官収率は、北宋末以来の通商[鈔引制]〈新旧換鈔〉方式を継承発展させた結果、もたらされたものであるが、南宋淳熙年間以降には度重なる鈔法改革――鈔価のつり上げ――によって客商の通商活動を低下させた結果、慢性的な歳収低減に陥った。

1．北宋前半期における淮南塩の生産と供給

熙豊期以前の淮南塩は、大きく楚州・通州・泰州の塩場を産塩地とする沿海南部産塩区と、海州・漣水軍の塩場を産塩地とする北部産塩区とに分れ、両産塩区がそれぞれの供給区をもった。ただし旧呉越領であった両浙路の湖・常・潤3州は、天聖7年(1029)に両浙塩区の自給体制が確立するまで、淮南塩・両浙塩を「並給」されていた。淮南塩は、国初太平興国2年(977)に禁榷した後、「官売制」を原則としながら河北沿辺への「折中」、陝西沿辺への「入中」と結合して断続的に通商の導入と廃止を繰り返したが、天禧初年(1017)以降、恒常的に陝西入中の償還塩貨を供給する、官商並売体制が確立した。

(1)国初の淮南塩官売体制

宋は後周が南唐から継承した淮南塩場を整備し、太平興国2年(977)に淮南塩を禁榷して、官売体制を布いた(1)。端拱2年(989)に河北路沿辺の「折中」が始まり、これに倣って咸平3年(1000)に陝西沿辺「入中」が始まると、淮南塩は通商塩として、解塩・江淮茶とともに沿辺に折中・入中する客商への償還財貨に用いられた。

1．国初淮南塩の禁榷と産塩、歳収

国初、淮南塩の禁榷[官売制]は太平興国2年(977)に始まるが、太平興国末年(984雍熙元年)から一年間、産塩の約1/3(銭額にして24万貫)を通商[収算制]に委ねたことがある(2)。その

後端拱 2 年(989)から、江淮茶とともに淮南塩を河北沿辺の「折中」に用いるようになり、京師で江淮茶塩を請買した客商は、河北沿辺州軍の折博務に折中した後、江淮の産茶地・産塩地で償還茶・塩を受領して各地に通商した(3)。至道 2 年(996)には、客商が京師で入銭後、揚州折博務で江淮茶と折博する淮南通商塩の歳課を50.8万余貫増額した(4)。

しかし同じころ、淮南路18州軍のうち半数の 9 州軍は、商人が海上から販塩する塩を官が 2 倍の価格で買取り、これを禁塩地(官売区)に運んで高価で官売したというから(5)、このころ、ほぼ後の淮南東路——淮南の東西分路は熙寧 5 年(1072)——に当る淮南東部沿海寄りの 9 州軍では、政府の統制を受けない商人の販塩活動が行われていて、淮南塩の官売体制はなお確立していなかったことが分る。淮南塩の生産が伸張し、官売塩・通商塩とも十分な供給能力を獲得するようになり、河北・陝西の沿辺入中に東南末塩を用いる本格的な通商が淮南塩に導入されたのは、天禧初年(1017)のことであった(6)。

淮南官売塩の歳収については、江南路——江南の東西分路は天禧 4 年(1020)——と荆湖南北の三路で130万貫あったという(7)。これは史料上、淮南塩の官売歳額を記した最初の数字であるが、当時の淮南塩は淮南路・両浙路を併せて計五路にわたる行塩区を持っていたから、淮南官売塩の歳額総収はおそらく200万貫を超えたであろうと推測される。

2. 淮南官売塩の行塩区

国初の淮南官売塩の行塩区について、『宋史』食貨・茶p.4438、及び『通考』15征榷二・塩鉄p.154下等によって、**表18-1**にその概略を示す(**地図 3** を参照)。

表18-1　北宋前半期 淮南塩の産塩区と行塩区—天聖 8 年(1030)以前—

産塩州軍、塩監、塩場	年産(石)	行塩区府州軍
南部産塩区		〔淮南路〕楚州、通州、泰州、廬州、和州、舒州、蘄州、黄州、無為軍、
楚州塩城監	41,7000	〔江南路〕江寧府、宣州、洪州、袁州、吉州、筠州、江州、池州、太平州、饒州、信州、歙州、撫州、広徳軍、臨江軍、
通州利豊監	48,9000	〔両浙路〕常州*、潤州*、湖州*、睦州、
泰州海陵監如皐倉小海場	65,6000	〔荆湖路〕江陵府、安州、復州、潭州、鼎州、鄂州、岳州、衡州、永州、漢陽軍、
3 監 1 場計	215,4000	
北部産塩区		〔淮南〕海州、漣水軍、光州、泗州、濠州、寿州、
海州板浦・恵沢・洛要3 塩場	47,7000	〔京東〕徐州
漣水軍海口場	11,5000	〔両浙〕杭州、蘇州、湖州*、常州*、潤州*、江陰軍、
4 場計	59,2000	
両産塩区計　2 監 5 場	274,6000	4 路計　48府州軍

＊両産塩区の塩を並給された両浙 3 州。

地図3　北宋前半期 官売淮南塩・両浙塩の産塩・販売体制

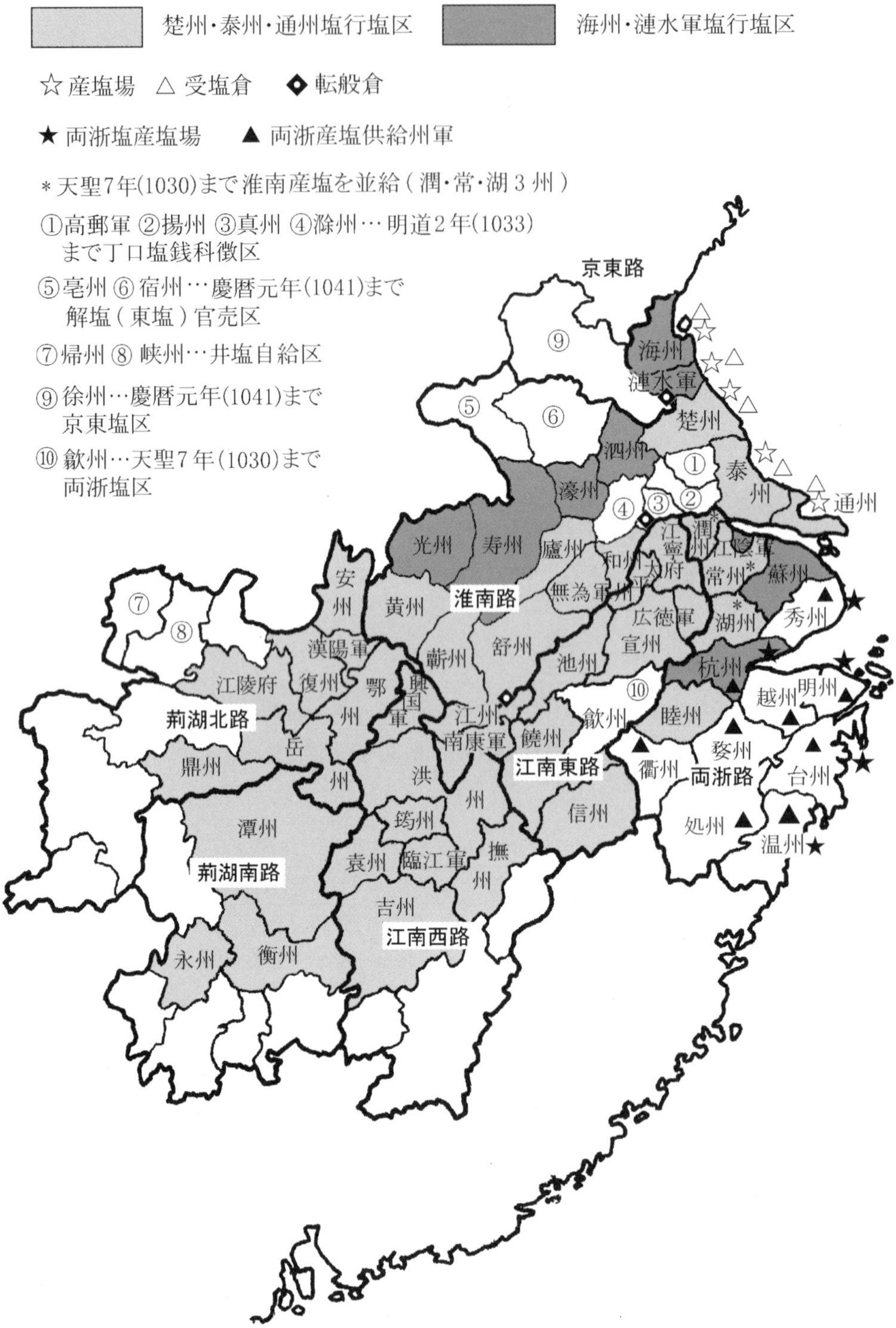
楚州・泰州・通州塩行塩区
海州・漣水軍塩行塩区
☆産塩場　△受塩倉　◆転般倉
★両浙塩産塩場　▲両浙産塩供給州軍
＊天聖7年(1030)まで淮南産塩を並給（潤・常・湖３州）
①高郵軍 ②揚州 ③真州 ④滁州… 明道2年(1033)まで丁口塩銭科徴区
⑤亳州 ⑥宿州… 慶暦元年(1041)まで解塩（東塩）官売区
⑦帰州 ⑧峡州…井塩自給区
⑨徐州…慶暦元年(1041)まで京東塩区
⑩歙州…天聖7年(1030)まで両浙塩区
京東路
海州
漣水軍
楚州
泗州
泰州
通州
濠州
光州
寿州
廬州
江寧府
潤州
江陰軍
常州
蘇州
和州
太平州
無為軍
淮南路
安州
黄州
広徳軍
湖州
秀州
宣州
漢陽軍
蘄州
舒州
池州
杭州
江陵府
復州
鄂州
興国軍
明州
越州
荊湖北路
岳州
江州
南康軍
饒州
歙州
睦州
鼎州
洪州
江南東路
衢州
婺州
両浙路
台州
潭州
筠州
信州
処州
温州
荊湖南路
袁州
臨江軍
撫州
吉州
江南西路
永州
衡州

『宋史』食貨・塩p.4438によれば、淮南では両産塩区とも天聖中に塩場が増加し、上記の産塩5州軍で計26場を数えるまでに増えている。内訳は通州7場、楚州7場、泰州8場、海州2場、漣水軍1場である。ただし、理由はよく分らないが産塩額はこの間かえって国初期の旧額からほぼ1/4の減産となり、歳額約204万石(274,6000－69,7540＝204,8460)となった。またこの間、両浙路の杭・蘇2州が新たに淮南塩の「並給」州軍に加えられた。

以下に北宋前半期――国初から熙寧ころまで――の淮南塩・両浙塩の産塩地と供給州軍の変遷を整理する。

(i)淮南の揚州、真州等四州軍は『宋史』・『通考』とも淮南塩行区にその名を載せないが、これは史料の脱漏によるものではない。実はこの四州軍は旧南唐以来の淮南塩供給地であり、塩貨の支給がないまま塩税化した「丁口塩銭」が宋朝への帰属後も残存し、范仲淹が江淮安撫使としてこれを除放した明道2年(1033)ころまで塩銭納付が継続し、このため官売塩供給地から外されていたことによる(8)。

(ii)宋初淮南路の江北廬・和・舒・蘄・黄州・漢陽軍の6州軍は、太平興国2年(977)まで旧南唐以来の通商区であった(9)。

(iii)淮南の亳・宿2州は国初以来、陝西解塩(東塩)の通商区であったが、康定元年(1040)に解塩区から淮南塩区への編入が決まり、翌慶暦元年(1041)に淮南塩行区に編入された(10)。

(iv)京東路の徐州は般運水路の利便から当初淮南塩区とされ、この徐州管下邳県に淮陽軍を建軍したのは太平興国7年(982)、従って官売塩の行塩区を定めた太平興国2、3年ころには徐州に隷していた。しかし慶暦元年(1141)までに徐州・淮陽軍は、他の京東諸州軍とともに「榷塩地分」即ち京東塩の官売区となった(11)。

(v)江南路の両浙に隣接する6州軍のうち、浙江の上流に位置する歙州は、水運の便により、両浙塩区が独立する天聖7年(1029)まで、両浙塩行区とされていた(12)。

(vi)『宋史』には江南路に虔州、興国・建昌・南安・南康軍の5州軍を闕くが、『元豊九域志』によれば、このうち南康軍は太平興国7年(982)江州星子県に建軍、よって官売区設定時には江州に隷し、興国軍は太平興国2年(977)鄂州永興県に建軍(永興軍)、翌3年(978)に興国軍と改称したので、官売区設定時には鄂州に属していた。また建昌軍――旧南唐の建武軍――は撫州に属し、太平興国4年(979)に建昌軍と改称、南安軍は淳化元年(991)に虔州大庾県に建軍し、官売区設定時には虔州に隷した。これら新建の諸軍と異なり、広東塩区と接壌する虔州は私塩が多く、南唐時代から官売できなかったが、遅くとも慶暦年間までには官売区となった(13)。

(vii)淮南・両浙塩の「並給」は当初、両浙の常・潤・湖・睦の4州であったが、海州・漣水軍に塩場が造成されると、睦州を除いて杭州・蘇州・江陰軍を加えた計6州軍に並給された。6州軍への並給が廃止され、両浙塩区が独立したのは天聖7年(1029)のことである(14)。

(viii)『宋史』には荆湖路――南北分路は咸平2年(999)――の郴州・桂陽監・全州・道

州・荆門軍・辰州を闕く。荆門軍を除く4州1監はいずれも広南路との接壌地帯に位置し、上に見た江南州軍と同じ理由で、これら州軍に淮南塩が供給されるようになったのは天聖以降と見られる。このうち郴・全・道の3州は元豊6年(1083)以降広東塩の通商区となった(15)。また荆門軍は開宝5年(972)に江陵府から長林・当陽2県を割いて新設した軍であり、官売区設定時には江陵府に隷していた。辰州は渓洞地域のため官売しなかったが、桂陽監が外されている理由は不明である。しかしいずれも天聖以降には淮南行塩区となった。

(ⅸ)前蜀－荆南(南平)に属した帰・峡2州は井塩を産したため、淮南塩を供給しなかった(16)。

(ⅹ)国初以来淮南塩区であった荆湖北路の安州は、景祐年中(1034-37)に京西路に編入され、康定初年(1040)に荆湖北路への復帰を要請し、翌慶暦元年に許可されたというから、慶暦元年(1041)には天聖期と同じく淮南塩区に復帰していた(17)。

以上により、天聖7年(1029)に両浙塩区が独立して6州軍への「並給」が解消された時、淮南塩行区は全6路51州軍から京東塩区の徐州と並給で重複する常・潤・湖3州を除いて計47州軍を数えた。この州軍数はその後、康定元年(1040)までに揚・真・滁・高郵4州軍の丁口塩銭が廃されて淮南塩区となったため、慶暦元年(1041)に淮南塩の販塩価格を増額したときには再び6路51州軍となっていた(18)。淮南官売塩の官売体制はその後も着実に整備充実が進み、熙豊期には東南六路の全68州軍に供給されることとなる(19)。こうして成立した北宋前半期における淮浙塩の産塩・販売体制を**表18-2**及び**地図4**に示す。

(2)淮南官売塩の収買価格と販売価格

淮南塩は通・楚・泰3州の亭戸の産塩を各州に置かれた計5処の塩倉に集貨され、官が収買した後、これを真州と漣水軍の2処に設けた転般倉に収納した。真州倉は通・楚・泰の5倉の塩を、漣水倉は海・漣水2州軍の塩を受納した。転般倉はのち江州に増設して3処となった。江南・荆湖六路転運司は毎年定期的に各種上供物資を歳漕する「綱運」船団を組織し、長江水系に沿って国都へ般運、上供物資を納付した帰路、真州等転般倉で官塩を受領し、これを回船に積載して各路に帰着した。諸路転運司はこの官塩を管内州軍に分送し、これを受けて州県は県員・州兵或は郷戸衙前を動員し、同じ長江水系の諸河川に沿って官塩を般運し、路内各州軍で販売した(20)。

淮南塩の「官売制」は、転般法と連動した回船を用いて〈官般・官販〉方式の最大の難関である輸送費の大幅な軽減に成功し、長江水系に沿った官船による輸送・販売網を最大限利用することによって、東南六路の広大な地域を行塩区とすることが可能となったのである。

1．淮南官売塩の収買価格と塩本銭率

国初、福建・広南を含む東南地方の塩本銭額については、淮南・福建路府州軍と両浙路

表18-2　北宋前半期 淮南塩・両浙塩の官売体制―慶暦(1041-48)以前―　付：熙寧9年の淮南塩官売州軍と歳収(『会要』食貨22-8〜13による)

(網掛け)　太平興国2年(977)の官売州軍*1　◎転般倉を設けた州軍*2　●淮南塩←(楚・通・泰州産塩)を供給した州軍*2

■←淮南塩(海州・漣水軍産塩)を供給した州軍*2　◆←両浙塩を供給した州軍*3　▲←広南塩を供給した州軍*1

州軍名の左側の数字は太平興国2年(977)の官売価格(文/斤)*1　∈：右側に記した州軍に併入されたことを示す。

	太平興国2年(977)の官売州軍と官売価格	天聖年中の官売体制 塩監	塩倉	塩場	天聖7年官売区	明道〜慶暦の塩区変更	付：熙寧9年歳額 淮南東西総135,6477.9590
		(+は天聖中の増)					
京東路	40徐州■					慶暦元年までに京東塩区へ*4	
	淮陽軍(太平興国7建)					慶暦元年までに京東塩区へ*4	
淮南路	40楚州●	1(塩城監)	1	7			2,9449.911
997	40海州■←建安軍のち漣水軍			3			1595.883
分東西	40泰州●	1(海陵監)	3	8			1,0651.823
	40通州●	1(利豊監)	1	7			3106.100
(東路)	◎40漣水軍(太平興国3建@楚州漣水県)■			1			(熙寧5年廃∈楚州漣水県1523.544)
	40泗州■←建安軍のち漣水軍						2,6397.212
	揚州〔丁口塩銭区〕					明道2年以後淮南塩区*5	5,2668.286
	高郵軍(開宝4建)〔丁口塩銭区〕					明道2年以後淮南塩区*5	(熙寧5年廃∈揚州高郵県1849.717)
	滁州〔丁口塩銭区〕					明道2年以後淮南塩区*5	3,7213.502
	◎40建安軍〔丁口塩銭区〕(大中祥符6升)真州					明道2年以後淮南塩区*5	2,8528.247
	(旧南唐領)50廬州●←建安軍						9,4381.544
	40無為軍(太平興国3建@廬州巣県)●						8,6121.599
	(旧南唐領)50和州●←建安軍						4,2800.945
	(旧南唐領)50舒州●←建安軍						16,7759.993
	(旧南唐領)50蘄州●←建安軍						37,1307.364
(西路)	(旧南唐領)50黄州●←建安軍						17,9418.636+
	40光州■←建安軍のち漣水軍						6,2637.551
	40壽州■←建安軍のち漣水軍						8,1804.113
	40濠州■←建安軍のち漣水軍						2,8924.505
	宿州〔解塩(東塩)官売区〕					慶暦元年に淮南塩区へ編入*6	2,6353.974
	亳州〔解塩(東塩)官売区〕					慶暦元年に淮南塩区へ編入*6	2,5465.661
両浙路	(旧南唐領)40潤州●■←建安軍・漣水軍並給				◆		7,0996.846
	(旧南唐領)40常州●■←建安軍・漣水軍並給				◆		6,8306.504
	(旧南唐領)40江陰軍●■←建安軍・漣水軍並給				◆		(熙寧4年廃∈常州江陰県4335.937)
	40蘇州●■←建安軍・漣水軍並給				◆		9,2121.048
	秀州◆	+1		1	◆		394.867+
	40湖州●■←建安軍・漣水軍並給				◆		19,2474.965
	40杭州●■←建安軍・漣水軍並給	+1		1	◆		13,9448.616
	40睦州●←建安軍				◆		6,0371.248
	衢州◆				◆		19,6707.652
	越州◆				◆		7,0129.801

	明州◆	2(昌国東・西監)+1			◆		1,8290.061
	台州◆	1(黄巌監)+1			◆		6,7678.899
	婺州◆				◆		9,8712.358
	温州◆	2(天富南・北監)+1		3	◆		2,9141.136
	処州◆				◆		2,2956.998
江南路	40昇州(江寧府)●←建安軍						9,0011.692
1020	40宣州●←建安軍						12,7369.530
分東西	40広徳軍(太平興国4建@宣州広徳県)●←建安軍						2,3594.169
	40太平州●←建安軍						6,3154.990
	40池州●←建安軍						10,4903.119
(東路)	50◎江州●←建安軍						13,9313.837
	南康軍(太平興国7建@江州星子県)						9,7395.938
	50饒州●←建安軍						23,7986.074
	50歙州●←両浙塩				◆*7		7,1905.827
	50信州●←両浙塩						15,2049.840
	50洪州●〔←◇建安軍〕						25,5375.718
	50筠州●←建安軍						8,6344.558
	臨江軍(淳化3建@筠州清江県)						9,2172.032
	50袁州●←建安軍						13,4872.699
(西路)	50撫州●←建安軍						8,6976.369
	建昌軍(南唐建武軍、太平興国4改)						4,6658.896
	50吉州●←建安軍						27,6602.637
	50虔州▲←広南塩(南雄州)	天聖年間?に淮南塩区、治平以降福建塩区*8					
	南安軍(淳化1建軍@虔州大庾嶺)						
	興国軍(永興軍、太平興国3改)						9,0991.142
	50建州◆←両浙塩				(〜天聖6年) 福州塩区*9		
福建路	50劍州◆←両浙塩				(〜天聖6年) 福州塩区*9		
	50汀州▲←広南塩(潮州)〕				(〜天聖6年) 福州塩区*9		
	邵武軍(太平興国5建@建州邵武県)				(〜天聖6年) 福州塩区*9		
荊湖路	(旧荊南領)江陵府						24,3779.742
999	(旧荊南領)　荊門軍(開宝5建@江陵府荊門鎮)					(熙寧6廃∈江陵府長林県2,5252.027)	
分南北	(旧後周領)　復州〔旧潁塩通商〕					(熙寧6廃∈江陵府監利県1,2589.640)	
	(旧南唐領)50鄂州●←建安軍						19,5097.191
	(旧南唐領)50漢陽軍●←建安軍					(熙寧4廃∈鄂州漢陽県　2,6114.491)	
	(旧後周領)　安州					景祐中→京西路、慶暦元→淮南路*10	11,5207.278
(北路)	(旧荊南領)　岳州						14,3353.224
	(旧荊南領)　朗州(大中祥符5改) 鼎州						9,1280.738
	峡州〔井塩自給区〕					淮南塩区*11	2,6796.307
	帰州〔井塩自給区〕					淮南塩区*11	5233.576
	澧州						8,5481.065

	辰州						2,1455.576
	沅州						1,1445.745
（南路）	潭州						3,2776.710
	衡州						13,7739.233
	永州						13,2700.474
	道州						5,3953.728
	郴州						2,1925.830
	邵州						―
	全州						4,9403.618
	桂陽監						2,8296.217

*1 『会要『』食貨23-19〔塩法〕太平興国2.2.18条による。注（１）を参照。

*2 『宋史』食貨・塩p.4438による。**表18-1** 北宋前半期淮南塩・両浙塩の産塩区と行塩区を参照。

*3 『宋史』食貨・塩p.4434-44457による。**表18-1** 北宋前半期淮南塩・両浙塩の産塩区と行塩区を参照。

*4 徐州。『長編』134慶暦1.11.20丙寅に「京東淄・濰・青・斉・沂・徐州・淮陽軍並係榷塩地分、近経災傷、人戸貧困、特放通商、止令納税銭」とあり、慶暦元年には徐州は淮陽軍とともに京東塩区に属していた。

*5 江寧府等丁口塩銭。『景定建康志』40田賦志序自註に【明道二年江淮按撫使范仲淹奏、当司看詳江寧府上元等五県主客戸送納丁口塩銭…始属江南偽命之時、有通・泰塩貨俵散、計口納塩入官、後来淮南通・泰帰属朝廷之後、江南自此無塩給散、所以百姓至今虚納銭、併更折納綿絹、未曾起請】とあり、これら4州の丁口塩銭は明道２年に廃止され、淮南塩の供給区となった。

*6 宿州・亳州。『長編』130慶暦1.1.9己未に「康定元年初用宋庠議、復京師・南京及京東州軍、淮南宿・亳州池塩榷法、而京師榷法尋弛。於是、又詔三司議通淮南塩給南京・兗・鄆・曹・済・濮・単・広済八州軍利害以聞。其後兗・鄆及宿・亳遂皆淮南塩矣」とあり、宿・亳2州は康定元年に京東の解塩通商区から淮南塩区に編入された。

*7 歙州。『宋史』食貨・塩p.4435による。

*8 虔州。『長編』196嘉祐7.2.3に「（嘉祐中）於是〔黄〕炳等合議、以謂虔州食淮南塩已久」とあり、虔州は嘉祐中（1056-63）まで淮南塩区であった。注(13)を参照。

*9 建州・剣州・汀州・邵武軍。『会要』食貨23-34天聖6.11.9に「福建路転運司言、福州長楽・福清・連江・羅源・寧徳・長渓六県、毎年祖額塩五百一万五千九百六十三斤、給本州閩・候官等十二県及県下場并剣・建・汀・邵武軍四処般請出売」とあり、この４州は天聖６年までに福建塩区に編入された。

*10 安州。王得臣『麈史』上・利疚に「安州在唐時隷淮南、入本朝属荊湖北路、景祐間忽入京西、民間既禁海塩而食解塩、以輦販之遠、頗病淡食…康定初左丞范雍自延安謫守備、乃会常入之課、以五万緡歳輸京西漕司、復還安州於湖北、朝廷従之」とあり、景祐年中（1034-37）に京西路に編入されたのち、康定元年（1040）に淮南塩区に復帰した。注(17)を参照。

*11 帰州・峡州。『宋史』食貨・塩p.4473に「（慶暦中）…四路塩課、県官之所仰給…初塩課聴以五分折銀・紬・絹、塩一斤計銭二十至三十、銀一両・紬絹一匹折銭六百至一千二百、後詔以課利折金帛者従時估。荊湖之帰・峡二州、州二井、歳課二千八百二十石、亦各以給本州」とあり、慶暦ころまで帰・峡２州は井塩を自給した。各々２井あり、歳課は合わせて2820石、塩価はもと20～30文/斤で銭額で2820～4230貫。これに対し熙寧９年歳収は２州合せて3,2000貫で慶暦期のほぼ10倍となる。慶暦から熙寧にかけての約30年で、２州の井塩歳課が10倍にも引き上げられるのは不自然なので、帰・峡２州は慶暦以降熙寧までの某年に、井塩自給区から淮南末塩の湖北路官売区に編入されたと見られる。

地図４　北宋後半期 官売淮浙塩の行塩区—熙寧9-10年〜政和２年—

淮南塩の行塩区

両浙塩の行塩区

・州軍名に付した数字は『会要』22-8〜13〔国朝会要諸路塩額〕による熙寧9-10年の官売実収額(単位:万貫)

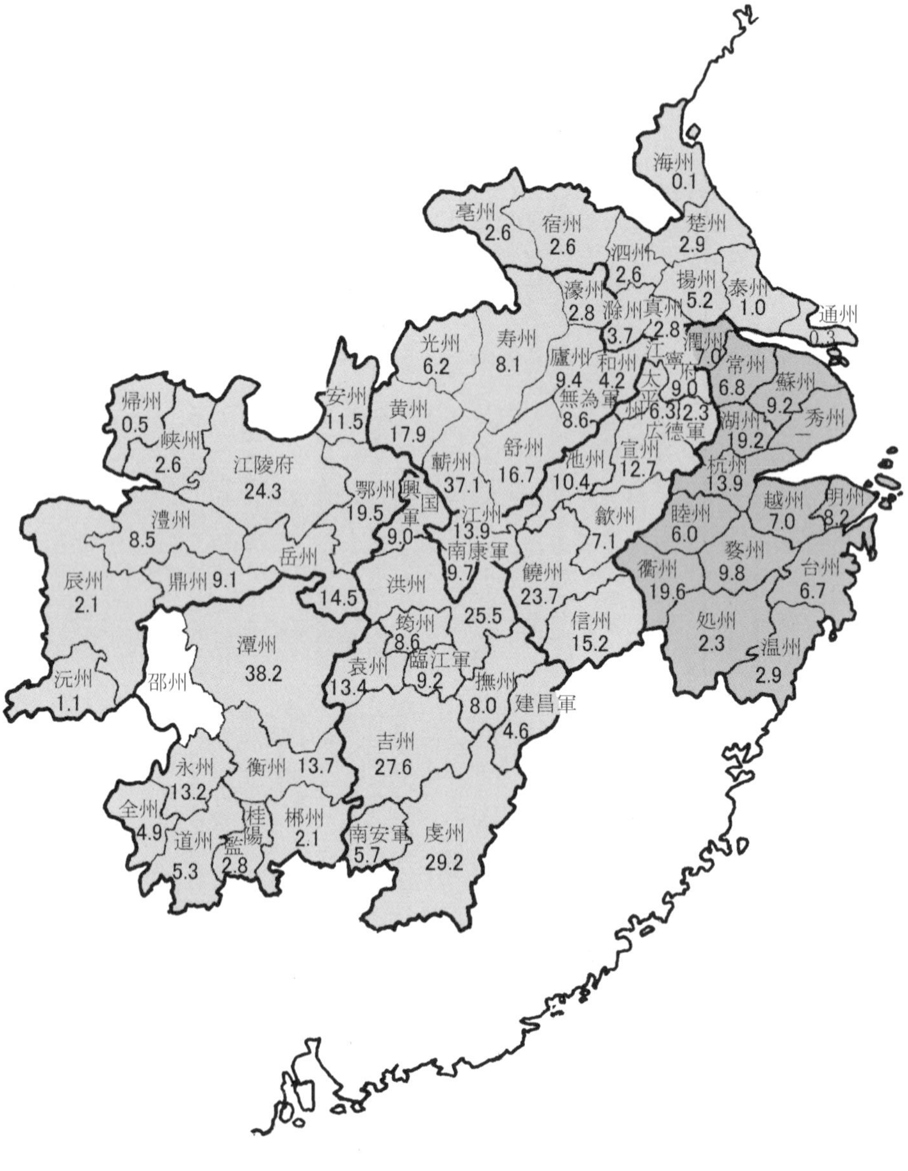

温・台・明諸州は4文/斤、広南路州軍は5文/斤、両浙路杭・秀2州は6文/斤と定められ、平均するとほぼ毎斤4文足であった(21)。両浙路産塩州軍のうち、温・台・明の諸州軍が淮南・福建路府州軍と同額の4文/斤であるのに対し、杭・秀2州だけ6文/斤とやや高く設定された理由は不明である。

通・泰・楚3州の塩場では天聖元年(1023)、亭戸からの収買価格を大中祥符2年(1009)以来の3石(150斤)500文足から600文足に引上げた(22)。収買価格(＝塩本銭額)は4文足/斤である。当時の淮南塩の官売価格は平均40文足/斤であったから、塩本銭率は(4/40＝0.1)平均10%となる。

因みに北宋後半期、紹聖3年(1096)の淮南亭戸の「買塩本銭」――収買価格すなわち塩本銭額――は歳額64万貫であった(23)。次節で見るように、淮南官売塩の祖額〔熙寧8年〕は約650万貫、元豊元年歳収は約580万貫であったから、北宋後半期の淮南では対祖額比で約9.8%、対元豊実収比で約11%が亭戸への塩本銭として還給されていたことになる。販売価格に占める塩本銭率はほぼ10%で、北宋前半期と変らない。淮南塩の塩本銭率は、北宋時代を通じて平均約10%の水準が維持されたと見られる。

2．淮南塩の販売価格

淮南塩の官売価格は、塩貨の運送水路からの距離に比例してその価格が定められたから、水系から隔った州軍では収買価格に10倍する官収を得る所もあったという(24)。

淮南官売塩の販売価格は「転般」回船による水運の利便と、荷下し後の陸路の難易度を基準に定められ、淮南西部(後の淮南西路)諸州と江南西路諸州などは50文/斤、他州軍は40文/斤の二段階に設定されていた。

すなわち淮南西部の廬・舒・蘄・黄・和州・漢陽の6州軍は、集貨地である建安軍から「水路稍や遠し」という理由で50文/斤とされ、輸送距離からいえばこれら諸州と殆ど異ならない江南東部(後の江南東路)の昇・潤・常・宣・池・平南・江陰・寧遠の8州軍は、これとは逆に「建安軍を去ること稍や近き」ことを理由に江北諸州軍と同じ40文/斤に、また江南西部(後の江南西路)の江・筠・鄂・撫・饒・袁・台の7州軍は50文/斤に設定された。このほか荆湖路の安・復・郢3州、江南の歙・信2州と福建の建・(南)剣2州は両浙と隣接するとの理由で、また同じ福建でも虔・汀2州は広南に隣接するとの理由で、それぞれ50文/斤足陌に設定された(25)。上に見たように、淮南塩の塩本銭率は天聖元年以降、各塩場とも4文/斤であったから、塩本銭額に対する塩利官収額(官売価格―収買価格)の比率は(4/46～4/36＝0.086～0.11)、8.6%から11%の間に設定されていたことになる。所により収買価格に10倍する官収を得たという『宋史』の記事はこれによって裏付けることができる。

その後天禧初年(1017)に荆湖南北路州軍の塩価40文/斤を2～3文/斤減じたことがあるが、次第に歳入が減少したため慶暦元年(1041)に旧価格40文/斤に復し、これによって歳収を4万貫増やすことができた。この時、これまでの20年以上に及ぶ減価措置による歳収減を挽回するため、政府はすでに増額した荊湖以外の4路38州軍のほか、東南塩行区全6路51州軍の塩価について1斤につき5文の増額を決定し、淮南塩の販価は初めて東南六路全域で45文/斤に統一された。これにより塩課・酒課合わせて30.6万余貫の歳入増を見たというから(26)、当時の淮南塩の歳収総額は240～250万貫程度であったと見られる。慶暦元年(1041)に45文/斤に統一されて以降、この官売価格は熙寧の初めころに一時、福建虔州の粗悪な官売塩が47文/斤で売られたのを除いて、崇寧4年(1105)に蔡京が「新鈔法」のもとで東南六路の塩価を改定するまで維持された(27)。

(3)淮南通商塩の入中

淮南塩を通商して沿辺入中に用いる案が初めて取上げられたのは咸平4年(1001)のことであったが、この時は通商よりも官売の利を大とする反論が出て実現せず(28)、淮南通商塩の沿辺入中が初めて許可されたのは天禧初年(1017)のことで、入中開始から早くも5年後の乾興元年(1022)には京師榷貨務への入銭額が114万貫に達したという(29)。

1.淮南塩入中祖額の立定

天禧初年に始まる淮南塩入中の新方式は、解塩の入中方式に倣ったもので、客商は京師榷貨務に入銭し、沿辺に入中した後、給付された交引を淮浙・江南・荊湖等東南六路の産塩州に持込んで塩貨の償還を受けた(30)。解塩の場合、交引による解塩(通商「南塩」・「西塩」)の償還は解州榷塩院で行われたが、淮南塩の償還は淮南塩・両浙塩の産塩州軍の塩倉・塩場で行われた。

通商淮南塩の京師入銭額の伸張は、天聖年間における淮南塩の生産の増進に支えられていた。淮南官売塩は天聖6年(1028)には両浙の杭・秀・海3州の塩場が復旧整備されて歳額350万貫の生産体制が整い(31)、両浙塩場の整備・復旧によって翌天聖7年(1029)には両浙6州軍への淮南・両浙産塩の并給を廃止し、両浙路行塩区として独立させることができた。こうした国初以来の淮南塩の順調な生産伸張と両浙塩区の独立を背景として天聖9年(1031)、初めて淮南塩の入中通商歳額すなわち京師に入銭し淮南塩を請買する歳額「祖額」180.3万貫が定められた(32)。これを陝西沿辺への入中開始後間もない乾興元年(1022)当時の京師榷貨務入銭額114万貫と比べると、8年間で1.5倍を超える順調な成長を遂げたことが分る。

2.北宋前半期淮南通商塩の歳収

淮南通商塩は天聖年間に京師入銭額(＝沿辺入中請買額＝売鈔収入)を順調に伸ばしたが、入銭祖額を180.3万貫と定めた天聖9年(1031)ころから、官売塩の歳収の方が次第に減少し始めたようである。明道2年(1033)、中央では参知政事の王随が、「淮南塩の官運が停滞して1500万石の塩貨が滞積し、亭戸への塩本支給も滞るなど問題が多い」ことを理由に、淮南塩の禁榷[官売制]を廃止して全面通商体制へ転換するよう要請した。滞留した塩貨1500万石は、当時の淮南塩の平均官価40文/斤として3000万貫、当時の官売塩歳収の10年分を優に超える。

この時期とくに重大な私塩問題などはなく、禁榷[官売制]のもとではこれほど多額の滞積は起りえないから、この滞積は通商塩として償還される淮南塩の京師での入中請買が、天聖９年(1031)ころを頂点として次第に不振に陥った結果もたらされたものである。

参知政事王随は商人が京師に見銭を、または揚州の折博務に見銭または粟帛を入れ、これに塩貨を与えて販売させれば、官売による輸送経費を削減できると考えた(33)。京師榷貨務のほか新たに揚州折博務を入銭地に指定したのは、客商の輸送の便に配慮したためかと推測される。

しかし江淮安撫使から帰任した直後、范仲淹は王随らの全面通商への転換案に反対し、三司使・制置使と合議して次のような折衷案を策定した(34)。すなわち陝西の沿辺入中は天禧元年(1017)の入中方式を復活し、官売塩との競合を避けて客商の通商塩の販売地域を区画する。販売区画は、産塩地に近い通・楚・泰・海・真・揚・漣水・高郵の８州軍は州城内まで、他州軍は県・鎮までとし、郷村への立ち入りは全面禁止とするというもので、販塩体制としては、郷村＞県鎮＞州城の順に通商圏域を規制していく“三圏”構造による官商並売体制である。この折衷的な通商体制は２年後の景祐２年(1035)、入中方式が「見銭法」に復帰した時に廃止された。

康定元年(1040)には、陝西へ「沿辺入中」する客商に対し、償還する淮南塩を増量して給付する優遇措置がとられた(35)。これはこのころ河北の沿辺入中において、収糴20万石の目標を立てて糧草入中を促進するため、京師で見銭のみを償還する「見銭法」を廃止し、見銭：東南末塩：江淮茶交引・香薬を３：3.5：3.5の比率で償還、支給する「三説法」(第６期)を復活したためである。さらに慶暦２年(1042)、陝西・河東の沿辺入中は、京師での償還を見銭：その他(金帛または東南末塩・江淮茶・香薬)半々とする「三説法」(第７期)に改めたが、東南塩の利の大きさを知る客商は競って東南末塩の償還を求めたという。

慶暦８年(1048)、河北の「四説法」の償還抵当物資の中に淮南塩が加わり、入中芻粟の価格が虚估によって高騰すると、塩鈔価格が下落して京師では額面の６割方近くにまで買叩かれ、商人の京師入銭額が激減する事態となった。皇祐２年(1050)、三司はみたび「見銭法」(入銭京師法)を施行して客商の入中を促進した。これは入銭額より低価格で塩貨を給付し——陝西沿辺入中10万につき塩７万、河北は6.5万——芻粟の虚估を大幅に引下げ、鈔価を引上げる方法である。こうした大がかりな鈔価てこ入れによって、以後、京師入銭額は漸く増加に転じたという(36)。

その後嘉祐２年(1057)、好転した沿辺入中を背景に三司は客商の東南塩算請すなわち榷貨務入銭歳課を400万貫に増額した。しかしこれは当時の客商の輸送・販売能力を大幅に超えていたため、請買が捗らず歳収が却って減少し、六路制置司に輸送担当の専門官を配置して入中体制の整備に努めた。しかし入中請買の不振は続き、治平中(1064-67)における京師榷貨務への淮南塩の入中歳額は227万貫程度に止まった(37)。

淮南通商塩の入中請買は、天聖９年(1031)の祖額180万貫から治平中の227万貫まで、30年以上を経てわずか47万貫しか増えていないが、この間官売塩の収入はむしろ天聖年中の歳額

350万貫を下回り、皇祐中(1049-53)には歳売額273万貫にまで落込んだあと、治平中(1064-67)になってようやく天聖の歳額の95%、329万貫にまで回復している(38)。

2．北宋後半期における淮南・両浙官売塩と通商塩

『会要』食貨22-8〜13〔諸路塩額〕淮南路に載せる熙寧９年実収、及び同23-10〜11〔末塩逐州年額〕に載せる淮南官売塩「祖額」〔熙寧８年〕・元豊元年実収を対照して**表19-１**、**19-２**に示す(39)。

(１)東南塩の塩課収入と塩利の分配

表19-１から、六路全体として「祖額」に対して熙寧９年、元豊元年と実収が減少していく傾向が窺われる。また「祖額」に対する路ごとの増減を見ると、熙寧９年歳収では淮南路の増が大きく、江南西路は微増、元豊元年実収は全路で減少する中でとくに両浙路と荊湖北路の減少が目立つ、などのことを見て取れる。熙豊期の淮浙塩の官売収入は、六路全体として600万〜650万貫程度、両浙路がほぼその２割に当る100万貫程度であったと見積ることができる。

表19-1　東南官売塩の祖額〔熙寧８年〕、熙寧９年実収、元豊元年実収

	祖額 a	熙寧９年実収 b	元豊収 c	b/a	c/a
荊湖南路	83,0983.414	80,6796.260	78,0995.410	0.97	0.94
荊湖北路	94,7698.580	93,9130.260	77,4292.290	0.99	0.82
江南東路	112,2326.875	110,7684.800	102,5906.244	0.99	0.91
江南西路	135,2031.094	140,3680.473	123,3200.021	1.04	0.91
淮南路	115,7616.592	135,6477.959+＊1	111,6040.800	1.17	0.96
５路計	541,0656.555	561,3769.752	493,0434.765	1.04	0.94
両浙路	111,3138.564＊2	112,7730.999+	87,1884.206	1.03	0.78
６路計	652,3795.119	674,1500.751+	580,2318.971	1.03	0.89

＊1 淮南東路24,1430.600、淮南西路111,5047.359の計、+は秀州の缺落分。
＊2 このうち38,681.235貫文分は祖額未定。

１．熙豊期淮浙塩の官売収入と通商収入

熙豊期には全国的に和買紬絹の調達が増加したが(40)、これには塩鈔による準折――紬絹和買の対価として、鈔引額面価格と等価の官塩を給付すること――が認められていたため、淮南塩行区では東南末塩鈔によって多額の和買が行われた。例えば熙寧８年(1075)に杭州の預買紬絹10万余匹が増額されたさい、その対価７万貫は末塩鈔４万貫と銭３万貫とで支給され(41)、また市易司がこれまで東南塩で「準折」してきた袁州の和買紬絹は、諸路の例により対価１匹１貫として末塩鈔で出売した(42)。熙豊期の東南末塩鈔の価格は毎席５〜６貫文(43〜51文/斤)の間で比較的安定していた(43)。

なお**表19-1**の熙寧10年実収については、『会要』食貨22-8～13〔諸路塩額〕、江南七路諸州軍ごとの官売塩実収入額を記載するので、**表19-2**にこれを示す。

表19-2　東南官売塩 熙寧9年 諸路州軍実収額

東南六路	行塩州軍熙寧9年官売塩実収額(貫文)
淮南東路	揚州5,2668.286*1、亳州2,5465.661、宿州2,6353.974、楚州2,9449.911、海州1595.883、泰州1,0651.823、泗州2,6397.212、滁州,37213.502、真州2,8528.247、通州3161.100、計　24,1430.600
淮南西路	寿州8,1804.113、廬州9,4381.544、蕲州37,1307.364、和州4,2800.945、舒州16,7759.993、濠州2,8924.505、光州6,2637.551、黄州17,9418.636+、無為軍8,6121.599、計111,5047.359+　　+黄州缺落管下県鎮分
両浙路	杭州13,9448.616、越州7,0129.801、蘇州9,2121.048、潤州7,0996.846、湖州19,2474.965、婺州9,8712.358、明州8,2910.061、常州6,8306.504*2、温州2,9141.136、台州6,7678.899、処州2,3351.865、衢州19,6707.652、睦州6,0371.248、計112,7730.999+*3
江南東路	江寧府9,0011.692、宣州12,7369,530、歙州7,1905.827、江州13,9313.837、池州10,4903.119、饒州23,7986.074、信州15,2049.840、太平州6,3154.990、南康軍9,7395.938、広徳軍2,3594.169、計110,7684.800
江南西路	洪州25,5275.718、虔州29,2656.124、吉州27,6602.637、袁州13,4872.699、撫州8,0976.369、筠州8,6344.558、興国軍9,0991.142、南安軍5,7966.471、臨江軍9,2172.032、建昌軍4,6658.996　計140,3680.473
荊湖南路	潭州38,2776.710、衡州13,7739,733、道州5,3953,728、永州13,2700.474、郴州2,1925.830、全州4,9403.618、桂陽監2,8296.217　計80,6796.260
荊湖北路	江陵府24,3779.742、鄂州19,5097.191、安州11,5207.278、鼎州9,1280.738、澧州8,5481. 065、峡州2,6796.307、岳州14,3353.224、帰州5223.576、辰州2,1455.576、沅州1,1445.745　計93,9130.260

*1 熙寧5年廃高郵軍の額を含む。*2 熙寧4年廃江陰軍の額を含む。*3 +は秀州の缺落分。

一方、入中により客商から売鈔収入を得る京師榷貨務の歳収は、上に見てきた官売塩の収入とは別の会計である。『会要』食貨23-10〔末塩〕に熙寧末の全国末塩の総収入と末塩鈔の「祖額」〔熙寧8年〕が記載されている(44)。**表20**にそれを示す。

表20　熙寧末 淮浙塩の官売収入と通商収入

末塩総収入 679,5440.260貫文
- 官売収入(439,1405.760貫文)
  - 六路転運司…淮浙塩収買本銭
  - 州軍軍資庫…州県地方経費
- 「鈔銭祖額」240,4034.500貫文
  - 河北沿辺州軍…糧草糴買本銭

このうち「鈔銭祖額」240万貫は、天禧4年(1020)に立定した京師榷貨務の入中祖額261万貫

のうち、淮南通商塩すなわち東南末塩鈔の榷貨務入銭祖額である(45)。淮南塩の入中額としては、前項で見たように治平中227万貫という実績があり、熙寧末ころにはほぼこの程度の実収があったのであろう。“官売収入”の額は『会要』に記載がないが、末塩総収入679,5440.260貫文から「鈔銭祖額」すなわち通商塩売鈔収入240,4034.500貫文を差引いた額439,1405.760貫文となる。この収入が“官売”による収入であることは、『会要』に「この総収入は淮浙〔諸路転運司〕に応副して買塩に支用する銭を除き、全額を〔州軍の〕軍資庫に送納する」と記載することから明らかである。またこの“官売収入”は東南六路転運司の収買本銭・州県経費として支用されることから、この「末塩」の中に河北塩・京東塩・河東塩等は含まれず、限定的に淮南・両浙塩を指すことが分る。

このように、熙豊期の東南末塩総収入は約680万貫、そのほぼ2/3に当る約440万貫は官売塩の収入であり、淮浙塩の収買本銭と六路州軍の地方経費に支用された。またほぼ1/3に当る鈔額銭即ち通商塩の売鈔収入約240万貫は榷貨務の歳収であり、封樁して河北の糧草糴買本銭として沿辺州軍に還給された。

2．東南六路転運司の塩税歳収と財政構造

豊富な産塩と長江水系を利用した輸送の便に支えられて、北宋前半期の淮浙塩は官売塩・通商塩とも順調に歳収を伸ばした。熙豊期の淮浙官売塩の歳収は六路合せて約440万貫、東南六路転運司の歳収は平均数十万貫という潤沢なものであった(46)。ここでは淮浙塩の官売廃止を含む蔡京の「政和新法」以前の淮南塩行区東南六路における塩課収入とその支出について、その会計を或る程度知ることができる荆湖南・江南東・淮南の三路を選んで、北宋前半期の転運司の財政構造を検証する。

宋朝の地方財政において、州県の経常経費はその殆どを「官兵請給」即ち県官・州兵の人件費が占めた。この人件費は路官としての転運司の会計区分としては、中央へ「上供」を送納した後、路内管下州軍の必要経費として留置する「州用」である。ただし転運司会計において収入の一定額を上供財貨の調達に、或は「留州」に支出する、という費目区分が存在したわけではない。

官兵請給を中心とする州県経費は州軍県鎮の官員兵士の定数により必要額が規定される、定額の支出費目である。従って転運司がその会計収支において地方経費「留州」を確保するためには、多額の支出を要する「上供」額との間に財政収支の均衡が保たれている必要があった。

北宋期の東南六路転運司は、他路にはない六路計で歳額620万石の「上供米」輸納義務のほか、他路より多額の上供和買紬絹や上供銭貨など多くの上供財貨を輸納する義務があった(47)。上供の定額は、賦税として徴収した財貨と和糴・和買など銭貨を拠出して調達した財貨とによって構成され、米綱・絹綱・銭綱等として漕船に装載して京師に送納した。上供定額は賦税収入だけでは充足できなかったから、米糧の和糴(上供収糴)や紬絹の和買(上供紬絹)に多額の銭貨を必要とした。他路に比べ多額の上供財貨を調達する責務を負う六路転運司は、その豊富な塩課収入をこの和糴、和買の資金として支出した。転運司財政内部において、塩課収入は各種上供財貨を調達する運転資金の役目を果していたのである。

六路転運司の財政規模は他地域に擢んでていたが(48)、塩課についても淮南塩の豊富な供給を受けて官売収入も多路よりは多く、蔡京が新鈔法を実施して官売収入を全額中央財政に組入れ、課利収入を漕計から外すまでほぼ一世紀間は、一路の財政収支の均衡は保たれていた。

A：荆湖南路

蔡京の新鈔法実施以前、荆湖南路では塩課歳収が100万貫あり、転運司はその半額を自路州県の経常経費として支用することができた(49)。『会要』食貨23-8～10〔塩法雑録〕によれば、荆湖南路の祖額〔熙寧8年〕は83,0983.414貫文、熙寧10年実収は80,6796.260貫文、元豊元年実収は78,0995.410貫文であった。注(49)所引胡寅の言によれば、蔡京が新鈔法を実施する前には塩課の歳収が100万貫はあったというが、『会要』所載の数字からは、熙豊期の荆湖南路の官売塩歳収はこれよりやや少なく、ほぼ80万貫と見積ることができる。荆湖南路の官売塩歳収を80～100万貫とすれば、その半額40～50万貫が一路の地方経費「州用」として支用されたことになる。

B：江南西路

江南西路は新鈔法以前、上供米調達のための「上供収糴」に毎歳塩課収入30万貫を支用してきたので、凶作の年でも上供米の定額輸納に困ることはなかったが、蔡京の新鈔法以来、転運司財政(漕計)の涸渇から、州県は加耗米を追加徴収して上供定額を充たすようになったという(50)。

また同じころ江南西路では、上供和買紬絹歳額50万貫を調達するために、その3割に当る15万貫は銭貨を、その7割に当る35万貫分は塩貨を充てた(51)。35万貫分の塩貨とはすなわち官売塩35万貫分のことであるから、両史料を併せると、江南西路転運司は上供収糴に30万貫、和買紬絹調達に35万貫、合せて65万貫の塩課歳収を上供銭物の調達に支用していた。我々はこうした江南転運司の収支構造から、東南六路の転運司財政、すなわち六路上供米と上供和買紬絹の調達義務をもつ転運司による一路財計の融通調整の典型を見ることができる。

『会要』食貨22-20〔塩法五〕、同23-10〔末塩逐州年額〕所載の江南西路の祖額〔熙寧8年〕、熙寧9-10年実収、元豊元年実収はそれぞれ135,2031.094貫文、140,3680.473貫文、123,3200.021貫文であり(52)、熙豊期の塩課収入はほぼ130～140万貫と見積ることができる。上に見た塩利65万貫は、上に見た3つの年次のいずれの数字をとってもほぼ50%となり、江南西路では蔡京の政和新法施行前、荆湖南路と同じく塩課歳収のほぼ半額を路内州県経費に、半額を上供財貨官物の調達に用いていたことが分る。これは上に見たA：荆湖南路転運司の収支構造とほぼ同様の財政構造である。

C：淮南路

熙寧の初め淮南路転運使に任ぜられた蘇魏公(頌)は、転運使に在任中自ら塩課収入100余万貫を借支して一路の諸経費を賄ったという(53)。淮南路転運司がこの100余万貫の塩課収入をどのように運用したか検証する。

『会要』食貨22-20〔塩法五〕、同23-10〔末塩逐州年額〕所載の淮南路の祖額〔熙寧８年〕は115,7616.592貫文、熙寧9-10年実収は135,6477.959+貫文――淮南東路24,1430.600、淮南西路111,5047.359+――、元豊元年実収は111,6040.800貫文で、いずれの年次も歳収は110万貫を超えている。蘇頌が言うとおり熙寧前半、淮南路転運司は毎歳100万貫を超える“売塩額銭”すなわち官売塩歳収を確保していたのである。

ただ蘇頌はこの塩課歳収100万貫を淮南路転運司がどのように運用したかについては述べていない。蘇頌が言う“一路の諸経費”の中に上供財貨の調達資金と州県経費の双方が含まれることは明らかで、財政規模・上供輸納義務など東南六路の転運司財政の共通性から見て、淮南路でも荊湖南路・江南西路と同様、歳収のほぼ半額が上供財貨の調達に、半額が管下路内全州軍の地方経費に支用されたものと見てよいであろう。

3．北宋後半期における通商淮南塩の歳収

淮南塩の通商は天禧初年(1017)、河北辺糴を確保する目的で始まったことは前に見た(54)。太宗朝に始まる沿辺入中はもともと

(ｉ)解塩を陝西沿辺に、

(ⅱ)東北塩を河東沿辺に、

(ⅲ)東南塩を河北沿辺に、

それぞれ入中させる体系として整備された(55)。解塩・東北塩・東南塩の塩課収入はすべて京師榷貨務に蓄えられ、それぞれの貯備額に応じて陝西・河北・河東路の沿辺州軍に入中する鈔引が発給された。鈔引を請買した客商は、沿辺州軍で糧草入中の証明を得た後、入中方式が三説法(四説法)の場合は、償還塩・茶等の産地に鈔引を持参して償還物品を受領し、入中方式が見銭法の場合、客商は京師に帰還して榷貨務で入中実費の見銭を償還された(56)。

沿辺入中に用いた解塩・東北塩・東南塩の通商塩は「三路塩」とよばれたが、(ｉ)陝西沿辺が解塩行区の一部であり、河東沿辺が東北塩行区の西北隣に接しているのに対し、河北沿辺だけが遠く離れた東南塩の供給を受けている。これは河北塩の供給能力がもともと乏しかったことによる。東南末塩はその豊富な産量により、河北沿辺入中の償還塩貨として崇寧５年(1106)に蔡京が鈔引による沿辺入中を廃止するまで引続き用いられた。

前に見たように、官売塩・通商塩を合せた東南末塩の歳収は熙寧末に約680万貫あり、このうち官売塩収入約440万貫は(ｉ)淮浙塩場での塩貨収買本銭として、また(ⅱ)東南六路全州軍の地方経費「州用」として支用されたが、約240万貫の「鈔銭祖額」すなわち客商が榷貨務に入銭・請買した売鈔収入は、(ⅲ)河北沿辺州軍の糧草糴買に備えることとされていた(57)。熙豊期には河東路・陝西路の辺糴には陝西解塩を充てるようになっていたから、河北沿辺州軍の糧草糴買に充てた末塩収入は全額東南末塩の売鈔収入である。熙豊期には東南末塩の実収が300万貫に達し、全額を河北辺糴に充てた(58)。ただし河北路の辺糴はこれで必ずしも十分であった訳ではなく、元豊７年から８年にかけて全州軍を通商[収算制]から禁榷[官売制]に切替え、

官売塩利(息銭)26.5万貫を全額河北糴便司の糴本に充てたことがある(59)。

煕寧末年の三路鈔引はこのように京師榷貨務に官銭を貯備し、三路の塩課収入を抵当としたことにより、この間"虚鈔の弊"による鈔価の低落などの問題は生じていない(60)。

(2)淮南塩の「減価」販売と塩本銭問題

元祐初年(1086)に旧法党政権が成立すると、多くの新法諸法と並んで煕豊期の塩法についても見直しが行われ、東南塩については高い塩価が私塩を盛行させているとして問題とされた。

1. 淮南官売塩の「減価」販売

淮南官売塩はその発足当初から他路と比べてやや高めの塩価が問題とされ、六路全域に私塩が多い原因であるとされていた。煕寧前半期には上に見た淮南路転運使の蘇頌が、私塩対策として淮南官売塩の価格を引き下げて販売する策を提案していたが(61)、国初以来の塩価45文/斤は煕豊期を通じて改定されることはなかった。

しかし旧法党政権下の元祐3年(1087)、私塩対策として広東と隣接する江南・荊湖で塩価の均定——事実上の減価——が提起され(62)、翌4年(1088)には全路にわたって塩価の減額が実施された(63)。この指示が両浙路にも及んでいたことは、この年11月に蘇軾が両浙の私塩の実情を訴えた奏疏からも裏付けられる(64)。また翌元祐5年(1089)には、湖南衡州茶陵・安仁県から隣接の潭州衡山県へ、私塩対策から州県官が始めて州境を越えて官塩を般運する「般監管押法」が施行されたが(65)、これは荊湖南路における私塩対策が江南西路に隣接する山間部にまで及んでいたことを示す。江南・荊湖の全域にわたる淮南官売塩の減価販売は、北宋時代の東南塩の歴史を通じて初めてのことである。

こうして元祐8年(1093)には東南行塩区の六路転運司に対し、減価政策の成果を確認する目的から、減価前の三年分(元祐2、3、4年分)と減価後の三年分(元祐5、6、7年分)の歳収を比較して尚書省に上申するよう指示が出された(66)。この報告内容を記載する史料がないので、どういう成果を得たのかは不明であるが、翌紹聖元年(1094)に「元豊賞格」に基いて諸路州軍の塩課歳収による考課がなされている所を見れば(67)、指示された諸路塩課歳収の決算報告が中央に上申されたのは確かなようである。

官売塩を減価して販売すれば、当然政府の塩利収入は減額する。淮南官売塩に対する元祐の減価政策は私塩対策から出たものであり、旧法党政権としては官売塩歳収の減損という犠牲を払ってでも私塩の沈静化を優先させたのであろう。しかし次に見るように元祐年間、東南官売塩の塩課歳収は全路にわたる減価政策によって大幅に落込んでいたと推測される。

2. 塩本銭給付の補償措置と転運司財政の再建

淮南塩の廉価販売は官売塩を対象とするもので、通商入中塩は減価の対象とはされなかった。しかし東南通商塩は、淮南官売塩の減価政策による歳収の落込みを補完する役割を担わされることになる。

紹聖3年(1095)、東南六路の淮南通商塩の売鈔収入について、これまでの鈔塩収入を通算して官売塩の元祐8年分歳額を補完し、鈔塩増収額の半分は朝廷に、半分を転運司に給する指示が出された(68)。これは鈔塩収入によって元祐8年度の官塩歳収の不足分を補完するとともに、増収分の半額を転運司に給与するいう財政措置であり、これは後に「紹聖三年五分指揮」と呼ばれた。こうした操作は通商塩の売鈔収入の増収を前提としてこそ可能となるもので、元祐4年以降に始まる官売塩の廉価販売は、この時期すでに歳額300万貫を掲げての東南末塩の販売収入増によって支えられたのである。

紹聖3年に東南末塩の鈔塩収入の全額を朝廷封椿とせず、半額を転運司に給付した理由は、転運司には生産者亭戸に塩本を支給する責任があり、塩課収入を亭戸への塩本銭に充てる必要があったからである。この「紹聖三年五分指揮」による財政措置は、元符元年(1098)には福建路にも準用された。

しかしその後、東南六路州軍では官売塩の“減価”販売により私塩が減少して売上げが伸び、次第に塩税歳収が増加に転じた模様で、建中靖国元年(1101)には、前年までの官売塩「減価」売塩によって得た“課利増羨”——旧額を上回る増収分——を亭戸への塩本銭額中に繰込む指示が出されている(69)。さらに崇寧元年(1102)、解池水災後の解塩区に東南末塩鈔が導入されると、鈔価の5％を控除して亭戸への塩本銭支給に振向ける措置が採られた(70)。すなわちこれまで塩貨を請買する客商が買鈔価銭を榷貨務に入納していたのを改め、今後は塩鈔100貫につき95貫を榷貨務ではなく、それぞれ償還塩貨を給付される淮南各塩場で納付し、控除した5/100の銭額は一旦転運司の漕計に入れた後、転運司が塩本として亭戸に支給することとしたものである。これにともない、これまで塩本支給の財源として中央から六路転運司に分配してきた「紹聖三年五分指揮」は廃止された。こうして塩本銭問題は一定の決着を見た。

この「紹聖三年五分指揮」が出された紹聖3年(1096)に、六路転運司が淮浙塩の産塩亭戸に支給した塩本銭の総額は64万貫であった(71)。いうまでもなく塩本銭は塩価中に繰込まれ——転運司によって収買本銭として“科銭”され——、販売後に亭戸に還付される銭額である。六路の塩本銭総額が初めて明らかにされ、亭戸への塩本銭支給が政府によって保証されたことは、官売塩「減価売塩」策の成果の一環と見ることができる。因みに東南六路塩本銭の熙豊期官売塩「祖額」〔熙寧8年〕652.1万貫に対する比率は約9％、元豊元年実収に対する比率は約11％となる。淮南塩の総収入に対する塩本銭の比率は国初以来ほぼ10％の水準が維持されていたことが分る。

建中靖国元年(1101)、戸部は次のような指示を出した。すなわち淮南六路では上に見ように崇寧元年(1102)「紹聖三年五分指揮」を廃止したが、それまでの紹聖3年(1096)から元符3年(1100)までの5年間の鈔引請買銭額の監査を未だ了えていないので、取りあえず前年(元符3年)分について提挙司からその半額を転運司へ“毎年塩額銭”として給付し、残額は監査の完了をまって給付する、という内容である(72)。

この“毎年塩額銭”は六路転運司の会計区分においては亭戸への塩本支給を保証すべき歳入

であり、本来なら上記「紹聖三年五分指揮」の廃止後５年分の通商塩鈔引請買銭額からその５％が転運司に給付されるはずのものであった。建中靖国元年（1101）に戸部が会計監査の未了を理由として六路転運司に示した支給額と鈔引請買銭額――その額は“年額”の二倍に当る――は下表のとおりである。参考までに熙寧末年の官売塩歳収を付す。〔　　〕は鈔引請買銭額と熙寧末年官売塩歳収の比率。

表21　提挙司給付転運司毎年塩額銭―建中靖国元年（1101）―

	転運司塩額銭（万余貫）	鈔引請買銭額（万余貫）	熙寧末年官売塩歳収（貫文）
淮南路	27.7	55.4	135,6477.959〔0.408〕
両浙路	20.1	40.2	112,7730.999+〔0.356〕
湖南路	45.0	90.0	80,6796.260〔1.116〕
湖北路	59.1	118.2	93,9130.260〔1.258〕
江東路	18.9	37.8	110,7684.800〔0.341〕
江西路	30.5	71.0	140,3680.473〔0.506〕
計	201.3	402.6	561,3769.752〔0.735〕

（＋秀州の缺落分）

（３）北宋時代の両浙塩

国初、両浙諸州は淮南塩場の産塩が供給されたことから、両浙塩は淮南塩と併せて淮浙塩、或は東南塩と呼ばれることが多かった。天聖７年（1029には）に両浙の塩場が整備されて淮南塩の「並給」が廃止され、１路15州軍からなる両浙塩区が独立してからも、淮南塩と同じ塩法下に置かれたため淮南塩と併せて淮浙塩、または東南塩と呼ばれて南宋に到る。

両浙塩は国初、杭・明・秀・温・台５州の５監５場で約57.5万余石の産塩があったが、両浙全州軍に供給できる能力はなく、産塩５州と越・処・衢・婺４州の計９州には全給できたが、残り６州軍は淮南塩の「並給」を受けていた(73)。

天聖中には杭・秀・温・台・明５州に各１監を置き、温州には３塩場を置く５監３塩場体制が整理されたが、産塩額は却って旧額57.5万石から6.8万石減じて50.7万石となり、これを両浙１路15州軍と江南東路・歙州――浙江上流、睦州に隣接。江南路は天禧４年（1020）に東西分路――に供給した。ただし天聖７年（1029）まで、常・潤・湖・睦４州は淮南の楚・通・泰州産塩が、杭・蘇・湖・常・潤・江陰の６州軍は淮北の海州・漣水軍産塩が供給され、うち常・潤・湖３州は淮南塩・淮北塩が并給されていた(74)。

前節（２）2.淮南塩の販売価格の項で見たように、慶暦元年（1041）に制置司が漕運の困難から来る歳入減を挽回するため東南六路官売塩の塩価増額を要請し、これを受けた三司は、これより前に１斤４文の値上げを認めた荆湖南北２路を除く４路38州軍についても塩価を増額することとし、結局両浙路を含む６路51州軍の淮南行塩区全州軍の塩価について、１斤につき５文を増額した(75)。この増額により、国初以来平均40文/斤であった両浙塩の官売価格は、慶暦元年以降は平均45文/斤となった。

両浙塩区が独立した天聖７年(1029)からほぼ30年を経た嘉祐年間(1056-63)、相次いで両浙転運使に任じた沈立・李粛の両名は、両浙路「塩課」歳額79万貫に対して嘉祐３年(1058)の歳収がその2/3の約53万貫にまで減じたのは、官売価格が高くて私販が増えたからだとして転般回船による綱塩を廃し、鋪戸・衙前による民般官販を奏請した(76)。この提案は結局実施されなかったが、ここに両浙「塩課」歳額79万貫とあり、天聖７年に両浙塩区が独立した時の両浙塩の「祖額」が79万貫であったことが分る。

両浙行塩区の官売塩価は熙寧以降、５監14塩場の産塩供給体制が整った後もなお平均45文/斤が維持されたため、隣接する福建・広南より高い官売価格による私販の増加と官塩歳収の減少が問題とされた。熙寧２年(1069)には発運使薛向らが官収増価策として、両浙塩の買撲を検討したが王安石は私塩対策の観点などからこれに反対、実施には至らなかった(77)。熙寧５年(1072)には、権発遣両浙提点刑獄の盧秉が、塩場ごとの産塩収買額を確定し、酒坊戸により塩貨を買撲させて月額納付させ、什伍制によって亭戸(竈戸)を統制し、京師・京東から州兵500名を増派して私販取締りを強化して歳収増を図ったが成果を得ることはできなかった(78)。

熙豊期の両浙官売塩収入は、『会要』食貨22-8～13〔塩法五〕、同23-10～11〔末塩逐州年額〕によれば、祖額〔熙寧８年〕111,3138.564貫文(内3,8681.235貫文は祖額未定)、熙寧9-10年実収112,7730.999+貫文(+は秀州分)、元豊元年実収87,1884.206貫文であり、同時期の東南六路は祖額〔熙寧８年〕、熙寧9-10年実収、元豊元年実収がそれぞれ652,3795.119、674,1500.751+、580,2318.971貫文であったから、両浙塩は東南六路の塩課総収入に対して、それぞれ0.17、0.16、0.15とほぼ16%を占める(79)。因みに同23-10〔末塩〕によれば、このころ東南六路の末塩総収入は約680万貫であったから、熙豊期の平均歳収を約100万貫と見積れば、末塩総収のうち淮南塩分がほぼその85%、両浙塩分が15%を占めたことになり、ほぼ同数値を得る。熙豊期の東南塩における淮南塩と両浙塩の構成比は、ほぼ６：１であった。

元祐以降も両浙塩は淮南塩とともに「東南塩」と一括され、同じ塩法下に置かれて北宋末に至る。しかし北宋後半期には両浙塩の増産が著しく、蔡京の新鈔法が施行された北宋最末期、呂頤浩が宣和元年(1119)に太府少卿に任じたころの両浙路の歳入は淮南塩のちようど半額、700～800万貫であった(80)。北宋最末期の東南塩における淮南塩と両浙塩の構成比は、ほぼ２：１となっていた。

３．蔡京新鈔法と東南末塩歳収

崇寧元年(1102)に蔡京の建議で始まった東南塩の全面通商体制は、彼の二度にわたる退職と復職とを挟んで、最後に致仕する政和６年(1116)ころまで、前後14年を費やして整備された。

本書後篇第１部第５章解塩の販売体制と課税構造で見たように、蔡京の塩法改革は一貫して解塩区における解塩新鈔の流通拡大による官課増収を課題とした。蔡京はこの目的を達成するため、解塩新鈔と解塩旧鈔・東北末塩鈔・東南末塩鈔など他塩区の塩鈔との交換比率や使用区分を操作しながら売鈔収入を増やす、“換鈔”の手法を駆使して官収を急増させた。東南末塩鈔により償還される通商淮浙塩は、新鈔法の発足当初から蔡京の鈔法改革に深く関わっていた。

新鈔法の発足直後、沿辺の糴価が高騰して解塩新旧鈔・河北塩鈔・東南末塩鈔――いわゆる「三路鈔」――の鈔価均衡が崩れ、交換比率の改定や塩価の増額を含む何度かの調整が行われたが、鈔法改革は官課の増収には結びつかなかった。大観末になって宰相張商英が鈔引制度の改革に乗り出し、「三路新鈔」を発行して東南末塩鈔を基軸とする鈔価の均衡を回復させ、同時に塩価を増額して官課の増収体制を整備した。政和元年(1111)に復職した蔡京は翌2年、国初以来の東南塩官売と元豊以来の沿辺入中鈔塩をともに廃止、東南末塩新鈔を淮浙塩区と解塩区とを合せた広大な通商塩区に流通させ、官収を飛躍的に増大させた。かくして政和5年(1115)以降北宋末まで、榷貨務入銭額即ち売鈔額は歳収2000万貫以上の増収を続けたのである。

新鈔法のもとでは、在京榷貨務の売鈔収入の8割以上が息銭として官収され、中央政府の歳収となった。崇寧元年の新鈔法施行後、とりわけ政和新法施行後には官収が飛躍的に増加したが、その反面、国初以来安定的な官売塩課の収入によって一路の会計を調整してきた六路転運司の財政は、政和2年(1112)の官売廃止によって致命的な打撃を被ることとなった。

本節では十数年をかけて整備された東南塩の塩課増収体制を一括して「新鈔法」体制と呼び、東南塩と新鈔法との関わりを基準として、宰相蔡京が東南通商塩の流通拡大を図った崇寧元年から大観2年までの第一期と、宰相張商英の三路鈔改革と塩価改定に始まり、蔡京の「政和新法」による官売廃止を経て北宋末まで、官課の大増収をもたらした第二期とに分けて考察する。

(1)第一期　東南通商塩の鈔法改革と流通拡大
――崇寧元年(1102)～大観4年(1110)年――

崇寧元年(1102)8月に政権を握った蔡京が塩政の分野で最初に直面したのは、解池水災後の解塩区における旧「西塩鈔」の大量滞貨と、東南塩官課の歳収低減という二つの問題であった。このうち解塩旧鈔の滞貨については崇寧2年4月、大量の官銭放出で鈔価を高めた旧鈔の通行を回復させた後、同年9月に旧解塩区に「解塩新鈔」を発給、これで陝西商人に東北末塩を請買させ、その高い官収率――販価の83%――によって売鈔収入を増やし、大きな成果を得た(81)。しかしこのころ東南塩は、解池が罹災する以前から進行していた官売塩の慢性的な歳収低減と、通商塩の販売不振という深刻な問題を抱えていた。

1．蔡京の「新鈔法」

哲宗朝の旧法党政権下では元祐以来、私塩対策として官売塩の廉価販売を政策的に推行してきたため慢性的な歳収減が続き、紹聖年間には廉価販売の対象とされなかった通商塩の収益によって、官売塩歳収の減落分を補充する財政措置がとられたりした。崇寧元年(1102)8月に政権を握った蔡京は、解塩区における解塩旧鈔の滞留と、東南官売塩の歳収低減に起因する塩本銭の遅配・未配という二つの問題の解決に取組まなければならなかった。

崇寧元年(1102)、蔡京はまず塩本銭の遅配・未配を解消して産塩を確保するため、緊急に朝廷から封椿坊場銭30万貫の醵出を仰ぐとともに、次の七項からなる条例を定めた。それは

(ⅰ)民船による般運を許可する、ただし越境販売と私塩の携帯は厳禁する、

(ⅱ)塩場係官による請買塩貨の計量、支給順次の不公正等は徒刑に処する、

(ⅲ)客商が経由する諸官署・場務・運河関門・津渡等の係官の不正行為は(ⅱ)と同罪、

(ⅳ)官戸・胥吏等が塩貨の請買に関与することを禁止する、

(ⅴ)亭戸を救済する、

(ⅵ)塩価は近隣に比べて低すぎる場合に限り値上げしてよい、

(ⅶ)関係官吏から施行状況について聴取する、

というもので、(ⅴ)亭戸対策の心得を除くと、他はいずれも通商塩の販売促進のために諸規制を緩和・撤廃し、障害を除去するための条項である(82)。このうち最も重要な条項は、やはり民船による般運を許可する(ⅰ)の条項で、その狙いは言うまでもなく、客商が通商塩を般運・販売する際の輸送負担の軽減にあった。蔡京は引続き翌崇寧２年(1103)、民船による般運の障害となる通行税「力勝銭」を廃止し、さらに漕運の現場では官売塩を般運する回船「官綱船」より、客商の塩貨を般運する民船「塩船」の通行を優先させるなど、周到な優遇措置によって客商の販塩活動の活性化を図っている(83)。

漕運の分野では崇寧３年(1104)９月、国初以来「六路上供米」の漕運と結合して淮南塩の販売を支えてきた東南官売塩の転般法を廃止し、直達法に復した(84)。この措置は[官売制]〈官般・官販〉方式そのものを廃止した訳ではないが、転般回船の輸送力に依拠して般運・販売してきた東南塩の官売は少なからぬ打撃を蒙ったと思われる。しかし間もなく大観元年(1107)には転般法に復したので、六路転運司・州軍に販塩収入が杜絶する事態には立至っていない。また(ⅳ)の条項で限定付ながら販売価格の値上げが許可されているが、実際には官価値上げの弊害は指摘されていない。

なお漕運方式はその後、大観３年(1109)から政和６年(1116)までの七年間、及び宣和４年(1122)以降北宋末までの五年間との二度にわたって転般法に復したことがあり、この間多くの物資が回船を利用して六路各地に供給されたが、その中に塩貨が含まれることはなかった。

蔡京はこうして通商客販促進の障碍を除去した後、東南塩の通商を拡大するために、東南末塩鈔と他鈔との交換を進める体制を整えた(85)。すなわち

(ⅰ)榷貨務に設ける「買鈔所」で、客商手持ちの塩鈔を東南末塩鈔・乳香鈔・茶鈔・東北一分塩鈔等の各種塩鈔や官告・度牒・雑物等と交換することができる、

(ⅱ)東南末塩鈔は半額を見銭、半額を雑物で交換することができる、

(ⅲ)解塩旧鈔と東南末塩鈔・官告との交換は30％を限度とし、残り70％は解塩新鈔とする、

(ⅳ)民間の塩鈔価格について、値引の上限を河北塩鈔は５％、東南末塩鈔は10％、陝西塩鈔は5.5％とし、これより低価格で売買してはならない、

このうち(ⅰ)は蔡京の新鈔法の根幹であり、従来の〈辺郡給鈔―京師還銭〉方式を、〈京師入

銭給鈔—辺郡給塩〉方式に改める措置、（ⅱ）は東南末塩鈔の他鈔との交換価値を安定させるための措置、（ⅲ）は解塩旧鈔との交換限度を設けて新鈔の通行を促進するための措置、（ⅳ）は「三路鈔」すなわち河北・東南・陝西三路の塩鈔の割引率に下限を設けて固定し、有力商人による買叩きを防いで沿辺での糴買価格を安定させるための措置であり、いずれも三路塩鈔との交換を円滑にして東南通商塩の流通拡大を図る狙いがあった。この段階ではもっぱら東南末塩鈔との交換を軸に、解塩新鈔の流通を拡大するための諸措置がとられていた。

2.「三路鈔」の鈔価調整

水災で破壊された解池の修復工事が完了し、生産が再開されたのは水災から七年半を経た崇寧4年（1105）夏4月のことであった。このころになると解塩の供給能力回復にともない、沿辺入中州軍では軍糧の糴買価格が高騰し、榷貨務で安価で塩貨を請買した客商は、沿辺では高騰した価格で軍糧を入中し、その価格差によって巨利を得ていた。しかし解塩旧鈔（西塩鈔）の価値が糴価高騰と反比例して低落し(86)、河北・東南・陝西三路に通行してきた塩鈔価格は大きく変動した。こうして解塩鈔の鈔価（鈔引請買価格）を確定するため、これら塩鈔間での鈔価の再調整が必要となった。

そこで同年9月、蔡京はまず解塩旧鈔の価値を安定させるため、解塩旧鈔を東南末塩鈔と交換する時は見銭30％対旧鈔70％の比率を定めて鈔価の低落に歯止めをかけようとした(87)。これは東南末塩鈔と解塩旧鈔との交換比を10対7に固定することで旧鈔の価値を安定させようとしたものである。

しかしこれによっても糴価が沈静しないため、翌5年（1106）には新たに国庫から500万貫を沿辺の糴本として放出し、見銭の供給量を増やして糴価を安定させた後、「五等旧鈔」方式——客商が榷貨務で旧鈔を東南末塩鈔と交換する際、「貼輸」即ち見銭追納額と「帯行」即ち旧鈔並用率を五段階で対応させる——によって、榷貨務入銭額の増大と旧鈔の使用促進を図った(88)。

蔡京の当初の計画では、通商塩の販塩価格については、（ⅵ）項に塩価は近隣に比べて低すぎる場合に限り値上げしてよい、とするだけで特に規定を設けていなかった。初めて東南通商塩の塩価を定めたのは崇寧4年（1105）のことである(89)。新鈔法の施行当初、榷貨務入銭即ち請買時の塩価がまちまちであったため、六路の塩価を確定する必要が生じた。これまで塩貨20文/斤以上の処は45文/斤を上限として10文を上乗せした。言うまでもなく、45文/斤は淮浙官売塩の販売価格と同額である。

こうして東南通商塩の塩価と鈔価、さらには官収額と商収額との比率を決定した後になって、今度は京師榷貨務での収買見銭の不足から塩鈔価格が下落し、一方で沿辺の入中糧草等現物の価格が騰貴した。米1斗が400文、草1束が130文へと市価の数倍にまで高騰、これに反比例して解塩鈔は額面6貫が半値の3貫にまで低落するという事態が発生した。一方で崇寧4年（1105）には東南末塩鈔と解塩新鈔の交換比を10対6と定めていたから、ついに官収率は70％にまで落込んだ(90)。解塩鈔の価値半減により売鈔官収額は激減し、三路鈔法は崩壊に瀕していた。

３．「新鈔法」による塩税の増収と塩利の分配

新鈔法は［鈔引制］〈商般商販〉方式による通商法であり、客商が京師榷貨務に入銭して販売額に見合う「鈔引」を請買し、産塩諸州軍に設けた塩倉で塩貨を受領し、これを指定された州県に般運して販売する。各路では転運司—州県は官塩を販売しないが、客商が指定州県に般運し販売する通商塩の課額が、州県の販塩課額として定額化される。そのため一県の販塩課額が数万貫に達したまま定額化された処では、過重な負担で州県財政を圧迫するという事態が生じ、また収入不足に悩む転運司が、戸等を利用して第三等戸以上に数十貫から1000貫までの塩額を物力基準で強制賦課して徴収し、販塩課額の達成を図る——「強配」「抑配」などと呼ばれる——ことも行われた(91)。

新鈔法のもとでは、課利収入は二本の流れで分配された。一つは京師榷貨務の売鈔収入として直接中央政府に、もう一つは塩貨を般運・販売する客商のもとに商利として入る流れである。本稿の収取基準からすると前者は〈官収〉、後者は〈商収〉であるから、課利分配の観点からは〈官商並収〉ということになる。この方式では六路転運司は課利の分配に預ることはなく、塩課歳収は転運司・州県財政から切離され、転運司は塩政に関してはただ生産者亭戸への塩本銭を給付する義務を負うだけの機関となった。

新鈔法の施行により中央の歳収は急増した。紹聖年間（1094〜97）の淮南通商塩の鈔塩歳収額は800万緡であったが(92)、崇寧２年（1103）12月から翌３年11月までの一年間で、在京榷貨務への入銭額は1200万貫を超えた(93)。これは新鈔法実施後最初の歳収額であり、実施前元祐初年の鈔塩歳収200万貫の約６倍の収入となっている。

（２）第二期　塩価の改定と東南塩官売の廃止
——大観４年（1110）〜北宋末年——

宰相張商英の三路鈔改革と塩価改定に始まり、蔡京の「政和新法」による官売廃止を経て北宋末まで、官課の大増収をもたらした時期を第二期とする。

崇寧３年（1104）ころまでに、淮浙通商塩の塩価と鈔価、さらには官収額と商収額との比率が決定され、東南末塩の通商体制が整備された。しかし翌４年になると京師榷貨務の解塩旧鈔収買見銭の不足から、解塩鈔の価値が半減して売鈔官収額が激減し、官収率が大きく落込んだ。翌５年、蔡京が一旦朝政から退いたのち宰相となった張商英は、通商塩の歳収逓減による「三路鈔法」の事実上の崩壊という困難な問題に直面することとなる。蔡京は大観元年（1107）に復職したが、翌２年（1108）６月には致仕して杭州に隠棲した。張商英はその後、蔡京が再び復職する政和２年（1112）４月まで宰相に在任し、官収を増加させるための鈔法改革に取組むこととなる。

１．「三路新鈔」の発行と塩価の改定

大観４年（1110）、宰相張商英は行詰った塩鈔の運用を“熙豊旧法”に復帰させるとして、三路鈔の改革に踏切った。その内容は

（ⅰ）国庫から1500万貫を別椿（特別支出）して、銭・鈔・物の価値不均衡を是正する、

（ⅱ）陝西に東南末塩鈔500万貫を、江淮発運司に見銭文拠（見銭鈔）または截兌上供銭300万貫を給付する、

（ⅲ）東南塩事は左司員外郎張察に、淮浙塩の江西への般運は提挙江西常平張根に行わせ、提挙塩香司を廃止して諸路の塩事は各路提刑司に統轄させる、

（ⅳ）「五等旧鈔」方式による東南末塩鈔との交換を優先させるが、請買済みの新鈔・見銭鈔は「対帯」の対象としない、

（ⅴ）塩場では産塩の50％を椿留（控除）して官売塩綱を編成し、三路の客商の「転廊」算請に供える。残り50％は「五等旧鈔」方式により東南末塩鈔と交換した客商に支給する、

というもので(94)、（ⅱ）新鈔発給のため、国庫から多額の準備金を醸出し、（ⅳ）旧三路鈔との間に五段階の交換比率を定め、施行直後にはこれに“増納之法”を加えて見銭納入の比率を高めた。こうして鈔価の再調整後に発給された三路塩鈔は「三路新鈔」と呼ばれた(95)。なお（ⅳ）に見える「対帯」とは、貼輸銭額に応じて旧鈔の帯行率を増やすこと、（ⅴ）に見える「転廊」は通商鈔塩から官売塩など他鈔への請買切換のことで、これも東南末塩の流通拡大を図る措置であった。

張商英の三路鈔新法は実施直後、貼納条件をめぐって政府内から反対論が出され、各地の塩鈔の鈔価を20％引下げて通行させるなど、流通促進のための微調整が行われた(96)。

２．淮南・両浙塩の官売廃止と「政和新法」

新鈔の価格均衡を安定させるためには基軸となる東南末塩鈔の販売収益を増やす必要があった。そのため政和元年（1111）、初めて通商塩価の増額を許可した。当初の試算では、紹聖年間の通商塩価の上限45文/斤に各等２～９文/斤の増額を行えば、年間で総額180余万貫を増収するとされた(97)。翌年に改定して実施された販価は、江南東路の江寧府・広徳軍・太平州で２文/斤、宣・歙・饒・信４州で３文/斤、池・江・南康３州軍で４文/斤というように、産塩地からの距離に比例した価格となっている(98)。この通商塩の塩価改定によって、東南塩は一年で総額380余万貫を増収することができた(99)。

塩価の増額と並んで東南末塩鈔の請買についても、客商の請買を促進するため、

（ⅰ）東南塩の請買には、見銭入納と鈔面「転廊」を併用する、

（ⅱ）鈔引の抵当として鈔価の８割を末塩鈔、２割（のち３割）を見銭とする、

という２項の優遇措置がとられた(100)。

政和元年（1111）に二度目の復職を果した蔡京は、宰相張商英が退いた後の翌２年（1112）５月から大規模な塩法改革を行なった。この度の改革は東南官売塩を対象とするもので、

（ⅰ）淮浙塩の官般官販を廃止する、

（ⅱ）客商・鋪戸は直接塩場に赴いて塩貨を受領し、般運・販売する、

（ⅲ）すでに州郡県鎮に般運済みの官塩は、回収して封椿する、

（ⅳ）権貨務での算請順位の早い客商には給塩量を多くして優遇する、

（v）「転廊」した後新鈔を未だ支給されていない客商は、見銭三分（末塩七分）を貼納すれば旧鈔三分を帯行できる（新鈔を算請済みの客商も同様）、

（vi）算請はすべて見銭入納とし、不帯旧塩＞帯旧塩＞帯旧鈔の順に給塩する、

（vii）三路新鈔は、東南末塩七分の請買に限って見銭二分を還給する（東北塩も同様）、

という内容で、東南六路行塩区を全面通商に転換し、客商・鋪戸には京師榷貨務で末塩新鈔を見銭で請買させ、淮南塩場で塩貨を受領した後、東南六路行塩区に般運・販売させた(101)。国初以来の淮南塩官売はこれにより終止符が打たれ、六路転運司は官売塩の販売収入を漕計に繰込むことができなくなった。販塩収入はすべて榷貨務の売鈔収入として中央財政に吸収されることとなった。

蔡京は引続き翌3年（1113）、客商の請買手続を中心とする「十六条」の規則を定め、客商からの収奪をさらに強化して売鈔収入の増収を図った。この規則は官製塩袋の使用強制、塩貨秤量・帳簿管理の厳正執行、新旧鈔の更改等に関する細かな規定からなるが、中でも亭戸からの官塩収買価格を1袋（300斤の官製塩袋）10貫と定め、これを客商が買取った後、商人の販売価格は自由とする、という一項は重要である(102)。

この条項は

官塩の「買官塩価」すなわち卸売価格を裁定し、1袋（300斤）10貫とする。客商は販売価格を随時増損してよい。

というもので、1袋10貫を買取り価格とすると、当時の販塩価格を平均45文/斤として、客商は1袋10貫で買った塩を（300×0.045＝）13.5貫で販売することになる。塩本1割として1貫が収買価格、従って官利6.5貫、商利3.5貫の比率となる。客商は販売価格を“増損随時”してよいとしているが、官売価格――平均45文/斤――を下げて売ることはないから、この裁定は通商塩の販売価格と鈔塩による官利：商利の分配率をともに確定した措置であるといえる。

蔡京自身は宣和2年（1120）に致仕し、同6年（1124）にみたび復職後間もなく歿した。政和元年に復職してからの蔡京の各種改革は、政和立法、政和再更塩法、（政和）改塩法などと呼ばれるが、一括して「政和新法」と呼ばれることが多い。

政和2年5月の東南塩官売廃止と翌3年の「十六条」制定を柱とする塩鈔改革により、官収は著しく伸張した。「新法」開始1年後の政和3年には、榷貨務で請買する全ての通商塩の売鈔収入が1000万貫を超えた(103)。榷貨務で請買する鈔塩には東南塩（淮浙塩）のほか東北塩（河北塩・京東塩）、解塩も含まれ、以後北宋末まで榷貨務の歳収は1000万貫から2000万貫に及んだ(104)。

このうち淮南塩については、宣和年間の歳収が約1400～1500万貫と両浙塩が700～800万貫であったといい(105)、これによると北宋最末期の10年間、淮南塩・両浙塩を合せた東南塩は、毎歳平均2200万貫前後の歳収を確保し続けたと見ることができる。

宣和年間（1119～25）には私塩の盛行により、榷貨務で入納請買する東北塩・東南塩のうち、かつては東北塩を圧倒して日に35万貫という入納実績をもつ東南塩は、今ではただ数万貫となって全盛期の1/3にも及ばず、逆に東北塩の請買額が増えてきたという(106)。

4．南宋時代の通商淮浙塩

北宋末・宣和年間に2200万貫以上の歳収があった通商淮浙塩(淮南塩・両浙塩)は、南渡直後の紹興初年(1131)には歳収わずか35万貫——南渡を挟んで北宋末歳収の1.5%——にまで落ち込んだ。塩税と茶税は政府にとって、見銭によって確実に戦費を調達できる最も重要な手段である。政府は紹興2年(1132)から3年にかけて新鈔法を実施し、北宋末に蔡京が行なった“換鈔”方式を大々的に活用して、売鈔収入の増額を図った。紹興11年(1141)の和議によって宋金関係が安定してからは、産塩の伸張と相俟って歳収は順調に伸び、紹興末年(1162)には過去最高の約467万石の産塩と約1340万貫の歳収を実現するにいたった(107)。

(1)紹興年間の産塩伸張と歳課の増収

南渡の直後から紹興和議までの十数年間、東南塩は産塩場で官が収買すると、亭戸に官が直接「塩本銭」を支給し、各塩倉・塩場で商人に塩鈔を請買させて般運、販売させた。これは〈官収—売鈔—商般—商収〉方式の通商である。売鈔価格は北宋末・政和4年の鈔価に5貫を増し、塩1袋(300斤)18貫と定めた(108)。

南渡直後の淮浙塩の産塩は北宋末の水準を大きく下回っていた。東南塩のうち両浙塩について見ると、南渡直後の両浙で産塩できたのは浙西の杭・蘇2州しかなく——この2州の北宋末の通商歳額は合せて140万貫であった——、政府は軍費調達の応急措置としてこの2州の産塩を客商に請買させ、売鈔収入として紹興元年(1131)に約119貫の「祖額」(売鈔課額)を立定し、翌2年には歳収約170万貫を収めた(109)。この紹興2年の両浙西路塩の“塩場買塩”すなわち売鈔歳収約170万貫は、対「祖額」比で877万余斤、銭額にして51,4300余貫の増である。また“州県住売”塩——客商が州県で販売する通商塩——の販売収入は逓年比581,9600余斤、鈔額で34,9100余貫の増であった(110)。これらの数字をもとに紹興元・2年の両浙西路の歳収を整理すると次表のとおりとなる。

表22　紹興元年、2年 両浙路杭・蘇二州通商塩の祖額と売鈔歳収

杭・蘇二州通商塩祖額		通商塩売鈔歳収	
北宋末	二州歳課	140万貫	
紹興元年	売鈔「祖額	119,5501貫	
紹興2年	売鈔歳収	170,9801貫	(対「祖額」増51,4300余貫、877万余斤)
	販塩歳収	116,3129貫	(比「逓年」増34,9100余貫、581,9600余斤)

これによると紹興2年の売鈔歳収の「祖額」に対する増が51,4300余貫、877万余斤であったことから、(ⅰ)鈔価は1袋18貫(1石3貫)で北宋末の鈔価を踏襲し、「祖額」の1.4倍に及ぶ売鈔収入があったが販売収益は「祖額」をやや下回る程度しかなく、官収率は(116,3129/170,9801＝

0.68)約68%であったこと、(ⅱ)またこの年の販塩歳収が「逓年」比34,9100余貫の増であったことから、南渡前後の二州の販塩歳収額は約81.4万貫であったこと、などが分る。

紹興2年(1132)に始まる淮南塩の鈔法改革は、販塩売価格の引上げによらず、売鈔収入を増やして塩課の増収を図る方法がとられた。これには北宋末に蔡京が行なった「新鈔法」、すなわち次々と「新鈔」を発給し、旧鈔には「貼納」銭を追徴して通用させ、また新旧鈔の使用比率を定める「対帯」を併用し、もっぱら客商からの収奪を強化しながら歳収を増やす方法が採られた。紹興2年9月、淮浙塩の新鈔が発行され、客商には旧鈔に3貫を上乗せする「通貨銭」を貼納させ――事実上の鈔価値上げ――、違反すれば私塩とみなした。「通貨銭」とは自路産塩の他路での販売を許可するさい、客商の請買価格中に“塩貨通行税”の名目で追徴する貼納銭である。淮浙塩を請買した客商がこれを他路で販売するとき、鈔価は1袋18貫に3貫の「通貨銭」を上乗せした21貫となる。同4年正月にはこの貼納通貨銭から600文足を捎留(控除)して塩本銭に充て、販売収益銭貨は州軍が集計し、1万貫に達した段階で行在榷貨務に送納させた。ただしこの毎袋3貫の貼納はこの年9月には解除されて、鈔価は18貫に復した(111)。

また「貼納」と並行して紹興2年11月には「対帯法」を施行し、①紹興2年11月発給の新鈔、②紹興2年9月発給の旧鈔、③建炎渡江直後発給の旧鈔、という三種の塩鈔の使用比率を4:2:4と定めた(112)。翌3年には②旧鈔の「貼納」をさらに厳しく運用して、この比率を4:4.5:1.5に改めた(113)。紹興年間に流通した三種の塩鈔に対する「対帯法」の適用は、北宋末に蔡京が東南末塩鈔に導入した対帯法と同じく、貼納銭を納めないと手持の旧鈔は通用できない、事実上の「貼輸」銭の強制徴収に他ならなかった。

紹興2、3年に行われた鈔法改革による増収策が功を奏し、紹興8年(1139)の淮南塩の歳収は770余万貫、全国の銭貨歳収1300余万貫の約60%を占める程にまで回復した(114)。紹興13年(1143)には、浙西一路――両浙は紹興元年(1131)に東西分路した――の歳入700万貫のうち塩利がその8割、約560万貫を占めた(115)。

紹興15年(1135)には、東南塩全体として――南宋の東南塩は淮浙塩・福建塩・広南塩の総称――産塩2,7816万余石、塩課歳収1730余万貫であった(116)。さらに紹興24年(1154)になると、全国の総収2066,7491.206貫文のうち「塩銭」が1566,5615.430貫文で全体の75.7%を占め、紹興32年(1162)には総収2156,6092.671貫文のうち「塩銭」が1796,9011.609貫文、83.3%を占めた(117)。この「塩銭」額は淮浙塩のほか福建塩・広南塩を含む南宋東南塩の総収である。

淮南塩の産塩は紹興28年(1158)に380～390万石、このうち客商が榷貨務で算請する額は330万石、収買額に対する売鈔額の比、すなわち客商の請買率は約86%であった(118)。これらの数字をもとに鈔価1石3貫として淮浙塩の請買銭額(売鈔収入)を推計すると、(330万石×3貫/石＝990万貫)約1000万貫の歳収があったことになる。これは紹興末年の塩課歳収が、北宋末・政和年間の淮浙塩歳収2200万貫のほぼ半額の水準にまで回復したことを示す。

紹興32年(1162)、淮浙塩の歳収は銭額で1340万貫であったが、**表23**に見るとおり、産塩額ではそのうち淮東路塩すなわち淮南塩が268,3711.6250石、浙西路・浙東路合せた両浙塩が

198,5428.7609石、合わせて約466.8万石であった(119)。この収買塩貨を客商が全額請買すれば、鈔価1石3貫として売鈔収入は約1400万貫となるが、実際の歳収は1340万貫であったから、客商の請買率は(1340/1400＝0.957)約96%となり、上に見た紹興28年の請買率86%から8ポイントの増、紹興2年の68%からは実に28ポイントの増となっている。また淮南塩・両浙塩合せて1340万貫の歳収のうち、淮南塩の歳収が約770万貫で約55%、両浙塩が570万貫で約45%であり、前節2.(3)北宋時代の両浙塩で見た北宋末の淮浙塩の構成比――淮南塩2：両浙塩1――と比べると、南宋に入って両浙塩の生産がさらに伸張していることが分る。

淮浙塩は紹興年間、両浙塩の産塩伸張によって産額を大きく伸ばし、紹興末年には淮浙産塩のほぼ全額が客商によって算請され、通商塩として流通したのである。

下に『雑記』甲14財賦一・総論国朝塩筴により、紹興末年の東南塩の年産額の一覧表を示す。

表23　紹興末年 東南塩年産額

東南塩行塩区	産塩州軍	末塩年産額(石)
両浙西路	臨安・平江・嘉興3府	113,7145.6707*1
両浙東路	紹興・慶元府・温州・台州	84,8283.0902*1
淮東路	通・泰・楚3州	268,3711.6250*1
広南東路	恵・南恩州	23,1060.3400
広南西路	廉・高・欽・化・雷5州	23,1689.0000
福建路	福・泉・漳3州・興化軍	2659,9045.135斤*2
東南塩計		2,7860,0000斤

＊1『会要』食貨27-33〔塩法10〕乾道7.6.26条は両浙東西路併せて二浙額塩共197万余石、淮東歳額塩268.3万余石とする。＊2 福建路のみ塩1石は50斤(他路は120斤)。

(2)乾道以降の淮浙塩歳収と鈔法の運用

紹興末年になお1340万貫あった淮浙塩歳収は、乾道元年(1165)には1200万貫――うち楚州塩場の売鈔収入が240万貫、通・泰2州分が960万貫――へとやや減少した(120)。しかしその後歳課は増収に転じ、乾道5年(1169)の歳収は淮南塩が1800万貫、両浙塩が500万貫、淮浙塩として計2300万貫となり、ついに北宋末・宣和年間の歳収2200万貫を超えた。翌乾道6年の歳収は、淮南塩が「祖額」268.3万余石に対して請買額が67,2300袋、歳収は2196.3万余貫と、淮南塩単独で初めて2000万貫の大台を超え、両浙塩は「祖額」197万余石に対し請買20,2000袋で501.2万余貫と、全年とほぼ同額の500万貫台を維持し、淮浙塩としては前年の2300万貫を超え、過去最高の約2700万貫の歳収を実現した(121)。『会要』食貨27-25〔塩法〕乾道6.1.22、同27-33乾道7.6.17により、乾道5年、6年の淮浙塩の塩竈数、鈔塩祖額、売鈔収入歳額は**表24**のとおりである。

この表に見える淮南塩268.3万石・両浙塩197万石の「鈔塩祖額」の立定年次について、紹興年間の鈔価(1石3貫)によって両塩の祖額を銭換算すると、淮南塩805万貫、両浙塩590万貫、計1400万貫となり、これは上に見た紹興32年の売鈔歳額と一致するので、紹興32年(1162)に立定した祖額であることが確定する。

表24　乾道５、６年 淮浙塩の鈔塩祖額と売鈔収入

	淮東歳額塩（淮南塩）	二浙額塩（両浙塩）
塩竈	412所	2400余所
鈔塩祖額	268.3万石	197万石
乾道５年歳収	1800万貫	500万貫
乾道６年	（67,2300袋）　2196.3万貫	（20,2000袋）501.2万貫
	（淮浙塩計87,4300袋2697.5万貫）	

こうした塩課の好調な歳収実績が直接の契機となったかどうかは分らないが、この年、南宋政府の銭貨収入を支える四大課利――茶税・塩税・香税・礬税の四種、酒税・商税は地方官司の収入――の歳収について、行在・建康・鎮江三榷貨務の歳額をそれぞれ800万貫、1200万、400万貫、計2400万貫として定額化した(122)。

乾道年間の歳収の急増は、鈔法の改革によるものであった。南宋淮浙塩の通商には紹興２年以来１袋18貫（１石３貫）の塩鈔を通行させてきたが、乾道元年（1165）、新たに１袋24貫の新鈔を発行し、１袋につき「貼納鈔」１袋（６貫文）を対帯させ、新旧鈔の使用比率を５：５として売鈔収入を増やした。この高い貼納銭額は客商の反対で翌２年７月には３貫引下げ、結局乾道元年11月を以て１袋21貫で定額化された(123)。

このように乾道元年以降の淮浙塩歳収の課税額の構成は、客商が請買した袋数分の鈔価（売鈔収入）に、新鈔発行にともなう「貼納」「対帯」による収入増（換鈔収入）が加わった二重構造になっている。上の表で淮南塩の１袋当り税収が32.6貫余であるのに対し、両浙塩が24.8貫余というふうに一致していないのはそのためである。

乾道５年の2300万貫、翌６年の2700万貫という淮浙塩の歳収は、乾道の鈔法改革――新鈔発行と「貼納」「対帯」――すなわち客商からの収奪強化によってもたらされたものであった。しかしこのころを頂点として歳収は減収に転じ、ほぼ10年を経た淳熙元年（1174）の歳収は、正額鈔塩の収入が451,7500貫文、これに浮塩（額外塩）収入112,3100貫文を合せても564,0600貫文で、乾道６年の歳収2700万貫の５分の１にも及ばない落込み様である(124)。この歳収激減が何に起因するのか、明記した史料は見当らないが、或はこの年に始まった“循環”による収奪強化が、客商の請買意欲を急速に減退させた要因かも知れない。

淳熙年間には、北宋末蔡京の換鈔法でも問題となった「循環」の弊害が発生して、客商の販塩活動をさらに低下させた。「循環」は貼納した旧鈔に対して対帯する新鈔を併用して請買する時、旧鈔に貼納してまだ塩貨を給付しない段階で新鈔を発給し、客鈔に新鈔を請買させてその貼納銭を納めるまで塩貨を給付せず、結局客商が塩貨を入手するまでに都合三度の貼納銭を輸めさせられる、という作為的な悪循環のことである(125)。

その後約20年を経た慶元初年（1195）、全年まで唯一残っていた淮南通州の“循環”塩鈔が廃止された結果、淮浙塩歳収は990,8000貫有奇にまで回復した(126)。嘉泰年間（1201-04）には、浙西・浙東・淮東・広東・広西・福建の六路の産塩22州「収息銭」すなわち歳収官利の総額

が約1920余万貫であったという(127)。この額からただちに淮浙塩の売鈔収入を導き出すことはできないが、しばらく後の嘉定年間(1208-24)には、淮南塩の課利が約1300万貫程度であったという所を見れば(128)、淮浙塩は嘉定年間以降になって、ようやく紹興末〜乾道初年ころの水準にまで回復したようである。

政府はこの間、「対帯」「貼輸」の比率更改等によって売鈔収入の増加を図った。すなわち嘉泰4年(1204)、旧鈔の貼納を進めるため新旧鈔の使用比率(「対帯」)を5：5から3：7に改め、これが一定の成果を上げたのを見て、開禧2年(1206)にはこれをもとの5：5に復している(129)。また嘉定2年(1209)から翌3年(1210)にかけて淮東の「貼輸銭」納入時の銭・会比率を改定し、また京師の鈔引鋪戸が旧鈔の価格を操作して不当な利益を得るのを防ぐため次々と新鈔を発給して客商に「対帯」を強制し——嘉定2年に新3：旧7、同3年に新4：旧6——、「貼輸銭」収入の増加による歳収の増加を図った(130)。

しかし客商からの収奪強化による“換鈔”方式による歳課増収策は、次第に客商の請買意欲を減退させ、結局は歳収の増大に結びつかなかったことは、淮浙塩歳収が嘉定中に1300万貫から次第に歳収を減らし、宝慶元年(1225)に至ってその60%を下回る749万貫有奇に止まったことに端的に示されている(131)。この歳収は南宋塩鈔法が始動した紹興8年(1138)ころの歳収約770万貫をも下回る。鈔法はその後も南宋末に掛けて何度か改廃を繰返したが、この時期の度重なる鈔法改革が歳課増収をもたらしたことを示す史料は見当らない。

乾道末・淳熙初以降の歳収低減を挽回するため、南宋政府がとった増収策として、上に見た“換鈔”方式のほか、“加饒”と“浮塩”という方法があった。

紹興末から隆興初めころにかけて、塩課増収のために開発された方法として、「加饒」法があった。これは北宋前半期の沿辺入中に用いられた「加饒」とは異なり、輸送負担の多い僻遠州軍などに販塩する客商に請買額の1、2割増しの塩袋を携行させ、滞積塩貨の在庫を減らして売鈔収入を増やす方法である(132)。一月、二月または半年という期限を区切ってはいるが、これも客商からの収奪強化による売鈔収入の増を図る点では、鈔法改革と同じ効果が期待された。

「浮塩」とは塩場の産塩課額を超えて生産される余剰塩貨のことである。亭戸が余剰塩を私塩業者へ横流しするのを防ぐため、官は前もって正規の産塩(「正塩」)の収買価格より高く設定した収買価格で亭戸からこの「額外塩」を買取った。両浙の浮塩の収買価格は、紹興3年(1133)には正額塩14文足/斤に対して17文足/斤であったが、淳熙元年(1174)には正額塩16文足/斤に対して同じく3文を加えて19文足/斤となっていた。浮塩の販売によって官が得る塩課収入は紹興年間にはそれほど多くはなかったが、塩課の減収が深刻化した淳熙年間以降、慢性化した塩課の歳収低減を補充する重要な役割を果した(133)。

淳熙年間に「浮塩」収入が急増した背景としては、こうした財政的理由のほかに、製塩技術の進歩がある。南宋の淮南塩は紹興年間を通じて「伏火法」による煎塩であったが、淳熙年間に新技術「鹵水法」が導入されて増産に成功した。このころ1日の収買量は塩1万余籌であったが、政府は額外徴収の浮塩の定額化を図り、正塩1籌(100斤)に対する浮塩(額外塩)の額を20斤と定め、歳に2000籌(20万斤)を収買した。このとき1籌につき1.83貫文を「船脚銭」(輸送費)として、また1.63貫文を付加税として、計6920貫文が浮塩を請買する客商の「随綱銭」(請買価格)から控除され、この額が政府の歳収として正塩の売鈔収入に加算された。淳熙10年(1183)の浮塩歳収は112,3100貫文、このとき正塩の売鈔収入は計451,7500余万貫であったから、塩税歳収のほぼ1/5(112,3100/564,0600)に当る額が浮塩による歳収であった(134)。政府は額外に徴収した浮塩を販売してその収入を得るのではなく、浮塩1籌につき3.46貫文の「随綱銭」として客商から徴収する銭貨が政府の収入となった。これは官売による収入ではなく通商[鈔引制]による収入である。

浮塩の収買はその後数十年間継続し、端平初年(1234)の浮塩歳収は2793万斤(鈔価にして45,5259貫)、これを翌2年(1235)の淮浙額塩97.4万余袋(鈔価175.3万貫)と比べると、正額塩の歳収と浮塩の歳収との比率はやはり4：1であり、塩課歳収のほぼ1/5を浮塩が占める課税構造は変らない。その後宝祐年間にかけて鈔法はしばしば変更され、浮塩の収買が停止したこともある。このころには歳収の低減に歯止めが掛らなくなり、淮南真・揚・通・泰4州65万袋の正額塩は定額通り収買できなくなっていた。宝祐5年(1257)、政府は止むを得ず端平初年(1234)の旧に復して「浮塩」の収買を再開した(135)。

おわりに

東南塩は国初、五代後周が南唐から奪取した淮南塩場を継承して禁榷[官売制]が布かれた。旧呉越領・両浙の塩場整備が遅れたため、天聖7年(1030)まで両浙路州軍の一部には淮南塩が「並給」された。景徳4年(1007)に六路上供米600万石が定額化されてから、転般法と連動した官売制の整備が一段と進み、熙豊期までに東南六路の全州軍に官売制が布かれた。両浙行塩区が独立してからも両塩区には同じ[官売制]が施行され、合せて「淮浙塩」、また「東南塩」とも称された。

淮浙塩は北宋前半期、「東南末塩」として河北沿辺の折中、陝西沿辺への入中の償還塩として用いられた。淮浙塩の販売体制は、禁榷[官売制]と通商[鈔引制]とを並用する官商並売体制である。熙豊期における淮浙塩の塩税総収入は約680万貫、そのうち官売塩が約440万貫、65%を占め、通商塩「鈔塩祖額」が約240万貫、35%を占める。

蔡京は崇寧2年(1103)、「新鈔法」を施行して水災を蒙った解塩行区に解塩新鈔を通行させ、東北末塩鈔・河東塩鈔・東南末塩鈔との間に「貼納」「対帯」を行う「換鈔」方式で売鈔収入を増やした。「新鈔法」は旧解塩区、東北塩区、東南塩区を対象とする広大な行塩区をもち、中でも産量豊富な東南塩は客商の請買が最も多く、北宋末期の高い塩税歳収を支えた。この間、政和2年(1112)には淮浙塩の官売制が廃止され、六路転運司は最終的に塩税収入を中央に収奪された結果、上供輸納を遂行するための財政運用が極度の困窮に陥ることとなった。

南宋の淮浙塩は北宋末に蔡京が布いた通商[鈔引制]〈換鈔〉方式によって運営された。紹興2年(1132)に政府は「新鈔法」を発布し、「貼納」「対帯」手続を整備して売鈔収入を増加させた。

南渡直後の紹興元年(1131)、わずか35万貫しかなかった塩税歳収は、紹興8年(1138)には歳収1000万貫を超え――1300万貫のうち淮南塩が770万貫、両浙塩が530万貫――、乾道5年(1165)には北宋末の鈔塩総収入2200万貫を超え――淮浙塩歳収2300万貫、うち淮南塩1800万貫、両浙塩500万貫――、翌6年には歳収2657万貫という、両宋を通じて淮浙塩歳収の最高値を実現した。しかし淳熙以降には度重なる鈔法改革と「循環」の悪弊によって客商の請買が減衰し、歳収低減が慢性化した。

北宋・南宋を通じた淮南塩・両浙塩の官売歳額と鈔塩銭歳収を**表25**に示す。

表25　淮南塩・両浙塩の官売歳額と鈔塩銭歳額

	淮浙官売塩の歳収	淮浙通商塩の歳収
咸平以前(～997)	215,4000余石*1.	
咸平4年(1001)	三路官売歳額130万貫*2.	
天禧元年(1017)		(東南末塩陝西入中開始*3.)
乾興元年(1022)		(権貨務入銭114万貫*4.)
天聖中(1023-31)	145,6460余石*5.	
天聖6年(1028)	歳課350万貫*6.	
天聖7年(1029)	－両浙行塩区が独立－	
天聖9年(1031)		東南塩陝西入中祖額180.3万貫*7.
景祐2年(1035)		東南末塩入中総額220万貫*8.
宝元元年(1038)	淮浙塩歳収350万貫*9.	
皇祐中(1049-53)	淮浙塩歳収273万貫*10.	
嘉祐2年(1057)		東南末塩入中総額400万貫*11.
治平中(1064-67)	淮浙塩歳収329万貫*10.	東南塩京師入納銭227万貫*12.
熙寧8年(1075)	〔祖額〕652,3795.119貫文*13.	淮浙塩鈔銭祖額240,4034.500*14.
熙寧10年	歳収674,1500.751*13.	
元豊元年(1078)	歳収580,2318.971*13.	東南末塩鈔塩300万緡*15.
建中靖国元年(1101)		六路通算鈔引見銭423.1万貫*16.
崇寧3年(1104)		三路塩権貨務入銭1200万貫*17.
政和5,6年(1115,16)	－東南塩官売廃止－	同権貨務入銭各2000万貫*18.
宣和初年(1119)		淮浙塩権貨務入銭2200万貫*19.
宣和末年(～1127)		淮南塩息銭歳800余万緡*20.
紹興初年(1031)		淮南塩息銭歳35万緡*20.
紹興9年(1139)		淮浙塩1300万貫淮南塩770万貫*21.
紹興28年(1158)		淮浙産塩1400万貫、請買1000万貫*22.
紹興末年(1152)		淮浙塩歳売1340万貫*23.
乾道元年(1165)		淮浙塩歳額1700万緡(両浙500万)*24.
乾道5年(1169)		淮浙塩歳売2300万貫(両浙500万)*25.
乾道6年(1170)		淮浙塩歳売2697万貫(両浙501万)*25.
淳熙元年(1174)		淮南塩正額鈔塩歳収約2258万貫*26.
嘉泰年間(1201-04)		(六路産塩州軍)収息銭1920余万貫*27.
慶元初年(1195)		淮浙塩歳収990.8万貫*28.
宝慶元年(1225)		淮浙塩歳収749.9万貫*28.
端平2年(1235)		淮浙額塩97.4万袋(175.3万貫)*28.

*1.『宋史』食貨・塩p.4438により楚州塩城監歳鬻41,7000余石、通州利豊監48,9000余石、泰州海陵監如皐倉小海場65,6000余石（3監計156,2000余石）。海州板浦・恵沢・洛要3場歳鬻47,7000余石、漣水軍海口場11,5000余石（5場計59,2000余石）。3監5場計215,4000余石。

*2.『会要』食貨23-24咸平4.11.「秘書丞直史館孫冕言…況（江南荊湖）三路官売旧額止及百三十万貫」。

*3.『宋史』食貨・塩p.4440「…復天禧元年制、聴商人入銭粟京師及淮浙江南荊湖州軍易塩」。

*4.『宋史』食貨・塩p.4439「至天禧初、始募人入緡銭粟帛京師及淮浙・江南・荊湖州軍易塩。乾興元年入銭貨京師総為緡銭一百十四万」。

*5.『宋史』食貨・塩p.4438「天聖中、通・楚州場各七、泰州場八、海州場二、漣水軍場一、歳鬻視旧減六十九万七千五百四十余石」。

*6.『太平治績統類』9天聖6.8.条「是歳増課数十万、復置塩場於杭・秀・海三州、歳入課又三百五十万」。

*7.『宋史』食貨・塩p.4440「初天聖九年、三司請権貨務入銭售東南塩、以百八十万三千緡為額、後増至四百万緡」。

*8.『通考』15征榷二p.155下「天聖七年、令商人於在京榷貨務入納銭銀、算請末塩、蓋在京入納見銭算請、始見於此。而解塩算請始天聖八年、福建・広東塩算請、始景祐二年。京師歳入見銭至二百二十万、諸路斛斗至十万石」。天聖8年の解塩（通商東塩）入銭額は60万貫、同9年は69万貫（本書第5章西北塩（解塩）の販売体制と課税方式）、従って景祐2年（1035）の全国算請額220万貫から解塩分を差引いた約150万貫が東南末塩（淮浙塩・福建塩・広東塩）の算請額となる。

*9.余靖稿『武渓集』6楚州塩城南場公署壁記〔宝元元年（1038）十二月記〕「淮場負海置塩亭者州軍五【楚・海・通・泰・漣水…】、転贍桐栢以南、踰九江及荊衡之郊、凡六十余州、最天下之塩、歳入息銭三十五万万、而淮海之塩、息銭実二十万万、其富国也博矣」。行塩区“凡六十余州”とあることから淮浙塩の歳収が350万貫で天聖6年と同額、うち淮南塩（産塩五州軍）の歳収が200万貫となる。

*10.『宋史』食貨・塩p.4440「六路歳售緡銭、皇祐中二百七十三万、治平中三百二十九万」。

*11.『長編』186嘉祐2.11.1癸酉「置江淮南荊湖制置司勾当運塩公事一員、初三司言商旅于榷貨務入見銭算東南塩、歳課四百万緡、諸路般運不足而課益虧、請選官置司以主之」。

*12.『宋史』食貨・塩p.4440「（東南塩）治平中、京師入緡銭二百二十七万」。

*13.『会要』食貨22-8～26〔塩法五〕、同23-10〔末塩逐州年額〕。（本章**表19-1**淮南官売塩の祖額〔熙寧8年〕、熙寧9-10年実収、元豊元年実収）

*14.『会要』食貨23-10〔末塩〕「六百七十九万五千四百四十貫二百六十文、収到銭除有応副淮浙買塩支用外、並係赴軍資庫送納、鈔銭祖額二百四十万四千三十四貫五百文、其鈔額銭、準勅封樁準備支還河北糧草価銭」。

*15.沈括『夢渓筆談』11「塩之品至多…唯陝西路顆塩有定課、歳為銭二百三十万緡…唯末塩歳自抄三百万、供河北辺糴、其他皆給本処経費而已」。解塩課額が230万貫であったのは元豊元年以降であるから、末塩鈔額300万貫も元豊3年以降となる。

*16.『会要』24-34〔塩法雑録〕建中靖国1.1.29「戸部言、六路転運司毎年塩額銭、淮南二十七万七千余貫、両浙二十万一千余貫、湖南四十五万余貫、湖北五十九万一千余貫、江東一十八万九千[余]貫、江西三十万五千余貫、自紹聖三年至今、駆磨未畢、逐路乞量行撥還。詔元符三年（1100）分合得額銭、令提挙司撥還一半、余候駆磨畢取旨」。

*17.『通考』15征榷二p.156上「其紹興三年五分指揮不行、自二年十二月行法、至三年十一月、在京已及一千二百余万貫、遂尽罷諸路官以塩鈔毎百貫撥一貫与転運司、於是東南官売与西北折博之利尽帰京師、而州県之横斂起矣」。

*18.『宋史』食貨・塩p.4452「政和六年塩課通及四千万緡、官吏皆進秩」、同p.4453「新法於今纔二年、而所収已及四千万貫…伏乞以通収四千万貫之数、宣付史館、以示富国裕民之政」。“通収”とあるので政和5年・6年の収入が各2000万貫。この塩課について佐伯富氏は政和6年に4000貫とし（前掲書p.182表4－3塩税収入額）、郭氏は「政和間1500万貫」とするが根拠不明（前掲書p.653表十九宋代淮塩課利）。

*19.呂頤浩『忠穆集』2論経理淮甸「通・泰州産塩諸地方、尤宜選任能吏、収塩息以助軍興、臣於宣和元年任太府少卿、嘗考榷貨務入納、大率淮南路入納、歳得一千四五百万貫、浙東・西歳収七八百万貫」。

*20.『雑記』甲14総論国朝塩筴「旧淮塩息銭歳八百余万緡、紹興初纔三十五万緡而已」。

*21.『要録』128紹興9.5.乙未「…議者以為今塩課歳入一千三百余万緡、而淮東為七百七十余万緡」。

*22.『会要』26-39〔塩法九〕紹興28.8.9.「淮東提塩呉巘言…（本路塩場）毎年煎塩不下三百八九十万石、大約毎歳支発三百三十万石、常有積下塩三四十万碩」。淮東産塩380～390万石のうち客商が榷貨務で算請した額が330万石。1

石3貫で約1000万貫。

*23.王応辰『文定集』2応詔陳言兵食事宜(紹興32.5.2)「…今止以淮浙計之歳収一千三百四十万」。

*24.『会要』食貨27-17〔塩法十〕乾道1.12.18臣寮言「淮南歳額一千二百余万緡、承楚支発纔十之二、而通・泰最為浩瀚」。

*25.『会要』食貨27-30〔塩法十〕乾道7.6.26「(乾道五年淮塩売及一千八百万貫、浙塩売及五百万貫)且以淮東・二浙塩貨出入之数論之…淮東歳額塩二百六十八万三千余石、去年(乾道6年)両務場売淮塩六十七万二千三百余袋、総収銭二千一百九十六万三千余貫…二浙額塩共一百九十七万余石、去年両務場売浙塩二十万二千余袋、総収銭五百一万二千余貫…以塩額論之、淮東之数多於二浙五之一、以去歳売塩所得銭数論之、淮東多於二浙三之二」、同27-25乾道6.1.22「提挙淮南東路茶塩公事僉召虎言、淮東路塩場、依祖額毎年煎売二百六十八万余石、至乾道五年終、積下散塩一百六十余万石」。これにより淮南塩請買「祖額」268.3万余石、両浙塩「祖額」197万余石に対し(銭額で268万余貫)、乾道5年の歳収は淮南塩1800万貫・両浙塩500万貫、乾道6年歳収は淮南塩が67,2300袋2196.3万余貫、浙塩が20,2000袋501.2万余貫。

*26.『会要』食貨28-20〔塩法〕淳熙1.7.29「…近淳熙初間…以歳計之、取撥本銭一百一十二万三千一百貫文、計鈔銭四百五十一万七千五百余貫、其於国課、頗計利害」。淮南塩場の「浮塩」は正額塩の20%、よって淳熙元年(1174)の正額鈔塩歳収は(451,7500×5＝2258,7500)約2258万貫。

*27.『雑記』甲14財賦一・総論国朝塩筴「今〔嘉泰年間1201-04〕六路二十二州収息銭約一千九百二十余万」。この「六路」は浙西・浙東・淮東・広東・広西・福建の南宋東南六路、「二十二州」は諸路の産塩州軍を指し、その請買額＝販売額が「収息銭」。

*28.『宋史』食貨・塩p.4456「慶元之初、歳為銭九百九十万八千有奇、宝慶元年、止七百四十九万九千有奇、…端平二年都省言、淮浙歳額塩九十七万四千袋…」。

注

(1)『会要』食貨23-19太平興国2.2.18三司言「準詔、顆末塩応南路旧通商州府、並令禁榷、犯者差定其罪、仍別定売塩価例著令。請凡刮鹹并錬私塩者、応鹹土及鹹水並煎錬成塩、拋斤両定罪。(中略)淮南諸旧禁法売塩処、斤為銭四十、(ⅰ)内廬・舒・蘄・黄・和州・漢陽軍、去建安軍水路稍遠、斤為五十。(ⅱ)襄州等十四処旧顆塩通商、今並禁止、毎斤銭五十足陌、令襄州都大、於建安軍般請、其鄧・唐・房・随・均・金等州及光化軍、転於襄州請。又安州都大、於建安軍請、其順陽軍、転於安州請。復・郢二州、各於建安軍請。商・華二州、不通水路、並令雇召陸脚。商州於華州請、蔡[華]州於陳州請。(ⅲ)江南十五州、並於建安軍請、内昇・潤・常・宣・池州・平南・江陰・寧遠軍〔広徳軍〕、去建安軍稍近、依江北諸軍例、斤為銭四十。江・筠・鄂・撫・饒・袁・台[吉]、〔去〕建安軍稍遠、斤為銭五十。(ⅳ)歙・信・建・剣、接近両浙界、斤為銭五十、就両浙般請。(ⅴ)虔・汀二州、接近広南界、斤為銭五十。汀州於潮州般請、剣州於南雄州般請。(ⅵ)其青白塩旧通商之処、即令仍旧。従之」。(ⅰ)〜(ⅵ)は行塩州軍分別のため筆者が付した。

(2)『長編』25雍熙1.5.(是月)「塩鉄使王明請開江南塩禁、計歳売塩五十三万五千余貫、給塩与民、随税収其銭、二十四万余貫聴商人販易、収其算。従之」。ここから雍熙元年(984)の産塩が77.5万貫、このうち53.5万貫を"塩銭"として「随税収銭」即ち均科し、残り3割の24万貫を通商したことが分る。また『会要』食貨23-21〔塩法雑録〕雍熙2.6.には「詔曰去年有司上請通行江浙塩商…自今宜依太平興国九年七月以前禁法従事」とあり、この塩銭・通商並用方式は太平興国9年(984)7月から雍熙2年(985)6月まで、ちょうど1年で太平興国2年以来の官売に復帰した。

(3)『会要』食貨62-3〔京諸倉〕「…先是募民及聴商賈入粟給券於江淮、以茶塩償之、謂之折中」。同淳化2.5.「置折博倉、許商旅納粟麦、計其直分於江淮、以官茶給之」。

(4)『長編』40至道2.11.28甲午「(発運使楊)允恭又請、令商人先入金帛京師及揚州折博務者、悉償以茶。自是鬻塩得実銭、茶無滞貨、歳課増五十万八千余貫」、『会要』食貨23-23〔塩法雑録〕至道2.11.

西京作坊使楊允恭言、略同。

（５）『会要』食貨23-23〔塩法雑録〕至道2.11.「西京作坊司楊允恭言、淮南十八州軍、其九禁塩、余不禁、商人由海上販塩、官倍数而取之、至禁塩地、則上下其価、民利商塩之賤」。

（６）『長編』90天禧1.9.9甲辰「三司言、江・淮・両浙・荆湖路入銭粟買塩者、望依解州顆塩例、預給交引付榷貨務、俟有商旅算射、即填姓名、州軍給付。従之」。『会要』食貨36-14〔榷易〕天禧1.9.9条略同。

（７）『会要』食貨23-24〔塩法雑録〕咸平4.11.「秘書丞・直史館孫冕言、臣以為朝廷若放江南・荆湖通商売塩、許沿辺折中粮草、或在京納銭帛金銀、必料一年之内、国家予得江南荆湖一二年官売塩額課銭支贍…況三路官売旧額止及百三十万貫」。

（８）真州は旧迎鑾鎮。乾徳２年（964）建安軍に升格し、大中祥符６年（1013）に真州と改めた。高郵軍は開宝４年（971）揚州高郵県に建軍し、熙寧５年（1072）から元祐元年（1086）まで廃して揚州に隷した。『景定建康志』40田賦志序自注「明道二年江淮按撫使范仲淹奏、当司看詳江寧府上元等五県主客戸逓年送納丁口塩銭、即不曾請塩食用、拠本府分析及体問得、始属江南偽命之時、有通・泰塩貨俵散、計口納塩入官、後来淮南通・泰帰属朝廷之後、江南自此無塩給散、所以百姓至今虚納銭、併更折納綿絹、未曾起請」。江寧府に隣接するこれら４州軍はいずれも旧南唐領に属し、ともに旧淮南塩の「丁口塩銭」納付州軍として淮南塩官売区から外されていた。『長編』113明道２.歳末条注【范仲淹以七月安撫江淮】。

（９）『会要』食貨23-19〔塩法雑録〕太平興国2.2.18三司言「淮南諸旧禁法売塩処、斤為銭四十、内廬・舒・蘄・黄・和州・漢陽軍、去建安軍水路稍遠、斤為五十」。『通考』15征榷二p.154下〔末塩〕淮南塩区の記事の原注【廬・和・舒・蘄・黄州・漢陽軍旧通商、太平興国二年始令官売】。

（10）『長編』130慶暦1.1.9己未「初用宋庠〔郊〕等議、復京師・南京及京東州軍、淮南宿・亳州池塩榷法、而京師榷法尋弛。於是又三司議通淮南塩給南京・兗・鄆・曹・濮・単・広済八州軍利害以聞、其後兗・鄆及宿・亳、遂皆食淮南塩矣」。

（11）『長編』134慶暦1.11.20丙寅「京東淄・濰・青・斉・沂・徐州・淮陽軍並係榷塩地分、近経災傷、人戸貧困、特放通商、止令収納税銭」。

（12）『宋史』食貨・塩p.4435「天聖中、杭・秀・温・台・明各監一、温州又領場三、而一路歳課視旧減六万八千石、以給本路及江東之歙州」。

（13）『長編』196嘉祐7.2.3辛巳に、慶暦以前のこととして「江湖漕塩既雑悪、又官估高…江西則虔州地連広南、而福建之汀州亦与虔接、塩既弗善、汀故不産塩、二州民多盗販広南塩以射利…歳月浸淫多而虔州官糶塩歳纔及百万斤」とあり、虔州は年額わずか100万斤（１斤50文として銭額で５万貫）だが淮南塩の官売区とされる。慶暦中、江西南部に南雄州から広東塩を般運する議が起り、嘉祐中にも再度検討されたが、この時は「虔州は淮南塩を食して已に久しく、改むべからず」として結局実現しなかったという。このことから虔州に淮南塩を官売したのは、恐らく天聖年間のことと推測される。『会要』食貨22-20〔塩法雑録〕によれば、熙寧10年の虔州の官売塩実収は29,2656貫124文（塩価を遠地50文/斤とすれば歳売約585万斤）となり、官塩の売上げはほぼ６倍増である。その後元豊４年（1081）には私塩を防止する目的で虔・建昌・南安の３州軍に広東塩700万斤と予備塩100万斤を般運し、逆に虔州の「旧売淮塩」616万斤を江西の洪・吉・筠・袁・撫・臨江・建昌・興国８州軍に均課して旧額を補完したという（『会要』食貨24-20〔塩法雑録〕元豊4.2.1、『長編』311元豊4.3.1戊子）。この「旧売淮塩」616万斤は虔州の淮南官売塩「祖額〔熙寧８年〕」であろう。

(14)『宋史』食貨・塩p.4435「天聖中、杭・秀・温・台・明各監一、温州又領場三、而一路歳課視旧減六万八千石、以給本路及江東野之歙州」、同p.4438「天聖中、通・楚州場各七、泰州場八、海州場二、漣水郡場一、歳鬻視旧減六十九万七千五百四十余石、以給本路及江南東西・荆湖南北四路、旧并給両浙路、天聖七年始罷」。

(15)『宋史』182食貨・塩p.4444「(元豊)六年、(蹇)周輔為戸部侍郎、復奏湖南郴・道州隣接韶・連、可以通運広塩数百万、御均旧買淮塩於潭・衡・永・全・邵等州、並準江西・広東見法、仍挙郟亶初議、郴・全・道三州亦売広塩」。

(16)『宋史』食貨・塩4474「荆湖之帰・峡二州、州二井、歳課二千八百二十石、亦各以給本州」。

(17) 王得臣『麈史』上・利疚「安州在唐時隷淮南、入本朝属荆湖北路、景祐間忽入京西、民間既禁海塩而食解塩、以輦販之遠、頗病淡食…康定初左丞范雍自延安謫守、乃会常入之課、以銭五万緡歳輸京西漕司、復還安州於湖北、朝廷従之」。なお『元豊九域志』は「天聖元年隷京西路、慶暦元年還隷湖北」(『宋史』地理志、同)として、天聖元年(1023)から京西路に編入され、慶暦元年(1041)に荆湖北路に復帰したとする。

(18)『長編』133慶暦1.9.9乙卯「三司奏荆湖已嘗増銭、余四路三十八州軍請斤増三銭或四銭。詔俟河流通運復故、既而制置司又置転般倉於江州、益漕船及傭客舟以運、因請六路五十一州軍斤増五銭」。

(19) 淮南塩行区の州軍数について、郭正忠氏は熙豊期にも慶暦期と同数の「6路51州軍」であったとしてその塩額を計算している(「宋代淮浙塩銭考辨」(1989福建人民出版社・中国古代社会経済史問題所収)及び『宋代塩業経済史』所載の表19「宋代淮塩課利」、表20「仁宗中後期淮塩官売課利参考表」、表21「熙寧十年淮塩官売課利表」、表22「熙寧八九年淮塩官売課利表」、表23「元豊期(1078-79)淮塩官売課利表」(p.653-656)等)。しかし康定元年(1040)には旧解塩区の宿・亳2州が淮南塩区とされ(注(10)前引『長編』130慶暦1.1.9己未条)、虔州は嘉祐7年(1062)までに淮南塩区となったことが明らかで(注(13)前引『長編』196嘉祐7.2.3辛巳条)、井塩区として淮南塩区から独立していた帰・峡2州も熙豊期までには淮南塩区とされたと見られる。熙豊期の行塩区州軍数は慶暦期のそれと同数ではない。

(20)『会要』食貨46-2〔水運〕太平興国9.10「塩鉄使王明言、江南諸州載米至建安軍、以回船般塩至逐州出売、皆差税戸・軍将管押、多有欠折」。“転般倉”の語は見えないが、回船を利用した官塩の般運・販売はすでに太平興国9年(984)には行われていた。呂祖謙『歴代制度詳説』5塩法説詳に「宋朝就海論之、惟是淮塩最為国用、方国初鈔塩未行、是時建安軍置塩倉、乃今真州、発運在真州、是時李沆為発運使、運米転入其倉、空船回皆載塩散於江浙湖広、諸路各得資船運、而民力寛、此南方之塩、其利広而塩権最国用」とあるが、『宋史』282李沆伝には発運使任官の記事はなく——李沆は太平興国5年に進士甲科及第——、漕塩の転般回船の開始の正確な年次を確定できない。

(21)『宋史』食貨・塩p.4438「塩之入官、淮南・福建、両浙之温・台・明斤為銭四、杭・秀為銭六、広南為銭五。其出、視去塩道里遠近而上下其估、利有至十倍者」。

(22)『会要』食貨23-31〔塩法雑録〕天聖1.6.14.「三司塩鉄判官兪献卿言、奉詔与制置茶塩司同規画淮南通・泰・楚州塩場利害…二、塩場亭戸売納塩貨、毎三石支銭五百文、準大中祥符二年勅、毎正塩一石納耗一斗、所買塩只於本州売、毎石収銭一千三百足、展計一千六百九十文省、官有九倍浄利。縁亭戸赴倉往回二百余里、今乞於正塩三石元定価銭五百文省上、依海州・漣水軍例添銭一百文省」。通・泰・楚3州の亭戸“売納”価格—政府収買価格—は3石500文を100文引上げて200文/石＝40文足/斤、産塩3州の官売価格は1300文足/石＝26文足/斤。

(23)『会要』食貨24-31〔塩法雑録〕紹聖3.1.9.「発運司言、淮南亭戸例貧瘠、官賦本銭歳六十四万緡、皆倚辨諸路」。

(24) 前注(21)参照。

(25) 同前注(1)『会要』食貨23-19〔塩法雑録〕太平興国2.2.18.三司言。これによれば、このとき京西南路の襄州等14州軍の解塩通商が廃止され、鄧・唐・房・随・均・金州と光化軍の計7州軍が襄州を拠点とする淮南末塩(50文足/斤)の官売区となり、水路の通じない商・華2州は「陸脚を雇召」し、陳州－華州－商州の陸路により淮南塩を般運した。

(26)『長編』133慶暦1.9.9乙卯「(判戸部勾院王)琪言、天禧初嘗以荊湖塩估高、詔斤減三銭或二銭、自後利入浸損、請復旧估、可歳増緡銭四万、許之」とあり、続けて「制置司又言、比年河流浅涸、漕運艱阻、縻費益甚、請量増江・淮・両浙・荊湖六路糶塩銭。下三司議、三司奏荊湖已嘗増銭、余四路三十八州軍、請斤増三銭或四銭、詔俟河流通運復故、既而制置司又置転般倉於江州、益漕船及傭客舟以運、因請六路五十一州軍斤増五銭、自是塩・[酒]課歳増三十万六千余緡【…琪本伝亦云、亦歳増課三十万緡】」。塩価の増額による酒課の増収はありえないので〔酒〕字は衍字か。塩課30万貫の増であれば慶暦元年までの六路官売塩歳額は120万石、この時期官塩販価は1斤40文～50文として2～2.5貫文/石、よって歳入は240～300万貫程度であったと推計される。

(27)『宋史』食貨・塩p.4443「虔州官塩鹵湿雑悪、軽不及斤、而価至四十七銭…」、同p.4445「(崇寧)四年又以算請塩価軽重不等、載定六路塩価、旧価二十銭以上皆逓増以十銭、四十五者如旧」。なお政和2年(1112)に淮南塩の官売が廃止されて蔡京の新鈔法(換鈔制)に転換してからも、通商淮南塩の販価は45文/斤が維持された。

(28)『会要』食貨23-24〔塩法雑録〕咸平4.11.「秘書丞・直史館孫冕言、臣以為朝廷若放江南・荊湖通商売塩、許沿辺折中粮草、或在京納銭帛金銀、必料一年之内、国家豫得江南・荊湖一二年間売塩額課銭支贍」。『宋史』食貨・塩p.4438「秘書丞・直史館孫冕言、令江南・荊湖通商売塩、縁辺折中糧草、在京入納金銀銭帛、則公私皆便、為利実多」。"通商売塩"とは淮南塩を通商塩として客商に転売することを言い、"年間売塩額課銭"は通商塩の売鈔価銭歳収を言う。

(29)『長編』113明道2.歳末条「先是天禧初、募人入緡銭粟帛京師及淮南・江浙・荊湖州軍易塩、入銭貨京師、総為緡銭一百十四万」、『宋史』食貨・塩p.4439略同。『宋史』食貨・塩p.4440「…復天禧元年制、聴商人入銭粟京師及淮浙江南荊湖州軍易塩」。解塩の入銭地も京師榷貨務と陝西沿辺州軍の二カ所であった。解塩の入中については本書後編第1部第5章西北塩(解塩)の販塩体制と課税方式1.(2)解塩通商と沿辺入中を参照されたい。

(30)『会要』食貨36-14〔榷易〕天禧1.9.9「三司言、江・淮南・両浙・荊湖南北路州軍入銭及粟買末塩者、望依解塩例給交引付榷貨務、俟有商旅算射塩貨、便書填姓名・州軍給付。従之」、『長編』90天禧1.9.9甲辰条、『宋史』食貨・塩p.4440略同。

(31)『会要』食貨23-35〔塩法雑録〕天聖9.4.4「三司言、京榷貨務天聖六年収末塩課銭百八十万三千貫、今請定為祖額…従之」、『長編』110天聖9.4.5辛巳条略同。なお馬端臨は末塩通商の開始年次を両浙塩区が独立した天聖7年(1029)とするが(『通考』15征榷二p.155下「(止斎陳氏曰)天聖七年令商人於在京榷貨務入納銭銀算請末塩」)、その根拠は不明。

(32)『長編』106天聖6.8.12甲戌「淮南・江・浙・荊湖制置発運使・文思使・昭州刺史張綸…天禧末為発運使…復置塩場於杭・秀・海三州、歳入課又三百五十十万」。

(33)『長編』113明道2.歳末「先是天禧初、募人入緡銭粟帛京師及淮南・江・浙・荊湖州軍易塩、乾興元年入銭貨京師、総為緡銭一百十四万、会通・泰煮塩歳損、所在積儲無幾、因罷入粟帛、第令入銭。久之、積塩復多、於是参知政事王随建言、淮南塩初甚善、自通・泰・楚運至真州、自真州運至江・浙・荆湖、綱吏舟卒侵盗販鬻、従而雑以砂土、渉道愈遠、雑悪殆不可食、吏卒坐鞭笞配徒相継而莫能止。比歳運河浅涸、漕輓不行、遠州村民、頓乏塩食、而淮南所積一千五百万石、至無屋以儲、則露積苫覆、歳以損耗。又亭戸輸塩、応得本銭或無以給、故亭戸貧困、往往起為盜賊。其害如此。願江権聴通商三五年、使商人入銭京師、又置折博務於揚州、使輸銭及粟帛、計直予塩、一石約售銭二千、則一千五百万石可得緡銭三千万、以資国用、一利也。江・湖遠近、皆食白塩、二利也。歳罷漕運縻費・風水覆溺、舟人不陥刑辟、三利也。昔時漕塩舟可移以漕米、四利也。商人入銭、可取移償亭戸、五利也。贍国済民、無出於此」、『宋史』食貨・塩p.4439略同。

(34)『長編』113明道２.歳末「…時范仲淹安撫江・淮、亦以疏通塩利為言、即詔翰林侍読学士宋綬・枢密直学士張若谷・知制誥丁度、与三司使・江淮制置使同議可否。皆以為聴通商則恐私販肆行、侵蠹県官、請勅制置司益造船、運至諸路、使皆有二三年之蓄。復天禧元年制、聴商人入銭粟京師及淮・浙・江南・荆湖州軍易塩、在通・泰・楚・海・真・揚・漣水・高郵貿易者、毋得出城、余州聴諧県鎮、毋至郷村、其入銭京師者、増塩予之、并勅転運使経画本銭以償亭戸。詔皆施行」、『宋史』食貨・塩p.4439-40略同。『長編』129康定1.12.27戊申「初明道二年復用天禧旧制、聴商人入銭粟京師及淮・浙・江南・荆湖州軍易塩、及景祐二年、三司言諸路博易無利、乃罷之而入銭京師如故」。郭氏はこれを「地方性城鎮折博通商法」と表現するが(同氏前掲書p.744)、この折衷体制は“城鎮”の“折博”に限定したものではなく、州城＜県鎮＜郷村の同心円構造によって淮南塩行区全州軍に施行された。

(35)『長編』129康定１.歳末「是歳又詔、商人入芻粟陝西並辺、願受東南塩者、加数予之。会河北穀物賤、三司因請内地諸州行三税法、募人入中、且以東南塩代京師実銭、詔糴至二十万石止」。咸平３年(1000)以降の沿辺入中における「三説法」「見銭法」の変遷・推移については、本書後編第１部第５章解塩の販売体制と課税方式、第２部第10章宋代榷茶の課税構造を参照。

(36)『長編』168皇祐2.1.24壬子「…及慶暦二年、三司又請康定元年法、募人入中、乃詔入中陝西・河東者、持券至京師、償以銭及金帛各半之、不願受金帛者、予香薬茶塩、惟其所欲、而東南塩利特厚、商旅不復受金帛、皆願得塩。至八年、河北行四税法、塩居其一、而並辺芻粟皆有虚估、騰躍至数倍、券至京師、反為畜賈所抑、塩八百斤旧售銭十万、至是止六万、商人以賤估受券取塩、不復入銭京師、帑蔵益乏。於是詔三司詳定、王堯臣・王守忠・陳旭、請復入銭京師法、視旧入銭数稍増予塩、而並辺入中先得券受塩者、河東・陝西入芻粟直銭十万、止給塩直七万、河北又損為六万五千。且令入銭十万於京師、乃聴兼給、謂之対貼。自是入銭京師稍復故」。

(37)『長編』186嘉祐2.11.1.癸酉「置江・淮南・荆湖制置司勾当運塩公事一員。初三司言商旅于榷貨務入見銭算東南塩、歳課四百万緡、諸路般運不足而課益虧、請選官置司以主之」。『宋史』食貨・塩p.4440略同。

(38)『宋史』食貨・塩p.4440「治平中、京師入緡銭二百二十七万、而淮南・両浙・福建・江南・荆湖・広南六路歳售緡銭、皇祐中二百七十三万、治平中三百二十九万」。

(39)『会要』食貨22-1～23-8〔諸路官売塩〕の記載は『元豊増修国朝会要』により熙寧9-10年(1076-77)の諸路官売塩の歳額、同23-９～13に記載する「元豊収」は元豊元年(1078)の歳額であると確定できるが、「祖額」については熙寧８年以前に路ごとに定められた額であることしか分らず、特定の年次を確定できない。本稿ではこれを祖額〔熙寧８年〕と表記する。

(40) 拙稿「両税折納における納税価格と市場価格」(『中国専制国家と社会統合』1990所収、拙著『宋代税政史研究』汲古書院1993後篇第四章納税価格と市場価格に再収)を参照。

(41)『長編』268熙寧8.9.24癸未「中書言、杭州助教孫麟乞、借市易務銭五七万緡買紬絹、比杭州給銭民間預買可増十万余匹。詔給末塩鈔四万緡・銭三万緡為本、仍以将作監主簿梅宰同買」、『会要』食貨24-9〔塩法〕熙寧8.9.25略同)。

(42)『長編』269熙寧8.10.3辛卯「都提挙市易司言、袁州和買紬絹、旧以塩準折、今乞依諸路例、毎匹給銭千、従本司遣官拋合支塩数、以末塩鈔赴州出売。従之」。

(43)『長編』511元符2.7.2癸卯(呂)恵卿言…「熙寧・元豊間鈔価、東南塩鈔毎席貴不過六貫、賤止五貫…今塩鈔一席至十貫文、在京雖用本価収買、所失幾半…」。

(44)『会要』食貨23-10〔末塩〕「末塩六百七十九万五千四百四十貫二百六十文、収到銭、除有応副淮浙買塩支用銭外、並係赴軍資庫送納。鈔銭祖額二百四十万四千三十四貫五百文、其鈔額銭、準勅封椿準備支還河北糧草価銭」。

(45)『会要』食貨36-13〔権易〕天禧1.4.6「三司言、権貨務入便銭物、取大中祥符七年収銭二百六十一万余貫、立為祖額、毎年比較申奏」。

(46)『宋史』食貨・塩p.4448「帝詔、東南六路元豊年額売塩銭、以緡計之、諸路各不下数十万、自行鈔塩、漕計窘匱、以江西言之、和預買欠民価不少、何以副仁民愛物之意」。この詔には北宋末大観4年(1110)ころ、淮南塩新鈔法についての徽宗の見解を含むが、他史料には見えない。

(47) 例えば諸路上供紬絹の額について、『会要』食貨64〔匹帛・凡諸路上供之数〕に載せる上供絹額8万匹以上の路は全部で8路あるが、東南六路以外には京東東・西の2路があるだけである。東南六路の上供絹額内訳は、概数で淮南東・西路21.2万匹、両浙路105.8万匹、江南東路40.5万匹、江南西路32万匹、荊湖北路8.4万匹、(荊湖南路は不明)、京東東路39.8万匹、京東西路29.6万匹。

(48) 宋代転運司の財政に関する多くの研究の中で、禁榷との関連を重視したものとして包偉民『宋代地方財政史研究』(浙江大学人文学叢書、上海古籍出版社、2001)を参照。転運司財政と六路上供米、上供和買紬絹、上供銭貨等との関係については拙稿「宋代上供米と均輸法」(宋代史研究会報告第三集『宋代の政治と社会』汲古書院、1988)、「両税折納における納税価格と市場価格」(中国史研究会『中国専制国家と社会統合』文理閣、1990)、「南宋の上供米と両税米」(『東洋史研究』51-4、1993)。以上三篇はいずれも『宋代税政史研究』(汲古書院、1993)所収。「宋代上供の構成と財政運用」(島根大学法文学部紀要『社会システム論集』Ⅰ、1996)、「北宋の上供銭貨」(『東洋史研究』57-3、1998)、「南宋の上供銭貨」(大阪府立大学『歴史研究』37、1999)、「北宋の封椿と財政運用」(『中國史學』12、2002)。以上四篇は本書前編の各章を参照されたい。

(49) 胡寅『斐然集』25先公(安国)行状「略以湖南一路言之、昔日歳課一百万緡、本路得自用者居其半、故斂不及民而上下足。変法以来、既尽帰之朝廷、則本路諸色支費皆出横斂。至如上供、旧資塩息者猶不蠲除、民所以益困也」。

(50) 王藻『浮渓集』24朝散大夫直龍閣張公(根)行状「[本路]旧以塩利三十余万緡和糴、故雖凶歳不乏。自更法以来、州県重取百姓耗米以給。民既不堪其苛、而和買四十万緡、復以無所従出之銭。

(51)『宋史』食貨・布帛p.4235「江西和買紬絹歳五十万匹、旧以銭・塩三七分預給。自塩鈔法行、不復給塩、令転運司尽給以銭、而卒無有、逮今五年、循以為常、民重傷困。大観初、詔仮本路諸司封椿銭及隣路所掌封椿塩各十万緡給之…而江西十郡和買数多、法一匹給塩二十斤、比銭九百、歳預於十二月前給之」。江西の和買歳額は50万匹、これを銭3:塩7で買上げ、収買対価を絹1匹＝塩20斤＝0.9貫と定めた。

(52) 江南西路9州軍の塩貨収入(貫文)の内訳は、洪州25,5375.718、虔州29,2596.184、吉州26,5726.404、袁州13,4872.699、撫州8,0976.369、筠州8,6344.558、興国軍9,0991.142、南安軍5,7966.471、臨江軍13,8830.928。

(53) 蘇頌『蘇魏公集』20奏乞減定淮南塩価「臣伏見淮南一路財賦之数、最為浩繁、尤藉毎歳売塩額銭一百余万貫、資助経費」。

(54) 前注(29)参照。

(55) 『宋史』食貨・塩p.4446「(大観四年)侍御史毛注…又言、朝廷自昔謹三路之備、糧儲豊溢、其術非他、惟鈔法流通、上下交信、東南末塩銭為河北之備、東北塩為河東之備、解池塩為陝西之備、其銭並積於京師、随所積多寡給鈔於三路」。

(56) 『宋史』食貨・塩p.4451「初鈔法之行、積塩于解池、積銭于京師榷貨務、積鈔于陝西沿辺諸郡、商賈以物斛至辺入中、請鈔以帰…」。

(57) 同前注(44)。

(58) 『夢渓筆談』11官政一「唯末塩歳自抄三百万、供河北辺糴、其他皆給本処経費而已。縁辺糴買仰給於度支者、河北則海末塩、河東・陝西則顆塩」。前注(44)で見たように、通商塩利の熙寧末年時の「祖額」は240万貫であったから、沈括の言う“歳自抄三百万”は恐らく熙寧・元豊年中の某年の実収額であろう。

(59) 『通考』15征榷二p.155下「熙豊新法増長塩価…」の夾注「河北路自元豊七年正月推行塩法、至十一月終、収塩息銭二十六万五千貫、充便糴司糴本」。

(60) 『宋史』食貨・塩p.4449「(政和元年)又有謂、旧法聴以物貨及官鈔引抵当、所以扶持鈔価、不大減損」。

(61) 蘇頌『蘇魏公集』20奏乞減定淮南塩価「臣窃聞、曩時数有建言者、欲将一路官塩、設法減価出売、或有欲只減出産州軍価直者。臣以謂遠近一槩減価、誠未易遽行…」。

(62) 『会要』食貨24-29〔塩法〕元祐3.5.4.「戸部言、荊湖南北塩価、相度自接連広東及江南・湖北州軍場務、以遠近均定、庶幾貴賤不致相遠、可絶私販。従之」、『長編』410元祐3.5.4己酉同。

(63) 『長編』421元祐4.1.28己亥「詔均定東南諸路塩価、下逐路転運司施行」。この年『会要』には東南諸路の“減価”に関する紀事が見えない。

(64) 『長編』435元祐4.11.28甲午「〔蘇〕軾又言…其四、自来浙中姦民、結為群党、興販私塩、急則為盜。近来朝廷痛減塩価、最為仁政、然結集興販、猶未甚衰…」。

(65) 『会要』食貨24-29元祐5.1.11「戸部言、江湖塩未有往外州県般塩管押法、乞衡州茶陵・安仁県往潭州衡山県般運、並依監令郡官管押交割出売。従之」、『長編』437元祐5.1.11丁丑条同。

(66) 『会要』食貨24-30〔塩法〕元祐8.1.21「詔東南諸路転運司、勘会本路売塩、旧法未減価年分及措置塩事所減価後来各三年数目、比較増虧、申尚書省」、『長編』480元祐8.1.21己亥条略同。

(67) 『会要』食貨24-30〔塩法〕紹聖1.9.25「詔府界並諸路塩年終課利増、欲並依元豊賞格、従三省請也」。

(68) 『通考』15征榷二p.156上「紹聖三年二月、江湖淮浙六路通算鈔引見銭、充足元祐八年年額外、有増収到五分入朝廷封樁、五分転運司。元符元年九月、令福建準此」。

(69) 『会要』食貨24-34〔塩法〕建中靖国1.1.1「江淮荊浙発運副使黄実奏、六路州軍減価売塩課利増羨、乞除旧額外、其添買之数量増本銭。従之」。

(70) 『通考』15征榷二p.156上「崇寧元年二月勅、塩鈔毎一百貫於在京入納、九十五貫於請塩処納充塩本、其紹聖三年五分指揮不行。自二年十二月行法、至三年十一月、在京已及一千二百余万貫、遂尽罷諸路官以塩鈔毎百貫撥一貫与転運司。於是東南官売与西北折博之利、悉帰京師、而州県之横斂起矣」。『雑記』甲14総論国朝塩筴「東南塩者通・泰煎塩也、旧為江湖六路漕計。蔡京為政、始行鈔法、取其銭以贍中都、自是淮浙之塩、則官給亭戸本銭、諸州置倉、許商人買鈔算請」。

(71)『会要』食貨24-31〔塩法〕紹聖3.1.9「発運司言、淮南亭戸例貧瘠、官賦本銭六十四万緡、皆倚辨諸路、以故不時至、民無所得銭、必挙倍称之息、或鬻憑由不能得直之半、是以多盜売而負官課、欲撥本司糴本銭十万緡給亭戸…」、『宋史』食貨・塩p.4444略同。

(72)『会要』食貨24-34〔塩法〕建中靖国1.1.29「戸部言、六路転運司毎年塩額銭、淮南二十七万七千余貫、両浙二十万一千余貫、湖南四十五万余貫、湖北五十九万一千余貫、江東一十八万九千〔余〕貫、江西三十万五千余貫、自紹聖三年至今、駆磨未畢、逐路乞量行撥還。詔元符三年分合得額銭、令提挙司撥還一半、余候駆磨畢取旨」。

(73)『宋史』食貨・塩p.4434には国初の両浙塩場の産塩額を次のように記す。杭州場7.7万余石、明州昌国東・西2監20.1万余石、秀州場20.8万余石、温州天富南・北2監・密鸚・永嘉2場7.4万余石、台州黄巖監1.5万余石。

(74) 前注(14)を参照。

(75)『長編』133慶暦1.9.9乙卯「制置司又言、比年河流浅涸、漕運艱阻、糜費益甚、請量増江・淮・両浙・荆湖六路糴塩銭。下三司議、三司奏荆湖已嘗増銭、余四路三十八州軍、請斤増三銭或四銭。詔俟河流通運復故。既而制置司又置転般倉於江州、益漕船及傭客舟以運、因請六路五十一州軍斤増五銭」、『宋史』食貨・塩p.4435略同。

(76)『長編』104天聖4.11.22甲子「以太子中舎李余慶為殿中丞、余慶同判秀州、請置海塩・華亭両県塩場、至是歳収緡銭七十八万七千、特遷之」、『宋史』食貨・塩p.4435「…両浙転運使沈立・李粛之奏、本路塩課緡銭歳七十九万、嘉祐三年纔及五十三万、而一歳之内、私販坐罪者三千九十七人、弊在於官塩估高、故私販不止而官課益虧」、『通考』16征榷三p.166下略同。

(77)『宋史』食貨・塩p.4436「熙寧以来、杭・秀・温・台・明五州領監六、場十有四、然塩価苦高、私販者衆、転為盜賊、課額大失。(熙寧)二年、有万奇者献言欲撲両浙塩而与民、乃遣奇従発運使薛向詢度利害」。

(78)『宋史』食貨・塩p.4436「異時竈戸鬻塩、与官為市、塩場不時償其直、竈戸益困。秉先請儲発運司銭及雑銭百万緡以待償、而諸場皆定分数…秉因定伏火盤数以絶私鬻、自三竈至十竈為一甲、而鬻塩地什伍其民、以相幾察」。この間盧秉は私塩を摘発して1,2000人以上を配流したほか、竈戸に対し人丁単位で塩貨納入を課し、これは旧法党政権下の元祐2年(1087)に解除されたが、この間の竈戸の負債は永く除かれなかった(同p.4437「元祐初、言者論秉推行浙西塩法、務誅利以増課、所配流者至一万二千余人、秉坐降職、両浙塩亭戸計丁輸塩、逋負滋広、二年詔蠲之。後更積負無以償、元符初察訪使以状聞、有司乃以朝旨不行、右正言鄒浩嘗極疏其害」。

(79) 熙寧10年、両浙路13州(天聖期の15州軍から江陰軍が熙寧4年に廃されて常州に隷し、秀州が脱漏)の官売塩歳入は次のとおり。杭州13,9448.616、越州7,0129.801、蘇州9,2121.048、潤州7,0996.846、湖州19,2474.965、婺州9,8712.358、明州1,8290.061、常州6,8306.504、温州2,9141.136、台州6,7678.899、処州2,3351.865、衢州19,6707.652、睦州6,0371.248、計112,7730.999+。なお官売期の両浙路の漕計について、『雑記』甲14両浙歳入数に「祖宗盛時、両浙歳入銭三百三十余万緡、而塩茶酒税十居其八、郡国支計皆在其間」とあり、両浙路の歳入中、銭が330余万緡、うち塩茶酒税の課利収入が80%(約270万貫)であったというが、ここから塩課の歳入は特定できない。また天聖中に両浙塩区とされた江東歙州がいつまで両浙塩区に属したかについては史料上に確認できない。因みに『会要』食貨22-18〔塩法〕に載せる江東路歙州の熙寧10年の塩税歳収は7,1905.827貫である。『新安志』２塩課には「自太平興国中三司建議、以歙接近両浙界、令就般請両浙塩、毎斤為銭五十」とあり、熙寧10年の歙州在城・諸県の売塩額を載せる。これを『会要』所載の数字と対比する。/の左側が『会要』、右側が『新安志』。在城(即歙県)3,7090.257/2,0790.257、休寧県9759.620/9757.620、績渓県2794.110/2794.110、黟県5954.720/5954.720、祁門県8899.385/8899.385、婺源県1,3707.735/1,3777.735。これによると歙州は計7,1905.827/6,1973.827となり、約1,0000貫の差が生じるが『会要』に従う。

(80) 『会要』食貨26-8〔塩法〕紹興3.1.17に「中書門下省言、淮南東路建炎已前塩息銭歳入一千五百万貫、贍養官兵」とあり、建炎已前、北宋最末期の淮南東路の塩課歳入は1500万貫であった。呂頤浩『忠穆集』２論経理淮甸には「通・泰州産塩諸地方、尤宜選任能吏、収塩息以助軍興、臣於宣和元年任太府少卿、嘗考榷貨務入納。大率淮南路入納、歳得一千四五百万貫、浙東・西歳収七八百万貫」とあり、これは宰相呂頤浩が北宋末宣和元年(1119)に太府少卿に任じたころの淮南路の歳入と確定できる(『要録』『聖政』『考索』等同)。ただ『玉海』185紹興会計録は「…宣和初、榷貨所入淮南塩利二千四百五万、両浙塩利計七百八万、今淮浙路所入之塩利、通一歳計之、共三千二百万、此当時大臣所対財用所入之数也」とするが、この「二千四百五万」「七百八万」はそれぞれ「一千四五百万」「七八百万」の誤記であり、従って「共三千二百万」は「共二千二百万」の誤記である。郭氏はこの記事から「政和間の交鈔歳額」を1500万貫とするが誤り。なお『会要』食貨25-14〔塩法〕宣和3.8.24に「中書省言、勘界左右司点検榷貨務収趁新法塩分拘管雇銭文暦…本務自宣和元年八月五日後来趁収塩銭、通計一億万貫、及一億一千万貫…」とあり、宣和1.8.5から宣和3.8.24までの２年間で1,0000貫、すなわち年5000万貫の歳収があったとする。余りに巨大で不自然な数字であるが、この記事が塩政関係官員の褒賞と絡んでいることから、政治的に誇張したものであろう。

(81) 『宋史』食貨・塩p.4424「崇寧初…蔡京建言、河北・京東末塩、客運至京及京西、袋輸官銭六千、而塩本不及一千、施行未久、収息及二百万緡、如通至陝西、其利必倍」。導入前の東北末塩の官収率は(1-1/6＝0.833)約83％。『備要』26崇寧2.4.「更塩法」条原注【九月、講議司言、自去年九月十七日推行新法東北塩、十月九日客人入状算請、至今年九月二日終、収趁到緡銭一百六十四万有奇、本銭一十四万緡有奇、余皆息銭】。『紀事本末』122崇寧2.9壬午「講議司劄子、自去年九月十七日推行新法東北塩、十月九日入状納算請、至今年九月三日終、収趁到銭一百六十四万八千六百二十六貫三百六十八文、本銭一十四万七千七十三貫、息銭一百五十万一千五百五十三貫三百六十八文」。新鈔法施行後の東北塩官収率は(1－14,7073/164,8626.368＝0.910)約91％。

(82) 同前注(70)『通考』15征榷二p.156上「紹聖三年二月」条。これによれば、紹聖3.2.に「紹聖三年五分指揮」が施行される前紹聖2.12から同3.11までの一年間、京師入銭額は1200万貫、その１％約120万貫が塩本銭額として六路転運司に回給されていた。

(83) 『宋史』食貨・塩p.4444「崇寧元年、蔡京議更塩法、乃言、東南塩本或闕、滞於客販、請増給度牒及給封樁坊場銭通三十万緡、并列七条。一、許客用私船運致、仍厳立輒踰疆至夾帯私塩之禁。二、塩場官吏槩量不平、或支塩失倫次者、論以徒。三、塩商所繇官司・場務・堰牐・津渡等加苛留者、如上法。四、禁命吏・廕家・貢士・胥吏為買区請塩。五、議貸亭戸。六、塩価太低者議増之。七、令措置官博尽利害以聞」。

(84) 『備要』27崇寧3.9.「罷転般倉」条「戸部尚書曾孝広言…欲乞依已降禄粟綱朝旨、直載至京、毋容侵盗。詔従之。…大観三年冬詔罷直達、復転般法。…政和六年罷転般、許第三等以下士人管押、不差衙前軍。宣和四年又詔復転般」。

(85)『宋史』食貨・塩p.4444「明年(崇寧二年)詔、塩舟力勝銭勿輸、用絶阻遏、且許舟行越次取疾、官綱等舟輒攔阻者坐之。遂変鈔法、置買鈔所於榷貨務、凡以鈔至者、並以末塩・乳香・茶鈔并東北一分及官告・度牒・雑物等換給。末塩鈔換易五分、余以雑物、而旧鈔止許易末塩・官告。仍以十分率之、止聴算三分、其七分兼新鈔。定民間買鈔之価、以抑豪強、以平辺糴。在河北買者、率百緡毋得下五千、東南末塩鈔毋得下十千、陝西塩鈔毋得下五千五百、私減者坐徒徙之罪、官吏留難・文鈔展限等条皆備」。なお河北塩の請買には“率百緡毋得下五千”とあり、『通考』15征榷二p.156上所引止斎陳氏「崇寧元年二月勅、塩鈔毎一百貫、於在京入納九十五貫、於請塩処納充塩本」と符合する。

(86)『宋史』食貨・塩p.4424「及塩池已復、京仍欲旧解塩地客算東北末塩、令榷貨務入納見銭無窮、以収己功、乃令解塩新鈔止行陝西」。ここでは解池の修復後すなわち崇寧4年(1105)夏に解塩新鈔を発行した記述になっているが、新鈔の発行は崇寧2(1103)年夏4月のことで、『宋史』食貨志の誤りか、或は崇寧4年夏に解塩新鈔の通行範囲を全解塩区から陝西一路に限定したのか、確定できない。解塩新鈔については本書後編第1部第5章3.(1)東北末塩鈔と解塩新鈔を参照。

(87)『宋史』食貨・塩p.4425「崇寧四年、以鈔価雖裁、其入中州郡、復増糴価、客持鈔算請、坐牟大利。乃詔陝西旧鈔易東南末塩、毎百緡用見銭三分、旧鈔七分、後又詔減落鈔価踰五千者、論以法」。

(88)『宋史』食貨・塩p.4445「(崇寧)五年詔、鈔法用之、民信已久、飛銭裕国、其利甚大、比考前後法度、頗究利害、其別為号験、給解塩換請新鈔、先以五百万緡赴陝西・河東、止給糴買、聴商旅赴榷貨務換請東南塩鈔、貼輸見緡四分者在旧三分之上、五分者在四分之上、且帯行旧鈔、輸四分者帯五分、輸五分者帯六分。若不願貼輸銭者、依旧鈔価減二分。先是患豪商擅利源軽重之柄、率減鈔直、使並辺糴価増高、乃裁限之」。

(89)『宋史』食貨・塩p.4445.「(崇寧)四年、又以算請塩価軽重不等、載定六路塩価、旧価二十銭以上遞増以十銭、四十五者如旧、算請東南末塩、願折以金銀・物帛者聴其便、而亭戸貸銭旧輸息銭二分者蠲之」。この時、塩価の改定と並んで、東南末塩の算請に金銀・物帛での折納を許可し、これまで亭戸に融資して2割の息銭を徴収したのを廃止した。

(90)『宋史』食貨・塩p.4447「(侍御史毛注)又言…自崇寧来、鈔法屢更、人不敢信…致使官価幾倍於民間、斗米有至四百、束草不下百三十余銭、軍儲不得不闕、財用不得不匱、如解塩鈔毎紙六千、今可直三千、商旅凡入東南末塩鈔、乃以見銭四分、塩引六分、榷貨務惟得七十千之入、而東南支塩、官直百千、則塩本已暗有所損矣」。客商が東南末塩10貫を請買する時、官は見銭4貫:解塩鈔6貫で客商に卸売するが、解塩鈔額面6貫は実質3貫に下落しているため官収は3貫の減収となる。

(91)『宋史』食貨・塩p.4445「(大観)四年、侍御史毛注言、崇寧以来、塩法頓易元豊旧制、不許諸路以官船迴載為転運司之利、許人任便用鈔請塩、般載於所指州県販易、而出売州県用為課額、…由是東南諸州毎県三等以上戸、倶以物産高下、勒認塩数之多寡、上戸歳限有至千緡、第三等末戸不下三五十貫、籍為定数、使依数販易、以足歳額、稍或愆期、鞭撻随之、一県歳額有三五万緡、今用為常額、実為害之大者」。

(92)『雑記』甲14財賦一・総論国朝塩筴「…旧淮塩息銭歳八百余万緡」。『要録』50紹興1.12.18辛巳「…旧淮南塩息歳収八百万緡、自軍興淮南道梗、許通広塩於江湖諸路、而二年半入納才七十万緡」。なお『宋史』食貨・塩p.4449に「紹聖間遵用旧制、広有準備、故均価之後課利増倍」とあり、紹聖の塩価増額による課利収入の倍増を述べるので、『要録』『雑記』に李心伝が言う「旧」淮南塩依旧銭歳収800万は紹聖年間(1094〜97)の鈔塩歳収額であり、蔡京の新鈔法実施による崇寧以降の塩課収入の増を述べたものではない。郭氏はこの800万貫を徽宗崇寧初(1103)の歳額とする(前掲書p.676表四十四)。

(93) 同前注(70)『通考』15征榷二p.156上。

(94)『宋史』食貨・塩p.4448「未幾張商英為相、乃議変通損益、復熙豊之旧、令内府銭別椿一千五百万緡、余悉移用、以革銭・鈔・物三等偏重之弊。陝西給鈔五百万緡、江淮発運司給見銭文拠、或截兌上供銭三百万緡。以左司員外郎張察措置東南塩事、提挙江西常平張根管幹運淮塩於江西、罷提挙塩香、諸路塩事各帰提刑司。議定五等旧鈔、商旅已換請新鈔及見銭鈔不対帯、聴先給東南末塩、諸路貨易。仍下淮浙塩場、以十分率之、椿留五分、以待支発官綱、備三路商旅転廊算請、余五分以待算請新鈔及見銭鈔、与不帯旧鈔当先給者。於是推行旧法、以商旅五色旧鈔、若用換請新鈔、対帯方挙支塩、慮伺候歳月、欲給無由、乃立増納之法、貼三鈔許於榷貨務更貼見緡七分、貼四鈔更貼六分、貼五・当十鈔貼七分、河北見銭文拠五分算請」。

(95)『会要』食貨25-3〔塩法〕大観4.12.20「詔、東南塩乃為三路鈔法之根本、其三路新鈔、已依熙豊旧制、節次印給前去…」。

(96)『宋史』食貨・塩p.4448「有司議、三路鈔法如熙豊法、全仰東南末塩為本、若許将旧鈔貼納算請、正与推行三路熙豊鈔法相戻、即不令貼納算還、又鈔無所帰、議将河北見銭文拠減増納二分、余各減二分、以告勅・度牒・香薬・雑物・東南塩算請給償」。

(97)『宋史』食貨・塩p.4449「政和元年詔…優存両浙亭戸額外中塩、斤増価三分。已而張察均定塩価、視紹聖斤増二銭、詔従其説、仍斤増一銭」。『会要』食貨25-5〔塩法〕政和1.3.21「左司員外郎張察奏、奉聖旨均定東[南]六路塩価、已均定奏聞。契勘自祖宗以来、東南六路売塩、惟紹聖之間最為増羨、臣今来所定、比紹聖価上毎斤増銭二文至九文足、以酌中紐算、毎歳以増及一百八十余万貫」。張察の試算では、紹聖の塩価に毎斤2〜9文を増額すれば、平均で約180余万貫の増収となる。

(98)『宋史』食貨・塩p.4450「(政和)二年、江寧府・広徳軍・太平州斤更増銭二、宣・歙・饒・信州斤増銭三、池・江州・南康軍斤増銭四、各以去産塩地遠近為差」。

(99)『会要』食貨25-14〔塩法〕宣和3.7.2「榷貨務奏…又検会政和二年十月八日朝旨、収到新法見銭三百八十余万貫…」。新法施行は政和2年5月なのでこれは施行後4〜5カ月の収入と見られ、歳収に換算すると約900〜1000万貫となる。

(100)『宋史』食貨・塩p.4449「(政和元年)議者復謂、客人在京榷貨務買東南末塩者、其法有二、一曰見銭入納、二曰鈔面転廊、今既許三路文鈔得以転廊、若更循旧制、許以見銭入納、則客旅之銭、当入於榷貨而不入於兼并、見銭留於京師、客旅走於東南。詔采用焉」。「又有謂、旧法聴以物貨及官鈔引抵当、所以扶持鈔価、不大減損、昨禁之非是、其旧転廊塩鈔、販致東南、転運司乃専以見銭為務、致多壅閼。於是復鈔引抵当、一如其旧」。「末塩以十分率之、限以八分給末鈔、二分許鬻見銭、後又増見緡為三分」。

(101)『宋史』食貨・塩p.4450「(政和二年)是歳蔡京復用事、大変塩法。五月罷官般売、令商旅赴場請販、已般塩并封椿。商旅赴榷貨務算請、先至者増支塩以示勧。前転廊已算鈔未支者、率百緡別輸見緡三分、仍用新鈔帯給旧鈔三分。已算支者、所在抄数別輸帯売如上法。其算請悉用見緡、而給塩倫次、以全用見緡・不帯旧塩者為上、帯旧塩者次之、帯旧鈔者又次之。三路糴買文抄、算給七分東南末塩者、聴対見緡支算二分、東北塩亦如之。自余文抄毋得一例対算。復置諸路提挙官」。

(102)『宋史』食貨・塩p.4450「(政和三年)蔡京更欲巧籠商賈之利、乃議措置十六条。裁定買官塩価、囊以三百斤、価以十千、其鬻者聴増損随時、旧加饒・脚耗並罷…」。『会要』食貨25-18〔塩法〕政和

4.6.23「同日詔、東南・東北塩、毎袋三百斤納銭一十三貫算請。所有客人・鋪戸見有旧塩係用旧価算請、仰自今降指揮到日、並行住売、特免抄割、限十日経所在具数目、陳州県置簿、記録数目、並依新価、毎袋令随処州県貼納銭三貫、仍用新鈔…」とあり、翌政和四年六月、東北塩とともに銭3貫を貼納させ1袋13貫とした。なお『宝慶四明志』6叙賦下・塩課には「崇寧三年始行鈔法、罷両浙・淮南官般官売塩、聴客人鋪戸任便興販。先於権貨務入納鈔引銭二十四貫省、別於主管司納窠名銭、請塩一袋三百斤」とあり、ここでは鈔価は1袋(300斤)が24貫省となっているが、この理由は不明である。

(103)『会要』食貨25-7〔塩法〕政和3.6.18「尚書省言、戸房主行新法塩鈔事務、自創新措置、才及一年、已収息銭一千余万貫、前後財利未可有比近」。“新措置”は東南塩官売の廃止(政和2年5月)を指す。

(104)『会要』食貨25-9〔塩法〕政和7.6.23「中書鈔言、勘会左右司点検権貨務収趁新法塩銭及拘管雇銭文暦、応副客人等入納見銭、算請塩鈔、本務自政和六年八月三日至今年五月三日終、又一千万貫、通計六千万貫」。ここに政和6.8.3〜7.5.3までの収入は「又一千万貫」とある。また『会要』食貨25-14〔塩法〕宣和3.7.2には「又検会政和元年十一月勅、権貨務状、収到塩銭通及八千万貫」とある。大観4年・政和元年の二年“通及”で8000万貫とすると一年4000万貫となり多すぎるので、“元年”は“六年”の誤り。政和元年以後6年までの6年“通及”では歳収1000万貫となり、“自政和六年八月三日至今年五月三日終、又一千万貫、通計六千万貫”と符合する。なお『宋史』食・塩p.4452に「時有魏伯芻者、本省大胥、蔡京委信之、専主権貨務。政和六年、塩課通及四千万緡…初政和再更塩法、伯芻方為蔡京所倚信、建言…新法於今纔二年、而所収已及四千万貫」(『通考』16征権三p.162上、同)とあり、佐伯富氏はこれにより政和6年に4000万の収入を得たとする(p.182表四-3塩税収入額)。しかし『備要』26崇寧2.夏4月「更塩法」条注には魏伯芻の上言を政和五年冬とし、また「新法」の開始を官製塩袋の使用を定めた政和3年とするので、“新法今纔二年…”は政和4、5年の二年間を指す。魏伯芻の上言は誇張を含むにせよ、政和4、5年通算で4000万貫、1年歳収は2000万貫となる。

(105) 前注(79)を参照。

(106)『会要』食貨・塩25-12〔塩法〕宣和2.4.9「中書省言…東南明・杭・通・泰・楚海浜数州、出塩客販、視東北最多、客人買鈔日納三十五万貫、今止納数万貫、曾不及三分之一、東北銭数却至数万」。

(107) 王応辰『文定集』2応詔陳言兵食事宜(紹興32.5.2)「…今止以淮浙計之歳収一千三百四十万」。『雑記』甲14総論国朝塩筴「旧淮塩息銭歳八百余万緡、紹興初纔三十五万緡而已、以後朝廷益修其政、至紹興末年、東南産塩二万七千八百六十万斤…今(嘉泰年中)六路二十二州、通息銭約一千九百二十余万【紹興中東南産塩、毎年二万七千三百七万余斤】」。

(108)『宋史』食貨・塩p.4453「南渡、淮浙亭戸、官給本銭。諸州置倉、令商人買鈔、五十斤為石、六石為袋、輸鈔銭十八千」。北宋末・崇寧4年(1105)に蔡京が六路の塩価を統一した時、東南末塩鈔の請買価格は1袋10貫、のち13貫に増額された(前注頁22注(2)参照)。

(109)『会要』食貨26-2〔塩法九〕紹興1.8.25「提挙両浙西路茶塩公事梁汝嘉言、契勘本路産塩二州未経賊年分、曾趁及一百四十万貫。自去年賊馬残破、措置招集官吏、亭戸帰業量度借貸存恤、修治倉廒・舎屋・盤竈、拘轄起火煎煉塩貨、中売入官。及厳立課利、催督応副支抹客鈔、通計一全年、共増鈔銭一百一十九万五千五百一貫文」。これは『要録』46同年月条には「直秘閣・浙西提挙両浙西路茶塩公事梁汝嘉言、本路歳収鈔銭一百十九万緡…明年又増五十一万」とあり、紹興元年(1131)の「歳収鈔銭」は約119万貫、翌2年には51万増の約170万貫となった。

(110)『会要』食貨26-9〔塩法九〕紹興3.3.2「提挙両浙西路茶塩公事夏之文言、臣自到任以来、分遣属官、遍詣産塩場監、勧誘亭戸、広行煎煉塩貨、自紹興二年一全年塩場買塩、比祖額計増八百七十七万余斤、増趂入納鈔銭五十一万四千三百余貫、州県住売塩、総一路、比逓年計増五百八十一万九千六百余斤、計増赴入納鈔銭三十四万九千一百余貫」。

(111)『要録』58紹興2.9.27甲申「詔、淮浙塩毎袋令商人貼納通貨銭三千、已算清而未售者亦如之、十日不自陳、論如私塩律」(通考16征榷三p.164上同)、同2.10.18乙巳「右諫議大夫徐俯言、比降塩鈔指揮、応商販淮浙塩之未售者、毎袋貼納銭三千、十日不自陳、論如私塩律」、『要録』72紹興4.1.5乙卯「詔、淮浙塩鈔、毎袋増帖納銭三千、通為二十一千、諸州所収帖納銭並計綱赴行在、尋命広塩所増亦如之【広塩添銭在此月戊辰】」。『会要』食貨26-21〔塩法九〕紹興4.1.5「詔、榷貨務見売淮浙塩鈔、毎袋於鈔面前上添銭三貫文省、通計二十一貫文、数内捎留銭、除旧数外更行捎留六百足、於塩場送納、充更添塩本銭、其貼納銭令本州軍類聚、候及一万貫赴行在榷貨務交納、是歳九月、以入納遅細減所添三貫、依旧作一十八貫文」。『要録』80紹興4.9.2戊申「詔減淮浙鈔塩銭毎袋三千【今年正月乙卯所譜】条注には、①建炎3.2.21、②紹興2.9.27、③紹興2.11.17、④紹興4.1.5、⑤紹興4.9.2、と計五回の改革が行われたとする。①は他史料に見えないが、これら詔の趣旨はすべて鈔価を18貫と定めることであった。なお淮浙塩の「通貨銭」徴納は、のち広南塩にも適用された。本書後篇第1部第9章広南塩の販売体制と課税方式を参照。

(112)『要録』60紹興2.11.17甲戌「詔淮浙塩場所出塩、以十分為率、四分支今降指揮以後文鈔、二分支今年九月甲申以後文鈔、四分支建炎渡江以後文鈔…。先是呂頤浩以対帯法不可用、乃令商人輸貼納銭、至是復以分数均定如対帯矣」(『聖政』12紹興2.11.17甲戌条同)。『要録』80紹興4.9.7癸丑に「…(秦)檜曰…且以淮南塩論之、歳一千万緡、与歳幣孰多」とあり、紹興初年に35万貫にまで低落した淮南塩の課利収入は、紹興2年からの鈔法改革で増収に転じ、紹興3年(1133)の売鈔歳収は1000万貫に達していた。

(113)『会要』食貨26-20〔塩法九〕紹興3.10.12「三省言、淮浙塩場日収塩貨、見以十分為率、分作三項支遣、内一項係四分支全新文鈔、見今客人算請諸場支発、別無阻隔留滞、二項係四分五厘及一分五厘之数支発、日久見在鈔数漸少、理宜措置、翌乞榷貨務自今来指揮到日、許客人指定於逐場前件三項支塩分数内、従便算請。従之」。『中興小紀』19紹興6.9.己丑「去年冬〔趙〕鼎請立対帯之法、商賈聴命而塩法遂為定制、除去積年之弊。是秋加以出剰、立為分数、計入納与対帯二法並行、出入有常、源源不絶、始不為巨猾所制矣」。なお「対帯法」については本書後篇第1部第5章西北塩(解塩)の販売体制と課税方式3.解池水災後の販塩体制と課税方式を参照。

(114)『要録』128紹興9.5.16乙未「…議者以為、今塩課歳入一千三百余万緡、而淮東為七百七十余万緡」。この「淮東」に両浙塩が含まれるかどうかは不明。またこの頃四川には「合同場」法による約300万貫の売鈔収入があったが(本書後編第1部第7章4.四川塩の課税構造を参照)、これが「塩課歳入」に含まれるかは不明。なお『要録』94紹興5.10.6乙巳に「…尋又増〔広東塩〕鈔銭為二十万緡」、また『会要』食貨26-25〔塩法九〕紹興5.10.29に「詔、福建鈔塩銭…令毎歳依旧認発二十万貫」とあり、福建塩・広南塩は合せて40余万貫程度の少額であったと見らる。

(115)『会要』食貨26-31〔塩法九〕紹興13.6.1「臣寮言、摘山煮海之課、浙西一路歳入七百万緡、塩利居五之四、其助経費可謂廣矣」。梁庚堯氏はこの史料に基づき、建炎元年(1127)から紹興6年(1136)に至る10年間の諸年次の淮浙塩歳収について、すべて総課利収入の80%を塩利とする歳収表を提示する(梁氏前掲書p.119表四建炎元年至紹興六年各年淮浙塩利)が、浙西一路の塩利の対歳入比を一律淮浙諸路に及ぼす方法は問題である。

(116)『要録』17建炎2.8.19辛未条所載紹興乾道茶塩歳収「…塩以石計者…東南産塩之州二十二、総為二万七千八百一十六万余斤、通収塩息銭一千七百三十余万緡【此紹興二十五年数】、後増至二千四百万緡【乾道三年三月癸丑立額】」。

(117)『会要』食貨55-27〔榷貨務〕「紹興二十四年、行在・建康・鎮江三務場共収二千六十六万七千四百九十一貫二百六文、塩銭一千五百六十六万五千六百一十五貫四百三十文、茶銭二百六十九万四千四貫五百七十七文、香礬銭一百九万九千一百八貫六百八十五文、雑納銭一百二十万八千七百六十二貫五百一十四文。紹興三十二年回税場共収二千一百五十六万六千九十二貫六百七十一文、塩銭一千七百九十六万九千一十一貫六百九文、茶銭二百一十二万一千四百七十七貫七百五十八文、香礬銭一百一十九万五千八百五十四貫二百四十六文、雑納銭二十七万九千四百四十九貫五十八文」。『要録』104紹興6.8.30乙丑「是月詔、榷貨三務歳収及一千三百万緡、許推賞、大率塩銭居十之八…【(紹興)二十四年収二千六十万有奇、三十二年収二千一百五十六万有奇、乾道六年三月癸丑立額本路】」。

(118)『会要』26-39〔塩法〕紹興28.8.9「淮東提塩呉巘言…本路塩場…毎年煎塩不下三百八九十万石、大約毎歳支発三百三十万石、常有積下塩三四十万碩」。

(119) 王応辰『文定集』2応詔陳言兵食事宜(紹興32.5.2)「…今止以淮浙計之歳収一千三百四十万」。『雑記』甲14総論国朝塩筴「…至紹興末年、東南産塩二万七千八百六十万斤」。『会要』食貨27-33〔塩法十〕乾道7.6.26「…淮東歳額塩二百六十八万三千余石…二浙額塩共一百九十七万余石」。なお郭氏は紹興元年の歳収119,5501貫を以て両浙塩の祖額とするが(前掲書p.657表二十四)、これは亭戸からの収買額であって売鈔額ではない。

(120)『会要』食貨27-17〔塩法十〕乾道1.12.18「臣寮言、淮南歳額一千二百余万緡、承楚支発纔十之二、而通・泰最為浩瀚」。

(121)『会要』食貨27-25〔塩法十〕乾道6.1.22「提挙淮南東路茶塩公事兪召虎言、淮東路塩場、依祖額毎年売二百六十八万余石」。同27-33乾道7.6.26「戸部侍郎提領榷貨務都茶場葉衡言、竊惟今日財賦之源、煮海之利寔居其半、然年来課入不増、商賈不行者、皆私販有以害之也…且以淮東二浙塩貨出入之数論之…淮東歳額二百六十八万三千余石、去年両務場売淮塩六十七万二千三百余袋、総収銭二千一百九十六万三千余貫、然淮東塩竈止四百一十一所、二浙額塩共一百九十七万余石、去年両務場売浙塩二十万二千余袋、総収銭五百一万二千余貫、而二浙塩竈乃計二千四百余所、以塩額論之、淮東之数多於二浙五之一、以去歳売塩所得銭数論之、淮東多於二浙三之二、以竈之多寡論之、二浙反多於淮東四之三…所収息銭仍依条半年一次比較…今照得乾道五年淮塩売及一千八百万貫、浙塩売及五百万貫者、若一例増、一例推賞、竊恐淮塩所売数目已多、決無更増一倍之理、欲於淮塩四分之一、謂如売一千八百万、令増至六百万以上之類、言合推賞…。従之」、『宋史』食貨p.4454.略同。

(122) 前注(117)所引『会要』食貨55-27〔榷貨務〕紹興6.8詔条後文「…至乾道六年三月二日、詔将三務場収到茶・塩・香・礬銭、各立定歳額銭数、行在八百万、建康一千二百万貫、鎮江四百万貫」。

(123)『会要』食貨27-19乾道1.9.15「臣寮言、三榷貨務毎年客鋪算請塩鈔、毎袋合納銭一十七貫有零、欲毎袋添銭三貫文…、今乞将日後已未到倉塩鈔、毎支新鈔一袋、対支貼納鈔一袋。従之」。…(乾道)二年七月五日詔、今後貼納塩銭、毎袋三貫並納見銭…。十一月一日詔、納売塩鈔所添銭三貫、永為成法、日後更不増減」。ここに鈔価は17貫有零とあり、これは紹興2～4年立定の鈔価18貫文が、実際は18貫に若干欠ける額であったことを示す。

(124)『会要』食貨28-20〔塩法〕淳熙1.7.29「…近淳熙初間…以歳計之、取撥本銭一百一十二万三千一

百貫文、計鈔銭四百五十一万七千五百余貫、其於国課、頗計利害」。この急減の理由についてはよくわからない。郭氏、戴氏、梁氏らの研究はこの問題に触れていない。

(125)『通考』16征権三p.161下「崇寧間、蔡京始変塩法…季年又変対帯法為循環、循環者已〔積〕売鈔、未授塩復更鈔、已更鈔塩未給、復貼輸銭、凡三輸銭、始獲一直之貨」。『会要』食貨28-46〔塩法〕慶元1.2.7「詔通州循環塩鈔住罷、将増剰鈔名、改作正支文鈔給与算、与日前已投在倉増剰塩鈔、通理資次支請」。

(126)『会要』食貨28-46〔塩法〕慶元1.2.7「詔、通州循環塩鈔住罷、将増剰鈔名改作正支文鈔給算、与日前已投在倉増剰塩鈔、通理資次支請」。

(127)『雑記』甲14総論国朝塩筴「今〔嘉泰年間〕六路二十二州、通収息銭約一千九百二十余万」。この「六路」は産塩六路、「二十二州」は六路の行塩全州軍ではなく諸路の産塩州軍を指す。

(128)『宋史』408汪綱伝には、寧宗嘉定中(1208-24)の淮南塩課利が「…添置新竈五十所、諸場悉視乾道旧額三百九十万石、通一千三百万緡、課官吏之殿最…」とある。「乾道旧額390万石」とは『会要』26-39〔塩法九〕紹興28.4.6.に淮東提塩呉巘が淮東の塩場について「毎年煎塩不下三百八九十万石、大約毎歳支発三百三十万石」という紹興末淮東の産塩額380〜390万石を指し、「通一千三百万石」とは50竈の新設で得た嘉定中の歳収増収が1300万貫であったことをいう。なお『続文献通考』19征権２塩鉄、総寧宗嘉定二年詔続文には宋史・汪綱伝を引いて「通二千三百万緡」とあり、郭氏はこれにより嘉定中の歳収を2300万貫とするが誤りで、上に見たように嘉定中の淮南塩歳収増は1300万貫が正しい。

(129)『会要』28-50〔塩法〕開禧2.1.2「詔淮浙提塩司、各行下所部塩倉場、自今新鈔一袋、搭支旧鈔一袋、如新鈔多於旧鈔、或願全用新鈔支塩、及無旧鈔而願全買新鈔者聴、並以新鈔理為資次…先是嘉泰四年十一月二十六日詔、淮浙提塩司、各行下所部塩倉場、自今新鈔三袋、搭支旧鈔七袋、如新鈔多於旧鈔、或願全用新鈔支塩者聴、並以新鈔理為資次」。

(130)『宋史』食貨・塩p.4455「嘉定二年詔、淮東貼輸銭免二分交子、止用銭会中半」(『会要』無)。『会要』食貨28-51〔塩法〕嘉定3.8.27「詔、亭場鈔引之家、低価買会…自今指揮到日、塩鈔官銭毎一袋増収会子二十貫、仰三務場開雕大字、朱印於鈔面、作某年某月新鈔、候通売及一百万袋、即与住免増収、其日前已未支塩鈔、並為旧鈔、与立限一年、並賫赴倉場支塩、毎袋貼納官会一十貫、出限更不行用、仍用新鈔六分・旧鈔四分、以新鈔為資次、所有嘉定三年六月新鈔三分・旧鈔七分指揮、更不施行」。

(131)『宋史』食貨・塩p.4456「慶元之初、歳為銭九百九十万八千有奇、宝慶元年、止七百四十九万九千有奇」。

(132)『会要』食貨26-43紹興29.9.9「(浙東提塩都潔)欲乞今後客人支請温州鈔塩、如指本路州県住売者、毎十袋加饒一袋、若指別路州県住売、毎十袋加饒二袋、庶幾塩可発泄、候支発痛快日依旧。権貨務看詳、欲権依所乞、候降指揮到日、立限半年加饒…。従之」、同27-７紹興31.4.22「権戸部侍郎銭端礼等言、客販淮浙袋塩、比年以来、般運脚費為多、所得利薄、理合量行立限加饒。欲除今日已前算出塩鈔外、立限一月、許客鋪入納毎五袋加饒一袋、本路合納正銭・通貨銭共一十七貫三百文、並与全行免納、以為優潤、其建康・鎮江府権貨務、候今降指揮到日、理限加饒。従之」、(『要録』189同年月条、同)、『会要』27-10〔塩法十〕紹興11.14「両浙路転運判官陳漢言、通州塩限一季毎十袋加饒一袋給与売。従之」、同27-10隆興1.3.30「戸部言、通州積塩浩瀚、自加饒後、雖発泄痛快、縁見在積塩尚多、再展限両月加饒。従之」。同27-13隆興1.5.30「詔温州諸場売鈔塩、再限半年、照応已降指揮、加饒給売。以浙東提塩申、温州諸場有管積塩、立限半年、加饒給売、今減満発泄、未至痛快、乞再展限故也」、同27-16隆興２.閏11.22「戸部侍郎朱夏卿等言、客販淮浙塩、比年以来、般運脚費為多、所得利薄、理合量行立限加饒、欲除今日已前算出塩鈔外、立限両个月、許客鋪入納毎十袋加饒一袋、以為優[潤]。其建康・鎮江府榷貨務、〔候〕今降指揮到日、立限加饒、依此算請。従之」等。

(133)『会要』食貨26-11〔塩法九〕紹興3.3.23「尚書省言…契勘両浙買塩本銭、見今額外毎斤一十七文足、正額毎斤一十四文足」、同26-26〔塩法九〕紹興9.9.2「臣寮言…雖許額外煎到塩中売入官、而官価低小、校之私売、不及三分之一」、同26-32〔塩法十〕紹興18.10.30「臣寮言、亭戸盗売伏火浮塩、催煎官坐視故縦、全不覚察」、同28-3〔塩法十〕淳熙1.12.11「浙西提挙陳峴言、乞将本路管下塩場改売亭戸正額塩、毎斤支銭一十六文、若額外浮塩、毎斤増添三文作一十九文、庶亭戸効力広行煎焼。従之、浙東見買浮塩依此」。『宋史』食貨志・塩p.4456「淳祐元年臣寮奏、南渡立国、専仰塩鈔、紹興・淳熙、率享其利。嘉定以来二三十年之間、鈔法或行或罷、而浮塩之説牢不可破、其害有不可勝言者」。なお紹興年間、福建塩に見られた「浮塩」「浮塩銭」は、上記「額外浮塩」とは異なり、南宋初期に福建下四郡で賦税化した「産塩銭」に対する各種付加税の地方的な呼称である。梁庚堯前掲書参南宋福建的塩政、本書後編第１部第８章福建塩の課税構造を参照。

(134)『会要』食貨28-20淳熙10.7.29「宰執進呈…是一伏火多煎三十籮、比之旧額近増其半、縁此買塩場秤買亭戸塩貨、毎籮除旧額増加大秤浮塩二十斤至三十斤為出剰浮塩、毎一日買塩一万余籮、其浮塩止以二十斤為則、有二十万斤、計二千籮、毎一籮計銭一貫八百三十文作船脚銭外、有一貫六百三十文並随時買作秤買正数之塩、再中売入官、径於支塩倉銭庫取撥本銭三千二百六十貫、或径発売与客人、却於随綱銭内尅除上件銭数、以歳計之、取撥本銭一百一十二万三千一百貫文、計鈔銭四百五十一万七千五百余貫、其於国課頗計利害…毎籮一貫八百三十文、除尅諸般糜費外、浄得銭一貫四百文、如随秤下得銭、猶且済用…」。梁庚堯氏はこの浮塩歳収を官売法による収入とする(「南宋淮浙塩的運鈔」『大陸雑誌』77-１、２、３期、1988』、のち『南宋榷塩食塩産銷与政府控制』(国立台湾大学、2010)に同名標題で再収)が、浮塩は亭戸から正額外に収買する付加税の一種である。

(135)『宋史』食貨・塩p.4457「(宝祐)五年朱熠復言…端平之初、朝廷不欲使浮塩之利散而帰之於下、於是分置十局、以収買浮塩、以歳額計之二千七百九十三万斤、十数年来鈔法屢更、公私俱困、真・揚・通・泰四州六十五万袋之正塩、視昔猶不及額、尚何暇為浮塩計邪…為今之計、莫若遵端平之旧式、収鍋戸之浮塩、所給塩本、当過於正塩之価…」。

第７章　京東塩・河北塩・河東塩・四川塩の販売体制と課税方式

はじめに

本章では京東塩・河北塩・河東塩・四川塩の販売体制と課税方式を一括して扱う。このうち京東・河北塩は一時熙豊期の短期間の禁榷[官売制]の時期を除き、国初以来北宋末まで通商[収算制]が布かれた。両路塩の[収算制]は州軍が従量制の算税（過税・住税）を科徴する「通商」の一方式であるが、通説では流通課税を“専売制”とは認めないこともあって、殆ど研究されていない。また河東塩は国初以来、唐・劉晏の榷塩法に起源をもつ通商[卸売制]が布かれ、北宋末まで変動しなかったが、これについても殆ど注目されず、中にはこれを[官売制]とする研究もある。四川では——蜀地を「四川」と呼ぶようになるのは北宋最末期以降のことであるが、本稿では便宜上両宋を通じて「四川」と呼ぶ——北宋時代から、大規模官井による官監井塩と民間の開発に掛る小規模井塩とが併存し、前者は禁榷[官売制]により、後者は塩税収入を官・民間で一定比率で分配収取する買撲[分収制]によって運営された。南宋時代の四川は独立した経済区を形成したが、塩政では禁榷[官売制]、通商[鈔引制]・[収算制]を合体させた四川塩区独自の〈合同場〉方式を施行し、塩井の開発も進んで官収が大いに増加した。

１．京東塩の課税構造

京東塩は国初、路内の需要を賄うだけの産塩がなく、官売は一部州軍にとどまり、不足分は隣接する河北塩からの供給に仰いだ。登州塩場の生産が軌道に乗り、東部10州軍——後の京東東路。京東の東西分路は熙寧７年（1074）——からなる官売区が成立したが、西部の８府州軍（後の京東西路）は国初以来の解塩（東塩）通商区であった。京東塩官売区は慶暦元年（1041）、禁榷[官売制]〈租銭〉方式の２州を除いて10州軍に通商[収算制]が布かれ、これに６州軍の解塩通商州軍を併せて、京東塩区の三分体制が形成された。

（１）北宋前半期の京東塩

京東塩は国初、密州濤洛１塩場で年産僅か3,2000余席（7,4560石）の産塩しかなく、京東路の東部８州のうち密・沂・濰３州には官売できたが登・萊２州は通商とし、青・淄・斉３州は京東塩ではなく黄河を挟んで隣接する河北塩の通商区であった(1)。この時期の通商は河北塩の通商[収算制]〈従量課税〉方式に依ったと思われる（次章河北塩の課税構造を参照）。その後登州の４塩場で産塩が始まって塩の供給が増えたため、国初からの解塩通商区（南京・兗・鄆・

曹・濮・済・単・広済等8府州軍)を除く登・萊・密・淄・濰・青・斉・沂・徐・淮陽の10州軍が官売区となった(2)。京東一路を京東産塩の官売区10州軍と陝西解塩の通商区8州軍とに二分するこの通商体制は康定元年(1040)まで継続した。この間天禧元年(1017)、水災にともなう臨時の措置として、登州・萊州に供給する官売末塩の一部を膠水以西の淄・濰・青・兖・沂・密・淮陽等7州軍へ通商させたことがある(3)。

康定元年(1040)から翌慶暦元年(1041)にかけて、京東路の解塩通商区に変動があった。これは天聖8年(1030)以来全路通商区とされていた解塩区諸府州軍のうち、京師・南京及び京東8州軍と淮南の宿・亳2州、計12府州軍を官売区に変更するものであったが、京師は年内に通商に復し、翌慶暦2年には南京と京東の曹・済・濮・単・広済の6州軍を旧解塩通商区に復し、兖・鄆州を淮南の宿・亳2州とともに輸送上の理由――水運の利便――で解塩区から離脱させて淮南塩区に編入した(4)。

一方京東塩の官売区ではこの年、官売10州軍のうち淄・濰・青・斉・沂・徐州・淮陽の7州軍の災傷を理由に河北と同じ通商[収算制]による「塩税銭」徴収区とし、密・登2州は国初以来の官売歳課を廃止して官売塩の課額を賦税化した「租銭」の徴収区とし、前年に解塩区から淮南塩区に編入された兖・鄆2州は京東塩の通商区として淄・濰等州と同じく「塩税銭」徴収区とした(5)。こうして慶暦元年には、京東塩官売区は次のように三分されることとなった(**地図5 北宋前半期 京東塩・河北塩・河東塩の行塩区を参照**)。

通商[収算制]〈従量〉方式	萊州・淄州・濰州・青州・斉州・沂州・徐州・淮陽軍、兖州・鄆州
禁榷[官売制]〈租銭〉方式	密州・登州
解塩(東塩)通商区	南京・曹州・済州・濮州・単州・広済軍

(2)熙寧10年(1077)、京東路解塩通商区州軍の官売化

京東塩は慶暦以降、上に見た三分体制のままで新法期を迎えた。熙寧9年(1076)4月、中書門下は解塩通商区の府界諸県と陝西諸州、河北路の澶・懐・衛3州、京東路の南京・曹・濮・済・単5府州の通商をやめ、提挙解塩司管下で官売するよう奏請した(6)。これ以前京東路では慶暦以来の通商体制――「租銭」科徴の密・登2州を除く――は特に問題とされなかったから、この度の官売化は京東塩[収算制]の運用上に何か問題があってそれを改革したのではなく、陝西解塩の行塩区変更にともない西部の解塩通商州軍を「暫定官売区」に指定したものである。

中書の奏請から4カ月を経た8月になって、政府は前年から官売化が問題となっていた河北塩については旧来どおり通商とし、もし問題が起れば河北東西・京東東西提挙収趚塩税司に処理させることとするが、京東塩についてはまず河北塩とともに熙寧8年実収額を申告させ、[収算制]による塩税収入の実態を把握して官売化に備えた(7)。翌熙寧10年(1077)、解塩行

地図5　北宋前半期 京東塩・河北塩・河東塩の行塩区

区において殆ど全域を通商区とする大規模な転換が図られると、これまで解塩（東塩）通商区に属した京東路の南京・済・濮・曹・単の5府州と河北路最南部の澶・懐・衛3州、計8府州については京東・河北の海塩区に隣接し、末塩の供給が可能という理由で例外的に暫定官売区とすることが確定した(8)。

ところが『会要』食貨23-12〔末塩逐州年額〕京東・河北塩税の項には、南京を含む京東西路8府州のうち兗・兗・斉3州だけが記載され、南京・済・濮・曹・単の5府州が記載されていない。その理由は、熙寧9年（1076）4月以来解塩の官売区であったこの5府州が、翌々元豊元年には「元豊新法」の施行により、元どおり解塩通商［鈔引制］区に復していたからである。なお、慶暦元年以来「租銭」を科徴してきた密・登2州は、「租銭」の課額をそのまま官売歳額として復活させたため、このときの京東路官売12州軍（東路9＋西路3）の中に含まれている。

『会要』食貨23-12〔末塩逐州年額〕京東・河北塩税によると、京東路の「塩税銭」歳収は**表26**のようになっている。

表26　京東東西路「塩税銭」祖額〔熙寧8年〕・元豊元年実収　（単位：貫文）

	祖額〔熙寧8年〕	元豊元年実収
京東東路*1.	13,2544.796	18,8630.094
京東西路*2.	4,7559.773	7,5261.177
両路計	18,0104.569*3.	26,3891.271

*1.徐・青・密・沂・登・莱・濰7州と淮陽軍。　*2.兗・鄆・斉3州。　*3.『会要』食貨23-10〔京東・河北税銭〕は18,0140.569貫文とするが、同23-12の両路計は18,0104.569貫文となる。

蘇軾によれば、河北・京東両路の塩税銭収入は、祖額33.2万余貫に対し熙寧6年には49.9万余貫、同7年に43.5万余貫に増えた(9)。蘇軾のいう両路祖額33.2万貫は慶暦6年（1046）から熙寧6年間での某年に定めた祖額である。この間、河北塩の祖額が国初の15万貫から19万余貫に改定されたので(10)、京東塩の祖額は両路祖額33.2万余貫から19万余貫を減じて14.2万余貫となる。これに対し食貨23-12〔末塩逐州年額〕に載せる両路の祖額〔熙寧8年〕は、京東路が18,0104.569貫文、河北塩が24,8904.862貫文、両路計42,9099.431貫文である。

『会要』食貨23-12〔末塩逐州年額〕京東・河北塩税により、**表27**に京東・河北両路の「塩税銭」の祖額〔熙寧6年〕、祖額〔熙寧8年〕、元豊元年実収を示す。

表27　京東・河北両路「塩税銭」祖額〔熙寧6年〕、祖額〔熙寧8年〕、元豊元年実収

	祖額〔熙寧6年〕	祖額〔熙寧8年〕	元豊元年実収
京東東西路	14.2	18,0104.569	26,3891.271
河北東西路	19.0	24,8904.862	32,7954.360
両路計	33.2	42,9099.431	59,1845.631

京東塩・河北塩の「塩税銭」祖額が、熙寧6年から同8年までの間に、京東路では14.2万余貫から18万貫余へ、河北路では19万貫余から14.8万貫余へ、それぞれ増額されていたことが分る。

(3)元豊3年(1080)の京東塩官売化

元豊元年(1078)、河北・京東計4路の産塩場を市易塩務の管下に移し、竈戸の産塩を収買して客商に転売する通商[卸売制]——河東塩の通商方式——が提起された(11)。前節で見たように京東塩の通商[収算制]は熙寧末年まで順調に歳収を伸ばしていたので、突然の市易塩務管理下の通商[卸売制]の提起には何か理由があったと考えられるが、これを記す史料はない。ただこのころ京東では、青州高家港で販売すべき通商塩を、客商が西隣の斉州で価格を減じて賒買し、そのため河北塩が売れない——斉州は青州・淄州とともに康定元年(1040)以来河北塩の通商区に属していた——といった問題が生じており(12)、これらの解決のために京東塩の通商[卸売制]が提起された可能性がある。

元豊3年(1080)になって京東転運副使李察の建言により、京東路の解塩通商5府州(南京・済濮・曹・単)を除く12州軍に新たな官売方式が導入された。これは京東路転運司が州軍に「買売塩場」を設け、生産者竈戸の産塩を全額収買してこれを販売、売上げ総額の中から塩本その他諸経費を差引いて、総収入の半額を息銭すなわち塩利官課として収取し、これを京東路転運司の歳入(漕計)とするというもので(13)、これは上記の通商[卸売制]ではなく、禁榷[官売制]〈買売塩場〉方式である。この[官売制]の実施により、この年京東塩は総額27.3万余貫の歳収があり、塩利官課としてその半額13.75万貫を得ることができた。

実は官売化の前年、通商[収算制]下の元豊元年歳収は「塩税銭」祖額〔熙寧8年〕18.0万貫に実収26.3万貫を得ていた。この度の官売化による増収は、歳収総額だけで見ると2年間で1万貫にも及ばぬ微増に留まる。しかし前の通商時代、官塩の販売収益はその全額が算税を科徴する州県の歳入となったのに対し、この官売方式では歳収の半額が京東路転運司の漕計に繰込まれる。李察の官売新法の意図は転運司の漕計確保にあったのではないかと推測される。

京東路では元豊6年(1083)、李察に代って呉居厚が転運使に任じたが、この年京東転運司は京東路だけでなく河北路にも「買売塩場」を設けて京東塩を官売し、“改法後一年有半”で両路合せて息銭36万貫の歳収があった(14)。一年半で得た36万貫の息銭は年額換算で24万貫、官売京東塩の歳収はその倍額の48万貫であったことになる。この時まだ河北路は京東方式による官売が施行される前であったから(15)、この歳収の中には河北路に設けた「買売塩場」で官売した京東塩の収益が含まれている。元豊6年に呉居厚が得た京東塩の官売歳収48万貫(息銭24万貫)は、6年前の元豊元年に李察が得た歳収26.3万貫(息銭13.75万貫)の約1.8倍、これはほぼ倍増と言ってよい成果である。

しかし政府内には呉居厚の功績を疑う者が居り、朝廷は両路の息銭36万貫を直ちに京東転運司の歳計に入れることはせず、取りあえず北京大名府の左蔵庫に運んで封椿させた(16)。呉居厚は塩課増収の功により、6月には奨諭されている(17)。

この増収は呉居厚が李察と異なる新方式を用いて得たものではなく、ひとえに河北路の「買売塩場」の収益の寄与する所であった。9月になって尚書戸部侍郎の蹇周輔が、河北路の塩税収入が過少であると指摘し、河北転運司に調査させることとなった(18)。この調査結果は公表されていないが、河北路の塩税収入の減収は、呉居厚が河北路に「買売塩場」を設けて京東塩を官売したことによることは間違いない。その年10月になって呉居厚が京東路の塩息銭17万余貫を河東路保甲司の買馬本銭に捐送していること(19)、またこのとき左蔵庫に封椿した京東路の塩息銭の中から青州の修理のために支出した3万貫のうち、未使用の1.7万貫を般運費に充て、元豊6年(後半期)の塩息の徴収は不要として止めたことなどから(20)、どうもこの間、呉居厚の治績には何か不透明な部分があったことを窺わせる。

疑惑の解明はともかくとして、呉居厚が実施した官売方式によって京東・河北両路の歳収は通商時代と比べて微増に止まったものの、両路転運司は国初以来始めて歳収の半額を漕計として確保することができた。転運司の財務運用を重視する中央の新法党政権から見れば、この度の官売化は京東路転運使の功績として評価すべき成果であったと思われる。

(4)元祐の通商復活と蔡京「新鈔法」下の京東塩

京東塩の官売は元豊6年からほぼ6年間続き、政権が旧法党に替った元祐元年(1086)にもとの通商[収算制]に復した(21)。上に見たように、京東塩の[官売制]〈買売塩場〉方式では収買から販売までの全過程に官が干与する。京東塩の官売期間、官は自ら「買売塩場」で収買した沿海の産塩を沿河場務まで般運し、沿河場務からは輸送労力を「和雇」して州県まで陸運し、販売していた。ところが元祐の通商復活後は和雇による陸運が廃止され、沿河場務から販売州県までの般運課額が客商の般運課額の中に吸収されてしまったため、塩課歳収は客商が般運販売する塩貨に課される算税収入のみとなって、官収は大幅に減じた。京東塩の般運方式を官売時代の“分般出売”に戻したのは、通商復活からほぼ15年を経た紹聖元年(1094)のことであった(22)。“分般出売”とは輸送・販売業務を官員・兵士と和雇とで分担し販売することで、元豊6年から元祐元年までの間、官売期の京東塩が採用した般送方式をいい、京東路だけに行われた塩貨般運方式である。

解池の被災直後の元符元年(1098)、水災によって解池が潰滅的な被害を蒙り生産が停止した。広大な行塩区全域への供給が止った解塩に代って、隣接する東北塩(河北塩・京東塩)が通商塩として旧解塩区に導入され、流通するようになった(23)。これにより販路を縮小された解塩鈔(旧西塩鈔)が大量に滞貨して流通価格が低落し、客商に大きな打撃を与えた。旧解塩区では崇寧元年(1102)から蔡京の鈔法改革(新鈔法)が始まる。

蔡京が新鈔法において採用したのは、代替塩として京師・京西州軍に通行し、その売鈔収入によって官が巨利を得ていた東北塩の通商[鈔引制]方式であった(24)。東北塩は1袋6貫の鈔引価格で客商に卸売されるが、このうち塩本銭は1貫未満であったから、官は1袋につき5貫の塩利を得ることができた。官収率は5/6、ほぼ83%という高率である。蔡京が着目したのはこの通商[鈔引制]の官収率の高さであった。実際この年榷貨務の売鈔総額――すなわち客商の東北塩請買額――は約240万貫、政府が得た塩利官課はその5/6、約200万貫であった。

このように京東塩は河北塩とともに「東北塩」と一括され、解池水災後解塩の供給ができない時期は代替塩として、崇寧４年(1105)の解池修復後は、これに加えて東南末塩鈔とともに「解塩新法」を支える卸売制鈔塩として、政府の塩課増収に大きく貢献した。

政和２年(1112)２月、二度目の復職を果した蔡京は、後に「政和新法」と呼ばれる大規模な塩法改革を開始した。蔡京は“換鈔”の手法を駆使して売鈔収入を増やし、政和６年(1116)までの六年間で庫務(榷貨務)の積銭は2000万貫に達したという。

翌政和７年(1117)、宰相鄭居中は童貫が主管する解塩の塩利の独占を図り、解塩区への東北塩の通行を禁じて解塩旧法を復したため、却って客商による榷貨務への入銭が減って解塩の商販が低調となった。政府は翌政和８年(1118.11改重和)閏９月、挽回策としてまず解塩主管の童貫を解任し、前宰相張商英が政和７年９月以来禁止していた東北末塩を解禁して解塩新法を復活した。

その結果、翌10月から12月(重和元年)までの３カ月間に、京西南北路の解塩区に復活した京東塩の販売実収は467,1700余斤(約9.3万石)と少額ながらも増収を見た。その後宣和５年(1123)ころまで東南塩・東北塩とも安定して歳収を得ていたが、宣和７年(1125)２月の「減価帯売」指揮を契機に歳収が激減した。これに慌てた政府は解塩行塩区において東北塩・東南塩とともに政和新法以来強化してきた「対帯法」の運用を廃止し、また「減価帯売」の指揮によって客商の鈔引使用の諸制限を緩和した。解塩新鈔を軸に通商東北塩・東南塩を用いる通商［鈔引制］〈新旧換鈔〉方式を運用してきた「政和新法」が廃止されたのは北宋も最末期の靖康元年(1126)のことであった(25)。

表28　京東・河北両路における通商・官売の変遷と塩税歳収

年次	河北路	京東路
開宝３年(970)	通商［収算制］祖額15万貫＊1	通商［収算制］祖額14.2万貫＊3
慶暦６年(1046)	改定祖額19万貫＊2	
	－両路祖額33.2万貫－＊3	
熙寧６年(1073)	－両路実収49.9万貫－＊3	
熙寧７年(1074)	－両路実収43.5万貫－＊3	
祖額〔熙寧８年〕	24.8万貫＊4	18.0万貫＊4
元豊元年実収	32.7万貫＊4	26.3万貫＊4
元豊３年(1080)		12州軍禁榷［官売制］歳収27.3万貫＊5
元豊６年(1083)	禁榷［官売制］歳収56万貫＊6	歳収48.0万貫＊7
元豊７年(1084)	歳収57.2万貫＊8	
元祐元年(1086)	－京東・河北両路に通商［収算制］復活(～紹聖４(1097))－	
元符元年(1098)	－解池水災、解塩区に東北塩を通商［鈔引制］－	
紹聖４(1097)	禁榷［官売制］～宣和元年(1121)	
宣和３年(1121)	－京東・河北両路、通商［鈔引制］復活－	

＊1『会要』食貨23-18〔塩法〕開宝3.4.詔による。　＊2『長編』360元豊8.10.己卯による。　＊3 蘇軾『経進東坡文集事略』33論河北京東盗賊状による。　＊4『会要』食貨23-11〔京東・河北税銭〕による。　＊5『長編』305元豊3.6.25丙辰による。　＊6『長編』355元豊6.5.1丙子による。　＊7『長編』334元豊6.3.1丙子による。　＊8『通考』15征榷二による。

このように東北塩は、解池水災後は代替塩として、解池復旧の後は解塩新鈔との交換を通じて、東北塩区だけでなく旧解塩区の広大な地域に流通し、北宋末期の宋朝財政を大きく支える役割を果した。北宋時代、京東・河北両路の通商・官売の変遷と歳収額を**表28**に示す。

参考までに、京東路の通商[収算制]による塩税銭歳収が、当時の京東路の財政収入においてどれほどの比重を占めたか、『会要』食貨15-３商税〔京東路〕により、慶暦２年・熙寧10年の商税歳収と比較してみたい。

表29　京東東西路 北宋慶暦・熙寧年 商税歳収

東路	慶暦２年		熙寧10年		西路	慶暦２年		熙寧10年	
州軍	務	歳額	務	歳額	州軍	務	歳額	務	歳額
青州	10	4,3766貫	13	6,8028.353	兗州	9	3,8301貫	8	2,6040.325
密州	6	2,9196.	8	8,7136.999	徐州	7	6,4276.	9	4,5283.273
斉州	31	4,9619.	28	8,8624.386	曹州	4	1,8883.	6	2,7584.960
沂州	5	3,4459.	11	4,2424.455	鄆州	12	6,8042.	16	9,2728.838
登州	4	1,0223.	6	1,6197.955	済州	6	3,2742.	8	2,5739.584
莱州	4	1,6450.	8	4,4318.241	単州	5	2,5784.	8	1,7762.495
濰州	3	1,5669.	4	3,0591.646	濮州	8	1,8713.	7	3,4271.956
淄州	11	1,4200.	9	7,2659.038	広済軍	1	3922.		今廃
淮陽軍	2	3,2956.	5	2,4602.892					
東路	76	24,6538	92	47,4493.965	西路計	53	27,0663	62	26,9411.431
京東路計　旧129務51,7201貫、熙寧154務74,3905.396）									

商税の熙寧10年(1077)東路歳収は92務で47.4万貫、西路は62務で26.9万貫、計74.3万貫となる。これに対し元豊元年(1078)の京東東路塩税銭歳収は、『会要』食貨23-12〔京東・河北塩税〕により祖額13,2544.796万貫、元豊実収18,8630.094万貫であるから、京東路商税総収に対する塩税銭歳収の比率は対祖額比で(13.2/47.4＝0.278)約27%、対元豊実収比で(18.8/47.4＝0.396)約39%となる。

一方、同じころの京東西路で通商[収算制]により「塩税銭」が科徴されたのは兗・鄆・済の３州だけで、他の５府州は解塩通商区に属した。『会要』食貨23-12〔京東・河北塩税〕に載せる３州の塩税銭歳収は、対祖額比で(7.5/14.4＝0.520)約52%、対元豊実収比で(4.71/14.4＝0.326)約32%となる。『会要』食貨15-５～６〔商税〕に載せるこの３州の熙寧10年商税実収を**表30**に示す。

一方、兗・鄆・済３州の塩税銭祖額〔熙寧８年〕は計4,7559.773貫文、熙寧10年実収は計7,5261.177貫文であったから、塩税銭元豊元年実収の対商税熙寧10年実収比は(7,5261.177/14,4508.747＝0.520)約52%となる。熙豊期の京東路では東・西路とも、商税歳収に対してほぼ30～50%に相当する塩税銭収入があったことになる。

表30　京東西路収算制三州商税 慶暦旧額・熙寧10年実収

京東西路[収算制]三州	慶暦２年		熙寧10年	
	旧務	旧額	務	同実収額
兗州	9	3,8301貫	8	2,6040.325
鄆州	12	6,8042.	16	9,2728.838
済州	6	3,2742.	8	2,5739.584
三州商税歳収　計	27	13,9085.	32	14,4508.747

２．河北塩の課税構造

河北路では後周末に禁榷から通商に改めたが、その際、河北路一帯は土地に塩分が多くて穀物生産ができないため、「鹻土」を精製した産塩で両税を輸納させた(26)。この「両税塩銭」は塩課が沿納雑税に転化した付加税ではなく、賦税正税を代替し、両税として科徴された(27)。もともと禁榷していた所に官売体制を布くことはできないので、河北では後周末/北宋初以来、元豊６年(1083)の官売改制まで通商法が施行された。しかし河北路の通商法は、解塩区や河東塩区に見られた産塩専業戸(畦戸、鐺戸)への生計費の官給、或は淮南塩区に見られた生産者(亭戸)への塩本の支給体制など、産塩過程における官の関与は一切なく、生産者(竈戸)の産塩を客商が直接買付け(収買)、客商がこの塩貨を路内州軍で民戸に販売するさい、州城内に設けた塩務で官が流通税を科徴する通商[収算制]〈従量課税〉方式が採られた。この塩課収入は河北路では「算税」または「塩税銭」と呼ばれた——京東塩も同様——。

通商「収算制」は河北・京東両路において国初以来実施された通商の一方式で、客商が沿海産塩地で塩戸から収買し、両路で販売する末塩を対象として「算税」を科徴する。路内の州県鎮寨に多数設けた商税場務で従価２％の過税と同３％の住税を科徴する従価課税の一般商税とは異なり、「算税」は商税場務とは別に州軍の府城内に塩税務を設け、商人の般運する塩貨に従量１文/斤の過税と同２文/斤の住税を科徴する。過税と住税とを組合せた課税方法は一般商税と共通するが、徴税場所と課税方式が異なるほか、最も顕著な相違点は「算税」には一般商税の祖額とは別に、河北路15万貫・京東路14.2万貫という塩課歳額が定められたことである。河北・京東両路には、歳課額を定めて従量制の流通税「算税」(塩税銭)を科徴する、通商[収算制]〈従量課税〉方式が施行されていた。

(１)北宋前半期の河北塩

河北塩は後周末に禁榷から通商に転換したが、榷塩を賦税化した両税塩銭制が施行されたため、国初開宝３年(970)、客商が般運・販売する州県で塩貨に流通税「算税」を課する通商[収算制]〈従量〉方式が施行され、元豊６年(1083)まで継続した。

１．河北塩の産塩体制と通商［収算制］

河北は五代後周末には禁榷から通商への転換が図られたが、両税塩銭制による榷塩が施行されていたため、通商体制の整備は段階的に行われた。すなわち宋太祖の建隆末年(963)、まず邢・洺・磁・鎮・冀・趙６州の州城外20里の地域に限定した部分的な通商を導入し、州城内には五代以来の榷塩銭を科徴していたが、７年後の開宝３年(970)になって河北路全域を通商とした(28)。

この時の河北の通商法は、客商が沿海地方で民戸が精製した産塩を買付け、これを般運・販売する客商に対して流通税(算税)を課する方式で、この税課を「塩税銭」と称した。従量課税の「塩税銭」は、１文/斤の過税と２文/斤の住税、合せて３文/斤で、その歳額は、禁榷を罷めて通商に転換した際に15万貫と定められた(29)。因みに河北一路の両税塩銭の総課額は、後周禁榷時代の塩課30万貫をそのまま継承した30万貫であったから、河北路の通商総課額はちょうどその半額であったことが分る(30)。「塩税銭」課額が「両税塩銭」課額の半額とされたことに何か意味があるのか、今の所よく分らない。

塩貨に流通税を課する河北の通商［収算制］は、その後慶暦元年(1041)になって京東塩にも採用され、宋代東北塩(河北塩・京東塩の総称)を特徴づける塩課収取の方式となる。

国初河北塩の産塩は浜州１場で年産2.1万余石あり、これを浜州のほか棣・祁２州に“雑支”したという(31)。宋代の諸行塩区において“雑支”の語が用いられるのはこの河北３州だけである。国初の河北では、この３州を含む河北路全州軍(計31府州軍)及び隣接する京東路の青・淄・斉３州が通商区であったから、河北路31府州軍・京東路３州からなる広大な通商地域の中に、“雑支”の浜・棣・祁３州だけが島のように浮かんでいたことになる。淄・青・斉３州は恐らく官売塩と通商塩とが両方供給される地域であり、前章で見た淮南塩の「并給」とよく似たこの状態を“雑支”と表現したものと思われる。この３州の“雑支”は、天聖の後半になって浜州に４務、滄州に３務の塩場務を設置して歳課を9154石と定め、河北一路が河北塩の通商区として完成するまで継続した。

その後慶暦から熙寧にかけて、何度か河北塩の官売化が検討されたことがある。この間、河北塩の官売化を主張する論者は、

(ⅰ)「塩税銭」方式による通商［収算制］の歳収が少額である、

(ⅱ)北辺への糧草入中を確実に行うには禁榷［官売制］〈官般官販〉方式の方がよい、

などをその理由とし、反対論者は

(ⅰ)河北には国初以来の「両税塩銭」の慣行があり、官売すれば二重の禁榷となる、

(ⅱ)歳収の増加は、客商への課税を厳格に行うことで可能となる、

などをその理由とした。

例えば慶暦６年(1046)、三司使王拱辰は河北塩の官売化を提起し、これに反対した都転運使魚周詢は「客商からの塩税銭徴収率はいま二三割にすぎないが、十割徴収を厳命すれば歳収70万貫は不可能ではない」として塩税銭徴収率の引上げを主張した(32)。魚周詢の試算通り

十割徴収を徹底すれば歳収70万貫のがあるはずの河北塩税銭は、慶暦期には商人と州県官との結託などで実徴二三割であったというから、銭額では十数万貫前後しか徴収できていない。開宝以来"官収其算、歳為額銭十五万緡"とは、或は塩貨の流通課税のこうした実態に基づく――所謂る"歩留り"を見込んだ上での――歳収定額であったのかも知れない。

また熙寧８年(1075)には三司使章惇が河北塩の禁榷を要請し、一旦裁可されたが施行の直前になって宰相文彦博がこれを拒否したため、結局河北は旧来どおり通商を維持することとなった(33)。さらに元豊元年(1078)、河北塩と京東塩の産塩場を市易塩務の管轄に移し、竈戸の産塩を官収して客商に販売する官売方式が検討されたが、これも実現していない(34)。

このように慶暦以降、幾度か提起された河北塩の官売化であったが、いずれも実行に移されることなく、通商[収算制]〈従量課税〉方式による通商は元豊６年(1083)の官売化まで継続した。

2．通商期河北塩の塩税銭歳収

通商期の河北の塩税銭歳収は、開宝以来15万貫を祖額としてきたが、慶暦期には19万貫に改定されていた(35)。『会要』食貨23-10〔末塩〕京東河北税銭によると、元豊元年の京東路・河北路の塩税銭歳収は、

京東路18,0140.569貫文、河北路23,8900.863貫文、両路計41,0099.432貫文

となっている。また同23-12〔末塩逐州年額〕京東河北塩税には、同じ通商[収算制]をとる京東路と併せて次表のように記載する。

表31　河北東西路「塩税銭」祖額〔熙寧８年〕・元豊元年実収と商税熙寧10年歳収　（単位：貫文）

	「塩税銭」祖額〔熙寧８年〕・	同元豊元年実収	商税熙寧10年歳収
河北東路	21,1988.750	27,4805.618	47,3507.000
河北西路	3,6916.112	5,3148.742	28,8947.003
計	24,8904.862＊1	32,7954.360	76,2454.003

＊1.『会要』食貨23-10〔末塩・京東河北税銭〕には23,8900.863貫文。

なお同22-１～23-８〔諸路塩額〕には熙寧10年の諸路官売塩の歳額を載せるが、このとき通商[収算制]下にあった河北塩・京東塩の記載はない。なお京東路は熙寧３年(1070)、河北路は同４年に東西分路したので、23-10の京東路・河北路の数字はいずれも東西両路の元豊元年実収額の合計額を記している(36)。ちなみに『会要』食貨15-9～14〔商税雑録〕に載せる河北路の商税歳収には大名府分は含まれないが、これで見ると東路と西路との差は３：２程度で、塩税のような大きな格差は現れていない。なお注(36)付表に河北路の全商税務の熙寧10年商税歳収を示し、「塩税銭」歳収と比較するため**表31**の右欄に転載した。

河北路の府州軍数は東路が17、西路が16とほぼ同数であるが、**表31**に見る河北両路の塩税額は、祖額〔熙寧８年〕・元豊元年実収額とも東路が西路のほぼ６倍と大きく開き、不自然な印象を与える。『会要』の記載では東路に大名府と滄州、西路に真定府・趙州・懐州の計４府

州が脱漏しているが、これら脱漏４府州軍分の塩税額は多く見積っても３万貫前後、これを加算しても東路の額が圧倒的に多い。東路の塩税銭額の多さは、何よりも大名府分が他州軍から突出して多かったためと考えられる(37)。

(２)北宋後半期の河北塩

国初以来、算税方式による通商法を施行し、慶暦以降何度か官売が検討された河北塩は元豊６年(1083)、３年前の元豊３年に官売化して歳収を伸ばした京東塩に倣って官売化された。

１．元豊６年(1083)の河北塩官売化

河北路に隣接する京東路では国初以来、河北路と同様の算税方式による通商法が施行されていたが元豊３年(1080)、通商解塩通行区の南京等５府州を除き、京東産通商塩区12州を全面官売に転換し、歳に銭27.3万余貫を収めた(38)。翌元豊４年(1081)９月には、前年に除外した５府州を含む京東路全州軍を官売区とする新塩法を実施し、施行後１年半を経た元豊６年(1083)３月には、河北に設けた京東塩の「買売塩場」の官売分も含めて、36万貫の歳収を得た(39)。

このように京東路の官売新法が顕著な成果を挙げたことから、朝廷は蹇周輔・李察両名に対し、河北路でも京東路に倣って官売新法を実施するよう命じた(40)。このころ河北路では、上に見たように通商[収算制]〈従量課税〉方式による塩税銭の歳収が33万余貫あり、慶暦期の旧歳額19万貫に殆ど倍する実収を得ていたのであるが(41)、朝廷の命によりこの年、河北路33府州軍(２府23州８軍)のうち23府州軍に京東新法に倣った官売法を実施し、翌元豊７年(1084)、前年未施行であった大名府等10州を含む河北路全州軍を官売区として、〈買売塩場〉方式を施行した(42)。

京東塩に範を取った河北塩の官売化により、正月からの７カ月間で16.7万貫有奇、年額に換算すると28.6万貫有奇の息銭収入を得たというが、官売京東塩では前節で見たように、歳収の半額は生産者竈戸への塩本銭等諸経費に充てられ、半額を息銭として転運司が官収した(43)。この官売化により河北路は約57.2万貫の歳収を得ることとなったが、これは通商時代、慶暦期の旧歳額19万貫の約３倍、元豊６年実収の約1.7倍の増収である。

ただし塩課の収入がどのように分配されたかを見ると、通商[収算制]の時代、元豊初年で約33万貫あった歳収は、その全額が算税を徴収する州軍の収入として州県経費に充当されるのに対し、官売法の下では諸経費を差引いた歳収の半額が息銭となり、京東路ではこの息銭収入は転運司の歳入(漕計)として河北路州県の歳計に入ったが、河北路では息銭はその全額を糴便司の糴本に充当したので(44)、州県は重要な収入源を失うこととなった。

２．元祐～宣和間、河北塩の通商と官売

元祐元年(1086)春、旧法党政権のもとで河北路は元豊６年以来の京東塩方式の官売を廃止

し、もとの通商に復した(45)。官売新法の施行期間はわずか２年半にすぎない。旧法党政権の成立により諸多の新法諸法と共に一括廃止されたのか、それとも河北路の官売法では州県経費を確保できないという積極的な理由から通商に復帰したのか、その理由は史料上からは分らない。

通商＝算税方式に復帰したのち、元祐６年(1091)には河北通商塩の客商からの収税について、監官を置かない鎮店等の小規模販塩地でも効率よく収税するよう指示し(46)、また州県官吏の考課・賞罰の基準となる塩税祖額の対実収比を、従来の50％から70％に引き上げるなど(47)、塩税銭増収の方策が講じられている。

通商に復帰して８年後の紹聖４年(1097)５月、宰相章惇は河北路の塩価が高すぎることを理由に官売を企て(48)、半年後の11月、元豊６年の時と同じく京東路の塩法に倣って官売を実施した。しかしこのたびの官売は塩課の減収をもたらしたほかにも弊害が多く、施行して３年後には通商に復すべしとの議が起ったが(49)、廃止には到っていない。こうして紹聖４年に復活した京東方式による河北塩の官売は、最終的には宣和３年(1121)４月、京東路とともに鈔塩制の通商に転換するまで27年間継続したのである(50)。

３．河東塩の課税構造

河東塩は「鹻土」すなわち塩分を含んだ土石を煎煮して精製する。河東塩は国初、并州——旧太原府、太宗の“河北用兵”により太平興国４年(979)降して并州、嘉祐４年(1059)太原府に復す——の永利監で年産12.5万余石の産塩があり、太原府・忻州・代州・石州・嵐州・憲州・遼州・沢州・潞州・麟州・府州・汾州(宋史脱漏)・威勝軍・岢嵐軍・火山軍——太平興国７年(982)建軍、熙寧４年(1071)廃——・平定軍・寧化軍・保徳軍——淳化４年(993)置定羌軍、景徳元年(1004)改名——の計18州軍に通商し、塩貨の河東からの出境を禁じた。なお陝西路に隣接する隰・晋・絳・慈４州は解池に近く、北宋時代を通じて解塩の東塩官売区(３京28州軍)に属し、河東塩の通商区からは独立していた(51)。

(１)北宋前半期の河東塩

仁宗朝になって永利監を東西２監に分け、東監は并州[太原府]が、西監は汾州がそれぞれ管轄した。このとき、鹻土を有する民戸を「鐺戸」に編籍し、精製塩に歳課を科して輸納させ(「課塩」)、課額を超える余剰の産塩は官が収買して販売し、これを「中売」と称した(52)。この二監体制は行塩区を二分するものではなく、「鐺戸」の管理と集貨・転売(卸売)業務を二監に分けただけのもので、元豊期には永利一監体制に復した(『元豊九域志』、『宋史』地理志)。

１．通商[卸売制]〈塩税銭〉方式

河東塩は編籍した生産者「鐺戸」が納める「課塩」の通商課額を歳課とする点では解塩南塩・西塩の通商と同じであるが、通商解塩が[鈔引制]を採ったのに対し、河東塩の通商は[卸売制]

を採った。河東路転運司は鐺戸の産塩を１斤６～８文で収買し(課塩)、これを１斤36文で客商に転売(卸売)し、客商が般運して河東路内の州軍県鎮で販売する(53)。塩監は商人に卸売した見銭収入を「塩税銭」として直接収取するので、この通商[卸売制]には鈔引を用いない。１斤36文の河東課塩は、(36-6～8＝)28～30文が転運司の、６～８文が客商の塩利としてそれぞれ分配収取される。官塩卸売による収益は河東転運司が沿辺州軍での糧草糴買に支用する。こうして仁宗朝には、東西永利監への「鐺戸」編籍と、「課塩」卸売方式による河東塩の課税体制が成立し、国初以来の産塩12.5万余石を3437石減じた12,5707石５斗２升１合(銭額で18.9万余貫)を河東塩の歳売課額「祖額」と定めた(54)。

河東塩は解塩区に属する４州を除く路内州軍の食塩を供給するだけでなく、端拱２年(989)に始まる河北沿辺の「折中」や、咸平３年(1000)に始まる陝西沿辺の「入中」の償還に、通商塩として用いられた。また咸平年間、客商は河東路の西北端、黄河右岸の麟州・府州と濁環砦の三箇所へ河東塩を般運・販売し、路内で販売する食塩より価格を安くして供給していた。

2．通商河東塩の河北沿辺入中

西夏の興起によって沿辺入中が停滞し、客商の塩貨請買が減落してくると、河東塩も供給過剰から東西永利監に塩貨が滞積し始め、康定初年(1040)には永利東監での土塩精製を三年間停止する措置がとられ、皇祐中(1049-53)には永利西監での産塩を停止した。このころから、大量に滞積した永利監産塩の解消と客商の販塩促進を両立させる手段として沿辺入中が再開された。入中先を麟州・府州・火山軍に限定して、芻粟を般運・入中する客商に対し、永利監で販塩額に相当する「券」が与えられた(55)。この「券」には沿辺入中に対する優遇措置として、一定の“加饒”を施した「虚估」の鈔価が印字され、“加饒”された額だけ多くの官塩の償還が保証されていた。

しかし沿辺では河東塩の供給過多から入中芻粟の価格が高騰し、額面１貫の「券」の価格は低落して４割止りの400文にまで下落した。しかし永利監はこれに「券」価の額面どおり、１貫につき官塩50斤を償還しなければならない(56)。官塩50斤を販売価格(36文/斤×50斤＝)1.8貫文で償還すると、結局800文/斤の“加饒”分だけ官の損失となる。官銭の浪費はやがて塩課収入を殆ど唯一の財源とする州県経費の確保を危うくし、このため芻粟の入中に替えて実銭を入中させる案も検討された。しかし塩価の下落はもともと利の薄い産塩「鐺戸」の生計をさらに圧迫し、課塩の輸納すらできない状態に追込むことになる、という反対意見が出された。“虚鈔の弊”に対して有効な解決策を打出せないまま、河東路転運司はついに沿辺入中そのものの廃止を決定した(57)。鐺戸の窮状はかなり深刻だった模様で、至和初年(1054)以降、(ⅰ)編籍年限を三年として他戸に交替させる、また(ⅱ)歳課額の多寡で格差を設け諸負担を調整する、或は(ⅲ)水災等に遭えば他戸と交替させる、などの救済策があいついで打出されたが(58)、その後もこれら鐺戸の待遇が改善された様子は見えない。

（2）北宋後半期の河東塩

通商[卸売制]によって安定した歳収を確保していた河東塩は、皇祐中の沿辺入中による混乱を契機として歳収は減少の一途をたどり、両監の歳課旧額25万貫は熙寧8年(1075)ころには10.4万貫へと、国初期のほぼ4割の水準にまで落込んだ。これは優饒虚估で高価となった芻粟の入中価格が相対的に償還官塩の実勢価格を引下げたためである。沿辺入中によって得た通商売「券」の官銭歳収は5万貫、これに対し「虚估」発券による河東転運司の官銭損失は歳課旧額25万貫の8割に当る20万貫に達した。河東塩法は事実上、解体状況にあった(59)。

1．熙寧末の河東塩官売化

熙寧8年(1075)、三司使章惇は崩壊に瀕した河東塩法の改革に乗出した。その方法は、まず歳課を大幅に引上げた上で、“解塩の例の如く”、河東転運司が通商鈔塩を客商に見銭で請買させ、客商に般運させて河東路州軍に塩貨を入中させ、その塩貨を州県官自らが販売する、〈商般官販〉方式を採用した。塩貨を般運する客商には車乗の和雇を許可した。〈商般官販〉方式は、解塩の塩法改革において范祥が解塩の入中方式を改革したさいに創始した通商の一方式である(本書後編第1部第5章西北塩(解塩)の販売体制と課税方式2.范祥の陝西塩政改革を参照)。これにより転運司は増額した歳課の売鈔収入を確保し、また州軍県鎮での販売収入を得て州県経費を賄うことができた。この方式では客商による糧草入中は廃止され、客商は沿辺現地州軍で見銭を入中し、永利監に赴いて塩貨を受領する。そのため朝廷は転運司に糧草糴買の資金として「見銭鈔」10万貫を国庫から拠出し、漕計——転運司財政——に繰込んだ。朝廷が支出した「見銭鈔」価額は、河東路転運司の売鈔収入の中から後日、償還させることとした(60)。

こうして改革された河東塩法の成果の一端を、『会要』食貨22-4～8〔諸路官売塩額・河東路〕、及び同23-10〔逐州末塩年額・河東永利東西塩〕に見ることができる。ここでは并州[太原府]の例だけを示すが、河東路全州軍の熙寧9年官売塩額・同10年商税額との対比から、

（ⅰ）河東塩官売場の所在州軍県鎮は商税を科徴する州軍県鎮の数より多い(ほぼ2倍)、

（ⅱ）晋祀鎮と百井寨の2場では塩税額の方が商税額を上回る、

などのことが分る。河東路全体で見ると、熙寧8～10年に設けた河東塩官売場は134、熙寧10年の商税務数は91で、「買売塩場」は商税務のほぼ1.4倍と多いのに対し、官収額の方は平均して商税歳収総額のほぼ2/3しかない(61)。

国初以来永らく通商[収算制]のもとで州城内の塩税務で塩税銭を科徴してきた河東塩は、熙寧8年に官売化が決定され、熙寧9/10年の官売塩の歳額(銭額)が『会要』食貨22-4～8〔諸路官売塩歳額〕に記載されている。これによると河東路官売塩の歳収は総計で10,4013.716貫文となり、三司使章惇のいう熙寧8年の歳額10.4万貫と殆ど同額である。この段階ではなお官売化の成果は現れていないようである。前に見たように河東塩の祖額は12.5万石(銭額で18.9万貫、のち25万貫に増額)であったが、これについても同23-11〔河東塩〕には「祖額」12,5707.521石と「元豊収」則ち元豊元年(1078)実収11,4418.194貫文とを記載する。ただし元豊元年実収のうち「盤

塩脚銭」即ち輸送経費が2,3507.383貫文で実収額のほぼ20%を占めるので(62)、実額は9,0910.711貫文となり、これは熙寧８年歳収10.4万貫を下回るだけでなく、「旧額」25万貫の半分にも遠く及ばない。官課歳収から見る限り、三司使章惇による河東塩官売化は明らかに失敗であった。

表32に『会要』食貨22-4～8〔諸路官売塩額〕により、熙寧９年河東官売塩歳収と熙寧10年河東路州軍県鎮商税歳収を示す。

表 32　熙寧９年河東官売塩歳収　熙寧10年河東路州軍県鎮商税歳収

熙寧９年売塩場	塩額(貫文)	商税旧務歳額(貫)	商税熙寧10年額(貫文)	塩額/商税額
太原府	1,7648.405	〔９務〕4,3018.	〔12務〕5,1150.772	0.345
陽曲県	5079.130	○	◎　3,0724.110	0.165
文水県	940.306	○	◎　1178.234	0.798
楡次県	1134.550	○		
太谷県	749.306		◎　1107.608	0.676
寿陽県	967.881	○	◎　1815.265	0.533
盂　県	707.787		◎　5751.223	0.123
交城県	726.302		◎　1736.959	0.418
祁　県	436.409	○	◎　1933.889	0.225
清源県	464.206	○	◎　3000.282	0.154
徐溝鎮*	590.456		◎　1743.996	0.338
団柏鎮*	220.250	○	◎　1493.367	0.147
晋祀鎮	241.863		◎　203.702	1.187
晋寧鎮	126.436			
清酒務	3339.257			
赤塘関	139.907			
天文関	320.342			
陽興寨*	169.249			
百井寨*	1015.370	○	◎　462.137	1.197
淩井駅	279.398			

○慶暦２年の商税務。　◎熙寧10年の商税務。

２．元豊元年の河東塩官売化

その後元豊元年(1078)、三司戸部副使の陳安石が河東塩の入中指定地を、これまでの３州軍から麟州・府州・豊州——府州蘿泊革の地に嘉祐7 年(1062)建軍——・代州・嵐州・憲州・忻州・岢嵐軍・寧化軍・保徳軍——淳化４年(993)定羌軍、景徳元年(1004)改名——・火山軍——太平興国７年(982)建軍、熙寧４年(1071)廃、旧入中４州軍の１——、計11州軍に拡大した上で、“慶暦前の如く”客商には沿辺州軍地域で鈔引を請買させ、般運経費(輸送費)を販塩価格に積算する方式を提起し、安石自ら河東都転運使に転出してこれを実施した(63)。この方式は、三司使章惇が熙寧８年に実施した沿辺への見銭入中を拡大したものである。こうすると沿辺州軍には糧草糴買の糴本が必要となるため、章惇の時は朝廷から「見銭鈔」10万貫を醵出して補助したが、陳安石は今回さらに多額の見銭が必要として、朝廷から“京鈔見銭”すなわち「見銭鈔」30万貫の融資を要請した。しかし三司はこれを拒絶し、河東路転運司の歳収末塩銭(売鈔収入)から10万貫を「交引」に変換してこれで糧草を糴買させ、後に売鈔収益10万貫を三司に返還させることとした(64)。沿辺への見銭入中が順調に行われれば、糧草糴買のために多額の官銭を投入する必要はなく、糴本は転運司の売鈔収入で賄えばよい、というのが三司の判断であったと思われる。

鈔引官売・脚乗積算方式による官売化と、これに並行する沿辺州軍への見銭入中によって、元豊４年(1081)までの三年間、官は毎年利益を上げたと陳安石は自ら報告しているが(65)、果してどれほどの成果を挙げたのか、史料上これを数字で跡づけることはできない。

しかしこの改革の後、〈鈔引官売・脚乗積算〉方式による官売とこれに並行する沿辺の見銭入中が廃止される紹聖元年(1094)までの18年間、歳収は元祐中の最多年でも12.6万貫しかなく、これは元豊中の最少年の2/3にも及ばなかったという(66)。このことを逆に言えば、元豊中には毎年少くとも19万貫を上回る収入が確保されていたことになり、河東塩の官売は元豊年間、陳安石の方式によって安定して運営されたと見られるのである。

河東路では元祐年間に入って急速に歳収が悪化した模様であるが、朝廷はこれに対して有効な対策を打てなかった。かつて陳安石が河東塩の官売化に際して増収を図った忻州馬城池の官塩は、元豊末年までに宰相蔡確と兄の碩とが官売を建議していたが、この池塩は質が悪くて売れないとして、元祐元年(1086)には転運司が廃止を要請したものの、朝廷内の対立からか、廃止されることなく継続した(67)。また元祐６年(1091)には河東路経略安撫使の滕元発が転運司に対して、元豊年間から大きく落込んだ塩課収入の適正化を図るため、元祐２年以降の販塩額を官売化以前、熙寧年間の課額と比較検討するよう命じたが、転運司はただ代州管下の歳額を80万斤に改定するに止まり、この任務を完了することができなかった(68)。その後紹聖３年(1096)には河東転運司が管下の鋪戸(塩商)の間で官塩販売額の差が大きいので、販売する州軍県鎮の戸口数に応じて均定するよう指示しているが、その後どうなったかは分らない(69)。

その後蔡京の新鈔法にともない、解塩新鈔との交換を前提とした通商河東塩の鈔引「河東三路鈔」が発行された。ただし河東塩鈔は産塩量も多く官収率の高い東北末塩鈔・東南末塩鈔と異なり、鈔価を官定しないまま通行させたため、東南末塩鈔との交換価格が額面の65％にまで下落するなど鈔価が低く、また見銭での請買を許容したため東南末塩鈔の通行を妨げたとして、崇寧３年(1104)には発給を停止した(70)。蔡京新法にともなう河東塩の通商は、このように通行わずか二年の短期間に終った。熙寧８年の章惇に始まり元豊元年に陳安石が拡充した〈鈔引官売・脚乗積算、見銭入中方式〉による官売体制はこうして北宋末まで維持されたのである。

地図６に北宋後半期の京東塩・河北塩・河東塩の行塩区の状況を示す。

４．四川塩の課税構造

宋は乾徳２年(963)に後蜀を平定すると、ただちに全蜀の井塩を接収し、禁榷[官売制]を布いた。北宋時代を通じて四川は禁榷[官売制]と買撲[分収制]を並用し、隣接する陝西の沿辺

地図6　北宋後半期 京東塩・河北塩・河東塩の行塩区

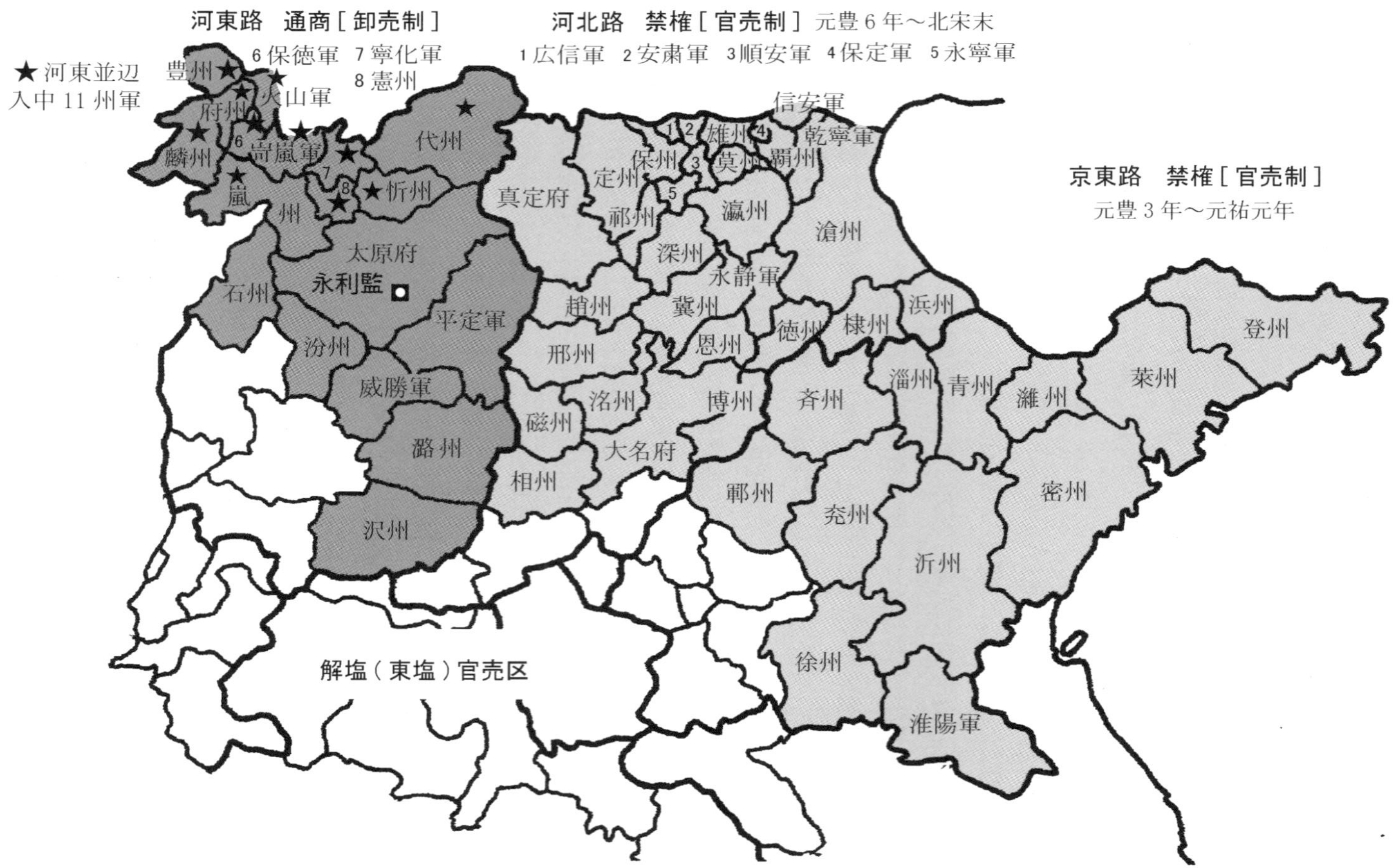

入中が始まると、これと連動した通商[鈔引制]の償還塩を提供した。南宋に入ると四川は独立した経済区を形成したが、塩政は通商[鈔引制]に[官売制][収算制]の要素を加味した通商[鈔引制]〈合同場〉方式を採用し、産塩額、歳収とも大いに伸張した。

(1)北宋時代の四川塩

宋は後蜀を滅ぼした乾徳3年(965)、成都府の塩価を後蜀時代の1斤160文/足陌から60文減じて100文とし、他州軍の塩価もこれに準じて価格の1/3を減じた(71)。その後開宝7年(974)には塩価をさらに10文値下げして90文斤とし、その後1斤70文にまで引下げていたが、太平興国2年(977)には、官売塩の増収を図り、塩価を1斤150文に値上げした(72)。

1．大井官監・小井幹鬻体制

四川では塩井から汲上げた塩水を煮煎して製塩する。これを井塩という。大規模な塩井はとくに「監」(官監、塩監)と呼ばれる官営の塩井で、「井戸」を使役して製塩し、州県官が販売した。禁権[官売制]〈官般官販〉方式である。これに対し小規模な塩井は民営の塩井で単に「井」と称し、民戸が精製した塩を「幹鬻」と呼ぶ元売り業者が収買して販売した。「幹鬻」による井塩販売は、買撲すなわち一種の販売許可制(請負制)であり、当初「幹鬻」は所定の塩課(官課)を納入したあと、余剰を四川域内で自由に販売することができ、幹鬻は請負った官塩の販売収益の一部を「羨余」として収取した。これは官が民間に塩の生産と販売を許可し、塩税の販売収入の一部を民間に分与する——課利を官—民間で分配収取する——、買撲[分収制]方式である。買撲は税収を官が独占する禁権方式とも、また官—客商間で分配収取する通商方式とも異なる、課利収取の第三の方式である。

なお「幹鬻」が分収することのできた羨余の額は、当初は販売した官塩の余剰全額とされたが、開宝7年(974)に蜀地の塩価を90文/斤から70文/斤に値下げしたさい、羨余は売上げの10%までに制限された(73)。

このように四川井塩は〈官産—官収—官般—官販〉方式の禁権[官売制]と、〈民産—民収—民般—民販〉方式の買撲[分収制]の併用体制として発足し、塩課もこれに対応して、①官井「官監」の課額即ち官売課額と、②「幹鬻」から収取する買撲課額(請負料)との二種の課額とを合わせた額として設定され、塩税収入は四路転運司と「幹鬻」との間で分配収取された。

四川の産塩地では一般に産塩民戸は「井戸」とよばれ、官監大井における製塩はこれら「井戸」の使役労働で行われた。この四川の官塩監の「井戸」は、河東路の「鐺戸」や陝西解池の「畦戸」のように、編籍して正賦を免除され、生産費を官給される専業戸ではなく、燃料費等は官給されるが官課達成のために苛酷な労務を強制される役属民戸であった。このため井戸の役使による産塩は至道3年(997)、本城官健すなわち廂軍州兵の役務に切替えられた(74)。

宋の後蜀平定から20年以上を経た端拱2年(989)ころ、四川地域は人口の増加により路内の井塩の塩量だけでは一路の食塩需要を賄えなくなり、初めて部外の塩、すなわち北に隣接する陝西南西部の階州・文州方面に流通する青白塩や、東に隣接する峡路（湖北西部）の帰州・峡州の井塩、永康崖塩等の禁榷を解除して通商とし、四川地域における客商の販塩を許可した(75)。

四川では宋朝支配からの独立、“後蜀復興”を掲げる王小波・李順の乱が淳化4年（993）に鎮定され、至道元年（995）には官軍兵士の駐屯が増員された(76)。このころ陝西沿辺の「入中」が始まり、四川産塩も客商の入中対価の償還塩とされ、多くの客商が償還された産塩を川峡地域に通商した。しかし10年後の景徳2年（1005）には、沿辺入中の償還物資を川峡地区では塩貨から絹帛に変更している(77)。軍糧備蓄が順調に進んだことを変更の理由としているが、実は後に見るように、北宋前期の四川地域における食塩の生産、供給不足を背景としたものである。こうして仁宗朝には、四路併せて官監大井6監と大小塩井合せて500基以上をもつ四川井塩の生産・販売体が整備された。

2．四川塩の塩課総収と塩利の分配

北宋期、四川四路の塩課すなわち井塩の販売収入は総額約180万貫で、これはすべて中央政府の会計から独立し、各路転運司が路内州軍の糴本、或は州県経費として支用された(78)。例えば北宋末、夔州路の歳計は恭州——国初の渝州。崇寧元年に恭州、南渡後に重慶府と改称——と夔州（管内白馬塩場）との歳入で賄われ、大寧監の塩課収入はもっぱら糴本として夔州一路に支用された(79)。

四川では、まず四路転運司が管内の諸塩井で井戸から井塩を収買し、収買価銭は緡銭5：紬絹5で折科することと定められていた。収買価格は塩1斤が20文～30文、銀1両または紬絹1匹を600～1200文で折科し、のちに金銀の折科は時估に依るようになった(80)。収買時の官銭支給額を価格の半額とした理由は、蜀における銅銭流通が当時なお不充分であったためで、蜀地では銭貨の流通を増やすため、商人には産塩豊富な諸州では塩を買わせ、施・黔等の並辺諸州では米斛を買わせるといった、銭貨流通の促進策がとられ、また夔州路では塩課を諸蛮に供給するさいにも価銭徴収は緡銭5：紬絹5で折科していた(81)。

もともと産銀のない四川では、塩課の折科や酒の買撲に銀を用いたため、四川の商人は京師陝西で購買した銀で塩課を折科輸納し、その銀は四川各地から京師榷貨務まで官運された。

康定元年（1040）には西夏の興起にともなう沿辺入中の不振のため、解塩の入中方式が変更され、四川井塩も榷貨務入銭請買の抵当物資とされた(82)。ただし銀貨般運による官銭の浪費を解消するため、客商は京師榷貨務または陝西の沿辺州軍で銀を入れて入中塩を請買すると、官は商人に「券」を発給して四路の管内で塩貨を受領させた(83)。四川では塩酒歳課の折科は銀1両2貫とされたが、これは陝西の沿辺入中に四川の銀紬絹折科を連動させるさいの折価であって、上に見た塩課折科の際の銀銭比率——銀1両：600～1200文——を改定したものではない。

しかしこの入中方式では陝西での入銀請買が進まないため、塩100斤に20斤を「加饒」した20％優価で塩貨を給付し、さらに鳳翔府・永興軍での入銀請買を許可して、客商の入中請買の機会を増やしたりした。しかし西夏の興起にともなう西辺への過剰な軍糧入中は芻粟の市価を高騰させ、逆に塩価は下落してその差額は客商の収入となり、そのため夔州路では入中が始まって10余年で実質20余万貫の損失を被ったという(84)。

このことから、四川塩を償還の抵当とする陝西沿辺入中は天聖8年(1030)ころには始まっていたことが分る。また塩課の折価は、当初は銀1両・紬絹1匹が折銭600〜1200文と幅があったが、後に銀の折価は時估に依ることとなった。この時梓州路の銀・紬絹価の増額要求に対し、三司は銀・紬絹の価格を3貫以上に引上げれば塩価が騰貴し、140文/斤という嘗てない高値——当時の塩価のほぼ倍額——になるとしてこれを認めず、次いで成都府路邛州塩監の要請に対しても、三司は時估による折科としたため、邛州では銀・紬絹価格を1割減額し、これによる課利収入の損失は2万貫を超えた。その後邛州塩の折科は時估による原則を変更しなかったが、歳課額については250万貫から150万貫(或は100万貫)に減額している(85)。

3. 四川における塩貨の需要と供給

北宋前期の四川は慢性的に塩の供給が不足し、そのため四川外の他路の塩、とくに隣接する解塩の流入供給が不可缺であった。外塩の流入は四川域内における食塩の需給関係を変え、塩貨の徴収方式から、ひいては塩利の分配方式にも影響を与える重要問題であった。

四川塩は国初以来、産塩量が十分でないこともあって路外への流通を禁じられていたが、上に見たように、天聖8年(1030)ころには四川塩を償還抵当とする陝西沿辺入中が始まっていた。その一方で、北に隣接する解塩の通商塩「西塩」が“私塩”としてしばしば四川に流入していた。

西夏の興起で沿辺入中による軍糧確保が急がれるようになった康定元年(1040)以降、解塩の沿辺入中方式は次第に整備された。解塩の四川への流出問題についても慶暦2年(1042)、制置解塩使范宗傑が入中解塩の官売化を図ったさい、解塩を扱う客商には永興軍・鳳翔府の折博務で銭若くは蜀地の他産品と交換した塩だけを給付して陝西管内で販売させ、四川管内への般入、流通を認めなかった(86)。ただしこれは解塩の四川流通を禁じる措置であって、四川塩の域外への通商を許可したものではない。

ところが范祥が解塩塩法の全面改革を図った慶暦9年(1049)、陝西沿辺に新しい入中方式が適用されると、解塩の入蜀は合法化され、四川全域が解塩の通商区となった。范祥は解塩の四川流入を合法化することで、客商の通商活動を活性化し、沿辺入中を促進できると判断したのである。これにより四川地域には、管内産井塩の行塩区の上に通商解塩の行塩区が重なる重層行塩区が形成された(87)。

食塩不足が常態化していた川峡地区では、解塩入蜀の解禁以来、陝西の客商が解塩を搬入して蜀茶と交換し、この茶を陝西州軍で販売する塩茶交易を行なってきた。その規模は歳に塩10万席、茶6万駄に達し、巨額の茶貨を調達して提供するため、四川転運司は歳に本銭201万貫を費した。そこで熙寧9年(1076)、体量成都府等路茶場利害の劉佐がこの塩茶交易の廃止を要請、まず手始めに東川塩(梓州路塩)に替えて陵井監の官井塩を〈官般官販〉することとした。しかしこの時は官塩価格が高くて売れず、次いで効率の悪い官員兵士の般運に替えて民戸を召募し、解塩を般運させたが、やはり般運の困難から多くの民戸が被害を被った。このため、侍御史周尹は蜀地の旧来の慣行に従い、〈官般官販〉を罷めて客商に梓州路塩を成都府路へ販運、流通させ、併せて解塩の入川を認めるよう要請した。政府はこれに従いしばらく後に解塩の官運を廃止し、通商解塩の入蜀を解禁したのである(88)。

元符元年(1098)10月、秋霖で解池が浸水し、解県・安邑の両塩池が破壊されて解塩の供給ができなくなると、政府はそれまで通商解塩が流通していた地域に東北末塩を流通させた。四川地区でも陝西路に隣接する利州・洋州・興州・剣州・蓬州・閬州・巴州・綿州・漢州・興元府等州軍は解塩(旧「西塩」)の通商地域であったため、ここでは以後解塩に替って東北塩が流通することとなった(89)。崇寧２年(1103)に始まる蔡京の新鈔法では、東北末塩の販売収益はすべて中央政府に入るから、四川に流通する通商塩の塩利は一切四路転運司の会計に入ることはない。

四川では四路の産塩能力にかなりばらつきがあり、四川管内での路間の塩貨流通がしばしば問題を起していた。四川四路のうち、益・利２路は梓・夔２路に比べて塩課収入が少ないため——塩課収入はそれぞれの路内の塩井数の多寡に比例する——、産塩豊富な夔州路大寧監塩など路外塩の商販を許可していた。四川管内での通商塩は、例えば慶暦中(1041-48)、商人が益州の塩課を大寧監塩で請射するには１万斤につき「小銭」1000貫(大銭100貫)を科徴したが、このため益州路に塩が出回らなくなって塩１斤が小銭2.2貫(大銭220文)にまで高騰し、知益州文彦博の指摘によって政府がこれを復旧したことがある(90)。もともと産塩の供給能力が不足する益州路——嘉祐４年(1059)に成都府路と改称した——では、一路の課額を達成するため商人に夔州路大寧監塩を請射・販売させ、その販売収益から一定額——ここでは１斤につき小銭100文——を出させて益州路の官売課額を補完していたのである。

産塩豊富な夔州路大寧監塩は、また陝西三路や熙河路への銭銀糧草の入中にも用いられた。元祐６年(1091)には、10年の期限を設けて、梓州路の開・達・忠・万・涪[夔]州・雲安軍等６州軍の鈔を大寧監塩鈔として請買させたことがある(91)。このように四川管内では、産塩の豊富な路から食塩が不足する他路へ塩を通商させ、その販売収益を当該路転運司の歳入として分配して、州県経費に支用していたのである。

４．卓筒塩井の開発と塩課

卓筒とは、慶暦・皇祐ころに開発された竹筒を利用した鹹水汲上げ装置である(92)。熙寧末年、梓州路瀘州の視察を終えた呂陶の言によれば(93)、当初成都府路はこの卓筒による井塩採掘を禁榷し、月ごとに課利を納付させて一路の経費とした。嘉祐中(1056-63)には蒲江県の官井塩の販売価格すなわち課利収入を維持するため、新規の塩井開鑿を禁止した。のち熙寧９年(1076)、転運判官段介が成都府路・梓州路の卓筒井の閉鎖を要請したが、その理由としては

(ⅰ)蒲江の官売塩価格を維持する、

(ⅱ)大寧監塩を販売し解塩を蜀に入れて高価で出売し課利を増収する、

の二点を挙げている。この時梓路転運司は歳入確保のためこれに反対、成都府路だけが実施

したため煎戸が相次いで失業した。これは熙寧5年(1072)6月16日中書劄子で卓筒塩井の開鑿を禁止したためであるとして、呂陶はこの禁令の廃止、及び成都府路がこの間に増額した課利の免除を奏請している。

このように蜀地の卓筒塩井は民間の開発に係る塩井の産塩に対し、転運司が月額の歳課を科徴する官売塩の一形態――禁榷[官売制]〈卓筒井塩〉方式――であった。転運司はしばしば新井の開鑿を禁止し、時に一部の塩井を閉鎖したこともあったが、民戸の重要な収入源であるとして間もなく復旧された。なお蜀地には山間部の渓流に塩井が湧出することがあり、官はこれにも課税して、「官渓銭」という名目の塩税を徴収していた。この「官渓銭」は元祐元年(1086)に免放された(94)。

こうして元祐4年(1090)には成都府路の大小塩井160余基を定数とし、1塩井が涸渇すればただちに新井を掘削させて管内全井数と課額を維持する方式が定められ、のちこの定額方式を他三路にも及ぼして北宋末に至った(95)。

北宋時代の四川四路における塩井数と産塩額を**表33**に示す。

表33　北宋時代　四川四路の塩井数と産塩額

	官監	[　]塩井(基)	産塩額(石)						
	大井	太宗朝		仁宗朝		祖額[熙寧8年]		元豊元年実収	
益州路	1	[98]	8,4522	[137]	2,7925	[42]	6,9307+	[42]	6,787
梓州路	2	[385]	14,1780	[413]	3,1761	[425]	12,5762+	[425]	―
利州路	0	[129]	2200	[143]	1,1707.7	[127]	―	[127]	―
夔州路	3	[20]	8,4880	[35]	8,1696	[14]	4,9962+	[14]	3,5635
四路計	6	[632]	32,3382	[628]	15,3089.7	[498]	24,5033+	[498]	527,1143.28

この表は①『宋史』食貨・塩p.4471、p.4472に載せる太宗・太平興国及び仁宗・天聖年中の四路の監数と塩井数、歳課額(96)、②『元豊九域志』7成都府路・梓州路、同8利州路・夔州路に載せる四路諸州の塩監・塩井数(97)、③『会要』食貨23-11〔末塩逐州年額〕に載せる「川峡卓筒井塩」の井数・祖額〔熙寧8年〕・元豊元年実収(98)等に拠って作成した。上記諸史料中、産塩額を斤・両で表示したものはすべて石表示に改めた。祖額〔熙寧8年〕は利州路を除く三路に未報告の州・監を含むので、数字の末尾に+を付してその額を超えること示した。なお③史料の梓州路祖額〔熙寧8年〕は上記産塩課額とは別に「大銭」470.14貫文(小銭47,0014貫文相当)を載せる。これは夔州路の買撲塩井の塩課年額で、祖額とは別会計である。また同22-26〔国朝会要・諸路塩額〕に熙寧9年実収として梓州路の淯井監在城1,6020貫文、南井監1,0620貫文(計2,6640貫)を載せる。

(2)南宋時代の四川塩

南渡後の四川では、紹興2年(1132)に蔡京の新鈔法に範を取った「合同場法」による井塩の通商が始まった。南宋期の四川塩は「合同場法」のもとで産量、課額とも増加し、四川総領所・四川四路転運司の最も重要な財源となった。

1．紹興2年(1132)「合同場法」の施行

南渡直後には北宋期以来の蜀井塩の禁榷を罷めて通商とする意見が出され(99)、一方では四川総領所が一時「出売官田法」に依って官井を「召人投買」すなわち出売し、数十万から百万貫の見銭収入を得るなど(100)、井塩対策に方向性が見られず混乱していた。

南渡後5年を経た紹興2年(1132)、四川総領の趙開は蔡京の「大観法」に倣い、四川井塩を対とする「合同場」法を施行した(101)。北宋時代、四川井塩の産塩には官監大井の産塩と民間の卓筒小井の産塩との二系統があったが、合同場法はこれら大小の塩井を“合同”すなわち一本化して統一書式の塩引を発給、客商に請買させて般運、販売させた。官は鈔引の売上収入を塩課として収取し、商人は販売価格と鈔引請買価格との差額を商利として収取する。「合同場」法は、この統一鈔引の額面価格に、産塩井戸からの収買価格と官の販売収益「官課」、客商の販塩許可料と販塩にともなう流通課税「算税」など各種税額を積算した、通商[鈔引制]の一方式である。本稿では南宋四川に採用されたこの方式を通商[鈔引制]〈合同場〉方式と呼ぶ。

四川井塩の「合同場」法は、当時の四川四路全30州に存在する計4900余井、年産約6000余万斤を対象として、1斤につき「引銭」25文と「土産税・増添」9銭4分、「所過税銭」7分と「住銭」1.5文、計36.6文/斤の鈔引価格を定め、1引(100斤)ごとに60文の「提勘銭」を客商に納めさせ、販売させる。客商に卸売した塩引の売上収入総額が四路転運司・四川総領所の塩課収入となる。四路転運司は客商に対し井塩100斤を1檐として交付するので、1檐(100斤)の鈔引価格は3.66貫、これに1檐60文の提勘銭を加えて1檐3.72貫が客商への卸売価格となる。このとき1檐につき10斤の非課税塩(銭額にして372文)を追給(加饒)する優遇措置をともなう。

四川井塩の鈔引1引、すなわち井塩1檐(100斤)3.72貫の価格構成を**表34**に示す。

表34　南宋四川 通商[鈔引制]〈合同場〉方式における鈔引1檐(100斤)の価格構成

1檐(100斤) 4.22貫文		
鈔引価格 3.66貫文	引銭	2500文
	土産税・増添	940文
	算税	220文
提勘銭		60文

1檐(100斤)の鈔引価格を構成する諸科銭のうち、「引銭」25文/斤は通商塩の官課に相当し、鈔価額3.72貫文のほぼ2/3、67.2%を占める。「土産税及増添」は「土産税」すなわち井戸の製塩許可料とその増徴分で、他路塩の収買価格(塩本銭額)に相当し、鈔価のほぼ1/4、25.2%を占める。「所過税銭」7分と「住銭」1.5文は通商[収算制]〈従量課税〉方式による流通課税であり――〈従価課税〉の商税とは別――、徴収回数を各1回として2.2文/斤、鈔価の5.9%を占める。

「提勘銭」60文は酒課買撲のさい「課利銭」とともに官に納める「浄利銭」に似た一種の“販売許可料”（手数料）で、鈔価の1.8％を占める。

合同場法のもとでは当初、塩税総課額を維持するため、官司は産塩能力が衰えた塩井を閉鎖して、新井の開発を奨励し(102)、鈔引の額面価格を維持するため１檐の鈔引官銭額以上に諸官署が科銭することを厳禁し(103)、また井塩の斤重基準を厳しく統一して、路内に価格差が発生するのを防いだ(104)。

「土産税」は民間井塩の産塩戸が納める製塩許可料であり、合同場法の施行当初、転運司は税額を安定させるため、井戸の産塩総額と商人が請買する総塩引額とが均衡するよう調整していた。しかし井塩の産出が元来不安定なこともあり、次第に井戸の納税月額と請買鈔額との間に次第に乖離が生じてきた。これに対して転運司は税収維持の観点から井戸の担税能力を超えた塩引を発給したため、井戸の中には商人の求めに応じて１檐160斤で販売する者や、また他の井戸が放棄した塩井を買取って販塩額を増やしたが売れず、却って納税額が嵩んで破産する者が出るなど、鈔引の運用に破綻が生じた(105)。

通商[鈔引制]〈合同場〉方式による塩課収入（売引鈔銭額）は四路計で約6000万斤、或は6400万斤であったという。紹興２年（1132）の合同法施行当初、約260ないし275万貫の収入を見た四川四路の塩価歳収は、“紹興休兵”すなわち紹興11年（1141）の対金講和までに400万貫を超え、その後次第に減少に転じたものの、紹興末年まで300万貫台を維持し、寧宗朝初期・慶元年間（1195～1200）になってもなお300万貫程度の収入があった(106)。鈔価は42.5文/斤として6000万斤では約255万貫、これに１檐＝100斤につき60文の「提勘銭」を科徴するので6000万斤説を取れば（6000万斤/100×0.06貫＝）６万貫を加えて総計261万貫、6400万斤とすれば275万貫が四川井塩の総売引価格となる。商人は「提勘銭」を含む１檐4.31貫の卸売価格で購入した塩貨を87文/斤――北宋末期のほぼ２倍――で販売したから、１檐の官井塩は官：商間で43.1：43.9の比率で分配収取される。塩利の官収率は49.5％、商収率は50.5％、ほぼ官商同率である(107)。

２．官監大井の産塩額と塩税歳収

『雑記』甲14蜀中官塩によると(108)、紹興年間、四川には隆州仙井監以下７州の「官監大井」があり、他に隆・栄等17州には民間の「卓筒小井」があった。このうち官井では、（ⅰ）成都府路転運司が管轄する隆州の仙井監が年産20余万斤、（ⅱ）四川総領所が管轄する成都府路・邛州の蒲江監がこれに次ぎ、（ⅲ）潼川府路の瀘州に清井監塩、富順監塩、栄州井塩監があり、（ⅳ）夔州路の大寧監塩は年産250万余斤で、その40％に当る103.7万余斤、銭額で約９万貫を歳収とし――これを「四分塩」と呼んだ――、その販売価格はもと300文/斤であったが、紹興17年（1147）に50文を減額、同22年にさらに20文を減額して230文/斤とした。このほか（ⅴ）利州路・西和州（旧岷州）に官塩井があった。

『雑記』甲14蜀中官塩には、瀘州清井監塩の紹興前半期における財政収支について、次のような詳細な記述がある。

淯井監塩の「旧額」すなわち北宋以来の売塩課額は49,0200斤で、うち4,8805道507文(塩引1道は100斤)を総領所に応副したが、紹興16年(1146)には実産41,6400斤のうち3,3600斤を大軍の犒設に、7800斤を贍学に、3,0000斤を鍋本(燃料費等製塩原価)に充てた。いま手元には34,8000斤(7,6560貫)が残されている。販塩価格は220文/斤であるから計7,7319貫500文の歳入があり、ここから本軍の省計に2,3087貫112文を応副するため、残額5,4232.388貫文で官価銭引3,7682貫を科折した。銭引の科折率は(37682/54232.388＝)約0.7である。淯井監の「毎歳大科」すなわち塩税歳額は2,3000余貫で、その半額は転運司の歳計に充てているが、1,1000余貫の赤字を出したため紹興22年12月に全額免除した。淯井監の官塩はこのほか3万貫を利州銭監の「鋳本」に充てた。

なお『雑記』が記す官監7井のうち4官監の産額は合せて約700万斤であるが、この数字をもとに計算すると7官井の産塩総額は(770×7/4＝)1225万斤と推測される。これに対し南宋初期の井塩産額は四川四路全30州で計4900余井、年産約6000～6400余万斤であったから、官塩産額1225万貫は全井塩産額のほぼ4分の1に当る。これを前節で見た北宋熙豊期の井数・祖額――600井、祖額は年産約1225万斤、10.5万石――と比べると、南宋初期には井数・産塩額ともほぼ5倍に増大していることがわかる。

これに対し民間の「卓筒小井」は隆・栄等17州に散在し、課額維持の観点から塩井の新陳交替を円滑に行うよう指示していたことは前に見たが(前注(**102**)を参照)、孝宗朝の淳熙6年(1179)に四路全域で塩井・塩場の大がかりな推排(統廃合)を行なった結果、四路管轄の塩井は2375井、塩場は405場に整理された(**109**)。この年の塩井・塩場推排の結果を下**表35**に示す。

表35　淳熙6年(1179)　四川四路塩井・塩場の推排

	現在数	旧額維持	鈔引増額	塩井改修	即時閉鎖
塩井	2375	1174(49.4%)	125(5.3%)	479(20.1%)	597(25.1%)
塩場	405	150(37.0%)	24(5.9%)	―	231(57.0%)

この年の塩井推排の基本方針は、

(ⅰ)旧額どおり産塩するのは1174井とし、150場は現行課額を維持する、

(ⅱ)自主申告や他者からの申告等により、新たに125井、24場の銭引を増額する、

(ⅲ)479井を淘淘(再掘削)する、

(ⅳ)現在産塩のない塩井は即時閉鎖して官課を解除する、

という内容で、これにより四路全体で銭引40,9888道を減額し、同時に銭引13,7349道を増額したので、これで減額分を補った結果、不足分すなわちその差額が(40,9888－13,7349＝27,2539)27,2500余道あり、そのうち1,2500余道は総領所が負担し、残り10万余道は総領所に椿管してさきごろ酒課の減額の際に支出せず留め置いた12,6400余道から融通して穴埋めしたという。

合同法の施行以来四五十年、塩井の新陳更新にともなう井戸の負担の不均衡の問題は、こ

れによりひとまず調整されたことになる。

3．南宋時代の大小塩井の産塩額と塩税歳収

『宋史地理志』に載せる南宋時代の四川諸県の塩井数は以下のとおり。

成都府路――邛州蒲江県(塩井監・塩井砦)、隆州[仙井監、隆興1改](塩井1)、
潼川府路――資州盤石県(塩井18)、敍州南渓県(有塩井)、栄州栄徳県(塩監1、端平3(1236)廃)、富順監(塩井1)、
利州路――無、
夔州路――涪州涪陵県(有白馬塩場)、雲安軍雲安県(玉井塩場、団雲塩井)、大寧監、

『会要』食貨26～28〔塩法〕によって知ることのできる南宋時代の諸塩井の状況は以下のとおり。

(ⅰ)夔州路万州南浦縣漁陽塩井…万州南浦縣の漁陽塩井は年産14,6300余斤、当初は南浦県主簿が兼管していたが、恐らく増産を背景として、淳熙11年(1184)に初めて監塩官を置いた(110)。

(ⅱ)夔州路開州温湯鎮塩井…開州清水県(旧万歳県)の温湯鎮に塩井があり、北宋熙寧中には21,2553斤の「祖額」を有していた。南宋に入って開州自ら塩井を推排(統廃合)し、祖額を1,8000斤増額して歳額23,0530斤とした。井戸がこの額を多すぎると訴え、淳熙12年(1185)に減額することとした(111)。

(ⅲ)瀘州淯井塩監…南宋淳熙末年ころ、淯井塩の官塩は、瀘州管内の楽共城・博望寨・梅嶺・板橋・政和堡等5カ所での通商販売を許可したが、これは新規に辺域への井塩通商を導入して収入増を図り、淯井塩の官井塩販売収入にその歳計を全面的に依存する長寧軍の財政を強化する狙いがあった(112)。

(ⅳ)夔州路大寧監塩…夔州路大寧監の官井塩は、南宋期には年産が250万余斤あり、その40％に当る103.7万余斤、銭額で約9万余貫を四川総領所が「四分塩」として収取していたことは前に見たが(113)、淳熙11年(1184)からこの「四分塩」が産塩地夔州に加えて涪州・恭州等8州にも適用され、民戸に強制賦課された。淳熙14年、四分塩の賦課は夔州一州に限り、過去三年の間に与えた損害は転運司・総領所の財政措置で補完することとした(114)。しかしこのとき夔州路転司は減損分を夔州管内諸県へ転嫁して強制賦課したらしく、奉節・巫山両県の減損分を州司が補償したのは5年後の紹熙2年のことであった(115)。

(ⅴ)成都府路陵井監の官井塩…南宋前期、陵井官監は3689担の産塩があり、彭州・崇慶府・永軍・眉州・成都府等の属県に販売していたが、光宗朝に入って塩価が低落したため、客商への卸売価格を下げざるを得なくなったという(116)。

(ⅵ)一般に民間の塩井は古くなって産塩能力が低下し、井戸の課額負担が困難になっても、課額の減損を恐れる官司は新井の開鑿をなかなか許可せず、そのため塩課を負担

できず破産する民戸が続出した。そのため乾道年間になって初めて、こうした井塩戸に対して新井の開鑿を認める救済措置がとられ(117)、また新旧塩井の統廃合を定期的に行なって新旧課額の増減を調整することとしたものである(118)。

4．附：利州路の井塩

南宋初期には華北の諸州軍の多くが金領となったが、もと京西南路に属した金州と、もと秦鳳路に属した階・成・岷・鳳・洮の５州軍、鳳翔府の和尚原、隴州の方山原は占領を免かれ、南宋の利州路に編入されて特殊な塩区を形成した。

北宋時代には京西南路に隷した金州は、南渡後の建炎４年(1130)に利州路に属し、紹興６年(1136)から京西南路に改隷されたが同13年から再び利州路に隷し、このとき商州の上津・豊陽２県が来隷した。金州の領県は西城・漢陰・洵陽・石泉・平利の５県であった。

また北宋時代には秦鳳路に隷した階州(領福津・将利２県)、成州(領同谷・栗亭２県)は紹興14年に利州路に編入され、宝慶元年(1225)に同慶府と改称した。岷州(領長道・大潭・祐川３県)は紹興元年に金領に入って祐州と改称されたが、紹興12年の和議により南宋領とされ、同14年に西和州と改称されたが、開禧２年(1206)再び金領となった。鳳州(領梁泉・両当・河池３県)は紹興14年に利州路に編入された。このほか紹興初年に金領に入った秦州の成紀・隴城県の一部が紹興13年に成州に編入され、同15年の成州の来隷にともない利州路に編入された。のち嘉定元年(1208)に天水軍に升格した。

これら地域は当時、金領内で流通していた解塩の行塩区に隣接していたから、金領から流入する私塩を厳重に取締る必要があった(119)。この地域に流通した塩は西和州(旧岷州)産の井塩と通・泰州産の海塩すなわち淮南塩であった。

紹興12年(1142)の対金和議ののち、これら諸州の中では西和州塩官鎮の井塩の年産が70余万斤あり、これを西和・成・鳳３州で出売して歳入の半額を塩本と官員請給に充て、半額を利州路転司の塩引発給経費に充てたほか、100斤につき頭子銭等官銭22貫(220文/斤)を科して計７万余の収入を得、これを総領所に送納して利州銭監の鋳本銭に充てた。紹興29年(1159)には鋳本銭７万余貫の定額を半減し、減損分は転運司の羨余絹銭１万匹で補充させた(120)。この販塩方式は標準的な[官売制]〈官般官販〉方式であり、塩課歳収の半額を塩本と官員請給に、半額を販売経費に充てた。利州銭監の鋳造本銭には、課額を基準に利州路運司科銭の頭子銭を科徴して充当した。

利州路西北辺の階州・洮州等、北宋時代は秦鳳路に属した諸州の塩法について具体的に知ることはできないが、旧京西南路の金州については通泰塩すなわち淮南塩が流通し、軍民ともこれを食用していた。金州では塩を販売する客商から安撫司に所属する官吏の経費として歳に1,6000余貫を科徴し、これを販塩価格に上乗せしていた(安撫司科銭)。安撫司が通商塩に対して自司の必要経費を科するという変則的な通商方式がであったが、この慣行も淳熙６年(1179)には廃止され(121)、その後金州一帯には「官塩」の流通が普及して、客商も土地の舗戸も自由に商般できるようになったという(122)。この「官塩」は禁権[官売制]〈官般官販〉方式による四川の官売塩ではなく、商販される通・泰州産の淮南通商塩を指すことは言うまでもない。しかし利州路には安撫司が設置した塩店がその後遅くまで残存し、安撫司科銭が廃止されて15年を経た紹熙５年(1194)になって、ようやく利州東・西路に残る塩店計７店が廃絶された(123)。

おわりに

京東塩は産塩能力の不足から解塩・河北塩の供給に依存し、北宋前半期には禁権[官売制]〈租銭〉方式の２州、河北塩に倣った通商[収算制]の10州軍、解塩(南塩)通商区８府州軍からなる行塩区三分体制が布かれた。通商[収算制]下の塩税銭祖額は18万貫、元豊初年(1078)の実収は26.3万貫であった。熙寧10年(1077)に解塩通商区は暫定官売区とされたが間もなく復旧し、元豊３年(1080)から一路全域に[官売制]〈買売塩場〉方式が布かれた。しかしこの官売制は予期した成果を挙げないまま、元祐元年(1086)に通商[収算制]に復旧した。解池水災後の蔡京「新鈔法」(崇寧～政和)において、京東塩は河北塩とともに「東北末塩鈔」として中央政府の塩課増収に大きく貢献した。

河北路では国初、後周時代の権塩課額30万貫を課額とする「両税塩銭」が科徴されていたため、一路全域に通商[収算制]〈従量課税〉(過税１文/斤・住税２文/斤)方式が布かれた。この塩税銭は後周権塩課額の半額15万貫を課額とし、慶暦中に19万貫に増額された。河北路の塩税銭は、一般商品に課される〈従価課税〉の商税(一徴過税対価0.2%・住税３%)とは別に徴収される塩課である。慶暦以降その歳収率の低さから官売化が検討されたが元豊６年、３年前に官売化した京東塩に倣って[官売制]〈買売塩場〉方式を施行した。祖額[熙寧８年]24.7万貫に対し元豊元年の実収は37.7万貫であった。しかし元祐元年(1086)、河北塩は京東塩とともに官売制を罷め、もとの通商[収算制]に復帰した。蔡京「新鈔法」においては京東塩とともに「東北末塩鈔」として歳収増に貢献した。

河東塩は国初、陝西解塩区に属する４州を除き、「鹻土」の精製を管理する并州(太原府)永利監が産塩を客商に卸売する通商[卸売制]が布かれ、熙寧末年まで変更されなかった。仁宗朝に永利監を二分し、生産者を「鐺戸」に編成して「課塩」を収買し(６～８文/斤)、販売価格官価は36文/斤で、これを客商に官課28～30文/斤で転売(卸売)する。官の塩税銭収入は官課28～30文/斤、商利は官価と官課との差額６～８文/斤となる。仁宗朝では河東塩の塩税歳課(官課)は12.5万石、銭額で18.9万余貫であった。これまでの研究ではこうした通商河東塩[卸売制]の課税構造は殆ど解明されていない。河東塩は元豊元年(1078)に官売化されたが、一路の漕計を補償するため朝廷から「見銭鈔」を発給して沿辺の糧草入中に充てさせた。元祐元年(1086)に京東塩・河北塩の官売が廃止された後も河東塩の官売は継続したから、蔡京「新鈔法」に通商塩として対応することができなかった。

北宋時代の四川塩は、大規模塩井の産塩・販売を官営する禁権[官売制]〈官般官販〉方式と、小規模な民間の塩井を産塩戸に請負わせ、販売収入の10%を塩利として収取させる買撲［分収制］〈幹鬻〉方式とが並用された。四川の塩課歳額は官売課額と買撲課額とを合せた額である。四川産塩では一路の自給は困難で、早くから解塩の通商が行われ、また四路の産塩も格差が大きいため、路間の通商が恒常的に行われた。南宋・紹興2年(1132)、四川四路の大小塩井を一本化し、統一書式の塩鈔を発給する通商［鈔引制］〈合同場〉方式が施行された。〈合同場〉方式は産塩「井戸」からの収買価格と官課、客商の販売許可料と流通課税「算税」を全て積算した塩引を請買させ、その販売収入を官課歳収とする。この方式により、南宋の四川塩の歳収は急増し、独立財政区である四川の財政基盤の形成に大きく寄与した。南宋茶税の鈔引制はこれに範をとったものである。

注

(1)『宋史』食貨・塩p.4427「其在京東曰密州濤洛場、一歳鬻三万二千余石、以給本州及沂・濰州、唯登・萊州則通商」。『長編』97天禧5.歳末条「煮海為塩…在京東曰密州・登州【三朝志但載、密州濤洛場、歳煮三万二千余石、両朝志又増登州】」。同p.4428「其在河北曰浜州場、一歳鬻二万一千余石、以給本州及棣・祁州雑支、并京東之青・淄・斉州、若大名・真定府…、則通商」。

(2)『宋史』食貨・塩p.4427「…後増登州四場。旧南京及曹・濮・済・兗・単・鄆・広済七州軍食池塩、余皆食二州塩、官自鬻之」、『長編』134慶暦1.11.20丙寅条略同。

(3)『会要』食貨23-31〔塩法雑録〕天禧2.2.27「侍禁閤門祗候常希古言、登・萊等州末塩、望許過膠河商販。詔許於淄・濰・青・兗・沂・密州・淮陽軍行商、候豊稔日依旧」。

(4)『長編』123宝元2.6.16乙亥「…明年(康定元年)即詔、京師・南京及京東州軍、淮南宿・亳等州皆禁如旧、未幾復京師榷法。…又明年(康定2.11即慶暦元年)更議通淮南塩給京東等八州軍而兗・鄆・宿・亳其後遂皆食淮南塩」。『長編』130慶暦1.1.4己未「康定元年、初用宋庠〔郊〕等議、復京師・南京及京東州軍、淮南宿・亳州池塩榷法、而京師榷法尋弛。於是又詔三司議、通淮南塩給南京・兗鄆・曹・濮・単・廣済八州軍利害以聞、其後兗・鄆、淮南宿・亳遂皆食淮南塩矣」。

(5)『長編』134慶暦1.11.20丙寅「京東〔萊〕・淄・濰・青・斉・沂・徐州・淮陽軍並係榷塩地分、近経災傷、人戸貧困、特放通商、止令収納税銭…及淄・濰・淮陽軍等八州軍皆弛禁、遂罷密・登歳課、令戸輸租銭。其後兗・鄆皆以壌地相接、請罷食池塩、得通海塩、収算如淄・濰等州、許之。自諸州官不貯塩、而歳応授百姓蚕塩罷給【…張観伝…旧法、京東通安邑塩而瀕海之地禁私煮、観上言…請弛禁以便民…然則兗・鄆得通海塩】」。文中"淄・濰・淮陽軍等八州軍皆弛禁"とあるので、京東禁榷8州軍に萊州を補う。

(6)『長編』274熙寧9.4.28癸丑「中書門下言…其府界諸県并澶・曹・濮・懐・衛・済・単・解・同・華・陝州・河中府・南京・河陽等処、令提挙解塩司出売…。詔従之」。

(7)『会要』食貨24-11〔塩法雑録〕熙寧9.8.1「詔三司、河北塩法、可依旧施行、如旧法有未便、即与河北東西・京東東西提挙収趁塩税司、同共相度、仍具河北・京東熙寧八年寔収塩税銭数以聞」。

(8)『会要』食貨24-14〔塩法雑録〕熙寧10.3.16「三司言、相度出産小塩、隣接京東・河北末塩地分、澶・濮・済・単・曹・懐州、南京及開封府界・陽武・酸棗・封邱・考城・東明・白馬・長垣・胙城九県、縦令通商必是為外来、及小塩侵奪、販売不行、自合依旧官売、仍召客人入中外、其河陽・同・華・解州・河中・陝府及開封府界陳留・雍邱・襄邑・中牟・管城・尉氏・鄢陵・扶溝・太康・

咸平・新鄭十一県、欲且令通商、候逐月繳到客人交引対比、官売課利、如不至相遠、即立為定法、若比之相遠、或趂辨年額不敷、即依旧官売。従之」。『長編』281熙寧10.3.16丙寅「三司言…自来出産小塩及隣接京東・北末塩地分澶・濮・済・単・曹・懐・〔衛〕州・南京及開封府界九県…、令通商必為外来及小塩侵奪販、販売不行、合依旧官自出売」、本条自注により衛州を補う。

（９）蘇軾『経進東坡文集事略』33論河北京東盗賊状「…（第二項）一、河北・京東自来官不権塩…然臣勘会、近年塩税日増、元本両路祖額三十三万二千余貫、至熙寧六年増至四十九万九千余貫、七年亦至四十三万五千余貫」。

（10）『長編』360元豊8.10.18己卯「（監察御史王巖叟）…貼黄称、慶暦六年、嘗有臣僚擘画塩法、一歳之間、比旧数可増銭五十九万二千八百余貫…又称、慶暦六年、塩税歳額止一十九万余緡…」。開宝以来の塩税銭祖額15万貫は慶暦６年までに歳額19万貫余に改められた。

（11）『長編』287元豊1.1.22戊辰「前司門郎中王伯瑜乞、改京東・河北四路産塩場為市易塩務、官買於竈戸、以售商人。詔都提挙市易司、召伯瑜審議」、『会要』食貨24-16〔塩法雑録〕元豊1.1.2同。

（12）『長編』340元豊1.10.1癸酉「京東路転運司言、商人販青州高家港塩、至斉州等処減価賖買、以致本司売河北塩不售、欲依見行税法、酌中数毎歳買認高家港塩二万席、運至斉州界、依河北塩価相兼貨売、如敢商販者、依漏税法。従之」、『会要』食貨24-24〔塩法雑録〕元豊6.10.1略同。

（13）『長編』305元豊3.6.25丙辰「権発遣京東路転運副使李察乞、通行海塩州軍置買売塩場…」【食貨志、元豊三年、京東転運副使李察始建言南京・済・濮・曹・単行解塩、余十有二州海塩、請用今税法置買塩場。其法尽竈戸所煮塩、官自売之、重禁私為市、歳収銭二十七万千余緡、而息銭半之】。『会要』食貨24-19〔塩法雑録〕元豊3.6.25「京東路転運副使李察乞、通行海塩州軍、置買売塩場。従之」。なお広済軍は熙寧４年（1071）～元祐元年（1086）の間、廃軍して曹州に改隷、京東両路は全17府州となった。

（14）前注（13）所引『長編』同条自注【食貨志…呉居厚為京東転運判官、承察後治塩法、利入益多。六年較本路及河北塩場、自改法抵今一歳有半、得息銭三十六万緡、察・居厚皆拝官、以旌功】。『長編』334元豊6.3.1丙子「京東転運司言、比較本路及河北売塩場、自行新法、已及一年半、凡収息銭三十六万緡」、『会要』食貨24-22〔塩法雑録〕元豊6.2.28略同。『会要』食貨24-23〔塩法雑録〕元豊6.3.10「又詔、京東推行塩法、已見成功、転運副使呉居厚、雖首議官而自付委以来、悉心其事、以迄成就、兼其他職事、顕見宣力、一路財用、自贍饒足、未嘗干叩朝廷、近已遷官、宜更賜紫章服」。

（15）河北は同年６月施行。『会要』食貨24-23〔塩法雑録〕元豊6.6.15「詔京東路新行塩法、上下交便、不妨獲利、公家以佐用度、推之河北路無可疑者、可令蹇周輔・李南公、于界首約呉居厚、面授京東成法行之」。

（16）『長編』335元豊6.5.1丙子詔「京東転運副使呉居厚所奉新法売塩銭三十六万余緡、令運至京左蔵庫封椿、自今歳具数以聞。初朝廷恐居厚所奏売塩銭多立虚数、上欲験其実、故有是詔」、『会要』食貨24-23〔塩法雑録〕元豊6.5.1.同。

（17）同前注（15）。また同24-23元豊6.6.17「詔京東路転運副使呉居厚、已発本路増賸塩、納北京左蔵庫、居厚謹於営職敏而有功、可降勅奨諭」。

（18）『会要』食貨24-24〔塩法雑録〕元豊6.9.14.「尚書戸部侍郎蹇周輔言、河北塩税太軽、宜陪増税銭、乞下属参較立法、本部欲下河北転運司相度。従之」。河北塩の官売化は元豊７年から施行された。

（19）『長編』340元豊6.10.11癸未「詔賜京東路転運使呉居厚、奨諭勅書、以上批、居厚近発本路息銭十七万緡、為捐送河東路保甲司買馬…故也」。

(20)『会要』食貨24-24〔塩法雑録〕元豊6.10.13「京東転運使呉居厚言、準詔支塩息銭三万緡修青州城、已起発外、有未支修城銭万七千余緡、乞不用六年塩息銭、止於支不尽脚銭応副。従之」。

(21)『会要』食貨24-26〔塩法雑録〕元祐1.1.28「戸部言、相度河北塩法所乞廃罷見行新法、復用旧法通商。従之」。

(22)『会要』食貨24-31〔塩法雑録〕紹聖2.1.10京東転運司言「本路自行塩法、官置買売塩場於海塩場、般至沿河場務、和雇陸運至県鎮出売、毎年万数及息銭不少。元祐間以和雇不便、遂罷般載、課併在大場、自後課息不敷、本司今欲依旧分般出売。従之」。

(23)『会要』食貨24-32元符1.10.17「詔、通行京東・河北塩入解塩地分指揮、方下小民、未請引行興販、見令大理寺根勘並特放、自今須経官出引販売」。同25-1〔塩法〕大観4.7.28「中書省措置財用所奏…本所勘会、京東・河北塩貨、熙豊旧法止係本路通行、昨為水壊解池、権許通入解塩地分、今来制置解塩司称、両池塩二年溢額、其東北塩已過元立期限、又称見今解塩地分与東北塩相兼貨売、欲行禁止、令先次相度、将東北塩更不許放入解塩地分…」。

(24)『宋史』食貨・塩p.4424「崇寧初…蔡京建言、河北・京東末塩、客運至京及京西、袋輸官銭六千、而塩本不及一千、施行未久、収息及二百万緡、如通至陝西、其利必倍」。『備要』26崇寧2.4.「更塩法」条注【…始為新法塩鈔、以通・泰煮海号東南塩、行之東南諸路、浜滄煮海号東北塩、行之東北及畿甸諸処。而畿甸諸処旧解塩界也、今以東北塩充之、而解塩独行於陝西与河東、是以鈔多滞…(蔡)京乃請歳給陝西銭四百万緡、以代解塩之課」。

(25) 解池水災後に代替塩として通行した京東塩については、本書後編第１部第５章西北塩(解塩)の販売体制と課税方式を参照。

(26)『宋史』食貨・塩p.4428「河朔土多塩鹵、小民税地不生五穀、惟刮鹻煎塩以納二税」。『長編』159慶暦6.11.12戊子「右諫議大夫・権御史中丞張方平為翰林学士・権三司使。…上封者嘗請禁榷以収遺利、余靖時為諫官、亟言、…昔者太祖皇帝特推恩意以恵河朔、故許通塩商、止令収税…伏縁河朔土多塩鹵、小民税地不生五穀、惟刮鹻煎之以納二税…伏乞且令仍旧通商、無輒添長塩価、以鼓民怨。其議遂寝」。

(27)『会要』食貨24-2〔塩法〕熙寧2.3.19「上問著作佐郎張端言、榷河北塩事如何。王安石対曰、恐亦可為、但未詳見本末耳。上曰、理財節用、自足以富、如此事、雖不為可也。両税塩銭は「両税食塩銭」ともいう。河北の両税塩銭の起源について、後周世宗の北伐時とするものは張方平『楽全集』「上仁宗論河北塩法」「(周世宗)以塩課均以両税而弛其禁、…今両税塩銭是也」、『通考』16征榷三p.159下「(張)方平曰、周世宗榷河北塩、犯輒処死、世宗北伐、父老遮道泣訴、願以塩課均之両税銭而弛其禁、今両税塩銭是也」、また宋太祖の河東遠征時とするものは蘇轍『龍川略志』３余靖・何郯「随両税納銭三十万緡而罷榷法…今両税外食塩銭是也」、前注(１)所引『長編』159慶暦6.11.12戊子「…昔太祖皇帝特推恩以恵河朔、故許通塩商、止令収税」の二説がある。なお両税塩銭のほかに五代の榷塩課額を賦税化したものとして坊郭戸の「屋税塩銭」、客戸の「食塩銭」、「乾食塩銭」、郷村主客戸の「夏税塩銭」等がある。『玉海』181咸平江淮塩法に「嘉祐三年(1058)冬十月癸亥、除河北陪納塩銭」、また『長編』188嘉祐3.10.26癸亥に「河北諸州軍坊郭客戸乾食塩銭、令坊正陪納者、特除之」とある河北の“陪納塩銭”とは坊郭客戸の「乾食塩銭」を指す。これらはいずれも榷塩課額を地税化したもので禁榷の一形態と見ることもできるが、収入は課利ではなく賦税として会計されるので、本稿では考察の対象としない。

(28)『長編』11.開宝3.4.30庚子「河北旧塩禁、建隆末始令邢・洺・磁・鎮・冀・趙六州城外二十里通行塩商。庚子悉除諸州塩禁、過者斤税一銭、住者倍之」。

(29)『会要』食貨23-18〔塩法雑録〕開宝3.4.「詔、河北諸州塩法、并許通行、量収税銭毎斤過税一文、住売二文、隠而不税悉没官、以其半給捕人充賞、仍於州城内置場収税、委本判官監掌、敢有侵隠、並当削除、能糾告者、本院欄頭・節級、即補税務職掌、百姓即免三年差役、並給賞銭百千」。『宋史』食貨・塩p.4428「自開宝以来、河北塩聴人貿易、官収其算、歳額為銭十五万緡」。『玉海』181咸平江淮塩法・河北塩条【河北滄・浜二州塩務、歳課九千余石、以給一路。自開宝以来、聴商人貿易、官収其算、歳為額銭十五万緡】。

(30)『龍川略志』3論榷河朔塩利害「周世宗嘗榷海塩、共得三十万緡、民多犯法極苦之、藝祖征河東還、父老進状乞随両税納銭三十万緡而罷榷法、藝祖許焉」。

(31)『宋史』食貨・塩p.4428「其在河北曰浜州場、一歳鬻二万一千余石、以給本州及棣・祁州雑支、并京東之青・淄・斉州、若大名・真定府、貝・冀・相・衛・邢・洺・深・趙・滄・磁・徳・博・浜・棣・祁・定・保・瀛・莫・雄・覇州、徳清・通利・永静・乾寧・定遠・広信・永定・安粛軍則通商。後浜州分四務、又増滄州三務、歳課九千一百五十四石、以給一路、而京東之淄・青・斉既通商、乃不復給」、長編159慶暦6.11.12戊子「…河北塩務在滄・浜二州、滄州務三、浜州務四、歳課九千一百四十五石、以給一路、旧并給京東之淄・青・斉三州、淄・青・斉通商、乃不復給」。『宋史』が“雑支”とする浜・棣・祁3州は後の通商州軍にも重複して州名を掲げ、『長編』はこの3州を「并給」とするので、この3州では官売塩と通商塩の両方が並行販売されたことが分る。なお永静軍は後周の定遠軍を景徳元年(1004)に改名したもので、『宋史』食貨・塩p.4428の定遠軍は複出、また永定軍は旧寧辺軍で同じく景徳元年に永定と改め、天聖7年(1029)に永寧と改めた。従ってこの記事は景徳元年以降天聖7年以前のものである。

(32)『長編』159慶暦6.11.12戊子「…及王拱臣辰為三司使、復建議悉榷二州塩、下其議於本路、都転運使魚周詢亦以為不可、且言、商人販塩、与所過州県吏交通為弊、所算十無二三、請勅州県以十分算之、聴商人至所鬻州県併輸算銭、歳可得緡銭七十余万」。ここでは慶暦中の歳収は14〜21万貫となる。しかし『長編』360元豊8.10.18己卯条には「(監察御史王巌叟)…貼黄称、慶暦六年、嘗有臣僚擘画塩法、一歳之間、比旧数可増銭五十九万二千八百余貫…又称、慶暦六年、塩税歳額止一十九万余緡…」とあり、開宝以来の塩税銭祖額15万貫は慶暦ころ歳額19万貫余に改められている。なおここで王巌叟は計算上、官売後の歳収を59.28万貫と見込んでいるが、佐伯前掲書表四-3塩税収入額(p.182)ではこの見込額を当年の歳収額とみなし、慶暦6年(1046)の河北路塩税収入を60万貫とする。

(33)『長編』265熙寧8.6.18戊申「三司使章惇言、河北・京東塩院失陥官銭甚多、諸路榷塩、独河北・京東不榷、官失歳課、其数不貲、乞差官同王子淵詣海場并出産小塩州県、与当職官吏并両路転運司相度利害以聞。従之〔注略〕。明年八月、河北塩法乃復旧」。『通考』16征榷三p.162中「河北塩、旧不榷塩、熙寧八年三司使章惇言、河北・陝西並為辺防、今陝西榷塩而河北独不榷、此祖宗一時誤恩、遣使詣海陽及煮小塩州県【小塩、偽塩也】、与両路転運司度利害施行、而文彦博論其不便。詔如旧」。『会要』食貨24-11〔塩法〕熙寧9.8.1「詔三司、河北塩法、可依旧施行、如旧法有未便、即与河北東西・京東東西提挙収趂塩税司、同共相度、仍具河北・京東熙寧八年寔収塩税銭数以聞」、『長編』277熙寧9.8.1甲申条略同。ここに見える河北東西・京東東西提挙収趂塩税司は、嘉祐末・治平初に河北・京東両路の塩場・塩税務の塩税科徴業務を管掌する目的で設置された「提挙塩税司」である(『長編』241熙寧5.12.5己卯、同303元豊3.4.辛丑、同334元豊6.3.壬午、同340元豊6.10.7己卯条等)。

(34)『長編』287元豊1.1.22戊辰2.「前尚書司門郎中王伯瑜乞、改京東・河北四路産塩場為市易塩務、官買於竈戸、以售商人。詔都提挙市易司、召伯瑜審議」、『会要』食貨24-16〔塩法〕元豊1.1.22同。

(35)『長編』360元豊8.10.18己卯「(監察御史王巌叟)…貼黄称、慶暦六年、嘗有臣僚擘画塩法一歳之間、比旧数可増銭五十九万二千八百余貫…又称、慶暦六年、塩税歳額止一十九万余…」。前注(10)及び注(32)を参照。

(36)『会要』食貨23-12〔京東・河北塩税〕所載租額〔熙寧８年〕河北東・西路計は24,8904.862貫文、同23-10〔京東・河北税銭〕の河北路は23,8900.863貫文。京東路についてもほぼ同じ。なお『玉海』181元豊塩には諸路「塩税」として京東18,8600貫、京西7,5261貫、河北両路36,7000貫とするがこれは『玉海』の誤記で、『会要』食貨に拠り京西は京東西路に、河北両路36,7000貫は32,7000貫に訂正しなければならない。なお蘇軾『経進東坡文集事略』33論河北京東盗賊状に「…然臣勘会、近年塩税日増、元本両路祖額三十三万二千余貫、至熙寧六年増至四十九万九千余貫、七年亦至四十三万五千余貫」とあり、河北路・京東路を合せた祖額は33.2万余貫、熙寧６年(1073)に49.9万余貫、同７年(1074)に43.5万余貫の歳収があった。**付表１**.に『会要』食貨15-９～14〔商税雑録〕により河北東路・河北西路の慶暦２年・熙寧10年商税歳収を示す。

付表１．河北東路・河北西路 慶暦２年・熙寧10年商税歳収　(単位：貫文)

河北東路	商税務*		慶暦２年額	熙寧10年額	河北西路	商税務		慶暦２年額	熙寧10年額
大名府*1	24	31	8,4454.000	9,5930.820	真定府	15	10	4,9735.000	4,9404.304
澶　州	10	14	3,7776.000	2,7396.168	相　州	7	7	2,2669.000	1,9363.193
滄　州	22	26	5,6247.000	11,5709.641	定　州	17	9	2,6700.000	2,9786.001
冀　州	7	14	2,6153.000	1,8875.638	邢　州	7	9	2,4657.000	2,3578.977
瀛　州	7	6	3,5968.000	2,4659.439	懐　州	8	7	2,0608.000	1,3702.127
博　州	14	12	6,7240.000	3,3832.352	衛　州	8	12	2,0853.000	3,1007.647
棣　州	11	15	7,3812.000	5,0586.201	洺　州	9	11	2,0745.000	1,5344.988
莫　州	3	3	8983.000	9615.174	深　州	5	5	2,0123.000	1,8529.472
雄　州	1	1	2893.000	1,1552.225	磁　州	11	10	13,720.000	2,0644.218
覇　州	3	3	5096.000	5818.440	祁　州	3	3	1,094,765.000*2	1,5258.253
徳　州	13	16	7,0547.000	4,7419.011	趙　州	6	7	21,498.000	1,7501.630
浜　州	6	18	2,0651.000	6,8604.810	保　州	1	1	11,210.000	1,1073.689
恩　州	6	7	2,3621.000	1,7989.421	安粛軍	1	1	4,240.000	4103.520
永静軍	9	6	2,2970.000	2,6729.973	永寧軍	1	2	13,057.000	1,1128.963
乾寧軍	1	2	7042.000	5393.226	広信軍	1	1	4,156.000	4084.022
信安軍	1	1	5986.000	1434.157	順安軍	2	2		4435.999
保安軍	1	1	1733.000	1,38.283	通利軍*3	3	—	3,421.000	—
								10,082.000	28,8947.003
計	115	145	46,6655.000	46,7354.159	計	105	97	138,2239.000	
(含大名府)	139	176	55,1109.000	56,3284.979				28,8453.750	
								*2	

*商税務の左欄は慶暦２年「旧務」数、右欄は熙寧10年商税務数。

*１ 大名府は『会要』15-1〔商税雑録〕「四京」の項に記載する。

*２ 祁州に100万貫を超える巨額の収入があるはずはない。通考14征榷一「熙寧十年以前天下諸州商税歳額」には慶暦期の務数・歳収を載せるが、祁州は５万貫～10万貫の位置に配列されている。これにより、『中書備対輯佚校

注』(河南大学出版社2007、p.101)は『会要』の「百」を衍字と見て祁州の商税歳額を9,4765貫文とするが、これでは同路真定府のほぼ倍額となり却って不自然である。そこで祁州の数字を除いて上記熙寧10年額を見ると、西路の合計27,3688.750貫文はほぼ旧額28,7474.000と同額になる。恐らく祁州旧額109,4765貫は1,4765貫の誤記であり、この額であれば熙寧10年額1,5258.253と対比して妥当な数字といえるであろう。

＊3 通利軍は熙寧3年(1070)に廃軍、衛・黎陽2県を衛州に隷した。

(37) 京東路は熙寧7年(1074)東西に分路し、元豊元年(1078)に徐州を東路から西路へ、斉州を西路から東路へそれぞれ改隷した(『宋史』地理志)。『会要』食貨23-12〔京東・河北塩税〕では徐州はなお東路に、斉州は西路に属している。これは両路の祖額が熙寧7年(1074)～熙寧10年(1077)までの数字であることを示す(23-10～13の「末塩逐州年額」に記載する他路の「祖額」も同様と考えられる)。また西路3州の「元豊収」は7,5261貫177文で年58％の増に対し、東路9州軍は「祖額」132,544.796貫文に対し「元豊収」は18,8630.094で42.3％の増に止まる。これは元豊元年の徐州・斉州の東西改隷の結果、西路へ改隷された徐州の額が東路へ改された斉州の額より多かったことによる。また『玉海』181元豊塩には、「塩税」として京東18,8600貫、京西7,5261貫、河北両路36,7000貫とあり、いずれも『会要』食貨に拠る数字であるが『玉海』に誤記があり、“京西”は京東西路に、また河北両路36,7000貫は32,7000貫に訂正する必要がある。なお佐伯氏前掲書p.182表四-3「塩税収入額」にはこの塩税歳収が記載されていない。

(38) 同前注(13)『長編』305元豊3.6.25丙辰条。

(39)『長編』334元豊6.3.1丙子「京東転運司言、比較本路及河北売塩場、自行新法、已及一年半、凡収息銭三十六万緡」。同前注(13)長編305元豊3.6.25丙辰条。

(40) 同前注(15)『会要』食貨24-23元豊6.6.15詔。

(41) 前注(9)を参照。

(42)『長編』347元豊7.7.27甲子「知滄州趙瞻奏、河北塩法漸已就緒、乞自大名府・澶・恩・信安・雄・覇・瀛・莫・冀等州軍、尽行榷売、以増其利。従之」、『会要』食貨24-25〔塩法〕元豊7.7.25条同)。

(43) 同前注(13)『長編』305元豊3.6.25丙辰条。『長編』348.元豊7.9.23庚申「河北転運司言、自正月行塩法至七月終、収息十六万七千緡有奇」。なお『通考』15征榷二p.155下「熙豊新法増長塩価…」条注に【河北路、自元豊七年正月推行塩法、至十一月終収塩息銭二十六万五千貫、充便糴司糴本】とあり、元豊7年正月からの11カ月間で息銭26.5万貫を得たというから、年額換算では28.9万貫、息銭の倍額を歳収として約57.8万貫となる。

(44) 北宋時代、便糴司と呼ばれた官署は二つある。一つは「提挙河北糴便糧草司」で仁宗朝に設けられ、宝元以降転運使副または逐州判官の兼務となったが元祐元年に復置され、以後紹聖3年まで機能した。もう一つは元豊4年創設の「措置河北糴便糧草司」で、元祐元年「提挙河北糴便糧草司」と合併したのち同5年(1090)に廃止、紹聖2年(1095)に復置したが翌3年4.13に再び廃止して同年11.9に復置した。前者の便糴司に対しては、『会要』職官44-35〔糴便司〕熙寧2.12.18に「河北糴便司言、熙寧二年沿辺軍粮、準朝旨糴三百三十万石・草四百万束、約束未至有備、乞増糴軍粮五十万石・草二百万束。従之」とあり、また同44-37〔糴便司〕元符3.5.24に「…国初以沿辺十七州軍蠲減税賦、年計不足、故歳賜鈔銭二百万并十七州軍税賦、悉糴便司専領、所以転運司不能浸漁、後併為一司非便」とあるように、熙寧2、3年ころには軍糧380万石、草600万束の備蓄を定めて朝廷から糴便本銭200万貫を賜与され、河北沿辺17州軍の賦税歳収をこれに充当したことがある。しかし元豊6、7年に機能していた便糴司は後者の「措置河北糴便糧草司」を指し、こちらの便糴司に対しては『宋史』食貨・和糴p.4243に「元豊四

年、以度支使蹇周輔兼措置河北糴便司。明年詔以開封府界・諸路闕額禁軍及淮浙福建等剰塩息銭、並輸糴便司為本…」とあり、府界・諸路の禁軍闕額銭や東南塩・福建塩の塩銭増収分を糴本に充当した。『長編』311元豊4.3.11戊戌条自注【食貨志…(元豊)五年乃裒諸路封椿禁軍闕額及剰塩息銭為本、又仮内蔵三十万緡、及詔司農寺・市易・淤田・水利司旧計置封椿芻糧者、悉帰之】。

(45)『長編』364元祐1.1.28丁巳「戸部言、相度河北塩法所言、乞廃罷見行新法、復行旧法通商、従之」、『会要』食貨24-26〔塩法〕元祐1.1.28条略同。『玉海』181咸平江淮塩法「元祐元年正月二十八日詔、河北塩復用旧法通商[紹聖四年復榷]」)。

(46)『長編』455元祐6.2.6乙未「提挙河北塩税司言、請自今許令商賈以所販塩、於有監官処所属場務、依条例輸納税銭、召本処等第人戸、委保出給小引、量所売処人煙・地里遠近・塩数多少、給襲日限、毋得過三十日、搬運赴無監官鎮店従便貨売、依限勾収元引。従之」、『会要』食貨24-29〔塩法〕元祐6.2.6.条略同。

(47)『長編』458元祐6.5.16甲戌「提挙河北路塩税司言、欲将逐処場務已収塩税、於旧収五分祖額銭上添入二分銭数、共成七分、立為祖額、仍只許以実収到見銭、并当年内凡係催納到本処批過料銭数、通比祖額、理為賞罰、其未納批銭鈔数、即除豁不為比較、仍年内無違限、及雖違限已納倍税、方許理数比較。従之」。この“倍税”は商税徴収の規定違反・未納等に基づく倍罰銅銭のことで、塩税収入と直接の関係はない(同334元豊6.3.7壬午「京東転運使呉居厚言、自置塩税司近二十年、商人負正税銭七万六千余緡及倍税十五万二千余緡、皆周革提挙日失於拘催、乞依市易務例、除放倍罰銅銭…止令納正税」)。

(48)『長編』488紹聖4.5是月条「章惇欲禁河北塩、語同列曰、論者以謂祖宗有詔旨不可禁、要之皆吾民、何独河北為不可禁乎」。『長編』493紹聖4.11.19己巳「河北路転運東西路提挙司言、河北官売塩、如依京西[東]路塩法、実為便利、勾当官仍文武官内挙差。従之」。『会要』食貨24-33〔塩法〕建中靖国1.10.1「給事中上官均言…紹聖四年宣徳郎竇訥奏請権塩、是時訥妻父宰相章惇、遂行其請、已及三年、臣近縁使事経由河北、州県官吏皆謂、権塩以来官中獲利甚少、民食貴塩…」。

(49) 同前注(48)建中靖国1.10.1「給事中上官均言…願陛下深飭有司、考究利害、循守仁宗詔旨、罷去禁権、贍養貧乏」。

(50)『会要』食貨25-13宣和3.4.25「詔河北・京東路推行新法鈔塩、可添置提挙官一員、属官一員、分路治事」。

(51)『宋史』食貨・塩p.4469「鬻鹻為塩、曰并州永利監、歳鬻十二万五千余石、以給本州及忻・代・石・嵐・憲・遼・沢・潞・麟・府〔・汾〕(『宋史』脱漏)・威勝・岢嵐・火山・平定・寧化・保徳軍、許商人販鬻、不得出境…唯晋・絳・慈・隰食池塩、余皆食永利塩」。

(52)『宋史』食貨・塩p.4469「…籍州民之有鹻土者為鐺戸、戸歳輸塩於官、謂之課塩、余則官以銭售之、謂之中売」。

(53)『宋史』食貨・塩p.4469「塩法亦与海塩同、歳鬻視旧額減三千四百三十七石…其入官、斤為八銭或六銭、出為銭三十六、歳課緡銭十八万九千有奇」。この“歳鬻”額が鐺戸の輸める課塩の通商課額「歳課」である。また“入官”とは鐺戸が課塩を輸めること—すなわち官が精製塩を収買すること—で、この入銭額は他路の「塩本銭」に相当する。収買価格は6～8文/斤だから、塩価36文/斤に占める塩本比率は約20%となる。また“出為銭”とは販売価格で36文/斤、よって官収は28～30/斤、1石50斤で総収約12.5万石＝約625万斤は17.5～18.75万貫となる。“歳課緡銭”18.9万貫有奇との差額は「中売」分か？(18.9-17.5～18.75＝0.15～1.4)。

(54)『会要』食貨23-11〔末塩逐州年額・河東永利東西塩〕「太原府東、汾州西、祖額一十二万五千七百七石五斗二升一合」、同23-10〔末塩・鈔価〕「河東永興[利]東西監塩、一十二万五千七十七石五斗二升一合、其売到塩銭係応副本路収〔糴〕糧草、別無塩鈔」。

(55)『宋史』食貨・塩p.4469「自咸平以来、聴商人輦運過河西麟・府州・濁輪砦貿易、官為下其価予之。後積塩益多、康定初罷東監鬻塩三年。皇祐中又権罷西監鬻塩、俟塩少復故。時議者請募商人入芻粟麟・府州・火山軍、予券償以塩。従之」。『会要』食貨23-38〔塩法雑録〕宝元3.2.15「河東転運使張奎言、永利東監乞権住煎塩。詔三司相度、権住二年」。

(56)『宋史』食貨・塩p.4469「既而芻粟虚估高、券直千銭、為塩商所抑、纔售銭四百有余、而出官塩五十斤、蠹耗県官」。官塩50斤の売価は(36文/斤×50斤＝)1.8貫文となるが、これは芻粟入中「券」の額面１貫につき800文を優饒した「虚估」であることを示す。

(57)『宋史』食貨・塩p.4469「或請罷入芻粟、第令入実銭、転運司議以為非便而止。大抵鹻土或厚或薄、薄則利微、鐺戸破産不能足其課」。

(58)『宋史』食貨・塩p.4469～4470「至和初、韓琦請戸満三歳地利尽、得自言摘他戸代之。明年又詔鐺戸歳輸歳課以分数為率、蠲復有差、遇水災、又聴摘他戸代役、百姓便之」。

(59)『宋史』食貨・塩p.4470「熙寧八年、三司使章惇言…(河東永利)両監旧額歳課二十五万余緡、自許商人並辺入中粮草、増饒給鈔支塩、商人得鈔千銭、售価半之、県官陰有所亡、坐賈獲利不貲。又私塩不禁、歳課日減、今纔十万四千余緡、若計糧草虚估、官纔得実銭五万余緡、視旧虧十之八」。

(60)『宋史』食貨・塩p.宋史4470「三司使章惇言…請如解塩例、募商人入銭請買、或官自運、鬻於本路、重私販之禁、歳課且大増、並辺市糧草、一用見銭。詔如所奏、官自運鬻於本路」、『通考』16征榷三p.162下河東塩条略同。『長編』269熙寧8.10.23辛亥「詔河東路永利両監塩、自今官自計置、依商人和雇車乗、輦赴本路州県鎮鬻之、禁人私販、犯者并告捕、賞罰論如私塩法、並辺糧草以見銭糴買、仍出見銭鈔十万緡給其費、収買塩銭償之」。三司使章惇が範をとった解塩の入中方式については本書後編第１部第５章西北塩(解塩)の販売体制と課税方式を参照。

(61)『会要』食貨22-4～8〔諸路官売塩歳額〕河東路、及び同23-10〔逐州末塩年額〕により、熙寧９年の河東官売塩歳収及び熙寧10年河東路州軍県鎮商税歳収を**付表２**.に示す。

(62)『会要』食貨23-11〔末塩逐州年額〕河東塩「河東永利東監塩、太原府東、汾州西、祖額十二万五千七百七石五斗二升一合、元豊収一十一万四千四百一十八貫九十四文、内除二万三千五百七貫三百八十三文、係盤塩脚銭」。この「盤塩脚銭」は塩貨を般運する客商が“車乗を和雇する”ための費用である。なお同23-10〔河東塩〕には23-11記載の「祖額」を12,5077.521石と記す。

(63)『長編』287元豊1.閏1.1丙子条【食貨志第五巻…(陳)安石曰、永利東・西両監、請如慶暦前、商人輸銭於麟・府・豊・代・嵐・憲・忻・岢嵐・寧化・保徳・火山等州軍、本州軍乃給券、於東・西監請塩、以除加饒折糴之弊、仍令商人自占所売地、即塩已運至場務者、商人買之、加運費、如是則官塩平、商販通、於事簡便。朝廷行其説、則除安石為河東都転運使】。文中“如慶暦前”とは康定元年所定の入中方式を指す(本書後編第１部第５章西北塩(解塩)の販売体制と課税方式を参照)。

(64)『会要』食貨24-17〔塩法〕元豊1.9.11「三司言、河東都転運司請、続支京鈔見銭三十万緡、計置軍儲、今欲依糴買封椿糧草例、於末塩内支銭一十万緡、換作本路交引、収附与転運司、計置極辺糧草、却以末塩銭撥還省司。従之」。

(65)『長編』314元豊4.7.14己亥「河東路都転運使陳安石言、元豊元年閏正月、奉詔幹集本路塩事、臣自到任推行新法、官場課辨、私塩禁止、及召商人入中〔実〕銭、算請永利両監積塩、已通行歳有羨

付表2.熙寧9年 河東路官売塩歳収及び熙寧10年河東路州軍県鎮商税歳収

熙寧9年官売塩歳額(貫文)		商税旧務歳額(貫)	商税熙寧10年額(貫文)	塩額/商税額
太原府	1,7648.405	9務　4,3018.	12務　5,1150.772	0.345
潞　州	2,2572.051	〔6務〕2,5689.	〔6務〕　454.882	49.621
府　州	2738.783	旧不立額	-	0.582
麟　州	4387.702	旧不立額	(在城2499.821)	1.091
代　州	7491.410	〔19務〕　7949.	20　1,4249.495	0.525
忻　州	1606.988	〔1務〕　5699.	〔1務〕　6800.288	0.236
汾　州	3,996.080	〔5務〕　7908.	5　2,2821.161	0.175
沢　州	8,838.796	〔4務〕　7794.	5　1,7770.273	0.497
憲　州	2,546.505	〔1務〕　2622.	1　3844.211	0.662
嵐　州	6,738.627	〔1務〕　3908.	3　1,6315.591	0.413
石　州	8,754.885	〔6務〕　6949.	8　7069.020	1.238
豊　州	722.352			
威勝軍	5,906.330	〔3務〕　5423.	8　1,0369.992	0.569
平定軍	2,959.174	〔4務〕　5221.	10　1,4211.898	0.208
寧化軍	1,482.900	〔1務〕　647.	1　1213.688	1.221
火山軍	1,493.211	〔1務〕　1004.	2　3523.316	0.423
保徳軍	1,758.891	〔1務〕　4813.	2　4598.923	0.382
岢嵐軍	1,340.823	〔1務〕　3894.	1　593.065	2.260
晋州	解塩行区	6　2,9206.	〔10務〕4,0586.343	
隰州	解塩行区	10　9049.	11　1,2593.932	
慈州	解塩行区	2　3262.	今廃	
絳州	解塩行区	6　2,4780.	8　3,1454.915	
遼州		5　5049.	今廃	
大通監		2　2672.	今廃	
河東路計	10,4013.716		18,2187.967	0.570
「元豊収」	11,4418.094			0.628

余、及増収忻州鹹地鐺戸・馬城池塩課、絳州曲沃金坑・沢州陵川錫窟、各已措置訖」、『会要』24-21〔塩法〕元豊4.7.14略同。

(66)『紀事本末』100紹聖1.12.1己巳「河東路都転運司言、本路塩課利往年最厚、其法之弊無甚今日、自元豊以後至今、官場売到見銭、兼客人算請所収課利、比於元祐間、取其最多一年之数、不過十二万六千緡、以方元豊最少之年、猶未及三分之二」、『備要』24紹聖1.12.河東塩復官売法条略同。

(67)『会要』食貨24-26〔塩法〕元祐1.4.26「右司諫蘇轍言、前宰相蔡確・兄礪等始議創添河東売忻州馬城池塩、其塩夾硝味苦、民不願買、転運司申乞住売、而虞部李閌曲為問難、不肯依実定奪、乞下江[河]東転運司保明、如無妨礙、即依所請住収、仍取問蔡礪等建議害民、虞部官吏希合権要、故作留滞。…詔建議等官并虞部行遣留滞、令大理寺根究以聞」。

(68)『会要』食貨24-29〔塩法〕元祐6.2.6「河東路経略安撫使滕元発請、自元祐二年後売到塩数、与熙寧中課額比較、取酌中一年為法、河東転運司相度、欲将代州管界、毎年以八十万斤為額。従之」。

(69)『会要』食貨24-32〔塩法〕紹聖3.10.4「(戸部)又言、欲依河東転運司所乞、拠本路管下鋪戸塩額多寡未均、並聴本司相度、随聚落均定鬻売。従之」。

(70)『会要』食貨24-38〔塩法〕崇寧3.1.27「尚書省言、河東三路鈔、買売無立定価、聞民間毎百貫文、見売六十五貫以下、本路価例尤賤、於辺防糴買非便、及見銭与新定鈔価一例算請、新法末塩折鈔法正相妨、今欲将河東路自今年更不降三路鈔、止給見銭買売価例請算東南末塩等、依河北新降鈔法施行」。なお蔡京が崇寧元年(1102)に東南末塩を請買する客商に発給した「解塩新鈔」は、東塩・南塩・西塩区の三路に通行するので「三路抄」「三路新鈔」「三路塩鈔」などと呼ばれた。「河東三路抄」は解塩新鈔との間に一定の使用比率を定めて通行させる通商河東塩の鈔引を言う。

(71)『会要』食貨23-18〔塩法雑録〕乾徳3.1.詔「西川城内民戸食塩、偽蜀估定毎斤百六十足陌、自今減六十文、諸州取逐処価減三之一」。宋は乾徳３年(965)に後蜀を平定、後蜀の版図はほぼ「両川」すなわち剣南東川・剣南西川と山南西道の一部を含み、国初はこれらを併せて「西川路」と称したが、開宝６年(973)に山南西道の一部を「峡西路」として分離、西川と併せて「川峡路」と呼んだ。その後咸平４年(1001)に川峡路を益州・梓州・利州・夔州の四路に分割、このうち益州路――ほぼ旧剣南西川に当る――は嘉祐４年(1059)に成都府路と改称し、梓州路(ほぼ旧剣南東川に当る)は北宋末・重和元年(1118)に潼川府路と改称した。利州路は南渡後、金国と接壌する関係で旧京西北路の金州と旧秦鳳路の政州(旧龍州、政和５年(1115)改称)・階州・西和州(旧岷州、紹興12年(1142)改称)・鳳州を編入した。

(72)『会要』食貨23-19〔塩法雑録〕開宝7.7.「詔成都府、於見売塩価内、毎斤減銭十文足【以西蜀初平、民間難得食塩也】。『宋史』食貨・塩p.4471「初川峡承旧制、官自鬻塩。開宝七年、詔斤減十銭、令幹鬻者有羨利、但輸十之九」、同p.4472「太平興国二年、右拾遺郭泌上言…剣南諸州官糶塩、斤為銭七十…望稍増旧価為百五十文…。従之」。

(73)『宋史』食貨・塩p.4471「大為監、小為井、監則官掌、井則土民幹鬻、如其数輸課、聴往旁境販売、唯不得出川峡」。『雑記』14甲集「蜀中官塩」によれば、蜀の官監「大井」は①隆州之仙井、②邛州之蒲江、③栄州之公井、④大寧・富順之井監、⑤西和州之塩官、⑥長寧軍之淯井の６カ所とするが、これらは南渡後・紹興年間の官塩監である。

(74)『長編』2 太平興国3.2.9甲子「有司言、昌州歳収入虚額塩一万八千五百余斤、乃開宝中知州李佩意掊斂、以希課最、廃諸井薪銭、於歳額外別課部民煮塩、民不習其事、甚以為苦、雖破産不能償其数、多移徙它郡、戸口日減、転運使以聞而積年之征不可遽免、欲均於諸州作両税銭米官。上曰若此為患一也。甲子詔悉除之、其二井旧額二万七千七百六十斤、仍勒井戸煮焉」、『宋史』食貨・塩p.4472略同、『会要』食貨23-21〔塩法雑録〕太平興国3.2.条略同。『宋史』276臧丙伝「臧丙字夢寿…大平興国初挙進士、解褐大理評事、通判大寧監、官課民煮井為塩、丙職兼総其事。先是官給銭市薪、吏多侵牟、至歳課不充、坐械繋者常数十百人、丙至、召井戸面付以銭、既而市薪積山、歳塩数致有羨数」。『会要』食貨23-23〔塩法雑録〕至道3.8.4「詔、富義監塩匠月糧、三分中一分雑子、自今並支粳米・冬衣外、仍賜春衣、塩井夫所差百姓、自今悉罷、以本城官健代之、仍月給緡、一切器用以官物充、勿復擾民」。“課部民煮之”“勒井戸煮焉”“課民煮井為塩”“塩井夫所差百姓”等の語が井戸の使役による製塩であることをす。

(75)『会要』食貨23-21〔塩法雑録〕太平興国5.7.「西川転運使聶[張]詠言、蜀民不知塩禁、或買三二両至五七斤、酌情止為供食、自今請十斤以上押送赴闕。従之」。同23-22〔塩法雑録〕端拱1.7.「詔曰、西川編戸繁庶、民間食塩不足、自今関西階・文青白塩・峡路井塩・永康崖塩等勿復禁、許商旅貿

易入川、以済民用」、『宋太宗実録』45端拱1.7.丙午詔同。蜀地と同じく井塩を産する荆湖北路の帰・峡２州は管内塩井の歳課が2820石あり、淮南塩区から独立した井塩自給区とされた(『宋史』食貨・塩p.4474)。

(76)『宋史』食貨・塩p.4472「川峡諸州自李順叛後、増屯兵、乃募人入粟、以塩償之」。

(77)『会要』食貨36-5〔榷易〕景徳2.5.21「榷三司使丁謂言、往者川峡諸屯兵調発資糧、頗為煩擾而積塩甚多、因募商人輸粟、平直価償之以塩、今儲廩漸充、請以塩易綿帛。詔諸州軍糧及二年近渓洞州及三年者、従其請」。

(78)『宋史』食貨・塩p.4473「四路塩課、県官之所仰給」。『雑記』14甲・蜀塩「蜀塩、自祖宗以来皆民間自煮之、歳輸課利銭銀絹、総為八十万緡」。産塩1250万斤全額を塩価150文/斤で販売すると収入は187.5万貫となる。『会要』食貨23-10〔川峡卓筒井塩〕「収到銭、係応副逐路支用、即不見支使窠名、亦無交印斤価」。呂祖謙『歴代制度詳説』５塩法詳説「蜀中井塩自贍一方之用、於大農之国計不与焉」。

(79)『会要』食貨25-13〔塩法〕宣和3.6.4「詔夔州路軍儲年計、並出於恭・涪両州、内大寧監塩、係糴本応副一路。可特許本路・漕司同共踏逐、奏挙諳知逐処次第・才幹清強官、充恭・涪両州、大寧知監差遣一次、任満無遺闕、保明奏聞」。

(80)『長編』158慶暦8.5.9戊子「減邛州塩歳額緡銭一百万…初塩課聴以五分折銀・紬・絹、塩一斤計銭二十至三十、銀一両・紬絹一匹、折銭六百至一千二百、後嘗詔以課利折金帛者従時估」、『宋史』食貨・塩p.4473略同。

(81)『宋史』食貨・塩4472「(四路歳課)各以給一路、夔州則并給諸蛮、計所入塩直、歳輸緡銭五分、銀・紬絹五分。又募人入銭貨諸州、即産塩厚処取塩、而施・黔等並辺諸州、并募人入米」。

(82)『長編』135慶暦2.1.13戊午「自元昊反、聚兵西鄙、並辺入中芻粟者寡、県官急於兵食、且軍興用度調発不足、因聴入中芻粟予券、趨京師榷貨務、受銭若金銀、入中他貨、予券償以池塩」。『会要』食貨23-39〔塩法雑録〕皇祐1.10.「自康定後、入中粮草、皆給以交引於在京榷貨務、還見銭銀絹解塩、却於沿辺入中他物」。

(83)『宋史』食貨・塩p.4473「康定元年、淮南提点刑獄郭維言、川峡素不産銀、而募人以銀易塩、又塩・酒場主者亦以銀折歳課、故販者趨京師及陝西市銀以帰、而官得銀復輦置京師、公私労費、請聴入銀京師榷貨務或陝西並辺州軍、給券受塩於川峡、或以折塩・酒歳課、願入銭二千当銀一両。詔行之。既而入銀陝西者少、議塩百斤加二十斤予之、并募入中鳳翔・永興。会西方用兵、軍食不足又詔入芻粟並辺、俟有備而止、芻粟虚估高、塩直賤、商賈利之、西方既無事、猶入中如之。夔州転運使蒋賁以為、入中十余年、虚費夔塩計直二十余万緡、今陝西用池塩之利、軍儲有備、請如初。詔許之」。

(84)『長編』158慶暦8.5.9戊子「減邛州塩井歳額緡銭一百万…於是梓州路転運司請増銀・紬絹之直、下三司議、以為銀・紬・絹直視旧雖増至三千以上、然塩直亦非旧比、鬻於市、斤為銭百四十則於民未嘗見其害、不可聴。後邛州亦以為言、三司亦以此折之、於是邛州聴減銀・紬絹一分、論者為歳損県官銭二万余緡」、『宋史』食貨・塩p.4473略同。三司の計算では、銀１両(紬絹１匹)：銭600～1200文、これを３貫文以上に値上げすると、販売価格は１斤140文に高騰するという。

(85) 邛州塩の歳課額について、『会要』食貨は邛州の塩課を減じて100万貫に改訂したとし(同23-39慶暦6.5.11「詔益州路転運司、邛州塩井、近年輸課為民所苦、特令歳納銭一百万貫、仍為著令」)、『長編』は邛州の塩課100万貫を減額したとする(前注(84)参照)。“100万貫”は１州の塩課としては過大な額であり、恐らく小銭による収入と思われる。因みに仁宗期の四蜀の売塩課額は約1800万斤、販塩価格150文/斤として総収入は270万貫、益州路課額は2,7925石すなわち約325.3万斤で総入は約48万貫、これは小銭換算で480万貫となるから、邛州塩減額100万貫はさほど不自然な数字ではない。また治平中(1064-67)の邛州塩監の井塩歳入は250万貫であったが(『宋史』266王挙元伝「…治平中又徙成都、邙〔邛〕井塩歳入二百五十万、為丹稜卓箇所処侵、積不售、下令止之、塩登於旧」)、これも大銭換算では25万貫となる。なお参考までに、一州の井塩課額を知る資料として、『会要』食貨23-33〔塩法雑録〕天聖3.8.9に「司封員外郎盛京言、忠州所管塩井三場、見納額塩共四十五万四千五百余斤、数内九万三千一百余斤、転運司添起、自後燂煎不辨、破産填納、欲乞下本路差官、与知州体量、如委実不辨、依旧権倚閣、候井戸燂煎得辨、依旧添収送納。従之」とあり、忠州所管の三塩場合せて産塩が約45万斤、これを全額販塩すれば歳収は9～13.54万貫となる。また『長編』103天聖3.8.9戊午に「免忠州塩井所増塩及夔州奉節・巫山営田銭・万州穀税銭。初夔州路提点刑獄盛京言、忠州塩井三場、歳出三十六万一千四百斤、近歳転運司復増九万三千余斤、主者多至破産、被繫而不能輸、又奉節・巫山営田戸元無田、自偽蜀時奸民詭冒以避徭役、其後負税逃死、今猶以里胥代之、万州民糴穀而官乃収税銭、皆害於民者。故悉除之」とあり、成都府路忠州所管三塩井の課額は36,1400余斤というから、1塩井の課額は約12万斤(約3100石、1.8万貫)となる。なお『元豊九域志』忠州に塩井の記載はなく、隣江県に「塩泉鎮」がある。また四川では、一般に官売塩の販売価格は、私塩はもちろんのこと民間に流通する通商塩より高価であり、邛州蒲江井の官塩も、『宋史』食貨・塩p.4474に「元祐元年…四川数州売邛州蒲江井官塩、斤為銭百二十…梓・夔路客塩及民間販小井白塩、価止七八十…」とあり、州蒲江井官塩1斤120文に対し、梓州路・夔州路の通商塩、民間の「小井」塩の時估は1斤70～80文であった。

(86) 同前注(82)『長編』135慶暦2.1.13戊午条。

(87)『長編』165慶暦8.10.22丁亥「其法、旧禁塩地一切通商、塩入蜀者亦恣不問」。

(88)『会要』食貨24-9〔塩法〕熙寧9.4.22「体量成都府等路茶場利害劉佐言、詢究得陝西客人興販解塩入川買茶、於陝西州軍貨売、獲利厚、今欲依客例、逐年以塩一十万席・茶六万駄為額、約用銭二百一万貫文足、比商賈販取酌中之利、更不許客人興販入川峡路。従之」。同24-11〔塩法〕熙寧9.11.27「侍御史周尹言、伏見成都府路州県、戸口蕃息、所産之塩、食常不足、梓・夔等路産塩雖多、人常有余、自来取便販易、官私両利、別無姦弊、訪聞、昨成都府路転運司為出売陵井場塩、止絶東川塩、不放入本路貨売、及将本路卓筒井、尽行閉塞、因閉井而失業者不下千百家、蓋欲塩価増長、令人戸願買陵井場塩、又因言利臣僚奏請、募人般解塩往川中貨売、自陝西至成府、経隔二千里以来、山路険阻、不能般運到彼、致日近成都府路塩価湧貴、毎斤二百五十文足、更値豊歳、以二斗米只換一斤、貧下之家尤為不易、東川路塩、毎斤却只七十、境上小民、将入西路、便為禁地、斤両稍多、刑名不軽、嗜利苟活之人、不顧条法、至有持仗裹送販者、況両川州郡雖分四路、其実一体、本無塩禁、未有捨東川隣路之近、不通行塩貨、却於解池数千里外、往成都出売、非惟人情艱阻、兼陥失商税不少、是非利害昭然可見、欲望放行東川路諸処塩、依旧令諸色人任便将帯、於成都府路貨売、本路転運司不得更有止絶、成都府路自前開到卓筒井近閉塞処、如元勾当人情願承売、却令開発為主、即不得更有刱開、其解塩亦乞依旧令客人任便販入川、官中更不般載。詔送三司相度以聞」。『長編』279熙寧9.11.27己卯略同、文末に「其後詔、官販解塩依客人例出売、不得抑配、商販聴如旧」。『会要』食貨24-10〔塩法〕熙寧9.7.25「知洋州文同奏、臣窃見、本州買売茶貨、行之日久至今、其間措置尚未循理、近又準朝旨、尽行榷塩、不許私商興販、官自置場出売、然則計其所得之息、実為深厚、要施行久遠、使之通流、不能成弊者、猶有余議、本州管内三県版籍、有主客凡四万八千余戸、此旧数也、其実比之今日、財付六七《ママママ》爾。大率戸為五口、亡慮二十四万余口、口日食塩二銭、日費塩三千余斤、往事茶郷人戸、既得各自取便売茶、於是陝西諸州客旅、無問老少往来道路、交錯如織、担負塩貨入山、并在州県村郷鎮市、坐家変易。当此之時、塩有余戻、今既一切禁止、客人不令販売、官中当須預先為之計度、塩貨千万積貯在此、所貴法行之後、日有数千百斤転売、出於民間、復日有数千百斤般輦、入於務内、如此則源深而流長、若彼中駄乗稍闕、或更有応副他処使用、并道途諸般阻滞、不能投続来至於此、当此之時、塩不足矣、臣見、去年自鳳翔盤塩来本州税務、出売為茶本銭、凡一十七次、般填到二万千余斤、中間又有関報数目、至今有不到者、自今年三月已来、遂無出売、甚可懼也、欲乞朝廷更下議者、反覆熟慮、準備計要、其法已定、然後施行。詔令提挙成都府・利州・秦鳳・熙河路茶場司、相度奏聞」。この記事から当時の食塩の平均消費量が１日１人約7.5ｸﾞﾗﾑであったという興味深い事実が分る（24万人で3000余斤→0.0125斤/日人＝２銭、１斤＝160銭≒600ｸﾞﾗﾑ）。

(89)『会要』食貨24-37〔塩法〕崇寧2.11.13「尚書省言、陝西・河東塩事李憕勘会到川峡路利・洋・興・劍・蓬・閬・巴・綿・漢州・興元府及余処、並係元解塩通行地分、朝廷既以東北塩代解塩貨売、許人旧塩地分、即応干旧解塩通行処、自合令東北塩興販。従之」。

(90)『宋史』食貨・塩p.4473「慶暦中、令商人入銭貨益州、以射大寧監塩者、万斤増小銭千緡、小銭十当大銭一、販者滋少、蜀中塩踊貴、斤為小銭二千二百。知益州文彦博以為言、詔皆復故」。

(91)『会要』食貨24-30〔塩法雑録〕元祐6.2.12「夔峡路転運司言、伏見、熙河入中謝請大寧監塩、係立限十年請将三路・熙河路等処入納銭銀糧草、謝請本路開・達・忠・万・涪〔夔〕州・雲安軍六処塩鈔、並依大寧監年限施行。従之」。

(92) 蘇軾『東坡志林』（五巻本）４井河・筒井用水鞴法「蜀去海遠、取塩於井、陵州井最古、淯井・富順塩亦久矣。惟邛州蒲江県井、乃祥符中民王鸞所開、利入至厚。自慶暦・皇祐以来、蜀始創筒井、用圜刃鑿碗大、深者数十丈、以巨竹去節、牝牡相銜為井、以隔横入淡水、則鹹泉自上…」。文同『丹淵集』34奏為乞差京官知井研県事「自慶暦以来、始因土人鑿地植竹、為之卓筒井、以取鹹泉、鬻〔鬻〕錬塩色」。なお郭正忠「関于宋代筒井風波的考察」（1981、『中国塩業史論叢』所収）参照。

(93) 呂陶『浄徳集』４奉使回奏十事状・第九事「臣伏見陵井監・嘉州等処人戸、久来開鑿塩井、謂之卓筒、蓋塩泉所在皆山渓間、鑿地数十丈、以竹隔水故也。官為比権、月納課利、助一路之費蓋亦不少。始嘉祐中転運司奏請、今後更不許卓筒、非為其偽濫也。止以鑿井既衆、出塩滋多、射破蒲江官井塩価、然已開鑿者亦存而不廃。至熙寧九年、転運判官段介又奏、請閉塞本路及梓路卓筒塩井、一為欲蒲江官売貴塩、二為欲興販大寧塩・解塩入川、高価出売、多取羨息、苟求恩賞。是時梓州路転運司以為年計所頼、固執不可、惟成都路尽行閉塞、煎井之家、由是失業。近歳為有熙寧五年六月十四日中書劄子、許開塩井、除卓筒井不許興開、向之井戸各経所属陳状、乞開大井、但砌井面、其下亦須卓筒、井研等県無慮百五十所、逐年出納銀絹及五万数、其始避卓筒之名、方得開鑿、既而有違法之実、深自恐畏、浮浪游手・州県胥吏、日有陵脅、未嘗寧居。臣窃課卓筒与大井煎塩及所納課利、其実不異而卓筒独為礙法、理有未安。欲乞下転運相度嘉州陵井監、今日以前塩井、一依梓州一路塩井勅条指揮、其熙寧五年六月十四日中劄子卓筒不許興開、亦乞删去、即於公私実為両便。又訪聞成都路塩井、先差官比権、後転運司指揮本州、更勾追開井戸、于所権額外、増添歳課、多有破敗。欲乞指揮転運司勘会、自額添起課利、尽与除放、免致三二千家、因此流殍、為太平之累。［貼黄］蒲江塩昨准朝旨減価、易為出売近、又黄廉奏乞減井額、貨法已通、今若許復卓筒井、則於蒲江塩委無妨礙」。『会要』食貨24-11〔塩法〕熙寧9.11.27「侍御史周尹言、伏見成都府路州県、戸口蕃息、所産之塩、食常不足、梓・夔等路、産塩雖多、人常有余、自来取便販易、官私両利、別無姦弊、訪聞、昨成都府路転運司為出売陵井場塩、遂止絶東川塩、不放入本路貨売、及将本路卓筒井、尽行閉塞、因閉井而失業者不下千百家、欲塩価増長、令人戸願買陵井場塩…本路転運司不得更有止絶、成都府路自前開到卓筒井日近閉塞処、如元勾当人情願承売、却令開発為主、即不得刱開…」。

(94)『会要』食貨24-27〔塩法〕元祐1.4.26「同日、陵井監進士黄[董]遷上言、山沢之利、莫過塩井、向者有司於課税之外、更使一井歳輸五十緡、謂之官渓銭、興利者因自堕[惰]而羨利、反有所遺、願蠲除之。詔黄廉体量以聞、継而黄廉奏、被旨体量、民庶上書陵井塩、願悉蠲除之、今後開興塩井除税課外、不許別収租銭。従之」。

(95)『会要』食貨24-29〔塩法〕元祐4.1.24「詔成都府路見管塩井一百六十余、立為定額、不問大井、及不禁止、若遇鹹泉枯渇、許於旧井側近開卓取水、以補旧数権定、認納課額、旧井却行栈閉、不得創於額外増添【従侍御史呂陶論列利害也】」。同24-29〔塩法〕元祐5.1.28「戸部言、前任利州転運判官韋驤奏、元豊中梓州転運司請止絶閬州栈閉塩井、及刱開井、恐侵本路塩課、致本州虧減課額、乞験実如委鹹脈変淡、許栈閉及創開別井煎輸。従之」。同25-5〔塩法〕政和1.6.9「戸部言、成都府路転運司奏、乞依元符中指揮、興開塩井。従之」。

(96)『宋史』食貨・塩p.4471「益州路一監九十八井、歳鬻八万四千五百二十二石、梓州路二監三百八十井、十四万一千七百八十石、夔州路三監二十井、八万四千八百八十石、利州路一百二十九井、一万二千二百石、各以給本路」、同p.4472「仁宗時、成都・梓・夔三路六監与宋初同、而成都増井三九、歳課減五万六千五百九十七石、梓州路増井二十八、歳課減十一万一十九石、利州路井増十四、歳課減四百九十二石三斗有奇、夔州路井増十五、歳課減三千一百八十四石、各以給一路」。

(97)『元豊九域志』に記載する熙寧末・元豊初年の四路の塩監・塩井は、成都府路に計２監――陵井監（旧陵州、監東300歩に塩井、熙寧５年（1072）廃監）、邛州蒲江に塩井１監。梓州路に計３監163井――富順監に官塩井、梓州郪県34塩井・中江県１塩井・涪城県27塩井・射洪県１塩井・塩亭県塩井・飛烏県５塩井・東関県４塩井、資州盤石県18塩井、内江県66塩井、瀘州淯井・南井２監。栄州公井県は熙寧４年（1071）に鎮とされ、栄徳県に編入。利州路無。夔州路に１監２塩場１塩井――大寧監（開宝６年（973）夔州大昌塩泉所に置く）、忠州臨江県に塩井鎮、涪州涪陵県に１塩場、雲安軍雲安県に１塩場・１塩井。『宋史』地理志には、成都府路邛州蒲江県に「塩井監」、「仙井監」（旧陵州、熙寧五年廃為井監、宣和四年改為仙井監、隆興元年改為隆州）、潼川府路潼川府（旧梓州）郪県34塩井、中江県塩井、封城県27塩井、射洪県１塩井、塩亭県６塩井、飛烏県５塩井、東関県４塩井、資州盤石県１塩井、内江県66塩井、瀘州「南井監」、長寧軍（熙寧８年置淯井監、政和４年建長寧軍）、栄州栄県「塩監」（旧公井鎮、端平３年廃）、資官県１塩井、同応霊県１塩井、「富順監」１塩井、夔州路「大監」（旧大昌県「塩泉」）を載せる。なお西和州は旧岷州で『九域志』に「塩官水」あり。これらのうち瀘州淯井監については『会要』食貨24-6〔塩法〕熙寧7.3.23に「梓夔路察訪熊本請、依瀘州進士鮮于之邵議、井監塩井、止存両竈官自煎、余鹹水尽出売。従之」とあり、熙寧ころには産塩量の低下から官竈２基を残して塩井を民間に卸売している。なお瀘州南井監の塩井については『会要』食貨23-22〔塩法雑録〕端拱1.1.23条、富義監の塩匠については同23-23〔塩法雑録〕至道3.8.4条、同じく瀘州南井監の煎塩竈戸については『長編』70大中祥符1.12.9乙未条、陵井監の工役人については『会要』食貨23-29〔塩法雑録〕景徳3.11.8（『長編』64景徳3.11.6乙巳同）条、大寧監塩の販売については『会要』食貨24-9〔塩法〕熙寧8.11.28条等に記載がある。

(98)『会要』食貨23-11〔塩法〕に載せる(熙豊期)「川峡卓筒井塩」の四路諸州の井数・祖額〔熙寧8年〕・元豊元年(1078)実収は次のとおり。成都府路…眉7井、綿12井、邛4井、雅1井、成都府1井、陵井監17井、嘉・簡州并未具到祖額。計42+井、祖額346,5398斤7両+、元豊収348,9362斤14両。利州路…閬127井、勘会当年別無煎売塩場課利。梓州路…梓78井、遂58井、果38井、資63井、合4井、栄170井、富順監14井、瀘・普州并未具祖額。計425+井、祖額628,8138斤2両+、大銭470貫140文、(勘会本路州軍百姓買塩井、係認定年額収数、並与年額一般、別無増虧及祖額数目)。夔州路…夔1監、忠5井、万2井、開1監、達1井、渝2井、黔4井、雲安1監、大寧監・涪州并未到祖額。計4監、14井、祖額249,8147斤3両5銭+、元豊収178,1781斤14両。

(99)『会要』食貨25-38〔塩法〕建炎4.4.21「同日臣僚言、請罷四州[川]榷塩・榷估、以安遠民。詔劄与張浚施行」。

(100)『雑記』16乙・四川総制司争鬻塩井「三路官井、旧法令人承煎、自軍興後、総領所已依官田法召人投買、得銭数十万緡。大使司以為未及価復売之、又得銭百万緡、入制司激賞庫。王子益以為失信檄止之、大使司乃以総計所負制司広恵倉米三十万石、言之於朝、子益議遂格」、『宋史』食貨・塩p.4475略同。

(101)『雑記』14甲集・蜀塩「蜀塩、自祖宗以来皆民間自煮之、歳輸課利銭銀絹、総為八十万緡。紹興二年秋、趙応祥総計、始変塩法尽榷之、倣蔡京東南・東北鈔塩条約、置合同場以稽其出入、毎斤納引銭二十五、土産税及増添約九銭四分、所過税銭七分、住銭一銭有半、毎引別輸提勘銭六十、其後又増貼納等銭。〔凡四川二十州四千九百余井、歳産塩約六千余万斤。引法初行、毎百斤為一担、又許増十斤、勿算以優之、其後递増至四百余万緡、休兵後数減之、今猶存三百余万。始趙応祥之立榷法也、令商人入銭請引、井戸但如額煮塩赴官、輸土産税而已。然鹹脈盈縮不常、久之井戸月額不敷、則官但以虚鈔付之而収其算、引法由是壊。井戸既為商人所要、因増其斤重以予之、毎担有増至百六十斤者。又有逃廃絶没之井、許人増其額以承認、小民利於得井、毎界递増、塩課益多、遂不可售、而引息土産之輸無所従出、由是刎縊相尋、公私皆病〕」、"始趙応祥之立榷法也"以下、『宋史』食貨・塩p.4475-76略同。『要録』17建炎2.8.19辛未「…四川三十州、歳産塩約六千四百余万斤、後隷総領財賦所贍軍」、同58紹興2.9.27甲申是日条略同。ただし『雑記』紀事中〔　〕内は『要録』紹興2年条には無く、別に「蜀中塩課最盛者、莫如簡州、旧為課利銭纔千三百緡、絹千九百匹、銀百両。引法初行、歳課至四十八万余緡、他州倣此。自是歳益増加、合三路都所輸至四百余万緡、而夔路十三州及隆栄邛岷諸州官煎者不与焉」の一文を加える。これは「旧」すなわち北宋時代の簡州の課利収入を記したもので、『雑記』では省略されている。北宋・康定以前、蜀では諸路の塩課の輸納は緡銭5対銀・紬絹5で折科したから(前注(80)を参照)、簡州一州の課利収入は銭額でわずか2600貫(その内訳は銭1300貫と絹1900匹・銀100両で1300貫)であった。南宋に入り合同法の施行後、簡州の課利収入は48万余貫で、北宋時代の約10倍になったという。これは極端な事例であろうが、北宋後半期の課利歳収約80万貫に対し、合同法施行後10年で歳収は400万貫を超えたというから、四路全域では平均約5倍の増収を見たことになる。

(102)『会要』食貨25-34〔塩法〕建炎11.3徳音「訪聞川路塩井、有歳久井水耗淡、煎塩不成去処、人戸乞閉井口、縁州県慮減損課額、例不肯相験封閉、人戸至有破産、以此民間不敢告発新井、若州県不憚相験封閉、即人戸告発必多、公私両便、令逐路漕臣躬親按視、詳加体究、如有抑勒人戸不肯封閉、官吏奏劾取旨施行」。

(103)『会要』食貨28-39〔塩法〕紹熙5.1.1「戸部言、四川総領所申、潼川府塩酒為蜀重害、伏見通・泰

州海塩所至並無征税、而蜀中之塩、官収其土産銭、則已係納税、又給売与官引、則亦是官貨所過、又従征之、欲乞過通・泰塩法尽与免諸州県鎮塩税、使客旅通流。総領所照得、四川塩貨、州県税務不止従省額収税、又有額外増収、如買酒銭・到岸銭・塌地銭之類、皆是一時増創、乞下成都・潼川府・利州路諸司、申厳禁止、不得於塩檐引面官銭額外苛取井戸・客人銭物。従之」。南宋時代を通じて四川では、「土産銭」の他にも「買酒銭」「到岸銭」「塌地銭」など諸官署が諸種の非正規科銭を賦課して客商への卸売価格(＝鈔引額面価格)をつり上げていた。

(104)『会要』食貨28-37〔塩法〕紹熙3.6.9「吏部尚書趙汝愚言、蜀人趙開紹興初為都転運使、所議塩法、最為精密、其法、井戸皆不立額、惟禁私塩、而諸州県鎮皆置合同場、以招客販、其塩之斤重、遠近皆平、其立価均一、故無彼此傾奪之患。開又因時之貴賤而為翕張、今其法尽廃、井戸多鑿私井、務以斤重多寡相傾、故塩日多価日賤而法大壊、乞下総領所、参照旧法施行。従之」。『雑記』14甲集・蜀塩「紹熙三年夏、趙子直為吏部尚書奏言、趙開塩法最為精密、今井戸多鑿私井、務以斤重多寡相高、故塩日多価日賤而其法日壊。乞下総領所、参照旧法施行。従之。時楊嗣勳総計、因是遣官、嘉泰二年陳郎中昱総計、又尽除官井所増之額焉。自慶元後、州県及井戸稍舒而民始食貴塩矣」。

(105) 前注(101)を参照。

(106)『要録』17建炎2年8月18辛未「…四川三十州、歳産塩約六千四百余万斤、後隷総領財賦所贍軍」。『雑記』甲14蜀塩「凡四川二十州四千九百余井、歳産塩約六千余万斤、引法初行、毎百斤為一檐、又許増十斤、勿算以優之、其後逓増至四百余万緡、休兵後数減之、猶存三百余万」。

(107)『会要』食貨28-52〔塩法〕嘉定4.1.20「四川制置大使安丙・総領四川財賦陳咸言…窃見軍興以来、塩価倍増、未軍興前毎檐共不満三十引、今約五十引、除引息・柴火外、浄息不下三十余引…」。毎檐価格が30～50引ということは、合同法では1檐(1引100斤)の鈔価4.35貫の元を取るには50引の売上げが必要ということ。ここから商人の販塩価格は(4350/5000＝)87文/斤となる。ただし"除引息・柴火外、浄息不下三十余引"とあり、ここから更に引息・柴火すなわち手数料や燃料費を追徴されるので、結局商人の利益は1斤50文程度となる。なお"未軍興前、毎檐共不満三十引"とあり、北宋後半期の官売井塩販売価格は1斤50文程度であったことが分る。

(108)『雑記』甲14・蜀中官塩「蜀中官塩、有隆州之仙井、邛州之蒲江、栄州之公井、大寧・富順之井監、西和州之塩官、長寧軍之淯井、皆大井也。若隆・栄等十七州民間所煎、則皆卓筒小井而已、其用力甚難。惟大寧之井、鹹泉而出於山竇間、有如垂瀑、民間分而引之。又有彭山之瑞応井、味近硝、得隆・栄鹵餅雑煎、然後成塩、元豊・崇寧両嘗禁止、以食者多病故也。紹興末総領所復弛其禁、隆・簡・嘉・栄之人、病其侵射商販、因代輸課息、再行桟閉、今謂之石脚銭、然彭山之民私煎如故。仙井歳産二百余万斤、隷転運司。蒲江亜之、隷総領所。大寧塩二百五十余万斤、歳取其四分【一百三万七千余斤】、計直九万余緡、亦隷総領所【毎斤旧為三百、紹興十七年宣司減五十、二十二年又減二十銭】。淯井四十余万斤、歳取其赢五万余緡、為軍食之用【旧額四十九万二百斤、取撥銭引四万八千八百五道五百七十文、応副総領所。紹興十六年実産塩四十一万九千四百斤、内三万三千六百斤犒設、七千八百斤贍学、三万斤鍋本外、余十四万八千斤、毎斤二百二十文、計七万七千三百十九貫五百文、而本軍省計応用二万三千八十七貫八百十二文、余折官価銭引三万七千六百八十二緡而已、毎歳大科二万三千余緡、漕司抱其半、尚虧万一千余緡、二十二年十二月乃悉除之】。惟塩官歳産塩、計羨緡銭三万為利州銭監鋳本云。然官塩多悪雑不可食、往往抑售於民、州郡第利其赢、無能正之者」。

(109)『会要』食貨28-8〔塩法〕淳熙6.5.13「四川制置使胡元質・総領程价言、四路産塩、三十州見管井二千三百七十五井、四百五場、内除依旧額煎塩一千一百七十四井、一百五十場、別無増減塩数外、其因今來推排、或因自陳、或糾決情願増額者、計一百二十五井、二十四場、并今次渲淘旧井、亦願入籍者、計四百七十九井、其委実無塩到場之井、即与栈閉、尽令除豁、其有不敷旧額、陪抱輸納者、即斟酌軽重、量与減放、共計合減銭引四十万九千八百八十八道、以諸州増額塩銭引等、共計増収銭引十三万七千三百四十九道、補合減数外、尚余対減未尽銭引、毎年計二十七万千五百余道、其合対補銭数、令総領所措置円融、毎歳抱認対補銭引十七万二千五百余道、余銭引十万道、乞於総領所毎年樁管、昨来対減酒課、用不尽銭一十二万六千四百余道、内取十万道、対補上項合減之数、庶幾四川州県井戸民人、免四五十年困重額之患。従之」。

(110)『会要』食貨28-24〔塩法〕淳熙11.11.16「置万州南浦県漁陽塩井監官一員【井歳収塩一十四万六千三百余斤、初以主簿兼監、於是始専置官】」。

(111)『会要』食貨28-25〔塩法〕淳熙12.7.8「詔減開州温湯塩井所増塩額一万八千斤。先是熙寧九年、夔路提刑張宗諤定本井毎歳塩額二十一万二千五百五十三斤、後来本州自行推排、於祖額上増一万八千斤。於是以井戸進状、詔制置諸司体究措置、而諸司奏減之」。

(112)『会要』食貨28-27〔塩法〕淳熙14.1.21「詔長寧軍淯井塩監、許通入瀘州楽共城・博望寨・梅嶺・板橋・政和堡五処地分販売。以臣僚言、長寧歳計独仰塩井、乞与放行隣境出売、下制置等司措置。而有是詔」。

(113) 前注(108)を参照。また『会要』食貨28-49〔塩法〕嘉泰4.2.12「夔路運判李詵言、大寧監塩場歳趁二百五十万斤体例、本司自擬待闕官一員、往充外計簽庁、既無縮繫印紙、苟請俸給、或虚額誑申、或秤乾没、乞将塩場従吏部差注初任京官、次任選人。従之」。

(114)『会要』食貨28-27淳熙14.12.18「四川安撫制置司言、夔路大寧監四分塩、逓年科在忝・涪等八州、委是擾民、転運司措置、止就夔州以時価変売、誠為利便、所有虧銭、除以金銀高価対折及転運司抱認外、余一万五千道、総領所已将淳熙十一年・十二年・十三年分並行抱認。乞下総領所、将淳熙十四年以後年分所虧一半銭一万五千道、令本所依以前三年体例永遠抱認、庶幾八州之民、得免科抑之擾。従之」。

(115)『会要』食貨28-35紹熙2.7.9同日「戸部言、夔州乞、将本州奉節・巫山両県転運司科擾、塩毎斤減作一百文変売、所有虧価銭共一千三百二十道、三百六十四文、州司抱認解撥、乞下四総領所、従本州所乞施行。従之」。

(116)『会要』食貨28-34〔塩法〕紹熙2.3.22戸部言「成都転運司奏、彭州・崇慶府・永康軍・眉州・成都府属県、合般売隆州井塩産塩三千六百八十九担、縁比年塩価稍賤、艱於変売、本司已毎檐減価、銭引一道、理納計減銭引三千六百八十九道、本部乞下成都転運司常切遵守。従之」。

(117) 新井の開発・閉鎖については前注(102)を参照。『会要』食貨27-18〔塩法十〕乾道1.1.1南郊赦「四川民戸塩井、其間有年歳深遠、泉脈短縮、寔不可煎輸、家貧無以償納者、往往虚負折估重額。雖累陳乞栈閉、官司不為施行、理宜矜恤。可令逐路監司、将似此去処相度詣寔、依条栈閉施行、不得依前逼抑違戻」、乾道三年十一月二日、六年十一月六日、九年十一月九日南郊赦並同此制。『会要』食貨28-6〔塩法〕淳熙3.5.20「前知栄州程介言、乞将四川州県折敗井戸、許各赴愬委官定験、係枯淡之井、則廃不復開、如元係旧井而水脈復興者、則開之以対補虧課額。従之」。

(118)『会要』食貨28-11〔塩法〕淳熙7.1.18「四川制置司胡元質言、在法、塩井推排、所以増有余・減不足、有司奉行弗虔、務求贏余、其塩井盈者、則過為之増、涸者略為之減、増損尽出於私心、乞将今所減塩数、並為定額、自後毎遇推排、以増補虧、不得踰越已減一定之数。從之」。『会要』食貨28-34〔塩法〕紹熙2.4.7「四川制置司言、先奉旨歳捐緡銭一百三十五万、対減塩酒、同総領所諸司条具聞奏、伏見、塩井戸係三年一次推排、酒店戸二年一次推排、以糾次豊盛折敗去処、窃縁諸司昨自減放指揮、日下就制置司置局、諸司会議収趁課額与推排之籍、考核増虧見合行溥減・貼減分数、今若不候対減指揮之下、便与推排、却致失実、乞行下実対減塩酒窠名銭数。詔京鏜・楊輔公共究見四川総領所及逐路提刑司去年一全年認椿銭数、斟量諸司所奏溥減・貼減事理、并逐月減指揮、自今年為始、一面抛数対減、務在均当恵利及人」。『会要』食貨28-35〔塩法〕紹熙2.11.27南郊赦「四川塩井、多有年深泉脈不発、陳乞栈閉。官司不為施行、虚負重課、累降赦文約束。訪聞因渲淘旧井、間有鹹脈去処、州県又令別増新額、不与対減見欠之数。可令逐路監司相度、将実合栈閉与所添新額、取見詣実、依条施行、不得仍前抑勒」。なお制置司の奏文中に“塩井戸係三年一次推排”とあり、この規定は淳煕6年の大規模な塩井・塩場推排（前注(109)を参照）の後に設けられたものと思われる。

(119)『会要』食貨27-28〔塩法十〕乾道7.4.22.「臣寮言、利路関外諸州、連接敵境、軍興以来、帰正忠義之人与逃亡・悪少之徒、皆興販解塩為業、比之官価廉而味重…」、同28-46〔塩法〕紹煕5.閏10.9「詔興元府・興州・金州都督・安撫司、督責所部関隘戍守官兵、厳切禁止、毋令解塩稍有透漏、侵射川塩」。

(120)『会要』食貨26-43〔塩法九〕紹興29.9.6「臣寮言、窃見利州路西和州塩監鎮塩井、歳出塩七十余万斤、内一半充柴茅・官吏請給之本、一半係転運司給引付下西和・成・鳳三州出売、毎百斤通頭子等銭二十二貫、総計七万余貫、撥赴総領所、充利州銭監鼓鋳本銭、契勘塩監塩、旧給秦鳳一路、今乃扼於三州、初止随時変易、未嘗立額、自紹興十五年以後、宣撫司乞置銭監、方行根括、立定額銭、地狭塩多、変売不行、不免科及、於民理宜懲革…」。

(121)『会要』食貨28-9〔塩法〕淳煕6.11.24「四川総領李昌図言、今〔金〕州管内安撫司塩場、頗為民害、金州軍民尽食通・泰州塩、凡客旅販至本州、則官司拘催在場、高価科俵売与民間、既以得銭、則拘収庫《ママ》、客旅百端求嘱、方始支還、間有坐待三四年不得銭者、縁管内安撫司官吏費用、歳計一万六余貫、取辨於此、今若省罷安撫司之冗費、其塩場従本所措置、将客人販到海塩、以市価収買、量給息銭、裁減高価、令民間任便収買食用、庶於客旅痛快、俟措置一歳若便有収息銭、即用対補蠲減四川井戸虚額塩銭。從之」。

(122)『会要』食貨28-23〔塩法〕淳煕11.4.3.「詔金州依見行塩法、聴客人・鋪戸従便売買官塩、不得仍前置場拘催、如有違戻、許京西提塩司按奏」。

(123)『会要』食貨28-39〔塩法〕紹煕5.2.8「詔罷利州東西路塩店七処、良家子撥隷興元府都統司。以四川総領楊輔言、利州東路安撫司所置塩店一処、亦請一体施行、故有是命」。

第８章　福建塩の販売体制と課税方式

はじめに

福建塩の販売体制として、国初に施行されたのは通商[卸売制]であった。天聖以前の福州南臺塩の祖額は約501万斤(12.5万貫)、その後下四郡で増産が進んだ結果、天聖年間に祖額は約746万斤(18.6万貫)に増えた。景祐２年(1035)から沿辺入中の償還塩として京師榷貨務で東南末塩鈔の請買が始まり、福建「海倉」塩10万貫を課額として、その2/3を沿辺入中の通商償還塩に、1/3を上四郡の官売塩に充て、下四郡卸売通商塩と併せて三種の官塩が通行する、福建路独自の官商並売体制が成立した。

熙豊期には福建路の塩税歳収は祖額〔熙寧８年〕約27.1万貫とされ、熙寧９年(1076)には歳収26.7万貫を確保したが、元豊元年(1078)実収は20.2万貫に減じた。そこでこの年、福建路転運使王子京により福建路の塩法が改革され、海倉塩の祖額を16万貫に増額するとともに、下四郡には五代・閩国で行われた榷塩「産塩銭」を復活させて[官売制]を代替させた。上四郡への般運額の増加と税戸への塩貨抑配によって官売収入は増加し、元豊２年の福建産塩販売実収は約46.5万貫に達した。崇寧３年(1104)の産塩は約2540万斤で歳収は約63.5万貫、ただし上四郡が49.25万貫に対し下四郡は14.25万貫と、上四郡の歳収の伸びが著しい。宣和年間の産塩は1100万斤にまで落込んだが、これはほぼ熙豊期の水準である。

福建路では北宋末・南渡直後の混乱期に一時禁榷[官売制]〈官般官販〉方式が布かれたが、建炎４年(1130)には通商[鈔引制]〈小鈔〉方式が布かれた。これは淮浙塩の通商復旧にともない３カ月で廃止されたが、このとき通商課額40万貫を折半し、20万貫を福建路転運司が「歳認鈔銭」として行在榷貨務に上供し、半額20万貫を「綱塩」歳課として転運司が上四郡に〈官般官販〉する禁榷[官売制]を布いた。上四郡綱塩の販売収益によって「歳認鈔銭」の上供支出を補うという、南宋福建路転運司の財政構造はこうして成立した。なお北宋末に白配化した「産塩銭」は、紹興年間には上四郡でも科徴されるようになり、福建路全域で事実上の正賦の位置を占めるに至った。

上四郡綱塩の課額は紹興12年(1142)に1700万斤と定められたが、この「綱塩」には転運司を始めとする福建路の諸官司が各種塩科銭を官売価格中に積算したため官価が高騰し、転運司・州県による官売塩課額の強制賦課――所謂“配売”の弊――が深刻化した。そのため紹興27年(1157)の提刑呉逵の改革を経て、紹興31年には課額を1130万斤に減じ、乾道４年(1168)に課額を750万斤に減じた後、ついに綱塩制を廃止して[官売制]〈官般官販〉方式を復活させた。

乾道９年(1173)通商[鈔引制]に復したが、転運司が漕計を確保できないため１年後には再び〈官般官販〉方式に復帰し、以後南宋末まで[官売制]が布かれた。

1．北宋福建塩の販売体制

(1)北宋福建の産塩と通商「卸売制」

宋代福建塩は太宗の太平興国8年(983)、当時両浙西南路と呼ばれた福建——雍熙2年(985)に福建路と改称——で、五代閩国以来の塩禁を解除して通商体制を布いた。官設の販塩場で産塩亭戸から収買した産塩を福建路転運司が客商へ転売し(塩価25文/斤)、その収入は福建路転運司の「漕計」に入り、福建路8州軍の地方経費に支用された。これは通商の一方式で、鈔引を用いず転運司が直接商人から卸売価銭(＝官課)を収取する「卸売制」である(1)。

福建塩は国初、塩場は福州長清1場で毎歳10,0300石を生産し、これを一路8州軍に供給していたが、天聖以降には福州のほか沿海部の漳州・泉州・興化軍——合せて「下四郡」と呼ばれる——にも塩場が増設され、上記「旧額」の半ばに当る4,8908石を増産した(2)。

天聖年間の産塩については、福州の長楽・福清・連江・羅源・寧徳・長渓の6県に「祖額」塩501,5963斤があり、これを福州全12県の販塩場並びに剣・建・汀・邵武軍の4州軍(のちの上四郡)に般運し、客商に請買させて出売した。福州の産塩6県のうち長楽・福清両県の塩場は島嶼部にあり、土中の塩分が多く燃料も豊富であったため、天聖6年(1028)には長楽県で162,7750斤、福清県で409,0495斤の塩を生産したが、この2県の産塩計571,8245斤だけで上記6県の「祖額」に対して70,2286斤を増収するほど豊富な産塩を誇った。

一方州城から海で隔てられた連江・羅源・寧徳・長渓の4県では、輸送の困難から毎年多くの塩が県倉に空しく滞積し、そのため福建路転運司は福州の産塩地を長楽・福清の2県に限定し、他県の塩場の産塩を停止するよう奏請して裁可された。廃止した塩場はその後税田として民戸に給付された。こうして天聖6年(1028)、福建転運司は福州の南臺に塩場を設けて福清・長楽県の産塩を貯備する体制を整えた。この時まで6県の祖額は501,5963斤、銭額にして12.5万貫であったが、天聖6年にはこの両県だけで祖額を超える571,8245斤の産塩があったという(3)。また産塩のない山間部の南剣・建・汀・邵武軍の4州軍——沿海部の「下四郡」に対し「上四郡」と呼ばれた——を含む路内各州軍治には塩税院、各県城には塩税務と塩倉をそれぞれ配置して、卸売通商塩の販売体制を整えた(4)。

(2)「海倉」鈔塩と福建塩の入中

真宗朝から仁宗朝にかけて河北塩区・陝西解塩区を中心に「沿辺入中」の方式が整備されたが、景祐2年(1035)からは福建塩も淮浙塩・広南塩とともに「東南末塩」として通商塩に加わり、客商が榷貨務に金銀見銭等を入中し交引を給付された後の償還物資となる(5)。これを受けて福建路転運司は、「海倉」に収買した福建塩を歳額10万貫の「秣鈔銭」(「鈔塩銭」とも)とし、その2/3を通商「鈔引制」の請買塩として客商に京師榷貨務で請買させ、1/3を路内の官売塩として転運司自ら上四郡の各州軍に般運・販売した(6)。福建路は国初以来、一路全域に通商「卸売制」を布いてきたが、この時から「南臺」倉塩の祖額を通商卸売塩に、「海倉」備蓄塩の総額10万貫(400万斤)を２：１の比率で入中請買塩と上四郡「綱塩」とに分割する、福建路独自の官商並売体制が発足した。上四郡「綱塩」は「鈔引制」の通商塩ではなく、〈官般官販〉方式の官売塩で、権貨務ではなく福建路転運司が塩利を収取する。この販塩体制を図示すると次のようになる。

図９　北宋前半期 福建路南臺塩・海倉塩の官売と通商　(　　)内は元豊２年実収

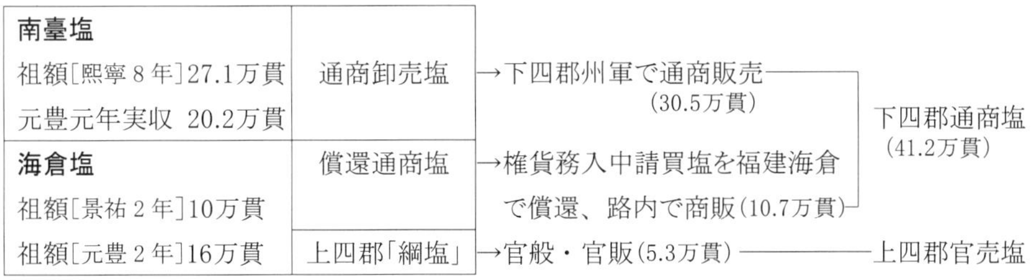

福建路の内陸部「上四郡」一帯は、その険峻な地形から輸送に極度の困難をともなうため、天聖・明道年間になってもなお塩法は整備されなかったというが、景祐２年(1035)の入中方式整備を契機として〈官般官販〉方式の上四郡「綱塩」体制が成立し、南渡前後の混乱期の短い中断を挟んで乾道４年(1168)の通商化まで、両宋を通じてほぼ130年間、福建路ではこの課税構造は変化しなかった(7)。

『会要』食貨22-26～29〔諸路塩額〕、同23-11〔末塩逐州年額〕には、福建塩「祖額」〔熙寧８年〕が27,1647貫141文、熙寧9-10年の実収額が26,2067貫662文、元豊元年の実収額が20,2503貫436文(429貫 097文は祖額未定)と記載されている(8)。「南臺」塩は通商[卸売制]に用いる通商塩であるが、卸売価格を官課として転運司が収取するため、『会要』には諸路の官売塩とともに福建塩の塩税歳収として記載されている。一方「海倉」塩は景祐２年以来の鈔塩課額10万貫のうち、その2/3約6.66万貫の償還塩の売鈔収入は権貨務に入るが、その1/3約3.33万貫は官売「綱塩」として上四郡へ官般官販され、その塩利収入は福建路転運司の歳収となる。従って『会要』記載の福建路塩税祖額・歳収は、国初以来の「南臺」卸売塩の官売収入と、「海倉」鈔塩課額中の上四郡「綱塩」の官売収入とを合せた額である。

(３)元豊初年の福建路塩法改革

熙寧10年(1077)、福建に廖恩の乱が起ると、私塩が叛乱の温床になっているとの反省から、福建路転運使蹇周輔が福建路の塩法改革に乗り出した(9)。彼の改革の要点は

(ⅰ)安価な私塩の流入に対抗するため、上四郡(建・南剣・汀・邵武)の塩価を減ずる、

(ⅱ)建州では民産を計って塩銭を均科しているので、これを罷める、

(ⅲ)「鋪戸」を募り、月額を定めて官塩を販売させる、

(ⅳ)上四軍への般運のため旧塩倉を復興し、官員・兵士を配置して法制を厳にする、

の四項目であった。(ⅰ)は盗販が上四郡に多いのは、下四郡に比べて高すぎる塩価にその原

因があるとの理由による。（ⅱ）は後に下四郡にも実施される榷塩（塩銭制）の一形態で、「計産均賦」「随産納塩」「随税輸塩」などとも呼ばれる。（ⅲ）は上四郡で官塩販売を請負う上等戸を「鋪戸」に指定して使役するもの。（ⅳ）は上四郡への塩貨般運の便を図るため、水口鎮に南臺倉の支倉を増設することをいう(10)。福建路転運司はこの四項を実施して年に23万余斤（官売価格25文/斤として5,7500貫）を増収したという。

転運使蹇周輔が塩法改革を行う前後の時期の福建路８州軍の塩課歳収を見ると、元豊元年の実収20.25万貫に対して元豊２年には46.5万余貫、同３年には60余万貫の歳収を見たといい、ほぼ倍増から３倍増の成果を挙げている(11)。ただしこの増収は元豊２年（1079）の鈔塩歳課６万貫増額によるもので、官売塩の増収分も加わっている。

しかし蹇周輔の改革から七年を経た元豊８年（1085）、上四郡州県では嘗て建州で見られたような産銭基準による塩課銭額の強制賦課と、蹇周輔が創設した「鋪戸」に対する塩課の強制賦課が行われていた(12)。ただし産銭基準の賦課による効率的な塩銭徴収は、蹇周輔が自ら始めたものではなく、そのモデルは元豊２年（1079）、転運判官（のち転運使）の王子京が下四郡に実施し、その後南宋時代まで継承された「産塩法」であった(13)。

「産塩」は五代「閩」の領域――ほぼ下四郡に相当する――に施行された「塩銭」の一種で、国初に廃止されていたものを元豊２年（1079）に転運使王子京が復活し、下四郡で科徴を開始したものである。民戸が所定の歳額を輸納する塩銭が「産塩銭」で18文/斤とされ――因みに塩価は25文/斤――、輸納した塩銭額に相当する塩貨の現物が給還されていたが、北宋末宣和４年（1122）に産銭を19文/斤に引上げるとともに給還が停止し（「白配」化）、対価の支払われない強制徴収となり(14)、南宋になると事実上の付加税として恒常化し、「雑税」として賦税の一費目となった。

（４）北宋後半期の福建塩

崇寧３年（1104）の福建路提挙学事司の上申の内容から、北宋末期の福建路上四郡・下四郡の販塩課額が判明する。すなわちこの年福建路提挙学事司が上四郡の官売塩価を毎斤１文値上げして、一路８州軍の学糧を補助するよう要請し、裁可されて上四郡・下四郡軍とも毎斤２文の値上げが認可されるということがあった(15)。

この経緯から、崇寧３年（1104）の上四郡の販塩課額が1970万斤、下四郡の販塩課額が570万斤、合せて福建一路の販塩課額が2540万斤であったことが分る。また福建塩の販売価格（官価）は、政和初年（1111）に32文/斤に改定されるまでは、国初以来の25文/斤が維持されたので(16)、上に見た上四郡の課額1970万斤は塩額にして49.25万貫、下四郡の課額570万斤は14.25万貫、合せて63.5万貫となる。これはほぼ元豊２年の両塩合せた実収46.5万貫のほぼ1.5倍に伸張している。しかし元豊２年当時の上四郡官売塩と下四郡通商塩との構成比（5.3：41.2）ほぼ１：８に対し、崇寧３年における両塩の構成比は（49.25：14.25）ほぼ７：２となって、大きく逆転している。

このことから、福建路では元豊の塩法改革以降に見られた顕著な塩課の増収は、もっぱら上四郡における海倉鈔塩の官売塩の増収によって支えられたことが分る。前節(3)で見たように、蹇周輔が福建を去った後の元豊末年(1085)ころ、福建路塩政の弊として上四郡の塩課増額と塩価の高騰、鋪戸への強制賦課などが指摘されているが、これらの弊害はまさしく上に見た上四郡の販塩課額の増加と、それにともなう販塩収入の官売・通商比逆転の動きの中で発生したものであった。北宋最末期になると、戦乱によって通商客販が杜絶したため、福建路では「海倉」鈔塩の全額を上四郡官売塩に振向けるとともに(17)、下四郡に通行していた「卸売制」通商塩も全額〈官般官販〉方式に切替えた。こうして北宋最末期の福建塩は、禁榷[官売制]〈官般官販〉方式のもとで歳収40万を確保することができ、この官売歳額40万貫はそのまま南宋に継承されることとなる(18)。

北宋時代、福建塩の産塩額と販塩課額、実収額を**表35**に示す。

表35　北宋時代 福建塩の産塩額、販塩課額、実収額

年次	産塩額　販塩課額　実収額
天聖以前	福州長清場産塩10,0300石(501,5000斤)＊1.
	福州6県祖額501,5963斤(12.5万貫)＊2.
天聖6年(1028)	福州長楽・福清2県産塩　571,8245斤＊2.
天聖以後	下四郡増産　14,9208石(746,0400斤)＊1.
景祐2年(1035)	海倉鈔塩祖額　100,000貫(　400万斤)＊3.
熙寧8年(1075)	販塩祖額　27,1647.141貫(　1086万斤)＊4.
熙寧10年(1077)	塩銭実収　26,2067.662貫(　1048万斤)＊4.
元豊元年(1078)	塩銭実収　20,2503.436貫(　810万斤)＊5.
	歳売実収増　23万余斤＊1.
元豊2年(1079)	塩銭実収　46,5300余貫(　1860万斤)＊6.
	海倉鈔塩課額増 6,0000貫(240万斤)＊7.
元豊3年(1080)	塩銭実収　60,0000貫(　2400万斤)＊6.
	海倉鈔塩祖額　(約50万貫)1976.75万斤＊8.
崇寧3年(1104)	塩銭課額　63,5000貫(　2540万斤)＊9.
	下四郡　14,2500貫(　570万斤)
	上四郡　49,2500貫(　1970万斤)

福建塩は1石50斤。塩価(卸売価格)は大観4年(1110)まで25文/斤、政和元年(1111)から36文/斤。
＊1.『宋史』食貨・塩p.4461-62。＊2.『会要』食貨23-34〔塩法雑録〕天聖6.11.9。＊3.『要録』188紹興31.2.7庚戌。＊4.『会要』食貨22-26～29〔諸路州軍塩額〕福建路。＊5.『会要』食貨23-11〔末塩逐州年額〕福建路。＊6.『通考』15征榷二塩鉄p.155下。＊7.韓元吉『南澗甲乙稿』10上・周侍御史劄子。＊8.『会要』食貨27-38〔塩法10〕乾道8.1.25。＊9.『会要』食貨24-38〔塩法9〕崇寧3.8.6。

上四郡「綱塩」官売が始まった景祐2年(1035)以後の福建路の産塩・販塩体制を**地図7**に示す。また『会要』食貨22-26～29〔諸路塩額〕福建路に載せる熙寧10年(1077)の福建路下四郡[卸売制]販塩額・上四郡「綱塩」官売実収額を**表36**に、また『会要』食貨23-16～18〔末塩逐州

地図７　北宋時代 福建路の産塩と官商並売体制―景祐２年(1035)以後―

（下四郡）産塩・通商区
（上四郡）「綱塩」官売区
☆　産塩三倉
★　集貨塩倉

【　】内の数字は各州軍の販塩場数
・州軍名の下に付した数字は『会要』22-26～29〔諸路塩額〕による熙寧10年(1077)の販塩実収額

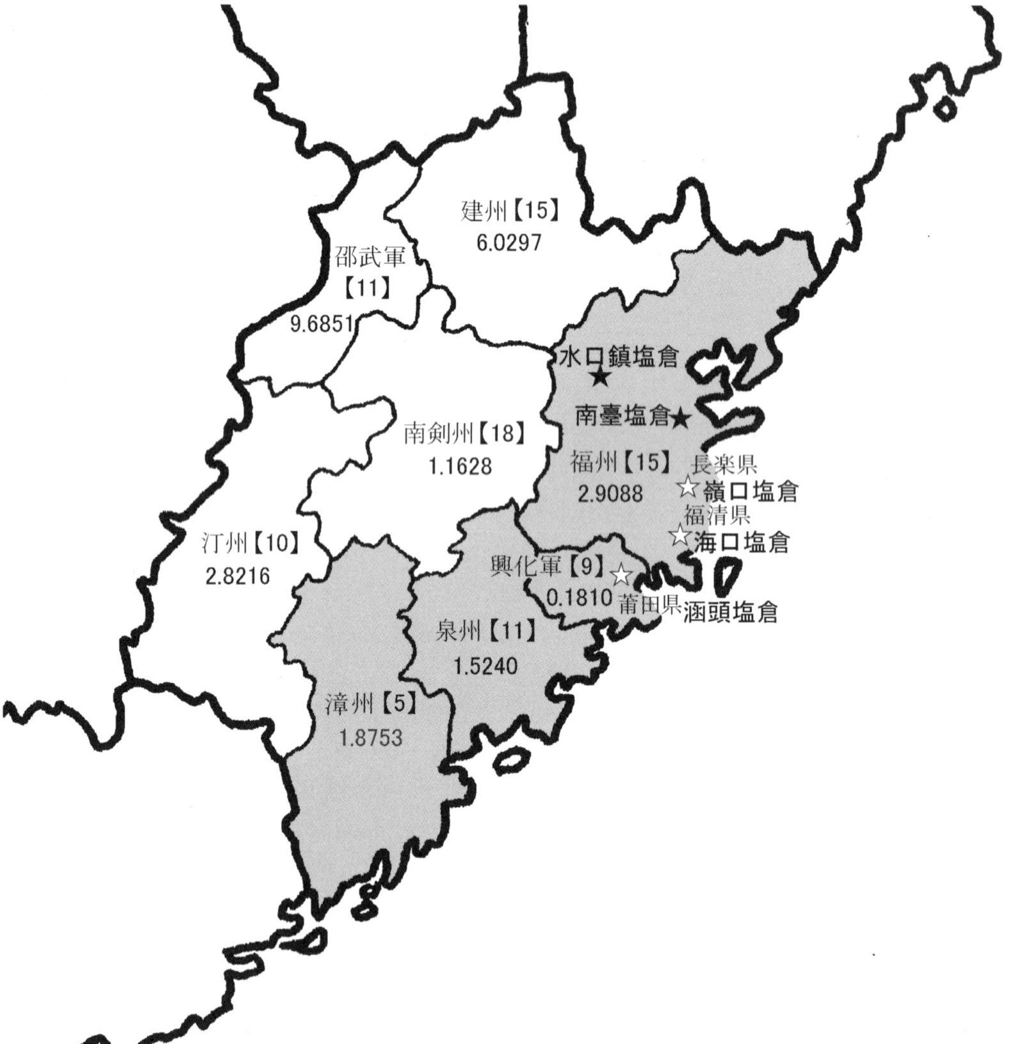

塩額〕(『中興会要』)により、福建路下四郡の紹興32年(1162)の塩額を**表37**に示す。

表36　熙寧10年 福建路下四郡卸売塩・上四郡綱塩歳収　(単位:貫文)

下四郡	販塩場	塩課歳収	上四郡	販塩場	塩課歳収
福　州	15	2,9088.220	建　州	14-15	6,0297.290
興化軍	9	1810.204	南剣州	18	1,1628.563
泉　州	11	1,5420.981	邵武軍	11	9,6851.586
漳　州	5	1,8753.828	汀　州	9-10	2,8216.990
下四郡計	40	6,5073.233	上四郡計	52-54	19,6994.429
福建路計	26,2067.662				

表37　紹興末年 福建路下四郡産塩額

下四郡産塩州軍	産塩額(斤)	[百分比]
漳州	73,5550.000	[4.44]
泉州	362,3865.136	[21.87]
福州長楽県嶺口倉・福清県海口倉	990,0000.000	[59.75]
興化軍莆田県涵頭倉	231,0000.000	[13.94]
下四郡産塩額計	1656,9415.136	

2．南宋福建の塩課と分配

福建路では北宋末宣和5年(1123)から南渡後建炎3年(1129)末までの七年間、〈官般官販〉方式の禁榷[官売制]が行われ、翌4年正月末から3カ月の短い通商[鈔引制]を経て、同年4月末には北宋景祐以来の官商並用体制が復活した。北宋期福建の官商並用体制は、景祐2年(1035)の「海倉」鈔塩入中を契機として上四郡に[官売制]を、下四郡に国初以来の通商[卸売制]と[鈔引制]とを施行する体制であったが、復活した官商並用体制においては南渡前後の官般官売期の課額40万貫を二分し、半額20万貫を「歳認鈔銭」として転運司が行在に上供し、半額20万貫を「綱塩」として転運司が上四郡へ般運、販売した。

「歳認鈔銭」は歳額20万貫の通商塩で、福建路転運司が「上供」として行在に輸納した。転運司は上四郡「綱塩」の歳収の一部をこれに充て、これを「鈔塩銭」と呼んだ。この呼称から分るように、この「歳認鈔銭」の制度は、系譜的には北宋景祐2年に始まる海倉「鈔塩銭」を継承したものである(19)。また「鈔塩銭」は紹興3年(1133)に始まり、乾道4年(1168)に廃止されるまで、高い販売価格と私塩の盛行とにより、福建路の塩法上の最重要課題とされた。福建路ではその後〈官般官販〉方式の[官売制]となり、乾道9年(1173)に一時鈔法が復活したことがあるが間もなく廃止されたため、福建塩の禁榷[官売制]〈官般官販〉方式は南宋末まで続いた。

また北宋元豊年中に下四郡で始まり、官般官売期に白配化して両税と併徴されるようになった

「産塩銭」は、紹興年間には上四郡でも科徴が始まり、南宋福建路の重要な付加税(雑税)収入として転運司の歳計を支え、南宋末まで廃止されることはなかった。

(1)南宋福建の産塩と上四郡綱塩

南渡直後の福建路には北宋末宣和5年(1123)以来の禁榷「官売制」〈官般官般〉方式が布かれ、産塩額は約1100万斤、この産塩額に対して官売課額40万貫が設定されていた(20)。前節で見たように、北宋末崇寧3年(1104)の福建の産塩額は2500万斤を超えていたから、南渡直後の産塩はその半ばにも達せず、ほぼ熙寧10年の水準にまで逆戻りしていたことが分る(**表35**を参照)。

その後福建路は建炎4年(1130)4月に鈔法を実施、これはわずか3カ月で廃止されたが、そのとき定めた福建路転運司「歳認鈔銭」は通商塩が継承した官売期の課額40万貫の半額で、転運司が毎歳京師(行在)に上供として輸納する鈔塩銭額であり、課額20万貫は紹興12年(1142)に10万貫増額されて30万貫となった。この間、福建の産塩は南渡直後に比べほぼ倍増したという(21)。

紹興末年(1162)ころの福建路の産塩額は約1650万斤、うち海倉(三倉)の産塩額が約1220万斤で、ほぼ3/4を占めた(22)。紹興年間、福建路転運司はほぼ下四郡の産塩額に匹敵する綱塩を上四郡各地へ般運・販売し、その販売収入の一部を毎歳「歳認鈔銭」として行在に上供し続けたのである。「海倉」(三倉)が継承した北宋・元豊3年「祖額」約2000万斤(銭額で約50万貫)は、紹興末年まで減額されることはなかったが、乾道4年(1168)に「鈔引制」の廃止にともない鈔引1100万斤を減額した結果、転運司がその歳計として般運・販売できる綱塩額は、わずか800余万斤にまで減額されてしまった(23)。

1．建炎通商(1130.1-4)と「歳認鈔銭」

建炎4年(1130)正月、戸部侍郎の葉份が福建塩の通商を発議した。全面通商への転換に当り、これまで禁榷[官売制]によって塩利を独占収取してきた福建路転運司の財政を補償するため、過去五年間の実績に基づいて適正額を算定し、塩本銭額とともに客商への卸売価格から控除して漕計に繰込んだ(24)。このとき塩本銭を北宋以来の毎斤4.5文から6文/斤に増額し、翌2月には下四郡漳州で塩本銭額を2.5文増額して7文/斤とし、亭戸からの収買価格を引上げた(25)。

建炎の福建塩通商はもともと、戦乱で流通の途絶えた淮南塩に代替させるため、当時なお戦禍に巻込まれることなく順調な産塩を持続していた広南塩・福建塩に着目した尚書省の判断で開始されたものである。戸部の計画は、新鈔引100貫を発給して広南塩鈔60貫・福建塩鈔40貫と交換させ、鈔引を入手した客商に広南・福建の産塩現地で塩貨を受領させて、淮南塩区で般運・販売させる、というもので(26)、新たに福建塩通商を開始するため、額面1引60斤の「小鈔」を発給した。官塩販売価格は32.5文/斤、客商への1引の販価は(32.5×60＝)1.95貫であった(27)。

しかし上四郡に実施された福建路の鈔法は、3カ月後の4月には廃止された(28)。福建塩・広南塩の通商はそもそも淮浙塩の代替措置であったから、淮浙塩の生産と流通の回復にともなって通商を続ける理由が消滅したからである(29)。

福建の通商がわずか3カ月で廃止されたためか、これまでの研究ではこの時期の福建塩通商は殆ど無視されている。しかしこの短い通商体制が、その後の福建塩の販売体制を方向づけたことに注目したい。すなわち福建路では通商の廃止と同時に、建炎4年(1130)春正月の通商開始時に額定した40万貫の販塩課額が、転運司の歳認鈔銭20万貫と塩本・歳計に支用する漕計20万貫とに二分され、その後の福建塩の課税構造の骨格が形成されたのである(30)。

戸部が通商化に先立って福建路転運司の歳計を確保するための諸措置をとったことから分るように、福建路の通商化は中央塩事司・榷貨務と地方転運司の双方が塩利を収取する体制をとった。通商「小鈔」塩の課額は総課額40万貫の半額20万貫で、通商塩の販売先は上四郡に限定されていた。この体制を前提として、転運司は一路の販塩課額40万貫の半額20万貫を「歳認鈔銭」として中央へ上供し、塩利(塩息銭)の残り半額20万貫を漕計として支用した(31)。この福建路独自の塩利収取方式は、総額40万貫の塩利を中央への上供分「歳認鈔銭」課額20万貫と転運司歳課「漕計」20万貫とに二分する、中央官司・地方官司による塩課分配体制であったと見ることができる(32)。

2. 上四郡綱塩の歳額

元豊3年(1080)、転運使王子京が復旧した水口倉を中継基地として官運を再開して以来(33)、上四郡綱塩の販売収入は北宋末まで、福建路転運司の歳計確保に大いに寄与した。元豊3年に上四郡「綱塩」を再開したときの祖額は約50万貫(1976,7500斤)であったが、北宋・宣和末に通商が杜絶してから、「海倉」塩は全額が〈官般官販〉[官売制]となり、祖額から10万貫減の歳額40万貫が南宋に継承された(34)。この歳額40万貫は建炎4年3カ月間の「小鈔」通商を経て課額が分割され、福建路転運司の官売「綱塩」歳額は20万貫とされた。しかし州県ごとの販売定額を設定しなかったため、転運司による民戸への販塩課額の強制賦課(科売)が行われ(35)、紹興12年(1142)になって上四郡では「綱塩」歳額20万貫の販売額を州県単位に定めることとした(36)。

紹興12年(1142)に下四郡の鈔塩課額を10万貫増して30万貫としたことは前にも見たが、この年、上四郡では建・南剣・汀州・邵武軍から歳額170余綱を上四郡各地へ般運、販売することとした(37)。上四郡へ般運する福州塩の歳額は250万斤、計25綱(1綱の容量は10万斤)とされ、綱塩は海倉から閩江を遡上して南剣州へ運ばれ、ここから建州、邵武軍、汀州へと運ばれた。

海倉から上四郡へ般運する塩は170綱、1綱10万斤で額管1700万斤となる。これは実に、紹興末年の下四郡の産塩額約1660万斤に匹敵する額である。汀州へは170綱のうち25綱が運ばれたというが、これを塩額で見ると、上引記事から紹興22年ころの塩価を180文/斤として45万貫となる。この年下四郡の鈔塩課額は30万貫であったから、海倉から上四郡に毎年般運される綱塩は、汀州一州だけで充分鈔塩課額に充当できる額であった。汀州では課額(塩額45万貫)を充すため綱塩価格中に脚乗・縻費、転運司認納上供鈔塩銭、諸司増塩銭、原借助綱官銭などを次々と積算した結果、塩価は毎斤180文足にまで高騰していた(38)。

綱塩中に積算されて官売塩の価格を構成した諸経費は以下の通りである。

(ⅰ)脚乗縻費　　　　塩綱の般運・販売にともなう輸送・転送経費その他雑費。

(ⅱ)認納上供鈔塩銭　「歳認鈔銭」課額に充当する綱塩中の塩科銭。別称「綱塩鈔塩銭」。

(ⅲ)諸司増塩等銭　　諸官司が綱塩に科して徴収する増徴塩本銭その他の塩科銭。

(ⅳ)原借助綱官銭　　塩綱般運資金として、県が州府から借用した綱本銭の補助金。

これらはいずれも般運困難な山間部に位置する上四郡への綱塩を対象として、転運司を始めとする諸司が塩価中に繰込んだ塩科銭である。塩価決定の第一段階である亭戸からの買塩価格に、次々と繰込まれる塩科銭を積算してゆくと、最終的に客商が民戸に販売する食塩の価格は、客商の請買時の塩価に数倍する高価なものとなる。汀州では結局塩価を180文/斤に設定して定額を確保したというが、これは請買価格の約5倍に相当する高額の販塩価格であった(39)。

上四郡では綱塩の販売価格が高価につくため、民間では沿海産塩地の下四郡の漳州や、隣接する広南東路の潮州からの私塩の流入が慢性化した。官課の減収を防ぐため、様々の私塩対策が講じられたが効果はなく、後に上四郡では汀州一州だけが、全ての塩貨を漳州から般運することで私塩流入の防止対策とした(40)。また建州浦城県の歳計は両税収入と綱塩の官売収入とから成り、綱塩は40余綱(400余万斤)を般運・販売して50余万貫を得たというから、紹興26年(1156)ころの建州浦城県の塩価は125文/斤にまで高騰していたことが分る(41)。紹興末の上四郡各地では、塩価は概ね100文/斤を超えていたと見られる(42)。

上四郡「綱塩」の販価がこのように高くなった理由は、毎歳20万貫の上供「歳認鈔銭」のほか、輸送困難な上四郡各地への般運諸経費、亭戸への塩本銭を中心とする各官署による諸司科銭など、各種塩科銭が大量に積算されたことによる。なおこのうち塩本銭額は、福建塩は国初以来17文/斤とされ、淮浙・四川・広南等塩に比べてそれほど高くはない。

3．呉逵の綱塩改革と綱運の廃止

紹興27年(1157)、福建提刑呉逵による綱塩改革が始まった。この年の上四郡への塩綱は実運1683万斤で、紹興12年額定の1700万斤をやや下回る程度であったが、呉逵は転運司増塩銭を28文/斤から3割減じて19文/斤と定め、提挙司が収取する吏禄銭1文を同じく3割減じて7分とした(43)。呉逵の狙いは転運司・提挙司らによる“諸司科銭”を減じることによって、慢性化した官塩価格の高騰を抑えることにあった。

呉逵の政策は現地官員の反対に遭い、ほどなくして朝廷は呉逵を左遷する一方、塩価の減額を1割にとどめ、転運司の歳認鈔塩額を30万貫から22万貫に減額するという措置をとった(44)。呉逵が始めた上四郡綱塩に対する一連の減額措置は、転運司の歳計悪化を理由に諸分野ですべて1割減の線にまで緩和され、最終的には歳認鈔塩課額の減額による転運司の負担軽減という形で決着したのである。

呉逵の綱塩改革はもともと上四郡の高い官塩価格を原因とする“科売の弊”の除去を目的としていた。沿海産塩区から山間部へ長距離を輸送して販売される綱塩は、高額な塩価のため販塩課額の完遂は困難で、州県官による販塩はいきおい民戸への強制賦課、すなわち科抑・科売とならざるを得ない。上四郡綱塩の“科売の弊”は、綱塩を開始した北宋景祐以来幾度となく指摘されてきた所であるが、この紹興27年の減額措置によってもこれを断ち切ることはできず(45)、ほぼ10年後の乾道４年(1168)、上四郡綱塩そのものの廃止によって終止符が打たれることとなる。

呉逵の改革から３年後の紹興30年(1160)、紹興25、26、27、28四年分の「歳認鈔銭」の滞納額計15万貫が蠲放された(46)。ついで翌紹興31年(1161)、上四郡の歳売塩額すなわち綱塩の販塩課額について、紹興27年額定の1683万斤から約550万斤減の1130万斤にまで減額する措置をとった(47)。この鈔塩銭は綱運塩鈔銭ではなく官売塩の販売総額で、紹興末年ころ上四郡綱塩の歳額は1130万斤、塩価は１斤120文であったから塩額で135.6万貫となり、これは福建路転運司の上四郡歳計60万貫を遙かに超える塩課収入であった(48)。

紹興27年(1157)の改革から紹興末年にかけて、上四郡綱塩は課額を減じながらも転運司の歳計はきわめて潤沢であり、これを支えたのは１斤120文という高額の塩価であった。しかしこの高額な綱塩の販売価格こそが上四郡における民戸への強制賦課、すなわち官塩科売の原因であったから、一連の改革にも拘わらず、綱塩科売の弊は依然として福建塩政の懸案事項であった(49)。

乾道年間になってもなお福建塩政の弊が指摘され、朝廷は戸部に調査を命じた。このとき戸部は当時の歳認鈔銭課額22万貫を半減し、行在榷貨務への輸納額11万貫については、綱塩鈔銭の増徴によらず、毎年の一路の「増塩銭」と椿留塩本銭とを充てる策を提案した(50)。朝廷はこれを受けてまず紹興末年までの滞納額を処理し、乾道４年(1168)正月に上四郡の塩本等銭の紹興32年(1162)以前六年分の積欠50余万貫を免除した(51)。

翌２月には「歳認鈔銭」課額22万貫を全免し、「上供塩銭」の歳額を７万貫とした。しかし「歳認鈔銭」を全廃すると福建路転運司からの塩銭上供がなくなるため、代って新たに「上供塩銭」歳額７万貫を輸納するよう決定した。一方これまで福建路転運司が綱塩価格に積算し、販塩後その収入を歳認鈔銭に充当してきた綱塩鈔塩銭については、福建路転運司が科徴する８州軍の「増塩銭」、および綱塩廃止で不用となる塩科銭「椿留五分塩本銭」を費目流用して財源とさせた(52)。

こうして福建路では乾道４年２月にまず歳認鈔銭を廃止し、次に綱塩課額1130万貫を380万貫減じて750万貫とするという順序を踏んだ後、５月になって上四郡綱塩制度そのものを廃止した(53)。こうして北宋景祐元年以来100年以上行われてきた上四郡綱塩は最終的に廃止されたのである。**地図８**に、乾道４年に上四郡鋼塩が廃止されるまでの福建路の産塩・販塩体制を示す。

４．乾道末年の鈔法復活と〈官般官販〉体制

福建路が官般官売に復して４年後の乾道８年(1172)正月、新提挙福建路市舶陳峴は鈔塩廃止後に復活した官般官販が依然として高額の塩価と強制賦課の悪弊から脱却できないことを

地図８　南宋時代 福建路の産塩と官売体制

（下四郡）「産塩銭」科徴区　〔　　〕内の明朝数字は「産塩銭」歳額
・州軍名の下に付した数字は紹興末年の産塩額（単位：石）
（『会要』食貨 23-16～18〔中興会要諸路塩額〕による）
（上四郡）「綱塩」官売区（乾道4年(1168)まで）
☆　産塩三倉
★　集貨塩倉

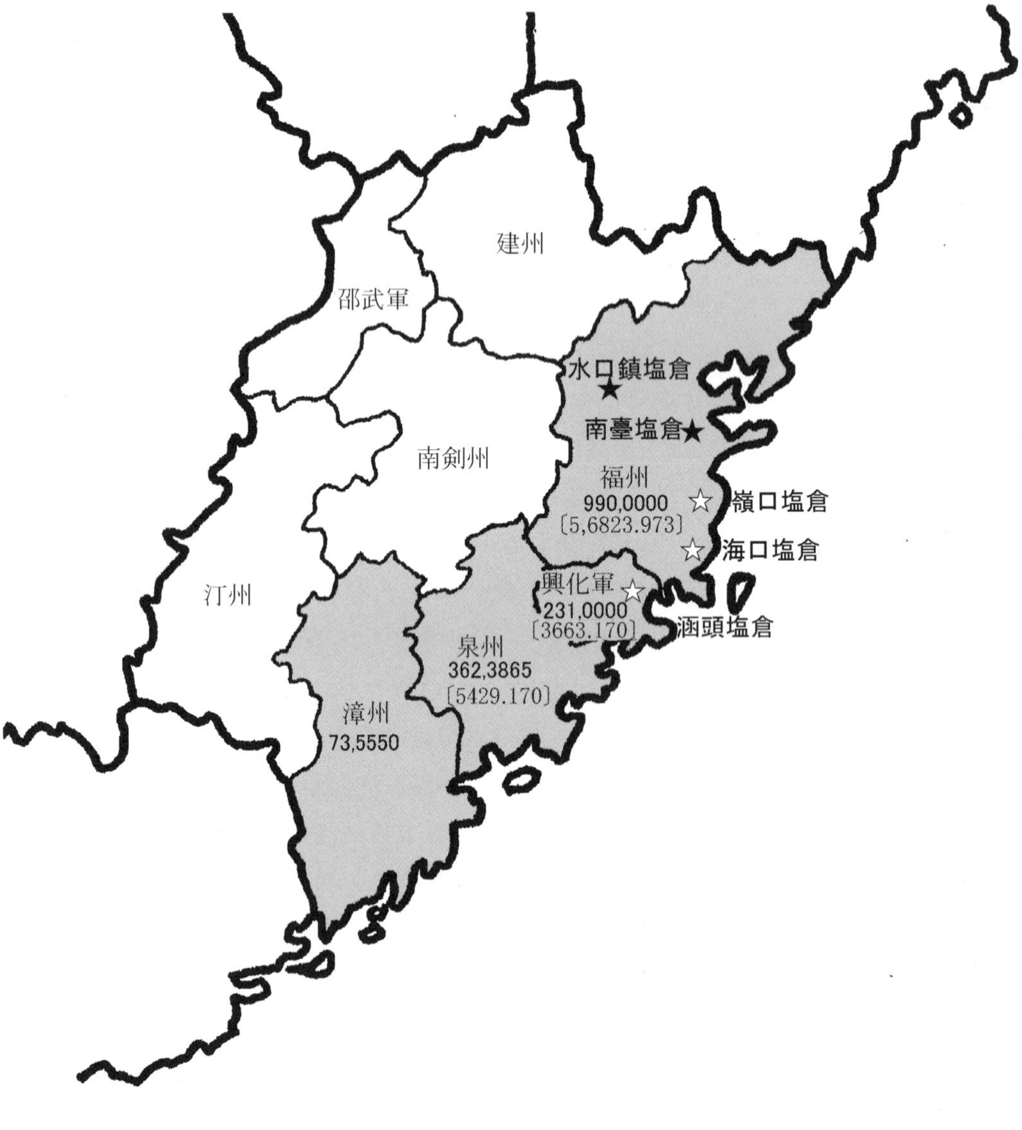

理由に、福建塩の通商を復活するよう要請した(54)。

こうして四年ぶりに福建路の鈔塩が復活し、転運司の上供歳額を当面７万～10万貫と定めて客商に請塩販売させたが(55)、半年後の翌乾道９年正月、この通商方式では福建路転運司の歳計が減収するとの理由で客販を廃止、路内の販塩を旧来の官般官販に復した(56)。その後、通商期間中に客商が請買した鈔塩は直ちに全額を官に売戻し、また綱運鈔塩復活にともない転運司が販塩価格中に設定した塩本・脚乗・縻費等科銭を全額返還させ、また旧「官売」期の体例を参考に官塩分売の体例を詳定させるなど、官般官販体制の整備が進んだ(57)。

次の各項は、この時の通商から官売への転換にともない、福建路転運司に対して指示された一連の措置である。

（ｉ）通商復活後の鈔塩綱実施期間中に生じた缺額を返納させる、

（ii）官売する上四郡南剣州・邵武軍の塩坊の数を州軍は２カ処、県は１カ処に制限する、

（iii）塩坊での塩貨販売の監察体制を強化する、

（iv）南剣州・邵武軍諸県に残存する綱塩上供の塩銭に係る諸雑税を廃止する、

（ｖ）般運した塩綱の未納分を回収する、

（vi）官売塩の私販を禁ずるため、私酒法に倣って五家一保の連帯制を採用する、

これら一連の官般官売体制の整備が行われた後、福建路では通商鈔塩の綱運は最終的に姿を消し、〈官般官販〉方式による塩綱のみが行われることとなる。

次表に、紹興12年～乾道４年における上四郡への綱運塩額を、下四郡の産塩額および歳認鈔銭課額と対比して示す。上四郡「綱塩」官売課額は官価不定のため斤数で示す。

表38　南宋前期　福建路転運司上四郡綱塩課額　付：漕司歳認鈔銭課額（建炎４年～乾道４年）

	上供「歳認鈔銭」課額	上四郡「綱塩」官売課額
建炎４年（1130）	20万貫＊１.	20万貫＊１.
紹興３年（1133）	15万貫＊２.	
紹興５年（1135）	20万貫＊２.	
紹興12年（1142）	30万貫＊２..	海倉塩額管1700万斤＊３.
紹興22年（1152）		汀州運塩250万斤＊４.
紹興26年（1156）		建州額400余万斤、50余万貫＊５.
紹興27年（1157）	22万貫＊２.	呉逵額定1683万斤＊６.
紹興32年（1162）	下四郡産塩額1656万斤＊７.	歳売1130万斤、135.6万貫＊８.
乾道４年（1168）	７万貫に減額、廃止＊９.	課額750万斤、のち廃止＊10.

＊１.『要録』32建炎４.4.20辛卯、『通考』16征榷三p.165上等、注(29)を参照。＊２.『通考』16征榷三p.165上「閩広之塩…」条原注、注(68)を参照。＊３.綱塩170余綱、１綱10万斤で額管1700万斤、『考索』57福建旧塩課名色、注(37)を参照。＊４.『会要』食貨26-32〔塩法九〕紹興22.4.9条、注(40)を参照。＊５.『会要』食貨26-34〔塩法九〕紹興26.7.25条、注(41)を参照。＊６.『考索』57福建塩首末・寛商禁、『会要』食貨26-35〔塩法九〕紹興27.6.12条、同22-30〔塩法〕所引『建安志』紹興27年条、同27-42〔塩法10〕乾道９.3.14条等、注(43)を参照。＊７.『会要』食貨23-16～18、『玉海』181食貨・紹興塩額、注(22)を参照。＊８.『要録』188紹興31.2.7庚戌条、注(48)を参照。＊９.『会要』食貨63-29〔蠲放〕乾道４.2.1条等、注(52)(53)を参照。＊10『会要』食貨22-31所引『建安志』、注(53)を参照。

（２）福建路の塩課収入と転運司歳計

南宋時代の福建路転運司の歳計（漕計）の収入部門は、両税収入と課利収入（塩・酒・商税）とから成り、そのうち塩利収入は（ⅰ）雑税として科徴する「産塩銭」収入約70万貫（下四郡40万貫、上四郡30万貫）と、販塩価格中に積算する（ⅱ）上四郡綱塩「鈔塩銭」、（ⅲ）諸司科銭、さらに産塩亭戸から収買して販売価格中に積算し販売後亭戸に還元給付する（ⅳ）塩本銭（課額12万貫）の四項からなっていた。一方、支出部門のうち塩課関係の項目は（ⅰ）行在権貨務に輸納する「歳認鈔銭」20万貫、（ⅱ）亭戸に還元給付する塩本銭――収入部門の上記（ⅳ）と同額――、（ⅲ）転運司会計「漕計」20万貫の三項からなっていた。南宋時代、福建路転運司の塩税関係の財政収支を図示すると、次の**図10**のようになる。

図10　南宋時代 福建路転運司歳計

	収入費目	歳収課額	支出費目	支出先
賦税	産　塩　銭 （21文/斤）	下四郡40万貫 上四郡30万貫	州用（州県経費）	→州県官員・兵士
塩課	塩　本　銭	12万貫（17文/斤）	塩　本　銭	→塩亭戸
	鈔　塩　銭	上四郡30万貫	歳認鈔銭20万貫	→行在権貨務
	脚 乗 糜 費		脚 乗 糜 費	→衙前・鋪戸
	諸司塩科銭		諸司塩科銭	→福建路諸官司

１．産塩銭

「産塩」は民戸の「産銭」額を基準として官売塩を給付する科配塩として、北宋の元豊２年（1079）、下四郡の税戸（主戸層民戸）を対象に給付が始まった。「産塩」給付の基準となる「産銭」額は18文/斤とされ、宣和４年（1122）に１文増額して19文/斤となったが、このころにはすでに「産塩」の給付が行われず、白配化して付加税となり[58]、南宋になって「産塩銭」という雑税の一費目となった[59]。

建炎４年（1130）４月に通商鈔法が廃止され、福建全路は官売制に復帰したが、下四郡ではすでに賦税化した「産塩銭」が事実上の正賦の地位にあったため、転運司による官般官販は専ら上四郡に対して実施された[60]。こうして「産塩銭」収入は福建路転運司の歳計を支える不可欠な税収となったため、塩税の二重徴収という変則的な状態は、南宋末まで是正されることはなかった。

産塩銭は民戸の「産銭」額を基準に賦課される賦税の一種である。この「産銭」額は民戸の所有する田土とその等級により定められる担税指数であるから、田産を持たない漁戸や僧童等の無産戸を対象として、或いは田産交易の際の契約料を対象として、泉州・漳州・興化軍等では「浮塩銭」「契銭」「補足銭」等と呼ばれる塩銭が付加税として科徴されていた(61)。

福建下四郡には産銭額を基準に塩銭を徴収する「産塩銭」と、印契によって徴収する「浮塩銭」とからなる計40万貫の塩銭収入があり、上四郡では転運司の歳計60万貫のうち半額30万貫は「綱塩」収入で賄ったが、半額30万貫は下四郡に倣って「産塩銭」を徴収した。やがて乾道４年(1168)に“海倉之買納”すなわち上四郡「綱塩」の制が廃止されると、転運司は新たに「産塩銭」方式の「税塩銭」30万貫を徴収して、上四郡の歳計60万緡を確保した(62)。

『淳煕三山志』17財賦類・税収・二税塩役に福州12県の産塩銭額と科徴方式の詳細を記す(63)。それによると、福州12県では産塩銭は夏秋両税・免役銭等他の賦税とともに輸納したが、産塩銭の基準値・賦課額などは各県ごとにまちまちで、またその格差も大きかった。

福州12県では北宋時代、「産銭」総額8148貫326文に対して269,6453斤の「産塩」総額を割付け、この塩額を銭額換算して――ここでは21文/斤――合計5,6823貫973文足の「産塩銭」を夏秋両税とともに輸納させた。福州では産塩と同じく「産銭」額に基づいて徴収される夏税銭の総額が3,0049貫161文であったから、福州12県の「産塩銭」総額は両税夏税銭総額の２倍ちかくもあって、福建路転運司の歳計における「産塩銭」収入の比重の大きさが分る(64)。

次表は『淳煕三山志』17財賦類・税収・二税塩役によって、福州12県の産塩銭額の科徴方式と転運司歳計との関係を示したものである。

表 39　福州12県 北宋期産銭・産塩銭額、淳煕額管銭額・淳煕額管産塩銭額

	旧産塩額*１.（斤）	産銭（文足/斤）	旧産塩価格*２.（貫文足）	淳煕額管銭額*３.（展貫文省）	准塩合計*４.（斤）
閩　県	31,7794	9	2860.146	3714.475	
連江県	24,0375	9	2163.375	2809.578	
候官県	33,2751	9	2994.759	3889.286	
長渓県	29,3218	9	2638.962	3427.223	
長楽県	17,3870	9	1564.830	2032.240	
福清県	44,8216	9	4334.562	(5629.301)	48,1618
古田県	16,2160	14	2,270.240	2947.383	
永福県	14,8508	11	1663.442	(2160.316)	15,1222
閩清県	10,9785	13	1434.914	(1863.524)	11,0378
寧徳県	11,1924	9	1007.316	1308.204	
羅源県	9,9981	9	919.377	(1193.986)	10,2153
懐安県	25,8925	9	2303.145	2991.097	25,5905
計	269,6453		2,5814.763	3,3525.670	

産銭　12県　総　8148貫326文　(元豊期福州12県計8000余貫)

産塩　12県　以産塩等第均売歳額　269,6453斤

随夏秋二税催駆共銭　5,6823貫973文足

内本州所得旧価銭　2,5814貫763文足、以此数展省合計3,3525貫670文省、

今財賦司見催塩共管　3,3966.713貫文省

この表から、福州の産塩額・産銭額について、以下の事実が明らかとなる。

＊１.旧産塩額は、北宋期福州の販塩総課額269,6453斤――計算では269,7507斤となる――を、“以産銭等第均売歳額”すなわち福州12県の「産銭」祖額を基準に均科した歳額269,6453貫文。

＊２.旧産塩の価格は、“本州所得旧価銭”すなわち福州12県の祖額に基づく産塩額の総計2,5814貫763文足。

＊３.福州の淳熙年中の額管産塩銭額は、＊２.北宋旧額を展省（1/0.77で省銭換算）した12県計33,525.670貫文省。この額と“今財賦司見催塩共管”すなわち福建路転運司に輸納すべき産塩銭額3,3966.713貫文省との間に生じた440余貫省の差額が何に由来するかは不明(65)。

＊４.福清・永福・閩清・羅源・懐安等５県については、北宋旧額を変更した新基準による産塩額を「准塩合計」として記載している(66)。

２．転運司歳認鈔銭

「転運司歳認鈔銭」（鈔塩課額、売鈔塩銭科額、抱認上供額、行在輸納額）は福建路転運司から行在に輸納する歳額20万貫の「上供」銭貨であり、福建路転運司が路内の官売塩収入の一部をこれに充てる「鈔塩銭」とは区別される(67)。転運司の収支会計において、歳認鈔銭は客商・民戸への鈔塩の販売すなわち“売塩”ではなく、行在榷貨務が発給する鈔塩を転運司が買取る、すなわち“買塩”による収入である。建炎４年（1130）４月の「小鈔」通商の廃止以降、しばらくは転運司が直接鈔塩を買取って行在へ上供輸納したが、紹興３年（1133）からは上四郡「綱塩」価格中に「鈔塩銭」額を積算し、販売収入から「歳認鈔銭」課額へ充当する方式に転換した。

「歳認鈔銭」の課額は、発足した建炎４年（1130）の歳額が20万貫、その後紹興３年（1133）に５万貫を減じて15万貫とした後、同５年（1135）には20万貫に復し、同12年（1142）に30万貫にまで増額後、同27年（1157）には５万貫を減じて22万貫とした(68)。

この間の経緯をやや詳しく見ると、「歳認鈔銭」が発足して間もない紹興３年（1133）４月に、早くも転運司の財政負担の大きさを理由に５万貫の減額が決定されているが(69)、当時はなお戦乱の余波で鈔塩の販売が進まず、転運司は充分な歳収を得ることができなかった(70)。下四郡産塩州軍で産塩が伸張し、転運司の買塩額が増えて余剰も出るようになり、対金講和も整った紹興12年（1142）になって、ようやく「歳認鈔銭」は10万貫増額され、30万貫を定額とすることができた(71)。

しかしこの定額30万貫の鈔塩販売は、当時の転運司の般運・販売能力を超える過大な課額であり、転運司は上四郡の民戸に鈔塩を強制賦課し（「科売」「科配」「抑配」等）、さらに鈔塩価格に様々の付加税を積算して税収を増やしながら課額の達成を図った。紹興27年（1157）、福建提刑呉逵は弊害の多い「鈔塩銭」制度の改革に取組み、「歳認鈔銭」課額８万貫を減じて22万貫とした(72)。

こうして歳認鈔銭の価額は紹興27年（1157）以降22万貫にまで低減されたが、孝宗朝の乾道４

年(1168)には歳認鈔銭の制そのものが廃止されることとなる。廃止の理由は、上四郡で以前から問題となっていた転運司による「科売」の弊が深刻になったこと、また転運司の歳入不足から亭戸への塩本銭支給が滞るようになったことにあり、これを断つには「歳認鈔銭」「鈔塩銭」制の全廃しかないと中央が判断したためである(73)。この年２月、「歳認鈔銭」を廃止するとしてまず定額22万貫から15万貫を免放し、残額７万貫は「歳認鈔銭」に代る新たな上供塩銭の課額として福建路転運司に科し、次いで５月、建炎４年以来38年間続いた「鈔塩銭」制を最終的に廃止した(74)。福建路転運司は「歳認鈔銭」に代る新たな上供塩銭の財源として、福建一路８州軍の「増塩銭」と「椿留五分塩本銭」を通融(費目流用)することが許可された。

３．諸司科銭

南宋時代の福建路では下四郡の産塩はすべて福州沿海の「海倉」(三倉)に貯備し、転運司が「綱運」によって上四郡諸県に般運・販売し、その販売利益を収取して漕計に充てた(75)。この「綱塩」に対し、転運司を始めとして塩課の輸送・販売に関わる各級地方官司が、様々の名目で税銭を科派して販売価格中に積算した。転運司以下諸司は綱塩の販売後、塩税収入の中から科派した税銭を分配収取し、自司の歳計に繰込んだ。こうした地方諸官司による塩科銭の積算を、本稿では「諸司科銭」とよぶこととする。

「歳認鈔銭」制が発足した時に設けられた「鈔塩銭」は、福建路転運司がその歳計に充当する「歳計綱」とともに、上四郡に般運する塩綱の価格中に積算した塩銭の一種で、その販塩収入は転運司が行在榷貨務に輸納する上供「歳認鈔銭」課額に充当された(76)。本稿では福建上四郡への綱塩の塩価を構成する鈔塩銭を、他の鈔塩銭と区別して「綱運鈔塩銭」と呼ぶ。綱運鈔塩銭は紹興３年(1133)に鈔塩課額を20万貫から５万貫減額して15万貫としたさい、福建路転運司が「歳認鈔銭」に充当する塩銭として創設され、上四郡に般運販売する塩綱の塩価を構成する塩科銭の一種として創設された(77)。

福建路の官売塩には、上に見た「鈔塩銭」のほか、「産塩銭」「運司自売塩銭」「契塩銭」「州県自買塩銭」「提挙司塩銭」などの費目で、各級地方官司が官売塩の販売価格中に諸経費を積算し、何重にも強制科徴して塩価をつり上げていった(78)。

各種塩科銭の科徴は特に上四郡で甚だしく、例えば汀州へ般運される綱塩中には転運司自らの歳計に充当する「歳額銭(歳計塩銭)」のほか、「転運司増塩銭」「通判庁経総制銭」などが積算され、汀州はこうして価格が高騰した綱塩を管下諸県の令丞・巡尉等に販売(官販)させていた(79)。

上四郡「綱塩」には転運司のほか、通判庁・州県官や胥吏も諸経費を塩科銭として積算し、塩利を分配収取した(80)。下四郡の豊かな産塩が支える上四郡綱塩は、その販売収入で転運司以下各級地方官司が経費を賄う絶好の財源であった(81)。これら各種「諸司科銭」は、一路の塩税収入の半額しか漕計に充当できず、毎歳20万貫の「歳認鈔銭」上供を義務づけられた、福建路の特異な官商並売体制が生んだ強制徴収の弊害である。

『会要』等諸史料に見える各種塩科銭(諸司科銭)について、これら科銭を積算し分配収取する官司ごとに整理すると、**表40**のようになる。

表40　南宋福建路「綱塩」価格中に科派された諸司塩科銭

官司	塩科銭([　]内は同一塩科銭の別称・略称)
転運司	a.増塩銭[増徴塩本銭、転運司増塩銭]
	b.歳計銭
	c.綱運鈔塩銭[鈔塩銭、転運司自運歳額塩銭、運司自売塩銭]
提挙司	d.提挙司塩銭[提挙司吏禄銭]
通判庁	e.通判庁経総制銭[通判庁塩銭]
州県	f.州県歳計銭[州県自売塩銭][本州塩(銭)]
	g.官員売塩食銭・縻費銭
	h.(胥吏)発遣交納常例銭

a.「増塩銭」(「増徴塩本銭」の略称)。紹興３年の「歳認鈔銭」制発足のさい、転運司が亭戸優遇の名目で「塩本銭」の増額分として綱運銭に毎斤十数文を上乗せし積算した塩科銭。上四郡での販売後、塩利収入の中から転運司が「循環塩本銭」として亭戸へ還元給付した(82)。なお「椿留五分塩本銭」も塩本銭の一種で、亭戸が納塩するさい塩本銭の全額または半額を控除して州県のもとに費目管理し、販塩価格中に積算して販売後に亭戸に還元される(83)。

b.「歳計銭」は転運司が自司の漕計を補うために綱塩価格中に積算した「運司科銭」(84)。

c.「綱運鈔塩銭」は上に見たとおり、転運司が「歳認鈔銭」課額達成のため綱塩中に繰込んだ「運司科銭」。前注(76)を参照。

d.「提挙司吏禄銭」は一路の塩政を監察する路官である提挙司が、所轄の胥吏の俸禄に充てる経費として綱塩価格中に積算した塩科銭(85)。紹興27年(1157)の福建提刑呉逵の改革のさい、「提挙司吏禄銭」は転運司「増塩銭」とともにその三分を減ずる措置がとられた(前注(43)を参照)。

e.「通判庁経総制銭」(通判庁塩銭)は南宋の上供銭貨「経総制銭」の額を充すために州通判庁が塩価中に繰込んだ塩科銭(86)。

f.「州県歳計銭」はb.転運司歳計銭と同じく、州県が転運司から割振られた課額達成のため、また人件費等必要経費を確保するために積算した塩科銭。

g.「官員売塩食銭・縻費銭」は州県の官員の販塩業務遂行の手当として、塩価中に繰込まれた塩科銭。

h.「(胥吏)発遣交納常例銭」は州県の胥吏を販塩業務に役使する際の諸手当を塩価中に繰込んだ塩科銭。

図11に紹興～乾道年間における上四郡鋼塩の般運課額の推移を示す。

図11　上四郡綱塩般運課額　附：歳認鈔銭額

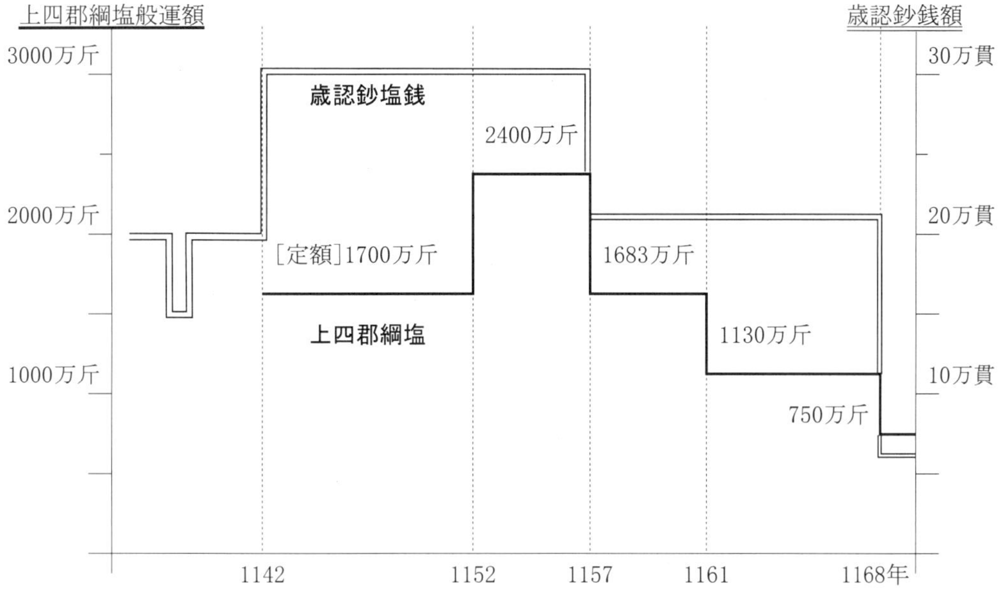

（３）淳煕以降の福建塩

乾道９年(1173)の鈔塩廃止により、福建全路は北宋末・南渡直後の混乱期に施行された禁権[官売制]〈官般官販〉方式に復帰した。上四郡「綱塩」は廃止され、翌淳煕元年(1174)以降、官塩綱は上・下四郡の区別なく福建８州軍諸県鎭に設けた塩坊で州県官員らが販売し、販塩収入は全額が福建路転運司の収入とされた。

[官売制]に復してしばらくの間、史料に見る限りでは福建路の塩政に特に問題は生じなかったようであるが、復帰後10年を経た淳煕13年(1186)になって、四川制置安撫使の趙汝愚が福建一路の通商化を要請した(87)。趙汝愚の通商化の意図は、もともと塩価の高かった汀州一州の塩価を下げるため、官塩価格より安価な塩を供給できる客販の導入を図ることにあったが、朝廷は通商は却って私塩を蔓延させるとの理由でこの提案を拒否した。この経緯から、上四郡「綱塩」時代の高い官価が「官売制」復帰後も続いていたことが分る。

官売塩の販売価格が高騰した理由は、転運司ほか各級官署が諸種の塩科銭を販塩価格中に繰込み、また販塩州軍の州県官・胥吏等がさらに販塩に各種雑税を付加して価格をつり上げたからである。とくに転運司による「増塩銭」の科徴は、「歳認鈔銭」が廃止されて[官売制]に転換しても引続き行われ、歳収の殆どを官綱塩の販売収入に依存する福建路転運司の重要な財源となっていた(88)。上四郡綱塩制の時代、官が般運する塩綱が１綱10万斤を定額としたことは前に見たが、福建ではもともと州県が官塩綱運の輸送業務に税戸を使役したので、１綱につき１万斤の塩を付加して定額を11万斤とする方法で運綱税戸を優潤していた(89)。これは州県による塩科銭の一種である。また官塩を販売する県城等では、県官が般運・販売する塩綱中に「市利塩（銭）」と称する塩科銭を繰込み、その収入を「県用」或いは州軍の上供調達経費に充てたりしている(90)。このほか福建路安撫司は「犒賞庫回易銭」と称する塩科銭を塩価中に繰込み(91)、また上四郡各地では知県が販塩1斤に「食塩」1文を科徴して雑収入を得ていた(92)。

その後南宋末まで福建塩政は〈官般官販〉方式を維持したが、福建一路の各級官司の諸経費は、各種塩科銭として官売「綱塩」価格中に積算され、“諸司科銭”によって膨れあがった高額の官塩販売収入が福建路の財政を支え続けた。しかし南宋も最末期の景定年間（1260-64）になると、対モンゴル戦争への戦費調達のため、福建路転運司も他路と同じように相次ぐ上供の増額で財源難に陥った。景定元年に上四郡で宝祐5年（1257）以前の滞納塩課を除放した時にも、なお違法な「計口科抑」、すなわち官売塩課額を民戸に強制賦課する弊が見られ(93)、また景定3年（1262）には、一路の上供缺損額を補填するため、歳に10～20綱ほどの塩綱を増発して歳収を増やさなければならなかった(94)。

おわりに

福建路の塩政は国初、通商[卸売制]〈運司歳計〉方式によって運用された。この方式では福建路転運司が下四郡産塩を客商に転売（卸売、価格は25文/斤）し、売鈔価格を塩税として収取する。一方転運司から官塩を卸売価格で購買した客商は、これを官価29-30文/斤で販売し、官価と卸売価格との差額を塩利として収取する。これまでの研究では通商法として[鈔引制]以外の方式を“専売”と認めず、また転運司が塩利を収取する方式はすべて「官売法」として理解しているので（本書後編第1部序説を参照）、このように“変則的”に見える福建塩の課税構造を扱ったものは見当らない。

景祐2年（1035）、福建塩が他路塩とともに「東南末塩」として沿辺入中の償還塩に用いられるようになると、国初以来[卸売制]を支えてきた「南臺」塩とは別に、新たに「海倉」（三倉）に課額10万貫の通商塩が創設され、「海倉」塩の課額は通商2：官売1の比率で按分された。こうして福建では下四郡に通商卸売塩（熙寧祖額27万貫）、上四郡に転運司が〈官般官販〉する官売塩（景祐祖額3.33万貫、元豊祖額5.33万貫）と、榷貨務で入中請買する通商塩（景祐祖額6.66万貫）の三種の塩法が並行する官商並売体制が成立した。

元豊初年（1078）年からの塩政改革により、「海倉」塩課額の増額（元豊2年祖額16万貫）、上四郡官売塩の増額と下四郡への塩税銭「産塩銭」が導入された。これにより福建路転運司の官売塩歳収は、「祖額」〔熙寧8年〕約27万貫から元豊2年には46.5万貫、同3年には60万貫にまで増えた。

北宋最末期・南渡直後の混乱期、福建塩は[官売制]〈官般官販〉方式を採用したが、建炎4年（1130）、課額を40万貫とする通商[鈔引制]が布かれた。この通商は3カ月で廃止され、同時に通商課額40万貫を行在榷貨務と福建路転運司とで折半し、福建路転運司が上四郡への〈官般官販〉によって得る歳収から20万貫を上供銭貨として行在に輸納する「歳認鈔銭」の制が採用された。上四郡「綱塩」は「歳認鈔銭」が最終的に廃止される乾道末年まで、福建路転運司の歳収を確保するための殆ど唯一の財源であった。一方下四郡では、元豊年間に始まる「産塩銭」がすでに北宋末に白配化していたが、南渡後はこれも転運司財政を支える重要な財源となって、事実上の賦税と化した。

上四郡「綱塩」と下四郡の「産塩銭」とで特徴づけられる福建塩の通商[鈔引制]〈歳認鈔銭〉方式は乾道９年(1173)に廃止され、福建塩は翌淳熙元年から禁権[官売制]〈官般官販〉方式に復帰した。しかしこの[官売制]のもとで、福建路転運司財政の塩利以存体質は却って強まり、転運司が塩課を税戸に強制賦課する「科配」の弊は止むことがなく、また安撫司を始めとする各級地方官司・州県官は、官売塩の価格中に各種塩科銭を積算して――“諸司科銭”――官価をつりあげ、これを地方諸官司の収入源とした。もともと賦税収入の少ない福建路では、地方官司は塩利を始めとする官売制の課利収入以外に収入源はなかったのである。

注

(１)『会要』食貨23-21〔塩法雑録〕太平興国8.3.「金部員外郎奚嶼言、奉詔相度泉・福・建・剣・汀州・興化・邵武軍塩貨、請許通商、官為置場、聴商旅以金銀銭帛博買、毎斤二十五銭、可省盤塩脚銭渓嶮散失。従之」。『長編』24太平興国8.3.28甲申「除福建諸州塩禁、官売之、斤為銭二十五」。『考索』57財賦門・福建塩首末・寛商禁「太宗・興国八年、除福建塩禁」。『通考』『雑記』は福建塩は「自祖宗以来、漕司官般官売」と述べるが『会要』は“通商”と言い、『長編』『考索』も“除福建諸州塩禁”と言う。『長編』文中“官売之”は禁権を解除したのち転運司が商人に官塩を売ることを言い、[官売制]のことではない。

(２)『宋史』食貨・塩p.4461「其在福建曰長清場、歳鬻十万三百石、以給本路。天聖以来、福・漳・泉州・興化軍皆鬻塩、歳視旧額増四万八千九百八石」。

(３)『会要』食貨23-34〔塩法雑録〕天聖6.11.9「福建路転運司言、福州長楽・福清・連江・羅源・寧徳・長渓六県、毎年祖額塩五百一万五千九百六十三斤、給本州閩・候官等十二県及県下場并剣・建・汀州・邵武軍四処般請出売、其長楽・福清両県塩亭、並在海外、土鹹柴多、其長楽県年煎百六十二万七千七百五十斤、福清県年煎四百九万四百九十五斤、比附六県租額、計増七千二百四十六斤、其両県請依旧煎煉、連江・羅源・寧徳・長渓四県、隔渉大海、艱於盤運、逓年止積県倉、並請停廃。従之、所廃塩場並給与民為田、出納税賦」。６県祖額501,5963万斤は注(１)により卸売価格25文/斤で銭額約12.5万貫となる。

(４)『淳熙三山志』７公廨類一塩倉「国初転運司置倉南臺、儲福清・長楽等県【長渓・寧徳・羅源・連江運塩、至天聖六年罷】塩、給州県務【州有塩税務、県各置塩税務及倉】、聴民自買」。『三山志』は長清場や長楽等６県の産塩場に言及せず、福州の産塩場を長楽・福清２県に限定した天聖６年以降の情況を述べる。従って福建路転運司が福州に南臺塩倉を設けて福州産塩の商販拠点としたのは、天聖６年以降のことである。なお天聖６年に廃止された塩場は、元豊以降再び生産を再開した(梁庚堯「南宋福建的塩政」『国立台湾大学歴史系学報』17、1992、のち『南宋権塩食塩産銷与政府控制』国立台湾大学出版中心2010に所収)。

(５)『通考』15征権二塩鉄p.155下「(止斎陳氏曰)天聖七年、令商人於在京権貨務入納銭銀算請末塩。蓋在京入納見銭算請始見於此。而解塩算請始於天聖八年、福建・広東塩算請始景祐二年。京師歳

入見銭至二百二十万、諸路斛斗至十万石」。海倉鈔塩は上四郡の官売塩であるが、郭氏は景祐以降の海倉鈔塩の収入を「交鈔塩銭」、国初以来の通商卸売塩の収入を「官売塩課」と呼ぶなど、官売・通商の区別が混乱している（前掲書p.659）。

（6）『要録』188紹興31.2.7庚戌「直敷文閣・両浙転運副使王時升入対論…臣聞閩地瘠薄、舟車少通、明道以前、塩法固未立也、景祐之後、始置海倉、納収秝鈔銭十万緡、以三分之二許客人於榷貨務入納興販、一分与転運司般売、充上四郡買発、百余年間公私便之」。『中興小記』8建炎4.1.辛未「…初政和中、遣左司郎官張察、至本路参定塩法、歳以三分為率、二分帰朝廷、許商人輸銭於榷貨務給鈔、即本路受塩。一分帰転運司、許自買塩、積於海倉、令上四郡及属県般売、以辨歳計、時商販・官般二法並行」。『要録』31建炎4.1.29壬申「福建路歳産塩一千一百万觔、政和中、遣左司郎官張察、至本路参定。歳以三分為率、二分帰朝廷、許商人輸銭於榷貨務給鈔、即本路受塩。一分帰漕司、許自買塩、積於海倉、令上四郡及属県搬売、以辨歳計。時商販・官搬二法並行」。韓元吉『南澗甲乙稿』10上周侍御劄子「所謂鈔塩銭者、景祐元年纔十万緡也、元豊二年始増六万貫、然三分之二則客人入納于榷貨務而興販者也、一分則漕司般売以充上四郡歳計者也」。「海倉」とは下四郡の沿海部にある福州の海口倉・嶺口倉と興化軍涵頭倉の３基の塩倉の総称で「三倉」ともいい、下四郡産塩地の塩亭戸から収買した産塩を備蓄する塩倉である。『会要』食貨27-38〔塩法十〕乾道8.1.25「新提挙福建路市舶陳峴言、福建路海口・嶺口・涵頭三倉祖額、歳買塩一千九百七十六万七千五百斤、自元豊三年転運使王子京般運塩綱之法、後来州県奉行積漸生弊、一則侵盗而損公、二則科買而擾民、至今猶甚」。

（7）上四郡への官塩綱運と官売体制について、紹興末の福建路転運使王時升は「百年以上にわたり公私とも便利であった」と評価し（『会要』食貨27-6〔塩法〕紹興30.11.22「権発遣福建路転運副使王時升言、窃見、戸部催督鈔塩二十五年至二十八年共拖欠十五万緡、此銭尽是州県侵使、官吏皆已替移、無処催理、欲望朝廷許前項拖欠鈔塩銭、尽行除放、令転運司那融代納、実為均済。従之」）、同じころ朱熹も景祐以降の通商・官売並用体制は上四郡に適合していたと評価する（『朱文公文集』27答詹師書「…閩中八郡上四州不産塩、故旧以客鈔・官般並行」）。

（8）『会要』食貨22-26〜29〔諸路塩額〕福建路８州軍塩課歳額、同22-10〔末塩逐州年額〕福建路によれば、祖額〔熙寧８年〕は27,1647.141貫文、元豊元年実収は20,2503.436貫文で、そのうち祖額未定分が429.097貫文あった。

（9）『宋史』食貨・塩p.4461「熙寧十年有廖恩者起為盗、聚党掠州郡。恩既平、御史中丞鄧潤甫言、閩越山林険阻、連亘数千里、無頼姦民比他路為多、大抵盗販塩耳。恩平、遂不為備、安知無躡恩之跡而起者。乃詔蹇周輔度利害、周輔言、建・剣・汀州・邵武軍官売塩価苦高、漳・泉・福州・興化軍鬻塩価賤、故盗多販売於塩貴之地、異時建州嘗計民産、賦塩買塩、而民憚求有司、徒出銭或不得塩、今請罷去、頗減建・剣・汀・邵武塩価、募上戸為鋪戸、官給券、定月所売、従官場買之。如是則民易得塩、盗販不能規厚利、又稍興復旧倉、選吏増兵立法、若盗販知情嚢橐之者、不以赦原、三犯杖、編管隣州、已編管復犯者杖、配犯処本城。皆行之、歳増売二十三万余斤、而塩官数外售者不預焉」、『長編』290元豊1.6.29辛未条原注所引『食貨志』同。福建路転運使の蹇周輔の奉詔相度は廖恩平定直後の熙寧10年８月29日、蹇周輔は本条に「権発遣福建路転運使・屯田郎中・直史館蹇周輔并提挙本路塩事」とあり、翌元豊元年６月に福建路提挙塩事を兼務した。『玉海』181食貨・天聖詳定塩法にも「元豊元年六月二十九日、命福建路転運使蹇周輔、兼領本路塩事」とある。

（10）産塩下四郡から産塩のない上四郡への綱運は、国初の通商法の時代から行われていた。『淳熙三山志』７公廨類一・塩倉「大中祥符五年、以水口嵩渓駅増為倉、移運上四郡綱塩於此、以便搬売。明道二年罷、元豊元年復」。大中祥符５年(1012)、福州から南剣州への中継点水口鎮の嵩渓駅に水口倉を設け、ここに上四郡への綱塩を集積して般運・販売の便を図った。景祐元年(1034)に「海倉」鈔塩が始まると、歳額10万貫のうち1/3を上四郡「綱塩」の祖額と定めた。その後元豊元年(1078)、南臺倉を水口鎮に移した。『会要』食貨24-17〔塩法〕元豊1.6.29「…先是周輔言、奉詔相度塩事、欲令上四州募人充鋪戸、官給印暦、請塩分売、減其価直、移南臺倉于水口鎮、増巡防兵、選捕察之官」。南臺倉については注(４)を参照。

(11)『通考』15征権二塩鉄p.155下「(止斎陳氏曰)…熙豊新法、塩価増長【福建路祖額売塩収到二十七万三百余貫、自推行法、於元豊二年収到四十六万五千三百余貫、三年収六十万余貫…】」。これにより、下四郡通商塩の元豊２年実収は(46.53-16=)30.53万貫となる。元豊３年(1080)に転運使王子京により綱塩「祖額」は1976,7500斤(銭額で49.4万貫)と定められた。『会要』食貨27-38〔塩法十〕乾道8.1.25「新提挙福建路市舶陳峴言、福建路海口・嶺口・涵頭三倉祖額、歳買塩一千九百七十六万七千五百斤。自元豊三年転運使王子京建般運塩綱之法、後来州県奉行積漸生弊」。

(12)『長編』369元祐１.閏2.22庚戌「戸部言、右司郎中張汝賢奏、立定福建路産売塩額、候及五月、有併増併虧、自依海行条貫施行、内四州軍売塩後、応抑勒人戸充塩鋪戸、并願退免、不為施行者、徒一年、提挙塩事知而不挙、与同罪」。『会要』食貨24-26〔塩法〕元祐１.閏2.22同。『長編』366元祐1.2.14癸酉「福建路転運副使賈青添差衡州在城塩酒税…、先是福建路按察張汝賢言、青兼提挙塩事、不究利害、厳督州県広認数目、令鋪戸均買」。

(13) 福建下四郡には王氏閩国以来の慣習として、毎畝の「産銭」額の多寡に対応して免役銭その他各種賦斂を科徴する便法があった(王曾瑜「宋朝的産塩」中華文史論叢1984-3)。『長編』354元豊8.4.14丁丑「御史中丞黄履言、福建路塩法、惟邵武軍・汀州受数為重。邵武県近以塩多民匱、難於出糶、遂以人戸産銭紐定売塩、不循朝旨郷鋪之法、至於建寧・光沢等県、其弊亦然。汀・剣・建三州亦有抑勒、乞差官体量」。『長編』358元豊8.7.18庚戌、「(殿中侍御史黄)降又奏、伏見福建路下四州軍産銭、福州十二県共八千余貫、泉・漳州・興化軍十四県共六万余貫、而福州縁王氏之旧、毎産銭一当余州之十、其科納以此為率、余随均定塩額及細出役銭、亦皆至五倍、而其実減半焉、昨者王子京奏立産塩法、不曾検会前項別例、遂于元額上増、多寡之間、甚相遼遠。本縁子京之誤、遂為定額、民間応辨、已渉七年、遠民之冤、未易申述」。『要録』163紹興22年末条「福州旧法、民歳輸銭而受塩於官、其後不得塩而輸銭故旧、民多私鬻以給食、而官亦不問」。

(14)『淳熙三山志』７公廨類一・塩倉「宣和四年、復帰水口、時科売民戸塩、始不給還、於是南臺倉亦廃矣【徐成忠銓私記、此年産塩毎斤添一文為十九文、無塩給還】」。

(15)『会要』食貨24-38〔塩法〕崇寧3.8.6「福建路提挙学事司状、本路出売塩価、比之昔日稍低。乞於上四州軍、毎斤量添一銭、為銭一万九千七百貫有奇、以補足八州軍学糧。詔依所申、仍毎斤添二銭。其後十月二十三日又申、乞添下四州軍一銭、約為銭五千七百貫有奇、以補諸県学糧、復詔添二銭」。

(16)『宋史』食貨・塩p.4463「崇寧以後蔡京用事、塩法屢変、独福建塩於政和初斤増銭七、用熙寧法聴商人転廊算請、依六路所算末塩銭毎百千留十之一、輸請塩処為塩本銭」。

(17)『要録』188紹興31.2.7庚戌「宣和末、偶因兵火、客販阻絶、故海倉之塩尽帰州県般運」。

(18)『中興小記』８建炎4.1.27辛未「靖康俶擾、商販殆絶、故官悉自鬻」。『雑記』甲14福建塩「自祖宗以来、漕司官般官売、歳産塩一千一百万斤、収課銭四十万」。北宋末の福建官塩販売価格は(40万

貫/1100万斤＝)36-37文/斤。これは政和初年の7文/斤増額後の価格であり(前注(16)を参照)、崇寧以前の官売価格は29-30文/斤。景祐以前の[卸売制]時の卸売価格は25文/斤、よって官売塩の収買本銭(亭戸塩本銭)は4-5文/斤。

(19) 前注(6)所引『南澗甲乙稿』10上周侍御劄子に「所謂鈔塩銭者、景祐元年纔十万緡也」とあり、北宋の海倉「鈔塩」を鈔塩銭の起源とする。

(20)『会要』食貨25-36〔塩法〕建炎4.4.21詔続文「(紹興8.11.10都省批下福建路提刑司・提挙茶塩事司申)右朝散郎・新権知筠州葉擬陳請、福建塩除見行官般官売外、兼行小鈔、出売画一。送戸部看詳、本部契勘、福建路毎歳産塩一千一百万斤、自祖宗以来並係本路官般官売、充本路歳計支用、昨縁賊馬占拠淮南、淮塩未通客販、両浙塩数少、荆湖民間闕塩食用、申降到建炎四年正月二十九日朝旨、権許客人於行在榷貨務算請六十斤小鈔、往漳・泉・福州・興化軍塩場請塩、通入江浙荆湖路興販、後来淮浙塩場並已興復、客人入納漸広」。

(21) 同前続文「…承指揮、福建路鈔塩法並罷、却依旧法官般官売、見今歳認鈔塩銭二十万貫、赴行在榷貨務送納」。『雑記』甲14福建塩「建炎末以淮塩不通、権改鈔法、未幾与広塩皆罷之【四年四月辛卯】、第令漕司歳認鈔銭二十万緡運赴行在。紹興中閩塩既増倍、朝廷以其多羨息、十二年又増鈔塩十万緡【正月辛亥】」。『要録』17建炎2.8.19辛未「閩広塩則隷本路漕司官般官売、以助歳計【建炎四年福建行鈔法、旋則罷之】」。

(22)『要録』17建炎2年(1128)8.19月辛未条に「塩…福建四州二千六百五十六万【福・泉・漳・興化軍】」と記すが、『会要』食貨23-16～18は『中興会要』により、福建路下四郡の紹興32年の塩額を1656,9415.136斤と記す(**表38**参照)。また『玉海』181食貨・紹興塩額も『中興会要』に拠り「紹興三十二年塩額」として諸路塩場・塩倉—福建路は福州2倉と興化軍1倉—の産塩総額を載せる。『要録』の数字は『会要』の数字の千斤以下を省いたもので、二千六百五十六万は一千六百五十六万の誤記、従って建炎4年ではなく紹興末年(1162)の産塩額である。なお『雑記』14総論国朝塩筴に紹興末年の福建路、福・泉・漳三州・興化軍の産塩額を2659,9415斤13両5銭と記すが、この数字も『要録』と同じく二千は一千の誤記で、1659,9415斤13両5銭に訂正しなければならない。

(23)『会要』食貨27-38〔塩法十〕乾道8.1.25「新提挙福建路市舶陳峴言、福建路海口・嶺口・涵頭三倉祖額、歳買塩一千九百七十六万七千五百斤、自元豊三年転運・王子京般運塩綱之後来、州県奉行積漸生弊…近年朝廷知科擾之害、減抱引之銭、引銭既減、鈔綱亦罷、且三倉祖額僅二十余万、節次減買并罷鈔綱之外、歳計所運者第八百余万斤、其余尽散而為私塩矣…三倉照祖額失買一千一百余万、可給鈔付転運司出売」。文中“僅二十余万”は“僅《ほとんど》二千余万”の誤記であろう。

(24)『会要』食貨25-34〔塩法〕建炎4.2.4「戸部侍郎葉份言、准朝旨福建路罷官般官売塩、許客人任便興販、所有自来売塩息銭係転運司経費、令本路転運司・提挙茶塩司同共取索前五年所収的榷[確]数目、申取酌中一年数目、却於塩場所請鈔上揹塩《ママ》留息塩内撥還、今乞建・汀・南剣州・邵武軍上四州軍、並依上項指揮外、福・泉・漳州・興化軍下四州軍、自来諸色人於本処請買淹造食用等塩、及随産塩銭多少敷買食塩、欲且令依旧候客販通行、申朝廷指揮。従之」。

(25)『会要』食貨25-35〔塩法〕建炎4.2.5「詔福建路提挙茶塩司幹辨公事陳麟、令於漳州直司、依所乞改鋳新印、及量添吏額二人、旧塩亭戸納塩毎斤四文五分、於旧価上増二文五分、通計七文、応受納塩貨・亭戸合支塩本、並限当日支還」。

(26)『会要』食貨25-34〔塩法〕建炎4.1.29「戸部侍郎葉份言、淮塩道路未通、妨阻客販、両浙塩貨数少、積圧客鈔、其福建塩可以相兼補助浙塩、若許客人於行在榷貨務買鈔請塩、許通入江浙荆湖路興販、仍与認還買塩本銭、於鈔内揹留前去、即於福建路官般官売、各不相妨。従之」。『会要』食貨25-35〔塩法〕建炎4.2.19「尚書省言、近縁淮塩道路不通、諸色人自京師帯到鈔引、前来両浙請塩、致応副不起、内温・台州積圧鈔引数多、有至三二年以後方当支請塩貨、契勘広南・福建両路塩貨歳出浩瀚、已許通商、訪聞客人皆願算請、令相度応温・台州塩倉不曾支塩、令出給公拠、掲取鈔引連粘付客人、前来行在榷貨務、換給広南・福建路鈔引、毎一百貫与支換広南塩鈔六十貫、福建塩鈔四十貫、内換福建塩者、令依見今則例、毎袋貼納通貨塩三貫文、願全換一路者、聴従客便。従之」。

(27) 前注(20)参照。

(28)『通考』16征榷三p.165上「建炎間、淮浙之商不通而閩広之鈔法行、未幾淮浙之商既通而閩広之鈔法遂罷」、『宋史』食貨p.4463同。『会要』食貨25-36〔塩法〕建炎4.4.21「詔昨駐蹕温州、以金人犯淮浙、慮恐塩場廃壊、遂行福建路鈔塩法、今来到越州、淮浙塩場並已興復、客人入納漸廣、可以補助経費、其福建路鈔塩法更不施行、所有客人已算請鈔引、聴支発尽絶」。

(29)『要録』32建炎4.4.20辛卯「罷福建鈔塩、令転運司官搬官売、仍歳発鈔塩銭二十万緡、赴行在榷貨務、助経費、以淮浙塩場復通故也」。『宋史』食貨・塩p.4463「…鈔法一行、弊若可革而民俗又有不便、故当時転運・提挙司請上四州依上法、下四州且令従旧、及鈔法既罷、歳令漕司認鈔銭二十万緡、輸行在所榷貨務、自後或減或増、卒為二十二万緡」。『通考』16征榷三p.165上「…然旧法、閩之上四州、曰建・剣・汀・邵、行官売法、閩之下四州、曰福・泉・漳・化、行産塩法【随税納塩也】、官売之法既弊而産塩之法亦弊。鈔法一行、弊若可革而民俗又有不便、故当時転運・提挙司申乞上四州依上項指揮、下四州且令従旧、及鈔法既罷、歳令漕司認鈔塩二十万緡、納行在所榷貨務」。

(30) 同前注(20)。

(31)「歳認鈔銭」はまた「漕司認鈔銭」「歳輸銭鈔」「歳認鈔塩銭」「認発塩銭」「認納上供鈔塩銭」などと呼ばれ、『会要』『要録』等史料に頻出する。

(32) 郭氏は「歳計塩額」40万貫に「定額鈔塩」20万貫を加算して福建路「塩課歳収」を60万貫とするが(前掲書p.660〔表二十八〕南宋下四州軍塩課)、「歳計塩額」の半額が「定額鈔塩」なのでこの計算は無意味である。また氏は紹興年間の塩課歳収を1000万貫～2000万貫とし、さらに紹興８年の産塩額1100万斤を塩課歳収と見なす二重の誤りを犯している。また注(４)前掲梁庚堯「南宋福建的塩政」は「歳認鈔銭」に全く触れないため「鈔塩銭」の位置づけができず、南宋福建塩の課税構造を解明できない。

(33) 前注(10)を参照。水口倉は明道２年(1033)に廃止されたが、45年後の元豊元年(1078)に復旧した。元豊３年(1080)、転運使王子京は復旧した水口倉を中継基地として上四郡「綱塩」を再開した。前注(６)所引『会要』食貨27-38〔塩法十〕乾道8.1.25「新提挙福建路市舶陳峴言、福建路海口・嶺口・涵頭三倉祖額、歳買塩一千九百七十六万七千五百斤、自元豊三年転運・王子京般運塩綱之後来、州県奉行積漸生弊、一則侵盗而損公、二則科買而擾民、至今仍甚」。

(34) 前注(17)(18)を参照。

(35)『会要』食貨22-30〔塩法〕所引『建安志』紹興12年条「州県運塩既無定数、惟有力則能多致科売、紛紛民不勝擾、立定綱数、蓋懲此弊、而減価自鬻、又所以懲科売之弊也」。これによれば紹興12年に塩価の減額を行なっている。南宋時代の福建「綱塩」の運送方法については梁庚堯注(32)前掲論文p.28-33を参照。

(36)『雑記』甲14福建塩「紹興中、閩塩既増倍、朝廷以其多羨息、〔紹興〕十二年又増鈔塩十万緡【正月癸亥】。時塩司悉貯塩於海倉、令上四州取而鬻之、以供歳用。其後吏縁為姦、塩悪不可售、即

按籍而散、号口食塩、下里貧民無一人免者」。海倉備蓄塩の管轄官司は提挙塩事司である。

(37)『考索』57福建塩首末・福建旧塩課名色「福建下四州有産塩鈔、一歳所入四十余万緡、漕臺倚之以集大事。自建・剣・汀・邵、凡歳運一百七十余綱」。

(38)『会要』食貨26-32〔塩法九〕紹興22.4.9「前知汀州陳升言、本路福・漳・泉州・興化軍係産塩去処、建・剣・汀州・邵武軍係出売之所、且以汀州一郡論之、毎歳額管運福塩二百五十万斤、計二十五綱…脚乗糜費稍重、所認納上供鈔塩銭、及諸司増塩等銭、并原借助綱官銭、自来立定塩価、毎斤一百八十文足、方可及数、乃是民間多是結集般販漳・潮州私塩前来貨売」。

(39) 建炎通商期、上四郡では客商への小鈔卸売価格は32.5文/斤であったが、紹興8年(1138)ころ、上四郡の官売塩の販価は1斤100文に、汀州では卸売価格の約5倍180文/斤に高騰していた。『会要』食貨25-36〔塩法九〕建炎4.4.21詔続文「(紹興8.11.10都省批下福建路提刑司提挙茶塩事司申)…昨自建炎四年承准朝旨、推行鈔法、彼時官支本銭毎斤六文、小鈔毎斤客人納銭三十二文五分、続以薪米価貴、塩本毎斤増至一十七文、比建炎四年増価三倍」。後来罷行小鈔、転運司歳認鈔銭二十万貫、余留充塩本銭及歳計支用。今若従葉擬申請兼行小鈔、合於歳額塩内各取其半。謂如一半之数計五百五十万斤従官出売、係建・汀・南剣州・邵武軍差到衙前般運、付逐州貨売、毎斤及百文、内除塩本及船脚・糜費之類及紐納合認転運司鈔銭一十万貫、起発上供并逐州歳計之費外、一半五百五十万斤充小鈔塩。

(40) 前注(38)『会要』食貨26-32〔塩法九〕紹興22.4.9前知汀州陳升言続文「欲望委本路監司究心措置、将各州軍合運官塩名色、所収塩息価銭、紐見数目、別立作一項塩税、止於官司置簿排号、許客人税戸先於所属納塩本銭、請領貼拋下倉交塩、自行興販於所隷州軍送納税銭、如是則無私販之弊、無犯法之民、侵失之姦可革、険阻之虞可除。詔令鍾世明一就看詳措置、自後汀州並於漳州般運塩貨」。

(41)『会要』食貨26-34〔塩法九〕紹興26.7.25「御史中丞湯鵬挙言、臣近聞福建路州県以塩綱擾民、毎歳増添不知紀極、且以建州浦城一県論之、旧於二税之外般運塩五綱半、以添助歳計、公私不擾、支遣有余、近年贓汙之吏為知県三年、遂有般到四十余綱、計銭五十余万貫、尚称用度不足」。

(42)『要録』188紹興31.2.7庚戌「続因邵武軍簽判趙不已献言、本路毎歳遂抱納鈔塩銭一十万緡、節次増至三十万緡、為額鈔銭毎増塩価遂長、頃年毎斤不過三五十文、今甚者至百有余銭矣」。

(43)『考索』57福建塩首末・寛商禁「紹興二十七年、福建提刑呉逵定塩綱之数、上四州并属県共般一千六百万斤、拋地遠近裁価、比旧減三分、令官自鬻、不許敷民、旧漕司取放州県、号増塩銭斤二十八文、今減九文、提挙司収吏禄銭一文、亦減三分」。『会要』食貨26-35〔塩法九〕紹興27.6.12「殿中侍御史王珪言、臣窃見、言者以福建塩綱擾民、朝廷委本路提刑呉逵覈寔、仍以紹興元年為額、今拋呉逵申、将近来増置塩名目、悉已住罷、止以二十二年為額、紐州県合用歳計之数、毎事裁減十分之三」。『会要』食貨22-30〔塩法〕所引『建安志』に「紹興二十七年…〔呉〕逵乃酌上四郡県歳用之数、俾運塩以補常賦所入之闕、仍令減価自鬻、不得科売於民…将諸県毎年合椿上供歳計数目、分定綱数、上四郡県総計運塩一千六百八十三万斤、不得過於立定額数鈔塩、尚在定額之内、且令州県出売官塩、只許就市井置坊一所」。『会要』食貨27-43〔塩法十〕乾道9.3.14「(福建路転運使)傅自得措置下項…一、南剣州・邵武軍所管九県、随処自来売塩体例不同。今欲将邵武・光沢・将楽・順昌・剣浦・沙県六処并南剣・邵武両州軍、並只於州県市井置都塩坊売塩、不許於郷村創置、毎州軍通不得過二坊、県不得過一場坊」。

(44)『雑記』甲集14・福建塩「由是民力稍寛、然郡邑無以供百費、且尤非漕司之便、故衆論揺之、朝廷遂徙呉〔逵〕守鼎州、命諸司相度更定、其令諸司請運塩如逵数、而増其直【官肆塩直、止減一分、漕司塩本銭、毎斤為二十五銭】…乃減鈔塩十万【十一月癸亥】」。『要録』178紹興27.11.1癸亥「時福建歳認鈔銭三十万緡、乃詔減八万、自此漕司及州県稍舒、不復抑售于民矣」。『会要』食貨26-36〔塩法九〕紹興27.11.1「詔福建認鈔塩銭三十万貫、恐致科擾、可自今後毎年特与減免八万貫、止認二十二万貫」。『会要』食貨26-35〔塩法九〕紹興27.6.12「殿中侍御史王珪言、臣窃見、言者以福建塩綱擾民、朝廷委本路提刑呉逵覈寔、仍以紹興元年為額、今拠呉逵申、将近来増置塩名目、悉已住罷、止以二十二年［万］為額、紐州県合用歳計之数、毎事裁減十分之三、近聞諸処因裁減之後、少人応募、般運不行、官塩既少、私販遂多、欲望行下福建漕・憲司及提挙塩事、将呉逵所申事理、公共相度、可以経久通行、不為百姓之患、而歳計亦足者」。『考索』57福建塩首末・寛商禁「先是福建総論鈔塩銭三十万緡、既而与減八分、自此転運司及州県少寛、不復科売於民矣」、同福建塩首末・福建旧塩課名色「…民困科買、有破産者、後高宗減福建認鈔銭八分、遂不復科売」。

(45)『聖政』46乾道3.閏7.18癸未「臣僚言、閩中塩筴之弊有五…今之邑敷売官食塩、与夫借塩本銭者、多是給虚券、約綱到数日支給、甚至抛敷売之数、付之耆保、攤及僑戸、其見在塩却封椿、不得支出、謂之長生塩、若人戸不願請塩、只納敷数之半、以貼陪官、将官塩貯之別所、以添後日之数、謂之還魂塩、猾吏攬撲民戸、貼陪銭請塩出売出息、則与邑均分、謂之請鈔塩」。『考索』57福建塩首末・福建旧塩課名色に略同文を載せて、「況時吏緣為奸、広抛敷買之数、以催下戸、推見存之数、以備倉卒、謂之長生塩、民不願請、則納所放之半、直以帰陪於官、官復儲之別所、謂之還魂塩」とあり、上四郡で綱塩の販売に当る県官・胥吏─時に綱運担当の民戸を含む─の不正行為として、①県が預借した「塩本塩」額を民戸に強制して買取らせる、②官売塩を封椿して出売しない(「長生塩」)、③民戸が請塩しなければまず半額を買取らせ、後日残り半額を納めさせる(「還魂塩」)、④胥吏が綱運に当る税戸と結託して塩価中に利益を繰込み、後で県官と山分けする(「請鈔塩」)、等の弊を列挙する。このうち①、③は明らかに科売の一形態である。

(46)『会要』食貨27-6〔塩法〕紹興30.11.22「権発遣福建路転運副使王時升言、窃見、戸部催督鈔塩銭二十五年至二十八年共拖欠十五万緡、此銭尽是州県侵使、官吏皆已替移、無処催理、欲望朝廷許前項拖欠鈔塩銭、尽行除放、令転運司那融代納、実為均済」。

(47)『要録』188紹興31.2.7庚戌「…且如本路歳売塩一千一百三十万斤、以塩百二十為率、計収塩百三十五万六千緡、歳計所用不過六十万緡」。

(48)『考索』57福建塩首末・除放福建上四州塩本銭には「乾道四年臣僚上言、訪聞上四郡拖欠塩本等銭、自紹興二十七年至三十二年、計五千〔十〕余万、自隆興元年至乾道三年亦四十余万。漕司不知久近衮同拘催、前後積圧、因縁為姦、民力空窮困於追索、新欠旧欠拖帯不前、徒掛簿書、実無従出。臣愚欲望、聖慈矜憫州県煎熬、民間不易止附常平積欠官物、及諸軍抱欠酒銭、並已放免。特降睿旨、将紹興三十二年以前積欠塩本等銭並行除放」とあり、ここでは６年分で50万貫の滞納があった。

(49)ほぼ10年後の乾道８年(1172)、乾道４年に廃止した福建路の鈔法を再実施する動きに対し、官般官販の利を説く朱熹は「…且〔汀邵剣建〕四州毎歳旧額当運塩千三百万斤、而実運僅及九百余万、蓋食塩之民有限、其勢不可以復増也。然漕司以此歳得三十余万緡、而四州二十余県供給上下百費、皆取於此、二三十年以来、州県稍無科擾、百姓亦各安便、此則官自鬻塩、亦不為不利矣」と述べ(『朱文公文集』96陳正献〔俊卿〕行状)、上四郡綱運塩は「旧額」1300万斤の所、実際には900余万斤しか運ばれなかったが、転運司はこの収入によって上供歳課30余万貫と上四郡20県分の経費「州用」を充分に賄うことができたと指摘する。上四郡綱塩の「旧額」が1300万斤、実運900万斤であった年次を特定することはできないが、後文から判断すると転運司歳認鈔銭課額が30万貫であった紹興12～27年までの時期であることが分る。この時期上四郡の販塩価格は100文/斤以上であったと思われ、綱塩般運額が900余万貫にまで減った時期でも、これを完売すれば90万貫以上の塩課収入が得られたであろう。上四郡歳計60万貫を優に超える歳入である。また朱熹は同文集24答陳漕論塩法書において「以上四郡逐年運到一千万斤為率」、また「熹窃謂一千万斤者、官運之正数也」などと述べ、紹興末～乾道初ころの上四郡運塩額を約1000万斤と記しているが、これは恐らく紹興32年額定の1130万斤を指すものと思われる。

(50) 前引『雑記』甲集14福建塩「…乾道初、陳正献公・劉忠粛公在二府時、有言福建塩弊者。詔戸部侍郎沈度・陳彌祚相度、二人請量減鈔塩之半、歳令漕司於八州増塩銭、及樁留塩本塩内那融十一万緡起発」。因みに『宋史』213表4宰輔によれば、陳〔正献公〕俊卿は乾道2年12月甲申に同知枢密院事圏兼参知政事となり、劉〔忠粛公〕珙は乾道3年11月癸亥に同知枢密院事に除せられているから、両名がともに二府に在職したのは乾道3年末以降のことになる。

(51)『会要』食貨27-23〔塩法十〕乾道4.1.11「詔福建上四州、将紹興三十二年以前積欠塩本等銭、並行除放、隆興元年以後所欠、令転運司専一拘催、責限発納」、『会要』食貨63-29〔蠲放〕に同文。

(52)『会要』食貨63-29〔蠲放〕乾道4.2.1詔「訪聞福建路建・剣・汀・邵四郡軍科売塩、掻擾民戸、至于無本起綱、白行敷納、重困民力、可将本路鈔塩一項、行行住罷、転運司毎歳合認発塩銭二十二万貫、並与蠲免、却令本司于八州軍増塩銭、并将樁留五文[分]塩本塩通融、抱認七万貫充上供起発」、『聖政』47乾道4.2.1甲午条同。『通考』16征榷三p.165上「閩広之塩…上四州用鈔法、以私販多鈔額、随即停鈔法、仍係官売」。

(53)『雑記』甲集14福建塩「(乾道)四年春、遂減鈔塩十五万貫、第令漕司抱七万緡、以充上供」、『会要』食貨22-31所引『建安志』「乾道三年臣僚論売塩五弊。時命太常少卿任公文薦、将漕付以此事、明年臣僚復論之。任公奏、鈔塩銭既罷、鈔綱亦合住運。朝廷従其説、遂減当来歳運之数三百八十万斤」。

(54)『会要』食貨27-38〔塩法十〕乾道8.1.25「新提挙福建路市舶陳峴言…且天下州県皆行鈔法、於官則可計所入而無侵漁之弊、於民則便於興販而免科売之患、公私之利甚博、今独福建受此運塩之害、豈可不行鈔法以革之乎」。

(55)『会要』食貨27-40乾道8.6.11「宰執進呈吏部侍郎韓元吉奏、乞将福建官塩、且以漕計所認七万貫或十万貫、変而為鈔、聴従客般」。

(56)『会要』食貨27-42〔塩法十〕乾道9.1.21「中書門下言、福建塩貨、自来止是州軍分立綱数、自行般運出売以辨歳計、近改為鈔法、聴従客般、訪聞州軍住売、却致支用不足、窃慮敷擾以為民害。詔福建路転運司、自今降指揮到日、将諸州軍綱塩、並依旧分撥官般官売、其売鈔指揮更不施行」。

(57)『会要』食貨27-42〔塩法十〕乾道9.3.2「詔福建上四郡県客人般到鈔塩、日下並令尽数中売入官、計算元用本・脚・縻費等銭、依数支還」。『会要』食貨27-43乾道9.3.14「詔、已降指揮、令福建路転運司、将諸州軍綱塩、並依旧官般官売、其売鈔指揮更不施行、及已行下提刑司、覚察転運・提挙司并所属州県、将官売塩不得擅自増価、科擾於民、窃慮逐州軍旧来官売、各有体例、尚恐有未便事件、理合措置、可令福建転運傅自得・楊由義分定売塩州軍、逐一躬親前去、照応各処旧来官売体例、将未便事件措置以聞。其後傅自得措置下項。一、逐州県運綱、多就産借本、印給関子付税戸、候綱到撥塩準還、或自行科納、今欲約束州県計置官、本般運塩綱、如実有闕乏去処、従本司勘量逐急兌借、候到日売塩納還。一、南剣州・邵武軍所管九県、随処自来売塩体例不同、今欲将邵武・光沢・将楽・順昌・剣浦・沙県六処并南剣・邵武両州軍、並只於州県市井置塩坊売塩、不許於郷村創置、毎州軍通不得過二坊、県不得過一場坊。一、州県塩坊不能選官監視、遂致合干等人通同作弊多以沙泥拌和、減剋斤両、郷民到坊買塩、偸剋価塩、勒令陪備、今欲約束州県、委官躬親監視包裹一色、浄塩出売。一、猶[尤]渓・建寧・泰寧三県、自来体例計産売塩外、其余諸県欲令管下寺観買月塩・買季塩、兼両州軍諸県逐日判押詞状着到・公事勒買詞状着到塩、保正副入役・罷役塩、人戸理対賞罰塩、罪人罰罪塩、店戸鹹造塩、今欲約束州県、将逐項名色並日下罷去。一、本路諸県拖欠州軍歳計銭物、塩綱銭到河下、便被截留準還、今約束州軍不許拘截諸県塩綱、如有拖欠去処、並各正行放塩綱、下県出売。一、今来依旧官般官売塩綱、全頼禁止私販、累次約束、不能断絶、蓋為停蔵負載之家、不曾禁遏、今欲倣私酒法、五家為一保、責立罪賞、不得停蔵負載、許互相糾挙、巡尉不即検察、巡捉亦行按治、兼訪聞民戸昨来販到鈔塩之人、不肯尽数中売入官、如有停留塩貨之家、従本司拘収入官、理充綱塩。従之」、『考索』57福建塩首末・罷放福建上四郡民戸塩、略同。

(58) 前注(14)参照。『会要』食貨28-57〔塩法〕嘉定7.3.9に「(産塩)其後遂為常賦、而民不復請塩矣」。なお「産銭」は宋代両税の賦課基準となった「税銭」の福建路における呼称である。拙稿「宋代両税の折納について」(『史林』64-５、1981、のち『宋代税政史研究』に所収)、また注(13)前掲王曾瑜論文を参照。

(59) 『要録』163紹興22年末条「福州旧法、民歳輸塩而受塩於官、其後不得塩而輸塩故旧、民多私鬻以給食、而官亦不問」。

(60) 前注(24)を参照。

(61) 注(４)前掲梁庚堯論文p.14-17。

(62) 『要録』188紹興31.27庚戌「今漳・泉・興化・福州下四郡見行科納塩息、計産而出、謂之産塩銭、印契而出、謂之浮塩銭、毎歳不下四十余万緡。行之既久、民亦安之。上四郡所用歳計六十万緡、以数内三十万緡、視下四郡、令人戸計産・印契作産塩銭入納。然後罷海倉之買納、免官司之運売、弛一路之禁権、所至場務、別行季官拘収税塩銭、歳約三十万緡、湊成六十万緡、則歳計無不足之患矣」。

(63) 『淳熙三山志』17財賦類・歳収・二税塩役「夏税産銭十二県総八千一百四十八貫三百二十六文〔注略〕、久例以三千六百九十貫折科、紬一千匹・裨布一万匹・小麦一千五百石〔注略〕、皆估納月中価、令人戸輸納、計銭二万六千七百五十貫文足【見納中価、毎匹紬四貫、裨布一貫六百文、小麦毎斗四百五十文】外、四千四百五十八貫三百二十六文【係諸県除科折紬・布・麦外、余産銭】、納銅・鉄中半銭〔注略〕、計銭三千二百九十九貫一百六十一文」、「産塩、十二県以産銭等第均売、歳額二百六十九万六千四百五十三斤〔注略〕、随夏秋二税催駆、共計銭五万六千八百二十三貫九百七十三文足、内本州所得旧価銭〔注略〕二万五千八百一十四貫七百六十三文足〔注略〕」。注(４)前掲梁庚堯論文p.12、13、22に拠れば、史料がなく不明の漳州を除く下四郡３州軍の間に産塩銭額で11文/斤～33.3文/斤、産塩１貫ごとの産塩額で30斤～111斤まで、相当ばらつきがある。

(64) 北宋時代、福建路下四郡の他州軍の「産銭」は泉・漳州・興化軍14県で計６万余貫であった。『長編』358元豊8.7.18庚戌「(殿中侍御史黄)降又奏、伏見福建路下四州軍産塩、福州十二県共八千余貫、泉・漳州・興化軍一十四県共六万余貫、而福州縁王氏之旧、毎産銭一当余州之十、其科納以此為率、余随均定塩額及細出役塩、亦皆至五倍、而其実減半焉、昨者王子京奏立産塩法、不曾検会前項別例、遂于元額上増、多寡之間、甚相遼遠、本縁子京之誤、遂為定額、民間応辨、已渉七年、遠民之冤、未易申述」。これによると福州の産塩１文は他州の10文に相当し、両税夏税銭はこの基準

を用いるが、他の産塩額・免役銭等は他州の５倍、５文とすべき所実際は半分の2.5文の基準を用いたというから、上記福州産塩8000貫は他州の基準では3,2000貫となる。下四郡の産塩総額は（3,2000＋6,0000＝）9.2万貫となり、福州が総額の35％を占める。

(65) 梁氏は“本州所得旧価銭”すなわち産塩銭総額2,5814貫763文足（展省3,3525貫670文省）は福州の歳計、“財賦司見催塩共管”3,3966.713文省は転運司の歳計として帰属を二司に分ける（“分別帰属本州与財賦司”。注（４）前掲論文p.24）。しかし福州は12県から徴収した産塩銭を福建路転運司に輸納するのであり、産塩銭の帰属が二司に分別されることはない。

(66) ５県の「准塩」額は、各県の“見額管塩”すなわち納税額から、その基準値である産塩額を逆算した数値になっている（准塩合計×旧価塩（文/斤）÷0.77＝見額管塩）。このうち福清・永福・閩清・羅源の４県については原文に「准塩合計一十万二千百五十三斤、今四県帳、検祖額塩少而見納塩多、懐安一県見納塩二千九百九十一貫九十七文、准塩只管二十五万五千九百五、又塩額多而納塩少、不知何年重立此数」というように、北宋期の産塩「祖額」に対し淳熙の産塩塩額の方が多くなっているが、懐安県については逆に少なく（原文では「見納塩」2991.097文に対し「准塩只管」25,5905斤）、淳熙年間には幾つかの県で塩銭額とその基準値となった産塩額との対応関係が不明となっていた。このように“准塩合計”とは南宋淳熙年間に旧「祖額」との対応が不明となり、新基準で設定した各県の産塩額を合計したものである。

(67)「鈔塩銭」の起源は系譜的には北宋時代の福州「海倉」の通商鈔塩に淵源するが、こでいう「鈔塩銭」は直接には紹興12年に始まる上四郡への綱塩の塩価を構成する鈔塩銭を言い、本稿では「綱運鈔塩銭」と呼んで区別する。紹興３年、上四郡への塩綱中に「鈔塩銭」額を積算し、販売後この科銭額を歳認鈔塩の課額に充当する方式に切替えた。前注（19）を参照。

(68)『通考』16征榷三p.165上「閩広之塩…及鈔法既罷、歳令漕司認鈔銭二十万緡、納行在所榷茶［貨］務、自後或減或増、卒為二十二万緡」とあり、その原注にはその後の課額の推移について、【紹興三年詔榷免五万貫、五年依旧認二十万、十二年詔添十万、計三十万、二十七年特減八万為二十二万】とある。

(69)『会要』食貨26-12〔塩法九〕紹興3.4.15「詔福建路所認鈔塩銭、極為費力、兼数目浩瀚、権行減免五万貫」。

(70)『要録』69紹興3.10.18己亥「…初閩塩、自兵乱以来、商販絶少、鬻鈔不行、乃用邵武軍判官趙不已請、併令転運司撥売、歳輸銭鈔十五万緡」。

(71)『会要』食貨26-27〔塩法九〕紹興12.1.17「詔、福建近年買塩、増羨寛剰数多、於見認塩上添認一十万貫、通計三十万貫」。『雑記』甲集14福建塩「…紹興中、閩塩既増倍、朝廷以其多羨息。十二年又増鈔塩十万緡【正月癸亥】」。

(72)『会要』食貨26-35〔塩法九〕紹興27.6.12「…今拠呉逵申、将近来増置塩名目、悉已住罷、止以二十二年［万］為額、紐州県合用歳計之数、毎事裁減十分之三」。『会要』食貨26-36〔塩法九〕紹興27.11.1「詔福建認鈔塩銭三十万貫、恐致科擾、可自今後毎年特与減免八万貫、止認二十二万貫」。『考索』57福建塩首末・寛商禁「先是福建総論鈔塩銭三十万緡、既而与減八分［万］、自此転運司及州県少寛、不復科売於民矣」。同57福建旧塩課名色「…民困科買、有破産者。後高宗減福建認鈔塩八分［万］、遂不復科売」。前注（68）『通考』16征榷三p.165上「閩広之塩…」条文原注【（紹興）二十七年特減八万、為二十二】。

(73) 同前注（52）。

(74)『雑記』甲集14福建塩「(乾道)四年春、遂減鈔塩十五万貫、第令漕司抱認七万緡、以充上供【五月壬辰罷塩鈔銭】」。

(75)『輿地紀勝』129福建路・建寧府監司沿革・福建路転運司「…其後諸路茶塩尽帰之提挙司、而福建漕司尚領塩事、悉貯塩于下四州、而令上四州諸県置綱運、而取其贏以佐漕計」。

(76)『会要』食貨27-38〔塩法十〕乾道8.1.25「新提挙福建路市舶陳峴言…紹興初間、邵武軍僉判趙不已嘗措置売塩之法、然鈔法終至於不可行者何哉…鈔法罷而綱運興、則有歳計綱、有鈔塩綱者、売塩椿管以充抱認引銭之数也」。

(77)『会要』食貨22-31引『建安志』「紹興五年、昭[邵]武幕官趙不已献言、客鈔既住、乞令本路歳認鈔銭二十万貫、漕司乞認十五万貫、所謂鈔塩銭始於此」。注(70)前引『要録』69紹興3.10.18己亥条。なお『会要』食貨32-21〔茶塩雑録〕建炎3.5.15戸部侍郎葉份言続文に「後紹興五年提挙江西茶塩趙不已乞…」とあり、紹興5年に趙不已は幕職官から提挙官に転出したので『会要』所引『建安志』の紹興[五]年は[三]年の誤記。梁庚堯注(4)前掲論文は鈔塩銭・増塩銭とも紹興5年に始まるとする。

(78)『会要』食貨26-33〔塩法九〕紹興26.5.13「左朝散郎殿中侍御史周方崇言…福建路官中搬塩自売、行之日久…福建一路、有産塩銭、有運司自売塩銭、有契塩銭、有州県自買塩銭、有提挙司塩銭、名数既不一、而州県復不問民間所用多寡、重畳抑買、例高其価、多収出剰、為人戸之害如之」。

(79)『歴代名臣奏議』319「福建安撫使趙汝愚・論汀州利害…又毎塩綱内、例有転運司増塩・通判庁経総制銭、諸県已難敷買、而本司復有自運歳額銭、又分令諸県変売、故有転運司銭、有本州銭、有通判庁銭、有本路銭、或以委令丞、或委巡尉、文書旁午、雑然並出、其民誠不勝其擾矣」。

(80)『会要』食貨27-38〔塩法十〕乾道8.1.25「新提挙福建路市舶陳峴言…紹興初間、邵武軍僉判趙不已嘗措置売塩之法、然鈔法終至於不可行者何哉。蓋漕司則藉塩綱以為増塩銭、州県則藉塩綱以為歳計銭、官員則有売塩食銭・糜費銭、胥吏則有発遣交納常例銭、公私上下齟齬如此、則無怪乎鈔法之不可行也…乞令有司先取会福建路転運司、与夫上四州県毎歳支遣、除両税増税并諸色銭外、転運司所仰於塩綱而為増塩銭者幾何、州県所仰而為歳計者幾何、令官吏結立罪賞状、従実具数供申…」。

(81) 下四郡漳州は産塩180万斤を上四郡へ送り、うち20万斤を汀州で、160万斤を龍渓・長泰・龍岩・漳浦四県で分売し、これにより転運司は始めて認納諸司銭3,3000貫を調達できたという。廖剛『高峯文集』5議塩法申省状「(紹興六年、知漳州廖剛称)本州有塩団五所、歳管煎塩一百八十万斤…除二十万斤応副汀州般請外、分売四県産・契等塩、甫得敷足、認納諸司銭三万三千貫、亦可了辨」。なお汀州北部三県には福州産塩が流通し、漳州産塩は汀州南部三県に流通した。『聖政』63淳熙13.12辛巳「(漕臣趙)彦操等尋奏、汀州六邑、長汀・清流・寧化則食福塩、上杭・蓮城・武平則食漳塩、亦各従其俗耳」。

(82)『会要』食貨22-31所引『建安志』「(紹興五年)是年知福清県葉廷珪乞、於上四州置〔売〕塩、毎斤内増銭十数文、令項椿作塩本銭、以優亭戸、漕司奏請行之、始令各州并属県於売塩銭内増収、充循環塩本銭、所謂増塩銭始於此」。この塩本銭は販売後に転運司の歳計に充当され、翌年再び塩本銭として亭戸に給付されるので「循環塩本銭」と呼ばれる。

(83)『会要』食貨63-29〔蠲放〕乾道4.2.1「詔訪聞福建路建・剣・汀・邵四州軍科売塩、掻擾民戸、至于無本起綱、白行敷納、重困民力、可将本路鈔塩一項、行行住罷、転運司毎歳合認発塩銭二十二万貫、並与蠲免、却令本司于八州軍増塩銭并将椿留五文[分]塩本銭通融、抱認七万貫充上供起発」。広南塩にも「椿留塩本銭」と同じ「存留塩本銭」がある(本書第9章広南塩の販売体制と課税構造を参照)。

(84)『会要』食貨27-43〔塩法十〕乾道9.3.14「…其後傅自得措置下項。一、本路諸県拖欠州軍歳計銭物、塩綱銭到河下、便被截留準還」。広南塩では『会要』食貨28-12〔塩法〕淳熙9.2.9「経略到任添助静江府歳計銭五万貫」、『会要』食貨28-40〔塩法〕紹熙5.8.27「応付靖州歳計銭四万九千二百余貫」など。

(85) 『雑記』甲集14福建塩に「凡上四郡歳般千有六百万斤、視旧直損其三、毋得散於民戸。旧漕司所増塩銭・提挙司吏禄銭、皆損三之一」、「〔呉〕逵遂約郡県歳費、除二税所入外、即分綱塩補之」。『考索』57福建塩首末・寛商禁「紹興二十七年、福建提刑呉逵定塩綱之数、上四州并属県共般一千六百万斤、拠地遠近裁価、比旧減三分、令官自鬻、不許敷民、旧漕司取放州県号増塩銭斤二十八文、今減九文、提挙司収吏禄銭一文、亦減三文」。

(86) 上供銭貨としての経総制銭については拙稿「南宋の上供銭貨」(大阪府立大学『歴史研究』37、1999)、本書第3章上供銭貨の諸系統—南宋時代—を参照。

(87) 『会要』食貨28-26〔塩法〕淳熙13.12.8「…先是新四川安撫制置使趙汝愚言、汀州地僻民貧而官塩立価最貴、配抑追擾之害視他路独甚、乞将汀州一郡改作客鈔、其州県歳額合得塩数、並給降鈔引、付本州県措置変売。迺詔福建提挙応孟明、同汀州守臣趙師愢詳利害条奏。既而孟明言、福建上四州軍有去産塩之地甚邇者、官不売塩則私禁不厳、民食私塩則客鈔不售」。

(88) 『会要』食貨28-24〔塩法〕淳熙12.4.4「福建運副趙彦操言、州県売到塩銭、多被侵移他用。蓋縁不曾委官掌管拘収、致有欺弊、今措置欲就州県、令置敖眼樁管。本司増塩本等銭、州委郡貳、県委佐官、専一掌管、如遇綱到、即時拠数計塩樁管、逐時各従州県塩坊売塩、照本司今立月帳数目、発納取足、如敢弛慢収樁不足、或将已収到銭侵移借用、許本司奏劾。従之」。

(89) 『会要』食貨28-36〔塩法〕紹熙3.3.22戸部言「福建転運司奏、本路塩綱、毎一大綱計一十万斤外、許帯拖脚盤一万斤、蓋以優閏[潤]運綱税戸、則係一綱一十一万斤為定、今来州県税場、毎綱収免検綱銭三百二十六貫八百三十四文、即是違法、乞下福建転運司鈐束州県、今後不管妄行収税、亦不得再行収納免検綱塩、令本路提挙・提刑・転運司覚察、将違戻官按劾。従之」。

(90) 『会要』食貨28-36〔塩法〕紹熙3.3.22同日「戸部言、福建転運司言、本路県道般運塩綱、惟頼分隷得市利塩、以充県用并応辨州郡上供之類、若有余則趲那循環作本、接済起綱用、若県道綱数及額、則県用自然優裕、其於州郡合起銭物、可以樁辨、今県道運到一綱、州郡便行拘截、尽充板帳上供之数、県〔道〕無力以起後綱、或有已起綱在道、則無幾接済、已行下逐州須管通融応副、不得截留、其県道合発本州上供銭物、即将起到綱運市利塩措置起発、仍留本柄循環接済、乞下福建転運司、今後属県拖欠銭、須管放塩綱下県売銭撥還、不許拘截、亦不得差官下県監売、本路転運・提刑・提挙司常切覚察、如有違戻、許逐司按劾。従之」。

(91) 『会要』食貨28-39〔塩法〕紹熙5.3.1「臣僚言、訪聞、福建安撫司措置出売犒賞庫回易塩、約束甚厳、権販甚広、多差官吏至坊場、事体驟新、民旅非便、乞令福建帥司、日下往罷所置官吏坊場、今後置鋪、不得出門。従之」。

(92) 『会要』食貨28-48〔塩法〕嘉泰1.1.7「詔福建路上四州、今後止許逐県将運到逐綱官塩、並従先来装到籮蒒、照元製色味斤両、斟酌時価出売、不得拌和泥土、増擡価例、除退苴扎、聴従人戸自行収買、不得科敷抑売、仍暁示遠近通知、所有知県毎斤食塩一文、更与裁減、如有違戻、塩司按劾、重寘典憲、人吏当行決配」。以臣僚言、福建路建寧府・南剣・汀州・邵武軍、謂之上四郡、以地拠大渓上流、財賦絶少、皆藉産塩、自合逐州逐県照元来運到元製塩貨并元秤斤両、量立価塩出売、聴人戸自行収買、官中亦自獲利不少、淳熙初、有提刑謝師稷按其違戻知県数人、免科塩者数年、今乃多是灰土拌和、斤両虧少、却以包裹減尅、与向来装綱之日、色沢分数不同立価、又重複有巧作名色、除退名曰苴扎、毎塩一斤不得六七両、縁此民間不肯収買、是致私塩盛行、兼以科抑、民戸毎買塩一斤、知県得銭一文、任満厚載而帰、疲民困苦無愬、乞委憲使体究革絶其弊、一如謝師稷所行、故有是詔」。

(93)『宋史』食貨・塩p.4465「景定元年九月明堂赦曰、福建上四州県倚塩為課、其間有招趂失時月解拖欠、其欠在宝祐五年以前者、並与除放、尚敢違法計口科抑者、監司按劾以聞」。

(94)『宋史』食貨・塩p.4466「(景定)三年臣僚言、福建上四州山多田少、税賦不足、州県上供等銭銀・官吏宗子官兵支遣、悉取辨於売塩、転運司雖拘権塩綱、実不自売、近年創例自運塩両綱、後或歳運十綱至二十綱、与上四州県所運歳額相妨、而綱吏搭帯之数不預焉、州県被其攙奪、発泄不行、上供常賦無従趂辨、不免敷及民戸、其害有不可勝言者。有旨、福建転運司視自来塩法、毋致違戻、建寧府・南剣州・汀州・邵武軍依此施行」。

第9章　広南塩の販売体制と課税方式

はじめに

嶺南路は至道3年(997)に広南東路・西路と改称し、太祖・開宝4年(971)に禁榷して[官売制]〈官般官販〉方式を布いた。広南東路は景祐2年(1035)、淮浙塩・福建塩とともに榷貨務が発給する「東南末塩鈔」により、沿辺入中の償還塩として通商[鈔引制]〈入中償還〉方式を導入した。東路産塩の通商は湖南・江西の一部に及んだが、西路はなお一路を賄うだけの産塩がなく、北宋末・宣和年間になって始めて通商を導入した。通商広西塩の売鈔定額を立てたのは、路内産塩の自給が可能となった建炎末年以降のことである。

南渡後しばらくの間、両路とも官売と通商を並用したが、広南東路は紹興9年(1139)から全面通商となり、広南西路は南宋時代を通じて官売区(産塩4州のち5州)・通商区(不産塩16府州)・海南島特別区(自給4州)に行塩区を三分し、広西転運司は産塩官売区の塩税歳収を「漕司二分塩」として分配収取し、歳計に充てた。乾道元年には両路の提塩司が合同し、統一通商課額18万籮(広東10万、広西8万)を定めた。広東路は提塩司が塩税収入を管理したが、広西では転運司が売鈔収入を収取する通商[鈔引制]〈運司歳計〉方式がとられた。賦税収入の少ない広西は、過度の塩税以存からの脱却を図り、乾道元年(1165)に[官売制]〈歳認鈔銭〉方式に転換し、淳熙元年からは北宋時代の[官売制]〈官般官販〉方式に復した。

しかしこの官売期間中に転運司の塩税以存は却って強まり、淳熙10年(1183)に統一通商課額18万籮(90万貫)のもと広西も通商[鈔引制]に復帰し、同12年には再び両路、統一通商課額16.5万籮(広東9.5万、広西7万)を立定した。提塩司管理下の通商[鈔引制]は、広西転運司の歳計に潰滅的な打撃を与えるため、政府は通商化の補償として、産塩官売区を廃止せず「漕司二分塩」を存続させるとともに、広東・広西両路塩の通商課額と広西転運司の経常支出の費目・額を削減して財政負担を軽減した。統一課額はその後も段階的に削減がすすみ、紹熙5年(1194)に広東6万、広西5万、両路計11万籮(55万貫)――発足時の18万籮(90万貫)のほぼ60%――にまで減額して南宋末に至る。

宋代広南塩については、北宋時代の早い時期から官商並売体制が布かれたこと、広西塩の産塩能力が低かったこともあり、広東と広西ではその課税構造が大きく異なること、南宋時代には広西に一時[官売制]が布かれたが、大勢としては通商[鈔引制]によって運営されたこと、などに留意する必要がある。

1．北宋時代の広南塩

開宝4年(971)、嶺南道——至道3年(997)広南東・西に分路——に禁榷[官売制]〈官般官販〉方式を布いたとき、安価な広南塩が隣接する湖南諸州に流出せぬよう、湖南に接する嶺北諸州(韶・連・賀・昭・桂の5州)の塩価を荆湖諸州と同じ60文足/斤とし、その他州軍はこれより低い40文足/斤とする一塩区二販価制を採用した(1)。

天聖以前、広南東路は広州の東莞・静康等13塩場で歳課額2,4000余石の産塩があり、これを東路全14州と西路の昭・桂2州、江西の南安1軍で官売した。一方西路は廉州の白石・石康の2塩場で歳課額3,0000余石の産塩があり、これを容・白・欽・化・蒙・龔・藤・象・宜・柳・邕・潯・貴・賓・梧・横・南儀・鬱林の計18州で官売したが、沿海部の高・竇・春・雷4州と内陸の融州、海南島の瓊・崖・儋・万安等4州郡、計9州軍は塩を自給できたため課額を定めなかった。天聖以後、東西両路の計13塩場はみな広州が管轄し、歳課額を51,3686石と定めて両路に官売する体制が確立した(2)。

(1)広南塩の生産・販売体制

太宗の雍熙4年(987)、潮州には3,3000石の課額に対して64万余石の滞積塩があり、三司は「広南全路では230余万石の滞積塩があり、明らかに生産過剰である」として向う数年間の産塩を停止したが(3)、この三司の言から、太宗朝後半期の広南両路の産塩歳額(課額)が約10万石(銭額で約60万貫)、広南両路転運司の歳計が約46万貫であったことが分る。

景祐2年(1035)から、広南東路産塩は淮浙塩・福建塩とともに“東南塩”の一員として「沿辺入中」の償還塩に用いられ、“東南末塩鈔”として通商課額(榷貨務入銭課額)を有するようになった(4)。これにより沿辺入中を果した客商は広東路沿海の産塩州軍に赴いて償還広東塩を受領し、広東塩行区の各州軍で広東塩を官価で販売できるようになった。元豊年間には広東路に隣接する江西南部で淮浙塩の流通不足から私販が横行したが、このとき両路の監司は協議して、広東塩700万斤を広西・虔州に、120万斤を南安軍に流通させ、江西路の側で虔州の淮南官売塩販売課額616万余斤を流通が不足しがちな洪・吉・筠・袁・撫・臨江・建昌・興国等州軍の官売課額に上乗せしたことがある(5)。このように大規模な流通でなくとも、客商による通商広南塩の江西南部への流通は、景祐2年に始まる東南塩の入中通商開始のころから行われていたであろう。

上に見た江西虔州・南安軍への計820万斤(約6,8000石)の広東塩の通商を成功させた転運使蹇周輔は、その後戸部侍郎となり、今度は広東の韶・連州に隣接する湖南の郴・全・道州へ数百万斤の通商広東塩を販運し、江西で行なったと同じ方法でこの三州の官売課額を湖南南部の潭・衡・永・邵等州の官売課額に上乗せした(6)。広東から般運販売した通商塩は数百万斤というから、ほぼ元豊4年の江西への通商塩820万斤に匹敵する額であったと思われる。

地図 9　北宋時代 広南塩の産塩と行塩区

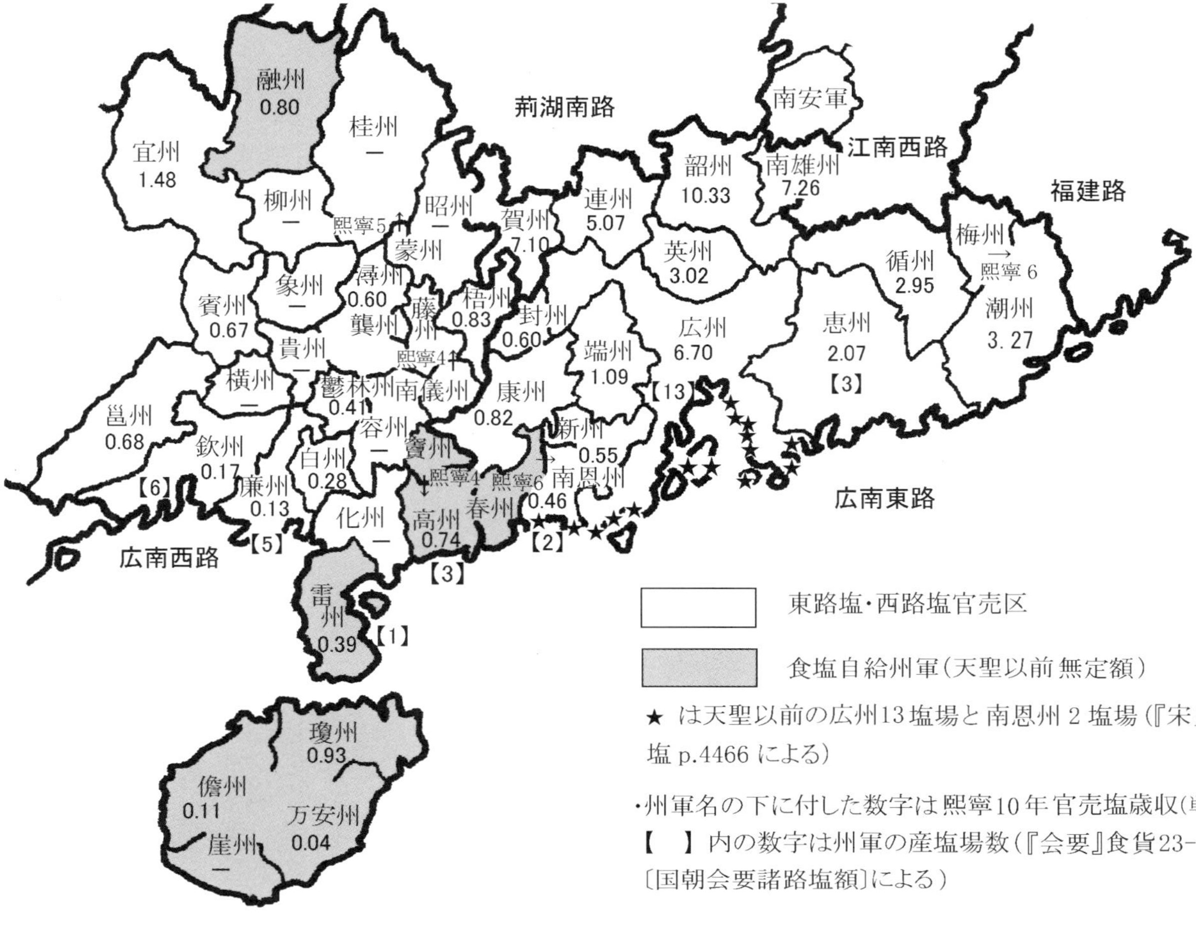

東路塩・西路塩官売区

食塩自給州軍（天聖以前無定額）

★ は天聖以前の広州13塩場と南恩州 2 塩場（『宋史』食貨・塩 p.4466 による）

・州軍名の下に付した数字は熙寧10年官売塩歳収（単位：万貫）、【　】内の数字は州軍の産塩場数（『会要』食貨23-1～7〔国朝会要諸路塩額〕による）

景祐2年の「沿辺入中」請買開始以降、広南塩のうち通商塩を供給できたのは広東塩であり、元豊期に江西南部と荆湖南部へ般運販売したのも広東塩で、このころなお路内の自給すらできない広西塩を通商塩に用いる余裕はなかった。広西産塩は北宋も末の宣和5年(1123)になって、提挙塩事官を置いて通商を開始したが、この時もまだ定額を設けることができなかった。広西塩の路内自給が可能となったのは南渡後しばらくしてからのことで、転運司は辛うじて、鈔塩定額(通商課額)を充たした余剰を歳入(「漕計」)として確保することができるようになったのである(7)。

天聖以前の広南塩の官売体制を**図1**に示す。

(2)広南塩の塩課歳収と転運司歳計

上に見たように、広南の禁榷を開始して十数年を経た雍熙4年(987)の一路の産塩歳額(課額)は年に10万石(1200万斤)であったというから、国初の塩価を平均50文/斤として転運司の歳収は約60万貫と見積ることができる。また『宋史』食貨・塩p.4466にいう「天聖以前」の総課額5,4000石(648万斤)は銭額で約32.4万貫となり、国初の課額に比べて半減しているが、天聖以降にはほぼ60万貫の課額を回復する(8)。

天聖年間の広南塩課額が60万貫であったことはこのように確認できるが、北宋時代の広南塩の官売「祖額」を明記した史料はない。仁宗朝末期(嘉祐年間)に広東転運使となった蔡抗が、番禺から英州・韶州へ始興江を遡上する運塩方法を改良して「歳に15万緡を増した」とする史料があるものの(9)、元額が不明なため詳しいことは分らない。

表1に『会要』食貨23-1～7〔塩法六・諸路塩額〕に載せる熙寧9-10年(1076-77)の広南諸州の官売塩の売上総額を示す(10)。

この表で熙寧9-10年(1076-77)の広東塩実収入は約51.35万貫、広西塩実収は9.39万貫である。『会要』所載のこの数値、及び次節2.で見る南宋紹興年間の課額などを参考にして、本稿では北宋時代の官売広東塩の国初祖額を50万貫、広西塩を10万貫と仮定しておく。

広南は元々賦税収入が少なく、州県の経費を賄うには不足したので、北宋時代、広南転運司の歳計(漕計)は、官売塩歳収の40%を「州用」と定めて州県経費として支出し、残り60%をその他転運司の必要経費に充てた(11)。上に見た広南両路の塩利歳収に基づいて両路転運司の財政規模を見ると、塩利歳収約72万貫(広東51万貫、広西21万貫)のうち「州用」に約29万貫、その他に約43万貫となる。「州用」の塩利総収に対する依存率は(29/72＝0.40)約40%となる。両路の漕計はこのように地方経費の財源を塩利収入に大きく依存していた。

この比率を同じ[官売制]をとる淮南塩と比べてみると、荆湖南路は約100万貫の塩課収入のうち転運司がその半額約50万貫を「州用」として支用し、江南西路では塩利約130万貫の半額65万貫を「州用」に支出していた。東南六路の塩利総収に対する「州用」の以存利州はほぼ50%であったから(第6章淮浙塩の課税構造を参照)、広南両路転運司の塩利収入への依存率はこれよりやや低いと言えるが、北宋時代の広南塩が官商並売体制をとり、南宋時代の広西塩が[官売制]の要素を完全には払拭できなかった理由は、広南両路の転運司財政(漕計)がこうした塩利以存の構造的特質をもっていたからである。

表41　熙寧10年　広南東西路官売塩歳収　（単位：貫文）

広南東路			広南西路		
天聖以前歳課額2,4000余石	熙寧10年実収		天聖以前歳課額3,0000余石	熙寧10年実収	
			桂州	静江府	
			昭州	昭州	
広州	広州	6,7000.446	蒙州	(熙寧５廃)	
韶州	韶州	10,3390.399	廉州	☆廉州	1390.132
循州	循州	2,9504.063	容州	容州	
潮州	潮州	3,2797.665	白州	白州	2832.214
梅州	(熙寧６廃)		欽州	☆欽州	1706.593
連州	連州	5,0756.571	化州	☆化州	
賀州	賀州	7,1062.544	龔州	龔州	5158.860
封州	封州	6058.023	藤州	藤州	
端州	端州	1,0940.871	南儀州	(熙寧４廃)	
新州	新州	5,552.146	象州	象州	
康州	康州	8244.123	宜州	宜州	1,4801.208
南恩州	南恩州	4604.138	柳州	柳州	
			○春州(熙寧６廃)		
南雄州	南雄州	7,2655.813	邕州	邕州	6835.875
英州	英州	3,0245.882	潯州	潯州	6036.501
恵州	恵州	2,0707.835	貴州	貴州	3134.702
南安軍(江南西路)			賓州	賓州	6786.022
		計51,3520.519	梧州	梧州	8375.868
			横州	横州	2383.921
			鬱林州	鬱林州	4100.662
			○高州	☆高州	7441.187
			○竇州	(熙寧４廃)	
			○雷州	☆雷州	3929.690
			○融州	融州	8039.654
☆広西　産塩・官売５州			○瓊州	瓊州	9374.597
○広西　自給９州			○崖州	崖州	
			○儋州	昌化軍	1170.196
			○万安州	万安軍	424.757
			計		9,3922.639

２．南宋時代の広南塩

北宋末から南渡前後の混乱期には淮浙塩の通商が杜絶し、広南両路には福建路と同様、禁榷[官売制]〈官般官販〉方式が施行された。また東南地方の広い範囲で塩商の活動が停滞し、広東塩の江西・湖南への通商も行われなかった(12)。広南塩の路外への通商は建炎4年(1130)から再開されたが、広南塩の通商体制の確立は、北宋以来の東・西両路の地域差——産塩能力や課税構造の違いなど——を反映して、広西は広東に比べてかなり遅れた。

通商体制確立後の広南塩の塩法は、東・西両路とも極めて複雑な推移を見せる。北宋時代から産塩が豊富で、路外への通商の実績もあった東路では、紹興9年(1139)に路内を全面通商として以降、乾道4～6年の短期間を除いて官売が復活することはなかったのに対し、南渡後に初めて路内の産塩自給が可能となった広西では、北宋以来転運司の歳計が大きく塩利に依存する官売体制からの脱却をめざし、二度にわたって通商体制への転換を試みたがいずれも失敗し、淳熙10年(1183)、三度目の挑戦でやっと安定した通商体制の確立に成功した。ただしこの通商体制は、通商による販塩収入(売鈔収入)を転運司の歳計(漕計)に入れるという、南宋福建と同じ〈運司歳計〉方式の通商[鈔引制]であった。また広西では紹興8年(1138)、転運司の歳計を確保するため、沿海部の産塩5州を官売区に指定して他府州から隔離した。この特別区は広西路他州の官売・通商の度重なる変更にも拘わらず、南宋末まで禁榷[官売制]が存続した。

(1)南宋初期の官商並売体制(建炎4年～紹興8年)

南宋における広南塩の通商は建炎4年(1130)正月、行宮の用に給するための権宜の措置として、江西虔州に広南塩鈔20万貫を発給することで再開された(13)。北宋末以来、淮南塩の供給が永らく途絶え、東南塩の償還を求める客商は両浙に殺到したが、浙東の温州・台州などでは巨額の塩鈔が滞留し、行在榷貨務で請買の許可が出るまで二三年も待たされる状態が続いた。そのため朝廷は供給不能となった淮浙塩に替えて、産量豊富な福建塩・広南塩を客商に代替支給することとした。客商は温州・台州が発給した「塩貨未受領」の証書を貼付した鈔引を行在榷貨務へ持参すれば、鈔引100貫を広南塩鈔60貫と福建塩鈔40貫の構成比率で請買することが許可された(14)。以下に、広南塩の塩利分収方式を基準に、南宋初期の官・商並売体制を見る。

1．広東塩の「漕司一分塩」

通商広南塩はこうして次第に流通量を拡大し、流通を支える産塩体制も整備されていった。翌紹興元年(1131)春には広東の南恩州陽江県に年産6000万石(塩課歳収約1.9万貫)規模の塩田が造成され(15)、また紹興3年(1133)には産塩地広・潮・恵・南恩等4州の塩課歳収が合計48万貫を超えたため、塩政担当官吏の増員など塩務管理体制の強化が図られた(16)。

こうした一路の流通拡大と並行して塩課の増収も図られ、官売価格の増額と、官塩を販売する路内各州軍の歳課の増収が行われた。紹興3年(1133)ころ、広州の都塩倉、廉州の石康県塩場など売塩場で路内州軍に給売する官売塩の価格は、連年の増額によって1籮4.7貫文足

(47文足/斤、１籮は100斤)となっていた。路内各州軍は衙前を使役し、両塩場で官価で買取った塩貨を般運して州軍で販売したが、その販売価格は広東南雄州では毎籮10貫、広州では８～９貫、広西の昭州・賀州では11～12貫、桂州では遂に17～18貫にも高騰し、西路の安価な所でも８～９貫を下らなかったという(17)。

広南の官商並売体制――禁榷[官売制]〈官般官販〉方式と通商[鈔塩制]〈運司歳計〉方式との並用――は、その発足当初から、転運司が官課歳額・塩利歳収の2/3を通商塩、1/3を官売塩に配分する方式がとられた。この配分方式は、隣接する福建路において、広南と同じく景祐２年(1035)に始まった「海倉鈔塩」の歳額を、通商(東南末塩鈔)分２：上四郡官売分１の比率で分割したのとよく似ている(本書第８章福建塩の販売体制と課税方式を参照)。ただし福建路の官・商歳額の分割は通商塩と官売塩の歳額・歳収の分割であったのに対し、広南塩の官・商歳額の分割は東西両路転運司の歳計(漕計)を確保する目的で行われた。塩税総収の1/3を転運司が〈官般官販〉して漕計に充てることから、この方式は「漕司一分塩」と呼ばれた(18)。この“一分”は1/10ではなく1/3のことである。

２．広西塩の「二分官売・八分通商」と広東塩の「一分官売・九分通商」

この「漕司一分塩」方式は産塩豊富な広東路で取られた方式であり、当時なお産塩能力が不足した広西路では事情が異なっていた。前節で見たように広西は北宋も末の宣和５年(1123)になって初めて通商[鈔引制]が導入されたが、このときはまだ通商定額を立てることができず、広西転運司が鈔塩定額(通商課額)を充たした余剰を歳入(漕計)として確保することができたのは、南渡後しばらくして産塩の路内自給が可能となった後のことである(前注(７)を参照)。広西一路の通商課額を立定した年次を明記した史料はないが、紹興元年(1131)には提挙茶塩司を復置して広西の通商塩を管轄したというから(19)、東路が通商を再開した建炎４年(1130)にはすでに西路の鈔塩課額も立定されていたと思われる。

一方、紹興９年に広南両路に通商体制を布き、東路・西路の通商課額をそれぞれ50万貫、40万貫と定めるまでの、広西路の官売塩の課額についても、史料の上からは分らない。ただ下に見るように、紹興８年に広西路が塩利歳収の「二分官売・八分通商」体制――官売２：通商８――を布き、翌９年に一路の通商課額を40万貫と定めていることから、建炎４年から紹興８年までの間、広西路の官売塩課額は(40×1/4＝)10万貫であったことが分る。前節で見たように、本稿では熙寧10年の広東塩・広西塩官売歳収から、北宋期後半期の広南塩課額を広東50万貫、広西10万貫と見積ったが、広西の官売塩歳額は北宋末の歳額10万貫ををそのまま継承したものであろう。

広西では紹興９年(1139)から、転運司の管理下で販塩課額を官売２：通商８の比率で分配し、販塩課額の2/10は産塩４州の官売区で官販し、8/10を客商に請買させ、官売区外の通商州軍で販売する官商並売体制を施行した。一路全域を通商区とした広東とは異なり、広西では北宋以来の海南島特別区(自給区)と、売鈔課額40万貫の通商区、官売課額10万貫の産塩区に一路行塩区を三分する塩税収取体制を布いたのである。

このように広西路では額定40万貫の鈔塩課額が「八分通商」の“八分”に当り、官売課額２万籮(10万貫)が「二分官売」の“二分”に当る。総課額50万貫の20％が官売塩歳収として転運司の歳計に入るので、これは「漕司二分塩」と呼ばれ、南宋末まで廃止されることはなかった。

広西路の「漕司二分塩」(漕計)は、さらにその80％が転運司の経費として、残りの20％が州軍の経費「州用」として分配された(20)。広西ではこのように塩利の分配が二重に行われて紛らわしいので、本稿では以下、一路塩課総額を官売：通商に分割するさいの比率を「官：商比」、漕計の運司：州用の分配比率を「運：州比」と略称して用いることとする。なおこの広西の「運：州比」８：２の配分は、ほぼ40年後の淳熙３年(1176)になって、８：２から７：３へ変更される(21)。

一方広東路では紹興８年(1138)末、「官：商」比を官１：商２から官１：商９に改め、建炎４年以来の「漕司一分塩」を廃止して一路塩課額の90％を通商塩として非産塩州軍に、10％を官売塩として産塩州軍に官売する官商並売体制を施行し(22)、翌９年(1139)にはこの官売区をも廃止して、広東路全域を提塩司管理下の通商区とした(23)。広東路通商塩の売鈔収入はすべて提塩司を経て中央・行在榷貨務の会計に入り、広東路転運司は塩課収入を漕計に入れることができなくなったが、広東路は広西路と異なり賦税収入も多く、塩利以外の課利収入もかなりの額を得ていたため、一路全域を通商区として塩利歳収を漕計から切離すことができたのである。ただし広東路はこれまで鄂州大軍の屯駐経費に塩利歳収を充てて上供してきたが、これができなくなった。広東転運司は客商による通商塩の販売収益をこれに充てようとしたが、中央は許可しなかった(24)。

３．広東・広西両路統一通商課額90万貫の額定

こうして紹興９年(1139)７月、広南東・西両路の通商鈔塩課額は18万籮(90万貫)に統一され、広東が10万籮(50万貫)、広西が８万籮(40万貫)と定められた――鈔価は１籮５貫文足――(25)。広東路は全面通商に転換したので、売鈔収入は全額提塩司を通じて行在榷貨務の収入となったが、広西路の通商は［鈔引制］〈運司歳計〉方式であり、転運司が客商に鈔引を官価で販売した売鈔収益は広西転運司の歳計に繰込まれた。

表42　南宋初期　広西欽州の官売塩・通商塩歳収

	官売斤数(万余斤)	販売額(貫)	客販塩額(万余斤)	販売額(貫)
紹興４年(1134)	93.7	4,4039		
紹興５年(1135)	99.3	4,6671		
紹興６年(1136)	92.0	4,3334		
紹興７年(1137)	69.0	3,2430		
紹興９年(1139)			1.5	1800
紹興10年(1140)			3.1	3720
紹興11年(1141)			5.8	6960

しかし交通の困難からもともと客商の通商活動が低調で、官売塩も般運経費が嵩んで塩価が高騰していた広西では、新しい通商課額のもとで以前にも増して鈔塩の販売が停滞し、歳額8万籮40万貫を達成するのに二年を費やした(26)。広西に「二分官売・八分通商」体制が布かれて4年後の紹興12年(1142)、現地官員は[官売制]〈官販官販〉方式の復活を要望した。官売復活の論拠として、通商時代の広西欽州の紹興4年以来の塩課収入の推移が**表43**のように示されていた(27)。

この表における欽州の紹興7年までの「官売斤数」「官売額」は、[官売制]のもとで官価47文足/斤で〈官般官販〉していたころの販塩斤数であり。また紹興9年以降の「客販塩額」は、総課額32万籮の広西通商区の一州となった欽州が、鈔価120文/斤の売鈔課額で客商に販売した鈔塩の斤数である。

この表を見ると、紹興8年の改制を境に翌9年から数値が大きく変り、官売時代に3～4万貫あった欽州の塩課歳収は、通商を開始した紹興9年には1800貫、3年後の紹興11年でも7000貫に届かず、官売時代の塩課収入のほぼ1/5へと激減していたことがわかる。

広西の現地官員は、120文/斤という高い売鈔価格――旧官売価格は47文/斤――のため客商が請買せず、これが収入激減の原因だとして、産塩地の欽州を官売区とするよう要請した。これに対する戸部の回答は、欽州の官売化を認めず、この年に管下の白皮塩場が生産した30余万斤(3.6万余貫)の売鈔収入は広西路転運司ではなく塩事司が拘収し、全額を通商広東塩と同じく鄂州大軍の経費として送納する、という内容であった(28)。ここには広西塩の通商化にこだわる中央政府の強い姿勢を窺うことができる。

広西では紹興8年(1138)の改制で総課額の官：商比が2：8となり、運：州比も官売期の6：4から8：2となったため、紹興年間を通じて転運司歳計は「州用」の確保がきわめて困難となっていた。広西奥地の山間部、湖南に隣接する昭州では、官売時代には歳に3.6万貫の塩課収入が転運司から「州用」(州県支費)として分配され、うち7000貫を西隣の潯州・貴州の上供代替に充て、経略司の買馬経費を補助していたが、紹興9年から広西で通商が始まって転運司からの「州用」分配が激減し、昭州では新たに「縻費銭」と称する付加税を創設して州県経費に充てた(29)。

「州用」はその殆どが州県官員・兵士へ請給に充てられるため、転運司はできるだけ多く見銭を確保しておく必要がある。「二分官売、八分通商」によって塩課歳収が以前の1/5に縮小した広西転運司は、「州用」に充てる貨幣収入を確保するため、輸送距離や税額の多少を問わず路内一律に両税苗米の支移折変を指令し、負担を民戸に転嫁して州用を確保した。例えば苗米課額8000石の化州に対しては、8000石の課額の6500石を2.6貫文/石という高率の折価で科折し、1.69万貫の銭貨に変えて北隣の容州に輸納させた。また化州に対しては支移先の容州の額管苗米から1.5万石を給付し、うち1万石分については400文足/石の廉価で和糴して補った。財政上の要請からなされるこうした強制的な和糴は「招糴」「均糴」などと呼ばれ、南宋時代の江南地域ではしばしば見られた税戸科抑策である(30)。

「州用」を確保するため、広西ではこのように高い折価による支移折変、低い糴価による和糴の強制などにより、税戸の犠牲において転運司の歳計が確保されたのである。

『会要』食貨23-16〔塩法雑録〕には『中興会要』に基づき紹興年間の広南諸州各塩場の産塩額を載せる。ここには紹興12年に産塩を始めた欽州白皮塩場が見えるので、これは紹興12年以降の各塩場の産塩額である。

表43に『会要』食貨23-16〔塩法雑録〕『中興会要』に基づく紹興末年までの広南東・西路諸州塩場の産塩額を示す。

表43　南宋初期 広南東西路諸州塩場の産塩額―紹興末年―

産塩地	産塩額(石)	産塩地	産塩額(石)
広東路	33,1060.34	広西路	23,1689.00(22,9097.00)
広州	16,0186.34[6,7000.446]	廉州	10,0000.00[1390.132]
静康・大寧・海南場	3,3528.34	白石場	10,0000.00
東莞場	3,1248.00	高州	7927.00[7441.187]
香山金斗場	1,1500.00	博茂場	5789.00
広田場	7000.00	那隴場	2138.00
帰徳場	2,4980.00	欽州	2592.00[1706.593]
畳福場	1,5000.00	白皮場	2592.00
都斛場	9600.00	化州	8,1570.00[　　―　]
矬峒場	8500.00	茂暉場	76932.00
海晏懐寧場	18830.00	零緑場	4638.00
潮州	6,6600.00[3,2797.665]	雷州	3,9600.00[3929.690]
小江場	2,7000.00	蚕村場	3,9600.00
招収場	1,8000.00		
隆井場	2,1600.00		
恵州	8,7150.00[2,0707.835]		
石橋場	6,0000.00		
淡水場	2,0050.00		
古隆場	7100.00		
南恩州	1,7124.00[4604.138]		
雙恩場	7124.00		
鹹水場	1,0000.00		

[　　]は『会要』食貨23-1～8前出北宋熙寧10年の産塩額、(　　)は同23-17〔塩法六〕『乾道会要』による広東路・広西路諸州の産塩額。

各塩場の産塩額の合計は広東路約33万石(40万籮)、広西路約23万石(28万籮)。なお紹興8年に広東路の通商鈔塩課額を10万籮(50万貫)、広西路官売・通商鈔塩課額を8万籮(40万貫)と定めてから紹興12年までに、両路の産塩額は課額に対しそれぞれ3.3倍、2.9倍へと伸張した(31)。

(2)東西両路通商[鈔引制]〈運司歳計〉方式(乾道4年～9年)

紹興9年から8万籮(40万貫)を課額とする通商体制に転換した広西では、鈔価5貫/籮(50文

/斤)のうち塩本銭額が当初毎籮1.8貫で、官売価格の36%を占めていたが、諸官司が官価中に各種塩科銭を加算したため次第に減じ、乾道年間の塩本銭額は毎籮800文足――官価の16%――にまで低落し、産塩亭戸への支給が滞るようになっていた(32)。塩本銭支給額の低減は塩課収入の減少、客商請買の不振がその原因であったが、こうした状況に加えて乾道元年(1165)、東西提塩司が合同して東西両路の通商塩を統一的に管理するようになると、産量豊富な広東塩が広西に大量に流入した結果――乾道2年には流入塩が3,3096籮(約16.5万貫)に達した――、広西塩の請買はさらに減少して、広西転運司の財政状況はさらに悪化することとなる(33)。

1．広西路転運司の「認発鈔銭」

広西路では紹興9年(1139)以来、転運司が官売塩を、提塩司が通商塩を管理する二元制の官商並売体制を取ってきたが、乾道4年(1168)にこれを広西転運司の「官売」課額として統合し、官売塩の塩税総収から「認発鈔銭」額21万貫を差引いて行在榷貨務に上供し、残余を広西転運司の歳計として確保する、[官売制]〈認発鈔銭〉方式に転換した(34)。この方式においては、榷貨務ではなく転運司が鈔引を発給して客商に般運・販売させ、塩利は売鈔収入として転運司が収取する。転運司は売鈔収入の一定額を「認発鈔銭」として中央へ輸納する。「認発鈔銭」21万貫は広西転運司の経常支出を構成する上供銭貨である。

広西の[官売制]〈認発鈔銭〉方式は、前章で見た福建塩における紹興の上四郡綱塩の[官売制]〈官般官販・歳認鈔銭〉方式と酷似する。ただし福建路の「歳認鈔銭」と異なり、広西路の「認発鈔銭」21万貫は、(ⅰ)靖州への移送費3万貫、(ⅱ)経略司の買馬経費8万貫、(ⅲ)鄂州大軍の養兵経費10万貫の三項(計21万貫)にそれぞれ費目を指定して上供輸納される。

この時まで広南両路の通商課額は広東が10万籮、広西が8万籮であった。このたびの官売化により乾道元年に立定した統一鈔塩課額は消滅し、広東は広西へ2.5万籮を繰入れて鈔塩課額を7.5万籮に減じたが、広西の鈔塩課額は官売塩のため課額を立てていない(34)。こうして広西に官般官売体制が復活し、転運司が歳計の財源確保や「州用」捻出のため、苗米の支移折変や招糴を税戸に強制する必要は、制度上はなくなった(35)。

2．広東路通商塩の「通貨銭」

通商広東塩を広西に般運・販売する際の価格問題についての検討は乾道6年(1170)に始まり(36)、翌7年6月広西転運司・提塩司による検討結果が次のように報告された(37)。

(ⅰ)広東路50万貫、広西路40万貫の歳額は一体処理して両路の歳計に充当する、

(ⅱ)通商広東塩を広西に般運・販売する際、毎籮1貫文省の「通貨銭」を徴収して広西転運司の「漕計銭」に充てる、

(ⅲ)西路で販売する通商塩は鬱林州の塩倉で客商に支給するが、そのさい産塩地から鬱林倉までの輸送経費「般脚銭」1貫200文省を徴収する、

(ⅳ)予定外に東路塩を西路に販運したときは、「通貨銭」に毎籮700文を追加徴収する、

乾道4年(1168)に通商が始まったとき、鈔価は「正鈔銭」5貫文(提塩司・転運司科銭)に「掯留銭」2貫文(塩本銭額)を合せた「鈔面銭」7貫文と定めていたが、程なく提塩司・転運司が「正鈔銭」に「通貨銭」1貫文を追徴した。「通貨銭」とは行塩区を異にする通商塩の般運・販売に際し、客商の請買価格中に塩貨通行税を貼納(追徴)する塩科銭で、紹興2年4月、東南鈔塩新鈔の発行に際し、旧鈔に1袋(300斤)3貫の「通貨銭」を追徴したのが始まりである。広南塩は淮浙塩に遅れること半月でこれに倣い、淮浙塩と同じ100斤1貫の科徴率で広東塩の広西への般運販売にこれを適用した(38)。この「通貨銭」は「漕計銭」(運司科銭)の一費目として、広西路転運司の歳計に繰込まれることとなる。

ただし広西では客商に発給する40万貫の塩鈔歳額、「漕計銭」に充てる毎籮1貫文の「通貨銭」、鬱林州の塩倉までの輸送経費1貫20文の「般脚銭」は省銭で組立てられていた。広西転運司の歳計を省銭で計算すると、存留塩本銭8.2万貫省＋売鈔塩額40万貫省＋漕計銭18万貫省で総額66.2万貫省となるが、実際の歳入は45万貫足で、大幅な支出超過であった(39)。

(3)広西路の官売復活(淳熙元年～9年)

乾道9年(1173)末、左右司の要請を受けて、翌淳熙元年(1174)から広西に[官売制]〈官般官販〉方式を復活する旨の詔が出された。広西塩は乾道4年に始まる[官売制]の〈認発鈔銭〉方式を廃止して〈官般官売〉方式に転換することとなった(40)。

〈認発鈔銭〉方式を廃止する理由は、この方式のもとでは〈官般官販〉時代と比べて広西産塩・広東産塩とも、客商による広西の不産塩州軍(旧通商区)への般運・販売が低調であったためである。広東との合同鈔塩で運営してきた〈認発鈔銭〉方式から、鈔引を用いず客商の般運・販売を要しない〈官般官販〉方式への転換にともない、乾道4年以来の広東塩との統一課額は廃止され、広西転運司が8万籮の広西塩官売課額を管理することとなった。

1．広西転運司の歳計と州用

官売制の復活により、広西転運司は不産塩諸府州の官塩販売収入の1/5を「州用」として確保できるようになったが、淳熙3年(1176)にはこれまでの転運司8：州用2の「運：州比」を7：3に変更して「州用」の比率を高めた(41)。

広西転運司はこの歳7,8234籮(課額8万籮)、39,1170貫(課額40万貫)の塩を広西諸州に発売し、諸州はその官塩を販売して「州用」を得ていた。官塩の般運に必要な本脚銭(輸送費)は転運司から諸州に交付された(「漕司寄椿銭」)。広西転運司は淳熙3年現在約40万貫の歳入があり、これを白石・鬱林州等8塩場に20万貫、静江府般運先諸州に20万貫を存留(準備)して輸送費に充てた。淳熙3年(1176)ころ、広西不産塩16府州の販塩課額と、毎籮の価格構成(般運価格と塩利息銭)は以下のように定められていた(42)。

表44　淳熙３年(1176)広西通商区諸州の販塩課額と毎籮価銭〔本脚銭＋息銭〕

	販塩課額(籮)(貫)	毎籮価銭〔本脚銭＋息銭〕	他銭(貫文足)	販塩息銭
静江府	2,6365(13,1825)	10.000(4.353＋5.647)		14,8856.079
柳州	3500(1,7500)	12.000(4.348＋7.652)		2,6782.000
鬱林州	3500(1,7500)	7.000(2.938＋4.062)	2.900脚銭	1,4217.000
宜州	4390(2,1950)	13.000(4.748＋8.252)		3,6226.280
容州	3500(1,7500)	7.000(2.734＋4.266)		1,3746.000
象州	3000(1,5000)	10.000(4.148＋5.852)		1,7556.000
梧州	2000(1,0000)	8.000(2.648＋4.352)		8704.000
潯州	3000(1,5000)	10.000(3.788＋6.212)		1,8636.000
藤州	2500(1,2500)	8.000(3.398＋4.602)		1,1505.000
賀州	5000(2,5000)	10.000(4.434＋5.566)		2,7830.000
融州	2000(1,3500)	13.000(4.548＋8.452)		2,2820.400
横州	1700(8500)	10.000(3.214＋6.786)		1,1536.200
貴州	3500(1,7500)	10.000(3.583＋6.462)	179.000(上供銭)	2,2617.000
邕州	7500(3,7500)	10.000(3.534＋6.466)		4,8495.000
賓州	2500(1,2500)	11.500(4.138＋7.362)		1,8405.000
昭州	3500(1,7500)	10.000(4.148＋5.852)	400.000(一分折布銭)	2,0482.000

上表において「販塩課額」は転運司が府州に割当てた官売塩の課額、「毎籮価銭」は１籮の出売価格で「本脚銭」(輸送経費)と息銭(官課純益)とからなり、販塩課額(籮)×息銭(貫/籮)が塩税歳収＝販塩息銭(貫)となる。旧通商区の不産塩16府州全体では、販塩総額7,8155籮(原文7,8234籮、39,0775貫)の「販塩息銭」は46,8413貫959文足で、課額に対し1.17倍の歳収となる。広西では産塩亭戸への塩本銭は産塩５州官売区の塩課収入から別途支出されるので、この販塩息銭は全額が16府州の「州用」として配分される。なお各府州の販売価格はその息銭額の30％までの増徴が認められていた。

２．広西転運司の経常収支

淳熙３年(1176)に出された広西路官売課額40万貫の歳出に関する尚書省の報告から、広西転運司の経常支出が次の五項目からなっていたことが分る。これを前に見た乾道４年(1168)の経常支出と対比して**表45**に示す。

表45　南宋広西路転運司の経常支出―乾道４年(1168)・淳熙３年(1176)―

淳熙３年の経常支出	乾道４年の経常支出(認発鈔銭21万貫)
(ⅰ)起解上供	(ⅰ)靖州への移送費３万貫
(ⅱ)買馬	(ⅱ)経略司買馬経費８万貫
(ⅲ)鄂州大軍諸州歳計	(ⅲ)鄂州大軍養兵経費10万貫
(ⅳ)塩場循環本脚	
(ⅴ)運塩脚銭	

両者の対比において(ⅰ)(ⅱ)(ⅲ)の各項はそのまま対応しているが、淳熙の[官売制]〈官般官販〉方式への転換により、輸送経費として(ⅳ)(ⅴ)の二項が新たに加えられた。(ⅳ)塩場循環本脚は産塩亭戸が5州官売区内の白石・鬱林州等8塩場へ産塩を般運する経費、(ⅴ)運塩脚銭は各塩場から通商区の16府州へ般運する経費で、(ⅳ)は産塩を般運する亭戸へ、(ⅴ)は般運に使役する税戸(衙前)へ、それぞれ還元給付される。

これに対する広西転運司の歳入を見ると、課額8万籮(40万貫)は販塩額としてなお過大であるとして淳熙6年(1179)、淳熙元年に100万斤まで増額していた海南島瓊州の塩額を大幅に減額して「祖額」の45万斤(3750石)にもどしたが(43)、翌淳熙7年には官売復活後にさらに甚だしくなった「計口科売」——民戸に官売塩額を強制賦課する——の弊を断つ目的で、管下府州の販塩課額の裁減要請が出されている(44)。しかし広西路側からの相次ぐ官売額抑制の要請にも拘わらず、淳熙9年(1182)には官売区を含む広西転運司の官売総額は11.5万籮(57.5万貫)——課額40万貫の1.43倍——にまで増え、その内訳は次の四項からなっていた(45)。

(ⅰ)不産塩(旧通商区)16府州の売塩額は7.58余籮(37.9万貫)

(ⅱ)産塩5州の売塩額は1.84余籮(9.2万貫)

(ⅲ)海外4州の売塩額は0.55万余籮(2.75万)

(ⅳ)前任転運使梁安世の創売淹造塩額は1.55万余籮(7.75万)

(ⅰ)は不産塩(旧通商区)16府州の官売額総収で、広西総課額40万貫の80%、32万貫に対し37.9万貫で課額に対し1.18倍の増収、淳熙3年には販塩総額39,0775貫で課額に対し1.22倍の増収である。しかしこれらの増収は“皆科抑也”というように転運司による強制徴収によるものであった。(ⅱ)は旧官売区4州に欽州を加えた5州の官売塩課総収で課額10万貫に対し9.2万貫で減収であったが、(ⅲ)海外4州(国初以来の海南島特別区)の官売額と、(ⅳ)淳熙年間に前任転運使梁安世が創始した増額塩の官売額は、ともに課額に対する増減がなかった。

(4)広西路の通商復帰(淳熙10年～)

淳熙元年に復活した広西路の官売制は、通商時代の歳収を下回る失敗に終り、淳熙9年(1182)になると広西塩の官売を廃止して通商に復する動きが起ってきた。朝廷は浙西安撫司幹辦公事の胡庭直を広南に派遣し、広南両路の塩法について総合的に調査させた上で、経略・転運・提塩の三司から多数の官員を招集して広南の塩政改革を審議、答申させた。

1．淳熙10年の通商法と広西転運司の歳計

この大規模な合同会議は、通商[鈔引制]への復帰と、これにともなう広西転運司の歳計に関わる重要な変更について、以下の八項を朝廷に答申し、裁可された(46)

(ⅰ)広西の[官売制]〈官般官販〉を廃止し、通商[鈔引制]に復する、

(ⅱ)産塩4州(雷・廉・高・化)の官売区を廃止する、

(ⅲ)乾道7年(1171)に閉鎖した欽州白皮場の竈場を廃棄する、

(ⅳ)通商時期に見られた諸種の不法行為については引続き厳禁する、

(ⅴ)転運司による広東から広西への額管苗米1,2000石の移送は通商後も続ける、

(ⅵ)広西転運司が代発した鄂州大軍銭は、通商に復して３年後から広東転運司が解送する、

(ⅶ)広西転運司の経常支出の諸費目について、通商にともない以下のように変更する、

①靖州へ移送する３万貫は湖広総領所の起発とする、

②鄂州大軍銭10万貫は湖広総領所の逓年の余剰・綱運未到銭を充てる、

③提刑到任陳設銭2000貫を免除する、

④経略到任添助静江府歳計銭５万貫を免除する、

⑤本司雑支銭３万貫を１万貫に減額する、

⑥広東提塩司の経常経費25万余貫から1.28万貫を融通して広西転運司に回送する、

(ⅷ)広南両路の販塩課額・塩税歳額は広東10万籮、広西８万籮の現行課額を変更しない、

このうち歳出費目の変更については、(ⅲ)は提刑司による塩科銭、(ⅳ)は経略司「歳計銭」の増額銭で、ともに官売塩の時に官課に積算した“諸司科銭”を免除しているが、淳熙９年(1182)まであった経略司買馬銭の費目は免除されていないので、継続したものと思われる。

この答申内容から広西転運司の経常支出の構成を見ると、①〜⑤の５費目で計19.2万貫が廃止ないし削減され、また通商体制が整うまでの経過措置として、左蔵南庫から会子25万貫、礼部から度牒300道(１道500貫で15万貫)、計40万貫を支給し、両路の塩税定額を行在榷貨務に輸納することとしている。これにより、一路総支出は(19.2＋40＝59.2)約59.2万貫ではなかったかと推測される。また(ⅷ)項で紹興以来の課額を再確認した理由は、審議の過程で広東・広西の課額をそれぞれ９万籮、６万籮に減額する意見が出され、これは却って歳入不足を招くと判断したからである。広西転運司の財政再建はこのように、塩課の減額ではなく経常支出の削減によって行われた。

淳熙９年の広西転運司の歳計を見ると、歳出は78,3621.268貫文、乾道７年の歳出59,6039.614貫文と比べ18,7590貫余り増えている。ただし淳熙元年以前の旧通商期の増収分とその後の官売期の減収分とは朝廷からの補助などによって相殺され、現在余剰は6378.730貫文、従って淳熙９年の歳入は(78,3621.268－〔朝廷補助〕20,3800.000－6378.730＝57,3442.538)約57.3万貫と推計される。上に見た歳出59.2万貫が妥当な数字であれば、この年広西転運司の歳計は朝廷の補助を除いてなお約２万貫の出超となっていた。

上記会議での審議経過における歳入の構成費目と課額に基づいて、広西転運司の歳入の費目・額はほぼ以下のように復元することができる。

(ⅰ)課額８万籮の「正鈔銭」40万貫

(ⅱ)「漕計銭」(１貫文/籮)８万貫

(ⅲ)同「増収漕計銭」(約３万貫)

(ⅳ)「改指通貨銭」「存留塩本銭」6.2万貫

(ⅰ)課額歳収以外は(ⅱ)(ⅲ)の「漕計銭」が転運司による科銭、(ⅳ)「改指通貨銭」が広東から広西へ般運する通商塩の販売先変更に係る提塩司による科銭、「存留塩本銭」が転運司による還付科銭で、すべて“諸司科銭”である。このうち額が不明の(ⅲ)転運司「増収漕計銭」を除く三項の歳入を合計すると約54.2万貫となり、上に見た淳熙9年の歳入推計値約57.3万貫と対比すると、(ⅲ)転運司科銭「増収漕計銭」の額は3万貫ほどではなかったかと推測される。

経略・転運・提塩の三司合同会議の要請を受けて出された詔は、(ⅰ)翌淳熙10年四月をもって官般官売を罷め、もとの通商[鈔引制]に復する、(ⅱ)広東10万籮・広西8万籮の総課額は維持する、(ⅲ)広西転運司の歳入については現行費目とその額(約57.3万貫)を維持するが、(ⅳ)歳出については官売期の費目とその額を大幅に削減する、ことを内容としていた。

2．広南両路統一課額16.5万籮の額定

前年淳熙9年(1182)7月の詔では、9年間続いた官売体制は翌10年3月をもって廃止し、4月から通商法を施行するとしていた(47)。そのため詔が出た直後から、広東・広西両路では通商復活にともなう塩法の整備や、通商法への移行にともなう事前の調整が続けられた。

広東では淳熙9年(1182)9月、南恩州の鈔塩課額を通商時代の1500籮に復し(48)、10月には広西の州県官・塩政担当官吏の服務諸規定を整備して、広東路の鈔塩課額(正鈔銭)をもとの7,5000籮に復した(49)。翌10年3月には広西経略安撫・転運・提刑の塩政関係三司が再び合同で協議し、広西転運司が毎年「広東認起鄂州大軍銭」という費目で調達してきた、静江府に屯駐する韶州摧鋒軍官兵200人の口食銭米は、「科撥貼助摧鋒軍支遣銭」の費目で広東の正鈔銭から毎年1,3400貫を静江府に送り、屯駐官兵の月俸に充てることとした(50)。

淳熙10年4月に通商法が施行されてからも、通商に伴う諸種の調整は続いた。10月には広州売鈔庫で客商が請買する銀両の対銅銭換算価格は紹興8年通商時の毎両3貫50文とし、また省陌を公用98陌に統一した(51)。また同月、①静江府経略安撫司官員の余剰人員の整理、②広西極辺の邕・宜・欽・融4州の養兵経費の確保、③広西転運司の歳入「通貨銭」の存続、の三項の要望が裁可された(52)。

さらに翌11年4月には産塩5州官売区の販塩課額を撤廃し(53)、8月には広東提塩韓璧が通商施行後1年で課額10万籮に対し8,5620籮を売上げ、所定の支撥正鈔銭銀課額7,5000籮分に対して5,3100貫文を増収した成果を報告、朝廷は増収分を広州売鈔庫に樁管させた(54)。

こうした成果を受けて翌12年末、広南提塩司が一体運用する東西両路の売塩課額を統一し、課額を紹興9年以来の18万籮(広東10万、広西8万)から初めて16.5万籮(広東9.5万、広西7万)へと減額した(55)。

3．淳熙通商法における歳収の調整

翌13年(1186)9月、広西経略司等から広南両路課額のさらなる減額(15万籮)と「通貨銭」科徴

の廃止要求が出され、いずれも裁可された(56)。「通貨銭」はこのとき直ちに廃止されたが、広南両路の通商課額は4年後の紹熙元年(1190)から段階的に削減が始まり、紹熙5年(1194)に広東6万・広西5万の計11万籮まで減額されて南宋末に至った。課額の削減は両路転運司の歳計に関わる重要問題であったため、その実現までにほぼ10年を要したことになる。以下にこの10年間の課額削減に関する議論について、(ⅰ)転運司の歳入確保、(ⅱ)諸州の販塩課額と輸送経費の配分、(ⅲ)会計収支の費目構成、(ⅳ)広西産塩官売区の扱い、の四項に整理し、それぞれの検討内容を概観する。

(ⅰ)課額削減にともなう転運司の歳入確保について

朝廷で広南塩課減額の検討が始まったのは、光宗朝・紹熙元年(1190)になって、広南提塩劉坦之が広東9.5万籮の課額を7.5万籮(37.5万貫)まで減額するよう要請して以降のことである(57)。この減額要請は容れられ、紹熙元年分を7万籮まで、翌2年分以降を6万籮へ減額することとした(58)。しかしこの二段階の減額指揮が現場を混乱させ、この年経常収入6万貫以上の缺損を出し、また塩鈔4425籮が売れずに残った。翌紹熙2年8月に取りあえず本年分からこの缺損額に見合う課額5000籮を減じ、暫定定額を6.5万籮とした(59)。紹熙4年(1193)、結局予定より2年遅れて広東の鈔塩課額は6万籮とされ(60)、翌紹熙5年(1194)に広西の鈔塩課額2万籮を減額して5万籮(25万貫)とした(61)。

(ⅱ)課額減額にともなう諸州販塩課額の配分について

課額の減額問題と並行して、減額後の諸州の販塩課額の再配分が行われた。紹熙4年(1193)に広東の鈔塩課額を5000籮減じて6万籮とし、うち3000籮は潮州(498籮)・恵州(1470〔原文2470〕籮)・南恩州(1029籮)の産塩3州の枠内で減じ、残り2000籮を他州で減じた(前注(60)を参照)。

(ⅰ)で見たように翌5年に広西の鈔塩課額を5万籮にまで減じたが、このとき転運司が検討した減額分2万籮(10万貫)の通商区16府州への分配案は**表46**のとおりである(62)。

この表で「元額」は紹熙4年までの広西の販塩課額7万籮、「出売価格」は鈔引価格(貫文足/籮)、「減額分課額」は各府州に配分した減額分の出売価格(省銭)、(　)はその内訳で「循環本脚銭」と「息銭・存留塩本銭」とからなる。

「元額」は計7,7748籮となり、課額7万籮を若干超える。各府州の減額分のうち、融・宜2州の減額分は循環本脚銭・息銭・塩本銭額の記載がなく、表の第5欄の三項の合計値が整合しない。また減額する籮数のうち融州の原文19籮は190籮の誤り。潯州の循環本脚銭3610貫は(1,0259.742－7194.132＝)3065.610貫文の誤り(表の数値に＊を付した)。

表46　広西路通商区16府州塩課減額配分案—紹熙５年(1194)、広西路転運司—

	元額(籮)	出売価格	減額する販売課額		(循環本脚銭	息銭・塩本銭)
		(貫文足)	減額(籮)	課額(貫文省)	(貫文省)	(貫文省)
静江府	3,1561	10.000	3574.017	4,6417.792	(1,6492.240	2,9925.552)
融州	2275	13.000	190*	3207.793		
宜州	3458	13.000	508	8576.624		
藤州	3325	8.000	425	4415.585	(1433.961	2981.624)
貴州	2602	9.000	602	7036.364	(2140.617	4895.746)
容州	2961	7.000	561	5100.000	(1754.400	3345.600)
梧州	2000	8.000	300	3116.884	(1109.611	2007.273)
昭州	3600	10.000	600	7792.208	(2608.832	5183.376)
邕州	5800	10.000	600	7792.208	(2130.390	5661.818)
横州	1433	9.000	133	1554.546	(416.964	1137.583)
潯州	2790	10.000	790	10259.742	(3065.610*	7194.132)
賀州	4545	10.000	1075	13961.039	(4813.767	9147.273)
柳州	3510	12.000	510	7948.052	(2349.974	5598.078)
賓州	2308	11.000	408	5828.572	(1768.706	4059.866)
鬱林州	3000	7.000	300	2727.273	(832.987	1894.286)
象州	2580	10.000	600	7792.209	(2608.831	5183.078)
計	6,7748		1,1176.017	13,5734.683	(4,3526.890	8,8242.285)

減額する課額総計は1,1176籮017斤、13,5734.683貫文省(＝10,4515.705貫文足)、歳入の減額は循環本脚銭を除く息銭・元奏存留塩本銭額、計10万貫文省で、諸州府合得銭(通商区16府州塩税)6,5228.444貫文足と漕司合得銭(官売５州塩税)3,4771.131貫文足とを合計した額(9999.572貫文、約10万貫)である。課額10万貫の減額により、広西路の塩税歳課は通商区５万籮25万貫・官売区２万籮10万貫、併せて７万籮35万貫となる。

(ⅲ)課額減額にともなう収支会計費目の変更

淳熙12年、広西転運司が２万籮(10万貫文)減額したときの歳入費目・額、及びこの年の歳出費目・額を対比して、**表47**に示す。

これによれば、①諸州府歳計息銭が5,4946.852貫文、②諸州三分息銭が1,0232.840貫文、③漕司七分息銭が2,3838.894貫文、④元奏存留塩本銭が1,0886.414貫文、計9,9905.000貫文となっている。前年の広東路３万籮減額、紹熙５年の広西２万籮減額により、広南は広東６万籮、広西５万籮、計11万籮(55万貫)の販塩課額のまま南宋末に至ったことが分る。

表中、歳入の①は課額を販塩した通商16府州の「州用」、②③は広西路販塩課額の純収益を淳熙元年改定の「運：州比」７：３で配分した額、④は官売時代以来の「存留塩本銭」に相当する。これに対しこの年の広西転運司の歳出は41,7250余貫省(＝321,2825余貫足)、歳出費目①～④は経常支出のため削減できず、また⑦その他は逐年進奉銀、三年一次大礼銀、経略・

表47　南宋淳熙12年(1185)　広西路転運司の会計収支

歳入費目	減額分計10万貫文足	歳出費目	総額321,2825余貫文足
①諸州府歳計息銭	5,4996.852	①16府州歳計銭・糴闕米銭	8,0000
②諸州三分息銭	1,0232.840	②往付経略司買馬銭	5,3200
③漕司七分息銭	2,3883.894	③撥諸州府三分銭	2,4000
④元奏存留塩本銭	1,0886.414	④広東摧鋒軍券食銭	8,0440
		⑤起発湖広総領所銭	3,0000
		⑥応付靖州歳計銭	4,9200
		⑦その他	(10,0410)

提刑到任陳設出戍官兵掛卸甲銭、宜州蛮人生料塩本銭、鬱林州甲軍・諸場官吏請受銭、公使・雑支・船場打造丁銭など、いずれも中央・地方諸官司の"指定緊要窠名"——固定された重要な費目——からなり、これも変更できない。そこで政府は10万貫文足の減額に対応する歳出の減額のため、これまで広西転運司の財源難から永らく起発の実績のない⑤⑥の二項、計7,9200貫文足(10,2857貫省)を削除して収支を均衡させている。

(ⅳ)産塩五州官売区の塩課歳収

紹興8年(1138)に創設された広西官売区の産塩五州(高・雷・化・廉の4州に紹興12年欽州が加わる)では、通商区とは異なる方式で塩価を定め、通商課額に対する官売の比率が2/10であることから「漕司二分塩」とよばれる塩課収入を転運司の歳計としてきた(前注(20)参照)。

産塩五州官売区は淳熙10年3月の通商化にともない廃止される予定であったがその後も存続し、通商復活から七年を経た光宗朝・紹熙元年(1190)になって、広西提刑の呉宗旦が産塩五州官売区の廃止を奏請、このとき五州官売塩の販売元額・販売価格が次のように記されている(63)。

表48　広西路産塩五州官売塩の販売課額と販売価格—紹熙元年(1190)—

	販売課額(籮)	販売価格(文足/斤)
廉州	2320	32〔主戸3斤、客戸2斤、寡婦1.5斤を均科〕、のち22、淳熙12年に20
雷州	6020	30〔海康県32、遂渓県35、徐聞県40、州郭25〕
化州	4040	20〔呉川県30、石城県35、石龍県—〕
高州	5875	〔主客一例〕信宜県45、電城県40、茂名県33
欽州	2500	54〔上戸3斤、中戸2斤、下戸1.5斤を均科〕

五州の販売課額は計2,0755籮。販売価格は県城までの般運距離、或は購買民戸の主客の別と戸等によって差等を設けていた。広西で通商が始まった紹興8年には、広西の鈔塩総課額は8万籮(40万貫)、産塩4州の官売課額は2万籮(10万貫)であった。紹興12年(1142)、新たに欽州白皮塩場が造成されて産塩地に指定され、白皮塩場の官売課額30余万斤(3000籮、課額1.41万貫)が加わった。紹興末年(1162)の欽州白皮塩場の官売元額(課額)は2592石(3110.4籮、1.46万貫)であった(『会要』食貨23-16〔『中興会要』諸路塩額・広西路〕)。白皮塩場は乾道7年

(1171)に一旦閉鎖された後、淳熙11年(1184)に産塩を再開したが、恐らくこのとき官売課額2,0755籮が定められたのであろう。紹興８年に広西塩の「二分官売・八分通商」の官：商比を定めたときの課額は２万籮であった。淳熙12年(1185)に広西総課額は８万籮から７万籮に減額したが、このときも官売元額２万籮は減額されず――通商課額は５万籮に減額――、淳熙11年額定の2,0755余籮が紹熙年間まで維持されたことが分る。なおこの五州の官売価格は、広西提刑呉宗の奏請中に「産塩地のため他州より塩価が賤いので(利幅が少なく)客商が算請しない…」と言うとおり、通商鈔塩の価格が１籮(100斤)５貫、すなわち１斤50文であるのと比べると、54文の欽州を除く４州では、20～45文といずれも通商塩より安く設定されていた。

淳熙12年に通商[鈔引制]を布いてから、広南両路は統一課額11万籮のまま、通商[鈔引制]方式をその後変更することなく、南宋に至った。上に見た各項の調整を経て、財政的に中央・地方官司双方の塩税歳収を安定させたのが最大の要因と見られる。しかし南宋時代の広西では塩法――塩利の分配収取方式――がしばしば変更され、客商と転運司の塩利収入に大きな打撃を与えた。

淳熙16年(1189)、福建から湖南に赴いた提挙塩事司の応孟明は、湖南の衡州で「広西では塩法がしばしば変更されるので、商人の多少資産のある者はみな転居してしまう」という話を聞き、また広西の静江府興安県では、府通判・知県らが物力ある民戸を客商に仕立て、資産を抵当に請塩を強制する事例を目撃している。広西は通商化の当初から過大な販塩課額を抱え、しばしば計口科配が行われたことは前に見たが、淳熙末以来二度の減額措置を経てもなお広西各地では客商や民戸に対する抑配が行われていたのである(64)。

おわりに

広南塩については、広西転運司の塩利依存体質からその[官売制]の側面が強調され、通商塩の研究は殆どなされていない。また北宋時代には広東路と広西路とで産塩能力の差が塩政上とくに問題を生むことはなかったが、北宋末の東南塩通商法の時期から東西の差が顕著となり、それが両路の塩政のちがいとなって現れた。広西における行塩区三分と「漕司二分塩」、広東通商塩の広西流入と「通貨銭」「措留銭」、広西転運司歳計における多様な諸司科銭など、産塩能力の差による広西塩独自の諸制度は、いずれも広西転運司の極度の塩課以存体質と結び付いて、広西塩政を特徴づけている。

広西では南宋に入って禁榷[官売制]〈官般官販〉方式(～紹興７)、通商[鈔引制]〈運司歳計〉方式(紹興8-乾道9)、官売(淳熙1～9)、通商(淳熙10～)と度重なる官売―通商の転換があり、同じ通商でもその運用方法が目まぐるしく変更され、転運司の歳計と商人の塩利収入に大きな影響を与えた。**図12**は両路における官売・通商の推移について、その時々の課額とともに表示したものである。また**地図10**に、南宋時代の広南塩の産塩と行塩区を示す。

図12　南宋時代 広南塩の官売・通商と転運司歳計

官売時期　通商時期

〔　〕は塩利を収取する官司、［　］は漕計における転運司：州軍の分配比率（運：州比）を示す。

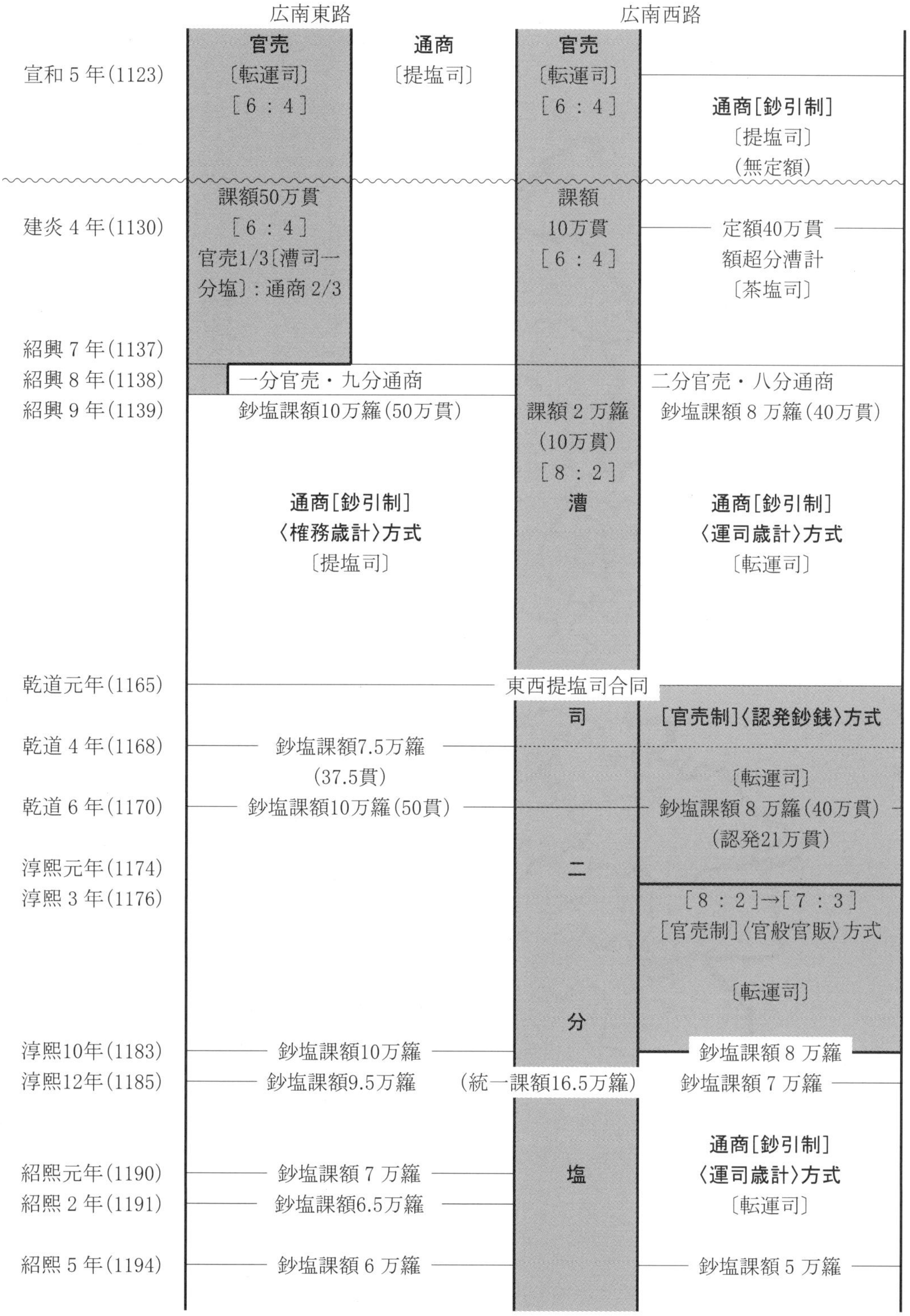

地図10　南宋時代 広南塩の産塩と行塩区

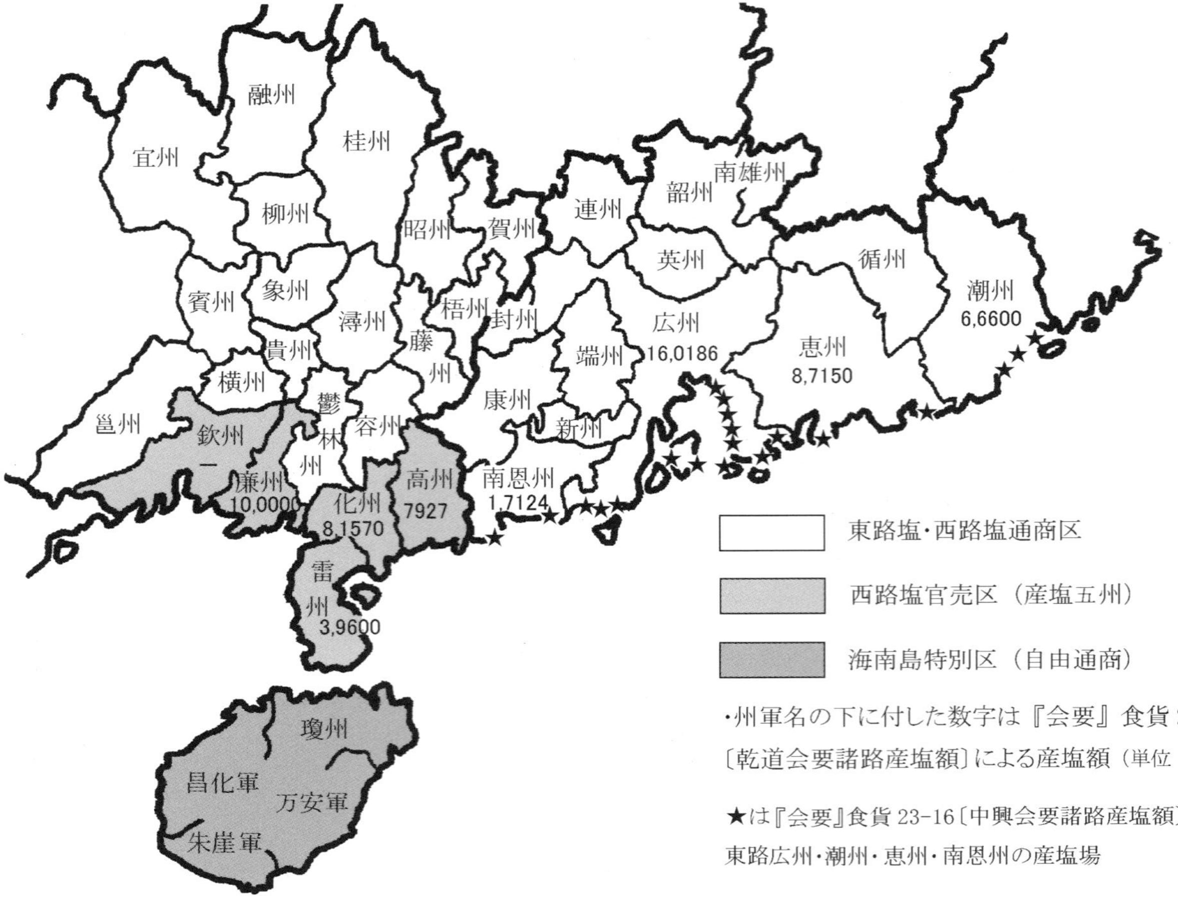

東路塩・西路塩通商区

西路塩官売区（産塩五州）

海南島特別区（自由通商）

・州軍名の下に付した数字は『会要』食貨 23-17〔乾道会要諸路産塩額〕による産塩額（単位：石）

★は『会要』食貨 23-16〔中興会要諸路産塩額〕等による東路広州・潮州・恵州・南恩州の産塩場

広西塩政の基本問題は転運司の歳計確保にあった。転運司が塩税を収取する方式としては［官売制］〈官般官販〉が最適であるが、これには輸送問題がネックとなる。一方通商するには広西は産塩能力が不足している。そのため広西の通商［鈔引制］では転運司が売鈔収入を収取する〈運司歳計〉方式を採用した。南宋時代を通じて、広西で［官売制］が布かれたのは南渡後紹興８年までの約10年間と、乾道４～９年の［官売制］〈認発鈔銭〉方式、淳熙元～９年［官売制］〈官般官販〉方式を採用した合せて15年間にすぎず、南宋約150年の90％は通商［鈔引制］の期間であった。広南塩を［官売制］の側面だけから捉える従来の研究は問題を含む。また［官売制］についても、乾道の［官売制］と淳熙の［官売制］とはこれまでの研究で全く区別されていないが、広西転運司の財政構造から見るとこの違いは大きな意味を持つ。この点からも広南塩の課税構造については見直す必要がある。

注

（１）『会要』23-18〔塩法雑録〕開宝4.4.「広南転運使王明言、本道無塩禁、許商人販鬻、兼広州塩価甚賤、慮私販至荊湖諸州、侵奪課利、望行条約。詔自今諸州並禁之、其嶺北近荊湖桂管州府、即依荊湖諸州例、毎斤六十足、近広南諸州、即依広州新定例、毎斤四十足、湖［潮］・恩州百姓煎塩納官、不給塩本、自今与免役或折税」。

（２）以上の産塩地、産塩量、官塩供給地については『宋史』食貨・塩p.4466に拠る。天聖以前は広東13塩場歳課2,4000余石と広西２塩場歳課3,0000余石とを合せて54,0000余石。１石120斤で648,0000斤、官価平均１斤50文として歳収は32.4万余貫。

（３）『会要』食貨23-22〔塩法雑録〕雍熙4.1.25「潮州上言、有塩六十四万余石、歳又納三万三千石、所支不過数百石、徒労修倉蓋覆、僅同無用之物。帝以所奏下三司言、広南諸州、凡有積塩二百三十余万石、約三十年支費方尽、又歳納十万石、其広州等処煎塩、望権罷数年。従之」。230余万石＝2,7600余万斤、官価50文/斤として1380万貫が30年分、１年の支費（転運司歳出）は46万貫。また全路の産塩歳額（課額）は10万石＝1200万斤、１斤50文として60万貫（転運司塩課歳収）。因みに潮州一州の歳出について、“数百石”を仮に500石とすれば6,0000斤、１斤40～50文として2400～3000貫となる。なお郭正忠『宋代塩業経済史』p.665所載〔表三十四〕宋代広塩課利表に、雍熙４年の課利収入を“約154,000—370,000貫”とするが、この数字の根拠は不明。なお郭正忠氏は官売塩と通商塩、課額と産塩額、流通額と歳収などを混同する誤りが多く、また統計数値の集計ミスや典拠不明の数字も多い。

（４）『通考』15征榷二塩鉄p.155下「天聖七年、令商人於在京榷貨務入納銭銀、算請末塩、蓋在京入納見銭算請始見於此。而解塩算請始天聖八年、福建・広東塩算請始景祐二年」。

（５）『長編』311元豊4.3.1戊子「権発遣三司度支副使蹇周輔言、江西歳運淮塩有常数、人苦淡食、而広東所産不得輒通、無頼姦民冒利犯禁、習以盗販為業、已与両路監司会議、謂宜立法、兼通広塩於虔州、以七百万觔為年額、百十万斤為準備、南安軍以百二十万斤為年額、三十万斤為準備、復均虔州旧売淮塩六百一十六万余斤於洪・吉・筠・袁・撫・臨江・建昌・興国等州軍闕塩売処、不害淮塩旧法而可通広塩」。詔令周輔限一月立法、已而周輔具江西・広東路塩法并総目条上。従之」、『会要』食貨24-20〔塩法〕元豊4.3.1同。

（６）『宋史』食貨・塩p.4444「（元豊）六年周輔為戸部侍郎、復奏、湖南郴・道州隣接韶・連、可以通運広塩数百万、卻均旧買淮塩於潭・衡・永・全・邵等州、並準江西・広東見法、仍挙郟亶初議、

郴・全・道三州亦売広塩」。なお郭氏はこの“広塩数百万(斤)”を“官売塩銭28,0000-48,0000貫”と見積るが(前掲書p.666表三十四甲「両宋広東路歳収塩銭」)、これは官売塩ではなく通商広東塩である。

(７) 周去非『嶺外代答』5財形門・広西塩法「自南渡以来、広西以塩自給、宣和五年已詔、広東《ママ》西路各置提挙官歳売塩、固無定額、至是漕司乃得取其贏余」。

(８) 前注(３)を参照。

(９)『宋史』328蔡抗伝「…徙広東転運使…番禺歳運塩英・韶、道遠多侵窃雑悪。抗命十舸為一運、択摂官主之、歳終会其殿最、増十五万緡」。郭氏はこの15万貫を嘉祐７年の塩課増額分とするが根拠不明。なお汪聖鐸氏はこの数字だけから両広の榷塩収入は数十万緡を下らなかったと推測する(前掲書p.262)。

(10) 広南東西路の合計は60,7443.158貫文となるが、『会要』食貨23-１～７〔諸路塩額〕広南西路には静江府、容州、象州、昭州、藤州、柳州、化州、崖州の８府州分を缺く。理由は不明。郭氏は広南東西路の官売塩合計を59,7270貫152文とするが誤り(前掲書p.665三十四宋代広塩課利表)。缺落８府州分を広西一路の合計値から約12万貫と見積ると、広南東西路歳収は計約72万貫と推計される。

(11)『通考』16征榷三p.165上「広南土曠民貧、賦入不給、故漕司鬻塩、以其息什四為州用、可以粗給而民無加賦。若客鈔既行、州県必致缺乏」、『宋史』p.4467略同。なお『輿地紀勝』103広南西路・静江府・官吏・范成大の項に「広西財計、祖宗定制撥賜一歳共約七十万緡、自建炎以後、改充他用、故官自売塩、紹興八年始行客鈔、率以二年方売得一年鈔、遂罷客鈔、復許官般」とあり、これに拠れば北宋時代、官売制下の広西転運司の漕計は70万貫の歳収があったが、紹興８年に始まる通商法ではこれを調達できず、のち官売制に変えたという。

(12)『会要』食貨27-30〔塩法10〕乾道7.6.26「左右司言、二広塩自靖康之後始行官販官売、至紹興年復行客鈔」。

(13)『会要』食貨25-34〔塩法〕建炎4.1.8「三省枢密院奏、権戸部侍郎・提挙榷貨務都茶場高衛状、隆裕皇太后六宮已到虔州、財用闕乏、逐急権宜措置、欲令榷貨務検照近降算請広塩指揮、依倣見鈔法、権行印給広南塩鈔二十万貫、就本務召人入納算請、前去本路支塩。従之」。『雑記』甲14広塩「建炎四年春、以淮塩道不通、戸部侍郎葉芬乞通閩広塩於諸路。侍郎高衛因請、即虔州榷貨務鬻広南塩鈔二十万緡、以供行宮之用、許之【正月辛亥】。未幾復止」。『会要』食貨25-34建炎4.1.29、『要録』31建炎4.1.壬申条等により、“未幾復止”は福建塩のことで、このとき広南塩の通商を罷めたのではない。

(14)『会要』25-35〔塩法〕建炎4.2.19「尚書省言、近緣淮塩道路不通、諸色人自京師帯到鈔引、前来両浙請塩、致応副不起、内温・台州積圧鈔引数多、有至三二年以後方当支請塩貨。契勘広南・福建両路塩貨歳出浩瀚、已許通商、訪聞客人皆願算請、令相度応温・台州塩倉不曾支塩、令出給公拠、掲取鈔引連粘付客人、前来行在榷貨務、換給広南・福建路鈔引、毎一百貫与支換広南塩鈔六十貫、福建塩鈔四十貫、内換福建塩者、令依見今則例、毎袋貼納通貨銭三貫文、願全換一路者、聴従客便。従之」。

(15)『会要』食貨26-1紹興1.3.15「尚書戸部言、提挙広南路茶塩公事司申、検踏委官相視到南恩州陽江県管下海陵朝林郷地名神前等処、各有塩田、鹹潮淹浸、堪以置場、勧誘到民戸、開墾塩田計一頃二十四畝、置竈六十七眼、一年収塩紐計七十万八千四百斤、蓋造到監官廨宇・専司司房・塩敖銭庫、各得円備、戸部計一年収浄利銭一万九千二百五十貫七百七十文足。本部今勘当、欲依本司已行事理施行。従之」、『要録』43紹興1.3.15壬子条略同。戸部の計算を基準とした紹興元年の官売価

格は(70,8400/1,9250.770＝36.8)36-37文足/斤。

(16)『会要』食貨26-7〔塩法9〕紹興3.1.14「提挙広南東路茶塩公事管因可言、本路産塩広州塩倉、毎年課利三十万貫以上、潮州十万貫以上、恵州五万貫以上、南恩州三万貫以上、除広州已有監官外、三州久例止是本州官兼監。今来推行鈔去[法]、与以前事体不同、伏望詳酌、広州塩倉添置監門官、潮・恵・南恩州専差監官。従之」。

(17)『会要』食貨26-16〔塩法9〕紹興3.9.18「広南東西路宣諭明槖言、二広比年以来塩貨流通、其価倍増、自合随時措置、窃見広東西路転運司、毎歳於広州都塩倉或於廉州石康県塩場、支撥各路諸州郡歳額塩、諸路州郡各差衙前来販、取所受之数、其塩、朝廷累降指揮、増添価銭、毎斤至官収銭四十七文足、毎籮計一百斤収銭四貫七十文足、広東如南雄等州、官売寔価毎籮至十千、広州亦自至八九千、広西如昭・賀等州皆至十一二千、桂州遂至十七八千、西路価至平者不下八九千而官価所収止得四貫七伯文足、其余所入皆為私有、欲乞二広州郡歳額塩価、除已降到立定官価、永為中制外、或増或損、一切随時低昂、官司不得執定、其出売処、以私価日申本州、州以所申私価旬申運司、務令簿暦得相参照、本州拠私下寔価、常低一二文出売、尤易趂辨、仍乞召募衙前、須取高等税産人充、及取索有行止不経罪犯之人、検跡保任、務欲得寔、比於元条、更加厳密。詔令限三日看詳申尚書省」。

(18)『要録』94紹興5.10.16乙巳「詔広東塩、以二分即本路通商、余一分官売充漕計。広東塩旧従官売、其後許通商於荆湖南北及吉州、至是復有此命、尋又増鈔銭為二十万緡」。『会要』食貨26-22〔塩法九〕紹興4.4.21「臣寮言、広東上供白金、近歳毎一両率為銭三千有畸、比至輸於太府、准価以給官吏・軍旅、則為銭二千有畸、大約歳輸十万両、并其輦致之費所失不啻十万緡、朝廷雖嘗令広東相度、従便上供見緡、然而転輸当用舟航、雇募之初匪易、護送必遣官吏、交納之際猶艱、繇是州郡莫敢任見緡之責、臣伏見近歳取広東漕司塩改為鈔、塩鈔法既行而常患乏塩、尚有三分之一留充漕計、今若将上供銭銀旧数、蠲其難辨之額、定其実納之数、撥与本路為漕計、而於漕司一分塩内、会其価直取支以益鈔塩、使償上供之数、則商賈自以見緡輸於行朝矣。詔令戸部勘当」。なお広東の上供白金・上供銀銭については拙稿「南宋の上供銭貨」(大阪府立大学『歴史研究』37、1999、本書第3章上供銭貨の諸系統―南宋時代―）を参照。

(19)『宋史』食貨・塩p.4467「(紹興元年)十有二月、復置広西茶塩司」。『要録』50紹興1.12.18辛巳「復置広西茶塩司。旧准南塩息銭歳収八百万緡、自軍興准南道梗、許通広塩於江湖諸路、而二年半入納才七十万緡」。

(20)『会要』食貨26-25〔塩法九〕紹興8.6.6「詔広東《ママ》西鈔塩、以十分為率、内二分産塩州県零売人戸食塩、各不得出本州界、余八分行鈔法」。『通考』16征榷三p.165上「紹興八年詔、広西塩歳以十分為率、二分令欽・廉・雷・化州官売、余八分行鈔法」。『宋史』食貨・塩p.4467「〔紹興〕八年詔、広西塩歳以十分為率、二分令欽・廉・雷・化・高五州官売、余八分行鈔法。尋又詔広東塩九分行鈔法、一分産塩州県出売」。周去非『嶺外代答』5財形門・広右漕計「今日広右漕計在塩而已、…取其息以八分帰漕司、二分帰本州。又海南四州軍及欽・廉・雷・化・高皆産塩州軍、昔売漕司二分塩、亦以八分息帰漕司」。

(21)『会要』食貨28-3〔塩法〕淳熙3.2.28「詔広西転運司、将毎歳所収官塩息銭、以十分為率、三分撥付諸州、七分充漕司歳計。先是広州経略張栻言、広西官般官売塩、旧来六分漕計、四分諸州歳用。自乾道元年再行官売以後、漕司収其八分、州軍止得二分。窃慮州軍窘匱、因而作名色科取於民、故有是命」。張栻(南軒)は乾道元年に広西の官売が復活したとするが、諸史料からこれは乾道四年の誤り。

(22)『会要』食貨26-26〔塩法九〕紹興8.12.25「詔広東塩九分行客鈔、一分産塩州県出売」。『通考』16征榷三p.165上「(紹興八年)又詔、広東塩九分鈔法、一分産塩州県出売」。

(23)『会要』食貨26-26〔塩法九〕紹興9.7.21「詔広東全行客鈔」。『宋史』食貨・塩p.4467「(紹興)九年罷広東官売、行客鈔法、以其銭助鄂兵之費」。

(24)『会要』食貨26-30〔塩法九〕紹興13.4.1「宰執進呈、前広南東路転運判官范正国言、本路上供及州郡経費、全仰塩息応辨、比因全行客鈔、遂或闕乏、欲自今本路州郡屯駐兵馬去処、許依客人買鈔請塩、各就本州出売、所得依旧銭専充軍費、庶免上煩朝廷応副、寔為利便。上曰、法必有弊而後可改者、若未見其弊、遽宜更張、非特無利、必至為害、凡法皆然、不至止塩也」。

(25)『雑記』乙16財賦・広西塩法「(胡)庭直又言、二広頃行客鈔之時、通以九十万緡為額、広東十万籮【一百斤為一籮】、正鈔銭五十万緡、広西八万籮、正鈔銭四十万緡」。『会要』食貨27-18〔塩法〕乾道1.3.12「広東提挙塩事石敦義言、広州売鈔庫准給降広東路広・恵・潮・南恩四州塩鈔共五十万貫」。

(26) 前注(11)所引『輿地紀勝』103広南西路・静江府・官吏・范成大「広西財計…紹興八年始行客鈔、率以二年方売得一年鈔、復許官般」。

(27)『会要』食貨26-28〔塩法九〕紹興12.9.8「臣寮言、二広塩所収数目不少、前後申請利害不一、或乞官売或請客販、節次承降逐項指揮、除広東客販已是通快、補助大軍経費、可以久遠推行、唯広西近有官員陳乞依旧官売、又拠本路漕臣呂源等乞、尽行客販鈔法、更合審訂利害、所貴公利兼済、臣切見欽州係産塩地分、取到本州紹興四年後来逐年官般売帳暦并客販鈔塩之数、比較多寡、紹興四年官売九十三万七千余斤、紹興五年官売九十九万三千余斤、紹興六年官売九十二万二千余斤、紹興七年官売六十九万余斤、紹興八年改法客売鈔塩、紹興九年客般塩一万五千余斤、紹興十年客般塩三万一千余斤、紹興十一年客般塩五万八千余斤、已前官売塩毎斤四十七文足、今来客般塩毎斤一百二十文足、蓋縁本州浜海係産塩地分、雖多方招誘客旅、終是稀少、難以趂辨如官売之数、臣今相度乞将欽州依廉・雷・高・化四州産塩地分、依旧官売塩貨、趂辨課額、詔令戸部看詳」。

(28)『会要』食貨26-29〔塩法九〕紹興12.10.22「戸部拠榷貨務申、勘会広西毎歳産額塩、依紹興八年六月六日指揮、以十分為率、内八分許客人算請支請通販、入広東《ママ》西路不産塩州県貨売、二分於廉・雷・化・高州産塩去処、依旧官売、人民食塩売到銭、撥与転運司充漕計、兼契勘欽州自来不係産塩去処、縁本州地名白皮、近来鹹土生発、目今毎歳買納塩貨三十余万斤、看詳欲依臣寮所請事理施行、所有売到塩銭、令塩事司拘収、依已降指揮起発、赴鄂州軍前送納、不得縁許官売、却致隠匿侵用。従之」。欽州白皮塩場の“買納塩貨”すなわち亭戸からの収買額30余万斤(官価47文/足として14.1万貫)は転運司ではなく提刑司が管理する。白皮塩場は乾道7年(1171)に一旦閉鎖、のちまた産塩を再開した。前注(46)、(53)を参照。

(29)『要録』120紹興8.6.6庚申「昭州歳入買塩銭三万六千余緡、以其七千緡代潯・貴州上供、赴経略司買馬、余為州用、及罷官売塩、遂科七千緡於民戸、謂之糜費銭」、『宋史』食貨・塩.p.4467略同。

(30)『会要』食貨27-6〔塩法〕紹興31.4.2「臣寮言、窃見広西運司比年以来変税折銭、不問州之遠近・税之高下、尽行支移折変、如化州額管税米八千石、毎歳科折六千五百石、於容州送納毎石折銭二貫六百文足、而化州毎歳合支遣一万五千石、却令本州招和糴一万石充歳計、毎石支価銭四百文足、亦只於税戸均糴、化去容六程、民之貧苦奔走深可憐憫」。化州が科折した苗米は6500石、額管米8000石の残り1500石と容州から給付した1.5万石から和糴分を差引いた5000石を加えて6500石が還元された。両州の間を6500石の苗米が移動して1.69万貫の見銭が創出された。化州の税戸は2.6貫文/石で科折し400文足/石で均糴させられたので、この“支移折変”により結局2.2貫/石を余計に負担したことになる。

(31)『会要』食貨27-30乾道7.6.26「左右司言…一、西路塩本、旧毎籮一貫八百文足、官吏侵剋、名色不一、塩丁所得止四百文、猶不時給、故私販滋。自行官般、革去侵剋之弊、毎籮支銭一貫足、歳額八万籮、合収八万貫足。今毎籮存留八百足、亦計八万二千余貫省、西路一歳売及八万籮、始能趁八万貫之数。若東塩塩貨又入西路。以乾道二年計之、係三万三千三百九十六籮、民食既有限、西路決不能売元数、是致逓年虧損課額、今欲将東路通貨入西路、塩毎籮依数撥納、所留本銭八百貫、以還西路」、周去非『嶺外代答』5 広西塩法略同。

(32)『会要』食貨27-23〔塩法十〕乾道4.6.4「詔広西鈔塩、旧係本路転運司出売、自乾道元年、因曾運申請併帰広東、走失塩課、民受困弊、今已別行措置、自今後広西塩課、令本路転運司自管認出売、広東提挙司更不干与。先是度支郎中唐琢言、広東塩引銭拖欠幾八十万緡、縁嚮来二広塩事分東西両司、而東路之塩往西路者、乗大水無磧之阻、其勢甚易、広西之塩場出止是小水、又多灘磧、其勢甚難、故常為東路塩侵奪、昨来広西自作一司、故塩課不致虧減、今来既罷広西塩司、併入東路、則広東之塩公行、無復禁止、広西塩場遂至住煎、坐失一路所入、乞取旧法施行。乃故有是也」。

(33)『会要』食貨27-24〔塩法十〕乾道4.6.4同日「詔広西塩銭、今後更不給印、依旧撥還転運司、均与諸州官般官売、仍旧令本司管認息銭、認発二十一万貫、内将三万貫給靖州、八万貫充経略司買馬、余十万貫撥充鄂州、応副大軍支遣、其本路見拖下未曾売塩鈔、仰本司拘収繳赴行在送納。是日宰執進呈、看詳広西鈔塩利害、蒋芾奏曰、塩利旧属漕司、応副諸州歳計、自売鈔塩、漕司遂以苗米高価折鈔、又有招糴・和糴之名、民受其弊、今朝廷更不降塩鈔、只令漕司認発歳額二十一万緡、則漕司自獲塩息、折米・招糴之弊皆可去、劉珙奏曰、此事与福建鈔塩一同、免福建鈔塩、民間無不鼓舞、今広西亦然、想見遠民猶更受賜。上曰極是、故有是詔」。梁庚堯「南宋広南的塩政」(『大陸雑誌』88-1・2・3、1994、のち『南宋榷塩食塩産銷与政府控制』国立台湾大学出版中心2010に所収)には広西の乾道官売制を支えた“認発鈔銭”制への言及がない。

(34)『雑記』乙16財賦「(胡庭直)言、二広頃行客鈔之時、通以九十万緡為額、広東十万籮【一百斤為一籮】、正鈔銭五十万緡、広西八万籮、正鈔銭四十万緡。及広西行官売法、而広東除去通入広西之数二万五千籮、纔為七万五千籮耳。惟広西不立額数、故今所売為十一万五千余籮【不産塩十六州売七万五千八百余籮、産塩五州売一万八千四百余籮、海外四州売五千五百余籮、前任漕臣梁安世又創売淹造塩一万五千五百余籮】、皆科抑也」。

(35)『会要』食貨27-30〔塩法十〕乾道7.6.26「左右司言、二広塩、自二広塩、自靖康之後始行官販官売、至紹興年復行客鈔、因広西漕計不足、将本路苗米折納価銭、毎石不下両貫文足、却有苗米外科和糴米、毎石支価銭五百至六百文足、乾道六年四月[四年六月]四日始詔罷折米、将塩撥還本司、依旧官売、和糴米令用塩息銭措置収糴」。

(36)『会要』食貨27-26〔塩法十〕乾道6.2.15「臣寮言、乞将広南西路尽行鈔法、許東西両路通販、依見行銭鈔法指揮、其東西路所収通貨銭、若作一貫五百文、窃恐塩価太高、兼淮浙塩毎袋三百斤、計増添三貫省、今欲毎籮一百斤、増収通貨銭一貫文省、与淮浙塩貨一体、一歳均増収銭四十万貫、可以充漕計支用、条具下項。一、照得、二広塩毎籮一百斤、納鈔面銭七貫、内捎留銭二貫文、赴塩倉納、正鈔銭五貫文、赴算鈔官司納、今来於正鈔銭内令添通貨銭一貫、赴算鈔官司送納、所有其余頭子・市例・脚乗等銭、並各依旧更不増添、欲下広州静江府売鈔庫、自今降指揮到日為始、於鈔引上用印声説増添給売。一、欲下広南提塩司、将客人已投在倉未支塩及初到倉投理鈔引、依此用引号声説増添貼納通貨銭一貫文訖、方許支塩。一、自今降指揮到日、応客人鋪戸等若有已算出未曾支塩鈔引、或有已支出塩未曾出売者、及売未尽塩、並限五日経官自陳、州於主管官、県於県丞庁、増添貼納通貨銭一貫文訖、方許出売、若塩不及一籮、免行増収、仍許諸色人互相糾告、如五日限外不自陳貼納私下出売者、並依私塩法断罪追賞。一、今来両路塩通行鈔法、並許通販、依旧令広南提挙塩事司通行管認、乞下太府寺交引庫、先次印造広東西鈔引各五十万貫、仍令鈔引上添入通貨銭一貫文。一、所有乾道五年四月十八日毎籮増納通貨銭両貫文指揮、更不施行。一、応客人若有販過東塩入西路界、曾経貼通貨銭両貫文者、免納前項通貨銭一貫文。一、今来広南復行客鈔、仰提塩司多方招誘客旅算請、不得抑令客人帯買及移科、与県道均配民戸。一、西路截日終官般官売塩、並各住罷、尽数拘収封椿、如客販鈔塩未到、仍仰本府県、権将拘収到上項官塩、零細依価出売、即不得因時科俵、候客鈔塩到、即時住罷、仍令本路転運・提挙司、限半月類聚本路官売塩数目、従長措置。一、今来両道通行鈔法、即不見得東西路諸州県毎歳的実産塩及住売各若干、令広南提塩司、限半月逐一子細開具詣実供申。従之。続詔広西運判高繹・提挙章潭、条具合行事件取旨」。

(37)『会要』食貨27-30〔塩法十〕乾道7.6.26「乾道六年二月十五日、遂令広東西通行鈔法…広東路塩額五十万貫、広西路塩額四十万貫、歳額一体趂辨、応到両路歳計。一、両路額塩計十八万籮、毎籮増収一貫文作通貨銭、充西路漕計銭、就鬱林倉支塩、更納般脚銭一貫二百文省、毎籮共納二貫二百文。東路塩納漕計銭一貫文省、若遇運塩入西路、毎籮更合納通貨銭七百文、共計一貫七百文、両路鈔面、合一体開坐声説。一、西路塩本、旧毎籮一貫八百文足、官吏侵剋、名色不一、塩丁所得止四百文、猶不時給、故私販滋。自行官般、革去侵剋之弊、毎籮支銭一貫足、歳額八万籮、合収八万貫足。今毎籮存留八百足、亦計八万二千余貫省。西路一歳売及八万籮、始能趂八万貫之数、若東塩塩貨又入西路、以乾道二年計之、係三万三千三百九十六籮。民食既有限、西路決不能売元数、是致逓年虧損課額。今欲東路通貨入西路、塩毎籮依数撥納、所留本銭八百貫、以還西路。一、旧広西歳計並是折米銭約三十六万余貫、今住罷折米、其高繹所申歳計、共用四十五万三千八百九十七貫有零省、与章潭所申数目不同、難以稽考。縁漕司一年諸州歳計塩額、元管四十万貫、後認発二十一万貫、内八万貫充経略司買馬、三万貫応副靖州、十万貫応副鄂州総領所、尚余一十九万。又西路額塩一十八万籮、増納漕計銭約計十八万余貫、及西路存留塩本銭、以八万籮為率、毎籮八百足、計八万二千余貫省、共計已得四十五万二千之数。歳計之用、不得過四十五万貫、内除本路支給劾用二万八千余貫、合行添撥外、尚有寛剰二万余貫、即合均撥応副凋弊州軍、以寛民力」。

(38)『要録』58紹興2.9.27甲申「詔淮浙塩毎袋令商人貼納通貨銭三千、已算清而未售者亦如之、十日不自陳、論如私塩律」。同2.10.18乙巳「右諫議大夫徐俯言、比降塩鈔指揮、応商販淮浙塩之未售者、毎袋貼納銭三千、十日不自陳、論如私塩律」。『要録』72紹興4.1.5乙卯「詔淮浙塩鈔、毎袋増帖納銭三千、通為二十一千、諸州所収帖納銭並計綱赴行在、尋命広塩所増亦如之【広塩添銭在此月戊辰】」。両路が初めて通商した紹興8年、広東は歳に10万籮、広西は8万籮を額と定め、広西の塩事は提刑が兼領し、東塩を西界に入れず、出売額を定額とした。紹興25年に広東が申請して塩貨を西路に入れ、毎籮通貨銭700文を徴収して西路転運司の歳入を補助した。しかし西路の歳額が減少すると東塩を扱う客商を強制して西鈔を買わせたので、西路の要請で提塩司を合併した(乾道元年)。これにより西路には鈔引が堆積したが客商が算請せず、転運司は官般官売を要請した。乾道4年、官売に復したが西路に塩貨が入らず、両路紛糾した挙句、広東提挙章潭・広西運判高鐸に協議させ、毎歳広東鈔塩2,5000籮を広西に入れて販売させた。乾道8年の通商のさい広東から西界に入れた塩貨は2,3218籮、翌９年には3,3086籮に達した。西塩を発売しても売れず、広西転運司の歳計は赤字となった。淳熙元年に再び官般官売を行い東塩の流入を排除したが、今また通商して東塩を入れている。東路の客販は比較的容易だが西路は困難が多く、通貨塩額を制限しなければ、客商は必ず広東に輻輳するので、西路の塩鈔はなかなか課額を達成できない。なお「通貨銭」については本書第３章上供銭貨の諸系統―南宋時代―を参照。また「措留銭」は南宋初期、客商が東南塩を行在権貨務で請買するさい、当時銀価が高騰し銭貨が不足したため、広南東路転運司が請買価格の1/3を控除して漕計に入れた銭貨をいう。『会要』食貨64-50〔上供〕紹興4.2.27同日「左朝請郎王縉言、広南東路毎歳上供、例買銀軽齎、而近年坑場不発、銀価騰貴、及至行在支遣、累損元価十之三四、契勘、権貨務召人入納算請塩鈔、有措留銭本等銭数不少、今不若令算請広東塩鈔之人一併入納措留等銭、別項椿管、起発充本路上供之数、預約度一歳入納之数、下転運司於諸州上供銭内撥還塩事司。詔令戸部勘当申尚書省」。

(39) 周去非『嶺外代答』５広西塩法「…又為広西画所以為歳計者曰、旧額広東十万籮、広西八万籮、増収鈔銭一緡省、可得一十八万緡省、謂之漕計銭。旧法広西塩戸納塩一籮、官支本銭一千八百足、後為官吏侵刻、止支二三百、今実支一千足、截取八百足、謂之存留塩本銭、計西路八万籮、又得八万二千籮緡省。而西路元額八万籮、客人入納四十万緡省、如是則通可得六十六万二千緡、尽付広西漕司、内取二十余万緡、充買馬并鄂・靖州之費。余四十五万余緡、以充広西漕計、広西旧額八万籮、止及五万。今遂指為実売之数、又於上収増鈔銭、減刻塩本銭、是以虚数較之実数、歳当虧銭二十一万六千緡、此豈細事也哉」。なお前注(37)『会要』食貨27-26〔塩法10〕乾道6.2.15の第三項も同じように広西の歳入を45.2万貫(塩本銭展省8.2貫)と計算し、ここから広西の「効用」―経略司が編制した自警組織(『嶺外代答』３「効用」を参照)―に2.8万貫を支給してもなお２万余貫を余す、とする。この計算によれば、広西転運司が「州用」として諸州に支給できる額はおよそ40万貫となる。

(40) 『会要』食貨27-44〔塩法十〕乾道9.12.15「詔広州[西]覆行官般官売、塩貨仰転運司遵守前後成法、不得仍前科擾抑配、如人戸所納苗米、委無本色、願依時価折銭者、聴従其便、従左右司請也」。『宋史』食貨・塩p.4468「(乾道)九年、詔広州復行官販官売法」。『宋史』34孝宗紀二「(乾道九年)罷広西客塩鈔、復官販官売法」。なお梁庚堯「南宋広南的塩政」は乾道４年の官売体制と淳熙元年以降の官売体制を区別していない。前注(33)を参照。

(41) 『会要』食貨28-3〔塩法〕淳熙3.2.28.「詔広西転運司、将毎歳所収官塩息銭、以十分為率、三分撥付諸州、七分充漕司〔歳計〕。先是広州経略張栻言、広西官般官売塩、旧来六分漕計、四分諸州歳用。自乾道元[六]年再行官売以後、漕司収其八分、州軍止得二分、窃慮州軍窘匱、因而作名色科取於民、故有是命」。『輿地紀勝』103広南西路静江府・官吏「張栻(南軒)」の項「(張栻)奏、旧官般売塩、従来漕司例収息六分、将四分息銭与諸州充歳計。自乾道四年再行官般之時、塩息以十分為率、以八分充漕計、諸郡止得息二分。乞更与諸州増息一分、漕司只収七分、以寛州郡之力」。

(42) 前注(41)『会要』食貨28-3〔塩法〕淳熙3.2.28「…既而(広州経略張)栻又奏、措置椿貯銭物、以為一路塩貨権行条画下項。一、漕司毎歳撥塩共七万八千二百三十四籮、与諸州発売、於収到銭内撥充諸州歳計其数、以得均平、難便増添。上件塩貨、諸州雖承認籮数、然雖是有銭作本脚、預先往諸倉請買、帰州変売、即所認不是虚数、息銭可以指準。縁広西諸州土瘠民貧、両税所入甚微、全藉般運塩貨。若漕司無本脚銭、先買運下塩貨、諸州若無漕司寄椿銭、接借急闕、百姓既乏塩食、諸州坐失息銭、依前難以支吾、利害非軽。臣考究得漕司有見管銭四十万貫、係累年所積之数、可以権行塩貨、即不可別行支用。今措置欲将上項銭四十万貫、於白石・鬱林等八倉場存留二十万貫、為漕司言[塩]貨循環本脚之用。於静江府諸州存留二十万貫、為諸州按借般運塩貨之用。委所属通判・簽判、専一主管、置籍出入、如諸州委有闕乏、前期申漕司量行接借般運、到州変売、委通判・簽判拘収所借銭、発帰元借寄椿庫、無致失陥。一、転運司見今一歳共均撥塩七万八千二百三十四籮、静江府二万六千三百六十五籮、柳州三千五百籮、鬱林州三千五百籮、宜州四千三百九十籮、容州三千五百籮、象州三千籮、梧州二千籮、潯州三千籮、藤州二千五百籮、賀州五千籮、融州二千七百籮、横州一千七百籮、貴州三千五百籮、又一百七十九籮係抱認上供銭、邕州七千五百籮、賓州二千五百籮、昭州三千五百籮、又四百籮係転運司抱認一分折布銭紐撥、塩付本付般売。右所撥塩羅数已定、自今漕司不得更有増撥。一、転運司撥上項塩、付諸州般運発売、以地里遠近、価銭不等。静江府毎籮価銭十貫足、本脚銭四貫三百五十三足、息銭五貫六百四十七足、柳州毎籮価銭一十二貫足、本脚銭四貫三百四十八足、息銭七貫六百五十二足、鬱林州毎籮価銭七貫足、脚銭二貫九百足、本脚銭二貫九百三十八足、息銭四貫六十二足、宜州毎籮価銭一十三貫足、本脚銭四貫七百四十八足、息銭八貫二百五十二足、容州毎籮価銭七貫足、本脚銭【二千五百籮、毎籮三貫三百八十文足、一千籮、毎籮二貫七百三十四文足】、息銭【二千五百籮、毎籮銭三貫七百九十二足、一千籮、毎籮四貫二百六十六足】、象州毎籮価銭一十貫足、本脚銭四貫一百四十八足、息銭五貫八百五十二足、梧州毎籮価銭八貫足、本脚銭二貫六百四十八足、息銭四貫三百五十二足、潯州毎籮価銭一十貫足、本脚銭三貫七百八十八文足、息銭六貫二百一十二足、藤州毎籮価銭八貫足、本脚銭三貫三百九十八足、息銭四貫六百二足、賀州毎籮価銭一十貫足、本脚銭四貫四百三十四足、息銭五貫五百六十六足、融州毎籮価銭一十三貫足、本脚銭四貫五百四十八足、息銭八貫四百五十二足、横州毎籮価銭一十貫足、本脚銭三貫二百一十四足、息銭六貫七百八十六足、貴州毎籮価銭一十貫足、本脚銭三貫五百三十八足、息銭六貫四百六十二足、邕州毎籮価銭一十貫足、本脚銭三貫五百三十四足、息銭六貫四百六十六足、賓州毎籮価銭一十一貫五百足、本脚銭四貫一百三十八足、息銭七貫三百六十二足、昭州毎籮価銭一十貫足、本脚銭四貫一百四十八足、息銭五貫八百五十二足。右売塩価直、縁諸州市估有可量増者、各不得過三分【謂如息銭五貫、増数不得過一貫五百文】。見今過数者即行裁減、不及数者不得再増。仍乞下本路転運司、令漕臣於上項銭常切点検、逐年具銭帳申朝廷、無致失陥、及諸州並不得擅有分文支撥、貫《ママ》一路永久根本之計」。詔広西帥・漕・塩司同共相度、已下逐司以為経久利便。事下戸部指定、欲従其請、遂詔詹儀之、将本司見管四十万貫、並開具寄椿州軍、並銭数申尚書省。仍将年額実合起解上供并買馬、鄂州大軍諸州歳計、塩場循環本脚与運塩脚銭、逐一開具以聞」。この表で、静江府の官売課額は2,6365籮(13,1825貫)、これを1籮10貫文(本脚銭4.353貫＋息銭5.647貫文足)で販売すると、販塩息銭は(2,6365籮×5.647貫＝)14,8883.155貫文足となるべき所、14,8856貫79文足となっている。また容州の販塩息銭額は、2500籮分の息銭9480貫足と1500籮分の息銭4266貫足との合計である。なお「本脚銭」は産塩地廉州石康倉からこの時陸運・水運の結節点である鬱林州に新設した「十万倉」への官兵の般運経費として官価中に積算される。周去非『嶺外代答』5財計門・広右漕計「今日広右漕計在塩而已、塩場浜海、以舟運於廉州石康倉。客販西塩者、自廉州陸運至鬱林州、而後可以無舟運、斤両重於東塩、而商人猶艱之。自改行官売、運使姚孝資頤仲、実当是任務、乃置十万倉于鬱林州、官以牛車自廉州石康倉運塩」。

(43)『会要』食貨28-8淳熙6.4.25「詔瓊州売塩、止依祖額、如漕臣・守臣違戻増加、仰広西帥司按劾以聞。先是知瓊州張頤老言、本州塩額、逓年止売四十五万斤、淳熙元年漕司増作一百万斤、縁本州係是産塩地分、又無過往客旅、止是籍定人戸均売、自添額之後、出売不曾及額、遂至倍科、以此民居逃移、深入黎洞、結為聚落、指引黎人攻犯県寨、劫略村郷。乞将瓊州塩数、一依祖額。故有是詔」。

(44)『会要』食貨28-10〔塩法〕淳熙7.1.10「広西経略劉焞・提刑徐詡言、本路漕郡計全頼榷塩、瀕海数州産塩頗多、民間塩価雖賤而漕郡計皆出其中、故官価貴、官価貴則漕司貨売不行、必科配州郡、州郡貨売不行、必科配百姓、雖或官般官売、或客販鈔、屢変其法、而科擾之弊竟不可革、昨李椿任都司日、措置復行官般官売之法、自淳熙元年始行官般、今州郡至不論貧富、並計口科売、向時上戸科抑之苦、今又移之下戸矣、皆縁歳額太重、左右那融不敷、先来帥臣張栻権漕日、嘗請以見椿管銭四十万貫作塩本兼備緩急、而諸州運塩随綱輸本銭、初不仰此、既有上件椿管、漕司委是優裕、若歳歳更求椿積、乃是聚斂虐民、今若減塩価、毎斤只減十文、漕郡計所損已多而民力未能少舒、不能均減諸州塩額、則無積滞之塩、免致科売、為広西無窮之利、臣焞昨奏乞減塩額、得旨令漕臣薛《ママ》磊同臣工共従長相度、又徐詡奏詢訪民間疾苦、皆縁計口売塩、乞自淳熙七年正月為始、与諸州逐月計算、以有余歳終取見一歳郡計、以為定額。未準回降指揮、臣等今乞将本路売官塩一十六州府三年中所売塩、参取一中数、除静江府・昭・柳・鬱林等州係稍登額依旧不減外、余諸州通約減去歳売塩七千籮、既減塩額、漕郡計合重行計算。即乞依臣詡所奏、然後可以約束不得抑配、若郡計不至窘乏、則百姓永受実恵。従之」。

(45)『会要』食貨28-12〔塩法〕淳熙9.2.9「…一、胡庭〔直〕又言、二広旧行客鈔時、通以九十万貫為額、広東売塩十万籮、計正鈔銭五十万貫、広西売塩八万籮、計正鈔銭四十万貫、後因広西官般官売、毎歳売塩一十一万五千二百八十七籮、以科抑之故、数多如此」。

(46)『会要』食貨28-12〔塩法〕淳熙9.2.9「詔両広塩法、紹興間如何施行、毎歳収支若干、後来縁何変法、収支之数、視向来有無増損、民間便与不便者何事、今欲民力裕而用度足、可遣浙西安撫司幹辨公事胡庭直遍詣両路、訪問利害、与帥・漕・提挙諸司詳議、各具本末以聞。既而胡庭直条具到二広塩法利害、詔吏部尚書鄭丙・同給仕中施師点・中書舎人宇文价・葛郯・起居郎詹儀之詳議、仍令中書門下検正王信・左司郎中陳居仁・右司郎中謝師稷・右司員外郎王公衮[袞]看詳擬定。一、広西運判兼提挙塩事王正己・広東提塩林枅・浙西撫幹胡庭直奏到広西所行官般官売、誠為民害、若両路改作通行客鈔、誠為利害。一、庭直言、広西雷・廉・高・化四州係産塩地分、旧許八分客販、二分官売食塩、若不尽行住罷、窃恐州郡因而科擾、今擬定欲従其請。一、欽州白皮鹹土可以煎煉、乾道七年指揮封閉不能革絶、乞差官毀廃竈場、丙等議欽州辺近渓洞、差官毀竈未便、欲申厳乾道七年指揮行下、令常切遵守。一、庭直言、広西昨行鈔法時、諸州多是詭作客名、算鈔回易、或截留客塩自売、不還価銭、或雖与客住売而邀阻誅求、以助公帑、或行鈔之初、隠蔵合封椿塩、公然官売、乞厳行約束、今擬定欲従其請。一、信等看詳広東転運司公牒、欲依承平時那融応副広西転運司米一万二千石、今擬定欲下広西転運司照会。一、広西路見為広東路抱認起発鄂州大軍銭二万四千五百五十貫、若通行鈔法、合於広東路正鈔銭内起解、今擬定欲令広東西路依此施行、内広東路合解発銭、為改法之初、特与蠲免三年。一、広西運司毎年応副靖州銭三万貫、合起発鄂州大軍銭一十万貫、椿《ママ》提刑到任陳設銭二千貫、経略到任添助静江府歳計銭五万貫、本司雑支銭三万貫、通十九万二千貫、今擬定靖州銭、於湖広総領所科撥、鄂州大軍銭、将総領所逓年余剰并綱運未到銭通融補填、提刑・経略司到任銭、並免応付、本司雑支銭節省一万貫、仍令広東路提塩司、逓年於起発戸部経常銭二十五万余貫内改撥一万二千八百貫、赴広西転運司補助、以上通計二十万三千八百貫、慮恐改行客鈔之初、或闕経常、欲於南庫支降会子二十五万貫、礼部給降度牒三百道価銭五百貫、計銭一十五万貫、通計四十万貫、候客鈔通行日逐旋椿還。一、胡庭[直]又言、二広旧行客鈔時、以九十万貫為額、広東売塩十万籮、計正鈔銭五十万貫、広西売塩八万籮、計正鈔銭四十万貫、後因広西官般官売、毎歳売塩一十一万五千二百八十七籮、以科抑之故、数多如此。今来通行客鈔、広東欲以九万籮、広西六万籮為額、東客販塩入西路者、既納通貨銭、西客改指東塩者、亦不可不納通貨銭、以三万籮為率、毎籮拘所省脚銭七百文入官、以改指通貨為名、歳可得銭三[二]万一千貫、而東塩住売、毎斤増銭二文三分、以六万籮為率、歳可得銭一万八千貫、以助西路漕計、然後以西路六万籮、紐計正鈔銭三十万貫、漕計銭六万貫、存留塩本及改指通貨、仍納六万二千二百八十貫。東路九万籮、計有漕計銭九万貫、増収西路漕計銭一万八千貫、通貨仍納二万一千貫、存留銀本銭三万四百二十貫、並撥充西路漕計、如此則一歳可有銭五十八万一千七百貫、方与両路会議、拠広西報到一歳支撥起解銭、共計七十八万三千六百二十一貫二百六十八文、拖照乾道七年両路会議之時、広西一歳支撥起解、止計銭五十九万六千三十九貫六百一十四文、今来比旧増支銭計一十八万七千五百九十貫有奇、未有通融、既蒙朝廷蠲免起解、及措置補助計銭二十万三千八百貫、却有剰銭一万六千三百七十八貫七百三十文、若朝廷不欲於鈔面更有所増、及創立改指通貨之名、止以乾道七年左右司看詳広東十万籮・広西八万籮、上合収銭数通融応副広西漕計、庶幾与通行客鈔旧法相応。詔広西転運司、自淳熙十年四月一日為始、住罷官般官売、依旧通行客鈔、内広東路毎歳以十万籮、広西以八万籮為額、仍依胡庭直所奏、増収漕計銭・存留塩本、改指通貨銭、并依見行鈔法指揮施行、不得仍前科抑。如州県或有違戻去処、令両路帥臣・監司按劾以聞、若帥臣・監司違戻、許諸司互察官吏、重作施行、其合行下未尽事件、令帥臣・監司公共条具聞奏【十二月二十一日、庭直除広東提塩】。

(47)『宋史』35孝宗紀三「(淳熙九年)十二月己亥、更二広官売塩法、復行客鈔、仍出緡銭四十万以備漕計之闕」。『聖政』61淳熙11.4.15癸酉「(知容州范徳勤)又言、淳熙十年七月一日改行客鈔、至今年三月十日終、已招買過塩鈔六万二千籮、見今客人不住搬販措置、自有次序。故有是詔【高・化・雷・廉・欽五州産塩地分、客鈔不行】」。淳熙10年7月1日から11年3月10日までの間、転運司が買取った鈔塩6,2000籮は、今や客商が請買しないので廃棄処分している。なおこの注文から、紹興8年以来の産塩官売区が今回の通商法下にも存続していたことが分る。

(48)『会要』食貨28-15〔塩法〕淳熙9.9.18「詔南恩州鈔塩、依旧以一千五百籮為額【従守臣請也】」。

(49)『会要』食貨28-15〔塩法〕淳熙10.1.14「胡庭直再条具措置二広鈔塩利害、下項。一、二広通行客鈔、正要西路提挙塩事司究心協力、公共措置。乞令広西提挙塩事官銜内、帯同措置広西塩事…自今両路提挙塩事官、須管分上下半年、巡歴至梧州、同共会議。或有急切不能候両路提挙官到来、許互差属官至両司治所、公共商議、有合行事件、同銜聞奏。須管両路毎半月具招誘到客人入納数目、彼此関報、務要客鈔通行、漕計不闕。一、広西塩司差主管官一員、就石康県置廨宇、縁彼処煙瘴深重、無人注授、多是権攝。乞従朝廷選授有材力清彊官、仍不拘資格、依已降指揮、任満与転一官。庶幾人皆楽就。一、乞降指揮、令広東自通行客鈔之後収到正鈔銭、依旧額以七万五千籮為率、作上供支解外、自余増売到塩籮、如正鈔銭許令別項椿管準備、広西歳額万一不敷、即以此銭権行補助、候客鈔通行、発帰朝廷別用。一、乞朝廷明立賞格、将広西州県守倅・令佐・巡尉、若能勧誘客旅、禁戢私販、所趁塩課登及歳額、毎歳各与減一年磨勘、選人任満与循一資、虧及三分者、毎歳各転磨勘一年、仍於歳終将一路守令比較、使人知所懲勧則事功可以興起矣。一、州県官般到見在未売官塩、尽数拘収封椿。如合干人輒有隠匿、並許諸色人告賞銭一百貫、犯人以違制科罪。如新鈔客塩未到、人民闕食、仰本州県、権将拘収到塩於官務零細出売、許客人従便算請指射有塩州県、支請出売。一、乞照紹興八年指揮、両路産塩場僻遠隔海洋去処、今提挙塩事司措置、依旧例自海場般運、内広西至鬱林州都塩倉、其広東路至広州・潮州・南恩州、於州倉卸納準備支遣、内山険去処、合作小蔀以便客人般販。今欲作両等製造塩籮、内一等作一百斤、内一等作二十五斤、令客人従便算請。一、二広州県、自来寄居待闕官・有蔭子弟・攝官・挙人・刑[形]勢之家、判状買塩夾帯私販、乞依淮浙塩法、不以蔭論命官奏裁。従之」。

(50)『会要』食貨28-17〔塩法〕淳熙10.3.5「広西経略安撫・転運・提刑司言、奉詔条具合行未尽事件、謹条具如後。一、静江府見屯駐韶州摧鋒軍官兵二百人、合用口食銭米、並係転運司逐年於広東認起鄂州大軍銭内截撥応副。批文今来改行客鈔、鄂州大軍銭止合於広東正鈔銭内起解、転運司既無前項窠名銭截撥応副、望特降指揮措置支給。一、準指揮住売雷・廉・高・化四州食塩、縁四州係産塩去処、塩価低平、決無鈔客算請、恐因而科抑重為民害。一、準指揮封閉欽州白皮場塩竈、契勘、欽州自紹興十二年内、因鹹土生発、遂刱置白皮塩場、後因百姓興販私塩作過、遂行住罷、依旧差官、般雷州蚕村場塩出売、毎斤収銭五十四足。今来客販、毎斤価銭已及六十足、又有貼納縻費・脚剰在外、如此則過於欽州見売塩価、不惟客人興販無利、又無経渉海道、決無客人請販。窃慮民間無塩食用、白皮場未免復有私煎・盗販等事。一、照対紹興八年六月六日指揮、両路初行客販、広東歳以十万籮為額、広西歳以八万籮為額、其時広西塩事係提刑兼領、不放東塩入西界、是致発売及額。紹興二十五年因広東申請通貨塩入西路、毎籮額通貨銭七百文、補助西路歳額、縁此西路歳額大虧、至於抑勒東客帯買西鈔。於是西路遂有併司之請、西路積圧鈔引、無客算請、遂有官般官売之請。既行官売而通貨不行、両路紛争、遂令広東提挙章潭・広西運判高鐸会議、毎歳止約以広東客鈔二万五千籮入広西州郡住売。自乾道八年改行客鈔之初、当年広東塩入西界已及二万三千二百十八籮、至乾道九年遂及三万三千八十六籮、是致攙奪西塩、発売不行、歳計闕誤。於是淳熙元年再行官般官売、不曾通入東塩。今来復行客鈔、縁客販便於東而不便於西、若不限以通貨籮数、則客人必輻輳於広東西路、鈔額決難起辨。詔第一項、令胡庭直於科撥貼助摧鋒軍支遣銭内、毎年移運一万三千四百余貫、前去静江府、充屯駐官兵按月支遣、毋致決悞。第二・第三・第四項、並令胡庭直同王正巳相度経久利便、連銜指定聞奏」。

(51)『会要』食貨28-22〔塩法〕同淳熙10.12.21「広東提塩同措置広西塩事韓璧・広西運判兼提塩同措置広東塩事胡庭直言、広東路奉行鈔法、自紹興間客鋪赴広州売鈔庫入納、皆是用銀、毎両価銭三貫五十文、九十八陌算鈔、以示優潤。今二広塩通行客鈔、以逐州在市実価折銭請鈔、縁逐州市価各不同、無一定之論、難以関防情弊。今相度欲将客人入納算買広西鈔引、毎籮鈔面正銭五貫省、一例作毎両価銭三貫五十文、九十八陌折銀。如広西転運司支撥諸州歳計、並照各州月申市価高下、増減分数折支応副、不得拘執入納価銭。庶免諸州折閲之患、若将広西運司支遣有些子折閲、本司自行抱認、実為経久可行利便。従之」。

(52)『会要』食貨28-21〔塩法〕淳熙10.10.26「広東提塩韓璧言、臣頃自広西機幕擢守辺州三任九年之間、一路塩法利病、粗知其略、謹画一具陳。一、静江帥府諸司、所会官吏繁多、及養老揀汰使臣之類、逐月支俸己自不貲、而本府所管摧鋒・効用・雄辺三軍及将兵共以数千計、除摧鋒一軍元係本路漕司応副外、自余諸軍歳支依[衣]糧、委是浩瀚。今聞住罷之後、官員俸給已数月無支、其贍軍衣糧、詎可一日而闕。乞下本路転運司、照会応副施行。一、広西一路、唯邕・宜・欽・融四州係是極辺、祖宗以来屯養将兵、以鎮圧之、所支衣糧、視他郡不啻数倍、自改官般官売、一切取辨於塩。今復住罷、則上件供億之費、漕司又当任其責、乞下西路転運司、照会往年事例応副施行。一、契勘得、広東路乾道八年正月一日為始、両路通行客鈔共売過鈔引八万二千四百七十三籮、数内広西界塩二万三千二百一十八籮、乾道九年売過鈔引八万九千五百五十六籮、数内[売]過広西界塩三千三百八十六籮、自淳熙元年以後不許東客過行西路、而本路逐年所売塩等、約得六万之数。今来西路諸郡、縁発泄鈔引不行、毎遇東客販塩入西江、先令責認入納西路鈔引、方許開封住売。客人往往留滞、憂懼皆去、一次買東鈔入西路、便作西客不得脱籍、似此不唯抑勒、是欲以術《ママ》消、東路客塩不得過界、則本路歳額浩瀚、何以趂辨。乞下西路漕司、照応乾道年間通行客鈔事理施行。詔詹儀之・胡庭直、詳今来所奏事理及照応節次已将指揮、同共措置施行、毋致違悞」。

(53)『会要』食貨28-23〔塩法〕淳熙11.4.15「広西経略詹儀之等乞、将高・化・雷・廉・欽州産塩地分、令転運司差官於逐州置場零買、応副民食、更不立額」。『聖政』61淳熙111.4.癸酉「(詹儀之等)尋又奏、欽州白皮塩場、事体与雷・廉・高・化一同、乞依旧復興以備本司取撥作鈔塩、支付客旅搬請」。前年まで廃止が決っていた欽州白皮塩場を廃止しない旨が明確である。

(54)『会要』食貨28-24〔塩法〕淳熙11.8.14「広東提塩同措置広西塩事韓璧言、広州売鈔庫、準行在太府寺差官押到淳熙十五年料鈔引、計塩九万九千九百九十九籮、自当年五月今及一歳売過鈔引八万五千六百二十籮、依指揮以七万五千籮正鈔銭銀分隷支撥起発、其増売塩一万六百二十籮正鈔銭銀、計五万三千一百貫文省、在広州売鈔庫別項樁管。詔韓璧、将増売到塩籮正鈔銭銀認数樁管、非奉朝廷指揮、不得擅行支使。其未売淳熙十年分鈔引、更切措置給売」。

(55)『会要』食貨28-25〔塩法〕淳熙12.12.15「広西経略詹儀之・広西運判兼提挙本路塩事同措置広東塩事林岊言、奉旨相度広東西塩事併為一司、委是経久利便、其両路売塩、乞通以一十六万五千籮為歳額、広東九万五千籮、広西七万籮。従之【併司詳見提挙茶塩司門】」。

(56)『会要』食貨28-25〔塩法〕淳熙13.9.2「広西経略詹儀之・広南都提挙塩事譚惟寅言、両路塩鈔、旧雖以十八万籮為額、止是虚名、累年招売不及十三四万籮、途準指揮、以一十六万五千籮為額、併司之初、務在責実、若不及今以実申陳、図為経久之計、将来決是趂辨不及、乞且以十五万籮為額、候三数年間見得増虧、却旋次増額、庶幾経久可行。昨来両路通行客鈔、東塩入西路者、毎籮収通貨銭七百文、内客人請西路鈔、改掲請東塩入西路界、亦納通貨銭七百文。今既併司、不当更分東西路、所有上項通貨銭、乞特与免収、以便商販。従之」。

(57)『会要』食貨28-33〔塩法〕紹熙1.12.23「広東提挙劉坦之言、向来朝廷専遣胡庭直、遍詣二広、詢究塩事、亦嘗考究東塩、逓年於本路只是売五万以上籮、或僅六万、及二広通行客鈔時、除通販入西路外、東路亦止是実及六万、朝廷若只仍旧以七万五千籮為科例、則本司前後於一歳之内、未嘗趂得登足、多是拖圧半年、方始売絶、徒費催理、今毎科只乞実降六万籮額、下本司収簇、応期在一年之内発足、仍将東路鈔引、毎料只与給降六万籮、所是元年分、除申乞存留合繳納淳熙十六年料鈔引一万五千籮、接続招売外、更乞揍降鈔引通作六万籮数、須管在一年内売尽収銭、如期起発、庶幾不致積圧、所是鈔引日下更乞催促頒降。詔毎歳与減一万籮、須管於一年限内部売尽絶」。なお李心伝は『雑記』乙16財賦「広西塩法」において、淳熙の通商課額18万籮を15万籮まで減額しても、①正鈔銭15万貫、②西路増収漕計銭６万余貫、③両路存留塩本・改指通貨銭３万貫、④東路存留塩本銭2.1万貫、⑤東路９万籮内改指西塩通貨銭1.8万貫、⑥東塩増収西路総計銭(６万籮600万斤×2.2文＝)1.32万貫の歳収があり、西路は28万余貫の歳入を確保できると見積っている。

(58)『会要』食貨28-35〔塩法〕紹熙2.7.9「戸部言、承指揮、広東提塩司紹熙元年料鈔七万五千籮、内減一万籮、本部照得、元不曾下部勘当、是致暗失経常、合得銭数六万三千八十貫文。詔所減鈔引、自紹熙二年為始」。

(59)『会要』食貨28-35〔塩法〕紹熙2.8.11「広東提挙趙不迂言、乞将紹熙元年売不尽鈔引四千四百二十五籮免売繳納、并紹熙二年以後降去鈔引内、更減五千籮、委自本司措置、務寛民力、仍不得等第計口科売」。

(60)『会要』食貨28-38〔塩法〕紹熙4.5.13「広東提挙司言、本路歳売塩鈔六万五千籮、今準指揮減免五千籮、止以六万籮為額、其減五千籮、乞於内以三千籮専減潮・恵・南恩産塩三州歳〔額〕、余二千籮却均減不係産塩諸州、今給到紹熙三年産塩六万籮、随宜裁減均撥、除不係産塩諸州別行減撥外、其産塩三州、内潮州欲権減四百九十八籮、恵州欲権減二千四百七十籮、南恩州欲権減一千二十九籮、実売塩五千五百一十七籮、窃縁三州各有拖欠、紹熙二年分鈔銭通計三万一千七十五貫、見行催納、今若以三年分紗[鈔]引塩籮撥下各州、必使均於民間、使其重畳納塩、愈見困弊、今以収簇到銭代納三州紹熙三年分塩五千五百一十七籮、計正鈔漕計・頭例・塩本等銭五万一千七百六十八貫二百文、与歳計並無相妨、庶幾少寛三州之民。従之」。

(61)『会要』食貨28-40〔塩法〕紹熙5.8.27「詔広西塩額減一十万貫。以侍御史章頴言、乾道以後大臣当国者、皆以理財為務、如塩袋銭・頭子勘合銭・官戸減半役銭、又復増取者七八百万緡、可謂重矣、如月椿・経総制之類、雖未可頓減、而江浙和買・広西塩額之類、皆可稍損以寛民力。故有是詔」。

(62)『会要』食貨28-40〔塩法〕紹熙5.8.27「…既而広西運判張釜言、今準指揮、歳減塩額一十万貫、仰見朝廷加恵遠人之意、除高・廉・雷・化・欽五州係沿海去処、昨来已経裁減外、更不再減、止将自余一十六州府塩額通融裁減、条列於左。静江府、元額売塩三万一千五百六十一籮、毎籮価銭一十貫文足、縁本州逐年所売塩籮係全撥息銭、付本府支遣、今減去塩三千五百七十四籮零一十七斤、共展銭計四万六千四百一十七貫七百九十二文省、内除循環塩本脚銭毎籮三貫五百五十三文足、共展計一万六千四百九十二貫二百四十文省外、共虧下歳額息銭及元奏存留塩本銭、両項通計二万九千九百二十五貫五百五十二文省。融州元額売塩二千二百七十五籮、宜州元額売塩三千四百五十八籮、毎籮価銭一十三貫文足、縁本逐年所売塩籮係全撥本脚息銭、付本府支遣。融州今減去塩一十九籮、通計虧下本州銭三千二百七貫七百九十三文省。宜州今減去塩五百八籮、通計虧下本州銭八千五百七十六貫六百二十四文省。藤州元額売塩三千三百二十五籮、毎籮価銭八貫文足、今減去塩四百二十五籮、共展計銭四千四百一十五貫五百八十五文省、内除循環本脚銭毎籮二貫五百九十八文省足、共展計一千四百三十三貫九百六十一文、内虧下歳額息銭及元奏存留塩本銭通計二千九百八十一貫六百二十四文省。貴州元額売塩二千六百二籮、毎籮価銭九貫文足、今減去塩六百二籮、共展計銭七千三十六貫三百六十四文省、内除循環塩本・脚銭毎籮二貫七百三十八文足、共展計〔銭〕二千一百四十貫六百一十七文省外、共虧下歳額息銭及元奏存留塩本銭、通計四千八百九十五貫七百四十六文省。容州元額売塩二千九百六十一籮、毎籮価銭七貫文足、今減去塩五百六十一籮、共展計銭五千一百貫文省、内除循環塩本・脚銭毎籮二貫四百八文足、共展計〔銭〕千七百五十四貫四百文省外、共虧下歳額息銭及元奏存留塩本銭、二項通計三千三百四十五貫六百文省。梧州元額売塩二千籮、毎籮価銭八貫文足、今減去塩三百籮、共展計銭三千一百一十六貫八百八十四文省、内除循環塩本・脚銭毎籮二貫八百四十八文足、共展計銭一千一百九貫六百一十一文省外、共虧下歳額息銭及元奏存〔留〕塩本銭、通計二千七貫二百七十三文省。昭州元額売塩三千六百籮、毎籮価銭一十貫文足、今減去塩六百籮、共展計銭七千七百九十二貫二百八文省、内除循環塩本・脚銭毎籮三貫三百四十八文足、共展計銭二千六百八貫三十二文省外、共虧下歳額息銭及元奏存留塩本銭、通計五千百八十三貫三百七十六文省。邕州元額売塩五千八百籮、毎籮価銭一十貫文足、今減去塩六百籮、共展計銭七千七百九十二貫二百八文省、内除循環塩本・脚銭毎籮二貫七百三十四文足、共展計〔銭〕二千一百三十貫三百九十文省外、共虧下歳額息銭及元奏存留塩本銭、通計五千六百六十一貫八百一十八文省。横州元額売塩一千四百三十三籮、毎籮価銭九貫文足、今減去塩一百三十三籮、〔共〕展計銭一千五百五十四貫五百四十六文省、内除循環塩本・脚銭毎籮二貫四百一十四文足、共展計〔銭〕四百一十六貫九百六十四文省外、共虧下歳額息銭及元奏存留塩本銭、通計一千一百三十七貫五百八十三文省。潯州元額売塩二千七百九十籮、毎籮価銭一十貫文足、今減去塩七百九十籮、共展計銭一万二百五十九貫七百四十二文省、内除循環塩本・脚銭毎籮二貫九百八十八文足、共展計〔銭〕三千六百一十文省外、共虧下歳額息銭及元奏存留塩本銭、通計七千一百九十四貫一百三十二省。賀州元額売塩四千五百四十五籮、毎籮価銭一十貫文足、今減去塩一千七十五籮、共展計銭一万三千九百六十一貫三十九文省、内除循環塩本・脚銭毎籮三貫四百四十八文足、共展計〔銭〕四千八百一十三貫七百六十七文省外、共虧下歳額息銭及元奏存留塩本銭、通計九千一百四十七貫二百七十三文省。柳州元額売塩三千五百一十籮、毎籮価銭一十二貫文足、今減去塩五百一十籮、共展計銭七千九百四十八貫五十二文〔省〕、内除循環塩本・脚銭毎籮三貫五百四十八文足、共展計〔銭〕二千三百四十九貫九百七十四文省外、共虧下歳額息銭及元奏存留塩本銭、通計五千五百九十八貫七十八文省。賓州元額売塩二千三百八籮、毎籮価銭一十一貫文足、今減去塩四百八籮、共展計銭五千八百二十八貫五百七十二文省、内除循環塩本・脚銭毎籮三貫三百三十八文足、共展計〔銭〕一千七百六十八貫七百六文省外、共虧下歳額息銭及元奏存留塩本銭、通計四千五十九貫八百六十六文省。鬱林州元額売塩三千籮、毎籮価銭七貫文足、今減去塩三百籮、共展計銭二千七百二十七貫二百七十三文省、内除循環塩本・脚銭毎籮二貫一百三十八文〔足〕、共展計〔銭〕八百三十二貫九百八十七文省外、共虧下歳額息銭及元奏存留塩本銭、通計一千八百九十四貫二百八十六文省。象州、元額売塩二千五百八十籮、毎籮価銭一十貫文足、今減去塩六百籮、共展計銭七千七百九十二貫二百九文省、内除循環塩本・脚銭毎籮三貫三百四十八文足、共展計〔銭〕二千六百八貫八百三十一文省外、共虧下歳額息銭及元奏存留塩本銭、通計五千一百八十三貫七十八文省。以上共均減〔去〕塩一万一千一百七十六籮零一十七斤、除循環塩本・脚銭外、虧下息銭及元奏存留塩本銭共十万貫、内諸州府歳計息銭五万四千九百九十六貫八百五十二文省、諸州三分息銭一万二百三十二貫八百四十文省、漕司七分息銭二万三千八百八十三貫八百九十四文省、元奏存留塩本銭一万八百八十六貫四百一十四文省。若逐州府似此減下塩額、即自今以往塩数不多、委実可以発売及額、不致妄作名色科配擾民。但各州見売息銭及毎籮元奏存留塩本銭、皆是指定応副、逐処一歳支用及漕司起解上供買馬并全年応干支撥之数、分文不可欠闕。今既準指揮、歳減売十万貫、所有諸州府合得銭六万五千二百二十八貫四百四十四文省、漕司合得銭三万四千七百七十一貫一百三十一文省、未委於是何窠名内撥還。今契勘本司一全年合支撥四十一万七千二百五十余貫、応付一十六州府歳計并糴闕米銭八万貫、応付経略司買馬銭五万三千二百余貫、撥還諸州府三分銭二万四千余貫、応付広東摧鋒軍券食銭八万四百四十余貫、起発湖広総領所銭三万貫、応付靖州歳計銭四万九千二百余貫、貼助広副逐年進奉銀、三年一次大礼銀、経略・提刑到任陳設出戍官兵掛甲卸甲、宜州蛮人生料塩本、鬱林州甲軍諸場官吏請受、公使・雑支・船場打造丁灰等籮銭、以上並係指定緊要窠名、不可那輟。於内独有総領所・靖州両項銭、検照旧例却見得本路前来行客鈔年分、即不曾起解、乞朝廷検照総領所・靖州額銭内減免十万貫撥還今来減下発売塩額息銭、庶幾本路官般之法、自此永久無弊。詔令於合解湖広総領所銭内依数取撥」。なお周去非は淳熙元年(1174)官売時の16府州販塩課額に基づき、広西の販塩課額を6万籮、30万貫に減額した場合の通商区16府州への販塩課額の配分試案を作成している(『嶺外代答』5財計門・広右漕計)。

(63)『会要』食貨28-17〔塩法〕淳熙10.3.5「広西経略安撫・転運・提刑司言…一、準指揮住売雷・廉・高・化四州食塩、縁四州係産塩去処、塩価低平、決無鈔客算請、恐因而科抑重為民害」。『聖政』61淳熙11.4.15癸酉「(広西経略詹儀之等)今詳議得、静江府等一十六州官売塩、以救一十六州之害、住罷高□等五州敷売二分食塩、令転運司置舗出売、従便□買、以為五州之利、所有五州歳計、令転運司計度□認応副」。『会要』食貨28-30〔塩法〕紹熙1.11.24「広西提刑呉宗旦言、昨臣僚奏、高・雷・化・欽・廉州産塩地分、不在官般之数、旧法只許此五州売二分塩、歳月既深、官吏一意掊斂、高其価直、簿暦不明、支収偽冒、得旨令措置以聞。一、廉州元額売二分塩二千三百二十籮、計二十三万二千斤、毎斤三十二文、所立価銭太高、是至民食私塩、却乃計戸給暦均科、毎月主戸買塩三斤、客戸二斤、寡婦一斤半、及令保甲拘催甚於二税、及廉州管下石康・合浦両県塩丁、元管一千一百八丁、将所納身丁米、毎丁折納塩三籮、淳熙四年運司見得太重、毎丁減塩一籮、毎年抱認還本州銭一千二百八十五貫二伯八十文、実納二籮、係赴白石場交納、運司支還本銭二千五百余貫、撥付本州淳熙十二年方係廉州将運司抱銭献与運司、却撥上件塩回本州、自行受納、仍旧発売与民、毎斤価銭二十二文、以此二分塩外、又添此一項科擾、与本州守倅面議、将二分塩毎斤一例減作二十文、及将身丁塩撥隷運司、白石場入納、却帰還三千三百三十六籮価銭、所余二分塩数、更不分戸丁、秖自従便発売、及将塩丁所納折米塩、撥隷白石場交納。一、雷州元額発売二分塩六千二十籮、計六十万二千斤、毎斤三十文足、上件塩係科下三県発売、内海康県毎年主戸一丁食塩一十二斤、客戸一丁六斤、本県於毎斤価銭外、又収銭二文、毎斤計収銭三十二文、遂渓県毎年主戸一丁食塩二十四斤、客戸一丁一十二斤、本県及売塩官於外、毎斤又収銭五文、毎斤計収銭三十五文、徐聞県毎年主戸一丁食塩二十斤、客戸一丁一十斤、本県売塩官於外、毎斤収銭一十文、毎斤計収銭四十文、州郭毎年主戸第一等食塩八十四斤、第二等六十斤、第三等四十八斤、第四等三十六斤、客戸毎年食塩一十八斤、毎斤銭三十文、自合裁減、欲於元売塩額減去三千二十籮、計三十万二千籮、計三十万二千斤、只以三千籮計三十万斤為額、毎斤一例減作二十五文足、分主・客丁収買、内主丁毎歳額銭一百三十七文足、買塩五斤半、客丁毎歳納銭六十九文足、買塩二斤一十二両、本州見管主戸四万六百八十七丁、共買塩二十二万三千七百七十八斤半、客戸二万七千六百二十二丁、共買塩七万五千九百六十斤半外、剰塩二百六十一斤、充本州官吏収買食塩、更不置場発売、逐年祗是一次、於五月間齎買塩価銭、随身丁銭一頓[項]付州交納、就州倉即時支給。一、化州元買二分塩四千四十籮、計四十万四千斤、係分撥下三県発売、内呉川県毎斤三十文足、石城県毎斤三十五文足、照得於二分塩外、又般売衣賜塩九百余籮。乞塩額将減去一千四十籮、只以三千籮為額、三県塩価毎斤並一例減作二十文足、仍住罷逐県売春冬衣塩。一、高州元額売二分塩五千八百七十五籮、計五十八万七千五百斤、係撥下茂名・電白・信宜三県、将主・客戸作一等、計戸発売、信宜県毎斤四十五文足、電白県毎斤四十文足、茂名県毎斤三十三文足、淳熙十六年十二月終、有未売尽塩六十九万八千八百八十斤、係淳熙十四年以後毎年売未尽之数、縁本州私売春冬衣塩一千三百余籮、毎月毎戸又科買寛剰塩二斤、致得分塩数発売不登、縁売二分塩本州只三分息銭、若自売衣塩、及寛剰塩、本州全得息銭使用、致本州専衣塩・寛剰塩為意、却有虧下二分塩数、又縁塩価太高、兼照得運司毎歳自有科撥銭、付本州充春冬衣支遣、今措置合行罷三県衣塩及寛剰塩数、仍減去二分塩額、従旧計戸分主・客等第収買、本州見管主・客戸二万六千四百八十六戸、内主戸一万八千二十一戸、毎戸一全年買塩一十九斤一十二両、計銭四百九十四文足、共買塩三十五万五千九百一十四斤一十二両、客戸八千四百六十五戸、毎戸一全年買塩九斤一十二両、共〔計〕銭二百四十四文足、共買塩八万二千五百三十三斤一十二両、尚剰塩千五百五十一斤八両、作本州官吏請買、不置場発売、仍将主・客戸分上下半年請買齎銭、赴州交納、就州倉即時支給官塩、仍住罷三県春冬衣塩及寛剰塩。一、欽州元額売二分塩二千五百籮、計二十五万斤、毎斤五十四文足、係作三等出給暦頭、毎月上戸買塩三斤、中戸二斤、下戸一斤半、惟是塩価太高、今乞添塩減価、更不須分戸分丁、秖作一場、従便発売、続抛欽州申、欲毎歳就雷州蚕村場添給塩五百籮、并元撥塩二千五百籮、通作三千籮、計三十万斤、付本州添助発売、其塩価旧係毎斤五十四文足、今減二十四文足、就州置場聴従民戸多寡収買、毎斤只銭三十文足、詔高・雷・欽・化・廉五州塩丁、将已減定塩額依数煎趁、不計擅行私煎盗売、転運・提刑司常切覚察、毋致仍前減尅、及別作名色科敷民戸、如有違戻去処、許人戸越訴」。

(64)『会要』食貨28-28〔塩法〕淳煕16.1.25「詔応孟明・朱晞顔与新除都提挙広南塩事応光祖、将塩法日下従長相度、如合復旧、即一面措置経久利便施行、毋致再有科抑之弊、仍権於本路諸州軍未起湖広総領所歳計内、截発一十五万貫補助今年支用、自後却照淳熙十年以前窠名趁辨発納。孟明言、臣道由衡州、已聞広西塩法更変不常、凡商人之稍有資材者、皆遷徙而去、及至静江府過興安県、乃知本府通判及興安知県、毎招致人戸以会塩客為名、視物力之高下均塩籮之多少、名為勧誘実則抑配、先令旋納銭銀、其余抵以物産請塩、未至而追索之、令已下往往取急求售銭本銷折、凡昔之上中戸、今破蕩家業矣、本府与興安県利害、臣所親見其他州県事尤可知、聞有人戸借荒田之砧基、以充要約、異日没納、官為無用抑勒、田隣俾之承買、亦有文書在官、田廬久已出売者、他時根究牽連、宛転受害、或州県以科抑未尽之鈔、令人吏假為客名冒入抵当之文、請塩置鋪出売、縁其名不正、人吏得而侵欺、官司亦不敢問、弊孔百端、不容具述、蓋郡州之匱乏・漕計之不裕、皆塩法之弊実致也而民戸受害矣、又可慮之尤者、議者謂向之官売、止縁漕司或額外増敷、州県或額外添般、発泄不尽、間成科抑、非一路州県皆然、未為大害也、今若官般官売復帰漕司、而増敷有禁、添般有禁、敢抑配者寘之重典、則在明号令以勅之耳、向来官司既失信於商人、今不可復失信於百姓、若朝廷果欲変従旧法、則人戸之請鈔而未得塩者、欲先令立限請売、而後以官般官売継之、但又聞都塩司不支本銭、塩丁散走恐難、立限無塩可支、若只令官中収其元鈔、還其抵当并所輸銭銀、其勢甚便、仍乞速下漕司措置、委官齎銭往産塩地、招復塩丁勧諭煎塩、庶幾官般不致少闕、民得以従便、晞顔亦以為言。故有是詔」。

第２部　宋代榷茶・榷酤・商税・坑冶等の課税方式

第10章　宋代榷茶の課税構造

はじめに

宋の榷茶は江南を版図に加える前、輸入茶としての江南茶の統制から始まった。淮南産国内茶の禁榷も太祖朝には始まっていたが、全国的に茶法が整備されたのは、宋が江南産茶地——江淮・閩浙・荆湖の全域——を版図に入れた太宗朝になってからのことである。

本章では宋代の榷茶体制について、(1)国初の禁榷・通商の併用、(2)「嘉祐通商法」、(3)北宋後期、福建茶・蜀茶の禁榷と通商、(4)北宋末・崇寧の禁榷と通商、(5)北宋末・政和及び南宋期の通商「合同場法」の五段階に分けて、茶課の課税方式と茶利の分配収取方式を分析する。

太平興国3年(978)に成立した国初の禁榷・通商並用体制は、これまでの研究ではただ"官専売(禁榷)"の販売形態としてしか説明されていない。本稿ではこの時期の東南茶を対象とする課税制度を、禁榷[官売制]〈山場―六榷貨務〉方式と通商[鈔引制]〈入中償還〉方式、及び通商[収算制]〈従価課税〉方式の並用体制として規定する。この並用体制においては、

(i)官売茶の販売価格は園戸に支給する「本銭」額と榷茶歳課「息銭」とからなり——合せて「本息歳課」という——、官は販売価格「官価」と収買価格「本銭」との差額を茶利として収取する。

(ii)通商茶を販売する茶商は、京師榷貨務での入中請買価格と淮南六榷貨務での償還価格との差額(「虚估」)を茶利として収取し、淮南六榷貨務は償還茶貨の売上げを歳収として収取する。

(iii)茶商から科徴した「商税」は州軍の収入となり、地方経費(州県官員・兵士の請給等)として支用される。

沿辺入中は咸平年間から皇祐年間まで、「三説法」と「見銭法」とを頻繁に交替させながら、江淮茶・東南茶を償還に用いてきたが、仁宗朝末期には「虚估」の弊が拡大して茶法が崩壊し、嘉祐4年(1059)には禁榷を罷めて「通商」法に転換した。この「通商」法は塩課に見られた沿辺入中と連動した[鈔引制]ではなく、また〈従量課税〉の[収算制]とも異なる〈従価課税〉方式の[収算制]で、商人が般運・販売する茶貨に対して、一般「商税」と同じ従価2%の過税と、同じく従価3%の住税とからなる「茶税銭」を科徴した。ただしその額は禁榷[官売制]時期の歳収と比べてはるかに少なく、治平中の全国商税の総収中、茶税銭の占める比率はその6%にも満たない少額である。

「嘉祐通商法」は崇寧元年(1102)に蔡京が禁榷[鈔引制]を始めるまでほぼ50年の間施行された。この間、福建臘茶を始めとする一部高級茶の禁榷・通商が全国で、また熙寧7年(1076)

からは国初以来茶の不禁地であった四川、及び陝西地域を対象として、茶馬貿易の対価を確保するために蜀茶の禁榷が行われた。なお「嘉祐通商法」は茶課として“算税”「茶税銭」を科徴する榷茶の一方式であるが、これまでの研究の中にはこれを“専売”ではないとする見解がある（1）。

崇寧元年に始まる蔡京の茶法改革は、当初は州軍が長短二種の茶引を印造発給し、官が客商への「長引」の販売収入を官課として得、州軍が「短引」により「食茶」収入と「商税」収入を得る、禁榷[鈔引制]〈長短引〉方式により運用されたが、崇寧4年(1105)からは官の収買を罷めて園戸—商人間の直接交易とする通商[鈔引制]〈長短引〉方式に転換した。

政和2年(1112)に蔡京が実施した「合同場法」は、茶引の発給を京師榷貨務に一元化し、定率の官課を積算した長短引を売鈔価格の等級別に発給し、「長引」は広域に通行させたが、「短引」は路内に制限する地域区分を厳守させた。南宋政権は建炎2年(1128)、趙開が四川管内で成果を収めた茶法改革に範を取り、北宋末以来の「合同場法」を継承発展・全国化して「南宋合同場法」を施行した。「南宋合同場法」の施行によって茶課歳収は急増し、施行後5年目には嘉祐通商法時代の平均歳収のほぼ4倍増を達成した。「南宋合同法」は①茶引銭、②茶租銭、③茶税銭の三種の課税を茶鈔引に一元化して茶商に請買させ、官は売鈔収入を茶利として収取する。建炎3年に全国化された榷茶通商[鈔引制]〈合同場〉方式は、その後南宋末まで大きく変更されることなく存続した。

1．北宋前半期の官商並売体制

国初の榷茶は太祖朝に江南からの輸入茶の禁榷を軸とする官売体制として成立したが、南唐征服後は淮南・旧南唐領の産茶を対象として、総額の1/5を産茶戸・客商に販売させる官商並売体制を布いた。太宗朝になって呉越領の両浙が版図に加わると、淮南・江南・両浙の全産茶地を対象として、統一官価による禁榷[官売制]〈官商分売〉方式を布いた。一方、沿辺入中の請買・償還に茶交引を用いる通商体制の整備は雍熙元年(984)から始まり、折中倉の再興、貼射法の実施などを経て淳化4年(993)、禁榷[官売制]と通商[鈔引制]〈入中償還〉方式とを並用する官商並売体制が確立した。江淮榷茶の官商併売体制は嘉祐4年(1059)に禁榷を罷め、通商法に転換するまで続いた。

(1)国初の産茶・収買・販売体制

宋朝が江南を版図に加える前は、輸入品としての江南茶を禁制品として統制する官売体制が布かれていた。すなわち太祖の建隆3年(962)、初めて淮南蘄春(蘄州)で榷茶を行い、乾徳2年(964)7月には建安軍に折博務を設置、同8月には京師・建安軍・漢陽・蘄口の4処に榷貨務を置き、乾徳5年(967)にはこの年版図に入った福建を含む東南全域を禁榷地とした（2）。

輸入江南茶の統制と並行して、淮南の産茶に対しても官売体制を布いた。すなわち乾徳3年(965)9月、淮南の蘄・黄・舒・廬・寿5州の茶を禁榷し、ここに14処の「山場」を置いて産茶を収買、これを〈官般官販〉して歳収100万貫を超える独占利益を得ることができた(3)。

1．江南転運使樊若水による禁榷[官売制]〈官商分売〉体制

太宗即位の翌太平興国2年(977)、江南転運使樊若水は江淮榷茶の財政目的には

(ⅰ)官売によって諸路転運司が州県経費を確保できる、

(ⅱ)沿辺入中の対価に茶貨を算請させて中央の歳収を増やす、

の二つがあるとして、建隆以来の禁榷[官売制]〈官商分売〉方式の上に通商[鈔引制]〈入中償還〉方式を導入した。

樊若水の榷茶方式は、まず長江水系に沿って計8処の榷貨務を設置し(4)、当時はまだ呉越領であった両浙を除く江淮諸州の産茶総額を二分し、8/10を官が収買、余2/10は茶課として1/10を科徴した後は民戸の自由販売とし、商人には「公憑」を給付して販売させた。ただしこの「公憑」は通商[鈔引制]における虚估交引ではなく、禁榷物品である官茶の販売許可証であったから、販売地域は江淮以北に限定され、渡江して禁榷地分を侵犯することは禁じられた(5)。

翌太平興国3年(978)、宋朝は両浙の呉越領を版図に加えて江南全域の領有を達成すると、これまで禁榷してきた淮南茶に江南・荊湖さらには福建路産の「東南茶」の全てを対象に、官課を増額して統一価格を設定し、また産茶戸からの茶貨収買と商人への茶貨卸売体制を整備して、初めて全国的な禁榷体制が確立した(6)。この禁榷体制の特徴は次の六点に要約される。

(ⅰ)淮南六州(蘄・黄・廬・舒・光・寿州)の産茶民戸を「園戸」として登籍し、収買する茶貨の歳課を定めて園戸に「租課」(供出額)を輸めさせた後、余剰は全て官が買上げる。

(ⅱ)茶貨の収買は産茶六州の13処の官設茶場(十三山場)で行い、園戸へ「本銭」(収買価銭)を給付した後に収買する。

(ⅲ)園戸の両税は茶貨での折納を許可する(「折税茶」)。

(ⅳ)十三山場で収買した茶貨は全て六榷貨務(江陵府・真州・海州・漢陽軍・無為軍・蘄州蘄口鎮)に集積して貯備し、各榷貨務で一元化して商人に販売する。

(ⅴ)他路の産茶州軍においても歳課の額定、「折税茶」など淮南六州と同様とし、官設茶場で収買した茶貨はすべて六榷貨務へ輸納する。

(ⅵ)一般の消費に供する「食茶」は従来どおり官設の食茶務において官売する(7)。

この(ⅳ)の規定により、商人は在地榷貨務で統一官価で収買した茶貨——総額の20%——を自ら般運・販売して茶利を収取することができた。園戸から収買した官茶を、官4：商1の比率で“分売”したのである。しかし商人にとっても茶は禁制品であり、販売価格が官価以上であっても以下であっても私茶として処罰される。〈官商分売〉方式の官売制のもとでは茶課が官価(収買価格＋官課)中に積算されているため、得られる茶利は販売価格(官価)と般運等諸経費との間の僅かの差額にすぎない。塩課の通商[鈔引制]のように、塩貨償還価格の中に商人が分配収取すべき塩利が預め“加饒”されている訳ではないから、これは通商制の一方式ではない。宋人は明らかにこの体制を「通商」ではなく「禁榷」と認識しているので、本稿ではこれを禁榷[官売制]

〈官商分売〉方式と呼ぶ。

2．沿辺入中にともなう通商[鈔引制]の整備と茶貨の入中

契丹との交易に禁制品の江淮茶貨を用いることは太祖朝の初期から行われていたが、北辺へ大量の軍需物資を商人に入中させ、代価として見銭・塩・茶を用いるようになったのは雍熙3年(986)の宋遼交戦以降のことである。

商人が京師榷貨務に赴き、糧草等軍需物資の購買・般運経費に相当する額の金銀絹帛等を入中すると、榷貨務は入中先の沿辺州軍までの輸送距離に応じて入中価格を優遇し――「優価」「加饒」――、代価として見銭・塩・茶を受領できる証書――「文券」「公憑」等――を発給した。商人はこの証書を持って沿辺州軍への糧草等入中を果した後、京師榷貨務に帰還して榷貨務に見銭・塩・茶等による償還を申請した。京師榷貨務は一旦廃止された後、端拱2年(989)に京師「折中倉」が再興され、この折中倉は間もなく廃止されたが、淳化2年(991)に再び復活して「折博倉」と改称した(8)。

この間、芻糧入中の代価として江淮の茶貨の利用は次第に増加したが、江淮茶貨の統一官価がもともと高かったため請買価格を下げて――「科折」して――商人に卸売したため、江淮茶課の減損額が官課収入を上回ってしまった。そのため淳化3年(992)、秘書丞劉式の要請で江淮榷茶の請買を拡大するため「貼射法」を適用した。貼射法は沿江八榷貨務での官茶卸売を廃止し、京師で江淮茶を請買する客商に江淮の現地山場で園戸から直接、希望する茶葉の請買(「貼射」)を許可するものである。しかしこの改革によっても商旅の請買は拡大せず、江淮茶「貼射法」は施行後1年にして廃止された(9)。

翌淳化4年(993)、榷貨務による官茶卸売を復活し、商人への卸売価格を改定して淮南「十三場茶」を請射させる通商[鈔引制]が発足した。これにともない淮南を除く江南諸路州軍においても淮南茶と同様に収買価格を定めて産茶を収買し、六榷貨務に集積貯備して京師から交引を持参して買付けに来た客商に官価で卸売することとした(10)。江淮茶の通商[鈔引制]についてはその後、咸平元年(998)の所収茶利銭139,2119.319貫文――収買「本銭」と般運経費等雑費を含む――を以て定額とした。こうして国初以来の禁榷「官売制」と通商[鈔引制]を並用する江淮榷茶体制が整備され、これらの額は宋朝が榷茶を廃止して全面的に通商法に転換する嘉祐4年(1059)まで約60年間維持された(11)。

陝西・河東・河北三路を対象とする沿辺入中には咸平5年(1002)、代価として京師で請買する償還物品を、香薬4：犀象3：茶引3に三分して給付する「三分法」が施行され〔三説法Ⅰ〕、翌咸平6年(1003)にはこの比は香薬・犀象6：茶引4へと、茶引償還比率を引上げたが〔三説法Ⅱ〕、茶貨の供給不足から茶交引が償還財貨から外され、景徳2年(1005)には償還財貨の構成比率は見銭8：象牙・香薬2に改められた〔三説法Ⅲ〕(12)。

その後乾興元年(1022)、この構成比は見銭2.5：茶交引3：香薬・象牙4.5と改められ(13)、天聖7年(1029)までに見銭3.5：香薬・象牙2.5：茶交引4と改められた(14)。陝西沿辺の芻糧

入中に東南塩を支給することは天禧元年(1017)に始まり(15)、康定元年(1040)からは東南塩の“増価”支給が行われたが、この時河東への入中も京師で東南塩を支給し、三物品の比率は見銭3：東南塩3.5：香薬・茶引3.5とされた(16)。慶暦2年(1042)には陝西・河東の入中客商への京師での償還を見銭5：金帛(または香薬・茶・塩)5としたが、同8年(1048)には河北に「四説法」(四税法)が施行されて償還財貨を四種とし、その比率を見銭3：香薬・象牙1.5：在外支塩1.5：茶4と改めた(17)。

陝西・河東・河北産路の沿辺入中は咸平から慶暦にかけてほぼこのように三分法(三説法)によって運用され、江淮茶貨は一貫して入中請買の対価として京師償還の基軸物資であり続けた。すなわち江淮茶は通商[鈔引制]を支える茶交引――その鈔価によって江淮権貨務で茶貨を購買できる――を沿辺入中の償還物品として供給し続けたのである。

なお沿辺入中はその後「三説法」に代って「見銭法」が導入され、天禧2～5年(1018～21)、天聖元・2年(1023,24)、景祐3・4年(1036,37)、慶暦7年(1047)、皇祐3年以後(1051～)と目まぐるしく塩・茶等の償還方式が変更される。茶交引の「虚估」設定と茶課歳収との関係、および沿辺入中における請買・償還方式の変更等については、次節4.入中方式の変遷と江淮通商茶の交引虚估で扱う。

図13　沿辺入中償還財貨における茶交引の構成比率―咸平5年～慶暦8年―

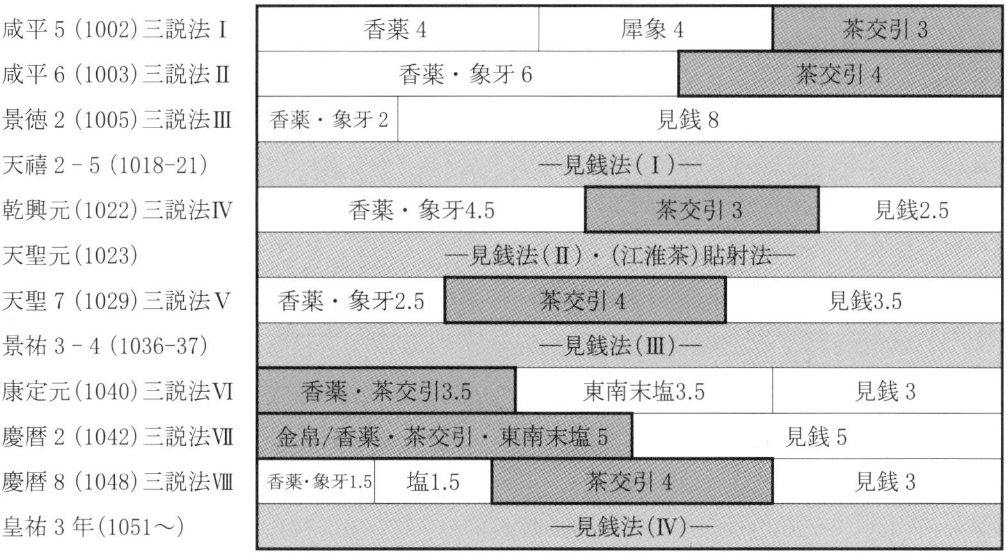

(2)禁榷・通商並用体制における歳収と茶利の分配

宋史食貨志等によって今我々が知ることのできる国初の全国の産茶総額と歳課総収は、淳化4年(993)に発足した官商並売体制のもとで、淮南茶と並んで江南・荆湖・福建路のいわゆる「東南茶」の官売歳額と入中通商歳額とが増長した太宗朝・淳化～至道年間の数字である。

官商並売体制における茶利の価格構成は、その茶貨が官売されるか通商されるかによって異なる。官売による茶利は販売価格「売茶価」と収買価格「買茶価」との差額として転運司―州県が収取するが、通商[鈔引制]による茶利は入中茶交引の償還価格、すなわち「虚估」率の設定如何で官収分、商収分とも変動するからである。

1. 官売茶の歳額と榷茶歳収

江淮茶の歳課は淮南「十三山場」茶――本稿では「淮南茶」と呼ぶ――の歳課と、淮南(976-997分東西)を除く両浙・江南(976-990分東西)・荊湖(976-985分東西)・福建の東南5路の茶貨――本稿では「東南茶」と呼ぶ――の歳課とで構成される。「淮南茶」「東南茶」とも長江水系を利用して六榷貨務に輸送・貯備されたが、その一部は州県の「食茶務」に供給する官売茶として官売価格で、また一部は客商が般運・販売する入中茶交引に対する償還茶貨として交引虚估で卸売された。

『会要』食貨29-6「買茶額」(国朝会要)には東南茶の禁榷官売が始まった淳化4年(993)の江淮茶の歳課、すなわち淮南茶と東南茶の年額について、淮南茶は産茶6州の各茶場ごとに、東南茶は5路の産茶州軍ごとに、それぞれ次のように記載する(18)。〔　〕は『宋史』食貨・茶p.4477(『長編』100天聖1.1.17壬午条同)により補った。(　　)内は筆者が補った東南産茶5路の合計額。

表50　淮南茶十三山場の収買歳額

十三山場	買茶額[歳課]
黄州麻城場	21,7408
蘄州洗馬場	122,1887
石橋場	200,4729
王祺場	57,3832
寿州霍山場	84,5064
麻歩場	42,3600
開順場	36,8838
光州光山場	18,8191
商城場	38,3263
子安場	13,3562
舒州羅原場	30,8150
太湖場	121,4148
廬州王同場	77,6127
計	865,8799
	〔865万余斤〕

表51　東南茶(除淮南)の産茶州軍と収買歳額

東南諸路	産茶州軍	買茶額[歳課]
江南東路	宣・歙・池・饒・信・江州、	284,0324
	広徳・南康軍	732,9967
江南西路	洪・撫・筠・袁州、臨江・	1017,0291
	興国・建昌軍	
〔江南路		1027万余斤〕
両浙路	杭・蘇・明・越・婺・処・	
	温・台・湖・常・衢・睦州	128,0775
		〔127.9万余斤〕
荊湖南路	潭・郴州	47,7785
荊湖北路	江陵府・鄂・岳・澧・鼎・	182,4229
	帰・辰・峡州、荊門軍	230,2014
〔荊湖路		247万余斤〕
福建路	建・剣〔979改南剣〕州	39,3583
		〔39.3万余斤〕
計		2280,5462
		(2306.2万余斤)

国初・太平興国3年(978)の歳課総額は3146,4261万斤――『宋史』『長編』では3171.2万余斤――である。淮南茶と東南茶の構成百分比は27:73、東南茶の歳課総額は淮南茶のほぼ2.6

倍に当る。

沿辺入中「三説法」の導入にともなう江淮茶の通商は淳化４年(993)に始まるが、京師榷貨務等で客商に給付される茶交引で償還される茶貨は官売茶であり、客商は通商用の茶貨を別に収買するわけではない。通商が始まって３年後の至道２年(996)、京師・揚州榷貨務で茶貨の償還が増えて歳課50.8万余貫を増したというが(19)、この「歳課」は通商課額ではなく官売茶の課額である。

一方、『会要』食貨29-7に載せる「売茶額」は、六榷貨務の茶貨販売総額である。この額は淮南茶(十三場茶)を除く東南茶の収買州軍と各榷貨務の売茶「祖額」であると記す。因みに買茶額については「年額」と記し、売茶「祖額」と区別している。茶・塩・酒三税の「祖額」が定められたのは景徳２年(1005)のことであるが、江淮官売茶については淮南茶と東南茶を合せて官商並売体制が確立した淳化４年(993)に初めて「祖額」が定められたと見られる(20)。江淮茶の官売「祖額」は、各地食茶務の官売茶の歳額と客商に償還する請買茶の歳額とを合せた額である。下に六榷貨務それぞれが受納する江南茶の収買州軍と「祖額」を記す(21)。

表 52　六榷貨務の茶貨収買先州軍と売茶「祖額」―淳化５年(994)―

	茶貨収買先の州軍	売茶「祖額」(貫文)
江陵府務	江陵府、潭・贛・澧・鼎・帰・峡州	31,5148.375
真州務	洪・宣・歙・撫・吉・饒・江・池・筠・袁・岳州、臨江・興国軍	51,4023.933
海州務	杭・越・蘇・湖・明・婺・常・温・台・衢・睦州	30,8703.676
蘄州蘄口務	洪・漳・建・剣州、興国軍	36,7167.124
無為軍務	洪・宣・歙・饒・池・江・筠・袁・潭・岳・建州、南康・興国軍	43,0541.540
漢陽軍務	鄂州	21,8311.051
計		215,3895.699

『宋史』食貨・茶p.4478によれば太宗朝末・至道末年(997)の歳課(茶利)収入の総計は銭額で285.29万余貫、天禧末には45万貫増えて約330万貫であった(22)。上に見た淳化末の淮南茶:東南茶の産茶額の構成比率に基づき、総額215万貫をそれぞれの歳収銭額で示すと58万貫、157万貫となる。同じ方法で天禧末の総収330万貫についても推計値により、国初の榷茶歳課「祖額」に占める淮南茶:東南茶の構成比率を下に示す。

表53　国初(淳化末・至道末・天禧末)榷茶歳額　付:至和年中歳額

(　　)は推計値

年次	淮南茶	東南茶	計
淳化末(993,994)	(58万貫)	(157万貫)	215万貫
至道末(997)	(77　　)	(208　　)	285
天禧５年(1021)	(89　　)	(241　　)	330
至和年中(1054,55)	422	683	1105

至和年中の淮南茶：東南茶の構成比は銭額で38：62となり、淳化末より淮南茶の売上げが伸びている。こうして全国的に榷茶体制が完成したが、東南茶以外の産茶地では川峡路――咸平４年(1001)成都府・梓州・利州・夔州路に四分――が熙寧10年(1077)まで、同じく産茶地の広南路――至道３年(997)に東西分路――は崇寧元年(1102)までの間、生産から販売まで一切官が関与しない土産茶の生産・販売区とされた(23)。

2．官売茶の価格構成と茶利の分配

課利としての茶税は官場で産茶戸から収買した茶貨を官設「食茶務」で消費者に販売するさい、及び入中請買する商人に官茶を卸売するさいに課税される。この課税により得られる茶利「息銭」は、官価による販売価格と収買価格との差額として、州県が収取する。

『会要』食貨29-8〔買茶価〕に載せる国初の淮南茶・東南茶の収買価格を「本銭」といい、この収買「本銭」が官売価格の中に官課「息銭」とともに積算されて「売茶価」を構成する。官売価格中の収買価格「本銭」と官課「息銭」とを併せて「本息」と呼ぶこともある。「本銭」は販売後に生産経費として園戸に還元給付される。榷茶における「本銭」は塩課における「塩本銭」に相当する。

『会要』食貨29-10に〔売茶価〕すなわち官茶の販売価格を載せる。塩価において官売塩と通商塩とが同一の官価であったと同様、客商の入中鈔引に対して償還される茶も食茶務で日常販売される食茶も同一官価で官売され、販売方法のちがいによる販売価格の区別はない。官価によらない茶貨販売は当然「私茶」とみなされ、処罰の対象となる。

茶には大きく片茶・散茶の二種があり、片茶には歳貢・国家儀礼・政府機関用の高級茶12等級とその他26等級が、散茶には11等級があり、それぞれの等級に応じて１斤当りの官価が細かく定められていた(24)。『会要』食貨29-8〔買茶価〕、同29-10〔売茶価〕によって、淮南茶・東南茶それぞれの茶種ごとの等級数と収買価格、卸売価格(官価)をまとめて下表に示す。

表54　江淮茶貨の等級別収買価格(買茶価)と販売価格(売茶価)

茶種	収買価格(文/斤)	卸売価格(文/斤)
臘茶	全19等　20～190	全12等　47～420
片茶	全55等　56～205	全65等　17～917
散茶	全59等　16～38.5	全109等　15～121

これから分るように、臘茶・片茶・散茶とも収買価格と卸売価格(官価)との差が大きいが、この官売価格と収買価格との差額が茶利の息銭(純収益)を構成する。また高級品ほど１斤当りの価格の開きが大きくなるので、政府にとっては高級茶を多く売上げた方が収税率も高くなる。

上に見たように六榷貨務の官売茶「祖額」総額は約215万貫、また淮南茶・東南茶の歳課総額(収買歳額合計)は2280.5万斤または2306.2万余斤であったから、六榷貨務が収買した茶貨を全額官売したとすれば、平均官価は93.3～94.4文/斤となる。国初期に成立した榷茶体制における産茶州軍と買茶額、売茶額等を**地図11**に示す。

地図11　北宋榷茶時期 産茶州軍と買茶額・売茶額

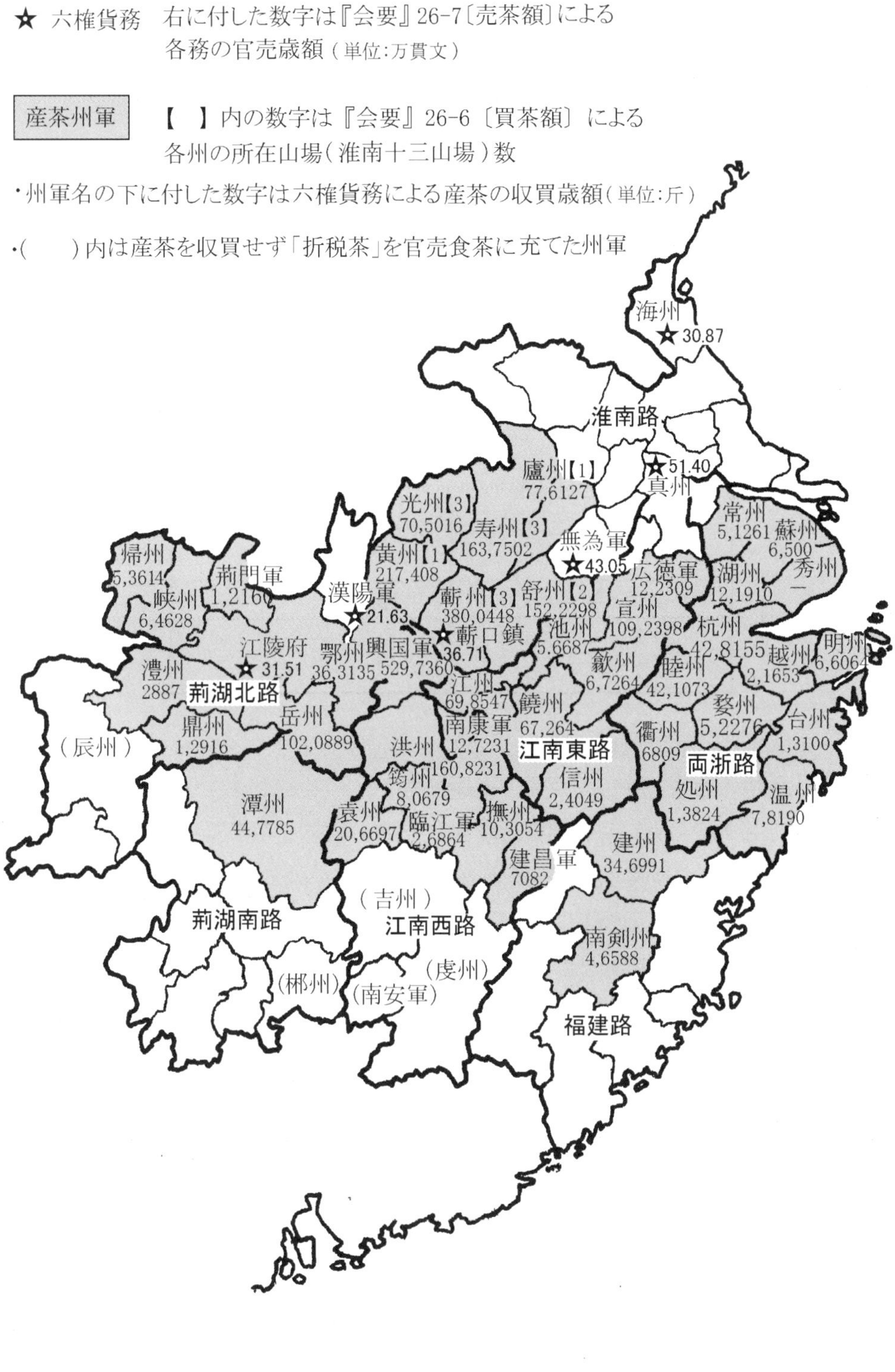
★ 六榷貨務　右に付した数字は『会要』26-7〔売茶額〕による
各務の官売歳額（単位:万貫文）
産茶州軍　【　】内の数字は『会要』26-6〔買茶額〕による
各州の所在山場（淮南十三山場）数
・州軍名の下に付した数字は六榷貨務による産茶の収買歳額（単位:斤）
・(　　) 内は産茶を収買せず「折税茶」を官売食茶に充てた州軍
海州
★30.87
淮南路
廬州【1】
77,6127
★51.40
真州
光州【3】
70,5016
寿州【3】
163,7502
無為軍
★43.05
常州
5,1261
蘇州
6,500
黄州【1】
217,408
広徳軍
12,2309
湖州
12,1910
秀州
—
帰州
5,3614
荊門軍
1,2160
峡州
6,4628
漢陽軍
★21.63
蘄州【3】
380,0448
舒州【2】
152,2298
宣州
109,2398
杭州
42,8155
明州
6,6064
★蘄口鎮
36.71
池州
5,6687
越州
2,1653
江陵府
★31.51
鄂州
36,3135
興国軍
529,7360
歙州
6,7264
睦州
42,1073
澧州
2887
荊湖北路
江州
69,8547
饒州
67,264
婺州
5,2276
台州
1,3100
鼎州
1,2916
岳州
102,0889
南康軍
12,7231
衢州
6809
(辰州)
洪州
160,8231
江南東路
両浙路
筠州
8,0679
信州
2,4049
処州
1,3824
温州
7,8190
潭州
44,7785
袁州
20,6697
臨江軍
2,6864
撫州
10,3054
建州
34,6991
建昌軍
7082
(吉州)
荊湖南路
江南西路
南剣州
4,6588
(虔州)
(郴州)
(南安軍)
福建路

この時期の茶利の価格構成については、当時戸部郎中張洎が上奏した榷茶解禁論によって、荊湖南路の事例を見ることができる(25)。湖南では各等茶種を平均すると１斤当りの収買価格(「本銭」)が220文、輸送経費が100文、これを960文で官売し、本銭と輸送経費計320文を差引いた640文が茶利収入であった。これらの数値から官売茶の価格構成百分比を求めると、収買価格23：輸送経費10：官課67となり、官価中の茶課率(収税率)はほぼ2/3となる。こうした高い収税率による高額の官価は湖南だけでなく、淮南・両浙・江南諸路でもほぼ同様であった。

この荊湖南路の事例に基づいて、官売茶の販売価格の価格構成――収買価格・輸送経費・官課の構成比――を**図14**に示す。

図14　江南官売茶の価格構成　(湖南の例)

積算科銭	販売価格960文(構成比)
「浄利銭」　640文	官課　(66.7%)
「輦運支費」100文	輸送経費　(10.4%)
「本銭」　220文	収買価格　(22.9%)

３．林特の改革と通商入中茶の償還価格

国初以来の北辺入中において、茶貨は塩貨・金銀・象牙・香薬等と並ぶ重要な償還物品であった。客商が京師で請買する江淮茶貨の償還価格は、客商の利潤を補償するため“折科請買”――官の側からは“減価卸売”――の措置が取られた。すなわち客商が京師榷貨務で入中請買する際、茶貨での償還を求めれば、官売価格に相当額を“優饒”した茶引――折価による“虚估”交引――を発給し、茶商はこれを江淮現地の六榷貨務で茶貨と交換し、これを販売して多くの利益を得ることができた。客商が得る利益は茶交引の額面価格と償還価格との差額であり、六榷貨務が客商に償還する茶貨は官売茶であるから、官は“減価卸売”による減価分だけの官課を損じて客商に卸売したことになる。さらに茶商の一部は、こうして請買した茶貨を北辺に転売し、禁止された出境交易で莫大な利益を得ることもできた(26)。

しかし景徳元年(1004)――この年澶淵の盟により対契丹和議が成立した――には「三説法」と連動した江淮茶法の運用が破綻を来した。榷貨務には虚估交引が大量に滞積する一方で、現地では償還すべき茶貨の供給不足が起った。このため翌景徳２年(1005)に改定された三説法Ⅲでは、香薬４：犀象４：茶引３とされた三説法Ⅱの償還財貨の中から茶交引が外され、香薬・象牙２：見銭８に改められたことは前に見た。このとき三司は塩鉄使林特らの議を承けて、江淮茶の入中請買方式を変更する「新法」を実施した。沿辺入中の償還財貨から外された茶交

引の価値を引上げ、客商の請買を促進させる措置である。林特は茶交引の償還価格をることで客商の通商を活性化し、通商茶の償還を増やすことで江淮茶の官売茶の歳収を増進させようとした。この「新法」の要点は以下の四項である(27)。

（ｉ）京師榷貨務における入中財貨の見銭価格と茶交引との交換比率を、見銭50貫に対して茶貨100貫とする(海州務茶は見銭55貫に対して茶貨100貫とする)。

（ⅱ）この100貫の茶引価格を基準として、入中距離に応じ河北沿辺に10貫、次辺に５貫、河東沿辺に８貫、次辺に６貫、陝西沿辺に15貫、次辺に10貫をそれぞれ加饒する、

（ⅲ）客商が般運・販売する州軍では「商税」を科徴する。

（ⅳ）茶交引の受領と茶貨の給付はすべて「山場」において厳正に行う。

林特はまず茶交引の見銭価格を確定した。これまで「三説法」のもとでは、京師榷貨務での金帛：見銭比(見銭換算率、交引虚估率)に定額が設定されず、また償還される東南茶の価格も特定しなかったため、虚估交引の大量滞積が発生していたからである。そこで（ｉ）林特はまず客商が京師榷貨務に入れる金銀絹帛と見銭との換算率を定め、次いでこの鈔価を基準に茶交引の見銭価格を定めたが、そのさい茶交引に販価に倍する額の虚估を補償し、見銭換算率を100：50とした(虚估率2.00)。江淮諸務の茶貨の中でも良質で販売収益が多い海州務茶については、他務の茶と区別して入中見銭の換算率を100：55(虚估率1.8)に設定して償還茶貨の差別化を行なった。本稿では林特が設定した茶交引の見銭償還価格を“茶交引虚估”とよぶ。

次いで（ⅱ）林特は京師から入中州軍までの距離に応じた四段階の“加饒”を行い、客商への償還茶額を増額することで、官・商とも安定した茶利収入を得ることを企てた。本稿ではこの虚估を上の“茶引虚估”と区別して“遠近虚估”と呼ぶ。なお東南茶の償還後、（ⅲ）商人が般運・販売する茶貨に対しては一般商品と同様、沿辺州軍までの通過州軍で「過税」が、入中販売する州軍では「住税」が科徴される。

林特が定めた入中距離に応じた加饒額による“遠近虚估”率は、次のように設定されていた。この虚估率はのち天聖元年(1023)の「見銭法」への変更に伴って全面改定され、遠地は(10700/10000=)1.07、近地は(10300/10000=)1.03の二種に整理される(28)。

表55　河北・河東・陝西三路入中茶交引の“遠近虚估”加饒率

年次	入中先	茶交引100貫に対する加饒額(貫)[虚估率]	
景徳２年(1005)	河北路	沿辺　10貫　[1.10]	次辺　５貫　[1.05]
	河東路	沿辺　8貫　[1.08]	次辺　６貫　[1.06]
	陝西路	沿辺　5貫　[1.15]	次辺　10貫　[1.10]
天聖元年		遠地　[1.07]	近地　[1.03]

北辺入中を活性化して茶利歳収の増進を図ることを目的とした林特の「新法」であったが、前年・景徳元年(1004)に569万貫あった歳収は、「新法」を施行した景徳２年に410万貫、同３年には208万貫とわずか２年で1/3にまで激減した。政府内の反対派はこれを林特の失政として

非難したが、林特はこの減収は“虚銭”分によるもので“実課”すなわち官課歳収は減っていないと主張して反対派と対抗した(29)。

客商が持込む茶交引の額面価格に対して、現地淮南榷貨務が償還給付する茶貨の額は、虚估率の改定などに左右されて変動するものの、結局は「優饒」価格分(鈔価×虚估率－官売元価)に相当する茶利が客商の収入となり、それと同額が逆に官収の損失となる。上に見た景徳元年から２年までの減収約160万貫、２年から３年までの減収200万貫は、すべて虚估による「加饒」分――林特の言う“虚銭”額――に相当する官課の減損分である。

しかし茶利歳収はその後は増収に転じ、大中祥符５年(1012)には200余万貫、６年に300万貫、７年に390万貫と増収を続け、林特の改革の効果を着実に示しつつあったが、８年(1015)になって突如、歳収は160万貫へとほぼ半減した(30)。この原因はよく分らないが、官収約160万貫という数値はほぼ国初至道末年の茶利総収に等しい。林特の改革によって茶利収入の低減を余儀なくされた茶商らは、中央政界の政敵たちと連携してこれを林特の失政として糾弾したため、林特はこの年８月に、次いで庇護者の三司使・参知政事丁謂も翌９年正月に相次いで引退に追込まれ、その改革は終焉を迎える(31)。

林特・丁謂らの失脚後から次第に茶商への規制が緩和され、商人の茶利収入の増大と反比例して官の茶利収入は減少した。真宗朝末期には沿辺入中による辺糴額はわずか50万貫にまで低落し、かつて歳収360万貫を誇った東南茶利はことごとく商人に奪われた、と慨嘆されるような状態になっていた(32)。

４．沿辺入中の諸方式と江淮通商茶の交引虚估

天禧元年(1017)、北辺入中の請買・償還方式は「見銭法」に転換した。「見銭法」とは入中する糧草価格を“優饒”した虚估交引を、京師榷貨務で客商に対し銭額の鈔引として償還給付する方式である。ただし見銭の償還を望まない客商には低率の虚估交引が発給されるので、茶交引についても虚估の改定が行われた。景徳２年(1005)の〔三説法Ⅲ〕において茶交引が償還財貨から外されたとき、林特が定めた交引虚估は海州務茶が1.80、他茶が2.00という高率のものであったが、天禧２年(1018)に〔見銭法Ⅰ〕が導入されると、京師榷貨務での請買時の茶引虚估は100貫につき５貫を加饒する、虚估率1.05の低率茶交引に改定された(33)。

しかしこの低率の虚估交引によって客商の入中活動が減退し、政府はその後天禧末年(1021)までに海州・荆南務茶については(10/8＝)1.25、他四務茶・十三場茶については(10/7.4＝)1.35へと茶交引虚估を引上げて客商の誘致を図った。翌乾興元年(1022)には香薬・象牙4.5：茶交引３：見銭2.5とする新「三分法」〔三説法Ⅳ〕が施行された(34)。

しかし翌天聖元年(1023)には沿辺入中に再び「見銭法」が導入され〔見銭法Ⅱ〕、虚估交引による茶貨の償還が停止するため、三司使李諮らの提案で江淮茶については「貼射法」が施行された。「貼射法」は十三山場の園戸に支給してきた「本銭」の支給をやめ、現行歳収(茶課本息)に基づいて官が「中估」と称する官定販売価格を定め、茶の売買は商人と園戸との自由取引と

する[35]。これにともないこれまで京師でのみ入銭請買させた十三場茶を淮南六榷貨務にも拡げて入銭させ、入中銭貨中の見銭比率を40%まで緩和する一方で、茶引虚估については海州・荆南務茶は(10/8.6＝)1.16、他四務茶は(10/8＝)1.25へとそれぞれ引下げた。

「貼射法」の導入以前、舒州羅源場の場合、茶の官売価格は56文/斤、うち本銭が25文/斤、官課息銭が31文であったが、「貼射法」のもとでは本銭の支給を罷め、商人に息銭31文/斤を輸納させて官課を回収した。この方式によって官は従来通り官課息銭を確保できるが、「本銭」支給を停止された園戸は、損失を茶商人との取引の中で回復しようとしたため、官価と収買価格との差額で茶利を得る商人の通商活動に大きな打撃を与えた。これに加えて茶交引虚估率の引下げで客商の茶利収入は激減し、天聖３年(1025)10月、茶課に関する「貼射法」は施行後一年を俟たずに廃止された。沿辺入中は乾興の新「三分法」〔三説法Ⅳ〕に復したのち、天聖７年(1029)にまた償還財貨の構成比率が変更された〔三説法Ⅴ〕[36]。

ところが「貼射法」の期間中停止していた園戸への「本銭」支給を回復するため、官が江淮全域で大量に茶貨の収買を展開したため、今度は入中客商への償還茶貨が不足して、茶商の通商活動は次第に低調となった。景祐３年(1036)、三司使李諮は参知政事蔡斉らと合議し、天聖９年～景祐２年の5 年間で568万貫の歳収缺損を出した河北入中について、天聖３年の「貼射法」廃止以来の「三説法」を罷め、実銭で茶を支給する天聖元年の「見銭法」に復した〔見銭法Ⅲ〕。これに対応してこの年中に真州等四務十三山場茶の請買価格を虚估率(10/7＝)1.42に、宝元元年(1038)には(10/6.7＝)1.49に引上げ[37]、河北の入中請買茶についてはさらに(10/6.5＝)1.53にまで引上げて入中の拡大を図った[38]。こうした度重なる虚估率の引上げは、河北沿辺への入中請買が依然として低調であったことを裏付ける。

入中請買が「三説法」に復帰してほぼ10年を経た景祐年間の江淮茶利の歳収150万貫は大きく次の三つの部分、すなわち

(ⅰ)「十三場茶」すなわち京師・六榷貨務で商人に償還する通商茶の本息歳課59万貫、

(ⅱ)州県の食茶務で官売する「食茶」の本息歳課34万貫、

(ⅲ)林特の改革に始まる茶商通行65州軍で科徴する「商税」収入57万貫、

からなる。榷茶総収に占めるそれぞれの百分構成比は39.3%、22.7%、38.0%である[39]。このうち(ⅲ)「商税」歳収57万貫は(ⅰ)十三場茶の償還収益に匹敵する多額の茶課歳収であり[40]、これがのち榷茶を罷めて嘉祐通商法を施行するに当って重要な意味をもつこととなる。またこのとき茶商から商税を科徴した州軍数は65であり、当時の茶の通商圏はごく限られていたことが分るが、いまそれら州軍の所在を特定することはできない。因みに『会要』食貨29-6〔買茶場〕、同29-7〔売茶場〕に買茶場、売茶場を記載する熙寧10年末年ころの府州軍は合せて41しかない。

葉清臣が三司使となった康定元年(1040)、河北で穀物価格が下落したため臨時に「三説法」を復活し〔三説法Ⅵ〕、糧草を入中した商人には京師で見銭に換えて東南塩を償還した。慶暦２年には本格的に「三説法」を施行して河北に芻粟を入中させた〔三説法Ⅶ〕。これらの成功を見

て慶暦８年(1048)、三司は官収が一向に好転しない「見銭法」に替えて河北沿辺に「四説法」を施行した〔三説法Ⅷ〕(41)。

こうして河北には「三説法」「四説法」が並行実施されたが、入中糧草の(10/8＝)1.25という高い虚估率のため米価が700文/斗～１貫文/斗へと大幅に反騰し、逆に鈔価は京師で「南商」――通商解塩「南塩」を扱う商人――に買叩かれて茶価10万貫の茶交引はわずか３万貫にまで、価値は1/3にまで下落した。これに対して三司は「貼買法」を発令し、市売価３貫にまで下落した額面10貫の茶引を倍価６貫で買上げ、額面4.4万貫にこれを上乗せ(「貼買」)し５万貫――のちさらに１万減じて４万貫――の入銭価格で10万貫の茶貨を償還させた。しかしこれでも客商は鈔価の下落による減損分を回復できず、通商活動はますます減衰し、官の歳収も大きく減少することとなった(42)。

皇祐２年(1050)、知定州韓琦と河北都転運司の要請を受け、三司は「三説法」時期の糧草入中の実績を総括し、三説法廃止を奏して裁可された。慶暦８年(1048)の四説法の導入で、額面10万から市価３万貫にまで低落した茶交引鈔価は、その後も価格が回復せず、２年後の皇祐２年(1050)にはわずか２貫にまで暴落していた。香薬交引に至っては１斤3800文から500～600文へとほぼ1/6にまで下落した。これはまさしく三説法(四説法)による北辺入中制の“崩壊”である(43)。

こうして皇祐３年(1051)河北に見銭法が導入されたが――これが北辺入中に導入された最後の見銭法となる――、至和年中(1054,55)には福建を含む江南全域の茶利歳収(本息歳課)は計1105万余斤、167万貫と、ほぼ国初至道末年の水準にまで落込んでいた(44)。

北辺入中における茶法の“崩壊”に直面して、至和３年(1056)、三司は翰林学士韓絳らに茶法改革について集中審議させた。彼らは官給般運経費の支出、税絹折納の弊、入中請買の償還見銭の廃止など、「見銭法」運用にともなう様々の弊害を指摘し、江淮榷茶を沿辺入中の通商[鈔引制]から切離すことを要請、ついに国初以来の榷茶――禁榷[官売制]と通商[鈔引制]との並用体制――を放棄して、全面「通商」への転換の議が起るに至った。

以上見てきた“入中虚估”(茶交引虚估率と遠近加饒率)の推移を、前節**図13**に示した「三説法」「見銭法」の施行年次と対応させて**表56**に示す。

また国初から嘉祐４年(1059)に通商法に転換するまでの歳課額(斤数/銭数)と鬻銭額(茶利、銭数)を**表57**示す。歳課(＝鬻銭)は収買「本銭」額と茶利「息銭」額との合計をいい、特に注を付さない歳課額の典拠はいずれも『宋史』食貨・茶p.4477～p.4496に拠る。

表56　江淮茶交引虚估率・遠近虚估率の推移

年次	入中償還	★茶交引虚估率と☆遠近虚估率
咸平５年(1002)	三説法(Ⅰ)	
咸平６年(1003)	三説法(Ⅱ)	
景徳２年(1005)	三説法(Ⅲ)	★海州1.80、他州茶2.00　☆河北次辺1.05～陝西縁辺1.1
天禧２年(1018)	見銭法(Ⅰ)	★海州・荆南務茶1.25、他四務茶・淮南茶1.35
乾興元年(1022)	三説法(Ⅳ)	
天聖元年(1023)	見銭法(Ⅱ)	★海州・荆南務茶1.16、他四務茶・淮南茶1.25
天聖３年(1025)	三説法(Ⅴ)	
天聖７年(1029)		☆遠地 1.07、近地1.03
景祐３年(1036)	見銭法(Ⅲ)	★他四務茶・淮南茶1.42
宝元元年(1038)		★他四務茶・淮南茶1.49　★河北入中は1.53
康定元年(1040)	三説法(Ⅵ)	
慶暦２年(1042)	三説法(Ⅶ)	
慶暦８年(1048)	四説法(Ⅷ)	
皇祐３年(1051)	見銭法(Ⅳ)	
嘉祐４年(1059)	—榷茶廃止、通商[収算制]施行(福建臘茶を除く)—	

表57　官商並売時期 江淮榷茶の茶利(本息歳課)収入の推移—嘉祐通商法以前—

年次	榷茶歳収　※入中償還茶
淳化５年(994)	淮南茶865万余斤・東南茶歳額1441.2万余斤
至道２年(996)	※入中償還茶歳課増50.8万余貫
至道末(997)	歳課(糴銭)285.29万余貫
咸平元年(998)	※入中償還茶祖額139.2万貫(～嘉祐３年)＊1.
景徳元年(1004)	歳課〔旧法〕569万貫
景徳２年(1005)	歳課〔新法〕410万貫
景徳３年(1006)	歳課〔新法〕285万貫＊2.
大中祥符５年(1012)	歳課200余万貫
大中祥符６年(1013)	歳課300万貫
大中祥符７年(1014)	歳課390万貫
大中祥符８年(1015)	歳課160万貫
天禧末(1021)	糴銭330.29万貫
景祐元年(1034)	茶利息銭57万、官売食茶34万、算税57万余貫
至和中(1054-55)	歳課1105万余斤、歳售167.2万余貫
嘉祐２年(1057)	茶課128万余貫[歳当入224.8万貫]
嘉祐３年(1058)	茶課109,4093.885貫文＊3.
嘉祐４年(1059)	

＊1.『夢渓筆談』12本朝茶法、『皇朝類苑』21茶利、『玉海』181、『考索』後集56榷茶等。＊2.『宋史』p.4481は208万貫とするが、『長編』66景徳4.8.16己酉、『統類』29真宗景徳4.8.16己酉は285万貫。＊3.『錦繡万谷花』前集15榷茶、『夢渓筆談』12国朝茶利等。

（３）嘉祐通商法と茶利歳収

皇祐・至和年中の茶法“崩壊”の事態を承けて、嘉祐２年（1057）の茶利歳入は予定額244.8万貫に対し実収歳額はほぼ半額の128万貫しかなく、しかも「虚估」分を差引くと実収は86万貫――（86/128＝）1.48の高率虚估――、うち39万貫が本銭なので息銭は46.9万貫に止まった(45)。

嘉祐３年（1058）９月、著作佐郎何鬲・三班奉職王嘉麟が茶園戸への「本銭」支給を罷めて茶商との交易を解禁し、官は園戸からの「租銭」徴収と茶商への「征算」すなわち商税科徴を行うという「通商」案を上程、宰相富弼・韓琦・曾公亮らは榷茶の廃止を決断し、三司に置局して審議させ、翌４年２月４日の「通商茶法詔」を以て“通商”に転換した(46)。

この“通商”は国初以来北辺の入中請買と結合して江淮榷茶体制を支えてきた通商［鈔引制］とは異なり、官が茶貨の収買から般運・販売、茶課の分配・収取までの全過程に関与せず、ただ商人が般運販売する茶貨に官課「商税」を科徴する［収算制］方式の“通商”である。すでに榷茶体制下の景祐年間、茶貨に科せられる商税収入の多さに注目して、権判戸部勾院の葉清臣が独自の“通商収税”方式を提案したことがあるが(47)、このたびの通商法は葉世臣の“通商収税”論を発展させた内容となっている。嘉祐通商法の要点は、

（ⅰ）十三山場・六榷貨務体制による一切の榷茶を廃止する。

（ⅱ）至和中の平均歳収68万余貫の半額33.8万貫を園戸に均賦し、「租銭」として輸納させる。

（ⅲ）「租銭」を官に納めたあと、産茶戸は商人と自由に茶貨を交易できる。

（ⅳ）州県に存留する「本銭」は毎年の「租銭」と合せて沿辺の糴本に支用する。

（ⅴ）茶貨を般運・販売する商人から「茶税銭」（過税・住税からなる商税）を科徴する。

という内容であった(48)。当初は至和中の歳課平均額68万有奇を茶園戸に均賦し、その歳収を州県経費に充当する案であったが、茶貨の収買に比し負担が大きいとして額を半減し、付加税として「租銭」を徴収することとした。「租銭」は十三山場榷茶体制における園戸の供出茶貨「租課」が銭額に形を変えたものと見ることができる。また「本銭」は付加税として州県の科徴費目として存続させ、「租銭」とともに沿辺へ回送し、糧草収買の糴本として儲備した。園戸からの茶貨収買がなくなれば買茶資本としての「本銭」徴収は不要となるはずである。しかし「本銭」は官課「息銭」とともに歳課の構成要素である――「歳課本息」という――ことから、付加税として存続させたのであろう。

このように嘉祐４年の通商法は国初以来の榷茶体制を放棄し――福建臘茶の禁榷は存続――、付加税化した「租銭」「本銭」と商税化した「茶税銭」を徴収し、「租銭」「本銭」を沿辺糴本に、「茶税銭」歳収を州県の必要経費に充てるという、独自の茶利分配方式をもつ通商制である。この通商制において、「租銭」は榷塩額を税戸に賦課した「塩銭」に相当し、「本銭」は同じく塩亭戸からの「収買本銭」に相当する。ただし両者とも賦税（＝直接税）化していて、課利としては流通課税の「茶税銭」が徴収される。これは通商［収算制］の一方式である。

ただし江淮茶の［収算制］は、京東塩・河北塩の［収算制］が客商の般運販売塩貨の重量（斤

数）基準で課税する従量制の流通課税であるのとは異なり、一般商税と同じく客商の般運販売茶貨の価格（銭数）基準で課税する従価制の流通課税である。

嘉祐通商法の施行により、江淮茶の課税構造は**図15**に示すような構成比に変った（前節**図12**を参照）。この課税構造に基づく治平年間の茶税歳収を**表58**に示す。

図15　景祐年間 榷茶歳収の構成

年次・歳額	十三場茶償還本息歳課	官売食茶	通商茶商販「商税」歳収
景祐中 榷茶歳収 150万貫	本息歳課 59万貫 ［39.3%］	食茶本息 34万貫 ［22.7%］	65州軍茶貨「商税」 57万貫 ［38.0%］
嘉祐３年 榷茶歳収 109,4093.885	交引銭 54,2111.524 49.5%	官売茶 10,6957.685 9.8%	茶税銭 44,5024.670 40.7%
嘉祐４年 ～治平中 通商課額	茶祖銭 68,321.380×1/2＝32,9855 39.8%		茶税銭 49.86万貫 60.2%　82.8455
熙豊期 通商課額 117,5104.919	茶祖銭 36,9012.471 31.4%		茶税銭80,6032.648 80,6032.648 68.6%

景祐中の榷茶歳収は前注(**39**)を参照。嘉祐３年、４年～治平中の茶利歳収は『筆談』12国朝茶利、『宋史』食貨・茶p.4497、『長編』191嘉祐 5.3.末条等による。注(**49**)を参照。

表58　嘉祐通商法における茶利歳収—治平中（1064-67）—　付：禁榷［官売］臘茶・散茶の歳収

榷茶方式	茶税科銭		茶利歳収
禁榷［官売制］	臘茶　48.9万余斤、散茶　25.5万余斤		74.4万貫
通商［収算制］	①茶戸租銭	32,9855貫（25.3%）	204.万貫
	②儲本銭	47,4321貫（36.4%）	
	③内外総入茶税銭	49,8600貫（38.3%）	

（　　）は通商茶利総入（130,2776貫）における「租銭」・「本銭」・「茶税銭」それぞれの構成比。

これを見ると、①今回禁榷が継続した福建臘茶・散茶の歳収が74.4万貫で総収204.6万貫の約30%を占めること、②茶園戸租銭32,9855貫が当初の予定額、すなわち至和中の歳課平均額68万貫の半額33.8万貫をほぼ全額（97.5%）を科徴していること、また③付加税化した旧収買本銭は「儲本銭」と呼ばれ、その額47,4321貫は④茶貨への商税「茶税銭」の歳収49,8600貫とほぼ同額であり、また禁榷の臘茶・散茶を除く茶税三種の合計歳収は130,2776貫であったことなどが分る。なお「茶税銭」は従価課税方式の商税であるが、全国の商税収入は皇祐中（1049-53）の約786万貫から治平中（1064-67）には約60余万貫増えて約846万貫となっていた(**50**)。治平中の某年に約49.86万貫を徴収した「茶税銭」歳収が、当時の全国商税総歳収に占める比率はわずか5.89%にすぎない。

『会要』食貨29-15に熙寧10年の茶利総収等の記載がある(51)。ここでは財政上の茶税収入が、租税系の「折税茶」(斤数)、付加税「租銭」、「本銭」、課利系の商税「茶税銭」、禁榷の臘茶・散茶(斤数)、榷場交易茶(斤数)の計六種に分けて記載されている。『会要』食貨29-15、16に記載する熙寧10年における計六項目の茶利総収を**表59**に示す。

表59　熙寧10年の茶利総収―『会要』食貨29-15、16による―

A.凡税租之数　総22,8752斤

江東路夏20,5663斤・秋9,460斤、西路夏8,2561斤、荊湖北路夏736斤、福建路夏2,4199斤、利州路夏3,7028斤・秋170斤、蘄州路夏7909団。

夏税・秋税の別があるので「税租」は両税苗米の茶折納すなわち「折税茶」の歳収(斤数)。

B.凡山沢之入　総48,2179斤、うち臘茶35,5707斤。

禁榷の福建臘茶の他、江南東路・江南西路・荊湖北路の革茶(散茶)の官課歳収(斤数)。

C.凡租銭之数　総22,3796貫

淮南西路3,8129貫、両浙路4,7440貫、江南東路2,2054貫、江南西路1,6967貫、荊湖南路2,3644貫、荊湖北路7,5257貫、福建路305貫。

諸路「租銭」の歳額。上に見た治平中の「租銭」総入32,9855貫から約1/3の減。

D.凡本銭之数　総44,7144貫(淮南西路10,6104貫、両浙路10,8030貫、江南東路5,5510貫、江南西路5,9105貫、荊湖南路9,1375貫、荊湖北路 5,7020貫)。

諸路「本銭」歳額。上に見た治平中の「本銭」総入47,4321貫から約5.73%の減となっている。

E.凡榷場之利　総8,0000貫。

北辺榷場貿易に用いる茶貨収買のための京師市易務・都茶塩院等への入銭額。

F.凡税銭之数　総銅銭計45,8660貫・鉄銭6,5771貫

在京税院6,8916貫、府界1,7357貫、京東東路2,2894貫、京東西路2,9920貫、京西南路2,6227貫、京西北路2,1712貫、永興軍路8085貫、秦鳳等路3,1685貫、河北東路5,5334貫、河北西路3899貫、河東路銅銭1,2165貫・鉄銭1744貫、淮南東路3,2109貫、淮南西路3,1794貫、両浙路5,1009貫、江南東路1,4983貫、江南西路1,0231貫、荊湖南路6055貫、荊湖北路1,4761貫、福建路2109貫、広南東路477貫、広南西路942貫、成都府路3,0301貫、梓州路7270貫、利州路7597貫、夔州路1,8859貫〕。

諸路「茶税銭」収入。商税の銅・鉄銭は等価なので総収は52,4431貫。これは上に見た治平中の「茶税銭」総額49,8600貫に対し5.18%の増。

嘉祐通商法の施行直後、治平中の歳収実績と比べた熙豊期の歳収は、「租銭」の歳収が約2/3へと大きく減額しているが、「本銭」・「茶税銭」は安定した歳収を確保していることが分る。

嘉祐通商法における茶利の分配を見ると、付加税の「租銭」と「本銭」とは産茶州軍で科徴された後、北辺に移送されて辺糴に支用されるが、諸路州県の商税務で科徴される商税「茶税銭」

は、一般商税と同様そのまま州県経費として支用される。この点で嘉祐通商法は同じ“通商”の語を冠しながら解塩の通商[鈔引制]は勿論、河北・河東・京東塩の通商[収算制]〈従量課税方式〉とも異なる独自の通商方式である。本稿ではこれを通商[収算制]〈従価課税・茶税銭〉方式と呼ぶ。

2．北宋後半期・南宋初期における茶利の分配

嘉祐4年(1059)以降、江淮茶は通商[収算制]〈茶税銭〉方式によって運用されたが、通商法下の例外措置として、福建と江南・荆湖の臘茶の禁榷が南宋期まで継続したほか、元豊元年(1078)には蜀茶の禁榷が始まり、四川では紹聖元年(1094)までの16年間、禁榷[官売制]〈官般官販〉方式が施行された。崇寧元年(1102)には蔡京が東南茶の榷茶を再開し、「長短引法」による通商[鈔引制]を施行した。これにより東南茶引の売鈔収入が増大し、官収は大幅に伸張した。東南茶の通商[鈔引制]は南宋になってさらに整備され、茶利収入は塩課と並んで南宋中央政府の重要な財源とされた。

(1)福建臘茶の禁榷と通商

宋代の茶貨には片茶・散茶それぞれ品種ごとに等級があり、価格も1斤十数銭から数十百銭までと開きが大きい。臘茶(蠟茶、臘面茶)は建州または建・南剣2州の特産とする説もあるが、北宋前半期には福建路の建・南剣・福・泉・漳・汀6州と江南東路の饒・池2州、両浙路睦州の計9州で生産され、この9州だけで全国の臘茶生産の2/3を占めた。福建路の臘茶は国初以来、江南諸路とともに「東南茶」として一般の茶貨とともに榷茶の対象とされた。福建路には賦税・課利とは別枠の上供「歳貢茶」があり、太祖・太宗朝には多種多類の福建茶が上供されていたが、大中祥符元年(1008)からは建州の臘茶だけの上供となった(52)。

嘉祐通商法の施行後、治平中の禁榷臘茶・散茶歳収が74.4万余斤(うち臘茶が48.9万余斤)、熙豊期に総収48,2179斤(うち臘茶35,5707斤)であったことは前に見たが、この間熙寧5年(1072)には福建茶の江南・四川への通商が許可されている(53)。福建臘茶の通商は、嘉祐通商法の〈茶税銭〉方式によるものではなく、江北を禁榷地分とし江南・四川を通商地分とする[鈔引制]の官商並売体制で、建州では熙寧6年(1073)に歳額32.9万余斤の通商課額が立てられた(54)。福建茶の通商は歳額もさほど多くなく、また茶貨の収買を客商・園戸間の自由取引としたため、官の茶利収入が少ないとして、元豊7年(1084)10月転運使王子京の要請を受けて通商を罷め、禁榷に転換した(55)。

元豊8年(1085)には福建臘茶の官売歳収は300万斤へと急増した(56)。これは治平中の歳収約74万余斤、および熙寧末年の歳収約48万余斤のそれぞれ4倍、6倍以上の増収である。しかしこの大増収は販茶額の伸張によるものではなく“新法”派の転運使王子京による“抑認”、すなわち民戸への強制賦課「計口均科」によって強引に達成された、茶課増収のために操作され

た成果であった。この変則的な福建茶官売は元祐の政変をまってようやく解消されるが(57)、この間熙寧5年以来の福建茶の通商体制は変更されることなく継続していた(58)。

その後、次節で見るように、崇寧元年(1102)に蔡京は所謂嘉祐通商法——通商[収算制]〈従価課税・茶税銭〉方式——を撤廃し、福建茶を含む旧東南茶禁榷地域に「長短引法」による通商[鈔引制]〈長短引〉方式を布いた。東南茶の通商[鈔引制]はその後茶引の発給や茶利収取の方式を変更しながら北宋末に至る。南渡後の建炎2年(1128)には、建州一帯に葉濃の乱が起って福建の産茶地は甚だしく荒廃したが、福建の茶法は北宋末以来の「合同場法」による官商並売体制が継続した(59)。その後紹興12年(1142)に福建一路だけの禁榷[官売制]が布かれたが、わずか一年で解除され、翌13年(1143)からは他の江南諸路と同じ「南宋合同場法」を施行して南宋末に至る(60)。

「南宋合同場法」のもとで、福建路だけは臘茶の等級ごとに収買価格に等差を設け、さらに等級ごとに異なる「貼納銭」を科徴する鈔引(「引銭」)を官売し、その売鈔収入「茶引銭」を茶利として収取した。鈔価は乾道7年(1171)以前は客商に対し1斤(16両)に1文、これを1斤(銙截茶50両、片鋌茶100両)6文として商人を優待したが、次第に官収が減じたため淳熙5年(1178)にこの方式を罷め、旧制に復した(61)。

嘉祐通商法施行後は例外的に存続した福建臘茶の禁榷は、熙寧6年(1073)に江南・四川への通商を許可してから、元豊7年(1084)までの10年余は禁榷・通商並用体制となったが、元豊7、8年の転運使王子京による変則的な禁榷が解除された後は通商体制となった。崇寧元年(1102)、福建を含む東南茶に通商「鈔引制」が布かれ、南渡後は紹興12年に一次禁榷されたが翌紹興13年からは江南諸路と同じ「南宋合同場」方式に移行した。「南宋合同場」方式のもとでは、淳熙5年(1178)まで、福建臘茶には「銙截茶」「片鋌茶」の別枠を設けるなど、高級茶として特例措置を設けて運用された。

(2)蜀茶の禁榷　熙寧10〜紹聖元年(1077〜94)

蜀では国初以来、広南路とともに榷茶体制の外に置かれ、商人は産茶戸との間で茶葉を自由に取引できた。産茶戸は茶葉を売った銭で両税を折納し、折価は両税銭額300に対し紬絹1疋、銭10に対し綿1両、銭2に対し草1囲と定められ、総税額は30万貫であった(62)。熙寧7年(1074)に突如蜀茶禁榷の議がおこり、三司は幹当公事李杞を派遣して官設茶場で蜀茶の収買を開始し、折茶税額30万貫に10万貫を加えた40万貫を官売歳課と定めた。しかし般運の停滞から歳課を達成できないまま翌年李杞は卒し、代った都官郎中劉佐は解塩10万貫を蜀に入れて通商を禁止し、官売による歳収増を試みたが失敗した。これに代った蒲宗閔は川峡四路の産茶全額を収買し、官設の茶場で収税率30%の官価で販売し歳収を確保しようとした。しかし息銭を確保するための収買価格の引下げは茶園戸に致命的な損害を与えるとして、知彭州呂陶により何度かの禁榷廃止の奏上が行われた。収税率は10%に引下げられ、国子博士の李稷が李杞と同じく三司判官を兼ねて事に当ったが、呂陶は却って罪を得、この問題から退けられた(63)。

三司は熙寧10年(1077)冬、陝西の茶馬貿易と連動した官般官売の蜀茶禁榷を実施した。蜀茶の禁榷方式は次の三点に要約される。

(ⅰ)四川地域に設けた茶場47処のうち41処と京西南路金州に6処の買茶場を置き、陝西に332処の売茶場を設け、蜀地で官収した茶貨を専ら西北辺の茶馬貿易に用いる。

(ⅱ)園戸の茶貨は全額官が収買し(「茶本」による)、四川"禁地"内でのみ官売し、他路東南茶の流通を禁じる。

(ⅲ)輸送困難な陝西への般運のため、15里ごとに1鋪を置いて各々兵50人を配し、1兵士が般運する茶貨は4駄400斤と定める——ただしこれは元豊6年以後の措置(64)——。

蜀茶の禁榷は提挙茶場司が管轄した。蜀茶の禁榷は、熙寧7年に歳課を40万貫と定めて始まったが、この年から熙寧10年までの三年間で実収は122.9万貫、平均歳収は約41万貫と課額40万貫をやや上回る程度の実績であった。しかし熙寧10年(1077)、三司判官李稷が提挙茶場使に就任してから、茶馬貿易と連動させた榷茶体制を強化すると、翌元豊元年(1078)秋までの一年間で実収——歳課と「旧界息税」(前年度息銭)の合計——76.7万余貫の実績をあげた。李稷は元豊5年(1082)まで在任し、この年には歳課を20万貫増やして50万貫とした。李稷が在任5年間で得た茶利は計428万余緡であったというから、元豊元年以降年平均80万貫以上の実収をあげていたことになる。翌6年(1083)、李稷に代った陸師閔は課額を100万貫に引上げるとともに、担当官吏の賞罰基準を適正化して販茶の増進を図り、翌元豊7年(1084)の実収は課額の1.6倍、160万貫に達し、歳課分は全額を陝西転運司等に封椿儲備し、実収分の余剰を他司の経費に充てた(65)。

元祐新政が始まると、侍御史劉摯・右司諫蘇轍らは陸師閔の専権と不法を糾弾して提挙榷茶の職を解任し、翌年にはこれまで禁榷区であった陝西6路のうち、熙河・秦鳳・涇原3路は官売を続けたが、永興・鄜延・環慶3路は通商区とし、客商に茶貨と糧穀との交易を許可した(66)。しかし陸師閔は紹聖元年(1094)、都大提挙成都等路茶事に復職すると、元祐元年に通商とした陝西3路も禁榷とし、新法期の"元豊旧条"を復活準用して、以前にも増して茶利増収を図った。陸師閔が嘗て都大提挙成都等路茶事に就任した元豊6年(1083)に定めた蜀茶歳額200万貫は、崇寧元年(1102)に蔡京が東南茶の通商[鈔引制]を施行するまで維持される(67)。

熙寧7年(1074)に始まり、崇寧元年(1102)に廃止されるまで28年間の禁榷蜀茶の歳額と実収額を次頁**表60**に示す(68)。

表60　禁榷蜀茶の歳額と実収―熙寧７年～紹聖元年―

	榷茶歳額	榷茶実収
熙寧７年(1074)	40万貫	
熙寧７～10年(1074-77)		総入122.9 万貫(年平均40.9万貫)
元豊元年(1078)		実収入(歳課・旧息計)76.6万貫
元豊元年～５年(1078-82)		実収428万貫(年平均85.6万貫)
元豊５年(1082)	50万貫	
元豊６年(1083)	100万貫	
元豊７年(1084)		実収160万貫
元豊８年(1085)	200万貫	
元符元年(1098)	200万貫	

(３)蔡京の茶法改革と茶利の分配

蜀茶禁榷の対象は川峡四路と陝西の永興・秦鳳二路だけで、他路では嘉祐４年以来の通商法が布かれ、熙寧・元豊・元祐年間を通じて大きな変更はなかった。この間熙寧８年(1075)には提挙市易司が蜀の通商「商茶」の年間買上額を300万貫と定め、元祐５年(1090)には東南六路の茶税・租銭――通商「茶税銭」と園戸「租銭」の歳課租額――について諸州通判は路転運司と毎月末に収入を点検することとし、同７年(1092)には茶税銭の管理を提刑司に移管した。この間「茶税銭」は納附期限を定めなかったため官課の漏失が累積したが、元祐初年から紹聖４年(1097)までの10年間、一度の監査も行われることなく、茶税銭歳収は70万貫を維持した(69)。

蔡京は崇寧元年(1102)、同４年(1105)、政和２年(1112)と都合三次の茶法改革を行なった。これらはいずれも通商[鈔引制]方式で、官は茶貨の売買に直接干与せず、もっぱら茶引の売鈔収入を茶利として収取した。茶引には「長引」と「短引」があり、「長引」は旧禁榷・通商並用体制における入中請買の対価償還の「茶交引」と似て、売鈔収入は中央榷貨務の歳収となる。一方、「短引」は嘉祐通商法と類似し、商税「茶税銭」を科徴する般運・販売先州軍の歳収となる。本稿ではこれを通商[鈔引制]〈長短引〉方式と呼ぶ。

１．崇寧元年・２年の茶法改革

崇寧元年(1102)、蔡京は東南七路の榷茶を復活した。嘉祐通商法以来の園戸「租銭」と折税は継続したまま、各路の産茶地に「茶場」(買茶場)を設置し、「茶事司」の管理下で園戸から茶貨を収買し、これを商人に卸売して販売させた。収買の原資としては朝廷から300万貫を醵出して「買茶本銭」とした(70)。

官場で商人に官売する茶引には「長引」「短引」の二種があるので、この方式は「長短引法」とも呼ばれる。この茶引は諸路産茶地等に置いた官設の「買茶場」で印造発行され、「長引」は京師榷貨務に金銀銭帛を入れて河北・河東・陝西の三路に糧草を入中する客商の請買茶に用い、「短引」は産茶地近傍の州軍で零細販売される日用消費茶「食茶」に用いた(71)。なお「短引」を所持する商人には通商時代と同じく商税「茶税銭」が科されたが、この方式では官場で給付された「短引」に般運の過程で州軍の証明を受けた後、指定された販売地州軍で過税・住税をまとめて納税することとされた(72)。この「茶税銭」の収入は州軍の茶利「息銭」として転運司以下地方官司の会計に繰込まれる。また中央榷貨務の収入となる「長引」の卸売価格は路ごとに大きく異なったため、官は官課「息銭」の額を官価の2倍以内に抑えるよう指示している(73)。

この方式は官が茶貨を収買した「本銭」価格と長引(官価の鈔引)に官課(茶利「息銭」)を積算して商人に請買卸売する通商[鈔引制]と、般運・販売の過程で短引に「茶税銭」を科徴する通商[収算制]とを複合させた方式である。官はこれとは別に嘉祐通商法以来の園戸からの「租銭」を科徴しているが、これはすでに州軍の賦税付加税と化していて課利の範疇には入らない。茶商は長引・短引とも茶貨を官価で販売するので、収取する茶利は販売価格(官価)と流通課税「茶税銭」との差額しかなく、商人は般運経費を最大限節約する以外に収益確保の方法はなかった。この差額を商人の茶利収入と見てこれを通商の一方式と見ることもできるが、この課利収取は官・商間の分配規定によるものではない。本稿では宋人の認識に従ってこれを官売の一方式とみなし、禁榷[鈔引制]〈長短引〉方式とする(74)。この官売制は、収取する茶利があまりに過少だとする商人層の不満を背景として、間もなく通商方式に転換した。

2. 崇寧4年の茶法改革

この年蔡京は官場における茶貨の収買を廃止して園戸と商人との直接取引に委ね、商人が園戸との直接取引で収買した茶貨は官が抜取検査(「抽盤」)をして品質を確認し、商人に官課息銭(茶税銭)を前納させた後、茶引を給付して般運・販売させた(75)。官場を廃止して園戸から茶貨を収買しないこの方式に禁榷の実質はなく、官はこの改革を「通商」法と認識して法整備を図っている(前注(73)を参照)。商人が園戸から茶貨を収買し、官場に茶利「息銭」を前納した後、官から販売許可証として給付される「長引」には、他路に販売する期限は一年以内、「短引」は一路内一季(3カ月)以内に完売するという制限が設けられ、厳正に運用された(76)。

この方式において、官は商人に卸売する茶引価格中に官課(茶税銭)を科し、般運・販売する商人から州県が科徴する茶税銭を茶利として収取する。商人は官に代って園戸から茶貨を収買することになるが、販売価格(鈔引価格)と収買価格との差額が販売時に科徴される茶税銭額を上回るように収買価格を設定すれば、その差額を茶利として収取することができる。この方式は官が発給する茶引〈長短引〉を用いて客商に般運・販売させる点で、(1)で見た崇寧元年の禁権[鈔引制]〈長短引〉方式と同じであるが、茶商が園戸から茶貨を収買し、茶利は官・商間で分配されるので、本稿ではこれを通商[鈔引制]〈長短引〉方式と呼ぶ。

塩課の各章で見たように、一般に通商[鈔引制]における鈔引価格(販売価格)は、収買価格に官課息銭を上乗せした価格である。茶課の通商[鈔引制]〈長短引〉方式においては、鈔引価格(販売価格)は商人が園戸から収買した価格に官課息銭を加え、さらにその後の般運・販売過程で州県官に科徴される茶税銭額を上乗せした価格となるので、この方式を課利の分配方法として見た場合、官課の前納制ということもできる。

通商[鈔引制]〈長短引〉方式における茶利の分配と、茶利の最終帰属官署について見ると、茶税銭を含む茶利は

（ⅰ）長引の売鈔収入は官課「息銭」として中央榷貨務の歳計へ、

（ⅱ）短引に科する「茶税銭」は州軍が徴収したのち、提刑司を経て戸部の会計へ、

（ⅲ）付加税の「量添銭」は発運司に報告後、内蔵庫へ、

と三つの官司に分配収取され、回送された(77)。茶利息銭のうち（ⅱ）商税「茶税銭」収入は嘉祐通商法以来、平均して毎歳50〜60万貫の実収があったことは前に見たが、元祐7年（1092）から「茶税銭」は上供銭貨「無額上供銭」として提刑司の管理下で中央戸部へ上供された（前注(68)を参照）。その後政和元年（1111）12月、戸部侍郎胡師文が戸部の経理を監査した所、大観年間（1107-10）の平均歳収40万貫以外に毎歳約15万貫の額外の増収があり、これを毎歳の戸部経費の補助に充当していたというから、大観年間の「茶税銭」収入は平均約55万余貫であったことが分る(78)。このように茶利「茶税銭」の歳収は、蔡京による崇寧の茶法改革の後も、なお嘉祐通商法時代の歳収50〜60万貫の水準を維持していた。

3．政和2年の茶法改革—通商[鈔引制]〈合同場〉方式—

崇寧4年の茶法改革では、「長引」「短引」の偽造防止・新旧鈔の交換・期限延長・転売許可などについて細かな規定を設けていたが、商人による茶引の不正使用が跡を断たず、政和2年（1112）に蔡京は鈔引の厳正な発給・管理による茶課増収を目指して「合同場法」を導入した(79)。この方式において、茶商は官設茶場での収買を行わず、ただ官の発行する茶引を持って産茶地に赴き、園戸から購買した茶貨を「合同場」に持込む。京師榷貨務と各州県の茶場には「合同底簿」が備えられ（“合同”の原意）、この台帳に基づいて茶商の販売活動全般にわたる統制が行われた。茶引の発給——印造・発行・験引・批引・繳引——に関わる諸手続から、収買・般運・販売に関わる諸業務は、全18条からなる規則として集約整理されていた。

この〈合同場〉方式の特徴は、次の四点に要約される。

まず（ⅰ）崇寧以来、茶引は中央榷貨務ではなく諸路地方官司が管下「買茶場」で印造発行してきたが、「合同場法」においては茶引の発給業務に路官・州県官を関与させず京師都茶務に一元化している。そのためこの方式は別名「都茶場法」とも呼ばれる(80)。

次に（ⅱ）崇寧の茶引には「長引」「短引」二種の別があったが、合同場法はこれを納銭額（鈔引価格）の多寡を基準として販茶額（茶商に給付する茶貨の斤量）に差等を設ける方式に変更した。すなわち「長引」には100貫納銭で販茶1500斤の「草茶長引」、50貫納銭で販茶1500斤の「末茶長引」——30貫納銭なら販茶900斤——、があり、「短引」は20貫の納銭で600斤とし、翌3年（1104）には小額取引用に納銭10貫で販茶150斤の「小短引」を発行して、それぞれに定額の「加耗」を追徴した。なお「長引」「短引」「小短引」いずれも毎斤の茶利息銭は66文強に統一された(81)。

さらに(iii)これら茶引は収買地域と販売地点を厳しく指定され、「長引」は他路での販売を許されたが「短引」は収買した路内でしか販売できず、また販売期間にも制限が加えられ、「長引」は一年以内、「短引」は一季(3カ月)以内に指定販売先で完売し、新引に切替えなければ通用できなかった(82)。

こうして(iv)諸路が収取した茶利息銭「茶引銭」は全額朝廷に「封樁」して朝廷の移用に備えることとし、諸官司が各種「封樁銭」と区別せずに支用した場合、違反者には「擅支封樁法」を適用し、厳罰をもって臨んだ(83)。

このように「合同場法」は厳正な茶引管理のもと、茶利収入は100％朝廷の管理下で封樁・支用され、中央・地方を問わず諸官司は全く茶利の分配収取に関与できなかった。ただし商人は鈔引価格中に公認された息銭を予め積算し、官価による販売後に茶利を収取することができたので、「通商」法の側面をもっている。本稿ではこれを通商[鈔引制]〈合同場・長短引〉方式と呼ぶ。おなじ「合同場制」による通商方式として、塩法における南宋四川の「合同場法」があるが、これには長引・短引ではなく「引銭」が用いられるので通商[鈔引制]〈合同場・引銭〉方式と呼んで区別する。因みに茶の合同場法における「長短引」の売鈔収入は「茶引銭」と呼ばれ、四川井塩の合同場法では「塩引銭」と呼ばれる。

茶貨通商[鈔引制]〈合同場・長短引〉方式においては、茶利収入は上に見た①長短引の売鈔収入のほか、付加税として②嘉祐通商法以来の「茶税銭」、③同じく園戸から科徴する付加税「茶租銭」の収入がある。

崇寧元年、4年の茶法においては、茶利の主体は付加税「茶税銭」の収入であり、その歳収は永らく嘉祐通商法時代の歳収50〜60万貫の水準に止まっていたが、「合同場法」を布いた政和2年の改革は「茶税銭」「茶租銭」ではなく茶引の売鈔収入が主体となって、茶利歳収は急増した。すなわち政和2年から同6年(1116)までの五年間で、売上げた茶額は増えて1281,5600余斤に達し、その歳収茶利「息銭」(売鈔収入)は計1000万貫であったというから、茶利の平均歳収は約200万貫と見積ることができ、これは嘉祐通商法移行の「茶税銭」平均歳収50〜60万貫のほぼ4倍増の額である(84)。なお政和中の歳収を400万貫とする史料があるが、これが誤記でないとすれば、売鈔収入「茶引銭」歳収の他に付加税の園戸「租銭」、「茶税銭」額を合せて茶利としたのかも知れない。

(4)南宋の茶法と茶利の分配

建炎初年(1127)、康王の即位当初は南京応天府を行在としていたが——杭州は翌建炎2年(1128)に行在となる——、このとき早くも淮南真州で東南茶鈔引を印造発給して財源の確保を図った。当時の榷茶対象産茶地は10路、66州、242県に及んだが、四川四路は含まれない(85)。しかし南宋政権が翌建炎3年(1129)、財政基盤を固めるために施行した東南茶の新たな「合同場法」は、建炎2年に成都転運判官趙開が行なった四川の茶法改革に範を取ったものである。

趙開は蔡京の「合同場法」(「都茶場法」)に倣って四川の茶法を改革した(86)。その方法は

①官設の合同場で、商人に1大引(90斤)を基準単位とする茶引を給売する、

②商人は園戸から茶貨を直接収買し、販売する、

③茶利息銭「茶引銭」は春茶70文/斤、秋茶50文/斤とし、これに北宋以来の付加税(取引手数料)「市例銭」「頭子銭」を科す、

④商人の般運・販売過程で科徴する商税「茶税銭」は、従量制1文/斤の「過税」及び1.5文/斤の「住税」とする、

というものである。南宋政権は建炎3年(1129)、この趙開の「合同場法」を全国に施行し——本稿では蔡京の「合同場法」と区別して「南宋合同場法」と呼ぶ——、これまで東南地域に設けた18カ所の合同場を洪州・江州・興国軍・潭州・建州の5州軍に統合した上で、杭州に「行在都茶場」を設けて東南地域の榷茶業務の中心とした。この時、民間日用に供する「食茶」を販売する商人に発給してきた「食茶小引」を最終的に廃止したため、以後州県には茶利収入が一切入らなくなり、茶利は全額が中央の会計となる(87)。

南宋合同場法における茶利は、北宋末、蔡京の「合同場」法と同じく、「茶引銭」「茶租銭」「茶税銭」の三要素からなる。この方式では茶利収入はすべて鈔引を発給する各榷貨務の歳収となり、ここから各総領所に配給される。「茶引銭」は榷貨務等が発給する鈔引価格中に積算した官課息銭であり、「茶租銭」は北宋・嘉祐通商法以来、園戸から徴収する茶課付加税、「茶税銭」も同じく嘉祐通商法以来の付加税で、北宋末の茶貨「合同場法」のもとでも科徴されていた税銭である。

南宋合同場法における茶利収入としては、この他鈔引発給に関わる諸種の雑税と、諸官司が販茶価格中に必要経費を積算する各種「諸司科銭」が付加税として加わるため、販売価格は北宋末に比べると、かなり高いものとなる。以下これら茶利を構成する諸科銭について分析を加える。

1. 茶引銭

南宋の杭州・建康・鎮江三榷貨務体制は紹興5年(1135)までに成立し、これと並行して各路を単位とする茶引の地方発給体制が整備された(88)。ただし茶引の発行権は行在榷貨務にあり、地方官府はそれぞれ配分された課額の茶引を出売し、売鈔収入を回収して三榷貨務に輸納する。茶利の収取も中央三榷貨務が独占し、塩茶香礬を合せた三榷貨務の紹興5年(1135)の売鈔歳収は計1300万貫、同24年(1154)は2066万貫有奇、同32年(1162)は2165万貫有奇、乾道3年(1167)は総2400万貫の売鈔課額を定額とし、建康1200万貫、臨安800万貫、鎮江200万貫と分定して遵守させた(89)。

茶引の地方発行は、福建路では早くも建炎2年(1128)に始まっていたが、三榷貨務体制が整備された紹興5年(1135)から、茶引発行定額は各路ごとに定められ、例えば中央から湖広総領所の歳計(淳熙3年総75.2万貫)として配分される茶引のうち、江西路には淳熙元年(1174)「長

引」15万貫、同3年30万貫、同11年28万貫、12年「長引」28万貫、同13年「長引」10万貫・「短引」10,8430貫などと分割して発行された(90)。その後淳熙16年(1189)、湖広総領所は江西提挙司・江西安撫司・江州通判庁の三官司が発行する茶引課額として、それぞれ15.4万貫、「長引」8,9090.900貫・「短引」7万貫、「長引」2万貫・「短引」4万貫を分割配分し、交印庫で印刷して一括給売した(91)。

総領所から各路提挙司・安撫司へと配分された売引定額は、これら路官級諸官司から転運司を通じて州軍へ、さらに管下県鎮へと配分され、それぞれの売鈔収入は、茶引を発給した三官司の茶利息銭として収取された。例えば淮東総領所管下鎮江榷貨務の両浙紹興府の管下諸県への茶引発給額(斤量)は、会稽県2,3320斤、山陰県7700斤、嵊県200斤、諸暨県(無批発)、蕭山県100斤、余姚県1,4600斤、上虞県600斤、新昌県(無批発)、などとなっていた(92)。こうして上から下へと売引額が配分された後、末端の州県では分定額どおりの茶引を完売できず、しばしば違法な「計口均敷」(強制割当)を強行し、或は課税対象でない園戸や僧道に鈔引を売付けた所もあった(93)。

2. 茶税銭、茶租銭、その他の付加税

茶税銭は茶商が茶貨を般運・販売する州軍で科徴する商税として、県を単位に科徴され収税された。(1)で茶引の分売定額を見た両浙・紹興府の8県の販茶額(住売歳額)では、会稽県920斤、山陰県6410斤、嵊県5040斤、諸暨県6130斤、蕭山県6850斤、余姚県300斤、上虞県600斤、新昌県450斤、などとなっていた(94)。

園戸に科した「茶租銭」は、両税秋税の輸納のさいに付加税として科徴された。その課額は、臨安府では乾道中(1165-73)の定額1,1689.143貫文が、ほぼ100年を経た南宋最末期の咸淳末年(1274)になってもなお同額であったが、両浙・厳州(睦州)では北宋期「旧額」1,2380貫に対し淳熙12年(1185)頃には3,1380貫と、ほぼ2倍に増えていた(95)。また湖州のように「茶租」を両税田地に毎畝3斤の税率で付加徴収したり、江東宣州のように「茶租銭」1874貫文を夏税銭2貫文以上の税戸(主戸)に50文/貫の率で割付けるなど(96)、負担を民戸に転嫁する「抑配」の弊も跡を断たなかった。

このほか鈔引価格には諸官司から各種付加税が積算され、科徴されたのちに前もって科銭した諸官司に分配された。鈔引価格中に積算された付加諸税として、諸史料には翻引銭、通貨牙息銭、過淮銭、審験銭、到岸銭、過局銭、住売銭、坪息銭、甓零銭、別納銭、違限公拠力勝銭、坪頭銭、土産回税銭など十数種の税目が見える(97)。

このうち「翻引銭」(過淮銭)は紹興11年の対金和議成立後、淮河を渡って淮北一帯での販茶を許可した商人に対し、所定の「榷場」で1引につき10文を追徴した付加税、また「通貨牙息銭」は所定の榷場を変更する際に科徴される付加税である。「翻引銭」は隆興3年(1165)には15.5貫文に引上げ、乾道年間には歳収が100万貫あり、同8年(1172)に毎引7貫文に引下げたが、「通貨牙息銭」は11.5貫文のままに据置かれた(98)。このほか長引草茶・末茶、短引茶等すべ

ての茶引に科徴される取引手数料「茶引頭子銭」、夔州路達州の山岳地帯でだけ科徴され輸送経費付加税の「脚税銭」「買関引銭」などがあり、また諸路転運司が州県経費として科した「吏禄銭」も、これら"諸司科銭"の一種に他ならない(99)。

3．南宋における茶利歳収の推移

建炎３年に南宋合同場法が施行されてから官の茶利収入は次第に伸張し、紹興５年(1135)に茶塩香息銭合せた歳収が609万貫、翌６年に1300万貫に達したことは前に見たが(前注(88)を参照)、茶利だけの総収が初めて明らかになるのは紹興24年(1154)のことで、「三榷務茶銭」総収は269.4万貫であった(100)。同年の茶塩香息銭・雑銭の総歳収が2066,7491.514貫文というから、茶利はそのうちの13％を占め、紹興32年(1162)の「三榷務茶銭」総収は270余万貫、この年の総収は2156,6092.671貫文で、茶利はその12.5％を占めた。その後淳熙初年(1174)の「茶課」は420万貫であったという(101)。これら茶利はいずれも「茶引銭」の売鈔収入の歳収であって、付加税化した「茶租銭」や商税「茶税銭」は含まれない。

嘉定５年(1212)に湖広総領所は「茶引銭」350万貫の売上目標を定めたが、都茶場は茶利歳額250万貫の湖広総領所が急に課額を増やすのは困難だと上申している(102)。

おわりに

国初の禁榷は太宗・太平興国３年(978)、十三山場・六榷貨務体制として確立したが、これは産茶「園戸」から収買した茶貨を淮南の六榷貨務に集積し、官売する〈官般官販〉方式である。園戸からの収買茶貨には「租課」(斤量)に応じた対価「本銭」が給付され、園戸の両税は茶貨で折科した(「折税茶」)。また官茶の一部は六榷貨務から、日用消費の「食茶」として州県に設けた「食茶務」へ送付して官売された。また官茶の一部は雍熙３年(986)以降に始まる沿辺入中の償還茶貨として商人へ卸売された。なお茶商人が般運・販売する茶貨に対しては、林特の茶法改革以降「商税」として「過税」・「住税」が科徴された。このように国初の榷茶は、食茶の禁榷[官売制]〈官般官販〉方式、償還茶の通商[鈔引制]〈入中償還〉方式、商販茶の通商[収算制]〈従価課税〉の三方式の複合体制であった。

嘉祐の通商法は、課税方式としては上記複合体制の中から通商[収算制]〈従価課税〉方式だけを存続させたものである。ただし嘉祐通商法の下では、商税「茶税銭」のほか、園戸から旧収買価格に相当する「本銭」と、旧歳課の半額分の「租銭」とを茶課付加税として科徴し、ともに沿辺の糧草収買の糴本に支用した。「本銭」「租銭」の科徴は、国初の榷茶が沿辺入中と深く関わっていたことを裏付ける。従来の研究は"禁榷を罷めて通商とし、商人から商税を徴収した"と説明するだけで、「本銭」「租銭」の科徴が存続した理由と沿辺入中との関係、また同じ通商[収算制]の〈従量課税〉方式(京東塩・河北塩)との違いを説明できない。また嘉祐の茶法は"通商であるから専売ではない"と理解する向きもあるが、通説の"専売"ないし"通商"の理解に問題があることは本書後編第１部序説唐・劉晏の塩法と宋代塩茶の通商法で見た通りである。「嘉祐通商法」、すなわち通商[収算制]〈茶税銭〉方式はあくまでも榷茶の一方式として位置づけるべきである。

福建臘茶等の禁榷は熙寧５年(1072)から元豊７年(1084)まで約10年間行われ、途中一時江南・四川を対象に通商したことがある――歳収銭額は不明――。蜀茶は提挙茶場司が管轄し、四川地域40数カ所の茶場司に買茶場を置き、園戸の茶貨を収買して陝西北辺へ輸送し、国境で馬匹と交易した。官員兵士による輸送体制が整うと、発足当初の歳課40万貫は元豊６年には100万貫、同８年には200万貫に課額を引上げ、その後哲宗朝末年まで約15年間この歳額を維持した。

蔡京が施行した崇寧元年の禁榷[鈔引制]〈長短引〉方式においては官価中に商税「茶税銭」が積算され、園戸と商人の直接取引に転換した通商[鈔引制]〈長短引〉方式においても、商人は販売官価と般運経費との間の差額を茶利として収取するだけで利益が薄く不評であり、政和２年(1112)には「合同場法」を施行し、商利を確保しながら官課の増収を図った。

南宋合同場法においては、官課息銭としての茶引銭の他、茶貨付加税としての茶租銭と茶税銭が茶利収入となる。このうち「茶引銭」は南宋三榷貨務体制が整備された紹興８年(1138)から各路ごとの発行定額により、交印庫で印造発給し、交引は各総領所から各路提挙司・安撫司から転運司等路官を経て州軍へ、さらに管下県鎮にまで配分し、その額を商人に卸売した。一括給付される茶引には茶引発行権を持つ総領所・提挙司・安撫司三監司の科銭が積算され、諸路州軍の売鈔収入はこれら三監司の茶利息銭として収取された。

一方「茶租銭」は国初以来の園戸「租銭」の系譜に連なり、嘉祐「通商法」の時期には園戸付加税「租銭」として、蔡京の禁榷[鈔引制]〈長短引〉方式、通商[鈔引制]〈長短引〉方式、北宋末の通商[鈔引制]〈合同場・長短引〉方式においても継続して科徴されてきた課利付加税である。また「茶税銭」は国初、林特の改革に始まり、嘉祐通商法の時期には通商[収算制]〈従価課税〉方式の流通課税として、蔡京の茶法下においても存続した「商税」である。

国初以来の茶利諸課税を統合し、茶引発給と茶利収取を一元化し統合した「南宋合同場」法のもとで茶貨歳収は順調に増進し、紹興末年には茶利「茶引銭」歳収は2000万貫を超え、中央榷貨務の塩課等課利総収の約12%を占めるに至った。

注

（１）宋代榷茶については朱重聖『北宋茶之生産与経営』(台湾学生書局、1985)、黄純艶『宋代茶法研究』(雲南大学出版社、2002)、李暁『宋代茶業経済研究』(中国政法大学出版社、2008)、張希清『宋朝典制』(吉林文史出版社、1997)第三節禁榷専売制度二榷茶制度、汪聖鐸『両宋財政史』上(中華書局出版、1995)第二編第二章第四節榷茶収入のほか、佐伯富「宋初における茶の専売制度」(『京都大学文学部五十周年紀年論集』、1956、『中国史研究１』所収)、同「宋代林特の茶法改革について」(『東方学』17、1958、『中国史研究２』所収)等参照。梅原郁「宋代茶法の一考察」(『史林』55-1、1972)、熊本崇「四川榷茶法―王安石「市易法」理解のために―」(『東北大学東洋史論集』２、1986)等を参照した。

（２）『長編』３建隆3.1.28丁亥「以監察御史劉湛為膳部郎中、湛奉詔榷茶于蘄春、歳入倍増」。同５乾徳2.7.21乙未「始於江北置折博務、禁商旅渡江」。同５乾徳2.8.18辛酉「初令京師・建安・漢陽・蘄口並置場榷茶…。於是令民茶折税外悉官売」。『玉海』181乾徳榷茶「乾徳五年初榷江淮湖浙福建路茶、蓋禁南商擅有中州之利、故置場以買之、自江以北皆為禁地」、『通考』18征榷五・榷茶同。

（３）『長編』６乾徳3.9.12己卯「以度支郎中蘇暁為淮南転運使、暁建議榷蘄・黄・舒・廬・寿五州茶、置十四場、籠其利、歳入百余万緡」。

（４）『長編』18太平興国2.2.16丁未「有司言、江南諸州榷茶、準勅於縁江置榷貨諸務」、『備要』３太平興国2.2.「置江南榷茶場、尚厳茶禁」、『宋史』４太宗本紀同年正月同。

（５）『通考』18征榷五・榷茶p.174下「止斎陳氏曰…太平興国中樊若水奏、江南諸州茶、官市十分之八、其二分量税聴自売、踰江渉淮、乗時射利、紊乱国法、望厳禁之。則謂乾徳榷法也。自若水建議、其法始密。凡茶之利、一則官売以実州県、一則沿辺入中糧草算請、以省餽運、一則榷務入納金銀銭帛算請、以贍京師。而河東北互市、川陝折博、又以所有易所無、而其大者最在辺備」。『長編』18太平興国2.1.30辛卯「初江南諸州官市茶十分之八、余二分復税其什一、然後給符、聴其貨鬻、商人旁縁為姦、踰江渉淮、頗紊国法。転運使樊若冰〔水〕請禁之、仍増所市之直以便民」。『会要』食貨30-1〔茶法雑録上〕太平興国2.1.「…江南諸州茶、官市十之八、其二分量税取其什一、給公憑令自売、踰江渉淮、乗時取利、紊乱国法、因縁為姦」。産茶総額の80％を官収した余20％への課税について、佐伯氏は「残りの二割のうちより、十分の一の“折税茶”を納めしめ」とするが（注（１）前掲1956論文p.388）、“折税茶”すなわち両税の茶貨による折納は翌太平興国３年の「園戸」編籍から始まるので、これは“折税茶”ではない。

（６）『宋史』食貨・茶p.4477「在淮南則蘄・黄・廬・舒・光・寿六州、官自為場、置吏総之、謂之山場者十三。六州采茶之民隷焉、謂之園戸、歳課作茶輸租、余則官悉市之。其售於官者、皆先受銭而後入茶、謂之本銭。又民歳輸税願折茶者、謂之折税茶、総為歳課八百六十五万余斤、其出鬻皆就本場」。この体制は荊湖路（999分南北路）の江陵府・漢陽軍、淮南路（997分東西路）の真州・海州・無為軍・蘄州蘄口鎮に６処の榷貨務、淮南西路の６州に合計13の茶場。十三山場は黄州麻城１場、蘄州洗馬・石橋・王祺３場、寿州霍山・麻歩・開順３場、光州光山・商城・子安３場、舒州羅源・太湖２場、廬州王同１場（『会要』食貨29-6〔買茶額〕）。『会要』食貨29-6〔買茶額〕淮南西路の末尾に「凡十三場皆課園戸焙煎輸売、或折税以備榷貨務商旅算請」とある。

（７）『宋史』食貨・茶p.4478「民之欲茶者售於官、其給日用者、謂之食茶、出境則給券」。『会要』食貨30-4〔茶法雑録〕大中祥符4.10.「詔以淮南諸州軍所売食茶、估価不等、令三司与制置茶塩李溥定奪均減」。同大中祥符5.4.「…饒州旧例集民為甲、令就官場買茶、自今聴民従便収市」、同30-7〔茶法雑録〕天聖2.3.「屯田員外郎高覿言、諸州軍捕得私茶、毎歳不下三二万斤、送食茶務出売」等。加藤繁「宋の茶専売と官鬻法」1929.3（『史那経済史考証』下収取）を参照。また『会要』食貨29-6〔買茶額〕江南西路の虔州・吉州・南安軍、「荊湖南路」の郴州、「荊湖北路」辰州の計５州軍について、それぞれ「無買〔茶〕額、只納折税茶、充本処食茶出売」とあり、「歳課」・「折税」額をもたないこの５州軍に送付された「折税茶」が、「食茶」として３州から出売されたことを記す。**地図11**を参照。

（８）『長編』30端拱2.10.25癸酉「自河北用兵、切于饋餉、始令商人輸芻糧塞下、酌地之遠近而優為其直、執文券至京師、償以緡銭、或移文江淮給茶塩、謂之折中…。冬十月癸酉、復令折中如旧、又置折中倉、聴商人輸粟京師而請茶塩于江淮」。『備要』４淳化2.5「置折博倉【初募商人輸粟、優其価、令執券抵江淮、給以茶塩、謂之入中。或言其弊罷之、自是歳失巨万之入、端拱二年復之、歳旱中止、至是復置、甚済国用、商人便之】」。

（9）『宋史志』食貨・茶p.4479「淳化三年、監察御史薛映・秘書丞劉式等請、罷諸榷務、令商人就出茶州軍官場算買、既大省輦運、又商人皆得新茶。詔以三司塩鉄副使雷有終為諸路茶塩制置使、左司諫張観与映副之。四年二月廃沿江八務、大減茶価。詔下、商人頗以江路回遠非便、有司又以損直虧課為言。七月復置八務、罷制置使・副」。『通考』18征榷五榷茶p.174下「（林特二法）原注【淳化三年秘書丞劉式起請、令商旅自就園戸買茶於官場貼射、廃榷貨務」。『会要』食貨30-2〔茶法雑録〕淳化3.7.「詔淮南茶場、今後商旅只於園戸処就賤収買、将赴官場貼射、違者依私茶例区別」。

（10）『会要』食貨30-2〔茶法雑録上〕淳化4.2.4「詔廃沿江榷貨務八処、応茶商並許於出茶処市之、自江之南悉免其算。先是秘書丞劉式上言、榷務茶陳悪、商賈少利、歳課不登、望尽廃之、許商人輸銭京師、給券就茶山給以新茶、県官減転漕之直而商賈獲利矣。帝従之」。同淳化4.7.12「詔曰、先是上言者以茶法未便・商賈少利、因令停廃榷〔務〕、許商人齎券詣茶山、官以新茶給之、申命近日乗伝按行、別立新制、永為通規、而商旅之間積習斯久、頗憚江波之険、各利風土之宜、将狥群情、宜仍旧貫、其沿江榷貨八務並令仍旧、諸路制置司宜停」、『宋史』食貨・茶p.4479略同。沈括『夢渓筆談』12本朝茶法「淳化四年初行交引、罷貼射法、西北入粟給交引、自通利軍始。是年罷諸処榷貨務、尋復依旧」。『玉海』181乾徳榷貨務「淳化四年二月四日【癸亥】、廃八榷貨務、自江之南悉免其算【先是秘書丞劉式請廃榷務、許商人輸銭京師給券、就茶山給以新茶、県官減転漕之直而商賈獲利。従之】、七月十二日【戊戌】詔仍旧貫復置八務」。なお佐伯氏は『玉海』181乾徳榷貨務の乾徳二年八月辛酉「置榷貨務」条原注【開宝三年七月丁亥、移建安務於揚州、令客旅入金銀銭帛於揚州、給憑就建安請領、茶貨交引始於此】に拠り、江淮茶における茶交引の給付すなわち通商の開始を開宝3年（970）とするが、これは『玉海』の誤記。

（11）沈括『夢渓筆談』12本朝茶法「（淳化四年）罷諸処榷貨務、尋復依旧、至咸平元年茶利銭以一百三十九万二千一百一十九貫三百一十九為額、至嘉祐三年凡六十一年用此額、官本・雑費皆在内」。

（12）沈括『夢渓筆談』12本朝茶法「咸平五年三司使王嗣宗始立三分法、以十分茶価、四分給香薬、三分犀象、三分茶引。六年又改支六分香薬・犀象、四分茶引」。『会要』食貨36-5〔榷易〕景徳2.3.24「三司言、請例河北転運司有輸藁入官者、准便糴粟麦例、給八分緡銭、二分象牙・香薬」、『長編』59景徳2.3.24壬辰条略同。これにともない江淮では茶引の価格を見銭の2倍（海州は1.8倍）とする茶引虚估を設定したが、これについては（2）3．林特の改革の項で扱う。「三説〔税〕法」の理解をめぐってはすでに北宋時代から様々な説があり、決着をみていない。黄氏注（1）前掲書上篇宋代東南茶法二嘉祐四年以前的茶法（四）三説法辨析が簡潔に諸説を整理しているが、償還財貨の構成比に関する黄氏の整理には問題が多い。なお本稿では三説法における償還財貨の比率が変更されるごとに、三説法Ⅰ～Ⅳの四段階に、またこの間に見銭償還とした見銭法もⅠからⅣの四段階に区分する。

（13）『会要』食貨39-14〔市糴糧草〕天聖6.10.「河北転運使楊嶠・王沿言…省司勘会乾興元年九月十五日勅、次遠・近裏州軍便糴斛斗、細色毎斗添銭十五文、粗色十文、仍以百千為色、依旧例支香・茶・見銭三色」。乾興元年勅で定めた香・茶・見銭3種物品の構成比は、『玉海』181天聖茶法・景祐茶法には「乾興元年改三分法【茶引三分、東南見銭二分半・香薬二分半云】」とあり、「旧例」とは景徳の構成比「香薬・象牙2：見銭8」ではなく、入中糧草に対する香・茶・見銭での償還措置をいう。

（14）『会要』食貨39-18〔市糴糧草〕天聖8.10.「三司言、河北西辺入便粮草、欲乞依去年例、毎百貫内支三十五千見銭、二十五千香薬・象牙、四十千茶交引、所貴招誘入便、豊徳近辺軍食。従之」。

(15)『長編』90天禧1.9.9甲辰「三司言、江・淮・両浙・荆湖路入銭粟買塩者、望依解州顆塩例、預給交引付榷貨務、俟有商旅算射、即填姓名、州軍給付。従之」、『会要』食貨36-14〔榷易〕天禧1.9.9略同。

(16)『長編』168皇祐2.1.24壬子「自康定元年陝西募人入中並辺芻粟、始加数給東南塩、而河北稍用三税法、亦以東南塩代京師所給緡銭、数足即止。及慶暦二年、三司又請如康定元年法、募人入中。乃詔入中陝西・河東者、持券至京師、償以銭及金帛各半之。不願受金帛者、予香薬・茶・塩、惟其所欲」。三司が奏請した見銭：金帛(香薬・茶塩)の比は５：５であったが、張方平『楽全集』23論京師軍儲事には「裏河折中倉…慶暦年中、令在京入中諸色斛㪷二百万石、用三説法、三十貫支見銭、三十五貫支向〔東〕南州軍末塩、三十五貫支香薬・茶交引」とあり、見銭３：東南塩3.5：香薬・茶交引3.5とする。黄氏はこれを茶40：見銭30：香30とするが根拠不明(前掲書p.71表２三説法内涵変化表)。

(17)『長編』165慶暦8.12.12丙子「詔三司、河北沿辺州軍客人入中糧草、改行四税之法、毎以一百貫為率、在京支銭三十貫、香薬・象牙十五貫、在外支塩十〔五〕貫、茶四十貫」、『会要』食貨36-29〔榷易〕慶暦8.12.略同。

(18)『会要』食貨は29-6〔買茶額〕以下29-16までを『国朝会要』に拠っている。朱氏は『会要』食貨29-３～７〔買茶額〕に基づく表三「宋代産茶区分布」に記載する計15路２府82州13軍275県２城の計374カ所の産茶地(p.104-108)、また表八「宋初東南区茶産量統計」の産茶地(同書p.133)のいずれにおいても、産茶額・買茶額(＝収買額)・歳課額の三者を同一視し、また同29-２に載せる紹興32年(1162)諸路州軍の産茶額と、乾道年間(1165-73)の産茶額(ともに『中興会要』『乾道会要』に拠る)をともに宋初の産茶額とするなど、誤りが多い。また『会要』食貨29-7〔売茶額〕に「凡六榷貨務掌受諸州軍買納茶、以給商人、於内軍及本務入納見銭算請」とあり、文中「内軍」は意味不明であるが『宋会要輯稿補編』には「在京」とあってこちらが正しく、文意は「…商人は京師または六榷貨務で見銭を納入して茶貨を算請し、販売に趨く」となる。この茶貨は民間要の官売「食茶」ではなく、客商の入中請買のための通商茶である。また汪聖徳氏は前掲書p.275「天聖年以前歳課額」でこれら数字は江南５路の「産量或榷売数」を示すとするが、「榷売数」とは何なのか、或は産茶額と同義なのか、説明がない。

(19)『長編』40至道2.11.28甲午「(発運使楊)允恭又請、令商人先入金帛京師及揚州折博務者、悉償以茶。自是鬻塩者得実銭、茶無滞貨、歳課増五十万八千余貫」。

(20)『通考』23国用一歴代国用p.228中「(開宝)六年、令諸州旧属公使銭物、尽数係省、毋得妄有支費、以留州銭物尽数係省、始於此。止斎陳氏曰…淳化五年十二月、初置諸州応在司、具元管・新収・已支・見在銭物申省」、同17征榷四榷酤p.170中「止斎陳氏曰…淳化四年十二月十四日勅令諸州、以茶塩酒税課利、送納軍資府[庫]、於是稍厳密矣」。

(21)江陵府務の収買先に「贛州」が見えるが、江南西路虔州の贛州への改称は南宋紹興22年(1152)なので「贛」は衍字。また『会要』食貨29-6〔買茶額〕には江陵府(荆南府)に隣接する荆門軍を缺く。**地図11北宋榷茶時期 産茶州軍と買茶額・売茶額**では荆門軍を補った。また同29-6〔買茶額〕に記載する江南東路信州・建昌軍、両浙路処州等３州軍は同29-7〔売茶額〕には記載がない。

(22)『宋史』食貨・茶p.4478「至道末鬻銭二百八十五万二千九百余貫、天禧末増四十五万余貫」。至和中歳額については後注(**41**)を参照。『考索』56賦税・茶課「咸平元年、一百三十九万貫」の記事は他史料にない。

(23)『会要』食貨29-6〔買茶価〕の末文に「川峡・広南州軍、止以土産茶通商、別無茶法」。『宋史』食貨・茶p.4478「天下茶皆禁、唯川峡・広南聴民自買売、禁其出境」。

(24)『宋史』食貨・茶p.4478「商賈貿易、入銭若金帛京師榷貨務、以射六務・十三場茶、給券随所射与之、願就東南入銭若金帛者聴、計直予茶如京師。茶の等級については『会要』食貨29-1〔茶色号〕に、また諸路の茶場と等級ごとの官売価格については『通考』18征榷五p.174上に詳しい記載がある。朱氏前掲書及び水野正名「宋代における茶の生産について」(『待兼山論叢』17史学編、1983)等を参照。

(25)『宋名臣奏議』108財賦門・茶法・上太宗乞罷榷山行放法〔張洎〕「…訪聞湖南山色茶、毎斤官中榷買用本銭二百二十文、輦運支費約破銭一百文〔注略〕、官中於地頭出売、計収銭九百六十文、除算出本銭并纏銭共三百二十文外、合浄利銭六百四十文。其淮南・両浙・江南等道茶貨、雖出売価例或小有不同、其所収浄榷茶利、大約不踰於此」。なお朱氏前掲書は収買本銭価格を毎斤230文とするが220文の誤り。

(26)『長編』100天聖1.1.17壬午「商賈之欲貿易者、入銭若金帛京師榷貨務、以射六務・十三場茶、給券随所射与之、謂之交引。願就東南入銭若金帛者聴、入金帛者計直予茶如京師。凡茶入官以軽估、其出以重估、県官之利甚薄而商賈転売於西北以至散於夷狄、其利又特厚焉」。

(27)『宋史』食貨・茶p.4480「景徳二年命塩鉄副使林特・崇儀副使李溥等就三司悉索旧制詳定、而召茶商論議、別為新法。其於京師入金銀・綿帛実直五十千者、給百貫実茶、若須海州茶者、入見緡五十五千。河北縁辺入金帛・芻粟、如京師之制、而茶増十千、次辺増五千。河東縁辺・次辺亦然、而所増有八千・六千之差。陝西縁辺亦如之、而増十五千、須海州茶者、納物実直五十二千、次辺所増如河北縁辺之制…茶商所過、当輸算令記録、候至京師併輸之、仍約束山場、謹出出納」。李暁氏はこれを“交引価格指数”として京師榷貨務が発給する交引の「虚估率」とみなし(「北宋榷茶制度下官府与商人的関係」歴史研究1997-2、注(1)前掲『宋代茶業経済研究』中国政法大学出版社、2008)、黄艶純「論北宋初期的茶法」(『厦門大学学報』1999-1)・同「論宋代茶利的幾個問題」(『中国史研究(北京)』2002-4)はこれを“入中虚估”と呼び、六榷貨務が客商に給売する茶価にも「虚估率」が設定されたとする。各種「虚估」があって紛らわしいので、本稿では前者を「茶交引虚估」、後者を「遠近虚估」と呼んで区別する。

(28)『長編』100天聖1.1.22丁亥「商人入芻粟塞下者、随所在実估、度地里遠近増其直、射銭一万為率、遠者増至七百、近者三百、給券至京師、一切以緡銭償之、謂之見銭法」。

(29)『宋史』食貨・茶p.4481「大中祥符五年、歳課二百余万貫、六年至三百万貫、七年又増九十万貫、八年纔百六十万貫」。林特は丁謂の庇護下で大中祥符2年(1009)、「新法」の成果を踏まえて「茶法条貫并課利総数二十三策」を上程した。なお『考索』56財賦・茶課に「又云、景徳三年前歳収銭七十三万余貫、自林特改法、官収交引、後行之三年、共収七百九万貫」とあるが、年次を確定できない。

(30)『宋史』食貨・茶p.4481「(景徳三年)有司上歳課、元年用旧法、得五百六十九万貫、二年用新法、得四百一十万貫、三年二百八万貫」。

(31)『長編』85大中祥符8.8.18乙未「以三司使・工部侍郎林特為戸部侍郎・同玉清昭応宮副使…尋又命特為修景霊宮使兼管勾景霊宮・会霊観事。上数訪以朝廷大事、特因有所中傷、人以此憚焉」。

(32)『宋史』食貨・茶p.4483「…由是虚估之利皆入豪商巨賈、券之滞積、雖二三年茶不足以償、而入中者以利薄不趨、備辺日蹙、茶法大壊。初景徳中、丁謂為三司使、嘗計其得失、以謂辺糴纔及五十万、而東南三百六十余万茶利尽帰商賈」。

(33)『長編』92天禧2.11.11己巳「三司言、陝西入中芻糧、請依河北例、毎斗束量増直、計実銭給鈔、入京以見銭買之、如願受茶貨交引、即依実銭数給之、令榷貨務並依時価納緡銭支茶、不得更用芻糧交鈔貼納茶貨。詔毎入百千、増五千茶引与之、余従其請」、『会要』食貨36-14〔榷易〕天禧2.11.同。

『長編』97天禧5.5.25己亥「…河北入中芻糧、諸州有多増其価者、三司請令月上在市実価送入内内侍省、出付三司約所定価、視其虧官之甚者而裁損之」。同100天聖1.1.22丁亥「…商人入芻粟塞下者、随所在実估、度地里遠近増其直、以銭一万為率、遠者増至七百、近者三百、給券至京師、一切以緡銭償之、謂之見銭法。願得金帛若他州銭、或茶塩・香薬之類者聴、大率使茶与辺糴、各以実銭出納、不得相為軽重、以絶虚估之弊」。『会要』食貨36-22〔榷易〕天聖7.12.「三司言…天聖元年五月勅、定奪所奏、陝西沿辺州軍許客津般粮草、赴倉場入納、乃以逐月逐旬毎斗束榷[確]的見売価銭、紐計貫百等第加饒、給付交引到京、一文支還、一文見銭、如情願便換外処州軍見銭、或算請茶貨・香薬・象牙・顆末塩・白礬交引、亦取客人穏便、於在京榷貨務、依入納見銭算買加饒則例飜換交引文字、往指射去処請」。『長編』118景祐3.3.是月「李諮等請罷河北入中虚估、以実銭償芻粟。実銭售茶、皆如天聖元年之制…。至是諮等又請、視天聖三年入銭数、第損一千有奇、入中増直亦視天聖元年数、第加三百。詔皆可之、又詔已用虚估給券者、給茶如旧、仍給景祐二年已前茶」。『会要』食貨36-27〔榷易〕景祐3.5.14「詳定茶法所言、検詳天聖元年旧制、商人皆自東京榷貨務納銭買荊南・海州榷貨務茶、毎価銭百貫聴納実銭八十貫、如就本州榷貨務納銭者、毎八十貫文増七貫、則荊南・海州茶顕是人所願買」。宝元元年(1038)には河北で茶引鈔価の割増し率を5％から8％に引上げ、見銭買取りにはさらに2％上乗せした。『会要』食貨30-9〔茶法雑録〕宝元1.7.2「詳定茶法所言…其河北沿辺入納粮草、願請香薬・象牙者、加饒外今請増三[五]千為八千、若到京願請見銭者亦聴。詔特更与増減銭各二千」。

(34)『長編』100天聖1.1.22丁亥「…先是天禧中詔、京師入銭八万給海州・荊南茶、入銭七万四千有奇給真州・無為・蘄口・漢陽并十三山場茶、皆直十万、所以饒裕商人。而海州・荊南茶善而易售、商人願得之、故入銭之数厚於他州。其入銭者聴輸金帛十之六。至是既更十三場法、又募入銭六務、而海州・荊南茶増為八万六千、真州・無為・蘄口・漢陽増為八万」、『宋史』食貨・茶p.4484略同。乾興元年(1022)の新「三分法」については前注(13)を参照。なお見銭法下の天禧5年(1021)に、茶引の償還虚估が林特の定めた海州務茶の償還虚估率1.8に拠ったとする記事がある。『宋史』食貨・茶p.4483「天聖元年、命三司使李諮等較茶塩礬税歳入登耗、更定其法、遂置計置司、以枢密副使張士遜・参知政事呂夷簡・魯宗道総之、首考茶法利害、奏言、十三場茶歳課緡銭五十万、天禧五年纔及緡銭二十三万、毎券直銭十万、鬻之售銭五万五千、総為緡銭十三万、除九万余緡為本銭、歳纔得息銭三万余緡、而官吏廩給雑費不預、是則虚数多而実利寡、請罷三説、行貼射法」。海州茶の10万貫：5.5万貫の虚估率は本注『長編』100天禧1.1.22丁亥条及び『宋史』食貨・茶p.4484の記述(虚估率1.25)と符合しない。呂夷簡らは貼射法を実施するため、天禧年間の歳収減を誇張して述べたものと推測される。

(35)『宋史』食貨・茶p.4483「其法、以十三場茶買売本息併計其数、罷官給本銭、使商人与園戸自相交易、一切定為中估、而官収其息。如鬻舒州羅源場茶、斤售銭五十有六、其本銭二十有五、官不復給、但使商人輸息銭三十有一而已」。『会要』食貨30-6〔茶法雑録〕天聖1.3.条文の原注【凡貼射之例、如舒州羅源場中色者、元買一斤官破本銭二十五文、至出売収銭五十六文、其二十五文今来客人出銭物与園戸、其官破本銭更不支給、止収浄利三十一文、令客人貼納」。陳師道『後山叢談』6に「三税法、皇祐初為李諮所壊…」とあるが、"皇祐初"は"天聖初"の誤りであろう。

(36)『宋史』食貨・茶p.4489「…十月遂罷貼射法、官復給本銭市茶」。『会要』食貨30-7〔茶法雑録〕天聖3.11.1「詔三司罷貼射法」。『考索』後集57財賦門・茶塩類・貼射法「初総許商賈就園戸置茶場貼射、謂之貼射法。太宗淳化三年行之、四年罷。仁宗天聖元年復行之、行之三年利帰大商、乃詔孫奭議罷」。『長編』220熙寧4.2.12戊辰「呉充曰…然立法之初、許商人入芻粟辺郡、執交鈔至京師、或使銭・銀・紬・絹、或香薬・象牙惟所欲、商人便之、故法大行。至祥符初、限以三税之法、定立分数、不許従便、客旅拘制、又茶官多買茶之下者、苟足課額、商人得之、往往折閲。又法数変而民不信、此其所以大壊」、『会要』食貨30-11〔茶法雑録〕熙寧4.2.13条略同。天聖7年(1029)までの三分法改定については前注(13)(14)を参照。

(37)『会要』食貨30-9宝元1.7.2「詳定茶法所言、在京榷貨務算買十三山場・四榷貨務茶、毎見銭七十千、支茶百千、今請減六十七千、其河北沿辺入便粮草、願請茶者、減為六十六千、在京算買香薬・象牙、毎見銭百千加饒五千、今請増二千為七千、其河北沿辺入納粮草、願請香薬・象牙者、加饒外今請増三千為八千、若到京願請見銭者亦聴。詔特更与増減銭各二千」。なお後注(44)を参照。

(38)『宋史』食貨・茶p.4490「是歳(景祐三年)三月、〔李〕諮等請罷河北入中虚估、以実銭償芻粟、実銭售茶、皆如天聖元年之制」、同p.4491「…諮等復言、自(孫)奭等変法、歳損財利不可勝計、且以天聖九年至景祐二年較之、五年之間、河北入中虚費緡銭五百六十八万…宝元元年、命御史中丞張観等与三司議之、観等復請入銭京師以售真州等四務十三場茶、直十万者、又視景祐三年数損之、為銭六万七千、入中河北願售茶者、又損一千。既而詔又損二千、於是入銭京師止為銭六万五千、入中河北為銭六万四千而已」、前注(37)『会要』食貨30-9〔茶法雑録〕宝元1.7.2略同。

(39)『宋史』食貨・茶p.4494「景祐中、葉清臣上疏曰…臣窃嘗考校計茶利所入、以景祐元年為率、除本銭外、実収息銭五十九万余緡、又天下所售食茶并本息歳課亦祇及三十四万緡、而茶商見通行六十五州軍所収税銭已及五十七万緡、若令天下通商祇収税銭、自及数倍、則榷務・山場及食茶之利、尽可籠取」。

(40)『宋史』p.4502に「崇寧元年右僕射蔡京言、祖宗立禁榷法、歳収入浄利凡三百二十余万貫、而諸州商税七十五万貫有奇、食茶之算不在焉、其盛時幾五百余万緡」とあり、蔡京は景徳以降・慶暦以前の某年の歳収320余万貫(食茶の官売収入を含まない)のうち75万貫(百分比で23.4%)を占めたと言うが、他史料で裏付けられない。

(41)『宋史』食貨p.4491「康定元年、葉清臣為三司使、是歳河北穀賤、因請内地諸州行三説法、募人入中、且以東南塩代京師実銭。詔止糴二十万石。慶暦二年又請募人入芻粟如康定元年法、数足而止、自是三説稍復用矣。八年、三司塩鉄判官董沔亦請復三説法、三司以為然、因言自見銭法行、京師銭入少出多、慶暦七年榷貨務緡銭入百十九万、出二百七十六万、以此較之、恐無以贍給、請如(董)沔議、以茶・塩・香薬・緡銭四物予之。於是有四説之法」。『長編』129康定元年「是歳」条「又詔商人入芻粟陝西並辺、願受東南塩者、加数予之。会河北穀賤、三司因請内地諸州行三税法、募人入中、且以東南塩代京師実銭、詔糴至二十万石止」、同168皇祐2.1.24壬子条略同。

(42)『宋史』食貨・茶p.4492「初詔止行於並辺諸州、而内地諸州有司蓋未嘗請、即以康定元年詔書従事。自是三説・四説二法、並行於河北、不数年間、茶法復壊、芻粟之直、大約虚估居十之八、米斗七百、甚者千銭。券至京師、為南商所抑、茶毎直十万、止售銭三千、富人乗時収蓄、転取厚利。三司患之、請行貼買之法。毎券直十万、比市估三千、倍為六千、復入銭四万四千、貼為五万、給茶直十万。詔又損銭一万、然亦不足以平其直。久之、券比售銭三千者、纔得二千、往往不售、北商無利、入中者寡、公私大弊…」、『長編』170皇祐3.2.18己亥条略同。

(43)『宋史』食貨・茶p.4492「三司奏、自改法以為今、凡得穀二百二十八万余石、芻五十六万余囲、而費緡銭一百九十五万有奇、茶・塩・香薬又為緡銭一千二百九十五万有奇、茶・塩・香薬民用有限、榷貨務歳課不過五百万緡、今散於民間者既多、所在積而不售、故券直亦従而賤、茶直十万、旧售銭六万五千、今止二千、以至香一斤、旧售銭三千八百、今止五六百、公私両失其利、請復行見銭法、一用景祐三年約束」、前注(42)『長編』170皇祐3.2.18己亥条続文略同。

(44)『長編』188嘉祐3.9.5癸酉「又茶法屢変、歳課日削、…至和中歳市茶、淮南纔四百二十二万余斤、江南三百七十五万余斤、両浙二十三万余斤、荆湖二百六万余斤、惟福建天聖末増至五十万斤、詔特損五万、至是増至七十九万余斤、歳售銭并本息計之、纔百六十七万二千余緡、官茶所在陳積、県官獲利無幾、論者皆謂宜弛禁便」、『宋史』食貨・茶p.4494略同。因みに至和年中の歳課、淮南茶422万貫と東南茶683万貫の構成比は銭額で38：62となり、国初・太平興国３年の推計値27：73と比べ、淮南茶がほぼ1.5倍に伸びている。

(45)『長編』189嘉祐4.2.4己巳「始命韓絳・陳旭・呂景初、即三司置局議弛茶禁。其十月三司言、茶課緡銭歳当二百四十四万八千、嘉祐二年才及一百二十八万、又募人入銭、皆有虚数、実為八十六万、而三十九万有奇是為本銭、才得子銭四十六万九千而已、其輦運糜費喪失与官吏・兵夫廪給雑費又不与焉」、『宋史』食貨・茶p.4496略同、ただし二百四十八万八千を二百二十八万八千に作る。

(46)『欧陽文忠公文集』内制集５「通商法詔」嘉祐4.2.4条、『宋史』食貨・茶p.4496「四年二月詔」略同。

(47)『長編』118景祐3.3.27丙午「権判戸部勾院葉清臣請弛茶禁、以歳所課均賦城郭・郷村人戸。其疏曰…臣窃嘗校計茶利歳入、以景祐元年為率、除本銭外、実収息銭五十九万余緡。又天下所售食茶並本息歳課、亦祇及三十四万緡、而茶商見通行六十五州軍、所収税銭已及五十七万緡。若令天下通商祇収税銭、自及数倍、則榷務・山場及食茶之利、尽可籠取…景祐元年、天下戸千二十九万六千五百六十五、丁二千六百二十万五千四百四十一、三分其一為産茶州軍、内外郭郷又居五分之一、丁賦銭三十、村郷丁賦二十、不産茶州軍郭郷・村郷如前計之、又第損十銭、歳計已及緡銭四十余万、榷茶之利、凡止五十余万緡、通商収税、且以三倍旧税為率、可以得百七十余万緡、更加口賦之入、乃有二百一十余万緡」、『宋史』食貨・茶p.4495略同。ただし「榷茶之利、凡止五十余万緡」を「…九十余万緡」に作るが、90余万貫の３倍は170万貫にならない。景祐元年の茶利実収息銭は59万貫なので「九十」は「五十九」の誤り。葉清臣の計算では、通商収税は「以口定賦」すなわち州県の口数に応じて賦課し、景祐元年の戸口数を基準に試算すれば170余万貫、これに産茶・不産茶と城居・郷居を基準に賦課する「口賦之入」40余万貫を加えて210余万貫を得ることができるという。葉清臣は嘉祐４年に卒し、通商案は彼の死後に採用された。

(48)『長編』189嘉祐4.2.4己巳「…宜約至和之後一歳之数、以所得息銭均賦茶民、恣其買売、所在収算…初所遣官既議弛禁、因以三司歳課均茶戸、凡為緡銭六十八万有奇、使歳輸県官、比輸茶時其出幾倍。朝廷難之、為損其半、歳輸緡銭三十三万八千有奇、謂之租銭、与諸路本銭悉儲以待辺糴、自是唯臘茶禁如旧、余茶肆行天下矣」、『宋史』食貨・茶p.4496略同。

(49)沈括『夢渓筆談』12国朝茶利「除官本及雑費外、浄入銭、禁榷時取一年最中数、計一百九万四千九十三貫八百八十五、内六十四万九千六十九貫、茶浄利【売茶、嘉祐二年収十六万四百三十一貫五百二十七、除元本及雑費外、得浄利十万六千九百五十七貫六百八十五。客茶交引銭、嘉祐三年除元本及雑費外、得浄利五十四万二千一百一十一貫五百二十四】、四十四万五千二十四貫六百七十茶税銭【最中嘉祐元年所収数、除川茶銭在外】。通商後来、取一年最中数、計一百一十七万五千一百四貫九百一十九銭、内三十六万九千七十二貫四百七十一銭茶祖【嘉祐四年通商立定茶交引銭六十八万四千三百二十一貫三百八十。後累経減放、至治平二年最中分収上数】、八十万六千三十二貫六百四十八銭茶税【最中治平三年、除川茶税数外、会此数】」。『宋史』p.4497「初所遣官既議弛禁、因三司歳課均賦茶戸、凡為緡銭六十八万有奇、使歳輸県官。比輸茶時、其出幾倍、朝廷難之、

為損其半、歳輸緡銭三十三万八千有奇、謂之租銭、与諸路本銭悉儲以待辺糴。自是唯臘茶均如旧、余茶肆行天下矣」。『長編』191嘉祐5.3月末条「及治平中、歳入臘茶四十八万九千余斤、散茶二十五万五千余斤、茶戸租銭三十二万九千八百五十五緡、又儲本銭四十七万四千三百二十一緡、而内外総入茶税銭四十九万八千六百緡、史臣曰、推是可見茶法得失矣」、『宋史』食貨・茶p.4497「治平中…」略同。王得臣『麈史』上・利疚には「六路租茶、通商以来、蠲減外歳計三十三万八千六十八貫有畸、湖北独当十万二千五百三十一貫有畸、而鄂一州所斂無慮三万九千緡、諸邑之中、咸寧又独太重」とあり、年次を特定できないが通商後の六路「租茶」(「茶租銭」)歳収を計33,8068貫余(うち鄂州3.9万貫)とする。また次項に「湖北一路、惟安・復・漢陽三州軍無茶租、蓋民不種以資利耳」とあり、安・復・漢陽の3州軍は茶を栽培せず、従って茶租がなかった。なお嘉祐通商法について、これを専売と見る説と専売ではないとする説の対立がある(宮澤前掲書p.76注(29)を参照)。両説とも「通商は自由販売であるから専売ではない」としているが、茶貨の般運・販売に茶税銭—課利としての流通税「算税」—を課せられる茶商の交易を“自由販売”と見ること自体に問題がある。

(50)『宋史』食貨・商税p.4543「皇祐中、歳課緡銭七百八十六万三千九百、嘉祐以後弛茶禁、所歴州県収算銭、至治平中課増六十余万、而茶税銭居四十九万八千六百」。榷茶時代の景祐中、すでに65州軍の茶課「商税」歳収は57万貫であった(前注(47)参照)。通商後の治平の茶税銭額49万余貫はわずかにこれに及ばない。

(51)『会要』食貨29〔茶法〕は1〔茶色号〕、2～5〔産茶額〕の二項が『中興会要』『乾道会要』に拠り、6〔買茶額〕、7〔売茶額〕〔買茶場〕、8～10〔買茶価〕、10～14〔売茶価〕、14～16〔売茶場〕の六項が『国朝会要』に拠り、17～22〔茶数修入〕の一項が『中興会要』の記載に基づく。このうち『国朝会要』は畢仲衍『中書備対』に拠って、賦税・課利全般につき熙寧10年の統計を載せる。これらを熙寧10年の統計とする理由は、〔買茶額〕に載せる彭州棚口場・導江県城・蒲村鎮城・木頭場、綿州彰明県城・龍安県城、漢州楊村場、嘉州洪雅場・楊村鎮城などが、いずれも熙寧10年に設置されていて、翌元豊元年以後の茶場設置の記述がないことによる。

(52)『長編』69大中祥符1.6.23壬子「諸路歳貢新茶者凡三十余州、越数千里、有歳中再三至者、上憫其労擾、於是詔悉停罷」、雑記14甲集・建茶「建茶歳産九十五万斤、其為団胯者号臘茶、久為人所貴、旧制歳貢片茶二十一万六千斤…〔紹興〕十二年六月興榷場、遂取臘茶為場本、九月禁私販、官尽榷之、上京之余、許通商、官収息三倍…今上供龍鳳及京鋌茶歳額、視承平纔半」。臘茶の生産については朱重聖前掲書p.111-113を参照。

(53)『長編』230熙寧5.2.6丙辰「三司言、福建路茶乞在京・京東・京西・淮南・陝西・河東・河北依旧禁榷外、其余路並通商販。従之」。『会要』食貨36-32〔榷易〕元豊7.10.17「福建路転運使王子京言、建州臘茶旧立榷法、商賈冒販利甚厚、自熙寧三年官積陳茶、遂聴通商」。『淳熙三山志』7公廨類一・都税務「国初茶塩有推官、自設市於此、収税官通領之。熙寧三年罷科売茶、故至今唯称塩商税務」。

(54)『長編』287元豊1.1.13己未「三司言、建州熙寧六年買茶三十二万九千余斤、有粗悪茶剥納銭三万六千余緡、当於園戸及干繫人名下理納」。

(55) 前注(53)『会要』食貨36-32〔榷易〕元豊7.10.17続文「…自此茶戸售客之茶甚良、官中所得唯常、税銭極微、南方遺利無過於此、乞依旧行榷法」。

(56)『長編』354元豊8.4.14丁丑「監察御史安惇言、福建転運使王子京擘画官買臘茶歳三百万斤、訪聞抑認、乞委官採訪」。

(57)『長編』365元祐1.2.2辛酉「吏部侍郎張汝賢言、奉勅差福建路按察、并臣僚上言本路転運使王子京買臘茶事、今相度乞並依熙寧五年二月六日朝旨、除依旧禁榷州軍外、並放通商。従之」。

(58)『長編』366元祐1.2.24癸未「右司諫蘇轍言…(蜀茶禁榷五害)其五曰、陝西民間所食茶、蓋有定数、茶官貪求羨息、般運過多、出売不尽、逐州多虧歳額、遂於毎斤増科課価俵売与人。元豊八年鳳州準茶官指揮、毎茶一斤添一百銭、其余州郡準此可見。又茶法初行、売茶地分於鳳・秦・熙・河、今遂東至陝府、侵奪臘茶地分、所損必多、此陝西之害五也」。

(59)『会要』食貨32-24〔茶塩雑録〕紹興1.5.12「孟庾言、福州申、本路都大巡茶使臣二員、旧来建安県界置司。昨因建州兵火残破、移往福州置司」。“建州兵火”は建炎２年６月に発生した兵卒葉濃の乱を指す。『会要』食貨32-30〔茶塩雑録〕紹興4.4.13「(倉部員外郎・検察福建広南東西路経費財用公事章傑)取会得建州毎年批発上件茶引二十余万斤、今欲乞将建州合発省額茶、且権依紹興四年例起発五万斤、余並折科銭、委自本州収買末茶一十五万斤、赴建康府交納。従之」。以下、南宋福建の茶法については主に黄艶純前掲書上篇宋代東南茶法六福建茶法に拠った。

(60)『会要』食貨31-5〔茶法雑録下〕紹興12.9.23「戸部言…一、今措置福建園戸等処臘茶、自今降指揮到日、不許与客人私下交易、如違依臘茶法断罪」。同31-8〔茶法雑録下〕紹興13.閏4.24「臣寮言…戸部看詳、欲以所乞福建州軍買納茶場、自今降指揮到日、住罷収買、並許客人依旧法赴都茶場、買引前去本路所指州軍合同場、勘合文引下場、与園戸私下交易」。

(61)『会要』食貨31-21〔茶法雑録下〕乾道7.12.25「詔福建路銙截・片鋌茶、昨来並係一十六両為一斤、毎斤収銭一文、今以郷原斤重、銙截茶係五十両為一斤、片鋌茶係一百両為一斤、毎斤増収五文」。同31-25〔茶法雑録〕淳熙9.6.6「福建提挙周頡言、福建一路茶引斤重…至乾道七年内措置、以販茶引銭太重、得茶数少、客旅艱於興販、遂使郷原斤重、銙截茶係五十両為一斤、片鋌茶係一百両為一斤、比之旧法、遂増数倍、可謂優潤極矣」。

(62) 蘇轍『欒城集』36論蜀茶五害状「…近歳李杞初立茶法、一切禁止民間私買、然循所収之息止以四十万貫為供億熙河…」。呂陶『浄徳集』３奏為邀連先知彭州日三次論奏榷買川茶不便并条述今来利害事状「一、未禁以前、陝西客旅得解塩并薬物等入川買茶…自茶法施行以後、更不興販、所収税銭絶少【熙寧七年未禁茶法、興元府収七百四十万、住税毎斤六文、歳収四万七千貫、次年所収纔及一二】」等。

(63)『宋史』食貨・茶p.4498～p.4499「…初蜀之茶園皆民両税地、不殖五穀、唯宜種茶、賦税一例折輸。蓋為銭三百、折輸紬絹皆一匹、若為銭十則折輸綿一両、為銭二則折輸草一囲、役銭亦視其賦。民売茶資以食、与農夫業田無異、而税額総三十万。〔李〕杞被命経度、又詔得調挙官属、迺即蜀諸州創設官場、歳増息銭為四十万而重禁榷之令…〔熙寧〕十年知彭州呂陶言…今茶場司務重立法、尽榷民茶、随買随売、取息十之三、或今日買十千之茶、明日即作十三千売之、変転不休、比至歳終、豈止三分。因奏劉佐・李杞・蒲宗閔等苟希進用、必欲出息三分、致茶戸被害、始詔息止収入十之一」、洪邁『容斎三筆』14蜀茶法略同。

(64)『宋史』食貨・茶p.4500「初李杞増諸州茶場、自熙寧七年至元豊八年、蜀道茶場四十一、京西路金州為場六、陝西売茶場三百三十二、税息至稷加為五十万、及師閔為百万」。前注(62)蘇轍『欒城集』36論蜀茶五害状「…後遂添置逓鋪、十五里輒立一鋪、招兵五十人、起屋六十間、官破銭百五十六貫、益以民力、僅乃得成、今已置百余鋪矣…又茶逓一人日般四駄、計四百余斤」。なお『会要』食貨29-14〔売茶場〕によれば、熙寧10年までに禁榷蜀茶官売のために設置した在京都茶庫を除く陝西諸州軍の売茶場数と設置年次は次のとおり。秦州11場―熙寧８.閏４.置、涇州３場―熙寧9.12.置、熙

州４場熙寧8.6.置、隴州２場―熙寧9.12.置、成州４場―熙寧9.12.置、岷州８場―熙寧８.閏４.置、渭州３場―熙寧9.11.置、原州１場―熙寧9.10.置、階州３場―熙寧8.8.置、徳順軍３場―熙寧9.10.置、通遠軍３場―熙寧8.7.置。

(65)『長編』284熙寧10.9.16癸亥「…先是〔屯田郎中・侍御史周〕尹上言、成都府路置場権買諸州茶、尽以入官、最為公私之害。初李杞倡行斂法、奪民利未甚多、故為患稍浅、及劉佐攘代其任、増息銭至倍…又日…旧来諸路茶税年額銭総二十九万余緡…」。同297元豊2.4.5癸卯「…李稷言、自熙寧十年冬遂行茶法、至元豊元年秋、凡一年通計課利及旧界息税并已支・見在銭七十六万七千六十六緡」。同303元豊3.4.13丙午「…以陝西転運司言、茶場司、自熙寧七年置場至十年、総入息税銭百二十二万九千余緡、而杞已死故也」。洪邁『容斎三筆』14蜀茶法「蜀道諸司、惟茶馬一臺最為富盛、茶之課利多寡与夫民間利疢…凡税額総三十万、〔李〕杞剏設官場、歳増息為四十万。其輸受之際、往往圧其斤重、侵其加直…〔劉〕宗閔乃議民茶息収十之三、尽売於官場、蜀茶尽権、民始病矣。…一歳之間、通課利及息耗至七十六万緡有奇…。其代陸師閔、言其治茶五年、獲浄息四百二十八万緡」。『宋史』食貨・茶p.4499「自熙寧十年冬推行茶法、至元豊元年秋、凡一年通課利及旧界息税七十六万七千六十余緡…。五年李稷死永楽城、詔以陸師閔代之、師閔言稷治茶五年、百費外獲浄息四百二十八万余緡」。『長編』334元豊6.4.3戊申「初蜀額歳三十万、至稷加為五十万。及師閔代稷、為百万云【食貨志、熙寧七年税息銭四十万緡、元豊五年五十万、七年増羨至一百六十万緡。詔定以百万緡為歳額、除充他官経費外、並儲陝西以待詔用】」。同340元豊6.10.21癸巳「提挙茶場陸師閔言、毎歳所収息税、以百万緡為額、除応副別司年額外、並於陝西等路封椿、以待詔用。従之。師閔又言、運塩入蜀、見計置万三千席、約売尽得二分五厘之息。又言、準朝旨増広茶法、自措置以来、以所起茶数及見売価約息税銭、無慮四十万緡、而金州所置三場、収息亦当不下六七十万緡。詔候及一年奏取指揮」。同341元豊6.11.24乙丑「通直郎・都大提挙成都府等路茶場陸師閔言、比者買種民重立茶場法、並用年終額外増剰、依江湖淮浙六路売塩条支賞、其立額并其余増虧比較賞罰、並依課利場務法、茶場司専条更不用…。切詳本司与天下課利場務不同、如塩・酒之類以本息通立額、而本司但以浄利為額…深害茶法、不可施行。詔、茶場司並用旧条、其戸部議法不当」。同350元豊7.11.21丁巳「中書省言、元豊二年、提挙茶場李稷以息銭五十万緡為額、後陸師閔奏、自立額後、連歳増羨、迄今七年、以百万緡為額、未知虚実。詔権茶司具自二年立額後、至六年所収息税有無増剰及支費数以聞…其封椿及見在銭、並令交割与陝西逐路常平司封椿」。

(66)『長編』366元祐1.2.22癸未「右司諫蘇轍言…(蜀茶禁権五害)其五曰、陝西民間所用食茶、蓋有定数、茶官貪求羨息、般運過多、出売不尽、逐州多虧歳額、遂於毎斤増価俵売与人。元豊八年鳳州準茶官指揮、毎一斤添銭一百、其余州郡準此可見。又茶法初行、売茶地分於鳳・秦・熙・河、今遂東至陝府、侵奪臘茶地分、所損必多、此陝西之害五也」、前注(58)福建臘茶を参照。『宋史』食貨・茶p.4501「明年、熙河・秦鳳・涇原三路茶仍官為計置、永興・鄜延・環慶挙通商。凡以茶易穀者聴仍旧、毋得踰転運司和糴価、其所博斛斗勿取息。七年詔成都等路茶場司、以三百万緡為額本」。この記事は『長編』『会要』に見えない。300万貫の“額本”とは陝西転運司の糴本額を指すのであろう。

(67)『長編』366元祐1.2.24癸未「右司諫蘇轍言…及李稷引陸師閔共事、又増額至一百万貫、師閔近歳又乞於額外以一百万貫為献、朝廷許之」。同381元祐6.6.28甲寅「承議郎・都大提挙成都府・永興軍等路権茶・買馬・監牧公事陸師閔、降授奉議郎、主管東嶽廟」。同501元符1.8.9甲申「〔曾〕布曰…今欲閉茶卻馬、令辺外知中国無所資於彼、然茶場歳課二百万、可遽閉乎」。

(68) 汪聖鐸『両宋財政史』下７.宋代権茶収入統計表p.713-714、王暁燕『官営茶馬貿易研究』(民族出版社、2004）第三章第二節の宋神宗時期易馬情況一覧表・哲徽二宗時期易馬情況表等を参照。

(69)『宋史』食貨・茶p.4501「熙寧八年、嘗詔都提挙市易司歳買商茶、以三百万斤為額。元祐五年、立六路茶税・租銭諸州通判・転運司月曁歳終比較都数之法。七年、以茶隷提刑司、税無毋得更易為雑税収受。紹聖四年戸部言、商旅茶税五分、治平条立輸送之限既寛、復慮課入無準、故定以限約、毋得更展、元祐中輒展以季、課入漏失、且茶税歳計七十万緡、積十年未嘗検察、請内外委官、期一年駆算以聞。詔聴其議、展限令出一時、毋承用」。『長編』271熙寧8.12.8丙申「都提挙市易司…又言、歳買商人茶、従本司貿易、乞以三百万斤為、庶使商人預知定数、不雑粗悪草木、務令中売数多。並従之」、『会要』37-23〔市易〕熙寧8.12.9［8］同日条同。『長編』438元祐5.2.21丙辰「戸部員外郎穆衍言、六路茶法通商久矣、税銭無総数以較多寡之入、租銭亦不見有無欠負、請自今税銭委逐州通判月終比較申明、州歳終比較申転運司、転運司于次年具一路総数申戸部、租銭委転運司歳終具理納大数申戸部」。同474元祐7.6.3乙卯「諸路茶税、並専委提刑司管其税務、毋得以茶税銭、更易作雑税収附」。同489紹聖4.6.7己丑「戸部状、検準治平二年三月四日中書省劄子節文、三司奏、欲応今日已前及今後客人批鈔茶税銭、五分依元指定住売去処、内荆湖南路販茶限一年八箇月、荆湖北路限一年六箇月、江南東路・両浙・淮南限一年四箇月送納了足、余五分並与展限半年」。

(70)『宋史』食貨・茶p.4502「崇寧元年、右僕射蔡京言…請宜荆湖・江淮・両浙・福建七路所産茶、仍旧禁榷官売、勿復科擾民、即産茶州郡随所置場、申商人・園戸私易之禁、凡置場地園戸租折税仍旧」。『会要』食貨30-31〔茶法雑録上〕崇寧1.12.8「尚書右僕射蔡京等言…所有置場買茶本銭、欲降度牒二千道・末塩鈔二百万貫、更特於逐路朝廷諸色封樁銭并坊場常平浄利銭内共借四十万貫、共三百万貫、令逐路分擘、充買茶本銭」。『会要』食貨30-34〔茶法雑録上〕崇寧2.8.11「京西転運司状、検準二月十九日江淮・荆浙・福建州軍所要茶、官置場買、不得私売」。

(71)『通考』18征榷五榷茶p.176下「産茶州軍許其民赴場輸息、量限斤数給短引、於旁近郡県便鬻。余悉聴商人於榷貨務入納金銀緡銭、或並辺糧草、即本務給鈔、取便算請於場、別給長引、従所指州軍鬻之」。

(72) 前注(71)『通考』18征榷五・榷茶p.176下「商税、自場給長引、沿路登時批発至所指地、然後計税尽輸、則在道無苛留」。

(73)『会要』食貨30-33〔茶法雑録上〕崇寧2.4.24「尚書省言、諸路茶価不等、難立一定収息之数。乞令随宜収息、勿得過倍。従之」。黄純艶氏は"令随宜収息"に拠って商人が随意に茶利息銭を積算したと説明するが（前掲書p.106）、官価中に息銭を積算し、官価で商人に卸売して茶利を収取するのは官であり、商人が自由に茶利を販価中に積算することはできない。大観元年（1107）にも同趣旨の詔が出され、息銭1斤につき10文を増額した。同30-36〔茶法雑録上〕大観1.3.15「詔令逐路茶事司、将逐路茶貨、以見今所搭息銭、毎斤各量添銭一十文、其見納息銭不及一十文者、並唯対数増添、内元買価少・搭息多、即不得過元買価一倍、仍具已増息銭申尚書省」。

(74)『会要』食貨30-37〔茶法雑録上〕崇寧4.閏8.12「左右司状…本司見今編修七路茶法、正与通商茶法相干。詔令左右司一就編輯聞奏」。また馬端臨も『通考』18征榷五p.177上に「按京崇寧元年所行、乃禁榷之法、是年所行、乃通商之法」といい、崇寧元年に施行した鈔引制は通商法であると断定している。

(75)『会要』食貨30-36〔茶法雑録上〕崇寧4.6.24「三省言已罷官場売茶、許商賈与園戸交易、経営納息、以便客販」。『宋史』食貨・茶p.4503「（崇寧）四年、京復議更革、遂罷官置場、商旅並即所在州県或京師給長短引、自買於園戸、茶貯以籠篰、官為抽盤、循第敍輸息訖、批引販売、茶事益加密矣」、

『通考』18征榷五p.176下同。

(76) 同前注(75)『通考』18征榷五p.176下条原注【長引許往他路限一年、短引止於本路限一季】。

(77)『会要』食貨30-37〔茶法雑録上〕政和1.3.24「戸部相度、欲乞逐路州軍毎月具応客人等収買興販茶数合納息銭、内若干係住売処送納、若干係量添銭外実収到銭数、除紐計分与転運司外、有若干并量添銭数、申発運司拘催、赴内蔵庫送納」。この「量添銭」は大観元年の増額分をいい、茶課本体ではなく茶課付加税である。酒課にもこれとよく似た酒課付加税「増添銭」が科徴された。本書後編第2部第11章宋代榷酤の課税構造を参照。

(78)『会要』食貨56-2〔金部〕政和1.11.26「戸部侍郎胡師文奏、昨准聖訓、今経画戸部財用、今先次措置到下項、東南七路収納茶税銭一十五万貫、契勘東南七路所収茶税銭、久来並依無額上供、応副戸部支費、熙寧年間歳収不下五六十万貫、大観年毎歳約収四十余万貫、比熙寧年約少収一二十万貫、蓋是官司因循、失於検察拘収、致虧省計、計臣已措置…毎歳約増収銭一十五万貫、添助戸部経費」。ただし『宋史』食貨・茶p.4503に「大観三年計七路一歳之息一百二十五万一千九百余緡、榷貨務再歳一百十有八万五千余緡、京専用是以舞智固榷、自是歳以百万緡輸京師。所供私奉、掊息益厚、盗販公行、民滋病矣」とあり、大観3年(1109)の歳収は125万余貫に達した。

(79)『会要』食貨29-16〔売茶場〕末文「茶法、自政和以来、官不置茶場収買、亦不定価、止許茶商赴官買引、就園戸従便交易、依引内合販之数、赴合同場秤発、至于今不易、公私便之」。『宋史』食貨・茶p.4503「政和二年、大増損茶法…長短引輒竄改増減及新旧対帯・邀納申展・住売転鬻科条具。初客販茶用旧引者、未厳斤重之限、影帯者衆。於是又詔凡長引斤重三千斤者、須更買新引対売、不及三千斤者、即用新引以一斤帯二斤鬻之、而合同場之法出矣」、『通考』18征榷五p.177上略同。なお新旧鈔引の「対帯」については本書第2部第5章西北塩(解塩)の販売体制と課税方式を参照。

(80)『宋史』食貨・茶p.4503「置場於産茶州軍、而簿給於都茶場、凡不限斤重茶、委官司秤製、毋得止憑批引為定。有羸数即没官、別定新引限程及重商旅規避秤製之禁、凡十八条…」、『通考』18征榷五p.177上同。

(81)『会要』食貨32-5〔茶塩雑録〕政和2.8.17「尚書省言、勘会鋪戸変磨到末茶、昨降指揮、諸色人買引興販、長引納銭五十貫文、販茶一千五百斤、三十貫文、販茶六百斤、縁近降指揮、販草茶更印給一等十貫文短印、其末茶未有十貫短印興販指揮。詔販末茶更印給十貫文短引、許興販三百斤約束等、並依前後已降指揮」。

(82)『会要』食貨30-39〔茶法雑録上〕政和2.8.26「尚書省黄牒奉聖旨…一、客販茶並於茶務請長短二引、各指定所詣州県住売、長引許往他路、短引止於本路興販、其約束沿路阻節公拠、並依塩引法…。一、客請引販茶、許自陳、乞限長引不得過一年、短引一季、於引内批書所至州県、売訖批鑿…」。『会要』食貨32-17〔茶塩雑録〕宣和7.1.22「中書省・尚書省言…窃詳政和八年七月十二日指揮内、短引茶如違限不到合同場、更不行用、其茶依私茶法」。

(83)『会要』食貨32-5〔茶塩雑録〕大観2.8.29「提挙江西東西路塩香茶事司奏、点検得江東転運司支使過封椿茶息銭一十五万貫、本司二十次牒転運司撥還、並不報」。“擅支封椿法”については本書前編第4章上供財貨の再分配—北宋「封椿」の財政運用—を参照。

(84)『宋史』食貨・茶p.4505「然茶法更改至政和六年、収息一千万緡、茶増一千二百八十一万五千六百余斤」。『玉海』181嘉祐弛茶禁「崇寧以後歳入至二百万緡、視嘉祐五倍矣。政和元[二]年正月始剏引法、置都茶場、歳収四百余万緡」。『考索』56財賦門・榷茶「政和中収息四百万貫有奇」。『玉海』は「合同場法」による政和以降の歳収を、蔡京の改革の一環とみなして“崇寧以後”と表記している。

(85)『宋史』食貨・茶p.4508「高宗建炎初、於真州印鈔、給売東南茶塩。当是時、茶之産於東南者、浙東西・江東西・湖南北・福建・淮南・広東西、路十、州六十有六、県二百四十有二」。『要録』5建炎1.5.13壬寅「江淮等路発運使梁揚祖、提領措置東南茶塩公事…言、真州東南水陸要衝、宜遣官置司、給買鈔引、所有茶塩銭並充朝廷封樁、諸司無得移用。朝廷以為然、故有是命」。

(86)『宋史』食貨・茶p.4510「〔建炎〕二年〔趙〕開至成都、大更茶法。倣蔡京都茶場法、以引給茶商、即園戸市茶、百斤為一大引。除其十勿算、置合同場以譏其出入、重私商之禁、為茶市以通交易、毎斤引銭春七十、夏五十、市利頭子銭不預焉。所過征一銭、所止一銭五分、自後引息銭至一百五万緡。至〔紹興〕十七年都大茶馬韓球尽取園戸加饒之茶為額、茶司歳収二百万、而買馬之数不加多」。四川はこの改革により熙寧榷茶時代の歳収のほぼ５倍、200万貫の歳収を得た。『会要』食貨31-25〔茶法雑録下〕淳熙5.6.24「四川制置使胡元質・都大提挙茶馬呉総言、川蜀産茶、祖宗時並許通商、熙寧以後始従官榷、歳課不過四十万、建炎軍興改法、売引一歳所取二百余万、比之熙寧、已増五倍」。

(87)『宋史』食貨・茶p.4508「…建炎三年置行在都茶場、罷合同場十有八、惟洪・江・興国・潭・建各置場一、監官一、罷食茶小引」。この時廃止された「食茶小引」は、四川「合同場法」で設けた「食茶」販売のための「小短引」を指し、「短引」と競合した他の客商の請買率・官収率ともに低かった。『会要』食貨32-23〔茶塩雑禄〕紹興1.2.17「戸部侍郎兼提領榷貨務都茶場孟庾言…窃詳茶貨今通行去処並係産茶路分、依法自有短引興販、其食茶小引不唯比短引増添斤重、暗虧引銭、兼既不出州界…欲乞今後住罷食茶小引…従之」。『要録』102紹興6.6.24庚申「湖北路提挙茶塩公事范寅秩言、茶塩之利、常平之法、専一応副国家大計、州県不得擅用」。

(88)『宋史』職官p.3791榷貨務都茶場【都司提領】「提轄官一員【京朝官充】、監場官二員【京選通差】、掌鹺茗香礬鈔引之政令、以通商賈、佐国用。旧制置務以通榷易、建炎中興、又置都茶場、給売茶引、随行在所榷貨務置場、雖分両司、而提轄官・監官並通銜管幹。外置建康・鎮江務場、並冠以行在為名、以都司提領、不係戸部経費、建康・鎮江続分隷総領所」。『会要』食貨55-25〔榷貨務〕建炎2.1.10詔に真州榷貨務・行在榷貨務（在京榷貨務）、同2.10.19詔に行在都茶場榷貨務、同55-26建炎２.閏4.9詔に紹興府榷貨務都茶場、同3.4.1詔に吉州榷貨務都茶場、同55-27紹興2.4.22条に真州・吉州・鎮江府〔榷貨〕務、同5.3.30条に鎮江府〔榷貨〕務、同11.6条に行在榷貨務・吉州榷貨務、同5.10.6条に吉州榷貨務等が見える。

(89)『雑記』甲17榷貨務都茶場「建炎二年春始置於揚州【正月壬辰】、明年又置於江寧【二月乙丑】、紹興三年又置於鎮江及吉州、五年冬省吉州務而行在務場移臨安、以都司提領。其始歳収茶塩香息銭六百九万余緡【紹興元年】、六年九月詔歳収及一千三百万緡、許推賞、時以極盛矣。休兵寖久、歳課倍増【二十四年収二千六十六万緡、三十二年収二千一百六十五万緡、皆有奇】。乾道三年三月詔、以二千四百万緡為額、建康千二百万緡、臨安八百万緡、鎮江四百万緡」。

(90)『会要』食貨32-21〔茶塩雑録〕建炎2.12.12「詔行在都茶場、撥福建路額合売茶引、従所属官司印造」。同31-22〔茶法雑録下〕淳熙1.1.27「湖広総領所言、今年歳計茶引数内、江西茶長引一十五万貫」。同31-23淳熙3.2.13「湖広総領所言、淳熙三年歳計茶引七十五万二千余貫、又給降長引三十万貫、委是数多、必致積圧、乞将江西路草茶長大小引一十万貫、并江西州軍長短小引二十万貫、並行換給江西路二十二貫例茶短引。従之」。同31-26淳熙11.11.18「戸部言、湖広総領所乞、将江西路淳熙十二年本所歳計茶引二十八万貫、尽行印給末茶長引、付逐処発売価銭、応副大軍支遣…。今乞照淳熙十一年已給降体例印造江西安撫司茶長引八万九千九十貫九百六文、短引七万貫、江州通判庁茶長引四万貫、江西提挙司給降茶引一十五万四千、内六万一千二百余貫、応副本所支遣、照年例印造給降。従之」。同31-27淳熙12.6.4「詔淮東総領所、将来未起䋲引銭二十六万八千余貫、尽数起赴封樁庫送納」、同31-28淳熙13.8.23「詔京西南路提挙司、見売淮塩鈔引一万袋、依逓年例別給降江西茶長引一十万貫、短引一十万八千四百三十貫、趁時措置発売」等。

(91)『会要』食貨31-29〔茶法雑禄下〕淳熙16.1.25「詔江西提挙司茶引十五万四千貫、分上下半年給降外、所有江西安撫司茶長引八万九千九十貫九百文・茶短引七万貫、江州通判庁茶長引二万貫・茶短引四万貫、下交印庫印造、一併給降、令趁時給売【従湖広総領所請也】」。

(92)『嘉泰会稽志』5課利・茶「八県毎歳批発・住売」による。これらのうち〔無批発〕は非産茶県のため売引(卸売)定額が無いことを示す。また『淳熙厳州図経』1税賦二・三課利に両浙厳州と徳安・淳安2県の売引定額、紹興9年・淳熙12年の売引額を載せる。黄氏前掲書p.132、p.135を参照。

(93) 陳傅良『止斎文集』19桂陽軍乞画一状「…縁本軍非産茶地分、又非商旅孔道、自旧将買引価銭、均敷於民、歴年彌久、不以為病」。『要録』163紹興22.3.14己酉「…如湖州産茶諸県、各有園戸、祖宗朝並無茶税、州県旧来立歳額。毎畝輸三斤、已自非法、比年官司又於額外抑配園戸茶引・僧人茶鈔、園戸買茶引、毎畝出鈔三百文足、僧人買茶鈔、毎名出銭三貫六百文足」等。

(94) 前注(92)『嘉泰会稽志』5課利・茶「八県毎歳批発・住売」による。南宋合同場法のもとでは州軍に割付けられた分売定額と、各県が徴収する住売額との間に直接の対応関係はない。

(95)『乾道臨安志』2税賦・秋税「…茶租銭一万一千六百八十九貫一百四十三文」。『咸淳臨安志』59田税・二税元額・秋「茶租銭一万一千六百八十九貫一百四十三文【内新城県年額合解四千九百余貫、端平元年有旨、特蠲放二千八百貫】」。『厳州図経』2税賦・秋税「茶租銭、旧額三千二百七十二貫文、今収二千貫文」。

(96) 同前注(93)『要録』163紹興22.3.14己酉。『新安志』2茶課「…茶租銭者起於嘉祐中、宣州以此銭千八百七十四貫文均在本州、今民戸自税銭二貫省以上者、毎貫敷銭五十」。

(97)『景定建康志』26提領江淮茶塩所「淳祐四年…客販茶、毎一長引収銭十二貫三百六十文、一短引収銭一十貫三百文、皆〔貼納〕審験銭、内有分隷日吏禄銭…。又創池口局及常州丹陽上下局、拘徽・厳等州草茶之過淮者、皆使納銭…。又創江州分司、凡上江茶、毎一長引収銭二百貫、以三十貫入分司、百五十貫帰本所、毎一短引収銭百七十貫、以二十貫帰分司、百五十貫帰本所、皆名曰貼納銭。江東草茶審験銭、如旧仍不問長短引、毎引並収貼納銭一百官、於是茶塩所歳入倍於常時」。洪括『盤洲文集』51荆門軍論茶事条「〔紹興末〕…欲望鈞慈特賜減損荆門軍歳額、以其数毎年径就提挙司請引、至本軍従長招誘客人或民戸算請。只依元引収頭子銭外、更不別収勘合等銭…」など。黄純艶「厦門大学学報」2001-3、同「論宋代茶利的幾個問題」中国史研究(北京)2002-4を参照。

(98)『会要』食貨31-9〔茶法雑録下〕紹興14.3.26「戸部言…願往楚州及盱眙軍界者、即於高郵県、先往権茶場貼納䋲引等銭…」。『会要』食貨31-17〔茶法雑録下〕隆興3.3.25「戸部侍郎李若川言、客販草末茶小引、元指淮南近裏州軍住売、却願改沿淮州軍住売者、毎引納䋲引銭十貫五百文、改権場折博者、毎引再納䋲引銭十貫五百文、其引[改]権場又合納通貨牙息銭十一貫五百…、欲乞将両淮州軍住売茶引、並就買引処、毎引只貼納䋲引銭十五貫五百、許従便住売…所有通貨牙息銭依旧」。同31-18〔茶法雑録下〕乾道8.5.23「詔行在・建康・鎮江府都茶場并応売茶引官司、客旅算請長引、截自今指揮到日算請長引、毎引止納䋲引銭七貫、若再改往権場折博、止納通貨牙息銭八貫」。同31-20〔茶法雑禄下〕乾道8.7.25「(戸部侍郎・発運使)史正忠言、本司買茶一千六百余引、見過両淮折博、而両淮総領所歳費長引過江䋲引銭約一百余万貫、顕是相妨」。

(99)『会要』31-21〔茶法雑録下〕乾道8.5.23「龍図閣待制兼戸部侍郎楊倓等言、客販長引茶貨、内草茶毎引并頭子等銭共納二十四貫四百八十四文、末茶毎引并頭子等銭共納二十七貫六百七十七文、短引并頭子等銭共納二十三貫四百有奇…」。『会要』31-12〔茶法雑録下〕紹興30.2.5「都大茶馬司言…先拠達州申、本州東郷県出産散茶并餅団茶、自来客人止販餅団茶、毎団二十五斤、茶価毎斤一百二十文、計三貫文、販致渠州沿路却税三貫五十文、買関引銭二貫五百文、共八貫五百文、到渠州約度中価、止売得六貫五百文」。前注(97)『景定建康志』26提領江淮茶塩所に「吏禄銭」。

(100)『会要』食貨55-27〔権貨務〕紹興5.11.6「都省言」後文「紹興二十四年行在・建康・鎮江三務共収二千六十六万七千四百九十一貫二百六文、塩銭一千五百六十六万五千六百一十五貫四百三十文、茶銭二百六十九万四千四貫五百七十七文、香礬銭一百九万九千一百八貫六百八十五文、雑納銭一百二十万八千七百六十二貫五百一十四文。紹興三十二年回税場共収二千一百五十六万六千九十二貫六百七十一文、塩銭一千七百九十六万九千一十一貫六百九文、茶銭二百一十二万一千四百七十七貫七百五十八文、香礬銭一百一十九万五千八百五十四貫二百四十六文、雑納銭二十七万八九千四百四十九貫五十八文」。

(101)『玉海』181嘉祐弛茶禁「…紹興末東南十路六十州二百四十二県、歳産茶一千五百九十余万斤、収鈔銭二百七十余万、淳熙初収四百二十万」。

(102)『会要』食貨31-33嘉定5.10.14「中書門下省言、節次已降指揮七項、共給降茶引三百五十万貫、付湖広総領所、変売価銭椿管、除科擾支使外、見在茶引不多」。同31-33嘉定5.10.24「都茶場言、承降指揮、湖広総領所申乞給降嘉定十一[五]年分歳計茶引、内江西路茶引已降過二百四十七万六十八貫八百五十五文、其銭実係応副本所大軍支遣…照得湖広総領所茶引、逓年止降二百万貫」。当初350万貫あった湖広総領所の茶引発給はその後減額し、嘉定5年(1212)には200万貫となっていた。

第11章　宋代権酤の課税構造

はじめに

宋の権酒は、州県城鎮の官酒務で醸造、販売する禁権[官売制]〈監官酒務〉方式(以下、[監官酒務制]と略称)を基礎として、これに民間に醸造・販売を許可する買撲[分収制]を並用する官・民並売体制をとり、他に四京に施行された禁権[売麹制]、南宋時代の広南路等に施行された買撲制の一方式「万古酒法」など幾つかの地域的な方式があった。

北宋・南宋を通じて、州県城鎮の官酒務で徴収した酒課は、その全額が州県の歳入とされ(留州)、専ら州県官員兵士の請給に支用された。すなわち国初以来、州県が官売して得た酒税収入は、会計上は上供義務を免除されていたが、慶暦2年(1042)には酒課の増額分を付加税として徴収する「添酒銭」が創設され、その収入は州県に留置せず、新規の上供銭貨として中央に輸納された。「添酒銭」は元豊5年(1082)から「無額上供銭」の一費目として戸部—転運司系の財政から切離され、提刑司の管理下で内蔵庫に直送、封樁された。また熙寧3年(1070)から酒課[買撲制]に「実封投状」方式が導入されると、買撲した酒課額(「課利銭」額)に上乗せされた付加税の坊場「浄利銭」も上供銭貨に指定され、これも戸部—転運司系の財政から切離された。ふつう「坊場銭」というときは買撲課利銭ではなく、この坊場浄利銭を指す。坊場浄利銭は熙寧4年(1071)から常平司の管理下でその一部——総収額の5%とされた——を免役法運用のための税銭「吏禄銭」に充当し、同8年(1075)には上供定額を100万貫と定めた。免役法は元祐政権下でも存続し、実封投状方式による坊場買撲と浄利銭の徴収は北宋末まで続けられた。

南渡直後の対金臨戦体制下では歳収不足を補うため中央・地方の各級官署・軍鎮がそれぞれの酒庫・酒坊を設置、運営して増収に努めた。そのため紹興年間には、酒課の増額、酒税の増収に反比例して戸部—転運司系の歳収が激減する事態となった。戸部は[監官酒務制]を立直すため、戦費調達を名目とする「贍軍酒庫」の制度を設け、殿前諸軍や中央諸官署から酒税徴収権を逐次回収して権酒業務の正常化を進めた。諸路転運司が州軍の酒税徴収権を回復し、酒課収入を州県の官員兵士の請給として確保できるまでに[監官酒務制]による権酒体制を回復することができたのは、紹興も末年近くのことであった。

一方この間、北宋の実封投状方式を踏襲した坊場買撲においては、上供銭貨に指定された坊場浄利銭が紹興5年(1135)創設の銭額制雑税「経総制銭」の一費目として州軍の財政支出中に固定された。しかしこれを賄うため課利銭額・浄利銭額ともに負担が過重となって民戸の買撲が進まず、また買撲民戸の経営破綻と破産によって坊場の休業・閉鎖が相次ぎ、坊買撲収入は全体として減収ないし停滞の状況が永く続いた。

１．宋代榷酤の諸方式

国初には五代の時期の榷酒体制の違いを反映して、地域ごとに異なる幾つかの方式があった。両浙では旧呉越銭氏の時代から禁榷［榷酒銭制］〈民醸民売〉方式が行われていたが、太宗・雍熙初年(984)に、当年の「榷酒銭」額を歳課として民間の酒造戸から両税輸納時に酒課「麹銭」を科徴する禁榷［売麹制］〈麹銭科徴〉方式――［官売制］〈四京麹銭〉方式の原型――に改めた。しかしこの売麹方式も“豪戸が酒利を独占する”という理由で間もなく廃止され、両浙では翌雍熙2年(985)年から江淮地域と同じ禁榷［監官酒務制］が布かれることとなる(1)。

一方、旧南唐領の江淮地域では五代以来の禁榷制を継承して［監官酒務制］が行われたが、ここでは咸平末年ころ、江淮制置司が榷酤を兼領して酒課「榷酒銭」を増額したため、２年後には制置司の榷酤兼領を撤廃して［監官酒務制］に復帰した(2)。また四川では後蜀以来禁榷［売麹制］を布いていたが、ここでも官課が過重のため歳収が伸悩み、宋の版図に入って４年後の開宝２年(969)に売麹課額を20％減じ、［監官酒務制］を布いて歳収増を図った。しかし予期した成果が挙らないまま、太平興国７年(982)に上記［売麹制］に復帰した(3)。

旧後周領の陝西では早くも顕徳４年(957)から禁榷［監官酒務制］を布いていたが、十分な歳収を確保できないとして咸平５年(1002)、歳課を11万貫増額して榷酒体制を強化した(4)。同じく旧後周領の河北では咸平３年(1000)に一時沿辺23州軍の榷酤を罷めたことがあるが、間もなく旧に復して［監官酒務制］を布いた(5)。ただし旧後周領でも京西の陳・滑・蔡・潁・随・郢・均・鄧・金・房州・信陽軍計11州軍だけは宋初以来榷酤せず、太平興国初年(976)になって京西転運使程能の奏請によって［監官酒務制］を布き、11州軍にそれぞれ酒務を置いて監当官吏を配置した。ただし官醸酒は民醸酒に比べると質が悪く、淳化４年(993)には課額を２割減じて“募民自酤”すなわち買撲を勧めたが、応募は捗々しくなかった(6)。

太祖朝の末年に始まる酒課［買撲制］は、禁榷「監官酒務制」を前提として実施される醸造・販売許可制であるが、酒課の分配収取を基準に取ると〈官民分収〉方式で、官が独占する「監官酒務制」とは異なる独自の一方式である。また国都東京開封府と四川の一部には、五代から継承した榷酤の一方式［売麹制］が施行されていた。このように国初の榷酤体制としては［監官酒務制］［買撲制］［売麹制］の三方式が併存していたことになる。

ただし国初以来、(ⅰ)四川成都府路の黎・威州、梓州路の瀘州、夔州路の夔・達・開・施・黔・涪・梁山・雲安軍、(ⅱ)河東路の麟・府州、(ⅲ)荊湖南路の辰州、(ⅳ)福建路の福・泉・汀・漳州・興化軍、(ⅴ)広南東路の全域、(ⅵ)広南西路の全域、の計６地域は不禁地とされ、その後仁宗朝・天聖以降に江南西路の永興軍(旧興国軍、978改)、河東路太原府の大通監、四川の茂州・豊順監などが新たに不禁地に加えられたが(7)、これら地域では北宋末まで酒の醸造・販売に統制が加えられることはなかった。しかし南宋になると、このうち(ⅰ)四川・夔州路の８州軍には［監官酒務制］が布かれ、(ⅴ)(ⅵ)広南東・西路の全域と湖南・

福建・江西等路の一部州軍では「万古酒法」という地域的な[買撲制]の一方式が行われた。このほか(ⅱ)河東路の2州は後に金領となり、渓洞地域の(ⅲ)辰州の不禁は南宋末まで存続した。

(1)禁榷[監官酒務制]〈官醸官販〉方式

[監官酒務制]においては、州県城内と管下県鎮に設けた官酒務——府州軍治在城の都酒務、県鎮等に設ける酒務——に課利収取の専官として「監官」(監臨官・監当官)を配置し(8)、官営酒坊で醸造精製した官酒を酒務または官営酒楼等で直接販売するか、或は官が指定する小売業者「拍戸」(「泊戸」「脚店」ともいう)に官価で転売し、指定地域内での販売を許可した(9)。

直売であれ卸売であれ、酒課は官估(販売価格、官価)中に積算されるので、醸造原価・販売諸経費——のち「本柄銭」と呼ばれた——と販売価格との差額が「息銭」として官の酒課収入となる。拍戸は官が酒坊で醸造した酒を官估で購買して販売し、販売価格と卸売価格との差額を収益として得る。この収益は酒務で購買した官酒の酒店までの般運経費と、店舗の営繕など販売諸経費に相当する。このように拍戸による酒店での零細販売は、酒戸による自由な営業ではなく官酒販売業務の一部分を代替しているにすぎない。酒課の[監官酒務制]は、塩課の通商制のように課利を官・商間で分割収取する〈官商分収〉方式の「通商」ではない。課利の分配収取を基準とすると、〈官府独占〉方式の禁榷であり、製造・販売を基準にすると〈官醸官売〉方式による禁榷——酒の禁榷は「榷酒」「榷酤」と呼ばれた——である。

1．酒務の設置と監当官の配置

『会要』食貨19-1〜19〔酒麹雑録〕に、『中書備対』に基づき慶暦2年及び熙寧10年の諸路州軍——不榷の広南東・西路を除く——の酒務設置状況と酒課歳額とを載せる(10)。**表61**はこれによって禁榷諸路の官酒務の旧額・祖額[熙寧10年]と買撲浄利銭額を転載したものである。路ごとの詳細は本章末尾に付した**付表**を参照されたい。

これらの表から、

(ⅰ)熙寧10年「祖額」が慶暦「旧額」に比し平均でほぼ3割方減じていること、

(ⅱ)坊場銭額の対「祖額」比は平均すれば0.173であるが、最多は淮南西路の0.661から最少は江南西路の0.069まで、路ごとの格差が大きいこと、

(ⅲ)四京売麹銭額を除く熙寧10年“祖額”の諸路計は約981万貫、これに対し“買撲額”は計約169万貫で、課額に対する買撲比率は平均17.2%となる、

(ⅳ)路ごとの酒務数・買撲額は各路の諸事情により大きく異なっているが、必ずしも人口規模、酒の需要度、酒業の発達度などを反映しているわけではない、

などの傾向を読取ることができる。なお酒課の買撲については次項で扱う。

これら監官酒務のうち規模の大きな州軍の酒務については、北宋末になって歳収増の観点か

表61　慶暦２年・熙寧10年 諸路官酒務課額と買撲浄利銭額

	慶暦２年酒務数・歳額		熙寧10年 酒課祖額		熙寧10年 買撲浄利銭額	
榷酒諸路	務数	a旧歳額(貫)	b祖額(貫文)	[対旧額比]	c買撲額(貫文)	[対祖額比]
京東東路	71	63,3249.	76,3714.406	[1.206]	9,4844.385	[0.124]
京東西路	59	53,4327.	40,5107.338	[0.758]	18,7162.027	[0.462]
京西南路	33	26,0913.	33,1307.051	[1.269]	3,3311.597	[0.100]
京西北路	77	54,5824.	47,2874.144	[0.866]	7,8481.1841	[0.165]
河北東路	134	87,8359.	77,2742.116	[0.879]	10,3908.468	[0.134]
河北西路	100	91,1698.	78,0263.190	[0.855]	6,7026.231	[0.085]
永興軍路	167	174,3560.	114,0835.403	[0.654]	16,3997.917	[0.143]
秦鳳路	120	136,5879.	104,5561.574	[0.765]	13,0336.753	[0.124]
河東路	100	72,6084.	63,3868.455	[0.872]	7,5252.840	[0.118]
淮南東路	71	88,5220.	65,8671.956	[0.744]	17,0347.297	[0.258]
淮南西路	87	55,8632.	25,1888.966	[0.450]	16,6568.27512	[0.661]
両浙路	116	168,0205.	162,8156.604	[0.969]	28,8706.624	[0.177]
江南東路	60	47,5411.	48,5258.467	[1.020]	4,6402.5689	[0.095]
江南西路	48	18,6526.	19,9182.831	[1.067]	1,3794.626	[0.069]
荆湖南路	29	10,6313.	13,0890.578	[1,231]	1,0576.448	[0.080]
荆湖北路	45	39,4955.	44,6022.682	[1.129]	3,4814.302	[0.078]
成都府路	165	129,8369.	13,5955.47966	[0.104]	—	
梓州路	121	59,1193.	7,0398.71268	[0.119]	—	
利州路	124	30,6365.			3,4002.633	
夔州路	7	5240.269				
福建路	32	7,6201.	3,6984.259	[0.485]	9193.728	[0.248]
諸路計	1766	1416,4523.269	1038,9684.21234	[0.693]	170,8727.90412	[0.173]

ら再編統合が行われるようになった。例えば杭州には酒税15万貫を歳額とする大規模な都酒務が置かれていたが、天禧３年(1019) ６月にこれを三分割する案が検討されたが実現せず、治平中に課額が30万貫を超えた後は次第に歳収が減じ、政和の初めには20万貫となったため、都酒務の課額を三分した後新たに「比較務」２処を設置し、結局計５酒務で課額を分割しながらそれぞれ競って歳収増を図ることとした(11)。比較務は北宋末から南宋初期にかけて各地に増設され、とくに紹興年間の酒課増収に大きく貢献することとなる。

２．[監官酒務制]における酒価の価格構成と酒課「祖額」

官酒の販売価格には他の課利塩・茶等と同じく、収買本銭と官課が積算されて価格が構成される。官酒の製造原価、すなわち糯米・米麦麹等の原料購入費及び醸造・販売の各工程に要する諸経費は「本柄銭」と呼ばれ——官塩価格中の「塩本銭」に相当する——、官課実収は塩・茶等と同じく「息銭」と呼ばれる。本柄銭と息銭とを合せた額が官酒の販売価格「酒価」であり、「酒価」で販売して得た収入が「酒税」——課利=官課としては「酒課」——である(12)。

淳化4年から5年にかけて(993-94)、茶税・塩税・酒税・商税の課利収入についてはすべて府・州・軍・監の在城「軍資庫」に納付し、州軍の会計業務を遂行する「応在司」を置いて元管・新収・已支・見在の四項目を立てて収支を管理する会計体制が確立した(13)。このうち茶税と塩税の課利収入は新法期以降、各種賦税や付加税・雑税が次々に「上供銭貨」に指定され、中央政府による地方経費の収奪が進行して転運司・州県会計の困窮化が進んだが、酒税歳収は商税歳収とともにその全額を「留州」として支用する原則に変更が加えられることはなかった。

宋朝による初めての酒課「祖額」は咸平4年(1001)、端拱元年から淳化元年(988〜990)までの三年間の酒税歳収の平均額によって立定された(14)。宋代における各種賦税・課利の「祖額」は、五年間の実績を見て適宜調整して「新額」すなわち新規の祖額を立定することとされ、また県官・監臨官等の考課に当っては、課利収入実績の対「祖額」増減を基準として査定が行われた(15)。

真宗朝に入ると、諸路転運司は坊場を増設し、「買撲」課額を増やすことで州軍酒課を増大させて成果を競うようになったため、景徳4年(1007)、三司は州軍の酒課月収の“一年中等の数”に基づいて課額——買撲課額ではなく監官酒務制の課額——を立定するよう求めた(16)。酒課歳収の増進が「買撲」課額の増大と連動してなされた理由は、民戸が買撲して請負う酒課額が監官酒務制の酒課額を前提としていたからである。

しかしこうして定めた酒課歳額が予定どおり達成されなかった場合、州軍は衙前や隣里の郷村民戸にその負担を転嫁し、課額を充すため不足分の課銭を強制徴収したため、仁宗朝末から英宗朝にかけて、中央はしばしばこうした違法に対して禁令を出している(17)。

(2)買撲[分課制]

買撲[分課制]は転運司から酒坊ごとに賦課された「坊場課利銭額」を民戸が請負い、州軍の酒造工房「坊場」での醸造権と販売権を与えられて、在城都酒務を除く県鎮郷村の指定地域で酒を販売させる、販売形態からいえば“営業許可制”である。この営業許可税こそが他ならぬ官課「坊場課利銭額」なのである。民戸が請負う買撲課額は、会計上は“歳課を分認する”と表現されるように、州軍の酒課総額を各「坊場」単位に分割したものである(18)。この「坊場課利銭」額は[監官酒務制]において州軍ごとに課された酒税額の一部であるから、買撲[分課制]は[監官酒務制]の酒課額を前提として成立する。

酒課の分配は、販売価格中に積算された酒課息銭を官が収取し、販売価格と官課との差額を民戸が収取する〈官民分収〉方式によって行われる。官課を官・商間で分配収取する点では塩法・茶法における「通商法」と似ている。しかし宋代塩・茶の「通商法」においては、客商が般運・販売業務を官に代って執行し——官から見れば業務を委託し——、般運・販売業務の委託料として塩・茶等禁制品の償還を受けるのであって、客商が塩・茶の製造・販売を行う“営業許可制”ではない。酒課買撲のこうした特質から、本稿では“酒税収入を官・民間で分収する営業許可制”、すなわち買撲[分課制]と表記する。

1．買撲[分課制]における酒税収入の分配

国初の酒課買撲は開宝3年(970)に始まり、淳化5年(994)までに醸造・販売の請負制として整備された。

太祖朝の初め、いまだ宋朝の榷酤体制が整備過程にあった開宝3年(970)に、早くも醸造工房を民戸に"買撲"させて民戸から"抵当"を取ったとする史料がある。ただし当時"買撲"がどの程度普及していたのか、またどのような"抵当"を入れたかなどについては確認できない(19)。

開宝9年(976)10月には前年・開宝8年の買撲酒課額を上限として定額化し、民戸が請負う酒課課額はこの定額内で分割すること(20)、また当初一年と定めた醸造・販売許可期間を三年間に延長することとした(21)。こうして翌太平興国2年(977)、州軍に課せられた酒課定額の一部を"買撲酒課額"として民戸に分与し、三年の期限を定めて酒の醸造・販売を許可する酒課の買撲[分課制]〈民醸民売〉方式が本格的に発足した。醸造・販売を許可された民戸は家産を抵当に入れて官課を請負い、買撲した坊場で自ら醸造した酒を販売し、販売価格と官課(坊場課利銭)との差額を利益として得ることができた。しかしそのためには官営小売店「拍戸」が販売する官売酒と競合しないよう、官都酒務のある州城20里外の県鎮郷村で販売しなければならなかった(22)。

官は坊場を買撲する民戸(「買撲酒戸」)を募り、坊場ごとに定めた酒課の銭額を「坊場課利銭」(買撲銭)として完納するという条件で、民戸の醸造・販売を許可した。買撲制が始まった当初から官が民戸に「抵当」を入れさせた――官から見れば"担保"を取った――のは、請負いの内実が官銭の「酒課」であるためで、従って買撲酒戸による酒課の缺額・滞納・未納などは厳しい罰則をともなう処分の対象とされた。淳化5年(994)には転運司による買撲民戸の資産査定を厳格に行うとともに、全国の課額の少ない470余処の官酒務を、買撲制または売麹制に転換するよう指示している(23)。

買撲に応募する民戸は国初以来"豪民"とも呼ばれ、衙前に投名して自己の資産を抵当に入れることのできる郷村の有力戸が多かった。天聖から景祐年間にかけては、仁宗朝の前半期を通じて酒坊経営はかれらに多くの利益をもたらし、官の酒課収入も潤沢であった。しかし仁宗朝も後半の慶暦以降になると、諸路州軍による酒課の増額や買撲価格の引上げ等により、買撲課額を完納できず、抵当を取られて破産する民戸が続出した。課額を缺損した坊場の多くは閉鎖・廃止に追込まれ、酒課の滞納が累積して、酒税歳収の低減を慢性化させた。官は買撲の不振による酒課歳収の低減を打開するため、熙寧3年(1070)、実封投状方式による坊場買撲を実施することとなる。

2．買撲制の展開――衙前酬奨、添長課利、添銭剗奪、実封投状――

真宗朝になると、衙前重難への優遇措置として、投名衙前に就役する民戸に対し、利益の大きい坊場買撲の特権を与える「衙前酬奨」制が始まった(24)。

［買撲制］が発足した当初から、民戸が請負う「坊場課利銭」は州軍ごとに課せられた酒課額の範囲内で分割され、従って各坊場が有する酒課額を超えて課額を請負うことはなかったが、

真宗朝の末頃から各地で州軍の買撲価格の増額が行われるようになった(25)。これは当時、衙前酬奨制を導入した州軍の酒課増収が伸長し、転運司が買撲価格の増額による酒課増収策をとったことによる(26)。このころには買撲する民戸の側から課利を増額して坊場を買撲する“添長課利”、また買撲三年の期限中に資力ある別の豪戸がより高い買撲額を提示して指名権を奪取する“添銭剗奪”の慣行が、いずれも[買撲制]の運用面の弊害として各地から報告されている(27)。

天聖年間になると三司はこうした動きに対し、

（ⅰ）大中祥符元年～乾興元年(1008-22)の課額に基づいて買撲価格の下限を設定し、

（ⅱ）天聖元年の増額後、他に買撲した課額が１万貫を超える者には買撲を許可しない、

（ⅲ）県鎮村坊の歳額100貫未満の“小可”(小規模)酒務に対する“添長課利”を禁止する、

（ⅳ）剗奪者の資産状況を調べた上で買撲三年の期限内の“添銭剗奪”を禁じる、

などの対策を講じながら、買撲制による酒課増収政策を推進した(28)。景祐年間には買撲課額の上限を示して複数人戸に共同して入状させる、後の「実封投状」の原型ともいえる指名方式を採用し(29)、また課額10貫以下で採算の取れない小規模酒務に対しては分割買撲を禁止して、規則どおり「停廃」の措置をとった(30)。

しかし仁宗朝の後半から、特に華北では職役の負担強化から投名衙前に就役する郷村有力戸だけでなく、郷戸衙前の没落破産が相次いで郷村民戸の資力が減退し、官が坊場を買取って酒を売り、その収益を衙前の酬奨に充てるといった変則的な事態すら見られるようになった(31)。

こうした買撲坊場の衙前酬奨制の行詰りによって、坊場買撲の不振はその後もしばらく続いたが、熙寧３年(1070)になって、衙前酬奨方式に代えて実封投状方式が採用された(32)。これは坊場買撲を望む複数の民戸に買撲価格を自主申告させ、最高価格の者に坊場経営権を給付する一種の入札制度である。実封投状方式による買撲坊場において、民戸が請負う個々の酒坊の酒課「祖額」すなわち買撲課利銭は「名課銭」「買名銭」などと呼ばれ、これに対して民戸が醸造販売して得る利益、すなわち販売価格と坊場課利銭との差額は「浄利銭」と呼ばれた。

買撲に応募した民戸は、各坊場が持つ州軍の酒課額に相当する「課利銭」額と、これを超える“添銭”額すなわち「浄利銭」額――両者を合せた額が入札価格となる――を記入して密封し、これを開封した官はそれら応募者の中から最高価格の者を選択して買撲戸に指名した。官物を請負う責任から買撲酒戸には課額完納の義務があり、賠償措置として課額に応じた「抵当」を入れ、もし課額を達成できなかった場合その抵当は没収されて課額分の償還に充てられ、買撲した坊場は廃絶、閉鎖された(「敗闕」「敗折」「停廃」)(33)。なお衙前酬奨制は、王安石の免役法の施行により、坊場銭の一部を「吏禄銭」として中央・地方の胥吏経費に充てるようになった熙寧４年(1071)を以て最終的に廃止された(34)。

衙前酬奨方式のもとでは、官は酒課の増額、または買撲価格の引上げによって歳収増を図ったが、実封投状方式の導入により、官は「祖額」として固定された官課の請負価格に「浄利銭」額を上乗せして入札させた。こうして官は「買撲課利銭」額の制約を受けることなく、坊場「浄利銭」の増徴によって大幅に歳収を伸ばすことができた。

元祐元年(1086)年頭に旧法党政権ができると、実封投状方式は見銭収入至上主義の新法の悪政であるとして同年６月に一旦廃止されたが、９月には戸部の方から実封投状方式を復活させた(35)。翌２年には坊場銭の「吏禄銭」充当が再確認され、翌３年12月には入札期限の厳守、優先順位の審定、抵当の有無の確認などに関する詳細な実施細則が規定された(36)。この時に確定した実封投状による買撲坊場方式は、その後南宋末まで継承されることになる。

３．坊場課利銭と浄利銭

監官酒務制においては、州軍で科徴された酒課は地方経費「留州」として州県官員・兵士の請給に支用され、中央官司の歳収として計上されることはない。買撲制も監官酒務制の課額の請負であるから、酒課(坊場課利銭)は留州として支用され、上供されることはない。しかし州軍の会計原則上、坊場「浄利銭」や官価の値上げによる増徴分などは、酒課の付加税として転運司の会計(「漕計」)とはせず、上供銭貨として中央へ輸納するのを原則とした。

坊場銭はまた酒場銭、酒坊銭、常平場務銭などとよばれたが、坊場「課利銭」が官に輸納すべき酒課額であるのに対して、「浄利銭」は買撲民戸の醸造販売収益として明らかに酒課の額外に別途徴収される付加税である(37)。会計上、酒課本体の歳収「課利銭」は転運司－州県に繰込まれたが、「浄利銭」収入は酒課とは切離され、転運司ではなく諸路提挙常平司を経由して中央常平司の会計に組込まれた(38)。

この坊場銭(浄利銭)に対しては熙寧４年(1071)、諸路州軍が徴収した歳収総額の１貫につき50銭すなわち歳収の５％を“抽貫税銭”として科徴し、これを“別封椿”して「吏禄銭」に充てた(39)。翌５年には入札価格ではなく州軍の酒課「祖額」を基準に銭額を定めて安定的に歳収を確保し(40)、その上で熙寧８年(1075)、坊場「浄利銭」の上供歳額を100万貫と定めた。課利は塩税・茶税・商税がそうであるように、一般に銭貨収入を原則とした。本課「課利銭」とは異なり常平司の管理下に置かれた酒課の付加税である坊場「浄利銭」においてもこの原則は貫かれたが、諸路から上供される坊場銭の中には紬絹・糧斛等の折変財貨が含まれるため、元豊元年(1078)には折変財貨を京師「市易務」で銭貨に変易してから内蔵庫に入納させ、翌２年には司農寺に逐路の上供坊場銭「年額」を分定させた上で、翌年から司農寺の南域に新設した「元豊庫」に直接入納させる方式に改めた(41)。熙寧３年に坊場「浄利銭」が創設されてから、吏禄銭の“抽銭”、上供定額の立定を経て折変財貨の貨幣への転換、さらに元豊３年の元豊庫への輸納まで、本来地方官司の財源であった「浄利銭」の全額を中央官司の会計とするまでに、都合八年間が経過している。

こうして元豊７年(1084)には全国の坊場銭歳収は505.9万貫――これに穀帛等折変の歳収97.66万石匹が加わる――と過去最高額に達したが、翌元豊８年の歳収は河渡銭と合せても420余万貫しかなく、坊場銭歳収は前年に比べて大幅に落込んでいる(42)。この理由はよく分らないが、そもそも坊場銭の科徴は熙寧３年に徴収を開始して以来、必ずしも順調であった訳ではなかった。元豊年間に入っても、買撲後三年の期間内に他豪戸が高価買撲して指名権を奪取する“添銭剋奪”の弊は、衙前酬奨制が実封投状方式に改められた後も止むことがなかったし、入札価格の引上げにともない浄利銭額が次第に高騰する一方で請負額(「坊場課利銭」額)の未達成による「逋欠」が累積し、課額未達成による坊場の敗折・敗闕・停廃が相次いで、仁宗朝末期以来の歳収減の慢性化は依然として克復されなかった。元豊3年と同8年、二度にわたり累積した「逋欠」額の赦免が行われたにも拘わらず、翌元祐初年(1086)における累積逋欠は800〜900万貫という巨額なものであり(43)、これは河渡銭と合せても420余万貫しかなかった前年・元豊8年の歳収に優に倍する滞納額で、坊場浄利銭に関する限り財政赤字はむしろ熙豊期よりも悪化していたのである。

元祐政変の直後、「吏禄銭」を媒介として免役法と結合した坊場銭の徴収は、他の新法系諸税とともに一旦は廃止と決まった。しかし差役法への復帰が却って州県現場を混乱に陥れたこと、またそれ以上に地方官府の収入確保という財政上の必要性から、元祐元年中には事実上免役法が復活して、坊場銭はその後も引続き徴収された(前注(35)を参照)。哲宗朝の最末年・元符3年(1100)ころには諸路の坊場総数は約3,1000余処、一界の収入は約1100余万貫(平均歳収は約366万貫)あり、ここから毎歳100万貫の「上供」坊場銭を元豊庫に送納した。このことから北宋末には坊場1所当りの坊場銭歳収は(66,0000/3,1000＝118.0)平均120文程度、坊場銭上供額が歳収に占める割合は(100/366＝0.27)ほぼ27％程度であったこと、また北宋末には両浙には坊場が1224カ所あり、毎歳浄利銭84万貫を収めたというから、両浙の坊場1所当りの浄利銭額は(84,0000/1224＝686.2)約686文となって、全国平均を大きく上回る増収実績を挙げていたこと、などが分る(44)。

(3)その他の酒法

宋の榷酒は両宋を通じて[官監酒務制]を基礎とし、これに買撲制を並用する体制がとられたが、このほか北宋時代を通じて四京だけに限定施行された禁榷[官売制]〈四京麹銭〉方式、また南宋になって広南東・西路等の不禁地などに施行された買撲制の一方式である「万古酒法」、紹興年間の四川四路にのみ施行された、これも買撲制の一方式である「隔槽法」など幾つかの地域的な方式があった。

1. 榷麹法—禁榷[官売制]—

禁榷[官売制]〈四京麹銭〉方式はまた「榷麹法」ともいわれ、北宋の四京——慶暦2年(1042)以前は北京を除く三京——にだけ実施された榷酤の一方式である。榷麹法は五代後唐に始まる「榷酒銭」の系譜を引く榷酤法で、国都開封の官麹院で製造した酒麹を、官が指定した酒戸に卸売し、酒戸は官課「麹銭」を納めて城内で酒の醸造・販売を許可される。本稿ではこの榷麹法を禁榷[官売制]〈四京麹銭〉方式と表記する(以下[売麹制]と略称。前注(1)を参照)。

[売麹制]においては、官が酒戸から官麹の対価として科徴する「麹銭」が酒税収入すなわち酒課である。酒戸は自店で醸造・販売し、販売価格と官に納めた「麹銭」との差額を酒利として収取する。販売形態から言えば一種の“営業許可制”であり、[売麹制]における酒課課額は[買

撲制］のように官と民戸との間で酒課を分割収取する〈官民分収〉方式である。営業を許可された民戸は、官課の全額を一括「麹銭」として前納する。

両浙において国初の一時期、民間の酒造を全面解禁し、歳課を定めて両税輸納時に税銭を科徴する、後唐に始まる「麹銭」方式に類似した税酒銭制が布かれたことがあり(45)、北宋四京の［売麹制］の祖型であるとされる。ただし国都東京の［売麹制］は後唐—後周の「麹銭」制をそのまま継承したものであり、これに倣って西京は景徳４年(1007)から、南京は天禧３年(1019)から、それぞれ［売麹制］を施行した(46)。官麹卸売による酒課歳収は至道２年(996)に東京一城で48万貫あり、これは天禧末(1021)には東・西・南の三京併せて39.1万余貫増えて約87万貫となった(47)。その後慶暦２年(1042)に河北東路の魏州を大名府と改称して北京に昇格させ、以後［売麹制］は監官酒務制・買撲制と並行して四京で行われるようになった。

その後仁宗朝の後半から酒戸による官課の滞納が増えるようになり、治平４年(1067)には東京開封府の酒戸の官課酒麹の滞納額は16万貫に達したという(48)。このころまで東京以外の三京における麹銭の納入状況は不明であるが、かなり早い時期から四京の売麹は不振が続いていたらしく、ついに熙寧４年(1071)には売麹額を旧額220万斤から180万斤(銭額で36万貫)へと減額して定額化し——閏年は１カ月分15万斤を増して195万斤・39万貫とする——、逆に官麹の卸売価格を168文/斤から200文/斤へと増額して酒課歳収増を図った(49)。

しかし売麹課額と麹価を大幅に改定した後も京師酒戸の売麹銭滞納は増える一方で、熙寧８年(1075)には市易司が貸与する原料糯米の滞納息銭50万貫を半減し、三司の糴米場銭の償還期限を半年延期するなどの措置を講じたが、元豊元年(1078)には在京酒戸の未納麹銭がなお30万斤あり、これは銭額にして約６万貫、総課額の1/6を占めた。翌２年には売麹歳額をさらに150万斤にまで減じる一方、売麹価格の方は逆に240文/斤に増額して歳収36万貫の課額を維持したが、その後も在京酒戸の売麹銭滞納は解消されなかった(50)。

『会要』食貨19-1〜19〔酒麹雑録〕には『中書備対』に拠って四京の売麹課額と買撲浄利銭額を載せる。**表62**はこれによって慶暦２年・熙寧10年の四京酒課(監官酒務課額・売麹銭課額・買撲浄利銭額)を整理したものである。

表62　慶暦２年・熙寧10年　四京酒課(監官酒務課額・売麹銭課額・買撲課額)

	慶暦２年(1042)		熙寧10年(1077)		
	酒務数	酒課銭額(貫)	酒務数	酒課祖額(貫文)	買撲浄利銭額(貫文)
東京	15県35務	34,4484	21県	24,0558.348	2,7698.510
		(売麹 47,4645)		(売麹35,5804.920)	
西京	23	11,4195	—	12,0848.637	2,6132.304
南京	9	7,8718	—	〔19,3934.572〕	1,8391.060
				(売麹3,0699.217)	
北京	27	18,4790	—	17,4026.200	—
計		72,2187		72,9367.757	

東京には慶暦２年と熙寧10年の、南京には熙寧10年の売麹銭額・課利銭額が併載されている。表中、南京の額19,3934.572貫文は「四京」の項に記載する酒課総数から筆者が算出した。同年(熙寧10年)の歳収が記載されていることから、四京に施行された[売麹制]が[監官酒務制]と併存していたこと、また四京では買撲浄利銭額は直接四京の歳収とされたこと――諸路では上供銭貨として権貨務に輸納――などが分る。なお北京の買撲浄利銭歳収が記載されていない理由は不明。

2．万戸酒法―買撲[分収制]〈万戸酒法〉方式―

「万戸酒法」は仁宗朝・嘉祐年間、福建・南剣州で民戸陳万戸が創始したとされる官酒の醸造・販売方式である。国初以来、福建路の中では禁権地域に属した南剣州で、州の権酒課額の一部を民戸に賦課し、民戸が販売した後にその酒課額を「酒利銭」として納めさせた(51)。この「酒利銭」は課利を賦税化した「税酒銭」の一種であるが、課利の分配方式に即していえば、万戸酒法は付加税ではあるが酒課を官・民間で分配収取する酒課“官民分収”の買撲制の一方式である。課利の収取は営業を許可した民戸の醸造・販売が完了して初めて完結する。本稿ではこの「万戸酒法」を買撲[分収制]〈万戸酒法〉方式と表記する。

全国的に買撲坊場の敗闕・停廃が相次いで官酒務の酒課歳収が伸び悩んでいた紹興の末ころ、朝廷では歳収を安定的に確保する良法として、官監酒務制に代えて「万戸酒法」を施行すべしとの意見が出された(52)。この案はこの時は裁可されなかったが、孝宗朝の乾道４年(1168)になって、国初以来の不禁地である広南西路南部の所謂る“煙瘴之地”において、「薬酒」醸造の名目で民戸に一定額の酒課を割付け、酒税を前納させた上で醸造・販売を許可する酒法が生まれ、これを北宋期・福建の陳万戸が創始した酒法に因んで「万戸酒法」と命名した(53)。この方式はのち広南東西から浙東・福建・江西・荊湖南・北路等、四川地域を除く南宋の広い地域に普及した(54)。

上記諸地域に普及した南宋期の「万戸酒法」において民戸が前納する税銭「酒利銭」は、その地域が禁権地であると不禁地であるとを問わず、官監酒務制の酒課額とは別に新規の付加税として、両税輸納時に徴収された。従って州軍で徴収されたこれら税銭は、その後は経総制銭等各種「上供銭貨」と同じように酒課付加税として行在戸部へ送納された。

3．隔槽法―買撲[分収制]〈隔槽法〉方式―

「隔槽法」は官が造酒工房「坊場」を貸与して民戸に醸造・販売させる買撲制の一方式である。ただし坊場単位の課額を直接民戸に賦課するのではなく、官府が坊場に「隔槽」という醸造装置を備え、民戸から醸造原料の糯米価格を官課税銭として科徴する。この官課税銭は本来の坊場買撲制における坊場「課利銭」に相当する。本稿ではこれを買撲[分収制]〈隔槽法〉方式と表記する。

隔槽法は南渡直後の建炎３年(1129)、四川総領財賦の趙開によって実施されたことから「趙開酒法」とも言われた。官税額は原料の糯米１石につき３貫、これに醸造額１貫につき22文（税率2.2%）の頭子銭を加徴した。趙開は翌建炎４年（1130）には国初以来の不禁地を除く四川全域に計400箇所の隔槽を官設して隔槽法の施行地域を拡大し、前年に140万貫にまで落込んでいた四川の酒課歳収を690余万貫へと、一気にほぼ５倍の水準にまで引上げることに成功した(55)。

隔槽法の施行による酒課の増収と並行して、北宋以来不禁地とされた夔州路の夔・達・開・施・黔・涪・梁山・雲安軍の８州軍も同年初めて[監官酒務制]を実施し、北宋末に104カ所しかなかった夔州路の酒務場店は、ほぼ６倍増の600余カ所に拡大して歳に4,3900余引を売上げた(56)。

隔槽法は民戸が醸造・販売を行うので、“官醸官販”の[監官酒務制]と比較すると原料の仕入から醸造・販売に係わる諸経費を大幅に節約できる利点がある。そのため隔槽法の施行後６年を経た紹興６年（1136）には、四川四路の官酒務に配置する監臨官の定数削減と、課額の僅少な零細酒務が廃止された。翌７年には四川制置使胡世将が成都府・潼川（興元府）・資州・涪州・広安軍に官清酒務を創設して45万貫の息銭歳収を得たことから、以後四川四路の酒課はすべて、全国酒務の統一管轄官署として新設した「措置戸部贍軍酒庫務」に送納することとされた(57)。

隔槽法の普及拡大と並行して買撲酒課の「分認歳課」、すなわち坊場「課利銭」の歳収も増収に転じた。建炎３年（1129）に4.8万貫しかなかった四川の坊場課利銭の歳収は、隔槽法施行後の紹興元年に14.6万余貫を増収し、その後順調に歳収を伸ばして紹興25年（1145）の成都府等５府州軍の坊場「課利銭」総収は54.8万余貫に達した(58)。

このように隔槽の増設によって紹興年間、四川諸路の酒課歳収は増収が続いたものの、紹興元年（1131）の690余万貫という最高額を回復することはできず、紹興12年（1142）の歳収は最高額からほぼ20%減の556万余貫となった。さらに紹興20年代に入ると、歳収を確保するため酒戸から官課を強制徴収したり酒税米価を吊上げるなど、官課負担を買撲民戸へ転嫁する弊害が相次ぐようになってきた(59)。紹興27年（1157）にはついに四川全域で隔槽法の廃止が決定され、潼川府路では官監隔槽230余務を廃止して旧来の「買撲坊場制」に復活転換し、また紹興29年（1159）には紹興４年から官酒務制を布いてきた夔州路でも「隔槽法」を罷め、新たに「買撲坊場制」を実施することとした。

趙開の隔槽法はもともと南渡直後の四川において、軍費を賄うための緊急措置として施行されたものである。紹興の初めから中頃にかけて、四路の酒課歳収を飛躍的に増進させる顕著な成果を挙げたが、紹興も末年に近づくにつれ、戦時体制下に施行された諸種の立法措置が次々と解除されてゆく中でその役目を終えたといえる(60)。隔槽法の廃止は四川の酒課歳収を大きく減らすこととなったが、それでも隔槽法が四川の財政基盤を強化してきた実績は、乾道・淳熙年間になってなお410万貫の歳収を確保していた事実からも裏付けられる(61)。

2．宋代酒税の分配と地方財政

州軍が徴収した酒税歳収は、増添銭・浄利銭等酒課付加税の収入を上供分として、酒課本体（本柄銭と息銭）を州用分として分別した後、これを転運司の会計（「漕計」）に入れて転運司による半年一度の会計監査に備えた(62)。州軍は増添銭・浄利銭等酒課付加税を諸路提刑司の管理下に委ねて上供し、本柄銭部分は翌日からの酒造・販売の経費として酒務に存留・支用し、本課息銭は原則として州県官員兵士の請給として確保された。ただし当路の転運司を含む中央・地方各級官司の科銭が積算された場合——本稿でいう“諸司科銭”の積算——、その科銭額分については諸官司へ移送（路官級官司の場合）または上供（中央官司の場合）しなければならなかった。

州軍会計における「州用」すなわち留州は、政府の会計原則としては転運司会計（「漕計」）に含まれるが、東南諸路のように上供負担が多い路では、指定された上供経費（漕米経費・上供銭等雑税収入）を捻出するため、転運司自らが酒価中に費目を設けて銭額を科徴することが多い（運司科銭）。南宋になると増添銭や浄利銭など酒課付加税収入は、経総制司・提刑司・糴本司・移用司など中央諸官司へ輸納する上供銭貨「経総制銭」を構成する一費目となり、“諸司科銭”として酒価中に積算された。

このように官価中には「州用」すなわち州県経費の他、転運司を含む諸司科銭のほかに、酒課増額分の付加税「添酒銭」、買撲坊場の「浄利銭」などが積算され、次第に官売価格を引上げていった。北宋中期から始まり、北宋末・南宋初期にかけて進行した酒価の急騰（**図1**を参照）は、酒課息銭本体の増額ではなく、上供銭貨である酒課付加税の増徴と“諸司科銭”の増額という二大要因によってもたらされたものである。

（1）酒課付加税の科徴と酒課の分配

宋代酒税の付加税としては、慶暦2年に創始された「添酒銭」と、熙寧5年の実封投状方式の導入にともなって科徴されるようになった買撲「浄利銭」があり、いずれも北宋後半期から南宋期にかけて増徴・増収が進んだが、転運司会計「漕計」には組込まれず、上供銭貨として直接中央財政に繰込まれた。

1．酒課付加税「添酒銭」の科徴による酒課の増徴

添酒銭は中央政府が酒課の増収を図るため、酒の官売価格を引上げるさいの増額分をいい、酒課に対して賦課された酒課付加税の一種である。坊場銭が“醸造・販売許可税”として、酒課「課利銭」の額外に別途徴収され、州県—転運司を経由することなく直接中央常平司の会計に組込まれたのと同じように、添酒銭は州県で徴収された後は州軍に留置させず、転運司の手で上供され、上供された銭貨は提刑司の管理下で国庫に入った。

官酒１升につき銭１文を科徴する「増添塩酒課利銭」の科徴が始まったのは慶暦２年(1042)のことである。この付加税は酒税だけでなく塩課に対しても科徴されたが、酒課の増徴分だけでこの年上供された額は37.4万余貫であった。この「増添塩酒課利銭」のうち酒税については提案者の名によって「王祠部添酒銭」とも呼ばれたが、その後熙寧５年(1072)になって酒課の添酒銭は塩課添酒銭と切離され、税率は同じく官酒１升につき銭１文の「熙寧添酒銭」として独立した(63)。

元豊５年(1082)には地方官府の不定額の各種銭額制の雑収入について、州県会計に入れず全額中央提刑司に上供させる「無額上供銭」の制が始まり、添酒銭・坊場銭など酒課付加税も他の雑税収入とともに無額上供銭を構成する一費目とされた(64)。さらに崇寧以降には添酒銭の増徴が相次いで州軍の酒課歳収が増長し、添酒銭による増徴分が諸路の上供銭額全体に占める割合が飛躍的に増え、その額は両浙路では実に上供総額の1/2、江東路では1/3に及んだ(65)。

「添酒銭」は南宋・紹興前半期になると様々の名目による増額が相次ぎ、その結果酒税歳収は大幅に増長した。以下に北宋・慶暦２年以降南宋・紹興９年までの時期における各年次の添酒銭について、その名称と酒価(酒課)増徴額、増徴分の諸官司間での分配収取の状況等を**表63**に示す。北宋末から南宋初にかけて酒課の増収・添酒銭の増徴が相次ぎ、紹興年間には州県の酒課歳収は順調に回復した。この間の上供酒課額の増徴傾向を**図16**に示す。

表63　酒課付加税「増添銭」の科徴額と分配方式

年次	添酒銭の名称	増徴額(文/升)	添酒銭の分配	典拠
慶暦２年(1042)	王祠部添酒銭	1		①
熙寧５年(1072)	熙寧添酒銭	1		①
崇寧２年(1103)	崇寧贍学添酒銭	上２,中・下１		①②
崇寧４年(1105)	崇寧贍学添酒銭	上５,中・下３		①②
政和５年(1115)	政和添酒銭	2	40%転運司,60%「無額上供」	①
宣和３年(1121)		上５,次２	30%転運司,70%大観庫	②
宣和６年(1124)			→全額戸部経費	②③
建炎２年(1128)		上３,次２	→発運司(造漕・経費)	④
建炎４年(1130)	建炎添酒銭	上24,次18	1/3州用,1/3転運司,1/3提刑司	①⑤
紹興元年(1131)		上20,下10	50%諸路提刑司,50%本州軍費	②③
紹興２年(1132)		上20,下18	(米麹価騰貴による)	②
紹興３年(1133)		煮酒30	(酒価120文/升→150文/升)	①
紹興５年(1135)		上・下５	(増添５文/升)→総制司「総制銭」	②
紹興６年(1136)			「総制銭」定額化,余銭→州用	①②
紹興７年(1137)	七分酒息銭	煮酒10	30%州用,70%「贍軍酒庫息銭」	①
紹興９年(1139)	六文煮酒銭	煮酒10	40%州用,60%朝廷激賞庫	①

各年次の添酒銭に付した①〜⑤は典拠がそれぞれ①『通考』17征榷四榷酤p.170中・下(66)、②『宋史』食貨・酒p.4517-4519(67)、③『会要』食貨64-63〔無額上供〕等(68)、④『要録』17建炎2.8.9辛酉(69)、⑤『聖政』3、8、10等(70)、であることを示す。増徴額欄の「上・中・次・下」は生酒の等級区分。

図16　北宋末・南宋初期における酒課増添銭の増徴

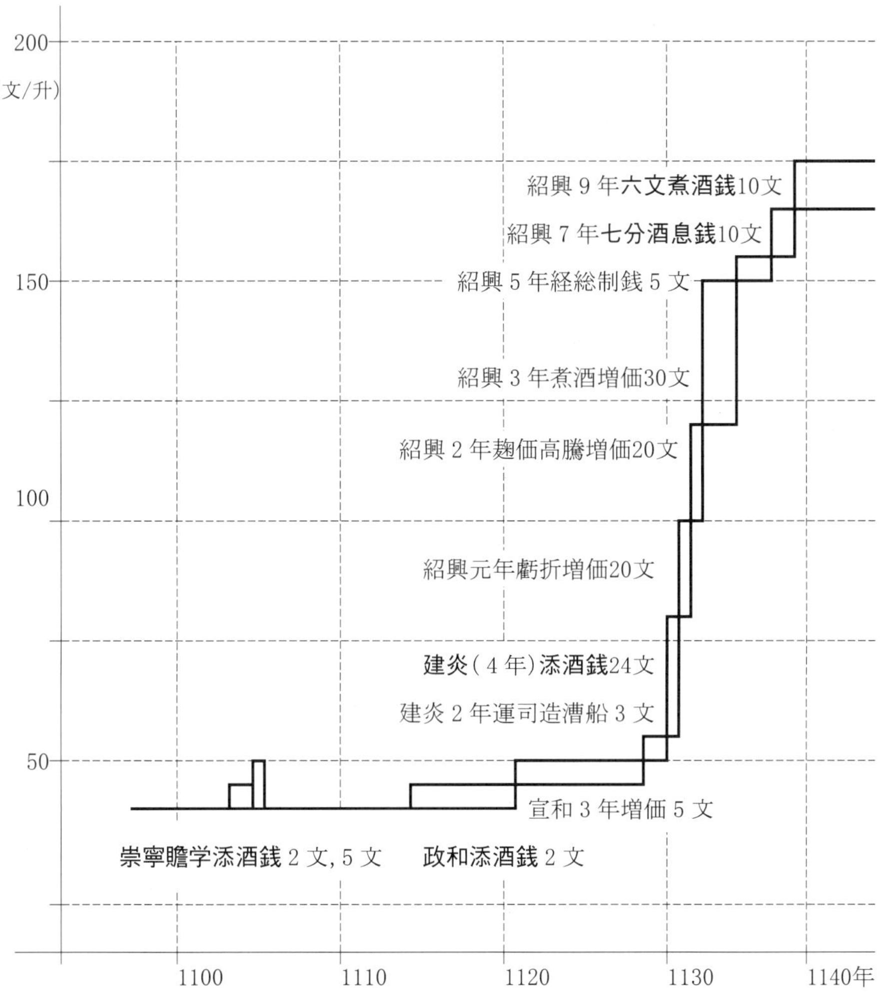

この時期の州軍の酒課付加税の創設にともなう酒税の増徴と、それら「雑銭」収入の諸司への分配について、止斎先生（陳傅良）による、両浙・湖州の会計収支に基づく興味深い指摘がある(71)。

紹興の初めころ諸路では酒税付加税の歳収（「雑納銭」）は40％を糴本銭として上供分に、60％を留州分に分配していたが、紹興 5 年（1135）に経総制銭が創設され、湖州では歳収の10％5,8900貫を課額58,9000に上乗せして上供分課額を29,4500貫とし、同 7 年には「七分酒息銭」5,9200貫を加えて課額を35,3700貫に、さらに“大兵”上供（大軍経費）40,8000貫を加えて課額を76,1700貫にまで引上げることによって州用を確保することができた。

南宋・紹興前期における湖州都酒務の酒課雑銭と上供・留州の配分状況を**表64**に示す。

表64　湖州都酒務の酒課雑銭(付加税収入)と上供・留州の配分

	酒課総収	「雑納銭」上供分課額	「州用」留置分(留州率)
紹興初(1131)	58,9000余貫	「糴本銭」23,5600貫(40%)	3534/5890(0.600)
紹興６年(1136)	64,7900	23,5600貫＋5,8900貫	3534/6479(0.545)
紹興７年(1137)	70,7100	＋「七分酒息銭」5,9200貫	3534/7071(0.499)
	111,5100	＋「大兵」上供銭40,8000貫	3534/11151(0.316)

このように紹興前期の湖州では、次々と中央から出される付加税上供の指揮――“諸司科銭”の創設・増徴と諸司分隷――を受止め、留州を確保するため州の酒税課額を引上げながら会計収支の均衡を図ってきた。その結果、湖州の酒税課額は紹興初めの七年間にほぼ倍増して歳額が110万貫を超えた反面、留州率は紹興初年の60.0%から同７年には31.6%へと、ひたすら逓減していったのである。

２.「坊場浄利銭」の増徴と酒課の分配

高宗政権が杭州に行在を定めようとしたころ、両浙では対金戦費を確保するため塩課とともに酒課が重視された。ただし財政基盤としては、塩課はすでに[鈔引制]による売鈔収入として中央権貨務の会計管理下にあったが、酒課は「添酒銭」等上供付加税を除き、歳収は「留州」(州用)として州軍地方官司の管理下にあった。戦費の捻出に苦しむ南宋政権は、酒税増収の方法として、これまで採用してきた(ⅰ)官課息銭の増額(酒税の値上げ)、(ⅱ)酒課付加税の科徴(上供銭貨の増収)の二つの方法に加えて、(ⅲ)坊場浄利銭の中央収奪――地方会計から中央会計へ――、という第三の方法を開発した。

南渡直後の両浙は、麹価の高騰から酒税収入が官本(本柄銭額)を割込む状態にあり、坊場買撲による収入は往時の20～30%にまで落込んでいた(72)。翌紹興元年(1131)、戸部は戦時体制下の緊急手段として両浙の浄利銭額の五分(半額)を「坊場五分浄利銭」(五分増添浄利銭・坊場正名銭)として、またその余銭の70%を「(坊場)七分寛剰銭」として毎月戸部に上供させ、30%を州用として留置する措置を取った(73)。この「五分浄利銭」「七分寛剰銭」は酒課本税「課利銭」や酒課付加税「増添銭」ではなく、買撲坊場「浄利銭」の増徴付加税である。

紹興元年(1131)に浄利銭の半額上供・五分引上げという増収策を実施したのは両浙路だけであったが、その後江南・荊湖諸路にも順次実施された。その結果、東南五路ではこの買撲価格の引上げにより、買撲した民戸の負担増から坊場の敗闕と停閉が相次ぎ、民戸の買撲活動も低調となって、却って浄利銭収入を減少させる事態となった。

東南五路における坊場銭の歳収減に対し、戸部は北宋・紹聖以来の“旧法”を踏襲し、敗闕・停閉した坊場の「五分増添浄利銭」と「課利銭」額を、まだ敗闕・停閉に至っていない近隣の坊店に移管させる、といった弥縫策しか打出せず、買撲の不振と歳収減が慢性化した。戸部が五分増添浄利銭の科徴を廃止し、民戸の買撲を促進するために、この税額を買撲価格に加算することを禁じたのは紹興27年(1157)のことである(74)。

五分増添浄利銭の廃止の効果は直ちに現れ、東南五路の紹興27年(1157)の坊場銭総歳収は、坊場敗闕・停閉による歳収の落込みによってわずか127万貫しかなかったものが、4年後の紹興31年(1161)には380万貫に達し、廃止後4年にしてほぼ3倍増という実績を挙げた(75)。

しかしこうした歳収の急伸は、「五分増添浄利銭」の廃止がもたらした坊場銭増収策への反動としての一時的なものにすぎず、買撲坊場の総数が伸張した訳ではなかったから、高宗朝の末年から孝宗朝・光宗朝をへて寧宗朝に及んでなお、坊場の敗闕・停閉による買撲の不振と酒課の歳収減は依然として続いていた。例えば嘉定2年(1209)ころ、両浙温州平陽県では、県下の坊場全25店のうち実にその80%を超える21店——坊場銭額は計2600余貫あった——が営業を停止していたといい(76)、他にも多くの史料が南宋中期の坊場買撲の不振を伝えている。

なお南渡直後から東南五路とは独立した会計単位とされた四川では、紹興18年(1148)に廃止予定の四川宣撫司の歳計を構成する上供諸費目の中に「坊場・河渡浄利抽貫税銭」4.6万貫が含まれ、坊場銭の科徴が行われていたことを確認できるが、四川では紹興年間を通じて、またその後も、東南五路に施行された「増添五分浄利銭」のような浄利銭の増徴付加税は科徴されていない(77)。

3．その他の酒課付加税

このほか酒課の付加税としては、五代の時期に禁榷酒課を田賦化した雑銭が宋代になっても蠲除されず、「雑変之賦」の一つとして両税輸納時に夏税・苗米とともに科徴された「麹銭」があり(78)、また紹興初年の淮南塩の通商により「官綱頭子銭」を科徴できなくなった荆湖南路で、その代替上供銭として転運司が「麹引」の名目で税戸に均科した「麹引銭」(79)、その他これも荆湖南路・漳州で紹興初年に科徴が始まった「税酒銭」(80)などがあり、いずれも両税輸納時に付加税として徴収され、それらの銭額は地方官司の歳収としてその州軍の会計に繰込まれた。

これらはすべて民戸の両税田土に繰込まれた酒課由来の付加税であり、会計上は「酒税」歳収ではなく銭額制の雑税として賦税収入に繰込まれ、諸他の銭額制雑収入とともに州軍の「上供銭貨」に一括された上、転運司を経由して戸部に送納された。

(2)「贍軍酒庫」の創設と酒課の分配

南渡後の戦時体制下では、監官酒務制に基づく正規の戸部系統の酒庫・酒店のほか、枢密院・安撫司・殿前司など中央諸官司・諸軍鎮もそれぞれ直属の酒庫・坊場・酒店を所有し、その収入で軍費を賄う体制がとられた。当時の財政状況では、酒税は最も手っ取早い軍費調達手段であったこともあるが、いかに大人口を抱えるとはいえ、国都における酒務・酒店の乱立は戸部—官酒務・酒坊系統の酒課収入を減少させ、紹興初めころには朝廷の歳収に占める酒課収入の比率は減少の一途を辿った。

こうした酒課科徴における一種の無政府状態を収拾するため、戸部は紹興7年(1137)初めて行在に「贍軍酒庫」(戸部贍軍酒庫所)を創設し、行在における酒課の徴収系統と諸司への分配・

移送業務の一元化を推進していった。しかし独立会計区とされた四川四路を除く東南五路で、常平司が買撲坊場の管理と坊場銭収入を、また総領所が転運司系列の在城酒務・酒店の酒課本息を、それぞれ完全に掌握できるようになったのは紹興26年(1156)のことである。戸部は翌27年には東南五路で初めて酒課総収500万貫を確保したが――四川四路は別会計――、諸路転運司が最終的に州県郷村の酒務・酒店を掌握して、全国の酒課歳収を州県経費として確保できるようになったのは紹興31年(1161)のことであった(81)。

1.「戸部贍軍酒庫所」による酒課徴収の一元化とその限界

戸部が行在に創設した「贍軍酒庫」系列下の酒務・酒店で徴収した酒課収入は直ちに左蔵庫に送納され、「令項椿管」すなわち財貨の使用目的を明確にして朝廷の「移用」指揮に備えることとされた(82)。戸部の「贍軍酒庫」はその後両浙・江東西諸路においても州軍単位に設けられ、ここで諸路州軍の酒課歳収を二分し、中央分は付加税の坊場「浄利銭」を総制司銭として提刑司に移送し、残余を地方「留州」分として転運司に分配した(「漕計」)。中央：地方の配分費は2：1とされたが、転運司に配分された地方経費はさらに官本(本柄銭)部分を次の醸造・販売諸経費に充て、酒課息銭を本州軍の官員兵士への請給として存留確保したのち、残余を経総制銭の一費目「七分酒息銭」(すなわち大軍・月椿銭)として安撫司に移送する体制が整備された(83)。

安撫司が分配収取する額は、当初戸部「贍軍酒庫」酒課歳収の10%とする定率制を適用し、戸部はそのための酒税業務に相応する官員を投入して酒税の移送等に当らせたが、酒税は元来州県地方官の煩瑣な“日収・月納”業務であることから、州軍—戸部—安撫司への転送業務が供給過多となって慢性的な渋滞に陥った。そのため朝廷は紹興10年(1140)、「戸部贍軍酒庫所」を格下げして「点検贍軍酒局」と改称、戸部の官吏を引揚げて戸部左曹と両浙転運司の共管体制とし、転送業務の円滑化を図った。紹興29年(1159)には「点検贍軍酒局」に30.6万貫の大軍・月椿銭の未納額があったというが、この間酒税歳収の10%送納という安撫司への分配は滞りなく推行されたようである(84)。

一路の軍政を統轄する安撫司は、戸部から大軍・月椿銭として移送される歳課定率10%の酒税配分のほかに、紹興8年以前から安撫司自身の酒庫である点検贍軍激賞酒庫を保有していた。戸部は同15年(1145)年末に行在の南北11庫を吸収し、これらを「点検贍軍激賞酒庫」と改称した。さらに点検贍軍激賞酒庫は紹興30年(1160)五月、「新中酒庫」を増設付置して戸部の管轄下で監官を配置し、乾道元年(1165)には安撫司への酒課分配を安定的に確保するため、新中酒庫に子庫を付置し、旧庫を新中南庫、新庫を新中北庫と改称してさらに酒税徴収の規模を拡大した(85)。

軍鎮としては殿前軍が南渡直後から独自に酒庫を保有し、多額の歳収を得ていた。殿前軍の酒庫の歳収は紹興9年(1139)までには戸部管理下に帰属し、戸部は殿前司に分配する歳額を定額10万貫とした。紹興31年(1161)になって、殿前軍の酒坊66所と同安郡王楊存中の私産撲買酒坊9所・発酒小坊13所――酒造総経費は銭額で約72万貫――、息銭(浄利銭)歳額80

万余貫が戸部に帰し、翌32年にはすでに戸部管轄下に移した17酒庫とは別に、殿前司が有する52所の酒坊——息銭歳収は計20余万貫——を両浙転運司の管理下に移し、また楊存中が献納した9所の坊場の滞納「浄利銭」40余万貫を免放し、また両浙に置いた「犒賞酒庫」についても同様に、戸部と両浙転運司とにそれぞれ分属させた(86)。次いで紹興31年(1161)、上に見た楊存中の献納を中心とする殿前司献納酒坊の中から、同じ戸部の管轄下で塩官県の酒坊等7坊——のち9坊に増え、歳収息銭は40余万貫——と両浙転運司管理下の65坊のうち課額3万貫以上の12坊(8庫)、計21坊について、安撫司系の「点検贍軍激賞庫」とは別の殿前司系列の「贍軍激賞庫」と改称して独立させ、戸部の管理下に置いた(87)。

乾道元年(1165)には戸部・両浙転運司の共同管理に移った全64庫の酒課息銭について、戸部が集約したのち殿前司に40%、馬軍司に30%、歩軍司に30%に按分して半年ごとに左蔵南庫に移送し、"余息"すなわち超過徴収分については殿前三衙がそれぞれ軍費に支用するという内容の酒課配分規定を定め、次いで乾道5年から7年にかけて(1169-71)、三衙に配当された全64庫については全て戸部の管轄下に移管した(88)。なお荆南府に制置司がかつて設置した犒賞酒庫については乾道8年(1172)、これを荆南安撫司管下に移管している(89)。

北宋時代には臨時の軍糧調達機関に過ぎなかった制置司は、南渡後・建炎元年から安撫司、発運司、漕・帥・憲・倉の四監司、州軍の多数の官員を統轄する権限を有する強力な常設機関となり、管下に多くの酒務を保有していた(90)。紹興年間、明州慈渓県には沿海制置司が置かれていたが、同司はもと安撫司が鳴鶴鎮——杭州湾岸の鳴鶴塩場に隣接する——に設けた「犒賞酒務」を継承し、その後近隣の定海県城に直属の新酒坊を増設して酒課収入を伸ばし、そのため官設酒務の酒課歳収を甚だしく収奪したといわれる(91)。

このほか総領所も各地に酒庫を所有していた。隔槽法による坊場収入に依存する四川総領所を除く湖広・淮東・淮西三総領所は、いずれも管内に酒庫を置いて官酒を販売し、戸部系統官酒務の酒販売と競合して官課収入を損なうとして早くから問題とされ、紹興12年には管内に設置する酒庫数を撤廃し、または制限するよう規制を受けた(92)。

こうしてほぼ紹興末年から乾道年間にかけて、南渡後の戦時体制下の変則的な酒課収取体制は、安撫司・殿前司などの酒庫・酒店が次第に戸部系列に収斂され、戸部が統轄する官酒務制による酒課収取体制が整備される過程を経てほぼ解消された。しか戸部の酒課歳収は必ずしも順調に回復したわけではない。紹興30年(1161)までに戸部の酒課滞納額は累積数百万貫に達し、多額の缺損を出して翌年の歳収はわずか200万貫という状況であった。にも拘わらず行在では酒坊・酒店の増設が相次ぎ、乾道2年(1166)の行在には戸部系列の正庫15処と子庫11処、これに旧安撫司系の6処を合せた計32処の酒庫が犇めく過当競争となり、官酒販売店「拍戸」が何とか零細な小売収入を得るに止まって、戸部の官課収入は激減したという(93)。

2．酒課の分配と南宋期の州軍財政

南宋期の酒税科徴・酒課分配体制は、酒課本税・付加税「坊場浄利銭」とも、ほぼ紹興末

年ころまでには戸部—転運司—州県の系列に一元化され、以後南宋末まで大きな改変を受けることなく、中央・地方の財政を支える重要な財源とされた。本項では、紹興末・隆興初年（1162-63）の淮南西路舒州、また理宗朝・宝慶３年（1227）の両浙路明州、南宋末咸淳４年（1268）の両浙路常州、嘉定16年（1223）の両浙路台州について、現在知ることのできる酒務関係史料に基づき、南宋における酒税科徴における酒息率、及び酒課歳収の諸官司への分配状況について分析する。

a.紹興末年「淮南西路舒州在城酒務日帳」に見る酒税収入と諸司への分配

標記史料は龍舒本『王文公文集』の裏面に印刷された所謂“紙背文書”で、舒州在城酒務の酒税収入と酒課の諸官司への配分状況などを記載する。1992年に李偉国氏が初めて紹介・分析し、95年に李華瑞氏もこの史料によって舒州の酒課の価格構成と利潤率を分析した(94)。

まず舒州在城酒務の酒税収入について、原史料には紹興32年12月15日から翌隆興元年正月初７日までの日次と日収酒税額（本柄銭額＋酒課息銭額）、日申課利銭額が記載される。

表65-1において、a.酒税日収額とはb.本柄銭とc.息銭との合計、c/aは酒税額（官売価格）に占める酒課息銭の比率、すなわち酒課率を示す。c.息銭額では李偉国氏の数値が李華瑞氏の数値を平均で7.89貫文ほど上回っている。舒州在城酒務の酒税日収は、李偉国氏の数字では、

表65-1　舒州在城酒務の酒税日収と本・息銭額及び酒課率　　（紹興32年12月～隆興元年正月）

日次	a.酒税日収額（貫文）		b.本柄銭（貫文）		c.息銭（貫文）		酒課率（c/a）	
	李偉国	李華瑞	李偉国	李華瑞	李偉国	李華瑞	李偉国	李華瑞
12.15	99.851		(34.3761)		65.4749		0.655	
12.16	97.238	97.238	(33.8927)	40.594	63.3454	56.664	0.651	0.582
12.17	92.741		(34.4307)		58.3103		0.628	
12.20	101.592	101.592	(35.1481)	41.210	66.4439	60.382	0.654	0.594
12.21	104.107	104.107	(35.5217)	42.145	68.5853	61.962	0.658	0.595
12.22	106.236	106.236	(34.6556)	42.947	71.5780	63.289	0.673	0.595
12.23	105.462	105.426	(32.8245)	42.700	72.6375	62.530	0.688	0.593
12.24	110.300	110.300	(33.3590)	44.005	76.9410	66.295	0.697	0.601
12.25	109.913	109.930	(31.0738)	43.510	78.8392	66.414	0.717	0.604
12.26	110.011	101.000	(43.5671)	41.087	66.4439	59.913	0.603	0.593
12.27	98.108	98.108	(31.0840)	39.982	67.0240	58.126	0.683	0.592
12.28	100.237	100.237	(29.5354)	40.006	70.7016	60.231	0.705	0.600
1. 1		98.883		39.770		59.113		0.597
1. 2		101.025		41.085		60.120		0.594
1. 3		99.657		40.557		59.100		0.593
1. 7		98.083		40.556		57.527		0.586
平均	(102.983)	102.489	(31.1396)	41.507	(68.8604)	60.966	(0.667)	0.594

ほぼ１月間を通じて最少の92.741貫文(12.17)から最多の110.3貫文(12.24)まで、17.5貫の幅の中に平均102貫文/日程度の税収を確保し、李華瑞氏の数字によってもほとんど変らない数値を得るが、酒課率については両氏のc.息銭の数値の差異を反映して、李偉国氏によれば0.667、李華瑞氏によれば0.594とかなり開きがある。ただし後に見るように李華瑞氏の数値には誤りが含まれるので、本稿では李偉国氏の数値0.667を紹興末・隆興初年の舒州の酒課率とみなす。なお(　)の数字は李偉国氏の計算によるものではなく、筆者が補ったものである。

次に同史料に拠りながら、舒州在城酒務の本州並びに関係各官署への分配状況に絞って、紹興32年12月21日分の徴収酒課の分配先と銭額を整理すると、**表65-2**のようになる。なお原史料に記載する衙西店(舒州酒務の州城内支店)の酒税収入と売糟収入は省略した(95)。

表65-2　舒州酒務の酒税収入と酒課の分配(紹興32年12月21日在城酒務日帳による)

共収酒務・衙西店銭171.771貫文		
酒務共収売酒・売糟銭105.666貫文		
売酒13.455碩　（計売正酒 5.38碩、毎升収銭149文足）展計共収銭　104.107貫文		
①日申課利銭 68.5853貫文省（計売正酒 3.54碩）		
a.係省銭	28.9333貫文省	赴州軍資庫納
b.経総制銭	32.2888貫文省	赴通判衙納
c.移用銭	1.3151貫文省	赴通判衙納
d.常平司銭	0.9196貫文省	赴州常平庫納
e.本州頭子銭	0.1285貫文省	赴州公使庫納
f.本務日支雇夫作匠物料銭	5.0000貫文省	
②貼陪加耗酒米麹物料等銭	27.3800貫文省	
a.糯米（省司支破 3.54碩 5.664貫文省）		貼陪 15.856貫文省
b.火薬等物料（省司支破 1.065貫文省）		貼陪　2.980文省
c.麩麹（省司支破 63.5斤 3.076貫文省）		貼陪　8.544貫文省
③剰銭	2.0692貫文省	
④貼解経総制銭	6.0725貫文省	赴通判衙納

表65-2において、「売酒収銭」104.107貫文は紹興32年12月21日の酒税総収、そのうち①日申課利銭」68.5853貫文は酒課本課の息銭額で、これはさらに六項に分割され、銭額の多い順に

b.経総制銭33.288貫文を通判庁へ、

a.係省銭28.9333貫文を舒州在城軍資庫へ、

f.本務日支雇夫作匠物料等５貫文を舒州都酒務へ、

c.移用銭等1.3151貫文を通判庁へ、

d.常平司銭0.9196貫文を舒州在城常平庫へ、

e.本州頭子銭0.1285貫文を同じく在城公使庫へ、

それぞれ送納する。a.f.d.e.の四項が舒州存留分(「留州」)で計34.9814貫文省、うちa.係省銭は舒州の「州用」であり、州県官員兵士の請給として支用される。f.本務日支雇夫作匠物料は州が支

出する造酒の雇傭労働に用いた物料の代金等、d.常平司銭は常平糴本銭として州常平庫に備蓄され、e.本州頭子銭は舒州が原料購買等のさい徴収する醸造・販売手数料で、州庁の公使庫に収納される。b.c.二項は酒課の分配に関与する中央二司の科銭で計34.6031貫文省、b.経総制銭は州通判庁を経て経総制司へ、c.移用銭等も同じく州の通判庁を経て移用司等へ移送、上供される。

舒州の酒課息銭（坊場銭等付加税を含まない）の留州分34.9814貫と諸司分配分34.6031貫との比率は（34.9814/69.5845＝）0.4972：（34.6031/69.5845＝）0.5027、とほぼ１：１となり、留州率は0.4972である。また諸司分配分34.6031貫のうち経総制銭に繰込む酒課付加税分が32.2888貫文省と上供分の96.08％を占め、他には移用銭等1.3151貫文3.92％があるだけで、他州軍に普通見られる糴本銭、常平銭、大軍銭等の諸司科銭の窠名と額とが見えない。これは酒税収入の統計が日収であるためで、歳収で見るとこれら諸司科銭の上供費目が加わり、諸司の分配比率は大きく変る。

なおこれら六項とは別に③貼解経総制銭6.0725貫文省を通判庁へ送納しているが、この窠名の由来及びb.経総制銭との別についてはよく分らない。②貼陪加耗酒米麹物料等銭を構成するa.糯米、b.火薬等物料、c.麸麹の三項は官酒醸造に必要な米麹等造酒原料と燃料費、すなわち「本柄銭」に相当する。③剰銭は何の剰余銭か不明である。

本表に拠って舒州の酒息率を求めると、紹興32年12月21日の舒州の酒税収入は104.107貫文、うち酒課息銭は68.5853貫文省であるから、酒課率は0.6587となる。これは**表65-1**で見た李偉国氏の数値に等しく、李華瑞氏の数値から求められる酒税率0.595との間に6.37ポイントの差がある。これは李華瑞氏が誤ってf.本務日支雇夫作匠物料等５貫文を本柄銭額中に含めたことによる。この物料代５貫文は造酒原料購入費ではないので本柄銭額を構成しないからである。

b.宝慶３年慶元府（明州）の酒税総収と酒課の分配

『宝慶四明志』によれば、両浙の明州では北宋・慶暦初年（1041）ころ、在城都酒務と管下の奉化・慈渓・定海県及び鄞県小渓鎮の４酒務、計５務の祖額が8,3154貫あり、煕寧10年（1077）には祖額8,3116.395貫とは別に坊場課利銭の歳収が2,5479.192貫あった。しかし南渡の後、紹興元年（1131）に「比較務」が、また同６年には「戸部贍軍庫」が増置されて歳収が伸張した結果、理宗朝初期・宝慶３年（1227）には在城都酒務・比較務・贍軍庫三省務（三酒務）の酒税銭総収は12,0050.517貫、買撲坊場銭額は3,1571.965貫となっていた(96)。

慶元府には在城三官酒務のほか、奉化・慈渓・鄞県小渓鎮に県鎮三酒務と定海県水軍庫務、及び糴買場系列の林村・下荘・象山三酒務があり、それぞれの歳収が記されている。**表66-1**に三省務と合せて計10酒務の宝慶３年（1227）の酒税総収（本柄銭額+息銭額）と諸県人戸買撲坊場銭総収、及び酒課息銭・坊場銭の諸官司への分配状況を示す。

表66-1において、慈渓・奉化・小渓三務の本府への分配額を△2185.260としたのは、この三務の本柄銭額を削減して諸司への送納分に充当したことによる。また定海県は紹興２年（1132）

に制置司が水軍を屯駐させ（紹興31年の兵員2000名）、県酒務を罷めて制置司系の犒賞酒庫が“浄息”すなわち酒課額2,4417.580貫文を継承した後、紹熙２年（1191）に上記額1,9310貫文にまで歳額が減じた。慶元府の財政支出において、息銭の分配に関わる諸司は、酒税息銭については本府のほか経総制司・糴本司・移用司の三司、坊場銭については常平司一司のみである。象山県と鄞県管内の林村・下荘二市の三酒務は糴買場系列の酒務であり、鄞県北渡店（歳額336貫文）はもと小渓務に付設した子店（分店）であった。

宝慶３年の慶元府の酒課率は、在城都酒・比較・贍軍三省務だけについて見ると、酒税総収における官本（本柄銭）が6,2009.609貫文、酒課息銭が12,0050.507貫文で酒息率は0.5165、他の七酒務を含めた慶元府10酒務全体で見ると酒課率は（11,4097.812/20,1533.982＝）0.5661となる。いずれも50％を超え、財政的には安定した酒課率を示す。

表66-1　宝慶３年 慶元府酒税及び坊場銭歳収

官酒務酒税歳収	酒税総収		息銭の分配	
酒税歳収 ＼ 慶元府諸酒務	20,1533.982貫文		11,4103.278貫文	
	本柄銭（貫文）	息銭（貫文）	諸司	本府
在城都酒・比較・贍軍３省務	5,8040.898	6,2009.609	6,0462.232	1547.377
慈渓県・奉化県・小渓鎮３務	1,3172.767	1,6470.299	1,8655.560	△2185.260
定海県水軍庫務		1,9310.000	1,4683.476	4631.988
林村・下荘・象山３務（隷糴買場）	1,6222.505	1,6307.904	9223.806	7084.099
小計	8,7436.170	11,4097.812	10,3025.074	1,1078.204
（百分比）	（43.4％）	（56.6％）	0.9029	0.0970
買撲坊場銭歳収	坊場銭総収		坊場銭の分配	
諸県人戸買撲坊場銭	3,1571.965		2,5916.149	5655.816
鄞県北渡店	—		—	336.000

表66-1で見た宝慶３年の慶元府の酒課息銭歳収は転運司の指示により諸官司へ分配される。『宝慶四明志』に載せる同史料により、慶元府の酒課歳収と諸官司への分配状況を**表66-2**に示す。これによると、紹興元年に定めた諸司への配分比（下表右欄）が宝慶３年の諸司分配費（下表左欄）と大きく異なっていることが分る。

表66-2　宝慶３年 慶元府の酒課歳収と諸官司への分配　付：紹興元年諸司［分隷則例］

	宝慶３年酒課歳収［分配比率］			紹興元年［分隷則例］	
総収	29,4872.768貫文			—	
本府	2,8732.402	［ 9.744］		39.642	
諸司分隷	26,6107.930	［90.245］		60.358	
経総制司	21,5307.930	［73.016］	〔0.809〕	42.394	〔0.702〕
糴本司	4,3800.000	［14.853］	〔0.164〕	15.182	〔0.251〕
移用司	7000.000	［ 2.373］	〔0.026〕	2.782	〔0.046〕

紹興元年の酒課総額は不明であるが、[分隷則例]は100貫文を基準とする貫文数で百分比で示されている(97)。宝慶3年の酒課総収と諸司への分配額については筆者の算定によって[　]内に百分比を示し、諸司分隷額を100とした各司の相対分隷百分比を〔　〕内に示した。これを見ると、酒息銭の本司：諸司の配分比が、紹興元年の4：6から宝慶3年の1：9へと大きく変化し、総収に占める州用比率が1/4と大幅に縮小したのとは逆に、上供分(諸司分隷額)が約1.5倍に膨張していることが目につく。しかし他方、諸司分隷額を見ると紹興元年[分隷則例]と宝慶3年[分配比率]との間にそれほど差がないことが分る。なお慶元府には他に紹興7年(1137)制定の「起発七分酒息銭」すなわち「大軍・月椿銭」1,5396.185貫文があり、上供して戸部封椿庫に納めるが、上記酒課の会計収支とは別会計である。

これらのことから、南宋後期の地方財政における「州用」の減少と各種「上供」の増額、これに対し官価に科銭する諸官司への課利分配の安定傾向、といった特徴を窺うことができる。

c.咸淳4年常州、嘉定16年台州の酒税歳収と酒課率

南宋末咸淳4年(1268)序のある『毘陵志』24財賦同6場務に常州三酒務の酒課(生酒・煮酒)日収額と坊場銭・坊場七分寛剰銭額を載せる。三酒務とは「都酒務」と北宋・政和間に置いた「比較務」、それに南宋・紹興年間に置かれ乾道8年(1172)に都酒務に併入された「贍軍務」の三酒務(三省務とも)をいう。南宋最末期の常州三酒務の酒課分配状況は**表67-1**に見るとおりである。

表67-1　南宋期 常州三酒務の酒課分配

	生酒	煮酒	計	[分配比率]
日估旧額	510.540貫文	526.568貫文	1037.108貫文	
増収糴本銭	40.000	40.000	80.000	[0.1407]
経総制銭(酒税分)	73.790	49.513	123.303	[0.2169]
大軍銭	124.860	150.547	275.407	[0.4845]
四分糴本銭	24.501	23.051	47.552	[0.0836]
漕司銭・降本銭	18.801	12.007	30.808	[0.0542]
正額移用銭	—	11.260	11.260	[0.0198]
(小計)	281.952	286.378	568.330	[上供額 0.5475]
本州銭	229.304	240.229	469.533	[留州額 0.4524]
計	511.256	526.607	1,037.863	

この統計には「本柄銭」額の記載がないので常州の酒課率を求めることはできないが、酒税総収における留州分と上供分の比率、及び諸司分配比率については見ることができる。まず常州の日収酒課の「本州銭」留州額は469.533貫文で総収の約45.24%、諸司分配額は計568.330貫

文で約54.75%となり、留州率は0.4524である。

ただし常州では諸司分配における「大軍」銭の比率が高く(0.4845)、経総制銭(酒税分0.2163)・糴本銭(漕司増収四分糴本銭の計0.2243)を上回っている点で舒州・慶元府とは異なる。また咸淳年間の販売課額そのものが、「旧額」に比し生酒で0.5522%、煮酒で0.5438%とほぼ半減していることが目につく。南宋も末年になると、他州軍でもこうした傾向が多く見られたであろう。

また常州では**表67-2**に見るとおり、酒務の酒課収入とは別に、坊場浄利銭及び坊場七分寛剰銭の歳収を載せ、坊場浄利銭の祖額が4,0419.452貫文、七分寛剰銭の旧額が8831.640貫文であったことが分る。常州の坊場五分浄利銭は、次に見る台州のように淳熙以降何度かの減額措置を経て、最終的に免納されたものと思われる。

表67-2　南宋期　常州三酒務の坊場銭と坊場七分寛剰銭の歳収

	坊場銭 祖額(貫文)	坊場七分寛剰銭 旧額(貫文)
晋陵県丞庁	5981.592	1346.256
武進県丞庁	5893.860	1106.832
無錫県丞庁	3456.000	290.640
宜興県丞庁	2,5088.000	6087.912
計	4,0419.452	8831.640

嘉定16年(1223)序のある『嘉定赤城志』16財賦門・上供に、同じく両浙・台州の全上供費目を載せるが、そのうち酒課関連の費目と額は**表68**に見るとおりである(98)。

表68　嘉定年　台州の酒課関連上供費目

酒課関連窠名	旧額	上供銭額	備考
坊場正名銭	祖額3,0000貫文	(1,5000貫文)	坊場浄利銭正額。
七分寛剰銭	1,3343.270	—	坊場廃闕により不起解。
坊場五分浄利銭	1,4625.420	1587.124	坊場廃闕等により減額。
七分酒息銭		8596.218	左蔵庫に送納。
計		1,0183.342貫文	
係省窠名銭(州用)		1,0855.720	
計		2,1039.062貫文	

台州の酒税収入は「起発転運司」の項に載せる「係省窠名銭」1,0850.720文が州用銭すなわち留州分である。「六文贍軍銭」600貫文は転運司の会計に入った後「御前封樁庫」に送納される。これに対し「上供」の項に載せる各種窠名のうち「坊場正名銭」「七分寛剰銭」「坊場五分浄利銭」の三項が酒課関連の窠名である。ただし「坊場正名銭」は紹興元年に課額1,5000貫文を定めて内蔵庫に輸納し、余銭の70%を「七分寛剰銭」として上供し、その30%を州用に充てた後は、坊場停廃・酒務閉鎖等によって歳収が減ったため殆ど送納していない。また「坊場五分浄利銭」

の紹興元年額は「祖額」３万貫のほぼ半額1,4625.420貫文であったが、これものち坊場停廃・酒務閉鎖などを理由に何度か減額され、嘉定年間にはわずか1587.124貫文を起発するのみで、残り1,3038.296貫文は“虚額”となっていたという。また「七分寛剰銭」は旧額1,3343.270貫文であったが、これものち坊場停廃・酒務閉鎖などで上供できなくなった。

こうして台州では結局、坊場五分浄利銭1587.124貫文に七分酒息銭8596.218貫文を加えた1,0183.342貫文が上供分となり、州用分は1,0855.720貫文であるから、総収2,1039.062貫文に対し上供分が48.40%、留州分が51.59%、従って留州率は0.5159となる。

以上本項（２）で見た州軍に前項（１）の湖州の事例を加え、南宋時代の州軍の酒課率と酒課の留州率及び諸司分配比率を年次順に整理して**表69-1**に示す。

表69-1　南宋期 州軍の酒息率、酒課の留州率、酒課の諸司分配比率

	酒息率	留州率	諸司分配比率			
			経総制司	糴本司	移用司	
慶元府（紹興元）		0.6000		0.4000		
湖州（紹興元）		0.3964	0.4239	0.1518	0.0278	
湖州（紹興７）		0.3169	0.0528	0.2112		大軍0.3658
舒州（紹興32）	0.6587	0.4972	0.961		0.038	
慶元府（宝慶３）	0.0974	0.9024	0.7301	0.1485	0.0273	
台州（嘉定16）		0.5159				
常州（咸淳４）	0.5661	0.4524	0.2136	0.0237	0.026	大軍0.4845

次に上記諸州府を除き、酒課率が判明している他府州の酒務・坊場等における酒税収入（貫）、息銭額（貫）を**表69-2**に示す(99)。

表69-2　諸州軍官酒務等酒税収入と息銭額及び酒課率

年次	酒庫・酒務・坊場等	酒税収入（貫）	息銭額（貫）	酒息率
紹興31年（1161）	楊存中献納坊場等	152,0000	80,0000	0.5263
乾道２年（1166）	臨安府安撫司酒庫・酒務	300,0000	160,0000	0.5333
慶元初年（1195）	台州石門酒庫	1,2700	8000	0.6299
嘉定３年（1203）	漳州官酒務	20,8587	8,6205	0.4132
嘉定中（1208-24）	鎮江府３務	7,4711	—	—

州軍ごとの酒税歳収は、州軍の人口規模や官酒務・比較務の設置状況、酒の需給関係などの諸要因によってかなり幅がある。しかしこれを酒息率について見ると、紹興末・隆興初年の舒州の0.6587から嘉定３年・漳州の0.4132まで0.2455ポイントの幅の中に、平均してほぼ50%以上の酒息率を確保し、また留州率についても紹興７年・湖州の0.3169から嘉定16年・台州の0.5159まで0.1990ポイントの幅の中に平均でほぼ50%弱を確保している。州軍ごとの酒税収入

における大きな格差に対して、酒税の留州率と酒課率では府州軍ごとにさほど差がなく、留州率・酒課率ともほぼ50%の線で平準化されていたことが分る。

留州率50%――従って上供率も50%――という基準線は、両浙・江南諸路財政の標準的な収支構造を示すものと見ることができる。これは州軍が一定額の地方経費――州県官員兵士の請給――を酒税収入から確保する必要から、酒税の増額・増徴を酒課本課の引上げではなく付加税の創設によって行い、上供窠名を増やすことで州軍経費を調達したことによる。

おわりに

宋代榷酤における酒課の称呼は、その課税方式が禁榷[監官酒務制]、同[売麹制]、買撲[分収制]のいずれであるかによって異なる。[監官酒務制]の酒課は酒税すなわち官売価格(「官価」「官酤」)と同額(本柄銭＋息銭)であるが、四京[売麹制]の酒課は官が酒戸に卸売する官麹の対価すなわち「(売)麹銭」額であり、[買撲制]の酒課は州軍の[監官酒務制]課額を坊場単位に分割した「坊場課利銭」額である。これらの価格構成を図示すると、**図17**のようになる。

図17　監官酒務制・四京[売麹制]・買撲[分収制]における酒税の価格構成

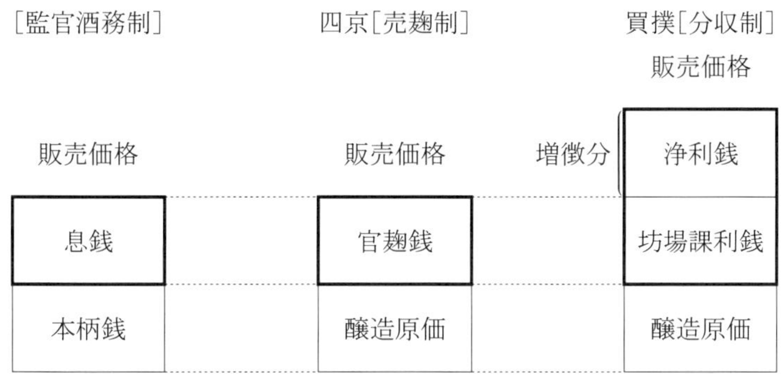

[監官酒務制]においては、坊場で醸造する官酒の原料購買や醸造・販売諸経費が「官本」(「工本」)として、州県官員兵士の請給に充てる酒課「息銭」とともに官売価格中に積算される。この「息銭」額中には、酒務・酒坊を設置し醸造・販売する州軍と所属路官転運司のほか、提点刑獄司・提挙常平司・糴本司・移用司等、地方の各級官司の科銭が積算され(“諸司科銭”)、州軍で徴収した後、転運司によって上供分と留州分とに分別される。両宋を通じて酒課本体は一貫して「州用」として州軍に存置され、州県経費として支用されたが、慶暦２年に始まる酒課付加税「増添銭」、熙寧３年に始まる買撲坊場「浄利銭」は酒課付加税として新規の上供銭貨とされ、前者は常平司の、後者は提刑司の管理下で中央に移送され、中央諸官司の経費として支用された。「増添銭」は北宋後半期から南宋・紹興前半期にかけて次第に増額され、経総制司・糴本司・移用司等中央諸官司の科銭が相次いで積算された結果、**図16**で見たとおり官酒

の販売価格の高騰を招いた。酒価の高騰による安定した歳収確保により、紹興年間には地方官司の酒課歳収はほぼ留州１：上供１の比率で分配収取されるようになった。**図18**に北宋末から南宋・紹興前半期における酒課付加税の増徴による官酒の価格構成の変化と、中央・地方諸官司への酒課の分配状況を示す。

図18　北宋末・南宋初期における酒税の価格構成と酒課の分配

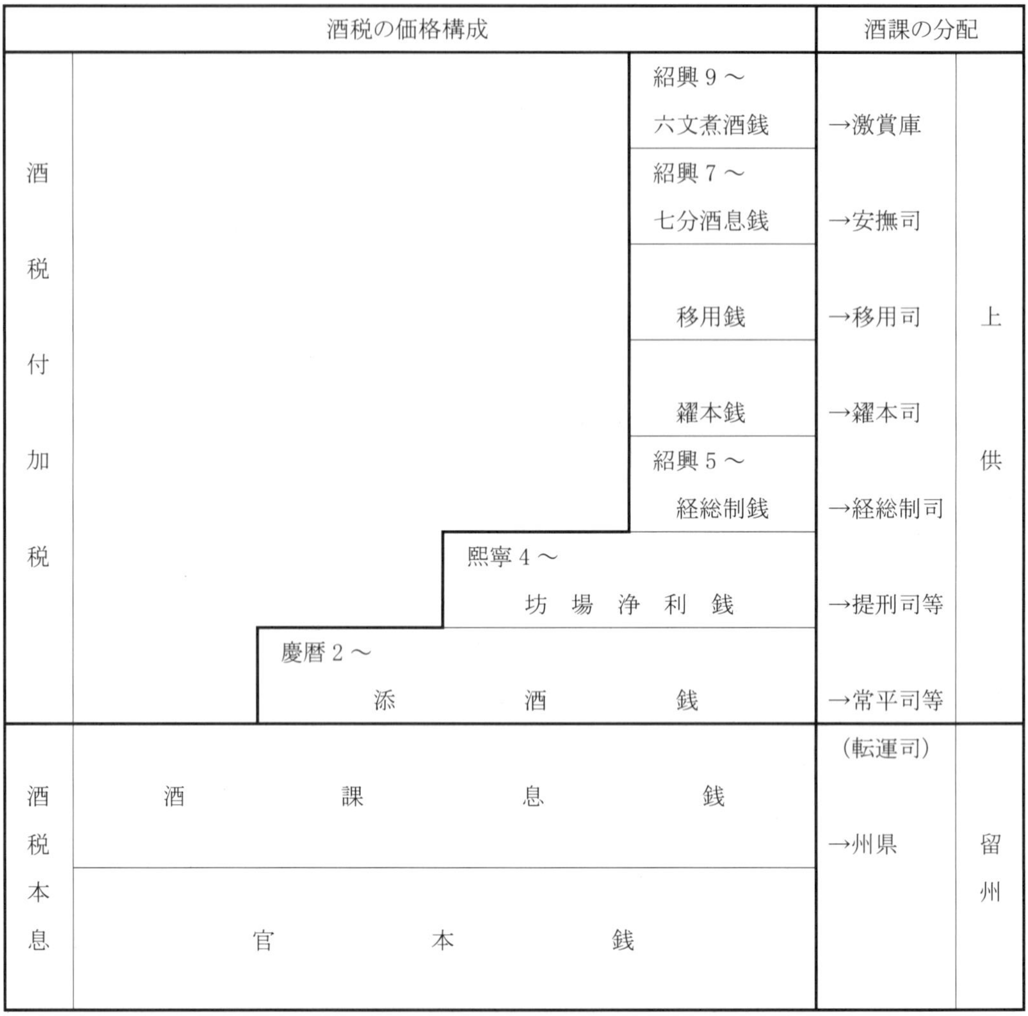

酒税の価格構成		酒課の分配	
酒税付加税	紹興9〜 六文煮酒銭	→激賞庫	上供
	紹興7〜 七分酒息銭	→安撫司	
	移用銭	→移用司	
	糴本銭	→糴本司	
	紹興5〜 経総制銭	→経総制司	
	熙寧4〜 坊場浄利銭	→提刑司等	
	慶暦2〜 添酒銭	→常平司等	
酒税本息	酒課息銭	（転運司） →州県	留州
	官本銭		

表70は宋代の酒課歳収の推移について、年次と額が判明するものに限り、年代順に整理したものである。なお酒課付加税の「増添銭」は官売価格を引上げて酒税歳収を増加させるが、増徴分は転運司の会計に入らないので、表には載せていない（「増添銭」については**表63**を参照）。ただ南宋の四川は四総領所体制のもとで東南五路等と会計を別にしたほか、不禁地に榷酤して新たに監官酒務制を実施した地域があり、また全域に独自の「隔槽法」を施行するなど、酒課の方式・歳収とも他路と大きく異なるため、この表では１列下げて四川四路の紹興年間の酒課歳収を併記し、さらに１列下げて「隔槽法」による「坊場課利銭」額を付記した。

表70　宋代における酒課歳収　付 四川酒課額・坊場浄利銭額

年次	酒課、坊場銭等歳収（万貫）
至道中(995-97)	酒課325.9万貫（売麹銭48万貫を含む）*1.
景徳中(1004-07)	酒課428万貫*2.*3.
天禧末(1021)	酒課1158.6万貫（売麹銭87.1万貫を含む）*1.
慶暦中(1041-48)	酒課1710万貫*2.*3.*4.
	売麹銭72,2187貫文*4.
皇祐中(1049-53)	酒麹歳課1498.6万貫(+金帛等 4,0706万貫)*1.*5.
治平中(1064-67)	酒麹歳課1286.2万貫(+金帛等 6,9575万貫)*1.*5.
熙寧4年	売麹銭歳課36,0000貫文*6.
熙寧10年(1077)	酒課「祖額」1054,9159.3993万貫*4.、坊場浄利銭169,9534.90412*4.
	売麹銭 5,35433.185貫文*4.、四京坊場浄利銭 7,2221.3874貫文*4.
元豊2年(1079)	京東路酒課95.8万貫*7.
元豊3－6(1080-83)	京東路酒課増179.5万貫（3年分）*7.
元豊7年(1084)	坊場浄利銭歳収505.9万貫*8.
元祐元年(1086)	坊場浄利銭・河渡銭420余万貫*9.
元符3年(1100)	坊場浄利銭・河渡銭歳収366万余貫*10.
北宋末	両浙坊場浄利銭歳収額84万貫*11.
建炎中(1127-30)	四川酒課計140万貫*11.、成都府坊場課利銭4.8万貫*12.
建炎4年(1130)	四川酒課計690余万貫*11.
紹興元年(1131)	成都府坊場課利銭14.6万貫*12.
紹興12年(1142)	四川酒課556万貫*13.
紹興25年(1155)	成都府等5処坊場課利銭54.8万貫*12.
紹興27年(1157)～	江浙荊湖坊場浄利銭127万貫*14.
	東南諸路酒課500万貫*14.
紹興末年(1162)	東南・四川酒課計1400万貫*14.
乾道中(1165-73)	行在七酒庫歳収352万貫*14.
嘉泰2年(1202)	四川酒課410余万貫*11.

*1.内訳は至道中が銅銭121.4万貫・鉄銭156.5万貫・売麹銭48万貫、天禧末が銅銭779.6万貫・鉄銭291.9万貫・売麹銭87.1万貫。『長編』97天禧5年末条「至道中両京・諸州権酒歳課、銅銭百二十一万四千余貫、鉄銭百五十六万五千余貫、京城売麹銭四十八万貫。天禧末権課、銅銭増七百七十九万六千余貫、鉄銭増百三十五万四千余貫、売麹銭増三十九万一千〔余〕貫」、『宋史』食貨・酒p.4515同、『通考』17征権四権酤p.169中略同）。なお輸租・課利における鉄銭・銅銭は等価であるが（宮澤前掲書第2部第4章宋代四川の鉄銭問題を参照）、李華瑞前掲書p.352～54宋代酒課年収入略表（一）は鉄銭：銅銭比価を10：1として計算し（同氏著・宋史論集（河北大学出版社2001.8）所収「宋代醸酒業簡述」p.303も同様）、至道中歳収を185.05万貫、天禧末歳収を895.89万貫とする。また全漢昇「唐宋政府歳入与貨幣経済的関係」（『歴史語言研究所集刊』20、1948。『全漢昇経済史著作集』中国経済史研究一、中華書局、2011.1に再収）は武田金作「宋代の権酤」（『史学雑誌』（1）（2）45-5・6、1934）により至道中歳収を225.9万貫＋、天禧末歳収を126.9万貫＋とするがいずれも誤り。

*2.張方平『楽全集』24論国計事「…景徳中市酒課四百二十八万貫、慶暦中一千七百十万余貫」。

*3.『雑記』甲14景徳慶暦紹興塩酒税絹数「景徳中…酒課四百二十八万余緡…紹興末東南及四川酒課一千四百余万緡」。

*4.『会要』56-71〔戸部〕紹熙3.6.19「…先是監察御史姚愈言…景徳中酒課止収四百二十八万貫、慶暦為之関防、遂収一千七百一十万貫」。本章末付表2「諸路官酒務酒課額と買撲課利銭額」（『会要』食貨〔酒麹雑録〕19-1～19

による)を参照。酒課は熙寧10年祖額72,9397.757貫文と四京・不禁諸路等を除く19路州軍の熙寧10年祖額981,9751.64234貫文との合計額。四京売麹銭は慶暦2年課額72,2187貫文、熙寧10年課額5,35433.185貫文(南京を除く)。坊場浄利銭額は四京分が72221.874貫文(東京を除く)・不禁諸路等を除く18路州軍の買撲浄利銭額。4項の酒課歳収合計は1285,6348.8758貫文。全漢昇は*1.前掲論文で酒課歳収合計を228,3843貫とするが誤り。

*5.『通考』17征榷四榷酤p.171上「皇祐中酒麹歳課合一千四百九十八万六千一百九十六、至治平中減二百一十二万三千七百三而皇祐中又入金帛・糸纊・芻粟・材木之類、総其数四万七百六十、治平中乃増一百九十九万一千九百七十五云」、『宋史』食貨・酒p.4516-17同。

*6.『宋史』食貨・酒p.4517「(熙寧四年)六月令式所删定所官周直孺言、在京麹院酒戸鬻酒虧額…請以百八十万斤為定額、閏年増十五万斤、旧直斤百六十八、百以八十五為数、請増為二百、百用省数、以便入出」。

*7.『会要』食貨17-26〔商税4〕元豊6.9.4「京東路転運副使呉居厚言、本路元豊三年秋季至今年上半年終酒税課利、比元豊二年前官任内祖額、増百七十九万五千余緡、其前任内二年酒務、比祖額虧二十一万緡。上批、居厚於二三年間坐致財用数百万計、三省可議賞典」。京東路の元豊2年の酒課歳収は祖額に比し21万貫の減であったが、翌元豊3年秋から6年上半年までの3年間で、元豊2年の「祖額」に比し179,5000余貫の増。京東東・京東西路の熙寧10年次の「祖額」は116,8821.744貫文、これに21万貫虧けると95,8821.744、約95.8万貫、呉居厚はこれに3年間で179,5000余緡を増した。因みに呉居厚は京東塩を官売化し歳収を大幅に増やした功で賞典された。本書第7章京東塩・河北塩・河東塩・四川塩の販売体制と課税方式を参照。

*8.『長編』350元豊七年・是歳「天下免役計緡銭一千八百七十二万九千三百、場務銭五百五万九十〔千〕、穀帛石匹九十七万六千六百五十七」。『続類』29祖宗用度損益・神宗・元豊7.12.「天下免役、計緡銭一千八百七十二万九千三百、場務銭五百五万九千、穀石帛匹九十七万六千六百五十七」。『通考』19征榷六・雑征斂p.186中「(元豊)七年府界諸路坊場銭歳収六百九十八万六千〔六十九万八千六百〕緡、穀帛九十七万六千六百石匹有奇」。『通考』19だけが「坊場銭」698.6万貫とするが、その差192.7万貫文は河渡銭の額と考えられる。

*9.『長編』369元祐1.閏2.15癸卯「(右司諫)蘇轍言…今来略天下坊場銭一歳所得、共四百二十余万貫」、欒城集3乞令戸部役法所会議状「諸路毎年所入坊場河渡銭共四百二十余万貫」。李華瑞前掲書は“河渡銭が酒課中に占める比率32%”から元祐初の酒課を128.7万貫、元符3年酒課を115.6万貫と推定するが、これは無理である。

*10.『続類』29祖宗用度損益・哲宗・元符3.11「戸部言、天下坊場三万一千余処、総一界一千一百余万、毎歳以一百万入内帑、助邦邦用」。買撲1界は三年分なので歳収に換算すると366万余貫。李華瑞前掲書は1界三年分を歳収1156万貫とする誤り。

*11.『雑記』(嘉泰2年序)甲14東南酒課「旧両浙坊場有一千二百二十四所、毎歳歳収浄利銭八十四万緡」、四川酒課「在建炎中、合官民之入総為緡銭百四十万…明年(建炎四年)徧四路行其法(隔槽法)、於是歳課逓増至六百九十余万緡…今四川酒課累減之余、猶為緡銭四百一十余万」。魏了翁『鶴山先生大全文集』89敷文閣直学士贈通議大夫呉公(猟)行状〔開禧3年(1207)〕には「…酒課之在建炎、総為緡一百四十万、後改場店法、逓増至六百九十余万緡、今寛減之余、尚存四百余万」とあり400余万とする。

*12.前注(58)『要録』124紹興8.是歳条「四川制置使胡世将、即成都・潼川府、資・普州、広安軍創清酒務、歳収息銭四十五万緡、旧成都酒務許人戸買撲分認歳課、為銭四万八千余緡【建炎三年額】、趙開行隔槽法、所増至十四万六千余緡【紹興元年額】、及世将改為官監、所入又倍、自後累増至五十四万八千余緡【紹興二十五年数】而外邑及民戸坊場又為三十九万余緡【淳熙二年数】」。

*13.『雑記』甲17四川総領所「四川総領所贍軍銭并金帛、以紹興休兵之初計之、一歳大約二千六百六十五万緡、共五百五十六万緡酒課【今減四百一十余万】」。

*14.『雑記』甲14東南酒課「(紹興)二十七年後…旧両浙坊場有一千二百二十四所、毎歳収浄利銭八十四万緡、至是合江浙荆湖人戸買撲坊場才一百二十七万緡而已。蓋敗闕者衆故也。是時行在戸部贍軍東南中三庫并殿〔前〕司所献酒坊七十五所、歳収息銭亦一百三十万緡。諸路酒課約有五百余万緡…至乾道間、行在七酒庫日售銭万緡、毎歳収本銭一百四十万、息銭一百六十万、麹銭二万、而歳額之外、羨余献納於内帑者亦二十万、其後加増至五十万緡、遂為定数云」。行在七酒庫の歳収内訳は本銭140万貫、息銭160万貫、麹銭2万貫。李華瑞前掲書は定額化した行在七酒庫の羨余献納額を70万貫とするが50万貫の誤り。上にも見たように李華瑞前掲書はこのように多くの誤りを含み、これらの数字に基づいて作成したp.362宋朝酒課増減変化示意図には問題が多い。

注

(1) 五代・後唐の榷酤は、三京・鄴都と諸道州府の郷村民戸には田税化した「麹銭」を科徴し、首都及び諸道州府の都市部には酒戸から「榷酒銭」を徴収する禁榷制であった。(『旧五代史』146食貨志p.1955「後唐天成三年七月詔曰、応三京・鄴都・諸道州府郷村人戸、自今年七月後、於是秋田苗上毎畝納麹銭五文足陌、一任百姓自造私麹、醞酒供家、其銭夏秋徴納。其京都及諸道州府県鎮坊界内、応逐年買官麹酒戸、便許自造麹、醞酒貨売」)。この「榷酒銭」は唐・会昌6年(846)施行の榷酒銭――造酒戸に官麹を卸売して酒課を得る――に由来する[税酒制]〈民醸民売〉の一方式である。後唐の「榷酒銭」方式はその後、呉越・南唐等諸国及び宋初の三京に継承された。『長編』1建隆1.9.「是月呉越始榷酒酤」、『通考』17征榷四・酒p.170中「止斎陳氏曰、国初諸路未尽禁酒、呉越之禁自銭氏始」。『長編』32淳化2.8.1丁卯「詔両浙諸州、先是銭淑日、募民掌榷酤、酒醨壊、吏猶督其課、民無以償」。両浙の酒課歳額は天禧4年(1020)、旧額14貫文に9.8万を増して23.8万貫文に改定された(『宋史』食貨・酒p.4514「(両浙)旧募民掌榷、雍熙初以民多私醸、遂蠲其禁、其榷酤歳課、如麹銭之制、附両税均率。二年詔曰、有司請罷杭州榷酤、乃使豪挙之家坐専其利、貧弱之戸歳責所輸、本欲恵民、乃成侵擾、宜仍旧榷酒、罷納所均銭。天禧四年転運副使方仲荀言、本道酒課旧額十四万貫、遺利尚多、乃歳増課九万八千貫」)、『会要』食貨20-3〔酒麹雑録一〕雍熙2.5.詔「去年両浙転運司与杭州同建議、廃杭州榷酤之禁、以酒麹課額均賦於民、如聞更改以来、城郭富豪之家、坐収酤醞之利、郷村貧弱之戸、例納配率之銭、甚非便利、自今宜依旧置清酒務、差官監当、依江南例減価酤売、其所均銭並罷納」。

(2) 『長編』59景徳2.1.6乙卯「咸平中江淮制置司秦羲献議、歳増榷酤十八万緡、頗為煩刻。於是戸部判官李防出使言、江南歳倹、所増榷酤歳額、已権停之、仍請権停淮浙荊湖路。詔従其請、因詔羲無得擅増榷課、自後制置司不得兼領酒榷矣」、『宋史』食貨・酒p.4515「咸平末江淮制置増榷酤銭、頗為煩刻、景徳二年詔毋増榷、自後制置使不得兼領酒権」、『会要』食貨20-4〔酒麹雑録一〕景徳1.閏9「罷江淮荊湖制置榷酤。先是発運制置使秦羲等上言、乞差朝臣乗伝諸郡、増榷酤之課、至是特令罷之」。

(3) 『宋史』食貨・酒p.4514「川峡承旧制、売麹価重、開宝二年詔減十之二。既而頗興榷酤、言事者多陳其非便、太平興国七年罷、仍旧売麹」、『群書考索』58財用門・酒類「開宝二年減西蜀之麹価」、同「太平興国七年詔曰…宜其除諸州官措置榷酤、旧造麹糵、仍除益州歳増麹銭六万貫」。『長編』23太平興国8.8.20己卯「詔剣南東西・峡路諸州…罷官酤酒、仍造麪与民、前所増麹銭三十万並除之」。

(4) 『旧五代史』146食貨志p.1957「周顕徳四年七月詔曰、諸道州府麹務、今後一依往例、官中禁法売麹、逐処先置都酒務、候勅到日、並仰停廃」。『宋史』食貨・酒p.4514「陝西雖榷酤、而尚多遺利。咸平五年、度支員外郎李士衡請増課以助辺費、乃歳増十一万余貫」。

(5) 『長編』46咸平3.1.13辛卯「赦…罷縁辺二十三州軍榷酤」。『長編』62景徳3.4.1己酉「詔河北諸州軍市征・榷酤、比常課不及者、特展限三月」。

(6) 『会要』食貨20-3太平興国2.10「京西転運使程能言、陳・滑・蔡・潁・随・郢・均・鄧・金・房州・信陽軍、未行榷酤、今請並置酒務。詔遣太常丞馮頔与内品一人同共監当、比較所収一年課利」。『通考』17征榷四・酒p.170中「止斎陳氏曰、国初諸路未尽禁酒、呉越之禁自銭氏始、而京西禁始太平興国二年」。『長編』35淳化5.4.27戊申「先是陳・滑・蔡・潁・〔随〕・郢・鄧・金・房州・信陽軍、皆不禁酒。太平興国初、京西転運使程能請榷之、自能建榷酤之議、所在置官吏局署、取民租米麦給醞醸、以官銭市樵薪及官吏・工人・役夫俸料、歳計所獲利無幾、而主吏規其盈羨、又醞斉不良潔、酒多醨壊不可飲…。上知其弊、戊申下詔募民自酤輸官銭、限常課十之二、使其易辨」。『会要』食貨20-4〔酒麹雑録一〕淳化5.4.「詔天下酒榷。先是分遣使者監筦、歳取其利以資国用、自今募民掌之、減常課之十二、使其易辨、勿復遣吏預其間」。『宋史』食貨・酒p.4513、『考索』後集58財用門・酒類、略同。

（７）『宋史』食貨・酒p.4515,4516による。このうち（ｖ）（vi）広南東・西路については『会要』食貨20-3〔酒麹雑録〕開宝4.4.「広南転運使王明言、広州酒麹元無麹法、軍民吏便醞売。詔依旧不禁」。同開宝4.10.「知邕州范旻言、本州元無麹法。詔如広州例」。『長編』12開宝4.4.4己巳「詔嶺南商税及塩法、並依荆湖例、酒麹仍勿禁」。『宋史』食貨・酒p.4516「天聖以後…其不禁之地、大概与宋初同、唯増永興軍・大通監・川峡之茂州・富順監」等。荆湖南路ではその後元豊２年、潭州瀏陽県永興銀場に酒税務が置かれた(『会要』食貨20-10〔酒麹雑録〕元豊2.5.25)。なお同系史料(『中書備対』)に拠ったと思われる『通考』17征榷四p.169中は「熙寧十年以前天下諸州酒課歳額」として、諸州軍の酒課を40万貫以上から5000貫以下、無定額までの計10段階に分けて記載する。北宋時代の官酒務の分布についいては楊師群「宋代官営酒務」(『中州学刊』1992-4)を参照。

（８）『長編』15開宝7.2.21庚子「令諸州知州・通判・判官・兵馬都監・県令所掌塩麹及市征・地課等、并親臨之、月具籍供三司、秩満校其殿最」。同81大中祥符6.7.21辛亥「詔茶塩酒税及諸物場務、自今総一歳之課合為一、以祖額較之、有虧損則計分数、其知州・通判減監臨官一等区断…」、同146慶暦4.2.187辛亥「詔、旧制諸道榷酤、課満三万貫挙官監臨、歳満而課羸者、特奨之、如聞州県吏不務民政、多干請為監臨官、自今満五百万以上、方聴挙官」。『宋史』食貨・酒p.4513「宋榷酤之法、諸州城内皆置務醸酒、県鎮・閭或許民醸而定其歳課、若有遺利、則所在多請官酤、三京官造麹、聴民納直以取」。『通考』17征榷四p.168下「宋朝之制、三京官造麹、聴民納直、諸州城内皆置務醸之、県鎮郷閭或許民醸而定其歳課、若有遺利、則所在皆請官酤」。『宝慶四明志』５叙賦・酒「国初有都酒務、官既自榷亦許民般酤、又募民能分其利、即官給要契、許酤於二十里外而歳輸其直、今坊場課利銭是也」。

（９）拍戸による小売は官売課額の一部であることから、その販売額(「抱額」)には上限が設けられた。『宋史』267李惟清伝「雍熙二年…惟清曰、前在荆湖、民市清酒務官醸転鬻者、斗給耗二升、今三司給一升、民多他図而歳課甚減」。朱熹『朱文公文集』18奏塩酒課及差役利害状「…一、酒坊之弊、其説有四、一曰官監、二曰買撲、三曰拍戸抱額、四曰万戸抱額…然或額重而抱納不前、或籍此而搔托騒擾、則其弊亦不異於買撲」。逆に売上が抱額を下回ると官の督促を受け(黄震『黄氏日抄』84附通新漕季厚斉書「…又酒庫本使臺趂国課之地、而村民多誣告私酤以害人、庫吏之隨欠官銭者、復妄指有衣飯無干預之家、混為欠銭、拍戸差巡尉捕抑填納、冤無所訴」)、拍戸が破産すると官はその子孫を強制して後継させた(『事類』36庫務門「…抑勒家属子孫充拍戸」。拍戸については中村喬「宋代の酒肆」(『立命館文学』555、1988)、古林森廣『宋代産業経済史研究』(国書刊行会、1987)第一編第一章等を参照。新設の比較務や総領所等諸官司が官酒務課額を拍戸へ転嫁することは南宋でも多く見られた。『会要』食貨20-16紹興4.11.3「両浙転運使呉革言…本府得旧有都酒・比較両務、各係旧来分定拍戸管趂課額、今乞行下平江府権行踏逐穏便去処、添置比較務一所、造酒沽売、権免分隷諸司応副、資助漕計等支用…」。同20-19紹興13.9.10「詔淮東総領所酒庫止於元置州軍、淮西・江東総領所止於建康府・揚州、安撫司止於本州開沽、即不得更於別州県村鎮、擅自添置脚店…」。なお宋代の官酒の販売価格は、「小酒」(「清酒」「生酒」ともいい、春から夏にかけて醸造後すぐ販売する)が全26等級で５～30文/升、「大酒」(「煮酒」ともいい、夏季に臘醸蒸鬻すなわち加熱殺菌後、販売する)が全23等級で８～48文/升であった(『宋史』p.4515、李華瑞「宋代醸酒業簡述」(『宋史論集』河北大学出版社、2001)等)。

(10) 河北西路の北平軍は定州・北平砦に慶暦２年に建軍し同４年に定州に復帰したので(『元豊九域志』２河北西路定州)、「旧」は慶暦２～４年の間に限定される。また河北東路・魏州が大名府に昇格したのは慶暦２年(1042)であるが、『会要』19-1～19〔酒麹雑録〕の四京売麹銭額の北京の項には「北京」の表記が缺落し、西京・南京にある「売麹如東京之制」の文言がない。これは『中書備対』が河北東路に記載されていた魏州の売麹銭額を、「四京」の項に合せるために移動したためで、従って表記が缺落している「北京」の数値は、北京がまだ魏州と呼ばれていた慶暦２年当初の売麹銭額を記載したものである(**表62**を参照)。以上の理由により、「旧」が慶暦２年を指すことが確定する。なおこのことから、同じく『中書備対』に拠る『会要』食貨16～18商税、同22～28塩法、同29～32茶法に記載の「旧額」についても、酒課と同じく慶暦２年の立定と見られる(楊倩描「北宋商税"旧額"時間考」中国史研究(北京)1985-3、李景寿「北宋商税"旧額"時間再考」同2003-4等を参照)。また『会要』記載の諸路官酒務課額及び買撲課利銭額について、李華瑞注(９)前掲論文はともに熙寧10年立定の官課"祖額"と買撲坊場"祖額"であるとし、両者を合せて"熙寧10年官榷額"なるものを措定するが(pp.325～341熙寧十年立祖額表)、実封投状による坊場買撲に「祖額」を立てることはなく、また"買撲額"は酒課"祖額"とは別個に徴収される「買撲坊場銭」額であり、京東の兗州、淮南東の真州、淮南西の寿州、和州、舒州、無為軍の計６州軍のように"祖額"より"買撲額"の方が多い州軍もある。従って両者を合算した"熙寧十年官榷額"なるものは存在せず、また州軍ごとの官課"祖額"に対する買撲"祖額"の構成比をもとに、諸地域の商品経済ないし商業資本の発展との相関を求めること(同書p.220)も無意味である。

(11) 『会要』食貨20-5天禧3.6.「光禄少卿薛顧言、杭州酒務税額一十五万貫、都作一務、望析為三務。詔三司定奪以聞」、『宋史』食貨・酒p.4519「政和二年、淮南発運副使董正封言、杭州都酒務甲於諸路、治平前歳課三十万緡、今不過二十万、請令分務為三、更置比較務二…(政和)四年両浙転運司亦請置務比較、定課額醸酒収息、以増虧為賞罰」。比較務はその収益で旧酒務の祖額缺損分を補填した。『長編』496元符1.3.17丙寅「戸部言、諸路酒務、乞将大務所収銭数、至歳先比較祖額、如有虧少、即将比較務収到銭数、補填大務虧少、外有剰数仍依大務見趂祖額、以十分為率、除出二分外、余数依条紐計、合支賞銭…。従之」)。南宋期の比較務については前注(９)『会要』食貨20-16〔酒麹〕紹興13.9.10条を参照。

(12) 宋代塩・酒等の課額は本柄銭(官本銭、工本銭)と息銭との合計額である。『長編』341元豊6.11.24乙丑「通直郎・都大提挙成都府等路茶場陸師閔言…切詳本司与天下課利場務不同、如塩・酒之類皆以本息通立額、而本司但以浄利為額」。市場経済のもとでは、商品の販売によって得られる利益(利潤)は、一般に販売価格と商品の製造・販売に必要な諸経費(仕入価格・人件費等)との差額をいう。これに対し、塩・茶・酒等官榷物品を販売して得る収益は、塩・茶・酒等の販売価格「官価」と塩本銭・茶本銭・本柄銭等「官本」との差額である。ところが中国の研究では李華瑞氏が酒税における"本息比率"すなわち「官本」本柄銭額に対する息銭額の比率を酒課の「利潤率」として設定し――前掲書p.309表(一)、p.310表(二)、p.311表(三)等――、包偉民氏も李華瑞氏に依拠して宋代酒税の本息比率から酒課の平均「利潤率」を求め(『宋代地方財政史研究』上海古籍出版社、2001、p.99)、李偉国氏もやはり本息比率を「利潤率」とみなして、宋代酒酤の利潤率は時代が下るに従って次第に高くなったと述べる(後注(**94**)を参照)。塩課の研究では郭正忠氏が同じように本息比率を「利潤率」とし、淮浙塩の官売利潤なるものを求めている(『宋代塩業経済史』人民出版社、1990、p.680-95「宋塩流通利潤率及其社会意義)。このように中国の研究者が用いる"利潤率"は市場経済における商品の製造原価(仕入価格・人件費＝コスト)に対する利潤の比率を、そのまま宋代の課利に適用したものである。しかし宋代の課利＝間接税収入は政府の商品製造・販売による利潤ではないので、宋代課利の販売収益に"利潤率"概念を適用するべきではない。

(13)『通考』23国用一・歴代国用p.228中「(開宝)六年、令諸州旧属公使銭物、尽数係省、毋得妄有支費、以留州銭物尽数係省、始於此。止斎陳氏曰…淳化五年十二月、初置諸州応在司、具元管・新収・已支・見在銭物申省」。同17征榷四榷酤p.170中「止斎陳氏曰…淳化四年十二月十四日勅令諸州、以茶塩酒税課利、送納軍資府[庫]、於是稍厳密矣」。なお州軍場務における課利収入の会計は"月納"制であった。『事類』36庫務門一・場務〔倉庫令〕「諸軍資庫受納場務課利、即時給鈔、其毎月所納附帳、監官用印」。また同庫務門一・承買場務〔場務令〕「諸承買場務課利、均為月納、遇閏依所附月数別納」。

(14)『通考』17征榷考四榷酤p.170中「止斎陳氏曰…咸平四年五月四日勅、諸州麹務、自今復將一年都収到銭、仍取端拱至淳化元年三年内中等銭数、立為祖額、比較科罰、則酒課立額自此始、然則蔵之州県而已」。『通考』17征榷4榷酤p.169上「真宗景徳四年詔曰、榷酤之法、素有定規、宜令計司立為永式、自今中外不得復議増課、以図恩奨」。

(15)『事類』36場務令「諸課利場務、比祖額〔原注略〕併増虧各五年、并初置官監及五年者、本場務限次年正月上月申州、増者取酌中、虧者取最高、初置者取次高、各以壱年数、立為新額、限二月内保奏、仍申転運司及尚書戸部」。同5職制門二考課式「酒税務〔原注略〕各具祖[祖]額并遞年及本年収諸色課利逐色各若干」。

(16)『長編』65景徳4.4.27甲午「(宰相王旦)且言、諸路各置転運使、復遣官検挙酒税、競以増益課利為功、煩擾特甚…(上)乃詔三司、取一年中等之数、立為定額、自今中外勿得更議増課、以図恩奨」、『会要』食貨20-5〔酒麹雑録一〕景徳4.4条略同。『長編』105天聖5.5.13壬子「詔河北諸州軍酒税務、自有監臨官、而転運使復差官比校歳課、務以侵民、其罷之」。『宋史』食貨・酒p.4516「乾興初言者謂、諸路酒課月比歳増、無有藝極、非古者禁羣飲・教節用之義。遂詔郷村毋得増置酒場、已募民主之者期三年、他人雖欲増課以售勿聴。主者自欲増課、委官吏度異時不至虧損負課、然後上聞」、『通考』17征榷四榷酤p.171上同。『宋史』食貨・酒p.4516「慶曆初三司言、陝西用兵、軍費不給、尤資榷酤之利、請較監臨官歳課、増者第賞之」。

(17)『宋史』食貨・酒p.4516「初酒場歳課不登、州県多責衙前或伍保輸銭以充其数、嘉祐・治平中数戒止之…。治平四年…又江南比歳所増酒場、強率人酤酒者禁止」。

(18)『要録』124紹興8.12.是歳条「四川制置使胡世将、即成都・潼川府・資・普州・広安軍創清酒務、歳収息銭四十五万緡、旧成都酒務許人戸買撲分認歳課、為銭四万八千余緡…」。『会要』食貨21-13〔買撲坊場〕紹興18.4.8「戸部言…続承宣和元年二月指揮、今後諸路人戸承買場務、如因敗闕停閉、其浄利銭並依課利銭法、相度並入隣店分認。又紹興十年閏六月、黄仁栄言、敗闕坊場、雖体減未及五分、如停閉已及一季、並依経体減例、将五分官銭、令隣佐酒坊分認抱納」。

(19)『通考』19征榷六・雑征斂p.186上「開宝三年令買撲坊務者収抵当。止斎陳氏曰、買撲始見此…」。この記事は『長編』、『会要』等他史料に見えない。開宝3年(970)を以て酒課買撲制が発足したとするのは今の所陳傅良だけである。史料上、酒の抵当の初見は『会要』食貨20-8景祐1(1034).1.27臣寮言「諸道州府軍監県鎮等酒務、自来差官監処、乞不以課利一万貫以上、並許衙前及諸色不該罰贖人、一戸已上十戸已来同入状、依元勅将城郭草市衝要道店産業充抵当、預納一年課利買撲。従之」。

(20)『長編』17開宝9.10.壬戌「先是、茶塩榷酤課額少者、募豪民主之、民多増額求利、歳或荒歉、商旅不行、至虧失常課、乃籍其資産以備償。於是詔以開宝八年額為定、勿輒増其額」。『会要』食貨20-3〔酒麹雑録一〕太平興国１(＝開宝９).10.条略同。なお『宋史』食貨・酒p.4513に「宋榷酤之法、諸州城内皆置務醸酒、県鎮郷閭、或許民醸而定其歳課、若有遺利、所在多請官酤」とあり、買撲して課額未達成の場合は、後に官価での買取りへと緩和されたようである。

(21)『会要』食貨20-5大中祥符6.3「詔諸処酒麹場務、止得約造一年、合使酒麹交与後界、如於一年之外多造即納官、若将不堪使用酒麹交与後界者、並仰毀棄、仍劾罪以聞」、同20-7大中祥符6.8.27「…三司上言、応於郷村剏額斡醸者、自今不得以課額多少、官司無得受理、若剏立県鎮合置務者、亦長吏体量奏裁、其県鎮〔郷〕村斡酒者、自今以三年一替」、『雑記』甲14東南酒課「其坊場課利者、自開宝九年冬詔、承買以三年為限」。

(22)『会要』食貨20-3〔酒麹雑録一〕太平興国2.12「権大理寺少卿趙斉言、諸州榷酤、募民能分其利、即給要契、許於城州[州城]二十里外酤」。

(23)『長編』35淳化5.4.27戊申「…民有応募者、検視其資産、長吏及其大姓共保之、後課不登者均償之。是年又取諸州歳課銭少者四百七十二処、募民自酤、或官売麹収其値、後民応募者寡、猶多官醸」。『会要』食貨20-4〔酒麹雑録一〕淳化5.9.「有司言、諸道州府先置榷酤、募民掌其事、内四百七十処歳額無幾、願一切罷之、但売麹収直。詔従其請」。

(24)『通考』17征榷四榷酤p.172下「…按水心此記、足以尽当時坊場之弊。祖宗之法、撲買坊場本以酬奨役人、官不私其利、又禁増価攙撲、恐其以逋負破家、皆憂民之良法也。流伝既久、官既自取其銭、而敗闕・停閉者額不復蠲、責之州県、至令其別求課利、以対補之而後従。即凋弊之州県、他無利孔而有敗闕之坊場者、受困多矣」。重難衙前の酬奨については周藤吉之「王安石の免役銭徴収の諸問題」(『宋代史研究』1966所収)を参照。

(25) 前注(17)『宋史』食貨・酒p.4516を参照。『会要』食貨20-6〔酒麹雑録一〕天禧3.12.「刑部員外郎・直史館劉鍇、与陝西転運使同定奪本路州軍県鎮買撲酒務課額、及嘗経災傷輸納不逮者、件析以聞」。同天禧4.1.「開封府界提点諸県公事張応物言、諸県酒務為豪民買撲、坐取厚利…又言諸県酒務課額多虧、蓋監臨之官皆是保挙勾当、多相庇匿不言」。同天禧4.3.「知制誥呂夷簡言、両浙路県鎮酒務、請聴仍旧買撲、量増課利。従之」。同天禧4.8.「直史館劉鍇定奪陝西一十一州軍買撲酒務累経増課、復以災傷送輸不足、当減分数《ママ》。詔買撲酒務積欠課利、是勾当人歳満、願復勾当、展限一年」等。

(26)『通考』19征榷六雑征斂p.186中「止斎陳氏曰…至淳化中而買撲酬奨之法、次第挙矣。買撲之利帰於大戸、酬奨之利帰於役人、州県坐取其贏、以佐経費、以其剰数上供、此其大略也。自熙寧悉罷買撲酬奨之法、官自召買実封投状、著価最高者得之」。『長編』114景祐1.1.28庚寅「聴諸州衙前及無廕人、買撲官酒務」。

(27)『長編』63景徳3.7.2壬寅「擢(兵部員外郎・直史館任中正)拝枢密直学士・工部郎中・知益州。酒務旧委牙校、而三司許州豪増課奪之、中正為論於朝。詔復委牙校如故」。『会要』食貨20-5〔酒麹雑録一〕大中祥符7.2.「詔応陝西諸州軍県鎮酒務、衙前及百姓諸色人等、已増添課利買撲、転運司更招人添銭攙奪、自後不辨欠折無償、令本路転運司及本州勘会、特与蠲放」。『会要』食貨20-6〔酒麹雑録一〕天聖3.11「上封者言、西川州軍酒麹場、自来依勅於衙前中曾取主持重難事務者、令買撲勾当。若許人添長買撲、応長詞訟、別致敗闕。望下益・梓・利・夔四路転運司、拠轄下州軍酒麹場務、依旧額出辨、不許加増剗撲」。同20-7天聖6.9.「御史中状曼殊言、応天府県鎮村坊買撲酒務、本路転運司準例勒添長課利、方許勾当、深慮久遠増添不已、難為趁辨、失陥官銭、乞令小可場務、今後不得増長課利、所冀公私便済。従之」。同20-7天聖７.「開封府言、看詳所称、小可場務而無指定年額銭数、今請以年額一百貫以下者、定為小可。従之」。

(28)『会要』食貨20-6〔酒麹雑録一〕天聖3.12.「三司言、太常博士王軫前建議、官開酒務、召人買撲事已施行、其間甚有欺隠額銭、就年額低小買撲者、縁元勅止自大中祥符元年至乾興元年、取一年課利最多者為額、又慮自天聖元年復有課額増大者、望令兼取為比、自余課額及一万貫者、不許買撲。従之」。同20-7天聖7.8.27「…三司上言、応於郷村刱額斡醸者、自今不得以課額多少、官司無得受理。若刱立県鎮合置務者、亦長吏体量奏裁、其県鎮郷村幹酒者、自今以三年以一替。若有増課剗奪者、並官吏体量須久遠辨、及委不虧欠、既保明奏裁、亦不得非時剗奪」。

(29)『会要』食貨20-８〔酒麹雑録一〕景祐1.1.27「臣寮言、諸道州府軍監県鎮等酒務、自来差官監処、乞不以課利一万貫以上、並許衙前及諸色不該罰贖人、一戸已上十戸已来同入状、依元勅将城郭草市衝要道店・産業充抵当、預納一年課利買撲。従之」。

(30)『会要』食貨20-8〔酒麹雑録一〕景祐1.7.9「詔、編勅買撲郷村酒務、課額十貫以下停廃、以上有人承買撲、勘会交割。訪聞十貫以下有不停廃、却衷私分擘三両処沽売、只作一戸納銭、令転運司覚察禁止」。

(31)『長編』191嘉祐5.2.16乙亥「先是牙前法、以重難積労差次三等、応格者聴指買酒場…至闕額則役郷戸為之、民或竭産不足以償費。〔銭〕公輔乃取酒場、官売収銭、視牙前役軽重而償以銭、悉免郷戸、人皆便之、然酒場既収、無以酬牙前旧労、輒預借省銭二十万、取而後奏、朝廷亦不加之罪也」。

(32)『長編』217熙寧3.11.7甲午「陝西常平倉司奏、乞応係自来衙前人買撲酒税等諸般場務、候今界年限満、更不得令人買撲、並拘収入官、於半年前依自来私売価数、於要鬧処出牓、限両箇月召人承買、如後下状人添起価数、即取問先下状人、如不願添銭、即給与後人、不以人数、依此取問、若限外添銭、更不在行遣給付之限、其銭以三季作三限、於軍資庫送納、乞下本路遵守施行。従之」。同218熙寧3.12.9乙丑「中書言、開封府優軽場務、令府界提点及差役司、同共出榜召人承買、仍限両月内、許諸色人実封投状、委本司収接封掌、候限満当官開拆、取看価最高人給与、仍先次於牓内暁示百姓知委。従之」。なお『通考』は酒課買撲の実封投状は大中祥符元年(1008)に始まるとするが(『雑記』甲14東南酒課「大中祥符元年春始有実封投状、給売価高之令《ママ》、而民亦困矣」)、他史料で検証できない。

(33) 浄利銭額は『会要』食貨20-9〔酒麹〕元豊2.3.23「詔、敗折場務買撲等銭、保人当填納者、委提挙司具拖欠年限、歳豊凶及保人家力、当給日限、申司農寺、詳度指揮」。同20-11〔酒麹〕元祐6.10.1「戸部請、応承買場務、元係官監及敗闕者課利銭、並不得支移折変…」に言う「買撲銭」に同じ。「課利銭」は州県酒務で科徴される酒課を指し、実封投状後の坊場買撲の「浄利銭」とは区別される。

(34)『長編』219熙寧4.1.28甲寅「詔三司、応買撲酒麹諸坊場銭、毎千納税銭五十、仍別封樁以禄吏」、『会要』食貨17-25〔商税雑録〕熙寧4.1.28詔略同、『宋史』食貨・酒p.4517略同。同227熙寧4.10.1壬子「是日頒募役法【…凡買撲酒税坊場等、旧以酬衙前者、並官自売之、以其銭同役銭随分給之其廂鎮場務之類、旧酬奨衙前、不可令民買占者、即用旧定分数為投明〔名〕衙前酬奨】」。同369元祐1.閏2.15癸卯「蘇轍言、…其一衙前之害、自熙寧以前、破敗人家甚如兵火、天下同苦之久矣。先帝知之故創立免役法、勾収坊場、官自出売、以免役銭、雇投名人以坊場銭為重難酬奨、及以召募官員・軍員押綱。自是天下不復知有衙前之患」。同279熙寧9.12.18庚子「又詔、自今寛剰役銭并買撲坊場等銭、更不給役人、歳終詳具羨数申司農寺、余応係常平司物当留一半」。『会要』食貨20-13〔酒麹〕政和6.12.11「戸部侍郎任熙明等奏、天下衙前支酬重難・諸路公使捕盗賞銭等、並以坊場銭応副」。

『長編』248熙寧6.12.3壬申「三司言、新法所増吏禄、除旧請外、歳支銭一十七万一千五百五十三緡有奇。詔以熙寧四年後坊場税銭撥還、不足則以市易・市例等銭補之、仍令提挙帳司歳考支収数上中書」。『会要』食貨20-11〔酒麹〕大観3.7.23「臣僚上言、窃以常平場務銭物、国初以知酬衙吏、自吏禄之制行、遂用為衙前雇募食銭、余皆封樁以待朝廷之用」。熙寧6年(1073)施行年の吏禄銭総収は中央・地方合せて歳額17,1553貫であった。なお坊場銭・河渡銭の徴収については周藤吉之『宋代史研究』六王安石の免役銭徴収の諸問題二免役法の成立と衙前並に坊場・河渡銭との関係」を参照。

(35)『会要』食貨20-10〔酒麹〕哲宗元祐1.2.6「侍御史劉摯言、坊場之法、旧制撲戸相承、皆有定額、不許増擡価数、輒有剗奪。新法乃使実封投状、許価高者射取之、於是小人徼一時之幸、争越旧額、至有三両倍者…。乞罷実封投状之法、委逐路転運・提挙司、將見今買名浄利数額、与新法已前旧相《ママ》対比、量及地望緊漫、取酌中之数、立為永額」。『長編』375元祐1.4.18乙巳「詳定役法所言…欲乞応官員旧差公人、合請接送等雇銭者、並依元豊令施行、其銭以免役剰銭支給、候役法成書、即別行詳定、于出売坊場等銭内応副」。榷酤の実封投状は元祐元年6月7日勅によって廃止された。『長編』379元祐1.6.7癸巳「詳定役法所言、臣僚上言、応坊場乞罷実封投状之法、立中数為額。詔韓維等相度以聞…。従之」。同20-11〔酒麹〕元祐1.11.4「詳定新法所言…今欲委本州、若累界有増無減、取次高一界為額。増虧不常、取中一界為額、前後次多及界限無人承買、比最高価虧及五分已上者。県相度申州、州与転運司次第保明申省、仍立界満承買抵当約束、余並依旧条。従之」。『通考』19征榷六雑征斂p.186下「哲宗元祐元年侍御史劉摯言…」条略同。『長編』394元祐2.1.28辛巳「殿中侍御史孫升言…今準元祐元年九月十八日朝旨、諸路城郭五等以上及単丁・女戸・寺観第三等以上、旧法納免役銭五分、自今年正月為始、其収到銭、如逐処坊場河渡銭支酬衙前重難及綱運公人接送食銭、委是不足、方許将上項銭貼支、其余並封樁以備緩急支用」。同443元祐5.6.22乙卯「御史中丞蘇轍言…熙寧以後、出売坊場以雇衙前、民間不復知有衙前之苦。及元祐之初、務於復旧、一例復差、官収坊場之銭、民出衙前之費、四方驚駭、衆議沸騰。尋知不可、旋又復雇法、有所未尽」。同414元祐3.9.29壬申「戸部請立明状、増銭買坊場。従之」。同419元祐3.閏12.14丙辰「右正言劉安世言、看詳撲買場務、其弊莫大於実封投状…、朝廷比用言者之奏、遂罷実封之法、参酌中道、立為定額…、而今歳九月二十九日用戸部申請、遽然変法、許人明状増銭収買…、臣窃謂坊場・河渡之類、既許民間承買、輸納官課之外、必有余得乃可為生…、伏望聖慈特降睿旨、応天下承買場務、並用元祐元年六月七日之法、所有今年九月二十九日指揮、欲乞更不施行…。従之」。

(36)『長編』394元祐2.1.8辛酉「詔以坊場税銭尽充吏禄、勿得他用」。前注(35)『長編』419元祐3.閏12.14丙辰条末原注所引『編録冊』【(元祐)三年閏十二月十五日…三省同奉聖旨依奏、仍先次施行…。一、承買場務、三年為界、於界満前一年、本州録合用条及一界額銭、榜要害処、限六十日召人、於額銭上添銭承買、仍具抵当家業物数、所坐見在地望、召主戸一名委保、不是假名、同詣州投状、限満取著価最高銭数。再榜限三十日、召人添価、候満限三十日、先取問見承買人、如無拖欠官銭、聴依所添接続別立界承買、不願或有拖欠、即勘会着価最高人戸名及抵当所有、詣実検估、出帖給付。若二人已上価同、並択己業抵当最多之人、依所著価給売、限外即不得増価争買。無人投状、再限六十日、依上法。毎経限満又無人投状者、準此】。『長編』438元祐5.2.17壬子「尚書省言、承買場務、三年為界満、前一年許自陳接続承買、勘会無欠給帖、有欠或不自陳、即別召承買抵当家業最多人。其次雖己業低小、而願預納三年浄利銭者、亦聴給。若于法不応給己業抵当最多人、無人投状、限六十日、毎経限満、準此。従之」。同477元祐7.9.6丙戌「三省言…及検会坊場・河渡等、自来止用支酬衙前、自募役後方行出売、収銭助役、今来上件銭専充衙前等支用外、尚有寛剰数目不少、亦合補助其余役人」。

(37)『会要』食貨20-9〔酒麹〕熙寧9.10.12に「侍御史周尹言、川陝州軍県鎮酒務、許令諸色人於課外管認浄利銭、召保当官買撲造酒沽売」。“於課外管認浄利銭”の文により、浄利銭が酒課の課額外に科徴される付加税であることが明確である。坊場銭における「課利銭」「浄利銭」の別については、裴汝誠・許沛藻「宋代買撲制度略論」(『中華文史論叢』1984-4)に簡明かつ的確な整理があり(裴汝誠『半粟集』河北大学出版社2000.6に再録)、張希清等著『宋朝典制』第七章務在制経済制度第三節禁権専売制度三榷酒制度1997.12等もこれを継承するので本稿もこれに従う。ただ李華瑞註(９)前掲論文は「買名銭」と「浄利銭」とを同義とした結果、坊場銭を構成する酒課額と浄利(販売収益)との別、また坊場銭歳収における地方存留分(転運司系地方支費)と中央輸納分(常平司系上供銭)との別を説明できない。

(38)『会要』食貨〔酒麹〕20-13宣和2.6.27「戸部奏、伏覩諸路州県坊務有監官去処、元隷運司、人戸買撲去処所収浄利、名曰坊場銭、並属常平司、以備雇募衙前綱費、支酬重難州郡公使之外、歳起上供一百万貫、利入浩博…」。前注(10)同49-28〔転運〕大観1.2.17「淮南転運司奏…又買撲坊場・河渡、課利入転運司、浄利入提挙常平司」。『雑記』甲14東南酒課「…大中祥符元年春始有実封投状、給売価格高之令而民困矣。熙寧以後坊場銭又尽入常平司、紹興元年又命概増五分輸戸部」。

(39)『長編』219熙寧4.1.甲寅「詔三司、応買撲酒麹、諸坊場銭毎千納税銭五十、仍別封樁以禄吏」、『宋史』食貨・酒p.4517略同。呂陶『浄徳集』2奏乞放坊場欠銭状「…于是拘収坊場、官自出売、所得浄利、一以募人執役、二以給公家之用。行之漸久、弊従而生、蓋小人之情、競利而不慮患、実封投状務在必得、既妄添所買之直。又虚増抵産之数、適値民間銭幣闕乏、酒貨不售、課利・浄利・抽貫税銭供納不足、纔出季限、又有罰銭…」、『長編』376元祐1.4.是月条略同。

(40)『長編』230熙寧5.2.22壬申「詔天下州県酒務、不以課額高下、並以祖額紐算浄利銭数、許有家業人召保買撲、与免支移折変」。

(41)『長編』268熙寧8.9.14癸酉「適詔買撲坊場等銭、并別樁管、許酬新法以前牙前及依条支賞、并依常平法給散外、不得他用…。其坊場銭、令司農寺下諸路、歳発百万緡於市易務封記、仍許変易物貨至京」。『長編』295元豊1.12.18戊午「詔自今歳起発坊場銭、更不寄納市易務、径赴内蔵庫寄帳封樁」。同301元豊2.12.23丁巳「詔諸路応発坊場銭百万緡、令司農寺分定逐路年額立限、於内蔵庫寄納」。『宝慶四明志』6叙賦下・内蔵庫銭(嘉定17年額1,3000貫文)原注【元豊勅、諸場務毎年従本寺于諸路那移一百万貫、赴内蔵庫寄帳封樁。本府旧額一万五千貫、逓年止解七八千貫或五六千貫…逐年係通判庁催発】。『長編』330元豊5.10.25壬申「自熙寧以前、諸道榷酤場、率以酬衙前之陪備官費者。至熙寧行役法、乃収酒場、聴民増直以售、取其価以給衙前。時則有坊場銭、至元豊初、法行既久、儲積贏羨、司農請歳発坊場百万緡輸中都、三年遂於寺南作元豊庫貯之幾百楹」。

(42)『通考』19征榷六・雑征斂p.186中「(元豊)七年府界諸路坊場銭歳収六百九十八万六千緡、穀帛九十七万六千六百石匹有奇」。『長編』350元豊七年・是歳条「天下免役計緡銭一千八百七十二万九千三百、場務銭五百五万九十、穀帛石匹九十七万六千六百五十七」。『統類』29祖宗用度損益・神宗元豊7.12.「場務銭五百五万九千緡、穀石帛匹九十七万六千六百五十七」。『会要』食貨65-42〔免役〕元祐2.2.15「詳定役法所言…略計天下坊場銭、一歳所得四百二十余万貫」。『長編』369元祐１.閏2.15癸卯「蘇轍言…今来略計、天下坊場銭一歳所得共四百二十余万貫…」。以上はいずれも「坊場銭」額を420万貫とする。蘇轍も２カ月後の上奏で「…蓋見今合用入坊場・河渡銭、共計四百二十余万貫…」と訂正し(『長編』375元祐1.4.13庚子「右司諫蘇轍言…」同)、『欒城集』37乞令戸部役法所会議状にも「蓋見諸路毎年所入坊場・河渡銭共計四百二十余万貫」とあるので、元豊７・８年の歳収420万余貫は諸路坊場銭・河渡銭歳収の合計額である。

(43) 前注(39)所引呂陶『浄徳集』2 奏乞放坊場欠銭状「…以此天下坊場銭積圧少欠、其数極多。神宗皇帝深知其弊、曾于元豊三年明堂大赦并八年正月赦文、累行蠲放、及与展限送納…。除已蠲放外、至今欠銭八九百万貫」、『長編』376元祐1.4.是月「詔殿中侍御史呂陶…」条略同。当時は坊場銭だけでなく酒課全体の滞納が多かった。『長編』365元祐1.2.6乙丑「(侍御史劉摯・監察御史応巌叟言)又言、自来併廃州県、雖省得役銭以為封樁之利、然酒課税額虧失者、不可勝計」。

(44) 『統類』29哲宗・元符3.11.「戸部言、天下坊場三万一千余処、総一界一千一百余万、毎歳以一百万入内帑助邦国用、而敗折・逋欠或破産不能償、乞修立良法。従之」。『雑記』甲14東南酒課「旧両浙坊場有一千二百二十四処、毎歳収浄利銭八十四万緡…」。

(45) 『長編』32淳化2.8.1丁卯朔「詔両浙諸州、先是銭俶日、募民掌榷酤、酒醨壊、吏猶督其課、民無以償、湖州万三千三百四十九瓶、衢州万七千二百八十三瓶、台州千一百四十四石、越州二千九百四石七斗、並毀棄之、勿復責其直」、『会要』食貨20-4〔酒麹雑録一〕淳化2.8.条同。前注(1)を参照。

(46) 『長編』65景徳4.2.8乙亥「詔罷西京榷酤、官売麹如東京之制」。『会要』食貨20-6〔酒麹雑録一〕天禧3.11.17「詔曰…其南京酒麹課利、元是百姓五戸買撲最高年額三分、余貫趂辨不前…、特許依東西京例、招召衆戸、取便買麹、造酒沽売」。

(47) 『長編』97天禧5年末尾「至道中、両京・諸州収榷酒歳課、銅銭一百二十一万四千余貫、鉄銭一百五十六万五千余貫、京城売麹銭四十八万貫。天禧末榷課、銅銭増七百七十九万六千余貫、鉄銭増一百三十五万四千余貫、売麹銭増三十九万一千貫」、『宋史』食貨・酒p.4515同。なお官麹は麦1斗から6斤4両を採取でき、その卸売価格は東京・南京で155文/斤、西京で150文/斤であった(『宋史』食貨・酒p.4515)。

(48) 『長編』200治平1.3.1丁酉「京師賦麹於酒戸有常数、数少而用多者不得増、不及数者雖督責、至破産無以償銭、歳課不久増…」。『宋史』食貨・酒p.4516「治平四年、手詔蠲京師酒戸所負麹銭十六万緡」。『長編』338元豊6.8.1甲戌「戸部言、開封府界諸県積欠坊場銭、雖令売産抵当、累歳無買者、乞拘収見欠及三分以上産業、估価折納入官。従之」。

(49) 『長編』224熙寧4.6.4丁巳「詳定編修三司令式所刪定官周直孺言、在京麹院、自来酒戸沽売不常、難及初額、累経更張、未究利害、推究其原、在於麹数過多、酒数亦因而多…、請以百八十万斤為定額、遇閏年則添額踏十五万斤、旧価毎斤一百六十八文、請増作二百文省、旧法以八十五為陌、請並紐計省銭、便於出入、旧額二百二十二万斤、約計銭三十七万貫、今額一百八十万斤、計銭三十六万貫、三年一閏十五万斤、計三万貫」、『宋史』食貨・酒p.4517略同。熙寧4年の売麹新課額36万貫は慶暦2年旧額(除南京)72,2187貫文のほぼ半額である。

(50) 『長編』260熙寧8.2.2甲子「詔酒戸貸市易司糯米、自去年中限至末限、息銭並減半」。同263熙寧8.閏4.11.壬寅「詔在京酒戸見欠三司糴米場銭、展限半年」。同287元豊1.1.25辛未「三司乞量増在京酒行麹銭、於年額減麹三十万斤、遇閏年増造万斤均給。従之」。同299元豊2.8.13戊申「詔、在京売麹、以百二十万斤為額、斤銭二百五十、候売及旧額復旧価…。京師麹法、自熙寧四年定以〔百〕八十万斤為歳額、斤銭二百、後多不能償、雖屢倚閣、未請麹数、及減歳額為百五十万斤、斤増銭至二百四十、猶不免逋欠。酒戸又負市易務白糟糯米銭五十余万緡。至是命戸房検正官畢仲衍・太常博士周直儒、同三司講究利害、迺請減麹額為百二十万斤、斤為銭三百」、『宋史』食貨・酒p.4517略同。同305元豊3.6.26丁巳「詔在京酒戸見帯納旧麹銭及陪罰銭者、展減半年、不曾該放陪罰者、免三分之一」。同325元豊5.4.28己卯「詔内外市易務銭、在京酒戸欠糟米銭、各展三年、均作月限納、限内陪罰息並除之」。同448元祐5.9.11壬申「戸部…又請、在京酒戸、如不依限内納麹価銭、並依外州県催理公私所欠銭、給限監理、三限不足、以所欠多少定罪。従之」。

(51) 楊時『亀山集』22与梁兼済「(福建路南剣州)…至嘉祐末年、流弊之久、民間苦官務酒悪不可飲、比戸私醞。故官中毎歳酒課不敷、而民間犯法者亦衆、此公私之通患也。吾郷陳氏【名広者、郷人目為陳万戸】経由朝廷献利害、会計毎歳官中所得酒課若干数目、均在人戸作酒利銭送納…。朝廷下有司相度、従之。迄今六十余年、上下安便」。

(52)『会要』食貨20-21〔酒麹〕紹興28.5.7「臣寮言、請乞罷諸路州県官監酒務、止売万戸酒。上曰此悉必是難行、若可改作、豈至今日因論及諸処坊場本籍名課所入、以佐国用、前此惟例百姓買撲、余皆不許似非通法、往往縁此失陥…」。同21-7〔酒麹雑録下〕乾道4.5.7「左司諫陳良祐乞行万戸酒、却将坊場銭於畝頭均納、以其言付戸部侍郎曾懐商度。既而上以為難行、寝其奏」。

(53)『会要』食貨21-7〔酒麹雑録下〕乾道3.12.12「臣僚言、贛州并福建路・広南等処、以煙瘴之地、許民間自造服薬酒、以禦煙瘴、謂之万戸酒、小民無力醞造、榷沽[酤]之利尽帰豪戸、乞將応造酒之家、將所造之酒、経官税畢、然後出売、仍將税銭椿発行在戸部、看詳逐州軍風俗不同、又事干財計、乞下江南西・福建・広南東西路転運司、従長相度。従之」。葉適『水心集』19中奉大夫・直龍図閣・司農卿林公[湜]墓誌銘「(寧宗朝)…通判南剣太守、議官自売酒。公争曰、売塩已病矣、又益以酒、且閩地俱万戸也、今始自南剣、他郡効之、君不畏八州民怨乎」。元刊『大徳南海志』6税賦・酒課「榷酤始於漢而酒税遂行、至宋変為官醸。惟嶺南以煙瘴不禁、謂之万戸酒」、趙彦衛『雲麓漫抄』10「…又創万戸酒之説、將一坊酒額尽均苗頭上、旧坊戸既有醞具、其上戸亦有力造酒酤売…目今浙東・湖北皆有此弊…」。

(54) 李華瑞氏は万戸酒法を“酒税均賦制”(税酒銭制)と規定する(注(９)前掲書第十章三万戸酒的内容及其性質p.248-53)。しかし万戸酒法は民戸の醸造・販売を許可する買撲制の一方式であり、禁榷〈税酒銭〉方式の課税ではない。

(55)『宋史』食貨・酒p.4520「建炎三年総領四川財賦趙開遂大変酒法、自成都始。先罷公帑売供給酒、即旧撲買坊場所置隔醸、設官主之、民以米入官自醸、斛輸銭三十[千]、頭子銭二十二。明年徧下其法於四路、歳逓増至六百九十余万緡。凡官[隔]槽四百所、私店不預焉」。『雑記』甲14四川酒課「四川酒課、在建炎中、合官民之入、総為緡銭百四十万。〔建炎〕三年十月、張魏公宣撫使承制、以趙応祥総領財賦…遂大変酒法。自成都始、令罷公帑、売供給酒、即旧撲買坊場所、置隔醸設官主之、民願醸者、米一斛由銭三千。明年遂徧四路行其法、於是歳課逓増至六百九十余万緡、凡官隔槽四百所、私場店不与焉」。

(56)『雑記』甲14夔路酒「夔路自祖宗以来亦不榷酒、趙応祥為大漕、建炎四年始榷之。旧一路場店一百四所、応詳増為六百余所、歳収銭四万三千九百余引。紹興十六年鄭亨仲為宣撫副使、奏舒之」。

(57)『会要』食貨20-17〔酒麹〕紹興6.10.7「成都府・潼川府・夔州・利州等路安撫制置大使席益言、奉詔令益相度、減罷四川酒務監官、今相度下項、一、裁四川州軍県鎮酒官共一百七員、一、鎮市酒務係収息微細去処、已行廃止罷…」、『宋史』食貨・酒p.4520同。『会要』20-17〔酒麹〕紹興7.4.27「詔措置戸部贍軍酒庫所、已降指揮之所、将所得銭等、毎旬赴左蔵庫送納、令項椿管、聴候朝廷指揮支使」。同20-19〔酒麹〕紹興17.6.27「詔省四川清酒務監官、成都府二員、興元・遂寧府、漢・綿・邛・蜀・彭・簡・果州、富順監并漢州綿竹県、各一員。従総領所措置裁減也」、『宋史』食貨・酒p.4521略同。

(58)『宋史』食貨・酒p.4520に「(紹興)七年…四川制置使胡世将即成都・潼川・資・普・広安立清酒

務、許民買撲、歳為銭四万八千余緡。自趙開行隔槽法、増至十四万六千余緡【紹興元年】。及世将改監官、所入又倍、自後累増至五十四万八千余緡【紹興二十五年】、而外邑及民戸坊場又為三十九万緡【淳熙二年】」とあるが、『要録』124紹興8.12.是歳条には「四川制置使胡世将即成都・潼川府、資・普州、広安軍創清酒務、歳収息銭四十五万緡。旧成都酒務許人戸買撲分認歳課、為銭四万八千余緡【建炎三年額】。趙開行隔槽法、所増至十四万六千余緡【紹興元年額】。及世将改為監官、所入又倍、自後累増至五十四万八千余緡【紹興二十五年数】、而外邑及民戸坊場又為三十九万余緡【淳熙二年数】」とあり、四川酒課歳収の増長については『要録』の記述の方が正確である。

(59)『宋史』食貨・酒p.4521「…然隔槽之法始行、聴就務分槽醞売、官計所入之米而収其課、若未病也。行之既久、醞売虧欠、則責入米之家認輸、不復覈其米而第取其銭、民始病矣」、『雑記』甲14四川酒課同。

(60)『宋史』食貨酒(p.4523)「初趙開之立隔釀法也、蓋以紓一時之急、其後行之諸郡、国家贍兵、郡県経費、率取給於此。故雖罷行増減、不一而足、而其法卒不可廃云」。『雑記』甲14四川酒課「…(紹興)二十六年二月、知栄州安仁費廷直夫入対為上言之。上謂輔臣曰、此張浚・趙開以軍興財匱済一時之急耳…」。『宋史』食貨・賦税p.4225「(紹興)十一年正月趙開卒、自金人犯陜・蜀、開職饋餉者十年、軍用無乏、一時頼之。其後計臣屢易、於開経画無敢変更、然茶・塩・権酤・奇零絹布之征、自是為蜀之常賦、雖屢経蠲減而害不去、議者不能無咎開之作俑焉」。

(61)『会要』食貨20-21〔酒麹〕紹興27.5.8「総領四川財賦軍馬銭糧所・潼川府路転運司奏、準詔措置四川隔槽酒務、有敗壊去処、改作監官、以便槽戸」。『雑記』甲14四川酒課「王贍叔為潼川漕、独請罷三州官監隔槽二百三十余務、許買撲、省官吏・冗食以便民。明年詔許之、其後撲買又改為官監。今四川酒課、累減之余、猶為緡銭四百一十余万」、『宋史』食貨・酒p.4521略同。『会要』食貨20-19〔酒麹〕紹興15.7.1「詔夔州路、将建炎三年後来応係添置酒店、悉行施罷」。『宋史』食貨・酒p.4521「(紹興)十五年弛夔路酒禁、以南北十一庫並充贍軍激賞酒庫、隷左右司」。『会要』食貨20-21〔酒麹〕紹興29.2.11「四川総領所・夔州路転運司言、乞廃罷官場務、改為坊場、合省罷監官三十一員…」。『通考』17征権四・酒p.172上「淳熙三年、詔減四川酒課銭四十七万三千五百余貫、令礼部給、除度牒六百六十一道補還、今歳減数、自来年以後、於四川合応副湖広総所銭内、截上件銭補足」。

(62)『事類』36庫務門一・場務・倉庫令「諸倉庫場務応収到銭物、毎処止置都暦一道、抄転分隷上供及州用之数、各立項目椿発、仍従転運司毎半年一次差官取策点検」。

(63)『通考』17征権四権酤p.170中「慶暦二年閏九月二十四日、初収増添塩酒課利銭歳三十七万四千一百三十余貫上京、則酒課上供始於此。従王祺之請也【今戸部所謂王祠部一文添酒銭是也】。熙寧五年正月四日、令官務毎升添一文、不入係省文帳、増収添酒銭始於此、則熙寧添酒銭是也」。『雑記』甲14東南酒課「…慶暦二年秋、祠部員外郎王祺始請増価、以其銭上京。自後提挙常平司・経制司・発運司各因事増添」。『長編』143慶暦3.9.29癸巳「諫官余靖言…臣伏見二年以来、陜西淮南江浙添酒塩酒価銭、而民犯愈多…」。『宝慶四明志』5敍賦・酒「国初有都酒務、官既自権亦許民般酤、又募民能分其利、即官給要契、許酤於二十里外而歳輸其直、今坊場課利銭是也。時酒課尽入係省、州用仰足。於此慶暦二年祠部員外郎王祺請造酒価、以其銭起発上供、利端始開。熙寧・元豊以後、買撲名銭入於常平、酒価荐増、又悉椿管、州益苦匱、乃増収買撲浄利銭、而諸庫並復設」。

(64)『通考』23国用・歴代国用p.228下「元豊五年又以上供年額外凡瑣細銭、定為無額上供【謂坊場税銭・増添塩酒銭…】。『要録』28建炎3.10.23戊戌「令東南八路提刑司歳収諸色経制銭、赴行在。一曰権添酒銭、二曰量添売糟銭…」。翌6年、坊場税銭100万貫が熙河路の辺防経費に支用された。『長

編』333元豊6.2.24庚午「上批、熙河路見修葺準備、支用浩大、近雖巳支銭二百万緡、縁本路百物踊貴、支用未足、接続以坊場積剰銭一百万緡賜之」。坊場税銭・増添塩酒銭等の酒課付加税は北宋末から南宋初期にかけての上供銭貨「経制銭」、さらに同「経総制銭」を構成する費目となり、諸路の提刑司が管理して上供した。本書第2章上供銭貨の諸系統—北宋時代—、第3章上供銭貨の諸系統—南宋時代—を参照。

(65)『会要』食貨20-16〔酒麹〕紹興5.5.10「江南東路転運判〔官〕兪俟言、州県酒務課利、自崇寧以後節次増添諸司銭及増長価銭、並収兌上供、如両浙路幾及一半、江東路亦近三分之一」。『事類』30所載紹興11.5.17尚書省批状には、諸路提刑司が拘収、起発する「諸色添酒銭」として、①経制司—経総添酒銭・元額経総権増添酒銭、②発運司—創増造船添酒銭、③提刑司—無額上供添酒銭・提刑司一分添酒銭・一半添酒銭、④提挙常平司—量添酒銭、⑤提挙茶事司—贍学添酒銭、⑥転運司—転運司一分添酒銭・王祠部添酒銭・転運司一分五厘銭、転運司出剰酒銭、一〔二〕分本柄酒銭等、計6官司13費目の添酒銭の窠名を列挙する。同30場務式・諸色添酒銭を見ると、提刑司一分添酒銭・転運司一分添酒銭はともに上色8文足・下色6文足、提刑司一半添酒銭は上色10文足・下色5文足、王祠部添酒銭は1文〜3文(四川を除く江・淮・荆・浙諸路で科徴(前注(62)により慶暦2年創設時から紹興年間までは1文、その後3文まで増額)されたこと、また二分本柄酒・転運司寄造一分五厘酒・加耗籌酒・出剰酒の四種の増添銭は両浙路州軍だけで科徴されたことが分る。

(66)『通考』17征榷考四榷酤p.170中「慶暦二年閏九月二十四日、初収増添塩酒課利銭歳三十七万四千一百三十余貫上京、則酒課上供始於此。従王祺之請也【今戸部所謂王祠部一文添酒銭是也】。熙寧五年正月四日、令官務毎升添一文、不入係省文帳、此則熙寧添酒銭也。崇寧二年十月八日、令官監酒務上色毎升添二文、中下一文、以其銭贍学。四年十月量添二色酒価銭、上色升五文、次三文、以其銭贍学、則崇寧贍学添酒銭也【五年二月四日罷贍学添酒銭】。政和五年十二月十一日、令諸路依山東酒価、升添二文、六分入無額上供起発、則政和添酒銭也。建炎四年十一月十二日、曹紓申請榷添酒銭、毎升上色四十二[二十四]文、次色十八文。以其銭一分州用、一分充漕計、一分提刑司椿管、則建炎添酒銭也。紹興元年五月六日、令諸州軍売酒虧折本銭、随宜増価、不以多寡一分州用、一分漕計、一分隷経制。前此酒有定価、毎添一文、皆起請後行之、至是州郡始自増酒価、而価不等矣。十二月十八日、令添酒銭毎升上色二十文、下色十文、一半提刑司椿管、一半州用。三年四月八日、令煮酒量添三十文作一百五十文足、以其銭起発。五年閏二月二十三日置総制司、六月五日令州県見売酒務、不以上下毎升各増五文、隷総制而総制銭始於此【六年二月二十二日、令売煮酒榷増升十文、以四文州用、六文令項椿管贍軍、是為六文煮酒銭】。七年正月二十二日、令諸州増置戸部贍軍酒庫一所、以其息銭三分留本州充本、余銭応副大軍・月椿、無月椿処起発、是為七分酒息銭。八年六月十日、令両浙諸路煮酒増添十文足并蠟蒸酒増添五文足、内六文隷総制。九年七月二十九日、以都督府申請榷添煮酒一十文、内四文本州糜費、六文三省枢密院椿管激賞庫拘収、是為六分煮酒銭。而又有発運司造舡添酒銭、毎升上色三文、次二文、提挙司量添酒銭、不以上下色、升一文、蓋不知所始。紹興十一年二月八日并為七色酒銭隷経制、而坊場名課亦数増長、与蜀之折估不与焉、則紹興添酒銭也。酒政之為民害至此極矣、不可不稍寛也」。なお「六文煮酒銭」が紹興6年と同9年に重出する。『雑記』甲14東南酒課「迄紹興六年春、浙路出煮酒毎斤共増一百十五銭、而官始困矣【時煮酒毎斤百三十銭為率、然則祖宗時毎斤十五銭】により紹興6年の両浙酒価は115文/斤=155文/升、よって「六文煮酒銭」は紹興9年から増添科徴されたことが分る。

(67)『宋史』食貨・酒p.4518「(崇寧二年)十月諸路官監酒直、上者升増銭二、中下増一、以充学費、余裨転運司歳用」。同p.4519「(宣和)三年発運使陳遘奏、江淮等路官監酒直、上者升榷増銭五、次増三、為江浙新復州県之用。其後尚書省請令他路悉行之。詔如其請、所収率十之三以給漕計、余輸大観庫…(宣和)六年…諸路増酒銭、如元豊法、悉充上供、為戸部用、毋入転運司」。『雑記』甲14東南酒課「建炎四年冬、毎斤始驟増銭二十四、謂之軍期銭」。『宋史』食貨・酒p.4520「(建炎)四年以米麹価高、詔上等升増二十文、下等升増十八文、俟米麹価平依旧。紹興元年、両浙酒坊於買撲上添浄利銭五分、季輸送戸部、又増諸酒銭上升二十文、下十文。其諸州郡売酒虧折、随宜増価、一分州用、一分漕計、一分隷経制司。先是酒有定価、毎増須上請、是後郡県始自増、而価不一矣。五年令諸州酒不以上下、升増五文、隷総制司。六年以紹興二年以後三年中一年数立額、其増羨給郡県用」。

(68)『会要』食貨64-63〔無額上供〕建炎2.5.15「戸部尚書呂頤浩等言、諸路無額銭内増添価銭、依旧法係戸部上供之数、今已承指揮、自建炎二年正月一日為始、並依旧法切慮諸路州軍、止以六分椿発、欲乞令提刑司行下逐州軍、将四分増添酒銭、併入六分之数、収係入帳、依限尽数椿発施行、免致有虧省計。従之」、同前注(61)『会要』20-14〔酒麹〕建炎4.11.12「両浙転運副使曹紆言、本路近年以来米麹高貴、其見売官酒、尚依旧価会計、所得浄利十無一二、其間亦有反折官本去処」。同20-15〔酒麹〕紹興2.12.18「権戸部侍郎柳約言…今欲乞将諸路州軍官監酒税、見今毎勝上等、権添銭二十文足、下等添銭十文足。内一半令諸路提刑司拘収、別項椿管、一半専充本州応副軍期支使、俟米麹価平日依旧。従之」。

(69)『要録』17建炎2.8.9辛酉「詔江淮六路量添買酒銭、以為造糧舟之費用。発運副使呂源請也【上色毎斗増三銭、次色酒増二銭】。

(70)『聖政』3建炎2.8.9辛酉「詔江淮六路量添売酒銭、以為造糧舟之費」。同8建炎4.11.12辛亥「両浙転運副使曹紆請、権増諸路売酒銭、上等毎斛増二千八百、下等千八百。従之」。同10紹興1.12.18辛巳「戸部侍郎柳約復請増諸路酒銭、上等毎石二千、下等一千、其半令提刑司椿管、余備軍費。従之」。

(71) 陳傅良『止斎先生文集』51右奉議郎新権発遣常州借紫薛公〔季宣〕行状「…公至郡踰月、戸部奏言、諸州経総制銭、皆出場務酒税雑銭、分隷以納。今多隠余分隷不尽、得自便恣用、請更為今監司給暦州県、以凡日収銭、摭実係暦分隷、否則劾聞令下吏相顧、莫敢建明者。公独首奮為当路言之、其略曰、旧額凡雑納銭、以十分為率、分隷四為糴本、六為係省銭。其後迺始増以二分、分隷総制銭。是時州県未病之也…久之…以十分分隷之七為総制、増税三為在州銭、愈非旧比也。…且以湖之都務糴本係省、初為銭二十三万五千六百有奇、自総制之起、為銭五万八千九百有奇、与故合猶日課二十九万四千余銭而已。重以七分増税為銭三十五万三千七百有奇、又重以上供。若大兵之須、凡四十万八千銭有奇、使今且共得八十万銭、以充入経総制之額。其余為上供諸雑須銭、且患若不足、況不盈此郷、所謂係省在州之数、悉闕乏有約此…。宜以日収銭、先椿上供諸雑須之余、迺係暦分隷」。

(72)『会要』食貨20-14〔酒麹〕建炎4.11.12「両浙転運副使曹紆言、本路近年以来米麹高貴、其見売官酒、尚依旧価会計、所得浄利十無一二、其間亦有反折官本去処」。『会要』食貨21-12〔買撲坊場〕紹興1.5.13「新臨安府節度推官史祺孫言、州県人戸買撲坊場、歳入至厚、近時賊馬蹂践之余、十無七八」。

(73)『会要』食貨20-14〔酒麹〕紹興1.3.3「戸部言、欲乞且将両浙見開沽酒場、不以幾界、並於見買撲価上添増〔浄〕利銭五分、均月分送納入官」。『宋史』食貨・酒p.4520「(紹興元年)両浙酒坊於買撲上添浄利銭五分、季輸送戸部」。『雑記』甲14東南酒課「紹興元年又命概増五分、輸戸部」。『会要』食貨21-12〔買撲坊場〕紹興1.6.29「戸部言、拠湖州通判求移治言、買撲坊場戸合納正収浄利銭、依条以一界分為一十二限…今来所収増添浄利銭、係均月送納…。今相度欲乞、将両浙州県郷村場務所添浄利銭五分、均月送納…」。『嘉定赤城志』〔台州〕16財賦門・上供「坊場正名銭一万五千貫文【祖額三万貫文、紹興間曹侍郎□奏陳、於内撥一万五千貫発納内庫外、余銭以十分為率、七分作寛剰起解、三分充州用】。『宝慶四明志』〔慶元府(明州)〕6敍賦下・左蔵庫銭「坊場七分寛剰銭一万二千九百六十九貫一百六十六文【初降指揮、坊場浄利銭、除認発内蔵外、余為七分寛剰、三分州用。紹興元年買撲坊場価上増添浄利銭五分。十六年本州拘発七分寛剰銭三万四千余貫、五分浄利銭二万四千余貫…乾道五年七分寛剰銭発及二万九千余貫、五分浄利銭発及二万一十〔千〕余貫…(淳熙十一年九月十四日)依条免納五分銭…(慶元六年)知府陳杞点最高年分定今額】。慶元府ではこのように淳熙11年(1184)に「五分浄利銭」が廃止され、「七分寛剰銭」も減額されて慶元6年(1200)に今額1,2969.166貫文が額定した(紹興16年額の約22%)。

(74)『会要』食貨21-13〔買撲坊場〕紹興18.4.8「戸部言、場務敗闕、界満無人承買者、依紹聖法、州申提挙司・本司与転運司、同差官減課利・浄利銭、召人承買…。続承宣和元年二月指揮、今後諸路人戸承買場務、如因敗闕停閉、其浄利銭並依課利銭法、相度並入隣店分認。又紹興十年黄仁栄言、敗闕坊場、雖体減未及五分、如停閉已及一季、並依経体減例、将五分官銭、令隣佐酒坊分認抱納」。同紹興27.5.12「尚書省言…今欲令常平司、将見今体減及敗闕・停閉去処、其増添浄利銭、並与減免、仍依条召人承賃、不以着価」。

(75)『雑記』甲14東南酒課「至是(紹興27年)合江浙荊湖人戸撲買坊場才一百二十七万緡而已、蓋敗闕者衆故也」。『会要』食貨21-15〔買撲坊場〕紹興31.10.14「戸部言、諸路州県人戸買撲坊場、並係豪右有力之家、其両浙・江東西・湖南北、総計一界合納浄利銭三百八十万余貫」。『要録』193紹興31.10.14癸丑「戸部侍郎劉岑等乞、借江浙荊湖等坊場浄利銭一界計銭三百八十万緡、以備賞軍、限半月足。許之」。

(76) 葉適『水心集』10平陽県代納坊場銭記「…嘉定二年、浙東転運司言、温州平陽県言、県之郷村坊店二十五、当停閉二十一。有坊店之名而無其処、旧伝自宣和時則然、銭之以貫数二千六百七十三、州下青冊於県、月取歳足、無敢蹉跌」。

(77)『宋史』食貨・賦税p.4225「(紹興)十七年、以戸部員外郎符行中総領四川宣撫司銭糧…於是減四川科敷虚額銭二百八十五万緡、両川布估銭三十六万五千緡、夔路塩銭七万六千緡、坊場・河渡浄利抽貫税銭四万六千余緡」。

(78)『会要』食貨17-10〔商税四〕建隆4.8.「詔曰、登州沙島土居人戸…宜示矜蠲、応所納夏税麹銭及沿納泛配諸雑物色并州県作徭、今後並与放免」。『新安志』2敍貢賦・雑銭「雑銭凡三色、皆起於五代割拠時…称麹銭者、給民麹使得醸酒、而帰其麹之直於官…。及国家削平僭乱、酒酤在官、不復給麹、而転輸之費出於公上、有司因循失於申請、毎税銭一貫者、輒存此三色」。『国朝諸臣奏議』104財賦門・税賦・上真宗論江南二税外沿征銭物「江南旧日許人私下造酒、等第科納麹銭、及嘗散与官塩、博換紬絹・斛斗。帰復之後酒則禁断、塩則不支、上件沿征准前輸納」。『長編』102天聖2.12.4戊午「旧制、蘄州塩麹銭折納木炭、以供鋳銭、〔知蘄州李〕夷庚擅令納絹、而貧民不能以給」。

(79)『会要』食貨〔無額上供銭〕35-37紹興5.3.18「前荊湖南路提刑司検詳官文浩言、切見荊湖南路上供銭、旧以官綱塩頭子銭椿管数起発、自推行塩法之後、悉係客販、所謂頭子銭者無有也、当時有司慮失歳計、州県逐急措画、遂以麹引為名歳取其数、苟逃吏責因循、迄今但以人戸税役高下分俵麹引、毎県或至二三万緡、十倍上供之数」。この湖南の麹引銭については『雑記』甲15麹引銭、『要録』

183紹興29.7.28己酉条にも見える。なお『通考』4 田賦四p.53中に「五季暴政所興、江東西醸酒、則有麹引銭」という五代南唐の麹引銭は宋代の江南には存続しなかったが、『長編』377元祐1.5.6壬戌に「蠲蔡州汝陽等十県並汝州潁橋鎮人戸酒課麹引銭、従京西転運司請也」とある京西の蔡州・汝州の麹引銭は、後周「麹銭」の残存形態かと思われる。また『会要』食貨20-12〔買撲坊場〕政和1.4.4.「戸部奏、臣僚上言、鄂州漢陽軍諸県売麹引、並不候人戸有吉凶聚会、情願請買、多係違法抑配、大収価銭、侵漁掻擾」に見える麹引は五代の麹引銭とは無関係で、『雑記』甲15・麹引銭「麹引銭者、湖南路有之。紹興間郷村有吉凶聚会者、聴人戸納銭買引於隣近酒戸、寄造酒麹、不得非理抑配、法非不善也」、『長編』108天聖7.7.8乙丑「禁淮南・両浙・荆湖諸県買撲酒戸、因民有吉凶事、輒出引目、抑配沽酒、違者聴民告、募人代之」、『会要』食貨21-10乾道8.7.8「知常徳府劉邦翰言、湖北去朝廷為甚遠、貧民下戸困于買撲酒防〔坊〕、寄造麹引、至貧者不捐万銭于寄造之家、則不能挙一吉凶之礼…」等に見える麹引と同じく、冠婚葬祭を口実に酒戸が配売・強売する買酒券をいう。

(80)『三朝北盟会編』151紹興2.6.1庚寅「李宏殺馬友於漳州…〔馬〕友在潭州措置酒法、官不造酒、祇収税酒銭、城外許造酒不許売、城裡売酒不許造。若酒入城、則計升斗収税、至今利之」。真徳秀『真文忠公文集』9 潭州奏復税酒状「…窃惟酒之有榷、本朝家所藉以佐経費、其来尚〔久〕矣。然後行於江浙諸路、而不可行於広南・福建者…然其密隣桂・筦、旁接連・賀、風土気候往往相似。故全・永・郴・道等州、或聴民自醸而輸税於官、或於夏秋正賦並輸酒息、未有専行禁榷、如得江浙諸路者也。独潭州在城或税或榷、前後屢変。考諸故牘、税酒之法実起於紹興元年、是時兵革未息、城市蕭条、幕府適有練達之人、建議于州、募醞戸造酒城外、而募拍戸売之城中、入城之時、数罌以税。官無尺薪・斗米之費而坐獲利入、民無逮捕・抑配之擾而得飲醇美」、『歴代名臣奏議272』真徳秀同名状同。南宋中期以降、州軍による違法な“酒税銭”徴収の事例が増える。『真文忠公文集』7申御史臺并戸部照会罷黄池鎮行鋪状文末原注【嘉定八年十二月、因巡歴至黄池鎮…本鎮酒課、日纔一二百千、商旅如雲何患難辦。乃於官課之外、又多造白酒・小酒、勒令行老排担抑俵、立定額数、不容少虧、所得之銭不知何用…】、『歴代名臣奏議』47治道「宋高宗時、中書舎人胡安国上時政論曰…又如榷酤法已極弊…以道州言之、課額既高、歳有虧欠、即抑勒専知牙校、令兼管州倉、俾因受納取足税民…」等。

(81)『雑記』甲14東南酒課「紹興二十七年後…諸路酒課約有五百余万緡。蓋自軍興、諸帥擅榷酤之利、朝廷所仰者茶塩耳。紹興二十六年正月、始詔諸軍撲買場務、令常平司拘収、城郭酒店、令総領所拘収。三十一年二月楊存中罷殿巌、趙密代為帥、又上軍中及私家所買酒坊於戸部。由是県官始得以佐経費」、『宋史』食貨・酒p.4522略同。

(82)『会要』食貨20-17〔酒麹〕紹興7.4.24「詔措置戸部贍軍酒庫所、已降指揮之将所得息銭等、毎自赴左蔵庫送納、令項椿管、聴候朝廷指揮支使」。『宋史』食貨p.4520「(紹興)七年以戸部尚書章誼等言、行在置贍軍酒庫」。なお措置戸部贍軍酒庫所はのち紹興８年には各地の「脚店」を、翌９年には「殿前司酒庫」を管轄下に加えるなど機構を拡張したが、紹興10年には中央の軍政関係の財務改編の一環として廃止された(同20-17紹興8.2.2条、同紹興9.4.28条、『宋史』食貨・酒p.4521等)。

(83) 李綱『梁渓集』105申省乞存留回易酒庫牒「…欲行下両浙江東西路諸州軍、各権暫添置戸部贍軍酒務一所、内見有本州比較務去処、更不創置。止就旧務措置開沽、於総制司銭内、就截銭帥府一万貫、余州五千貫、専一循環充本。将収到息銭与本州経費外、余数拘収応副大軍・月椿銭」。

(84)『要録』123紹興8.11.18庚子「諸州承認大軍・月椿之費、常苦不継、朝廷置贍軍酒、本以佐之、今但許取撥一分而已。積日既久、利源侵奪、此贍軍酒庫之未便者也」。『宋史』食貨・酒p.4521「(紹興)十年罷措置贍軍酒庫所、官吏悉帰戸部、以左曹郎中兼領、以点検贍軍酒庫為名、与本路漕臣共其事」。『会要』食貨20-18〔酒麹〕紹興10.閏6.1.「戸部侍郎張澄等言、臣寮乞罷措置所、官吏帰戸部…。本部差左曹郎官兼領、仍依昨来周業兼領例、差本路漕臣一員、同共応副。其行移乞以点検贍軍酒局為名…」。同20-22〔酒麹〕紹興29.7.20「詔戸部点検激賞酒庫所南外庫未趁額銭一十六万貫、東外庫一十四万六千貫、減作一十五万貫、減作一十四万貫為額、以展城移寨界分窄狭故也」。

(85)『会要』食貨20-17〔酒麹〕紹興8.2.2.「戸部員外郎周業言…今欲将臨安府都酒・後洋・比較龍山・江漲橋四処、并便与存留南・北比較及安撫司酒庫各一処、並行依旧外、其余去処並依所乞。従之」。同20-19〔酒麹〕紹興15.12.21「詔南北十一酒店並充贍軍激賞酒庫、隷左右司、令宋貺依旧兼点検」、同20-22〔酒麹〕紹興30.1.3「戸部侍郎邵大受専一点検措置贍軍酒庫。先是委左右司専一点検、縁趁辨不数、故有是命」。同20-22〔酒麹〕紹興30.1.25「詔点検贍軍激賞酒庫所、増置新中酒庫一所…」。同56-46〔戸部〕紹興30.7.6「詔戸部長貳、歳挙轄下選人改官五員、近以贍軍激賞酒庫隷属戸部、内撥一員挙酒庫官、令酒庫已専委官先撥一員依旧」。同21-5〔酒麹雑録下〕乾道1.3.16「監行在贍軍新中酒庫應材言、乞将正庫改為新中南庫、子庫改為新中北庫、毎庫添監官一員。従之」。

(86)『要録』127紹興9.3.24甲辰「主管殿前都指揮使楊沂中乞、以本司酒庫五処帰戸部。詔嘉奨、令本部歳給銭十万緡為軍費」。『会要』食貨20-18〔酒麹〕紹興9.4.28「戸部言、殿前司酒庫已撥帰戸部、今来廃到五庫、毎庫合差監員二員未審合、従朝廷及戸部差辟…」。『要録』188紹興31.2.17庚申「領殿前都指揮使職事趙密、以本軍酒坊六十六〔五〕帰之戸部。後二日同安郡王楊存中復以私家撲買酒坊九、及酒本醸倶為銭七十二万緡上之。於是歳通収息銭八十万緡有奇、以其半為行在諸馬軍草之費…」。『会要』食貨21-2〔酒麹雑録下〕紹興31.3.8「楊存中又言、臣先将本家買撲湖・秀州・臨安府界酒坊九処、并発酒子坊一十三処、進納御前、令戸部交割。所有逐坊見在酒麹餅柴法物器具什物屋宇、照元価折銭七十二万五千余緡、望下戸部行下逐坊交割。従之」。同21-3〔酒麹雑録下〕紹興32.7.23「戸部言、殿前司元献酒坊、取撥帰戸部外、有五十二処、一歳計収息銭二十余万貫、見係転運司検察…」、同21-3紹興32.9.27「知臨安府兼戸部侍郎趙子潚言、殿前司献酒坊、其十七庫已降指揮、令本部差官管幹。其五十二処、並撥令両浙転運司検察、内二十四坊元差中使臣二十四人管幹。其余逐坊乞専委両浙漕臣、同諸州守倅、責逐県知佐、召募土豪人戸開沽…」。同21-4〔酒麹雑録下〕紹興32.11.4「詔浙東西犒賞酒庫、令楊倓・梁俊彦疾速前去措置、候有成效、帰撥戸部及両浙転運司」。同21-4〔酒麹雑録下〕紹興32.11.19「詔楊存中所献酒坊賒欠銭四十余万貫、並与蠲免…」。

(87)『会要』食貨21-2〔酒麹雑録下〕紹興31.3.19「知紹興府宋棐言、准詔諸曁・楓橋両坊、令紹興府承買開沽、除認納名課等銭外、将収到息銭、逐坊各毎年認発戸部息銭二万貫、分四季起発、今来本府恐趁辨戸部上項息銭不敷、官吏空負罪責、更不厳再行申乞減退息銭承買、乞将逐坊改充戸部贍軍、後批送戸部、勘当申尚書省。本部勘会、楊存中献納酒坊内塩官等七坊、已承指揮改作贍軍激賞酒庫、差官措置開沽、将収到息銭起赴左蔵庫送納、応副大軍勝食等支用、欲依宋棐所乞理事、将逐坊依臨安府塩官等七処酒庫体例、改作贍軍激賞庫、所有合差監官并合干及存留旧官、応所行事件、並乞依塩官県酒庫体例。従之」。同21-3〔酒麹雑録下〕紹興32.6.10「戸部塩官等九酒庫、依旧已降指揮拘収措置、改作贍軍激賞庫」。同21- 3〔酒麹雑録下〕紹興31.10.29「戸部侍郎劉岑等言、楊存中並趙密献納両浙酒坊七十四処、本部将塩官等九処並改贍軍激賞庫、差官措置開沽、歳収息銭四十余万貫、応副大軍支用、其余六十五坊、係委両浙転運司検察措置開沽。今照得数内湖州徳清・武康・上柏・和平、秀州新城・永楽・当湖、平江府平望・程林・支塘、常州潘葑・欒社等坊、自来人煙繁盛、係是三万以上場務、常有未売煮酒二十余万缾、欲将徳清等一十一〔二〕坊作八庫、並以塩官等九坊体例、改作贍軍激賞酒庫、従本部選差監官、前去措置開沽。従之」。

(88)『会要』食貨21-5〔酒麹雑録下〕乾道1.7.3「詔浙東西措置犒賞酒庫共六十四庫、撥付三衙分認課額、今逐司旋差人交割。令戸部依此以十分為率、殿前司四分、馬・歩軍司各三分、其息銭毎歳分上下限赴左蔵南庫輸送、余息充逐軍贍軍及造軍器等」。同21-8乾道5.4.26「権主管殿前司公事王逵言、本司管浙東西酒庫二十四処、瓶窰一所、元係戸部措置所撥付本司、今乞将上件庫仍旧還戸部開沽…。従之」。同21-8乾道5.12.12「詔歩軍司元撥諸曁等二十二酒庫、依殿前司例、依旧帰撥戸部開沽」。同56-54〔戸部〕乾道6.8.29「詔将殿前司・歩軍司所管在外酒坊、令戸部日下交割」。同21-9乾道7.1.9「詔馬軍司、元拠徳清等一十八酒庫、依殿前歩軍司例帰戸部、差官監当、毎年応副馬軍司銭八万貫、充犒賞使用」。同56-54乾道7.1.9「臣寮言、馬軍司所管酒庫拖欠息銭、積圧数多、乞将馬軍司酒庫、依殿前歩軍司例、拘収帰戸部、差官管幹。詔依仍令提領犒賞酒庫所、毎年応副軍司銭八万貫、充犒軍使用」。なお四川の「折估銭」額及び犒賞酒庫息銭の淳熙13・16年及び紹熙元年・2年の州軍送納額については『考索』58財用門・酒類・戸部状照対犒賞諸酒庫の項に詳しい記述があるが、四川の酒課とは直接の関係がない。

(89)『会要』食貨21-11〔酒麹雑録下〕乾道8.10.10「新除龍図閣直学士・知荊南府葉衡言、前此制置司元有犒賞酒庫一所、及営運回易以助軍須、今已廃罷、欲乞依前、将犒賞酒庫撥帰荊南安撫司、及仍旧措置回易、趁息充犒賞支用。従之」。

(90) 前注(47)、(48)を参照。また『会要』食貨28-34〔塩法〕紹熙2.4.7「四川制置司言…窃縁諸司昨自減放指揮、日下就制置司置局、諸司会議、収趁価額与推排之籍、考核増虧見合行撙減分数」。

(91)『会要』食貨21-11〔酒麹雑録下〕乾道9.閏1.22「沿海制置司言、本司水軍中、元撥到鳴鶴酒坊一所、見今開沽、縁本軍移屯定海県、又輒於本所添置庫一所、以致侵奪本県省務課利、乞将明州定海県酒坊、付本庫承抱、一就開沽。従之」。

(92)『会要』食貨20-19〔酒麹〕紹興12.9.1「詔鄂州諸軍酒庫、令総領司罷置、麹院令軍中一面措置」。同紹興13.閏9.10「詔淮東総領司所酒庫、止於元置州軍、淮西・江東総領司、止於建康府、揚州安撫司止於本州開沽、即不得更於別州県村鎮、擅自添置脚店…、況諸州県鎮、自有係省酒務、今又総領司脚店侵奪省課、是致係省酒務大有虧欠…」。同20-21〔酒麹〕紹興29.4.26「詔鎮江府駐劄御前諸軍所管酒庫、令界満日更立一界。従都統制劉賓請也」。

(93)『会要』食貨21-6〔酒麹雑録下〕乾道2.5.25「以戸部侍郎兼点検贍軍激賞庫曾懐言、行在贍軍酒庫、比年以来虧欠日積、自紹興三十年前総諸庫所欠已数百万貫、三十年後截日終所欠二百余万貫、縁酒庫相継増添、見今已十五所、又子庫十一所、並臨安府安撫司酒庫六処、共三十二所、互相攙奪、縁此利入之源尽帰拍戸、以致失陥官銭。故有是命」。

(94) 原史料未見のため、李偉国「紹興末隆興初舒州酒務公文研究(之一)」(『国際宋史研討会論文選集』1992所収)p.127所載の同務酒税(売糟銭を含む)総収入表、及び李華瑞注(9)前掲書p.309所載の「紹興三十二年十二月至隆興元年正月舒州在城酒務本息比較表(一)」を改編して掲載した。表中12月23日のa.b.c.いずれかの数値に誤りが含まれているが、原史料と対校できないのでそのままとした。

(95) 舒州の売酒価格は149文足/升(展省104.107貫文)。前表中では12月21日の酒税総入は104.107貫文省、うち本柄銭が42.145貫文省、息銭が61.962貫文省(酒課率は0.595%)であり、上表の「日申課利銭」68.5853貫との間に6.6233貫文省の差額が生じる。また日申課利銭、貼陪加耗酒米麹物料等銭、剰銭の3項を合せると98.0345貫文省となり、展計共収銭104.107貫との間に6.0725貫文省の差額を生じる。これらはいずれも原史料を見られないのでそのまま転載する。ただし日申課利銭の第2項b.経総制銭

33.2888貫文省は日申課利銭の68.5853貫文省と合せるため、妥当な数字32.2888貫文省に訂正した。

(96) 慶元府は旧明州、紹熙5年(1194)府に昇格。『宝慶四明志』5叙賦上・酒・都酒比較贍軍三省務【内省務三・外省務四、則例、毎売到一百貫、本府収三十九貫六百四十二文、本柄在内。其余分隷経総制司四十二貫三百九十四文、糴本司一十五貫一百八十二文、移用司二貫七百八十二文】、本柄銭五万八千四十貫八百九十八文【逐年米麦豆紬価銭不等、今以宝慶三年価数計之】、糯米九千六百八十五石三斗六升五合、毎石銭三貫九百九十文、計三万八千六百四十四貫六百七文、麹麦二千二百八十八石三斗九升八合七勺、毎石三貫六百文、計八千二百三十八貫二百三十六文。夫食物料等銭一万一千一百五十八貫五十五文、造麹七百三十九貫九十文、造生煮酒六千七百九十五貫九百五十文、袋紬一百五疋、毎匹四貫文、計四百二十貫文。箍缸打竈二百貫文、官吏茶湯賃屋夫直年計放刀品嘗賞縻費酒様軽空滲漏監官船家従物料等三千三貫一十五文、収息銭六万二千九貫六百九文、諸司六万四百六十二貫二百三十二文、本府一千五百四十七貫三百七十七文【歳於分隷諸司外、又有起発七分酒息銭一万五千三百九十六貫一百八十五文、赴戸部封椿庫、而監官俸給又不与焉。則本柄銭未有不虧者也】。また同6叙賦下・朝廷窠名から上供費目を抽出し、以下にその銭額を記す。折帛銭17,6725貫文、無額上供銭3990貫文、御膳羊銭5595.744貫文、供給銭800貫文、起発七分酒息銭15396.185貫文、糴本銭4,3800貫文、僧道免丁銭1,0116.600貫文、経総制銭・正額銭21,5307.930貫文(経制・総制・添収頭子・増収勘合・改撥牙契・無額等銭の計)、内蔵庫銭1,3000貫文(大中祥符坊場正名銭・元豊上供銭等、嘉定17年額定→常平司)、左蔵庫銭〔→常平司〕(坊場七分寛剰銭1,2969.166貫文、坊場浄利銭8327.568貫文、官戸不減半役銭2869.008貫文(乾道2年～)、聖節折銀価銭825貫文、大礼年分折銀価銭1320貫文、減省人吏雇銭1632貫文(宣和3年～)、在京官員雇銭225貫文(紹聖9年額150貫文))。同監司窠名(転運司銭3,4014.688貫文(月解通計2,6000貫文、移用降本銭7000貫文、寛剰耗米500貫文、行下支撥官吏茶湯食銭及雑支等銭514.688貫文)、提刑司(聖節抛降銀250両、計826貫文、贓賞銭200貫文)、常平司(内蔵庫銭、左蔵庫銭)。

(97)『会要』食貨17-46紹興29.7.17に「…議者為、国家経総制銭、係州県将百色官銭分隷。今既減省輸銭之源、即逐処拘収上件銭数、自合裁減。望下有司、将併罷税場及納過税数目、許令除豁年額経総制銭。従之」とあり、地方官司における紹興年間の官銭“分隷”の実態を記す。李華瑞氏は紹興元年制定の慶元府「分隷則例」を宝慶3年のものとするが(前掲書p.369表(三))、誤り。また長井千秋「南宋時代鎮江府の財政収支」(『岐阜聖徳学園大学紀要』37,1999)は嘉定中鎮江府の酒課歳収7,4711貫に慶元府・紹興元年[分隷則例]を適用して、嘉定中の鎮江府の酒税「取り分」を(7,4711×0.4＝) 2 ,9884貫とするが、慶元府・紹興元年の[分隷則例]を嘉定中の鎮江府の酒税歳収に適用することはできない。なお汪聖鐸前掲書下p.859の表52.南宋末年浙西常州榷酒収入分隷情状況表には、生酒・煮酒とも日収銭額に誤記があり、前者は510.540貫文に、後者は526.568貫文に訂正しなければならない。

(98)『嘉定赤城志』16財賦門・上供「坊場正名銭一万五千貫文【祖額三万貫文、紹興間曹侍郎□奏陳、於内撥一万五千貫発納内庫外、余銭以十分為率、七分作寛剰起解、三分充州用。後因坊場・税鋪廃闕、収趁不及…而毎歳所発内庫上件官銭、未之有減】…七分坊場銭一万三千三百四十三貫二百七十二文【以正名銭撥充旧発上件、後因坊場・税鋪廃闕、無従所出】…坊場五分浄利銭一千五百八十七貫一百二十四文【祖額管一万四千六百二十五貫四百二十文、先因坊場・税鋪廃闕。紹興間有旨、不問著価多少、並行給売、仍与免納造添五分浄利銭…実管催発五百八十七貫一百二十四文、通撥上件、余銭一万三千三十八貫二百九十六文即係虚額、毎年申省部除豁】」。

(99) 漳州・慶元府以外の事例の典拠はそれぞれ前注(86)『要録』188紹興32.2係載の楊存中献納坊場

等の本銭等72万貫、息銭85万貫のほか、『宋史』食貨・酒p.4522「(乾道)二年詔、臨安府安撫司酒庫、悉帰贍軍、并贍軍酒庫及臨安府安撫司酒務、令戸部取三年所収一年中数立額。日售銭万緡、歳収本銭一百四十万、息銭一百六十、麹銭二万、羨余献以内蔵者又二十万、其後増為五十万」、黄榦『勉斎集』29石門申提領所請截留本銭「窃見本庫毎年歳計、所給本銭二千七百貫、趁辨息銭八千貫、官吏之請給・場務之支費、又幾二千貫。是以一銭取三分之息也」、『真文忠公文集』9 潭州奏復税酒状「…以嘉定三年官売本息計之、雖名収二十万八千五百八十七貫有奇、而米麵柴水本銭与官吏食銭、却計十二万二千三百八十二貫、除本収息僅有八万六千二百五貫。是一日所得止二百五十余貫、若官売一分、税酒二分、則日税之額不過一百六十余貫、当不難辨」、『至順鎮江志』6 賦税・酒醋課所引『嘉定志』「嘉定中酒課七万四千七百一十一貫【東都酒務祖額銭三万一千二十一貫、戸部酒庫九千三百六十一貫、西比較務三万四千三百二十九貫】等。なお乾道年間に問題となった増収酒課の“羨余”献納については周必大『文忠集』136答選徳殿聖問奏〔乾道七年八月六日〕に「夫酒者国家之利源…奈何頃年為守者、乃以増羨之数加諸歳入之額、歳額之外、復求増羨。既得増羨又添歳額、碾転不已、殆且倍蓰於初」とある。

付表 諸路官酒務酒課額と買撲課利銭歳額

「祖額」は熙寧10年までに立定された（立定年次は不明）祖額で、熙寧10年の歳収ではない。歳額に付した☆は絹・布等による折納分を省略したことを示す。州軍監名に付した∈は左側から右側への“改隷”を示す。また表中の数字に問題があるものについては*を付して欄外に注記した。

	慶暦２年（1042）旧額		熙寧10年（1077）官売課額と買撲浄利銭額			
	酒務数	酒課歳額（貫）	祖額（貫文）	［対旧額比］	買撲額（貫文）	［対課額比］
京東東路	**71**	**63,3249**	**76,3714.406**	**[1.206]**	**9,4844.385**	**[0.124]**
青州	10	9,9754	11,3572.591	[1.138]	1,0535.640	[0.092]
密州	5	8,6105	9,9327.933	[1.153]	2445.866	[0.024]
斎州	26	17,0366☆	21,1664.062	[1.242]	2,4222.591	[0.114]
沂州	6	4,8816☆	7,4505.754	[1.526]	6475.766☆	[0.086]
登州	3	9756☆	3,4400.253	[3.526]	3024.828	[0.087]
萊州	4	6,0115	5,1931.712	[0.863]	3,3453.089	[0.644]
濰州	3	4,7097	5,1643.405	[1.096]	1777.704	[0.034]
淄州	7	5,8660	7,5913.543	[1.291]	4820.101	[0.063]
淮陽軍	4	5,2580	5,0752.153	[0.965]	8088.800	[0.159]

京東西路	**59**	**53,4327.**	**40,5107.338**	**[0.758]**	**18,7162.027**	**[0.462]**
兗州	9	6,4996☆	3,5048.972	[0.539]	3,5808.037	[1.021]
徐州	7	10,0642	8,8261.194	[0.876]	2,4021.676	[0.272]
曹州	4	4,3918	3,8991.603	[0.887]	3,3766.792	[0.866]
鄆州	21	11,5333	11,2648.823	[0.976]	3,2318.380	[0.286]
済州	6	6,6168☆	6,1923.934	[0.935]	1,6330.091*	[0.263]
単州	4	5,4100	3,2171.384	[0.594]	1,6330.091*	[0.507]
濮州	7	6,6435☆	3,6061.428	[0.542]	2,8586.960	[0.792]
広済軍	1	2,2735	〔熙寧４廃∈曹州定陶県〕今廃			
萊蕪監	〔∈兗州〕		無定額			
利国監	〔∈除州〕		無定額			

*熙寧10年済州と単州の買撲額が同数値。

京西南路	**33**	**26,0913.**	**33,1307.051**	**[1.269]**	**3,3311.597**	**[0.100]**
襄州	8	6,6767	9,7080.072	[1.454]	8663.864	[0.088]
鄧州	8	8,1298	8,7926.139	[1.081]	8614.596	[0.097]
随州	2	1,8316	1,9664.874	[1.448]	2071.536	[0.105]
金州	2*	1,3571	1,6508.088	[1.216]	1337.520	[0.080]
房州	3	7550	1,8673.061	[2.473]	848.691	[0.045]
均州	3	2,4759	3,2773.413	[1.323]	2129.910	[0.064]
郢州	3	2,0348	2,2143.069	[1.088]	7457.376	[0.336]
唐州	5	2,8304	3,6538.335	[1.303]	2188.104	[0.059]

*金州旧２酒務のうち一は売麹務。

京西北路	**77**	**4,5824**	**47,2874.144**	**[0.866]**	**7,8481.1841**	**[0.165]**
許州	12	3,1832	8,6975.794	[2.732]	2,7548.004	[0.316]
孟州	5	5,5402.	7,3851.764	[1.333]	4118.944	[0.055]
蔡州	22	8,6357☆	11,0918.375	[1.284]	1,2712.560	[0.114]☆
陳州	6	9,7838	7,3417.073	[0.750]	9308.9301	[0.126]

潁州	7	8,3462☆	7,5812.475	[0.908]	7750.740	[0.102]☆
汝州	10	4,8240	3,6276.518	[0.751]	1,6541.653	[0.455]
信陽軍	2	8508	1,5622.145	[1.836]	500.353	[0.032]
鄭州	8	6,7692	〔熙寧 5 ～元豊 8 廃〕 今廃			
光化軍	1	3,1974	〔熙寧 5 廃∈襄州光化県〕 今廃			
滑州	4	3,4519	〔熙寧 5 ～元豊 4 廃〕 今廃			

河北東路	**134**	**87,8359.**	**77,2742.116**	**[0.879]**	**10,3908.468**	**[0.134]**
澶州	9	7,9187	8,1354.487	[1.027]	1,0402.279	[0.127]
滄州	23	13,2247☆	11,9900.216	[0.906]	1,2345.946	[0.102]
冀州	14	8,5661	7,2139.955	[0.842]	4000.460	[0.055]
瀛州	7	6,4341	4,1675.542	[6.864]	6309.570	[0.151]
博州	14	8,5019	6,5374.607	[0.768]	2,0672.202	[0.316]
棣州	13	8,1246☆	9,0781.677	[1.117]	4664.744	[0.051]☆
莫州	4	2,2468	2,5909.080	[1.153]	1562.195	[0.060]
雄州	1	2,3827	2,2318.076	[0.936]	462.636	[0.020]
徳州	16	9,4601	7,8887.784	[0.833]	7255.744	[0.091]
浜州	8	5,2473☆	4,3407.322	[0.827]	1,7451.544	[0.402]
覇州	4	2,4536☆	1,8919.598	[0.771]	17□8.172*	[0.090]
恩州	11	6,1806	4,0949.253	[0.662]	9605.226	[0.234]
永静軍	6	3,4081	3,9805.275	[1.167]	7171.256	[0.181]
乾寧軍	2	2,4240	1,6982.058	[0.700]	224.621	[0.013]
信安軍	1	5959	7887.554	[1.323]	61.873	[0.007]
保安軍	1	6667	6449.632	[0.967]	—	—

*原載「一千七百□十八貫一百七十二文」。

河北西路	**100**	**91,1698**	**78,0263.190**	**[0.855]**	**6,7026.231**	**[0.085]**
真定府	8	13,5938	9,5445.220	[0.702]	9287.445	[0.097]
相州	7	5,0441	4,6980.874	[0.931]	4025.584	[0.085]
定州	6	12,6353	10,7908.336	[0.854]	5639.844	[0.052]
邢州	12	6,4683	6,5865.410	[1.018]	5648.520	[0.085]
懐州	10	4,1243	3,4697.724	[0.841]	73.337	[0.002]
衛州	5	4,1012	4,6491.154	[1.133]	1,6477.710	[0.354]
洺州	11	5,6877	5,3544.894	[0.941]	3418.536	[0.063]
深州	5	7,9004	6,1332.597	[0.776]	5883.660	[0.095]
磁州	12	4,9250	6,3386.890	[0.129]	3384.402	[0.053]
祁州	3	3,1984	3,4591.723	[1.081]	2192.496	[0.063]
保州	1	4,0229	3,3260.076	[0.826]	2726.244	[0.081]
安粛軍	1	2,2507	2,9006.728	[1.288]	301.788	[0.010]
趙州	7	5,6203	4,4348.068	[0.791]	3735.036	[0.084]
永寧軍	2	2,1162	3,5551.485	[1.679]	3022.988	[0.085]
広信軍	1	2,8685	1,6397.790	[0.571]	—	—
順安軍	2	1,4407	1,1454.221	[0.795]	1208.641	[0.105]
北平軍	1	2,0168	〔旧北平寨.慶暦 2 ～ 4 建軍〕今併入定州			
通利軍	6	3,1552	〔熙寧 3 廃∈衛州黎陽県〕今廃			

永興軍路	**167**	**174,3560.**	**114,0835.403**	**[0.654]**	**16,3997.917**	**[0.143]**
京兆府	23	28,7641	26,6633.373	[0.926]	2,4192.883☆	[0.090]
河中府	7	8,3711☆	1,3699.834	[0.163]	3,9237.928☆	[2.866]
陝州	15	7,5595☆	4,1802.170	[0.552]	1,5509.039☆	[0.371]
延州	12	27,1460	9,3603.384	[0.344]	6696.990	[0.071]
同州	11	8,2779☆	6,7057.649	[0.810]	1,1750.425☆	[0.175]
華州	10	10,4371	8,1237.530	[0.778]	1,1052.789	[0.136]
耀州	5	8,4342	6,9559.691	[0.824]	1,6912.996	[0.243]
邠州	5	9,1113	7,2907.797	[0.800]	6056.400☆	[0.083]
鄜州	6	12,1674	4,6279.581	[0.380]	1885.749	[0.040]
解州	4	3,6188	4,0681.902	[1.124]	5233.704	[0.128]
慶州	13	16,0341	9,5369.216	[0.594]	8029.560	[0.084]
虢州	6	3,6385	3,9518.016	[1.086]	3315.135	[0.083]
商州	8	4,5807☆	4,2049.488	[0.917]	2199.864☆	[0.052]
寧州	8	6,1315	5,8633.665	[0.956]	1991.373	[0.033]
坊州	4	4,3239	3,5033.912	[0.810]	1603.092	[0.045]

秦鳳路	**120**	**136,5879**	**104,5561.574**	**[0.765]**	**13,0336.753**	**[0.124]**
鳳翔府	25	23,1788	17,3443.276	[0.748]	2,2992.133	[0.132]
秦州	18	34,0660☆	21,3693.510	[0.627]	9979.080☆	[0.046]
涇州	6	9,3132	5,9446.083	[0.638]	6768.460	[0.113]
熙州	(1)	〔熙寧６収復〕	2,6400.000	—	1028.137	[0.038]
隴州	10	8,4621☆	6,6068.531	[0.780]	1,2216.304☆	[0.184]
成州	3	2,9446	3,7967.251	[1.289]	1598.100☆	[0.042]
鳳州	5	4,8628☆	5,1168.709	[1.052]	4903.838☆	[0.095]
岷州		〔熙寧６置〕	4,0336.051	—	—	—
渭州	13	23,8394	13,3520.493	[0.560]	7065.117	[0.052]
原州	11	1354	5,0167.456	[37.050]	4887.366☆	[0.097]
階州	6	5,7367	2,6783.140	[0.466]	4767.412	[0.177]
河州		〔熙寧６収復〕	未立額			
鎮戎軍	6	10,2441	2,0226.957	[0.197]	1,9756.498	[0.976]
徳順軍		〔慶暦３置〕	6,9309.567	—	1,7773.692	[0.256]
通遠軍		〔熙寧５健軍〕	7,7030.550	—	1,6600.616	[0.247]
乾州	7	3,7862	〔熙寧５廃∈京兆府奉天県〕今廃			
儀州	7	8,9842	〔熙寧５廃,安化・崇信・華亭３県∈京兆府〕今廃			
慶成軍	3	8547☆	〔熙寧１廃∈永興軍路河中府〕今隷河中府			
康定軍		〔康定２置軍使於鄜城県治∈鄜州〕係鄜州				
沙苑監		〔牧馬監.乾徳３置∈同州〕			無定額	
開宝監		〔銀冶.開宝５～治平１∈鳳州両当県〕	今比較内不開沽			
太平監		1797〔開宝初於清水県置.銀冶.太平興国２∈秦州〕無定額				
司竹監		〔∈鳳翔府〕			無定額	

河東路	**100**	**72,6084**	**63,3868.455**	**[0.872]**	**7,5252.840**	**[0.118]**
太原府	12	12,2085	10,9334.208	[0.889]	1,4230.315	[0.130]
潞　州	10	1,7051	4,6352.969	[2.718]	8901.504	[0.192]
晋　州	12	6,1316	6,5440.567	[1.067]	1,0136.140	[0.165]
府　州	1	2,6552	—		2347.600	—

麟　州			無祖額		2186.000	—
絳　州	8	5,8645	6,2308.663	[1.062]	3366.427	[0.054]
代　州	7	1,9433	4,5682.671	[2.350]	3956.004	[0.086]
隰　州	8	5,1121	4,0480.703	[0.791]	4433.136	[0.086]
忻　州	2	3,0217	1,9496.472	[0.645]	2272.237	[0.116]
汾　州	4	6,4880	5,9812.210	[0.921]	6460.162	[0.108]
沢　州	5	2,5174	2,9495.198	[1.171]	5156.393	[0.175]
憲　州	1	1,4548	5468.762	[0.375]	607.200	[0.111]
嵐　州	4	3,1509	2,4122.250	[0.765]	1435.784	[0.045]
石　州	2	4,7654	3,2629.345	[0.684]	2224.951	[0.046]
豊　州	〔嘉祐7置〕		無祖額		340.080	—
威勝軍	8	2,4365	2,3270.570	[0.955]	3578.446	[0.153]
平定軍	4	1,6382	3,0474.449	[1.860]	1494.249	[0.049]
寧化軍	1	9500	8534.942	[0.898]	320.364	[0.037]
火山軍	1	1066	7644.162	[7.170]	320.992	[0.041]
保徳軍	1	3,6892	7137.429	[0.193]	909.000	[0.127]
岢嵐軍	3	3,7569	1,6180.885	[0.430]	575.856	[0.035]
慈　州	3	1,7319	〔熙寧5廃〕今廃			
遼　州	3	1,2806	〔熙寧7～元豊8∈平定軍〕今廃			
大通監	〔太平興国4以交城県置,宝元2∈太原府〕　無定額					

淮南東路	71	88,5220	65,8671.956	[0.744]	17,0347.297	[0.258]
揚　州	9	8,2016	8,1120.575	[0.989]	3,4616.076	[0.426]
亳　州	12	11,7068	7,3806.129	[0.630]	2,4□□□.312*	[0.329]
宿　州	13	11,9228	9,8720.841	[0.827]	2,8766.616	[0.291]
楚　州	5	13,5221	13,4040.203	[0.991]	3,0219.582	[0.225]
海　州	4	4,5252	4,8221.564	**[1.065]**	6327.756	[0.131]
泰　州	7	8,3388	8,7236.406	**[1.046]**	1,4614.056	[0.167]
泗　州	7	12,7200	7,2445.968	[0.569]	5656.678	[0.078]
滁　州	6	2,6359	1,5709.296	[0.595]	1,1722.713	[0.746]
真　州	4	11,0941	1298.116	[0.011]	1,0381.548	**[7.997]**
通　州	4	3,8547	4,6072.858	**[1.195]**	3730.272	[0.080]

*原載「二万四千三百十二文」。

淮南西路	87	55,8632	25,1888.966	[0.450]	16,6568.27512	[0.661]
寿　州	16	9,9548	3,1885.180	[0.320]	4,6639.596	**[1.462]**
廬　州	3	8,4657	5,7605.919	[0.680]	1,3119.540	[0.227]
蘄　州	8	4,4316	2,9549.901	[0.666]	6046.647	[0.204]
和　州	5	3,6553	125.582	[0.003]	2,5989.097	**[207.912]**
舒　州	19	5,3589	2,7353.300	[0.510]	3,6145.493	**[1.321]**
濠　州	7	2,4871☆	1,7180.109	[0.690]	7865.93912☆	[0.457]
光　州	7	3,9979	4,0434.874	**[1.011]**	4828.413	[0.119]
黄　州	8	3,2881	3,2982.907	**[1.003]**	8018.077	[0.243]
無為軍	10	5,3152	1,4771.194	[0.277]	1,7915.473	**[1.212]**
漣水軍	1	4,5987	〔熙寧5廃∈楚州漣水県〕今廃			
高郵軍	3	4,3099	〔熙寧5廃∈揚州高郵県〕今廃			

両浙路	**116**	**168,0205.**	**162,8156.604**	**[0.969]**	**28,8706.624**	**[0.177]**
杭　州	10	36,0346	47,7321.126	**[1.324]**	2,2026.192	[0.046]
越　州	10	12,3297	8,3707.098	[0.678]	3,3385.044	[0.398]
蘇　州	7	28,3251	26,3122.223	[0.928]	2,4262.548	[0.092]
潤　州	6	6,7323	6,6670.413	[0.990]	2,0759.227	[0.311]
湖　州	6	10,9657	9,8369.676	[0.897]	3,7747.884	[0.383]
婺　州	9	12,0412	6,4054.701	[0.531]	2,9373.909	[0.458]
明　州	5	8,3154	8,3116.395	[0.999]	2,5479.192	[0.306]
常　州	9	10,5865	12,0136.702	**[1.134]**	2,7129.817	[0.225]
温　州	7	5,0748	6,8526.052	**[1.350]**	1,2783.383	[0.186]
台　州	8	8,1298	6,9044.753	[0.849]	3103.303	[0.044]
処　州	8	1,1169	2,7752.586	**[2.484]**	9443.292	[0.340]
衢　州	4	9,0790	4,9351.946	[0.543]	1,7484.586	[0.354]
睦　州	7	5,1321	3,9173.860	[0.763]	1,0646.647	[0.271]
秀　州	17	10,4952	11,7809.073	**[1.122]**	1,5081.600	[0.128]
江陰軍	3	3,6622	〔熙寧４廃∈常州江陰県〕今廃			

江南東路	**60**	**47,5411**	**48,5258.467**	**[1.020]**	**4,6402.5689**	**[0.095]**
江寧府	6	10,5659	12,2049.930	[1.155]	1,7513.0279	[0.143]
宣　州	7	8,5621	7,7046.971	[0.899]	1,1484.984	[0.149]
歙　州	6	2,9807	2,1614.554	[0.725]	1863.283	[0.086]
江　州	6	3,6189	3,8003.096	[1.050]	—	
池　州	6	2,9902	3,6886.839	[1.233]	8394.776	[0.227]
饒　州	9	4,7597	2,8543.174	[0.599]	3130.460☆	[0.109]
信　州	8	5,1758	6,1218.817	[10182]	1424.268	[0.023]
太平州	6	3,7178	4,2817.752	[1.151]	1592.266☆	[0.037]
南康軍	4	2,5422	3,2044.268	[1.260]	999.504	[0.031]
廣徳軍	2	2,6278	2,5033.066	[0.952]	—	

江南西路	**48**	**18,6526**	**19,9182.831**	**[1.067]**	**1,3794.626**	**[0.069]**
洪　州	7	4,7567	5,1704.003	[1.086]	2382.264	[0.046]
虔　州	13	2,4560	2,6394.523	[1.074]	739.992	[0.027]
吉　州	9	5303	1,8215.314	[3.434]	1778.760	[0.097]
袁　州	4	8864	1,1351.700	[1.280]	2896.048	[0.025]
撫　州	1	1,2826	1,9305.017	[1.505]	1736.670	[0.089]
筠　州	3	1,8014	1,2693.642	[0.704]	692.460	[0.054]
興国軍	3	3,5119	2,9624.507	[0.843]	—	
南安軍	2	6522☆	4106.137	[0.629]	1746.419☆	[0.425]
臨安軍	3	1,2570	1,2□□□.245*	[0.974]	1446.132	[0.118]
建昌軍	3	1,5181	1,3542.988	[0.892]	375.881	[0.027]
永平監		〔∈饒州〕	無定額			

*原載「一万二千二百四十五文」。

荊湖南路	**29**	**10,6313**	**13,0890.578**	**[1,231]**	**1,0576.448**	**[0.080]**
潭　州	8	6,7625	7,2011.957	**[1.064]**	8331.346	[0.115]
衡　州	6	1,0254☆	1,6965.306	**[1.654]**	335.701	[0.019]

道　州	1	2307	5049.283　[2.188]	—
永　州	3	9133☆	1,2392.186　[1.356]	336.686☆　[0.027]
郴　州	1	3624	7715.775　[2.128]	875.352　[0.113]
邵　州	3	5531	1,0141.832　[1.833]	303.456　[0.029]
全　州	1	3740	3670.034　[0.981]	141.019　[0.038]
桂陽監	6	4099	2944.205　[0.718]	252.888　[0.085]

荊湖北路	45	39,4955	44,6022.682　[1.129]	3,4814.302　[0.078]
江陵府	15	10,6000☆	14,7947.886　[1.395]	1,8017.145☆　[0.121]
鄂　州	8	6,5375	7,9283.040　[1.212]	4980.340　[0.062]
安　州	5	3,5359☆	5,4173.690　[1.532]	4887.576☆　[0.090]
鼎　州	5	5,5236☆	4,0184.858　[0.727]	2469.128☆　[0.061]
澧　州	2	3,6993	4,3443.479　[1.174]	905.697　[0.020]
峡　州	1	8819	1,4997.360　[1.700]	603.876　[0.040]
岳　州	4	3,8748	5,7030.197　[1.471]	2775.540☆　[0.048]
帰　州	1	9281	8962.172　[0.965]	175.000　[0.019]
辰　州			無定額	
沅　州		〔熙寧 7 収復〕	無定額	
渹州監		？	無定額	
漢陽軍	3	2,8588	〔熙寧 4 廃∈鄂州漢陽県〕今廃	
荊門軍	1	1,0556	〔熙寧 6 廃∈江陵府長林・当陽 2 県〕今廃	

成都府路	**165**	**129,8369**	**13,5955.47966　[0.104]**	—
成都府	28	43,9779	4,4286.481　[0.100]	—
眉　州	16	7,2502☆	7266.816☆　[0.100]	—
蜀　州	8	9,9421	1,3220.100　[0.132]	—
彭　州	8	8,6383	1,4300.220　[0.165]	—
綿　州	14	11,8607	1,0902.578　[0.091]	—
漢　州	19	17,5567	1,7557.080　[0.100]	—
嘉　州	3	9,2325	9282.8629　[0.100]	—
邛　州	19	12,8854	1,3106.220　[0.101]	—
黎　州			無定額	
雅　州	7	9462	946.2536　[0.100]	—
茂　州			無定額	
簡　州	15	4,2220	3922.9716　[0.092]	—
威　州			無定額	
陵井監	20	1,4223	1163.89656　[0.081]	
永康軍	8	1,9026	〔熙寧5廃∈導江県永康寨、同9永康軍使〕今廃	

梓州路	**121**	**59,1193**	**7,0398.71268　[0.119]**	—
梓　州	18	13,5288	1,3517.827　[0.099]	
遂　州	4	9,3922	9454.161　[0.100]	
果　州	2	10,2584	1,3090.5063　[0.127]	
資　州	16	3,9806	4561.05808　[0.114]	
普　州	43	2,4237	2454.7992　[0.101]	
昌　州	4	1,0151	1162.986　[0.114]	

戎　州	3	512	無定額	
瀘　州		—	6432.752	
合　州	9	8,0837	8135.494　[0.100]	
栄　州	6	1,3449	1338.038　[0.099]	
渠　州	1	2,4210	2454.712　[0.101]	
懐安軍	12	3,7093☆	3853.9976☆　[0.103]	
広安軍	3	2,9104	2914.8815　[0.100]	
富順監		—	1027.500	

利州路	**124**	**30,6365**		
興元府	36	6,7800	—	9360.451
利　州	6	1,9743	—	1982.028
洋　州	5	1,5419	—	2061.4248
閬　州	42	10,1009	—	9195.6651
剣　州	3	3,6962	—	3730.714
巴　州	14	7470	—	1050.992☆
文　州	1	6443	—	1129.276
興　州	1	1,8320	—	2241.264
蓬　州	7	1,3795	—	1294.9062
龍　州	3	3742	—	358.857
三泉県	1	1,2311	—	1597.056
剣門関		無定額		
集　州	2	2242	〔熙寧５廃∈巴州〕今廃	
壁　州	3	1109	〔熙寧５廃∈巴州〕今廃	

夔州路	**7**	**5240.269**	
忠　州	1	1736	無額
万　州	1	1347.269	—
渝　州	4	1736	無額
大寧監	1	421	無額

夔州、黔州、達州、開州、施州、涪州、雲安軍、梁山軍…不榷。

福建路	**32**	**7,6201**	**3,6984.259　[0.485]**	**9193.728　[0.248]**
建　州	13	5,4448.	3,6984.259	9193.728
南剣州	15	1,5971	無額	
邵武軍	4	5782	無額	

福州、汀州、泉州、漳州、興化軍…不榷。

広南東路・広南西路…不榷。

第12章　宋代商税の課税構造

はじめに

宋代の課利収入の中で特に貨幣収入額の多い課利は塩税・茶税・酒税・商税の四種であり――しばしば“塩茶酒税”と総称される――、中でも商税収入は、北宋・南宋を通じて地方官司の財政収入を支える最も重要な収入源であった。

従来の課利に関する研究は、塩・茶・酒税等の課利を“専売”制度として説明するが、同じく宋代課利の一つである商税について、これを“専売”として説明するものは見当らない。例えば汪聖鐸氏は『両宋財政史』第二章禁榷収入において塩・茶・酒・香礬市舶等の禁榷（＝課利）収入を扱い、商税については第三章工商税・官工商業及官田収入という独自の範疇を設けて、その第一節を商税収入（附免行銭）に充てるという方法をとっている（同書上p.292）。商税を“専売”の一形態としてではなく、塩・茶・酒税等とは異なる課税方式として分類したものである。また張希清氏もその著『宋朝典制』第七章で経済財政制度を概説するに当り、その第三節禁榷専売制度で榷塩・榷茶・榷酒を扱い、第四節において商業制度、貨幣制度と並べて商税を扱うという方法をとっている。両氏とも、商税を禁榷＝専売の範疇で説明する方法をとっていない。

周知のように、宋の榷茶は嘉祐４年（1059）に官売を廃止して「通商法」に転換し、茶課を般運・販売する商人には「茶税銭」という商税（過税・住税）が課せられた。宋人の認識に従えば、嘉祐４年以後の茶法は「商税」として茶商から茶税を科徴したが故に「通商法」と呼ばれるのである。また宋人が「通商」とする京東塩・河北塩は、一時期の「官売」を除いて、商人が輸送・販売する州軍で官課としての「塩課息銭」ではなく従量制の流通課税「算税」が科徴されたが、宋人はこの河北・京東の塩法をやはり「通商法」であると認識している。

しかし本書後編第１部序説で見たように、塩・茶・酒等の榷法を“専売”制度と規定するこれまでの研究では、通商法は専売形態としては“部分専売”または“間接専売”であるが、課税方法は専売制度とは別の徴税制度であるという、まことに奇妙な説明がなされている。

課利としての商税の科徴は、課税方式から見ると明らかに「通商法」の一方式である。にも拘わらず、「通商法」は“専売”ではない別の徴税制度であるとする従来の研究は、この点で致命的な論理矛盾に陥っている。本稿では、宋人の認識に反して商税を課利の範疇から外してしまった“専売”論から離れ、宋朝財政における間接税「課利」の課税方式の一つ、通商［収算制］〈従価課税〉方式として商税の分析をすすめる。

宋代商税の課税構造を明らかにするためには、商税の科徴方式とともに、州県が科徴した商税収入がその後州軍の歳収としてどのように会計処理されたか、すなわち課利としての「商税」の分配構造を分析する必要がある。宋代の商税は、北宋時代を通じて州県が科徴した収入の全額が地方経費に充当されたが、南渡後の紹興年間、財政が極度に困窮したさいには、各種付加税を設けてこれを中央に上供させた。この増収策は、酒課と商税の課利は原則として地方に存留し、州県官員・兵士の請給等として支用するという国初以来の会計原則を放棄することなく、酒課と同様に課利の増徴を付加税（上供銭貨）の形式で行なったものである。因みに塩課・茶課・酒課など産品系列の課利においては、増徴付加税を創設して上供させるほか、中央・地方の各級官司が官課中に諸官司の必要経費を積算する“諸司科銭”の方式で課利の増徴が行われたが、商税の増徴にはこうした方法はとられていない。

本章では１.宋代商税の課税体系において、税務の設置と管理体制、課税対象物品の指定・解除、税率の改定と歳額・祖額との関係などを中心として、課税制度としての宋代商税の基本構造を明らかにし、２.宋代商税の歳収と分配において、宋代商税の歳収と課額、課額の増徴・改定と付加税、商税の分配収取方式など、課利としての宋代商税の課税構造を分析する。

１．宋代商税の課税体系

『宋史』186食貨下八は商税・市易・均輸・互市舶法の四項からなり、商税の項の冒頭部分で国初に整備された宋代商税の課税方法を概括して解説している。主に馬端臨『文献通考』14征榷・征商p.144下～148中の記載に拠っているが、系統立った記述にはなっていない。本節では『宋史』食貨志の商税の記述を、課税基準、科徴体制、課税対象商品の三項目に整理した上で、宋代商税の課税体系を明らかにする。

（１）宋代商税の課税方式

“関市之征”としての商税の歴史は古いが、宋代の商税の科徴方式は、直接には唐・建中元年（780）・同３年（782）に制定された、両税法の施行とともに始まる「行商」への課税原則に基づいている。この建中の「行商」への課税規定が、その後五代後晋の官塩通商における通過税「過税」と販売税「住税」の科徴、さらに後周の商税科徴（「抽税」制）における「住税」率の改定などを経て、宋太祖の即位後間もなく“商税則例”として公布されたが、、税務・官員の配置や徴税細則などは、太宗朝を経て真宗朝の前半期までに段階的に整備された（１）。

１．唐代両税法の施行と商業・流通課税

建中元年（780）に両税法が施行される以前、商人の商業・流通活動に対する課税は“関市之征”と概括され、次の三つの要素からなっていた。

（ⅰ）通過税…関・津・渡等交通要路の通過時に科徴される流通課税。

（ⅱ）販売税（入市之税）…官設商場「市」における商品販売に対して科徴される販売税。特定物品に限定して科徴する「取引税」を含む。

（ⅲ）「市籍」に登録された商人から科徴する賦税「市租」。

唐代の両税法は、均田・租調役体制下の正税・付加税・諸雑税の課税総額を大きく二分し、これを施行前年の墾田面積を対象とする土地税に集約する「斛斗之税」と、税戸の所有資産を対象として等級別課税する「両税銭」という、課税原理を異にする二種の課税を総括した税法として、建中元年(780)に施行された。これと時を同じくして、商人・商業に対する課税は次のように定められた(2)。

(ｉ)行商に対しては、郡県で従価1/30の税を課す。

これは当時の商業発展の中で擡頭してきた「行商」に対する、唐朝による本格的な財政的対応として、早くから注目されてきた条項である。

ただしこの条項の後文には続けて

(ⅱ)居人の税は夏・秋２回徴収する。

とあり、日野開三郎氏はこの二つの条項を併せて解釈し、見居地で把握できない「行商」と「居人」との税負担を均衡させ、“単税”としての両税法を発足させた、としている。しかし(ⅱ)の条項は「居人」すなわち見住戸に対する両税銭の科徴原則を述べたもので、商人に対する課税の条項ではない。これとは逆に(ｉ)の条項は建中両税法を支える諸条項の一環としてではなく、「行商」に対する課税を定めた独立の条項である。

行商はまた商旅・客旅・客商とも呼ばれ、これに対して中央・地方の諸都市に定住する商人は坐賈・鋪戸・土商などと呼ばれて、ともに唐宋時代の商業・流通を支える二大階層として発展を遂げる。両税法の施行と時を同じくして定められたこの税法は、当時の商業・流通を担う全国の商人層を「行商」と「居人」との二種に分け、遠距離販売をする「行商」に対しては商品を般載・販売する州県で従価1/30の税を課し、県城市鎮で商販する「居人」(定住商人)に対してはその定住地における資産税「両税銭」として、戸等に基づく等級別課税の「夏税・秋税」——地域の事情により３分割も可——を科徴したものである(3)。「居人」への課税は両税法における「両税銭」の科徴に含まれるが、「行商」への課税は両税法の科徴とは課税原理を異にする第三の課税方式である。

行商に課する従価1/30税は、制定した当初は行商が般載してきた商品を郡県の市場で販売する際に科徴する販売税であった。しかし建中３年(782)、般載商品に対して州県城及び管下の交通・商販の要所で商品を検査し、従価20/1000を課税する「通過税」の科徴が始まった(4)。これは従価1/30税の販売税に替えて従価20/1000の通過税を定めたものではなく、行商の販売先で科徴される従価 1/30の販売税に加えて、通過する州県で通貨税を科徴するために定めた新条項であった。従ってこれ以後行商は商品の般載過程での通過税と、入市・販売過程での営業税との二重の課税をされることとなった。またこの時、竹木茶漆等政府指定の特定商品に対しては物品総量の1/10を「抽税」として科徴することも定められたので、これら商品を般載する商人は都合三重の課税をされることとなった。このように両税法時代の商業・商品流通に対する課税は、建中元年から３年にかけて、

(ｉ)行商に対する従価1/30の販売税

（ⅱ）同じく行商に対する従価20/1000の販売税

（ⅲ）特定商品に対する従量（または従価）1/10の「抽解」税

の三本立の課税方式で運用されたのである。

２．五代後晋・後周の商業・流通課税

五代・後晋の塩法は、城郭内では毎戸の資産を１貫～200文の五等級に分けて塩銭を科徴する禁榷[塩銭制]〈食塩銭〉方式を布き、郷村部では禁榷せず“任人興販”すなわち自由通商としていた。天福７年(942)、商人が般運・販売する塩貨に対し、７文/斤の「過税」と10/斤の「住税」を科徴することを定めた(5)。ここに史料上初めて「過税」・「住税」の語が出現した。すなわち後晋では行商が般載・販売する塩貨に対して、塩課を賦税化した付加税「食塩銭」とは別に、従量制の流通課税「過税」・「住税」を科徴したのである。

この科徴方式は、系譜的には唐・建中年間に整備された流通課税が、通過税の「過税」と販売税の「住税」に分化したものと見ることができる。ただし唐制の通貨税は従価20/1000であったが、後晋の「過税」は従量７文/斤の通過税となり、唐・建中の販売税は従価30/1000であったが、後晋の「住税」は従量10文/斤の販売税となっている。後晋の塩法における「過税」・「住税」は、唐・建中の行商規定に基づきながら、行商が般載・販売する通商塩を課税対象として、これに流通税を課して徴収した官課（塩課）である。

次いで後周も最末期の顕徳５年(958)、今後は牛畜を般運・販売する商人から通過州県で科徴する「抽税」を免除するが、これを販売する際には従価30/1000の「抽税銭」を科徴する旨の勅が出された(6)。ここでは「抽税」の語が、唐・建中３年制定の特定商品に対する従価1/10の課税ではなく、広く般載商品全般に対する課税の意に用いられている。後周ではこの時初めて“貨売処”すなわち販売地での課税「住税」の税率が従価30/1000と定められた。この税率は後に宋朝が定める「住税」の税率30/1000の直接の起源となる。

課税一般を意味する「抽税」ではなく、唐・建中年に定めた特定商品に対する従価1/10税率の「抽税」は、また「抽解」「抽分」とも呼ばれる。『宋史』食貨志・商税の項には、「抽税」とは“官須”すなわち政府が必要とする特定の物品に対する課税であると説明する(7)。すなわち州県は客商の般運する商品中に政府指定の特定商品があれば、これらを“抜き取り”、税額を“天引”して従価1/10の高率課税を行なった。宋代の「抽税」科徴は唐・建中の「抽税」科徴に淵源し、後晋・後周朝に整備された「過税」「住税」制とは課税原理を異にする。宋代の「抽税」は主に材木・瓦など政府が指定する特定の建築資材を課税対象とする第三の課税であり、州軍にとっては「過税」「住税」と並ぶ三番目の商税収入であった。

両税法施行と同時に始まる、唐後半期から五代後晋・後周にかけての商税制度の整備過程を概観すると、発足当初の商人を行商と居人という二大階層に区分して課税した段階から、商品流通における般運と販売という流通課税の違いで課税する段階へと発展したと見ることができる。この課税区分を官塩の通商に適用したのが後晋の「過税」「住税」の区分であった。後周は

この区分を官塩だけでなく商品全般の流通課税に適用して、行商の般載商品に対する流通課税を、（ⅰ）建中３年制定の従価20/1000の通過税「過税」と、（ⅱ）後晋の通商塩課税を、行商が般載する全商品に適用した従価30/1000の販売税「住税」、の二種の課税に整理したと見ることができる。また建中３年制定の「什一税」（抽解）は、宋初・太祖朝になって（ⅲ）建中３年制定時と同税率の1/10「抽税」として登場し、「過税」「住税」「抽税」の三項からなる宋代商税の課税方式が整うこととなった。

（２）商税務の設置と運営

諸路州軍と管下県鎮に設置された商税務には、歳収額の多寡を基準として、文武官員が監臨官として配置された。商税務の総数は慶暦２年（1042）に1837場、熙寧10年（1077）に1993場を数えた。税務・税場は州軍の商税歳額の枠内で増設・廃止・合併などが行われたが、歳収増だけを目的とする税場の増設は禁止されていた。ただし小規模な商税務や地域の特産物を取引する零細税場などについては、民間の買撲が許可された。

１．商税務の設置と監臨官（監当官）の配置

商税務は歳収額の多寡を基準として、年額３万貫以上の大規模税務には親民官（知州・知県）を選任して監臨させ、管下に大規模税務をもつ州には通判を任じて税収の監査に当らせた。歳収３万貫以下の小規模税務には監臨官を専置せず、令佐すなわち県令・主簿・県尉等次官級の地方官が監臨を兼領した（８）。商税務には以上の文官だけでなく、諸州軍には税務の監察と私販対策の必要から、武官の都監・監押が置かれた。商税務は塩務・茶務・酒務等と同じく武官の初任官職で、三班使臣はまず監当官「監押」に初任してから、閤門祇候・通事舎人等を帯職した後に「都監」に任じた（９）。

『通考』14征榷一征商p.145下には、「熙寧十年以前天下諸州商税歳額」の項を設け、『中書備対』原載の慶暦２年（1042）「旧額」に基づいて、全国1837カ処の商税務をその歳収額の多い方から40、20、10、５万貫以上、５、３、１万貫以下、5000貫以下の計八段階に分けて州軍ごとの酒務数を記載する。これによれば令佐が監臨官を兼領する歳収３万貫以下の小規模税務は1023務、総数のほぼ55.7％を占めた。

２．税務・税場の増設と統廃合

『会要』食貨15-1〔商税雑録〕～17-10〔商税四〕に載せる四京・諸路の商税務・商税歳収によれば、熙寧10年（1077）の商税務総数は1993場、慶暦２年の1837場と比べて、35年間にわずか156場増加しただけである。北宋時代には税務の増設によってではなく、後に見るように付加税の創設によって商税の増徴を図ったため、税務増設の事例はそれほど多くない（10）。

南渡の後には対金戦費を賄う必要から、諸路州軍が調達する賦税・課利の税収の殆どが中央諸官司に上供される中、酒税と商税については地方官府の経費確保の必要から、課額の増

額という形での歳収増徴は行われず、新たな商税付加税を創設して歳収増を図った。増税による通商活動の低下を防ぐため、行在の中央政府は四川・江南東西・荊湖南北で新規の税場設置を禁止して税負担の軽減を図ったが、一方で荊湖・江淮・両浙の沿江地域では税場の濫設によって税負担が増え、客商の通商活動の停滞を招いた(11)。

課額の増による歳収増ができない州軍の側では、歳課(省額)を維持するため税場を閉鎖する際にもその歳額を除豁(抹消)せず他場に振替え、また管内各地に公吏「欄頭」(催税胥吏)を多数配置して強制徴収し、さらに「分額」と称して一務の課額を十数税場に分割したり、「回税」と称して同一商品に何度も課税するなど、様々の手法で歳収増を図った(12)。そのため紹興なかば頃から税務・税場の廃止、監臨官の削減などが行われるようになり(13)、紹興末年(1162)に税場134カ所の統廃合、９税場の廃止、５税場の「過税」免除などの措置を講じた後、新規の税場設置を全面禁止してからは、主に沿江地域の州軍に設置された税場が次第に整理統合されるようになった(14)。

3．外鎮税場・土産税場・墟市等の買撲

天聖４年(1026)から諸路州軍管下の外鎮・道店に設けた税場については、歳収500貫から1000貫の小規模の税場に限って買撲が許可されるようになった(15)。この年に買撲が許可されたのは陝西・河東・広南西・荊湖南北・梓州・江南東西・河北・両浙・利州・夔州諸路の12路に及んだが、その他の路については確認できない。このうち利州・夔州路の買撲税務は州県治から遠く離れた土地にあり、そのような税場には監臨官を配置しなかったという。また両浙・慶元府(明州)には全11商税務のうち４税務が南宋中頃までに民間に買撲されていたが、官司から遠いため歳課の納付が滞り、慶元４年(1198)には４税務とも廃止されるに至った(16)。

なお諸路では「土産税場」の買撲が行われていたが、元祐７年(1092)に江南西路ではこれを廃止して商旅の通行を解禁した結果、歳収税額が大幅に伸びたとして諸路もこれに倣うよう指示が出た。この「土産税場」は地域の産物に官が独占的に商税を課した税場の一種かと思われるが、今のところ史料が少なく詳細はよく分らない(17)。また嶺南地方の小規模鎮市「墟市」での商業活動については、至道３年(997)以来非課税を原則としていたが、零細な食料品・日用品の取引に課税したり、地元の有力者に買撲させたことがある(18)。

「土産税場」や「墟市」を含む税場の買撲は、その殆どが歳額１貫文にも満たない小規模税務であり、また官署を遠く離れた僻地の税務には監官も配置されないなど、榷酤の監官酒務制とともに広く普及した酒課の買撲と比べると、財政上はそれほど重要視されなかったようである。

(３)商税科徴の特例措置

宋代の商税制度においては、行商が般運・販売する商品のうち、塩・茶など課利「通商」法下にある商品に対し、従量制または従価制の流通課税「算税」を課したが、日常生活に直結する食品・食材や柴木・薪炭等燃料、日用雑貨類は非課税とし、また災害時には屋舎等の建築

資材を中心とする特定物資を「抽税」の課税対象から外し、また地方の商人が京師へ般運・販売する商品に対しては、一般「過税」「住税」とは異なる基準を適用するなど、幾つかの課税上の特令措置が講じられた。

1．通商[収算制]下の塩・茶に対する商税の科徴

禁榷[官般官売制]下の塩貨・茶貨は市場に流出しないので、流通商品として課税されることはないが、通商法下の塩貨・茶貨に対しては、通商の形態が[収算制][卸売制][鈔引制]のいずれであっても商税が科徴された。井塩や酒の[買撲制]のもとでも民戸が指定地域外で塩・酒等を般運・販売すれば、流通商品として商税を課税された。

本書後編の諸章で見たように、宋代の通商塩には大きく[収算制][鈔引制][買撲制]の三つの課税方式があった。河北塩・京東塩は短期間の[官売制]期を除いて通商[収算制]が布かれ、客商の般運・販売する塩貨に対して「算税」すなわち商税を課した。解塩・淮浙塩・福建塩・広南塩、禁榷期の通商茶などは、沿辺入中と連動して永く通商[鈔引制]の下に置かれたが、ここでも客商が販運・販売する塩貨・茶貨等に対しては「商税」が科徴された。また茶の禁榷は嘉祐 4 年(1059)に廃止されて通商に転換したが、この「嘉祐通商法」の下で茶課は北宋末まで――蜀茶・福建臘茶の禁榷期間を除いて――、商税「茶税銭」として科徴された。従来の研究が「商税」を“専売”制度による課税とはみなさないこともあって、これら各種通商塩・通商茶に対する商税の科徴方法は殆ど解明されていない。

客商が般運・販売する[鈔引制]下の通商塩、嘉祐通商法下の茶貨に対して課せられた商税は、従価税率の「過税」「住税」であったが、[収算制]下の河北塩・京東塩において、客商が亭戸から収買した塩貨に課せられた「過税」と「住税」は、それぞれ塩貨 1 文/斤と 2 文/斤の従量税率の算税であった。両者の課税方式は明らかに異なっている。

通商[収算制]の下では塩貨を官価で転売する[鈔引制]、官課を官・商(民)間で分配収取する[買撲制]などと異なり、客商が塩貨を亭戸から収買してからこれを販売するまでの間、塩貨は客商の手中にあるので官は塩貨中に官課を積算することができない。通商[収算制]における従量課税はその意味では通商塩から商税を科徴するための特例措置であったと見ることができる。

2．特定商品・物品に対する非課税・免税措置

宋代商税制度においては、布帛・什器・香薬・宝貨・羊彘等、すなわち衣料原料・調度品・貴重品・食肉のほか、民間で典売買する荘田・店宅等不動産と牛馬等動産、通商法下の塩・茶などが課税対象物品とされた。課税対象商品とその税率は、一覧表に書上げて州軍官署の屋壁に掲示された。州軍はこの「常税名物則例」に則って商税を科徴したが、時々の課税方針の変更などにともない、則例はしばしば改定された(19)。

これに対し、旅行者が携帯する貨幣のほか、官税・官課に関わる抵当物品や償還物品、冠婚葬祭用品、自家用衣類や官員随行者の服飾、軍営で製造・販売する靴類、官漕船の艤装・

操船用品、耕牛や農器具等の販売は非課税とされた。また各地の橘園・魚池・水磑・地鋪・溉田・水利・津渡等、食料生産や商業・流通に関わる用地・施設の利用、また公有水面や養魚池の産物である蓮藕・菰蒲・鵝鴨・魚果・螺蚌等の飲食物、祭礼・社会の飲食物や肥料(枯牛骨)・薪炭等に対する「過税」「住税」の科徴は、五代以来の諸雑税を含めて、国初から真宗朝の末頃までに相次いで廃止され、その後課税が復活することはなかった。このほか生薬や民間織物など市場に流通しない生活必需品も非課税とされた(20)。

宋代商税の「抽税」は「過税」「住税」とは課税対象・課税率とも異にし、前節で見たように、主に材木・磚瓦などの建築資材が課税対象とされた。ただし州軍の官舎の新築や災害や戦乱にともなう屋舎の復旧・修築に必要な竹木等の資材、また客商が商品の般運に用いる木筏などは、特例として「抽税」の課税が免除された(免税の具体例については前注(７)を参照)。

3．京師への搬入商品、京師からの搬出商品に対する特例措置

地方の商人が京師まで般運し販売する商品に対しては、都商税院が入京・販売の証明書として「長引」「公引」を発給し、これによって通過州軍での複数回の「過税」額を一括して京師で納付した(21)。また地方商人が「抽税」の課税対象物品を般載して入京する場合、また逆に塩・茶・香薬等禁権品を般載した京師の商人、或は京師で商品の買付けをした一般人が城門を出る際には、出発地点や搬入する商品の量によって納税場所・納税額に差を設けたり、搬出物品の価格に応じて許可証の発給機関・納税額等に差を設けるなど、独自の課税方式が採用された(22)。こうした特例措置は、京師の商人の商業活動の保護・規制の両面から必要とされたと考えられる。

2．宋代商税の歳収と分配

宋代商税の科徴は「商税則例」に拠るとする原則は、すでに太祖・建隆元年(960)に示されたが、宋代商税の「祖額」は太宗の淳化３年(992)、端拱元年(988)から淳化元年(990)までの三年間の歳収のうち最多の額を以て立定された。嘉祐６年(1061)には「五年併増虧之法」とよばれる新しい課額改定方式が採用された。新法改革が終焉して旧法政権が発足した元祐元年(1086)、戸部は嘉祐の「五年併増虧法」を準用して、東京都商税院の商税「新額」、所謂"元祐新額"を定め、翌年から施行したが、課額が過重で元祐３年(1088)には"天聖歳課"に復旧した。

「五年併増虧法」はその後も遵守されて北宋末に至るが、この間崇寧５年(1106)、戸部は全国の商税務に「五年併増虧法」の遵守とともに、課税品・課税額の改定は"十年一易"とする変更を行なった。「五年併増虧法」は南宋になっても大きく変更されることなく遵守された。

(１)宋代商税の科徴と「祖額」立定

宋代商税の「祖額」は太宗の淳化３年(992)、端拱元年(988)から淳化元年(990)までの三年

間の歳収のうち最多の額を以て立定された(23)。塩茶酒税の“四大課利”のうち、州県官考課と連動して課利歳課の祖額を立定したのは商税が最初である。

1．商税祖額の立定

この時定めた商税祖額がどれほどのものかは不明であるが、州軍単位で定める商税「祖額」は、他の課利収入と同じように、この時から州県官の考課の基準値として重要な意味を持つことになる。課利の歳課祖額が州県官考課の基準とされる理由は、宋朝財政の会計原則では州軍が課利徴収の責任官司であり、また州軍が徴収した課利歳収は州県の必要経費として州軍の軍資庫への収蔵を原則としたからである(24)。州軍への存置・存留は会計上の「留州」であり、州県の必要経費は州県官員兵士の請給すなわち人件費を中心とする行政経費である。塩・茶・酒・(商)税等所謂“四大課利”の“軍資庫送納”すなわち州軍財庫への保管が義務化されたのは、商税祖額立定の翌年、淳化4年(993)のことであった(25)。

なお本書第5章宋代西北塩(解塩)の販売体制と課税方式で見たように、塩課の祖額は、五代からの継承・整備過程の違いなどから地域差があり、最も早い淮南塩が禁榷体制を布いた太平興国2年(977)に、茶課は恐らく一元的榷茶体制が成立した太平興国3年(978)に、“事実上”立定されていた。“事実上”と限定したのは、国初の塩課・茶課等の歳収は史料上「歳課」「歳額」「年額」等と記され、「祖額」の語は用いられていないからである。

酒課については商税と同様徴収額は全額州県に存留されたが――ただし「添酒銭」等増徴付加税の上供が始まる慶暦4年(1044)以前――、祖額の立定は商税の祖額立定に遅れること9年、太宗の咸平4年(1001)のことであった。ただし酒課の祖額は商税のように過去三年間の最多額ではなく「中等数」すなわち平均額によった。ただしこの酒課における“酌中之法”による祖額立定が、商税など他の課利の祖額立定に準用されたかどうかは確認できない(26)。

2．祖額立定方式の改定

嘉祐6年(1061)には「五年併増虧法」とよばれる新しい課額改定方式が採用された(27)。祖額は州軍の現場で過去の歳収実績を見て算定し、これを諸路転運司から中央三司に報告、三司が祖額として決定するが、「五年併増虧」とは当該年までの祖額を基準として、過去五年間の歳収の増減を見比べ、増収年は祖額との中間値、減収年は最多の額――五年に満たない場務は次に多い額――によって歳額を定め、当年の歳額なので決定は1カ月以内に行う。この方法によると、祖額に対する平均増収分を最多減収分に振向けて新額を定めるので、増減を平均するだけの「酌中之法」に比べ、余程極端な減収がない限り、新祖額が常に旧祖額を上回るという利点がある。

嘉祐6年(1061)にこの方法で新歳額が定められる以前に史料上明らかな商税歳額としては、皇祐中(1049-53)の786.39万貫という数字がある。嘉祐6年以降には治平中(1064-67)――おそらく嘉祐6年から5年後の治平2年(1065)――に846万余貫、その後は熙寧10年(1077)実収

804.6646万貫という数字がある。皇祐から治平まではほぼ15年間で60万貫、平均年４万貫の増であるが、治平から熙寧までは12年間で42万貫と、逆に年３万貫の減額となっている。この間「五年併増虧法」が規則正しく準用されたとすれば、この時期は新額が旧額を下回る商税歳収の逓減傾向が続いていたことになる。

新法改革が終焉して旧法政権が発足した元祐元年（1086）、戸部は前年元豊８年（1085）の実収55.2261万貫を東京都商税院の商税「新額」（所謂"元祐新額"）とする方針を打出し、翌年から施行した。この"新額"は嘉祐の「五年併増虧法」を準用して定めたが、課額が余りに重すぎて歳収を確保できず、元祐３年（1088）には止むなく"天聖歳課"に復旧した(28)。"元祐新額"は東京都商税院の二年間だけの新「祖額」であったことになる。

"元祐新額"55.2261万貫という数字は、直近の熙寧10年の東京都商税院の実収15.3393万貫と比べると、元豊元年からの八年間でほぼ３倍に伸張している。この歳額が過重であったことはこの数字によって裏付けられるが、２年後に引下げた"天聖歳課"の課額については諸史料に見えず不明である。また全国の商税歳収についても、熙寧10年実収額――この額が「祖額」かどうかは不明――を最後として史料上からこれを知ることはできない。

紹聖元年（1094）、府界・諸路の税務の課利増額は、「元豊格」に拠ることとされた(29)。この「元豊格」は上記"元祐新額"が準用した「五年併増虧」方式に依ることをその内容としたものであろう。

その後崇寧５年（1106）、戸部は全国の商税務に「五年併増虧法」による税務課額の改定を行うこと、また課税品・課税額の改定は"十年一易"とし、今後この原則に従って課額の改定を行うことを指示した(30)。北宋最末期の靖康元年（1126）、全国の場務の課額立定は"祖宗旧制"に準拠して行うとして「五年併増虧法」を再確認しているが、この年は上記"十年一易"を勅定した崇寧５年から数えてちょうど20年後であった(31)。

（２）宋代商税の課額と増徴方式

本書第11章宋代榷酤の課税構造で見たように、酒税の増収は課額の増額という方法によらず、「添酒銭」とよばれる酒課付加税を徴収し、増徴した銭額を一定の配分比によって「留州」「上供」に分配するという方法をとった。商税についても酒税と同様、課額の増額によらず、付加税を創設して歳収を増価させる方法が採用された。ただし酒税が慶暦から紹興まで14回の付加税増徴を重ねたのに対し、商税の付加税は北宋末と南宋初にそれぞれ一回創設されたに止まる。この付加税は酒課付加税と同じく、一定比率で「留州」「上供」に分配された。南宋・紹興年間、地方経費の缺乏に困窮する州軍は、管下県鎮だけでなく沿江の要路や山路、街区の小路にまで税場を設置し、「過税」の徴収回数を増やすことで税収増を図った。この方法は課額を増やすことなく商税を増収できるため、「留州」の削減に苦しむ州軍の経費確保に貢献した。

1．付加税による商税増徴

北宋後半期における商税課額の増額は、祖額の改定ではなく付加税による増徴という方法がとられた。政和年間に転運使劉既済が申明し、初めて商税歳額の１割を「一分増収税銭」という付加税として増徴した。増徴額の半額は州用（留州）として州軍に存留し、半額は転運司に上供させ、これを「五分増収銭」と呼んだ(32)。「一分増収税銭」（「増収一分税銭」とも）はその後宣和３年（1121）、陝西転運使陳亨伯が創始した新たな上供銭貨「経制銭」の一費目とされたが、靖康元年（1126）の「経制銭」全廃とともに、酒課の徴税費目としては一旦姿を消した(33)。

政和年間に創設された商税系増徴付加税「一分増収税銭」は、靖康元年（1126）の経制銭廃止にともない、他の四費目とともに一旦廃止された。経制銭の科徴は南渡直後の建炎２年（1128）に再開され、北宋末の全五費目のうち四費目はそのまま復活したが、「一分増収税銭」は復活せず、これに代って「楼店務増添三分房銭」が新たに費目指定された。商税系の付加税としては紹興２年（1132）、州軍の歳課の徴収実績に基づき、課額の30～50％を増徴する「三五分増収税銭」が創始された。これにより商税を科徴する諸路州軍は、その商税課額を増額することなく、課額の1.3～1.5倍の商税歳収を確保できるようになった。ただし本州軍に存留し「州用」（「留州」）として支用できるのは増収分の30％で、残り70％は「七分増収税銭」として中央政府に新設された経総制司へ上供し、中央経費に充当した。

ここで「三五分増収税銭」の増税率を平均「四分」＝40％として、州軍と経総制司それぞれの歳収の実質増収率を見てみると、州軍は（0.4×0.3＝0.12）12％、中央は（0.4×0.7＝0.28）28％となって、州軍が１割程度の増徴率に止まるのに対し、中央はほぼ３割の増収となる。この上供銭貨「七分増収税銭」（「増添七分商税銭」とも）はその後、40種ちかくを数える各種上供銭貨とともに「経総制銭」の費目に加えられ、中央財政の貨幣収入増進に大きく貢献することとなる(34)。

このように南宋期の商税系唯一の付加税「三五分増収税銭」の科徴により、諸路州軍だけでなく中央財政も大いに潤ったのであって、州軍に対するより中央財政に対する貢献度の方が大きかった。例えば乾道７年（1171）春、臨安府で徴収しなかった――理由は不明――前年の「三五分増収税銭」・随徴頭子銭の合計額が41万2700貫もあることが判明し、この年の夏から両浙転運司が追徴を始めたというが、上記と同様増税率を平均「四分」＝40％とし、この科徴（すべき）税額約41万貫から逆算して当時の臨安府の商税課額を見積ると、（41/0.4＝）102.5万貫という巨額の商税歳収を得ていたことが分る(35)。

南宋末期、中央諸官司による地方財政の収奪が激化して州軍の「留州」確保が困難になってくると、州県は地方経費確保のため、独自の判断で付加税を創設して商税の増徴を行なった。例えば福建・泉州恵安県では、年々変動する商税歳収額に基づきながら、ほぼその半額を「州用」、半額を「漕計」とする分配方式によって「県用」を確保してきたが、南宋末には「県用」が不足してきたため、県独自の判断で商税増徴のための付加税を創設した(36)。これは年々の必要額を基準に課額の10～20％の範囲内で「一五分」「二五分」増税銭と称する付加税を客商から徴収するものである。「一五分」「二五分」とは最低必要な「県用」不足額を調達するための増徴率のことで、それぞれその年の歳収額の15％、25％をいうものと考えられる。

２．税場濫設による商税増徴

前節（２）税務・税場の統廃合で見たように、南宋・紹興年間には州軍がその管内に多数の税場を設けて商税の増収を図ったが、これは州軍の商税課額の引上げによる増収ではなく、課額の枠内で管内に数多くの税場を設け、そこを通過する客商から「過税」の徴収回数を増やして歳収増を図る手法である(37)。

紹興年間、両浙・衢州と臨安府との間に税場が７カ所あり、客商は臨安までの税場で全商品価格の20％を徴税で失い、そこから運搬にかかる諸経費や途中の食費等を差引くと、30％以上の利益がなければ商売にならなかったという(38)。般載商品価格のほぼ1/4にも及ぶ税負担は、国都臨安と両浙の山間部・衢州との経済的な地域格差を考慮しても、当時の商品流通に照らして明らかに過重であり、税場の濫立は客商の通商活動を妨げる大きな要因となっていた(39)。

また同じく紹興年間、広東・英州では州の歳入は租税の他は全額商税の収入に仰いでいたが、それでも監官の請給には不足するため、州県が違法に税務を設けて商税を調達したという(40)。

また南宋・嘉定年間、徽州・厳州に通じる交通の要衝に位置する衢州・開化県の孔歩鎮税場と西安県の載税場は、ともに監官の居ない税場であるが、前者は県の商税の 1/3 を負担し、一方の章載税場は衢州城から25里（約10km）、行在への途中にあって州の税務にはそれほど貢献しなかったが、それでも歳収は1540余貫、うち州用・公使銭が840貫（0.5454、うち州用610貫、公使銭230余貫）、上供の経総制銭が700余貫（0.4545）であったという(41)。南宋時代の商税場務の分布密度がかなり高かったことを物語る。

（３）宋代商税の歳収と分配

宋代商税の歳収については、これまでの研究において未解明の幾つかの問題がある。本節ではそのうち『会要』食貨15〔商税雑録〕～17〔商税四〕に記載する「旧額」の年次の確定、及び北宋前期の川峡四路の商税歳収（「旧額」）が他路に比べ突出して多額であることの理由、の二点について、筆者の私見を提出しながら、宋代商税の歳収の推移と、南宋期における商税歳収の分配について検討を加える(42)。

１．北宋期の商税歳収

『会要』『長編』等諸史料によって現在知ることのできる北宋時代の商税歳収を**表71**に示す。

表71　北宋時代の商税歳収

年次	商税歳収
至道中(995-97)	歳入税課銭400万貫*1.
景徳年中(1005-07)	収商税450万貫*2.
天禧末(1021)	歳入税課銭1204万貫*1.
慶暦２年(1042)	商税「旧額」1106.9135万貫*3.
慶暦５年(1045)	収商税1975万貫*2.
皇祐中(1049-53)	歳課緡銭786.39万貫*4.
嘉祐３年(1058)後	700万貫*5.
治平中(1064-67)	846万余貫*4.
熙寧10年実収	804.6646万貫*3.
元祐元年(1086)	東京都商税院・元祐新額55,2061貫*6.

*1.『宋史』食貨・商税p.4542「至道中歳入税課銭四百万貫、天禧末増八百四万貫」、『長編』97天禧５年是年条同。『統類』29真宗「至道三年、是歳収穀二千一百七十一万七千余石、銭四百六十五万余貫」。

*2.張方平『楽全集』24論国計事「景徳中収商税四百五十余万貫、慶暦中一千九百七十五万余貫」、『雑記』甲14景徳慶暦紹興塩酒税絹数「景徳中天下歳収商税銭四百五十余万貫【淳熙中、臨安府城内外及諸県一年共収税銭一百二万緡、已当景祐四分之一】」。『会要』食貨56-71〔戸部〕慶元3.6.19「戸部言…【先是二年三月監察御史姚愈言…如景中商税止収四百五十万貫、慶暦中為之関防遂収一千九百七十五万貫】」。『玉海』181慶暦会計禄「景徳中商税収四百五十万緡、慶暦五年収一千九百七十五万貫」。『長編』209治平４.閏3.28丙午「翰林学士承旨張方平又奏疏、論国計曰…臣慶暦五年取諸路塩酒商税歳課、比景徳計会録、皆増為三数倍以上、景祐中収商税四百五十万貫、慶暦中一千九百七十五万余貫…」。

*3.『会要』食貨15,16〔商税雑録〕による(**表72**四京・諸路慶暦２年「旧額」・熙寧10年実収額を参照)。川峡四路で商税として科徴された鉄銭・銅銭について、本稿では鉄銅比価10：１説を採らず、等価と見なす(宮澤前掲書p.442、後注(**47**)を参照)。

*4.『宋史』食貨・商税p.4543「皇祐中歳課緡銭七百八十六万三千九百、嘉祐以後弛茶禁、所歴州県収算銭、至治平中歳課増六十余万、而茶税居四十九万八千六百」。皇祐中の歳課緡銭786,3900貫は『宋史』食貨志以外に未見。「嘉祐通商法」による茶の通商が茶商に打撃を与え、商税収入が減少したとする説があるが、治平中の商税総収入846.39万貫のうち、茶税銭の収入は49,8600貫、商税総収のわずか5.89％に過ぎない。宮澤知之は慶暦８年(1048)の范祥改革で沿辺入中が拡大し、塩鈔の発給が増大して行商の長距離輸送が大幅に減少し、全国的に商税収入が激減したとする(宮澤前掲書p.53)。

*5.襲鼎臣『東原録』不分巻・士熙道条「士建中(熙道)管三司商税案言、天下諸商税銭、毎歳二千二百万貫、自嘉祐三年後来、只収得七百万貫、毎歳虧一千五百万貫」。ここには“毎歳二千二百万貫”の年次が記されていないが、歳収の推移から見て慶暦５年以降、范祥改革が始まる慶暦８年以前の数字と推測される。

*6.前注(**28**)『通考』14征権・征商p.147上「哲宗元祐元年、従戸部之請、在京商税院酌取元豊八年銭五十五万二千二百六一緡有奇、以為新額、自明年始」。

また『会要』15-１〜17-10〔商税雑録・商税二・四〕により、四京・諸路の慶暦２年「旧額」と熙寧10年実収額を**表72**に示す。

商税「旧額」の年次については、永らく諸説が出て定まらない状況が続いていたが、2003年に李景寿氏の精緻な考証により、“康定元年(1040)から慶暦２年(1042)の間”とする説が出されて以降、新たな説は提出されていないようである。

李氏は商税「旧額」の時期に在城・県鎮関津渡寨等に置かれた全税務について、『会要』方域12-12〜18〔市鎮〕に載せる県鎮の陞降・改廃の経緯を綿密に考証した。その結果、「旧額」

表72　四京・諸路 慶暦２年「旧額」・熙寧10年実収額

	a慶暦２年「旧額」	b熙寧10年実収	対旧額増減	減収率(b/a)	c減額偏差
東京	10,8740	15,3393	4,4653	1.410	194
西京	6,0456	6,8167	7711	1.127	155
南京	3,3923	4,5558	1,1635	1.324	182
北京	8,4454	9,5815	1,1361	1.113	153
京東東路	24,6538	47,2511	22,5973	1.916	263
京東西路	27,0663	26,7487	△3176	0.988	136
京西南路	12,9130	19,0469	6,1339	1.475	203
京西北路	28,0017	17,1183	△10,8834	0.611	84
河北東路	46,6718	45,3401	△1,3317	0.971	133
河北西路	32,2249	28,7470	△3,4779	0.892	122
永興軍路	29,0663	37,3410	8,2747	1.284	176
秦鳳等路	35,0602	33,7448	△1,3154	0.962	132
河東路	22,6556	26,1798	3,5242	1.155	159
淮南東路	35,1098	42,2345	7,1247	1.202	165
淮南西路	50,2291	36,0035	△14,2256	0.716	98
両浙路	47,5556	86,2480	38,6924	1.813	249
江南東路	24,3362	36,1777	11,8415	1.486	204
江南西路	16,2732	25,0167	8,7435	1.537	211
荆湖南路	6,9770	17,7984	10,8214	2.551	351
荆湖北路	13,1033	17,8199	4,7166	1.359	187
成都府路	246,3468	71,5840	△174,7628	0.290	39
梓州路	163,7900	30,8327	△132,9573	0.188	25
利州路	124,0928	36,3375	△87,7553	0.292	40
夔州路	66,3428	24,0951	△42,2477	0.363	50
福建路	13,1932	23,9344	10,7412	1.814	249
広南東路	8,1639	24,9100	16,7461	3.051	402
広南西路	4,3289	13,3612	9,0323	3.086	425
計	1106,9135	804,1646	△302,7489	0.726	(100)

△はa慶暦２年「旧額」に対してb熙寧10年実収が減額になっていることを示す。c減額偏差は、四京・諸路の平均減収率(b/a)0.726を100としたときのそれぞれの偏差を示す。

期の税務としては“宝豊県”と記される江東・信州弋陽県の宝豊鎮が、康定元年(1040)から慶暦３年(1043)までの三年間だけ“宝豊県”であり、従って「旧額」の年次は康定元年(1040)から慶暦３年までの間に限定されると結論づけた(43)。

筆者は李景寿説を承認した上で、これとは別に下記三点の根拠に基づき、「旧額」の年次は李氏の説をさらに絞り込んで、慶暦２年(1042)に特定できることを論証する。

(ｉ)『会要』方域5-31〔州県陞降廃置〕〔河北西路〕に載せる西京河南府・潁陽県は、慶暦３年(1043)に降して潁陽鎮となしたが翌４年に県に復し、熙寧５年(1072)に再び鎮に降した。これについて『会要』食貨15〔商税雑録〕は、「旧額」時期には潁陽県、煕寧10年次には潁陽鎮と記す。従って、慶暦３年中に鎮に降された潁陽県は、遅くとも慶暦２年までは県であった(44)。

（ⅱ）慶暦４年（1044）に定州に帰属した河北西路・北平軍は、会要『方域』5-31〔州県陞降廃置〕［河北西路］及び『元豊九域志』2河北西路・定州によれば慶暦２年（1042）に定州北平寨［砦］に軍を建て、北平県治に軍使を置いた(45)。すなわち定州に県級の北平軍が存在した期間は慶暦２年から４年までの二年間に限られる。（ⅰ）で見た潁陽県が鎮に降されたのは慶暦３年中のことであり、両者付合せると、ともに「旧額」時期に酒務の記載がある潁陽県と北平軍とが共存した期間は、慶暦２年の一年間に限定される。これは「旧額」年次を慶暦２～４年の間とする李氏の論証と矛盾しない。

（ⅲ）会要19-1〔酒麹雑録〕は冒頭に四京の酒課額として、東京・西京・南京の次に明らかに「北京」の在城他26務、計27の「旧」酒務の歳額18,4790貫を記載する。ただしここには「北京」二文字が缺けており、このことについて従来の研究は特に注目していない。筆者は「北京」の記載を缺く理由は、河北路・魏州を大名府に昇格させ、「北京」と改称したのが「旧額」年次の慶暦２年（1042）であることと関わりがあると考える(46)。すなわち『国朝会要』が準拠した原資料には北京に昇格する前の魏州の旧務・旧額が記載されていたが、後に『中書備対』等他資料と併せ編輯した際、これらを南京の次の条に移したまま、「北京」と記入せずに放置されたのではないか。慶暦２年の昇格前の魏州時代の旧務・旧額に対して昇格後の「北京」の名を冠することに、編輯者が違和感を覚えたのかも知れない。

川峡四路の鉄銭行使と商税歳収の「旧額」については、**表72**に明らかなように、全国の商税歳収は、慶暦「旧額」106.9135万貫に対し、煕寧10年実収は302.2675貫の減収で600,5724貫、減収率は0.726となっている。中でもひときわ減収が目立つ川峡四路は計437.7231万貫の減で、総減収額の実に54.2％を占め、四路だけで全国の減収額を135万貫以上も上回る。全国の減収額を100として四京・諸路の減収額の偏差を見ると、c減額偏差100以下は京西北・淮南西・川峡四路の計６路だけであるが、そのうち京西北路84、淮南西路98と微減に止まるのに対し、川峡は四路とも50以下、平均では38となり、四路の減収が飛抜けて多いことが分る。

従来の研究で注目されてきた「旧額」と煕寧実収との間に見られる商税歳収の大幅減は、全国的な減収傾向の中で生じた変化ではなく、川峡四路固有の原因によってもたらされたものである。これまでの研究の多くは、この原因を川峡で流通する鉄銭の対銅銭比価が低いことに求め、鉄銭10が銅銭１に相当するという対銅銭比価１：10説が広く採用されている。これによって換算すると川峡四路鉄銭「旧額」約600万貫は銅銭では約60万貫となり、広南東西路に次ぐ低い歳収となる。これでは低すぎるとして１：1.5、１：２など他の比価を用いる説もあり、「旧額」年次問題とも絡んで様々に推定されている(47)。

これに対し銅―鉄銭は等価であるとする説も早くから出されたが、現在では宮澤知之氏による宋代の銅銭・鉄銭使用の全面的な検討によって、銅銭・鉄銭の間にはそれを使用する局面で幾つかの交換比が用いられたが、課利の徴収においては１：１、すなわち等価であったことが論証されて決着を見ている(48)。ただし銅銭・鉄銭等価説をとるとすれば、川峡四路「旧額」の突出した高歳収について、その理由を説明しなければならない(49)。

国初以来、川峡四路に銅銭を普及させるため、官は様々な方法で商人の通商活動に便宜をはかってきた。中でも四川塩は四路全域に十分供給できる産塩能力を持たないため、国初以来、産量豊富な北隣の解塩が私塩として流入し、沿辺入中が本格化すると、入中方式の変更に伴い、解塩入蜀の禁止と解禁を繰返しながら、川峡の商品流通に大きな作用を及した。

景徳２年(1005)に始まる入中償還への四川塩の利用は、その後一時中断したが天聖８年(1030)から再開され、西夏の興起で沿辺が緊張した康定元年(1040)以降はさらに多くの井塩が客商への償還に用いられた。慶暦２年(1042)、制置解塩使范宗傑による解塩官売化により、しばらく解塩の四川地域への流通が禁じられたが、間もなく解塩通商が復活し、解塩の入蜀も解禁された。その後范祥の改革で解塩が全面通商化されると、四川塩は解塩と共に沿辺入中償還物品としての需要がさらに高まり、川峡地域における商品流通は活況を呈した(50)。

慶暦中には200万貫ちかくに達した川峡地域における商税歳収が、皇祐中(1049-53)には786.39万貫にまでほぼ40％にまで急落しているとこと、またこれほど多額の減収は川峡四路だけの現象である所から、原因は恐らく、范祥の塩法改革にともなう川峡の活発な通商活動が何らかの理由で停滞、減衰したことに求められるであろう。

范祥の解塩全面通商化にともなう沿辺への見銭入中と解塩・四川塩による償還によって解塩歳収は順調に増え、皇祐３、４年には221万貫、215万貫と改革前の歳収を上回る成果を挙げたが、皇祐５年は178万貫、至和元年(1054)には169万貫へと減少し、この年には糧草入中と見銭償還が復活した(51)。沿辺入中の「見銭法」への変更により、京師榷貨務での償還に解塩・四川塩が用いられなくなった結果、川峡では四川塩を利用した客商の般運・販塩活動が減退したと推測される。これを除いて川峡地域の商税科徴に大きな影響を与えた政策変更は見当らない。

２．南宋期の商税歳収と官司間分配

南宋期の商税総収と官司間の分配方式について、両浙路・慶元府(明州)と衢州の事例によって、分析を加える。

『宝慶四明志』5 商税に、南宋後半期・宝慶元年(1225)における慶元府の商税歳収とその「本府」「諸官司」間の分配に関する詳細な記載がある(52)。

まず紹興元年、慶元府「分隷則例」による商税歳収の諸官司間の分配方式を**表73**に示す。

表73において、商税銭[分配率100]は、本府に正銭・九分銭の六分[41.539]と三分増収銭・三分[6.923]、計[48.462]が分配され、諸司(総制司・糴本司)に計[51.538]が分配される。頭子銭[100]は、諸司に計96.518、本府に3.482がそれぞれ分配される。[分配率]は諸官司に分配される銭額が明州の商税歳収総額に占める比率である。慶元府の「分隷則例」は、酒課で見たように、紹興元年(1131)に定めた則例である。

これに対し、宝慶元年(1225)における慶元府の商税歳収と分配比率は**表74-1**に示すとおりで

表73　紹興元年　慶元府「分隷則例」による商税歳収の諸官司間分配

歳収費目	歳課銭額	分配科銭費目・分配額		分配官司	[分配率]
商税銭 [100]	正銭　[76.923]	一分銭	→	総制司	[7.692]
		九分銭 (69.231)	六分 →	係省[本府]	[41.539]
			四分 →	糴本司	[27.692]
	三分増収銭 [23.07)]		三分 →	軍期銭	[6.923]
			七分 →	総制司	[16.154]
頭子銭	5.6貫文 [100]	2.805貫文	→	経制司	[50.000]
		2.000貫文	→	総制司	[35.714]
		0.550貫文	→	移用司	[9.821]
		0.050貫文	→	提刑司公使銭	[0.893]
		0.195貫文	→	本府公使銭	[3.482]

表74-1　宝慶元年　慶元府における商税歳収と諸官司間分配

慶元府　商税歳収　8,7104.480貫文	
在城都税院　3,5662.475貫文	諸司1,9296.391貫文　[54.108]
	本府1,6366.084貫文　[45.891]
在城諸引鋪　1,0912.005貫文	
西門引鋪　1726.673貫文	
南門引鋪　2636.667貫文	諸司5904.310貫文　[54.108]
沈店引鋪　2197.056貫文	本府5007.695貫文　[45.891]
宋招橋引鋪　960.657貫文	
望春橋引鋪　748.742貫文	
江東引鋪　2642.210貫文	
外県鎮七税場　4,0530.000貫文	諸司2,1170.823[52.234]　本府1,9359.177[47.765]
鄞県３税場　6900.000	諸司　3556.124[51.538]　本府　3348.876[48.462]
奉化県１税場　1800.000	諸司[51.538]
慈渓県１税場　2700.000	諸司[51.538]
定海県１税場　2,7600.000	諸司[51.538]
定海県蟹浦場三分増収銭1530.000	諸司七分1071貫：本府三分459貫
(慶元４廃象山県４税場　5600.000貫文)	嘉定6年、350貫文に減額

ある。慶元府の商税歳収の「本府」：「諸司」の配分比をみると、紹興元年の「分隷則例」で[48.462]：[51.538]であったものが、宝慶元年には[45.891]：[54.108]へと、2.57ポイントだけ「本府」分が減っている。また外鎮七税場においては総収の配分比が宝慶元年には[47.765]：[52.234]と、「本府」分の減は0.697ポイントに止まっている。

慶元府都税院の分配比が変動した理由は不明であるが、外県鎮七税場の「本府」分の減については、次のように考えられる。定海県蟹浦場を除く６税場の分配比は紹興の分隷則例における「諸司」分と同率の[51.538]である。これは七税場の一つ定海県蟹浦場の三分増収銭1530が、諸司1071貫：本府459貫に７：３で分配された結果、七税場全体の分配比が変動したことによる。紹興元年と宝元元年における慶元府商税歳収の諸司間分配額を対比すると、**表74-２**のようになる。

表74-２　紹興元年・宝元元年 慶元府商税 諸司間分配額

	分隷則例による分配	宝慶元年の分配	
	商税総収3,9000貫	定海県蟹浦場1530貫	商税総収40530貫
本　府	1,8900.179　[48.462]	459.	1,9359.177　[47.765]
諸　司	2,0099.823　[51.538]	1071.	2,1170.823　[52.234]

分配率については多少の変動が見られるものの、紹興元年制定の「分隷則例」が、南宋後半期になお遵守されていることに注目したい。

おわりに

宋代商税は、唐・建中３年(782)制定の従価20/1000の通過税「過税」、従価1/10の天引[控折]税である「抽税」(抽解・抽分)、五代・後晋に始まる通商塩への従価30/1000の販売税「住税」の三種の課税を総合した流通課税である。

宋代商税は州県関鎮等に設けた官の商税務・税場で科徴し、税務を迂回しての般運・販売は禁止された。大規模税務には専官を置いて監臨し、小規模税務の監臨は県の令佐が兼領した。また諸州には武官の都監・監押を置いて監察させた。

官署の屋壁には課税商品と課税額の一覧表を掲示し、地域の事情によって課税・非課税物品の調整が行われた。商人の所持する貨幣、また零細商人が負販する商品については非課税を原則としたが、客商が販運・販売する通商法下の塩貨・茶貨、旅行者の所持する貨幣等は原則として課税対象とされた。

宋代商税の歳収「祖額」は太宗・淳化３年(992)に立定された。商税「祖額」を基準とする課利歳収の多寡が州県官の考課と連動したことは、他の課利収入と同じである。祖額の改定は当初、三年間の平均値によって行なったが、嘉祐６年(1061)から「五年併増虧」方式が採用され、北宋末に“十年一易”に変更したのち、南宋まで継承された。

商税の増徴は酒税と同じく、課額の増額ではなく付加税の創設によって行われた。増徴分を一定比率で州軍(留州・州用)と中央官司(上供)とで分配するのも、酒税と同様である。ただし商税の付加税は酒税ほどは種類が多くなく、北宋末・政和の「一分増収税銭」、南宋初・紹興２年(1132)の「三五分増収税銭」(州軍：中央の配分費は３：７)の二種、ただし前者は靖康元年(1126)に廃止されたので、事実上は一種だけである。

紹興年間、「三五分増収税銭」は中央の歳入増に貢献した。州軍は地方経費を確保するため管内各地に多くの税場を増設し、客商から「過税」の徴収回数を増やして歳収増を図った。

宋代の商税歳収については、国初の歳収400〜500万貫の時期から次第に増加し、慶暦中には2000万貫ちかい巨額の収入を得た後、なぜか皇祐中に700万貫まで低落し、その後は熙寧年間には800万貫台にまで回復し、この水準を維持して北宋末に至った、という推移が知られている(南宋期の全国の商税歳収は不明)。

しかしこれまでの所、慶暦から皇祐にかけての川峡四路の歳収激減をどう説明するか、という問題はなお決着を見るに至っていない。この問題は(ⅰ)『会要』食貨〔商税雑録〕に、熙寧10年歳収と並んで記載する「旧額」の年次はいつか、また(ⅱ)「旧額」時期における川峡四路の商税歳収が突出して巨額であるのはなぜか、という問題と連動して解決する必要がある。本稿での検討の結果、(ⅰ)「旧額」の年次は慶暦２年(1042)に特定して誤りないと思われる。また(ⅱ)については、范祥の解塩通商化にともない、沿辺入中が「見銭法」に変更され、客商への償還に解塩・四川塩が用いられなくなった結果、川峡地域の商品流通が皇祐年間には次第に低調となって、四路の商税歳収を大きく減少させたためと考えられる。

注

(１) 宋代商税の課税体系について、加藤繁氏は宋代商税の「過税」・「住税」はそれぞれ古代の「関市之征」における入市税・市籍租に対応するとし(「宋代商税考」史林19-4,1934、『支那経済史考証』下、1953、東洋文庫)、同「住税に関する宋志食貨志の解説について」(『史学雑誌』47-６、1936)、漆俠氏も加藤繁氏と同じように「関市之征」以来の伝統的な課税方法として解釈している(『宋代経済史』下、上海人民出版社、1988)。馬潤潮氏は「関市之征」由来の伝統的な課税方法を「通過税」と「販売税」の概念を用いて整理し(「宋代的商業与城市」中文大学出版部、1985)、戴静華氏は商品流通税「過税」と買売交易税「住税」の概念を用いて説明する(「宋代商税制度簡述」『宋史研究論文集』、上海古籍出版社、1982)。本稿は馬・戴両氏の用法を参考にして、宋代商税は「通過税」・「販売税」に“什一税”“抽税”が複合した課税形態と見る。宋代の商税については以上のほか梅原郁「宋代商税制度補説」(『東洋史研究』18-4、1950)、幸徹「宋の過税制度」(『史淵』83、1960)、斯波義信『宋代商業史研究』(1968、風間書房)等を参照。

(２)『旧唐書』48食貨p.2093「建中元年二月、遣黜陟使行天下、其詔略曰、…行商者、在郡県税三十之一、居人之税、夏秋両徴之、各有不便者三之」。『唐会要』83租税上「其年(建中元年)八月、宰相楊炎上疏曰…不居処而行商者、在所州県税三十之一、度所取与居者均、使無僥倖、居人之税、夏秋両徴之、俗有不便者正之」。日野氏の両税単税説については『日野開三郎東洋史学論集』４唐代両税法の研究・本編第一部「両税法の基本的四原則」１．単税原則を参照。

(３)『唐会要』88倉及常平倉「(建中)三年九月、戸部侍郎趙賛上言曰…臣今商量請于両都并江陵・東都・楊・汴・蘇・洪等州府、各置常平軽重本銭…。従之。賛于是条奏、諸道津要都会之所、皆置吏閲商人財貨、計銭毎貫税二十文。天下所出竹木茶漆、皆十一税之、以充常平糴本。時国用稍広、常賦不足、所税亦随得而尽、終不能為平本」。『宋史』食貨・商税p.4541「行者齎貨、謂之過税、毎千銭算二十。居者市鬻、謂之住税、毎千銭算三十」。

(４) ただしこのことを明記した史料はなく、唐宋時代の都市住民への課税については不明な点が多い。

（５）『旧五代史』食貨志p.1951「晋天福中、河南・河北諸州、除俵散蚕塩徴銭外、毎年末塩界分場務、約糶銭一十七万貫有余。言事者称、雖得此銭、百姓多犯塩法。請将上件食塩銭於諸道州府計戸、毎戸一貫至二百、為五等配之、然後任人逐便興販…七年十二月、宣旨下三司、応有往来塩貨悉税之、過税毎斤七文、住税毎斤十文」。

（６）『通考』14征榷一征商p.144下「後周顕徳五年勅、諸道州府、応有商賈興販牛畜、不計黄牛・水牛、凡経過処、並不得抽税。如是貨売処、祇仰抛売価、毎一千抽税銭三十、不得別有邀難」。

（７）『宋史』食貨・商税p.4541「有官須者十取其一、謂之抽税」。宋代に新規に「抽税」を科徴した事例は淮南東・真州と両浙・潤州の木植（同17-31〔商税四〕宣和4.5.27発運副使呂淙奏）を除き、史料には殆ど見えない。しかし「抽税」の税額を減額ないし免除した例は、京師の税炭場の抽税三分減額（同17-15〔商税四〕景徳4.9.詔）、屋舎修築に必要な材木・磚瓦（同17-33〔商税四〕建炎2.5.11曲赦、同17-34〔商税四〕建炎4.2.23徳音）などがあり、また廃止した「抽税」として川峡路・成都府の嫁娶の資装の抽税（同17-11〔商税四〕開宝6.8.）、江南路・昇州の竹木税（同17-15〔商税四〕大中祥符2.6.14）、河東・并州の石炭販売への抽税（毎駄10斤）（同17-15〔商税四〕大中祥符2.10.詔）、臨安府の火災により客商が搬入する竹木蘆箔の抽解収税（同17-35〔商税四〕紹興3.9.13）、被災後の揚州客商が般運する斛斗・布帛・農具・竹木・丁鉄・採菜・油麺等（同17-35〔商税四〕紹興５.閏2.5）、荆湖南・鼎州龍陽軍の官舎建設に要する屋宇材木への抽解収税（同17-35〔商税四〕紹興5.8.24）、浙東の徽州・厳州の木筏への抽解税（同17-40〔商税四〕紹興21.5.14詔）、両浙の復業人戸の屋舎建設の竹木等への抽解（同18-1〔商税五〕紹興32.8.23詔）などがある。これら事例により、宋代の「抽税」はおおよそ建築資材を中心とした竹木・磚瓦等を対象としたことが分る。なお従来の研究の中にはこうした課税原理で科徴される宋代「抽税」の実態を扱ったものはない。「過税」「住税」の課税原理で説明したものがあるが（足立公德「北宋期の商税について―主として国家財政との関連―」〈東洋経済史学会記念論集『中国の歴史と経済』中国書店、2000〉、宋代抽税の具体例に即した説明になっていない。「抽税」は同じ課利の「市舶」すなわち貿易商品に対しても適用されたが、不動産・動産の「牙契税」など、取引価格に一定税率の課税を行う“取引税”は「抽税」とは課税原理が異なる。本書後編第２部第13章宋代榷礬・坑冶・市舶の課税構造を参照。

（８）『通考』14征榷一征商p.145中「関市之税…凡州県皆置税務、関鎮或有焉。大則専置官監臨【景徳二年詔、諸路商税年額及三万貫以上、審官院選親民官監臨莅】、小則令佐兼領、諸州仍令都監・監押同掌之」。『長編』60景徳2.6.7癸未「詔、諸州商税年額及三万貫以上者、令審官院選親民官監莅、仍給通判添支」。『会要』食貨17-29〔商税四〕政和3.8.16「淮南路転運副使徐閎中奏、乞将真州江口抽税竹木務正監官窠闕、許転運司於文臣内奏挙知県令或職官資庫人」。監臨官を配置する州軍の歳額３万貫という基準は、その後天聖６年（1028）には歳額を倍加して使臣を増置する方式に改められた。『長編』106天聖6.10.12甲戌「河北転運使言、天下場務歳課三千緡以上者、請差使臣監臨。上謂輔臣曰、歳入不多而増官、得無擾乎。甲戌詔、歳課倍其数乃増使臣」。

（９）これら税務に配置された文武官員については梅原郁「宋代商税制度補説」（『東洋史研究』18-4、1950）、戴静華「宋代商税制度簡述」（中華文史論叢増刊『宋史研究論文集』、上海古籍出版社、1982）を参照。

（10）北宋後半期の商税務増設は史料上次の２例のみ。淮南・安河鎮を廃し亀山鎮に新務（『会要』食貨17-27〔商税四〕元祐3.4.1淮南路転運司請）、京東路徐州百歩呂梁に河税務（『会要』食貨17-27元祐6.1.18京東転運司言）。

（11）『会要』食貨17-36〔商税四〕紹興7.9.22「明堂赦。昨降指揮、令四川・江東西・湖南北漕司、将管下州郡県鎮不係旧来収税、一面増置税場、立即住罷、仍将合収税処、不得過収税銭」。同17-42紹興26.1.10「尚書省言、近年所在税務、収税太重、雖累降指揮、裁酌減免、而商賈猶不能行、蓋縁税場太密、収税処多、且如自荆南至純州材五百余里、税場之属荆南者四処、夔州与属邑雲安・巫山、相去各不満百里、亦有三税務、如此類甚多」。紹興年間の商税務の増設・移設、監官の増員等の事例として浙東・処州管下の君渓税場(『会要』食貨17-34〔商税四〕紹興2.6.20両浙転運司言)、同じく浙西・蘇州崑山県の江湾浦港口(同17-36〔商税四〕紹興6.10.8崑山知県張漢之言)、淮南西・和州梁山税務の裕渓河口への移設(同17-39〔商税四〕紹興17.6.28詔)等がある。

(12) 税額の除豁不履行の事例は『会要』食貨17-44〔商税四〕紹興26.7.17「尚書省言、已降指揮、諸路税務連接去処、裁酌減併、以寛商賈、仍許除豁税額、切慮州県将所減税額、却於其他場務増添、致収税愈重」など。「欄頭」は北宋末から見え(『会要』食貨17-32〔商税四〕宣和6.8.25「戸部奏、両浙転運司状、勘会管下州県、其間税場雖旧不置監官、所収課利浩瀚、只令欄頭収税趁銭、其失省則」)、紹興年間には事例多数。「分額」「回税」については『会要』食貨18-2〔商税五〕乾道1.12.10「上封者言、関市之征、古者以禁游手、於是乎征之、今也有一務而分之至十数処者、謂之分額、一物而征之至十数次者、謂之回税、乞訓勅州郡、非省額者不許私置、已税者不許再税。従之」。

(13) 江西・臨江軍新塗県税場を廃止(『会要』食貨17-36〔商税四〕紹興7.9.22明堂赦)、淮南東・真州長蘆鎮税務を廃止(『会要』食貨17-38〔商税四〕紹興16.7.9)、湖北・武昌軍金口税務監官を削減(同17-37紹興13.7.19)、江西・洪州武寧県巾口市監官を削減(同17-40〔商税四〕紹興21.2.3)、広東・英州管下宜安鎮税務を廃止(同17-41〔商税四〕紹興23.12.前知英州陳孝則言)、京西南・随州唐城鎮税場を廃止(同17-41紹興25.7.12詔)、広東・肇慶府管下黄容歩税監官を削減(同17-43〔商税四〕紹興26.2.7詔)、江南東・饒州鄱陽県石頭鎮税務を廃止し鄱陽・楽平県税務と合併(同17-44〔商税四〕紹興28.10.3権知饒州唐文若言)、臨安府於潜県税務監査官一員を減省(同17-45〔商税四〕紹興28.11.12詔)など。

(14)『会要』食貨17-42〔商税四〕紹興26.1.10「詔令戸部行下諸路転運司、開具管下税務地里遠近、将相去連接之処、裁酌減併、以寛商賈、如県道税務不可減、即与免過税、仍許豁除税額、其後拠諸路転運司申、共減併税場一百三十四処、減罷九処、免過税五処」。同17-46〔商税四〕紹興29.7.17「右正言鄔民望言、朝廷自紹興二十六年、縁諸路州軍県鎮税場猥多、節次降指揮、減併一百三十四処、減罷九処、免納過税五処」。『会要』食貨17-47〔商税四〕紹興31.9.2「赦。所在税場、昨縁相去近密及収税太重、節次裁酌減併、豁除税額、其私置税場、並令廃罷、以寛商賈」。『会要』食貨18-1〔商税五〕紹興32.11.14「詔、応剏置税務、日下禁止」。同18-1〔商税五〕隆興1.3.28「臣寮言、応州軍税場、並乞依祖宗自来旧額州邑衝要処置立、所有続添税場州府、不曾申明自行置立去処、並乞廃罷。従之」、乾道元年・3年・6年・9年南郊赦も同内容。「私置税場」の禁令は『会要』食貨18-6〔商税五〕乾道9.5.16詔にも見える。税場廃止・統廃合などの事例として、江西・贛州七里鎮東江務を在城商税務に統合(『会要』食貨18-1〔商税五〕紹興32.8.11江西転運司請)、荆南府白水鎮を廃止し税額を沙市鎮へ統合(『会要』食貨18-4〔商税五〕乾道12.26)、行在＝建康間沿江5税務(『会要』食貨18-5〔商税五〕乾道6.5.18戸部尚書懐言)、江東・池州貴池県池口鎮税務を東流県雁汐鎮に移設(会要食貨18-5〔商税五〕乾道6.8.3江南東路転運副使張松言)、江東・池州石埭県税務を邕渓・七渓の合流点に移設し石埭県留口鎮税務を廃止(『会要』食貨18-5〔商税五〕乾道6.8.15詔)、両浙・江陰軍黄田港・楊舎・蔡港3税場を廃止(『会要』食貨18-7〔商税五〕乾道9.7.8詔)、江東太平州・池州・寧国府(宣州)・饒州・広徳軍5州軍の全税場を廃止(『会要』食貨18-7〔商税五〕乾道9.11.23詔)など。他に成都府在城商税監官一員を削減(『会要』食貨18-3〔商税五〕乾道1.2.14詔)、四川・夔州路忠州豊都県酒務の商税兼務(『会要』食貨18-3〔商税五〕乾道1.2.20四川総領所夔州路転運司言)、淮南東・滁州来安県監税は県令が兼領(『会要』食貨18-4〔商税五〕乾道5.8.28)など。

(15)『会要』食貨54-3〔諸州倉庫〕天聖4.1「三司言、近勅逐路転運司相度轄〔下〕州軍外鎮・道店商税場務課利、年額不及千貫至五百貫以下処、許依陝西転運司擘画体例施行、具有無妨礙、実事状申奏、内河東転運司相度、別無妨礙、広南西・荆湖南北・梓州・江南東西・河北・両浙路転運司相度到事理、除乞依旧施行外、有利州・夔州路路転運司相度到轄下州軍管界鎮務・道店・商税務、課利年額不及千貫至百貫已下処、許人認定年額買撲、更不差官監管、別無妨礙、省司看詳、依逐路転運司所陳事理施行。従之」。

(16)『宝慶四明志』5 郡志五叙賦・商税「鄞県旧有大嵩・横渓両税場、奉化県旧有公塘・白杜両税場、歳共計額銭五千六百余貫、並係人戸買撲認納。官司既遠、征斂無度、重為民害。慶元四年守鄭興裔申朝省廃罷」。

(17)『長編』475元祐7.7.7戊子「河東路転運司言、準勅、江南路廃土産税物場並住買撲、商旅因此通行、今比較元祐六年一路官監所収税額、已増三万余貫、窃慮余路亦可依此施行。詔諸路応有人戸買撲土産税場、並依江南西路指揮」。『長編』476元祐7.8.5丙辰「蘇軾言、臣窃見今年四月二十七日勅、廃罷諸路人戸買撲土産税場」。『会要』食貨17-27〔商税四〕元祐7.7.7「詔罷諸路人戸買撲土産税場」。『会要』食貨17-44紹興28.5.8「知建州章服言、建陽県麻沙鎮後山務・栄安路・黄耳等三処、従来只収地頭人戸土産物税」。土産税場については注(１)前掲戴静華論文、汪聖鐸『両宋財政史』上p.295等を参照。

(18)『会要』食貨17-13〔商税四〕至道3.7.28「上封者言、嶺南村墟聚落、間日会集稗販、謂之墟市、請降条約、令於城邑交易、冀増市算。帝曰、徒擾民爾、可仍其旧」。

(19)『通考』14征榷・征商p.145中「関市之税、凡布帛・什器・香薬・宝貨・羊彘、民間典買荘田・店宅、馬牛・驢騾・橐駝及商人販茶・塩皆算」、『会要』食貨17-13淳化5.5.詔略同。『会要』食貨17-13〔商税四〕淳化5.5.「詔…当算之物、令有司件析、頒行天下、掲于板榜、置官宇之屋壁、以遵守焉」。『宋史』食貨・商税p.4541「…常税名物、令有司件析頒行天下、掲于版、置官署屋壁、俾其遵守」。『会要』食貨17-12淳化2.2.24「詔曰…宜令諸路転運司、以部内州軍商税名品、参酌裁減、以利細民」。同17-13〔商税四〕至道3.7.21「峡路転運司言、近歳献封者請増帰・峡等州税算名件、商賈不行。詔除之」。『会要』食貨17-35〔商税四〕紹興5.10.30「詔令両浙・江西都転運・諸路転運司、取索本路応干税物則例、体度市価増損、務令適中、仍将諸色税物合収税銭則例、大字牓示、使客旅通知」。

(20)『通考』14征榷・征商p.145中「宋太祖皇帝建隆元年詔、所在不得苛留行旅齎装、非有貨幣当算者、無得発篋捜索」、『会要』食貨17-10〔商税四〕建隆1.4.詔略同。『事類』36庫務門・商税場務令「諸以物赴官抵当及売納入官銭物、若買造吉凶所須、或織造布帛糸綿供家【出州界者非】、婦人随身服飾、軍営売自造鞵、若於官船栰自置屋子・篙棹之類、並免税」。『通考』14征榷・征商p.145下「太宗淳化二年…又詔、除商旅貨幣外、其販夫販婦細砕交易、並不得収其算」。これら国初から非課税とされた商品のほか、国初以来相次いで廃止された諸課税については、『宋史』食貨志・商税、『会要』食貨17-10〜43〔商税四〕中に多くの事例を見ることができる。

(21)『会要』食貨17-17〔商税四〕天禧1.3.「三司言、石州伏落津路商旅栰木税銭、准例給長引、不納沿路税算、至京師即併計之」。同17-21天聖6.7.「詔、自今民販生鉄器上京、所経県鎮依諸雑物例関報上京、送納税銭、若山[出]於率[府]界県鎮貨売、並令本県収納過税、給付公引、至所到県鎮住売、別収住税。時有商人自磁州販鬻鉄器、経過府界県鎮而無収税之例、故商税院言而条約之」。また南宋時代の免税措置については『宋史』食貨・商税p.4546「高宗建炎元年詔、販貨上京者免税。…紹興三年臨安火、免竹木税…凡官司回易亦並収税…如諸路増置之税場、山間迂僻之県鎮、経理未定之州郡、悉罷而免之…至於牛・米・薪・麵民間日用者並罷。孝宗継志、凡高宗省罷之未尽者、悉推行之。又以臨安府物価未平、免淳熙七年税一年【光・寧以降、亦屢与放免商税、或一年、或五月、或三月。凡遇火、放免竹木之税亦然】。光・寧嗣服、諸郡税額皆累有放免」。

(22)『会要』食貨17-15〔商税四〕大中祥符2.6.7「詔、自今諸色人将帯片散茶出新城門、百銭已上、商税院出引、百銭已下、只逐門収税、村坊百姓、買供家食茶末五斤已下出門者、免税、商賈茶貨並茶末、依旧出引」。『会要』職官27-35〔都商税院〕大中祥符3.5.「詔、商税院並依版榜例収税、仍取脚地引看験、如無引、毎千収税三倍、若一千已下竹木席箔簾物、只委監新城門使臣点検、就門収税、一千已上、依旧于商税院納銭、官員出入、随行衣服非販鬻者、不須収税、村民入京貨鬻、百銭已下与免、如以香末出城、毎斤税二銭」。

(23)『通考』14征榷・征商p.144下、宋太祖皇帝建隆元年詔条「止斎陳氏曰…至淳化三年、令諸州県有税、以端拱元年至淳化元年収到課利最多銭数、立為祖額、比較科罰。蓋商税額比較自此始」。

(24) 淳化４年から５年にかけて(993-94)、茶税・塩税・酒税・商税の課利収入についてはすべて府・州・軍・監の在城「軍資庫」に納付し、州軍の会計業務を遂行する「応在司」を置いて元管・新収・已支・見在の四項目を立てて収支を管理する会計体制が確立した。『通考』23国用一歴代国用p.228中「(開宝)六年、令諸州旧属公使銭物、尽数係省、毋得妄有支費、以留州銭物尽数係省、始於此。止斎陳氏曰…淳化五年十二月、初置諸州応在司、具元管・新収・已支・見在銭物申省」。同17征権四権酤p.170中「止斎陳氏曰…淳化四年十二月十四日勅令諸州、以茶塩酒税課利、送納軍資府[庫]、於是稍厳密矣」。

(25) 州軍における課利収入の会計は“月納”制であった。『事類』36庫務門一・場務〔倉庫令〕「諸軍資庫受納場務課利、即時給鈔、其毎月所給附帳、監官用印」。また同庫務門一・承買場務〔場務令〕「諸承買場務課利、均為月納、遇閏拋所附月数別納」。商税は酒税と同じく、日収額を翌日州軍の軍資庫に納入する原則であった。同庫務門一・承買場務〔場務令〕「諸場務課利、次日納軍資庫、少者五日一納【承買在州官監酒務同】、並当日給鈔【下文併納給鈔、准此】、外県鎮寨、次月上旬併納。先具起離月日、報納処拘催」。諸路転運司は管内州軍の軍資庫に収蔵した賦税・課利の総収支を集約し、路内州軍間の過不足を調整した。『雑記』甲17諸州軍資庫「諸州軍資庫者歳用省計也。旧制、毎道有計度、転運使歳終則会諸郡邑之出入、盈者取之、虧者補之。故郡邑無不足之患」。

(26)『雑記』甲17征榷四権酤p.170中「止斎陳氏曰…咸平四年五月四日勅、諸州麹務、自今後將一年都収到銭、仍取端拱至淳化元年三年内中等銭数立為祖額、比較科罰。則酒課立額自此始、然則蔵之州而已」。酒課は端拱元年から淳化元年までの３年間の「最多」額ではなく「中等銭数」すなわち平均額によって祖額を立てた。これは“酌中之法”とよばれ、咸平４年以降、祖額立定はこの方法によった。『会要』食貨30-3〔茶法雑録〕大中祥符2.5.21「三司塩鉄副使・戸部郎中林特…上編成茶法条貫序云…于是縉紳之到伏閣、以論奏草萊之士、抗章以上言、国家思建経久之規、以定酌中之法…」。李華瑞「試論宋代工商業税収中的祖額」(中国宋史研究会第八届年会論文、『中国経済史研究』1998-2)を参照。大中祥符６年(1013)以降、全国の茶塩酒税その他榷場税務はそれぞれの歳課を併せて一本化して「祖額」と比較し、それぞれの増減を明らかにするよう指示が出された。『会要』食貨17-16〔商税四〕大中祥符6.7.19「詔、諸路茶塩酒税及諸務、自今総一歳之課合為一、以祖額較之、有虧損則計分数」。『会要』30-3〔茶法雑録上〕景徳2.5.26「詔自今諸処茶塩酒課利増立年額、並令三司奏裁。先是榷務連

歳有増羨、三司酌中取一年所収、立為租額、不俟朝旨。帝以有司務在聚斂、或致掊克于下、故戒之」。『長編』60景徳2.5.26癸酉「時承平日久、掌財賦者法禁愈密、悉籠取遺利、凡較課以祖額前界遞年増之、権務斂歳有羨余、三司即取多収為額。上以其不俟朝旨、或致掊克、癸酉詔増額皆奏裁」。

(27)『会要』食貨17-24〔商税四〕嘉祐6.3.詔「龍図閣直学士楊畋、於三司取天下課利場務五年併増虧者、限一月別立新額。時場務歳課多虧、惟逐時科校主典、而三司終不為減旧額、故帝特行之」。『事類』36庫務門一・承買場務〔場務令〕「諸課利場務、比租額【閏月以租額附月為准、無月額処、比五年内本月分酌中者】、併増虧各五年、并初置監官及五年者、本場務限次年正月上月申州。増者取酌中、虧者取最高、初置者取次高、各以壱年数立為新額、限二月内保奏、仍申転運司及尚書戸部」。なお『通考』14征榷・征商p.144下宋太祖皇帝建隆元年詔条「止斎陳氏曰…及王安石更改旧制、増減税額、所申省司、不取旨矣。熙寧三年九月中書箚子、詳定編所参詳、自来場務課利増虧、並自本州保明、三司立定新額、始牒転運司、令本処趁辨往復、経動年歳虚有滞留、莫若令本州比較。自此始商税軽重皆出官吏之意、有増而無減矣」とあり、陳傅良は王安石がこの慣行を改め、州軍の方から課額の増減を申告する方式に変更した結果、州県官の意向で専ら課額増が進行したとする。“莫若令本州比較”が陳傅良の理解のとおりとすれば、課額決定における三司―州軍関係を逆転させる大改革であるが、“熙寧三年九月中書箚子”は他史料による裏付けがなく、この年以降も課額決定方式の変更に触れた史料は見当らない。

(28)『宋史』食貨・商税p.4544「哲宗元祐元年、従戸部之請、在京商税院酌取元豊八年銭五十五万二千二百六一緡有奇、以為新額、自明年始。三年又以天聖歳課為額、蓋戸部用五併増之法立額既重、歳課不登、故言者論而更之」、『長編』390元祐1.10.15己亥条、同412元祐3.6.24己亥条、『会要』食貨17-27〔商税四〕元祐3.6.23詔、『通考』14征榷・征商p.147上略同。

(29)『会要』食貨17-27〔商税四〕紹聖1.9.25「詔、府界并諸路税務年終課利増額、並依元豊格。従三省請也」。

(30)『会要』食貨17-28〔商税四〕崇寧5.9.17「詔令戸部取索天下税務、自今日以前五年内所収税銭并名件暦、差官看詳、参酌税物名件税銭多寡、立為中制、頒下諸路、造為板榜、十年一易、永遠遵守」、『宋史』食貨・商税p.4545略同。

(31)『宋史』食貨・商税p.4546「靖康元年…臣僚上言、祖宗旧制并政和新令、場務立額之法、並以五年増虧数較之、併増者取中数、併虧者取最高数、以為新額、故課息易給而商旅可通」。文中“政和新令”が何を指すのか不明(塩法における北宋末・蔡京の「政和新法」については本書後編第１部第５章西北塩(解塩)の販売体制と課税方式を参照)。「五年併増虧」方式は南宋にも継承された。『会要』食貨31-17〔茶法雑録下〕乾道1.10.13「湖南提挙茶塩司言、本路批発住売茶塩、取紹興七年之数、立為定額、比較増虧、今乞将重額諸州、預与減十分之二。戸部言、立額比較、並是違法、詔本司、将違法立額事、日下改制、以本年実収到数、与遞年比較、取一路州数最増・最虧数一処供申」。ここには“五年”と明記はしていないが、“遞年比較”して路内州軍歳収の最増額・最減額を合せ供申させている。

(32)『通考』14征榷・商税p.144下「宋太祖皇帝建隆元年詔…止斎陳氏曰…政和間、漕臣劉既済申明、於則例外増収一分税銭、而一分増収税銭窠名自此起。至今以五分充州用、五分充転運司上供、謂之五分増収銭」。

(33)「経制銭」については本書第３章上供銭貨の諸系統―南宋時代―」を参照。なお『宋史』食貨・商税p.4543に「宣和二年、漕臣劉既済起奉応物、両浙・淮南等税例外、増一分以供費、三年詔罷之」

とあり、宣和２年(1120)に同じく転運使劉既済が奉応の羨余として両浙・淮南の商税の“一分増収”を行い、翌年に廃止されたとする。この“一分増収銭”と政和の“一分増収税銭”、さらに経制銭の一費目“増収一分税銭”との関係、また転運使劉既済の経歴などについては不明な点が多い。

(34)『通考』14征榷・征商p.145上「宋太祖皇帝建隆元年詔…止斎陳氏曰…紹興二年、令諸路転運司量度州県収税緊漫、増添税額三分或五分、而三五分増収税銭自此始。至今以十分為率、三分本州、七分隷経総制司、謂之七分増税銭」。『事類』30財用門一経総制・場務式に記載する40種に上る経制銭費目の中に、塩課系の塩袋息銭、茶課系の秤茶増収頭子銭、酒課系の諸色添酒銭などと並んで、商税系からは「増添七分商税銭」の窠名が見える。

(35)『会要』食貨18-6〔商税５〕乾道7.4.15「戸部尚書曾懐言、本部近駆磨出臨安府乾道五年商税帳内、有失収三五分税銭、併虧額銭及少収頭子銭共四十一万二千七百余貫、今欲作二年、令臨安府并通判庁、自乾道七年夏季為始、令項起発、仍専委両浙転運司拘催、依限発納。従之」。南宋期の臨安府の商税課額について、『雑記』甲14景徳・慶暦・紹興塩酒税絹数に「景徳中天下歳収商税銭四百五十余万緡…【淳熙中、臨安府城内外及諸県一年共収税銭一百二万余緡、已当景祐四分之一】」とあり、淳熙中の臨安府城内の商税総収は102万貫、これだけで北宋・景祐中の全国銭貨歳収の1/4に当る。因みに北宋・慶暦２年(1042)の杭州の商税歳収(「旧額」)は13場で計12.0303万貫、熙寧10年(1077)実収は計15場で18,3813.523貫文。淳熙中の実収は熙寧実収の約６倍の歳収を得たことになる。

(36)『嘉靖恵安県志』7課程「商税課、自宋有之。吾邑初置務壮献坊内、政和中省罷、以丞兼之。凡諸貨物入関市、応税者皆有定例、有隠匿及不由官道者罪之。逓年収税互有盈縮、大率五分県用、五分解転運司。其後県用不足、於例外増収税銭、量其緩急、或一分或二分、於是有一五分・二五分増税銭之名、共為銭九百八十貫六百八十三文、歳索商人以足之」。この“共為銭”980貫683文は恵安県の商税課額ではなく、“一五分”(15%)或は“二五分”(25%)の増税銭として徴収した“県用に不足する”額である。

(37)『宋史』食貨・86商税p.4546「(高宗)…如諸路増置税場、山間迂僻之県鎮、経理未定之州郡、悉罷而免之。又以税網太密、減併者一百三十四、罷者九、免過税者五」。税場の合併・廃止等については前注(14)を参照。

(38) 陳淵『黙堂先生文集』12十二月上殿劄子「衢州至臨安、水陸之所経由、応税者凡七処、使其毎処止於三十而税一、不為多矣。比及臨安、於其所販、已加二分之費、而負載糧食之用、又不在是。是非得三分之息、不可為也」。

(39) 宮澤知之氏の計算によれば、従価税率２%の過税を７回で計14%、販売地臨安で従価税率３%の住税を科徴されて計17%、さらに「三五分増収税銭」が加わり(17×0.03＝5.1～17×0.05＝8.5)、結局全行程で合計22.1～25.5%という多額の商税を負担した例がある(『宋代中国の国家と経済』(創文社、1998)第２部第５章宋代の価格と市場p.465)。

(40)『会要』食貨17-41紹興23.12.「前知英州陳孝則言、州郡財計、除民租之外、全頼商税、其間有課額所入不足以給監官請俸之所、是虚立税務、以阻行旅、且英州管下有宜安鎮税務、毎月課額止於十千、而監官請俸両倍、望行下本路相度、将宜安鎮税務廃罷。詔依、仍令戸部取索、似此去処並罷」。宜安鎮のような小規模税務では、課額の歳収は監官の請給の半分にも及ばなかった。

(41)『会要』食貨18-25〔商税五〕嘉定6.12.11.「権発遣衢州王棐言、管下有税場二、曰孔歩鎮、曰章載場、皆非朝廷差官処、考其廃置、孔歩鎮隷開化県、路通徽・厳、開化僻在、不於此置征、則絲添之税皆不入開化、而月解青冊無所取辦、故孔歩鎮認開化税銭三分之一、此於県計誠有関繫、若章載場、又去州二十五里、路通行在、其於州之税務、略不相関、計其一歳所入、共一千五百四十余緡、而於州用公使者已八百四十余緡、供朝廷隷経総制者止七百余緡、人言章載場為一方百姓之害、臣以為八百余千、豈不足以少裨郡計、然苟益於民、安敢重惜、况其間二百三十余緡、又属之公使、此特在郡守之節用耳。若朝廷視三数百千、何啻鴻毛、故不若罷之、便所有朝廷銭、毎歳計三百八十三貫、係作糴本銭解発本州、自当抱認那融起解。従之」。

(42) 宋代の商税歳収については加藤繁、梅原郁、宮澤注(39)前掲書等のほか、全漢昇「唐宋政府歳入与貨幣経済的関係」(『中央研究院歴史語言研究所集刊』20、『中国経済史研究』上、1976所収)、汪聖鐸『両宋財政史』下p.749表22.宋代商税歳入情況表等を参照。

(43) 『会要』方域12-17〔市鎮〕[江南東路]信州宝豊鎮「淳化五年、以弋陽県宝豊鎮置県、景祐二年廃、康定元年復置、慶暦三年復廃為鎮」。李景寿「北宋商税"旧額"時間再考」(『中国史研究(北京)』2003-1)。李氏以外では郭正忠「鉄銭与北宋商税統計」(『学術研究(広州)』1985-2)、同「両宋城郷商品貨幣経考略」経済管理出版社、1997)が、統計中の夔州広西路桂州慕化県が嘉祐６年鎮に降され臨桂県に隷した事実から、「旧額」を嘉祐年間(1056-63)のものと断定しているが、これは無理である。

(44) 『会要』方域12-14〔市鎮〕西京河南府・登封県潁陽鎮「慶暦三年廃県置、四年復為県、熙寧五年復廃為鎮」。『会要』商税15-1〔商税雑録〕西京「旧在城及潁陽・登封・王屋・寿安・澠池・緱氏…二十六務、歳六万四百五十六貫。熙寧十年、在府…、潁陽鎮三百三十七貫八百三十七文…」。

(45) 『元豊九域志』２河北西路・定州「…慶暦二年以北平寨建軍、四年復隷州、即北平県治置軍使」。『会要』方域5-31〔州県陞降改廃〕「北平軍、慶暦二年以定州北平寨建軍」。『宋史』地理志２中山府[本定州]北平軍「慶暦二年以北平砦建軍、四年復隷州、即北平県置軍使、隷州」。『会要』食貨15-12〔商税雑録〕には、「旧額」時期に河北西路・定州の北平県に酒務が置かれていたと記す。この北平県は建隆元年に易州から定州に帰属して以来、陞降・改廃を受けることなく北宋末まで存続した。なお『会要』食貨15〔商税雑録〕定州の「旧」酒務中に、康定元年(1040)に廃止した陘邑県酒務を載せる(『元豊九域志』２河北西路・定州「康定元年廃陘邑県入安喜」)。『会要』食貨15〔商税雑録〕がなぜ廃県の酒務を載せたのか、その理由を確認できない。また同条には望都県を望都鎮と記すなど記載の混乱が見られる。

(46) 『元豊九域志』１四京・北京大名府「唐魏州・魏博節度、後為天雄軍。皇朝慶暦二年升北京、治元城県」。『宋史』86地理志・河北東路・大名府「魏郡、慶暦二年建為北京」。

(47) 川峡四路における銅銭：鉄銭比価について、李景寿「宋代商税問題研究綜述」(『中国史研究動態』1999-9の整理によると、(ⅰ)１：10説は馬端臨(『通考』14「四蜀所納皆鉄銭、十才及銅銭之一」)・加藤繁(『宋代商税考』、四蜀を別計算。)、(ⅱ)１：２(１：３？)説は郭正忠(他時期・地域の物価等を勘案？「宋代川峡鉄銭研究」(『宋史研究論文集』1984、浙江人民出版社)、「鉄銭与北宋商税統計」(『学術研究(広州)』1985-2)、「両宋城郷商品貨幣経済考略」(経済管理出版社、1997)、いずれも根拠不明)、(ⅲ)１：1.5説は林文勛(仁宗慶暦中の小鉄銭：銅銭の幾つかの比価の中から推定(「北宋四川商税問題考釈」『中国社会経済史研究』1990-1))、(ⅳ)１：1.05説は馬潤潮(統計中2000貫以上の額から計算(「宋代的商業与城市」中国文化大学出版部、1985)、(ⅴ)１：１等価説は梅原郁(等価とみなし折算せず、前出「宋代商税制度補考」)・賈大泉(１：10比価によると四蜀は銅銭計16万余貫、全国の２％で過少にすぎる。「宋代四川経済述論」四川社会科学院出版社、1985))などとなっている。これらのほか宋晞「北宋商税在国計中的地位与監税官」(『宋史研究集』５、1970)、呉慧「従商税看北宋的商品経済」(『中国社会経済史研究論叢』２、山西人民出版社、1982)にも銅鉄銭比価についての言及がある。また汪聖鐸『両宋財政史』下p.749表22.宋代商税歳入情況表は、年次不明の「旧額」を11,0691万貫（除四川外506.34万貫）とし、熙寧10年額を804.66万貫（除四川外641.81万貫）とする。なお『会要』食貨17-11〔商税四〕太平興国9.10.には「塩鉄使王明言、西川・峡路諸州商税、自来雑用銅銭、其価不等、請自今比市価、毎一貫収住税三十、過税二十。従之」とあり、鉄銭区の川峡地区で混用される銅銭の対鉄銭比価が不定のため、鉄銭と同様に住税30/1000、過税20/1000としたという。このことは川峡では早くから銅鉄銭が等価で混用されていたことを証明する。

(48) 『長編』158慶暦8.5.9戊子「…初塩課聴以五分折銀・紬・絹、塩一斤計銭二十至三十、銀一両・紬絹一匹折銭九百至一千二百。後嘗詔以課利折金帛者従時估」、『宋史』食貨・塩p.4473略同。『宋史』食貨・塩p.4472「（四路歳課）各以給一路、夔州即並給計、諸蛮所入塩直、歳輸緡銭五分、銀・紬絹五分。又募人入銭貨諸州、即産塩厚処取塩、而施・黔等並辺諸州、并募人入米」。『長編』135慶暦2.1.13戊午「自元昊反、聚兵西鄙、並辺入中芻粟者寡。県官急於兵食、且軍興用度調発不足、因聴入中芻粟予券、趨京師榷貨務、受銭若金銀。入中他貨、予券償以池塩」。同165慶暦8.10.22丁亥「其法、旧禁塩地一切通商、塩入蜀者亦恣不問」。なお宮澤知之氏は、慶暦８年（1048）の范祥による解塩の全面通商化、沿辺入中における「見銭法」の実施により、沿辺で貨幣による軍糧購入が拡大し、行商の長距離軍糧輸送が大幅に減少したため全国の商税歳入が激減したとする。「見銭法」の導入が全国的に行商の通商活動を減衰させたことは認めうるが、このことだけから「旧額」期の川峡四路の歳収の突出を説明することはできない（宮澤注(39)前掲書第１部第１章「北宋の財政と貨幣経済」p.53）。

(49) 『長編』165慶暦8.10.22丁亥「其法（范祥塩法）、旧禁塩地一切通商、塩入蜀者亦恣不問。罷並辺九州軍入中芻粟、第令入実銭、以塩償之、視入銭州軍遠近及所指東・南塩、第優其估。東・南塩又聴入銭永興・鳳翔・河中」。『長編』187嘉祐3.7.24壬辰「…祥始言歳入緡銭可得二百三十万緡、後不能辦。皇祐三年入緡銭二百二十一万、四年二百十五万、以四年数視慶暦六年、増六十八万、視七年、増二十万…其後歳入雖贏縮不常、至五年猶及百七十八万、至和元年百六十九万。其後遂以元年入銭為歳課定率、量入計出、可助辺費十之八」。

(50) 前注(47)所引『長編』158慶暦8.5.9戊子「…初塩課聴以五分折銀・紬・絹、塩一斤計銭二十至三十、銀一両・紬絹一匹折銭六百至一千二百。後嘗詔以課利折金帛者従時估」、『宋史』食貨・塩p.4473略同。『宋史』食貨・塩p.4473「康定元年、淮南提点刑獄郭維言、川峡素不産銀、而募人以銀易塩、又塩・酒場主者亦以銀折歳課、故販者趨京師及陝西市銀以帰、而官得銀復輦置京師、公私労費、請聴入銀京師榷貨務、或陝西並辺州軍、給券受塩於川峡、或以折塩・酒歳課、願入銭二千当銀一両。詔行之」。

(51) 前注(48)所引『長編』135慶暦2.1.13戊午条。『会要』食貨23-39〔塩法雑録〕皇祐1.10.「自康定後、入中粮草、皆給以交引於在京榷貨務、還見銭・銀・絹・解塩、却於沿辺入中他物」。

(52) 陸敏珍『唐宋時期明州区域社会経済研究』（上海古籍出版社、2007）p.291所載の表５－７南宋宝慶元年（1225）明州（慶元府）税場与商税額に、“占州比例（％）”として慶元府の存留額と「留州」率を記すが、数字に誤りがあり、また上供分の「諸司」間の分配については言及がない。

第13章　宋代榷礬・坑冶・市舶の課税構造

はじめに

宋代の榷礬、坑冶、市舶等は、『通考』征榷、『宋史』食貨志等ではいずれも「課利」の範疇に属する。しかしこれまでの研究ではこれらの分野は塩・茶と同じく“専売”制度として捉えられ、塩・茶の“専売”研究で得られた「官売」「通商」の二大区分を榷礬、坑冶、市舶の分野にも適用する、という方法が採られている。本書後編の各章で見てきたように、宋代課利を“専売”制度と捉える研究方法には幾つかの問題があるが、基本的な問題は、宋代課利を専ら「販売制度」として捉えるため「課税制度」の側面が不十分であることである。礬・坑冶・市舶の分野の課税構造は、酒税・商税と同様、“専売”論に基づく[官売][通商]の二分法によって理解することはできない。

榷礬の分野は、課税方式としては禁榷[官収制]と通商[卸売制]の並用体制である。しかしこれまでの塩・茶“専売”研究には通商[卸売制]の概念がない——[鈔引制]以外の通商方式を“専売”と認めない——ため、北宋前半期における禁榷[官収制]の無為軍礬(元祐以後通商)と通商[卸売制]の晋州・坊州等礬とが課税方法として区別されず、課利歳収についての理解が混乱している。本稿では、塩・茶・香薬と並んで沿辺入中(三説法)の償還物品とされた白礬・緑礬について、官売と通商の別を明確にするとともにその歳課の課税構造を明らかにする。

坑冶の分野では、坑冶戸の採掘した鉱産物を官２：民８で分収する禁榷[官収制]が取られたが——ただし買撲[全収制]を並用——、これは鉱産の経営・販売方式ではなく、坑冶課利(官課)の分配収取方式として理解されなければならない。通説における禁榷の方式は塩・茶の[官売制]〈官般官販〉方式に限定されるため、課利収取方式としての禁榷[官収制]を設定することができない。宋代の鉱山では、採掘に従事する坑冶戸が産生した鉱産物は、熙豊期以降は官２：民８の比率で分割収取された。官収2/10(抽収)は坑冶戸による無償の“供出”であり、民収8/10(収買)は政府による買上げである。この資金(収買本銭)は政府の財政支出であり、抽収分と収買分とを合せた鉱産物は鋳銭の原料として各地の銭監に送納され、この間どこにも販売されることはない。生産から消費にいたる宋代坑冶の課税構造はこのようになっていた。

市舶の分野は市舶司が管理する貿易品の統制であるが、ここでは市舶司と貿易業者「船戸」との間に通商[抽買制]が採用されていた。宋代市舶制度については今なお解明すべき多くの問題があるが、本稿では当時の輸入品の中で最も重要視された香薬を中心に、政府の課税政策として交易商品がどのように統制されたかを跡づける。なお市舶司は中央官司ではなく地方官司であり、路官の転運司が「上供」義務を負ったのと同じく、中央官司・財庫の指令に基づき物品・商品を、上供財貨として京師・行在に輸納する会計責任があった。市舶司による輸入品の統制と輸送の管理は、宋代上供の財政構造の面からも解明されなければならない。

１．宋代榷礬の課税構造

宋初、白礬は晋州・慈州・坊州、無為軍・汾州霊石県等に産し、緑礬は慈州・隰州、池州銅陵県等に産した。官はこれらの産礬地に煎礬務または礬場を設置して官吏を配置し、生産者「鑊戸」が採取・精製した礬を収買して、官自ら販売した。榷礬官課は収買本銭とともに官売価格中に積算されるが、官による般運課程を缺くので、本稿ではこれを禁榷［官収制］〈礬務直営〉方式と呼ぶ。ただし宋代の官礬は禁榷［官収制］が発足した直後から、金銀絹帛等を博買した客商に対する、塩・茶等禁榷品と並ぶ償還物資に指定されていた。客商に償還される礬貨は、禁榷［官収制］〈礬務直営〉方式のもとで官課を積算された官礬であり、商人は官課で購買した官礬を官売価格で販売して利益を得る。これは通商［卸売制］である。すなわち宋代榷礬は宋初、禁榷［官収制］と通商［卸売制］——咸平年中に沿辺入中が始まると、これは通商［鈔引制］に移行した——を併せ施行する官商並売体制として発足したのである(1)。

礬の禁榷［官収制］では宋初以来、生産者「鑊戸」が採取・精製した礬を官がそのまま収買して販売した。しかし天聖以降、河東の晋・慈二州礬は「鑊戸」からの収買に加えて、一般民戸の精製した礬貨を収買する方式を導入した。同じころ淮南の無為軍礬は煎礬務による鑊戸からの収買を廃止して、すべて民戸から収買する方式に転換した。これは［官収制］下における精製礬貨の収買方式の変更であって、禁榷［官収制］を通商［鈔引制］に転換したものではない(2)。

(１)禁榷［官売制］と通商［卸売制］

宋代の榷礬は、禁榷［官収制］を基礎として、これに博買と連動した通商［卸売制］を併用する官商並売体制として発足した。

官礬の通商は早くも宋初建隆２年(961)、客商の博買に対する償還物品として晋州礬の歳売課額を80万貫と定めた時に始まる。客商は晋州礬務で金銀・布帛・糸綿・茶・見銭等で入博すれば晋州礬の実直による償還を受け、これを販売して利益を得ることができた(3)。これは、歳売課額を定めて商人に官課を入納させ、官估で販売させて課利を官・商間で分収する点で、塩茶の通商と同じ通商［卸売制］——鈔引を用いない転売制——であり、榷礬［官収制］〈礬務直営〉方式と並行して施行された。

太平興国初年(976)、客商の博買額は金銀・見銭12万余貫と茶３万余貫、計15万余貫であった。端拱元年(988)には計16万貫の博買総額中に金銀・見銭の入博がなく、絹帛わずか２万余貫と茶貨14万貫とが博買されただけであった。これは客商が専ら“陳茶”、すなわち劣化した茶貨で博買し、実直で晋州礬を償還され、これを販売して暴利を貪ったためで、この年以降、入博物品は金銀・見銭に限定されることとなった(4)。

博買と結合した官礬通商［卸売制］はやがて沿辺入中と結合し、咸平年間に沿辺入中が始まると、坊州礬と無為軍礬を除く諸州産礬は、茶・塩等と並んで引続き入中請買した客商への償還物品とされた。しかし仁宗朝も末期になると、累増した虚估によって塩・茶・礬・香等禁制品の償還価格が数倍に高騰し、官課の回収すら不可能となって「三説法」による沿辺入中は破綻を来した。入中方式は嘉祐６年(1061)、沿辺州軍に直接見銭を入中請買する「見銭法」に転換したが、これまで償還価格と請買価格との差額で利益を得てきた客商は、利幅の薄い新方式を忌避したため請買額が激減し、皇祐から治平にかけて官礬歳課の缺損が慢性化する事態となった(5)。

このような通商礬の不振とは対照的に、発運司が運営する禁権[官売制]の無為軍礬は、発足以来の歳課3,3100貫を安定して確保し続けることができた。無為軍礬はすでに天聖２年(1024)、煎礬務による直営官売方式から他州礬と同じ〈置場収買〉方式に転換し、官売価格を150文/斤から120文/斤に、同６年には90文/斤、同９年には60文/斤にまで減じていた。晋州礬その他の通商礬が軒並み官礬歳課を減らす状況下、こうして官売価格を引下げながら独り無為軍礬だけが安定した歳入を確保できた理由は、無為軍礬が国初以来の禁権[官売制]を守って通商せず、従って入中虚估による官課の減損を蒙ることがなかったからである(6)。

(２)通商諸州礬の収買・博買価格と官売礬の散売価格

坊州礬・無為軍礬が通商化される熙豊期以前の権礬において、博買に用いる通商[卸売制]官礬の収買価格と博売価格、及び禁権[官売制]時期の坊州礬・無為軍礬の散売価格を併せて**表75**に示す(7)。

表75　北宋前半期の官売礬・通商礬の収買価格・博買価格・散売価格

		１駄の斤量	収買価格	博売価格	散売価格
晋州	白礬	140斤	6.000貫文	21.500貫文	
慈州	白礬	140	6.000	23.000	
	緑礬	140	6.000	25.000	
坊州	白礬				80文/斤
無為軍	白礬				150-120-90-60
	緑礬				70
汾州	緑礬	140	6.000	24.500	192
隰州	緑礬	110	0.800	4.600	

※坊州礬に1駄当りの収買価格と博買価格の記載がなく、散売価格だけを記載する理由は、後に見るように、坊州礬が咸平初年(998)ころに廃止され、熙寧3年(1070)に再開されるまで閉鎖されていたことによる(後注(10)を参照)。坊州礬が通商に用いられたのは熙寧3年以降のことである。また無為軍礬が初めて通商に用いられたのは元祐初年(1086)のことである(後注(16)を参照)。

この表から、晋州白礬を初めとする諸州礬の官売収益を求めることができる。晋州白礬の官利は１駄(140斤)当り、博買価格と収買価格との差額(21.5-6＝)15.5貫文、すなわち110文/斤となる。同様に慈州白礬は121文/斤、同緑礬は135文/斤、汾州緑礬は175文/斤、隰州緑礬は34.5文/斤となる。これら価格は官礬の販売価格中に積算された官課であり、同時に通商[卸売制]における積算官課、すなわち卸売価格である。坊州礬・無為軍礬が通商される以前、通商博買の償還物資とされた晋州白礬、慈州白礬・緑礬、汾州緑礬について、通商償還礬１斤当りの官利（博売価格－収買価格）とその官収率（官課/官買価格）、及び客商の得る商利（博売価格－官利、鑊戸からの収買価格に等しい）を**表76**に示す。

表76　北宋前半期 通商[卸売制]諸州礬の収買価格・博買価格と官利・商利

諸州礬	収買価格	博売価格	官課　[官収率]	商利　[商利率]
晋州白礬	42.8	153.5	110.7　[0.72]	42.8　[0.27]
慈州白礬	42.8	164.2	121.4　[0.73]	42.8　[0.26]
慈州緑礬	42.8	178.5	135.7　[0.76]	42.8　[0.23]
汾州緑礬	42.8	192.0	149.2　[0.77]	42.8　[0.22]

※価格単位:文/斤。[官収率]は官価（博売価格）における官課（官利）の比率。[商利率]は官価（博売価格）における商利（官価－官課）の比率。

建隆初年に歳課80万貫と定めて発足した宋代榷礬は、その後、至道中（995-97）の歳課が白礬97.6万斤、緑礬40.5万斤、真宗末（1022）ころの歳課が白礬117.7万斤、緑礬42.8万斤であった(8)。**表76**から、晋・慈州白礬の販価（博売価格）を１斤当り平均158文、慈・汾州緑礬は185文として、それぞれの年次の歳課銭額を求めると、次のような数値を得る。

表77　北宋前半期における白礬・緑礬の歳課銭額

至道中歳課（万貫）		真宗末歳課（万貫）	
白礬（97.6万斤）	15.4208	白礬（117.7万斤）	18.5966
緑礬（40.5万斤）	7.4925	緑礬（42.8万斤）	7.9180
計	22.9133	計	26.5146

至道中の白礬・緑礬の歳課銭額は約22.9万貫、真宗末の白礬・緑礬の歳課銭額は約26.5万貫と見積ることができる。

（３）北宋後半期における榷礬歳課の増収

西夏の興起後、慶暦年間の沿辺入中における“虚估の弊”により、極度の不振に陥った宋代榷礬の官商並売体制は、熙豊期になると歳課の増収が顕著となった。榷礬歳課の増収をもたらした要因は、各州産礬の販売区を画定して他州礬の流入を防ぎながら自州礬の販売体制を強化し、これに熙寧３年（1070）の坊州礬の生産・販売再開、及び元祐元年（1086）の無為軍礬通商化という新しい要因が加わって、礬貨の売上げが急伸したことによる。

政府は熙寧元年(1068)、客商の沿辺入中を促進するため、利益の薄い「見銭法」を罷めて糧草入中を復活させ、榷礬対策として滞積した礬貨の償還を進める一方、同３年には塩・礬の請買を独占的に管理して客商の通商活動を制限してきた河東・潞州の交子務を廃止し、各州産礬の販売地域を画定して、沿辺入中と結合した官商並売体制を強化した(9)。

各州産礬のうち陝西・坊州礬は、真宗朝初期(998ころ)に一旦廃止されてから永らく復活しなかったが、熙寧３年(1070)、新たに「鑊戸」を編成し、通商区を定めて製造・販売を再開した。その販売区は潼関以西・黄河以南の陝西全域と、京西南路の均・房・襄・鄧・金の５州と定められた。晋・慈・隰・汾の４州に産する河東礬の販売区は河東・河北・京東の三路に限られ、坊州産陝西礬はこの三路への通商を厳禁されていた(10)。また成都府羈縻西山・保・覇州産の両川礬は、天聖９年(1031)に禁榷[官収制]〈礬務直営〉方式を罷めて〈置場収買〉方式に転換していたが、その販売区は一貫して成都府・梓州二路に限定されていた(11)。このほか江東池州銅陵県にも国初以来の礬場があったが、嘉祐６年(1061)に採取を停止して以後、再開されることはなかった(12)。

元豊元年(1086)にはこれらに加えて無為軍産の官売淮南礬が通商に参画し、宋代榷礬は大きく四つの販売区に分けられることとなる(13)。

表78　北宋後半期における諸州通商官礬の販売区画

諸州礬(産出州軍呼称)		指定販売地域
晋州・隰州	河東礬	畿内、京東東・京東西・河北東・河北西・京西南路
坊州	陝西礬	陝西自潼関以西・黄河以南・達於京西均・房・襄・鄧・金州
西山・保州・覇州	両川礬	成都府路・梓州路
無為軍	淮南礬	その他の諸路。

各州礬の販売区の画定と通商礬の償還拡大などの措置による歳課増収策は、直ちにその成果を現した。榷礬歳収は順調に増進し、熙寧６年(1073)には「五年併増虧法」を用いて18.31万貫を新定額(「祖額」)と定めた。熙寧元年(1068)にわずか3.64万貫にまで落込んでいた榷礬歳収は、この五年間でほぼ５倍増の伸張を見せた(14)。歳課の増収はその後も続き、元豊６年(1083)の歳収の33.79万貫は熙寧初年の歳課のほぼ９倍増となって、国初以来の榷礬歳収の最高額を実現するに至った(15)。

国初以来禁榷[官収制]を維持した無為軍礬は、入中方式の変更に影響されることなく、熙寧初年以降も安定した歳課を確保し続け、元豊元年(1078)からは産礬の一部を通商に振向けたりしたが、旧法党政権ができた元祐初年(1086)、東南九路を販売区とする通商[卸売制]に全面転換した(16)。通商化してからの無為軍産礬はその販売地域が淮南一帯に指定されたことから、以後もっぱら「淮南礬」と呼ばれるようになった。

淮南礬の通商は元祐元年の施行当初、毎100斤に50文を科徴する通商[収算制]〈従量課税〉方式によったが、元祐８年(1093)からは晋州礬の通商条例に倣って通商[卸売制]を導入した(17)。

淮南礬はその後、紹聖中に一時官売に復したことがあるが、大観元年(1107)に歳売課額を９万貫と定めて再び通商とした。この時、河東礬・河北礬について各24万貫の課額を定め、河北・河東・淮南の各路礬合せて課額は57万貫を超えた(18)。三路礬の歳課合計57万貫は、国初以来の榷礬歳収の最高額である。産量豊富で官売価格の安い淮南礬の通商参画による歳課増収を反映して、翌大観２年(1108)に区分された諸州礬の販売区は、河北諸路の晋州礬区と東南九路の淮南礬とに大きく二分されることとなった(19)。

淮南礬はその後政和初年(1111)にまた官売に復し、淮南礬事司を罷めて発運司の管轄に戻すとともに、旧官売制時の歳課3.31万貫を上供礬銭額と定めた(20)。

三路礬が計57万貫の歳収最高額を実現した大観初年(1107)を頂点として、以後歳収は減少に転じ、６年後の政和３年(1113)には三路礬合せて課額を16万貫減じた。大観初年の歳収のほぼ３割減である。同４年には淮南礬の歳課を大観の通商歳額９万貫に復し、５年には河北・河東緑礬の淮南礬販売区の東南九路への通商を解禁したが(21)、歳収が好転したかどうかは明らかでない。

南宋期には河北の礬場がすべて金領となった結果、淮南礬がもっぱら政府の需要に応えることとなった(22)。南宋ではそのほか、江西・撫州の青膽礬・土礬、湖南・漳州瀏陽県永興場、広南・韶州乃岑水場等の礬が開鑿採掘され、いずれも通商とされたが、これら全てを併せても到底北宋時代の歳売額には及ばず、財政上に占める位置も極めて僅かなものであった(23)。

２．宋代坑冶の課税構造

本稿では宋代の坑冶を経営形態としてではなく、課利収取方式として見る。課利収取方式としての宋代坑冶は、禁榷[官収制]を原則とし、場合により買撲を認める、禁榷・買撲並用体制である。ただし坑冶の禁榷は塩・茶・礬・香などのように、政府が特定の産品・商品を購買してこれに官課を賦課して独占的に販売する[官売制]ではなく、官が各種鉱産物を直営、または請負(買撲)によって採取・精製し、収買した鉱産物を銭監・内蔵庫等の中央財務機関に送納・保管する方式であり、本稿ではこれを禁榷[官売制]と区別して禁榷[官収制]と呼んでいる(24)。

禁榷[官収制]において、官は坑冶に場・監を置き、坑冶戸の鉱産に対して転運司が本銭を支給して収買した。買撲(承買)の場合は年額課利の輸納を条件に採掘したのち、官は買撲戸の採掘した鉱産を収買した。崇寧以後、蔡京は中央財政拡大策の一環として提挙司の管轄下で「新坑冶」を発足させた。「新坑冶」は政和以降何度か改廃を繰返したが、多くは民田を破壊し、高い官課で買撲して北宋末まで歳課を負担し続けた金鉱もある(25)。なお鉱産のうち金銀については国初以来、転運司から内蔵庫に入納するのを原則としたが、崇寧以降は「大観庫」に直送するよう変更された。

禁榷であれ買撲であれ、官は採掘した鉱産を「坑冶戸」から収買するための政府資金「本銭」

を支出しなければならない。大観2年(1108)以降、転運司の収買本銭が不足したときは、不足分を補充するために常平司銭(常平本銭・浄利銭)を流用することが可能となった。また崇寧2年(1103)3月以降、坑冶戸が「新坑冶」を開発・採掘するに当り、常平司銭を借用することが許可された。ただし提挙常平司が正式に場務を置く坑冶は中売価格の20%を控除して借用できたが、場務を置かず買撲に出す坑冶の場合は借用した常平司銭額について、中売価銭で即日返還しなければならなかった(26)。このことから、新坑冶には十分採算のとれる優良な坑冶を選び、採算確保に不安がある坑冶を民戸の買撲に委ねたことが分る。

(1)禁権[官収制]〈二八抽分〉方式

国初以来、諸路転運司の管轄下で、諸坑冶には監・冶・務・場の四級の官署を置き、監臨官を配置して採掘を統率・管理した。各坑冶にはそれぞれの歳課祖額(斤両)が定められ、祖額を基準とする歳収の多寡によって州県官・監官を考課した点は、塩・茶・酒課等他の課利と同じである(27)。

各坑冶の鉱産物は、坑冶を管轄する転運司によって、官2:坑冶戸8の比で分割収取された。官が収取する“二分”の鉱産(斤両)は坑冶戸の供出額(租税)であり、「抽分」「抽収」「抽納」「抽解」などとよばれた。残り“八分”は坑冶戸から買上げ、対価として「本銭」を給付する。この買取りを官の側では「収買」「拘買」等と称したが、これは坑冶戸による鉱産物の納入でもあることから、「入官」「中売」「貨売」などとも呼ばれた(28)。また「抽分」と「収買」を併せて「抽買」と呼ぶこともある。買撲戸の鉱産についても、[官収制]下の坑冶戸と同じように官に収買された。これらの収買本銭はいずれも政府の財政支出である。

鉱産を2:8の比に分割する分収比率を定めた年次は不明であるが、遅くとも熙豊期には確立していたようで、南宋時代には“祖宗の法”として「熙豊二八抽分」とよばれていた。なお元祐初年(1086)の陝西の幾つかの坑冶の中に、「二八抽分」を原則として、“八分”の「収買」額中に「和買」による買上げを含めた例がある(29)。また南宋時代、福建各地の鉄坑・銅坑では、鉱産物に対して官2:佃戸(坑冶戸)8の「抽収」「拘買」が、北宋末以来永年にわたり厳格に守られていた(30)。

(2)坑冶の買撲[分収制]

元祐5年(1090)、湖南の“不堪置場官監”——採算確保に不安があり、官監場務の設置に至らない坑冶——について、年額課利の輸納を条件に民戸を募集し、買撲を許可した(31)。これが宋代坑冶の買撲の最初の事例である。年額課利の輸納を条件に民戸に採掘を許可する点、酒坊での醸造を許可して課利銭を入官させる酒課の買撲と同じであるが、酒課の買撲においては醸造とともに販売も許可し、課利以外に浄利銭を入納させるのに対し、坑冶の買撲においては採掘した鉱産を官が収買するだけで、買撲戸による鉱産の政府機関以外への販売は禁止されていた。

蔡京が「新坑冶」の開発を始めた崇寧元年(1102)には、官課歳収が少なく採算の取れない坑冶については“紹聖・元符勅”を準けて課額を立て、民戸に“封状承買”させた(32)。またこのことから、元祐以降、紹聖・元符年間(1094-1100)にも坑冶の買撲が引続き行われていたことが分る。例えば陝西・渭州華亭県の石河鉄冶は、大観初年(1107)までに民戸の買撲を許可して産鉱を収買し、政和8年(1118)には生産性の低い鉄坑冶を民戸に買撲させて、官はその産鉱を収買した(33)。またこの間、政和2年(1112)には広南東路で、産量豊富な鉄冶について禁榷体制を強化したが、鉱脈の微薄な鉄冶は禁榷せず民戸に買撲させる、銅鉱の買撲戸と同じ原則を踏襲した(34)。

金鉱については宣和元年(1119)、成都府路・綿州石泉軍の麩金について、上記“抽分”により官―民間で課利を分収する方式と並行して、新規に課額を立てて歳課を官―民間で分収する買撲[分収制]方式が採用された(35)。

(3)鉱産の管理と使途

官監坑冶であると買撲坑冶であるとを問わず、鉱産資源の官収と移送は国初以来、専ら転運司が管轄する所であった。景祐2年(1035)に初めて諸路の坑冶を管轄する専官として提点坑冶鋳銭司――提挙坑冶司・提点司・坑冶司・鋳銭司ともいう――が設けられ、銅材を主とする鋳銭用の鉱産は、専ら鋳銭司の手で銭監に直送された(36)。諸路の坑冶の収入が増えてきた元豊以降、発運司系列の他に提刑司等の路官が坑冶を兼領し、管轄系統が錯綜したため元祐元年(1086)には提点坑冶鋳銭司の専管体制に復した。その後元符3年(1100)、蔡京政権下で両川・陝西諸路を除くその他の諸路の坑冶を鋳銭司・常平司の共管体制とした(37)。

こうした坑冶管理系統の複雑化は、諸路の坑冶から上供される鉱産の使途をめぐり、熙豊期以降激化した中央諸官司間の争奪を反映している。熙寧年間には陝西都転運司が都提挙市易司と共同して坑冶を開発し、その収入を秦鳳路の沿辺に新設した熙河路の糴本に充てたことがある(38)。しかし鉱産を糧草収買の糴本に充てるのは、坑冶本来の使途とはいえない。言うまでもなく銅鉱産は鋳銭の主原料であり、鋳銭司の管轄下で諸路で新坑の開発が行われたが、新発の銅坑に鋳銭監を設置するさいの経費は当該路官提挙司から借用しなければならなかった(39)。鋳銭司と提挙司、さらには常平司との密接な関係は、こうした銅銭鋳造・銅鉱開発の経費負担を通じて出来上った。

なお銅錫鉛など鋳銭用の鉱産と異なり、諸路の金銀鉱産は転運司の手で内蔵庫に直送する原則が守られた(「上供金銀」)。元豊年間の湖南・潭州永興場では、新坑開発後の新収銀と以前の銀とを湖南転運司が集計し、内蔵庫に上供した(40)。また元祐元年(1086)、江南東路の産銀諸州では、定額の上供銭と無額上供銭とを合せた銭額で銀を買い、輸送経費を軽減した上で内蔵庫へ送納するという措置を取っている(41)。

南宋は紹興5年(1135)に鉛・錫の禁榷を再開し、鋳銭監政策における北宋末の江淮荆浙福建広南提点坑冶鋳銭司の一元体制を継承した。乾道6年(1170)に一度規模を縮小して都大発運司の管轄下に移したが直ちに復旧し、以後南宋末まで鋳銭司一司体制を維持した(42)。

南宋の鋳銭体制については『要録』87紹興5.3.22乙未の条に、次のように坑冶の禁権・通商と鋳銭との緊密な結合関係が簡潔に表現されている。

初めて鉛錫を禁権する。鉛錫を産する坑場はことごとく政府の管理下におき、産出額と価格とを戸部に申報させる。権貨務は塩鈔法と同様に文引を印造し、商人が算請すれば給売して指定州軍の坑場に赴き、通行興販させる。鋳銭司は鋳造額に見合う銭を商人にもたせ、坑場に赴き鉛錫を収買させなければならない。収買本銭は従来どおり転運司が支撥するが、もし不足すれば上供銭の中から補うようにせよ。

(4)宋代坑冶の歳課

宋代坑冶の鉱産歳収を伝える史料は、北宋時代については①『長編』97天禧五年末条に載せる至道末(銀・銅・鉄)・天禧末(金・銀・銅・鉄・鉛・錫・水銀・硃砂)の歳課額、②『会要』食貨33-1～6〔坑冶上・各坑冶所出額数〕所載、各鉱産の諸路元額(祖額)・元豊元年実収、③『会要』食貨33-27～29〔諸坑冶務〕に載せる熙寧10年の坑冶総収の三種史料だけである。南宋時代については、鋳銭事業が衰退したためか、④『会要』食貨33-18〔諸路坑冶興廃停閉〕に、「紹興三十二年内諸路州軍坑冶興廃之数」と「乾道二年七月内鋳銭司比較祖額之数」とを載せる(『会要』食貨34-36〔坑冶雑録〕乾道二年鋳銭司比較所入之数、『雑記』甲16銅鉄鉛錫阬冶と同史料)ほかは、断片的な記事が諸史料に散見するだけで、乾道以降の坑冶事業の傾向を窺うことのでき

表79　宋代坑冶(金・銀・銅・鉄・鉛・錫・水銀・硃砂)の歳課

	金(両)	銀(斤)	銅(斤)	鉄(斤)	鉛(斤)	錫(斤)	水銀(斤)	硃砂(斤)
至道末歳課*1		14,5000	412,2000	574,8000	79,3000	26,9000		
天禧末歳課*1	1,0000	88,3000	267,5000	629,3000	44,7000	29,1000	2000	500
皇祐中*2	1,5095	21,9829	510,0834	724,1001	9,8151	33,0695	2201	
治平中*3	5439	31,5213	697,0834	824,1000	209,8151	133,0000	2200	2800
元額(祖額)*4	7597	41,1420	1071,1466	548,2770	32,6737	196,3040	4390	1878
熙寧10歳収*4	1048	12,9460	2174,47491	565,9646	94,3350	615,9291	2708	2115
元豊元実収*4	10,710	21,5385	460,5969	550,1097	19,7335	232,1898	3356	3646
北宋末祖額*5			705,7263	216,2140	321,3622	76,1204		
乾道2年歳収*6			26,3169	88,0300	19,1249	2,0458		

＊1.『長編』97天禧5年末条「至道末天下歳課：金若干両【注略】、銀14,5000両、銅412,0000余斤、鉄574,8000余斤。天禧末：金1,0000両、銀88,2000両、銅267,5000余斤、鉄629,3000余斤、鉛44,7000余斤、錫19,1000余斤、水銀2000余斤、硃砂5000余斤。然金銀,除坑冶丁数・和市外、課利折納・互市所得、皆在焉」、『通考』18征権・坑冶p.179-2同。

＊2.『通考』18征権・坑冶p.179下。

＊3.『通考』18征権・坑冶p.179下により、p.179中との増減を概数で示した。

＊4.『会要』食貨33-6～17〔坑冶上・各坑冶所出額数〕、同33-27～29〔坑冶・凡山沢之入〕(43)。

＊5.『通考』18征権・坑冶p.180-1。

＊6.『会要』食貨33-18〔各路坑冶興廃停閉〕(44)。

る史料は少ない。

３．宋代市舶の課税構造

国初以来、課利収入として塩、茶、礬に次ぐ利益を上げた香薬について、『宋史』食貨志は南宋前半期の「乳香」の記事を僅か500字程度で載せるにすぎず(45)、宋代の香薬収入は「互市舶法」の項に他の舶載品と並んで記載されている。香薬は市舶貿易積載品のうち最も種類が多く、課利収入も多かった。宋代の市舶、香薬については豊富な研究の蓄積があり、“専売”としての市舶収入が「抽解」方式によったことも明らかにされている(46)。香薬を含む宋代市舶における課利の分配は、本稿の分類に従えば禁榷[抽売制]として一括することができる。

(１)宋代の市舶制度と香薬

宋の市舶司は国初開宝４年(971)、知広州の市舶使兼領に始まる。淳化中に置使した杭・明２州には咸平中に市舶司を置いたが、元豊３年(1080)以降、３州とも転運使が提挙を兼領する体制に変更した。元祐２・３年(1087,88)には泉州・密州に市舶司を置き、崇寧元年(1102)には杭・明２州に市舶司を復置した後は、大観元年(1107)に四市舶司にそれぞれ提挙官を置いた。

対金交戦中の混乱期には建炎元年(1127)、泉・杭・明州の市舶使を福建路・両浙路転運使に兼領させた後、翌２年に市舶司を復置、同４年(1130)には広州市舶司を復旧した。しかしいずれの市舶司も戦乱の煽りで貿易収入は激減し、紹興２年(1132)には泉州市舶司と広・杭・明３州の提挙官を廃止した。泉州・広州市舶司はのち復置したが、乾道２年(1166)には両浙転運使による提挙市舶を廃止した(47)。

市舶司の輸入物品中、「起発赴行在送納」すなわち抽解物品全128種のうち46種、「市舶司変売」すなわち博買物品全87種のうち36種は「香薬」であり、それぞれ全体の36％、41％を占める。南宋になると市舶の禁榷物品はさらに増えて全312種に上ったが、うち香薬は87種あり、全体の27％を占めた(48)。

課利の収取は市舶司と貿易業者「船戸」との間で行われ、輸入商品の官—商間の分配には、〈抽分〉と〈博買〉の二方式が並用された。「抽分」方式は「舶戸」が納める積載品総額の1/10を租税として徴収するもので(「抽税」「抽解」とも)、南宋・紹興年中に一時4/10に引上げたことがあるが間もなく1/10に復旧した。「博買」は総額の3/10～6/10を市舶司が買上げるものである(「和買」「収買」とも)。「抽解」と「博買」とを併せて「抽買」ということもある。ただし坑冶の禁榷[官収制]における抽分：博買比が２：８であった(所謂“二八抽分”)のに対し、市舶の[抽買制]における抽解：博買比は１：９である。本稿ではこの配分比に基づき、市舶の課税方式を通商[抽買制]〈一九抽分〉方式とよぶ。

広州市舶司は開宝４年(971)、積載商品に対して初めて課利としての「抽分」を行なった。市舶司はその後杭州、明州、泉州等にも設けられ、市舶の抽解は、各船の貿易商「船戸」に対し、積載総量の1/10を“算税”として納めさせ(「抽解」「抽税」)、3/10を“官市”すなわち官が「博買」(「和買」「収買」)するもので、「船戸」は官による「抽買」の残りすなわち総額の6/10を、舶載品の買付けに来た商人や一般消費者に販売することができた(49)。

この〈一九抽分〉方式による市舶課利歳収は北宋時代を通じて維持され、変更されることはなかったが、南宋・紹興14年(1144)、利益の多い龍脳・沈香・丁香・白荳蔻の四種に限って4/10に引上げたことがある。この時は蕃商の反対で間もなく1/10の旧に復した(50)。その後(年次不明)、犀角・象牙等良品の抽解率を2/10、博買率を4/10、真珠はそれぞれ1/10, 6/10に引上げたという。良品の抽買率引上げで「船戸」の客商への貨売量は4/10〜3/10にまで減らされ、客商は粗色の雑物しか入手できなくなって、大きな打撃を蒙った(51)。

(2)香薬の上供と入中償還

北宋時代には、貿易船が広州等港に到着すると、市舶司が「抽買」した後、禁制品として1綱(時に2綱)に梱包し、汴河漕船の規定どおり1綱30隻の上供船団(「汴綱」)を組んで京師まで輸送した(52)。香薬は舶載品の中では特に尊重され、綱運の発送に際しては、予め物品見本「様本」を戸部に移送し、到着時に照合して移送中のすり替え等不正を防止した(53)。

こうして諸州市舶司・各路転運司の管轄下で国都へ綱運で輸送された香薬は、すべて皇室の財貨管理機関である太府寺の所管に移され、その殆どが香薬庫へ、また内蔵庫・左蔵庫へ納入・保管された。

香薬庫は太平興国2年(977)の設置当初は「香薬易院」(榷薬局)と呼ばれ、大中祥符2年(1009)には榷貨務に所属する一庫となったが、天禧5年(1021)に「内香薬庫」と改称して独立し、朝貢国からの貢納を含む“香薬宝石”の出納を掌った(54)。

内蔵庫は国初以来、泉州陳氏・呉越銭氏が所蔵した宝貨・香薬のほか、諸州上供の金銀・紬絹、宝貨・香薬を納めてきたが、景徳4年(1007)3月、杭・明・広州三市舶司の舶載品中“犀牛・珠玉”については内蔵庫に納入し、旧蔵の犀牛・珠玉を香薬庫に移すとともに、以後諸州の市舶香薬の細色は内蔵庫へ、次は香薬庫へ納入することとした(55)。南宋になると国庫の制は複雑になったが、香薬は左蔵庫、寄椿庫等にも椿管された(56)。

こうして内蔵庫等国庫に納入、椿管された香薬は国初以来、塩・茶・礬と並ぶ博買の本銭として、また沿辺入中が本格化すると「三説法」の償還物品として、京師榷貨務で客商に出売された(57)。三説法による見銭:茶交引:香薬・象牙の償還比率は、天聖6年に25:30:45、同8年に35:40:25、慶暦年中には見銭:末塩交引:香薬茶交引が30:35:35、などとなっていた(58)。一般に香薬の出売価格は榷貨務が定める估価によったが、入中した客商が持込む交引の償還価格は、塩・茶の虚估と同じく優饒価格が設定された(59)。南宋・紹興年間には行在・建康・鎮江三榷貨務体制が成立したが、香薬の官売歳収は礬と合せても総収額のわずか5.3%にすぎず、塩(75.7%)・茶(13%)の多さに比べると財政上の比重は大きくない(60)。

博買の対価、入中の償還としての出売のほか、雑売務雑売場——提挙市易司の系列に属する——を通じて商人・一般消費者に出売された。雑売場で売出される物品の多くは皇室の需要に供した後の残り物“弊余”であり、売上高もさほど多くはなかった(61)。“弊余”とは言え商人は商品価値の高い香薬類を求め、一般商品と同じく購買のさい雑売場で「頭子銭」を徴収されたが、城外へ出て販売する際の出門税・商税を免除される特典があった(62)。南宋の臨安府では、北宋時代には平準・市舶・榷易・商税・香・茶・塩・礬等、専ら政府の貨幣収入を管理していた金部が、香薬の保管から販売までを総合的に管理するようになり、「編估局」「打套局」等の部局を設けて香薬出売を統轄した。「編估局」は香薬類の等級・数量・估価を定めて金部に報告し、金部が再審査して合格すると「打套局」に下して出売させた(63)。

上に見た辺糴のための博買、沿辺入中の償還、京師雑売場での官売などは、京師榷貨務等中央機関の業務であるが、このほか朝廷は香薬をしばしば地方州軍に給付し、州軍はその販売収入で歳計を支えた(64)。諸路転運司は塩茶礬と並んで香薬の会計処理を重視し、崇寧４年(1105)には江南東西路を皮切りに諸路に「塩香茶礬司」(塩香司)を設けて課利収取業務を分掌させた(65)。泉州・広州等市舶司が抽解・和買した後の香薬——禁榷品を除く——について、客商はこれらを買付け、市舶司が給付した交引を持って行在市舶司に持込んで売捌くことができた(66)。

(３)宋代香薬の課利歳収

市舶司は「抽解」「博買」によって得た物品を品目毎に分類梱包して京師(南宋では行在)の香薬庫等中央官司に送納した後、これら中央諸官司から京師榷易務(署)・諸路雑買場・市易務等に分送して、商人・一般消費者に官売した。この売上げ総額が課利としての市舶歳収(銭額)である。すなわち通商[抽買制]〈一九抽分〉方式による市舶の課利は、官が“無慮千万緡”といわれる「本銭」によって舶載の象牙・香薬等高級品を収買(博買)して得た収益である。本銭には北宋末から度牒が用いられるようになったが、南宋になると政府の見銭不足を背景に度牒による本銭支給が多く見られるようになった(67)。

北宋期には、象犀・珠玉・香薬等の官売総額すなわち市舶歳収は、皇祐中(1049-53)に53万貫有余、治平中(1064-67)には63万貫に達した(68)。

南宋になると香薬の課利歳収は北宋時代の半額以下に縮小した。紹興６年、福建市舶司の言によれば、建炎２年(1128)から紹興４年(1134)までの六年間で市舶課利歳収計98万貫を収め、また紹興末、広州・泉州両市舶司の「抽買」息銭すなわち課利歳収は200万貫であった(69)。また紹興６年(1136)には榷貨三務の歳収が1300万貫と増えたが、そのうち塩課が80%、茶課が10%を占め、香薬・礬貨はその他雑収と合せて10%(130万貫)に過ぎなかったという(70)。これらの数字から見ると、紹興年間の市舶の歳収は20万貫にも達しなかったと思われる。

おわりに

宋代の榷礬は禁榷[官収制]を基礎として、白礬・緑礬を北辺折中「博買」・沿辺入中の償還物資とする通商[卸売制]を並用する官商並売体制として発足した。禁榷[官収制]〈礬務直営〉方式は淮南・無為軍礬にのみ採用されたが、これも天聖2年(1024)には他州礬と同じ〈置場収買〉方式に転換したのち、元祐元年(1086)に禁榷を廃止して全ての礬が通商[卸売制]となった。

北宋前半期の通商[卸売制]下では、官礬の博買価格は産地ごとに差があったが、生産者「鑊戸」からの収買価格は42.8文/斤に統一され、政府は官価(博買価格)の72〜77%の官課を榷礬歳収とし、客商は官価(博買価格)の22〜26%を利益として得ることができた。元祐の榷礬通商制のもとでは、諸州礬はそれぞれ販売地域を区画され、厳格な統制下に置かれた。河東・陝西の産礬地が金領となった南宋時代には、事実上淮南礬(無為軍礬)が全国の通商を独占した。宋代榷礬歳収の最高額は、北宋元豊6年(1083)の33.79万貫である。これまでの研究では"専売"論に基づき、政府の独占販売の側面が強調される反面、通商礬の課税方法の分析は不十分である。

宋代の坑冶を課利収取方式として見ると、禁榷[官収制]——鉱産を"官売"することはない——を原則とし、時に買撲を許可する禁榷・買撲並用体制であった。従来の研究は坑冶についても"専売"の一環としてとらえるため、鉱産の収買過程の課税方式と収買後の鉱産の使途については、究めて曖昧な、或は誤った説明がなされている。

坑冶の禁榷[官収制]においては〈二八抽分〉方式が採られた。官は坑冶戸の鉱産の20%を租課として納めさせ(抽解、抽分、抽税)、80%を坑冶戸から鋳銭資金「本銭」を支出して買上げ、こうして収買した鉱産はもっぱら各地の鋳銭監に移送・輸納した。宋代坑冶の統制は、上供金銀を除けば銅・鉄・鉛・錫等鋳銭原料の確保が主目的であった。もっぱら販売体制として政府の独占を強調する"専売"論によっては、その課税構造を解明することはできない。北宋時代、坑冶の管理運営は路官転運司・提挙市易司等地方官司の責任で行われていたが、北宋末には鋳銭司のもとに一元化され、南宋に継承された。しかしその後南宋時代を通じて、鋳銭が殆ど行われなかったこともあって、財政における坑冶の重要性は極度に低下した。

宋代市舶制度において、課利の収取は市舶司と貿易業者「船戸」との間で行われ、課税方式としては通商[抽買制]〈一九抽分〉方式が採用された。この方式は坑冶の禁榷[官収制]〈二八抽分〉方式に似て、「船戸」が所有する積載品の1/10を租税として納めさせ("一九抽分")、残りを市舶司と一般商人が買上げる。市舶司は残りの3/10〜6/10を買上げ、これを「博買」(和買・収買とも)と称した。「抽解」と「博買」とを合せて「抽買」と呼んだ。

船戸が積載する輸入商品の中で、最も需要が多く官商とも利益が多かったのは香薬であった。北宋時代、香薬は沿辺入中の償還財貨として重視され、また国都での生活上の需要も多く、国初から沿海の地方官司である市舶司から中央への「上供」物資に指定されていた。香薬が広州等海港に着岸すると、市舶司がまず船戸・商人を招集して「抽買」を行い、これを転運司が陸運・水運で「綱運」し、揚州発運司が汴河漕船の上供船団「汴綱」を編成して京師に輸送した。南宋時代、国都が臨安に移ってからも、香薬等高級禁制品は地方官司によって行在に「上供」された。

注

（１）『宋史』食貨・礬p.4533「白礬出晋・慈・坊州・無為軍及汾州之霊石県、緑礬出慈・隰州及池州之銅陵県、皆設官典領、有鑊戸［鬻］・造入官市」。佐伯富「宋代における明礬の専売制度」(『東亜人文学報』1-4、1942、『中国史研究』１、同朋社、1969所収)、中嶋敏「宋朝榷法における礬類について」(『東洋研究』152、2004)。『宋史食貨志訳注』はこれまでの研究に基づき、“専売制度”として礬貨の製造・販売形態を基準として官売二・通商二の計四形態に分類する(p.156、訳注：内河久平)。すなわち官売法には①生礬の採取から製造・販売に至るまですべてを官営で行う方式と、②製造は民戸の「鑊戸」に委ね、生礬の採取と製品(熟礬)の販売は官の独占事業とする方式の二種、通商法は③製品(熟礬)の運搬と販売とは個人が行う方式と、④官は生礬の払下げを行うだけで、生礬の製造・販売は商人に行わせる方式の二種、計四方式があるとする。なお汪聖鐸氏は宋代榷礬は官売制(“官産”と“民産”の二種)一方式とするため、官礬の通商に言及していない(『両宋財政史』上p.285)。

（２）佐伯富氏は「…鑊戸が生産した明礬は、一部は政府に租税として納入し、他はみな政府に買いあげられ、政府が専売を行っていた」とし(前注(１)参照)、『宋史食貨志訳注』もこれに従う(p.161)。しかし氏がその論拠とした唯一の史料、『宋史』食貨・礬p.4534「天聖以来、晋・慈二州礬募民鬻之…四分一入官、余則官市之」における“鬻”字は、冒頭「有鑊戸鬻造入官市」の“鬻”字と同じく“鬻”字の誤記であり、これは鑊戸の産礬ではなく一般民戸の産礬の収買方式を述べた史料である。この“鬻”字について呉兆莘『中国税制史』(中国文化史叢書、台湾商務印書館、1979)は文字通り「売」と訓み、民戸が産礬を販売して売上げの1/4を官に納めたとする(同書p.106「募人民之売礬者…以銷数四分之一入於官」)。しかし両宋を通じて官が民戸に礬の販売を許可した事実はなく、従って売上げの1/4を租税として納めた事実もない。礬の製造者が鑊戸であれ民戸であれ、官は産礬を収買し、官自ら一般消費者に、或は折中博買・入中の償還に礬貨を求める客商に販売した。「四分一入官」は売上げの1/4ではなく、鑊戸と同様に民戸の製礬を許可した見返りとしての“抽税”額である。官はこの1/4“抽税”を徴収することで、民戸への収買本銭の支給額を、鑊戸への支給額の3/4で済ますことができたのである。

（３）『宋史』食貨・礬p.4534「先是建隆二年、命佐諫議大夫劉熙古詣晋州制置礬、許商人輸金銀・布帛・糸綿・茶及緡銭、官償以礬、凡歳増課八十万貫」。

（４）『宋史』食貨・礬p.4534「太平興国初、歳博緡銭・金銀計一十二万余貫、茶計三万余貫。端拱初、銀・絹帛二万余貫、茶計十四万貫。至是言者謂、礬直酬以見銭、商人以陳茶入博、有利豪商、無資国用。詔今後聴金銀・見銭入博」。

（５）『宋史』食貨・礬p.4534「時河東礬積益多、復聴入金帛・芻粟、商人利於入中、麟州粟斗実直銭百、虚估増至三百六十、礬之出官為銭二万一千五百、纔易粟六石、計粟実直六千、而礬一駄已費本銭六千、県官徒有榷礬之名、其実無利。嘉祐六年罷入芻粟、復令入緡銭、礬以百四〔十〕斤為一駄、入銭京師榷貨務者、為銭十万七千。入銭麟・府州者又減三千、自是商賈不得専其利矣。皇祐中、晋・慈入礬二百二十七万三千八百斤、以易芻粟之類、為緡銭十三万六千六百。無為軍礬售緡

銭三万三千一百。治平中晋・慈礬損一百九万六千五百四斤、無為軍礬售銭歳有常課、発運使領之、視皇祐中数無増損。隰州礬至是入三十九万六千斤、亦以易緡銭助河東歳糴」。皇祐中には実直に対して虚估が3.6倍、実直６貫の芻粟に対して償還物品の官価は3.6倍の21.5貫文となり、官は多額の欠損を出した。晋州・慈州礬の場合、１斤当りの礬価は(1,3660,0000/227,3800＝60.0)60文となり、官利は官売価格のほぼ半額に低落したことが分る。また嘉祐「見銭法」のもとでも、１駄の入銭額が京師で(17000/140＝121.4)約120文、麟・府州で(14000/140＝)100文となり、商利はほぼ官課と等しい。

(６)『会要』食貨34-3〔坑冶・礬場〕天聖2.8.「廃無為軍煎礬務、官自置場収買、旧売価毎斤百五十文、自今斤減三十文。時無為軍牙吏許明献言、礬務遺利頗多、且民多冒法私煉、請廃其務、置場収買。事下三司言、其議甚便、可以施行、故有是命。六年又令毎斤減三十文、十年又従知軍王汝能之請、毎斤復減三十文」。佐伯注(１)前掲論文は、無為軍礬は天聖２年に、他州礬は元祐元年に禁権から通商に転換したとするが、後注(16)に見るように、無為軍は〈官営直売〉方式から〈置場収買〉方式に転換した天聖年以降、元祐元年に通商法に転換するまでの期間は、歳課150万貫、収買本銭1.8万貫の官売体制を維持したことを考慮していない。

(７)『宋史』食貨・礬p.4533「晋・汾・慈州礬、以一百四十斤為一駄、給銭六千。隰州礬駄減三十斤、給銭八百。博売白礬価、晋州毎駄二十一貫五百、慈州又増一貫五百。緑礬、汾州毎駄二十四貫五百、慈州又増五百、隰州毎駄四貫六百。散売白礬、坊州斤八十銭、汾州百九十二銭、無為軍六十銭。緑礬、斤七十銭」。

(８)『宋史』食貨・礬p.4534「至道中、白礬歳課九十七万六千斤、緑礬四十万五千余斤、鬻銭一十七万余貫。真宗末、白礬増二十万一千余斤、緑礬増二万三千余斤、鬻銭増六万九千余貫」。

(９)『宋史』食貨・礬p.4535「熙寧元年、命河東転運司経画礬・塩遺利。李師中言、官積礬三百斤、走鹵消耗、恐後為棄物。詔令商人入中糧草、即以償之」。『会要』食貨34-3〔坑冶・礬場〕熙寧3.10.23「知慶州王広淵言、河東路礬塩為利源之最、欲乞於河東・京東・河北・陝西、別立礬法、専置官提挙、減罷巡捉使臣」。

(10) 王称『東都事略』112循吏95・薛顔「(真宗即位)…坊州募人錬礬、而其後課益重、至有破産被繫而不能償者。顔以為、罷坊礬則晋礬当大售、乃奏罷之、已而果然」。『長編』216熙寧3.10.23庚辰「…後〔楊〕蟠等言、坊州宜君県平臺郷、其地自来産礬、官司雖嘗置場収買、然以民間私礬数多、商人不願就官算請、今欲置鑊戸、令量官所用多少、限定戸数収買、其商人所算請、許令于陝西州軍、北至黄河、東至潼関、并京西均・房・襄・鄧・金州・光化軍為界、以鑊戸立為保甲、逓相覚察告捕…。従之」。

(11)『長編』110天聖9.11.丁亥「弛両川礬禁」、『宋史』9仁宗本紀同。

(12)『長編』336元豊6.閏6.8壬午「詔、梓州路転運副使李琮罰銅二十斤、坐前任江淮発運使、因奏計時、嘗乞住煎池州緑礬、而池州実自嘉祐六年已住煎故也」、『会要』職官42-26〔発運使〕元豊6.閏6.7条同。

(13)『長編』295元豊1.是歳「詔、畿内及京東西五路、許売晋・隰礬、陝西自潼関以西・黄河以南・達於京西均・房・襄・鄧・金州、則售坊州礬、礬之出於西山、保・覇州者、售於成都・梓州路、出無為軍者、余路售之、禁私鬻者与越界者、如私礬法」、『宋史』食貨・礬p.4535略同。坊州礬の通商区については後注(16)を参照。

(14)『長編』341元豊６.是歳「自熙寧初始変礬法、歳課所入、元年為銭三万六千四百緡有奇、併増者五歳、乃取熙寧六年中数、定以十八万三千一百緡有奇為新額。至元豊六年、課増至三十三万七千

九百緡。而無為軍礬聴民自鬻、官置場售之、歳課一百五十万斤、用本銭万八千緡。自治平中至元豊、数無増損云」、『宋史』食貨・礬p.4536同。なお文中“併増者五歳、乃取熙寧六年中数”と見える「五年併増虧法」については本書第12章宋代商税の課税構造を参照。

(15) 同前注(14)。

(16)『長編』390元祐1.10.23丁未「戸部言、制置発運司奏、江淮荊浙六路州県場務旧日売礬、並拠人戸取便赴官収買、後来発運司奏請、並依河東体例、許令染店并雑売鋪戸結保預買一季礬貨、頗有抑勒追擾之弊、欲令江淮荊浙六路礬、依旧人戸便赴官収買。従之」、『会要』食貨34-4〔坑冶・礬場〕元祐1.10.23詔略同。

(17)『長編』481元祐8.2.3庚戌「戸部言、契勘無為軍崑山白礬、元条禁止、官自出売。昨権許通商、毎百斤収税五十文、準元祐勅、晋礬給引指住売処納税、沿路税場止得験引、批到発月日、更不収税、其無為軍崑山礬、欲依晋礬通商条例。詔依戸部所申」、『会要』食貨34-4〔坑冶・礬場〕元祐8.2.2略同。元祐初の通商[卸売制]では毎100斤50文、すなわち従量0.5文/斤で「過税」「住税」を徴収し、同8年の通商[卸売制]では客商に礬交引を発給して販売先で礬課を納めさせ、沿路税場での商税科徴を免じた。

(18)『宋史』食貨・礬p.4536「初熙豊間、東南九路官自売礬、発運司総之。元祐初通商、紹聖復熙豊之制。大観元年定河北・河東礬額各二十四万緡、淮南九万緡、罷官売従商販、而河東・河北・淮南各置提挙官」。

(19)『会要』食貨34-4〔坑冶・礬場〕大観2.3.25「尚書省勘会、河東・河北・所産礬、係通入京畿・京西・京東・陜西六路、無為軍礬通入江淮荊浙広福九路、今条画許客人就榷貨務入納見銭、給公拠前去礬場等請、其通商路分、欲令転運司官一員、各兼行提挙措置外、河東・河北・淮南路分係出産礬去処、各合転差官前去提挙措置。従之」。『雑記』甲14礬「礬、国朝旧制晋州礬行於河東・北・京畿、淮南礬行於東南九路」。

(20)『宋史』食貨・礬p.4536「…政和初復官鬻、罷商販如旧制、淮南礬事司罷帰発運司、上供礬銭責以三万三千一百緡為額」。

(21)『宋史』食貨・礬p.4536「(政和)三年有司奏減河北・河東并淮南礬額、計十六万緡。四年礬額復循大観之制。五年、河北・河東緑礬聴客販於東南九路、民間見用者、依通商地籍之、聴買新引帯買、大率循倣塩法。宣和中挙比較増虧賞罰、未幾以擾民罷」。淮南礬の紹聖年中の官売と大観年中の通商の経緯については、『長編』・『会要』等他史料に見えない。淮南礬の上供礬銭額3.31万貫が旧官売時期の官課歳額であることは、前注(20)及び『会要』食貨34-5〔坑冶・礬場〕政和2.2.3「詔、自政和二年為始、将東南九路歳買礬、依熙寧旧法、九路官般去〔処〕出売、仍将毎歳合発上供売礬銭、並依紹聖勅条、令発運司管認旧額三万三千一百貫、起発上京、以助経費、所有見措置淮南路礬事司、依旧併帰発運司、其官吏等並罷」を参照。なお“上供売礬銭”は官礬の歳売課額ではなく、榷礬官売歳課の額中から発運使が中央に上供する銭額である。

(22) 崑山礬の収買本銭13～20文/斤、鈔引請買価格は100文/斤で利潤率は5～7.6。なお加饒20文/斤で償還価格は120文/斤であった。『会要』食貨34-6〔坑冶・礬場〕紹興8.6.4「淮西運判李仲孺言、契勘本路無為軍崑山場、入納金銀見銭算請鈔引、般指州県貨売、毎引納銭一十二貫、販正礬一百斤、并加饒二十斤、共一百二十斤、照応礬場、先買納下白礬、除支発外、截日尚有見管一千八十九万八千余斤、毎斤本銭一十三文及二十文、占圧本銭共一十四万九百余貫」。『雑記』甲14礬「…崑山礬、則民間自煮、官置場買納【紹興初年、毎斤銭十三文至二十文、十四年十一月増為三十文】、歳収息銭四万緡有奇【二十九年閏六月、以四万二千五百八十五文為額】」。

(23)『宋史』食貨・礬p.4537「紹興十一年、以鋳銭司韓球言、撫州青膽礬斤銭一百二十文、土礬斤三十文省、鉛山場所産品高於撫、青膽礬斤作一百五十文、黄礬斤作八十文。二十九年、以淮西提挙司言、取紹興二十四年至二十八年所収礬銭一年中数四万一千五百八十五緡為定額。其他産礬之所、若漳州瀏陽之永興場・韶州之岑水場、皆置場給引、歳有常輸。惟漳州之東、去海甚邇、大山深阻、雖有采礬之利、而潮・梅・汀・贛四州之姦民聚焉、其魁傑者号大洞主・小洞主、土著与負販者、皆盗賊也」。

(24) 宋代の坑冶について王菱菱氏は経営形態から、(1)直接的官営方式、(2)一定の規定に従い民間人を召募し、資本・労働力を負担せしめて採掘、精錬する民営的官営方式、(3)民間の希望者をして、一定の額を立てて経営を請負わせる私営方式、の三種に分け、「いずれの場合にも得た鉱産物の大部分は上供、賦税、折納、抽分(民営の鉱産税)、禁榷(専売法)、中売(民が官に売る)等の方法で官に収納される仕組みであった」として計七種の収納方法を羅列するが、財政原理による分別でないため、課利としての坑冶の課税方式がよく分らない。『宋史食貨志訳注』は王菱菱氏の分類に従う(p.79,訳注：千葉煚)。また汪聖鐸氏は宋代坑冶は集中したものを官営、分散したものを“民戸承買”とする独自の二分法をとる。“民戸承買”は買撲のことで、王氏が分類した(3)に当るが“私営”という表現には問題がある。なお宋代坑冶に王氏の(1)直接的官営の事例は見当らない。

(25)『通考』18征榷・坑冶p.180中「坑冶、国朝旧有之、官置場監、或民承買、以分数中売於官、旧例諸路転運司本銭亦資焉。其物悉帰之内帑、崇寧以後広捜利穴、榷賦益備。凡属之提挙司者、謂之新坑冶、用常平息銭与剰利銭為本。金銀等物往往皆積之大観庫、自蔡京始也。政和間数罷数復、然告発之処多壊民田。承買者立額重、或旧有今無而額不為損」、『宋史』食貨・阬冶p.4531略同。『会要』職官43-119〔坑冶鋳銭司〕崇寧2.8.29「詔、除坑冶専置司自合依旧外、逐路坑冶事、並令本路提挙司同共管勾」。

(26)『会要』職官43-143〔坑冶鋳銭司〕宣和7.3.24「…大観二年後来、旧坑冶転運司闕本銭、許常平司銭収買、新坑冶係崇寧二年三月以後興発者、隷提挙常平司置場官監処、冶戸無力興工、許借常平司銭、俟中売於全価内剋留二分填納。不堪置場召人承買処、中売入官価銭、以常平司銭限当日支還」。

(27)『長編』499元符1.6.27甲辰「戸部言、提刑司・提点坑冶鋳銭司、各拠所轄州県坑冶、催督敷辨租額、置籍勾考、毎歳令比較増虧、提刑司限次年春季、提点坑冶鋳銭司限夏季、各具全年増虧分数、保明聞奏」。

(28)『会要』食貨34-16〔坑冶雑録〕紹興7.「戸部言、熙豊法、召百姓採取自備物料、烹煉十分為率、官収二分、其八分許坑戸自便貨売、今来江西転運司相度到江州等処金銀坑治、亦依熙豊二八抽分、経久可行、委実利便。従之」。同34-17〔坑冶雑録〕紹興7.「工部言、知台州黄巌県劉覚民乞、依熙寧法、以金銀坑冶、召百姓採取、自備物料烹煉、分為率、官収二分、其八分許坑戸自便貨売」。

(29)『長編』375元祐1.4.18乙巳「永興軍路提点刑獄司言、準朝旨、相度虢州盧氏県欒川・朱陽県銀煎・百家川両冶和買及抽分利害、今乞依旧抽収二分、和買三分、以五分給主、兼銀煎冶・百家川等処入官分数、与欒川冶一同、並乞如旧。従之」。『会要』食貨34-20〔坑冶雑録〕「元祐元年、陝西転運兼提挙銅坑冶鋳銭司言、虢州界坑冶戸所得銅貨、除抽分外、余数並和買入官、費用不足、乞依旧抽納二分外、只和買四分、余尽給坑冶戸貨売。従之」、『長編』389元祐1.10.12丙申条同。『会要』・『長編』とも「抽分」は二分で同じ。和買の比率が異なる理由は不明。

(30)『淳熙三山志』14版籍類五鑪戸に「(長渓炉戸)師姑洋場・平渓里…政和三年、佃戸歳二分抽収鉄七百斤、八分拘買二千八百斤。新豊可段坑同里…乾道九年、佃戸歳二分抽収鉄四百斤、八分拘収買一千六百斤」、同じく「(南平北山)栢陽里…紹興二十二年、佃戸歳二分抽収鉄一百斤、八分拘買四百斤」、「(南平北山銅盤等処)化東里…紹興二十一年、佃戸二分抽収鉄八十斤、八分拘買四百斤」などとある。

(31)『長編』441元祐5.4.18癸丑「湖南転運司言、応金銀銅鉛錫、興発不堪置場官監、依条立年額課利、召人承買、並地主訴其騒擾、請先問地主、如願承買、検估己業抵当及所出課額利銭数已上、即行給付、如不願或己業抵当不及、即依本条施行。従之」。"召人承買"は買撲民戸を募集すること、"所出課額利銭数"は買撲に当り官に納める課利銭(官課)のことである。

(32)『宋史』食貨・阬冶p.4526「(崇寧元年詔)諸路阬冶、自川・陜・京西之外、並令常平司管幹、所収息薄而煩官監者、如元符・紹聖勅立額、許民封状承買」。

(33)『宋史』食貨・阬冶p.4529「明年(政和八年)令諸路鉄倣茶塩法榷鬻、置鑪冶収鉄、給引召人通市。苗脈微者聴民承買、以所収中売於官、私相貿易者禁之。…其後大観初…滑州通判苗沖淑之言、石河鉄冶既令民自採錬、中売於官、請禁民私相貿易」。『宋史食貨志訳注』はこの"中売"について「商人が官許を得て民間の所有物品を買収し、これを官に売り納める」と解説するが、意味不明。"中売"とは民戸による官課の"承買"すなわち「買撲」のことである。前注(31)を参照。

(34)『宋史』食貨・阬冶p.4530「…会次年(政和二年)、広東路請以可監之地如旧法収其浄利、苗脈微者召人承買、官不榷取」。

(35)『宋史』食貨・阬冶p.4530「宣和元年、石泉軍江渓沙磧麩金、許民随金脈淘採、立課額、或以分数取之」。

(36)『長編』116景祐2.9.28己卯「初命朝臣為江・浙・荊湖・福建・広南等路提点銀銅坑冶鋳銭公事路、其俸賜恩例、並与提点刑獄司同」。

(37)『会要』職官43-119〔坑冶鋳銭司〕「旧坑冶鋳銭事隷転運司、元豊初間、以他官兼領。元祐元年以坑冶・鋳銭通為一司、後時或以別司兼管云」。『宋史』食貨・阬冶p.4526「元符三年、〔許〕天啓罷領〔陜西〕坑事、以其事帰之提刑司…而漕司不復兼坑冶」、同p.4527「(崇寧元年)…諸路坑冶、自川・陜・京西之外、並令常平司同管幹」。なお坑冶鋳銭業務は崇寧５年(1106)、景祐以来70年振りに諸路転運司に一元化されたが(『会要』職官43-119〔坑冶鋳銭司〕崇寧5.2.15詔)、宣和７年(1125)には提挙坑冶司を復置するなど(『会要』職官43-142〔坑冶鋳銭司〕宣和7.3.15勅)、元豊年間に始まった坑冶業務管轄の系統変更は北宋最末期まで繰返された。

(38)『長編』260熙寧8.2.丁丑「詔、陜西都転運司、与都提挙市易司協力、興治銀・銅坑冶、以其所入為熙河糴本。従王韶知熙州日請也」。

(39)『長編』350元豊7.11.6壬寅「提点江浙等路坑冶鋳銭胡宗師言、信州鉛山県銅坑発、已置場冶、乞借江東提挙司銭三十万緡、以鋳新銭、息二分還、福建・二浙有銅坑処準此。戸部言、宗師言皆可推行。詔、借江東提挙司銭十五万緡、以所鋳銭還、所乞福建二浙借銭不行」。『長編』365元祐1.2.2.辛酉「新淮南等路提点坑冶鋳銭事李深言、坑冶鋳銭旧隷一司、元豊二年以荊・広・淮・浙分為両路、韶州岑水等場、自去年以来坑冶不発、欲乞両路提点鋳銭、通為一司。従之。詔、毎路特借銀一十五万貫」。『長編』469元祐7.1.21甲辰「…看詳湖広江浙銅坑、近年所収僅足上供、而広西銅銭稍稍流出徼徼外、歳仰東路銅貨、亦無由永遠応副…」。

(40)『長編』348元豊7.9.8乙巳「荊湖南路転運司言、契勘荊広等路鋳銭司牒、準内蔵庫牒、検会熙寧詳定三司例巻数内一項、諸路坑冶課利金銀、並納本庫。除已牒漳州永興場具興発後来収到銀数、以憑回報内蔵庫、照会本司坑冶収銀、並係応副支用、久来不係起発赴内蔵庫之数、或合行並赴内蔵庫納」。

(41)『長編』441元祐5.4.21丙辰「戸部言、虔・台・婺・衢銀坑興発、乞逐州応管合発上供、及無額官銭并就截応副買銀上京。従之」。なおこうした上供代替銀については、本書第３章上供銭貨の諸系統―南宋時代―を参照。

(42)『会要』職官43-144〔坑冶鋳銭司〕建炎4.3.17「江淮荆浙福建広南路提点坑冶鋳銭孫荘言、本司歳用銅鉛錫鉄、唯藉荆広路坑場出産、其合要本銭、全仰二広五分塩息銭応副…」。同43-160乾道6.4.1「詔鋳銭司減罷、併帰発運司」。

(43) **表１＊４**.『会要』食貨33-６～17〔坑冶上・各坑冶所出額数〕は『中書備対』に拠り諸坑冶務の「祖額」と元豊元年実収額を載せ、『九域志』の土貢場務を付す。旧『会要』所載治平以前の場務は省く。表中、左/の**太字**は元額(祖額)。/右の数字は元豊元年実収。[　　]は無額。〔　　〕は土貢(ただし課利歳課から金の土貢は省略)。単位は金・銀が両、他は斤。金：登州**3009**/4701〔10〕、萊州３県和買金**4150**/4872、金州/〔80〕、房州**66**/57、商州[**39**]/56、饒州**34**/35〔10〕、衡州/〔3〕、沅州**132**/84、嘉州/〔6〕、雅州/〔6〕、簡州/〔5〕、資州/〔5〕、昌州/〔5〕、利州/〔5〕、龍州/〔3〕、万州/〔3〕、汀州**167**/151、邕州/754…祖額総計**7597**両、元豊元年収総計1,0710両。銀：登州**70**/501、萊州**342**/136、鄧州**720**/400、商州**9797**/6960、虢州**3,4573**/2 ,5642、鳳翔府**1885**/929、秦州**222**/149、隴州**7,7262**/4322、鳳州**160**/184、越州**290**/63、衢州**6056**/695、処州**3475**/4734、饒州**2237**/1245、信州**10,3393**/3,5957、虔州**3722**/2472、建昌軍**9179**/5116、南安軍**1,6673**/2 ,8757、衡州**6300**/246、道州/134、郴州**3553**/2993、桂陽監**2,0732**/875、福州**1640**/2821、建州**1,0277**/8812、泉州**3,0000**/4,0000、南剣州**2,5610**/5 ,1227、汀州[**4075**]/2320、漳州**550**/915、邵武軍**4290**/2901、広州**331**/207、邵州**9488**/420、循州**1,5650**/3241、潮州**8289**/8289、連州**3555**/2774、賀州**206**/206、端州**253**/58、英州**5536**/7236恵州**2208**/1480、藤州**410**/298、宜州**1,9486**/3254、高州**132**/132。祖額総計**41,1420**両、元豊元年収総計21,5385両。銅：隴州**9009**/9009、虢州**7417**/6392、処州**6,8566**/4 ,7511、饒州**740**/1608、虔州**674**/130、潭州[　]/107,8250、衡州**5570**/4350、郴州**77**/84、梓州**365**/365、興州**15,4049**/27,7328、福州**3,2822**/9,5308、建州**9,2493**/7,1260、南剣州**12,5974**/11,4051、汀州**3,5495**/1,6472、泉州**4,6849**/4,9036、漳州**4,6849**/4,0936、邵武軍**12,8564**/4,2515、広州**1000,0000**/1280,840、英州**2795**/2795。祖額総計**1071,1466**斤、元豊元年収総計1460,5969斤。鉄：登州**2655**/3775、萊州**4800**/4290、徐州**30,0000**/30,8000、兗州**39,6000**/24,2000、鄧州**6,9360**/8,4410、磁州**181,4261**/197,1001、邢州**171,6413**/217,3201、虢州**13,9050**/15,5850、陝州**1,3000**/1,3000、鳳翔府**4,0560**/4,8248、鳳州**3,6820**/3,6820、晋州**56,9776**/3,0908、威勝軍**15,8506**/22,8286、信州**3133**/3133、袁州**4,1593**/4,1593、興国軍**8,8888**/5,9215、道州**504**/504、栄州**300**/295、資州**6706**/7254、興州**500**/3400、南剣州**1,5179**/1,3350、汀州**9000**/9000、邵武軍**6902**/6902、恵州**6128**/6218、韶州**1500**/1800、端州**1404**/1410、英州**4,493**/4,3493、融州**500**/860。祖額総計**548,2770**斤、元豊元年収総計550,1097斤。鉛：鄧州**1572**/696、衛州**50,0891**/95,1997、隴州1,0268/263、商州**90,5574**/85,2314、虢州**176,1868**/162,0432、鳳翔府**3245**/9473、越州**3237**/631、衢州**10,8227**/5,2554、処州**1,0171**/22,9405、信州**2,5363**/1320、虔州**9513**/39□5、衡州**3,4000**/12,3921、桂陽監8,1243/8,1243、建州**6,6229**/4,2281*、南剣州**90,3045**/89,5680、汀州**106**/49、漳州**2782**/15,7449、邵武軍、広州**1,8160**/20,4340、韶州**118,2430**/79,0870、循州**26,5510**/8,5240、恵州**4,725**/3321、梅州**27,6340**/6,8240、端州**16,4150**/6,6710、英州**16,6690**/15,4976、南恩州**16,9520**/18,6460、連州**163,4762**

/164,2620、藤州38/38、高州96/96、融州9,2065/4,8759。祖額総計832,6737斤、元豊元年収総計919,7335、*は熙寧９年額。錫：虔州58,4471/45,2743、南安軍8211**/1638、道州23,6380/23,7390、郴州1389/1,0964、広州4,2108/3,5584、循州19,2400/18,7068、恵州26,0000/44,□556、賀州50,0000/87,8950、潮州1,2051/8255、康州12,6030/6,5760。祖額総計196,040斤、元豊元年収総計232,1898斤、**は熙寧６年和買元額。水銀：商州569/584、階州751/751、鳳州247/743、文州2370/1279、辰州/〔30〕、沅州〔20〕。祖額水銀総計4937斤、元豊元年収総計3356斤。朱砂：商州89/260.4、黔州/〔10〕、沅州〔20〕、宜州1789.9.7.6/3386.14.4、容州〔20〕。祖額朱砂総計1878斤13両７銭６分、元豊元年収総計3646斤14両４銭。

また『会要』食貨33-27～29〔凡山沢之入〕熙寧10年諸路歳収は次のとおり。金1048両…京東東511、京西南429、永興軍４、福建53で計997、-51の差あり。銀12,9460両…京東東2603、永興軍1,4240、秦鳳483、両浙512、江南東8,6693、江南西1571、湖南3427、福建1,0887、広南東9044。銅2174,4749斤…永興軍9,1145、両浙7,4541、江南東4,6820、江南西114、福建44,2851、広南東2108,8819、梓州459。鉄565,9646斤…京東東47,2999、京東西19,7400、永興軍125,6663、秦鳳13,7557、河東6,4786、江南東2,1769、江南西174,1809、荊湖南31,2724、福建6,9224広南東3,1344、成都府7,6611、梓州5771、利州20,3965。鉛794,3350斤…両浙13,5800、江南東27,3267、江南西1,9510、荊湖南55,5063、福建231,5874、広南東464,2736。錫615,9291斤…永興軍326,6996、両浙13,5800、江南西42,5760、荊湖南31,3724、広南東301,8011。朱砂2708斤…永興軍205、広南西2503。水銀2115斤…永興軍621、秦鳳1494。なお汪聖鐸氏は前掲書p.726（表12.）でこれを唯一の宋代坑冶歳入表（年次不明）とするが、これは『国朝会要』（拠中書備対）に基づく熙寧10年の諸路坑冶歳収である。

(44)『会要』食貨33-18〔諸路坑冶興廃停閉〕には、『四朝会要』に拠り「坑冶場務は興廃常ならず、歳収も多寡不同である。今虞部が申報した紹興32年の諸路州軍坑冶興廃の数と乾道２年７月の鋳銭司の対租額歳額を記載する」とある。表中［旧額］は会要食貨34-36〔坑冶雑録〕所載「乾道二年鋳銭司比較所入之数」、〔　　〕は『雑記』甲16銅鉄鉛錫阬冶「祖宗時天下歳産」所載の数値。銅場歳収祖額総705,7263斤８両、［旧額705,7260斤有奇］〔705万斤有奇〕、今逓年趁到総26,3169斤９両、［乾道歳入26,3160斤有奇］。比租額紐計止収到３厘７毫（対祖額比0.037）、鉄出産歳収祖額総216,2144斤12両４銭［旧額216,2140斤有奇］〔116万斤有奇〕今逓年趁到総28,0302斤13両［乾道歳入88,0300斤有奇］。比租額紐計４分１厘（対祖額比0.41）、鉛出産歳収祖額総321,3622斤14両［旧額321,3620斤有奇］〔321万斤有奇〕今逓年趁到総19,1249斤13両［乾道歳入19,1240斤有奇］。比租額紐計止収到６厘（対祖額比0.06）、錫出産歳収祖額総76,1204斤６両［旧額76,1200斤有奇］〔76万斤有奇〕今逓年趁到総2,0458斤６両［乾道歳入2,0450斤有奇］。比租額紐計止収到２厘７毫（対祖額比0.027）。

(45)『宋史』食貨・香p.4537「宋之経費、茶・塩・礬之外、惟香之為利博、故以官為市焉」。

(46) 宋代市舶の専著としては藤田豊八「宋代の市舶司及び市舶司条例」（『東洋学報』7-2、1947、『東西交渉史の研究 南海編』岡書院、1937所収）、桑原隲蔵『…蒲寿庚の事跡』（岩波書店、1935、『桑原隲蔵全集』５、岩波書店、1968所収）。香薬の専著としては山田憲太郎『東亜香料史研究』（中央公論美術出版、1976）、林天蔚『宋代香料貿易史』（中国文化大学出版部、1986所収）。

(47)『玉海』186食貨・理財・唐市舶使「…宋朝開宝四年六月壬申、広州兼市舶使【初置】、後又置于杭。淳化中徙于明之定海、明年復置于杭。咸平中杭・明各置司…元豊三年八月、二広閩浙並以漕臣兼提挙。元祐二年十月六日増置于泉州、三年三月置于密州。崇寧元年七月復置于杭・明、大観元年三月癸卯復置提挙官。建炎元年七月己亥、閩・浙併于漕臣、二年五月丁未復置、四年二月復置広司、紹興二年七月甲子廃閩司、八月併罷広・浙提挙官。已而閩・広復置、乾道二年罷両浙提挙市舶」。

(48)『会要』職官44-1〔市舶司〕「太平興国初、京師置榷易院、乃詔諸蕃国香薬・宝貨至広州・交趾・泉州・両浙、非出於官庫者、不得私相市易。後又詔、民間薬石之具、恐或致闕、自今惟珠貝・瑇瑁・犀牙・賓鉄・鼊皮・珊瑚・瑪瑙・乳香禁榷外、他薬官市之、余聴市貨与民」。同44-2〔市舶司〕太平興国7.閏12.「詔…凡禁榷物八種、〔珠貝〕・瑇瑁・牙犀・賓鉄・鼊皮・珊瑚・瑪瑙・乳香、放通行薬物三十七種、木香・檳榔・石脂・硫黄・大腹・龍脳・沈香・檀香・丁香・丁香皮・桂・胡椒・阿魏・蒔蘿・蓽澄茄・訶子・破故紙・荳蔻花・白荳蔻・鵬沙・紫礦・胡蘆芭・蘆会・蓽撥・益智子・海桐皮・縮砂・高良薑・草荳蔻・桂心苗・没薬・煎香・安息香・黄熟香・烏樠木・隆真香・琥珀、後紫礦亦禁榷」。『会要』職官44-21〔市舶司〕紹興11.11.「戸部言」等。これら物品については林天蔚前掲書のほか藤善眞澄訳注『諸蕃志』(関西大学出版部、1911)、韓振華訳注『諸蕃志注補』(香港大学亜洲研究中心)等書を参照。

(49)『通考』20市舶互市p.200下「開宝四年置市舶司於広州、以知州兼使、通判兼判官。止斎陳氏曰…淳化二年始立抽解二分」。前注(47)所引『玉海』186食貨・理財・唐市舶使「宋朝開宝四年六月壬申条、同p.201上「仁宗時詔、杭・明・広三州置市舶司、海船至者、視其所載、十算其一而市其三」。文中“算”が抽解、“市”が博買を指す。

(50)『通考』20市舶互市p.201下「紹興十七年十一月詔、三路舶司、蕃商販到龍脳・沈香・丁香・白豆蔻四色、並抽解一分、余数依旧法。先是十四年、抽解四分、蕃商訴其太重故也」。

(51)『通考』20市舶互市p.201下「隆興二年臣僚言…既市舶司条其利害、抽解旧法十五取一、其後十取其一、又後択其良物。如犀牙十分抽二、又博買四分、真珠十分抽一分、博買六分」。

(52)『会要』職官44-4〔市舶司〕天聖5.9.「自今遇有舶船到広州、博買香薬、及得一両綱、旋具聞奏、乞差使臣管押」。同42-53〔発運使〕建炎2.5.12「発運副使呂淙言、祖宗旧法、推行転般、本司額管抃綱二百、毎綱以船三十隻為額、通計船六千隻、一年三運、趂辨歳計」。

(53)『会要』食貨44-18〔漕運〕嘉定11.1.25「戸部言、左蔵東西庫指定福建市舶司遵依指揮条具装発綱運事理、下項。…(第四項)一、交装綱運、先以色様申解戸部、不許随綱将帯、以防換易…」。

(54)『会要』食貨55-22〔榷貨務〕「太平興国中、以先平嶺南及交趾、海南諸国連歳入貢、通関市、商人歳乗船販易外国物。自三仏斉・勃泥・占城、犀象・香薬珍異之物、充盈府庫、始議於京師置香薬易院、増香薬之直、聴商人市之。命張遜為可薬庫使以主之、歳得銭五十万貫。大中祥符二年二月、撥併入榷貨務」。『会要』食貨52-6〔内香薬庫〕天禧5.6.「提挙庫務司請、以皇城内東華門裏東宮南屋、矩度為内香薬庫、貯細色香薬、以備内中須索。従之」。この時裁造院旧舎屋に経揀香薬庫を設け、のち城南・曹利用の故宅に外香薬庫を置いた。同天禧5.7.詔、同8.11.詔等を参照。

(55)『会要』食貨52-6〔内香薬庫〕景徳4.3.「詔杭・明・広州市舶司般犀牙・珠玉、到京並納内蔵、揀退者納香薬庫、諸州香薬亦以細色納内蔵、次者納香薬庫、如香薬庫収細色香薬供内、毎季計度支撥」。

(56)『会要』食貨54-18〔雑売場〕紹興4.3.13同日「詔、雑売場、依左蔵庫見出売香〔薬〕等体例、毎貫収頭子銭二十文省、充雑支使用、仍置暦収支、如有剰数、上下半年終赴左蔵庫送納」。『会要』食貨52-23〔寄椿庫〕乾道3.閏10.17「戸部侍郎曾懐言、契勘寄椿庫香薬・疋帛、初無監官、止差枢密院使臣監視出売、縁係兼管、前後交割不明、今欲乞将本庫物色、就委雑売場提轄監官出売、別置暦収支、其銭依旧赴南庫送納、枢密院使臣、乞更不差。従之」。

(57)『会要』食貨55-22〔榷貨務〕至道2.11.「詔、榷貨務博買香薬収銭帛、毎月収十次送納」。同景徳1.閏9.「詔、榷貨務所売紫赤礦・香薬、令依市寔価出売、不得虧官」。『会要』食貨36-5〔榷易〕景徳2.3.24「三司言、請令河北転運司、有輸藁入官者、准便糴粟麦例、給八分緡銭、二分象牙・香薬、其広信・安粛・北平粟麦、以香薬博糴。時辺城頗乏兵食、有司請下転運司経度之…命祠部郎中楽和乗駅、与転運使同為規画、還奏請以香薬博買、遂従其議、出内帑香薬二十万貫、往往彼供給」。同36-22〔榷易〕天聖7.閏2.2「太常博士張夏言、河北沿辺水災州軍便糴糧草、内三分香薬・象牙、請榷給末塩。詔付三三集議、遂請其三十千者、於香薬・象牙内減五千給以見銭。従之」。同天聖7.12.「三司言、準伝宣、陝西沿辺今歳稍熟、入中斛斗・糧草、累曾令将茶・塩折博入中、且留見銭在京、只将茶・塩招客人入中。如少人入中、即添饒茶・塩些小潤人」。同36-27〔榷易〕景祐3.5.14「詳定茶法所言…其陝西商人入中粮草、並勒執抄、赴京請領見銭、如願算請茶貨・香薬之類、及換外州軍見銭不等、並聴商人従便、毋得更於抄内批画去所。並従之」。

(58)『会要』食貨39-14〔市糴糧草〕天聖6.10「省司勘会乾興元年九月十五日勅、次遠・近裏州軍便糴斛斗、細色毎斗添銭十五文、粗色十文、仍以百千為色、依旧例分支香・茶・見銭三色、下項開坐…却於近裏・沿御河天雄軍等処便糴・収糴、其添饒支還則例、欲以乾興元年九月勅施行、二十五千支向南閑漫州軍見銭、三千支茶交引、四十五千取客穏便算射香薬・象牙。並従之」。この便糴の"添饒支還"すなわち客商への償還価格は10文/斗(細色)、15文/斗(粗色)の加饒率による。同天聖8.10.「三司言、河北西辺入便粮草、欲乞依去年例、毎百貫内支三十五千見銭、二十五千香薬・象牙、四十千茶交引、所貴招誘入便、豊得近辺軍食。従之」。張方平『楽全集』23論京師軍儲事「(第九項)一、裏河折中倉…近慶暦年中、例在京入中諸色斛㪷二百万石、用三説法、三十貫支見銭、三十五貫支向南州軍末塩、三十五貫支香薬・茶引」。

(59)『会要』食貨30-9〔茶法雑録〕宝元1.7.2「詳定茶法所言…在京[榷貨務]算買香薬・象牙、毎見銭百千加饒五千、今請増二千為七千、其河北沿辺入納粮草、願請香薬・象牙者加饒外、今請増三千為八千、若到京願請見銭者亦聴。詔特更与増減銭各二千」。この時詳定茶法所は京師榷貨務での請買時の虚估率を1.05から1.07に、河北沿辺入中は1.08に引上げようとした。林天蔚前掲書は加饒率を70/100～80/100とするが、このような高率の虚估はあり得ない。本書後編第10章宋代榷茶の課税構造を参照。

(60)『会要』食貨55-27〔榷貨務〕紹興6.8.詔後文「紹興二十四年、行在・建康・鎮江三務場共収二千六十六万七千四百九十一貫二百六文、塩銭一千五百六十六万五千六百一十五貫四百三十文、茶銭二百六十九万四千四貫五百七十七文、香礬銭一百九万九千一百八貫六百八十五文、雑納銭一百二十万八千七百六十二貫五百一十四文」。

(61)『雑記』乙13四提轄「四提轄謂榷貨務都茶場・雑売務雑売場・文思院・左蔵東西庫是也…買務・売場、蓋唐宮市之遺制、近制凡宮禁月料、朝省紙札、文思院之制造、和剤局之修合、皆所取給焉」。『会要』食貨54-17〔雑売場〕「雑売場、旧在利仁坊、後徙崇明門外、掌受内外弊余之物、以出売之」。同54-20紹興22.10.26「詔、権監雑売場鄭穀、在任九個月収銭三十三万四千余貫、比附前任正官劉彦昭例減半推賞、減一年磨勘」。同54-21紹興26.11.18「詔雑売場監官趙益、在任一年零十個月、売到銭八十八万九千余貫、減三年磨勘、以元無立定賞格、皆比附推賞也」。

(62) 前注(56)所収『会要』食貨54-18〔雑売場〕紹興4.3.13同日詔。同54-19〔雑売場〕紹興4.7.26同日「詔、客人請香薬等套、欲出外路販売者、照引与免出門并沿路商税」。

(63)『会要』職官27-70〔編估局〕紹興7.1.28「戸部言、欲将三路発到市舶香薬雑物、依旧令左蔵東西庫・

権貨務交納外、其編估職事、乞隔委左蔵庫監門官一員、兼其打套職事、乞委本府寺交引庫監官兼。従之」。『会要』食貨56-6〔金部〕紹興8.5.26「詔、三路市舶司香薬物貨、并諸州軍起到無用贓物等、係左蔵東西庫収納、先経編估局編揀、定等第・色額・估価、申金部下所属後、復估審験了当、本部連降估帳、行下打套局施行」。『会要』職官27-70〔編估局〕紹興9.6.21「詔…三路市舶司香薬物貨、并諸州軍起到無用贓罰衣服等、自来納訖牒到本局官吏、将帯行牙人前去、就庫編揀等第・色額、差南綱牙人等、同本司看估時直価銭訖、供申尚書金部、符下太府寺、請寺丞一員覆估訖、径申金部提振郎中、聴審験了当、申金部」。『雑記』乙16東南収兌会子「…所謂名件凡有九、一曰打套乳香銭約一百六十余万緡【謂権貨務見在散乳香十六万七千七百余斤、可打一百万二十套、毎套価減銭一百文作一貫六百文】」。「打套局」は北宋末蔡京が始めた「打套折鈔法」——商人に宮中不用の香薬を品目ごとに纏めて売却させ、未済官鈔の償還に充てる——に起源を有する。『備要』26崇寧元年十二月「行打套折鈔法」。

(64)『会要』食貨36-28〔権易〕康定1.2.21「三司言、乞従京支乳香赴東京等路、委転運司、均分於部下州軍出売、其銭候及数目、即部押上京、充権貨務年額」。『雑記』甲15市舶司本息「…然所謂乳香者、戸部常以分数下諸路鬻之」。

(65) 林天蔚前掲書p.294～300を参照。

(66)『会要』職官44-34〔市舶司〕嘉定6.4.7「両浙転運司言、臨安府市舶務有客人於以泉・広蕃名下転買、已経抽解胡椒・降真香・縮砂・荳蔲・藿香等物給到泉・広市舶司公引、立定限日、指往臨安府市舶務住売」。

(67)『会要』職官44—11〔市舶司〕宣和7.3.18「詔、降給空名度牒、広南・福建路各五百道、両浙路三百道、付逐路市舶司充折博本銭、仍毎月具博買并抽解到数目、申尚書省」。『雑記』甲15市舶司本息「市舶司者祖宗時有之未広也。神宗時始分閩・広・浙三路、各置提挙官一員、本銭無慮千万緡、海貨上供者山積。宣和後悉帰応奉、建炎初李伯紀為相省、其事帰転運司」。『要録』15建炎2.5.23丁未「復置両浙・福建路提挙市舶司、賜度牒直三十万緡為博易本」等。

(68)『玉海』186食貨・理財・唐市舶使「海船歳入、象犀・珠玉・香薬之類、皇祐中五十三万有余、治平中増十万【中興歳入二百万緡】」。

(69)『要録』104紹興6.8.是月「詔権貨三務歳収及一千三百万緡、許推賞。大率塩銭居十之八、茶居其一、香・礬・雑収又居其一焉【二十四年収二千六十万有奇、三十二年収二千一百五十六万有奇、乾道六年三月癸丑立額】」。

(70)『雑記』甲15市舶司本息「(紹興)六年冬、福建市舶司言、自建炎二年至紹興四年、収息銭九十八万緡、詔官其綱首【十二月乙巳】…至紹興末、両舶司抽分及和買、歳得銭二百万緡、隷版曹」。“綱首”が推賞されているので、泉州市舶司の舶載物は武夷山系を越え、贛水から長江に入る綱運によって行在に搬送され、権貨務で官売されて収入を得たことが分る。

後編小結

第5章　西北塩(解塩)の販売体制と課税方式

国初、解塩の販売体制は後周の榷塩体制を継承して、解塩(顆塩、西北塩)の行塩区を東塩禁榷区と南塩・西塩通商区とに三分する官商並売体制をとった。東塩区には禁榷[官売制]〈官般官販〉方式、南塩・西塩区には通商[収算制]〈従量課税〉方式が布かれた。南塩・西塩通商区では咸平3年(1000)から、河北の「折中」制度に倣って「沿辺入中」制度が実施され、通商方式を[鈔引制]〈入中償還〉方式に改めた。

天聖8年(1030)、官塩輸送の困難から東塩区の〈官般官販〉方式を廃止し、西北塩の三行塩区をすべて通商区とした。宝元元年(1038)の西夏興起後は沿辺の緊張から“虚鈔の弊”が慢性化し、官課の大量減損を引き起した。范祥は〈商般官販〉の画期的な通商方式を創出し、陝西転運司と沿辺州軍の双方に安定した歳収を確保させた。

元符元年(1098)の解池水災後、蔡京は広大な解塩行区に隣接する東北末塩を代替通行させ、高い官収率の鈔引を販売して官収を増加させた。蔡京は崇寧2年(1103)から「解塩新鈔」を発行して旧西塩区に通行させ、同4年の解池修復後は解塩新鈔と旧解塩鈔・東北末塩鈔・東南末塩鈔等との交換比率・使用区分を操作して官収を増やす「貼納」「対帯」の手法を活用して、旧解塩行区全域に通商[鈔引制]〈新旧換鈔〉方式を施行した。

第6章　淮南塩・両浙塩の販売体制と課税方式

東南塩は国初、南唐の淮南塩場を継承して禁榷[官売制]を布いたが、景徳4年(1007)に六路上供米600万石が定額化されてからは、転般法と連動した[官売制]の〈官般官販〉方式の整備がさらに進み、熙豊期までに東南六路全州軍に官売制を布いた。

淮南塩と両浙塩は天禧元年(1017)から「東南末塩」として河北沿辺の折中、陝西沿辺への入中の償還塩として用いられた。淮浙塩の販売体制はこれ以後、西北塩と同じく、禁榷[官売制]と通商[鈔引制]とを並用する官商並売体制となる。熙豊期における淮浙塩の塩税総収入は約680万貫、そのうち官売塩が約440万貫、65%を占め、通商塩「鈔塩祖額」が約240万貫、35%を占める。

政和2年(1112)には淮浙塩の官売制が廃止され、六路転運司は最終的に塩税収入の道を断たれ、上供輸納を遂行するための財政運用は極度の困窮に陥った。

南宋の淮浙塩は北宋末に蔡京が布いた通商[鈔引制]〈新旧換鈔〉方式によって運営された。南渡直後にわずか35万貫しかなかった塩税歳収は、紹興8年(1138)には歳収1000万貫を超え、乾道6年(1170)には歳収2657万貫という、両宋を通じて淮浙塩歳収の最高値を実現した。しかし淳熙年間以降には度重なる鈔法改革と「循環」の悪弊によって商販が減衰し、歳収は逓減した。

第７章　京東塩・河北塩・河東塩・四川塩の販売体制と課税方式

１．京東塩は産塩能力の不足から解塩・河北塩の供給に依存し、北宋前半期には禁榷[塩銭制]〈租銭〉方式の２州、河北塩に倣った通商[収算制]〈従量課税〉方式の10州軍、解塩（南塩）通商区８府州軍からなる行塩区三分体制を布いた。通商[収算制]下の塩税銭祖額は18万貫、元豊初年（1078）の実収は26.3万貫であった。元豊３年、一路全域に[官売制]〈買売塩場〉方式が布かれたが、元祐元年（1086）に通商[収算制]に復旧した。

２．河北路では国初、後周時代の榷塩課額30万貫を課額とする「両税塩銭」が科徴されていたため禁榷せず、一路全域に通商[収算制]〈従量課税〉（過税１文/斤・住税２文/斤）方式を布いた。塩税銭は後周榷塩課額の半額15万貫を課額とし、慶暦中に19万貫に増額された。元豊6年京東塩に倣って[官売制]〈買売塩場〉方式を施行、祖額[熙寧８年]24.7万貫に対し元豊元年の実収は37.7万貫であった。しかし元祐元年（1086）、河北塩は京東塩とともに官売制を罷め、もとの通商[収算制]に復帰した。蔡京「新鈔法」においては京東塩とともに官収率の高い「東北末塩鈔」を発給して歳収増に貢献した。

３．河東塩は国初、「鹻土」の精製を管理する并州（太原府）永利監が産塩を客商に卸売する通商[卸売制]が布かれ、熙寧末年まで変更されなかった。仁宗朝に永利監を二分し、生産者を「鐺戸」に編成して「課塩」を収買し（６～８文/斤）、販売価格（官価）は36文/斤で、これを客商に官課28～30文/斤で転売（卸売）した。仁宗朝では河東塩の塩税歳課（官課）は12.5万石、銭額で18.9万余貫であった。

４．北宋時代の四川塩は、大規模塩井の産塩・販売を官営する禁榷[官売制]〈官般官販〉方式と、小規模な民間の塩井を産塩戸に請負わせ、販売収入の1/10を塩利として収取させる買撲[分収制]〈幹鬻〉方式とが並用された。また四川では早くから北に隣接する解塩の通商が行われた。南宋・紹興２年（1132）、四川四路の大小塩井を一本化し、統一書式により塩鈔を発給する通商[鈔引制]〈合同場〉方式が施行された。〈合同場〉方式において四川転運司・総領所は産塩「井戸」からの収買価格と官課、客商の販売許可料と流通課税「算税」を一括積算した塩引を請買させ、その販売収入を官課歳収とした。この方式により、南宋の四川塩の歳収は急増した。南宋茶税の通商法はこれに範を採ったものである。

第８章　福建塩の販売体制と課税方式

福建路では国初、通商[卸売制]〈運司歳計〉方式によって運用された。この方式では福建路転運司が下四郡産塩を客商に転売（卸売、価格は25文/斤）し、売鈔価格を塩税として収取する。景祐２年（1035）、福建塩が他路塩とともに「東南末塩」として沿辺入中の償還塩に用いられるようになると、国初以来[卸売制]に用いてきた「南臺」塩とは別に、新たに「海倉」（三倉）に歳額10万貫の通商塩が創設された。元豊初年（1078）年からの塩法改革により、「海倉」塩課額の増額（元豊３年祖額約50万貫）、上四郡官売塩の増額と下四郡への塩税銭「産塩銭」が導入された。

南渡直後の建炎４年(1130)、課額40万貫の通商[鈔引制]が布かれたが、この通商は３カ月で廃止され、通商課額40万貫を行在榷貨務と福建路転運司とで折半し、福建路転運司が上四郡への〈官般官販〉によって得る歳収から、課額の半額20万貫を上供銭貨として行在に輸納する「歳認鈔銭」の制が採用された。これは乾道９年(1173)に廃止され、福建塩は翌淳熙元年(1174)から禁榷[官売制]〈官般官販〉方式に復帰した。この[官売制]のもとで、福建路では官売塩の価格中に各種塩科銭を積算して――"諸司科銭"――官価をつりあげ、これを地方諸官司の収入源とした。

第９章　広南塩の販売体制と課税方式

北宋時代には東路・西路とも禁榷[官売制]〈官般官販〉方式が布かれたが、北宋末の東路塩の通商が本格化したころから東西の産塩能力の差が顕著となり、南宋になると西路では行塩区を三分して転運司の歳計を補償する「漕司二分塩」制が布かれ、広西に流入する東路通商塩から「通貨銭」「措留銭」等を徴収して歳計を補助した。広西では南宋に入って禁榷[官売制](～紹興７)、通商[鈔引制](紹興８～乾道１)、官売(乾道１～淳熙９)、通商(淳熙10～)と度重なる変更があった。

広西塩政の基本問題は転運司の歳計確保にあり、そのため南宋時代の広西では転運司が売鈔収入を収取する通商[鈔引制]〈運司歳計〉方式を採用した。南宋時代を通じて、広西で[官売制]が布かれたのは南渡後紹興８年(1138)までの約10年間と、乾道元～９年の[官売制]〈認発鈔銭〉方式、淳熙元～９年[官売制]〈官般官販〉方式を採用した、合せて15年間にすぎない。これに対し東路塩の通商[鈔引制]〈榷務歳計〉方式は紹興９年以降、南宋末まで安定して運用された。

第10章　宋代榷茶の課税構造

国初の榷茶は、食茶の[官売制]〈官般官販〉、償還茶の通商[鈔引制]〈沿辺入中〉、商販茶の通商[収算制]〈従価課税〉の三方式の複合体制であった。園戸からの収買茶貨には「祖課」(斤両)に応じた対価「本銭」が給付され、園戸の両税は茶貨で折科した(「折税茶」)。日用消費の「食茶」は六榷貨務から州県の「食茶務」へ送付して官売した。また官茶の一部は沿辺入中の償還茶貨として榷貨務で商人に卸売された。林特の茶法改革以降、茶商人が般運・販売する茶貨に対しては、「商税」として従価課税の「過税」「住税」が科徴された。

嘉祐４年(1059)に始まる茶の通商法は自由取引ではなく、通商[収算制]〈茶税銭〉方式による榷茶の一方式である。茶商の般運・販売する茶貨には流通課税として従価制の「茶税銭」が科され、徴収する州軍の地方経費に充当されたが、園戸に課する租課「本銭」と旧歳課の半額の「租銭」(旧官課息銭)とは、中央会計として沿辺の糧草収買の糴本に支用された。

福建臘茶等の禁榷は熙寧５年(1072)から元豊７年(1084)まで約10年間行われた。蜀茶は熙寧10年(1077)から紹聖元年(1094)まで禁榷され、提挙茶場司の管轄下で茶馬交易が行われた。

崇寧以降蔡京が施行した禁榷(のち通商)[鈔引制]〈長短引〉方式は官価中に算税「茶税銭」を積算し、茶引収入を増額して中央政府の歳収を増やした。

南宋合同場法においては、官課息銭としての「茶引銭」の他、園戸の租課「茶租銭」、商販流通税「茶税銭」を科した。茶引には総領所・提挙司・安撫司三官司の科銭も積算され、諸路州軍の売鈔収入はこれら三官司の茶利息銭として収取された。

第11章　宋代榷酤の課税構造

宋代の榷酤は、禁榷[官売制]〈監官酒務〉方式([監官酒務制]と略称)を基礎として、州軍の官売課額を請負い"民醸民販"する買撲[分課制]を並用した。四京には禁榷[官売制]〈四京麹銭〉方式が布かれ、官営酒坊で醸造した麹を官売して歳課(「麹銭」)を得た。南宋では州県財政の窮乏から、地方的な「万戸酒法」「隔槽法」などの買撲[分収制]が施行された。

[監官酒務制]における酒税額は官売価格(「官価」「官酤」)と同額(本柄銭＋息銭)であり、官酒の原料購買や醸造・販売諸経費は「官本」(「工本」)として、酒課「息銭」とともに官売価格中に積算される。この「息銭」額中には、州軍・転運司の経費のほか、提点刑獄司・提挙常平司・糴本司・移用司等、路官以下の各級官司の塩科銭("諸司科銭")が積算された。両宋を通じて酒課本体は一貫して「州用」として州軍に存置され、州県経費として支用された。

一方、慶暦２年(1042)に始まる酒課「増添銭」、熙寧３年(1070)に始まる買撲坊場「浄利銭」は酒課付加税として上供銭貨に指定され、前者は常平司の、後者は提刑司の管理下で中央に移送され、中央諸官司の経費として支用された。酒課「増添銭」は北宋後半期から南宋・紹興前半期にかけて次第に増額され、経総制司・糴本司・移用司等諸地方官司の科銭が相次いで積算された。紹興年間、地方官司が徴収した酒課歳収はほぼ留州１：上供１の比率で分配収取されるようになった。

第12章　宋代商税の課税構造

宋代商税は、唐・建中３年(782)制定の従価20/1000の通課税「過税」と、従価１/10の"天引"税「抽税」(抽解・抽分)、五代・後晋に始まる通商塩への従価30/1000の販売税「住税」の三種の課税を総合した流通課税である。宋代商税の歳収「祖額」は太宗・淳化３年(992)に立定された。他の課利収入と同じく州県官の考課と連動する「祖額」の改定は、当初三年間の平均値によって行なったが、嘉祐６年(1061)から「五年併増虧」方式が採用され、北宋末に"十年一易"に変更したのち、南宋まで継承された。

商税の増徴は酒税と同じく、課額の増額ではなく付加税の創設によって行われた。北宋末・政和の「一分増収税銭」(靖康元年(1126)に廃止)、南宋初・紹興２年(1132)の「七分増収税銭」(州軍：中央の配分費は３：７)、また紹興年間の「三五分増収税銭」などがあり、いずれも上供銭貨に指定されて中央政府の歳入増に貢献した。州軍は地方経費を確保するため管内各地に多くの税場を増設し、客商から「過税」の徴収回数を増やして歳収増を図った。

宋代の商税歳収は国初の歳収400～500万貫の時期から次第に増加し、慶暦中には2000万貫ちかい巨額の収入を得た後、皇祐中に700万貫まで低落し、その後は熙寧年間に800万貫台にまで回復して北宋末に至る。なお慶暦から皇祐にかけて川峡四路の商税歳収が激減した原因として、筆者は沿辺入中が「見銭法」に変更され、客商への償還に解塩・四川塩が用いられなくなった結果、川峡地域の商品流通が皇祐以降次第に低調となって、四路の商税歳収を大きく減少させたのではないかと考えている。

第13章　宋代榷礬・坑冶・市舶の課税構造

1．宋代の榷礬は禁榷［官収制］〈礬務直営〉方式・〈置場収買〉方式を基礎とし、白礬・緑礬を北辺折中の「博買」、及び沿辺入中の償還物資とする通商［卸売制］、及び［鈔引制］〈入中償還〉方式を並用する官商並売体制として発足した。生産者「鑊戸」からの収買価格は42.8文/斤に統一され、政府は官価（博買価格）の72～77％の官課を榷礬歳収とし、客商は官価（博買価格）の22～26％を利益として得ることができた。元祐元年（1086）に無為軍礬の官営を廃止し、諸州礬の販売地域を画定して通商［卸売制］〈置場収買〉方式に統一した。南宋時代には華北の産礬諸州が金領となったため、淮南礬（無為軍礬）が全国の通商を独占した。

2．宋代坑冶の課利収取方式は、禁榷［官収制］を基礎として、時に買撲を許可する禁榷・買撲並用体制であった。坑冶の禁榷［官収制］においては〈二八抽分〉方式が採られ、官は坑冶戸の鉱産の20％を租課として納めさせ（抽解、抽分、抽税）、80％は坑冶戸に対し鋳銭資金「本銭」を支出して買上げ、収買した鉱産はもっぱら各地の銭監に移送・輸納した。坑冶の管理運営は北宋末には鋳銭司のもとに一元化され、南宋に継承された。もっぱら販売体制として政府の独占を強調する“専売”論によっては、産品を販売しない坑冶の課税構造を解明することはできない。

3．舶載品に対する課利の収取は地方官司である市舶司と貿易業者「船戸」との間で行われる。禁榷［官収制］のもとで、「船戸」が所持する積載品の1/10を租税として納めさせる「抽税」と、市舶司・一般商人が残りの3/10～6/10を買上げる「博買」（和買・収買とも）の二方式を並用した。両者合せて「抽買」ともいい、本稿では通商［抽買制］〈一九抽分〉方式と表記する。

船戸が積載する輸入商品の中で、最も需要が多く官商とも利益が多かったのは香薬であった。北宋時代、香薬は沿辺入中の償還財貨として市舶司から中央への「上供」物資に指定され、転運司が陸運・水運で「綱運」し、揚州発運司が汴河漕船の上供船団「汴綱」を編成して京師に輸送した。南宋になると輸入量も増え、高級禁制品として行在に「上供」された。

本書後編で分析した宋代課利の課税構造について、課利の分配方式と課税方式とを基準に分類整理した一覧を**表80**に示す。

表80　宋代課利の課税構造—分配方式・課税方式一覧—　(＊は榷貨務の関与を示す)

禁榷：税収は地方官司(転運司・府州軍)—生産者(亭戸・園戸・酒戸・鑊戸等)間で分配。

- [塩銭制]　官塩を税戸に配率し付加税「塩税銭」を科徴、州軍地方経費に充当。
  五代・後晋「榷塩銭」、北宋河北「両税塩銭」、南宋福建「産塩銭」等。
- [官売制]　生産者から収買した産品を州県官・州兵・衙前民戸が販運・販売。
  - 〈官般官販〉方式…国初解塩東塩、北宋淮浙塩、北宋四川官監井塩、北宋広南塩、南宋広西塩(～紹興７)、福建上四郡綱塩(景祐２～乾道９)、南宋福建塩(乾道９～)、江南山場茶(～嘉祐４)、福建臘茶(熙寧２～元豊７)、茶場司蜀茶(熙寧10～紹聖１)。
  - 〈買売塩場〉方式…京東塩(元豊３～元祐１)、河北塩(元豊６～元祐１)。
  - 〈歳認鈔銭〉方式…南宋福建塩(建炎４～乾道９)、南宋広西塩(乾道１～９)。
  - 〈監官酒務〉方式…北宋・南宋酒税。
  - 〈四京麹銭〉方式…北宋四京酒税。
- [官収制]　榷礬・坑冶の産品を抽解・収買。官による般運または販売過程を欠く。
  - 〈礬務直営〉方式…無為軍礬(～天聖２)。
  - 〈置場収買〉方式…諸州礬(～元祐１)。
  - 〈二八抽分〉方式…坑冶(除金銀、抽税２：収買８)(熙寧～)。

通商：税収は中央官司(榷貨務)・地方官司(四監司・市舶司・府州軍等)—客商間で分配。

- [収算制]　産品・商品に流通課税(「過税」・「住税」・「抽税」)。
  - 〈従量課税〉方式…解塩南塩・西塩(～慶暦９)、京東塩(～元豊３、元祐１～北宋末)、河北塩(～元豊６、元祐１～北宋末)。
  - 〈従価課税〉方式…商税(過税・住税・抽税)、東南茶「茶税銭」(嘉祐４～北宋末)。
- [卸売制]　官塩を客商に転売し、般運・販売を委託。鈔引を用いない。
  - 〈永利監〉方式…河東塩。
  - 〈運司歳計〉方式…南宋福建塩。
  - 〈礬務博買〉方式…諸州礬(～咸平３)。
  - 〈置場収買〉方式…諸州礬(元祐１～、南宋期は無為軍礬のみ)。
- [鈔引制]　官塩・官茶を客商に鈔引(額面=償還価格)で転売し、販運・販売を委託。
  - ＊〈入中償還〉方式(償還価格を優饒)…解塩(咸平３～)、淮浙塩(天禧１～)、福建塩(景祐２～)、東南茶(咸平３～崇寧２)、諸州礬(咸平３～)。
  - 〈商般官販〉方式(償還価格を優饒)…解塩(范祥改革～蔡京新鈔法)。
  - ＊〈新旧換鈔〉方式…解塩・淮浙塩・河東塩(蔡京新鈔法)。
  - ＊〈長短引〉方式…東南茶(崇寧１～南宋末、ただし崇寧１～３は禁榷)。
  - 〈合同場〉方式…南宋四川塩、南宋東南茶。
  - 〈運司歳計〉方式…南宋広西塩(紹興８～乾道１、淳熙10～)
  - ＊〈榷務歳計〉方式…南宋広東塩(紹興８～)。
- [抽買制]　舶載品を抽解・収買して上供・官売し、残余は「船戸」(貿易業者)が商般。
  - 〈一九抽分〉方式…市舶(抽税１：博買・和買９)。

買撲：税収は地方官司(転運司・鋳銭司・府州軍等)—買撲民戸間で分配。

- [分収制]　買撲戸が販売収入の一部を納税。
  - 〈井塩幹鬻〉方式…北宋四川小井塩(販売後に税収の1/10を分収)。
  - 〈万古酒法〉方式…南宋諸路(除四川、販売後に「酒利銭」を分収)
  - 〈隔槽法〉方式…南宋四川(「隔槽」を賃貸し酒造原価を官収)(～紹興28)。
- [分課制]　酒課課利銭・浄利銭(営業許可費)を前納…〈酒課買撲〉方式。
- [全収制]　買撲戸の産品(除金銀)を全額収買、鋳銭監に移送…〈坑冶買撲〉方式。

図19　宋代の財政構造概念図

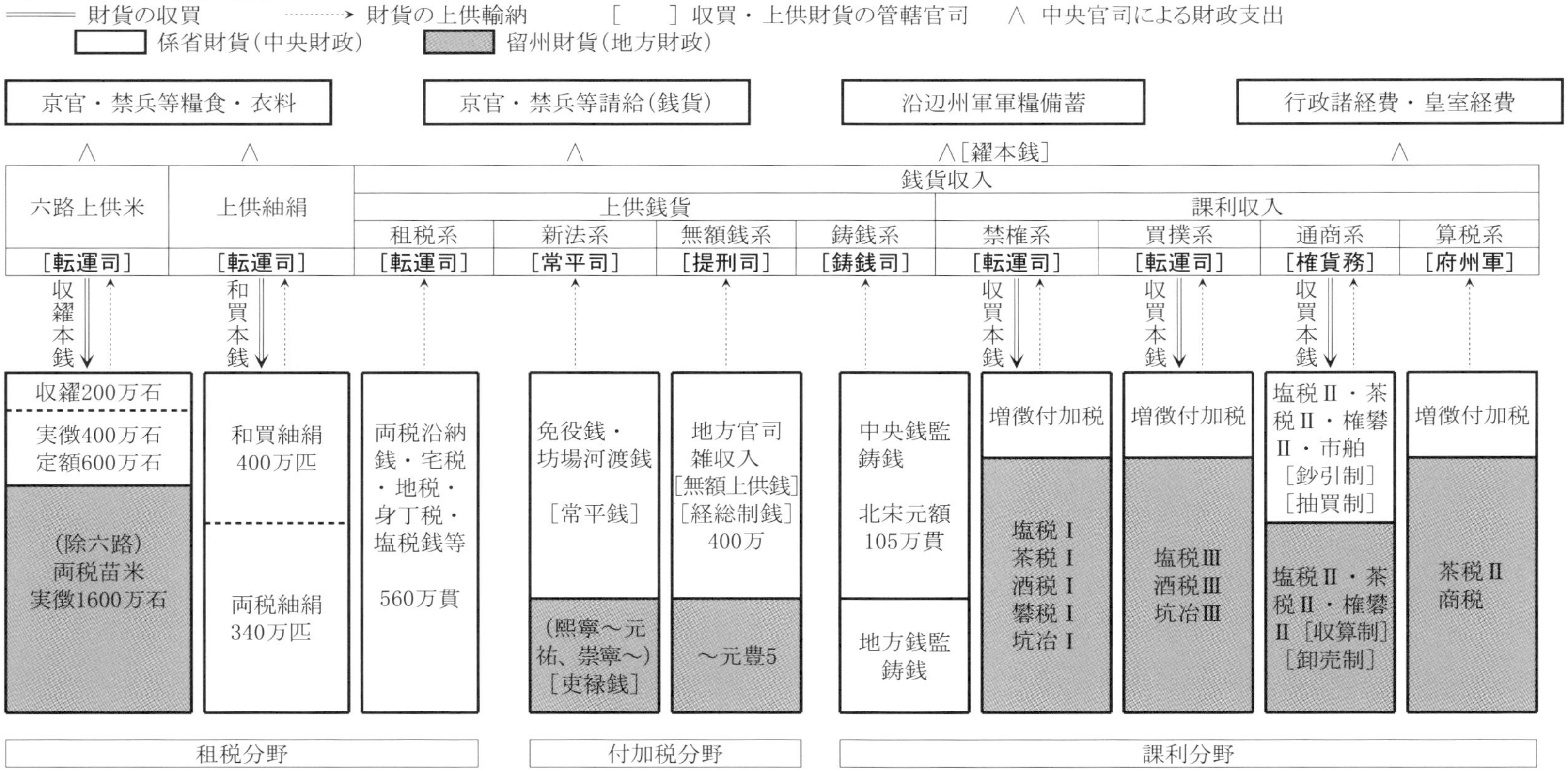

塩税Ⅰ…禁榷[官売制]〈官般官販〉〈買売塩場〉〈歳認鈔銭〉〈認発商銭〉方式の諸塩税。塩税Ⅱ…通商[収算制]〈従量課税〉〈従価課税〉方式、[卸売制]〈永利監〉〈運司歳計〉方式、[鈔引制]〈入中償還〉〈商般官販〉〈新旧換鈔〉〈合同場〉方式の諸塩税。塩税Ⅲ…買撲[分収制]〈井塩幹鬻〉方式の四川塩税。茶税Ⅰ…禁榷[官売制]〈官般官販〉方式の淮南山場茶、福建臘茶、茶場司蜀茶の諸茶税。茶税Ⅱ…通商[収算制]〈従価課税〉方式の嘉祐通商「茶税銭」、[鈔引制]〈長短引〉〈合同場〉方式の東南茶税。酒税Ⅰ…禁榷[官売制]〈監官酒務〉〈四京麹銭〉方式、買撲[分収制]〈万戸酒法〉〈隔槽法〉方式の諸酒税。榷礬Ⅰ…禁榷[官収制]〈礬務直営〉〈置場収買〉方式の諸礬税。榷礬Ⅱ…通商[卸売制]〈礬務博買〉〈置場収買〉方式の諸礬税。坑冶…禁榷[官収制]〈二八抽分〉方式の抽買税。坑冶Ⅲ…買撲[全収制]〈坑冶買撲〉方式の抽買税。市舶…通商[抽買制]〈一九抽分〉方式の抽買税。

※租税・付加税の諸税歳収は熙豊期における概数で示した。課利諸税の分配・課税方式は、**表80**宋代課利の課税構造—分配方式・課税方式一覧—を参照。

後　　記

これまでの研究が“専売”概念に基づいて塩・茶等の販売方式を理解する方法をとったことが、宋代課利の研究を幾つかの点で制約することになったと筆者は考える。

（1）まず“専売”論によって塩・茶の官売を“直接専売”、通商を“間接専売”と規定したことにより、通商法をもたない塩・茶以外の課利について、“専売”論で分析することができなくなった。

（2）さらに沿辺入中に虚估を用いる［鈔引制］だけを“間接専売”の通商法としたため、課利（征榷、榷法）としての商税——抽税・過税・住税の三種からなる——だけでなく、嘉祐の榷茶通商法〈茶税銭〉方式その他京東塩・河北塩の通商［収算制］〈従量課税〉方式などが“専売”から外され、政府の統制下にない“自由交易”という虚像を作り上げてしまった。

（3）通説は「官売」による課利収入は地方財政、「通商」による収入は中央財政、と販売方式が「官売」か「通商」かによって税収の収取主体を中央・地方に二分する。しかし宋代の榷法には、地方官司が官課を収取する范祥の通商［鈔引制］〈商般官販〉方式、北宋河東塩・国初期福建塩の通商［卸売制］、市舶の通商［抽買制］などがあり、宋代課利に見られる多様な課税方式をこの二分法で説明することはできない。

（4）このほか宋代課利を「官売」「通商」の二分法で理解する現行“専売”論は、営業・販売許可制の「買撲」を「通商」の範疇で説明するが、課利の分配収取を基準に取れば、これは官が独占収取する禁榷、また官―客商間で分割収取する通商のいずれとも異なり、課利収入を官―民間で分割収取する第三の方式として独立させる必要がある。

宋代課利の研究を“専売”論によって行う現行の研究方法は見直すべきではなかろうか。ただしその見直しは、より厳密で精緻な“専売”理論によってではなく、“専売”論から脱却した新たな方法論によって果されるであろう。

新たな方法論を構築するための手段として、筆者はとりあえず財政学の「租税論」分野で用いる概念・用語を借用した。ただし現代の市場経済を前提とする経済学の諸概念を、そのまま宋代財政に適用することはできない。例えば企業の販売計画を決定する要素としての「利潤率」は、〔収益Profit/原価Cost〕で表される概念である。これをそのまま宋代官売塩の収益計算に適用したのが郭正忠氏である（『宋代塩業経済史』）。しかし筆者はこれによらず、政府の販売収益を「官収率」（官課/官価）という形に修正して用いた。宋代の課利は商品の生産から販売に至る政府の独占事業ではなく、特定の産品・商品に対する間接税の課税である。筆者は宋代課利は、産品・商品の販売者である官・商・民の三者が、販売収益をそれぞれの分配比率に基づいて収取する、間接税の税収分配制度として理解すべきだと考える。

宋代の課利について本書では、塩税・茶税だけでなく酒税・商税から礬・香・市舶にいたるほぼ全分野の課税構造を明らかにすることができた。宋朝財政の収入部門における銭貨の調達に、課利の分野が決定的に重要な役割を果したことは論証できたと思う。宋朝の財政構造において、塩税の場合、禁榷[官売制]・通商[収算制][卸売制]など転運司・州県が徴収権をもつ榷税収入は、「漕計」「留州」として地方経費に充当され、その全額が地方の官員・兵士の請求に支用された。これに対し沿辺入中と結合した通商[鈔引制]は、課利収入は地方官司を経由せず直接中央政府の収入となり、これは主に北辺の軍糧備蓄資金「糴本」として支用された。宋代課利は、巨額の銭貨収入を官員兵士の人件費に充当する地方経費と、北辺の軍糧調達「糴本」に充当する中央会計とに大きく二分する分配構造をもった。

宋代課利の諸分野の課税構造を考察する過程で、筆者がこれまで抱き続けてきたこの分野の“疑問”の幾つかが解消した。それらのうちから四点を選んで次に記す。

（１）宋代州県官の考査の基準とされた課利・租税の「祖額」は、嘉祐６年(1061)の「五年併増虧法」により、過去五年の歳収実績を見て改定する原則が確立した。ただしこれは「祖額」を五年ごとに改定することを意味しない。

（２）『中書備対』の熙寧10年歳額・元豊元年実収の前に出てくる諸路州軍の歳課「祖額」は、熙寧８年以前の某年に立定された祖額である。本稿では祖額[熙寧８年]と表記した。

（３）『会要』が拠る『国朝会要』の各種統計にしばしば出てくる「旧額」は、慶暦２年(1042)の歳額であると確定できる。

（４）宋代商税には「過税」「住税」のほか第三の課税として政府の特定商品の一定額を“天引”する“抽税”〈従価課税〉方式がある。この“抽税”は坑冶・市舶の[抽分制]にも見られる。

宋代の財政構造については、本書「総序」にその概略を提示し、前編「宋代上供の財政構造」の各章において、上供米・上供紬絹・上供銭貨の収支構造を分析するとともに、「入中」「封椿」という財政運用が、収入・支出両部門を媒介する巨額の銭貨の循環に支えられていたことを論証した。

この銭貨の循環は、後編「宋代課利の課税構造」の各章で見たように、中央・地方官司が収取した各種の課利及び課利増徴付加税の収入に支えられていた。北宋後半期から南宋前半期にかけて、宋朝の財政収入は総体として、直接税としての両税及びその付加税の収入よりも、間接税として収取した課利及び課利増徴付加税の収入の方が上回り、特に銭貨の徴収においてその傾向が顕著であった。

後編で分析した課利の分配方式・課税方式を管轄官司・税目ごとに整理し、前編で明らかにした直接税を中心とする銭貨の循環構造を組込んだ宋代財政構造の概念図を**図19**に示した。

財政を扱うため本書には統計表や図版・地図を多く取入れ、また後編で扱う課利諸税の枠を次々と広げたため、総頁数が当初の計画をかなり超えてしまった。執筆途中であるにも拘わらず、体裁をＢ５版・横組にしたいという著者の我儘な要望を応諾して頂いた上に、前著『宋代税政史研究』(汲古書院、1993)を凌ぐ立派な書物に仕上げて頂いた汲古書院の皆様方に、厚く御礼申上げる。

また本書の刊行に当って、筆者が勤務する京都橘大学から本年度の学術刊行物出版助成費を受けることができた。この場を借りて京都橘大学と、拙著の刊行にご協力頂いた数多くの皆様方に、深甚の謝意を表する。

2012年2月　島居一康

事項索引

サ行

タ行

中文提要

宋代的財政構造

1．宋代財政的特質

国家財政可以視為由政府的財貨調抜与其再分配的体系。 中国歴代的政府無論国家支配領域的広狭和統治人民能力的強弱，收入和支出的両部門均由中央、地方的財務機構進行組織，這一財務機構基於統一的会計制度来具体運営。国家通過收入部門，從人民調配来的財貨，本来是運用於国防和其他的社会公共事業的必要財貨。視為財貨的調配和使之再分配体系的宋代財政運営，在此可以考慮有以下三点的構造上特質。

其第一的特質，在宋朝政権成立不久的時期，中央的財政官司確立了歳出、歳入一元化管理的会計原則，這一原則一直貫徹於北、南両宋時代（1）。作為継承五代後周軍閥政権而成立的宋朝，則継承了後周政権的財政構造，並使之普及全国，在太祖、太宗両朝之間完善了中央集権式的会計制度。

宋代財政中的集権式的一元化財政運営，從施行了両税法的唐後半期，経五代乃至宋初時期，地方官司從中央会計中独立出来，使之能够運営的財政收入並已消亡，明顕地反映出了地方経費成為中央会計中的一会計区分的変質。唐後半期的財政，則是把於州県徴收的両税総收入，再由中央政府和藩鎮的一分為二的両税分收制加以運用的。分收比率則為中央一対藩鎮二，創設了中央送納為「上供」，藩鎮経費為「留使」，州県経費為「留州」的会計区分。

而在五代，藩鎮自体相継建立中央政権，藩鎮財政逐漸昇格於中央財政。其結果，州県徴收的賦税、課利的総額則成為中央政府的收入，導至了「上供」、「留使」、「留州」的三分制自行消亡。在後周政権時期，並已由被一元化了的財政運用，確立了作為中央経費為「繋省」、地方経費為「繋県」的会計区分。

宋朝継承了後周政権確立的一元化財政運営和会計区分，在合併割拠於地方的強有力的藩鎮地方政権的同時，創出了適合於統一国家的中央集権式的財政運営体制。其会計区分相対於唐後半期，由於藩鎮体制從根本上被粛清，空缺出了「留使」，使「上供」和「留州」的成為両分制。但宋代的「留州」与唐代後半期的，事実上支撑着与「留使」相対応的藩鎮地方財政有所不同，州県則控除了徴收的賦税、課利其中收入的一部，充当在籍州県的官員和廂軍士兵的請給（作為会計費目的人員費用），其只不過是会計区分上的“地方経費”。

在地方総括諸路州軍之財務的官司是転運司，転運司從州軍賦税、課利的歳收総額中控除其留州的份額，対中央負有輸納所定的上供財貨之職責。在宋代，把転運司的財政運用経常称為「漕計」，其只不過是指由転運司一路的会計区分，而転運司並不擁有運用一路財政的権限。在概括宋代的軍事構造時経常使用的“強幹弱枝”一詞，則是包括路官転運司以下的地方官司並不具有独立的財政運用之権限這一含義，是針対宋代的財政構造而言的。

第二的特質，是在一元化的会計制度中，歳出、歳入両部門則基於“量出制入”的財政原理被編成，並得以運営(2)。“量出制入”是応中央諸官司歳出部門的要請，索定必要財貨的費用和総額，並基於這一額份以歳入部門的諸分野調配財貨的一種会計原則。与此相反，基於歳入部門的財貨(以及労動力)調配総額所施行的財政支出的会計原則，至唐代前半期的租調役制時代為止，其財政原理則是“量入為出”。

宋朝政権自十世紀中葉成立以来，与遼、西夏、金、進而蒙古、元等強韌的新興国家相継周境接壤，迫使北・南両宋在長達三百年之中面鄰厳峻的軍事対立勢態。因而宋朝的財政不得不把国防諸経費的支出做為軍国財政的最優先課題。加之在広瀾的国境地帯配置要員，蓄備軍糧，同時為応附緊急事態，集中兵員，調配財貨，従緩急的両面必須対応可能的財政運営。基於歳出総額而確保歳入的“量出制入”之会計原則，当是出自如此軍事優先財政構造的必然的需求。而所応歳出部門的需求，国家財政的歳入部門在確保安定的経常経費的同時，又必須要求有效地対応機動的、又是多方面的緊急的大量調抜。

見其宋代財政歳入部門的構造，以対西夏関係的緊張為界限，於此前此後其有着很大変化。北宋建国初年，上供財貨中賦税、課利均作為州県的必要経費“留州”的存留残余，全部送納於中央。自真宗朝中葉以来，紬絹、苗米、銭貨等上供財貨的“定額”被相継地決定下来，同時塩税、茶税、酒税、商税等的“祖額”被並列地確定了下来。上供財貨的“定額”、“祖額”，由於原則上是見其三年間(其後改作五年間)的徴收実績而調整或改定，因而増減的幅度並不很大。這一時期的“定額”、“祖額”在此後均無大幅変動而一直維持到北宋末年(一些地域到南宋中期)，当是基於遵守了地方官員的考査和与此相銜接的“祖額”改定的原則。這一北宋前半期的財政構造，是把対応於賦税、課利的徴收実績的上供“定額”、“祖額”作為収入部門的調配目標，而為達到這一目標，又要回応来自支出部門的歳出増額的需求。

然至慶暦年(1041-48)以後，以西北辺的軍事緊張為背景，政府的財政支出急劇地増額，而政府並未提高上供定額、課利祖額，而是創設了既存有調配範囲以外的新税：即酒税的付加税“添酒銭”以及免役銭、青苗銭、坊場河渡銭等新法系付加税，又増設了以這之前地方官府獲得的銭額制雑収入而使之中央化的“無額上供銭”等等，用開発新式的調配方式以図銭貨的増收。並不是出自於既存的賦税、課利徴収体系，基於“量出制入”原理的宋代的財政運営而以図歳收増加的一種課税政策，是如実地顕示出用開発新式的調配方式,。

第三的特質，是宋代国家財政的歳入、歳出両部門，是用大量的銭貨循環為媒介而加以運営的(3)。在歳入部門被調配的租税系、課利系、鋳銭系的各種“上供銭貨”以及塩課的通商[鈔引制]、[換鈔制]下的銭貨収入，是在歳出部門之中由和糴、和買、科買，作為“収買”調達、或者是市易務等財務官司的運転資金“本銭”来被支出的。

在宋代上供的調達部門，加上賦税、課利之両大領域，又有由銭貨来“収買”這一第三的調配領域。負有上供輸納之責任的諸路転運司，為達成上供定額，則対這一領域投入多額的本銭，以調配必要的財貨。以歳額六百万石基準的宋代“上供米”的定額，是在江淮両浙荊湖六路的実徴苗米与和買斛斗之中形成的，紬絹的総收入亦与此相同，亦構成於両税夏税紬絹実徴与和買紬絹之中。在所達成的定額之中，由和糴、和買而“收買”調配亦是不可缺少的。

以上供米的情形来看，即使是以压倒他路的産量為炫耀的六路苗米，只是用実徵額則終不可能满足其定額，而定額不足的部分則是從路内的較有剩余的地域，由政府的資金買出調配、加以補償。“上供收糴”，即上供米的和糴，並不是税收不足、或是対処緊急支出增加的臨時措施，而是在定額制定的当初即已規画出的一種機制。宋代的上供，則是把加上賦税、課利“收買”這一財貨調配領域置立於財形構造之中，是從固定税率和帳籍上的輸納課額基於唐前半期而止的財政原理“量入為出”的運営中脱胎而出的産物。

作為收買資金“本銭”而支出的政府資金(官銭、省銭)，原来是作為構成歳入部門賦税、課利領域的“上供銭貨”等而被調配的銭貨。在慶暦年以後，政府所調配的銭貨中，新鋳銭、租税系上供銭以外，酒税付加税、新法系付加税、無額銭等新的上供銭貨附加了。特別是在王安石新法期以後，銭貨收入急增，使政府的財貨運用進而活性化。

如此被增收的銭貨，経由中央財務諸官司，在歳出部門，如為攤派上供米、或是沿辺的軍糧而征收的收糴“本銭”、以上供紬絹調配的和買“本銭”、或以土貢等調配的加配“本銭”、再之榷貨務、市易務等中央的財務諸機関為執行其業務作為運転資金的“本銭”，此外從課利的塩、茶等生産者購入的産品作為收買“本銭”等等，從以上多方面而加以支出。由於這様“本銭”種種作用，可以見到從收入部門自人民調抜而来的巨額銭貨，是通過支出部門還元於生産者，進而又反饋於消費者這一巨大規模的循環構造。宋代財政“柔軟構造”的特質，可以視為是将歳出、歳入両部門連接起来的巨額的銭貨循環運動支撑而来的。

2．宋代上供的財政運営体系与銭貨的上供

宋代“上供”的財政運営体系，可以説是如前述1．所見的，即在由中央財務官司会計收支的一元化管理、財政收支中的“量出制入”原理、及把歳出和歳入両部門結合起来而維持財政運営的大規模的銭貨循環之以上三項集約式的、構造化的産物(4)。

其均田、租調役制的財政原理“量入為出”，即由固定税率基於安定的税收(“課額”徵收)来進行財政支出的唐朝国家之財政原理，是由政府施行的財貨調達体系向人民的所有地賦課徴收国家所需的財貨総額，既使是在具有区画時代意義的両税法課税制度転換之後，財政的收支構造尚未有很大的改変，而一直持続作為此後国家財政的運営理念。但是在最終廃絶了残存着濃厚的軍事、財政両面分権要素色彩的五代藩鎮体制，完成了由会計一元化財政的中央集権化的宋朝，則是対応中央諸官司的歳出部門的要求而索定必要財貨的費目和総額，作為明確的財政原理而採用了基於必要額份来調節歳入部門的費目及額份的“量出制入”，以此運用於財政。

於北宋前半期的財政收入的総額，是以上供“定額”為目標調配而来的各種財貨(苗米、紬絹、金銀、銭貨)之総額，加上与由課利“祖額”徵收的塩税(包括由入中請買而来的榷貨務入銭)、茶税、酒税、商税等課利收入総額之総和。

從慶暦至新法期，以対応歳出增額的免役銭等新規的付加税，官府的不定額收入“無額銭”

等之上供開始施行，財政收入因銭貨的増徴而急劇膨脹。這其中的銭貨，亦是由上供銭貨以外的、新法系的各種付加税和通商法下的塩課收入調配而来的。

以軍事支出為最優先的宋代財政的必要財貨，是以糧斛、衣料、銭貨三種作為主体調配而来的。糧斛作為六路上供米，衣料作為夏税、和買紬絹，銭貨作為包括新鋳銭的各種上供銭貨(亦包括金銀)，由各自的諸路転運司向中央的財務官司・財庫進行輸納。宋朝初年，這些財貨在諸路州軍被徴收之後，在州県存留的地方経費"留州"残余又為之全額上供，以這些財貨来満足国家的需要。

宋朝的財政支出，暫而在完成了全国統一的太宗朝後半開始逐漸増加，為対応拡大了的国家需要，在太宗朝末期，出現了確定這些財貨的歳收上限，即上供定額的若干迹象。但当時的徴税能力，由於尚未達到国家所定的需要総額，在歳入部門，賦税、課利之両大範囲並行，同時又設立了"收買"這一第三調配分野，採用了以支出多額的官銭購買必要物資的方法。

六路上供米的定額，並不是両税課額，而是以東南六路的苗米的実徴額，和由和買("上供收糴")調配的斛斗相附的税額来確定的。紬絹比之更早，是作為産絹地的税銭折納方式的夏税正税而採用的措施，以創設和買紬絹而進行"收買"調配，不久則確立了諸路的和買紬絹的定額。上供定額事実上則成為諸路和買紬絹的総額，其額常常超過了両税紬絹実徴総額。如此経真宗朝一代，上供紬絹定額於咸平三年(1000)，上供米定額在景徳四年(1007)，上供銀定額在大中祥符元年(1008)，上供銭定額則在天禧四年(1020)，這種措施相継地被明文規定了下来。

此後，政府的財政支出増大，在歳入部門中，如与西夏軍事対決面臨重大局面的慶暦期，由王安石新法使財貨調達和分配出現活性化的熙豊期，或在蔡京的執政下，朝廷的財貨調達趨於肥大化的宋末期，為対金防御、推行強力的戦時経済政策的南宋初期等，都采取了明顕的増額措施。但是這些財調配，均未采取在北宋前期真宗朝確立的使上供定額増額的方法，而是採用了在定額的框外設置的付加税、新税，並指定以此為新規的上供銭貨加以調配這一方法(5)。

在新法期，雖然新設了免役銭、坊場河渡銭等銭額制的付加税，但這是把当初的全額充当於地方経費。然而政府着眼坊場銭等税收高額，於元豊五年(1082)実施收縮地方的存留的部分而増額了上供的部分，並以此指定為新的上供銭貨為之上供。其結果，曾被豊富的地方存留財貨支撑而来的諸路転運司——特別江南六路転運司——的会計"漕計"，其財政基盤受到了很大的制約。這一転化是和官制改革同步而行的。這一時期的上供増額的方法，並不是既存的上供財貨定額的増額，而是把全額地方存留的新法系付加税指定為新規的上供財貨来進行的。

従会計上見其這一時期的転運司"漕計"之変貌，可以視為是地方経費的中央経費化，或由中央官司対地方官司所掌握財源的收掠。在北宋後半期，運用這一手法，進而更多的地方経費被指定為"朝廷封椿財貨"而使之中央経費化，由此，転運司"漕計"的困境進一層地深刻化了。

政府為達到向西北沿辺輸送、蓄備軍糧這一財政目的，運用了維持銭貨的循環構造中両種重要的財政制度；“入中”和“封椿”(6)。“入中”是召募向沿辺承包糧草輸納的客商支付作為協約票拠的鈔引，由客商在当地州軍用作軍糧輸納的有価抵押品，以通商法下的塩、茶等物品的優厚価格(虚估)来進行償還的一種輸送委託制度。客商向京師権貨務入銭承包般運費(即是入中請買価格)，以受領協約票拠的鈔引後，前去沿辺州軍而輸納軍糧，返回在塩、茶等産地的所轄官司中以鈔引票面価格被償還為塩、茶、香薬等禁権物品，以此進行販売而從販売価格(官価)中控除鈔引価格作為“商利”而獲得利潤。

此外為了応急，中央官司向沿辺諸路官司発出軍糧収糴指令，对移送、転送的巨額銭貨的厳格保管与禁止目的外的挪用制定“封椿”制度，這畢竟也是利用中央—地方之間銭貨的循環構造，在北辺沿辺地域中為使上供財貨得以再分配的一種財政運営。　無論是“入中”或是“封椿”，自国初以来均是以国防為中心課題的，維持宋朝国家財政的重要運営制度。亦都是在歳入部門中調配、在歳出部門中支出的国家財政的内部之間，即京師的中央官司(三司列系的権貨務、司農寺等)与沿辺諸路的路官(転運司、提刑司、経略司等監司)之間以巨額的銭貨循環為媒介而運用的。

3．銭貨的循環与課利的課税基準

宋代上供的財政構造是由一元的会計制度、量出制入的財政原理、大規模的銭貨循環之三者維持下来的。在歳入部門作為賦税、課利而被調配的銭貨，以其一部作為地方経費而存留於州県，以其残余作為上供銭貨而被送至京師。中央財務諸官司在経過調整之後由歳出部門支出，中央官員兵士的請給(人件費)、北辺的軍糧調配以及其它的行政経費均由得以支出。自建国至北宋前半期，政府所需銭貨的額度幾乎可以満足上供銭貨的定額(加之新鋳銭、租税系上供銭約五百万貫)，自西北辺陥入慢性的軍事緊張的慶暦以至新法期，政府曾集中運営了以軍糧調抜為目的大量的銭貨。拠熙寧十年(1077)之時歳入銭貨的統計，如把上供新鋳銭額算在内，是以超過了七千万貫，自北宋末期至南宋初期始終維持着銭貨的増徴与増収。因而很早即有学者指出過，從北宋後半期至南宋前半期深化而来的這種現象是為“財政之貨幣化”(7)。

這一時期，政府所施行的銭貨調達政策有三種方法：一為結合沿辺入中，由解塩、東南末塩之通商“鈔引”的拡大使中央官司的塩課増収；一為在新法期，由王安石創設的免役銭、青苗銭等銭額制付加税的徴収(此後作為“常平銭物”而向内蔵庫、元豊庫輸納)；一為由課利付加税、官物交易税、官許費用等不定期、不定額的“無額上供銭”之創設。其中後二者，可以見之把地方官司的收入加以中央化的上供銭貨之増収策。而前者，則是不経由州県、転運司，由三司直属的財務機関“権貨務”於京師調配，而並不是上供銭貨。塩税的收入増額，是由拡大通商“鈔引制”的通行地域和権貨務所交付的鈔引額度而帯来的結果。

慶暦以後的塩課増収曾被視為范祥改革的成果。然而范祥的改革，与其説是解塩的全面通商化，亦不如応作為沿辺入中方式之改革加以評価為是。此外如把這一時期的塩課收入的動向加以分析，未必就能够断定范祥之改革確使塩課收入得到了増加。関係至范祥改革的評価，在這種不同認識産生的背景中，則応考慮是把塩、茶通商[鈔引制]視為“専売”制度来説明這一対通説的“通商法”理解上出現了問題(8)。且不只限於塩、茶通商[鈔引制]，把宋代課利作為“専売”概念来理解、説明的方法之中，亦存在不少問題。

本稿中，並不採取用“専売”的概念去理解或説明宋代課利的這種方法，而是参考了在財政学租税論中使用的関於“間接税”的諸概念，対宋代課利作為課税対象之全品目，着重分析各自的生産、販売以及課税方式和税收的再分配方式，以解明宋代課利之課税的整体構造(9)。為此首先(Ⅰ)確定宋代課利的課税対象品目，確認了基於課税標準的“産品”和“商品”有必要加以区別之点。其次，(Ⅱ)在産品群和商品群両者之中，明確了各自販売価格的構成与其徴税方式有其差異。進而(Ⅲ)，課利收入的分配收取方式，尽管在産品和商品中見其不同。対於産品来説，由於分配主体的相異，①官司－生産者之間；②官司－客商之間；③官司－民戸之間有着三種分配方式，而課利税收的分配比率相対於被価格構成所規定的。対於“商品”来説，則是商人応積載商品的性質与総数，有三種課税及分配的方式：即従量制或者従価制的①抽税；②算税。

(Ⅰ)宋代課利的対象品目是為八項。関於這些課税対象品目，以租税論中課税的 impact“衝撃点”和standard“課税基準”之概念来分類，可以帰納出在特定産品(生活必需品)的販売価格中政府施行一定税率的課税“個別消費税”和対流通於市場的一般商品(包括舶載品、奢侈品)所施行的抽税、過税、住税等“一般消費税”之課税来。前者為塩税、茶税、酒税、坑冶税、榷礬税之五品種；均由官定的販売価格(官価、官估)来設定，対之，後三項(商税、市舶、香薬)商品的販売価格，則是根拠全国、地域市場的供需関係而定，両者可見其大異。本稿為加以区別，前者視為“産品”，後者視為“商品”。

(Ⅱ)産品、商品的価格構成与課税方式。産品的販売価格(官価)，是由其生産、制造的原価(生産成本)，与政府的独占課税(官課)之合計額而来的。“官課”是係以課利收取的諸官司作為輸送、販売諸経費、人件費積算於官売価格中諸経費之総合。原価的算定方法因制塩、制茶、造酒、採礦、制礬個自生産過程的特性不甚一致，但均作為“本銭”(塩本銭、茶本銭、〔酒課〕本柄銭等等)而以販売産品後其收入的一部由所轄官司還元於生産者。中央、地方官司基於官価，従販売收入中控除其收買原価“本銭”之額作為“官課”而加以提取。這一官課是為課利“息銭”。対於産品群，有著三種徴税方式：①政府進行般運、販売産品的禁榷[官売制]、[官收制]，②商人進行般運、販売産品的通商[卸売制]、[鈔引制]、[收算制]、[抽買制]，③政府允許民間製造、販売的買撲[分收制]、[全收制]。

另一方面，商品的販売価格由於在市場的商品供需関係被決定了。対於一般商品群，政府不能够賦課独占的課税「官課」，為此対流通於市場的商品施行了①抽税、②算税二種流通課税。①抽税(又称抽分)，政府限於指定的特定商品，施行一定税率的“先行控除”。積載商品，如在客商般載政府指定的土木、建筑資材的状況下，以従価十分之一的税率科徴(対於“船戸”舶載的進口品，亦以従価十分之一“抽税”)。②対於一般商品，以従価百分之二的通行税“過税”和同百分之三的販売税“住税”科徴。根拠商品的不同，則有一定的免税措施，但是在通商法下客商般載的塩貨、茶貨等商品均不免税。自国初以来至元豊年中，京東塩、河北塩実施了通商[収算制]〈従量課税〉方式；在一般商税之外，於州軍在城之場務中，徴科従量百分之一的“過税”和従量百分之二的“住税”。其抽税、算税的収入則作為全額地方官司的経費被支用。

(Ⅲ)課利収入的分配方式，根拠以税収為最終分配主体(官、商、民)，与産品、商品的価格構成、課税方式，依此而分類，則可以整理以下的三種方式：

A.禁榷　地方官司与生産者之間則進行了税収的分配。地方官司所収取的税収，基於中央、地方官司的会計区分，地方経費由州県収取(留州)，超過歳額的剰余和増徴付加税、新法系付加税等，由路官転運司“上供”，三司－戸部(包括財庫)来収取。対於生産者(塩亭戸、茶園戸、酒造戸、鑊戸、坑冶戸等)，由所轄官司還給了収買価格(就是「本銭」価額)。宋代課利的禁榷制有以下的二種方式：①[官売制](塩税、茶税、酒税、礬税等)…州県基於官価，従販売収入中控除其収買原価「本銭」之額作為“官課”而加以提取。②[官収制](坑冶抽税)…所轄官司只是「抽解」坑冶戸(又称佃戸)生産的礦産物，絶不公売従坑冶戸収買産品。坑冶禁榷[官収制]下的「抽税」対「収買」(拘買)比率是二対八，則称“二八抽分”。

B.通商　中央・地方官司与客商之間則進行了税収的分配。客商般運、販売由政府(榷貨務)購買而来(政府向客商批売)的官塩・官茶等，客商収取従販売価格(官価)中控除其購買価格(官課)作為“商利”而加以提取，対之，政府従批売価格中収取独占課税額(官課額)。宋代課利的通商制有以下的四種方式：①[卸売制](河東塩、国初期福建塩、官売礬貨等)…所轄地方官司卸売与客商官塩、官礬等，収取官課額“息銭”。②[鈔引制](通商塩、通商茶、通商礬等)…通商[鈔引制]還有以下的両種方式：(1)[鈔引制]〈中売償還〉方式…政府基於与“折中博買”“沿辺入中”相結合的輸送委託制度，以京師榷貨務発給的鈔引票面価格償還為塩、茶、香薬等禁榷品，客商従販売価格(官価)中控除鈔引価格作為“商利”而獲得利潤。(2)[鈔引制]〈新旧換鈔〉方式…北宋末期蔡京実施了「換鈔法」於解塩通商区与淮浙塩通商区。榷貨務換易客商帯来的新旧解塩鈔引，並以東南末塩鈔、東北末塩鈔、度牒、官告等支換，政府収取高額鈔引“官課”，加上根拠反覆徴収交換手続費，是作為“官利”而来加以提取。③[収算制](京東塩、河北塩、嘉祐以後榷茶通商法等)…州県所徴収的流通課税収入，就是作為「算税」地方官司的歳計被支用。④[抽買制](香薬等市舶進口品)…地方官司「市舶司」与貿易業者「船戸」間則進行了税収的分配。市舶通商[抽買制]下的「抽税」対「博買」(収買、和買)比率就是一対九。香薬庫等中央官府販売市舶司・転運司般送的従船戸「抽買」的進口品(上供財貨)，従販売価格中控除「抽買」本銭価額，作為“官利”而収取，客商従販売価格中控除「抽買」課額，作為“商利”而収取。

C.買撲　買撲是政府認可禁榷産品的制造、販売許可的一種允許制度。地方官司与民間制造、販売業者(買撲戸)之間則進行了税収的分配。宋代課利的買撲制有以下的三種方式：①[分収制]〈井塩幹鬻〉方式…在四川井塩制塩、販売制度中，民間業者「幹鬻」販売産塩之後，收取了民産井塩販売総額的十分之一。②[分課制](酒税)…在酒税買撲制度下，買撲戸預付酒税官課「課利銭」和営業許可税「浄利銭」，以販酒後従販売価格中控除「課利銭」額和「浄利銭」額作為“販売利益”而加以提取。③[全收制](坑冶買撲)…所轄官司(坑冶務，鋳銭司等)收買坑冶戸生産礦産物的全部産額，禁止坑冶戸向客商、土商、民戸等販売産品。坑冶戸従政府領取的收買価額(抽買本銭)作為生産経費来收取。

注

(1) 関於宋代財政的会計原则，参照拙稿「宋代上供の構成と財政運用」(島根大学法文学部紀要『社会システム論集』I ,1966)。本書前編第 1 章「宋代上供の構造」是在此補定之上收録而成的。

(2) 作為財政原理的“量出制入”“量入為出”以及対比宋人之議論，参照宮澤知之「北宋の財政と貨幣経済」(『宋代中国の国家と経済―財政・市場・経済―』創文社，1998)。

(3) 在斛斗、紬絹之和糴、和買之外，従禁榷[官売制]下的塩、茶、礬、礦産等特定産品的生産者手中買出，亦称之“收買”。此外基於税收不足或急需，由臨時的調抜，州軍的貢納品“土貢”調抜，或是由朝廷之需要進行而特定物品之調抜等，即由中央、地方官司的官估所進行的收買，即称之為“科買”、“科配”、“科率”，所有的調達資金称為“本銭”。為收買這些的政府資金，是為係省銭，即中央官司的財政支出。

(4) 関於基於“量入為出”的財政原理的至唐後半期之財政運用，参照渡邉信一郎『中国古代の財政と国家』(汲古書院、2010)的序説以及各関連章節。

(5) 関於上供銭貨的調達和其定額，参照拙稿「北宋の上供銭貨」(『東洋史研究』57-3、1998)、「南宋の上供銭貨」(大阪府立大学『歴史研究』37、1999)。此外，本書前編第 2 章上供銭貨の諸系統―北宋時代―，第 3 章上供銭貨の諸系統―南宋時代―，是在此之上補訂，收録而成的。

(6) 関於作為与課利相結合的銭貨循環之入中，参照本書後編第5章西北塩(解塩)の販売体制と課税方式、第 6 章淮南塩・両浙塩の販売体制と課税方式。関於作為与軍糧蓄備相結合的銭貨循環之封椿，参照拙稿「北宋の封椿と財政運用」(『中國史學』12、2002)。此外，本書前編第4章上供財貨の再分配―北宋「封椿」の財政運用―是在此補訂之上收録而成的。

(7) 日野開三郎「北宋時代における貨幣経済の発達と国家財政との関係についての考察」(『歴史学研究』2-4、1934)、『日野開三郎東洋史学論集』6 、1983)，全漢昇「唐宋政府歳入与貨幣経済的関係」(『歴史語言研究所集刊』20、1948)等。此外，関於熙豊期財政收入中的銭貨收入，参照宮澤知之注(2)前掲書)p.56表Ⅳ熙寧十年前後的歳入。

(8) 関於宋塩通商[鈔引制]，参照戴裔煊『宋代鈔塩制度研究』(商務印書館1957，中華書局1981再刊)、日野開三郎「北宋時代の塩鈔について附・交引鋪」(『日野開三郎東洋史学論集』6 、1983)。関於通説的“通商法”理解，佐伯富『中国塩政史の研究』(法律文化社、1987)第4章近世における塩政第2節宋代における塩政、及本書後編第 1 部序説唐・劉晏の塩法と宋代塩茶の通商法。

(9) 関於宋代課利的対象品目，馬端臨在其『文献通考』14-19征榷考、20-21市糴考中，把①征商関市，②塩鉄礬，③榷酤禁酒，④榷茶，⑤雑征斂山沢津渡，⑥均輸・市易・和買分類為八項，以此為参考的『宋史』食貨志下三―下八，則分為①塩，②茶，③酒，④阬冶，⑤礬香附，⑥商税，⑦市易，⑧均輸，⑨互市舶法則十項。本稿中，摘出自『通考』計八項中的均輸・市易・和買之三項，与『宋史』計十項的市易・均輸両項。作為三者的共通項，把①塩，②茶，③酒，④商税，⑤阬冶，⑥礬，⑦

市舶，⑧香計八項為宋代「課利」対象品目。而摘出市易・均輸・和買三項之理由，是因為在此間，対於政府和商人、消費者間的買売行為是作為官銭徴收，而不是対“産品”“商品”的課税。此外，汪聖鐸氏在著書『両宋財政史』中，把榷塩、榷茶、榷酤、榷礬香以及市舶收入的六項作為“禁榷(専売)收入”，関於商税收入(附免行銭)和坑冶及其他官営商工業收入的両項，已包括在“工商税、官工商業及官田收入”之別章中。前六項則可用“専売”概念来加以説明，但商税由於不是“専売”課税，雖然採取了這様的処理方式，但把坑冶従“専売”中摘出的理由則不清楚。另外，基於財政学租税論的租税原則和課税之分類、主要参考了神野直彦『財政学』改定版(有斐閣、2007)第４編租税第11章租税原則，第12章租税の分類と体系。

著者紹介

島居一康（しますえ　かずやす）

1942年大阪府に生れる。
1966年京都大学文学部史学科卒業、1968年京都大学大学院文学研究科修士課程東洋史学専攻修了、1971年同博士課程東洋史学専攻単位取得退学。1992年京都大学博士（文学）。
1972年鹿児島大学法文学部、1979年島根大学法文学部、1997年大阪府立大学総合科学部・同大学院人間文化学研究科を経て、2009年から京都橘大学文学部（歴史学科）・同大学院歴史学文化財学研究科。

著書　『宋代税政史研究』（汲古書院、1993年）

宋代財政構造の研究

2012（平成24）年３月14日　発行

著　者　島　居　一　康
発行者　石　坂　叡　志
印　刷　富士リプロ㈱
発行所　汲　古　書　院

〒102-0072 東京都千代田区飯田橋2-5-4
電話03（3265）9764　FAX03（3222）1845

ISBN978 - 4 - 7629 - 2972 - 4　C3022